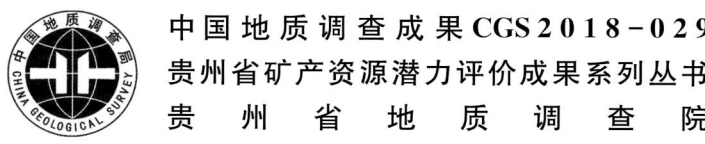

中国地质调查成果CGS2018-029

贵州省矿产资源潜力评价成果系列丛书

贵州省地质调查院

贵州省矿产资源潜力评价重要矿种区域成矿规律与矿产预测

GUIZHOU SHENG KUANGCHAN ZIYUAN QIANLI PINGJIA

CHONGYAO KUANGZHONG QUYU CHENGKUANG GUILÜ YU KUANGCHAN YUCE

陶 平 曾昭光 陈启飞 等著

中国地质大学出版社

ZHONGGUO DIZHI DAXUE CHUBANSHE

内 容 提 要

本书为"贵州省矿产资源潜力评价"项目成果之一,以成矿地质理论为指导,深入开展贵州省范围的区域成矿规律研究;充分利用地质、物探、化探、遥感和矿产勘查等综合成矿信息,圈定成矿远景区和找矿靶区,逐个评价成矿远景区资源潜力,并进行分类排序,为科学合理地规划和部署矿产勘查工作提供依据。

本书具系统性、综合性,可供国土资源、科研院所等从事地质调查、矿产资源评价的科研人员和大专院校相关专业师生参考。

图书在版编目(CIP)数据

贵州省矿产资源潜力评价重要矿种区域成矿规律与矿产预测/陶平等著. —武汉:中国地质大学出版社,2021.7

(贵州省矿产资源潜力评价成果系列丛书)

ISBN 978-7-5625-4918-5

Ⅰ.①贵…

Ⅱ.①陶…

Ⅲ.①矿产资源-成矿规律-研究-贵州 ②矿产资源-资源预测-研究-贵州

Ⅳ.①F426.1

中国版本图书馆 CIP 数据核字(2020)第 242100 号

贵州省矿产资源潜力评价重要矿种区域成矿规律与矿产预测			陶 平 曾昭光 陈启飞 等著	
责任编辑:马 严 龙昭月	选题策划:毕克成 唐然坤 马 严 刘桂涛			责任校对:张咏梅
出版发行:中国地质大学出版社(武汉市洪山区鲁磨路388号)			邮 编:430074	
电 话:(027)67883511	传 真:(027)67883580		E-mail:cbb@cug.edu.cn	
经 销:全国新华书店			http://cugp.cug.edu.cn	
开本:880毫米×1230毫米 1/16			字数:1021千字	印张:32.25
版次:2021年7月第1版			印次:2021年7月第1次印刷	
印刷:武汉精一佳印刷有限公司				
ISBN 978-7-5625-4918-5			定价:398.00元	

如有印装质量问题请与印刷厂联系调换

"贵州省矿产资源潜力评价成果系列丛书"编委会

主　　任：戴传固　张　慧
副 主 任：陶　平　曾昭光
主　　编：陶　平
编　　委：（按姓氏笔画排列）
　　　　　王常微　朱大友　陈启飞　况　忠　胡丛亮
　　　　　张　慧　陶　平　曾昭光　莫春虎

《贵州省矿产资源潜力评价重要矿种区域成矿规律与矿产预测》

著　　者：陶　平　曾昭光　陈启飞　王常微　张　慧
　　　　　姚　炼　况　忠　莫春虎　胡从亮　黄道光
　　　　　范玉梅　袁义生　朱大友　汪玉琼　龙超林
　　　　　黄欣欣　范祥发　杨志勇　刘　义　邬晓芳
　　　　　邓　毅　陈　华　罗吉林　黎　勇　李朝晋
　　　　　李雪莲　苏小平　陈国勇　陈庆刚　李沛刚
　　　　　陈　群　叶德书　姚会禄　谭　华　蔡国盛
　　　　　唐显贵　张朝举　苏　威　龙汉生　陈　大
　　　　　王景腾　杨光忠　赵　锋　胡思琴　何良伦
　　　　　吴才进　刘建中　杨　捷　金少荣　袁良军
　　　　　向文勤　万大学　肖　凯　安　琦　赵　征
　　　　　焦惠亮　郑启黔　陈建书　张　梅　朱顺才

韩宝智	易国贵	兰安平	王国荣	雷灵芳
张　伟	孔维敏	王华英	秦　琴	秦　文
田维江	罗荣杰	戴晓燕	蒋小庆	何炯玲
李小红	杨胜发	李　娟	侯兵德	占朋才
彭晓春	洪万华	余万泽	程玛莉	吴自成
叶　飞	李　众	姚希财	朱和书	刘　健
潘昌红	龙胜清	曾禹人	洪愿进	吴亚荣
孔维敏	石　碧	张　琼	张　伟	杨瑞琴
臧晓荣	张卫平	袁石坚	金　军	邵龙义
郭立君	汪　浩	潘自滔	余敏华	左佳丽
吴　丹	龙　会	陈　星	池焕明	何　进
葛正枝	张正荣	龙宣霖	朱和书	陈朝玉
杨　旭	刘永坤	石治均	郭　宇	李　瑶
董淑惠	赵生龙	熊　伟	吴文明	鲍贤军
杨宏辉	杜　娟	张焕超	陈　焕	杨忠文
刁理品	罗彭欣	鲍　淼	华　兴	张家德
符宏兵	梁　琼	周　宇	仲麒维	黄明洁
蔡小勤	李向军	侯江萍	傅江红	苏翠兰
董　毓	朱朋朋	易庆波	覃　智	郭江波
潘国军	王承波			

总　序

中国地质调查局组织开展的中国矿情调查项目"全国矿产资源潜力评价（2006—2013年）"，是一次对全国25种重要矿产的成矿地质条件、地球物理、地球化学、遥感、自然重砂勘查成果全面系统的汇集和分析，并在我国自主创立的矿床成矿系列理论指导下，对25种重要矿产的地质与区域成矿规律进行了较系统、较深入的研究。在此基础上，应用我国自主研发的矿床模型综合信息矿产预测方法对25种矿产进行了潜力评价，达到定量及半定量预测的程度，并建立了潜力评价项目的数据库。研究成果为全国及各省（区、市）矿产资源规划、矿产勘查部署与实施提供了重要的科学依据，对促进地质矿产科学及成矿预测理论与方法的发展走出了重要的一步，同时培养了一大批矿产资源潜力评价相关领域的人才。全国及各省（区、市）地质勘查部门和工作团队均为完成此项任务做出了努力与贡献，工作成果已陆续以不同形式提供给社会使用。"贵州省矿产资源潜力评价成果系列丛书"即为出版成果之一。

"贵州省矿产资源潜力评价"项目，作为"全国矿产资源潜力评价"项目的子项目，由全国矿产资源潜力评价项目办公室、贵州省国土资源厅（现为自然资源厅）、贵州省地质调查院实施项目三级管理，由贵州省地质调查院承担，贵州省地质矿产勘查开发局、贵州省煤田地质局、贵州省有色金属和核工业地质勘查局、中化地质矿山总局等12个地勘单位参与，参加人数近200人，经过8年辛勤工作完成。该子项目全面总结了贵州省基础地质、矿产地质成果和资料，充分应用现代矿产资源预测评价理论技术，开展了全省煤、铁、铜、铝、铅、锌、银、锰、镍、钼、钨、锡、金、锑、钒、汞、稀土、磷、硫、萤石、重晶石、冶镁白云岩共22个矿种的资源潜力预测评价，研究和预测矿产资源及其空间分布，为研究制订国家矿产资源战略和国民经济与社会发展中长期规划提供科学依据。

贵州省矿产资源潜力评价的研究成果主要包括：贵州省各矿种（组）的潜力评价成果报告各1份，共计15份；贵州省成矿地质背景、区域重力、区域磁测、区域化探、区域遥感、自然重砂、综合信息集成、区域成矿规律、矿产预测等专题成果报告各1份，共计9份；项目汇总成果报告 1 份；编制各类图件 2627 张，建立各类数据库 2009 个，提交各类说明书 1905 份。这些成果及时成功应用于全省 5 个国家级整装勘查项目、22 个省级整装勘查项目、7 个非整装勘查项目的论证和实施，并取得重大找矿突破，同时，已应用于国家宏观决策规划部署、具体矿产勘查部署、相关专业勘查及研究等方面，并取得较大成效。

"贵州省矿产资源潜力评价成果系列丛书"（共 7 册），是为全社会共享研究成果、更广泛发挥其应用价值、遵循资料保密制度、选择性修改缩编而成。具体包括《贵州省重要矿种成矿规律与矿产预测》《贵州省矿产资源潜力评价成矿地质背景研究》《贵州省矿产资源潜力评价重磁场特征及应用研究》《贵州省矿产资源潜力评价化探资料应用研究》《贵州省矿产资源潜力评价自然重砂资料应用研究》《贵州省矿产资源潜力评价遥感资料应用研究》《贵州省矿产资源潜力评价综合信息集成》共 7 部专题研究成果。

相信本系列丛书的出版，对全国同仁具有一定的参考、应用价值。借此出版之际，向作者们致以祝贺。同时，期望在此基础上进一步研究总结全省矿产地质勘查及科研成果，圆满完成《中国矿产地质志·贵州卷》的研编任务，使贵州省在区域矿产总结、成矿规律研究、矿产预测，以及相关基础地质研究等方面再上一个新台阶。

2018 年 8 月 18 日

前　言

"贵州省重要矿种成矿规律与工作预测"是"全国矿产资源潜力评价"的省级工作成果之一，是贵州省矿产资源潜力评价工作研究的重要专题。全国矿产资源潜力预测评价项目是原国土资源部的一项重要国情调查及研究工作，以科学发展观为指导，以提高我国矿产资源对经济社会发展的保障能力为目标，以规范而有效的资源评价方法、技术和各类基础数据为支撑，以我国已开展的资源评价工作为基础。在充分利用多元地质资料的基础上，采取政府部门指导与中国地质调查局负责实施、专家主导、产学研相结合的工作方式，全面、准确、客观地评价我国矿产资源潜力及空间布局。预测未来10～20年我国矿产资源的探明趋势，推断开发产能增长趋势，规划矿产资源开发基地的战略布局，为更好地规划、管理、保护和合理利用矿产资源，也为部署矿产资源勘查工作提供基础资料，为国家编制中长期发展规划提供科学依据。

项目系统搜集贵州省内大于1∶5万及1∶20万、1∶25万区域地质调查、航磁、重力、化探、自然重砂、矿产勘查、典型矿床、科研等原始数据及成果资料，以成矿地质理论为指导，深入开展本省范围的区域成矿规律研究，充分利用地质、物探、化探、遥感和矿产勘查等综合成矿信息，圈定成矿远景区和找矿靶区，逐个评价其成矿远景区资源潜力。

对金、锑、汞、铅、锌、铜、钨（锡）、磷（稀土）、锰、镍钼钒、萤石、重晶石等矿种的46个典型矿床从成矿时代、成矿要素、成矿模式、成矿作用方面进行了研究；对铁、铝、铅、锌、银、铜、钨、金、锑、锰、镍、钒、钼、磷、稀土、萤石、重晶石、汞、硫铁矿、冶镁白云岩、煤、锡22个矿种的矿产预测类型进行了划分，共划分出40个矿产预测类型、56个矿床式，确定了61个预测工作区；对61个预测工作区，编制了各区成矿要素图、成矿模式图件。

对全省铁、铝、铅、锌、银、铜、钨、金、锑、锰、镍、钒、钼、磷、稀土、萤石、重晶石、汞、硫铁矿、冶镁白云岩、煤、锡22个矿种的成矿规律进行了研究。在全国Ⅲ级成矿区（带）划分的基础上划分了14个Ⅲ级成矿区（带）、54个Ⅳ级成矿亚区（带），并对其成矿条件、矿床地质特征及矿产资源现状和找矿潜力等进行了分析。

对贵州省含煤地层以及各时期沉积煤层的沉积环境与聚煤规律、煤盆地构造演化和煤田构造及煤质变质特征进行了研究。

按Ⅲ级成矿区（带），对各个矿种的矿产预测类型、预测工作区等进行了统计汇总，对各个Ⅲ级成矿区（带）内的主要矿床式进行了预测要素研究，并建立了重要矿床式的区域预测评价模型，为高级别区域矿产预测奠定了基础。进行了多矿种综合预测区圈定，全省共圈定多矿种综合预测区54个，其中Ⅲ77、

Ⅲ78、Ⅲ88分别为31个、12个和11个。进而对各个综合预测区级别、成矿地质条件、预测资源量、找矿潜力等进行了统计汇总和综合研究,对区域找矿工作的总体布局和矿产地质研究工作等具有一定的指导意义。

  本书是在贵州省矿产资源潜力评价项目的研究成果之一《贵州省重要矿种区域成矿规律与矿产预测成果报告》的基础上缩编而成的,是集体劳动的成果。原报告作者主要有陶平、曾昭光、陈启飞、张慧、王常微、黄道光、范玉梅等数十人,缩编人员有陶平、陈启飞、曾昭光、范玉梅、徐瑶等。在整个项目实施过程中,得到了中国地质调查局、中国地质科学院、贵州省自然资源厅、贵州省地质矿产勘查开发局、贵州省煤田地质局、贵州省有色地质勘查开发局、中化地质矿山总局贵州地质勘查院、贵州省土地矿产资源储备局、贵州省地质资料馆等部门或单位的大力支持。同时,在成矿规律及矿产预测相关研究工作中,自始至终得到了陈毓川院士,王登红、肖克炎、徐志刚、黄凡、娄德波、王岩、陈郑辉等专家及学者的技术理论指导,在此一并表示感谢。

著 者

2019年12月12日

目 录

第一章 绪 论 ……………………………………………………………………………… (1)
    第一节 研究历史及现状 ………………………………………………………………… (1)
    第二节 项目实施概况 …………………………………………………………………… (2)
    第三节 主要研究成果 …………………………………………………………………… (10)

第二章 成矿地质环境及矿产资源概况 ………………………………………………… (12)
    第一节 成矿地质环境 …………………………………………………………………… (12)
    第二节 矿产资源概况 …………………………………………………………………… (25)

第三章 典型矿床研究 …………………………………………………………………… (35)
    第一节 与沉积作用有关的矿床 ………………………………………………………… (35)
    第二节 与热液作用有关的矿床 ………………………………………………………… (91)
    第三节 与岩浆作用有关的矿床 ………………………………………………………… (179)

第四章 综合成矿区(带)及单矿种成矿区(带) ………………………………………… (183)
    第一节 综合成矿区(带) ………………………………………………………………… (183)
    第二节 单矿种或矿种组成矿区(带) …………………………………………………… (191)

第五章 矿床成矿系列与成矿谱系 ……………………………………………………… (237)
    第一节 贵州省矿床成矿系列划分概况 ………………………………………………… (237)
    第二节 矿床成矿系列分述 ……………………………………………………………… (246)
    第三节 各构造期成矿环境及成矿系列演化 …………………………………………… (338)
    第四节 区域成矿旋回与矿床成矿谱系 ………………………………………………… (352)

第六章 预测评价模型与矿产预测成果 ………………………………………………… (357)
    第一节 上扬子中东部成矿带(Ⅲ77) …………………………………………………… (357)
    第二节 桂-黔-滇北部成矿区(Ⅲ88) …………………………………………………… (405)
    第三节 江南隆起西段成矿带(Ⅲ78) …………………………………………………… (429)
    第四节 重要矿种矿产预测成果汇总 …………………………………………………… (447)

第七章 贵州省煤炭资源成矿规律及潜力预测 ………………………………………… (455)
    第一节 贵州省煤炭资源概况 …………………………………………………………… (455)

  第二节 含煤地层与煤层 …………………………………………………………………（459）

  第三节 沉积环境与聚煤规律 ………………………………………………………（469）

  第四节 煤盆地构造演化和煤田构造 ……………………………………………………（477）

  第五节 煤质特征与煤变质作用 ……………………………………………………（485）

  第六节 煤炭资源潜力预测 …………………………………………………………（492）

第八章 结 论 …………………………………………………………………………………（497）

  第一节 主要成果 …………………………………………………………………………（497）

  第二节 存在的问题及建议 …………………………………………………………………（499）

主要参考文献 ……………………………………………………………………………………（501）

第一章 绪 论

第一节 研究历史及现状

1914年,中国地矿事业创始人之一、著名地质学家丁文江,对贵州省西北部威宁境内地层及矿产进行了实地调查研究,从而拉开了国人在贵州省进行现代地质与矿产勘查的序幕。随即,丁文江、王日伦、罗绳武、黄汲清等老一辈地质工作者进一步开展了贵州区域找矿及成矿规律研究工作,获得一系列认识。

新中国成立之后,贵州省找矿和成矿规律研究工作得到了迅速的发展,在20世纪60～70年代,先后发现了大批汞、水晶、锑、锰、煤、磷、铅锌、铝等矿产;到80～90年代,贵州省矿床地质理论研究取得了重大突破,对汞、铅锌、锑、菱铁矿的成因提出了同生沉积、沉积再改造的看法,矿产与岩相古地理和藻礁类生物化学沉积有关的见解,特别是磷块岩的生物化学沉积成因,引起了国际地质学术界的重视。

贵州省成矿规律研究成果主要有《贵州省区域矿产志》(贵州区域地质调查院,1986)、《贵州省区域矿床成矿系列与成矿规律》(冯学士等,2004)等。其中《贵州省区域矿产志》从区域矿产地质的宏观角度出发,系统地叙述了矿床地质特征和成矿地质条件,初步划分了贵州省各矿产的成因类型;对贵州省各矿产的区域分布特征、找矿远景区进行了较详细的分析;对成矿规律进行了总结,为贵州省开展成矿规律研究打下了坚实的基础,为勘查工作部署提出了重要的建议。借鉴当时地质学的一些新观点,经过系统的综合分析,从区域矿产地质的背景出发,论述了省内主要的含矿沉积建造、含矿岩浆建造、主要沉积矿产的成矿地质条件、层控矿产的成矿控制条件,并首次在国内进行了以省为单位的成矿系列划分,以及成矿单元区划;从省情出发,分析论证了本省矿产资源特点及势态,依据全省矿产资源的分布、组合、蕴藏量优势,并结合地质工作程度、工业利用中的有关问题、交通、能源、市场需求等社会、经济环境及矿产资源开发利用远景规划,进行了矿产资源开发区的划分,已被贵州省发展改革规划和国土资源等政府管理部门所采用。该报告对贵州省矿产资源进行了第一次全面系统的总结,是一部区域矿产的综合著作。

《贵州省区域矿床成矿系列与成矿规律》(冯学士等,2004),对贵州省矿床类型按成矿物质来源、板块构造位置、成矿环境及成因进行了划分,同时根据陈毓川等关于中国成矿区(带)划分方案,结合贵州省实际情况,在Ⅲ$_{26}$、Ⅲ$_{27}$、Ⅲ$_{28}$、Ⅲ$_{46}$四个Ⅲ级成矿单元内进一步划分了11个Ⅳ级成矿亚区(带)和10个Ⅴ级矿带(田)。在此基础上,按照陈毓川等的矿床成矿系列概念及专题设计要求,结合贵州成矿特点和矿床成因,将贵州省主要矿种划分为20个矿床成矿系列和16个矿床成矿亚系列。

除此之外,还有一系列与成矿规律及矿产预测、规划相关的研究成果,也为本次研究工作奠定了坚实基础。诸如:《贵州省主要构造体系与西部热液菱铁矿分布规律图(1:50万)及说明书》(1979)、《贵州晚震旦世陡山沱期磷块岩研究》(1979)、《贵州省主要构造体系与汞矿及西部热液菱铁矿分布规律图(1:50万)及说明书》(1980)、《贵州省构造体系与地震分布规律图及说明书》(1980)、《贵州晚震旦世陡山沱期磷块岩的岩相古地理》(1981)、《扬子地区晚震旦世陡山沱期磷块岩成矿远景区划》(1983)、《贵州早震旦世锰矿沉积环境及成矿机理》(1984)、《黔北铝土矿成矿地质特征及成矿规律》(1987)、《贵州锰地质》(1989)、《黔北铝土矿》(1990)、《汞矿带中金矿赋存规律及找矿靶区研究》(1990)、《贵州南部金矿成矿规律及找矿预测》(1990)、《中国主要金矿类型成矿条件和找矿方向研究》(1991)、《汞矿带中金矿赋存规律》(1992)、《贵州中部铝土矿地质研究》(1992)、《南盘江地区浅层地壳结构与金矿床分布模式研究》(1996)、《贵州铅锌矿地质》(1996)、《黔西南金矿地质与勘查》(1999)、《贵州磷块岩》(1999)、《贵州西南部红土型金矿》(2000)和《贵州东部金矿》(2006)。

以上研究成果为贵州省各个历史时期规划部署矿产资源勘查工作提供了宝贵的基础资料，为国家编制中长期发展规划，以及矿产资源管理、保护和合理利用等提供了科学依据。

但是，近十年来情况发生了很大变化。第一，基础地质调查工作取得了重大进展，矿产普查及勘探、矿产资源远景调查等获得一系列大的发现和重要成果，国土资源大调查工作进行了8年之久，取得了较多新成果；第二，地质成矿理论发展迅速，大陆动力学理论已经广泛应用于各个领域，以成矿系列理论为代表的成矿规律学说取得了新的重要进展；第三，各种数据库及新技术广泛应用。因此，很有必要开展更系统的区域成矿规律研究及成矿预测，运用新的地质成矿理论，采用先进的技术方法，完成全省范围内的非油气矿产资源潜力区域评价工作，为部署矿产勘查工作提供科学依据，为实现找矿突破提供选区依据。

第二节　项目实施概况

一、项目背景

本书是对"全国矿产资源潜力评价"项目子项目"贵州省矿产资源潜力评价"项目的课题之一，即"贵州省重要矿种区域成矿规律及矿产预测研究"成果的浓缩展示。

全国矿产资源潜力预测评价项目，是原国土资源部的一项重要国情调查及研究工作，以科学发展观为指导，以提高我国矿产资源对经济社会发展的保障能力为目标，以规范而有效的资源评价方法、技术和各类基础数据为支撑，以我国已开展的资源评价工作为基础。充分利用多元地质资料，采取政府部门指导，中国地质调查局负责实施、专家主导、产学研相结合的工作方式，全面、准确、客观地评价我国矿产资源潜力及空间布局。预测未来10～20年我国矿产资源的探明趋势，推断开发产能增长趋势，规划矿产资源开发基地的战略布局，为更好地规划、管理、保护和合理利用矿产资源，也为部署矿产资源勘查工作提供基础资料，为国家编制中长期发展规划提供科学依据。项目起止年限为2006—2013年，归口管理部门为中国地质调查局矿产资源评价部，组织管理部门为中国地质科学院全国矿产资源潜力预测评价项目办公室。

贵州省矿产资源潜力评价项目（项目编号：1212010813023、1212010881628、1212011121021）是全国矿产资源潜力预测评价的重要组成部分。研编工作起止时间与总项目同步。总体目标任务是在现有地质工作程度的基础上，全面总结贵州省基础地质调查和矿产勘查工作成果和资料，充分应用现代矿产资源预测评价的理论方法和GIS评价技术，开展本省非油气重要矿产——煤、铁、铜、铝、铅、锌、银、锰、镍、钼、钨、锡、金、锑、汞、稀土、磷、硫、萤石、重晶石、含钾页岩、含镁白云岩22个矿种的资源潜力预测评价，估算本省有关矿产资源及其空间分布，为研究制订国家矿产资源战略与国民经济中长期规划提供科学依据。承担单位为贵州省地质调查院，参与单位有贵州省地质矿产勘查开发局（一〇一、一〇二、一〇三、一〇四、一〇五、一〇六、一一三、一一五、一一七地质大队）、贵州省煤田地质局、贵州省有色地质勘查开发局、中化地质矿山总局贵州地质勘查院。

贵州省重要矿种区域成矿规律及矿产预测研究课题是贵州省矿产资源潜力预测评价项目的重要组成部分，要求以成矿地质理论为指导，深入开展本省范围内的区域成矿规律研究；充分利用地质、物探、化探、遥感和矿产勘查等综合成矿信息,圈定成矿远景区和找矿靶区,逐个评价其成矿远景区资源潜力,并进行分类排序;编制贵州省成矿规律与预测图,为科学合理地规划和部署矿产勘查工作提供依据。

二、研究内容及流程

（一）成矿规律研究

1. 收集整理各类基础资料和成果

（1）全面收集、掌握大于1∶5万及1∶20万、1∶25万区域地质调查、航磁、重力、化探、自然重砂、矿产勘查、典型矿床、科研等原始数据及成果资料。

（2）修编1∶50万地质、物探、化探、自然重砂、遥感、矿产工作程度等基础图件。

（3）全面了解以往成矿规律研究及矿产预测工作情况,包括一轮成矿区划研究成果、二轮成矿区划研究成果、全省成矿系列研究成果、区域矿产总结报告。

（4）全面了解物探、化探、遥感工作情况,包括全省物化遥编图、省级遥感综合编图等。

（5）全面掌握地质基础数据库现状,包括1∶50万数字地质图空间数据库、1∶20万数字地质图空间数据库、矿产地数据库、区域重力数据库、航磁数据库、遥感影像图数据库、区域地球化学数据库、1∶20万自然重砂数据库、工作程度数据库、典型矿产地数据库等。

（6）全面掌握区域地质矿产特征,成矿区(带)划分方案和区域成矿系列划分方案。全面收集典型矿床资料。

2. 区域成矿规律预研究

区域成矿规律预研究是矿产预测工作的起点。主要研究内容是编制区域成矿区(带)分布(原)图、编制大地构造分区(草)图、划分矿产预测类型、确定矿产预测方法类型、提出预测工作区成矿地质作用研究内容、提出预测工作区地质构造专题底图编图内容。其工作流程见图1-1。

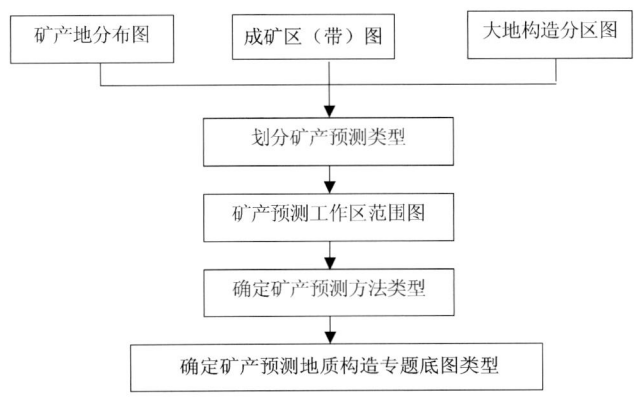

图1-1　区域成矿规律预研究流程图

1）确定预测矿种与划分矿产预测类型

（1）矿种确定。根据成矿地质条件,确定预测矿种。凡是有小型矿产地的矿种,必须开展预测工作。

（2）划分矿产预测类型。矿产预测类型定义:为了进行区域矿产预测,根据相同的矿产预测要素以及成矿地质条件对矿产划分的类型。预测工作全过程按预测类型贯穿始终。

矿产预测类型的命名原则：××矿床式××类型(成因类型或工业类型)××矿(矿种或矿组)。

(3)编制矿产预测类型分布图/矿产预测工作区分布图，底图为地质矿产图叠加构造分区内容，根据矿产预测类型划分方案标明矿产地(矿床、矿点)的矿产预测类型，根据不同类型分布区参照大地构造单元和成矿区(带)范围，确定矿产预测分布区范围。

(4)矿产预测类型分布图中所确定的矿产预测类型分布区的范围，就是矿产预测工作区分布范围，也是成矿规律研究工作区的范围，以及矿产预测专题底图编图范围。

(5)矿产预测工作区全部划定以后，和全省地质构造分区图、全省成矿区(带)划分图、全省地球物理异常图、全省地球化学异常图、全省遥感异常图、全省自然重砂异常图进行全面综合核对。

2)划分矿产预测方法类型

矿产预测方法类型为根据成矿地质特征而划分的矿产类型。主要分为沉积型、复合内生型、层控内生型、岩浆岩型、火山岩型。

3. 预测工作区成矿地质特征研究

研究内容：针对某种预测类型在预测区工作范围内研究与成矿有关的地质特征，包括沉积、岩浆、火山等地质建造及相关的构造特征、变形构造特征等内容。

主要流程：以1:25万地质建造构造图为基础，根据预测方法类型开展专题研究，补充1:5万区域地质调查资料和矿产勘查资料，细化有关专题内容，编制各类专题研究图件，形成矿产预测研究地质构造专题底图。工作程度高的地区要求编制1:5万或1:10万比例尺专题图件。通过编制矿产预测地质构造专题底图表达研究成果，根据特定的成矿地质特征，确定预测方法类型及其专题底图类型。其中，沉积型编制沉积建造构造图和岩相古地理图，热液型编制构造建造图。其流程见图1-2。

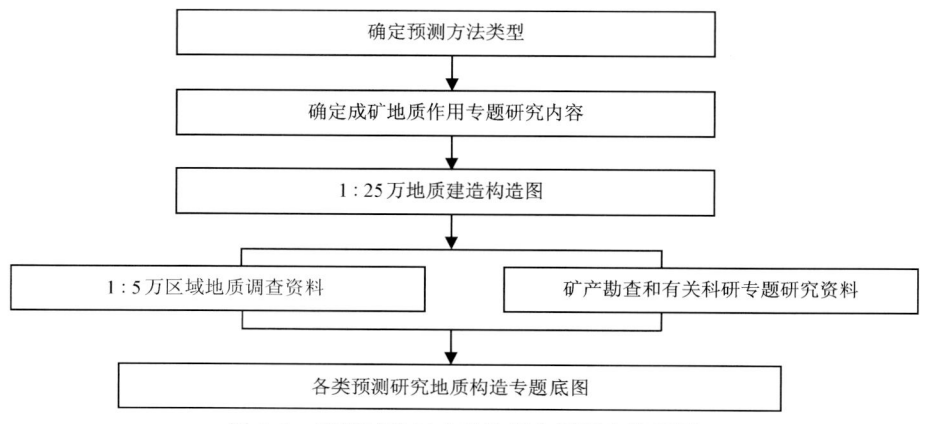

图1-2 预测工作区成矿地质作用研究流程图

4. 典型矿床研究

研究内容：成矿时代、成矿地质、成矿构造、矿产、成矿作用5个方面。

主要技术流程：收集整理区域地质资料、矿区地质构造图、矿床地质综合平面/剖面图及矿区大比例尺物探、化探资料。在矿床成矿地质、成矿构造、矿产、成矿作用特征研究成果的基础上，以矿区地质图为底图，结合区域地质资料，综合矿床地质平面/剖面内容，编制矿床成矿要素图及成矿模式。在矿床成矿要素图基础上，有资料的增加矿区大比例尺物探、化探异常资料和其他找矿标志，编制典型矿区找矿模型图、矿床预测模型图。在典型矿床预测模型图基础上依据典型矿床所在位置区域地质资料，区域物探、化探、遥感、自然重砂异常特征分析资料，典型矿床外围或矿田范围内矿产资料，建立模型区预测模型，编制模型区预测模型图。要求全部表达构造、成矿(矿田)构造、矿产特征、成矿作用特征、物化遥推断地质构造特征、物化遥自然重砂异常及其他找矿标志等预测要素内容。

5. 预测工作区成矿规律研究

研究内容：根据区域地质构造特征、典型矿床研究等成果，在开展预测工作区成矿地质特征研究工作的基础上，深入研究工作区矿产资料，以大比例尺资料为重点，全面总结区域成矿地质特征、区域成矿构造特征、区域矿产特征、区域成矿作用特征，研究其相互关系及时空演化特征。

技术流程：以预测工作区成矿地质特征专题研究成果编制完成的地质构造专题底图为基础。首先，全面收集工作区全部矿产勘查资料，即精细表达模型区地质矿产资料，针对模型区全部预测要素内容，收集工作区内大比例尺地质、矿产、物探、化探等资料，补充细化原有底图地质构造内容。然后，在补充细化专题底图地质矿产内容的基础上，研究区域成矿地质特征、成矿构造带特征、矿产特征、区域成矿作用特征及其相互关系、时空演化规律，编制区域成矿要素（规律）图、区域成矿模式图。编制预测工作区预测模型图：在区域成矿要素图基础上，全面表达物探、化探、遥感、自然重砂异常和其他找矿标志等内容，编制预测模型图。

（二）成矿预测研究

1. 成矿预测

矿产预测的主要工作内容：圈定最小预测区，筛选最小预测区，估算资源量；对最小预测区分级、分类编制预测成果图件。某流程见图1-3，具体步骤如下。

1）进行定量预测工作，编制矿产预测类型预测成果图（1∶5万或1∶25万）

（1）根据矿产预测方法类型所确定预测方法进行定量预测，在预测模型图上提取预测要素，并对预测要素进行分析研究，筛选出能对圈区有直接关联的要素，根据预测要素圈定最小预测区，对最小预测区分级，进行概率估计、可信度估计，划分预测区类别、预测矿床数，划分预测区级别。

（2）建立模型区，对模型区中典型矿床（或代表性矿床）求出含矿率，对典型矿床（或代表性矿床）的外围或深部进行资源量估算，并求出体积含矿率。用该含矿率对其他最小预测区进行资源量预测，在对其他最小预测区进行资源量预测时要充分考虑各区成矿概率、相似系数、面参数等的不同。

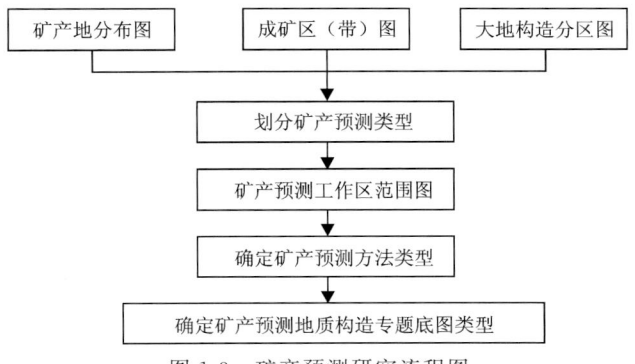

图1-3 矿产预测研究流程图

（3）编制矿产预测类型预测成果图：预测成果图按矿产预测类型独立编制，预测成果图底图为区域矿产预测模型图。预测成果图表达最小预测区、预测资源量、矿床数、预测区类别和级别。

2）进行单矿种预测汇总，编制全省单矿种预测成果图（1∶50万）

（1）单矿种预测成果一般都分散在不同预测类型成果中，因此必须把不同预测类型中相同单矿种的预测成果提取出来，加以汇总。

（2）编制全省单矿种预测成果图：底图采用全省大地构造相图，按不同矿产预测类型表达预测成果，列出预测成果汇总表。

(3)按照单矿种列表说明图件种类和数量。

2. 勘查工作部署研究

研究勘查工作部署,编制全省矿产勘查工作部署建议图,开展需求、已查明矿产资源保证程度、矿产预测区成果、矿产勘查外部基础设施条件、矿产勘查环境影响等方面的分析,研究矿产勘查工作部署内容。其流程见图1-4。

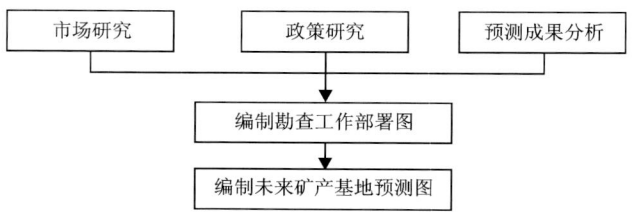

图1-4 矿产勘查工作部署流程图

编制矿产勘查工作部署建议图,划分矿产勘查工作区并分类,提出区域地质调查、物探、化探、矿产勘查等工作内容部署方案。

3. 未来勘查开发工作预测

进行未来矿产开发预测,编制未来矿产开发基地预测图:以未来勘查工作成果预测图为底图,预测未来矿产资源开发基地空间分布。

三、研究单位及人员

贵州省重要矿种成矿规律及矿产预测专题成果是在表1-1所列各项专题成果基础上编制的。这些专题研究成果由贵州省地质调查院、贵州省地质矿产勘查开发局(一〇一、一〇二、一〇三、一〇四、一〇五、一〇六、一一三、一一五、一一七地质大队)、贵州省煤田地质局、贵州省有色地质勘查开发局、中化地质矿山总局贵州地质勘查院的众多技术人员,在2007—2012年的6年中完成。

表1-1 各专题报告及单矿种报告编写与数据库建设人员名单

报告名称	编制单位	编写人员
《贵州省矿产资源潜力评价成矿地质背景专题报告》	贵州省地质调查院	张慧 焦惠亮 郑启黔 陈建书 杨志勇 王常微
《贵州省磁测资料应用成果汇总报告》	贵州省地质调查院	姚炼 朱大友 汪玉琼 范祥发 杨胜发 李雪莲 李朝晋 刘义
《贵州省重力资料应用成果汇总报告》	贵州省地质调查院	姚炼 朱大友 汪玉琼 范祥发 杨胜发 李雪莲 李朝晋 刘义
《贵州省矿产资源潜力评价化探资料应用成果报告》	贵州省地质调查院	袁义生 龙超林 张梅
《贵州省矿产资源潜力评价遥感专题汇总报告》	贵州省地质调查院	况忠 黄欣欣 朱顺才 韩宝智

续表 1-1

报告名称	编制单位	编写人员
《贵州省自然重砂资料应用研究报告》	贵州省地质调查院	莫春虎 易国贵
《贵州省矿产资源潜力评价综合信息集成专题成果报告》	贵州省地质调查院	王常微 邓毅 邬晓芳
《贵州省铝土矿资源潜力评价报告》	贵州省地质调查院、贵州省地质矿产勘查开发局一一五地质大队、一〇六地质大队	陶平 曾昭光 陈庆刚 李沛刚 陈群 叶德书 罗荣杰 戴晓燕 蒋小庆 李众 何炯玲 胡从亮 朱大友 况忠 莫春虎 陈启飞 姚炼 王常微 李小红 杨胜发 苏小平 李娟 黄欣欣
《贵州省锰矿资源潜力评价报告》	贵州省地质调查院、贵州省地质矿产勘查开发局一〇三地质大队、一〇二地质大队	袁良军 向文勤 侯兵德 占朋才 彭晓春 洪万华 余万泽 吴自成 叶飞 姚希财 朱和书 刘健 潘昌红 陈启飞 张慧 杨志勇 姚炼 朱大友 汪玉琼 范祥发 刘义 李雪莲 龙超林 袁义生 况忠 龙胜清 黄欣欣 曾禹人 莫春虎 易国贵 王常微 邓毅 邬小芳
《贵州省磷(稀土)矿资源潜力评价报告》	贵州省地质调查院、中化地质矿山总局贵州地质勘查院、贵州省地质矿产勘查开发局一一五地质大队、	张朝举 苏威 潘自滔 余敏华 吴丹 龙会 姚会禄 陈华
《贵州省煤炭资源潜力评价》	贵州省煤田地质局	唐显贵 洪愿进 吴亚荣 孔维敏 石碧 张琼 张伟 王华英 杨瑞琴 臧晓荣 张卫平 袁石坚 金军 邵龙义 郭立君 汪浩
《贵州省铁矿资源潜力评价报告》	贵州省地质调查院、贵州省地质矿产勘查开发局一一三地质大队	赵锋 张慧 胡思琴 何良伦 陈星 陶平 曾昭光 胡从亮 朱大友 况忠 莫春虎 王常微 池焕明 何进 葛正枝 张正荣 陈启飞 刘应忠 杨胜发 姚炼
《贵州省镍钼钒矿资源潜力评价报告》	贵州省地质调查院、贵州省地质矿产勘查开发局一〇二地质大队	杨捷 金少荣 龙宣霖 朱和书 杨旭 刘永坤 石治均 郭宇 向文勤 陈启飞 张慧 杨志勇 姚炼 朱大友 范祥发 汪玉琼 杨胜发 李雪莲 李朝晋 刘义 龙超林 袁义生 张梅 况忠 龙胜清 黄欣欣 曾禹人 莫春虎 易国贵 王常微 邓毅 邬晓芳 李瑶 董淑惠
《贵州省金矿资源潜力评价报告》	贵州省地质调查院、贵州省地质矿产勘查开发局一〇五地质大队、一一七地质大队、一〇五地质大队	王景腾 杨光忠 万大学 赵生龙 熊伟 吴文明 鲍贤军 杨宏辉 杜娟 张焕超 陈焕 刘建中 杨忠文
《贵州省铅锌银矿资源潜力评价报告》	贵州省地质调查院、贵州省地质矿产勘查开发局一〇四地质大队、贵州省有色金属和核工业地质勘查局地质矿产勘查院	谭华 蔡国盛 张慧 姚炼 胡从亮 莫春虎 吴才进 左佳丽 肖凯 陈朝玉 安琦 陈国勇 赵征 兰安平 王国荣 习理品 罗彭欣 鲍森 杨志勇 华兴 范祥发 杨胜发 汪玉琼 袁义生 刘应忠 陈光荣 龙超林 张家德 况忠 龙胜清 黄欣欣 曾禹人 刘义 符宏兵 王常微

续表 1-1

报告名称	编制单位	编写人员
《贵州省铜、钨锡矿资源潜力评价报告》	贵州省地质调查院、贵州省有色金属和核工业地质勘查局地质矿产勘查院	龙汉生 陈大 梁琼 周宇 张慧 杨志勇 华兴 汪玉琼 姚炼 朱大友 胡从亮 袁义生 刘应忠 陈光荣 龙超林 张家德 况忠 龙胜清 黄欣欣 曾禹人 刘义 符宏兵 莫春虎 王常微
《贵州省锑矿资源潜力评价报告》	贵州省地质调查院、贵州省有色金属和核工业地质勘查局三总队	仲麒维 黄明洁 蔡小勤 陶平 曾昭光 张慧 杨志勇 华兴 姚炼 朱大友 汪玉琼 杨胜发 胡从亮 刘应忠 陈光荣 袁义生 张家德 龙超林 况忠 龙胜清 黄欣欣 曾禹人 莫春虎 易国贵 李雪莲 王常微 邓毅 邬小芳
《贵州省汞矿资源潜力评价报告》	贵州省地质调查院、贵州省有色金属和核工业地质勘查局一总队	李向军 侯江萍 傅江红 苏翠兰 陈启飞 陶平 曾昭光 张慧 杨志勇 姚炼 朱大友 汪玉琼 范祥发 刘义 李雪莲 龙超林 袁义生 况忠 龙胜清 黄欣欣 曾禹人 莫春虎 易国贵 王常微 邓毅 邬小芳
《贵州省硫铁矿资源潜力评价报告》	贵州省地质调查院、中化地质矿山总局贵州地质勘查院	程玛莉 余敏华 苏威 吴丹 雷灵芳 王承波 董毓 朱朋朋 易庆波 陶平 曾昭光 张慧 杨志勇 姚炼 朱大友 汪玉琼 范祥发 刘义 李雪莲 龙超林 袁义生 况忠 龙胜清 黄欣欣 曾禹人 莫春虎 易国贵 王常微 邓毅 邬小芳
《贵州省重晶石资源潜力评价报告》	贵州省地质调查院、贵州省地质矿产勘查开发局一○三地质大队	袁良军 洪万华 吴自成 余万泽 占朋才 候兵德 覃智贵 叶飞 陶平 曾昭光 张慧 杨志勇 姚炼 朱大友 汪玉琼 范祥发 刘义 李雪莲 龙超林 袁义生 况忠 龙胜清 黄欣欣 曾禹人 莫春虎 易国贵 王常微 邓毅 邬小芳
《贵州省萤石资源潜力评价报告》	贵州省地质调查院、贵州省地质矿产勘查开发局一○三地质大队	叶飞 刘健 姚希财 吴自成 袁良军 陶平 曾昭光 张慧 杨志勇 姚炼 朱大友 汪玉琼 范祥发 刘义 李雪莲 龙超林 袁义生 况忠 龙胜清 黄欣欣 曾禹人 莫春虎 易国贵 王常微 邓毅 邬小芳
《贵州省冶镁白云岩资源潜力评价报告》	贵州省地质调查院、中化地质矿山总局贵州地质勘查院	雷灵芳 吴丹 余敏华 程玛莉 苏威 郭江波 潘国军 潘自滔 王承波 董毓 陶平 曾昭光 张慧 杨志勇 姚炼 朱大友 汪玉琼 范祥发 刘义 李雪莲 龙超林 袁义生 况忠 龙胜清 黄欣欣 曾禹人 莫春虎 易国贵 王常微 邓毅 邬小芳

贵州省重要矿种成矿规律及矿产预测专题成果，其汇总编制工作主要承担单位为贵州省地质调查院——承担了全省地质背景、区域物探、区域化探、遥感、自然重砂及非煤矿产地质专业的汇总工作。煤矿汇总工作由贵州省煤田地质局承担。中化地质矿山总局贵州地质勘查院参与了部分图件编制和矿产预测数据统计工作。详见表 1-2。

表1-2 《贵州省重要矿种区域成矿规律与矿产预测成果报告》主要编写人员表

章 名	主编	参与编写人员
第一章 概论	陶平 曾昭光	陶平 曾昭光
第二章 区域成矿地质背景	张慧	张慧 杨志勇 王常微
第三章 全省成矿区（带）与区域成矿规律	陶平 曾昭光	陶平 曾昭光
第四章 典型矿床	黄道光	黄道光 陈启飞 陶平 曾昭光
第五章 上扬子中东部成矿区（带）（Ⅲ77）成矿规律及矿产预测	曾昭光	曾昭光 杨志勇 姚炼 袁义生 况忠 莫春虎 朱大友 汪玉琼 龙超林 黄欣欣 范祥发 陈启飞
第六章 桂-黔-滇北部成矿区（带）（Ⅲ88）成矿规律及矿产预测	陶平	陶平 王常微 姚炼 袁义生 况忠 莫春虎 朱大友 汪玉琼 龙超林 黄欣欣 范祥发 陈启飞 曾昭光
第七章 江南隆起西段成矿区（带）（Ⅲ78）成矿规律及矿产预测	陈启飞	陈启飞 张慧 王常微 杨志勇 陶平 黄道光
第八章 全省重要矿种矿产预测成果汇总	陈启飞	陈启飞 范玉梅 刘义 程玛莉 雷灵芳
第九章 贵州省煤炭成矿规律及潜力预测	唐显贵	唐显贵 张伟 孔维敏 王华英 秦琴 秦文 田维江
第十章 贵州省重要矿种勘查部署建议	曾昭光	曾昭光 陈启飞
第十一章 结论	陶平	陶平
数据库	王常微	王常微 邬小芳 邓毅
附图	范玉梅	范玉梅 刘义 黄道光 王常微 邬小芳 邓毅

其后，将《贵州省重要矿种区域成矿规律与矿产预测成果报告》改版为本出版物。与原成果报告相比，本书章节结构做了较大调整，内容做了大量浓缩和删减。缩编人员主要有陶平、陈启飞、曾昭光、范玉梅等。

在项目在实施过程中，项目领导小组办公室主任赵震海，副主任郭强、叶玉国、龚和强、杨兵、王振宇、戴传固，成员周顺平、黄和英、孙钊、王筑生、高玉平、齐晓明、季涛、张金昂、郭振春、况顺达、徐治相履行了领导、指导、协调等职能，贵州省财政厅领导在省财政经费匹配等方面给予了大力支撑。

由贵州省国土资源厅提名组建的项目专家咨询组，组长由王砚耕研究员（贵州省地质矿产勘查开发局前总工程师）担任，成员有贵州省各相关专业的著名专家：①矿产专业——冯学仕、杜定全、韦天蛟、董家龙、胡瑞忠、陈舜牧；②物化遥专业——冯济舟、刘卓壁、汪隆六、况顺达；③煤炭专业——徐彬彬、黄克仁；④经济、信息专业——朱堂华、张伦伟、赵晓欧。在项目的实施过程中履行了技术理论指导、咨询和质量管理等职能。

此外，贵州省地质矿产勘查开发局（一〇一、一〇二、一〇三、一〇四、一〇五、一〇六、一一三、一一五、一一七地质大队）、贵州省煤田地质局、贵州省有色地质勘查开发局、中化地质矿山总局贵州地质勘查院的行政、技术领导在项目实施过程中给予了大力帮助。

第三节 主要研究成果

（1）对全省46个典型矿床进行了研究，主要对成矿时代、成矿要素、成矿模式、成矿作用等进行了总结。

（2）对全省铁、铝、铅、锌、银、铜、钨、金、锑、锰、镍、钒、钼、磷、稀土、萤石、重晶石、汞、硫铁矿、冶镁白云岩20个矿种的矿产预测类型进行了划分，共划分出40个矿产预测类型，56个矿床式，确定了61个预测工作区，并对61个预测工作区编制了各区成矿要素图、成矿模式图件。

（3）对全省铁、铝、铅、锌、银、铜、钨、金、锑、锰、镍、钒、钼、磷、稀土、萤石、重晶石、汞、硫铁矿、冶镁白云岩20个矿种成矿规律进行了研究，编制了15个矿种的成矿规律与成矿预测专题报告。

（4）对2007—2012年期间所划分的单矿种（或矿种组）Ⅳ级成矿亚区（带）、Ⅴ级矿带（田）进行了修订、完善和必要论述。在全国Ⅲ级成矿区（带）划分的基础上划分了14个Ⅲ级成矿区（带），54个Ⅳ级成矿亚区（带），并对其成矿条件、矿床地质特征及矿产资源现状和找矿潜力等进行了分析。

（5）在冯学仕等（2004）和陈毓川等（2007）建立的贵州及邻区矿床成矿系列的基础上，根据贵州省近年来矿产地质研究成果及本次潜力评价单矿种研究成果，划分了11个成矿系列，并对重要的矿床成矿系列的时空分布、成矿作用、区域成矿模式等进行了研究，对区域找矿有着一定的指导意义。

（6）对贵州省构造期划分，以及各构造期的成矿地质环境类别及其演化、成矿系列及其演化等进行了系统研究，获得了一系列新的认识。

（7）参照任纪舜（1999）区域成矿旋回划分方案，结合贵州省构造地质及成矿环境演化、成矿系列分布情况等，进行了贵州省成矿旋回及亚旋回的划分，进而建立了贵州省矿床成矿谱系。这些成果对贵州省成矿规律研究具有较大指导作用。

（8）对贵州省部分重要的矿床成矿系列，在进行矿床式及其典型矿床成矿模式研究的基础上，建立了适用于整个成矿系列或其中数个矿床式的多矿种综合区域成矿模式，对于区域成矿规律研究与区域找矿有着一定的指导意义。

（9）对贵州省含煤地层及各时期沉积煤层的沉积环境与聚煤规律、煤盆地构造演化和煤田构造及煤质变质特征进行了研究。

（10）对铁、铝、铅、锌、银、铜、钨、金、锑、锰、镍、钒、钼、磷、稀土、萤石、重晶石、汞、硫铁矿、冶镁白云岩20个矿种划分了40个矿产预测类型，归为沉积型、复合内生型、层控内生型、侵入岩型、火山岩型。对61个预测工作区编制了预测要素、预测模型、预测成果图。通过对各预测工作区预测要素、预测模型研究，圈定了524个最小预测区（找矿靶区），并对各最小预测区进行了分类（A、B、C三类）。

圈定最小预测区（找矿靶区）524个，其中铝土矿32个，预测资源量71 433×10^4t；金矿93个，预测资源量1026t；磷矿35个，预测350 586×10^4t；锑矿29个，预测资源量55.91×10^4t；铅锌银矿60个，预测铅466.96×10^4t，锌1 391.51×10^4t，银1272t；锰矿30个，预测资源量31 142×10^4t；铁矿34个，预测资源量152 963×10^4t；稀土矿1个，预测16.91×10^3t；重晶石矿39个，预测资源量36 320×10^4t；镍钼钒85个，预测钼110×10^4t，镍59×10^4t，钒11 531×10^4t；硫矿60个，预测硫矿175 167×10^4t；萤石矿12个，预测萤石矿1475×10^4t；铜矿13个，预测铜矿179 299t；钨矿1个，预测资源量26 202t。

（11）建立了贵州省重要矿种矿产预测类型谱系表，以此阐明了全省各个矿产预测类型的成矿时代、所属成矿区（带）、主要预测要素、矿种、典型矿床及其所属全国评价模型和编号。

（12）对全省各矿种查明资源储量、预测资源量，以及不同埋深（500m以浅、1000m以浅、2000m以浅）、不同精度（334-1、334-2、334-3）、不同可信度及不同可利用性等的预测资源量进行了分别统计。对于摸清贵州省矿产资源家底，进行地质勘查开发工作的宏观部署有一定的指导意义。

（13）对全省各单矿种圈定的524个最小预测区进行综合分析，划分了54个综合预测区，并对各综合预测区找矿潜力进行了综合评述。

(14)对贵州省煤炭成矿规律进行了进一步研究,同时进行了不同角度、不同尺度的煤矿潜力预测成果统计汇总,对贵州省煤炭资源开发利用潜力进行了评价。认为贵州省煤炭资源主要集中在中部和西部,预测的煤种相对集中。其中,六盘水煤田是省内最大的炼焦用煤基地,织纳煤田、黔北煤田和兴义煤田是贵州省的优质无烟煤基地。综合评价出优等资源量 $231.8034×10^8$ t,优等区 40 个,主要集中于六盘水煤田西部及西南部、黔北煤田南部、织纳煤田西部和兴义煤田西北部。贵州省其他地区分别为良和差。

(15)截至 2009 年 12 月底,贵州省累计探获煤炭资源量 $707.61×10^8$ t,2000m 以浅潜在资源量 $1880.94×10^8$ t,煤炭资源总量 $2588.55×10^8$ t,与第三次煤田预测进行比较,煤炭资源总量增加 $168.93×10^8$ t,总资源量变化率为 7.0%,黔北煤田资源量增加较多,增加 $147.85×10^8$ t,黔南煤田新增 $4.24×10^8$ t。

(16)根据贵州省重要矿种勘查程度及找矿潜力,结合中央和地方相关战略规划部署,尤其是贵州省矿产资源总体规划、"246"找矿战略行动计划、"十二五"能源发展、有色金属产业发展规划、工业布局及重点产业发展专项规划、工业强省战略、"五个 100 工程""四个一体化"项目等,对贵州省矿产勘查划分了 19 个综合勘查区,并提出了近期、中期、远期勘查规划部署建议。

(17)根据贵州省矿产资源潜力评价成果,收集勘查、开发资料,对煤、铝、磷、锰、金、锑、铅锌、重晶石矿产资源的供需进行了分析,对其开发现状及未来开发进行了预测。

第二章　成矿地质环境及矿产资源概况

第一节　成矿地质环境

一、大地构造位置

对于贵州所处的大地构造位置这个问题，历来有不同意见和划分方案。李春昱(1982)认为贵州跨华南—东南亚板块和华南褶皱造山带；《贵州省区域地质志》(1987)在传统的槽台观点中，将贵州划分为扬子准地台和华南褶皱系两个并列的Ⅰ级构造单元；《中国区域地质概论》(1994)则认为扬子陆块与华南活动带的Ⅱ级构造单元界线通过本区，但对此界线的圈定持有不同认识。程裕淇等(1994)主张以北东向的师宗-弥勒断裂和北西向紫云-水城隐伏断裂作为扬子陆块和华南活动带的边界。王砚耕(1991)将贵州大地构造分为"一块两带"，即扬子陆块、江南造山带和右江造山带。本次贵州省大地构造划分充分考虑了区域成矿地质条件的统一性和成矿背景的差异性，并以全国大地构造分区为基础进行划分。按全国划分方案，贵州省大地构造单元均在Ⅱ级构造单元内，属于扬子陆块区(Ⅰ级构造单元)的上扬子陆块(Ⅱ级构造单元)，其南部与华夏陆块相邻并受其影响(图2-1)。

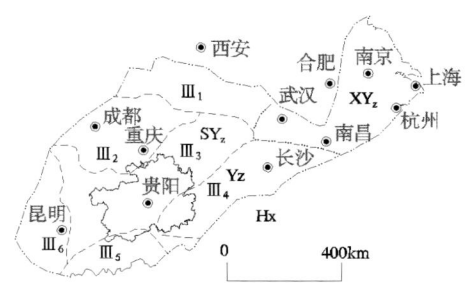

图 2-1　扬子陆块及邻区大地构造单元

Ⅰ级构造单元：Yz.扬子陆块(整个粗点线圈闭范围)；Hx.华夏陆块。Ⅱ级构造单元：SYz.上扬子陆块；XYz.下扬子陆块。Ⅲ级构造单元：Ⅲ$_1$.上扬子北缘活动带；Ⅲ$_2$.川中中生代前陆盆地；Ⅲ$_3$.鄂湘渝黔前陆褶皱冲断带；Ⅲ$_4$.江南加里东造山带；Ⅲ$_5$.南盘江-右江印支造山带；Ⅲ$_6$.康滇隆褶带

二、地层及沉积岩

贵州地层发育比较齐全，青白口系至第四系都有出露(表2-1)。青白口系—三叠系主要为海相沉积，间或有火山岩及火山碎屑岩。侏罗系—第四系全为陆相沉积。沉积类型多样，古生物化石丰富。

表 2-1 贵州省地层序列表

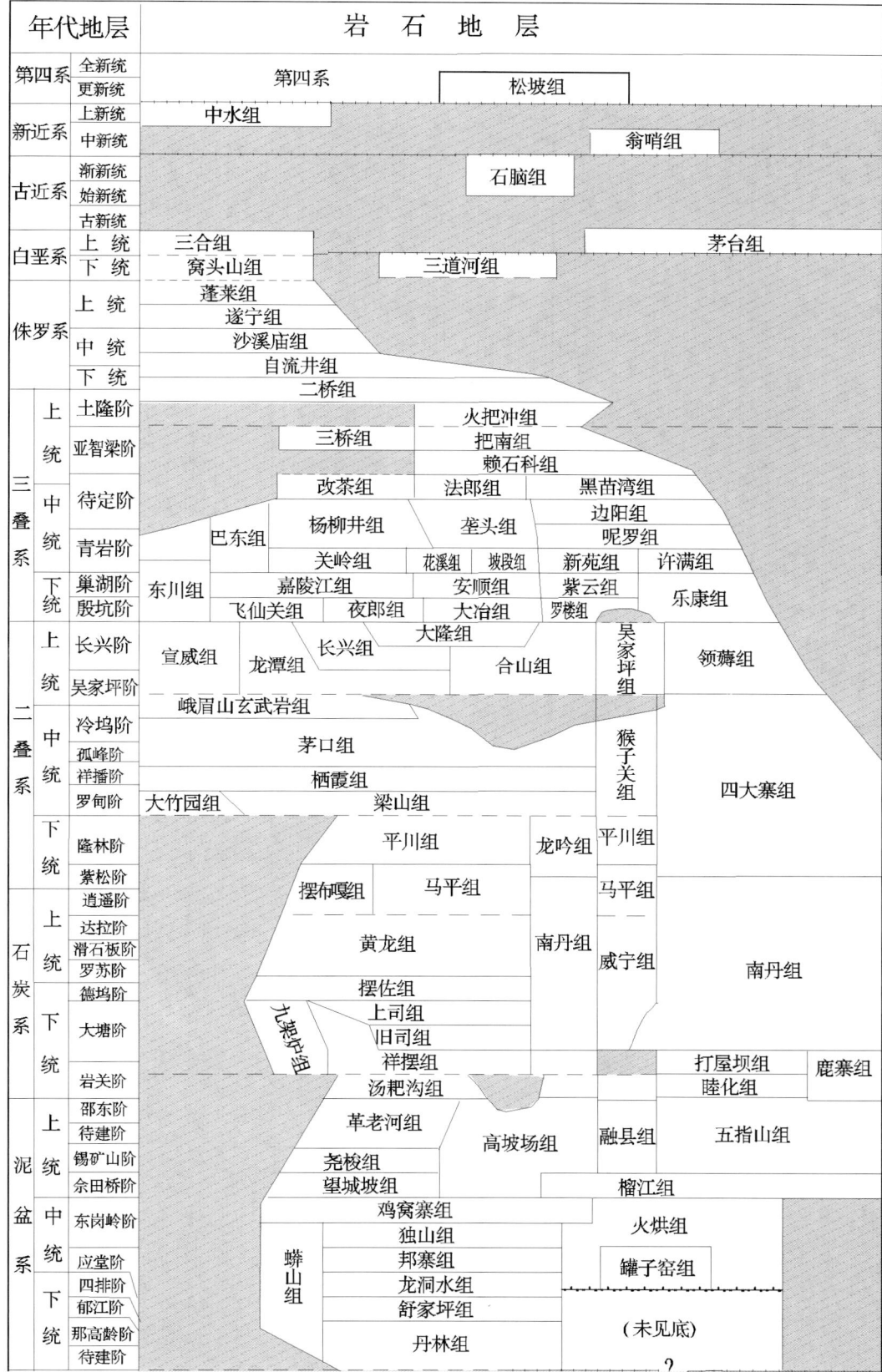

续表 2-1

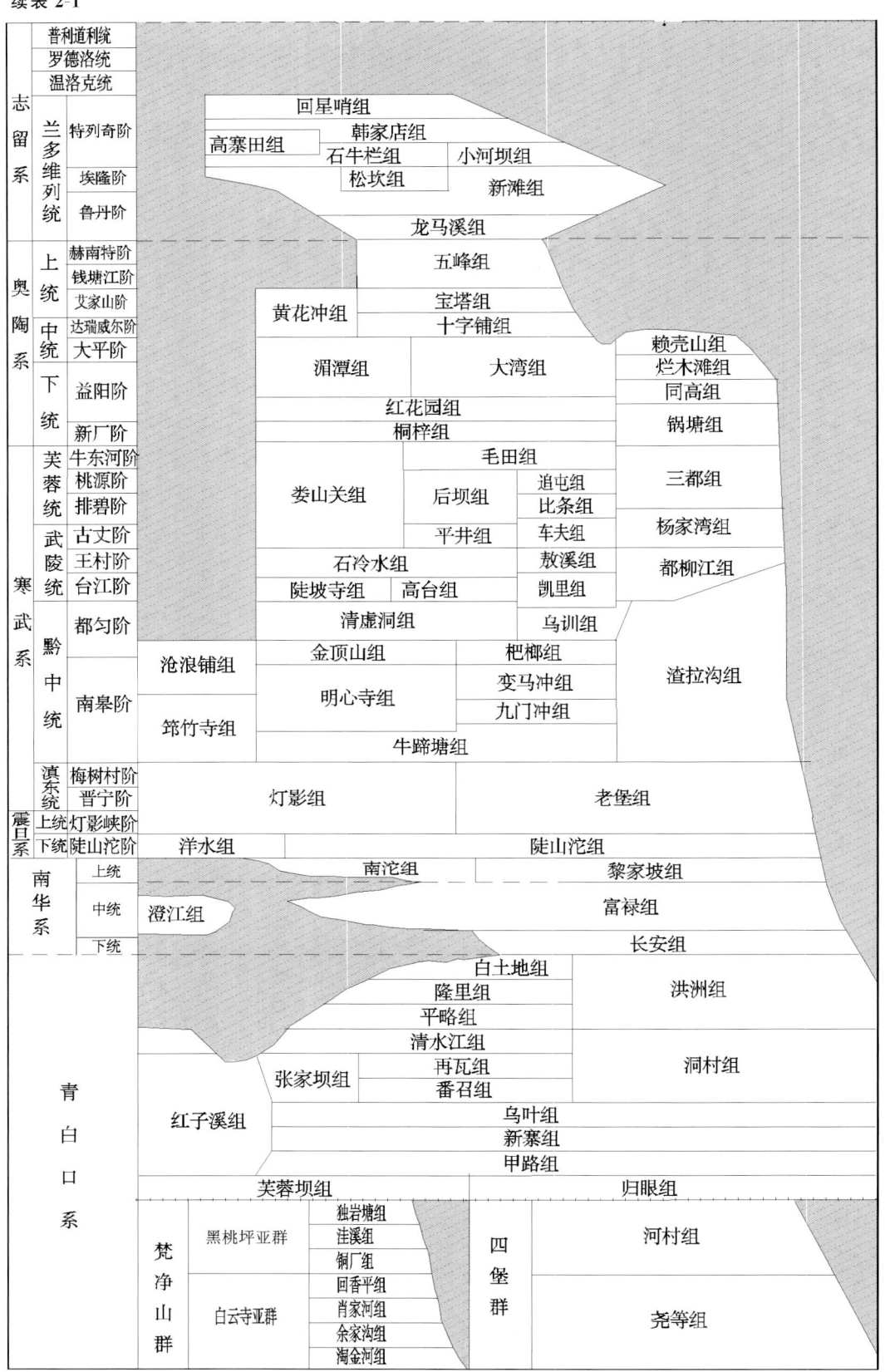

1. 青白口系

1）梵净山群、四堡群

出露在梵净山地区的地层称为梵净山群，出露于黔桂毗邻地区的地层称为四堡群。它们都是浅变质的海相砂泥岩夹火山岩。梵净山群总厚大于9400m，下部白云寺亚群为变质细碧-石英角斑岩、层状基性—超基性岩与沉积变质岩互层，上部核桃坪亚群为变质沉积岩。地质年代870～820Ma。

2）板溪群、下江群、丹洲群

板溪群、下江群、丹洲群主要分布在黔东地区，以浅变质海相砂泥岩为主，夹远源火山碎屑岩，浊流沉积发育，与下伏梵净山群/四堡群呈角度不整合，保存厚2100～11 000m。自北西向南东，地层保存不全→齐全，砂岩及火山碎屑岩减少。黎平—从江一带长期处于相对深水位区，并且有少量基性火山岩夹层。地质年代建议为820～750Ma。

2. 南华系

南华系主要分布在黔东地区，与下伏下江群呈平行不整合接触，局部微角度不整合，在黎平—从江一带为整合接触。岩石地层分为6个组，其中长安组、黎家坡组/南沱组以大量冰成杂砾质岩为主，分别代表两个大的冰期沉积，长安组和黎家坡组是冰海相，南沱组是大陆冰川相；富禄组、大塘坡组及澄江组代表间冰川期沉积，富禄组以滨浅海相砂泥岩为主，大塘坡组是贵州主要的锰矿产出层位，澄江组是紫红色河湖相砂泥岩。自南东向北西，长安组、富禄组/澄江组、南沱组超覆于下江群不同层位之上，沉积从以海相为主变为以陆相为主；厚度由大变小，在黎平、从江一带总厚可达4000～5000m，至瓮安杂丁附近厚度已不足20m；变质程度也由南东的低绿片岩向北西至仅有轻微变质的极低级变质岩。

3. 震旦系

震旦系分布较广而零星，自下而上分为洋水组/陡山沱组、灯影组/老堡组。洋水组见于黔中开阳、息烽、瓮安、福泉一带，为滩、丘相磷块岩及白云岩组合，厚度最大可达50m，是重要的磷矿含矿层位。与下伏南沱组、澄江组或下江群清水江组为平行不整合关系。陡山沱组为滨岸—陆棚相沉积，主要为黏土岩、白云岩互层，偶夹磷块岩层或结核，厚度增大，最厚达320m，一般与下伏南沱组整合，清镇铁厂一带与澄江组为平行不整合。灯影组为白云岩，老堡组为硅质岩。总体来说，灯影组居下，老堡组居上，各自都有部分跨及寒武系。灯影组自北西向南东变薄至相变尖灭，老堡组自南东向北西变薄至相变尖灭。灯影组厚450～480m，老堡组最厚200m。织金新华、五指山等地，灯影组上部夹磷块岩也构成工业矿床。天柱大河边一带，老堡组顶部夹重晶石层，构成大型矿床。

4. 寒武系

寒武系分布广泛，与下伏震旦系多为连续过渡，虽因后期剥蚀而使中西部地区有不同程度缺失，总体上4个统堪称发育齐全。具有滨岸—陆棚—斜坡相砂泥岩及碳酸盐岩建造，是汞、铅锌、磷、重晶石及镍、钼、钒等矿产产出的重要层位。沉积总厚度一般1000～2000m，最厚达3000m。底部灯影组和老堡组主体属震旦系，顶部娄山关组和毛田组跨奥陶系，锅塘组主要属奥陶系。自下而上，由以砂泥岩为主变为以碳酸盐岩为主，自西北向南东具滨岸→陆棚或碳酸盐台地→斜坡→盆地的明显分带性。松桃—玉屏—丹寨一线西北长期处于相对浅水区，以沉积滨浅海相砂泥岩或台地相碳酸盐岩为主。该线东南为斜坡—盆地相，以常夹砾屑灰岩的碳酸盐岩及黏土岩组合为特征。

5. 奥陶系

奥陶系分布广泛，与下伏寒武系整合过渡，黔北发育良好，3统齐全，黔中及黔南因后期剥蚀而不同程度缺失。继承寒武系古构造地理基本格局，主要为台地相碳酸盐岩和滨海—浅海砂泥岩建造，仅三都地区为斜坡—陆棚盆地相碳酸盐岩（发育砾屑灰岩）、黏土岩和少量硅质岩。沉积总厚一般300～600m，最大可逾1000m。下奥陶统及上奥陶统主要是碳酸盐岩，中奥陶统主要是砂泥岩。

6. 志留系

志留系主要分布在黔北，其次为黔南，黔西偶见，黔中及黔东南大片地区缺失。已见露头区域大多仅有下志留统（兰多维列统），唯西部赫章狗飞寨局部有上志留统（罗德洛统）。上与泥盆系、石炭系或二叠系平行不整合，与下伏奥陶系自北而南由整合至平行不整合。沉积建造主要是滨浅海相砂泥岩，少量碳酸盐岩。

7. 泥盆系

泥盆系分布于赫章郎家冲—织金杜家桥—施秉—榕江一线以南地区，其北地区缺失。沉积相带有滨岸、台地及斜坡—盆地。斜坡—盆地相区主要在威宁—紫云—望谟、罗甸一带，总体走向北西，中心地带未见底，厚度大于2362m。在滨岸、台地相区，下、中泥盆统上部主要为滨岸相砂泥岩组合，中泥盆统上部及上泥盆统主要为厚层块状碳酸盐岩，与下伏寒武系—志留系不同层位呈平行不整合或角度不整合接触，沉积厚度最大2340m。在斜坡—盆地相区，下、中泥盆统以黑色黏土岩为主，或有砾屑灰岩及礁灰岩，上泥盆统为薄硅质岩及泥质条带灰岩等。

8. 石炭系

石炭系主要分布在毕节—修文—凯里—天柱一线以南的地区，而在该线以北、遵义—余庆—三穗以南的地区及正安、道真等地零星可见。与下伏泥盆系整合接触，或与泥盆系—青白口系不同地层平行不整合及角度不整合接触，下石炭统有部分沉积缺失。上被二叠系整合覆盖，因后期剥蚀而缺中上石炭统甚至全部。继承泥盆系的构造地理格局，在六盘水—紫云—望谟、罗甸一带为斜坡—盆地相区（俗称"黑区"），以深灰、灰黑色含硅质岩团块的灰岩为主，或夹砾屑灰岩，下部有深灰—黑色黏土岩，夹薄层硅质岩或泥质岩，总厚度2010m；在其余地区为滨岸、台地相区（俗称"白区"），以浅灰、灰色碳酸盐岩（石灰岩及白云岩）为主。下石炭统早期有滨岸相含煤碎屑岩建造及铁铝岩建造，由南向北上超退积相带明显。总厚最大约1980m。

9. 二叠系

二叠系在梵净山—镇远—榕江以西的地区广泛分布，其东天柱、黎平、从江等地零星见及，总厚度最大约2880m。船山统仅见于赫章—平坝—都匀—黎平以南（该线之北缺失），船山统—阳新统之间、阳新统—乐平统之间大多为平行不整合，阳新统可以超覆到石炭系—青白口系下江群不同层位之上。继承石炭系沉积格局，普安龙吟—关岭—望谟、罗甸一带长期为斜坡—盆地相区，该区船山统—阳新统之间或为整合接触，主要岩性为深灰色、灰黑色含硅质岩团块的灰岩、黏土岩，夹砾屑灰岩、硅质岩及泥灰岩，镇宁巴窝及罗甸红水河等地有阳新世偏碱性玄武岩及潜火山岩相辉绿岩。其余广大地区，船山统为台地相浅灰、灰色石灰岩；阳新统底部有滨岸相含煤碎屑岩及铁铝岩建造，主体为台地相碳酸盐岩建造，遵义、黔西等地有锰质岩建造；贵州的西部及中部息烽、瓮安等地有时代跨阳新统—乐平统的大陆溢流拉斑玄武岩及潜火山岩相辉绿岩。乐平统自北西向南东变化为：以陆相含煤碎屑岩建造为主→以滨岸海陆交互含煤建造为主→以台地相碳酸盐岩建造为主，且有海水向上变深、海盆退积扩展趋势。二叠系是贵州煤、锰、铝、硫铁矿等矿产的重要产出层位。

10. 三叠系

除黔东锦屏新化和黎平想钱山残存少量下三叠统之外，其余广大地区均有分布。下三叠统—上三叠统中下部，以福泉马场坪—贵阳青岩—安顺龙宫—贞丰连环寨—安龙坡脚—兴义泥凼（呈"S"形）一线为界，其北主要为浅水沉积区，其南主要为深水沉积区。浅水沉积区有陆相红色砂泥岩建造，滨岸、潮坪砂泥岩及碳酸盐岩建造，台地碳酸盐岩(石灰岩及白云岩)建造等，以台地(开阔的或局限的)相为主。深水沉积区为斜坡—盆地相，主要为陆源碎屑浊流沉积的砂泥岩建造，尚有泥晶灰岩及砾屑灰岩等。罗甸板庚地区有被深水沉积区围限的孤立台地("大贵州滩")，与同"浅水沉积区"贵阳、安顺一带的建造特征相同。两类地区相变急剧，遥感影像或实地景观十分醒目。上三叠统上部(火把冲组及二桥组)为大型内陆盆地河湖相砂泥岩建造，或夹煤层，与下伏中—上三叠统不同层位平行不整合。

11. 侏罗系

侏罗系在道真—贵阳—贞丰以西地区星散分布，东部仅天柱附近见及，唯赤水—习水一带，上、中、下3统保存齐全，最大厚度大于3000m。其岩性主要为大型内陆盆地河湖相砂泥岩建造，少量湖相碳酸盐岩(灰岩及泥灰岩)，砂泥岩主要为红色。

12. 白垩系

白垩系在全省星散分布，赤水—习水地区与四川盆地毗连成片，是大型内陆盆地河湖相红色砂泥岩建造，称为嘉定组，时代属早白垩世晚期至晚白垩世，与下伏上侏罗统平行不整合，残厚520～1300m。省内大多数地区的白垩系茅台组是山间盆地河湖相(主要为洪冲积)红色砾岩-含砾砂岩-泥岩旋回组合，时代属晚白垩世，与下伏侏罗系—青白口系下江群不同地层角度不整合，残厚最大1440m。威宁三道河地区三道河组也是山间盆地相红色砾岩及砂岩旋回层，与下伏上三叠统三桥组为平行不整合，未获确切时代依据，暂定为早白垩世，残厚最大150m。

13. 古近系

古近系仅见于盘县石脑，称为石脑组，是小型山间盆地河湖相(主要为洪冲积)杂色(红为主)砾岩、含砾砂岩、泥岩旋回组合，局部夹褐煤煤线或透镜体，与下伏中三叠统角度不整合，残厚约220m。

14. 新近系

新近系仅在威宁、施秉等地见及，均为小型山间盆地河湖及沼泽沉积，施秉下翁哨的翁哨组主要为弱固结的灰、灰绿色含砾黏土岩和褐煤，最大厚220m，威宁中水附近的中水组由弱固结的灰色砾岩、含砾砂岩及黏土岩组成，厚60m；该层位在威宁草海附近为未固结的砂、黏土及粗砂—角砾层，厚30～80m。据生物组合、古地磁等综合分析，翁哨组时代为中新世，中水组为上新世，窑上组和陈选屯组属上新世晚期至更新世早期。

15. 第四系

第四系分布广泛而零散，连片掩覆范围及厚度都很小，基本特征可称为内陆山地多成因松散堆积组合，主要的成因类型为冲洪积、湖沼积、冰碛、残坡积，尚有洞穴堆积、钙华堆积等。

三、岩浆岩及变质岩

(一)岩浆序列

在系统收集和整理贵州及邻区岩浆岩资料的基础上，特别是近年来同位素测年样品采集，获得一批锆石U-Pb测年数据，建立了岩浆序列和年代格架。贵州发育有拉斑玄武质系列、超酸性过铝质A2型浅色白云母花岗岩及花岗伟晶岩系列、石英钠长斑岩系列、超酸性过铝质S型花岗岩系列、过铝质花岗岩系列、钾镁煌斑岩系列、橄榄拉斑玄武质系列、石英拉斑玄武质系列和钙碱性煌斑岩系列。各类岩浆岩的岩浆性质为幔源基性岩浆和壳源酸性岩浆两类。

(二)构造-岩浆旋回

1. 新元古代梵净山/四堡时期(武陵)构造-岩浆旋回

(1)梵净山地区超基性—基性岩的地质特征和岩石地球化学标志,都显示与梵净山群细碧角斑岩为同期同源的产物,与梵净山群火山-沉积地层同步褶皱,并被板溪群角度不整合覆盖,因而将它置于新元古代梵净山时期构造岩浆旋回。

(2)新元古代梵净山/四堡时期的晚期,扬子与华夏两个陆块碰撞拼接构成华南陆块,后碰撞环境的地幔热柱作用导致地壳局部熔融以及壳幔相互作用,形成了梵净山强过铝白云母花岗岩及酸性脉岩。岩体也被板溪群覆盖,因而将其置于新元古代梵净山时期构造岩浆旋回。

(3)新元古代梵净山/四堡时期末,造山运动最后隆升形成的是大陆板块构造背景,地幔热柱作用导致在陆内环境形成了从江地区摩天岭花岗岩及酸性脉岩。依岩石化学成分判断的构造环境也是大陆板内,因而将其置于新元古代梵净山/四堡时期构造旋回末为妥。

2. 新元古代下江时期—早古生代(雪峰—加里东)构造岩浆旋回

(1)从江刚边及归林地区的花岗斑岩是新元古代梵净山/四堡时期摩天岭花岗岩形成之后,延续的地幔热柱作用使地壳浅部沉积岩石准原地局部熔融的产物,已跨到新元古代下江时期。

(2)从江地区超基性—基性岩的岩石地球化学标志显示与产于下江群的基性火山岩同属裂谷盆地环境同期同源玄武岩岩浆活动的产物,因而归于新元古代下江时期—早古生代构造岩浆旋回的早期。

(3)麻江和施秉—镇远一带的钾镁煌斑岩,依测年数据和地质背景判断,形成时期可定在新元古代下江时期—早古生代构造岩浆旋回的志留纪末。

3. 新生代(喜马拉雅)构造岩浆旋回

地质特征和测年数据都表明黔东南雷山等地及黔西南地区的钙碱性煌斑岩形成时代较新,只能是晚古生代—中生代旋回末期或之后稳定陆块环境伸展作用的产物,侵位时代很可能跨入了新生代。

(三)变质岩

1. 变质作用

贵州的变质作用主要为与褶皱造山运动相关的区域变质作用及区域变质岩,其次为与断裂构造作用相伴的动力变质作用及动力变质岩,另在岩浆岩体边缘少量分布接触变质、气液变质作用及相应的变质岩。

2. 区域变质岩

区域变质岩主要分布于黔东地区,为低绿片岩相变质岩,与武陵运动及加里东造山运动相伴产出,受叠加变质影响,整体表现出由下向上变质变形减弱。随武陵及加里东造山中心向南东迁移,变质岩亦同步表现出向北西渐次减弱至未变质,即同一地层在靠近构造运动强烈地域(造山带内带)变质变形表现强烈,远离则表现减弱(造山带外带)至未变质(造山带前陆)。青白口系—南华系在印江—施秉—凯里—丹寨—三都一线以东变质、变形明显,以西变质变形微弱、基本未变质;震旦系—下古生界在该线以东变质、变形微弱,以西基本未变质。

产出的岩石主要有板岩、变余砂岩及变质火山碎屑岩,少量片岩、千枚岩、变余基性—超基性岩及大理岩等。变质的特征变质矿物有绿泥石、绢云母、石英,少量黑(白)云母等。可分为二云母—绿泥石—绢云母带、绿泥石—绢云母带与水云母—绢云母带。二云母—绿泥石—绢云母带与绿泥石—绢云母带的分界大致在四堡岩群(梵净山群)与丹洲群(下江群、板溪群)之间(武陵不整合界面);绿泥石—绢云母带与水云母—绢云母带的分界大致在南华系与震旦系间;水云母—绢云母带与成岩带的分界大致在志留系与泥盆系间(加里东不整合界面)。

3. 动力变质岩及接触变质岩

动力变质岩主要产出在断裂带及附近,岩石类型有构造角砾岩、碎裂岩、初糜棱岩(糜棱岩化岩)及构造片岩。接触变质岩主要产出在侵入岩附近,主要有热接触变质岩及气-液变质岩,前者产出的岩石类型有角岩和石榴子石变质岩两类,后者产出的岩石类型主要有云英岩、大理岩及透闪石岩(罗甸软玉)等类型。

四、区域构造

(一)大地构造单元划分

本次进行贵州省大地构造划分时,充分考虑了区域成矿地质条件的统一性和成矿背景的差异性,并以全国大地构造分区为基础进行划分。按全国划分方案,贵州省大地构造单元均在Ⅱ级构造单元内,所划分Ⅰ级、Ⅱ级、Ⅲ级构造单元及编号与全国保持一致,Ⅳ级、Ⅴ级构造单元为省内自行划分和编号。

通过近年调查研究和区域构造资料证明,该划分方案是基本可行的;再据滇黔桂毗邻区近年来取得的地球物理、地球化学和遥感成果,结合本省的区域地质特征综合分析,并根据全国矿产资源潜力评价项目"统筹全局、兼顾各方、统一思路、统一方法"的原则,按其推荐的全国大地构造划分方案,贵州为扬子陆块一级构造单元内的上扬子陆块二级构造单元,并进一步划分为川中前陆盆地(中生代)、扬子陆块南部被动边缘褶冲带、南盘江-右江前陆盆地(三叠纪)和雪峰山基底逆推带共4个Ⅲ级构造单元(表2-2,图2-2)。

表2-2 全省大地构造分区初步划分简表

Ⅰ级	Ⅱ级	Ⅲ级	Ⅳ级
扬子陆块区(Ⅴ)	上扬子陆块(Ⅴ-2)	川中前陆盆地(中生代)(Ⅴ-2-4)	
		扬子陆块南部被动边缘褶冲带(Ⅴ-2-7)	铜仁逆冲带(Ⅴ-2-7-1)
			凤冈滑脱褶皱带(Ⅴ-2-7-2)
			毕节前陆褶皱带(Ⅴ-2-7-3)
			六盘水叠加褶皱带(Ⅴ-2-7-4)
			黔中隆起(Ⅴ-2-7-5)
			都匀滑脱褶皱带(Ⅴ-2-7-6)
		雪峰山基底逆推带(Ⅴ-2-9)	
		南盘江-右江前陆盆地(Ⅴ-2-10)	

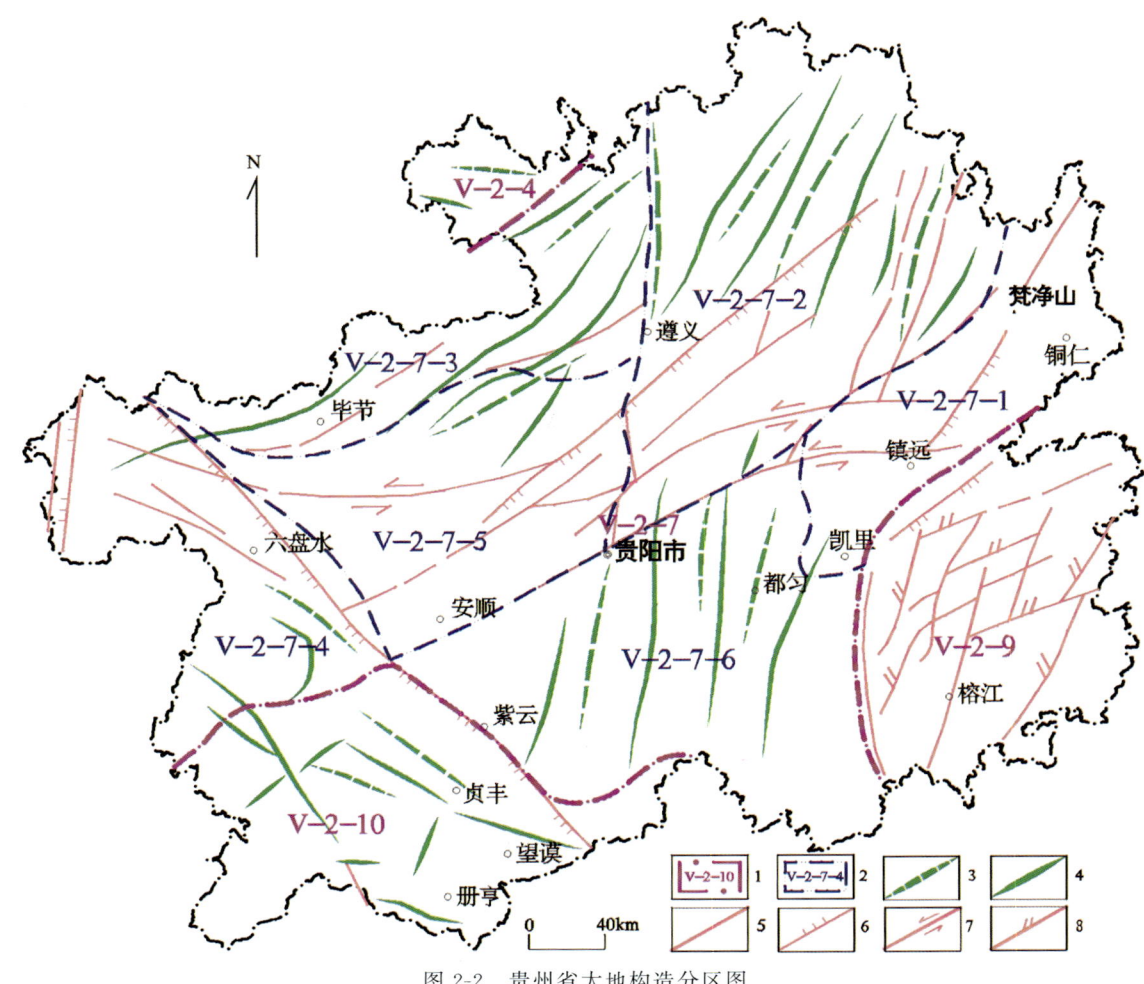

图 2-2 贵州省大地构造分区图

1.Ⅲ级构造单元编号及界线;2.Ⅳ级构造单元编号及界线;3.向斜轴;4.背斜轴;5.断层;6.逆冲断层;
7.走滑断层;8.剪切断层(各个Ⅲ级、Ⅳ级构造单元编号所对应的名称详见表2-2)

(二)Ⅲ级构造单元特征分述

1. 扬子陆块南部被动边缘褶冲带(V-2-7)

扬子陆块南部被动边缘褶冲带(V-2-7)分布范围为黔北、黔东北、黔中、黔南和黔西,占据省内大部,为典型的前陆褶皱-冲断带。以侏罗山式褶皱发育最好、分布广泛。卷入这个褶皱带的地层从新元古界至中生界,省内北半部以早古生代地层为主体;南部则主要是上古生界和三叠系。其褶皱型式以隔槽式最发育,在平面上和剖面上均呈雁形排列,其次为类隔槽式、隔挡式,疏密波状和箱状褶皱。大型断裂多以大型褶皱构造相伴发育并平行展布,共同构成典型的褶皱-推覆构造。总体来看,自东(南东)向西(北西),褶皱和断裂的强度均减弱,卷入的地层亦逐渐变新,褶皱型式呈隔槽式—类隔槽式—疏密波式—箱状褶皱变化;逆冲断层亦减少或规模变小,并为高角度正断层替代,在邻近四川盆地边缘的毕节、大方一带,尚有台阶状断层出现。

大地构造(相)特征总体反映为由新元古代开始至中三叠世演化的碳酸盐岩台地。包含:①开阳金钟至南龙陆缘裂谷亚相(Pt_3);②遵义松林至清镇铁厂冰川碎屑岩亚相(Nh);③遵义碳酸盐台地亚相(Z—O);④凤冈陆棚碎屑岩亚相(S);⑤威宁至独山陆源碎屑-碳酸盐台地亚相(D—C);⑥普安罐子窑至水城台缘斜坡-台盆亚相(D_2—P_1);⑦毕节燕子口至印江碳酸盐台地亚相(P_2—T_2);⑧织金至金沙海陆交互亚相(P_3);⑨盘县至威宁板内岩浆岩亚相($\beta\mu$);⑩安顺龙宫至贵阳青岩台地边缘-斜坡亚相(T_{1-2});⑪板庚台地边缘-斜坡亚相(T_{1-2});⑫平塘至安顺旧州陆缘裂谷亚相(T_{1-2});⑬桐梓夜郎至大方新场压陷盆地亚相(T_3—J);⑭茅台山间盆地亚相(K_2)。

2. 雪峰山基底逆推带(V-2-9)

雪峰山基底逆推带(V-2-9)分布于黔东南地区的黎平、榕江、从江、剑河、锦屏和雷山等县,向南和向东延入广西和湖南。卷入构造带最老地层为新元古界四堡群,主要地层为青白口系及南华系浅变质的陆源碎屑岩系,其次为零星分布的古生代及中生代地层。四堡群、青白口系—下古生界、上古生界及中新生界褶皱样式不一。四堡群褶皱紧密;青白口系、南华系及下古生界多为开阔褶皱,轴面近直立,由其构成的复式褶皱也具相同的形态特征;上古生界及中、新生界褶皱舒缓,变形微弱。它们分别由武陵运动、加里东运动及燕山—喜马拉雅运动形成。各期构造线方向主要为北东向,褶皱轴向在榕江—天柱一线以西主要为北北东向,以东主要为北东向。带内断裂构造较为发育,表现为北东东向和北北东向两大套断裂系统,它们彼此相交、联合,将本区分割成若干大小不等的菱形、矩形块体。在雷山西江和台江革东等地发现有脆-韧过渡性剪切带或劈理密集带。武陵造山运动和加里东运动对本区构造演化具深刻影响,形成的"双重基底"是有别于其他地区的主要特色。

该地区各地质历史阶段的岩浆活动相对强烈,武陵期有基性—超基性岩侵位,雪峰期有小型的基性岩浆活动,加里东期有碰撞型花岗岩和后造山钾镁煌斑岩侵位,燕山期有后造山钙碱性煌斑岩侵位。

大地构造(相)总体反映为由新元古代至南华纪陆缘裂谷演化的特征。包含:①从江尧等古弧盆亚相(Pt_3);②从江摩天岭后碰撞岩浆岩亚相($Pt_3\gamma$);③从江甲路磨拉石盆地亚相(Pt_3);④从江-锦屏陆缘裂谷碎屑岩亚相(Pt_3);⑤从江刚边—归林及宰便陆缘裂谷岩浆岩亚相($Pt_3\beta\mu$);⑥黎平肇兴陆缘裂谷盆地碎屑岩亚相(Nh);⑦天柱坪地-黎平龙额台盆亚相(Z—$\in$);⑧天柱-黎平贯洞碳酸盐岩台地亚相(C—P);⑨天柱邦洞压陷盆地亚相(J_{1-2});⑩榕江车江山间盆地亚相(K_2)、⑪雷山板内岩浆岩亚相(χB)。

3. 南盘江-右江前陆盆地(三叠纪)(V-2-10)

师宗-弥勒断裂带和紫云-六盘水断裂带在省内的围限区域属滇黔桂"金三角"的组成部分,是由扬子被动边缘碳酸盐台地演化而成的一个中晚三叠世周缘前陆盆地。卷入这个带的地层为上古生界至中生界,其中以中上三叠统的陆源碎屑复理石最引人注目。构造变形组合样式具显著"条""块"镶嵌特色,即北东向、北西向强度变形带("条"——紧闭形褶皱及逆冲断裂)与弱变形块("块"——宽缓短轴型褶皱区)镶嵌。其主要形成时期可能是燕山期。此种格局与隐伏深大断裂有关(它们在晚古生代及三叠纪有同沉积活动,往往控制了沉积相变)。

该区岩浆活动产物有分布在晚古生代槽盆位区的二叠纪偏碱性玄武岩及潜火山岩相辉绿岩和燕山期后造山阶段侵位的钙碱性煌斑岩。

大地构造(相)总体反映泥盆纪至二叠纪为裂谷盆地,三叠纪为前陆盆地的演化特征。包含:①册亨-罗甸陆缘裂谷亚相(T_1—T_3);②兴义泥凼-贞丰者相台缘—斜坡亚相(T_2+p);③兴义-紫云碳酸盐台地亚相(P_2—T_3);④乐旺碳酸盐孤立台地亚相(D_2—P);⑤冗渡-桑郎台地斜坡—盆地亚相(D_2—P);⑥罗甸—罗悃陆内裂谷岩浆岩亚相($P_2\beta\mu$);⑦普安-大厂板内岩浆岩亚相(P_{1-2});⑧贞丰—鲁贡板内岩浆岩亚相(χB);⑨沙子-龙场海陆交互亚相(P_3、T_3);⑩龙场压陷盆地亚相(T_3);⑪白碗窑-茂井山间盆地亚相(K_2、E_{1-2})。

4. 川中前陆盆地(中生代)(V-2-4)

川中前陆盆地(中生代)(V-2-4)主体在四川,贵州省仅涉及北端的赤水和习水两市(县)。卷入该构造单元的地层主要为上三叠统二桥组和侏罗系自流井组綦江段的含煤岩系组合,以及綦江段以上至上白垩统的陆相红层组合。构造变形比较微弱，褶皱一般为开阔型，地层倾角一般不超过10°，主要呈近东西向分布，最大者为象鼻场向斜，仅省内已延长50km，向西进入四川，其型式以横弯顶薄者为主，其次为北西向，延伸多小于30km。上述构造变形显然是稳定克拉通上的盖层褶皱，属前陆盆地的类日耳曼型。断裂构造不发育，仅见一些小型的正断层。这可能与四川盆地的基底是硬化程度很高的早前寒武纪结晶岩系有关。

川中前陆盆地（Ⅲ级）仅一个Ⅳ级构造相单元，即赤水压陷盆地亚相（yxpd），表现为河—湖相砂、砾—粉砂岩、泥岩沉积建造组合特征。

五、地质演化

根据贵州省区域地质构造特征和地史时期的主要地质事件，探讨贵州地壳的发展演化及其基本特征，将贵州大地构造划分为4个阶段（表2-3）。

（一）新元古代中期阶段

贵州省黔东南地区该时期位于大陆边缘—弧后盆地，发育了梵净山群、四堡群深水盆地相细碎屑岩沉积及由枕状玄武岩（细碧岩）-石英角斑岩和基性-超基性岩组成的（弧后）蛇绿岩组合，丘元禧（1999）认为四堡群的蛇绿岩套是一种岛弧蛇绿岩套，可能代表弧后盆地的构造环境。新元古代中期末，扬子陆块发生武陵运动，形成广阔的陆间造山带。

武陵运动使新元古代中期与晚期地层出现高角度不整合至平行不整合，发育磨拉石盆地相芙蓉坝组底砾岩沉积组合，使梵净山群、四堡群发生绿片岩相区域动力变质作用，形成北东东向阿尔卑斯型褶皱（复式褶皱、轴面倾向北西的倒转、平卧褶皱）、逆冲推覆断层、韧性剪切带，运动方向由西向东。

该时期贵州梵净山北、湖南大庸、岳阳、平江地区是武陵运动的构造高位区，向南东方向在平面上出现有规律变化，表现为上覆地层从缺失区至沉积区，底砾岩从以山前堆积为主逐渐变为以河流相为主，成分成熟度和结构成熟度逐渐变高，接触关系从高角度不整合、低角度不整合至平行不整合，变形变质程度亦逐渐减弱，反映出该地区武陵运动的中心位置为贵州梵净山北、湖南大庸、岳阳、平江一线，也是该地区武陵期造山带的中心，即内带位置。在区域上，它可能向北东方向沿慈利、九江一线向南西方向沿师宗、弥勒一线延伸，与该时期沉积盆地的中心位置相一致，是新元古代中期末该地区洋陆转换历程的具体体现。

（二）新元古代晚期至早古生代阶段

新元古代青白口纪晚期开始，扬子地块发生裂解，形成扬子周缘陆缘裂谷。区域上在弋阳—龙胜一带的重溪组、神山组和合桐组中产出基性火山岩，具有典型裂谷玄武岩特点。在新元古代青白口纪晚期初始阶段沉积的甲路组中发育的双峰式岩浆岩组合可以反映出裂陷作用的存在，而贵州从江、广西龙胜地区产出的酸性、基性—超基性侵入岩和丹洲群中产出的枕状玄武岩（细碧岩）火山岩组合则代表了该时期陆缘裂谷存在的岩石组合，其年龄为 761 ± 8 Ma（锆石U-Pb年龄）、765 Ma（锆石U-Pb年龄）、(788 ± 2.6)Ma。

该时期在扬子古陆边缘的贵州梵净山北、湖南大庸、岳阳、平江一线南东侧出现了从滨岸—台地相、陆棚—斜坡相到斜坡—盆地相的沉积格局，形成了从板溪群、下江群至丹洲群的沉积分异。在雪峰山地区进一步大致以湘潭—溆浦—凯里为界，西侧为"红板溪"（湘西马底驿组、黔东红子溪组），东侧为"黑板溪"，即现称的下江群、丹洲群，也反映出大陆裂谷边缘的性质（丘元禧，1999）。而在贵州梵净山北、湖南大庸、岳阳、平江一线西北侧沉积了一套地层系统，即马底驿组和溇水河组，与该时期南东侧地层系统差异极大，反映出武陵运动对该地区沉积格局的明显控制作用。

表 2-3　贵州省主要地质事件及地质历史演化

年代地层	构造运动	构造阶段	动力学背景	岩浆活动	变质作用	盆地类型	沉积岩石组合	构造样式	大地构造位置
第四系	喜马拉雅（新构造）运动	晚三叠世至今	隆升背景			山间盆地	陆相紫红色砂、砾岩组合	抶斜作用	华南板块板内
新近系									
古近系							磨拉石盆地	陆相紫红色砂、砾岩组合	地垒-地堑式断层组合	
白垩系									
侏罗系	燕山运动	陆内造山 晚古生代—早三叠世—中期	挤压背景	煌斑岩	地层未变质	前陆盆地	陆相河湖相红色砂、砾岩组合	平行走滑断层，浅层滑脱构造，日尔曼式逆冲推覆褶皱（西部）与侏罗山式褶皱（东部）过渡	中、东部位于江南造山带海西期—印支期—燕山期造山亚带的前陆带位置；西部位于金沙江—红河—马江海西期—印支期—燕山期造山带的前陆带位置
三叠系							海相碳酸盐岩、碎屑岩组合		
二叠系				大陆溢流玄武岩偏碱性玄武岩		大陆裂谷盆地			
石炭系			裂陷背景						
泥盆系						磨拉石盆地	陆相砂、砾岩组合（底砾岩）		
志留系	加里东运动	洋陆转换 新元古代晚期—早古生代	碰撞-陆内造山背景	煌斑岩	地层出现极低变质作用	前陆盆地	碎屑岩夹碳酸盐岩	滑覆断层系逆冲推覆断层、过渡性剪切带，紧闭型阿尔卑斯褶皱（东部）与开阔型阿尔卑斯褶皱（中东部）过渡	江南造山带雪峰期—加里东期山亚带的内带与外带过渡位置
奥陶系									
寒武系						裂陷海槽	海相碳酸盐岩、碎屑岩组合		
震旦系			汇聚背景	酸性侵入岩	地层出现绿片岩相变质作用				
南华系			离散背景	（超）基性岩			陆缘碎屑岩组合（底砾岩）		
青白口系	武陵运动	洋陆转换 新元古代中期	碰撞-陆内造山背景	基性岩	地层出现绿片岩相变质作用	弧后盆地	复理石组合	逆冲推覆断层、剪切带，紧闭型阿尔卑斯褶皱	江南造山带武陵期雪峰期造山亚带的内带
			汇聚背景	（超）基性火山岩					

南华纪—早古生代,随着扬子古陆与华夏古陆的汇聚,贵州该时期远离裂谷边缘盆地,南华纪出现了陆相、滨岸—陆棚相沉积,震旦纪—早古生代出现台地相、台缘相、斜坡—盆地相沉积。

早古生代末扬子、华夏地块碰撞,发生加里东运动,区域上发育碰撞型花岗岩体,赣南、桂北该类型岩体较多,同位素年龄为415~512 Ma(莫柱荪,1989),形成华南加里东褶皱带,区内也出现一些板内基性、超基性脉岩侵入。碰撞的中心位置可能位于贵州东部黎平、从江一线的东侧、广西罗城—龙胜—湖南桃江—景德镇一带。加里东运动对贵州地区沉积格局、岩浆活动、变形变质影响明显,导致晚古生代地层与下伏地层之间的角度不整合,发育晚古生代早期磨拉石盆地相的底砾岩沉积;使晚古生代的沉积格局与其前期出现明显差异,即早古生代及之前的沉积格局以北东向展布为主,而晚古生代的沉积格局转变为北东、北西向展布;使新元古代、早古生代地层发生低绿片岩相、极低区域动力变质作用。

广西罗城—龙胜、湖南通道地区是加里东运动的构造高位区,向西至黔东地区在地层接触关系、不整合面界面特征、变质作用程度和构造样式等方面均出现有规律变化。同样,从广西罗城—龙胜、湖南通道向东也具有相同的变化趋势,反映出该地区加里东运动的中心位置为广西罗城—龙胜、湖南通道一线,在区域上可能向北东方向沿桃江、景德镇一线延伸,与沉积盆地的中心位置相一致,是南华裂谷海槽萎缩、消亡,扬子古陆与华夏古陆的再次汇聚碰撞形成华南陆块,新元古代青白口纪晚期—早古生代该地区造山历程的具体体现。

该时期,贵州黎平地区位于该造山带的内带位置,向西至雷山地区逐渐处于该造山带的外带位置,再向西逐渐变为前陆。褶皱在接近罗城—龙胜—通道中心位置的黎平—从江以东地区则以紧闭型阿尔卑斯式褶皱为主,而在雷公山地区以开阔型阿尔卑斯式褶皱为主,再向西据物探资料反映为以箱状褶皱为主,它们在平面上呈过渡关系,反映了该区造山带由内向外变形程度逐渐减弱的变化趋势,同时,变质程度在平面上也具有与之相同的变化规律。发育(逆冲推覆、平行走滑)过渡性剪切带,运动方向由西向东,造山期后尚存在伸展剥离断层系,该类型构造的存在可能控制了后期晚古生代的沉积格局,使黔东南地区与广大东南地区形成南华加里东褶皱区,与扬子陆块联为一体,进入了统一的华南陆块发展阶段。至此,本区结束了洋陆转换阶段(武陵期、雪峰期—加里东期),而向板内活动阶段(海西期—印支期—燕山期—喜马拉雅期)演化。

(三)晚古生代至晚三叠世中期阶段

本阶段贵州地壳演化主要受大陆扩张作用控制,陆壳内发生裂陷作用。晚古生代—晚三叠世,在濒太平洋陆缘和特提斯域的共同影响下,本区进入板内活动的裂陷、挤压阶段,经历了板内裂陷到挤压的动力学演化历程。

泥盆纪—晚二叠世早期主要受大陆拉张上隆作用的影响,主要位置在湘、黔、桂、滇地区,裂陷呈北东、北西向有规律排列,形成交叉的浅水碳酸盐岩台地和深水硅质岩台盆发育的多盆围台、多台隔盆的奇特景观(丘元禧,1999),分别发育陆相、滨岸—台地相、台缘相和裂谷盆地相。同时,在贵州西侧的特提斯构造域金沙江—红河—马江一带该时期也出现晚古生代深水盆地相沉积(杜远生,2009)。晚二叠世由于地幔热柱的活动,使地壳拉伸变薄形成大面积分布的大陆溢流玄武岩,K-Ar同位素年龄为235.3~253.3 Ma(程裕淇,1994)。晚二叠世贵州西部大面积玄武岩喷发使西部隆升,贵州沉积格局发生了较大变化。沉积格局由中二叠世东西向展布变为晚二叠世南北向展布。晚二叠世晚期以后,由拉张沉陷时期转变为陆内裂谷(陷)沉积。

晚古生代,由于受贵州西侧的特提斯构造域金沙江—红河—马江一带造山活动的影响,贵州西部位于金沙江—红河—马江造山带裂陷盆地—前陆盆地位置,反映出特提斯构造域的构造活动对贵州的远程影响,特别是后期红河断裂带的左行走滑使红河断裂带北东侧构造线方向出现变位,从桂西的北西向构造线逐渐转变为滇东的北东向构造线,而黔西南地区则位于构造线偏转的近东西向构造区。晚古生代末,随着贵州西南侧金沙江-红河-马江洋盆汇聚呈现弧-盆体系和贵州东南侧钦防海槽的萎缩,贵州进入了挤压背景下的(弧后)前陆盆地演化阶段。

（四）晚三叠世晚期以来阶段

本阶段贵州地层受太平洋板块俯冲，以及印度板块和欧亚板块碰撞的影响，使之成为滨太平洋活动的组成部分。晚三叠世中期以后的印支造山运动使贵州全部上升，结束了海相沉积的历史，进入地史发展的新阶段。

在挤压背景下的燕山运动，从晚白垩世地层与下伏地层的接触关系反映，形成了湘中-湘南-桂中前陆坳陷、湘西-桂北-黔东南前陆隆起和黔中-四川盆地坳陷。其中湘西-桂北-黔东南前陆隆起区形成了雪峰-武陵燕山期前陆逆冲褶皱带。贵州地区位于湘西-桂北-黔东南前陆隆起和黔中-四川盆地坳陷位区，发育了前陆盆地沉积岩石组合及磨拉石盆地沉积岩石组合。发育于造山带前陆的一系列构造组合，以侏罗山式褶皱、日耳曼式褶皱、逆冲推覆断层、浅层滑脱构造、平行走滑断层为代表，构造运动方向由东向西，变形以脆性变形为主要特点，具浅部层次构造变形特征。盖层褶皱从早期到晚期逐次向四川盆地方向推进，侏罗山式褶皱自南东、西南向北西其强度逐渐减弱，卷入的地层亦逐渐变新，褶皱样式反映出隔槽式—类隔槽式—疏密波式—箱状褶皱（王砚耕，1995）的变化，而且向由开阔平缓褶皱构成的日耳曼式褶皱的穹隆-构造盆地区过渡。

燕山运动奠定了贵州现今主要地质构造面貌和地貌发育的基础，使贵州中、东部地区早先存在的武陵期、雪峰期—加里东期构造卷入到该期构造之中，可见侏罗山式褶皱叠加在早期（加里东）开阔型阿尔卑斯式褶皱之上。

晚白垩世—第四纪，贵州进入板内隆升活动阶段，形成一系列地垒-地堑式构造组合，明显切割了先期构造形迹和地质体，控制了古近纪渐新世、新生代地层呈山间磨拉石盆地产出。同时，晚白垩世—古近纪地层出现褶皱变形，使新近系与下伏地层呈角度不整合接触。从黔东南地区发育的新生代红盆中产出的石炭纪—二叠纪台地相灰岩砾石可以确定，该地区新生代经历了强烈的隆升作用，该类型构造样式是本区造山期后隆升背景的直接产物，也是该区喜马拉雅运动的主要表现形式。新构造活动主要表现为区域性隆升背景下的断块活动，具有明显的掀斜性、间歇性隆升和差异性隆升等特征（林树基，1994；秦守荣，1998；王砚耕，2000），而且现代仍处在隆升趋势之中，控制了贵州现今的河谷阶地、第四系分布，以及温泉、地震及地貌和水系格局。

从上述构造演化历史可以确定贵州的地质特征、地质演化和发展。贵州主体及其东部受江南造山带的发展、演化控制，而晚古生代以来受西部特提斯构造域的影响十分明显，使贵州在不同时期处于不同的大地构造位置。贵州地壳的发展演化，是在多次板块活动作用下进行的，由老到新经历了大洋地壳→过渡地壳→大陆地壳的演化过程，其构造活动性也由活动变为稳定。

第二节 矿产资源概况

一、矿产种类

贵州位于扬子陆块西南缘，先后经历了江南造山带和东部环太平洋成矿域与西部的特提斯两大成矿域构造域共同控制和作用。所处特定区域构造环境及其发展演化历程，导致发生了多种、多期次沉积作用、中低温热液作用，以及一些岩浆作用和变质作用，从而具备了优越的成矿地质条件，尤其是沉积矿产及中低温热液矿产的成矿条件。因此，全省矿产资源十分丰富，分布广泛，门类齐全，矿种众多，尤其以沉积矿产及中低温热液矿产最富有特色，是我国重要的矿产资源大省之一（图2-3）。

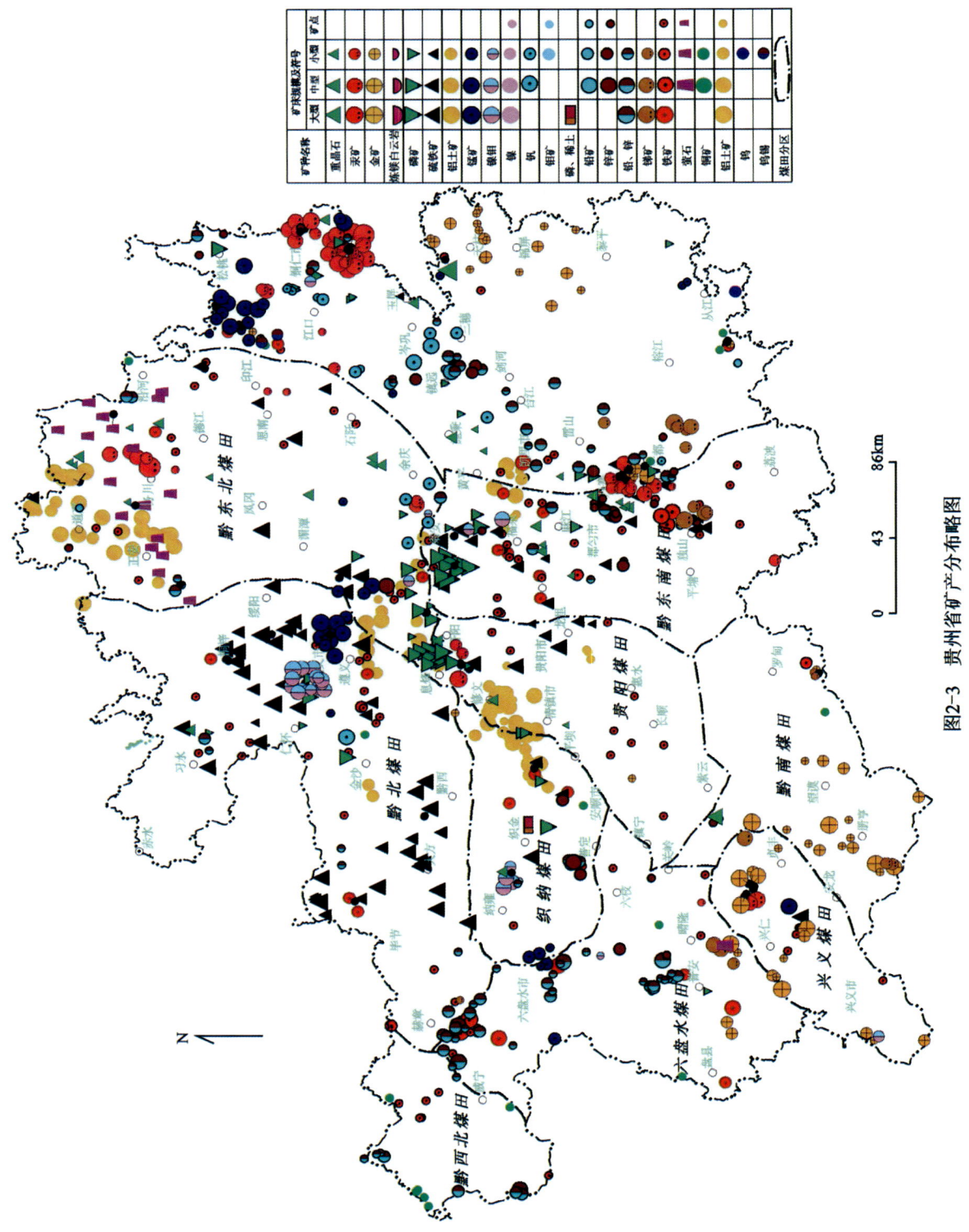

图2-3 贵州省矿产分布略图

据《贵州省国土资源公报》(2012),截至 2012 年底,贵州已发现各类矿产 136 种,占全国 172 种的 79.02%;查明有资源储量的矿产 86 种,占全国 160 种的 53.75%;列入储量表 76 种。其中,保有资源储量在全国排名前三位者有 22 种(煤、锰、汞、磷、碘、砷、稀土、锗、镓、熔炼水晶、光学水晶、玻璃用灰岩、建筑石料用灰岩、饰面用灰岩、冶金用砂岩、铸型用砂岩、硫铁矿、化肥用砂岩等),排名第四位至第六位者有 15 种(煤、钒、铝、镁、镍、锑、金、锂、化工用白云岩、金刚石、建筑用白云岩、玻璃用砂岩、砖瓦用页岩、凹凸棒石黏土、砖瓦用黏土),排名前十位者有 47 种。全省最重要或最具特色者有锰(2[①])、铝(4)、煤(5)、磷(2)、金(6)、重晶石(1)、汞(1)等。全省查明矿产地 3332 处,其中能源矿产 787 处,占产地总数的 23.62%;金属矿产 1009 处,占 30.28%;非金属矿产 1536 处,占 46.10%。

本次开展潜力评价的矿种有煤、铁、铜、铝、铅、锌、银、锰、镍、钼、钨、锡、金、锑、汞、稀土、磷、硫、萤石、重晶石、含钾页岩、含镁白云岩等 23 种。除煤矿外的 22 种矿产中,有大型矿床 54 处,中型矿床 169 处,小型矿床 388 处,详见表 2-4。在这些矿产地中,论其勘查程度,煤、铝土矿、磷、汞、锑、金等矿产勘查程度较高,已发现很多大、中型矿床,部分达到勘探工作程度;重晶石、铅锌、铁、硫铁主要是地表工作较多,中深部勘查程度低,也发现了一批大中型矿床;而镍钼钒、萤石、铜、钨锡矿只做了一些零星地表工作,只发现了一些小规模的矿床点,近年来发现了 18 个中型镍钼钒矿床。汞、硫、铁矿在 20 世纪 80 年代以后勘查工作基本处于停止状态。

表 2-4 贵州省主要矿种矿床、查明资源量统计表

Ⅲ级成矿区	矿种	大型/处	中型/处	小型/处	矿点/处	查明资源量
上扬子中东部(台褶带)铅、锌、铜、银、铁、锰、汞、锑、磷、铝土矿、硫铁矿成矿带	铝土矿	5	21	38	21	$59\ 999.05\times10^3$ t
	铁矿	2	13	45	98	$75\ 297.14\times10^3$ t
	铜矿			2	14	29 098.31 t
	锑矿	1	1	4	2	188 600 t
	汞矿	10	17	20	10	80 934 t
	金矿		1	3	6	8427 kg
	磷矿	15	15	15	16	
	硫铁矿	6	43	44	15	$615\ 414\times10^3$ t
	锰矿	1	15	16	7	$118\ 038.5\times10^3$ t
	钼矿	1	10	13	5	374 316.55 t
	镍矿		3	12	8	222 209.32 t
	铅矿		2	22	62	933 800 t
	锌矿		8	48	60	2 235 600 t
	钒矿		5	13	10	1 044 352 t
	钨矿			2		1 395.8 t
	锡矿			2		7 760.6 t
	萤石		2	18	10	$3\ 074.74\times10^3$ t
	重晶石			19	63	$8\ 284.1\times10^3$ t

[①] 该数字为相应矿种的保有资源储量在全国排位,后同

续表 2-4

Ⅲ级成矿区	矿种	大型/处	中型/处	小型/处	矿点/处	查明资源量
江南隆起西段锡、钨、金、锑、铜重晶石、滑石成矿带	铜矿			1	4	17 091.65t
	锑矿	1	1	5	1	$92\,700\times10^3$t
	钒矿		1	2	2	260 100t
	汞矿				1	364t
	金矿			8	14	9962t
	磷矿			1		160.5×10^3t
	硫铁矿		1	1		5159×10^3t
	锰矿				3	287.7×10^3t
	铅矿			3	12	600t
	锌矿			13	6	25 201t
	铁矿			1	3	$1\,519.89\times10^3$t
	钨矿			1		2 648.84t
	重晶石	1			1	$109\,759\times10^3$t
桂西-黔西南金、锑、汞、铊、银、水晶、石膏成矿区	铜矿				1	337t
	锑矿	1	2	3	2	214 800t
	汞矿	1	1		1	5 423.28t
	金矿	7	2	11	14	191 554kg
	硫铁矿		3			$72\,725\times10^3$t
	锰矿				1	407.12×10^3t
	钼矿				1	2446t
	铅矿				1	627t
	锌矿				2	$12\,582\times10^3$t
	铁矿		1	3	12	$2\,636.29\times10^3$t
	萤石	1	1			5735×10^3t
	重晶石	1				1572×10^3t
合计		54	169	388	490	

二、矿床类型划分

根据相关技术要求,本次工作对除了煤矿外的22个矿种进行了矿床类型划分及矿床式的建立,详见表2-5,其中,矿床类型31个、矿床式56个。

表 2-5 贵州省主要矿床类型及矿床式划分一览表

矿种	重要性	矿床类型	矿床式	典型矿床	分布范围
金矿	主要	微细粒浸染型金矿	烂泥沟式微细粒浸染型金矿	贞丰县烂泥沟金矿	册亨—贞丰—望谟地区
			水银洞式微细粒浸染型金矿	贞丰县水银洞金矿	普安—兴仁—贞丰地区
			泥堡式微细粒浸染型金矿	普安县泥堡金矿	兴仁—普安—盘县地区
			苗龙式微细粒浸染型金矿	三都县苗龙金矿	三都-丹寨矿带
	重要	石英脉型及蚀变岩型金矿	同古式石英脉型金矿	锦屏县同古金矿	天柱—锦屏—黎平地区
	次要	土型金矿	老万场式土型金矿	晴隆县老万场金矿	晴隆、普安、安龙地区
	次要	砂金	汨罗式金矿	黎平县敖市砂金矿	天柱—锦屏—黎平地区
锑矿	主要	碎屑岩中热液型锑多金属矿	半坡式不规则脉状热液型锑矿	独山县半坡锑矿	独山
	主要	火山岩中热液型锑矿	大厂式似层状脉状囊状热液型锑矿	晴隆县大厂锑矿	晴隆地区
	主要	浅变质岩中热液型锑矿	八蒙式脉状透镜状囊状热液型锑矿	榕江县八蒙锑矿	雷山—榕江地区
汞矿	主要	碳酸盐岩中热液型汞矿	务川式白云岩中热液型汞矿床	务川县木油厂汞矿床	务川、松桃等地
			万山式白云岩中热液型汞矿床	万山区杉木董汞矿床	万山
			丹寨式石灰岩中热液型汞矿床	丹寨县宏发厂汞矿	丹寨、三都一带
	次要		纸房式热液型汞矿		黄平、余庆、石阡一带
	次要		白马硐式热液型汞矿	开阳县白马硐汞矿	开阳、修文
	次要		滥木厂式热液型汞矿	兴仁县烂木厂汞矿	兴仁、贞丰地区
铅锌银矿	重要	碳酸盐岩型铅锌矿	牛角塘式铅锌矿	牛角塘铅锌矿	丹寨—都匀—凯里
			天桥式铅锌矿	织金县杜家桥铅锌矿	织金、毕节、习水、仁怀
			杉树林式铅锌(银)矿	水城杉树林铅锌(银)矿	赫章—水城、普安地区
			会泽式铅锌矿	威宁银厂坡铅锌矿	威宁西部地区
	次要	残坡积型砂矿	榨子厂式铅锌矿	赫章县榨子厂铅锌矿	榨子厂、猫猫厂
铜矿	次要	与花岗岩有关的铜矿	地虎式铜矿	地虎铜金银多金属矿	从江地区
		玄武岩型铜矿	铜厂河式铜矿	威宁铜厂河铜矿	威宁—水城地区
		石英脉型铜矿	南加式铜矿	从江县南加铜矿	从江高华—南加一带
重晶石	主要	沉积型重晶石矿	大河边式重晶石矿	天柱县大河边重晶石矿	天柱—三穗
			乐纪式重晶石矿	镇宁县乐纪重晶石矿床	镇宁—紫云
	重要	热液型重晶石矿	顶罐坡式重晶石矿	施秉县顶罐坡重晶石矿	黔北、黔东北、镇远

续表 2-5

矿种	重要性	矿床类型	矿床式	典型矿床	分布范围
萤石	重要	沉积改造型萤石矿	晴隆式层状萤石矿	晴隆县碧康萤石	晴隆
		热液充填型萤石矿	丰水岭式萤石矿	沿河县丰水岭萤石矿	正安—沿河、望谟
镍钼钒	重要	沉积型镍钼钒矿	遵义式镍钼矿	汇川区新土沟镍钼矿床	织金—遵义地区
		沉积型钒矿	镇远式钒矿	镇远县江古钒矿	瓮安—铜仁
		热液型钼（铀）矿	大际山式钼（铀）矿	兴义大际山式钼（铀）矿	兴义—水城一带
钨锡	次要	与花岗岩有关的脉状矿	乌牙式钨锡矿	从江县乌牙钨锡矿	从江
			梵净山式钨锡铜矿	印江县标水岩钨锡矿	梵净山地区
铝土矿	主要	古风化壳沉积型铝土矿	猫场式铝土矿	清镇市猫场铝土矿	清镇—修文地区
			遵义式铝土矿	遵义后槽铝土矿	遵义、黄平—凯里地区
			大竹园式铝土矿	务川县大竹园铝土矿	正安—道真—务川
			凯里式铝土矿	凯里市鱼洞铝土矿	凯里地区
锰矿	主要	沉积型锰矿	大塘坡式锰矿	松桃县大塘坡锰矿	松桃、黎平地区
			遵义式锰矿	遵义铜锣井锰矿	遵义地区
			水城式锰矿	水城徐家寨锰矿	水城—纳雍地区
磷矿（稀土）	主要	沉积型磷矿	开阳式震旦纪磷块岩	开阳县沙土坝磷矿	开阳—瓮安地区
			新华式早寒武世磷块岩	织金县新华磷（稀土）矿	织金地区
铁矿	主要	热液型	观音山式铁矿	水城观音山菱铁矿	水城—赫章地区
	重要	沉积型铁矿	宁乡式沉积型铁矿	赫章县铁矿山铁矿	威宁—赫章、独山—都匀地区
			苦李井式沉积型铁矿	凯里市苦李井铁矿	黄平—凯里地区
	次要		綦江式铁矿	仁怀县沙滩菱铁矿	习水、仁怀
	次要		楚米铺式铁矿	桐梓县楚米铺铁矿	桐梓、遵义、道真
硫矿	重要	沉积型硫铁矿	叙永式含煤地层沉积硫铁矿	遵义县三岔河硫铁矿	黔西北、黔北、黔南
	次要	热液型硫铁矿	排带式硫铁矿	三都县排带硫铁矿	三都—独山地区
水晶矿	次要	侧分泌型含晶石英脉	马场式水晶矿	罗甸县拱里水晶矿床	天柱、锦屏、都匀、贵阳、惠水、罗甸
煤矿	主要	沉积型	六盘水式煤矿	盘县土城煤矿	盘县、纳雍、织金、普安、金沙桐梓等
	次要	沉积型	龙里式煤矿	龙里县营屯煤矿	龙里、惠水、威宁
	次要	沉积型	龙头山式煤矿	贞丰县龙头山煤矿	贞丰、安龙
铌钽矿	次要	岩浆岩型	磨槽沟式铌钽矿	印江县磨槽沟铌钽矿	梵净山

1. 煤矿

贵州省煤矿资源丰富，素有"西南煤海"之称，全省含煤面积约 $7.75\times10^4\,\mathrm{km}^2$，占全省总面积的 44%。全省累计查明资源储量 $502.5\times10^8\,\mathrm{t}$，保有资源储量 $483.02\times10^8\,\mathrm{t}$，保有资源储量在全国排位第 5 位。本次预测贵州煤炭仍有 $1880\times10^8\,\mathrm{t}$ 资源潜力。因此，贵州是中国南方最大的煤炭资源基地，同时也是煤炭开发利用的重要基地，是贵州省国民经济和社会发展的重要基础。煤炭资源主要分布在务川—贵阳—罗甸一线以西地区，其中以贵州盘县、六枝、织金、纳雍、黔西、金沙、桐梓、普定等地为主，次有兴仁、安龙、普安、晴隆、赫章、仁怀、习水、遵义、威宁、清镇等地。

贵州省的含煤地层有下寒武统牛蹄塘组（$\epsilon_1 n$），下石炭统祥摆组（$C_1 x$），中二叠统梁山组（$P_2 l$），上二叠统龙潭组（$P_3 l$）或宣威组（$P_3 x$）及吴家坪组（$P_3 w$）、长兴组（$P_3 c$）或汪家寨组（$P_3 wj$），上三叠统火把冲组（$T_3 h$），新近系翁哨组（$N w s$）和第四系（Q）。其中，以上二叠统含煤最好，资源储量最大，其次是下石炭统祥摆组、中二叠统梁山组。全省共划分为九大煤田。总体而言，贵州煤矿具有总量多、潜力大、分布广、煤层多、厚度大、煤质好、煤类全等特点。

2. 铁矿

贵州省铁矿分布广，但总体规模较小，矿石品位较低。全省保有资源储量 $11.28\times10^8\,\mathrm{t}$，保有资源储量在全国排第 14 位。目前已探明 1 个大型矿床、3 个中型矿床以及多个小型矿床。铁矿床主要分布在威宁、六盘水、赫章、独山、凯里、桐梓等地。

贵州省铁矿的矿床类型有沉积型赤铁矿、菱铁矿，热液型菱铁矿和少量风化淋滤型褐铁矿。铁矿石品位总体偏低。以低温热液型菱铁矿最为重要，主要分布在赫章—水城—普安一带，代表性矿床有赫章县菜园子、水城县观音山铁矿。沉积型矿床分布较广，含矿地层较多，主要有泥盆系大河口组和石炭系九架炉组，其中大河口组主要分布在独山、威宁—赫章地区，代表矿床有独山平黄山铁矿；九架炉组主要分布在清镇—开阳—凯里地区，典型矿床有织金马桑林铁矿、凯里苦李井铁矿；另外，在桐梓一带上二叠统龙潭组底部有零星铁矿，代表性矿床有桐梓县楚米铺铁矿。

3. 锰矿

贵州省锰矿资源极为丰富，累计查明资源储量 $1.83\times10^8\,\mathrm{t}$，保有资源储量 $1.53\times10^8\,\mathrm{t}$，保有资源储量在全国排位第 2 位。本次预测锰矿资源潜力仍有 $3.11\times10^8\,\mathrm{t}$。因此，贵州是全国主要锰矿富集区之一，资源潜力很大，近年有设 1 个国家级整装勘查区。贵州锰矿主要集中于铜仁—松桃、遵义、水城、从江—黎平 4 个区域，目前已探明 4 个大型矿床、3 个中型矿床以及多个小型矿床，尚有多个矿床正在勘查之中。

贵州省锰矿的矿床类型以沉积型为主，风化淋滤型较少。沉积型锰矿主要产于上南华统大塘坡组下部及上二叠统龙潭组底部。产于大塘坡组的锰矿，主要分布于松桃、从江—黎平地区，称为大塘坡式锰矿，典型矿床为大塘坡锰矿床，另有道坨、西溪堡等大型矿床；产于中二叠统茅口组顶部的锰矿主要分布在遵义一带，典型矿床有遵义铜锣井锰矿；另外，在水城—纳雍地区，中二叠统茅口组中含锰岩系风化淋滤后形成锰矿床，典型矿床有水城徐家寨锰矿。

4. 汞矿

贵州省汞矿资源较为丰富，是贵州特色矿种，保有资源储量 $3.01\times10^4\,\mathrm{t}$。查明资源储量和保有资源储量在全国排位均为第 1 位。主要分布在黔北、黔东地区，次为黔西南、黔中地区，分属于丹寨-三都汞成矿带、铜仁汞成矿带、凤冈汞成矿带、贵阳汞成矿带、普安汞成矿带、望谟汞成矿带、贵定汞成矿带。目前已探明 15 个大型矿床、18 个中型矿床、11 个小型矿床。

贵州省汞矿的矿床类型,按矿体产状可分为层状整合型(以务川木油厂位代表)、断裂脉型(以三都交梨矿床为代表)及复合型(以丹寨宏发厂矿床位代表);按矿种共生组合可分为单汞型、汞硒型、汞铊型和汞钼铀型;按容矿岩石建造可划分为3类,即:主要以白云岩容矿的万山式低温热液型矿床、以石灰岩容矿的丹寨式低温热液型汞矿、产于含煤建造中的低温热液型汞矿。

5. 铝土矿

贵州省铝土矿资源丰富,累计查明资源储量 $6.52 \times 10^8 t$,保有资源储量 $6.09 \times 10^8 t$,保有资源储量在全国排位第 4 位。本次预测铝土矿仍有 $71\,433 \times 10^4 t$ 资源潜力。因此,贵州省是全国重要的铝土矿富集区,也是全国重要的铝工业及磨料、磨具生产的原材料基地之一。矿产地主要集中于铜仁—松桃、遵义、水城、从江—黎平 4 个区域。目前已探明 8 个大型矿床、21 个中型矿床、30 个小型矿床。

贵州省铝土矿的矿床类型主要是古风化壳型铝土矿,可细分为猫场式、遵义式、大竹园式、凯里式 4 个矿床式。其中,猫场式为碳酸盐岩古风化壳异地堆积铝土矿,其成因与碳酸盐岩溶红土化古风化壳有关,主要分布于黔中地区;遵义式为铝硅酸盐岩石古风化壳原地堆积铝土矿,其下伏基岩是寒武系娄山关组的白云岩,主要分布于贵州遵义、瓮安等地;大竹园式为碳酸盐岩古风化壳异地堆积铝土矿,其下伏基岩是石炭系黄龙组生物灰岩或志留系韩家店组的细碎屑岩,分布在正安、道真、务川一带;凯里式为铝硅酸盐岩石古风化壳原地堆积铝土矿,其下伏基岩是泥盆系高坡场组的白云岩,主要分布于贵州凯里、黄平等地。

6. 磷矿(稀土)

贵州省磷矿资源极为丰富,全省累计查明资源储量 $34.00 \times 10^8 t$,保有资源储量 $31.68 \times 10^8 t$,保有资源储量在全国排位第 3 位。本次预测磷矿有 $35.05 \times 10^8 t$ 资源潜力。因此,贵州是全国富磷矿产出最多的省区,也是全国最重要的三大磷矿产区之一,以品位富、质量优著称。磷矿主要集中分布于黔中地区的瓮安、开阳、织金三地,其他地区则零星分布且勘查程度低。

贵州省磷矿的矿床类型主要为沉积型磷块岩,按形成时代不同可分为开阳式、新华式(稀土)。开阳式主要分布在开阳—瓮安—福泉一带,产于陡山沱组中("下磷矿"),其典型矿床为开阳洋水磷矿;新华式主要分布在织金—金沙一带,产于戈仲武组中(俗称"上磷矿"),磷矿中普遍含稀土,稀土也已经构成大型矿床,典型矿床为新华磷矿。

贵州省的稀土矿产资源主要伴生于磷块岩矿产中,保有资源储量 $86.01 \times 10^4 t$,在全国排名第 2 位,是全国的稀土资源大省,集中分布在织金新华矿区,为尚未开发的超大型稀土矿。

7. 金矿

贵州省金矿资源丰富,全省累计查明资源储量 388.04t(金属量),保有资源储量 275.61t。其中以岩金占绝对优势,全省保有岩金资源储量 275.51t,保有资源储量在全国排名第 6 位。本次预测金矿资源潜力仍有 1026t。因此,贵州是全国新崛起的黄金资源大省,是全国黄金生产基地之一,资源潜力很大。金矿产地主要分布在黔西南地区,其次是三都—丹寨地区和天柱—黎平地区,个别分布于梵净山地区和从江地区。目前已探明 6 个大型矿床、10 个中型矿床、11 个小型矿床。

贵州省金矿的矿床类型主要有微细粒浸染型金矿,次有石英脉型、蚀变岩型金矿、土型金矿、砂金矿。其中,最主要的矿床类型——微细浸染型金矿按其容矿岩石可细分为 4 个矿床式:以陆源硅质碎屑岩为主要容矿岩石的烂泥沟式微细浸染型金矿床、以不纯碳酸盐岩为主要容矿岩石的紫木凼式微细浸染型金矿床、以火山凝灰岩为主要容矿岩石的泥堡式微细浸染型金矿床、以不纯碳酸盐岩为主要容矿岩石的苗龙式金矿床。由卡林型金矿经过第四纪风化成壤改造形成的矿床即为土型金矿床,称为老万场式。

8. 锑矿

贵州省锑矿资源丰富,是全国锑资源丰富的省区之一,也是锑生产与外贸出口的重要基地。累计查明锑金属资源储量 70.87×10^4 t,保有资源储量 30.09×10^4 t,保有资源储量在全国排名第 4 位。本次预测锑金属矿仍有资源潜力 55×10^4 t。主要分布在独山、晴隆、榕江、雷山、三都等地。共发现矿床、矿点 80 多处,其中大型矿床 2 个、中型矿床 5 个、小型矿床 16 个。

贵州省锑矿的矿床类型均为热液型锑矿,细分为火山岩中热液型锑矿、碎屑岩中热液型锑多金属矿、浅变质岩中热液型锑矿、不纯碳酸盐岩中热液型锑矿,已经建立的矿床式有晴隆式、半坡式、八蒙式。

9. 铅锌（银）

贵州省铅锌（银）矿分布广泛。其中,铅矿保有资源储量（金属量）78.71×10^4 t,在全国排名第 17 位;锌矿保有资源储量（金属量）336.21×10^4 t,保有资源储量在全国排名第 12 位。银矿多伴生于铅锌矿等矿床中,全省保有资源储量 161.41 t,保有资源储量在全国排位第 28 位。贵州铅锌（银）矿主要分布在赫章—水城、丹寨—三都、织金地区,在毕节、习水、沿河、松桃等有零星分布。已发现中型铅锌矿床 9 个、小型矿床 18 处、矿点 147 处,共查明铅锌资源量 162.76×10^4 t。

贵州铅锌矿的矿床类型主要为热液型、沉积改造型,个别为砂矿类型。其中,热液型按围岩成分不同可分为碳酸盐岩型、细碎屑岩型、浅变质岩型。

10. 重晶石

贵州省重晶石矿产极为丰富,全省累计查明资源储量 1.04×10^8 t,保有资源储量 $0.927\,8 \times 10^8$ t,保有资源储量在全国排位第 1 位。从矿产地角度,重晶石矿产地零星分布于贵州东部、北部及南部地区。但是,从查明资源储量角度,重晶石分布却非常集中,主要分布于贵州东部的天柱县及其周边地区,其中的天柱县大河边重晶石矿床为全国最大的重晶石矿床。因此,贵州是全国重晶石最主要的产区,是全国重晶石生产、出口的重要基地,也是最重要的金属钡及钡化物原材料基地。

贵州省重晶石矿产的矿床类型以沉积型为主,次为热液型,极个别为砂矿型。沉积型重晶石主要产于下寒武统老堡组、泥盆系榴江组中。老堡组中重晶石矿主要分布于天柱—三穗地区,以大河边重晶石矿床为典型矿床;泥盆系榴江组中重晶石矿分布于镇宁—紫云地区,以镇宁县乐纪重晶石矿为典型矿床。热液型重晶石矿,主要分布在沿河、石阡、凯里一带,典型矿床为顶罐坡重晶石矿。

11. 镍钼钒矿

贵州省镍钼钒矿产较为丰富,其中,全省保有镍矿资源储量 391 962.25 t,在全国排位第 5 位;全省保有钼矿资源储量 $586\,729.01 \times 10^4$ t,在全国排位第 11 位;全省保有钒矿（V_2O_5）资源储量 268.75×10^4 t,在全国排位第 5 位。贵州省镍钼钒矿具有含矿层位稳定、分布面积大、矿层厚度小、矿石品位变化较大的特点。

贵州省镍钼钒矿的矿床类型有沉积型镍钼钒矿和热液型钼矿两种：①以沉积型镍钼钒矿为主,沉积型矿床矿体主要受寒武系牛蹄塘组控制,主要分布于织金-遵义-镇远-松桃地区。在遵义—贵阳以西地区是以镍钼矿为主,典型矿床为遵义松林新土沟镍钼矿床;而在遵义—贵阳以东以钒矿为主,典型矿床为镇远县江古钒矿床。②热液型钼矿主分布于兴义—水城一带,矿体受断层及旁侧岩性层控制,典型矿床有大际山钼（铀）矿床。

12. 硫铁矿

贵州省硫铁矿资源较为丰富,保有资源储量（不含伴生硫）7.83×10^8 t,在全国排名第 3 位。

贵州省硫铁矿的矿床类型主要为含煤地层的沉积型硫铁矿（叙永式），矿体主要产于龙潭组底部，分别分布于黔西北、黔北、黔南地区和黔中地区，其矿体规模大，品位低，矿体厚度、品位变化较大；次产于石炭系九架炉组底部，主要分布在清镇—瓮安地区，其规模小，品位低，矿体较复杂。其次为热液型硫铁矿（排带式），分布于福泉—独山地区，其规模较小，品位高。

13. 萤石

贵州省萤石资源较为丰富，保有资源储量 312.20×10^4 t，在全国排位第 11 位。

贵州省萤石矿的矿床类型有两种，即沉积改造型萤石矿（晴隆式）和热液充填型萤石矿（丰水岭式）。沉积改造型萤石矿主要分布于晴隆—望谟一带，矿体呈层状、透镜状分布在茅口组与龙潭组接触带上或碳酸盐岩的节理裂隙中；热液充填型萤石矿分布于正安—沿河地区，矿体主要受节理裂隙控制，其典型矿床有丰水岭式萤石矿。

14. 钨锡矿

贵州省钨锡矿资源较少，共探明钨矿（WO_3）13 019.23t，锡 4 273.1t，保有钨矿 7 456.64t，锡矿 7 760.60t，共探明中型矿床 2 处，小型矿床 2 处，矿点 3 处，主要分布在梵净山、从江地区。其矿床类型主要是与花岗岩有关的脉状钨锡矿床，矿体赋存在花岗岩体外接触带浅变质岩中，矿体受外接触带中云英岩脉控制，矿体呈大脉状、细脉带、网脉浸染状，矿床规模较小，典型矿床有江口县标水岩钨锡矿床、从江地县乌牙钨矿床。

15. 铜矿

贵州省铜矿资源较少，保有资源储量 13.52×10^4 t，在全国排位第 25 位，主要分布于黔西北和黔东南地区。矿床类型有热液型和沉积型。其中，热液型铜矿主要分布在威宁、水城、梵净山、从江地区，主要受玄武岩、断层等控制，代表性矿床有威宁县铜厂河铜矿、从江县地虎铜金银多金属矿等；沉积型铜矿主要产于三叠系、侏罗系砂岩中，矿体规模小，变化较大，目前没有发现能开发的矿床点。

16. 镁矿

贵州省镁矿资源丰富，主要是沉积型冶镁白云岩，从震旦纪晚期至侏罗纪均有产出，除黔东南地区以外，其余地区均有分布，主要产出层位有灯影组、高台组、石冷水组、娄山关组、尧梭组、高坡场组、大埔组、安顺组、杨柳井组、关岭组。目前探明冶镁白云岩小型矿床 3 处，B+C 级资源量 $1 081.6 \times 10^4$ t，做过工作的主要是娄山关组、安顺组、杨柳井组等。

17. 钾矿

贵州省钾矿较少，主要为沉积型，以含钾页岩为主，分布于黔北、黔东北地区，产出层位有高台组、敖溪组（相变为桐梓组）。全省共探明大型含钾岩石矿 3 处、中型矿床 1 处、小型矿床 3 处、矿点 12 处。探明 B+C 级储量 $1 389.2 \times 10^4$ t，D 级储量 $1 533.9 \times 10^4$ t，共计 $2 923.1 \times 10^4$ t。

第三章 典型矿床研究

如第二章所述,贵州省较多矿种的矿床类型及其成矿作用往往是多样的,但其重要性皆有主次之分。本章据其重要性并结合在区域矿产中的代表性,拟选代表了各类成矿作用及其矿床类型的37个矿产地作为典型矿床,并根据矿产资源潜力评价中典型矿床研究技术要求进行了深入研究。

第一节 与沉积作用有关的矿床

一、铁矿

贵州省凯里市苦李井铁矿床

1. 矿床概况

该矿床位于贵州省凯里市西北24km,属黔东南苗族侗族自治州炉山镇。矿区中心点地理坐标为:东经107°45′56″,北纬26°40′52″。矿床属陆相沉积类型,勘查程度已达详查,规模达中型。

2. 成矿地质背景

矿区位于扬子陆块南部被动边缘褶冲带东部,跨省内划分的铜仁-凯里基底边缘冲断带及黔南褶皱带两个Ⅳ级构造单元。矿区断裂较为发育,褶皱多被断裂所破坏。

铁矿产于中二叠统梁山组含铁岩系下部,厚度数米至20m,上与栖霞组连续沉积,下与泥盆系假整合接触。含矿岩系中下部为深湖相的杂色铝土页岩包裹菱铁矿结核;上部为浅湖相的铝土岩,局部可形成铝土矿,近顶部为滨湖相—沼泽相的碳质页岩夹煤层;顶部海水淹没湖泊,为滨岸相的砂岩,结束了该区湖相沉积,其后栖霞中期海水进一步扩大为浅海碳酸盐台地相伏于含矿岩系之上。

3. 矿体及矿石特征

1)矿体特征

铁矿产于中二叠统梁山组含铁岩系下部,含矿层位的厚度与铁矿成正相关关系。呈似层状、透镜状,苦李井矿段共圈定大小褐铁矿体21个,主要有2号、5号、6号、7号、10号矿体,占矿体总储量的63%。

铁矿体长205~2120m,宽70~1360m,矿体倾角一般9°~16°,矿厚0.8~3.85m。铁矿在含矿层位中有下述4种赋存形态:①矿体呈扁豆状,长2~3m,厚0.1~0.3m;结核状直径8~30cm;眼球状直径2~3cm,赋存于杂色黏土岩、铁质页岩或土质页岩中。其密集程度达工业指标(线含矿率=0.3)时,圈定为矿体,这种矿体形态为本区铁矿主要的赋存形态。②矿体由数层薄层状(层厚5~20cm)铁矿夹黏土或铝土质页岩组成。③矿体由1~2个透镜体(单个厚0.4~2.5m)组成,在探槽和部分钻孔中都有反映。④由上述两三种混合组成,部分槽探中都有反映。在大多数情况下,含矿层位即铁矿层,有时矿体位于含矿层位的上部或下部,当含矿层位较厚时,矿体位于含矿层位的中部,这取决于单个小矿体(结核、薄层、扁豆体)在含矿层位中的聚散形式;而单个小矿体在含矿层位中的富集程度,就决定矿体的存在及其厚度。本矿区采用线含矿率表示其富集程度,苦李井矿段含矿率为0.30~0.51,平均0.41。矿区褐铁矿(包括部分水赤铁矿)由原生沉积菱铁矿氧化而成,褐铁矿体形态特征、大小规模、分部范围除了取决于菱铁矿体的产出特征外,还取决于菱铁矿体的氧化程度、地表切割、上覆围岩及其厚度。

2) 矿石特征

矿区矿石类型可分为褐铁矿、水赤铁矿、菱铁矿和绿泥石铁矿,其中菱铁矿和绿泥石铁矿为原生沉积;褐铁矿和水赤铁矿由菱铁矿氧化而成。可见,水赤铁矿即是菱铁矿第一阶段氧化产物,褐铁矿是菱铁矿氧化结果,绿泥石铁矿亦可氧化形成赤铁矿和褐铁矿。其中,褐铁矿矿体矿物成分为水赤铁矿、褐铁矿、针铁矿,含量60%~98%;次要矿物有高岭石、水云母、白云母、含铁泥质物等,含量2%~10%。矿石结构主要为隐晶结构、菱形格状假象结构,其次为细晶—粉晶结构、粒屑结构。矿石构造主要为结核状构造、蜂窝状构造、块状构造。

4. 控矿因素与成矿作用

苦李井矿区铁矿受中二叠统梁山组控制,下伏地层为上泥盆统高坡场组。含矿岩系形成于该区上升为陆进入准平原化阶段。该阶段的古风化壳富含铁质,并随着地表水带入低洼地带,形成淡水湖泊铁矿沉积建造。因此,岩相古地理为主要控矿因素。

1) 成矿与古陆的关系

铁矿的沉积都在靠近古陆的一侧,古陆是铁矿物质的来源。古陆上(大陆上)较长时期受到风化剥蚀作用,风化剥蚀后的铁质呈铁质溶胶和悬浮物,被地表径流带入水盆地(大陆盆地)或海盆地。在物理作用、化学作用和生物地球化学作用下沉积生成铁矿床。菱铁矿结核形成于湿热气候条件下,湖水相对较深的低能带还原环境。

梁山组含铁(煤)岩系的分布和岩性特征表明,中二叠世栖霞早期,海水由南向北侵入,浅水潟湖和沼泽在碳酸盐台地的北部广布,从而形成了一套滨海湖沼相含铁(煤)碎屑沉积岩。含铁砂岩、页岩中具水平及缓坡状层理,可能是在比较平静的水动力条件下形成的。同时含矿岩系含植物化石、动物化石及有机质,显示菱铁矿属热湿气候条件下的还原环境产物。从苦李井、鱼洞一线向北至瓮安苏家塘、水头坝一带,矿层中的赤铁矿增多,菱铁矿减少,显示中二叠世栖霞早期的湖水由北往南有逐渐变深之势。

2) 铁矿沉积与沉积盆地水体环境的关系

铁矿沉积与盆地水中氢离子的不同浓度(pH值)和盆地水中不同氧化位势(Eh值)的关系:从古陆上带来的氧化铁主要是含铁胶体,含铁溶胶被地表径流带入湖盆,pH值、Eh值的不同而发生不同的变化,二价铁Fe^{2+}在氧化位势较低,pH值大于7,含铁溶液呈中性或偏碱性,铁质在还原的条件下由于厌氧细菌的作用直接沉积生成菱铁矿,其形成的菱铁矿具有固定的层位,常呈层状、似层状、结核状形态,具鲕状、层纹状(或条带状)结构。在盆地中心,水体平静,氧化位势Eh值比较稳定,铁矿常呈层状、似层状、透镜状产出,沿层分布,具固定层位,矿床一般规模较大。在盆地边缘,水动力较强,氧化位势较高,铁矿呈鲕状赤铁矿、结核状赤铁矿,其规模较小。

3) 铁矿层的一般成矿规律

首先有一个较长的沉积间断-陆解过程;其次,要有一定的沉积环境和沉积速度,反映在沉积铁矿系越厚,矿体也就越厚,铁矿系上部的铝土矿系中铝土矿越好,铁矿质量也越好。当然,褐铁矿体矿石贫富尚取决于其氧化程度,在诸般风化侵蚀过程中,矿层上覆层厚度又是决定因素。

5. 典型矿床成矿要素

根据凯里炉山苦李井铁矿区典型矿床研究，归纳总结出该典型矿床成矿要素及特征如表3-1所示。

表3-1 贵州省凯里市苦李井铁矿床成矿要素表

成矿要素			描述内容	要素分类
特征描述			苦李井式陆相沉积矿床	
地质环境	成矿时代		中二叠世梁山早期	必要
	沉积成矿环境		沉积的菱铁矿是由富含铁的有机质重碳酸盐溶液，在还原的环境下直接分解而成。次生氧化矿石是由菱铁矿经长期氧化而成	必要
	大地构造位置		扬子陆块南部被动边缘褶冲带的Ⅲ级构造单元东部，跨省内划分的铜仁-凯里基底边缘冲断带及黔南褶皱带两个Ⅳ级构造单元	必要
	岩相古地理	古地理	扬子古陆边缘近海一带(凯里炉山地区)淡水湖泊(凯里炉山湖)	必要
		沉积相	深湖亚相	必要
		沉积建造	碳质页岩、页岩、石英砂岩、铁铝岩及含煤建造	重要
	基底		主要受下伏白云质灰岩古侵蚀起伏面的控制	次要
矿床特征	含矿岩系特征		含矿岩系为中二叠统梁山组。上与栖霞组连续沉积，下与泥盆统假整合接触。含矿岩系中下部杂色铝土页岩夹铁矿层；上部为铝土岩，局部可形成铝土矿，近顶部为碳质页岩夹煤层；顶部为砂岩	必要
	矿体形态、产状		矿体呈似层状、透镜状产出。产状与地层基本一致，倾角一般9°～16°	重要
	含矿岩系厚度		含矿岩系中二叠统梁山组厚度为5～20m	重要

6. 典型矿床成矿模式

在中二叠世梁山早期，扬子古陆的碳酸盐岩及黏土岩类，在长期炎热潮湿多雨气候条件下，经受物理作用和化学风化作用，其产物在碱性和透水性强的侵蚀面上经过淋滤，碱金属、碱土金属及部分SiO_2流失，而Fe_2O_3、Al_2O_3、SiO_2等物质留在侵蚀面上，形成红黏土。在上述气候条件下，原岩继续分解形成新的红黏土，在有机酸和无机酸类的参与下进一步分解，造成Fe、Al的氧化物和氢氧化物与SiO_2在局部部分分离。SiO_2残留原地，Fe、Al的氧化物和氢氧化物及碎屑矿物在有机质的保护作用下，被地表径流以各种络合物或胶体及机械悬浮状态搬运到古溶蚀炉山湖中，按机械碎屑沉积、化学沉积、生物沉积规律在深湖相中形成铁矿床。湖盆形状、大小和湖底起伏情况决定了铁矿体的形状；汇水面积(成矿单元)的大小，接受矿源的多寡及沉积时间的长短决定了铁矿的规模；不同矿石自然类型的分布决定于所处湖盆的位置和迁入湖盆成矿物质的状态；梁山组的结构层序决定于矿物质的沉积分异作用；矿物的共生组合决定于湖中pH值和Eh值的综合影响。其氧化深度各地不一样。成矿模式可概括为：原岩风化(红土化)阶段—Fe的氧化物、氢氧化物及碳酸盐搬运阶段—铁矿的沉积、成岩阶段(图3-1)。

二、铝土矿

贵州铝土矿名列全国前茅，主要分布在清镇—贵阳、遵义、务川—正安—道真、凯里地区，其他地区

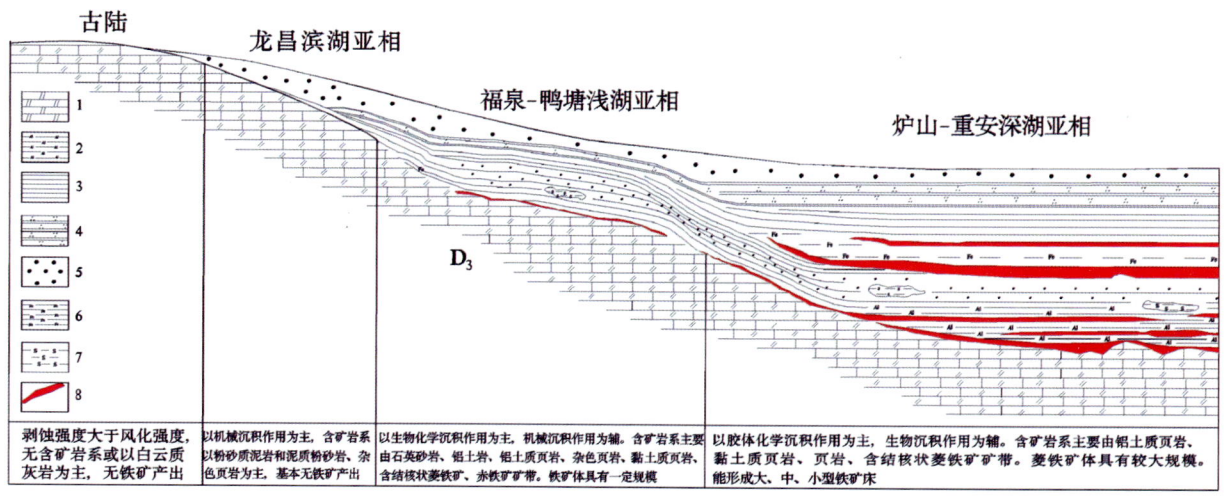

图 3-1 贵州省凯里市苦李井铁矿床成矿模式图
1.白云质灰岩;2.铝土页岩;3.页岩;4.泥岩与砂岩互层;5.砂岩;6.铁质黏土岩;7.黄铁矿;8.菱铁矿

零星分布。铝土矿的矿床类型主要是古风化壳型铝土矿,矿石主要为一水硬铝石。矿床式主要有修文式、遵义式、大竹园式3种类型。

(一)贵州省清镇市猫场铝土矿床

1. 矿床概况

猫场铝土矿区位于贵州省清镇市犁倭乡、站街乡。地理坐标:东经106°11′~106°18′,北纬26°33′~26°37′,面积80km²。勘查程度已达普查以上,部分矿段达详查,是一个特大型的沉积铝土矿床,已探明铝土矿储量$1.56×10^8$t。

2. 成矿地质背景

矿区位于扬子陆块南部被动边缘褶冲带(Ⅲ级构造单元)织金宽缓褶皱区的东部,北北东向的黔中-渝南铝土矿成矿带南西段内。区域构造线以南北向为主体,已知铝土矿区域上处于北东向的三岔河背斜东端近南北向穹状小背斜上,东邻南北向区域构造带,两者呈斜接的复合关系。总体构造简单,地层平缓。区内出露地层由老至新为下石炭统大埔组,二叠系梁山组、栖霞组、茅口组及峨眉山玄武岩。寒武系娄山关组均隐伏于地下。峨眉山玄武岩分布在矿区北西部边缘。

含矿岩系为九架炉组,上覆地层为大埔组白云岩,按岩性组合分为上下两段,上段含铝岩系由黏土岩、黄铁矿、铝土岩、铝土矿等组成,厚0.30~25.09m;下段含铁岩系由铁质黏土岩、绿泥石岩、赤铁矿等组成,厚0~10.75m,假整合于寒武系娄山关组、明心寺组白云岩、黏土岩之上。

3. 矿体及矿石特征

1)矿体特征

猫场矿区东西长9 844.53m,南北宽7 827.17m,面积80km²。现已查明有5个矿体,其中Ⅰ号、Ⅱ号矿体规模最大。Ⅰ号矿体位于矿区北部,东西长4500m,南北宽500~2500m,面积6.3km²。F_{32}断层横穿南部把矿体分割成两个矿块:断层上盘是红花寨矿段,下盘属白浪坝矿段。矿体和围岩产状基本一致,呈层状、似层状,缓倾斜,主矿层上下局部地段偶有透镜状小矿体,矿体中偶见铝土岩、黏土岩及黄铁矿夹层。矿层埋深 56.35～325.36m,矿体平均含 Al_2O_3 68.81%、SiO_2 7.3%、Fe_2O_3 3.73%、S 0.99%、A/S 9.43。Ⅱ号矿体控制面积 6.32km², 南北长 3600m,东西宽 500～2500m,达 6 703.45×10^4t,矿体呈层状及似层状,单斜产出,倾向 270°～320°,南部产状从北西西转向南西向,倾角在 7°～22°之间。矿层埋深 94～364m,含 Al_2O_3 45.73%～78.64%、SiO_2 1.38%～18.76%、Fe_2O_3 0.65%～10.21%、S 0.011%～8.90%、A/S 3.10～43.23。

其余矿体长 1800～2850m,宽 400～1750m,面积 0.70～1.30km²,矿体厚 0.32～18.18m,埋深 63～344m。含 Al_2O_3 51.90%～70.14%、SiO_2 5.74%～11.74%、Fe_2O_3 2.31%～8.67%、S 0.29%～0.98%、A/S 2.79～4.95。矿量共 3 264.00×10^4t。

2) 矿石特征

(1) 矿石矿物成分。矿石以铝矿物为主,次为黏土矿物、铁矿物、硫化物及钛矿物。在铝土矿石中一水硬铝石占整个矿石矿物组合的 50%～95%。一水硬铝石($Al_2O_3·H_2O$)在偏光显微镜下一般呈无色透明或白色、淡黄色,常呈泥晶—隐晶(<0.005mm),另一种状态呈微晶—粉晶粒状、柱状、板状集合体,少数为片状和针状(0.005～0.1mm)。在电子显微镜下致密状铝土矿中一水硬铝石呈柱状及粒状;碎屑状铝土矿中一水硬铝石呈板状和粒状;胶结物中的一水硬铝石呈短柱状和粒状。

(2) 矿石化学成分。矿石工业类型为高铁高硫,Al_2O_3 主要赋存在一水硬铝石中,其次赋存在高岭石及水云母中,Al_2O_3 在 70%～75%之间,占 70%。SiO_2 主要赋存在高岭石中,其次赋存于水云母及绿泥石中。Fe_2O_3 主要赋存在赤铁矿、针铁矿、绿泥石或以 FeO 的形式存在于菱铁矿及黄铁矿中。S 主要赋存于黄铁矿中。TiO_2 主要赋存于锐钛矿中,次赋存于金红石中。灼减量包括 H_2O+(结构水)、H_2O-(附着水)、有机质、碳质,其中以 H_2O+ 为主。据猫场矿区基本分析样统计,区内铝土矿的主要化学成分之间存在一定的相关关系。其中,Al_2O_3 和 SiO_2 呈明显负相关,其相关系数为 -0.74;Al_2O_3 和 Fe_2O_3 呈明显负相关,其相关系数为 -0.63。次要化学成分 MgO 0.09%～1.74%,CaO 0.07%～1.45%,K_2O 0.04%～2.85%,Na_2O 0.02%～0.15%。微量元素 Li 0.002 15%～0.021 258%,Ga 0.004 2%～0.008 7%,Nb 0.005 4%～0.009 7%,Zr 0.059 3%～0.139 4%,Cr 0.004 78%～0.015 55%,Ba 0.017 4%～0.746 7%,Sr 0.013 4%～0.069 6%。其中,Al_2O_3 与镓(Ga)呈正相关关系。

(3) 矿石结构构造。按照铝土矿的矿物颗粒形态、大小及颗粒间的相互关系划分为晶粒结构、碎屑结构、鲕状结构、凝胶结构、交代结构。有块状和土状构造、层状构造、纹层层理、粒序层理及少许的斜交层理。此外还有胶状构造、网状构造。

(4) 矿体围岩和夹石。围岩主要为硫铝矿、高硫铝土矿、铝土岩、黏土岩、硫铁矿层及赤铁矿层等(有时为黄铁矿化黏土岩)。主矿体(层)中,夹石主要为高硫铝土矿,少量为铝土岩、黏土岩。

4. 控矿因素与成矿作用

铝土矿控矿因素主要是岩相古地理,岩相古地理主要是由大地构造位置控制,该区位于相对稳定的扬子地台区。在加里东运动时期,黔中地区大面积抬升成陆,遭受长时期的风化剥蚀。在黔中陆边缘的低洼地带,形成古红土的堆积,控制了铝铁建造生成和分布,铝铁建造控制了含矿岩系九架炉组的分布。

据古地磁实测资料表明,黔中地区早石炭世的古纬度为 8.2°。处于热带多雨潮湿的气候条件下,植被又极为茂盛,长期的腐殖酸淋滤作用,对古红土的改造十分强烈,有利于铝矿物的生成和聚集。基底岩类为碳酸盐岩的地区对成矿最为有利,因为在古气候的酸性风化条件下,碳酸盐岩最容易被强烈的红土化,加速古红土的堆积。另外,由于遭受过风化剥蚀后的碳酸盐岩,岩溶发育,孔隙率高,渗滤条件好,古红土再堆积覆盖在这样的岩类之上,对古红土的反复淋滤过程进行顺利,脱硅排铁的通道十分畅通,有利于铝土矿的形成。

猫场铝土矿的形成属外生成矿作用，它的形成过程应包括风化作用、搬运作用、沉积作用3个阶段。

1) 风化作用（红黏土的形成）

组成母岩的矿物主要是白云石、方解石，次为各类黏土矿物及少量长石、辉石、角闪石、黑云母和微量的重矿物。这些矿物在炎热潮湿气候条件下经含有O_2和CO_2地表水长期的溶蚀，使母岩按一定次序析出碱金属K^+、Na^+等离子，次为碱土金属Ca^{2+}、Mg^{2+}离子。当K^+、Na^+、Ca^{2+}、Mg^{2+}等离子被地下水和地表水以不同形式全部或近乎全部迁出母岩体后，Al^{3+}、Fe^{3+}、Si^{4+}等离子残留下来互相结合，并吸收部分K^+、Na^+离子形成伊利石及高岭石类黏土矿物。

（1）母岩中首先被溶解的是碳酸盐岩中的Ca、Mg，其分解式如下：

$$CaCO_3 + CO_2 + H_2O = Ca(HCO_3)_2$$
$$MgCO_3 + CO_2 + H_2O = Mg(HCO_3)_2$$

（2）原岩中的Ca^{2+}、Mg^{2+}离子被分解为重碳酸盐流失后，各类长石被分解：

$$K_2O \cdot Al_2O_3 \cdot 6SiO_2 + CO_2 + 2H_2O = Al_2O_3 \cdot 2SiO_2 \cdot 2H_2O + K_2CO_3 + 4SiO_2$$
$$Na_2O \cdot Al_2O_3 \cdot 6SiO_2 + CO_2 + 2H_2O = Al_2O_3 \cdot 2SiO_2 \cdot 2H_2O + Na_2CO_3 + 4SiO_2$$
$$CaO \cdot Al_2O_3 \cdot 2SiO_2 + CO_2 + H_2O = Al_2O_3 \cdot 2SiO_2 \cdot 2H_2O + Ca(HCO_3)_2$$

其中K、Na、Ca、Mg成为可溶蚀碳酸盐和重碳酯盐而淋失，高岭石黏土矿物残留原地。

（3）除各类长石以外，母岩中还有辉石、角闪石和黑云母，在风化过程中首先淋出Ca^{2+}、Mg^{2+}离子而形成蒙脱石、伊利石、绿泥石及高岭石残留原地。而游离出来的Fe^{2+}离子被氧化为含水的氧化铁或赤铁矿，使残留原地的风化产物——黏土类被染成棕色、褐色、红色。

$$2K(Mg、Fe)_3[Al \cdot Si_3O_{10}](OH)_2 + 2H_2CO_3 = Al(Mg、Fe)_5[Al \cdot SAl_3O_{10}](OH)_8 + (Mg、Fe)CO_3 + K_2CO_3 + 3SiO_2$$
$$2K(Mg、Fe)_3[Al \cdot Si_3O_{10}](OH)_2 + 2H_2CO_3 = Al(Mg、Fe)_5[Al \cdot SAl_3O_{10}](OH)_8 + (Mg、Fe)CO_3 + K_2CO_3 + 3SiO_2$$
$$Al(Mg、Fe)_5[Al \cdot Si_3O_{10}](OH)_8 + 5CO_2 = Al_2Si_2O_5(OH)_4 + 5(Mg、Fe)CO_3 + Si(OH)_4$$
$$8(Mg、Fe)CO_3 + O_2 = 2Fe_2O_3 + 4MgCO_3 + 4CO_2$$

红黏土发育阶段主要发生在岩溶发育的初期，即岩溶深切速率大于横向侵蚀速率，风化结果除上述残留的红色黏土外，还使母岩表层布满许多的溶缝、溶沟和落水洞以及潜在的暗河和水平溶洞等喀斯特地貌景观。在这些喀斯特地貌上形成残积、坡积、冲积等红黏土。随着溶蚀作用的推移，长期的积累，黏土矿物由少到多，越靠土层上部成土化越强，矿物成熟度越高，红黏土由ⅠM型进入ⅡM型，Al_2O_3的含量比原岩提高10～85倍，达20%～30%。一旦下雨，地表片流把富含Al_2O_3、Fe_2O_3的表土层一次又一次、一层又一层地冲刷、溶解带进附近溶坑。

2) 搬运作用（铝的初步富集作用）

母岩继续风化产生红色黏土，已形成的红色黏土在生物活动的影响下，继续进行水解、酸解，使部分红色黏土彻底风化，高岭石类黏土矿物分解形成铝的氢氧化物，铝铁的有机金属络合物的溶液或胶体，被地下水或地表水带进岩溶缝隙或溶坑溶凹中聚集沉淀下来；SiO_2则沉淀在原地或流失，初步完成Si与Al、Fe的分离，从而达到铝的初步富集。

$$H_2Al_2O_8 \cdot H_2O + 3H_2SO_4 = Al_2(SO)_4 + 2H_2SiO_3 \downarrow + 3H_2O$$
$$Al_2SiO_5(OH)_4 + 5H_2O = 2Al(OH)_3 + 2H_4SiO_4$$

另外，矿源主要来自土化了的红黏土表层，其间杂少数由于物理、化学作用形成的豆鲕状铁矿物质。干旱季节，红黏土表层可风干成薄的尘土，颗粒很细。到雨季大气降雨和尘土混合成浑浊状的片流，沿缓坡和冲沟迁移至附近的溶坑沉淀下来，形成透镜状成层的豆鲕状铝土矿和土状铝土矿以及它们的过渡型鲕状土状铝土矿的叠置。这又是一种充填初步富集方式。这种初步富集的喀斯特铝土矿规模小，形态复杂，厚度变化大，Al_2O_3的含量不高，但比起红黏土来说，Al_2O_3的含量起码提高1.5～3倍，SiO_2大大减少。矿石类型只能是致密状和土状铝土矿。

在上述地貌和水文地质条件下,红黏土脱硅向富铁铝演化的过程中,时间是极端重要的因素,要相当长的地质时期才能使红黏土彻底分解成铝土物质。另外只有雨量充沛才能有足够多的地表水和地下水对风化残余物进行去 Si、Fe 和富 Al 的淋滤作用和搬运力。

3)沉积作用(最终铝土矿的形成)

长期溶蚀作用使黔中隆起不断被夷平,由中期转入晚期,侧向溶蚀速度大于下切溶蚀速度,经漫长地质时期溶坑溶凹发展成溶盆,趋近准溶原。猫场溶蚀湖是在黔中古陆岩溶发育的基础上发展起来的,起初是彼此分离的各有排泄通道的溶坑、溶凹和漏斗,它们之间为初步富集的喀斯特型铝土矿和富铝铁的红黏土所充填。在侧向溶蚀作用下,不断扩展最终形成一个底部起伏不平相互连通的多中心的溶蚀湖。湖中有孤岛,湖岸曲折多港湾,为最终铝土矿的形成准备了沉积场所。

前所述最初形成的铝铁矿所处位置是不牢固的,由于强烈溶蚀和水流的机械冲刷发生重力崩塌,进入再分解再溶解状态,为最终铝土矿的形成提供碎屑物质。而红黏土和母岩的风化溶蚀作用继续在进行,分解作用还在源源不断地提供中间产物并为最终铝土矿的形成提供矿源。这时的矿源物质,在质量上有了很大提高,主要矿源是由初步富集的喀斯特型铝土矿提供,次为红黏土的表层,少数才是基岩最初的风化物。同时这些成矿物质被搬运到湖盆后,在未被海侵沉积物覆盖埋葬之前,同样受到酸性地表水的不断分解、淋滤、排除 SiO_2、Al_2O_3 的浓度继续得到了提高。这样既有成矿的矿源又有堆矿的场所,成矿就成为必然了。后经海侵沉积物的覆盖、压紧、脱水、成岩作用,形成猫场铝土矿床深埋地下。

4)成岩作用

上述各种方式沉积的物质埋藏后,由深积物转变为沉积岩的过程中,在地层水的参与下,经过一系列变化,达到新的地球化学平衡。被埋藏的碎屑物、黏土矿物或胶凝体进入早期成岩作用阶段,在压力作用下首先压实脱水,体积收缩,孔隙度降低并发生胶结作用。这些矿物由非晶质变成晶质,不稳定矿物变成稳定矿物,另外由于有机质和细菌的作用,沉积物中失去 O_2,由氧化环境转变为还原环境,形成菱铁矿和黄铁矿等成岩矿物。

从沉积物变成固结的矿体或岩层时起,到变质作用开始前这一地质时期内,压固作用和重结晶作用继续进行着。由于上覆岩层静压力的加大或构造应力作用,使已固矿体或岩层产生裂隙和压溶作用,在地下水积极参与和影响下,引起九架炉组岩矿层的交代作用和后生矿物的形成。最常见的交代作用有:菱铁矿化、黄铁矿化、白云石化、高岭石化等。后生矿物有:一水硬铝石、锐钛矿、绿泥石、重晶石等。

总之,在整个成岩作用期,岩(矿)层在结构、构造甚至成分上均发生一定程度的变化,这些变化仍然没有改变九架炉组岩(矿)层的基本性质。

5. 典型矿床成矿要素

根据猫场铝土矿典型矿床研究,归纳总结出该典型矿床的成矿要素如表3-2所示。

6. 典型矿床成矿模式特征

经综合研究,猫场铝土矿床成矿模式见图3-2。

(二)贵州省遵义县后槽铝土矿床

1. 矿床概况

矿床位于遵义县县城南东35km,属于尚嵇镇、团溪镇和茅栗镇管辖,地理坐标:东经$106°59'21''$—$107°04'07''$,北纬$27°25'01''$—$27°28'43''$,面积25.620 5km^2。1981年,贵州省地矿局一〇六地质大队开展勘探工作,探明资源量$1385×10^4$t。

表 3-2 贵州省清镇市猫场铝土矿床成矿要素表

成矿要素			描述内容	要素分类
特征描述			猫场式古风壳沉积铝土矿床	
地质环境	成矿时代		早石炭世九架炉期	必要
	沉积成矿环境		湿热气候带，大量降雨量，水的活动性较高	必要
	大地构造位置		猫场矿区大地构造位置位于扬子陆块南部被动边缘褶冲带织金宽缓褶皱区，已知铝土矿床主要分布于大威岭背斜核部区域	必要
	岩相古地理	古地理	黔中古陆上的筑织淡化潟湖	必要
		沉积相	淡化潟湖	必要
		沉积建造	底为寒武系碳酸盐岩建造，含矿岩系为下石炭统九架炉组铁铝岩系建造	重要
	基底		主要受下伏白云岩古侵蚀起伏面的控制	次要
矿床地质	含矿岩系特征		铝土矿体主要产于铝土矿、铝土岩、黏土岩与高铁铝土矿、铁质黏土岩组合中	必要
	矿体形态、产状		矿体呈似层状、透镜状产出	重要
	含矿岩系厚度		含矿岩系厚 1～25.12m，矿体厚 0.32～18.18m	重要

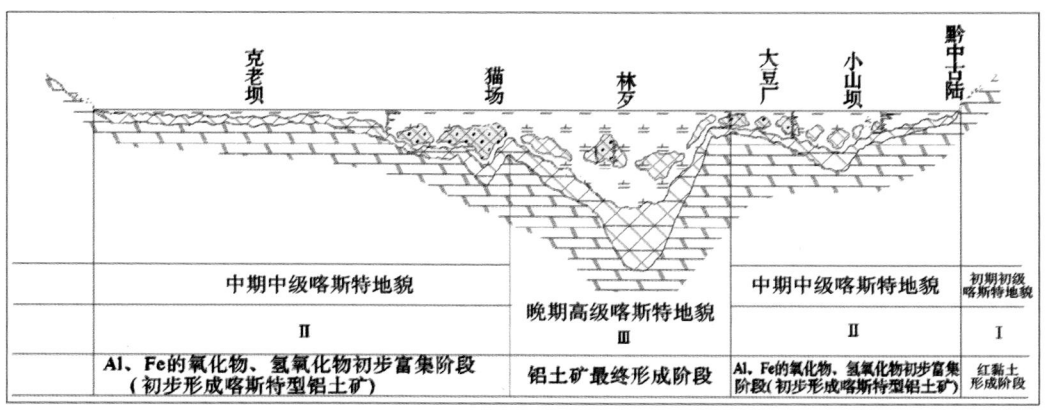

图 3-2 贵州省清镇市猫场铝土矿床成矿模式图

2. 成矿地质背景

矿区位于扬子陆块一级构造单元内的上扬子陆块区二级构造单元，属稳定的陆块区。矿区为两翼不对称平缓向斜。出露地层为中上寒武统娄山关组至中二叠统茅口组及零星分布的第四系。铝土矿赋存在九架炉组中，由浅灰、灰、深灰、灰黑、紫红色及杂色铝土矿（岩），黏土岩，黏土页岩，碳质页岩，黄铁矿黏土岩（黄铁矿层）及含黄铁矿黏土岩组成。含矿岩系厚 0.40～109.9m，据岩性组合特征可分为两段。黏土岩段为灰绿色、灰—深灰色含黄铁矿水云母黏土岩、黏土页岩及含黄铁矿黏土岩或黄铁矿层，厚一般 0.45～34.56m。横向上可变化为不含黄铁矿的杂色、紫红色及灰绿色黏土岩。铝质岩段底部为灰白色、深灰色碎屑状粉晶泥质铝土矿或含黄铁矿水云母黏土岩及碎屑状铝土岩。

3. 矿体及矿石特征

1) 矿体特征

矿区共分 3 个矿段,自北东向南西分别为四轮碑、山头上和槽房湾矿段。其中,山头上矿段工作程度为详勘,四轮碑和槽房湾矿段工作程度为详查。矿区共计求获 331 级＋332 级＋333 级资源量 1 385.27×10^{4}t,由 37 个矿体组成。矿体形态、大小、厚度及品位明显依附于基底古岩溶洼地的形态和大小,往往在基底低洼处矿层厚度大,连续性好,层数增多,且矿石质量亦佳;凸起处或相对凸起区厚度变薄,成单层矿体,矿石品位低,或无矿形成无矿天窗。位于上部的主矿体呈似层状产出,矿体产状与围岩一致。在主矿体之下的诸层矿体呈扁豆状、透镜状,且单个矿体延伸短、规模小。矿体最长 2640m,宽 60～1360m,面积最大 1.21km^2。矿体厚度一般为 5～6m。

2) 矿石特征

(1) 矿石矿物成分。后槽矿区铝土矿的矿石矿物以一水硬铝石为主,其次为高岭石、水云母、伊利石和绿泥石及少量、微量赤铁矿、黄铁矿、锆石、锐钛矿、金红石、板钛矿和极少量的电气石等。一水硬铝石占 75% 以上。矿石中 Al_2O_3 45.31%～80.18%,SiO_2 0.24%～22.43%,Fe_2O_3 0.28%～34.25%,TS 0.02%～2.58%,TiO_2 1.38%～6.54%。微量元素含量：Li 0.001%～0.013%,Ga 0.009 4%～0.013 0%,Nb 0.004 5%～0.019%,Zr 0.042 1%～0.117 8%,Cr 0.018%～0.09%,Ta 0.000 3%～0.001 0%。其中,Al_2O_3 与镓(Ga)呈正相关关系。

(2) 矿石主要有碎屑结构、豆鲕结构、碎屑豆鲕复合结构、粉晶结构和泥晶结构等。主要有块状构造、半土状构造、致密状构造和斜交层理构造。

4. 控矿因素与成矿作用

铝土矿控矿因素主要有：① 古构造、古地貌、古气候及古地理位置。广西运动是加里东构造阶段的重要一幕,为黔中—黔北—渝南广大地域的持续隆起、早古生代地层的风化剥蚀、地貌形态的准平原化,提供了极其重要的古构造条件;紫云运动使古陆继续上升并向南漂移至靠近赤道,为区内红土化风化壳的形成提供了湿热气候环境。而铝土矿含矿岩系沉积的早石炭世大塘期,从含矿岩系岩石中硼含量推算的海水含盐度为 12.4‰～28.2‰,因而沉积水体可能相当于半咸水盐度,由于含有近岸浅海—滨海区标志性的自生矿物鲕绿泥石,推测早期沉积环境具有滨海特点,属贫氧富铁的还原环境,加之含矿岩系中夹有薄煤层,因而推断当时的地理环境总体上属滨海—浅湖、沼泽环境(刘平,1995)。② 控矿层位。区内铝土矿均产于九架炉组中上部,成矿层位专属性异常典型,是区内最直观、最重要的成矿控制因素,也是进行铝土矿找矿勘探和开发利用的主要标志和依据。③ 构造控矿。铝土矿无论在区内或黔北地区,均赋存于圈闭良好的向斜构造内,向斜两翼边缘至相邻背斜核部则完全被风化剥蚀,表明向斜构造是使区内含矿岩系及铝土矿得以保留的具体控矿构造。④ 基底控矿。区内铝土矿主要富集成矿于含矿岩系中上部。矿体厚度与含矿岩系厚度呈正相关关系,相关系数+0.69,均随基底起伏而变化,对基底洼地具有补偿性沉积的特点。同时对基底地层岩石的选择具有鲜明的特色:从区域上看,一是以奥陶系桐梓组和寒武系娄山关组白云岩为基底产出的铝土矿占优势,而以桐梓组页岩为基底的铝土矿则处于次要地位,但就一个具体矿区而言常是两者并存;二是在古岩溶洼地的铝土矿往往厚度大、质量较好,Al_2O_3 含量和 A/S 相对较高。区内铝土矿基本印证了以上对矿化富集规律的认识。

雪峰运动奠定了扬子陆块的基底。志留纪末和泥盆纪初发生的广西运动,使黔中—遵义—渝南广大地域隆起为陆,为隆起区的石炭纪铝土矿含矿岩系沉积提供了重要的区域构造背景。晚泥盆世末至早石炭世中、晚期的紫云运动期间,区域地壳发生了向南的漂移,古地磁测定表明遵义一带为北纬 8°12′,处于靠近赤道的湿热气候区,与现代对比,其年均气温为 20～26℃,年降水量 1000～3000mm,且雨季和旱季相互交替。在这种气候条件下,为区内岩石红土化、风化及三水铝石铝土矿的形成提供了重要的成矿背景。

在中二叠早期海侵之前,在湿热气候条件下,桐梓组黏土岩、页岩经原地化学风化形成富铝(三水铝石)的红土型风化壳(铝土矿成矿母质),并大致同时达到准平原化。而遵义铝土矿则处于汇水区斜坡地带,为其后形成岩溶洼地型铝土矿提供了有利的基底地貌。中二叠早期的海侵之后,残留在高地的富三水铝石红土型风化壳于大塘期九架炉亚期被地表径流冲刷、搬运、沉积—堆积在附近的滨湖沼泽、浅湖、岩溶洼地等中。在成岩过程中,由于桐梓组白云岩的基底排水通畅,杂质随水带走;以桐梓组页岩为基底者排水不畅,保留杂质较多,局部形成透镜状绿泥石铁矿、硫铁矿或层状黄铁矿黏土岩及富铁的绿泥石黏土岩。从铝土矿含矿岩系形成并被上覆地层覆盖,一直到喜马拉雅期,主要经历了成岩作用和变质作用,铝土矿中的三水铝石变成一水铝石,泥炭、腐泥变成无烟煤。喜马拉雅运动以来,地壳不断抬升,部分含矿岩系暴露于地表或近地表,在氧化条件下,一些高硫、高铁铝土矿发生了变化,形成低铁低硫铝土矿,而在地下深处,特别是潜水面以下仍多为高硫型铝土矿。

铝土矿原始沉积的大多为含硅、硫较高的铝质岩或铝土矿,成岩期后的表生风化作用使含矿岩石进一步去硅、去硫、脱碳,促使有用组分(Al_2O_3)含量的进一步提高而成为铝土矿或使铝土矿优质化。据遵义县后槽、仙人岩铝土矿区现有勘查资料统计:含矿岩系在当地最低侵蚀基准面之上,一般往矿体倾斜方向延伸300～500m,再往深部延伸其铝土矿质量变差,变为铝土岩。

5. 典型矿床成矿要素

根据原遵义县后槽铝土矿典型矿床研究,归纳总结出该典型矿床成矿要素(表3-3)。

表3-3 贵州省遵义县后槽铝土矿床成矿要素表

成矿要素		描述内容	要素分类
特征描述		古风化壳沉积型铝土矿床	
地质环境	成矿时代	早石炭世大塘早期九架炉亚期	必要
	构造背景	上扬子陆块扬子陆块南部被动边缘褶冲带凤冈滑脱褶皱带后槽向斜	必要
	岩相古地理	苟江-后槽淡化潟湖、滨湖沼泽斜坡环境	必要
	古地貌	在桐梓组白云岩、页岩之上存在古风化壳	必要
	古气候	古纬度8.2°赤道附近的热带地区,气候湿热	必要
	基底	桐梓组白云岩:形成岩溶洼地,为成矿物质提供储存空间	重要
		桐梓组页岩:提供成矿物源及储存空间	重要
矿床特征	岩性特征	黏土岩、铝土矿类组合:有较好铝土矿体产出	重要
		黏土岩、铝质岩类组合:有铝土矿体产出	重要
		黏土岩类组合:无铝土矿产出	重要
	矿石成分	Al_2O_3:45.31%～80.18%	重要
		SiO_2:0.24%～22.43%	重要
		A/S:2.60～331.17	重要
	含矿岩系厚度	0.40～109.90m	重要
	矿体厚度	0.80～25.20m	重要
	次生作用	矿体延深300～500m	重要

6. 典型矿床成矿模式

经综合研究,建立后槽铝土矿典型矿床成矿模式见图 3-3。

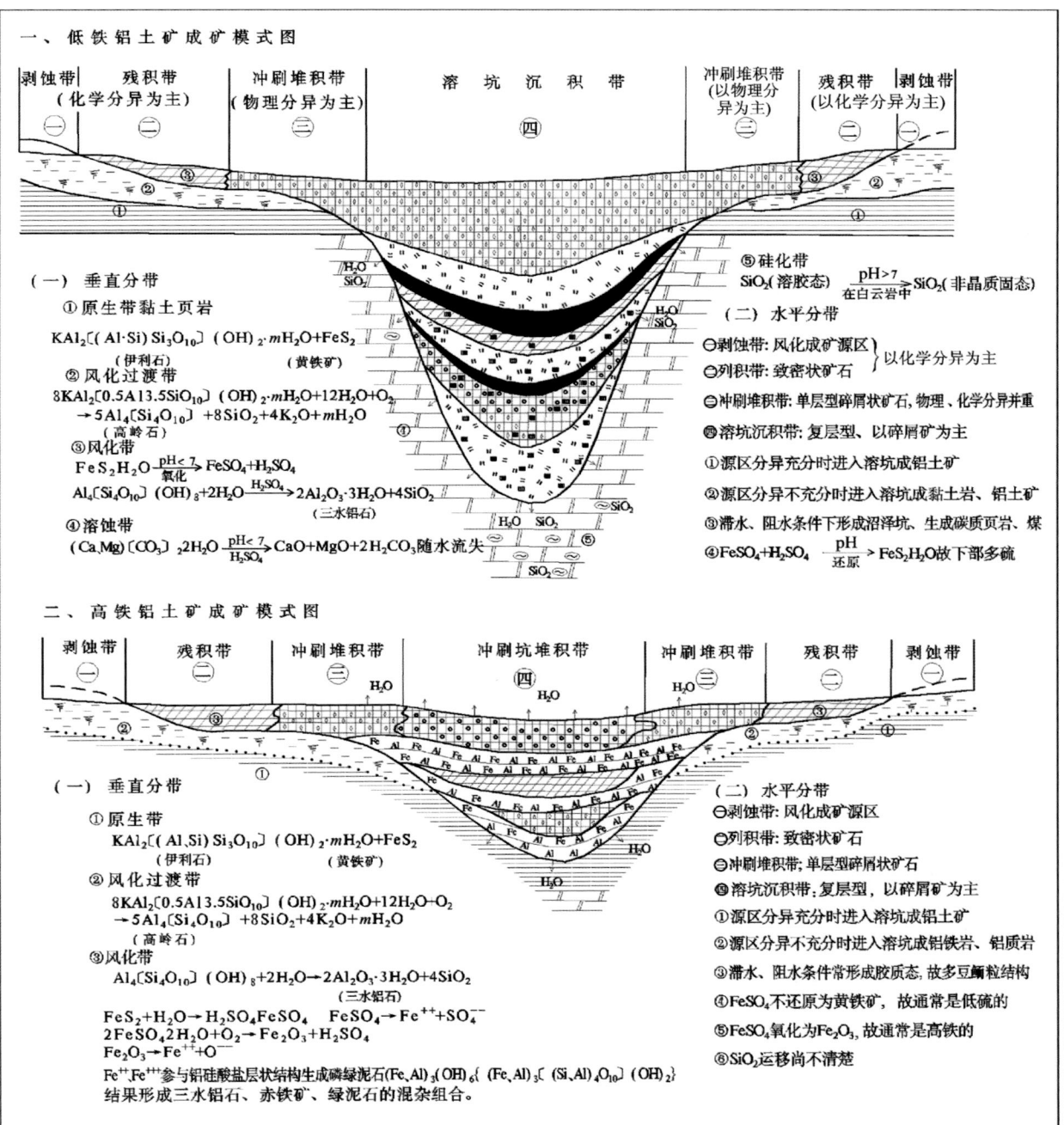

图 3-3 贵州省遵义县后槽铝土矿床成矿模式图

1.风化黏土岩;2.沉积型黏土岩;3.页岩;4.白云岩;5.含硅质团块白云岩;6.煤层;7.黄铁矿;8.铝铁岩;
9.铝质岩;10.致密状铝土矿;11.碎屑状铝土矿;12.豆鲕状铝土矿

(三)贵州省务川县大竹园铝土矿床

1. 矿床概况

务川大竹园铝土矿区位于务川自治县北部,分布在该县濯水镇、砚山镇、泥高乡和分水乡辖地内,矿区面积31.25km²。地理坐标:东经107°49′45″—107°53′45″,北纬28°51′15″—28°54′00″。矿区有简易公路与务川县城、道真自治县和濯水镇等地相连。2006年至2007年贵州省地矿局一〇六地质大队完成详查工作,编制《贵州省务川县大竹园铝土矿区详查地质报告》,提交331级+332级资源量3564.81×10^4t,矿床规模为大型。

2. 成矿地质背景

矿区位于扬子陆块南部被动边缘褶冲带之凤冈南北向褶皱区Ⅳ级构造单元黔中-渝南铝土矿成矿带北段的道真铝土矿带内。黔中-渝南铝土矿成矿带含矿岩系分布在南起清镇、贵阳、修文,向北往息烽、遵义、正安、务川、道真延伸,直到重庆市南部的南川、武隆等地,构成北北东向长达370km的铝土矿成矿带。大竹园铝土矿区主体构造是栗园向斜,该向斜在矿区内呈北东向展布长7km,向南西延出区外。向斜枢纽向南西倾伏,倾伏角10°~17°。向斜南东翼北段岩层倾向南西,向南逐渐过渡为倾向北西,倾角4°~28°,一般8°~15°;北西翼岩层倾向南东,倾角11°~42°,一般15°~30°。向斜总体为一个东缓西陡的不对称向斜。向斜轴部最新地层为下三叠统茅草铺组。向斜两翼依次为下三叠统夜郎组、上—中二叠统、下石炭统及下志留统。

大竹园组是含铝岩系,其厚0.78~13.2m,据岩性组合特征大致归纳为黏土岩—铝土矿型、黏土岩—铝土岩型及黏土岩型3种剖面类型,岩性如下。

(1)黏土岩—铝土矿型:下部为灰绿色厚层块状绿泥石黏土岩、绿泥石岩和浅灰及深灰色黏土岩,局部夹赤铁矿、硫铁矿透镜体;中、上部以灰、深灰及褐黄色半土状铝土矿为主,局部为碎屑状铝土矿,偶见灰色致密状铝土矿、豆鲕状铝土矿、灰绿色绿泥石铝土矿、黏土岩等透镜体及碳质页岩和劣质煤夹层与半土状、碎屑状铝土矿同时产出;顶部常为深灰、褐黄色中厚层致密状黏土岩及铝土岩,仅个别地段的矿层直接与中二叠统梁山组碳质页岩接触。厚5.93m。

(2)黏土岩—铝土岩型:下部为深灰绿色中厚层致密状绿泥石黏土岩、绿泥石岩和灰色中厚层致密状黏土岩;中上部为深灰色中厚层致密状铝土岩及黏土岩。厚2.81m。

(3)黏土岩型:由下至上为灰绿色中厚层致密状绿泥石黏土岩、灰及浅灰色中厚层致密状黄铁矿黏土岩。分布于无矿地段。

大竹园组与上覆地层中二叠统梁山组页岩或栖霞组灰岩呈假整合接触。

3. 矿体及矿石特征

1)矿体特征

区内矿体产于呈北东向展布的栗园向斜北段两翼大竹园组含铝岩系中上部,为一呈层状、似层状产出的连续矿体,产状与地层产状基本一致,南东翼倾向由北往南从220°逐渐过渡为332°,北西翼走向为55°~80°。以向斜轴为界,将矿区分为Ⅰ号、Ⅱ号矿体。Ⅰ号矿体分布在栗园向斜东翼,北部转折端以南,矿体倾角7°~20°,平均12°,走向长5054m,宽300~1080m,展布面积4.07km²,332级+333级矿石资源量2284.41×10^4t。Ⅱ号矿体走向延伸长5076m,宽180~690m,展布面积2.43km²,333级矿石资源量1256.36×10^4t。矿体倾角12°~19°,平均16°。矿体厚1.12~3.30m,平均厚2.05m,含Al_2O_3 58.26%~69.57%,平均64.85%;SiO_2 6.95%~12.88%,平均9.70%;A/S 4.6~10.0,平均6.7;Fe_2O_3 2.29%~11.97%,平均5.14%;TS 0.06%~3.19%,平均0.70%。

2) 矿石特征

矿石矿物以一水硬铝石为主,其次为高岭石、伊利石和绿泥石及少量、微量赤铁矿、黄铁矿、锆石、锐钛矿、金红石、板钛矿和极少量的电气石等。一水硬铝石占整个矿石矿物组合的 75% 以上。Al_2O_3 42.57%~81.17%,SiO_2 0.48%~22.71%,Fe_2O_3 0.49%~32.69%。Al_2O_3 和 SiO_2 呈明显负相关,其相关系数为 -0.74;Al_2O_3 和 Fe_2O_3 呈明显负相关,其相关系数为 -0.63。微量元素 Li 0.019 8%~0.167 2%,Ga 0.002 2%~0.013%,Al_2O_3 与镓(Ga)呈正相关关系。

矿石结构有碎屑结构、豆鲕结构、粉晶结构和泥晶结构等。构造有块状构造、半土状构造和致密状构造。

4. 控矿因素与成矿作用

成矿控制因素:①古构造、古地貌、古气候及古地理位置。广西运动是加里东构造阶段的重要一幕,为黔中—黔北—渝南广大地域的持续隆起,早古生代地层的风化剥蚀,起伏不大的准平原化地貌形态的孕育形成,提供了极其重要的古构造条件;紫云运动使古陆继续上升并向南漂移至靠近赤道,为区内红土化风化壳的形成提供了湿热气候环境。而铝土矿含矿岩系沉积的晚石炭世马平期,从含矿岩系岩矿石中硼(B)含量推算的海水含盐度为 12.4‰~28.2‰,因而沉积水体可能相当于半咸水盐度,由于含有近岸浅海—滨海区标志性的自生矿物鲕绿泥石,推测早期沉积环境具有滨海特点,属贫氧富铁的还原环境,加之含矿岩系中夹有薄煤层,因而推断当时的地理环境总体上属滨海—浅湖、沼泽环境(刘平,1995)。②控矿层位。区内铝土矿均产于大竹园组中上部,成矿层位专属性异常典型,是区内最直观,最重要的成矿控制因素,也是进行铝土矿找矿勘探和开发利用的主要标志和依据。③构造控矿。铝土矿无论在区内或黔北地区,均赋存于圈闭良好的向斜构造内,向斜两翼边缘至相邻背斜核部则完全被风化剥蚀,表明向斜构造是使区内含矿岩系及铝土矿得以保留的控矿具体构造。④基底控矿。区内铝土矿主要富集成矿于含矿岩系中上部。矿体厚度与含矿岩系厚度呈正相关关系,相关系数+0.69,均随基底起伏而变化,对基底洼地具有补偿性沉积的特点。同时对基底地层岩石的选择性具有鲜明的特色:从区域上看,一是以 S_1hj 黏土岩、页岩为基底产出的铝土矿占优势,而以 C_2h 灰岩为基底的铝土矿则处于次要地位,但就一个具体矿区而言常是两者并存;二是以 C_2h 灰岩为基底的铝土矿往往质量较好,Al_2O_3 含量和 A/S 相对较高。区内铝土矿基本印证了以上对矿化富集规律的认识。

区内铝土矿成矿物质主要来源于含矿岩系沉积基底的韩家店组黏土岩、页岩。相关研究成果(刘平,1993)显示:在相同成矿条件下,韩家店组黏土岩、页岩演化为铝土矿所需 Al_2O_3、TiO_2、Ga 的富集率分别仅为 2.47 倍、2.91 倍、3.57 倍,而另一基底黄龙组灰岩演化为铝土矿所需 Al_2O_3、TiO_2 和 Ga 元素的富集率则分别高达 66.66 倍、102.00 倍和 41.67 倍。从稀土元素分布模式图的对比研究看,铝土矿与韩家店组黏土岩、页岩非常接近,具有明显的亲缘关系。上述地球化学研究成果表明,韩家店组黏土岩、页岩,不仅有最大概率成为铝土矿的成矿母岩,而且有最大可能为其形成提供充足的成矿物质来源。

区域地质研究表明,雪峰运动奠定了扬子陆块的基底。志留纪末和泥盆纪初发生的广西运动,使黔中—黔北—渝南广大地域隆起为陆,为隆起区的石炭纪铝土矿含矿岩系沉积提供了重要的区域构造背景。晚泥盆世末至早石炭世中、晚期的紫云运动期间,区域地壳发生了向南的漂移,古地磁测定表明遵义—道真一带为北纬 8°12′,处于靠近赤道的湿热气候区,与现代对比,其年均气温为 20~26℃,年降水量为 1000~3000mm,且雨季和旱季相互交替,在这种气候条件下,为区内岩石红土化风化及三水铝石铝土矿的形成提供了重要的成矿背景。

结合区内的具体情况看,中二叠早期海侵之前,在湿热气候条件下,韩家店组黏土岩、页岩经原地化学风化形成富铝(三水铝石)的红土型化风化壳(铝土矿成矿母质),并大致同时达到准平原化,为其后铝土矿的形成提供了有利的基底地貌。中二叠早期的海侵之后,残留在高地的富三水铝石红土型风化壳于梁山期大竹园亚期被地表径流冲刷、搬运、沉积—堆积在附近的滨湖沼泽、浅湖等中。在成岩过程中,由于黄龙组灰岩的基底排水通畅,杂质随水带走;以韩家店组黏土岩、页岩为基底者排水不畅,保留杂质较多,局部形成透镜状绿泥石铁矿、硫铁矿或层状黄铁矿黏土岩及富铁的绿泥石黏土岩。从铝土矿含矿岩系形成并被上覆地层覆盖,一直到喜马拉雅期,主要经历了成岩作用和变质作用,铝土矿中三水铝石变成一水铝石,泥炭、腐泥变成无烟煤。喜马拉雅运动以来,地壳不断抬升,部分含矿岩系暴露于地表或近地表,在氧化条件下,一些高硫、高铁铝土矿发生了变化,形成低铁低硫铝土矿,而在地下深处,特别是潜水面以下仍多为高硫型铝土矿。

5. 典型矿床成矿要素

根据鱼洞铝土矿典型矿床研究,归纳总结出该典型矿床成矿要素见表3-4。

表3-4 贵州省务川县大竹园铝土矿床成矿要素表

成矿要素		描述内容	要素分类
特征描述		古风化壳沉积型铝土矿床	
地质环境	成矿时代	中二叠世早期大竹园亚期	必要
	构造背景	上扬子陆块扬子陆块南部被动边缘褶冲带凤冈滑脱褶皱带栗园向斜	必要
	岩相古地理	道真-正安坳陷湖盆浅湖、滨湖沼泽环境	必要
	古地貌	在韩家店组页岩、黄龙组灰岩之上存在古风化壳	必要
	古气候	古纬度8.2°赤道附近的热带地区,气候湿热	必要
	基底	C_2h灰岩:形成岩溶洼地,为成矿物质提供储存空间	重要
		S_2hj页岩:提供成矿物源及储存空间	重要
矿床特征	岩性特征	黏土岩、铝土矿类组合:有较好的铝土矿体产出	重要
		黏土岩、铝质岩类组合:有铝土矿体产出	重要
		黏土岩类组合:无铝土矿产出	重要
	矿石成分	Al_2O_3:42.57~81.17%	重要
		SiO_2:0.48~22.02%	重要
		A/S:2.71~163.06	重要
	含矿岩系厚度	0.79~13.20m	重要
	矿体厚度	0.67~5.50m	重要
	次生作用	矿体延深300~700m,局部达1080m	重要

6. 典型矿床成矿模式

经综合研究,大竹园铝土矿床成矿模式见图3-4。

加里东运动使黔中—黔北—渝南广大地域隆起为陆,为铝土矿沉积提供了重要的区域构造背景。晚泥盆世末至早石炭世中、晚期的紫云运动期间,在该区处于赤道的湿热气候区,年均气温20~26℃,年降水量为1000~3000mm,且雨季和旱季相互交替,在这种气候条件下,为区内岩石红土化风化及三水铝石铝土矿的形成提供了重要的成矿地质背景。

中二叠早期海侵之前,在湿热气候条件下,韩家店组黏土岩、页岩经原地化学风化形成富铝(三水铝石)的红土型化风化壳(铝土矿成矿母质),并大致同时达到准平原化,为其后铝土矿的形成提供了有利

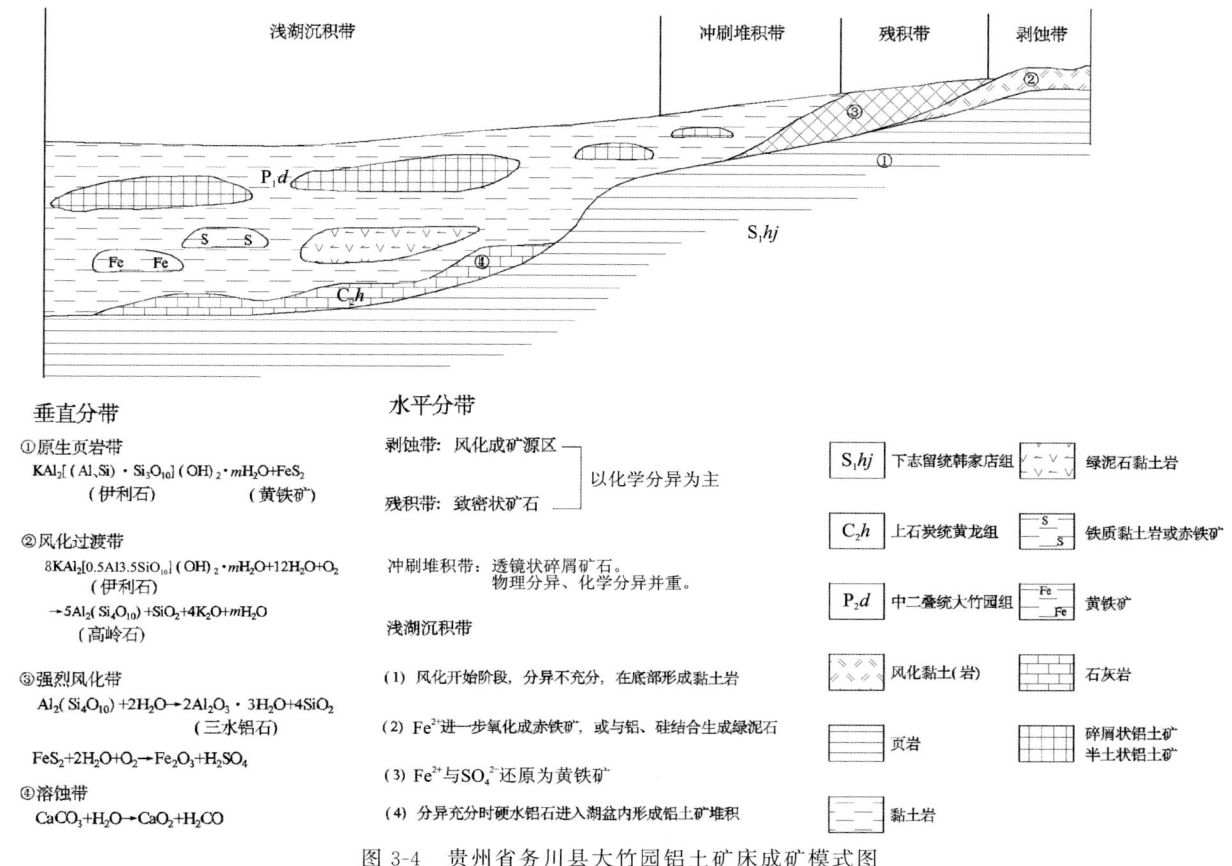

图 3-4 贵州省务川县大竹园铝土矿床成矿模式图

的基底地貌。中二叠早期的海侵之后,残留在高地的富三水铝石红土型风化壳于马平期被地表径流冲刷、搬运、沉积-堆积在附近的滨海沼泽或湖沼中。从铝土矿含矿岩系形成并被上覆地层覆盖,一直到喜马拉雅期,主要经历了成岩作用和变质作用,铝土矿中三水铝石变成一水铝石,泥炭、腐泥变成无烟煤。喜马拉雅运动以来,地壳不断抬升,部分含矿岩系暴露于地表或近地表,在氧化条件下,一些高硫、高铁铝土矿发生了变化,形成低铁低硫铝土矿,而在地下深处,特别是潜水面以下仍多为高硫型铝土矿。

三、磷矿

(一)贵州省开阳县沙坝土磷矿床

1. 矿床概况

矿区位于贵州省开阳县北西 29km 地带。矿区中心坐标:东经 106°51′50″,北纬 27°09′00″,行政区划属贵阳市开阳县金中镇。地质勘查工作达到勘探阶段,矿床规模达大型。成矿单元位于渝南-黔北磷矿、磷块岩、稀土矿、锰矿、汞矿、硫铁矿成矿区内。

2. 成矿地质背景

1)构造

矿区属上扬子陆块扬子陆块南部碳酸盐岩台地相,区域上位于近南北向的洋水背斜内。地层倾角一般10°～55°,南陡北缓,以纵向压性断裂为主,自西往东的4条主干纵断层将本矿段分为中矿块、北矿块、南矿块和断层上盘矿4个矿块。

2)含矿岩系

出露有青白口系、南华系、震旦系、寒武系、第四系。

赋矿地层为陡山沱组(Z_1ds)。上部为灰色、深灰色中厚层硅质白云岩,其下为肉红色含锰白云岩,在局部地段硅质白云岩顶部为磷块岩透镜体及含锰白云岩,厚度0～5.44m;中部为深灰、蓝灰、茶色中厚层致密状、碎屑状及条带状磷块岩,在工作区南部的地段磷矿层底部为角砾状磷块岩,厚度1.07～5.34m;下部为黄灰色薄层—中厚层含磷砂质白云岩或砂屑磷块岩及磷质岩,厚度0～0.60m。详细层序如下:

上覆地层:灯影组 灰白色中厚度细晶白云岩。

————————不整合————————

陡山沱组(Z_1ds):

12. 硅化渗流豆白云岩,2.04m。

11. 上部为硅化粉晶白云岩,中部为含磷质砂砾屑白云岩,下部为砂屑白云岩,1.17m。

10. 砂屑磷块岩、硅质岩、白云岩等角砾和砂砾物形成的洞穴堆积,0～1.40m。

9. 黏土岩与砂屑磷块岩呈条带互层,0.30m。

8. 纹层状泥质砂屑磷块岩,1.20m。

7. 中粗粒砂屑磷块岩,0.65m。

6. 含砾砂屑磷块岩,0.25m。

5. 含磷质砂屑黏土岩与泥质砂屑磷块岩呈1～9cm条带互层,1.03m。

4. 纹层状砂屑磷块岩与砂屑磷块岩呈不等厚层,层隔相间,1.30m。

3. 含砾砂屑磷块岩,0.05m。

2. 中上部为纹层状砂屑磷块岩,下部为含砾磷质石英岩屑砂岩,0.69m。

1. 含磷质砂砾屑透镜状石英屑砂岩,0.42m。

————————平行不整合————————

下伏地层:上南华统南沱组 中粉砂质泥片状石英岩屑细砂岩。

3. 矿体及矿石特征

1)矿体特征

沙坝土矿床矿体南北长5500m,东西宽900～1100m,面积5.5km²,为一东倾的单斜构造,倾角一般10°～55°,磷矿呈层状、似层状产出。自西往东4条主干纵断层将本矿段分为中矿块、北矿块、南矿块和断层上盘矿4个矿块。

2)矿石特征

(1)矿石矿物成分。矿石矿物以低碳氟磷灰石为主,次为碳磷灰石、磷灰石,脉石矿物主要有白云石、石英、褐铁矿、黄铁矿、菱铁矿、绢云母、锆石、海绿石、水云母(伊利石)等。

(2)矿石化学成分。P_2O_5含量主要集中在28%～36%间,碘0.0016%～0.0086%,平均含量0.0040%,碘含量与P_2O_5含量、氟含量无明显的相关关系,与H、P含量有一定的相依关系,当磷块岩中P_2O_5含量大于30%时,H、P含量高,碘含量亦高。氟含量1.48%～3.62%,平均含量2.99%。MgO含量0.17%～7.71%,平均含量2.15%。CO_2 0.24%～12.42%,平均含量1.28%。CaO 23.72%～51.65%,平均46.99%。CaO与P_2O_5呈正相关。SiO_2 2.13%～23.87%,平均含量5.77%。

(3)矿石结构构造。矿石结构主要为原生沉积结构和后生结构两类。原生沉积结构有颗粒结构、凝胶结构;后生结构主要是沉积后成岩过程中的重结晶结构和成岩后的交代结构。矿石构造主要有块状构造、条纹—条带状构造、角砾状(团块状)构造,这些构造反映了磷块岩的沉积作用。

4. 控矿因素与成矿作用

1)控矿因素

(1)岩相古地理条件。磷矿为沉积型矿产,其岩相古地理控制了磷矿的分布和质量。贵州经历了四堡运动、晋宁运动、澄江运动3次构造运动后,贵州扬子陆块的古构造格局已基本形成,控制了陡山沱期的古地理环境,而黔中隆起这时也抬升成陆地,在开阳洋水地区形成一个濒广海的障壁型海湾,为该区磷的富集和沉积提供了较为理想的场所。

距今800Ma的梵净运动最终结束了黔东地区的沟弧盆系演化,将贵州带入扬子东南被动大陆边缘构造环境。晋宁期沉积的下江群和板溪群是构成被动大陆边缘的第一个陆壳盖层,形成了贵州晚前寒武晚期沉积基底古地理格架,并且导致被动大陆边缘向充填型前陆盆地演化,早震旦世沉积盆地由黔中隆起、隆起边缘缓坡和隆起前缘陆坡3个古地理单元组成,并在缓坡和陆坡上沉积了充填型陆碎屑层序。在早震旦期由于差异剥蚀作用,基本上已处于准平原状态,发育于开阳—息烽一带的马路坪组为准平原化过程中第一期细陆源物沉积。至此,黔中隆起终于结束了隆起剥蚀的陆上暴露,转化为台棚—台地沉积古地理基底;而缓坡和陆坡地带,也由于巨厚的陆源物充填,其沉积界面逐渐上升,导致与黔中沉积基准面的高差逐渐缩小。因此陡山沱期的沉积盆地,由一个准平原化的黔中台棚、向北—北东方向(黔北—黔东北)徐徐缓倾的台棚边缘缓坡、转而向南东(黔东南)倾斜的台棚前缘陆坡地3部分组成。盆地的这种基底古地理格局,不仅为陡山沱期伴随海平面快速上升而形成的富溶解磷酸盐水团的上升洋流提供上升通路,而且为溶解磷酸盐析出、沉淀碳氟磷灰石开辟了极为有利的陆架位置和浅水环境。

(2)古海洋条件。据采于湘西(东经110.44°,北纬27.19°)南沱组含砾细砂岩的古地磁测量数据为南纬14.80°(刘宝君等,1993),表明震旦纪扬子大陆东南缘的海域处于南半球东南信风带范围,在科氏效应影响下,产生逆时针向巨型环流。假设当时贵州仍处于扬子大陆的东南海岸,则沿岸表层水就形成由北向南的流动,同时受科氏效应进一步的影响,出现离岸发散现象,此时便会引起水位相对下降,造成压力的不均衡,导致下伏的次表层水上涌取而代之,形成了上升流(又称补偿流)。

发生于早震旦世的二次大冰期,在温盐环流的驱动下也可以形成上升流。冷重的沿岸表层水下沉,造成该处表层水大量亏损,引起中层水上涌予以补偿,但是当冰期过后,温盐环流将要进行适当调整,因此尔后陡山沱期的上升流似与南沱冰期的上升流有一定联系,而与前面提到的风系驱动的巨形环流关系可能更为密切,二次叠加使它变得更为强劲。上升洋流一旦形成,就会沿着坡形基底向沿岸地区聚涌。经南沱期第二次大规模陆源物充填后,从黔东南往北至铜仁地区,再折向西至遵义及其南西的浅水台棚区,是一个坡度徐徐上升的陆坡—缓坡—台棚构成的坡形基底,也是上升流最佳流经区。一般季节性信风不可能形成海洋表层长期巨型环流,只有在行星风系或其他地球营力作用下,才能出现数百万年的海洋环流,导致经久不息的上升流,从而形成贵州陡山沱期和梅树村期18~40m厚的台棚含磷岩系。

发生于陡山沱期和梅树村期两个Ⅲ级相对海平面变化旋回,也是聚磷期重要古海洋背景条件之一。旋回后期和早期都以海平面快速下降至缓慢下降为标志,造成台棚暴露无沉积或成岩强烈改造,即使此时有上升流形成,也上涌不到这些浅水区。当海平面快速上升至高海平面静止期,海水淹没台棚形成宽阔的浅水陆架,为上升流顺利抵达新生的有效容纳空间创造了必要条件。因此发生在成磷期的Ⅲ级相对海平面变化及与上升流的同步关系,应是贵州晚前寒武纪晚期海相磷酸盐循环最为重要的古海洋背景。

(3)气候、生物条件。气候和生物是参与海相磷酸盐循环中一个不可缺少的背景因素。气候是控制沉积类型的主要因素,南沱冰期过后,气候开始回春,暖和的浅水极有利于碳酸盐的形成,加上适宜的相对海平面变化速率,就会迅速提高碳酸盐生产率。Ca、Mg是台棚区砂屑磷块岩的重要矿物组分和化学组分,碳氟磷灰石的生产率在某种意义上取决于碳酸盐的生产率,因此气候直接或间接地影响碳氟磷灰石的生产率。

生物参与海相磷酸盐的循环历来受到注重,国内外学者曾大力研究成矿生物和生物成因的磷块岩,并提出了微生物假说和生物化学假说的磷块岩成矿理论。发育于贵州寒武纪晚期的生物,主要是茵藻类和小壳动物,它们往往与高品位的净砂屑磷块岩伴随出现,无疑在参与析出、沉淀碳氟磷灰石的过程中曾发挥有一定作用。藻类又是捕获、黏结外来物质的一种重要生物沉积作用,碳酸盐和碳氟磷灰石的富集与藻类的生命过程息息相关,因此以茵藻类为代表的海洋初始生产率在海相磷酸盐的循环中占有不可估量的重要位置。

综上所述,构造古地理、古海洋、气候和生物等,是形成海相磷酸盐循环最为重要的3个背景条件,它们彼此之间又紧密联系、相互作用,只要其中任何一种背景因素遭受改变,就会引起循环系统的破坏。当然某些局部因素(环境)可能不利于碳酸盐的循环,但是它们至多局部影响磷块岩的地层分布形式和P_2O_5的含量,不会摧毁循环的全过程。

2)成矿作用

开阳洋水矿区磷矿形成时代为早震旦世陡山沱期,主要成矿作用:胶体沉积—盆内颗粒再沉积—孔隙磷质溶液的沉积和磷质进一步的分异凝聚—磷质交代作用—藻生物作用。

(1)胶体沉积。在相对稳定、低能的浅水环境中,磷质在含磷海水中因过饱和而析出、聚沉,是陡山沱期扬子浅海内磷质沉积的初始阶段和基础形式。它是浅海盆地相磷块岩的主要成矿作用,并为浅海台地相颗粒沉积磷块岩奠定了物质基础。

磷凝胶在相对宁静、混浊的浅海盆地内,与悬浮级非磷碎屑、无陈化龟裂含藻生物碎屑及孢子囊胶结形成磷块岩或含磷岩,位于黑色黏土岩间断面之上,呈层状、透镜状。它们除混杂大量悬浮级非磷碎屑外,常与这些非磷碎屑韵律相间沉积呈条带状、条纹状,或于成岩阶段分异凝聚成结核状。

磷凝胶也可在浅海台地的洁净、低能地带或成磷稳定阶段与磷质内碎屑或白云质等相间沉积,组成富含藻类较纯净而又具陈化龟裂纹的凝胶磷块岩,或在浅海台地的低能地带与磷质颗粒(主要是内碎屑)同期或准同期共沉,于颗粒结构磷块岩之颗粒间隙中形成填间基质,或与浅海台地藻滩地带,被藻类黏结捕陷,组成磷质叠层石之富藻纹层;也有部分磷凝胶在微扰动的条件下,凝聚成球粒而沉,组成球粒结构磷块岩。浅海台地环境内胶体聚沉而成的凝胶结构磷块岩,多位于陡山沱组各磷矿层的顶部,常与颗粒结构磷块岩或白云质等形成韵律叠置,呈条带状、纹层状、粒序状,或分异凝聚成凝块状;也有少数位于磷矿层底部沉积间断面上呈薄层状或漆膜状。

磷质胶体聚沉,主要服从于上翻洋流说及化学沉积的基本原理和规律。它除要求应具备温暖、低能、具异电荷或凝聚核心的凝聚条件,并兼非磷杂质的混杂掺和。在磷质析出聚沉过程中,藻类的光合作用、阻滞抗浪作用、黏结捕陷作用、吸附聚集作用等,对浓缩、聚集磷质,建造适宜磷质析出、聚沉的环境,促使磷质速析快沉等方面,起了极重要的作用。至于含磷水溶液在磷质析出之前是否尚经某种方式的浓缩,目前所知除上述藻类的生物浓缩作用和后述孔隙溶液浓缩之外,其他迹象不多,有待深入研究。

因胶体聚沉是低速的、漫长的成磷过程,杂质掺和机会较多,故所成矿层的厚度、品位视环境差异而有较大变化。在物质充足的前提下,成磷环境长时间持续稳定者,磷矿层则厚;碱度、咸化度适中而又洁净者,磷矿层则富。

(2)盆内颗粒再沉积。上述已聚沉的磷凝胶或条件成因的已固化磷块岩,在浅水扰动条件下颗粒化,就地或经盆内迁移、簸选,而于不同能量的环境中再沉积,是磷质富化再集形成量大质优磷矿床的一个重要成矿方式和阶段。盆内颗粒再沉积形成的磷块岩,只分布于浅海台地的边缘,尤其是藻礁及其围限的浅滩等礁后地带。

磷质颗粒或于低能带中与磷质溶胶、白云质、泥质相混沉积,组成各种(磷、云、泥)基质填间的颗粒结构磷块岩;或于高能地带组成颗粒支撑或淀晶胶结的颗粒结构磷块岩;或被暴风浪携至潮上低洼处,与大量陆源残屑相混组成砂坪相的杂基颗粒结构磷块岩。在藻滩地带,则被藻类黏结捕陷于磷质叠层石的富屑纹层中,或填集于藻丛间组成叠层石磷块岩。也有少数覆于沉积间断面上的磷质颗粒,贯入填充于下伏岩石孔穴、缝孔中。当然,此种再沉积的磷质颗粒,除盆内碎屑外,也可以是先期磷块岩之风化颗粒,但就此磷块岩所见,大量的、基本的是盆内颗粒,仅潮上坪及沉积间断面上的磷块岩内具少量盆外磷质碎屑,但它们也只是近旁或下伏磷块岩之风化残余物,扬子地区陡山沱期磷块岩的磷质内碎屑和碳酸盐岩一样,是沉积水域内(盆内)同期或准同期的介质扰动和沉积物运移等机械作用形成的碎屑颗粒,它多沿陈化龟裂纹或先期颗粒缝隙及其他薄弱处破碎成屑或搓滚成粒。

盆内颗粒再沉积的实质,与一般机械碎屑沉积无大的区别,因而它主要服从于盆内机械的一般规律。它需要在一种扰动的成屑阶段的磷质颗粒再沉积的环境中沉积。只要具备足够的磷质碎屑和必要的碎屑沉积地质物理条件,它可以在任何地球化学环境中沉积。地球化学条件往往只决定了其基质和填间物的成分和数量,利于颗粒再沉积磷块岩的富化环境是洁净、高能及洁净、稳定低能的碱性条件和藻滩地带,因为这些环境不仅有较好的簸选作用,且能限制磷块岩内的非磷杂质含量,从而形成品位较高的磷质淀晶胶结的颗粒结构磷块岩、颗粒支撑的颗粒结构磷块岩,或磷质基质填间的颗粒结构磷块岩及叠层石磷块岩。藻类对磷质颗粒的黏结、陷集等造礁作用,不仅是磷质颗粒再沉积的一种重要作用,而且所成礁体尚可建设一种稳定环境,从而强化磷质的沉积与富集。

磷质盆内颗粒再沉积属碎屑堆积,沉积速度快,加之屡经簸选,故杂质掺和作用较少,所以成磷块岩层一般厚度较大、品位较高。若环境混浊,或介质碱度、盐度过高,则会形成中低品位的泥质填间的颗粒结构磷块岩、白云质填间的颗粒结构磷块岩,如浅海台地潮坪、台盆相者及濒临活动边缘带及蚀源者。

(3) 孔隙磷质溶液的沉积和磷质进一步的分异凝聚。这两种作用都是成岩阶段完成的,它们虽不是普遍现象,但对于特定的富化也是起了重要作用的。如浅海台地浅滩相中磷质淀晶胶结的颗粒结构磷块岩,其颗粒间隙内之磷质淀晶占矿石总体积的 20%~50%。浅海台地盆地相凝块状白云质凝胶结构磷块岩,则是含磷矿较低的白云质沉积物在成岩阶段分异凝聚而成的。

磷质孔隙溶液淀晶是在成岩阶段、封闭系统中,磷质浓缩溶液于颗粒间隙缓慢化学晶出的。它除要求具有淀晶的颗粒间隙和纯净、浓缩的磷质溶液外,尚需要一个持续稳定的适宜磷质沉淀的地球化学环境,因而磷质呈淀晶胶结的颗粒结构磷块岩(其淀晶胶结物是磷质孔隙溶液沉淀而成的)只见于浅海台地之高能相带(形成颗粒间隙的条件),且多位于连续沉积的、厚度较大的颗粒支撑(具颗粒间隙)之颗粒结构磷块岩与上覆纯净凝胶结构磷块岩之过渡层内。这样的多元成磷条件是限制它分布不广的主要原因。

(4) 磷质交代作用。经初浓缩的磷溶液、磷溶胶,或尚未固化的磷凝胶,常沿下伏岩矿缝隙交代先期之碳酸盐岩,从而形成网脉状、浸染状、"结核状"磷块岩。网脉状、浸染状多见于浅海台地隆起较高地段的沉积间断面附近,是上覆磷质沿喀斯特缝隙壁交代碳酸盐岩而成的。它们是在相对封闭的还原系统中完成的,所以常较上覆磷块岩的颜色深。"结核状"多见于浅海盆地相,是磷质下渗、交代先期黏土岩中包裹的碳酸盐岩团块、结核等形成的。

磷质交代作用一般较微弱且较局限,所以尚未见独立形成工业矿层或矿体者。它只是缝隙发育的碳酸盐岩上覆胶体聚沉成磷作用的一种派生作用而已。

(5) 藻生物作用。在扬子地区早震旦世陡山沱期磷块岩的整个成磷过程中,藻类等微生物活动有着特殊意义。较明显的生物化学和生物物理作用如:①藻类生物光合作用大量地消耗水介质中的二氧化碳,增加介质的含氧量,并因此而导致了水介质的碱度增加,为磷质过饱和析出提供了缺二氧化碳、高 pH 值的环境。②藻类阻滞抗浪的屏障作用及其黏结捕陷无机盐质点的本能,为磷质的胶体聚沉建造了一个稳定、低能,多凝聚核和异电荷的沉积环境。③藻类等微生物汲取介质中磷质等,对磷质状态转化、磷酸盐溶液的浓缩也起了重要作用。④藻生物黏结捕陷磷质碎屑及藻丛间陷集磷质颗粒等造礁作用,不仅加快了磷质沉积速度、增大了磷质沉积量,而且稳定,保护了已沉磷质。这对磷质的聚集、富化和保护已沉磷质免受冲蚀,都是十分重要的。因此,磷块岩中普遍含大量的藻类等微生物化石,叠层石磷块岩占扬子地区陡山沱期磷块岩总量的35%以上,且其中多数是巨、富磷块岩,藻礁及其礁后浅滩所聚集的磷块岩占此区磷酸盐沉积总量的70%以上;波浪、底流影响较大的滨岸地带,不仅有磷酸盐的沉积且能得以保存。可见藻生物作用对扬子地区陡山沱期磷块岩的沉积、富集之影响的普遍和重要了。藻类的生物化学作用和生物物理作用绝不是唯一的成磷因素,它只有在其他成磷条件的基础上才能得以充分发挥。

5. 典型矿床成矿要素

在对典型矿床地质特征、矿体特征、矿石特征及成矿规律、控矿因素进行分析研究的基础上,归纳总结出典型矿床成矿要素,见表3-5。

表3-5 贵州省开阳县沙坝土磷矿床成矿要素表

成矿要素		描述内容	要素分类
特征描述		海相沉积型磷块岩矿床	
地质环境	成矿时代	早震旦世陡山沱期	必要
	构造背景	扬子陆块南部碳酸盐岩台地相	重要
	岩相古地理	黔中隆起北缘、海湾潮坪环境	重要
		磷质混合坪相、白云岩磷质潮坪相、礁滩相	重要
矿床特征	沉积作用沉积建造	下震旦统陡山沱组	必要
		粉砂岩-白云岩-磷块岩-硅质岩的岩质组合	重要
		沉积建造类型:陆缘碳酸盐建造	必要
		含矿岩系厚度:9.02~28.82m	重要
	控矿构造	洋水背斜:北起息烽煤矿丘家营一带,南止白马洞,长约25km;轴向NE15°,轴面倾角约80°	重要
		西翼:西翼地层倾角40°~60°,东翼地层倾角30°~50°,东缓西陡	重要
	成矿特征	矿石矿物:以低碳氟磷灰石为主,次为碳磷灰石,磷灰石	重要
		P_2O_5:10.72%~38.70%	重要
		I:0.0013~0.073	重要
		矿石结构:以凝胶结构为主,内碎屑结构次之	重要
		矿石构造:主要为致密块状、条带状构造,其次为碎屑状和角砾状构造	重要
	矿体厚度	0~12.37m	重要
	矿体规模	矿体走向延伸:15km,倾向延深50~1200m、局部达2000m以上	重要

6. 典型矿床成矿模式

开阳洋水磷矿成矿时期为早震旦世陡山沱期,南沱冰期后,由于海平面下降,海水上升,发育了较丰富海洋生物的水体溶解的磷酸盐过饱和,导致容纳空间快速增长期间形成净砂屑磷块岩和改造、交代非磷酸盐岩为磷酸岩。开阳洋水矿区磷矿的形成,除有相应的磷质来源外,还受当时气候、水介质条件等因素的综合作用,经胶体沉积—盆内颗粒再沉积—孔隙磷质溶液的沉积和磷质进一步的分异凝聚—磷质交代作用—藻生物作用沉积成矿。因此,该区磷矿床成因机制为海相生物-化学沉积型磷块岩矿床。开阳沙坝土矿区磷矿典型矿床成矿模式见图3-5。

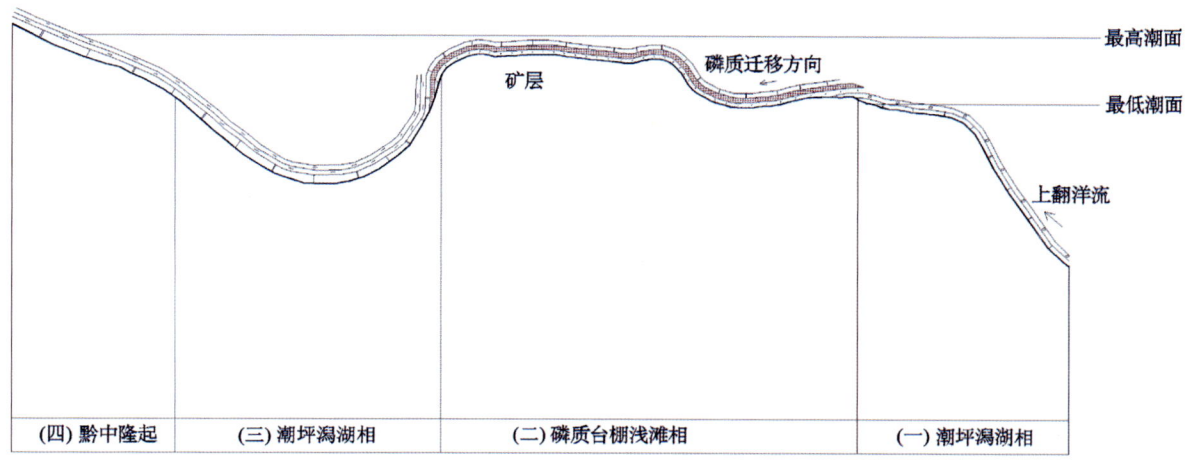

图3-5 贵州省开阳县沙坝土磷矿床成矿模式图

(二)贵州省瓮安县穿岩洞磷矿床

1. 矿床概况

穿岩洞磷矿行政区划属贵州省瓮安县玉华乡管辖。地理坐标:东经107°21′52″—107°23′45″,北纬26°59′35″—27°01′40″,东西长4km,南北宽4km。磷矿以海相沉积为主,其中又以浅海台地相碳酸盐岩建造占绝对优势,矿段已进行了详勘工作,矿床规模达大型。其成矿单元位于渝南-黔北磷矿、磷块岩、稀土矿、锰矿、汞矿、硫铁矿成矿区内。

2. 成矿地质背景

1)构造

矿区属扬子陆块南部碳酸盐台地相,区域上位于白岩背斜。白岩背斜是一个斜歪长形褶曲,轴向北东20°～30°,轴面倾向北西,倾角55°～65°。西翼岩层倾角一般20°～45°,近轴部地段岩层倾角变缓。越背斜轴部向东(东翼),岩层倾角急剧变陡,一般53°～75°,局部直立或略向北西倒转。

2)地层及含矿岩系

矿区出露最老地层为青白口系清水江组,背斜两翼依次为上南华统南沱组,上震旦统洋水组,震旦系—寒武系灯影组,下寒武统牛蹄塘组、明心寺组、金顶山组。第四系不整合覆于各时代地层之上。按岩石组合及含磷特征,区内下震旦统为洋水组,与上覆上寒武统和下伏上南华统均呈假整合接触,有明显间断面。

洋水组(Z_1y)为工业磷块岩赋存层位,全组厚36.52～83.48m。共分4段。

第一段(Z_1y^1)为灰绿色含砾黏土岩,厚1.54～2.53m,砾石成分为深灰色硅质岩和白云岩。

第二段(Z_1y^2)为深灰色薄板状砂泥质磷块岩(a矿层),厚4.53～23.00m;当a层矿尖灭时,相变为灰色中厚层白云岩。

第三段（Z_1y^3）为浅灰色厚层含磷泥晶白云岩夹灰绿色薄层磷质细砂岩，厚 10.66～11.95m。

第四段（Z_1y^4）为灰、深灰色厚层含磷粉晶白云岩，厚 4.80～6.30m。顶部为黑色致密状磷块岩、泥质磷块岩和屑状白云质磷块岩（b 矿层），厚 3.39～19.71m。

3. 矿体及矿石特征

1) 矿体特征

b 矿层赋存于洋水组上部，与下伏的 a 矿层之间有 10.66～11.95m 厚的浅灰色厚层含磷泥晶白云岩夹灰绿色薄层磷质细砂岩相隔。矿层走向长 1650m，矿层厚度 3.39～27.05m，平均厚度 15.54m，受断层影响，矿层有增厚变薄等现象。矿石中 P_2O_5 含量 19.12%～33.59%，平均 27.12%，b 矿层储量占矿段总储量的 45%。

a 矿层赋存于洋水组中部，呈似层状或透镜状产出，矿石为薄板状砂泥质磷块岩，顶、底均含有少量砾屑。单工程矿石中 P_2O_5 含量 16.51%～30.64%，平均品位 25.65%，矿段内矿层走向长 1650m，矿层厚度 1.09～36.90m，平均厚度 18.17m。仅顶、底部出现 0.5～1m 的条带状白云质磷块岩。a 矿层储量占矿段总储量的 55%。

2) 矿石特征

（1）矿石矿物。主要为碳氟磷灰石。按其成因和产出形态可分为非晶质磷灰石、隐晶质磷灰石、层纤状磷灰石、柱粒状磷灰石 4 种不同的结晶形态类型。脉石矿物以白云石为主，其次为水云母黏土矿物、石英、玉髓、黄铁矿、海绿石等。

（2）矿石结构构造。矿石结构主要有内碎屑结构、凝胶结构、假鲕状（球状）结构；矿石构造主要有条带状构造、团块状构造、块状构造。

（3）矿石化学成分。①矿石有益组分为 P_2O_5。其中，a 层矿 CaO 平均含量为 38.23%，P_2O_5 平均含量为 25.15%，CaO/P_2O_5 比值为 1.57；b 层矿 CaO 平均含量为 44.71%，P_2O_5 平均含量为 24.50%，CaO/P_2O_5 比值为 1.53。②矿石有害组分为 MgO、SiO_2、Fe_2O_3、Al_2O_3。

（4）矿石自然类型。根据矿石的结构、构造，划分为条带状、条纹状白云质磷块岩、致密块状磷块岩、泥质块状磷块岩、薄板状砂泥质磷块岩 4 种自然类型。

（5）矿石的工业类型。根据矿石的主要化学成分，划分为混合型磷块岩、碳酸盐型磷块岩两种工业类型。

（6）工业品级。a 层矿均属 Ⅱ 级品，b 矿层底部能成片划分出 Ⅰ 级品分布区。

4. 控矿因素与成矿作用

1) 控矿因素

（1）古构造控矿。古构造不仅控制着古地理环境的形成和演化，也控制着沉积建造的发育和更替，对于瓮福磷矿床（穿岩洞磷矿床与之类似）来讲，可以认为它是磷质沉积及富矿形成的最重要的控制因素。

瓮福磷矿处黔中地区，在构造上处于扬子准地台中"黔中隆起"的北部地带。在整个地史时期中随着扬子准地台经历多旋回构造运动，"黔中隆起"也在不断演化。雪峰运动结束了地台基地的冒地槽沉积，造就了扬子准地台，同时在原冒地槽阶段，本身就是相对隆起的地带，植下了黔中隆起的形。雪峰运动使贵州除东南一隅外，大部分上升成陆。"黔中隆起"转化成黔中山系，它呈北东东—南西西向延伸，山系两侧发育了不同性质的沉积盆地，形成了东临大海、西接大陆的总体构造格局。区域上形成黔中往东南方向，依次出现古陆—滨岸—浅海—深海的古地理环境。

早震旦世期间，华夏洋板块不断向扬子板块俯冲，弧后边缘海继续向南东方向迁移，贵州全境均属大陆边缘。黔中山系强烈剥蚀，至南沱时期，山系夷平，海水侵入本区，此时构造环境稳定。黔中一带形成岛屿错列的滨岸多湾潮坪环境，促成厚度不大的陆源碎屑沉积。

早陡山沱期，由于岛屿遭受逐步夷平，海水继续由南东向西北推进，而黔中地区又一直在不断隆起、抬升，致使矿区及黔中一带的碳酸盐浅海台地构造环境沉积了一套以磷质碳酸盐为主的岩石类型。受前古构造、古地理的影响，开阳—瓮安一带的南沱组大多属非完整型的沉积序列。普遍缺失陡山沱组下部地层，甚至缺失南沱组，因而无 a 矿层沉积，仅在个别滨岸多湾的地带有局限的工业磷矿层（a 矿层）聚集的最佳场所。随着地史的演化，沉积物质不断加厚，陆屑物质掺和作用减弱，碳酸盐物质增多，磷质供给也贫乏，海水逐渐变浅，直至最后撤出，整个台地露出水面，造成一个在黔中一带可对比的侵蚀间断面，最后结束了这段时间的演化过程。在沉积序列上，清晰地表现出从南沱期到早陡山沱期，由海侵到海退变化的完整沉积旋回。

晚陡山沱期是磷块岩的重要成磷时期。经过短暂的沉积间断、剥蚀夷平后，贵州迎来了更大规模的海侵。容磷的海水，再一次浸漫本区及黔中台地，沉积了一套以磷酸盐为主的岩石类型，构成了含主要工业磷矿层（b 矿层）的黔中聚磷区。海侵开始由于海底地形起伏不平，各处水动力条件变化复杂，因此沉积分异现象还比较显著。受早期"北洼""南坪"的古地理制约，在磷矿层下部，不同地区沉积了结构成因各异的矿石类型。北部低洼地区为砂泥质黑色磷块岩，富含有机质，普遍见水平纹层，而南部平坦地区则表现为滩相的颗粒结构的矿石类型。随着地史演化，在黔中地区不断隆起的构造背景下，沉积物质堆积速度与构造下陷的强度保持均衡相等，使区内始终保持着浅水沉积环境，因此形成了宽广的台地边缘浅滩环境，受物理机械富集作用，为沉积厚度大和品位高的、以颗粒结构为主的大型磷块岩（b 矿层）矿床，创造了极为重要的因素。末期，由于沉积物堆积速度加快，白云质成分增多，磷质供给减弱，出现由厚大磷矿层变为白云岩与磷块岩相间的条纹、条带、直至完全由白云岩组成的序列，反映了一种海水向上变浅的沉积环境，局部地区如西部的大寨，道坪出现间歇性露出海面的砾岩相及甚至完全超出海面的古岛，形成成磷时期的第二个完整海侵到海退演化沉积旋回，至此，整个结束陡山沱期的沉积历程。

由此可看出，古构造不仅控制着古地理环境的形成和演变，而且由古构造所造成的黔中碳酸盐浅水台地沉积环境，也控制了黔中磷矿床的分布。本区的海湾浅滩和海滩环境就直接控制了瓮福磷矿床的形成和分布。

燕山运动的结果使洋水背斜、白岩-高坪背斜出露磷矿层，经过现代次生风化作用，磷块岩矿床进一步得以富集。

（2）古地理环境控矿。磷矿沉积最明显、最直接的控制因素是沉积环境及岩相。

古构造、古地理控制着沉积环境的发展及相带的展布。南沱期西部南北向瓮福群岛的存在，形成了西靠大陆、东临大洋的总体格局。海底地势上的东低西高，决定了相带呈南北向的展布，构成一个由西向东，大陆—滨岸—浅海—深海沉积环境。中部东西向次一级的新桥半岛，起到了屏障分割作用，使区内古地理面貌复杂化，形成了"南坪""北洼"的沉积特征。这一基本的陆-海相对配置的格局，使陡山沱期的沉积岩相分区及岩相特征都严格地承袭了这一古格局的控制和发展。

早陡山沱期，沉积环境基本上为 2 种：潮下海湾浅滩及潮间坪。磷矿沉积的有利场所是潮下海湾浅滩环境，而不是潮坪。海湾的大小又控制着矿床规模的大小，海滩能量的差异影响着磷矿石的不同结构成因类型。北部铅厂一带的海湾浅滩，工业磷矿层（a 矿层）全部聚于此环境内，矿层厚度一般约为 20m，最厚达 36.90m。南部处于广阔的瓮福潮坪上，却无工业磷矿层的沉积，仅在南沱时期的小海湾（团坡、英坪）演化而成的潮池或藻滩上有零星分布的透镜状磷块岩。晚陡山沱期由于沿岸砂坝的障壁作用，沉积环境基本上为 3 种：东部南区的海滩高能环境、北区的滩间洼地较高能环境及西部的滩后低能环境。在磷矿石的结构上，明显地依次对应为颗粒（砂砾级）结构、凝胶或细砂级结构及藻黏结结构三种不同的磷块岩结构类型。工业磷矿层（b 矿层）全部聚集于东部开阔平缓的海滩环境，矿层厚度一般大于 10m，北区铅厂一带厚达 30.39m，南区小坝一带厚达 27.58m，矿石均以颗粒结构的磷块岩为主。海滩沉积物的粒度，由砂坝向外海方向呈现砾—砂—细砂—砂泥的分布特征。矿层的矿石结构在平面上也随之表现出由西向东的变化规律，反映出水动力由强变弱、水体由浅至深的变化。这是由于沉积环境的能量差异及沉积分异程度不同所致。西部属潮上坪低能环境，磷块岩分布零星，其优势相为厚度大的泥晶硅云岩，岩矿石结构以泥晶藻黏结为主，无工业磷矿层的沉积。

上述情况说明，海湾浅滩及海滩环境之所以能够成为工业磷矿床的最佳场所，主要是由于地处平缓开阔古地理的海滩环境，磷质的供给丰富，加以波浪作用为主的充分簸选，导致了厚大、质优的工业磷矿床的形成。

(3)古气候控矿。古气候是形成本区磷块岩矿床的必要条件。据古地磁研究，我国早震旦世陡山沱期的扬子浅海位于北纬20°～30°之间。黔中地区陡山沱组及灯影组巨厚的隐藻碳酸盐岩及浅水的沉积特征，都反映了古气候属干燥、炎热的环境。据大区域古地磁资料分析研究，中国海相磷块岩的分布主要受古低北纬地带干旱气候的控制。

古气候对本区磷矿沉积的影响，主要表现在以下两个方面。

其一是成磷处于古气候冷热转换时期。成磷前是公认的世界性震旦纪大冰期。严寒的气候使低温的海水易保存CO_2，pH值较低，磷酸盐溶解度增大，磷质含量增高，有利于容磷海水不断的积累和储存。陡山沱期时气候转暖，容磷海水在上翻洋流作用下涌入浅海台地，温度增高，CO_2逸出或被藻类生物大量吸取，使pH值增大，磷酸盐溶解度降低，达到饱和状态时，磷质析出、沉淀。

其二是温暖干燥气候有利于菌藻类生物繁衍。它不仅直接提供了磷质来源，而且由于藻类生物活动大量吸取CO_2，改变了沉积区内海水的物理化学环境，为磷质吸取、聚集提供了有利的成矿条件。

综上分析，瓮福磷矿的成矿地质条件：陡山沱组以浅水碳酸盐岩为优势岩相的地层条件是成磷的首要前提；温暖、干燥的古气候有利于磷质的析出及沉积；适宜的海滩古地理环境提供了最佳的成矿场所；"黔中隆起"的古构造条件是磷矿分布及富矿形成的最主要的控制因素。

(4)控矿层位。众所周知，晚元古代是全球性的巨型成磷旋回，凡属此期的海相沉积也就具备了成磷的先决条件。

磷矿床的形成与含磷岩系的沉积演化有关。扬子准地台有众多的震旦纪磷块岩矿床，这是由成磷旋回一致性所决定的。然而每个矿床的磷矿层的层数部位却不一样，它们绝大部分是赋存在陡山沱组内，也有赋存于灯影组内，这就是含磷岩系发展的差异性的结果。说得更具体一些，含磷岩系的成磷前准备阶段、成磷富集阶段、磷质贫化结束阶段在不同古构造与古地理控制下，将会有不同沉积序列，自然也就决定了磷矿床的矿层出现的部位、层数及规模。

含磷岩系的不同沉积序列反映了不同环境的沉积和成矿特点。它们表现在成矿的特点上有些差别。本区南沱组划分有完整型及非完整型两类沉积序列，前者具有a、b两矿层，而后者仅有b矿层。磷矿层在地层剖面上出现的位置也不尽相同：在东部完整型沉积区内，a矿层距陡山沱组底界10m范围内，处于陆屑成分较多的粉砂质黏土岩之上；b矿层处于Zb^{1-3}顶界侵蚀面之上，界面起伏不大，在玉华月亮坡公路旁，幅差仅15cm。在西部非完整型沉积内，缺失陡山沱组下部层位，无工业a矿层沉积，b矿层与下伏Zb^{1-3}硅质岩层呈侵蚀间断接触，高坪矿区该界面起伏幅差可达2m，一些地段可见古岩溶侵蚀地貌。

陡山沱组的不同岩类组合，影响着磷质富集程度。陡山沱组是含磷岩系的主体部分，是一套磷质碳酸盐类岩石。从成磷期岩相分析可知，在菌藻类微生物作用下，容磷海水既可析出磷酸盐，亦可析出碳酸盐沉积，因而磷质碳酸盐组合为优势岩相时最有利于工业磷矿层的沉积。当岩石组合优势相为黏土岩及硅质岩时，则磷酸盐化系数甚低，难以构成工业磷矿层。磷质碳酸盐岩组合优势岩相，如能持续稳定保存，即磷质等物源充分供给，环境不发生较大变化，则在聚磷相区内造成碳酸盐化系数与陡山沱组厚度呈相关关系。在远离聚磷区的西侧（瓮娘河、前雍），磷质碳酸盐岩石区沉积环境发生了较大的差异，碳酸盐化系数则急剧下降（15％、1％），最终只能形成一些不具规模的含磷碎屑沉积。

上述情况说明：不同的剖面结构，反映了不同环境的沉积成矿特征。其结构表现为含磷岩系的不同岩类组合、厚度大小及不同沉积序列，也就制约着矿床的空间分布。

2)成矿作用

本区的主要成矿作用是生物成磷作用和机械簸选富集作用。前者对磷质转移沉积和初次聚集起着关键性作用,后者则是磷质进一步富集和形成量大、质优磷矿床的最主要成矿作用。另外次生富集作用只是形成个别地段高品位矿石的主要因素。成矿时代为早震旦世陡山沱期。

(1)生物成磷作用。近年来对磷的沉积方式,不少学者依据海洋调查、现代生物学研究和人工实验的结果,提出了藻类生物促成沉磷的新观点。格·尼·巴杜林的资料表明,在大洋中溶解的无机磷约占总磷量的90%(太平洋化学,1966)。无机磷存在形式主要是由"磷酸根离子与Ca^{2+}和Mg^{2+}形成一个带电荷的络合物"。它在表层海水中的含量仅$0.1\sim40\mu g/L$,说明容磷海水对碳氟磷灰石是远不饱和的,以化学方式沉积是十分困难的。生物成磷作用,主要包括两个方面的内容:其一是生物直接参与磷块岩的形成,有些藻类生物直接参与磷块岩的形成。有些藻类生物含磷量可高达2%~3%。因此结合本区大量磷矿石藻黏结结构资料,说明藻类生物死亡后聚沉于海底,经过自生堆积形成磷块岩。其二是造成适宜的物理化学环境。藻类生物主要通过光合作用,提高了沉积介质的pH值,形成碱性环境,这就为磷酸盐的沉淀创造了极为有利的介质条件。

本矿床位于低中北纬地区,适宜的气候条件和有利沉积环境都利于藻类生物繁殖,因此磷块岩中普遍有大量叠层石和含藻迹的磷块岩,反映当时古地理处于浅水充氧的环境,呈现的是一派藻类生物繁盛的景象。生物成磷的观点在本矿床可以找到许多旁证,现举3例说明:其一,a矿层的最底部为凝胶磷块岩,向上依次出现叠层石磷块岩、胶基砂屑磷块岩—硅基砂屑磷块岩—藻磷块岩等序列,其特征为叠层石呈粗大的柱状形态,并普遍伴有有机质及黄铁矿;其二,在b矿层底部侵蚀间断面上,滞留沉积物中见有较多叠层石磷块岩的砾块;其三,富碘滩相带中碘元素的富集反映出磷质的充分供给,这是藻类生物积极参与的结果。

上述磷矿层中的凝胶磷块岩、磷质叠层石或含藻迹磷块岩出现于各个成磷期最早阶段,在各个相带均有广泛分布,说明藻类生物不仅自生堆积形成磷块岩,而且在造成适应磷质析出、聚沉环境、浓缩聚集磷质等方面起到了极其重要的作用,是工业磷矿层形成的前提及基础。

(2)机械簸选富集作用。磷质的初次沉积富集后,尚需经过原生富集(包括化学富集,生物富集及物理富集)和次生富集作用,最后才能形成具有工业价值的磷矿床。在海滩相颗粒磷块岩中,磷晶胶结物和藻席、藻坪中的叠层石磷块岩,是原生富集作用中化学富集和生物富集作用的直接结果。

磷质的机械簸选富集作用对沉积工业磷矿床的影响,从早、晚陡山沱期的岩相分布上可清晰看到:

(1)早期沉积的工业磷矿层(a矿层)在分布上较为局限,仅集中于矿区北部的铅厂一带。它是南沱期的潮下海湾,由于随着地史演化,沉积物的不断增厚,海水变浅,最后发展成为聚磷的海湾浅滩环境。这从前述的岩相特征,由下至上的变化规律,可以看出这个演化的轨迹。矿石的结构变化为凝胶—细砂屑—砂屑颗粒,由细变粗;岩石的颜色由灰褐、黑色(多陆屑、富有机碳及黄铁矿)变为浅灰、灰白色;矿层中P_2O_5含量随之渐增,一般由下部的18%~25%变为上部的25%~28%,局部地段可达30%,而且CaO含量变化与P_2O_5含量变化同步。上述这些规律说明水动力条件由弱渐强,反映了沉积环境由以潮汐作用为主的海湾环境,转变为以波浪作用为主的海滩环境,正是因为簸选富集作用的结果,而导致了早期厚大、质优的工业磷矿床的形成。只不过由于受到沉积场所(海湾)规模较小所限,从而制约了a矿层的广泛分布。

(2)晚期沉积的工业磷矿层(b矿层),全部集中分布于东部开阔的台地边缘海滩环境。其共同的特点是,它们的矿石结构绝大部分为颗粒结构。这是由于海滩环境平缓开阔、水动力强,在以波浪为主的作用下,沉积物中的非磷组分(黏土及碳酸盐杂基)得到充分簸选,导致磷质的物理富集,形成以颗粒结构为主的磷块岩。而海滩以外的环境,矿石的结构却为泥晶、藻黏结或泥砂砾兼混的结构,总的反映出一种分选作用极差的低能环境。因此,磷质的机械簸选富集作用是形成本区工业磷矿床的最主要因素。

(3)次生富集作用。在矿区均有不同程度表现。燕山构造期的强烈褶皱和断裂变形构成了现今的构造形变。出露于地表或近地表的各类矿石结构的磷矿层遭受到不同程度的淡水淋滤作用,形成多孔状(土状)磷块岩。受地形、水文及矿石物质组分等因素制约不同,各地风化带发育情况也不一样,北部大塘一带b矿层风化带深度一般不大于10m,风化后P_2O_5的增值一般为5%,MgO降低1%~3%,a矿层氧化带深度更浅,P_2O_5含量无多大变化;南部英坪带,矿层风化带发育,由于矿层下部主要为颗粒(砾砂级)结构磷块岩,易于风化淋滤,形成了大面积的优质风化矿石,风化带宽25~200m,一般50m,矿层平均品位可增高达近10%。因此,磷质的风化富集作用是形成个别地段高品位矿石的主要因素。

综上所述,本区磷矿床成矿机理的全过程应理解为:容磷海水在上翻洋流的驱动下,由东向西漫上整个碳酸盐台地,经过藻类生物的浓缩、吸取,转移聚沉积于海底,达到磷质初次富集。其后,在浅水区以波浪作用为主的簸选下,导致了磷质颗粒化及物理机械富集,最后在有利的浅滩沉积场所形成了工业磷块岩矿床。可以认为:西部地区是藻类生物进行成磷、聚磷的"加工厂",而东部地区为有利的沉积环境(海滩),是成矿最佳储磷库。这种西部为生物成磷的初次富集区与东部为聚磷成矿场所的分布格局,只能解释为容磷海水不断由东向西涌进,在藻类生物作用的参与下,磷质组分又源源不断地从西向东反向补给,最终促成了在本区及黔中一带形成大型工业磷矿床的结果。

5.典型矿床成矿要素

瓮安穿岩洞矿段典型矿床研究总结出典型矿床成矿要素见表3-6。

表3-6 贵州省瓮安县穿岩洞磷矿床成矿要素表

一级要素	二级要素	特征描述	要素分类
成矿时代	成矿地层时代	早震旦世陡山沱期	必要
大地构造位置	扬子陆块南部碳酸盐岩台地相	已知磷矿床主要分布近南北向的白岩复背斜上,其鞍部被近东西向的小坝断层横截,北部称白岩背斜,南部称高坪背斜	必要
成矿作用	生物成磷作用 机械簸选富集作用 次生富集作用	生物成磷作用:①是生物直接参与磷块岩的形成。有些藻类生物直接参与磷块岩的形成。②造成适宜的物化环境,就为磷酸盐的沉淀创造了极为有利的介质条件。 机械簸选富集作用:在以波浪为主的作用下,磷质物理富集,形成以颗粒结构为主的磷块岩。 次生富集作用:出露于地表或近地表的磷矿层,遭受淡水淋滤作用,磷质进一步富集	必要
沉积建造	岩石地层单位	含矿岩系为震旦系洋水组,为砂岩、磷块岩、白云岩建造	必要
岩相古地理	海湾浅滩潮坪—碳酸盐台地边缘浅滩潮坪	海湾浅滩及海滩环境,是能够成为工业磷矿床的最佳场所	必要
古气候带类型	干燥,炎热古气候带类型	①成磷处于古气候冷热转换时期,低温的海水pH值较低,磷酸盐溶解度增大,磷质积累和储存。②温暖干燥气候,有利于菌藻类生物繁衍,为磷质吸取、聚集提供了有利的成矿条件	必要
矿体特征	含矿岩系厚度	34.02~39.35m	重要
	矿体厚度	b矿层3.39~27.05m,a矿层1.09~36.90m	重要
	P_2O_5含量	b矿层19.12%~33.59%,a矿层16.51%~30.64%	重要
	岩性特征	磷块岩、白云岩组合	重要

6. 典型矿床成矿模式

经综合研究,典型矿床成矿模式有以下3种。

(1)东部的华夏板块不断向扬子板块俯冲,海底火山喷发的多期性,使以火山源为主的容磷海水在上翻洋流的驱动下,由东向西漫上整个碳酸盐台地,经过滩后潮坪的藻类生物浓缩、吸取,转移聚沉积于海底,达到磷质初次富集。

(2)在浅水区以波浪作用为主的簸选下,磷质颗粒化,并在物理机械作用下,返回东部最后在有利的沉积场所(海湾浅滩,台地海滩)富集,形成了早晚两期(a、b 矿层)各具规模、大小不一的工业磷块岩矿床。

(3)地质作用使磷矿层出露于地表或近地表,遭受淡水淋滤作用,磷质进一步富集。成矿模式见图 3-6。

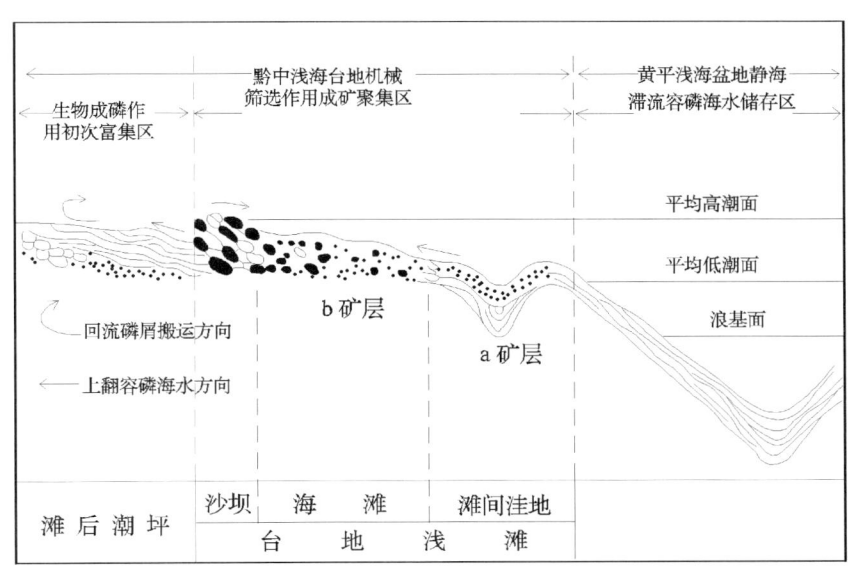

图 3-6 贵州省瓮安县穿岩洞磷矿床成矿模式图

(三)贵州省织金县新华磷矿床

1. 矿床概况

该矿床位于织金县桂果镇,距织金县城 14km。地理坐标:东经 105°46′11″—105°55′10″,北纬 26°33′52″—26°42′26″。矿床呈北东~南西方向展布,长21.8km,宽1.5~3.1km,面积64.57km²。矿床类型为海相沉积型,矿区(包括戈仲武矿段、果化矿段、佳垮-大夏矿段、高山矿段)做了全面普查,并选择在戈仲武矿段的南西段进行勘探,矿床规模达中型。成矿单元位于北北东向的清镇-纳雍磷(稀土)、磷块岩、铅锌成矿区内。

2. 成矿地质背景

1)构造

新华磷矿区位于上扬子陆块南部碳酸盐岩台地相织金宽缓褶皱区的中部。磷矿区位于新华背斜北西翼中段,岩层倾角一般 10°~30°,局部地段受构造破坏,倾角达70°,倾向 280°~340°。区内断层构造较发育,主要发育走向及倾向两组断层,破坏了该区磷矿层的连续性。

2)地层及含矿岩系

本区出露有震旦系、寒武系、石炭系、二叠系及第四系。含矿地层牛蹄塘组上部为深灰色中厚泥质灰岩夹薄层钙质页岩,下部为黑色碳质页岩,底部为磷矿层,厚15～83m。层序如下:

上覆地层:牛蹄塘组下部　黑色碳质粉砂岩,产铀、钼、镍、钒等多金属矿。
——————————整合接触——————————
牛蹄塘组底部

(6)黑色碳质泥夹结核状磷块岩。厚0.6m。
(5)黑色含碳质硅质磷块岩,夹少量碳质泥岩。厚0.89m。
(4)深灰色含磷白云岩,纹层理发育。厚2.08m。
(3)浅灰、灰色生物屑砂屑磷块岩与含磷生物屑细晶白云岩互层,小壳化石丰富。厚18.21m。
(2)深灰色砂屑磷块岩,含较多小壳化石。厚0.33m。
(1)砾屑白云岩,夹硅质岩及磷块岩角砾。厚0.65m。
——————————整合接触——————————
下伏地层:灯影组　灰白色中厚细晶白云岩。

3. 矿体及矿石特征

1)矿体特征

区内磷(稀土)矿呈层状、似层状产出。区内磷矿划分为4个矿段,矿层总体倾向北西,倾向280°～340°,一般约300°,倾角一般10°～25°,褶皱轴部和断层破碎带附近,倾角为50°～70°,总体倾角较缓。

磷矿产于寒武系底部牛蹄塘组一段,矿体长10km,宽500～4000m,厚0.7～26.79m。矿体中普遍伴生稀土矿。

2)矿石特征

矿石矿物成分:主要为胶磷矿,次要为磷灰石、独居石、白云石、方解石、石英、玉髓、云母等。胶磷矿含量70%～90%,在灰、灰白色白云质磷块岩条带中,胶磷矿的集合体排列稀疏、不规则,有时略呈定向排列散布于白云石中,含量10%～30%;在层状、结核状硅质磷块岩中,胶磷矿的集合体略呈定向交替排列于石英、玉髓所交替,嵌布粒度很细,含量40%～70%。

矿石化学成分:P_2O_5含量在16%～26%之间,REO含量0.004%～0.235%,稀土含量与P_2O_5含量呈正相关关系;Y_2O_3主要赋存在胶磷矿中,其次赋存于独居石中。磷块岩中15种稀土元素均有反映,钇元素含量较高,钇含量占稀土总量的35%～40%。另外,U含量0.002%～0.012%,铀主要富集于结核状、层状硅质磷块岩及矿层顶板的黑色泥岩中,而在条带状白云质磷块岩中含量较低。

矿石结构构造:矿石结构主要为颗粒结构和泥晶结构,矿石构造主要为块状构造、条纹—条带状构造、结核状构造。

4. 控矿因素与成矿作用

1)控矿因素

含矿岩系的分布、岩相古地理控制了矿体的分布,下寒武统灯影组二段至牛蹄塘组一段为含矿岩系,含矿岩系对成矿有利的岩性组合为白云岩-磷块岩-硅质磷块岩-结核状磷块岩-碳质泥岩,有利的沉积建造类型为陆缘碳酸盐建造,有利的岩相为川黔半局限海台地织金台缘、台内浅滩环境的磷质生物碎屑滩。

大洋深处温度甚低的、富磷及稀土元素的海水,受上升洋流的影响,伴随着大规模的海侵,由大洋深处逐渐流向地台上陆表海海域。这股强大的上升洋流不断地冲刷陆表海边缘的滨外滩,致使其上没有或很少有沉积物沉积。洋流越过滨外滩进入宽阔的陆表海海域后,由于流速迅速降低,导致在滨外滩的近陆表海域一侧将洋流携带及洋流冲刷外滩所形成的碎屑物质大量沉积下来,是一聚磷盆地中粉砂、泥质物的主要沉积区。至此,洋流开始变得较为清澈,逐渐进入酸性、还原环境的深水盆地中。在这个盆地中除继续有少量细粉砂屑-泥质物沉积外,主要是硅质物的大量沉积形成聚磷盆地中主要的硅质岩沉积区。至此,上升洋流开始逐渐进入台地边缘区,由于前几个阶段中碎屑、泥质及硅质物的大量沉积,上升洋流中的磷、钙质组分随之相对增加,此时介质环境也逐渐由酸性向碱性、由强还原向氧化环境过渡,海水深度也逐渐变浅,温度升高,CO_2 分压降低,生物活动开始增加,从而开始逐渐沉积磷酸盐。

2）成矿作用

磷矿成矿时期为早寒武世梅树村期,主要由凝结作用—粒化作用—敷淀作用形成。

（1）凝结作用。梅树村期新华附近海域中磷酸盐浓度高,达到饱和或过饱和状态。该期海水较为平静,由于气候炎热,该区处于半封闭的浅水盆地环境,海水中浮游生物繁盛。在此基础上,由于磷酸盐离子价数高于碳酸盐离子的价数,磷酸盐先于碳酸盐沉积,通过凝结作用形成磷酸盐、碳酸盐、硅质和黏土矿物的共生体——微粒磷块岩。

（2）粒化作用。按性质,粒化作用分为物理粒化作用和化学粒化作用。

物理粒化作用是指凝结作用形成的凝胶（未固结）或微粒磷块岩（已固体）在海流、波浪或潮汐作用下,经历破碎、搬运、再沉积的过程,此种作用是机械物理过程,称之为物理粒化作用。物理粒化作用的产物为内碎屑磷块岩,按粒度可分为砾屑磷块岩、砂屑磷块岩和粉屑磷块岩,其中砂屑磷块岩占主导地位,砾屑和粉屑较少。

化学粒化作用是指成磷体系中,磷酸盐胶体粒子凝聚成较大团粒或磷酸盐围绕一些中心加积凝聚,并主要在重力作用下失去同海水动力平衡而沉积的过程。这种过程是一种化学作用的过程,称之为化学粒化作用,所形成的产物为团粒磷块岩和鲕粒磷块岩。

（3）敷淀作用。敷淀作用是指海盆内成磷体系中磷酸盐溶液敷着粒化作用所形成的颗粒或其他固体物质沉淀成微晶磷灰石外壳的过程,它是磷块岩形成的又一重要阶段,为第三阶段,其所形成的磷块岩为壳粒磷块岩。当高浓度磷酸盐溶液凝聚成大量团粒后,溶液中磷酸盐浓度迅速降低,凝结作用大大减弱,于是敷淀作用发生。较低浓度的磷酸盐溶液围绕团粒及处于其中的物理粒化颗粒或其他固体物质晶出微晶磷灰石,形成结晶包壳。敷淀作用的产物为壳粒磷块岩。

5. 典型矿床成矿要素

新华磷（稀土）矿典型矿床研究总结出典型矿床成矿要素于表 3-7。

四、锰矿

（一）贵州省松桃县大塘坡锰矿床

1. 矿床概况

大塘坡锰矿床属松桃县寨英镇管辖。地理坐标：东经 108°49′23″—108°52′09″,北纬 27°57′40″—28°00′07″,展布面积约 20.228km²。矿床属海相沉积碳酸盐锰矿床,勘查工作达到了详查程度,部分矿段进行了详查或勘探工作,规模达大型。

表 3-7 贵州省织金县新华磷矿床成矿要素表

成矿要素		描述内容	要素分类
特征描述		海相沉积型磷块岩矿床	
地质环境	成矿时代	早寒武世梅树村期	必要
	构造背景	上扬子陆块南部碳酸盐台地相的织金宽缓褶皱区果化背斜北西翼	重要
	岩相古地理	川黔半局限海台地织金台缘、台内浅滩环境	重要
		磷质生物碎屑滩	重要
矿床特征	沉积作用沉积建造	灯影组二段至牛蹄塘组一段	必要
		白云岩-磷块岩-硅质磷块岩-结核状磷块岩-碳质泥岩的岩石组合	重要
		沉积建造类型：陆缘碳酸盐建造	必要
		含矿岩系厚度：0.7～26.4m	重要
	控矿构造	果化背斜：被 F_1 走向正断层破坏，北西翼出露较完整，背斜呈北东-南西向展布，北东起果化矿段的兵董大山，向南东经果化、戈仲武、高山地段	重要
		北西翼：地层倾角 10°～30°	重要
	成矿特征	矿石矿物：主要矿物为胶磷矿，次为磷灰石	重要
		P_2O_5：8.05%～37.26%	重要
		REO：0.025～0.235	重要
		矿石结构：以颗粒结构为主，泥晶结构次之	重要
		矿石构造：主要条纹—条带状构造、块状构造，次为结核状构造	重要
	矿体厚度	0.7～26.79m	重要
	矿体规模	矿体走向延伸：10km，倾向延深 500～4000m	重要

2. 成矿地质背景

1) 构造

矿床在大地构造位置位于上扬子陆块南部碳酸盐岩台地相。大塘坡锰矿床位于梵净山穹隆北东倾没端的次级铁矿坪向斜，发育北东、北西、东西、南北 4 组断裂构造。

2) 地层及含矿岩系

出露地层为青白口系、南华系、震旦系及第四系等。赋矿地层为南华系大塘坡组第一段，其次为铁丝坳组。

(1) 铁丝坳组(Nh_1t)：下部为灰色、灰黄色厚层块状含砾长石砂岩及长石石英砂岩；中部为浅灰色、灰色厚层细晶白云岩，局部见含锰白云岩，厚 1～5cm，局部见淋积型氧化锰矿或锰土；上部为灰色、浅灰色中—厚层含砾细砂岩及细砂岩，间夹粗粒长石石英砂岩；顶部为灰色中层细砂岩、含砾杂砂岩、含细粒黄铁矿较多。厚 18.96～49.94m。

(2) 大塘坡组(Nh_1d)：按岩石组合特征可分为 3 段。①第一段(Nh_1d^1)：由黑色碳质页岩、含锰碳质页岩、菱锰矿、凝灰质含黄铁矿黏土岩或细砂岩及含粉砂质碳质页岩组成，见蓝绿藻化石等，与下伏地层为整合接触。厚 8.43～33.91m。菱锰矿层赋存于含锰岩系下部，按其产出部位分为上、下两层矿，以浅灰色中层凝灰质含黄铁矿黏土岩或细砂岩为标志层，下层矿产于细砂岩之上和黏土岩以下，由锰矿枕群和碳质页岩组成,为主要含矿层位;上层矿产于凝灰质黏土岩以上,分布不连续,厚度较薄,品位偏低,开采技术条件较差,属目前暂不能利用矿石,为次要含矿层,由菱锰矿和碳质页岩组成。②第二段(Nh_1d^2):下部为灰色、深灰色含碳质粉砂质页岩、粉砂质页岩夹多层灰色薄—中层粉砂质黏土岩及黏土岩,底部含碳质、细粒黄铁矿较多,从下往上渐减;中上部为灰—深灰色粉砂质页岩夹粉砂质黏土岩或黏土岩,具层纹状或条带状构造。厚177.78～271.06m。③第三段(Nh_1d^3):底部为一层厚约0.25m灰色中层砂质黏土岩或粉砂质黏土岩,中下部为灰至深灰色薄至中层粉砂质黏土岩或黏土岩,间夹粉砂质页岩,具层纹状和条带状构造,偶见乱交层纹和滑塌构造;上部为灰色、黄灰色条带状粉砂质页岩夹少许薄层黏土岩,见黑色碳质条带;顶部见黄褐色厚层砂质黏土岩。厚316.00～412.00m。

3. 矿体及矿石特征

1) 矿体特征

大塘坡锰矿赋存于含锰岩系下部碳质页岩中,呈层状、似层状、透镜状等缓倾斜产出,层位固定,产状与围岩产状基本一致。按锰矿体产出部位,以凝灰质细砂岩为标志层,可分为上、下两层矿,其特征各异。

下层矿:产于含锰岩系中凝灰质细砂岩以下0.08～2.74m至含砾砂岩以上0.38～1.48m之间,含矿层由碳质页岩、锰矿枕群、含锰碳质页岩等组成,为该矿床的主要含矿层位。

上层矿:赋存于含锰岩系中凝灰质砂岩以上,含矿层由少量锰矿枕和碳质页岩或含锰碳质页岩组成,通称上层矿。矿层呈板状、似层状、透镜状缓倾斜产出。锰矿枕一般规模较小、数量少、排列稀疏,多呈细长条形单个产出,以条带状矿石为主,少量薄层块状矿石。

大塘坡锰矿床共划分为铁矿坪矿段及万家堰矿段。

铁矿坪矿段:下层矿层产状走向北东10°～20°,倾向北西,倾角9°～25°,由地表向深部倾角逐渐变陡。走向长约2100m,顺倾向延深600～1600m,矿层平均厚度2.09m,Mn平均品位为22.08%,P平均含量为0.166%,TFe平均品位为2.38%,SiO_2平均品位16.32%。上层矿平均厚度0.85m,Mn平均品位为14.21%,P平均含量为0.237%,TFe平均品位为2.97%,SiO_2平均品位30.44%。

万家堰矿段:下层矿主要分布于铁矿坪向斜南段,南东翼及轴部地段。矿层走向北东10°～20°,倾向北西或南东,倾角10°～25°,由地表向深部渐趋变缓,含矿层呈似层状缓倾斜产出。沿走向长约1200m,顺倾向延深600～800m。估算锰矿石资源储量(333)为84.66×10^4t。矿层平均厚度1.07m,Mn平均品位为21.63%,P平均含量为0.167%,TFe平均品位为2.25%,SiO_2平均品位19.34%。

上层矿分布于向斜东翼及轴部,西翼该层位仅见零星小矿体。矿层走向北东10°～20°,倾向北西或南东,倾角10°～25°,呈似层状缓倾斜产出。长度约3500m,最大斜深为800～1000m。估算锰矿石资源储量(333)为154.68×10^4t。矿层平均厚度0.93m,Mn平均品位为13.80%,P平均含量为0.231%,TFe平均品位为2.50%,SiO_2平均品位30.64%。

2) 矿石特征

矿石矿物成分:原生沉积碳酸锰矿有菱锰矿、钙菱锰矿、锰方解石,次有泥质、黏土矿物、碳质有机质、磷灰石、胶磷矿、绿泥石、黄铁矿等。次生脉石矿物有石英、长石、电气石、绢云母、绿泥石、锆石、锡石、锐钛石、金红石、白钛石、闪锌矿、方铅矿、黄铜矿、氯化铅、铁白云石、重晶石等。

矿石化学成分:Mn 8.87%～32.01%, SiO_2 6.92%～54.12%, TFe 1.42%～12.93%, P 0.047%～0.702%, CaO 0.30%～12.47%, MgO 0.50%～7.00%, Al_2O_3 1.20%～14.26%, S 0.19%～4.23%, Cu 10×10^{-6}～132×10^{-6}, Pb 5×10^{-6}～35×10^{-6}, Zn 42×10^{-6}～144×10^{-6}, Hg 0.17×10^{-6}～1.24×10^{-6}, Ni 12×10^{-6}～108×10^{-6}, Co 14×10^{-6}～42×10^{-6}, Cr 10×10^{-6}～96×10^{-6}, V 89×10^{-6}～251×10^{-6}。

矿石结构构造:矿石结构主要有泥晶结构、泥晶凝块结构,次有砂屑团块、生物结构等;矿石构造有条带状、块状、叠层状等构造。

4. 控矿因素与成矿作用

1）控矿因素

Rodinia超大陆裂解早期由于深部地幔柱逐渐发育成地幔舌及诸多热点的上升，首先使地壳上隆、膨胀并逐渐产生侧向拉伸断裂作用，沿着一系列正向拉伸断裂带逐渐形成了呈线状分布的地堑或盆地雏形。华南裂谷盆地雏形初步形成，呈北东方向（扬子东南缘）和近南北向（康滇区）线状展布，其中心位于湘桂西区及浙东北区。

新元古代初期，由于华南裂谷拉张作用，黔东及邻区形成不同级别的复杂的堑-垒构造系。扬子东南陆缘盆地南西段湘桂盆地带主要由北东向、北北东向平行排列的堑-垒构造组成，自西向东为凤凰-三都地堑、怀化-榕江地垒、黔阳-三江地堑和衡山-龙胜地垒，在上述堑-垒构造带中相应形成松桃、黔阳和湘潭3个被动陆缘裂谷次级沉积盆地。由于次级断裂发育，松桃被动陆缘裂谷盆地中，形成了大致等间距分布的次级凹陷，这些裂谷盆地控制了锰矿田的分布。每一个凹陷就是一个成锰小盆地。每个成锰小盆地中含锰岩系具有分带性，即从盆地中心向边缘大致可划分为中心带（碳质页岩、菱锰矿组合）—过渡带（碳质页岩、白云岩、菱锰矿组合）—盆地边缘（碳质页岩、黏土岩组合），在平面上形成圈层或环带结构特征。

2）成矿作用

成矿时代：碳酸锰矿形成时代为早南华世大塘坡期（约665Ma）。

据区域岩相古地理研究资料，南华纪大塘坡早期松桃一带为浅海陆棚盆地相，水动力条件微弱，能量低，水体较平静。古地理位置大致处于现今夏威夷群岛—莱桑岛附近的太平洋（即西经251.8°，北纬69.3°）中，古纬度为11°，为北回归线以南的低纬度带。古温度一般为12～32℃，平均为20.87℃，是一个温暖潮湿气候和富CO_2贫O_2的大气圈，有利于蓝绿藻的大量繁殖，利于锰矿的析出、搬运、沉淀，具有良好的生物化学条件。

大塘坡式锰质的来源主要有大陆风化来源、海底火山来源、渗流热卤水来源或多来源等观点。近年来，周琦等（2012）的研究，认为"早南华世大塘坡期的锰矿，是Rodinia超大陆裂解、南华裂谷盆地形成演化与岩浆活动、古天然气渗漏等导致锰矿大规模成矿作用的一次重大事件沉积"。由于Rodinia超大陆裂解和华南新元古代裂谷盆地演化形成了一系列的被动陆缘裂谷盆地，南华纪早期，位于扬子陆块南部被动边缘拉张裂谷带的大塘坡地区，在浅海陆棚相区进一步形成了一系列由北东向次级断裂控制的、大致等间距分布的局限封闭式及强还原环境的次级凹陷，这些次级凹陷就是大塘坡式成锰沉积盆地的雏形。这些成锰沉积盆地海底发育古冷泉（海底天然气渗漏）系统及与天然气渗漏作用有关的泥火山、底辟等构造，其深部与下伏较大规模的断裂相连通。由于新元古代岩浆活动引发的深部富含锰质的液体沿断裂输送，同时也引发了含锰岩系及下伏地层古天然气渗漏。渗漏的甲烷在冷泉口附近使微生物大量繁殖，因硫酸盐还原细菌作用，甲烷发生缺氧氧化（$CH_4 + SO_4^{2-} \longrightarrow HCO_3^- + HS^- + H_2O$）。该反应产生的$HCO_3^-$与$Ca^{2+}$或$Mg^{2+}$结合使方解石或白云石发生沉淀，形成富含微生物的碳酸盐岩。过饱和的HS^-也会增强黄铁矿沉淀，并常以草莓状形式出现。

深部富含锰质的流体沿断裂输送到冷泉口溢出或喷流，Mn^{2+}与甲烷发生缺氧氧化产生的HCO_3^-结合，发生菱锰矿沉淀，形成了特殊的、富微生物的菱锰矿沉积。距离冷泉口越远，Mn^{2+}的浓度逐渐降低，HCO_3^-也逐渐减少，故菱锰矿中泥质含量便越来越重，矿石类型由喷流处的气泡状、块状构造向外逐渐变为条带状构造、层纹状构造等，锰含量也逐渐降低，导致平面上圈层结构的出现。在锰质流体上涌溢出的间隙，则形成白云岩透镜体。

5. 典型矿床成矿要素

根据对该矿床的地质构造、矿体矿石等特征及成矿规律、控矿因素等进行分析研究的基础上，该典型矿床成矿要素总结归纳如下(表 3-8)。

表 3-8 贵州省松桃县大塘坡锰矿床成矿要素表

成矿要素		描述内容	要素分类
特征描述		海相沉积型锰矿床	
地质环境	成矿时代	早南华世大塘坡期	必要
	构造背景	扬子陆块南部被动边缘褶冲带的铜仁逆冲带(V-2-7-1)	必要
	古构造	由 Rodinia 超大陆裂解和华南新元古代裂谷盆地演化所形成的次级北东向局限封闭的拉张裂陷盆地为锰矿的形成提供了良好的富集空间。锰矿体一般沿北东向古断裂产出及分布	必要
	岩相古地理	海湾亚相是形成工业锰矿床的最佳场所。碳质页岩菱锰矿微相:有优质菱锰矿体产出。碳质页岩白云岩菱锰矿微相:有菱锰矿体产出。碳质黏土岩-白云岩类或碳质黏土岩-黑色页岩类组合:无菱锰矿体产出	必要
成矿作用	天然气缺氧氧化作用	生物化学作用:古天然气的渗漏导致以甲烷为能源的藻菌类生物大量繁殖,于喷溢口发生缺氧化反应($CH_4 + SO_4^{2-} \longrightarrow HCO_3^- + HS^- + H_2O$),为菱锰矿的形成提供了大量的 CO_2 等物质基础	必要
	锰质浓度扩散作用	在菱锰矿沉积过程中,离喷溢口越远,Mn^{2+} 浓度逐渐降低,HCO_3^- 也逐渐减少,菱锰矿中的泥质含量便越来越高,与海水中的 Ca^{2+}、Mg^{2+} 结合使方解石、白云石发生沉淀,形成菱锰矿、碳酸盐岩组合,类型逐渐从气泡状、块状构造变为条带状、含锰条带等,锰含量也逐渐降低,导致平面上圈层结构的出现。在锰质流体涌溢的间隙,则形成白云岩透镜体	必要
矿床特征	产出层位	大塘坡组第一段(Nh_1d^1)	必要
	岩性特征	主要由碳质页岩、菱锰矿、含锰碳质页岩、凝灰质细砂岩、粉砂质碳质页岩夹黏土岩及灰质砂岩透镜体等组成	重要
	矿物组合	主要为菱锰矿,次要为钙菱锰矿,少量锰方解石、锰白云岩、黏土矿物、碳质有机质、石英、玉髓、黄铁矿、白云石等	重要
	结构构造	矿石结构主要有泥晶、泥晶凝块结构,次为砂屑、团块结构;矿石构造主要有条带状、块状构造,次为叠层构造	重要
	矿石密度	$2.83\sim3.03g/cm^3$	重要
	含矿岩系厚度	$4.11\sim45.22m$	重要
	矿体厚度	$0.50\sim5.74m$	重要
	Mn 品位	$11.94\%\sim24.51\%$	重要
	资源储量	中型($935.36\times10^4 t$)	重要

6. 典型矿床成矿模式

经综合研究,大塘坡锰矿床古天然气渗漏成矿系统与成矿模式见图 3-7。

(1)新元古代 Rodinia 超大陆裂解导致南华裂谷盆地开始形成,并形成一系列的次级断陷盆地。裂解作用逐步使地壳浅层断裂系统逐渐与下地壳或地幔贯通,壳幔源的无机成因天然气上涌,沿断裂在盆地中发生小规模的天然气渗漏,形成两界河组冷泉碳酸盐岩-白云岩小透镜体。

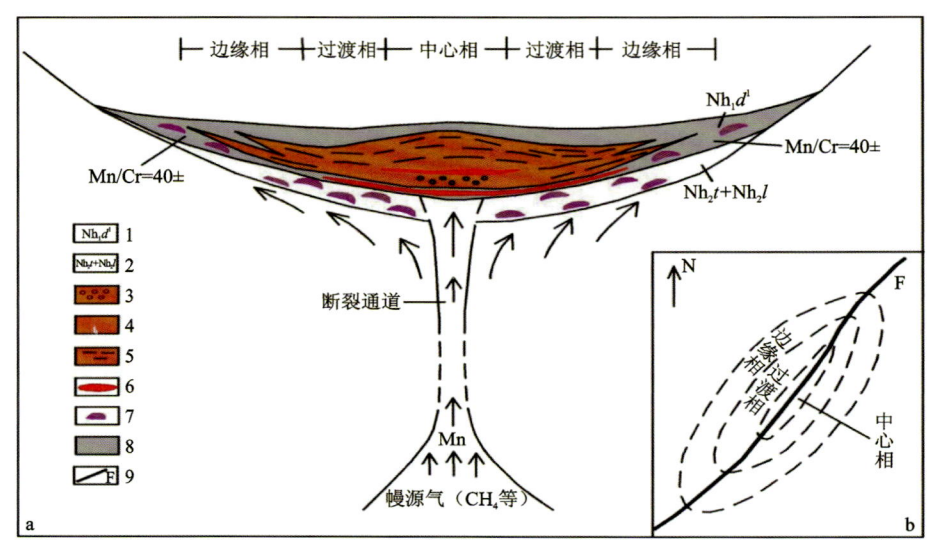

图 3-7 贵州省松桃县大塘坡锰矿床成矿模式图(据周琦等,2012)

a.剖面图;b.平面图;1.下南华统大塘坡组第一段(黑色含锰岩系);2.下南华统铁丝坳组＋两界河组;3.气泡状菱锰矿;4.块状菱锰矿;5.条带状菱锰矿;6.凝灰岩或凝灰质砂岩;7.白云岩透镜体;8.碳质页岩;9.古断裂

(2)裂解作用继续发展,使地壳浅层断裂系统与地幔贯通,幔源无机成因的天然气上涌并作用于深部富锰的岩石,形成富锰、含硫的气液,沿断裂上升,在断陷盆地中心部位发生天然气渗漏沉积,形成菱锰矿体。

白云岩透镜体和菱锰矿体形成的可能机理:在高度封闭的还原环境下,渗漏口附近繁殖了大量以甲烷为生的微生物(蒋干清等,2006;冯东等,2005)。由于硫酸盐还原细菌作用,甲烷发生缺氧氧化($CH_4 + SO_4^{2-} \longrightarrow HCO_3^- + HS^- + H_2O$),该反应产生的$HCO_3^-$与渗漏溢出的富锰气液中的$Mn^{2+}$结合形成菱锰矿($2HCO_3^- + Mn^{2+} \longrightarrow MnCO_3 + CO_2 + H_2O$),与海水中的$Mg^{2+}$结合形成白云岩($2HCO_3^- + Mg^{2+} \longrightarrow MgCO_3 + CO_2 + H_2O$)。过饱和的$HS^-$也会增强黄铁矿沉淀,并常以草莓状形式出现。

(3)"含锰岩系"的底部和上下层矿体之间普遍见凝灰岩或凝灰质砂岩沉积,说明在裂解过程中,曾多次发生海底火山喷发活动。其喷发间隙可能诱发多次天然气渗漏,导致上下两层或多层菱锰矿体的形成。

(4)大塘坡式锰矿古天然气渗漏成矿系统在平面上可以以渗漏口(一般为狭长带状)为中心向外依次划分为渗漏中心相、过渡相和边缘相3个相带。由中心向外,锰品位逐渐降低,两层矿体变为一层矿体,厚度逐渐减薄并尖灭。中心相带主要特征是发育典型的渗漏沉积构造和软沉积变形纹理,出现上下两层菱锰矿体,下层矿体中局部出现气泡状菱锰矿石,以品位较富的块状矿石为主体,无条带状锰矿石;上层矿体一般均为品位偏低的条带状锰矿石。过渡相带则主要发育一层菱锰矿体,无气泡状菱锰矿石,以块状矿石为主,以条带状矿石为辅。边缘相带则以薄层条带状锰矿与碳质页岩互层,并出现少量白云岩透镜体为特征。

(二)贵州省红花岗区铜锣井锰矿床

1.矿床概况

铜锣井锰矿床位于遵义市中心城区南东,辖属遵义市红花岗区长征、新蒲两镇。地理极值坐标:东经106°56′24″—106°59′43″,北纬27°38′20″—27°39′39″。矿床属海相沉积型锰矿,矿区进行了详细勘探工作,矿床规模达大型。

2. 成矿地质背景

1)构造

矿体位于上扬子陆块南部碳酸盐岩台地相,区域上位于铜锣井背斜向南西倾没并转折的北西翼中段。其中北东向断层、褶皱发育,构造较复杂。

2)地层、含矿岩系

出露地层有寒武系、奥陶系、二叠系、三叠系、第四系。

含锰岩系为茅口组第三段,由上自下岩性如下:

上覆地层:龙潭组

————————整合接触或假整合接触————————

茅口组第三段

⑧深灰色、黑灰色中厚层含碳质灰岩,厚度 10m。

⑦黑色碳质黏土岩,厚度 0.05m。

⑥灰至灰白色含菱锰矿及黄铁矿质黏土岩,上部含翠绿色黏土岩,厚度 0.38m。

⑤灰、灰褐及灰黑色锰矿层。上部为黄铁矿质菱锰矿,菱锰矿呈沙状、粒状、少数呈砾状,中部含黄铁矿质菱锰矿、钙菱锰矿,厚度 1.83m。

④灰、灰褐及灰黑色黄铁矿质水云母黏土岩,含少量砂屑,中下部含少量菱锰矿颗粒,微波状层理,顶部为豆状锰铁矿,厚度为 1.19m。

③灰白色黏土页岩,含黄铁矿细脉,厚度 0.87m。

②黑色煤层,厚度为 0.13m。

①深灰色薄至中厚层含硅质灰岩,中夹黑色燧石团块及黄铁矿结核,厚度为 5m。

————————假整合接触————————

下伏地层:茅口组白泥塘层(P_2m^b)(在本区域上为茅口组第二段 P_2m^2)。

3. 矿体及矿石特征

1)矿体特征

贵州遵义锰矿体(层)产于茅口组第三段底部,产状与地层产状一致,呈层状、似层状、透镜状产出。本矿区包含深溪沟矿段、石榴沟矿段、冯家湾锰矿段等 7 个初勘、详勘或勘探矿段。

深溪沟矿段:分布于铜锣井背斜南东翼东部,锰矿体(层)出露约 1500m,已计算锰矿石(氧化锰+菱锰)资源量总计 61.76×10^4 t,锰矿体(层)平均厚 1.10~1.23m。矿石品位:氧化锰矿平均 25.8%,菱锰矿 19.27%。该段已发现 6 个透镜状锰矿体(层)和 7 个无矿带,矿体产状 18°~42°,平均产状为 30°,锰矿体(层)呈透镜状北西南东向展布。

石榴沟矿段:分布于铜锣井北西翼北部,锰矿体(层)出露约 4000m,已计算锰矿石(氧化锰+菱锰)资源量总计 396.70×10^4 t,锰矿体(层)平均厚 0.97~1.06m。矿石品位:氧化锰矿平均 21.84%,菱锰矿平均品位 16.33%。该段已控制 8 个透镜状锰矿体(层)和 9 个无矿带,矿体产状 35°~57°。

冯家湾锰矿段:分布于铜锣井锰矿段北西部与石榴沟矿段,已计算各类资源量为 469.64×10^4 t。矿区发现并控制锰矿体(层)2 个,锰矿体(层)厚 0.50~2.57m,块段平均 0.64~2.26m,一般 1~2m,含锰 12%~16%,地层产状 26°~38°,矿体平均产状 32°。

沙坝勘探矿段、长沟详查矿段、铜锣井详勘矿段、铜锣井北西翼南段初勘矿段(又称黄土坎矿段)可连为一体,锰矿体(层)连续展布,各矿段锰矿体(层)平均厚 1.70~1.96m,含 Mn 均在 18% 以上。

2)矿石特征

锰矿物以菱锰矿、锰方解石为主,非锰矿物以黏土矿物为主,次有绿泥石、硫化物,少量碳质物、石英、铝土质等。

矿石结构：泥晶结构、碎屑结构、核形石结构、凝块石球粒结构。
矿石构造：叠层石构造、扰动构造、虫孔构造、鸟眼构造、栉壳状构造、似角砾构造、收缩脉网构造等。
矿石化学组分：低磷、高铁、高硫，$Mn/TFe<2.5$，$CaO+MgO/SiO_2+Al_2O_3<0.5$ 的酸性矿石、造碴组分亦偏高。

4. 控矿因素与成矿作用

1）控矿因素

大地构造位置控制锰矿的分布，在中二叠世茅口中晚期海平面升到最高点。由于地壳不均衡裂陷的影响，在浅海半局限碳酸盐台地的基础上，北东向的水城-遵义台沟形成了。在台沟中形成硅质岩、硅质灰岩、含锰硅质灰岩、锰质岩。控制锰矿分布的就是北东向的水城-遵义台沟相环境。

锰矿产于台沟相茅口组二段白泥塘含锰岩系，是一套深水区沉积的硅质岩、锰质岩等，从下往上为富含有机质灰岩、泥灰岩、硅质岩、含锰硅质灰岩、锰质岩，离开了这套组合就不存在锰矿，因此，白泥塘层的分布控制了遵义锰矿的分布。

2）成矿作用

(1) 锰质的物质来源。主要来源于3种途径。一是地幔热柱强烈活动，地幔柱的托升作用（何斌等，2005）引起已存在的贵阳深断裂、紫云-垭都深断裂活动，地壳不均衡裂陷（拉张和同沉积断裂的影响），在碳酸盐台地的基础上发生了分异，形成了一条自云南，经贵州水城—纳雍—黔西—遵义的自西向北东向的黔中台沟（陈文一等，2003），富硅、锰的热液流体沿水城—纳雍—黔西—遵义的北东向黔中台沟通道运移，为遵义锰矿的沉积提供了物质来源。二是海底喷流出的富含硅、锰质热液流体沿着次生裂隙通道运移，在遵义台沟形成喷流，其中的锰质在热海水的渗入作用下不断析出，进入弱碱性的海水中，为锰矿沉积提供物质来源。三是遵义台沟西部早期喷发的玄武岩和茅口组二段的含锰硅质岩，在强化学风化作用下，淋滤出来的铁、锰质向遵义台沟迁移、集中，风化搬运沉积成矿作用为遵义的成锰提供物质来源。

(2) 成矿环境分析。经分析锰矿层中的黄铁矿及硫锰矿作硫同位素，其 $\delta^{34}S$ 分别为 $-24.53‰\sim24.60‰$ 和 $-22.49‰\sim19.45‰$，与锰矿层顶、底板黏土岩中黄铁矿的 $\delta^{34}S$ 很相似，均以轻硫为主，变化范围较大，且有跳跃的特点。这说明锰矿层中的黄铁矿、硫锰矿是形成于由生物作用分馏的较潮湿的环境中。

经分析锰矿床中碳酸锰矿石和与之对比的白泥塘层顶部含碳硅质岩的碳、氧同位素，锰矿石的碳同位素 $\delta^{13}C$ 在 $-2.965‰\sim-8.086‰$ 之间，平均 $\delta^{13}C=-6.054‰$，较白泥塘层的 $\delta^{13}C$（$-0.05‰\sim1.947‰$）明显偏低。后者为正常海相碳酸盐环境，而前者轻碳所占的比重大，提示了碳酸锰矿物是在较停滞的环境中经生物分解形成，只有这种条件下，同位素分馏时释放出同位素轻碳。

锰矿石的氧同位素 $\delta^{18}O$ 在 $-6.095‰\sim-2.954‰$ 之间，与白泥塘的数值接近。氧同位素值能指示沉积环境是淡水还是咸水，1971年狄更斯（Degens）和罗斯（Ross）已证明了 $\delta^{18}O$ 在 $-5‰\sim-7‰$ 之间为淡水碳酸盐环境。锰矿及白泥塘层的 $\delta^{18}O$ 同位素值表明：它们一方面形成于有所淡化的咸水中，另一方面在一定时期也曾接近或暴露于地表。由于碳酸锰是不能在有大量氧离子存在时沉积形成，锰矿层沉积于浅表，在有淡水渗入的情况下，又要形成碳酸锰，只能是在有机质分解的弱碱性条件下由氧化锰还原而成。

锰矿床形成后四周均为黏土岩所包围，基本上属于较封闭的状态。锰矿石 Eh 值一般为 $-0.244\sim0.249$，pH 值一般为 $6.89\sim8.15$，说明碳酸盐锰矿形成于弱碱性、弱氧化还原环境中。

(3) 锰质的富集。经上述各种作用进入台沟的铁、锰质，在浅水环境中遭受氧化作用，而铁比锰氧化得快，尤其在有铁细菌的作用下，非晶质的 $Fe(OH)_3$ 在海水中很容易达到饱和，在沉积物的表面发生普遍的沉淀。$Fe(OH)_3$ 对 Fe^{2+} 有较强的吸附氧化能力，因而在锰尚未大量沉淀以前，海水中的部分 Fe^{2+}

就以氧化铁的方式与一些海解后的悬浮质点、黏土胶体沉淀下来,成为矿层底板的含锰黄铁矿黏土岩。

(4)成岩期的变化与改造。氧化锰等沉积堆积并埋于水界面以下之后,沉积物中的藻、菌类等生物开始腐烂分解,分解时将吸收存水内的氧气形成CO_2,使溶液向还原环境转变,使氧化锰转化为碳酸锰。

$$2MnO_2 + H_2CO_3 \longrightarrow 2MnCO_3 + 2H_2O + O_2\uparrow$$

随着碳酸锰的生成,菱铁矿也形成了。当氧气进一步耗损使溶液变为还原环境时,可能有部分黄铁矿产出。

(5)成矿时代。中二叠世茅口晚期。

5. 典型矿床成矿要素

在对遵义铜锣井典型矿床的矿床地质特征、矿体特征、矿石特征、矿体赋存层位、成矿时代、物质来源、成矿规律、控矿因素等进行综合分析的基础上,总结该典型矿床成矿要素特征见表3-9。

表3-9 贵州省红花岗区铜锣井锰矿床成矿要素表

成矿要素		描述内容	要素分类
特征描述		海相沉积型锰矿床	
地质环境	成矿时代	中二叠世茅口晚期	必要
	构造背景	扬子陆块南部被动边缘褶冲带的凤冈滑脱褶皱带	必要
	岩相古地理	边缘碳酸盐台地中,台沟相有利成矿,硅质岩相、碳酸盐相不利于成矿。台沟相中心地带锰矿为层状,含矿率为40%~70%;台沟边缘相锰矿体呈透镜状,含矿率在10%~30%之间	必要
	岩浆活动	峨眉山地幔柱活动造成玄武岩喷发和在台沟中喷液活动	必要
矿床特征	产出层位	茅口组第三段	必要
	岩性特征	黏土岩、含黄铁矿黏土岩、含锰黏土岩、锰矿层	必要
	资源及品位	锰矿石量:铜锣井矿区44 223.6×10³ t	重要
		Mn品位:35%~15%,平均20%	重要
	矿物组合	主要为菱锰矿、钙菱锰矿;次为锰方解石、黄铁矿、菱铁矿、硫锰矿、石英、方解石	必要
	矿石结构构造	矿石结构:晶粒、鲕粒、假角砾状、粒状镶嵌结构;矿石构造:层状、块状及微层理	重要
	含矿岩系厚度	台沟边缘相一般2m左右;台沟中心相一般6m左右	重要
	矿体厚度	0.80~1.80m,平均1.50m	重要
	后期变化	浅部碳酸锰矿石氧化成氧化锰矿石	次要

6. 典型矿床成矿模式

遵义铜锣井典型矿床成模式图如图3-8所示。

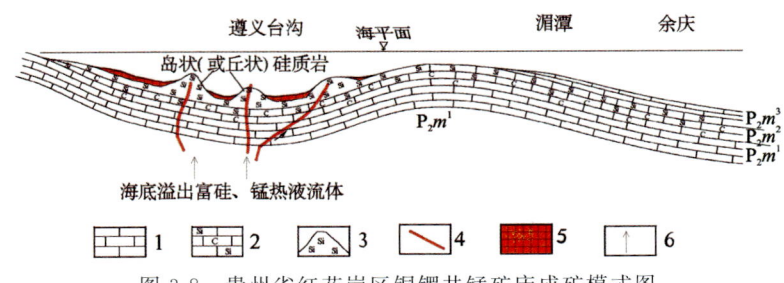

图 3-8 贵州省红花岗区铜锣井锰矿床成矿模式图
1.灰岩;2.碳质硅质岩;3.岛状硅质岩;4.断层;5.菱锰矿;6.矿液流动方向

(三)贵州省水城县徐家寨锰矿床

1. 矿床概况

矿区位于水城县城北东约 25km,隶属水城县董地乡管辖。地理极值坐标:东经 105°03′00″—105°05′00″,北纬 26°32′15″—26°34′00″。矿区约 5.8km²,属海相沉积型氧化锰矿床,进行了详勘工作,矿床规模达大型。

2. 成矿地质背景

1)构造

矿区位于上扬子南部碳酸盐岩台地相,区域上位于水城断裂南东段。该区发育近南北向、北西-南东向断层。

2)地层及含矿岩系

出露地层为中二叠统梁山组、栖霞组、茅口组,上二叠统峨眉山玄武岩组、龙潭组,下三叠统飞仙关组、永宁镇组及第四系。锰矿赋存于中二叠统茅口组顶部。含矿岩系茅口组三段为灰色、浅灰色中厚层灰岩、硅质灰岩、含锰硅质岩、含锰灰岩、含锰碳质黏土岩。厚 0~44.04m,一般在 10m 以下。

3. 矿体及矿石特征

1)矿体特征

矿体严格受层位控制,呈层状、似层状顺层产出。矿区矿层划分为 4 个矿体,走向北北西—南南东,倾向南西,倾角 67°~80°,矿体长 282~1000m,矿体厚 1.63~3.90m,平均厚度 2.57m。矿体内有不稳定夹石层,矿石与夹石常互层产出。

2)矿石特征

(1)矿石矿物成分。矿石矿物主要由硬锰矿、软锰矿和偏锰硅酸盐矿物等组成。脉石矿物以黏土矿物为主,杂有少量褐铁矿、赤铁矿、石英、黄铁矿等。其中氧化锰矿(MnO_2)是矿石中最主要的锰矿物。

(2)矿石化学成分。氧化锰矿石主要化学成分为 Mn、Fe、SiO_2,三者总量达 42.50%~89.21%,平均为 57.88%。Mn 是矿石中最主要的有用成分。

(3)矿石结构构造。矿石结构为微晶—隐晶(或他形粒状)结构,矿石矿物中的软锰矿(<0.015mm)呈微晶至隐晶级他形粒状晶体较为均匀分布于围岩中,硬锰矿呈细晶—粉晶—微晶—隐晶级他形粒状晶体,呈星点状、脉状不均匀分布于围岩中。矿区氧化矿石中还普遍存在蚀变后的褐铁矿假象结构。矿石构造多呈土状、致密块状和星散状。

3）成矿时代

徐家寨锰矿典型矿床的形成时代分为矿源层形成和次生淋滤富集两个时期，即中二叠世茅口中晚期和第四系。前者是矿源层的形成时期；后者是次生富集时期，是成矿的主要时期。矿源层产于中二叠统茅口组第二段，矿体产于残积层或近地表的浅部矿源层中。

4. 控矿因素与成矿作用

1）控矿因素

（1）区域地质背景：大地构造位置控制锰矿的分布，锰矿主要分布在北东向的水城-遵义台沟成矿带中。

（2）成矿地质环境：岩相古地理环境控制锰矿体的分布、规模，在台沟中形成的硅质岩、硅质灰岩、含锰硅质灰岩、锰质岩组合是有利的锰矿组合。

（3）含锰岩系为茅口组三段，岩性为灰—深灰色薄层状含锰灰岩、含锰硅质条带灰岩与灰—灰黑色薄层—极薄层状含锰硅质岩，层间常夹含锰黏土，上部夹氧化锰矿层，下部为灰、浅灰色中厚至厚层状细—粗晶灰岩。含锰岩系的分布范围控制了锰矿。

（4）风化淋滤作用。经过地壳的抬升作用，暴露地表的含锰硅质岩经过风化淋滤作用，在空气、水等因素的作用下，易于溶解的物质被带出，不易溶解的 Si、Mn、Fe 质等成矿元素留下并富集，最终形成现在的锰帽型矿床。

2）成矿作用

中二叠世晚期，由于峨眉山地幔柱活动形成海底喷流作用，大量的富硅、富锰流体沿断裂等通道运移至水城-纳雍台沟中，形成富含锰质的层状硅质岩矿源层；同时，早期形成大陆玄武岩经过风化剥蚀、淋滤等地质作用，Si、Mn、Fe 等成矿元素被析出并被迁移至台沟后，经过海解作用，形成富含锰质的硅质岩、硅质灰岩矿源层；盆地西缘部分地段，玄武岩熔流伸入台沟，在海水的作用下，析出硅质锰质，沉积含锰硅质岩、硅质灰岩层矿源层。由于成矿物源的不充足或是热能的不充足，当时并未形成一定规模的碳酸锰矿体。在地质改造过程中，富含锰质的层状硅质岩、硅质灰岩上升为陆，在长期的剥蚀、切割作用下，矿源层位于当地最低侵蚀基准面之上，出露于地表，在适宜温度、水的作用下，进行次生风化淋滤富集，最终形成具有沉积特征的风化锰帽型或残积氧化锰矿床。氧化锰矿床的形成大致分为以下 3 个阶段。

（1）锰质萃取阶段。由于岩浆活动使溶液呈酸性，并使其温度升高，溶液中的酸根（主要为 CO_3^{2-}）与随岩浆而来的 Mn^{2+} 结合成锰质盐类（主要为碳酸锰）。

（2）沉积成岩阶段。由于温度降低、地壳相对稳定等条件的改变，使锰质盐类与钙、硅质盐类一起沉积下来，形成了含锰硅质灰岩和含锰灰岩。

（3）次生氧化阶段。燕山运动及喜马拉雅运动之后，地形变形强烈，形成了大量的沟谷或陡崖，同时发育了大量的构造裂隙。原隐伏于地下的含锰岩石暴露于新形成的沟谷或陡崖旁侧，在氧化带范围内，由于长期受到温度及水的作用，使岩石中的钙、镁、碳和氧等较活泼元素因分解而流失，而硅、锰和泥质等留下后，相对富集形成了次生氧化锰矿。

5. 典型矿床成矿要素

根据徐家寨锰矿典型床研究，总结出典型矿床成矿要素见表 3-10。

6. 典型矿床成矿模式

水城徐家寨锰矿成矿时期为中二叠世茅口晚期，开阔台地中的台沟为成矿提供场所，海底喷流和早期形成的大陆玄武岩风化物质为成矿提供了物源，热水沉积形成了含锰碳酸盐岩-含锰硅质岩组合（矿源层），后期地壳运动的改造使这套矿源层暴露于地表形成沟谷或陡崖，在适当的温度、气候、水介质条件等因素的综合作用下,Si、Mn、Fe 成矿元素进一步富集并成矿。因此,水城徐家寨锰矿属于沉积-风化锰帽型矿床。

表 3-10　贵州省水城县徐家寨锰矿床成矿要素表

成矿要素		描述内容	要素分类
特征描述		海相沉积型锰矿、次生风化富集氧化锰矿	
地质环境	构造背景	上扬子陆块南部碳酸盐岩台地相	必要
	岩浆活动	茅口晚期,矿区西缘发生了大规模的火山喷溢活动形成了玄武岩,同时有零星的辉绿岩侵入	必要
	沉积建造	浅海相碳酸盐岩建造	必要
	岩相古地理	开阔台地相中发育的大小不等的深水沉积区—台沟	必要
	次生富集	地形、地貌、构造裂隙、温度及水的作用	必要
	成矿时代	中二叠世茅口晚期及第四纪	必要
矿床特征	产出层位	中二叠统茅口组第二段及第四系	重要
	岩性特征	含锰灰岩、含锰硅质条带灰岩、含锰硅质岩、含锰黏土岩	重要
	矿系厚度	12.7~82.9m	重要
	矿体厚度	1.63~3.90m	重要
	矿体延伸	矿体沿走向长达数千米,沿倾向一般 50~100m	重要
	结构构造	他形粒状结构;土状、致密块状构造	重要
	矿物组合	硬锰矿、软锰矿、偏锰硅酸盐及黄铁矿、赤铁矿、石英等	重要
	资源量	矿石量:$77×10^4$t	重要
		Mn 品位:13.12%~34.64%,平均 20.6%	重要

综上所述,建立了徐家寨锰矿典型矿床成矿模式见图 3-9。

五、重晶石矿

(一)贵州省天柱县大河边重晶石矿床

1. 矿床概况

该矿床位于天柱县北西直距 17km,属贵州省天柱县邦洞镇所辖。地理坐标:东经 109°04′32″—109°11′42″,北纬 26°59′38″—27°00′00″。属海相沉积矿床,矿区进行了详细普查工作,矿床规模达特大型。

2. 成矿地质背景

1)构造

大地构造位于扬子陆块雪峰山陆缘裂谷盆地相。区域上位于贡溪向斜。总体走向 NE45°,倾向在

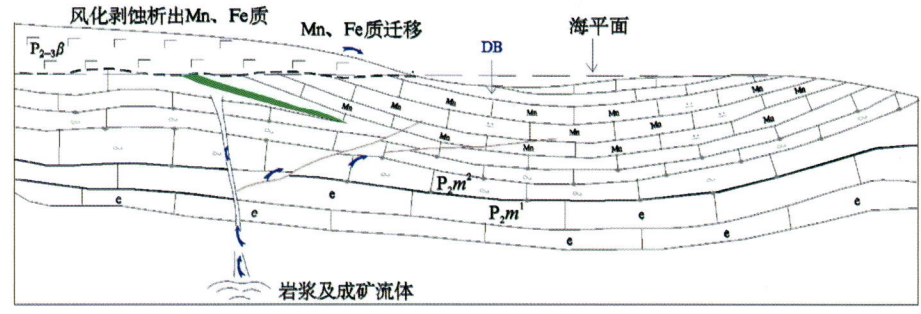

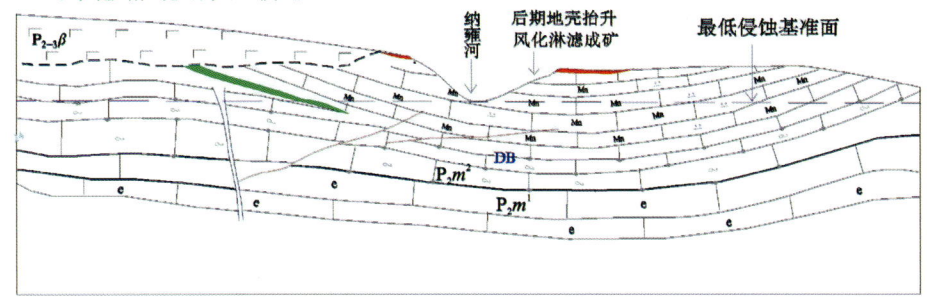

图 3-9 贵州省水城县徐家寨锰矿床成矿模式图

1.生物碎屑灰岩;2.燧石灰岩;3.硅质灰岩;4.含锰灰岩;5.玄武岩;6.辉绿岩;7.锰矿;8.矿液流动方向

向斜西翼为南东,东翼为北西;倾角 16°～84°,一般为 20°～40°;浅部陡,向深部则渐趋变缓。

2)含矿岩系

含矿岩系为老堡组,岩性为硅质岩、重晶石、磷块岩、硅质岩建造。含矿围岩岩性单一,主要为硅质岩。

3.矿体及矿石特征

(1)矿体特征。矿体呈层状、似层状,整合产出于老堡组上部,矿体产状与岩层产状基本一致,矿体露头长 4600～11 550m,主矿层厚 0.5～10.17m,全矿床平均厚度 3.49m。

(2)矿石矿物。矿物以浅灰、灰、深灰、灰白色重晶石为主,伴生有少量方解石、玉髓、石英、泥质、碳质、黄铁矿、闪锌矿、绢云母及盐类等。

(3)矿石结构构造。矿石结构以他形粒状、片状镶嵌状、细粒、花岗变晶及不等粒花岗变晶为主,偶见斑杂状及溶蚀结构。矿石具块状、条带状、残余层纹状构造。局部可见似膏盐假晶残迹(大河边)。

(4)矿石类型。按外观颜色、构造及物质组分,基本可分为 5 类:①浅色块状矿石,主要分布于矿层下部。②黑色含碳质矿石,分布于矿层个别地段。③条纹状矿石,常出现在矿层上部。④碳酸盐—硫化物—重晶石矿石,分布于矿层中部。⑤碳质重晶石结核,分布于矿层顶、底板结核层中。

(5)矿石化学组分。矿石中的主要有益组分是 $BaSO_4$,$BaSO_4$ 一般 46.50%(大河边)～99.01%(丙溪),最高 99.10%(大河边)。有害组分:SiO_2 一般 0.08%～17.89%;最高 33.71%(大河边);Fe_2O_3 一般 0.07%～0.89%,最高 1.93%(大河边);Al_2O_3 0.00%～7.18%;CaO 0.07%～0.23%;MgO 0.007%～0.111%;可溶盐 0.17%～0.20%。

4.控矿因素与成矿作用

1)控矿因素

古构造因素:北东向同沉积断裂和裂陷盆地。

岩相古地理因素：陆缘裂陷盆地相。

地层岩性因素：上震旦统—下寒武统老堡组碳质页岩-硅质岩-重晶石-钒-磷块岩组合。

2）成矿作用

(1) 在新元古代早期，Rodinia超大陆发生裂解，地壳和岩石圈在引张力作用下发生裂陷作用，使深部含钡热水流体被动上涌。

(2) 晚震旦世—早寒武世，裂陷盆地已演化为深水裂陷盆地，随着裂陷作用的持续，深部含P、Ba、H_2S等组分的硅酸盐热水流体沿同沉积深断裂运移喷溢于深水裂陷盆地中。

(3) 当硅酸盐气液热流体与海水相遇时，随物质浓度变化，依照沉积分异作用规律（除火山碎屑岩、砂质岩沉积外），最先在酸性环境中沉积了硅质岩，接着，含磷硅质岩或夹磷结核层、磷块岩等相继沉积。硅胶在凝聚成硅质岩之际释放Ba^{2+}于海水中。当溶液由酸性演化至弱碱性的氧化环境时，硅质岩不再沉积，此时Ba^{2+}与海水中的SO_4^{2-}相遇结合沉淀为重晶石矿层。由于裂陷作用的强烈程度不一及其多期性、间歇性，含矿气液流体的喷溢呈现出时间长短不一、多期性和间歇性的特点，从而形成厚度不等、矿石质量不一的多层重晶石矿。

5. 典型矿床成矿要素特征

在对天柱大河边典型矿床地质特征、矿体特征、矿石特征及成矿规律、控矿因素进行分析研究的基础上，形成成矿要素表如表3-11所示。

表3-11　贵州省天柱县大河边重晶石矿床成矿要素表

成矿要素		描述内容	要素分类
特征描述		大河边式沉积型重晶石矿床	
地质环境	成矿时代	晚震旦世—早寒武世灯影峡期	必要
	构造背景	扬子陆块上的雪峰山陆缘裂谷盆地相	必要
	古构造	北东向同沉积断裂和裂陷盆地	必要
	沉积建造	重晶石、钒、磷块岩、硅质岩建造	必要
	岩相古地理	陆缘裂陷盆地相	必要
矿床特征	赋矿地层	上震旦统—下寒武统老堡组	必要
	含矿岩系	碳质页岩、重晶石、钒、磷块岩、硅质岩等	必要
	含矿岩系厚度	2.19～12.45m	重要
	矿石结构	粉晶—细晶结构、不等粒变晶结构、花岗变晶结构	重要
	矿石构造	块状、花斑状、溶孔状、条纹状和结核状等	重要
	矿体厚度	0.50～10.17m，平均3.49m	重要
	矿石品位	$BaSO_4$含量为32.06%～98.06%，平均85.56%	重要
	资源储量规模	超大型（10 881.00×10^4t）	重要

6. 典型矿床成矿模式

建立了大河边重晶石典型矿床成矿模式图见图3-10。

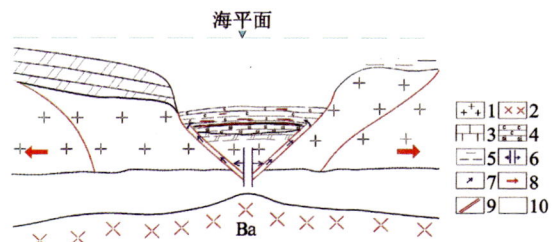

图 3-10 贵州省天柱县大河边重晶石矿床成矿模式图（据冯学仕等，2004，有修改）
1. 大陆地壳；2. 地幔；3. 陆缘斜坡相碳酸盐沉积；4. 裂陷盆地相碳质、硅质沉积；5. 远岸泥质沉积；
6. 裂陷盆地核部；7. 含钡热水流体；8. 拉伸方向；9. 同沉积断层；10. 重晶石矿体

（二）贵州省镇宁县乐纪重晶石矿床

1. 矿床概况

矿区位于镇宁县城南 51km，属沙子乡管辖。地理坐标：东经 105°51′40″—105°56′21″，北纬 25°41′17″—25°45′46″。属沉积型重晶石矿床，矿区进行了详细勘查工作，矿床规模达大型。

2. 成矿地质背景

1) 构造

矿床位于南盘江-右江前陆盆地北东隅与扬子陆块南部碳酸盐台地相交处，矿区位于沙子沟复背斜上。矿区内断裂构造较为发育，破坏了重晶石矿层的连续性。

2) 含矿岩系

含矿岩系为上泥盆统榴江组的一套硅质岩、重晶石组合。含矿岩系根据岩性组合特征，从上至下可分为 7 层。

⑦灰黄色、暗灰色薄质硅质岩夹薄层黏土岩。厚 32.10～41.50m。

⑥Ⅲ矿化层：灰色薄层硅质岩夹灰色含硅质、铁质豆状条带状重晶石矿，重晶石矿呈透镜状产出。厚 0～1.81m。

⑤灰黄色薄层硅质岩。厚 2.36～10.31m。

④Ⅱ矿化层：灰色薄层硅质岩夹深灰、灰色条带状重晶石，重晶石矿呈透镜状产出。厚 0～5.88m。

③灰色薄层硅质岩，风化后呈铁红色。顶部见重晶石化硅质岩，底部局部见 1～3 层透镜状重晶石。厚 37.80～74.60m。

②Ⅰ矿层：浅灰、灰色薄至中厚层重晶石，呈条带状、条纹状、碎屑状、块状产出。厚 3.28～13.70m。

①灰色薄层硅质岩，顶部偶见透镜状重晶石产出。厚 38.50～47.40m。

3. 矿体及矿石特征

1) 矿体特征

重晶石矿层赋存于上泥盆统榴江组硅质岩中，呈层状、似层状产出，自上而下产出Ⅲ矿化层、Ⅱ矿化层、Ⅰ矿层。Ⅲ矿化层、Ⅱ矿化层仅分布于两用、纳盘矿段，而Ⅰ矿层在矿区范围内均有发育，矿层厚度大，且较稳定，品位高，为本矿区勘查、开采层位。

矿区由北西到南东依次分为 4 个矿段，即卢家院矿段、纳盘矿段、两用矿段、肯然矿段，分别简述如下。

(1) 卢家院矿段。矿体呈层状、似层状产出，重晶石矿赋存于顶红背斜南西翼（倒转翼）榴江组硅质岩中。矿层倾向 42°～63°，倾角 52°～64°，矿层露头地表延伸 3230m，倾向延伸 300～500m，但受 F_{402}、F_{401}、F_3 断层的影响，破坏了矿体的连续性。厚度 4.98～7.10m，平均品位 81.26%。

(2) 纳盘矿段。位于矿区中部，分两个矿体，矿体呈层状、似层状产出，重晶石赋存于顶红背斜南西翼榴江组硅质岩中，矿层露头地表延伸长约 1790m，倾向延伸约 220m，平均厚度为 5.83m，平均倾角 42°，平均品位 91.65%。

(3) 两用矿段。矿体呈层状、似层状产出，重晶石赋存于顶红背斜北东翼榴江组硅质岩中，矿层露头地表延伸长约 410m，倾向延伸约 100m，平均厚度为 6.67m，平均品位 91.21%。

(4) 肯然矿段。位于红纳河至肯然地段，矿体呈层状、似层状产出，重晶石赋存于顶红背斜两翼榴江组硅质岩中。顶红背斜北东翼（正常翼）矿层倾向 38°～81°，倾角 26°～45°，矿层露头地表延伸约 1630m，沿倾向延深 150～500m。

2) 矿石类型

(1) 矿石的工业类型。

矿区内矿石组分简单，按矿物组合特征可分为：①重晶石型：为主要矿石类型，主要由重晶石组成，含少量石英、褐铁矿等。②石英—重晶石型：以重晶石为主，含石英较多，主要产于条带状重晶石中。

(2) 矿石自然类型。

按矿石结构、构造特征可分为：①条纹状重晶石型：细晶及微晶结构重晶石相间排列组成层纹状重晶石集合体。②石英条带状重晶石型：由隐晶质石英及细—微晶重晶石相间排列组成集合体。③块状重晶石型：由细—微晶结构重晶石及微晶的自形晶石英组成的集合体。④碎屑状重晶石型：微—隐晶重晶石组成草莓状集合体，主要分布于矿层顶部。⑤燧石团块重晶石型：主要由块状构造重晶石及微量隐晶石英组成的团块。

3) 矿物组合

主要矿物为重晶石，次要矿物有石英及少量黄铁矿。

4) 矿石结构构造

(1) 矿石结构：以细晶结构、草莓结构为主，少量具有包含结构。

(2) 矿石构造：以层纹状构造、条带状构造及块状构造为主，少量碎屑状构造。

4. 控矿因素与成矿作用

1) 控矿因素

矿床受控于紫云-垭都大断裂南西侧的台-盆（沟）陷裂槽盆地，晚古生代陆内拉张活动形成的裂陷盆地为矿床的形成提供就位空间，地幔或地壳深处的有关元素随热水流动进入裂陷盆地为矿床的形成提供物质来源。重晶石矿体赋存于台盆相泥盆系榴江组含重晶石硅质岩建造中。

2) 成矿作用

(1) 晚古生代早期，地壳和岩石圈在引张力作用下发生裂陷作用，使深部含钡热水流体被动上涌。

(2) 晚震旦世—早寒武世，裂陷盆地已演化为深水裂陷盆地，随着裂陷作用的继续进行，深部含 P、Ba、H_2S 等组分的硅酸盐热水流体沿同沉积深断裂运移喷溢于深水裂陷盆地中。

(3) 当硅酸盐气液热流体与海水相遇时，随物质浓度变化，依照沉积分异作用规律（除火山碎屑岩、砂质岩沉积外），最先在酸性环境中沉积了硅质岩，含磷硅质岩或夹磷结核层、磷块岩等相继沉积。在硅胶凝聚成硅质岩之际释放 Ba^{2+} 于海水中。当溶液由酸性演化至弱碱性的氧化环境时，硅质岩不再沉积，此时 Ba^{2+} 与海水中的 SO_4^{2-} 相遇结合沉淀为重晶石矿层。由于裂陷作用的强烈程度不一及其多期性、间歇性，含矿气液流体的喷溢呈现出时间长短不一、多期性和间歇性，从而形成厚度不等、矿石质量不一的多层重晶石矿。

(4) 成矿物理化学条件。该矿床成矿温度为 100～200℃，成矿压力为数帕至 $20×10^5$ Pa，成矿的 Eh

值为355,pH值为6.7,为弱酸性—弱碱性过渡的氧化环境中生成。

5. 典型矿床成矿要素

在对典型矿床地质特征、矿体特征、矿石特征及成矿规律、控矿因素等进行分析研究的基础上,归纳总结出该典型矿床成矿要素见表3-12。

表3-12 贵州省镇宁县乐纪重晶石矿床成矿要素表

成矿要素		描述内容	要素分类
特征描述		乐纪式沉积型重晶石矿床	
地质环境	成矿时代	晚泥盆世佘田桥期	必要
	构造背景	南盘江-右江前陆盆地	必要
	古构造	北西向沉积断裂和裂陷盆地	必要
	沉积建造	含重晶石、硅质岩建造	必要
	岩相古地理	台盆相	必要
矿床特征	赋矿地层	上泥盆统榴江组	必要
	含矿岩系	硅质岩、硅质页岩及少量燧石灰岩等	必要
	含矿岩系厚度	120.11～195.30m	重要
	矿石结构	镶嵌结构、细脉网状结构和溶蚀交代结构	重要
	矿石构造	块状构造、斑点状构造、角砾状构造	重要
	矿体厚度	3.28～13.70m,平均7.52m	重要
	矿石品位	$BaSO_4$含量为55.32%～95.6%	重要
	资源储量规模	大型	重要

6. 典型矿床成矿模式

典型矿床成矿模式见图3-11。

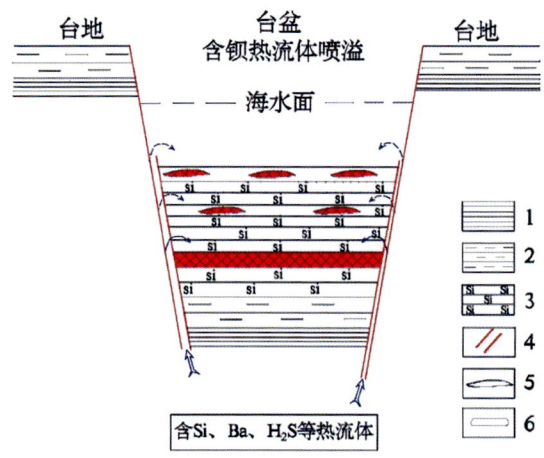

图3-11 贵州省镇宁县乐纪重晶石矿床成矿模式图

1.页岩;2.黏土岩;3.硅质岩;4.同沉积断层;5.透镜状断层;6.重晶石矿层

六、硫铁矿

贵州省遵义县三岔硫铁矿床

1. 矿床概况

三岔河硫铁矿行政区划属贵州省遵义县三岔镇管辖。地理坐标：东经106°53′51″—106°55′32″，北纬27°26′39″—27°28′11″，东西宽2.3km，南北长2.5km。属含煤建造沉积型硫铁矿床，本次潜力评价工作将它称为叙永式，已进行了勘探地质工作，矿床规模为大型。

2. 成矿地质背景

1）构造

遵义县三岔河硫铁矿区属于上扬子陆块南部碳酸盐台地相，位于三岔河穹隆南东部，构造较简单。为一倾向北东的缓倾斜单斜构造，地层倾角3°～15°，矿段内构造以断裂为主、褶皱次之。

2）含矿岩系

矿区及附近出露的地层主要有：第四系，下三叠统夜郎组，上二叠统长兴组、龙潭组，中二叠统茅口组。赋矿地层为龙潭组底部（煤层底部）。

上覆地层：龙潭组下部（P_3l）　主要由生物灰岩、泥灰岩、含燧石灰岩与碎屑沉积的粉砂岩及煤组成。本组为矿区含矿岩系，从下至上均有不同程度的黄铁矿化，但集中成矿在其底部。

————————————整合接触————————————

含矿岩系：龙潭组底部

⑩灰至深灰色中厚层灰岩，生物碎屑灰岩。含少量黄铁矿星点，含硫量0.74%～6.11%。

⑨褐黑、黑色土状、块状煤层及高碳泥岩，含结核状、脉状硫铁矿。含硫量2.74%～12.54%，厚0～1.10m。

⑧灰黑、褐黑色碳质泥岩，含星点状、星散状硫铁矿。含硫量5.17%～7.44%，厚0～1.62m。

⑦b矿层：灰黑、褐黑色碳质页岩硫铁矿，硫铁矿常以星散状、星点状、结核状、条带状等不同形态集合体产出。含硫量8.54%～29.65%，厚0.62～3.59m。

⑥灰黑、黑色碳质页岩，含稀疏星点状、星散状硫铁矿。含硫量4.18～7.44%，厚0～2.99m。

⑤灰—深灰色中厚层生物碎屑灰岩。生物碎屑有腹足、有孔虫、棘皮、骨针和蓝绿藻化石。含星点状硫铁矿。含硫0.17%～8.05%，厚0～3.56m。

④灰黑、褐色土状煤及高碳泥岩，含星点状、结核状硫铁矿。含硫量1.51%～27.05%，厚0～2.36m。

③浅灰、灰白色黏土泥岩，含星点状、星散状硫铁矿及植物碎片化石。含硫量1.32%～10.40%，厚0～4.49m。

②a矿层：浅灰、灰白色黏土泥岩硫铁矿。硫铁矿常以星点状、星散状、结核状、团块状、条带状、树枝状等不同形态的集合体产出。少量钻孔顶部见含植物碎片化石，底部见硅化灰岩角砾，本层直接覆盖于阳新灰岩侵蚀面上。含硫量8.34%～18.12%，厚0.80～4.60m。

①浅灰、灰白色黏土泥岩，含星点状、团块状硫铁矿，局部地段含硅化灰岩角砾。含硫量5.64%～7.94%，厚0～1.24m。

————————————假整合接触————————————

下伏地层：茅口组　浅灰—灰色中厚层角砾状灰岩。含硫量0.15%～6.88%，厚0～6.74 m。

3. 矿体及矿石特征

1) 矿体特征

矿段内硫铁矿体主要赋存龙潭组底部(煤层底部),即产于茅口组灰岩侵蚀面上的黏土岩中,由上至下主要产出a、b两层黄铁矿,矿层沿走向延伸1600~2300m,沿倾向延伸670~1800m,矿层呈层状—似层状产出,其产状与地层产状基本一致。

2) 矿石特征

(1) 矿石矿物成分。硫铁矿矿石成分比较简单,含硫矿物以黄铁矿为主,白铁矿次之,化学成分主要为硫与铁,脉石矿物主要为高岭土、水云母,其次为方解石、石英、褐铁矿、菱铁矿。

(2) 矿石化学成分。含硫量最低为8.54%,最高为29.65%,平均11.82%,变化系数28.86%。

(3) 有害组分。As、F、Pb+Zn、TC为矿石加工利用的有害组分,属限量元素。除a矿层F与b矿层F及部分工程TC在限量指标上、下波动外,其余元素含量均在允许范围之内。

(4) 矿石结构构造。矿石具有粒状、鲕状及球粒状结构。黄铁矿具他形晶粒集合体,呈星点状、浸染状分布于水云母黏土中;自形、半自形晶粒嵌入隐晶质黏土矿物中。白铁矿呈半自形晶、针柱状及放射状集合体分布于黏土矿物中,构成浸染状构造。

4. 控矿因素与成矿作用

1) 控矿因素

硫铁矿为沉积矿产,受岩相古地理控制,遵义县三岔河矿区硫铁矿产于龙潭组底部。

矿层位于茅口组灰岩古侵蚀面之上,a矿层之下为含黏土(泥)岩。部分工程见含硅化灰岩角砾,成熟度较高;a矿层之上为含矿黏土(泥)岩,大部分工程见富含植物化石碎片;a矿层自下而上矿石类型由密集星散状到条带状,脉状—树枝状,结核状直至星点状等具有垂向分带,含硫量亦由高到低脉动变化,下部色浅,上部色深,a矿层基质常见鲕状结构。a矿层与b矿层之间为煤及高碳泥岩,生物碎屑灰岩,富含腕足生物碎片化石及炭泥质,b矿层自下而上矿石类型由星点—星散状、结核状—团块状至条带状,分带不明显。

矿床Co/Ni<1,符合同生沉积-成岩成矿的普遍特征。

根据以上地质特征分析,矿层沉积环境为潟湖相—沼泽相沉积环境。早期水体为动荡不安的滨海—浅海,当海水退出并上升时形成潟湖相—沼泽相环境,随后形成浅海环境,进而形成沼泽相沉积环境。

2) 成矿作用

(1) 物质来源。①硫的来源:沼泽环境中,生物细菌在还原环境中分解有机质提供硫的来源。②铁质:主要来源于古陆壳风化。

(2) 沉积环境。水界面之下的缺氧和富含硫酸盐环境中,菌藻类微生物大量繁殖,不仅可以形成对硫酸盐还原有利的有机质,而且可对海底的金属离子产生明显吸附作用,铁质与硫结合形成黄铁矿。

早二叠世晚期的"东吴运动"使中国南方大面积海退,茅口组灰岩遭受不同程度剥蚀和岩溶化沿古断裂喷溢的峨眉山玄武岩在川滇黔有巨厚沉积,玄武岩覆盖面积达$30 \times 10^4 km^2$,构成水陆镶嵌的特殊地带,组成一幅西高东低、背山而水的古地势环境。

峨眉山玄武岩长期遭受风化剥蚀,铁镁硅酸盐矿物在黏土化过程中,不断分解形成高岭石碎屑和胶态质点,并被搬运到滨海—潟湖中沉积,成为硫铁矿基质和铁质等组分的丰富来源。由于堆积速度快,矿物的继承性特征明显。这一点从黄铁矿的组分组成中可以得到充分反映,矿层中普遍含钛,由长石-玄武岩屑变化而来的高岭石—蒙脱石集合组成了粉砂粒。

综上所述,矿床成因为滨海相—潟湖相—沼泽相的生物,胶体化学同生成矿,为后生富集的沉积矿床。

5.典型矿床成矿要素

根据典型矿床研究,总结出典型矿床成矿要素见表3-13。

表3-13 贵州省遵义县三岔硫、铁矿床成矿要素表

成矿要素		描述内容	要素分类
特征描述		叙永式含煤建造沉积型硫、铁矿床	
地质环境	成矿时代	晚二叠世龙潭期	必要
	控矿构造	晚二叠世龙潭期褶皱断裂构造	必要
	构造背景	上扬子陆块南部碳酸盐岩台地相	必要
	岩相古地理	滨海—潮坪潟湖沼泽相	必要
	古气候类型	温湿条件	必要
矿床特征	成矿作用	古陆壳风化为铁矿形成提供物质来源;在滨海或滨浅海潟湖沼泽环境下,硫酸盐受碳质的还原作用及生物有机体的分解作用所生成的硫化氢与风化作用而来的铁质化合物形成黄铁矿胶体,经脱水作用,再经成岩作用结晶形成黄铁矿	必要
	赋矿地层	上二叠统龙潭组	必要
	岩性特征	硫铁矿、黏土岩组合	重要
	矿石结构	条带状结构、团块结构、细粒状结构	次要
	矿石构造	浸染状构造、团块状—结核状构造、脉状—透镜状构造	次要
	矿体厚度	b矿层:0.62～3.59m,平均1.62m;a矿层:0.80～4.60m,平均2.08m	重要
	含矿岩系厚度	1.42～32.29m	重要
	TS(全硫)	b矿层:8.54%～29.65%,平均11.73%;a矿层:8.34%～18.12%,平均13.57%	重要

七、镍、钼、钒矿

(一)贵州省汇川区陈家湾-杨大湾镍、钼、钒、多金属矿床

1.矿床概况

矿区位于遵义市汇川区北西方向,直距15～20km处,属遵义市汇川区高坪镇管辖。地理极值坐标:东经106°44′50″—106°48′30″,北纬27°46′12″—27°50′30″。矿区呈南北向展布,长约6000m,宽约3000m,面积18.77km²。属沉积型矿床,目前地质勘查工作进行了详查,矿床规模达中型。

2.成矿地质背景

1)构造

大地构造位置处于上扬子陆块南部碳酸盐岩台地相,区域上位于松林-岩孔背斜的松林穹隆东翼,地

层呈单斜产出,岩层倾向 60°～85°,倾角 3°～14°,一般 5°～8°,发育北东向和北西向两条断裂。

2)含矿岩系

矿区镍钼钒多金属矿层位于下寒武统牛蹄塘组底部,赋存于牛蹄塘组底界向上 2.20～6.70m 的岩性段内。

上覆地层:明心寺组($\epsilon_1 m$)黑色碳质页岩,含较多的绢云母片和星散状黄铁矿,含微量镍、钼、钒。含镍 0.012%～0.029%,钼 0.001%～0.030%,五氧化二钒 0.019%～0.265%,厚 17～28m。

——————整合——————

含矿岩系牛蹄塘组($\epsilon_1 n$):

⑤黄铁矿型镍钼多金属矿层:灰黑色薄层状黄铁矿型镍钼矿,为条带状、碎屑状、竹叶状矿石,呈层状产出。厚度变化不大,一般厚 0.02～0.06m,平均厚 0.039m,局部厚度可达 0.12m。矿石品位:Ni 2.68%～7.30%,平均 4.12%;Mo 4.80%～8.67%,平均 6.81%;V_2O_5 一般小于 0.4%。

④含镍钼碳质泥岩层:黑色薄—中厚层状含碳质泥岩,其顶、底板分界清楚。其中,Mo 0.101%～0.128%,Ni 0.040%～0.050%;V_2O_5 普遍小于 0.3%。厚度 2～6m。

③黑色高碳质鳞片状页岩,含矿质、白云质、粉砂质大小不等、形态各异的结核。厚度 0.10～0.30m。

②磷块岩层:硅质磷块岩,呈似层状、透镜状产出,含 V_2O_5 普遍小于 0.3%,含 P_2O_5 一般 15%～28%。厚度 0～0.20m。

①古风化壳,由褐色铁锰氧化物和黏土组成,局部地段含次生淋滤型镍钼钒矿。厚度 0～0.30m。

——————整合——————

下伏地层:震旦系灯影组白云岩

可以看出在含矿系中,②为硅质磷块岩,④和⑤为镍、钼矿层,前者为泥岩型镍、钼矿层,后者为黄铁矿型镍、钼矿层,两矿层均系沉积形成。黄铁矿型镍、钼矿层,矿石结构、构造与围岩截然不同,具明显的金属硫化矿物的矿石特征,易辨认。本矿层厚度薄,平均厚度仅 0.039m,但镍、钼含量特富,矿层的产出层位、厚度、品位均十分稳定。

3. 矿体及矿石特征

1)矿体特征

钼镍矿所赋存的"黑层"位于下寒武统牛蹄塘组近底部,赋存于黑色高碳质页(泥)岩内的夹层中,为单层矿。矿石为黑色薄层状含钼镍钒黄铁矿泥岩,矿体呈似层状、长透镜状产出,矿层层面呈波状起伏,厚度变化较大,一般厚 0.02～0.06m,在局部矿层最厚可达 0.08m;倾角 3°～14°,一般 5°～8;矿层厚度一般 0.02～0.06m,平均约 0.039m,局部厚度可达 0.12m 或更厚。矿石品位:Ni 2.68%～7.30%,平均 4.12%;Mo 4.80%～8.67%,平均 6.81%。

2)矿石特征

(1)矿石矿物成分。镍钼矿矿石,除黄铁矿外,主要金属矿物有针镍矿、胶硫钼矿,其次有锑硫镍矿、黄镍钼钒矿、闪锌矿、铜蓝等。非金属矿物有碳质、黏土矿物、胶镍钼钒矿、方解石、重晶石、石英、石膏等,表生矿物有镍矾、钼矾、水绿矾等。

(2)矿石化学成分。Ni 2.68%～7.30%,平均 4.12%;Mo 4.80%～8.67%,平均 6.81%;V_2O_5 一般小于 0.4%;Cu 0.11%～0.32%,平均 0.15%;Pb 0.02%～0.05%,平均 0.03%;Zn 0.24%～0.92%,平均 0.33%;Fe 14.44%～22.00%,平均 14.38%;P 0.36%～4.06%,平均 0.71%;TS 13.04%～21.26%%,平均 14.06%。

V_2O_5 主要富集于结核状、层状硅质磷块岩及矿层顶板的黑色泥岩中,而在条带状白云质磷块岩中的含量较低。

(3)矿石结构。主要有砾屑结构、生物屑结构、藻包粒结构、显微莓球结构等。

（4）矿石构造。主要有叠层构造、滑动角砾构造、生物扰动构造等。

（5）成矿时代。早寒武世梅树村期。

4. 控矿因素与成矿作用

1）控矿因素

遵义式镍钼钒矿矿体产于下寒武统牛蹄塘组，牛蹄塘组属于早寒武世梅树村期，镍钼钒矿受岩相古地理的控制。

该区属内陆棚沉积，主要岩性为碳质页岩（黏土岩）、含碳质粉砂岩、含碳质水云母黏土岩、粉砂质黏土岩夹硅质磷块岩结核，粒度以黏土为主，粉砂次之，极少细砂。水平层理和沙纹交错层理发育。层面上有水平虫迹出现。常见浮游型的球接子类三叶虫及少量腕足类等。其底部的磷块岩层、紧邻的镍钼钒多金属矿层含大量的有机碳、海锦骨针和蓝藻、硅质藻、叠层藻，反映沉积时的气候温暖潮湿，基底沉降缓慢。黑色碳质页岩及含粉砂碳质泥岩中普遍含黄铁矿，多呈星散状分布。因而，测区属陆源碎屑、弱还原—还原环境下的陆棚沉积，在纵向上可分为远滨和远滨—过渡带沉积。远滨相以黑色碳质页岩、黏土岩、鳞片状高碳质黏土岩及含粉砂质碳质泥页岩为主，表明水体稍深、相对闭塞滞留沉积。纵向上由远滨演变为过渡带，表明该时期海平面升降较频繁。

本区牛蹄塘组的沉积环境为水体较浅、气候温暖潮湿、藻类发育繁盛、海水升降频繁、水动力条件变化大，时有海底火山爆发和热液（水）喷流的动、静交替的缺氧、还原环境。

2）成矿作用

镍钼钒矿成矿时期为早寒武世梅树村期，贵州梅树村早期由于先期环境的继承性，原碳酸盐台地被淹没，沉积环境处于内陆棚相，水体由浅变深。晚震旦世至早寒武世，Rodinia超大陆的进一步裂解作用，扬子陆块处于一个活跃的伸展期，强烈分化台-盆转换格局，台地周缘及一些构造薄弱带（深切基底的断裂）发育的热液活动，一方面形成海底火山喷流（或上涌高温热流体）带来镍钼钒多金属矿物质，另一方面与向下灌注的海水混合，传导析出基底中的多金属矿物质。

在黑色含矿岩系中，发现的大量"微古生物"化石有放射虫、海绵骨针、藻类等，还保存着海相低等生物的有机残体。这表明，黑色岩系沉积物中的菌藻类得到了空前的繁衍，并在成矿过程中起着较好的聚矿作用和造硫作用。矿体产于大量微生物化石、藻化石的碳质页岩中，矿石具碎屑（角砾）状、胶状、结核状、浸染状等结构与构造，与围岩整合，且界线多为过渡关系，反映了矿床的形成与生物作用密切相关。

微生物对镍钼钒多金属矿床的形成贡献巨大，镍钼钒矿的形成是在震旦纪灯影峡期短暂的沉积间断出现的弱喀斯特化起伏面之后，开始了早寒武世的"成磷期"。此时气候温暖，磷的含量高，表明水体营养度高，有大量低等生物繁衍。生物活动对镍钼钒矿层的形成起着关键性的作用，页岩及矿层中富集的金属元素显然与其中有机碳含量高有关，而页岩和矿层中的有机碳成分主要来源于生物。其矿物主要是通过微量金属的吸附作用、硫酸盐的还原作用和硫化物的沉积作用而富集起来的，这种富集特点可能与镍钼钒多元素被有机质和黏土吸附的地球化学性质具有一致性。黑色岩系中保留的大量菌藻类生物，镍钼钒矿物局部保留有显微球状及细菌结构，以及常见莓球状黄铁矿等，这些特征及高含量的有机碳、金属有机化合物（镍卟啉、钒卟啉）便是有机成矿作用的佐证。

由于黑色岩系底部含矿岩系有机质（高碳质）的还原性和吸附性，使其具有很强富集成矿的功能，而藻类分解造成的还原环境，有利于镍钼等呈硫化物形式沉淀。某些厌氧性的微生物还原细菌，能将硫酸盐中的高价硫（δS^{6+}）还原成低价硫（δS^{2-}），在这一生物化学作用过程中，它放出的H_2S则为形成金属硫化物矿床提供了必不可少的硫源，从而对矿床的形成起到了至关重要的作用。研究表明，钒也是在有机质（生物化学）直接参与下发生成矿作用的，是生物化学富集作用的产物。据资料，矿石中富含有机碳（沥青，约10%）和碳质绿色素（$1.16 \times 10^{-6} \sim 2.85 \times 10^{-6}$），特别是其中的烷类、三萜类是细菌和陆源有机物生物标志化合物，其中干酪根代表了黑色岩系中的主要有机成分。矿层中发现大量的藻类生物化石证实了有机质属生物成因。黑色岩系中钒的含量常随绿色素的增高而增高。这也表明，微生物在钒的形成过程中起到了关键作用。

总之,区内镍钼钒多金属矿床是在有机质(生物地球化学)参与下发生成矿作用的,有机质是多金属元素的重要载体,故属于有机成矿作用的范畴。可以认为,广泛的陆源碎屑经搬运进入海洋,大量的碳质黏土矿物具有对多金属硫化物的吸附作用,囊括了热液活动过程中输送的多金属矿物质。

在以上成矿作用条件下,在热液活动后期(梅树村期),地壳热力衰减造成海底的大幅沉降,引起海域盆地海平面快速上升,海水变深,形成了海洋缺氧环境,有利于大量有机质的埋藏和保存,最终形成了牛蹄塘组富磷、富硅、镍钼钒矿层和有机质黑色岩系沉积。

5. 典型矿床成矿要素特征

通过对遵义市汇川区杨家湾-陈大湾镍、钼、钒、多金属矿典型矿床研究,总结典型矿床成矿要素于表3-14。

表3-14 贵州省汇川区陈家湾-杨大湾镍、钼、钒、多金属矿床成矿要素表

成矿要素		描述内容	要素分类
特征描述		沉积型镍、钼、钒、多金属矿床	
地质环境	成矿时代	早寒武世梅树村期	必要
	构造背景	扬子陆块南部碳酸盐台地相	必要
	岩相古地理	内陆棚相	必要
	沉积作用沉积建造	含矿地层:下寒武统牛蹄塘组	必要
		白云岩-磷块岩-硅质岩-黑色碳质页岩-含粉砂质碳质页岩组合	必要
		含矿岩系厚度:17～34.56m	重要
		沉积建造类型:碳质页岩、硅质碳质页岩、粉砂质碳质页岩及黄铁矿镍钼矿、砂、砾屑黏土岩建造,镍钼矿、砂、砾屑黏土岩建造	重要
矿床特征	控矿构造	松林-岩孔背斜	重要
	成矿特征	矿石矿物:针镍矿、胶硫钼矿、锑硫镍矿、黄铜矿等	必要
		Ni 2.68%～7.30%,Mo 4.80%～8.67%	重要
		矿石结构:以砾屑结构为主,次为生物屑结构、藻包粒结构	重要
		矿石构造:主要为叠层构造、滑动角砾构造、生物扰动构造	重要
	矿体厚度	0.02～0.07m,平均0.039m	重要
	次生作用	镍、钼矿受地表氧化强度影响,氧化强度越高,镍、钼矿品位越低	次要

(二)贵州省镇远县江古钒矿床

1. 矿床概况

该矿床位于镇远县城北东,平距约24km,隶属镇远县江古乡和焦溪镇。矿区东起坝寨,西抵太平庵,南起苗寨,北达灶荒沟。地理坐标:东经108°33′59″—108°37′30″,北纬27°08′59″—27°12′14″。面积34.75km²。属沉积型矿床,目前地质勘查工作进行了详查,矿床规模达中型。

2. 成矿地质背景

1) 构造

该矿床位于扬子陆块南上扬子东南缘被动边缘盆地相，区域上处于区域性青溪断裂北西盘之盘山背斜北西翼，次级构造主要有北东向芸上向斜、大门坡向斜。断裂构造主要发育北东向、北西向、近东西向断裂组。

2) 地层及含矿岩系

出露地层有青白口系平略组，南华系铁丝坳组、大塘坡组、南沱组，震旦系陡山沱组，震旦系—寒武系留茶坡组，寒武系牛蹄塘组、九门冲组、变马冲组、杷榔组及第四系。含矿岩系为留茶坡组和下寒武统牛蹄塘组。

(1) 留茶坡组（$Z\epsilon lc$）。为跨时代的岩石地层单元。主要沿矿区北西芸上—灶荒沟及矿区南东部一带分布，出露面积占总测区面积的5%。与下伏地层陡山沱组二段整合接触，属斜坡相深水沉积。为区内主要含钒矿层，由下至上岩性如下。

A. 灰绿色、灰黑色含磷结核（含硅质磷结核）含绿泥石碳质粉砂质黏土岩，结核呈扁豆状及肾状，大小为0.5cm×0.7cm～6cm×10cm，其长轴方向平行岩石层理，结核在岩石中的含量占比10%～25%，厚0.2～0.8m。岩石中常发育硅质岩角砾，局部夹灰岩透镜体，灰岩中见草莓状黄铁矿集合体，透镜体大小不一，一般大10.0cm×15.0cm～80cm×200cm，大者大于80cm×200cm。是本区Ⅰ矿层的直接顶板及对比标志。

B. 灰黑色薄层微晶—隐晶硅质岩与灰黑色薄层碳质页岩互层，局部碳质页岩中含少量椭球状硅质磷结核，常见灰黑、灰白色石英细砂岩透镜体砂岩呈似层状、透镜状及切层的脉状；碳质粉砂质黏土岩中普见层纹状、条带状及粒状黄铁矿；局部碳质黏土岩破碎、镜面发育，沿理节发育方解石细脉。硅质磷结核呈扁豆状，长轴方向与地层走向一致，大小0.3cm×0.4cm～3cm×6cm，含量小于4%。厚度3～10m。与本组顶部灰绿色、灰黑色含磷结核含绿泥石碳质粉砂质黏土岩组成区内Ⅰ矿层产出层位部位。

C. 灰色、灰绿色、深灰色板状含碳质黏土质粉砂岩或含碳质粉砂质黏土岩，岩石中普见层纹状、条带状及微细粒状黄铁矿集合体，含量1%～3%，厚度2～6m。是Ⅰ矿层的直接底板、Ⅱ矿层的直接顶板。

D. 灰黑色薄层微晶—隐晶硅质岩夹灰黑色碳质页岩，局部碳质页岩较破碎、镜面发育，风化后表面见孔铜绿色。硅质岩单层厚度2～15cm，碳质页岩单层厚度1～10cm，厚度2～7m。是区内Ⅱ矿层产出部位。

E. 深灰色板状粉砂质黏土岩，偶夹深灰色薄层微晶—隐晶质硅质岩或硅质岩透镜体，以粉砂质黏土岩为主，岩石中见少量层纹状黄铁矿。厚度1～8m。是Ⅱ矿层直接底板、Ⅲ矿层直接顶板。

F. 灰黑色薄—中厚层微至隐晶硅质岩夹灰黑色碳质页岩，硅质岩变厚，单层厚度10～30cm，碳质页岩单层厚3～7cm。厚度2～8m。是详查区内Ⅲ矿层产出部位。

G. 灰黑色中层微至隐晶硅质岩，偶夹碳质页岩，普遍含细粒黄铁矿，顶部为灰黄色中层泥质硅质岩，岩石中内碎屑角砾。硅质岩层中层间波状挠曲、褶皱发育。厚5～8m。

H. 灰、灰褐、深灰色板状碳质黏土岩，岩石层间见磷质岩结核或硅质磷结核，大小在4cm×18cm～7cm×30cm，长轴方向与地层走向一致。黄铁矿呈星点状，含量极少。厚度10～20m。

I. 灰、深灰色薄—中厚层微晶—隐晶质硅质岩，其节理、裂隙发育，见石英脉或方解石脉充填，中间偶夹石英细砂岩透镜体，厚度5～8m。

(2) 牛蹄塘组（$\epsilon_1 n$）。为测区内出露较广的地层，主要出露在营上—灶荒沟、大门坡等地一带，出露面积约20%，仅在营上—灶荒沟一带出露较完整。根据其岩性、岩相特征，该组属斜坡相深水沉积，与下段留茶坡组整合接触。岩性主要为黑色板状碳质页岩、粉砂质碳质页岩、含碳质黏土质粉砂岩，偶见透镜状、似层状灰岩或白云岩，普遍含细粒黄铁矿，发育水平层理，底部为厚0～20cm磷结核层。为区内含钒矿层的对象之一。

3. 矿体及矿石特征

1) 矿体特征

矿区内钒多金属矿层产于留茶坡组和下寒武统牛蹄塘组底部,岩性为黑色薄层硅质岩与黑色碳质页岩互层或黑色薄层硅质岩夹黑色炭页岩及碳质灰岩,根据产出部位的不同自上而下分为Ⅰ、Ⅱ、Ⅲ 3个钒矿层。由于岩性相变原因,留茶坡组顶界下3～10m也是Ⅰ钒矿层(产出部位之一)或主要产出部位,Ⅰ钒矿层之下4～13m是Ⅱ钒矿层产部位,该钒矿层向下2～8m即为Ⅲ钒矿层的产出部位。因此,将下寒武统牛蹄塘组底部10～20m及留茶坡组岩性段划分为钼镍钒多金属矿的含矿岩组。厚40～86m。

该矿床分为台盘山矿段、芸上矿段,其矿体特征略有不同。

(1) 台盘山矿段。Ⅰ钒矿层控制走向长3000m,倾向200～1200m,矿层厚度1.00～5.70m,平均2.77m,单工程品位V_2O_5在0.564%～1.08%之间,平均品位0.778%。矿体中含有夹石,主要呈透镜状,岩性主要由脉状石英细砂岩、板状含碳分砂质黏土岩、硅质岩等。

Ⅱ钒矿层控制走向长3000m,倾向200～1200m,矿层厚度1.00～3.00m,平均2.03m,单工程品位V_2O_5在0.512%～1.069%之间,平均品位0.738%。夹石厚度1～2m,走向倾向延伸不稳定。

Ⅲ钒矿层控制走向长1800m,倾向100～850m,矿层厚度1.00～4.69m,平均3.94m,单工程品位V_2O_5在0.510%～0.939%之间,平均品位0.734%。

(2) 芸上矿段。Ⅰ钒矿层控制走向长3800m,倾向200～1400m,矿层厚度多为1.00～3.00m,平均2.78m,单工程品位V_2O_5在0.579%～1.03%之间,平均品位0.793%。

Ⅱ钒矿层控制走向长3800m,倾向200～1400m,矿层厚度0.90～3.00m,平均1.91m,单工程品位V_2O_5在0.520%～1.50%之间,平均品位0.758%。

Ⅲ钒矿层控制走向长3800m,倾向200～1400m,矿层厚度1.10～4.00m,平均3.94m,单工程品位V_2O_5在0.553%～1.18%之间,平均品位0.776%。

2) 矿石特征

(1) 矿石矿物成分。主要为黏土矿物、玉髓、方解石、碳质、陆源碎屑、少量黄铁矿、硅质、重晶石、铁质、石英等。

(2) 矿石化学成分。选择硅质岩与碳质页岩互层的样品,且$V_2O_5>1\%$的矿石作光谱半定量全分析,分析成果显示主要化学成分为Al、Fe、Mg、Ca、Mn、Na、K、V的氧化物,伴有Ti、P、Pb、Zn、Cu、Ag、S、Au、U、Mo、Cd、Ni、Pt、Pd、Ba、Be、Co、Se、Rb等40个元素。其中常量元素主要为铝、铁、钙、钾和钒,钒为目标元素,镓、钾、钼、镍等元素含量较低,小于综合利用指标。矿石全分析结果,SiO_2 72.59%,是最主要的脉石成分;Al_2O_3 6.54%、CaO 1.1%、MgO 0.36%,为次要脉石成分。

(3) 矿石类型。主要为含碳质的板状粉砂碳质页岩及少量含重晶石硅质碳质泥岩等黏土岩型矿石类型。

(4) 矿石结构。主要有显微鳞片状结构、粉砂状结构、含生物屑微晶—隐晶结构、胶状结构、微晶—鳞片结构等。

(5) 矿石构造。主要有层纹状构造、层状构造、层纹—条纹—条带状构造、条带—条纹状构造。

(6) 钒矿赋存状态。选矿试验样对钒矿的赋存状态分析结果:V_2O_5平均在1%左右,该钒矿石中75.49%的钒赋存在云母类矿物中,22.55%的钒赋存在氧化铁、高岭土类矿物中,此外,尚有1.96%的钒赋存在电气石、石榴石中,说明云母类矿物和氧化铁、高岭土类矿物是主要载钒矿物,其次是电气石、石榴子石。

(7)矿体围岩和夹石。Ⅰ钒矿层之上寒武统牛蹄塘组黑色板状碳质黏土岩或深灰黑色薄板状含碳质黏土质粉砂岩为该矿层直接顶板,地表风化后略显页理,厚度大于20m;矿层之下一套灰、灰绿、深灰色薄板状含黄铁矿碳质黏土岩、硅质岩为其直接底板,岩石中黄铁矿极发育,黄铁矿以纹层状、条带状及细粒状产出,厚度1～6m。该矿层含1层夹石,夹石一般厚0.7～1.20m,长1～20m,倾向延伸1～10m。

Ⅱ钒矿层之上的灰、灰绿、深灰色薄板状含碳质黏土质粉砂岩、硅质岩为其直接顶板,岩石中黄铁矿极发育,黄铁矿以纹层状、条带状及细粒状产出,厚3～6m;矿层之下为深灰、灰黑色碳质粉砂质黏土岩,偶夹深灰色薄层状硅质岩为该矿层直接底板,厚3～8m。Ⅱ钒矿层含一层夹石,夹石一般厚度0.7～2m,走向倾向延伸不稳定。

Ⅲ钒矿层之上深灰、灰黑色薄层硅质岩,偶夹碳质粉砂质黏土岩为该矿层直接顶板,厚3～8m;矿层之下的一套灰、深灰色薄—中层状硅质岩偶夹黑色碳质页岩为其直接底板,岩石中黄铁矿极发育,黄铁矿主要呈细粒状产出,厚度在于3m。该钒矿层含有1层夹石,夹石厚度0.7～2m,一般长1～15m,局部大于15m,走向倾向延伸不稳定。

4. 控矿因素与成矿作用

1)控矿因素

(1)古构造控矿。古构造不仅控制着古地理环境的形成和演化,也控制着沉积建造的发育和更替,对于镇远-玉屏钒矿床来讲,可以认为它是钒沉积及富矿形成的最重要控制因素。

镇远—玉屏地处黔东地区,在构造上处于扬子准地台的"黔中隆起"与"原始江南古陆"之间北东向的峡长地槽中,与"原始江南古陆"北西缘毗连。在整个地史时期中,随着扬子准地台经历多旋回构造运动,"黔中隆起"也在不断演化。雪峰运动结束了地台基底的冒地槽沉积,造就了扬子准地台。雪峰运动使贵州除东南隅外,大部上升成陆。"黔中隆起"转化成黔中山系。它呈北东东-南西西向延伸。山系两侧发育了不同性质的沉积盆地,形成了东临大海、西接大陆的总体构造格局。区域上形成黔中往东南方向,依次出现古陆—滨岸—浅海—深海的古地理环境。

早震旦世期间,华夏洋板块不断向扬子板块俯冲,弧后边缘海继续向南东方向迁移,贵州全境均属大陆边缘。黔中山系强烈剥蚀,至南沱时期,山系夷平,海水侵入本区,此时构造环境稳定。黔中一带形成岛屿错列的滨岸多湾潮坪环境,促成厚度不大的陆源碎屑沉积。

早陡山沱期,由于岛屿遭受逐步夷平,海水继续由南东向西北推进,而黔中地区又一直处于不断隆起抬升;晚陡山沱期,经过短暂的沉积间断,剥蚀夷平后,迎来了更大规模的海侵。

从寒武纪开始,俯冲带的位置可能已延至更南的云开大山一带,早古生代弧后盆地中心已向南东方向迁移,盆地边缘南移到玉屏至镇远一线。从此线往南到丹寨—天柱一线大致是盆地边缘斜坡地带,由此带向西北过渡为浅海台地,向南东逐渐进入盆地,镇远—玉屏为浅海—深海沉积区。

寒武纪早期,本区基本上受震旦纪末期构造格局及其继承发展控制,该期(梅树村期)的浅海—深海沉积相有机质黑色碳质硅质岩、含碳质板状粉砂碳质页岩直接控制着钒矿床的形成和分布。

(2)古地理环境控矿。沉积矿产的形成明显最直接的控制因素是沉积环境及岩相。贵州的寒武系全是海相沉积,各时期的岩相古地理情况,基本是受震旦纪末期从江运动构成的古地形及其继承发展控制。梅树村期,贵州从西向东分为川黔浅海、黔东湘西浅海、原始江南古陆及湘黔陆棚浅海。在川黔浅海的东部为水下隆起。本期底部普遍沉积含磷硅质;接近水下隆起的西侧(遵义—织金一带),有磷块岩及重稀土元素等富集现象;此外,远离水下隆起的边缘有较多的黄铁矿晶粒,即镇远—玉屏一带,愈东愈多。结合高碳质泥岩,黑色含磷结核或磷块岩的硅质岩及燧石层,在该区(过渡型相区)东部,因碳质高而形成类似石煤层及含磷块岩结核黑色硅质页岩及燧石层,除岩石颜色较深外,尚有不少黄铁矿晶粒散见其中,化石比较稀少,仅有营漂游生活的盘虫、古海绵骨针及少量软舌螺类、古介类。在过渡型相区(现镇远—玉屏)—华南型相区,则仅见海绵骨针,反映了愈往贵州东部边境,古地理环境愈显示还原滞留海的性质。

总之,早寒武世梅树村期该区处于黔东湘西浅海的南西部分。在这样一个封闭、半封闭的海盆中,由于构造活动-海底火山喷流作用,地球深部的矿物质和高硅质的流体被带到海水中,硅质沉积成硅质岩,而矿物质(钒、钼等)溶解于海水中,在浅海滞留环境,黏土矿物吸附海水中的钒等元素形成黑色黏土岩型钒矿床。

(3)古气候控矿。不同颜色的岩石反映不同的气候和环境条件:红色、褐色为干旱气候下的氧化环境,黑色为潮湿气候下的滞留还原环境,灰、灰绿、黄等色为一般情况下的正常环境。

值得注意的是,远离黔中水下隆起的边缘,有较多的原生黄铁矿晶粒,近临水下隆起边缘局部有重晶石团块,结合高碳质泥岩的存在,原始江南古陆的周围陆坡范围内,沉积了近似石煤的产物,足以说明当时潮湿气候条件下的静海还原环境是形成本区钒矿床的必要条件。

综上分析,镇远-玉屏钒矿的成矿地质条件可概括为:晚震旦世留茶坡期—寒武纪梅树村期的静海还原环境相的地层条件是成矿的首要前提,潮湿气候条件下丰富的碳质来源、适宜的黔东湘西浅海古地理环境提供的最佳成矿场所均是镇远-玉屏钒矿分布及厚矿形成的最主要的控制因素。

(4)控矿层位。沉积型钒矿床的时空分布,具有明显的层控性和区域规律性,钒矿属典型的海相同生沉积矿床,因此地层是控制成矿的时间因素。凡属此期的海相沉积,也就具备了成矿的先决条件。总是受震旦系留茶坡组和寒武系牛蹄塘组特定的层位和沉积相带的控制,才有可能形成工业矿床。钒矿床的形成与黑色岩系的沉积演化有关,在不同古构造、古地理控制下,将会有不同沉积序列,自然也就决定了该矿床矿层出现的部位、层数及规模。不同的剖面结构反映了不同环境的沉积成矿特征。其结构表现为含矿岩系的不同。

2)成矿作用

本区的主要成矿作用是海底成矿热液的喷流作用、碳质黏土吸附作用。前者对钒的成矿物源起着关键性作用,而后者则是钒进一步富集和形成矿床的最主要成矿作用。钒矿严格受地层的控制,其含矿层位为留茶坡组及牛蹄塘组,留茶坡组通过地质背景研究认为是晚震旦世灯影峡期—早寒武世梅树村期形成,因此,该区成矿时代为晚震旦世灯影峡期至早寒武世梅树村期。

(1)热液喷流作用。近年来不少学者对寒武系牛蹄塘组($\in_1 n$)"黑层"(及"金属层")进行了研究,普遍认为钒来源于海底"黑烟囱"事件。这一观点正在不断地得到认同和体现。

该区位于一级构造单元扬子准地台西南缘与江南造山带(华南褶皱带)的过渡带,从新元古代开始,Rodinia超大陆裂解,扬子陆块与华南陆块发生分裂,黔东一带形成于扬子陆块伸展构造深海环境下的裂盆——南华裂谷海槽中,岩浆活动强烈,基性—超基性火山岩、侵入岩(镇远马坪一带)等发育,到南华纪海槽逐渐萎缩,但构造活动、岩浆活动依然强烈。所形成的典型的非补偿性深水盆地或深水斜坡相沉积产物,普遍含碳质及微粒状黄铁矿,牛蹄塘组底部及留茶坡组含丰富的V、U、P等元素,为区内钒矿提供了区域成矿背景。

对留茶坡组、牛蹄塘组底部碳质黏土岩中Mo-Ni-PGE矿中铂族元素的赋存形态分析及成因研究认为:早寒武世初期,上扬子地块沉积区内的区域性超壳断裂带附近,出现多处巨量的高密度成矿熔浆喷溢,在喷出口附近一带形成钼、镍、钒、铀、重晶石矿床,这些矿床的形成是中基性岩浆活动起了极为重要的作用。

(2)碳质黏土吸附作用。新元古代开始到寒武纪早期,由于Rodinia超大陆裂解,扬子陆块与华南陆块发生分离,形成海槽。在这一系列活动演化过程中,岩浆作用强烈,基性—超基性火山岩、酸性侵入岩等发育,同时也带来了大量的金属离子(可能有碳质)分散于海水中。到寒武纪早期,特别是在大断裂分布区仍有海底火山喷流作用(海底"黑烟囱"事件应该主要发生这一时期),不时将地球深部的大量矿物质和高硅质的流体带到海水相对较深且相对封闭的台地海盆中,硅质成分形成薄层硅质岩,矿物质则溶解在海水中,在海底火山喷流作用相对平静时期,海盆以悬浮的碳质、陆源碎屑沉积为主,陆源碎屑主要为黏土矿物。碳质以悬浮形式搬运到深海区,碳质黏土对水中的金属离子具有强烈的吸附作用,在海水相对平静时,碳质黏土沉积下来,同时被碳质黏土吸附的钒、铀等矿物质也就沉积下来,并且海水中的钒、铀等元素也在不断被沉积下来的碳质黏土吸附,随着矿物质不断增加,因此形成一套黑色硅质岩与碳质黏土岩组合及黑色黏土岩型钒矿床。

综上所述,本区钒矿床成矿机理的全过程应理解为,海底热液喷溢作用带来的金属离子分散于海水中,后经碳质黏土矿物的吸附作用,达到钒矿的富集,最后在有利的沉积场所形成了工业钒矿床。

5. 典型矿床成矿要素

根据镇远县江古钒矿典型矿床研究,总结出该典型矿床成矿要素表3-15。

表3-15 贵州省镇远县江古钒矿床成矿要素表

成矿要素		描述内容	要素分类
特征描述		沉积型钒矿床	
地质环境	成矿时代	晚震旦世灯影峡期—早寒武世梅树村期	必要
	构造背景	上扬子陆块东南缘被动边缘盆地相	必要
	岩相古地理	陆棚斜坡相	必要
	基底	震旦系陡山沱组碳酸盐组合、黏土岩组合	重要
矿床特征	岩性特征	含碳硅质岩、碳质页岩、含钒硅质岩夹碳质页岩组合,含钒硅质岩夹碳质页岩组合有较好的矿体产出	重要
		含碳硅质岩、碳质页岩、含钒硅质岩夹碳质页岩建造,含钒硅质岩夹碳质页岩建造有利于成矿	重要
		砂岩、泥岩及白云岩类组合:无矿体	重要
	矿石成分	V_2O_5 0.51%～1.44%,Mo<0.01%,Ni<0.01%	重要
	含矿岩系厚度	19.3～76.2m	重要
	矿体厚度	0.9～12.38m	重要
	次生作用	钒矿品位与地表氧化有关,氧化强度越高,钒则越高	重要

6. 典型矿床成矿模式

经综合研究,典型矿床成矿模式可归纳为:①由于Rodinia超大陆裂解,扬子陆块与华南陆块发生分裂,黔东一带形成于扬子陆块伸展构造深海环境的裂盆——南华裂谷海槽,多期性的岩浆活动及海底热液的喷流带来了大量的矿物质及硅质流体,广泛分布溶解于海水中,为钒矿的形成提供了丰富的物质来源;②在浅海—陆棚斜坡地带,相对静止的滞留海相还原环境中,黏土类矿物、陆源碎屑、碳质、火山碎屑缓慢沉积下来,在这个过程中海水中的钒等金属矿被碳质黏土吸附,初步富集成矿;③从新元古代开始由于罗迪尼亚超大陆裂解,岩浆活动作用强烈,基性—超基性火山岩、侵入岩(镇远马坪一带)等发育。在新元古代末期—早古生代早期,南华裂谷海槽逐步萎缩,但构造活动、岩浆活动依然强烈,形成典型的非补偿性深水盆地或深水斜坡相沉积的产物,普遍含碳质及微粒状黄铁矿,部分层位如牛蹄塘组底部及留茶坡组含丰富的V、U、P及部分稀土元素。每一次海底火山活动,伴随一次钒成矿过程,造就了该矿床本身的特点:含矿地层厚度大,矿层数多(2～3层),品位稳定。成矿模式如图3-12所示。

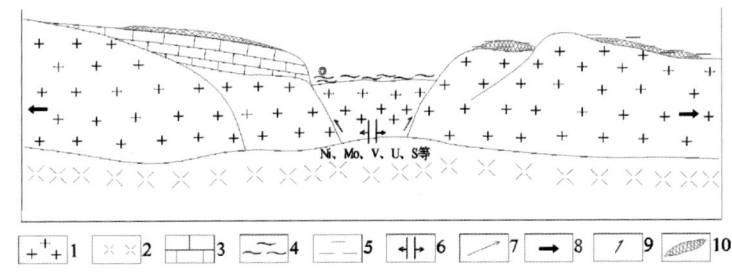

图 3-12　贵州省镇远县江古钒矿床成矿模式图

1.大陆地壳；2.地幔；3.台地相碳酸盐沉积；4.盆地相碳硅沉积；5.远地泥质沉积；6.裂隙台地；
7.含镍、钼、钒热水流体；8.拉伸方向；9.同沉积断层（箭头表示上升方向）；10.V 矿体

第二节　与热液作用有关的矿床

一、铁矿

贵州省赫章县菜园子式菜园子铁矿床

1. 矿床概况

菱铁矿位于贵州省赫章县南部。地理坐标：东经 104°41′52″—104°44′22″，北纬 26°56′15″—26°58′45″。矿区面积 9.3km²。该矿床是贵州省地矿局——三地质大队 20 世纪 80 年代探明的大型隐伏铁矿床，有沉积铁矿及热液菱铁矿两种类型，勘查程度达详勘。

2. 成矿地质背景

矿区位于扬子陆块南部被动边缘褶冲带之六盘水叠加褶皱带的西北部，西与小江断裂带与康滇陆块相邻，东南则与师宗-弥勒断裂带与右江造山带相接，是扬子板块西南缘构造活动相对较强广义的造山带（或称前陆冲断褶皱带），显示了从陆块到造山带的过渡性质。火成岩主要为海西期溢流的峨眉山玄武岩及同源的浅成侵入岩——辉绿岩。矿区位于北西向垭都褶断带中部，主要为北西向的褶皱和断层组成，次为近东西向、北东向、南北向的走滑平移断层。

矿区从新元古界至第四系均有出露。晚古生代地层发育齐全、类型多样，泥盆系、石炭系出现了台-盆相间、错落有致的地层格架。赋矿地层为泥盆系，为滨浅海台地相碳酸盐岩建造及滨海沙滩—潮坪相的陆源碎屑岩建造。沉积铁矿产于中泥盆统大河口组中，菱铁矿体主要产于大河口组的上覆地层独山组鸡炮段及下伏地层龙洞水组舒家坪组的碳酸盐岩的层间裂隙、断层中。

3. 矿体及矿石特征

1）热液菱铁矿

（1）菱铁矿体特征。矿体产于断层、层间剥离带中，矿体呈脉状、似层状产出，矿体在平面上多呈北西-南东向的长条状，在剖面呈脉状、透镜状及楔状、似层状。成矿带呈北西-南东展布，长约 5000m，宽 200～1800m，在该成矿带中分布大小矿体 123 个，均为盲矿体，其中，脉状矿体 24 个，似层状矿体 99 个。规模较大的矿体有 12 个，占矿床总资源量的 75%。单个菱铁矿体规模大小不等，相差悬殊，规模

最大的Ⅰ号脉状矿体走向长1800m,倾向宽40～350m,平均厚11.73m,资源量1 335.6×10⁴t,占矿床菱铁矿总资源量的28％。其余矿体规模较小,厚度在1～14.1m之间。

（2）菱铁矿矿石特征。菱铁矿石主要由镁菱铁矿组成,少数（矿体边缘）由菱镁铁矿组成（本文的菱铁矿为镁菱铁矿和菱镁铁矿的总称）,矿石中菱铁矿含量一般在90％以上。根据矿石颜色、结构及形成方式的不同,将矿石分为两种类型:由米黄色伟晶菱铁矿组成,沿矿体中部构造破裂空间以充填作用方式形成的菱铁矿石,简称黄矿石;由灰色细—巨晶菱铁矿组成,沿构造破裂空间两侧以交代作用方式形成的菱铁矿石,简称灰矿石。矿体中以灰矿石为主,黄矿石多产于矿体中部,数量较少。脉石矿物为石英、水云母、黄铁矿及有机质等。矿石结构主要有网状斑状结构、残晶结构、假象结构、残余生物结构等交代结构和他形伟晶结构、自形片晶结构等充填结构及重结晶结构;矿石构造有块状构造、残余层纹状构造、残余条带状构造、残余晶洞（团斑）构造、残余鸟眼构造、残余缝合线构造、残余脉状构造等交代构造和梳状、晶洞构造等充填构造。

TFe含量在32.6％～37.6％之间,铁主要以氧化亚铁（FeO）的形式存在于菱铁矿中,铁的高价氧化物（Fe_2O_3）含量极低,为0.92％～2.84％;矿体中MgO的含量较高,为6.66％～9.79％;MnO、CaO的含量均较低,MnO为0.97％～1.36％,CaO为0.76％～3.5％,比较稳定;SiO_2、Al_2O_3在矿体中含量均较低,但其含量变化最大,与TFe呈消长关系;矿体中S的含量一般都超过了规定的指标,分布极不稳定,P、As含量都低于规定的指标,Co、Pb、Zn含量极微。伴生47个铜矿体,其Cu的含量在0.2％～4.78％之间,求得铜金属量6391t。

菱铁矿内普遍含有椭圆形、长方形、多边形和不规则状气液包裹体及少许不规则状有机包裹体。包裹体检测数据如下:①均一温度为195～260℃,平均为217℃。②平均爆裂温度为249℃。表明均一法测得的温度系统低于爆裂法测得的温度;均一法测温结果证实了菱铁矿中气液包裹体的存在,并佐证了爆裂法测温的可靠性。③菱铁矿的爆裂温度一般为200～290℃,平均爆裂温度为251℃;从矿体边部到矿体中心平均爆裂温度从276℃降至232℃,反映了成矿作用是从矿体边部开始逐渐向中心发展的;脉状矿体与似层状矿体的平均爆裂温度分别为253℃、249℃,仅相差4℃,说明两种产状菱铁矿体的形成温度是一致的,是同一成矿作用的产物。

（3）围岩及围岩蚀变。菱铁矿的围岩主要是灰色细微晶白云岩及深灰色细晶泥质白云岩,局部见少量砂岩及粉砂岩。常见的围岩蚀变有菱铁矿化、铁白云石化、白云石化、黄铁矿化、硅化、重晶石化等。

2）沉积铁矿

矿体产于中泥盆统大河口组的中、中下部,它有8层铁矿,呈似层状、透镜状。其中B矿层已控制走向长大于4400m,倾向延伸（宽）700～1700m,控制深120～730.64m,一般控制深200～500m,距含矿岩系底10～25m,矿层产状与围岩一致,厚1.04～15.74m,由北东至南西矿层厚度因含矿岩系的增厚而随之增厚。矿层结构较简单,矿石类型、结构较为复杂,矿层大部分由数个鲕状赤铁矿（简称红矿）及鲕绿泥石菱铁矿（简称绿矿）互层组成,红矿一般在矿层中部呈夹层产出,红、绿矿小分层常呈无规律状分布,变化大,不易连接、对比,整个矿层由单一矿石类型（红矿或绿矿）组成的情况少见。TFe含量25.56％～44.16％,SiO_2 18.10％～21.24％,Al_2O_3 5.47％～13.14％,S 0.15％～2.41％,P 0.39％～0.88％。

矿石类型为棕红、赤红色鲕状赤铁矿和灰绿色鲕状菱铁矿两种类型,具鲕状结构,属酸性矿石。矿石矿物为赤铁矿、菱铁矿,次为褐铁矿、石英、方解石、鲕状绿泥石、黄铁矿等。矿石具鲕状结构、生物屑结构,块状构造、疏松多孔构造等。矿石类型主要有鲕状赤铁矿-方解石型、鲕状赤（褐）铁矿型。

4. 控矿因素与成矿作用

除产在大河口组中赤铁矿外,赫章菜园子菱铁矿床是层控内生矿床,其菱铁矿的形成是多因素、多期次、多种成矿作用的结果,是典型的层控内生矿床,其成矿作用受有利的地层、沉积建造、沉积环境、构造和火山活动的控制。其中,主要控矿因素是沉积建造,矿体赋存于一定层位的层间构造剥离带中,北东向次级褶皱轴部层间剥离带控制了似层状菱铁矿体的产出。

赫章菜园子菱铁矿的成矿作用大致经历了3个阶段。

1) 成矿物质初步富集与矿源层形成阶段

赫章菜园子在泥盆纪时，正位于靠近黔中古陆的滨、浅海地带。在潮湿、温暖的气候下，长期隆起的古陆上化学风化作用异常活跃，风化后丰富铁质被带入邻近的滨浅海湾——滇-黔滨浅海湾，在现在的铁矿山、菜园子、雄雄戛一带，形成规模巨大的沉积鲕状铁矿层和沉积铁矿含矿岩系（D_2dh）以及其上覆、下伏含铁碳酸盐岩层，这些富含铁质的碳酸盐岩层构成了菱铁矿的矿源层。这些矿源层为菱铁矿的形成提供了物质基础。

2) 成矿物质的活化迁移阶段

经历漫长的沉积-成岩作用后形成的矿源层在碱性还原环境（pH值＞7，Eh值＜0）中保留下来。由于菱铁矿具有以下特性：菱铁矿在酸性和弱酸性溶液中是可溶的，是极易迁移的，当pH值升高（pH值＞7）时，可发生$FeCO_3$沉淀，在氧化条件下或当温度升高时，即转变为Fe_2O_3、Fe_3O_4；当其他条件不变时，升高温度，可从溶液$Fe(HCO_3)_2$中析出$FeCO_3$；菱铁矿在有CO_2渗入的溶液中溶解为$Fe(HCO_3)_2$，上述过程是可逆的。因此，菱铁矿的形成必须具备合适的氧化还原环境、温度、压力、有机质含量等条件。

矿源层在漫长的地质历史过程中，经历了东吴运动。这是一次区域性的上升运动，峨眉地幔热柱受上隆活动达到顶峰，全区发生了大规模玄武岩岩浆喷溢及辉绿岩浆侵入。矿源层温度显著上升，含矿溶液活性急剧加强，从矿源层萃取大量的成矿物质，溶液与溶液、溶液与围岩发生复杂的物理化学作用、生物化学作用并沿构造通道迁移富集。

3) 成矿物质的后期叠加改造再富集作用阶段

到晚白垩世，本区域发生了燕山运动，这是一次很重要的造山运动，使晚白垩世以前的地层普遍发生褶皱断裂，奠定了现今所见地质构造和地貌景观的基础。构造应力转变的热能驱动含矿溶液沿导矿构造迁移至合适的容矿空间叠加、改造、再富集。

5. 典型矿床成矿要素

经研究，归纳总结出该典型矿床成矿要素及特征见表3-16。

表3-16 贵州省赫章县菜园子式菜园子铁矿床成矿要素表

成矿要素		描述内容	要素分类
特征描述		菜园子式层控内生型铁矿床	
地质环境	成矿时代	主要为加里东期—印支期，后期叠加燕山期	必要
	大地构造位置	扬子陆块南部被动边缘褶冲带，六盘水叠加褶断带	必要
	古地理	滇-黔滨浅海陆棚碳酸盐岩台地	必要
	沉积相	近陆局限台地相	重要
	沉积建造	含铁碳酸盐岩建造	必要
	岩浆建造	侵入于海西期—燕山期辉绿岩建造	重要
矿床特征	含矿地层特征	含矿地层为下泥盆统舒家坪组—中泥盆统独山组，岩性为灰岩、白云岩、白云质灰岩、泥质白云岩。厚度0～1000m	重要
	控矿构造	北西向断层及背斜核部虚脱空间是区内的控矿构造	必要
	围岩蚀变	见硅化、白云石化、方解石化、黄铁矿化、铁锰白云石化	重要

6. 典型矿床成矿模式

在全面研究赫章县菜园子层控内生型铁矿的成矿地质作用、控矿构造、成矿特征的基础上,归纳总结了赫章县菜园子层控内生型铁矿的成矿模式如图 3-13 所示。

成矿模式可概括为:成矿物质的初步富集(矿源层形成)的阶段—成矿物质的活化迁移阶段—成矿物质的后期叠加改造再富集作用阶段。

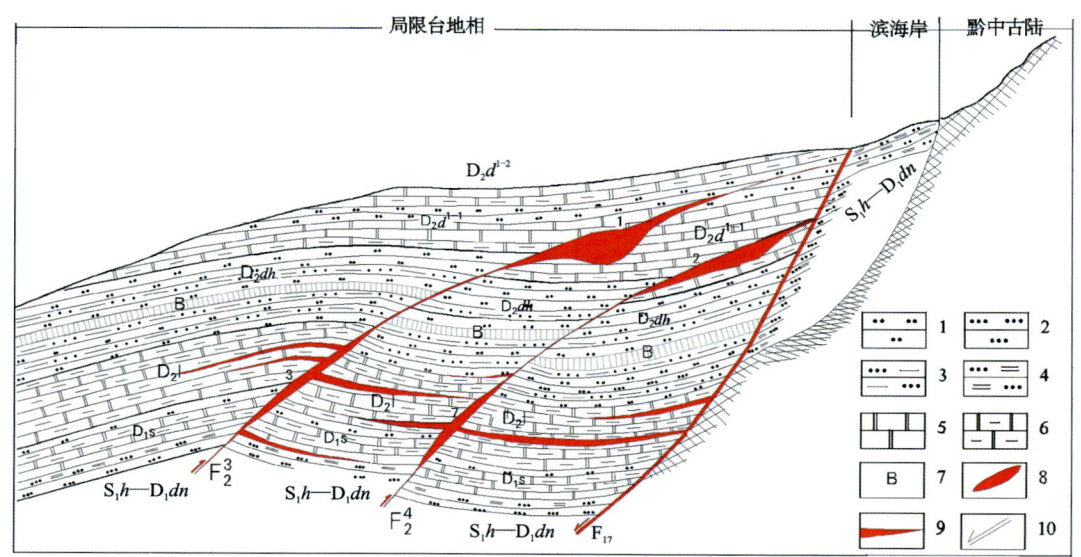

图 3-13　贵州省赫章县菜园子式菜园子铁矿床成矿模式图
1.砂岩;2.粉砂岩;3.泥质粉砂岩;4.黏土质粉砂岩;5.白云岩;6.泥质白云岩;7.沉积铁矿主矿层;
8.脉状菱铁矿体编号;9.似层状菱铁矿体;10.断层及编号

二、金矿

(一)贵州省贞丰县烂泥沟金矿床

1. 矿床概况

该矿床地处贞丰、册亨、望谟三县交通处之北盘江西侧。地理坐标:东经 105°05′34″—105°54′08″,北纬 25°06′48″—25°10′36″。贵州省地质矿产局——七地质大队自 1987 年发现该矿床,至 2005 年曾开展了普查、详查、勘探等多次勘查工作,矿床已达特大型规模。

2. 成矿地质背景

1)构造

矿区位于扬子陆块南盘江-右江前陆盆地,区域上位于赖子山背斜北东倾伏端。矿床位于碳酸盐岩台地边缘与陆源碎屑岩盆地一侧褶皱交会部位,该区断裂、褶皱构造发育。矿区构造样式总体表现为褶皱-断层组合,其中造山期间形成的北西向褶皱常形成大型的复式背向斜,构成矿区的主要构造格局。北东向褶皱规模小,常对北西向褶皱进行改造。矿区北部还存在南北向的褶皱,且被北西向和北东向褶皱改造。本矿床断裂可划分为 3 组,即南北向、北西向、北东向。其中,南北向组形成时间最早,北西向和北东向基本同时生成,并经历了多期变形。

2) 地层

该矿床处于赖子山碳酸盐岩台地边缘,就位于陆源碎屑岩盆地一侧,岩性、岩相、厚度等在横向、纵向上变化均很大,如图3-14所示,故沉积相较为复杂。但是,可分出赖子山背斜台地相碳酸盐岩层序和盆地相陆源碎屑岩层序两套岩性。

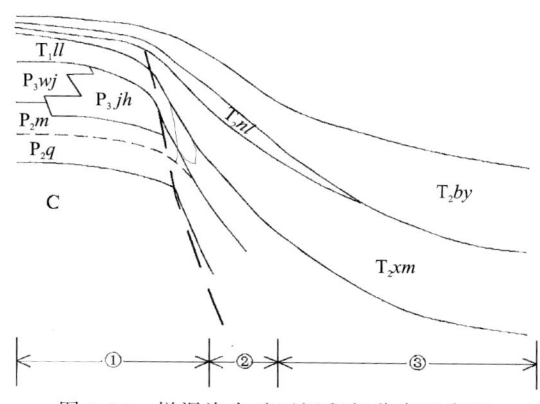

图3-14 烂泥沟金矿区沉积相分布示意图

①台地碳酸盐岩相,包括 T_1ll 下三叠统罗楼组、P_3wj 上二叠统吴家坪组、P_2m 中二叠统茅口组、P_2q 中二叠统栖霞组;C 石炭系灰岩;②台地前缘斜坡相礁灰岩和滑塌角砾灰岩,包括 T_1lx 三叠系礁灰岩和滑塌角砾灰岩、Pjh 二叠系礁灰岩和滑塌角砾灰岩;③盆地陆源碎屑岩相,包括 T_2by 中三叠统边阳组、T_2nl 中三叠统尼罗组、T_2xm 中三叠统许满组、T_1ll 下三叠统罗楼组

(1)赖子山背斜台地相碳酸盐岩地层序列。分布于矿区西部,出露二叠系浅水台地相碳酸盐岩,主要有中二叠统栖霞组、茅口组,上二叠统吴家坪组及中晚二叠世的台地边缘礁滩相沉积礁灰岩。

①栖霞组(P_2q):灰色、浅灰色中至厚层泥晶灰岩、生物灰岩,偶夹燧石灰岩、泥质灰岩,缝合线构造发育。厚约100m。

②茅口组(P_2m):浅灰色中厚层至厚层状亮晶灰岩、生物灰岩,厚度大于200m。

③大厂层(P_2m^{dc}):以灰色、黄褐色、紫红色、杂色含粉砂质硅质黏土岩,鲕状、豆荚状铁铝质黏土岩为主,夹凝灰质黏土岩。有金矿化,局部褐铁矿富集或缺失。厚0~18m。与下伏茅口组灰岩呈假整合接触。

④吴家坪组(P_3wj):灰、灰黑色中厚层状、厚层状泥晶灰岩、燧石灰岩夹少许钙质黏土岩,含黄铁矿结核。厚450m。

⑤礁灰岩(Pjh):为台缘斜坡相沉积,时代相当于二叠纪。分布于磺厂沟西部,岩性为浅灰色、灰色块状水螅海绵礁灰岩。北部赵家屋基一带相变为茅口组或吴家坪组。厚度大于200m。

(2)盆地相陆源碎屑岩地层序列。矿区东侧广泛出露浅水陆棚相和深水盆地相之类复理石建造,从老到新排列如下。

①砾屑灰岩(T_1lx)分布于冗半以南,与二叠系礁灰岩分布一致。为灰岩角砾岩、角砾状灰岩、泥晶灰岩、生物灰岩。厚10m。与下伏礁灰岩呈假整合接触。

②罗楼组(T_1ll):分布于冗半以北哪盘、安堡等地。以灰、深灰色瓦片状薄层泥晶灰岩为主,下部夹黏土岩及泥灰岩。上部夹多层肉红色条带状凝灰岩。缝合线构造较发育,产大量菊石。厚76m。与下伏吴家坪组为平行不整合接触。

③许满组(T_2xm):该区出露第三、第四段,第三段为深灰色薄层状泥晶灰岩、生物屑灰岩夹薄层状钙质黏土岩和钙质页岩。厚147m。第四段顶部有10~110m的浅灰、灰白色厚层至块状细砂岩;中下部为灰黄色薄至中厚层泥岩、黏土岩夹薄至中厚层黏土质细砂岩及粉砂岩、细砂岩、钙质黏土岩。

④尼罗组(T_2nl):以灰、深灰色薄层状钙质黏土岩为主,夹薄层状泥质粉砂岩。中下部夹0~7m厚的瘤状灰岩,厚10~46m。

⑤边阳组(T_2by):以灰色薄至中厚层状、厚层状(少许块状)细砂岩、粉砂岩、杂砂岩夹灰色薄至中厚层状黏土岩为主,是一套浊流沉积,鲍玛序列发育,常见b—c段、b—c—d段及a、d—e段。粒序层理、水平层理、斜层理、包卷层理常见。槽模、沟模、渠模、重荷模等示底构造发育。

3. 矿体及矿石特征

1) 矿体特征

本矿床以F_2为界分为两个矿段,北西为冗半矿段,南东为磺厂沟矿段(图3-15)。矿体主要赋存于

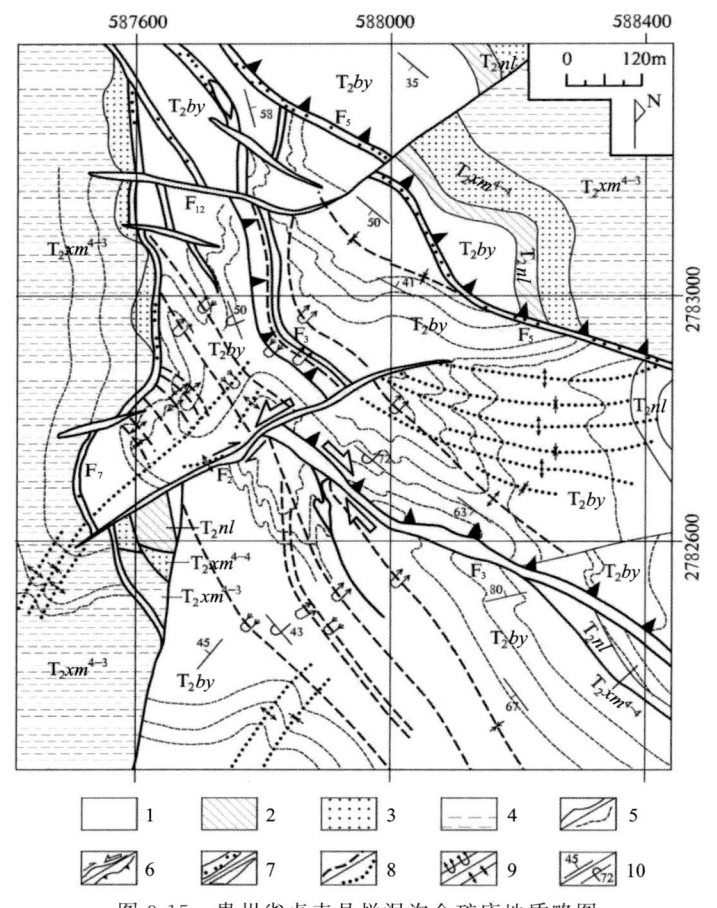

图3-15 贵州省贞丰县烂泥沟金矿床地质略图
1.中三叠统边阳组砂岩夹泥岩;2.中三叠统尼罗组泥岩夹瘤状灰岩;3.中三叠统许满组第四段第四层砂岩;4.中三叠统许满组第四段第三层泥岩;5.地质界线/岩层迹线;6.走滑断层/逆冲断层;7.破碎带/矿体;8.第二期变形轴迹/第三期变形轴迹;9.倒转背斜/背向斜;10.正常/倒转产状

磺厂沟矿段的北西向断层F_3(占储量的81%)及其与北东向断层F_2的交叉部位。矿区共圈了12个矿体。

(1) 300号矿体。是矿床最主要的矿体,位于F_3断裂带中,地表出露长仅500余米,但垂向延伸1000m以上。矿体呈似层状产出,其产状与北西向F_3断裂带一致,其总体走向295°,倾向北北东,倾角55°~85°,乃至直立或倒转。矿体陡缓变化、膨大狭缩较为突出。矿体单工程真厚度0.62~32.66m,工程平均真厚7.9m;矿体样品金品位在0.0~43.75×10^{-6}之间,矿体平均品位6.53×10^{-6}。

(2) 200号矿体。受北东向F_2断裂带控制。矿体产状、形态与断裂带一致。矿体走向长460m,沿倾

向方向控制斜深一般 40～150m，目前控制最大斜深 324m。矿体呈似板状，单工程真厚度 0.67～17.67m，矿体平均厚 3.94m；品位 0～19.54×10^{-6}，矿体平均品位 5.42×10^{-6}。矿体明显地向东侧伏，且受 F_3、F_2 交切线（带）的控制。

(3) 330 号矿体。为一隐伏矿体，位于 F_3 下盘的 F_7 断裂带中。矿体形态呈似层状；矿体产状与 F_7 断裂带基本一致，倾向北北东，倾角约 30°。控制长 350m，沿倾斜方向长 50～150m。从倾向上来看，矿体与 F_3 断裂带相交会处矿体厚度和品位较高，远离 F_3 断裂带矿体厚度和品位降低。

2) 矿石特征

矿石类型：可分为原生（硫化）矿石与氧化（表生）矿石。以原生矿石为主，占矿床 95% 以上，氧化矿石仅分布于浅表风化带，所占比例较小。其矿石工艺类型为含砷贫硫化物金矿石，金矿物以微粒金和次显微金为主，属于难选冶的金矿石类型。矿物成分可分为金属矿物和非金属矿物两大类（表 3-17）。以磺厂沟矿段研究较为详细，据长春黄金研究所测试结果（表 3-18），矿石中非金属矿物占总量 96.11%，其主要矿物有石英、黏土矿物、方解石、白云石、长石、白云母等。金属矿物含量极少，仅占总量的 3.89%，主要为金属硫化物，并以黄铁矿为主，其次有毒砂等。

表 3-17 各矿段矿体的矿物组分特征表

矿段	金属矿物	非金属矿物
磺厂沟	自然金、自然汞、黄铁矿、毒砂、辉锑矿、雄（雌）黄、辰砂、方铅矿、闪锌矿、黄铜矿	石英、方解石、白云石、高岭石
冗半	自然金、自然汞、黄铁矿、辰砂、辉锑矿	石英、方解石、高岭石
林坛	自然金、黄铁矿、毒砂	石英、方解石
安堡	自然金、黄铁矿、毒砂	石英、方解石

表 3-18 矿石中各类矿物平均含量统计表

主要矿物	矿石中含量/%	金属矿物相对含量/%	次要矿物	矿石中含量/%	金属矿物相对含量/%	主要矿物	矿石中含量/%	次要矿物	矿石中含量/%
黄铁矿	3.20	82.46	方铅矿	0.02	0.36	石英	51.65	长石	4.90
毒砂	0.35	9.03	闪锌矿	0.02	0.54	黏土矿物	18.0	水云母	3.82
辉锑矿	0.09	2.35	黄铜矿	0.03	0.67	方解石	8.03	石墨	1.71
雄雌黄	0.16	4.05	辰砂	0.02	0.54			岩屑及其他	8.00
合计	3.80	97.89		0.09	2.11		77.68		18.43

(2) 矿化蚀变。类型有 10 余种，以硅化、黄铁矿化为主，次为毒砂、辰砂、雄黄、辉锑矿、碳酸盐及黏土等。黄铁矿是矿石中的主要载金矿物。

(3) 矿石结构。常见有自形、半自形、他形粒状结构，自形、半自形针状结构，包含结构，环带结构，交代残余结构，压碎结构等。黄铁矿呈自形、半自形粒状分布于浸染状矿石中；部分金属矿物呈他形粒状星散分布；部分毒砂呈自形半自形针状集合体分布于砂岩、黏土岩中；脉石英被辰砂包围交代；碳酸盐被雄黄包围；先生成的黄铁矿边部有一圈后生成的含砷黄铁矿环边从而形成环带结构；形成较晚的矿物交代形成较早的矿物；石英碎屑被压碎形成龟裂纹。

(4) 矿石构造。常见浸染状构造、细脉状构造、条带状构造、角砾状构造等。黄铁矿、毒砂呈星点状、星云状浸染矿石，形成各种浸染状构造；辉锑矿呈细脉状充填于粉砂岩中；黄铁矿与其结合体经后期构造作用压碎成角砾状；黄铁矿顺层理分布形成；石英、雄（雌）黄呈细脉网状分布于矿石中；辉锑矿与石英的晶体生长在细砂岩的宽大裂缝中。

(5)金赋存状态。据前人研究成果，微细粒金主要赋存于金属矿物之中。金属矿物在矿石中的嵌布粒度都比较细小，大都集中在0.037~0.01mm之间，其次为0.074~0.037mm之间。黄铁矿是最主要的载金矿物，经单矿物分析平均含金$99.64×10^{-6}$，含金性与其粒度、晶形有关，总的趋势是随着粒度的减小、晶形的复杂化而增高；毒砂是较重要的载金矿物，含有次显微金；辰砂含量较少，单矿物分析含金$0.59×10^{-6}$；辉锑矿、雄（雌）黄基本不含金，但它们常出现于金的富矿部位，与金有着密切的成生联系。

4. 控矿因素与成矿作用

1）控矿构造

(1)控制矿床的构造。矿床位于碳酸盐岩台地边缘，但就位于陆源碎屑岩盆地一侧褶皱和断裂作用最为强烈的构造部位，矿区构造样式总体表现为造山期间形成的北西向褶皱-逆冲断裂组合，应为控制矿床的构造组合。

A. 南北向组。南北向褶皱分布在矿区北部安堡一带，以安堡向斜、孔方背斜为代表，为紧闭或倒转褶皱，核部岩层陡立甚至倒转。

安堡向斜：轴向350°~170°，长1200m，宽500m。东翼次级褶曲发育并遭F_{80}断裂带切割破坏。沿F_{80}断裂带和层间蚀变带（多限于T_2xm^{4-4}）断续见金矿化。

孔方背斜：轴向近南北向，长1700m，宽约600m。西翼地层倒转，倾向东，次级褶曲发育并遭F_{80}断裂带切割破坏。东翼地层正常，但遭F_7断裂带切割破坏。层间蚀变带（多限于T_2xm^{4-4}）较发育，局部构造破碎现象明显，沿F_7、F_{80}及层间蚀变带断续见金矿化。

B. 北西向组。北西向褶皱广泛分布，近台地边缘为大型的紧闭倒转复式背向斜，南部以磺厂沟向斜、林坛背斜为代表，北部相应地以尼罗向斜和高炉背斜为代表。因褶皱作用十分强烈，造成大面积地层倒转并发育次级褶皱。

林坛背斜：轴向330°~150°，长3000m，宽近700m。为一倒转复式背斜，轴面倾向SE60°，倾角约55°。由于受纵向断层F_{14}、F_5的切割破坏，仅北西端和北东翼较完整。在北西端林坛沟发育一北东向的断裂，该断裂与褶皱轴交接处形成虚脱空间，硅化、褐铁矿化强烈，形成透镜状金矿化体。由于受F_5逆冲断层影响，核部地层T_2xm^{4-3}泥岩逆掩到边阳组（T_2by）砂泥岩之上，形成良好的构造闭圈。

磺厂沟向斜：轴向330°~150°，长2500m，核部宽约1000m（图3-15、图3-16），为倒转复式向斜，包含几个次一级的大型倒转背向斜。F_3矿体即赋存于次级倒转背向斜的转换部位。

尼罗向斜和高炉背斜：特征分别与磺厂沟向斜和林坛背斜相似，均为台地边缘的大型倒转背向斜。高炉矿点位于上述倒转背向斜的转换部位，出露构造部位与磺厂沟矿体一致，但由于断层规模小，矿化较弱。

(2)控制矿体的构造。烂泥沟金矿床为典型的断层控矿。金矿体主要分布在断裂破碎带及背斜组合构造地带，受同生断裂及逆冲断裂破碎带控制，矿体呈高角度陡立状产于断裂破碎带中，或赋存于不同方向断裂的交会处，呈大透镜状或脉状产出，在主断裂旁侧的分枝断裂亦有小矿体分布。此外，个别金矿体产于层间破碎带中，并大致顺层分布。具体而言，控制金矿体的断裂构造主要有：①北西向F_3断裂带、北东向F_2断裂带，以及F_2与F_3之夹持带；②缓倾斜层间破碎带F_8及其有利岩性；③F_{22}、F_{23}断裂带；④位于F_3下盘的F_{20}、F_{21}断裂带；⑤近南北向的F_1、F_7，北西向F_5断裂破碎带。

本矿床控矿断裂可划分为3组，即南北向、北西向、北东向（图3-15）。其中，南北向组形成时间最早，北西向组和北东向组基本同时生成，并经历了多期变形。

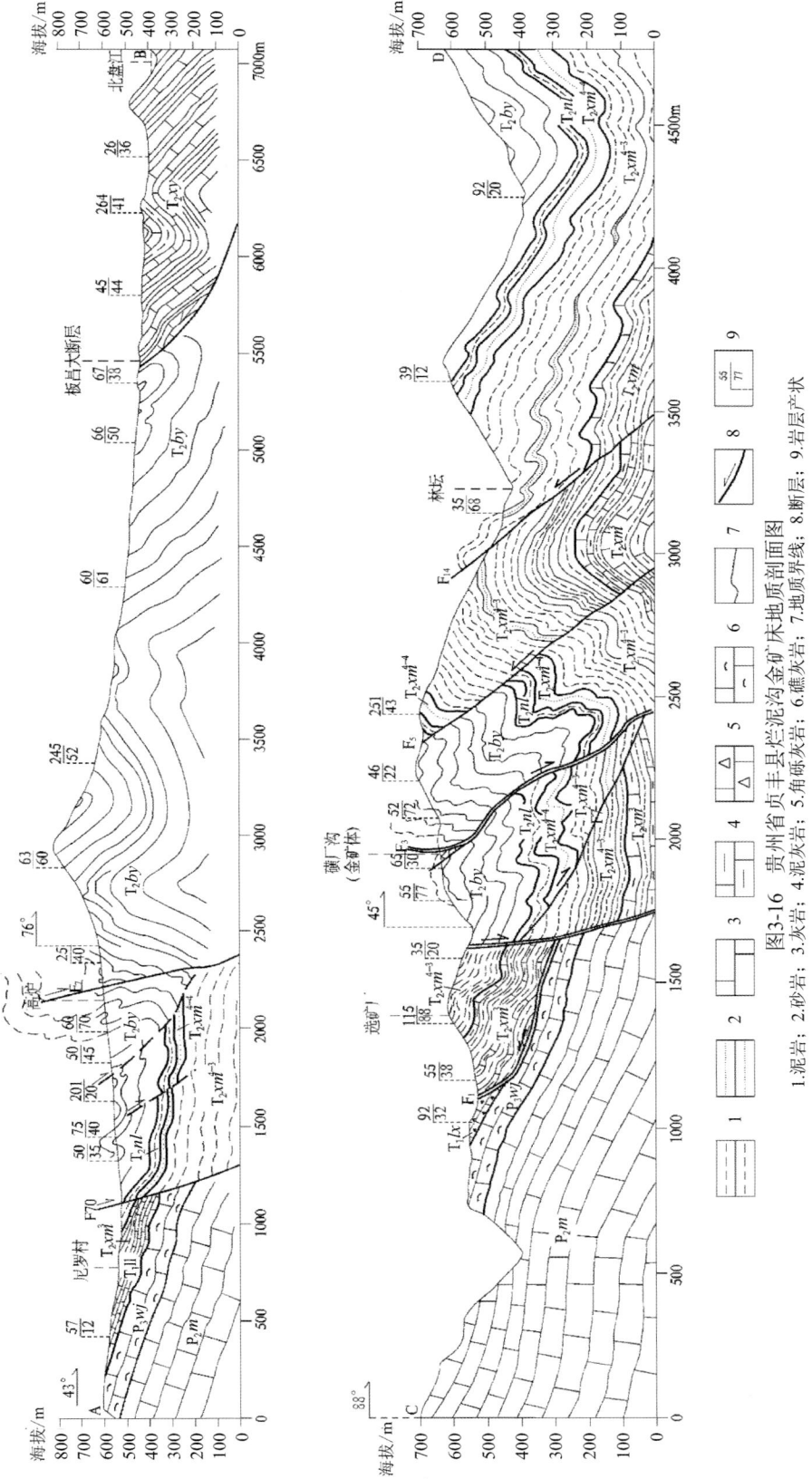

图3-16 贵州省贞丰县烂泥沟金矿床地质剖面图

1.泥岩；2.砂岩；3.灰岩；4.泥灰岩；5.角砾岩；6.礁灰岩；7.地质界线；8.断层；9.岩层产状

A. 近南北向断裂是长期活动的同生断层或与同生断裂相伴的断裂,也是主要的导矿构造。主要分布在西部碳酸盐台地附近,规模大,走向延伸稳定,地球物理特征明显,经历了多期活动——盆地生长期间的同生正断裂、造山期间转换成挤压逆冲断裂等,主要有 F_1 和 F_7 等。随着盆地的裂解—闭合—改造,其运动学性质也随之相应地由正断→逆冲→走滑转变。

F_1:易于北起冗半,呈南北向延伸出矿区,主要沿二叠系礁灰岩与三叠系碎屑岩分界面延伸,延伸长度大于 2300m。总体倾向东,倾角 $20°\sim 30°$。断裂带宽几厘米至数米。局部具弱硅化,偶见辉锑矿化。冗半以北,F_{70} 可能与 F_1 性质一致。沿 F_1 均有微弱的矿化显示,表明它可能为成矿热液的通道之一。

F_7:北起高炉,经尼罗、老屋脊、冗半、尾西向南延伸出矿区,全长大于 7000m。高炉、老屋脊、冗半均有大量的钻孔控制该断裂。

B. 北西向断层与北西向褶皱相伴而生,为最为发育、规模大的断裂,走向延伸稳定,早期以逆冲为主,晚期则以正滑-右旋为主,是主要控矿断层。包括矿区内的 F_{70} 及矿区附近的 F_3、F_5、F_{14},以及矿区东北部的板昌区域大断裂等。

F_{70}:南起于安堡,北延伸出矿区,长度大于 3km,倾向北东东,倾角一般 $50°\sim 30°$,往深部逐渐变缓。下盘为正常的单斜岩层;上盘为中三叠统陆源碎屑岩形成的一系列褶皱构造,在瑶家田以南褶皱倒转,以北正常。断裂带宽几米至数十米,为断裂泥、断裂角砾岩或碎裂岩,普遍具有硅化、黄铁矿化、褐铁矿化、黏土化蚀变,沿断裂带断续分布有安堡金矿点、瑶家田金矿点。在 F_{70} 断裂带上盘 T_2xm^{4-4} 砂岩中发育一系列层间断裂破碎带或小断裂,地表局部地段有较好的金矿化带。

F_3:主要赋矿断裂,总体倾向北东,断层岩显示挤压特点。断层倾角很陡,但深部与 F_7 交会处产状很缓,组合样式很可能是一种双重构造。断层岩以碎裂岩系列为主。断层至少经历过两次性质截然不同的强烈变形,一是早期由北东向南西的逆冲,二是后期的正滑-右旋运动。右旋运动特征主要由大量的牵引褶皱体现,正滑运动特征主要由地层的错移及被改造的早期小构造体现。成矿主要与 F_3 的右旋-正滑有关。

C. 北东向断裂与北西向断裂相伴而生,规模较小,但频繁出现,以 F_2、F_{12} 为代表。北东向断层切割前两组断层,规模小,延伸短,且常在走向上尖灭于褶皱,主要为走滑性质。其中,赋矿断层 F_2 总体倾向南东,以脆性变形为主,但后期沥青质断层岩则叠加韧性剪切变形。断层运动学特征与 F_3 相配套,早期为右旋正滑,晚期左旋剪切。最后叠加有右旋的剪切,与后期的北东-南西挤压有关。

2)成矿作用

前人对烂泥沟金矿床的成矿作用研究较为深入,主要从区域地质特征、矿床特征、成矿物理化学条件等方面进行了研究(刘显凡,1996;苏文超,1997,1998;张兴春等,1998;李文亢等,1989),获得了一系列认识。以下据此进行简要综述。

前人通过对烂泥沟微细粒浸染型金矿的地层、构造、成矿物理化学条件,沉积相等地质特征的研究分析认为,其成矿作用大致可划分为 3 个阶段:初始富集层的形成;物源、水源及热源;热液成矿作用。时间跨度为中三叠世—晚白垩世,长约 200Ma。成矿过程伴随着盆地沉积、关闭褶皱造山的演化过程。

(1)初始富集层的形成。本区二叠纪为台盆相间的沉积格局,中—晚二叠世之交的东吴运动使本区北部抬升为陆,在黔西北地区发生峨眉山玄武岩喷发,形成一套大陆溢流拉斑玄武岩。玄武岩的多旋回喷发带来了大量金物质,含金 46.6×10^{-9}(30 件样;李文亢等,1989)。与此同时,广西隆林一带海底火山喷发,形成隆林玄武岩,Au 23.8×10^{-9}(18 件样;李文亢等,1989)。随着晚二叠世海侵及喷发中心的转移,于烂泥沟矿区北西部的滨岸环境沉积了大厂层(P_2m^{dc}),该层 Au 高达 24.3×10^{-9},是峨眉山玄武岩喷发的含金物质扩散至玄武岩分布区边缘滨岸潮坪相环境沉积形成大厂层的原始地层所致。此外,据李文亢等(1989),这些层位泥盆系为 1.3×10^{-9},石炭系—下二叠统为 0.5×10^{-9},中二叠统为 1.3×10^{-9},上二叠统 2.7×10^{-9},下三叠统 1.8×10^{-9},中三叠统 6.27×10^{-9}。因此,本区泥盆系—三叠系有 4 个含金量较高且具良好渗透性的层位,即下泥盆统益兰组、中二叠统大厂层、上二叠统龙潭组底部、中三叠统许满组。

中三叠统许满组,沉积陆源物质主要来源于越北古陆,陆源物质经海解作用,析出一部分金。同时,海底火山喷发带来一部分金物质。因而在某些时段形成一系列含金高的地层,如许满组一段第一亚段下部浊流间歇期沉积的黏土岩、砂岩,金含量 25×10^{-9}。许满组(T_2xm)浊流沉积鲍玛系列组合中,从 a 段到 e 段或 f 段,金含量递增,至 e、f 段可达 $(10\sim20)\times10^{-9}$ 甚至更高,许满组(T_2xm)第一段底部黏土岩含金 52×10^{-9}(郑启钤等,1989)。中三叠世,册阳—坡坪—白层一线之北西地区仍为浅海台地—台缘相碳酸盐岩沉积,南东为深水陆棚—槽盆相远洋灰泥及陆源碎屑沉积。由于沉积环境差异而形成两种迥然不同的地球化学环境,两种环境的过渡带即为地球化学矛盾带。在这样特殊的地球化学背景下,一方面,由于海解作用,陆源碎屑物质中的金转入海水中;另一方面,有机质和黏土矿物的作用使海水中的金转入沉积物中,在有利的沉积环境和地球化学环境下富集和保存。这些金含量一般都高于区域背景值 5~10 倍,同时 Ag、As、Hg、Sb 等元素含量已显示较高值,成为本区第二、三个初始富集层。

(2)物源、水源及热源。

①物源。上述初始富集层为烂泥沟金矿乃至滇黔桂金三角金矿的形成提供了丰富的物质基础。对于本矿区,可能第二、第三初始富集层对金矿成矿的贡献更大。前人通过成矿物理化学条件分析认为,本区成矿作用的金物质来源与成矿期岩浆活动无直接关系,应来自沉积地层,主要为大厂层(P_2m^{dc}),黑色砂岩楔(P_3hs)及中三叠统许满组(T_2xm)。据李文亢等(1989),黑色砂岩楔(P_3hs)相当于区域上的领薅组(Plh)(为一套火山碎屑沉积,物源为峨眉山玄武岩的风化特殊物质)。经构造作用之后,峨眉山玄武岩测试含金平均达 46.6×10^{-9}(李文亢等,1989)。同时,高背景值的玄武岩碎屑经海解作用,可能加入海底火山喷发物质,从而形成高背景值的黑色砂岩楔(P_3hs),在洛凡尚盆一带,普遍品位高于 200×10^{-9} 的矿化,并形成一品位 $(0.5\sim3)\times10^{-6}$ 的矿化体。这些矿源层,在金矿成矿阶段为成矿作用提供了成矿物质。②水源。氢同位素特征表明,成矿流体中水的来源主要为大气降水及层间封存水。层间封存水为沉积物压实排放水、海水及沉积期沿台地边缘同生断裂或不整合面等导水构造下渗的天水混合后,被封存于沉积物中。大气降水可能是沉积期及褶皱造山过程中暴露台地边缘补充的大气降水沿断裂、不整合面等下渗循环,在演化过程中与层间封存水相混合。③热源。经区域地质研究初步认为,成矿作用的热源主要为:地热增温,据烃类相态、煤的镜质体反射及牙形石变色等研究,黔西南为一古地热异常区,古地温梯度 >2.3℃/100m;岩浆热,据区域地球物理资料,认为沿贞丰白层—云南富宁一带可能为深大断裂,沿该断裂带有燕山期有岩浆活动;构造热,燕山期褶皱造山过程中产生的热能。上述 3 种热源的共同作用为成矿流体的形成及运移成矿提供了必要条件。

(3)热液成矿作用。前人经对本矿床成矿物理化学条件研究认为,成矿物质来源于就近或就地的初始富集层,溶液为贮存于沉积地层中的封存水和天水,热源为地热增温、幔源岩浆热及构造热。矿床的形成是成矿物质、流体和成矿热能与有关的构造和岩性组合相互作用的结果。

在沉积成岩过程中,保存于初始富集层或其他沉积岩层的封存水由于地热梯度增温和沿贞丰白层-广西隆林-云南富宁深大断裂活动的幔源岩浆热增温,在封闭还原环境下初步形成富 Ca^{2+}、Mg^{2+} 及 Cl^-、F^-、CO_2 等物质的含金流体,金以 Au^+Cl、$Au^{3+}Cl_3$、Au_2S 络合物的形式存在。燕山期,随着沉积盆地的关闭,褶皱造山运动的兴起和断裂构造的形成,打破了初始的平衡状态,使保存于初始富集层或其他地层中的流体进入低负压区的裂隙带及可渗透性岩石之中,大量萃取了金物质,形成稳定的络合物。与此同时,由于断裂活动而产生能量释放,成矿流体进一步加温,同时沿断裂带等下渗的天水与往上运移的流体相混合而参与成矿作用。

随着构造的进一步作用,成矿流体向上运移,进一步萃取围岩中的金物质,物理化学条件逐渐变化。成矿流体进入控矿构造,由于压力差(系统进一步开放),化学势差变化产生金物质的沉淀,这一作用造成成矿流体物理化学条件急剧变化:温度下降($10.19\%\sim4.67\%$NaCl),同时水溶液的消耗及挥发造成流体密度有所增加($0.88\sim0.93$g/cm),酸性物质(HCl、HF、CO_2 等)的挥发,降低了成矿流体的酸性,pH 值增加($5.45\sim6.45$)。这一物理化学介质环境的转变,导致了 Au^+Cl、$Au^{3+}Cl_3$、Au_2S 等络合物的全面分解,从而在有利的构造及岩性组合条件下,形成金矿体。

(4)成矿时代及成矿阶段。烂泥沟金矿床成矿年代学的研究主要集中于20世纪90年代,采用了多种测年方法,但所获数据分歧较大。经统计,其定年数据为280～80Ma,反映该矿床成矿时代为印支期—燕山期。最近测年数据为2007年陈懋红运用黄铁矿Re-Os同位素法获得等时线年龄为(193±13)Ma,反映该矿床成矿时代为早侏罗世。

从区域构造变形分析,本区主要经历了同生期裂陷、造山期挤压、后碰撞造山侧向挤压和岩石圈伸展4个阶段,并与右江盆地的裂陷—闭合—坍塌的发展演化历史相吻合。右江盆地裂陷期间($D-T_2$)形成台地四周一系列倾向盆地的同生正断层,为后续的构造活动提供了最初的构造薄弱面;造山期挤压期间(T_3)形成了矿区最为明显的近南北和北西向大型倒转褶皱和逆冲断层以及配套的北东向右旋剪切断层;后碰撞造山侧向挤压期间(J_1)形成走向北东的叠加褶皱,断层重新活动,F_3的右旋-正滑运动,矿液沿着拉张的空间沉淀就位;燕山期(J_2-K)岩石圈伸展,形成小规模的近水平逆断层。成矿发生在由挤压向拉张过渡的构造体制转换阶段。

从直接控制本矿床的磺厂沟向斜分析,该向斜是一个强烈倒转的大型不对称复式褶皱,至少可以识别出4个级别的褶皱,反映了造山过程中强烈的褶皱作用。造山期间强烈而持续的挤压,使倒转褶皱核部透镜体化,翼部变薄、拉断,形成由倒转褶皱→透镜体及揉皱带→断层的递进变形序列。北东向褶皱规模小,形态简单,叠加在早期北西向褶皱之上。

造山期逆冲作用形成的构造闭圈和造山期后挤压向伸展转变的过程中形成的张性构造环境是矿质得以大量聚集、沉淀的主要控制因素。配套断裂构造对主构造的切割是矿体定位的主要场所。

本矿床具体的成矿作用共经历了两大成矿期,即热液成矿期形成原生矿、表生成矿期形成氧化矿。其中,热液成矿期又可分为3个矿化阶段,见表3-19。

表3-19 烂泥沟金矿床成矿期次与矿化阶段划分

矿化期		热液期			表生期
		早期阶段	中期阶段	晚期阶段	
矿化阶段		黄铁矿-石英阶段	含砷黄铁矿-石英-碳酸盐阶段	多金属硫化物-石英-碳酸盐阶段	褐铁矿阶段
矿物组合	金属矿物	黄铁矿、金(少量)	毒砂、黄铁矿、含砷黄铁矿、金(主量)	辰砂、雄黄、辉锑矿、黄铁矿、闪锌矿	褐铁矿锑华雌华
	非金属矿物	石英	石英	铁白云石、方解石、石英、高岭石、伊利石	

5. 典型矿床成矿要素

经分析研究,烂泥沟金矿属复合内生热液型金矿。根据上述特征对烂泥沟金矿典型矿床研究,归纳总结出该典型矿床成矿要素见表3-20。

6. 典型矿床成矿模式

成矿模式图见图3-17。

表 3-20　贵州省贞丰县烂泥沟金矿床成矿要素表

成矿要素		描述内容	要素分类
特征描述		复合内生型微细粒浸染型金矿床	
地质环境	成矿时代	印支期—燕山期（定年数据为280～80Ma,时间跨度约200Ma）	必要
	控矿构造	印支期—燕山期褶皱断裂构造	必要
	成矿单元	右江-南盘江矿田分布区（Ⅳ级）	必要
	构造背景	右江-南盘江前陆盆地	必要
	地球化学	Au、As、Sb、Hg	必要
	成矿环境	低压低温热液与相对封闭的还原环境（温度110～280℃）	重要
矿床特征	赋矿地层	以边阳组为主,其次为尼罗组和许满组二段、四段	必要
	容矿构造	高角度逆冲断层（以剪切破碎带为主）层间构造破碎带为主与背斜组合,其次为台盆边缘同生断裂（导矿构造）	重要
	容矿岩石	主要为细砂岩、粉砂岩及粉砂质黏土岩	必要
	容矿构造与岩性组合	容矿构造破碎带通过赋矿地层中薄至中厚层状细砂岩、粉砂岩与相对少量的黏土岩组合地段对微细粒浸染型金成矿有利,微细粒浸染型金矿体产出的可能性较大;容矿构造破碎带穿过单一的细砂岩性组合对微细粒浸染型金矿成矿不利,多为低品位或矿化现象;容矿构造破碎带穿过单一的黏土岩性组合对微细粒浸染型金矿成矿不利,多为小规模矿体产出	重要
	矿体形态	严格受控于成矿断裂破碎带,呈透镜状、藕节状、囊状及脉状等	重要
	围岩蚀变	硅化、黄铁矿化、毒砂化、辰砂化、雄（雌）黄化、碳酸盐化、黏土化	必要
	矿物组合	石英-黄铁矿-自然金	重要
		石英-毒砂-自然金	重要
		石英-黄铁矿-毒砂-自然金	重要
	矿石结构	自形、半自形、他形粒状结构、环带结构	次要
	矿石构造	浸染状构造、角砾状构造和网状、脉状、条带状构造	次要
	不渗透障	局部不渗透障作用	重要
	资源储量	90.413t	重要
	平均品位	6.98×10^{-6}	重要
	品位变化	$(3.00～41.805) \times 10^{-6}$	重要

（二）贵州省贞丰县水银洞金矿床

1. 矿床概况

矿区位于贞丰县城北西直距20km处。行政区划属贞丰县小屯乡、长田乡。地理坐标：东经105°30′30″—105°34′00″,北纬25°31′00″—25°33′00″。自贵州省地质矿产局一〇五地质大队1981年在区内东部发现雄黄岩金矿点以来,曾开展了普查、详查、勘探等多次勘查工作,矿床已达大型规模。

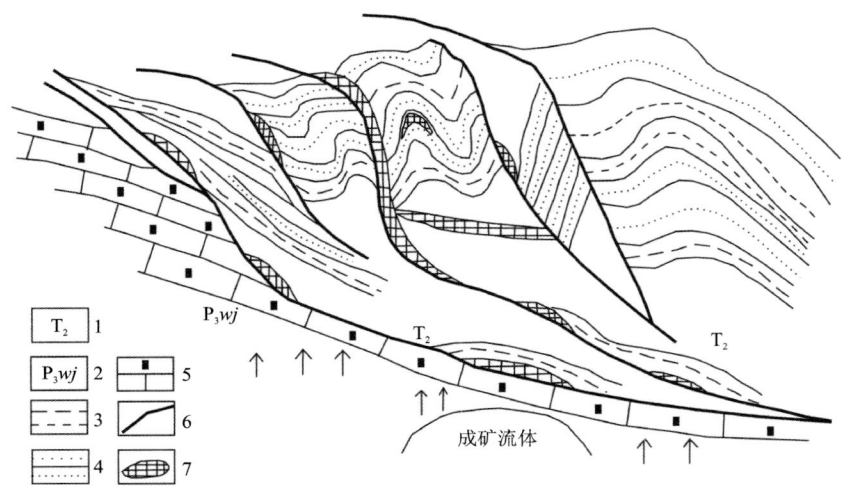

图 3-17 贵州省贞丰县烂泥沟金矿床成矿模式图
1. 中三叠统(许满组、尼罗组、边阳组);2. 上二叠统吴家坪组;3. 黏土岩;4. 砂岩;5. 生物灰岩;
6. 断层;7. 金矿体

2. 成矿地质背景

1) 大地构造位置

矿区在大地构造单元为上扬子陆块南盘江-右江前陆盆地,具体位于弥勒-师宗断裂带和紫云-六盘水断裂带的夹持地带,属滇黔桂"金三角"的重要组成部分,是由扬子被动边缘碳酸盐台地演化而成的一个中、晚三叠世周缘前陆盆地。其卷入地层为上古生界—中生界。

2) 矿区构造

区内构造较发育,主要有东西向、南北向和北东向 3 组褶皱断裂构造。

(1) 褶皱构造。主要为近东西向灰家堡背斜,其次为灰家堡背斜南翼 F_{105} 断层上盘牵引褶皱赵家坪背斜核部。其中,灰家堡背斜,东起者相,西止老王箐,全长约 20km,宽约 6km,岩层倾角较缓,一般 5°~20°,两翼基本对称,为一近东西向之宽缓短轴背斜。紫木凼大型金矿床、太平洞大型金矿床、大坝田中型汞矿床、滥木厂大型汞(铊)矿床、水银洞大型金矿床及一系列金矿(化)点、汞矿(化)点一同构成了灰家堡金、汞、铊成矿带。水银洞微细粒浸染型金矿位于灰家堡背斜东段中部,背斜核部向两翼 500m 范围内大致限制了区内金矿之产出;赵家坪背斜,走向东西,区内长约 1.5km,宽仅数十米,为近东西向 F_{105} 逆冲断层之上盘牵引褶曲,局部地层发生倒转。背斜核部长兴组形成的虚脱空间控制了水银洞微细粒浸染型金矿床"楼上矿"之产出。

(2) 断裂构造。与成矿有关的断裂构造主要为灰家堡背斜及轴部附近的 F_{101}、F_{105} 断层和中上二叠统间的区域性滑脱构造。其中,F_{101} 位于灰家堡背斜北翼近轴部,东西向贯穿全区,区内延伸长约 5.4km,倾向北,倾角 50°~55°,垂直断距 30~100m,破碎带宽 2~6m。上盘表现为单斜构造,下盘发育雁行排列的牵引向斜构造。蚀变主要有褐铁矿化、黄铁矿化、方解石化,局部有强硅化,为重要控矿构造之一。F_{105} 断层位于灰家堡背斜南翼近轴部,区内延伸长约 2.7km,倾向南,倾角 45°~55°,垂直断距 10~50m,破碎带宽 2~25m。由西向东断层强度逐渐变弱,破碎带逐渐变窄。下盘地层较完整,上盘地层牵引形成赵家坪背斜。断层切错长兴组和大隆组,向下进入龙潭组后表现为近于顺层滑动并逐渐趋于尖灭。主要蚀变有黄铁矿化、雄(雌)黄化、方解石化、毒砂化、硅化、褐铁矿化等。该断层为水银洞金矿床"楼上矿"之控矿断层,具多期活动之特点,局部地段(赵家坪—高简)因后期活动而表现为正断层性质。

(3) 区域性滑脱构造。由于岩石能干性的差异,沿中、上二叠统不整合接触面附近产生了区域性滑脱作用,形成了一套遍布黔西南地区的深灰色中层强硅化灰岩、角砾状强硅化灰岩、硅质岩及角砾状黏土岩组合的构造蚀变体(sbt),厚度5.08~41.51m,平均厚度16.23m。普遍具硅化、黄铁矿化、萤石化、雄(雌)黄化、锑矿化、金矿化等。该构造蚀变岩体严格控制了区内Ⅰa矿体的产出。

3) 赋矿地层

矿区地表出露及钻遇地层有中二叠统茅口组,上二叠统龙潭组、长兴组、大隆组,下三叠统夜郎组、永宁镇组及零星第四系。其中,龙潭组(P_3l)及与下伏茅口组(P_2m)灰岩之间形成的构造蚀变体(sbt)为赋矿层位。茅口组(P_2m)及长兴组(P_3c)分别为赋矿层位的下伏、上覆地层。

构造蚀变体(sbt):深灰色中层强硅化灰岩、角砾状强硅化灰岩、硅质岩及角砾状黏土岩。硅化灰岩晶洞发育,见方解石、石英晶簇。岩石中常见斑块状及细脉状白色、绿色石英,偶见辉锑矿及片状石膏。控制了Ⅰa矿体的产出。厚度5.08~41.51m,平均厚度16.23m。

龙潭组(P_3l)按岩性组合特征可分为3段,总厚217.80~360.09m。

第一段(P_3l^1)上部为灰色、灰白色中层条带状细砂岩夹深灰色薄层黏土质粉砂岩及数层厚约1m的生物屑砂屑灰岩;下部为深灰色薄层粉砂岩与条带状黏土质粉砂岩,呈不等厚互层,见雄黄,偶见星点状辰砂。厚度54.30~129.97m,平均厚度90.42m。

第二段(P_3l^2):深灰、灰黑色薄至中层粉砂质黏土岩、黏土质粉砂岩夹灰色中层粉砂岩、灰黑色薄层碳质黏土岩及2~3层煤线(层)及3层2~2.5m厚深灰色中层硅化含生物屑灰岩,以底部煤线作为一段和二段之间的分层标志。所夹的生物屑灰岩或生物屑砂屑灰岩即为水银洞微细粒浸染型金矿床最主要的容矿岩石。本段厚度91.69~126.14m,平均厚度103.71m。

第三段(P_3l^3):顶部为灰黑色薄层黏土质粉砂岩夹0.3~1.2m无烟煤层;上部为灰、深灰色中层粉砂质或碳质黏土岩,粉砂岩与浅灰色中层灰岩不等厚互层,最上一层灰岩含燧石条带或团块;下部为深灰色中层细砂岩、黏土质粉砂岩夹碳质黏土岩、薄煤1~2层及泥灰岩;底部为2~3m灰色中层生物碎屑灰岩。厚度80.08~96.36m。平均厚度85.40m。

3. 矿体及矿石特征

水银洞金矿的金矿体,主要赋存于上二叠统龙潭组(P_3l)中,以层控型为主、以断裂型为辅,矿体隐伏于距地表150m以下。主矿体呈层状、似层状产出于灰家堡背斜核部向两翼近500m范围内的生物碎屑灰岩中,产状与岩层产状一致,具有多个矿体上下重叠、品位高、厚度薄的特点(图3-18、图3-19)。2004年本矿区中矿段勘探结束后控制大小金矿体23个,探明金资源金属量(122b+332+333)54 620.01kg。

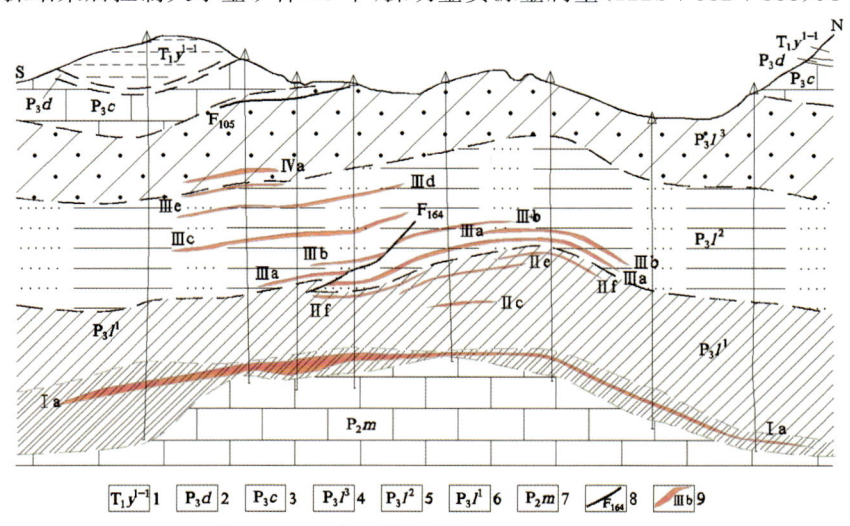

图3-18 水银洞金矿床7勘探线剖面图(刘建中等,2005,2006)

1.夜郎组第一段第一亚段;2.大隆组;3.长兴组;4.龙潭组第三段;5.龙潭组第二段;
6.龙潭组第一段;7.茅口组;8.断层及编号;9.金矿体及编号

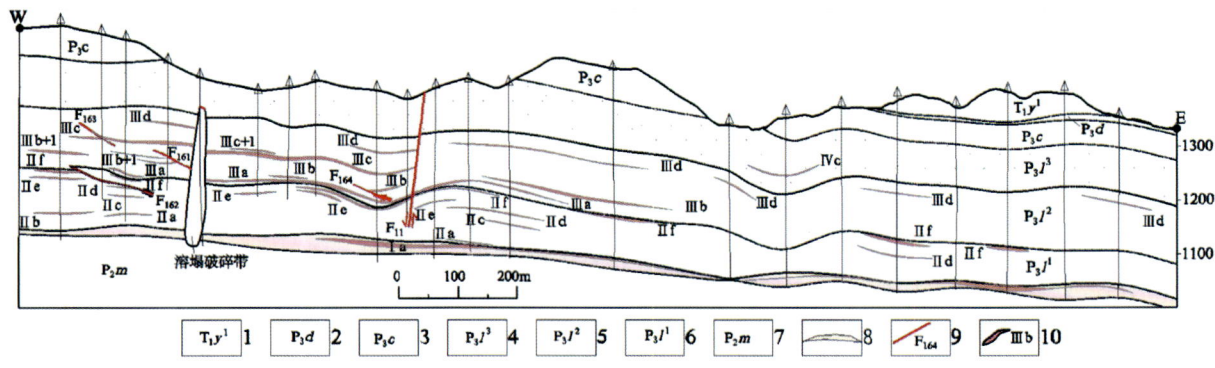

图 3-19 水银洞金矿床纵剖面图(刘建中等,2005,2006)
1.夜郎组第一段;2.大隆组;3.长兴组;4.龙潭组第三段;5.龙潭组第二段;6.龙潭组第一段;7.茅口组;
8.主滑脱层及其构造蚀变体;9.断层及编号;10.金矿体及编号

1)矿体特征

(1)层控型矿体主要为产于碳酸盐岩中的Ⅲc、Ⅲb、Ⅲa、Ⅱf矿体和产于sbt中的Ⅰa矿体,Ⅲc与Ⅲb间相距25～35m,Ⅲb与Ⅲa间相距8～15m,Ⅲa与Ⅱf间相距5～11m。此外,Ⅲc上部7～10m(TJ105,7.41m;TJ103,7.32m)存在Ⅲc+1小矿体,Ⅲb上部5～10m(TJ601,5.66m;TJ603,6.14m)存在Ⅲb+1小矿体。主矿体集中产出于龙潭组中部上下60m范围内。

Ⅲc矿体:呈层状—似层状产于灰家堡背斜近轴部南翼,赋存于龙潭组第二段中部的层状生物碎屑灰岩中,距龙潭组顶界约160m。倾向南或北,倾角5°～10°,分布于16线—F_{11}之间。东西走向长约700m,南北宽80～280m,平均宽约220m,于8线附近形成向北延伸280m、宽约70m的条带状矿体。局部地段因矿化的不均一性而出现无矿天窗。平均品位16.19×10^{-6},平均厚1.91m。

Ⅲb矿体:呈层状—似层状产于灰家堡背斜近轴部,赋存于龙潭组第二段中下部的层状生物碎屑灰岩中,倾向南或倾向北,倾角5°～10°。走向长约1100m,倾向延伸50～350m不等。西部受F_{162}逆断层影响,造成矿体产生重复。品位13.95×10^{-6},平均厚度1.68m。

Ⅲa矿体:呈层状—似层状产于灰家堡背斜轴部,赋存于龙潭组第二段底部的层状含泥质砂质生物碎屑灰岩中,距Ⅲb矿体底板8～15m,倾向南或北,倾角5°～10°。东西走向长约800m、倾向延伸50～330m,平均宽约220m。西部由于F_{162}逆断层影响造成矿体重复。平均品位17.56×10^{-6},平均厚度1.78m。

Ⅱf矿体:呈层状—似层状产于灰家堡背斜轴部,赋存于龙潭组第一段顶部的含泥质生物屑砂屑灰岩中,平面上呈透镜状、条带状产出。距Ⅲa矿体底板5～11m,倾向南或倾向北,倾角5°～10°。因矿化不均一而分散成3个矿体,其中最大的一个矿体走向长600m、倾向延伸宽50～220m,平面上呈条带状展布。平均品位14.65×10^{-6},平均厚度1.76m。

Ⅰa矿体:呈似层状产于灰家堡背斜轴部,赋存于sbt中。东西走向长500m,南北倾向延伸630m。矿体形态与sbt形态一致,倾向南或北。平均品位6.87×10^{-6},平均厚度3.11m。

除上述矿体外,尚有位于主要矿体之上或之下的13个似层状小矿体,容矿岩石为碳酸盐岩及钙质砂岩,矿石平均品位为6.29×10^{-6}。

(2)断裂型矿体为矿区内的次要类型,仅获得资源/储量2 834.26kg,仅占矿床总资源/储量的5.18%。具体描述如下。

楼上矿体:见于长兴组中,产出于F_{105}破碎带及其上盘牵引背斜核部虚脱空间,倾向南,矿体呈透镜状、似层状,因断层遭受强烈剥蚀,矿体分散零星,仅获得部分资源量。

楼下矿体:见于龙潭组中,由F_{162}、F_{163}、F_{164}、F_{165}等隐伏断层控制,矿体呈透镜状产出于断层破碎带中,矿体具膨大收缩现象,断层切错碳酸盐岩地段,其破碎带变宽,矿体厚大,从而切错黏土岩地段,因此破碎带变窄,矿体薄甚至局部不可采。

2)矿石质量

(1)矿石矿物成分。见表3-21。

表 3-21　水银洞金矿床矿石矿物成分一览表

类别	主要矿物	次要矿物	微量矿物
氧化物	石英	玉髓、褐铁矿	金红石、白钛石
硫化物	黄铁矿	毒砂	辉锑矿、雄(雌)黄、黄铜矿
硅酸盐矿物	高岭石	白云母、绢云母、长石、绿泥石	滑石、石榴子石、沸石、锆石
碳酸盐矿物	白云石、方解石		孔雀石
硫酸盐矿物		石膏	

黄铁矿:形态多样,有他形晶、莓状晶、球形晶、立方体晶、十二面体晶等。颗粒细小,一般 0.001～0.05mm,少数立方体黄铁矿粒径可达 0.2mm,黄铁矿集合体最大可达 0.4mm。莓状体黄铁矿莓粒是组成莓粒的单体十二面体黄铁矿体积的 125～550 倍,而球体黄铁矿球体是组成球体的单个黄铁矿胶体的体积的 1000 多倍。黄铁矿主要呈浸染状分布,次呈细脉状、条带状、透镜状分布。沉积期黄铁矿多呈自形立方体或五角十二面体晶,粒度较大,多呈条带(纹)状产出;热液期黄铁矿颗粒细小,肉眼难以见及,以他形粒状为主,呈星散浸染状产出。

毒砂:呈自形菱面体、枣核形、矛状、针状等形态,常与黄铁矿共生。颗粒细小,粒径全部在 0.02mm 以下。

白云石:有两类。一类颗粒细小,呈自形菱面体产出。自形白云石亮晶交代泥晶方解石。白云石粒径在 0.01～0.05mm 之间。另一类为(含)铁白云石,在岩石中呈填隙(胶结)物和碎屑(玄武岩屑)次生蚀变矿物产出。

石英:颗粒细小,呈斑块状、细脉状充填于溶蚀孔洞,或呈半自形他形粒状分布于溶蚀孔洞中及生物化石表面或交代生物碎屑呈交代矿物存在。

辉锑矿:呈半自形针状或浸染状产于断裂破碎带及 sbt 中。

雄(雌)黄:呈半自形粒状或浸染状产于断裂破碎带中。

(2)矿石化学成分。①有益元素,除 Au 外,其他有用元素含量甚微,不具综合利用价值;②有害元素,矿石中 As 平均含量 0.40%,选冶过程中会有一定的影响,但采用中温常压化学预氧化工艺,符合国家环保标准,其他有毒有害元素如 Tl、Hg 等含量甚微,不会对环境造成影响。详见表 3-22～表 3-24。

表 3-22　碳酸盐岩型(Ⅲc、Ⅲa、Ⅲf、Ⅱe)矿石化学成分(10 件)　　　　　计量单位:%

SiO_2	TiO_2	Al_2O_3	TFe	MnO	MgO	CaO	Na_2O	K_2O	P_2O_5	CO_2	烧失量	合计
33.17	0.42	6.10	6.67	0.30	8.09	19.41	0.15	0.67	0.34	11.47	17.68	99.74

表 3-23　断层角砾岩型(F_{162})矿石化学成分(6 件)　　　　　计量单位:%

SiO_2	TiO_2	Al_2O_3	Fe_2O_3	FeO	MnO	MgO	CaO	Na_2O	K_2O	P_2O_5
44.42	2.16	6.85	10.48	2.92	0.24	3.85	9.12	0.11	1.89	0.40
TS	有机碳	烧失量	Au	Ag	Hg	As	Cu	Pb	Zn	
6.29	1.06	17.07	9.04	2.40	32.45	1.02	0.008	0.008	0.010	

表 3-24 硅化角砾状黏土岩型（Ⅰa）矿石化学成分（1 件） 计量单位：%

SiO_2	TiO_2	Al_2O_3	Fe_2O_3	FeO	MnO	MgO	CaO	Na_2O	K_2O
57.52	2.18	11.94	1.07	1.11	0.03	0.34	0.78	0.05	2.02
P_2O_5	TS	有机碳	烧失量	Au	Ag	As	Cu	Pb	Zn
0.30	9.69	0.90	11.59	6.63	1.00	0.36	0.011	0.009	0.007

（3）矿石结构构造。

A. 矿石结构：主要有莓状结构、球状结构、胶状结构、自形晶结构、交代结构、假象结构、碎裂结构。

莓状结构：由众多≤0.004mm 的黄铁矿规则或不规则地排列堆积形成大多≤0.05mm 的草莓状黄铁矿。一般形成一粒莓状黄铁矿需要≥9000 粒更小的五角十二面体或球形黄铁矿。

球状结构：胶状黄铁矿形成黄铁矿球形胶粒，球粒大小 0.004～0.06mm，多以 0.02～0.04mm 为主。常可见部分球状黄铁矿为 2 个阶段或多阶段形成，可见不十分清晰的环带结构。

胶状结构：胶状黄铁矿与有机质胶粒形成多种组合形态。一种是有机质胶粒为内核，外面形成一层西瓜皮状胶状黄铁矿；另一种为先形成内核，紧接着形成有机质环带，其外又形成胶状黄铁矿环带。

自形晶结构：黄铁矿形成立方体、五角十二面体，毒砂形成菱形、矛形晶，白云石形成自形菱形晶体。

交代结构：白云石交代方解石，黄铁矿交代生物碎屑，毒砂交代生物碎屑，石英交代方解石等。

假象结构：生物碎屑被白云石化或硅化而呈生物碎屑假象。

碎裂结构：原岩受构造应力作用发生碎裂变形。

B. 矿石构造：主要有星散浸染状构造、缝合线构造、脉（网脉）状构造、晶洞状构造、生物遗迹构造、角砾状构造、条纹状构造、薄膜状构造等。

星散浸染状构造：黄铁矿、毒砂在矿石中呈星散浸染状分布。

缝合线状构造：黄铁矿集合体在矿石中形成类似于石灰岩中的缝合线状构造，它可切穿脉石矿物，表明黄铁矿生成较晚。

脉（网脉）状构造：方解石、石英、高岭石、雄（雌）黄、黄铁矿等呈脉状网脉状充填于岩石的节理裂隙中。

晶洞状构造：方解石被白云石交代形成的空洞或方解石溶蚀而形成的空洞，空洞内形成石英、萤石、雄黄（极少）、辰砂（偶见）、黄铁矿立方体自形晶等。

生物遗迹构造：黄铁矿、石英、方解石、白云石交代并充填某些生物遗迹。

角砾状构造：矿石破碎成角砾被方解石、石英等矿物胶结。

条带（纹）状构造：黄铁矿密集呈条带（纹）状分布。

薄膜状构造：黄铁矿呈薄膜状沿生物化石表面分布。

环带状构造：热液期黄铁矿往往形成含砷黄铁矿环带而具显微环带状构造，而金则赋存于含砷黄铁矿环带中，其内核则无含金显示。

（4）矿物嵌布特征及镶嵌类型。

黄铁矿：局部与毒砂形成简单连晶，并受毒砂部分交代，可单独交代生物碎屑，也可与毒砂或与石英共同交代生物碎屑。

毒砂：局部分布于矿石中，菱形、针状等自形晶发育，独立分布或黄铁矿紧密共生，易与黄铁矿形成简单的（主要）、复杂的（次要）连晶，毒砂也被晚期形成的方解石包含。

自然金：呈超显微单质金赋存于含砷黄铁矿环带中。

白云石：多以自形菱面体形态出现，自身广泛交代泥晶方解石或生物碎屑。

由矿物的粒度及分布情况可知，矿石属细—微粒极不等粒矿物嵌布，并有 3 种镶嵌类型：①包裹镶嵌型(金呈超显微单质形式包裹于黄铁矿中);②皮膜镶嵌型(黄铁矿呈薄膜状分布于硅化白云石化生物化石表面);③不规则毗邻镶嵌型(白云石交代方解石、黄铁矿局部受毒砂交代、石英和白云石交代生物碎屑等)。

(5)矿物生成顺序。粉砂屑(石英为主、次为黄铁矿)—碳酸盐化(方解石、白云石)—硅化(新生石英、玉髓)—弱白云石化—硫化矿化(黄铁矿、毒砂)—黏土化(高岭石、水云母)。

4. 控矿因素与成矿作用

1)控矿因素

(1)控制矿带的构造。整个灰家堡金、汞、铊成矿带(或矿田)受近东西向灰家堡背斜的控制。

(2)控制矿床的构造。水银洞金矿床受灰家堡背斜东段中部,背斜核部向两翼500m范围的控制,而叠加的北东向构造主要控制了矿田内汞矿和铊矿的产出。

(3)控制矿体的构造。金矿体的分布主要受控于灰家堡背斜轴部构造蚀变体(sbt)及附近F_{105}、F_{101}轴向断裂构造,少数(楼上矿)受控于背斜核部长兴组形成的虚脱空间。金矿体的容矿构造主要为沿灰家堡背斜核部向两翼约1000m范围内中、上二叠统间的区域性滑脱构造、主断层旁侧的次生断裂及层间破碎带。南北向褶皱断裂构造为成矿期后构造,对金矿体分布具有破坏作用。

(4)层控因素。构造蚀变体(sbt)、龙潭组(P_3l)为主要赋矿部位,长兴组为次要赋矿部位。

2)成矿过程

苏文超(2006)研究表明,水银洞微细粒浸染型金矿床大致经历了去碳酸盐化—金、硫化物沉淀—碳酸盐脉形成的三步成矿过程。

(1)去碳酸盐化。燕山晚期的伸展活动使基底已有断裂再度复活,与盖层断裂一起切穿地壳,破坏了超压成矿流体的封存条件,富含CH_4、N_2和CO_2挥发分和Au的超压成矿流体沿深大断裂进入地壳上部,由于较高的压力和挥发分,成矿流体沿有利成矿岩性组合或构造部位侧向运移。含Au热液本身的弱酸性使赋矿围岩中的含铁碳酸盐岩矿物溶解而释放Fe和Ca进入热液体系,与围岩产生交代反应,即去碳酸盐化。

$$CO_2 + H_2O \Longrightarrow H_2CO_3$$
$$H_2CO_3 + (Ca,Fe)CO_3 \Longrightarrow Fe^{2+} + Ca^{2+} + 2HCO_3^-$$

(2)金、硫化物沉淀。热液中$Au(HS)_2^-$在相对还原的条件下分解,使H_2S和HS^-进入热液体系,两者与含铁碳酸盐矿物溶解而释放的Fe^{2+}结合而形成黄铁矿,即硫化物化,并产生H^+。

$$Au(HS)_2^- + 0.5H_2 \Longrightarrow Au^0 + H_2S + HS^-$$
$$2H_2S + Fe^{2+} \Longrightarrow FeS_2 + 2H^+ + H_2$$
$$HS^- + Fe^{2+} \Longrightarrow FeS_2 + 2H^+$$

硫化物化过程中产生的酸性环境,进一步促使围岩中的含Fe碳酸盐矿物溶解,并释放大量的Fe^{2+}进入热液体系,并最终导致热液中Au的过饱和而沉淀形成自然金颗粒,并聚集在含砷黄铁矿颗粒表面及边缘。

(3)碳酸盐脉形成。含Fe碳酸盐矿物溶解而释放的Ca^{2+}则形成晚期方解石,伴随或切穿含Au黄铁矿细脉。

$$Ca^{2+} + CO_3^- \Longrightarrow CaCO_3$$

故含铁碳酸盐围岩是形成水银洞高品位、特大型微细粒浸染型金矿床最重要的控矿因素之一,与去碳酸盐化有关的碳酸盐岩脉是寻找深部隐伏金矿体的重要指示标志之一。

3)成矿时代

水银洞金矿目前还缺少合适的定年矿物,过去有关专家曾用裂变径迹法、石英流体包裹体Rb-Sr法和黄铁矿Pb-Pb等方法确定其成矿年龄为80~170Ma(Hu et al.,2003;陈懋弘,2007),变化范围大,精度不够。近来通过与成矿有密切关系的方解石脉中的钐、铷和锶同位素组成分析,水银洞微细粒浸染型金矿床的成矿年龄为 135~145Ma(早白垩世),与区域岩石圈的伸展构造背景相对应(Su et al.,2009),结果较为可靠。

5. 典型矿床成矿要素

通过综合研究,获得典型矿床成矿要素特征认识见表 3-25。

表 3-25 贵州省贞丰县水银洞金矿床成矿要素表

成矿要素		描述内容	要素分类
特征描述		水银洞式复合内生微细粒浸染型金矿	
成矿时代	地层时代	晚二叠世乐平期	必要
	成矿时代	燕山晚期(135~145Ma)	重要
大地构造	大地构造	南盘江-右江前陆盆地边缘	重要
沉积建造沉积作用	地层分区	上扬子地台分区之黔西南小区	重要
	岩石地层	sbt、龙潭组、长兴组	必要
	岩石类型	生物碎屑泥粉晶灰岩,硅化角砾状黏土岩	必要
	岩石结构	莓状结构、球状结构、胶状结构、自形晶结构、交代结构、假象结构、碎裂结构,星散浸染状构造、缝合线构造、脉(网脉)构造、晶洞构造、生物遗迹构造、角砾状构造、条带状构造、薄膜状构造等	重要
	蚀变特征	黄铁矿化、白云石化、硅化、毒砂化、雄(雌)黄化、方解石化、辉锑矿化、萤石化、滑石化、辰砂化	重要
	沉积建造	海陆交互相生物屑泥晶灰岩—含煤碎屑岩建造	必要
控矿构造	褶皱构造	灰家堡背斜轴部两侧 500m 范围内	必要
	断裂构造	背斜轴部附近冲断层	必要
成矿特征	矿体形态	层状、似层状	重要
	矿体产状	层控型矿体产状与地层产状一致,倾角 5°~20°;断裂型矿体产状与断层产状一致,倾角 30°~60°	重要
	矿体规模	大型矿床规模	重要
	矿带规模	近东西向延伸长约 6km	重要
	矿石矿物	金属矿物主要有黄铁矿、毒砂、赤铁矿、少量辉锑矿、辰砂、雄(雌)黄等;脉石矿物有石英、白云石、方解石、水云母、绢云母、高岭石、萤石、海绿石、沸石、有机碳、变质沥青	重要
	成矿期次	沉积成岩和构造热液两个成矿期	重要
	有益组分	Au	重要
	资源/储量	54 280kg	重要
	平均品位	10.95×10^{-6}	重要
	品位变化	$(2.53 \sim 42.15) \times 10^{-6}$	重要

6.典型矿床成矿模式

典型矿床成矿模式见图 3-20。

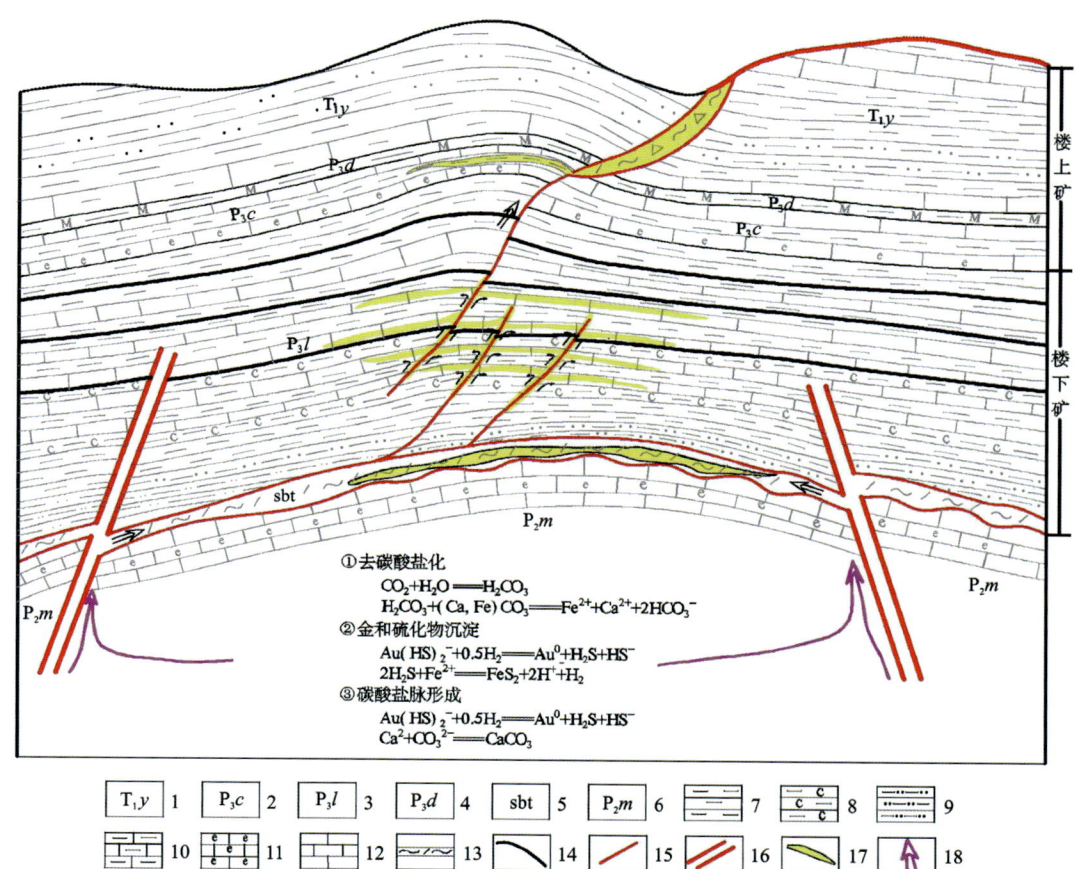

图 3-20　贵州省贞丰县水银洞金矿床成矿模式图（据刘建中等，2005，2006；有修改）

1.下三叠统夜郎组；2.上二叠统长兴组；3.上二叠统龙潭组；4.上二叠统大隆组；5.硅质构造蚀变体；6.中二叠统茅口组；7.黏土岩；8.碳质黏土岩；9.粉砂质黏土岩；10.泥质灰岩；11.生物碎屑灰岩；12.灰岩；13.断层角砾岩；14.地层分界线；15.断层；16.隐伏深大断裂；17.金矿体；18.热液流向

1）地质环境

构造背景：右江造山带。

地壳类型：大陆地壳。

成矿单元：南盘江矿田分布区（Ⅳ级）。

构造层次：以浅层次脆性变形为主。

成矿环境：低压低温物理环境。

赋矿地层：中三叠统（主）、下三叠统（次）。

容矿岩石：粉砂岩及细砂岩。

成矿时代：印支期—燕山期或稍后。

伴（共）生矿床：砷、锑、汞矿。

2）矿床地质

矿体产状：陡倾斜矿体（主），近水平矿体（次）。

原生矿石类型：以碎屑岩类矿石为主。

矿物组合：黄铁矿、自然金、毒砂、雄黄、辰砂、石英、黏土矿物。
结构构造：自形、半自形粒状结构，浸染状、角砾状构造。
蚀变：硅化、黄铁矿化、毒砂化、铁白云石化等。
风化（氧化）：黄褐、铁锈色氧化物。
地球化学标志：As、Hg、Sb、Au、Ag、W、Mo。

3）控矿条件

构造：高角度逆冲断层（以剪切破碎带为主）。
水动力：高孔隙流体压力水。
不渗透障：局部性不渗透障作用。

（三）贵州省三都县苗龙金矿床

1. 矿床概况

苗龙金矿床位于贵州省三都县城北 7km，行政区划属三都县三合镇和交梨乡所辖。矿区呈不规则多边形展布，南北宽 1.7km，东西长 2.3km。地理坐标：东经 107°51′32″—107°53′00″，北纬 26°02′34″—26°03′30″。贵州省地质矿产局一○四地质大队自 1978 年发现该矿床以来，至 1990 年曾开展了从普查至详查工作，矿床为小型规模。

2. 成矿地质背景

1）大地构造位置

苗龙金矿床位于上扬子陆块东南缘北东边缘盆地之都匀南北向褶皱区，东部与雪峰山陆缘裂谷盆地相邻。本区自雪峰运动转化为稳定陆块后，虽然跨入了准地台发展阶段，但地壳的升降运动仍较频繁，致使部分地层或发育不完全或沉积后遭受剥蚀而缺失。燕山期本区为挤压造山-拉张拆离阶段，断裂、褶皱众多，构造极为复杂，著名的三（都）-丹（寨）汞、金、多金属矿带就位其中。

2）矿区构造

矿区位于三都-荔波古陷褶皱断束北部的南北向褶皱及其同向的断裂带内（图3-21）。

其中，近于南北向的排降向斜、苗龙背斜、瓦寨向斜等褶皱与近南北向 Fm_5、Fm_{70}、Fm_{74}、Fm_{71}，东西向 Fm_1、Fm_{14}，北西向 Fm_2、Fm_9、Fm_{72}、Fm_{67}、Fm_{73}，北东向 Fm_{44}、Fm_{45} 为代表的 4 组断裂构成了该区的构造格架。排降向斜是矿区最大的褶皱，北北东向的苗龙背斜、瓦寨向斜反映了造山过程中强烈的褶皱作用。造山期间强烈而持续的挤压使褶皱核部透镜体化、翼部变薄、拉断，形成褶皱→透镜体带→断层的递进变形序列。

4 组断裂发育特征及含矿性如下所述。

（1）近南北向组。

A. Fm_5 逆断层：长约 3.5km，断距 15～20m，倾向 290～300°，倾角 55～65°，破碎带宽 0.1～7.62m。蚀变以黄铁矿化、方解石化、硅化为主，其次为重晶石化、辉锑矿化，硅化强烈处产出透镜状辉锑矿体，南段见 23 号、24 号金矿体。在 Fm_5 上盘出现分支，并有 25、26 号金矿体产出。

B. Fm_{70} 逆断层：一条隐伏断层，出现在 34～38 勘探线深部，走向近于南北向，倾角 48～50°，破碎带最厚 29.11m，最小 0.72m，平均为 9.36m，矿区最大的 28 号矿体赋存其中。

C. Fm_{74} 逆断层：Fm_{70} 断层之下距 Fm_{70} 为 15～25m 的又一条隐伏平行断层，断层的产状、性质与 Fm_{70} 相似，断层破碎带厚 1.29m，赋存有 29 号矿体。

D. Fm_{71} 正断层：位于苗龙 36 线，南、北两端相交于 Fm_7，长约 90m，断层倾向 91°，倾角 77°，破碎带宽 1.82m，由断层角砾、断层泥组成，有黄铁矿化、方解石化等蚀变，31 号矿体赋存其中。

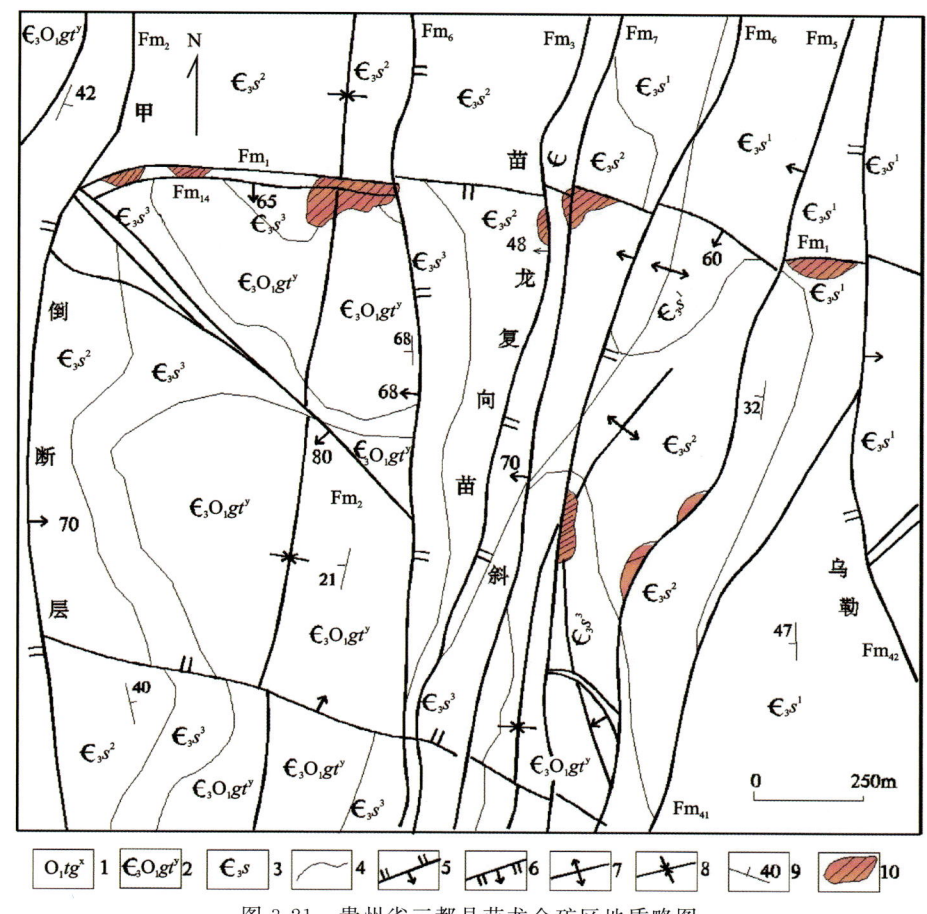

图 3-21 贵州省三都县苗龙金矿区地质略图

1.同高组下燕高段；2.锅塘组营上坡段；3.三都组；4.岩层界线；5.逆断层；6.正断层；7.背斜；8.向斜；
9.岩层产状；10.锑金（砷）矿床

(2) 东西向组。

A. Fm_1 正断层：主要含矿断层，西端被 F_2 切过，向东延出区外，长达 3km 以上，断层倾向 180°～190°，倾角 65°～72°，为一横向张扭性断层，断距 5～15m，破碎带一般宽 1～3m，最宽可达 7m，由角砾岩及断层泥组成，局部地段有粗大的方解石脉填充。主要蚀变有方解石化、黄铁矿化、硅化，偶见萤石化、辉锑矿化体，在断裂带中圈出 1 号～13 号金矿体。

B. Fm_{14} 正断层：西端被 F_2 相切，东与 Fm_1 合并，与 Fm_1 平行展布，相距 20～30m，长约 800m，断层倾向 180°～190°，倾角 65～71°，为横向张扭性断层。断层破碎带宽 0.6～2m，由角砾岩、断层泥及方解石细脉填充，主要蚀变有方解石化、黄铁矿化、硅化，硅化强烈处有辉锑矿体产出。Fm_2、Fm_{60}、Fm_{68} 分别错断该断层，错距 5～10m，有 14 号、15 号、16 号金矿体产出。

(3) 北东向组。Fm_{44}、Fm_{45} 逆断层：在矿区东边平行排列，相距 40m，长约 1km，倾向 330°，倾角 70°～80°，断距 15～20m，断层破碎带宽 1～3m，由角砾岩、方解石脉、重晶石脉组成，局部地段重晶石脉厚度 1～2m，蚀变有黄铁矿化、方解石化、重晶石化、硅化等，断层中有小而富的辉锑脉状矿体产出，亦有金矿化显示。

(4) 北西向组。

A. Fm_2 逆断层：北西端到大塘交于 F_2，南东端至苗龙附近消失，长约 1.2km，断距 20～35m，倾向 70°，倾角 65°，破碎带宽 1～3.68m，蚀变有黄铁矿化，北西端见 19 号金矿体。

B. Fm_9逆断层：北西端于大塘交于F_2，南东交于Fm_2，长约250m，断距10m，断层倾向40°～60°，倾角45°～70°，破碎带1～2m，有黄铁矿化、硅化、方解石化等蚀变，18号矿体赋存其中。

C. Fm_{66}逆断层：位于苗龙寨北35线附近，长约90m，断距5～10m，断层倾向40°，倾角60°，破碎带由角砾岩、断层泥组成，有黄铁矿化、方解石化、硅化等蚀变，32号矿体赋存其中。

D. Fm_{72}逆断层：一条出现在37、36、35勘探线间的隐伏断层，长50～60m，断层倾角40°～50°，含金矿体矿带厚约32m，有黄铁矿化、方解石化蚀变，30号矿体赋存其中。

E. Fm_{67}逆断层：位于矿区南部，北西端被Fm_6切断，南端交于Fm_5，倾向220°～240°，倾角50°～70°，破碎带宽1～8m，其中见有硅化、黄铁矿化和方解石化等蚀变，33号矿体赋存其中。

F. Fm_{73}逆断层：位于羊忙街西侧50m，长约100m，倾向0°～30°，倾角62°～85°，破碎带厚1～2m，34号矿体赋存其中。

3）赋矿地层

（1）上寒武统三都组（$\epsilon_3 s$）。由老至新依次如下文所述。

$\epsilon_3 s^4$：灰色薄层条带状灰岩，中夹4层1～3m至厚层角砾状灰岩，底部有1层厚2～8m的角砾状灰岩，本段有金矿化。厚106m。

$\epsilon_3 s^5$：浅灰色薄层层纹状泥灰岩，风化后为黄、黄绿色显页理，中下部夹条带状灰岩，据钻孔揭露，13线以西标高130m至390m出现1层厚30～80m的钙质页岩，初步认为系相变所致，主要含金层位之一。厚226m。

$\epsilon_3 s^{6-3}$：灰色薄层条带状灰岩，钙质条带呈不规则香肠状，下部夹1层2～3m厚的浅灰色厚层角砾状灰岩，该段为区内主要含金层位之一，据钻孔揭露，17线以西深部相变为钙质页岩。厚96m。

$\epsilon_3 s^{6-2}$：浅灰色薄层层纹状泥灰岩，中夹1～3层厚1～5m的条带状灰岩，含大量三叶虫化石，是区内主要含金层位之一，据钻孔揭露，17线以西深部相变为钙质页岩。厚86m。

$\epsilon_3 s^{6-1}$：灰色薄层条带状灰岩，中、下部夹1层厚1～2m厚层角砾状灰岩，为主要含金层位之一。厚48m。

$\epsilon_3 s^7$：灰色薄层层纹状泥灰岩，但层纹不明显，与$O_1 g^1$地层为渐变过渡，泥质逐渐增多，中部夹1层厚约8m的薄层条带状灰岩，含大量三叶虫和少量笔石化石，为主要含金层位之一。厚40～70m。

（2）下奥陶统锅塘组（$\epsilon_3 O_1 gt$）。

$\epsilon_3 O_1 gt$：灰色薄层状灰岩，底部含少量泥质条带，顶部为1层厚1～2m厚层角砾状灰岩，见金矿化。厚88m。

$\epsilon_3 O_1 gt^{2-1}$：灰色薄层条带状灰岩，局部含泥质较重，有金矿化。厚137～170m。

$\epsilon_3 O_1 gt^{2-2}$：灰至深灰色薄层状条带灰岩，中夹层纹状泥灰岩，其上、下均为1层角砾状灰岩，中夹2层2～7m厚的角砾状灰岩，角砾为等轴状，上部见金矿化。厚137～150m。

$\epsilon_3 O_1 gt^3$：顶部为厚约11m的灰色厚层状富含硅质团块的白云岩，上部为深灰色中厚层富含黄铁矿结核泥质白云岩、白云质灰岩、角砾状灰岩，中部为钙质灰岩及碳质胶结的角砾状白云质灰岩，下部为厚层白云岩及薄层条带状白云质灰岩，中部见金矿化。厚52～72m。

3. 矿体及矿石特征

1）矿体特征

苗龙微细粒浸染型金矿床共有金矿体34个，分别赋存于Fm_1、Fm_{14}、Fm_5等14条断裂破碎带中，一般矿体规模较小，形态复杂而且比较分散，矿体走向长50～185m，最长261m，倾斜宽30～120m，最宽235m，矿体规模小到中等，矿体水平厚度1.00～9.12m，最厚达14.21m，厚度变化系数为40%～111%，矿体平均品位$(3.12～8.14)\times 10^6$，最高25.09×10^6，矿床平均品位5.31×10^6，品位变化系数5%～106%，矿体产状与断裂破碎带产状一致，严格受断裂破碎带控制，特别是在断裂分枝、复合膨大处矿体更加发育，矿体形态以脉状为主，次为透镜状、豆荚状、囊状等。

矿体产出标高最高606m,最低70m。Fm_1断裂带东西长1800m范围内赋存有13个矿体(1号～13号矿体),矿体间距35～250m,最大间距350m;Fm_{14}断裂带600m范围内赋存有3个矿体(14号～16号矿体),矿体间距185m,以上1号～16号矿体相对来说较为集中。求得332级+333级资源量(原C级+D级储量)2 435.48kg,占总储量的47.74%,若以当地450m侵蚀基准面计算,则侵蚀基准面以上332级+333级资源量(原C级+D级储量)1 159.32kg,占总储量的22.70%;侵蚀基准面以下3 942.60kg,占总储量的77.30%。

2)矿石特征

(1)矿石类型。

浸染状矿石:此类矿石是该区的主要类型,其特点是金属矿物毒砂、黄铁矿单晶或放射状集合体成浸染状分布于硅化的白云岩及角砾岩中。

条带状矿石(密集浸染状):黄铁矿、毒砂呈密集浸染状(条带状)分布于硅化的白云岩中,为矿区次要类型。

脉状矿石:辉锑矿呈网脉状穿插于石英、方解石脉中。

角砾状矿石:毒砂、黄铁矿等呈浸染状分布于硅化灰岩、硅化白云岩及黏土岩的角砾中。

(2)矿物组合。

金属矿物:主要有自然金、毒砂、黄铁矿、辉锑矿,其次为闪锌矿、辰砂。①自然金:呈金黄色次微粒—显微粒状、片状、脉状分布于玉髓、放射状毒砂集合体中心和沿黄铁矿晶间裂隙充填。粒径1～10μm。②毒砂:灰黄色,结晶细小。形态多样,常呈针状、板柱状、矛状、毛发状及菱面体等形态。显微硬度119～153.6kg/mm^2,微粒直径0.1～0.005mm。该矿物在围岩中常与黄铁矿伴生,呈稀疏浸染状分布,含量1%～5%。另外该矿物受后期硅化作用,常与自然金共生,故金与砷有正相关关系,毒砂可作金的指示矿物,含量最高达20%～25%,低者为1%～5%。③黄铁矿:一般呈五角十二面体、六方体及球粒状(草莓状),均质,反射率(绿光)47～48,显微硬度1 085.7～2 051.3kg/mm^2。自形晶粒常具环带构造,环带成分经电子探针分析为辉锑矿或含砷黄铁矿。结晶粒度自形晶者可达0.1～1mm,球粒状一般在0.005～0.01mm之间。含量1%～5%。在围岩中常呈球粒状及细晶状出现,与毒砂伴生,呈稀疏浸染状分布于白云石、黏土矿物基底中,属成矿期形成。成岩后期受硅化及构造作用改造,使黄铁矿再结晶,构成自形中一细晶状,并出现环带构造。而自然金又在相应的时期内沉淀,一般较大颗粒的明金沿黄铁矿环带或裂隙充填,因而证实了受后期改造的黄铁矿是自然金的载体与共生矿物。④辉锑矿:铅灰色、金属光泽,结晶形态为针状、板柱状及他形中一粗粒状。受应力影响,出现聚片双晶,反射率(绿光)平均42.04～46.6。常呈网脉状及单晶体沿石英脉充填,含量1%～30%,平均2%～3%,辉锑矿晶粒见有包体金。⑤闪锌矿:呈不规则粒状沿断层角砾裂隙填隙分布,粒径0.01～0.6mm,含量1%～5%。⑥辰砂:朱红色,他形中一粗粒状,沿硅质裂隙和方解石解理缝充填。

非金属矿物:主要有石英、铁白云石。方解石、水云母,其次为重晶石、萤石。①石英:无色透明。一般呈粉砂状,部分受后期应力及交代作用,呈变余粉砂状,常伴随水云母黏土矿物沉积成条带状或细层,粒径0.1～0.05mm,含量1%～5%。次生石英分早、晚两期硅化形成,早期硅化为玉髓,紧密聚成团块状或层状,自然金常与黄铁矿、毒砂等硫化物紧密共生呈浸染状分布于玉髓中;晚期硅化石英呈他形、半自形,中至细晶状,沿破碎裂隙充填,常与辉锑矿、重晶石、萤石、黄铁矿等共生组成辉锑矿-石英脉,而后期构造作用破碎成碎粒、碎斑状。在局部石英间可见到个别微粒状金粒充填。②白云石:一般呈泥晶状,暗灰色,油脂光泽。常与铁白云石、方解石混合嵌接。近矿部位普遍被硅化,溶蚀交代呈残留混晶状零星保留于玉髓中。结晶粒度一般0.1～0.05mm,含量最高可达50%～60%,最低者为1%～5%,平均5%～20%,不含金。③铁白云石:粉晶状,微带褐色。一般与白云石混合沉积,局部富集呈条带或细层状,粒径0.05～0.1m,后期基本上未受蚀变,含量最高可达30%～35%,最低者为1%～3%,一般为5%～10%。

(3) 矿石结构构造。

矿石结构:主要有显微莓粒结构、球粒结构、显微球状结构、他形晶粒结构、自形晶粒结构、间隙结构、碎裂结构、微鳞片结构等。

矿石构造:主要有浸染状构造、脉状构造、条带状构造、同心层环带构造、角砾状构造等。

3) 矿化阶段划分

矿化作用可分3个阶段,矿物生成顺序如下。

第一阶段(早期硅化阶段):玉髓—自然金(少量)黄铁矿—毒砂。

第二阶段:石英—重晶石—萤石—辉锑矿—自然金(主要);石英—铁白云石—辰砂。

第三阶段:铁白云石—方解石—辉锑矿脉。

4. 控矿因素与成矿作用

1) 控矿因素

(1) 控制矿床的构造。苗龙金矿床受三都-荔波古陷褶皱断束的北部南北向褶皱及其同向的断裂带所控制。

(2) 控制矿体的构造。数十个金矿体各自依附着规模不等、产状各异、性质不同的断裂破碎带产出,其容矿构造大致分为两类:① 其中较多矿体受东西向 Fm_1 断裂破碎蚀变带控制,或受该带与南北向褶皱—断裂(Fm_3、Fm_5、Fm_6、Fm_7)交会处所控制。矿体呈高角度陡立状产于断层破碎带中,或赋存于不同方向断裂的交会处,呈透镜状或脉状产出,在主断裂旁侧的分枝断裂亦有小矿体分布。② 部分矿体受缓倾斜层间破碎带控制。金矿体产于层间破碎带中,并大致顺层分布。

(3) 地层、岩性因素。含矿建造主要是三都组、杨家湾组、锅塘组,岩性为扁豆状灰岩和角砾状白云质灰岩。

2) 成矿作用

现有资料表明,本区金矿成矿过程可能包括金、汞、锑等成矿元素的初始富集期和金-汞-锑矿床最终形成与定位的富集成矿期。而该区近南北向大型"贯通性"断裂构造的活动所形成的构造-热液循环体系,可能是金、汞、锑等成矿元素由初始富集到金-汞-锑矿床最终形成与定位的关键所在。其中初始富集期可包括"矿源岩(层)"的形成,富集成矿期也可表现为"改造"成矿作用。

在震旦纪和早寒武世的深水盆地中沉积的巨厚富腐泥型有机质的碎屑浊积岩、硅质岩和泥灰岩-黑色岩系,多认为是本区以及我国南方的金的"矿源岩"。在三丹汞-金-锑矿化带,Au、Hg、As、Sb 的背景值分别为 10.16×10^{-9}、10.83×10^{-9}、38.63×10^{-9} 和 1.25×10^{-9},分别是上部地壳的6倍、34倍、27倍和7倍,人们多主张 Au、Hg、As、Sb 等成矿元素在该区地层中具有初始富集或称之为"矿源层"。

控制沉积盆地和岩相的古同生断裂构造活动所构成的古构造-热液循环体系可能是该区地层中成矿元素初始富集的关键性控制因素,同时也有震旦系和下寒武统黑色页岩提供的部分成矿物质。矿床最终形成与定位的富集成矿期可能主要在印支期造陆运动之后的燕山期。盆地形成后的大型"贯通性"断裂构造活动所构成的构造-热液循环体系,既可表现为大气降水沿三丹矿带的几条区域性走向断裂破碎带下渗到深部,也可表现为深部热流体沿断裂带上涌与喷流;既可表现为下渗的大气降水被加热后活化并携带地层中初始富集的金及伴生元素 Hg、As、Sb 等,也可表现为上涌的深部热流体从深部携带成矿物质和活化围岩中的成矿元素,从而形成构造-成矿热液体系。

Hg、Au、Sb 等成矿元素地球化学性质的内在统一性决定了汞-金-锑矿带、矿田、矿床、矿体等不同层次中的共生性,其地球化学性质的内在差异性又决定了其时空分布下的分异性或在不同的地质、物化条件下最终形成与定位(朱赖民等,1999;陶淡等,2000),从而导致 Hg、Au、Sb 矿床的共生分异或"同源异位"的特点。

因此,本区汞-金矿床主要表现为富含 Hg 和 Au 的成矿热液沿断裂破碎带上升到岩性、构造和地球化学环境有利的三都组、锅塘组及杨家湾组扁豆状灰岩和角砾状白云质灰岩中形成深部金矿—浅部汞矿的汞-金矿床垂直分带。在水平方向上，三丹汞-金-锑矿化带则表现为西部为汞—金矿化亚带，中部为金-锑矿化亚带，东部为锑-金矿化亚带，具有明显的汞-金-锑水平分带特征。

三都—丹寨地区微细粒浸染型金矿矿体定位于燕山期构造中，另据张峰等(1992)，丹寨金矿富矿石全岩 Rb-Sr 同位素等时线年龄为 114Ma，石英裂变径迹法测定该矿床的年龄为 82～83Ma。因此，认为该矿床成矿时间为燕山时期。

5. 典型矿床成矿要素

前已述及，苗龙微细粒浸染型金矿属复合内生热液型金矿。根据典型矿床特征的研究，归纳总结出该典型矿床成矿要素见表3-26。

表 3-26 贵州省三都县苗龙金矿床成矿要素表

成矿要素		描述内容	要素分类
特征描述		复合内生型微细粒浸染型金矿床	
地质环境	成矿时代	印支期—燕山期	必要
	控矿构造	印支期—燕山期褶皱断裂构造	必要
	成矿单元	雪峰山基底逆推带及都匀滑脱褶皱带	必要
	构造背景	都匀滑褶皱带	必要
	地球化学	Au、As、Sb、Hg	必要
	成矿环境	低、中温	重要
矿床特征	赋矿地层	以上寒武统三都组为主，其次为下奥陶统锅塘组	必要
	容矿构造	矿体赋存于断裂带之中，严格受南北向、东西向、北东向、北西向断层控制	重要
	容矿岩石	层纹状薄层泥晶白云岩、角砾状白云岩、泥灰岩和泥岩	必要
	容矿构造与岩性组合	容矿构造破碎带穿过赋矿地层中薄至中厚层条带状灰岩、角砾状白云岩、泥灰岩与页岩组合地段，微细粒浸染型金矿体产出的可能性较大；容矿构造破碎带穿过单一的灰岩及白云岩组合对微细粒浸染型金矿成矿不利，多为低品位或矿化现象；容矿构造破碎带穿过单一的泥灰岩或页岩组合对微细粒浸染型金矿成矿不利，多为小规模矿体产出	重要
	矿体形态	严格受控于成矿断裂破碎带，呈透镜状、藕节状、囊状及脉状等	重要
	围岩蚀变	硅化、黄铁矿化、萤石化、重晶石化、方解石化	必要
	矿物组合	玉髓-自然金(少量)、黄铁矿-毒砂	重要
		石英-重晶石-萤石-辉锑矿-自然金(主要)-石英	重要
		铁白云石-方解石-辉锑矿脉	次要
	矿石结构	自形、半自形、他形粒状结构，环带结构	次要
	矿石构造	浸染状构造、角砾状构造及网状、脉状、条带状构造	次要
	不渗透障	局部不渗透障作用	重要
	资源储量	5 101.92kg	重要
	平均品位	5.31×10^6	重要
	品位变化	$3.12 \sim 8.14 \times 10^6$	重要

6. 典型矿床成矿模式

1)地质环境

构造背景:扬子陆块南部被动边缘褶冲带之都匀南北向褶皱区与雪峰山基底逆推带接合部位。

成矿单元:西部位于扬子陆块南部被动边缘褶冲带(Ⅲ级构造单元)之都匀南北向褶皱区(Ⅳ级构造单元)矿田分布区;东部位于雪峰山基底逆推带(Ⅲ级构造单元)矿田分布区。

构造层次:以浅层次脆性变形为主。

成矿环境:低压低温物理环境。

赋矿地层:上寒武统(主)、下奥陶统(次)。

容矿岩石:条带状白云岩、灰岩及页岩、泥灰岩。

成矿时代:印支期—燕山期或稍后。

伴(共)生矿床:汞、锑、铅锌。

2)矿床地质

矿体产状:陡倾斜矿体(主)、近水平矿体(次)。

原生矿石类型:以碳酸盐岩类矿石为主。

矿物组合:黄铁矿、自然金、萤石、重晶石、石英、黏土矿物。

结构构造:自形、半自形粒状结构,浸染状、角砾状构造。

蚀变:硅化、黄铁矿化、萤石化、重晶石化等。

风化(氧化):黄褐、铁锈色氧化物。

地球化学标志:Hg、Sb、Au、Pb、Zn。

3)控矿条件

构造:高角度逆冲断层(以剪切破碎带为主)。

水动力:高孔隙流体压力水。

不渗透障:局部性不渗透障作用。

成矿模式:见图 3-22。

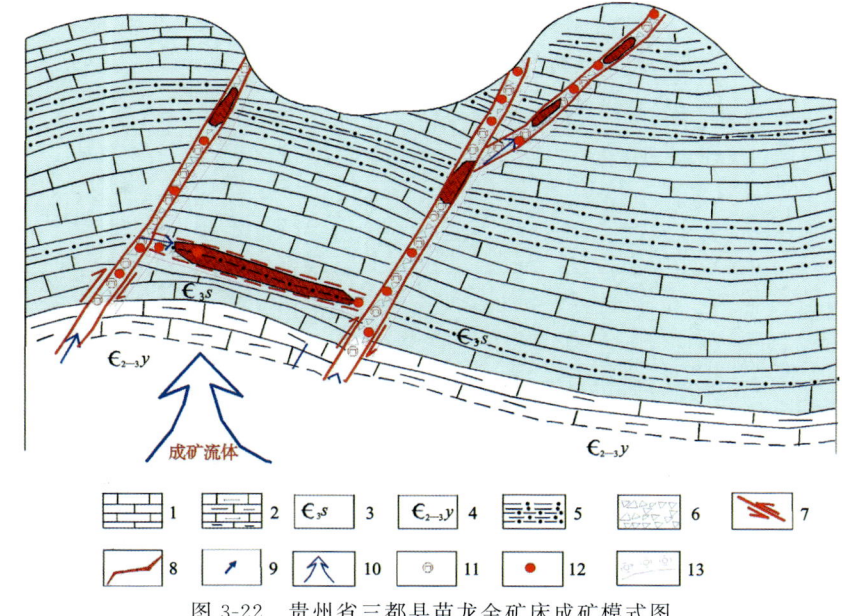

图 3-22 贵州省三都县苗龙金矿床成矿模式图

1.泥岩;2.泥灰岩;3.寒武系三都组;4.寒武系杨家湾组;5.粉砂质黏土岩;6.断层角砾;7.逆断层;8.含矿体或矿化体;9.流体运移方向;10.成矿流体;11.黄铁矿化;12.砷、锑、汞矿化;13.硅化

（四）贵州省锦屏县同古金矿床

1. 矿床概况

贵州省锦屏县同古金矿床位于贵州东部锦屏县铜鼓镇。地理坐标：东经 $109°17'38''—109°20'57''$，北纬 $26°31'05''—26°34'54''$。先后有贵州省地矿局一一七地质大队、一〇三地质大队、贵州工业大学资源工程系等单位在该区开展了普查、详查及相关研究工作，提交金矿地质储量 1 351.50kg（2007年核实 1 199.62kg），矿床规模为小型。

2. 成矿地质背景

1）大地构造位置

锦屏县同古金矿位于上扬子陆块雪峰山陆缘裂谷盆地相，在成矿区（带）上属于滨太平洋成矿域→扬子成矿省→江南隆起西段锡、钨、金、锑、铜、重晶石、滑石成矿带→天锦黎金、水晶、重晶石、钒成矿带。

2）矿区构造

矿床位于山洞复背斜上（图3-23，图3-24），山洞复背斜轴向北东，南西起于敦寨，北东止于十里坪一带，轴长约13km，宽1~1.5km，属较开阔的基本对称型复式背斜，由龙里组构成，其中南东翼上覆有南华系等。南东翼岩层倾向 $100°~140°$，倾角一般为 $20°~30°$；北西翼略陡，倾向 $280°~320°$，倾角一般为 $15°~40°$。轴线不平直，呈舒缓波状，中部隆起，分别向北东和南西两端倾伏。背斜构造中部一带发育一些次级小褶曲，长5km、宽1km的范围为含金自然重砂异常，背斜为主要控矿构造。

断裂构造较发育，如花桥断层和 F_1、F_3 等。花桥断层破碎带宽度大于10m，断层倾向北西，倾角约 $75°$，走向上呈舒缓波状弯曲；F_1 为扭性平移断层，水平断距350m，垂直断距较小（<42m），位于山洞背斜南东翼，走向与背斜轴近于平行；F_3 为逆断层，位于北西翼，亦与背斜轴部平行。除隐伏的 F_x 断裂容矿外，其他断裂构造未见对成矿有控制作用，应为成矿期后构造。F_x 断裂系深部采矿过程揭露的含矿逆冲断裂破碎带。层间裂隙主要表现为因横弯褶皱的挤压作用而导致的层间虚脱张开，主要集中在背斜构造轴部范围，常偏于北西翼一侧。

3）赋矿地层

矿区分布地层主要为青白口系龙里组第二段，第一段仅钻孔揭露。在矿区北西部有中石炭统黄龙组碳酸盐岩零星分布，矿区南东侧还有南华系长安组含砾泥质岩和杂砂岩分布。

据矿区勘查资料，龙里组按岩性可分2段5亚段。

龙里组第一段第一亚段（Qbl^{1-1}）：主要为浅灰色层带状含粉砂质板岩，间夹条带状绢云母粉砂质板岩及薄层变余砂岩及砂—砾岩，厚度大于135m。

龙里组第一段第二亚段（Qbl^{1-2}）：下部和上部均主要为变余砂岩、粉砂岩及变余砂—砾岩，夹少量粉砂质板岩，中部则主要为浅灰色层带状含粉砂质板岩，局部夹变余粉砂岩薄层及透镜体。总厚25~76m。其中下部变余砂岩硅化明显，含 M_6 含金石英脉带，上部含 M_5 含金石英脉带。

龙里组第二段第一亚段（Qbl^{2-1}）：下部为灰—浅灰色条带状砂质板岩、粉砂质板岩，局部夹黑色碳质板岩，厚20~94m，含 M_4 含金石英脉带；中部为灰色绢云板岩，厚51~142m；上部为灰—浅灰色条带状粉砂质板岩-绢云板岩，局部夹变质砂岩透镜体，并常见石英（含金）细脉小脉分布，即构成 M_1 含金石英脉带，厚42~58m。

龙里组第二段第二亚段（Qbl^{2-2}）：灰—灰绿色厚层块状变余细砂岩及中粒砂岩，夹条带状粉砂质板岩、砂质板岩，厚50~100m，M_3 含金石英脉带和 M_2 含金石英脉带。

龙里组第二段第三亚段（Qbl^{2-3}）：下部为浅灰—浅灰绿色条带状粉砂质板岩及砂质板岩夹变余细砂岩薄层，厚40~50m；上部为浅灰—灰绿色粉砂质板岩—绢云母板岩，厚度大于50m。

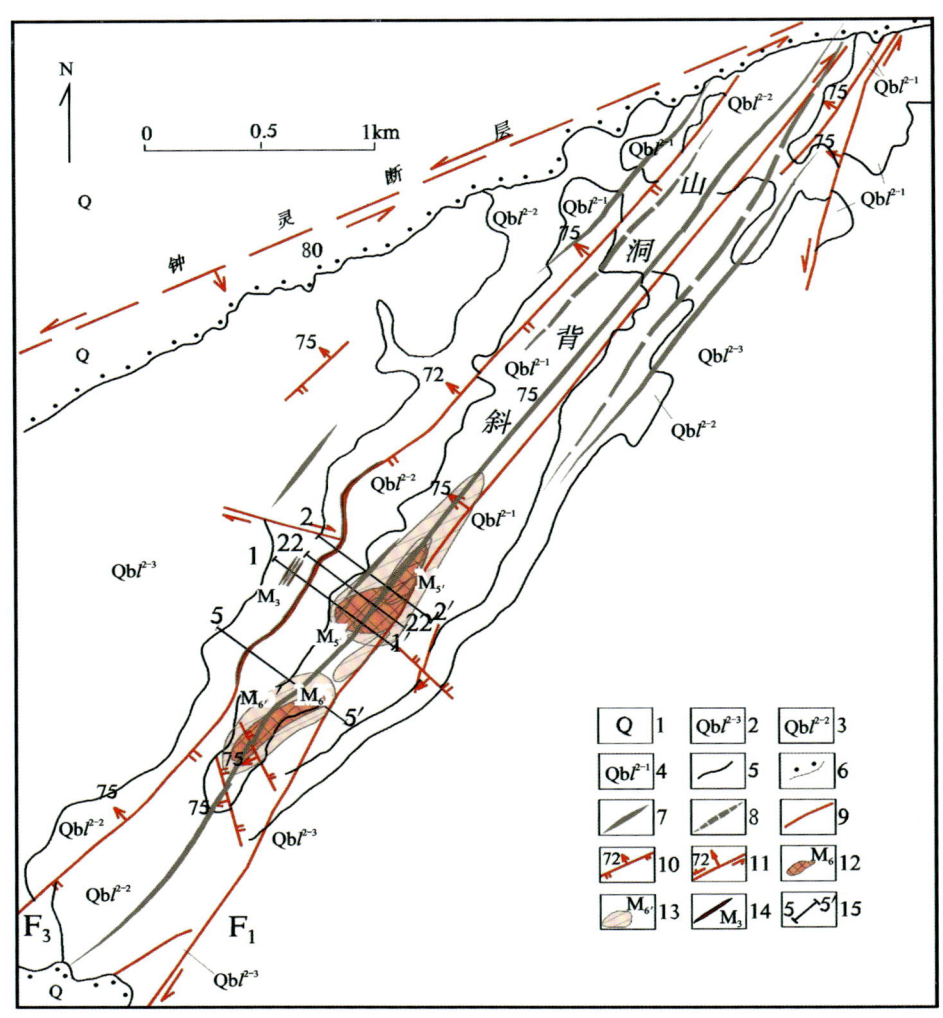

图 3-23　贵州省锦屏县同古金矿床地质简图(吴攀,1999)

1.第四系;2.青白口系龙里组二段第三亚段;3.青白口系龙里组二段第二亚段;4.青白口系龙里组二段第一亚段;5.地层界线;6.不整合地层界线;7.背斜轴线;8.向斜轴线;9.性质不明断层及编号;10.逆断层倾角及编号;11.平推断层及编号;12.金矿体及编号;13.矿化体及编号;14.网脉状含金石英脉及编号;15.地质剖面位置及编号

3.矿体及矿石特征

1)矿体特征

(1)含金石英脉。主要产于龙里组变余细砂岩(砂砾岩)和粉砂质板岩间的层间滑脱构造带中,计 6 条含金脉带,自上而下分别为 $M_1 \sim M_6$(图 3-27)。

$M_1 \sim M_3$ 产于浅表范围,充填于层间剥离裂隙的含金单脉所组成的脉带,勘查前已采空。其中,M_2 以层间单脉为主,勘查前已采空;M_3 由 10～20 条复脉、网脉交织组成,长 1500m,宽 120～200m,厚 10～20m,品位 $0.02×10^{-6} \sim 0.94×10^{-6}$。

$M_4 \sim M_6$ 产于 100m 以深,含金极不均匀,产状分顺层整合型和切层交错型两类,含金石英脉以层间脉和破碎带脉为主,次为节理脉,可分为单脉、复脉和网脉等,受构造控制。

M_1 石英脉带:产于背斜轴部,充填于层间剥离裂隙,脉带一般由 3～5 条,最多由 9 条石英脉组成,脉长几米至十几米,延深也是几米至十几米;脉厚 0.05～0.20m,最厚 0.40 m;脉间距 0.1～7 m,一般不大于 2 m;脉带沿走向断续延长 450m。石英脉含金品位 $(0.02 \sim 30.59)×10^{-6}$。

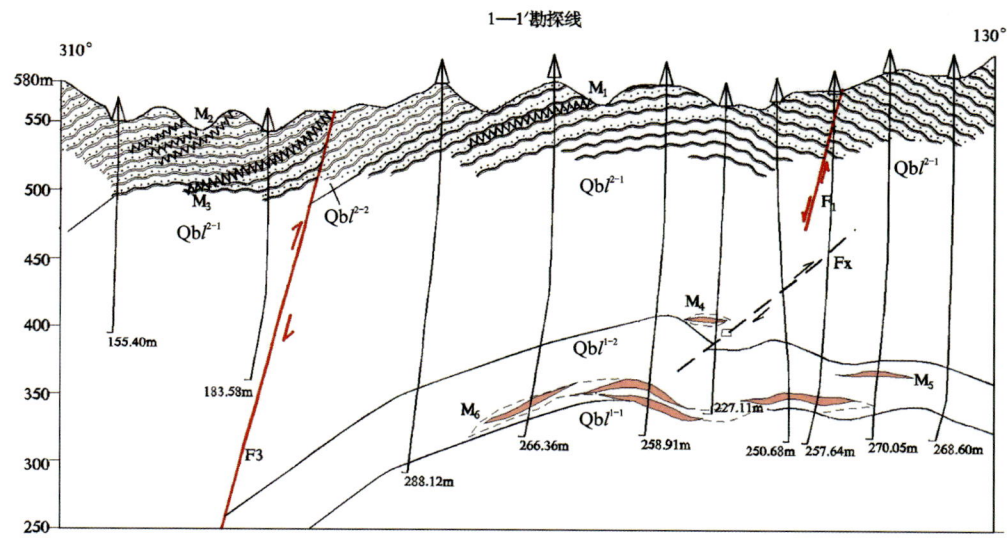

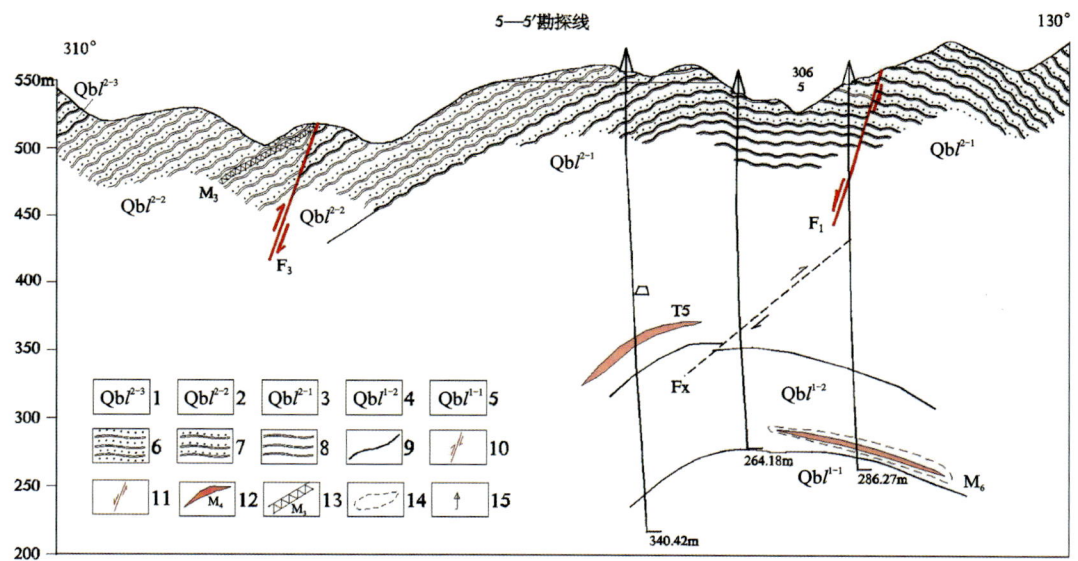

图3-24 贵州省锦屏县同古金矿床勘探线剖面图(吴攀,1999)

1.龙里组第二段第三亚段;2.龙里组第二段第二亚段;3.龙里组第二段第一亚段;4.龙里组第一段第二亚段;5.龙里组第一段第一亚段;6.变质砂岩及变质粉砂岩;7.砂质板岩;8.板岩;9.地层界线;10.逆断层;11.正断层;12.金矿体及编号;13.网脉状含金石英脉及编号;14.蚀变带;15.钻孔位置及编号

M_2石英脉带:产于背斜北西翼,以层间脉、似层间脉为主,包括少量切层脉。脉带宽5～20 m,一般由5～6条,最多12条石英脉组成,单脉长几米至几十米,延深一般小于20 m,最大不超过50 m,脉厚0.05～1.10 m;脉间距0.5～8m,一般大于2 m。石英脉含金品位$0.02～0.13\times10^{-6}$。

M_3石英脉带:主要产于背斜北西翼,沿F_3断层出露分布,产于F_3断层上盘的层间裂隙破碎带,由10～20多条石英单脉、复脉及网脉密集组成。长约1400m,脉带厚10～20m,延深120～200m,单脉厚0.01～0.05m,最厚达3m。脉中含较多围岩团块,石英脉含金品位$(0.02～0.94)\times10^{-6}$。

M_4石英脉带:分布于背斜中部,为顺层充填隐伏石英脉带(复脉),脉带长约350m,厚5～28m,由3～8条较大层间石英脉及其间一些层间小脉和网脉构成,单脉长数十米至320m,厚0.1～2.0 m。金品位$(0.02～6.59)\times10^{-6}$。

M_5石英脉带：分布于背斜中部，为顺层充填隐伏石英脉带（复脉），长250m，宽约80m，一般由3～5条层间石英脉构成，单脉长几十米至200m以上，厚0.10～0.76 m。金品位$(0.02～16.0)\times 10^{-6}$。

M_6硅化蚀变带：分布于背斜中部隐伏顺层发育，长1400m，宽80～130m，厚10～30m。金品位$(0.5～17.86)\times 10^{-6}$。

（2）金矿体。Ⅰ号矿体产于M_4脉带，走向长200m，厚0.96～1.72m，品位$(1.22～6.59)\times 10^{-6}$。Ⅱ号矿体产于$M_5$脉带，长300m，厚0.76～0.88m，品位$(3.90～16.00)\times 10^{-6}$。Ⅲ$_1$号矿体产于$M_6$脉带上部，长500m，厚0.46～1.65m，品位$(1.09～4.46)\times 10^{-6}$。Ⅲ$_2$号矿体产于$M_6$脉带下部，长400m，厚0.50～2.60m，品位$(1.17～17.86)\times 10^{-6}$。

2）矿石特征

矿石矿物成分为自然金、黄铁矿、方铅矿、闪锌矿、毒砂，少量磁黄铁矿、黄铜矿、黝铜矿、金红石、锐钛矿、金银矿、石英、长石、白云石等。矿石结构为半自形晶粒状结构、他形晶粒状结构、交代结构；矿石构造为网脉状构造、角砾状构造、条带状构造、块状构造。

3）找矿标志

地层标志：青白口系龙里组为容矿层位，是主要找矿标志。

构造标志：山洞背斜为最主要控矿构造，因而也是最主要构造标志。

地球化学标志：金元素地球化学异常及其配套元素的异常是最有力找矿标志。

矿物学标志：自然金是最直接的找矿标志，黄铁矿、毒砂等硫化物是十分重要的载金矿物，是很好的找矿标志。

蚀变标志：硅化及金属硫化物矿化等蚀变与金矿关系密切，因而是大部分金矿床的找矿标志。

矿（化）体或蚀变岩露头：矿（化）体露头是最直接的找矿标志，可指导深部找矿。

4. 控矿因素与成矿作用

1）控矿因素

矿区分布主体是受山洞背斜控制，其矿体产在层间虚脱空间及其附近伴生的Fx断裂控制。主要由M_1、M_2、M_3、M_4、M_5、M_6及F_1、F_2共同控制。

2）成矿作用

（1）成矿物源——同位素分析。

A. 硫同位素：据吴攀（1999）引用贵州有色地质一队测试数据资料，矿床两件硫化物样品测试结果分别为$\delta^{34}S$ 9.7‰和14.3‰，对比黔东南其他金矿床硫同位素（$\delta^{34}S$ 8.7‰～21.5‰，极差$R=12.8$‰）均为富集重硫的特征（何立贤等，1993），以及湘西湘中金矿硫同位素组成位于由冷家溪群和板溪群地层硫同位素组分构成区间内的研究成果（胡瑞忠等，2005），大量资料表明湘西黔东金矿的硫主要来自容矿围岩及其基底。

B. 氢氧同位素：矿床氢氧同位素$\delta^{18}O_{H_2O}$变化范围在-3.52‰～-1.14‰之间，δD_{H_2O}的变化范围为-44.3‰～-33.4‰，在δD_{H_2O}-$\delta^{18}O_{H_2O}$图解中投影落在大气降水、岩浆水和变质水之间的混合水区域，更接近大气降水线（图3-25）（吴攀，1999；吴攀等，2005）。参照邵军等（2004）关于成矿热液来源于建造水的观点和何立贤等（2006）关于热液矿床的矿质和水是同源的哲学思想，该矿床成矿热液应以建造改造水和变质水为主，有少量岩浆水，演化晚期有大量大气降水参与。

碳同位素：矿床的碳同位素$\delta^{13}C$为-7.98‰～-2.34‰，可能是地层变质作用去气作用（沉积有机物，-30‰～-5‰）及地幔去气作用（-10‰～-4‰）释放的CO_2参与成矿作用的结果（吴攀，1999；吴攀等，2005）。胡瑞忠等（2005）也指出沉积有机质参与了成矿作用。

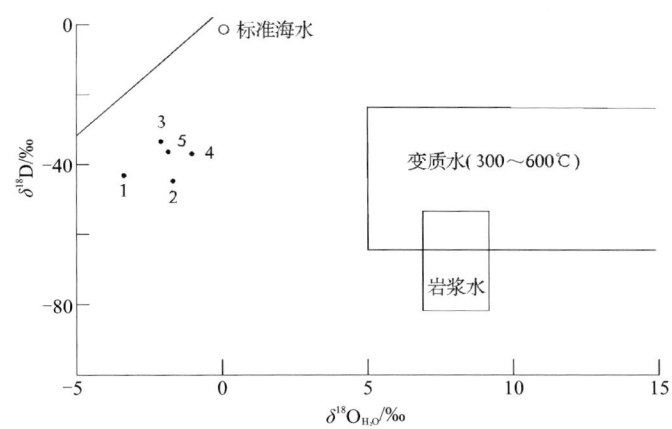

图 3-25　贵州省锦屏县同古金矿床金矿氢氧同位素 δD_{H_2O}-$\delta^{18}O_{H_2O}$ 图解

（吴攀等,2005；图中 1~5 为样品号）

（2）成矿热液成分特征。同古金矿含金石英脉中石英晶体包裹体以气液型为主，纯液型次之，CO_2 包裹体偶见。包裹体气相成分为 H_2O、CO_2、CH_4、CO 和 H_2，其中 H_2O 含量最高，次为 CO_2，但 CO_2 为其他挥发分的 10~20 倍；液相成分主要有 Na^+、Ca^{2+}、K^+、Mg^{2+}、Li^+、Cl^-、F^-、HCO_3^-，其中，阳离子主要为 Na^+，阴离子主要为 Cl^-、HCO_3^-，成矿流体为弱酸性（pH 6.60~6.85），属于 H_2O-CO_2-NaCl 体系（吴攀,1999；吴攀等,2005）。

（3）成矿热源及成矿温度。吴攀（1999）对 192 个气液包裹体的均一测温结果表明，矿床的主成矿温度在 200~300℃ 之间，属于低温热液成矿作用。

鉴于上述关于金主要来源于矿体围岩和基底地层的观点，根据矿区及其区域地层岩石变质变形等特征分析，认为成矿热力主要源于加里东期区域埋深静压变质、褶皱造山构造热事件等作用。

（4）成矿时代及其阶段。据朱笑青等（2006）研究，矿床石英中流体包裹体 Rb-Sr 等时线年龄为（425±16）Ma，属于加里东期。事实上，黔东南地区金矿的成矿时代均主要为加里东期（彭建堂等,1998；王秀璋等,2000；胡瑞忠等,2005,2007；朱笑青等,2006）。吴攀（1999）将热液成矿作用划分为贫金-石英成矿或成脉阶段、石英-硫化物-自然金成矿阶段和碳酸盐阶段 3 个主要成矿阶段。其中，石英-硫化物-自然金成矿阶段为主成矿阶段。

（5）成矿作用过程。金矿体主要为顺层充填的含金石英脉，其余为充填于 Fx 断裂中的网脉状石英脉。两者均产于背斜核部，系褶皱过程中含矿热液在正向构造单元即背斜核部汇聚并充填于其中层间虚脱空间及伴生断裂构造中成脉成矿的结果。其中，含金石英脉可能是在地层仍处于基本水平状态但层间虚脱空间已形成的过程中成脉、成矿，因此，常见石英脉发育一系列平行于围岩层理的层纹状、条带状等构造，多由泥质、硫化物及自然金等构成。在褶皱过程中，不断形成的含金石英脉则发育斜交于围岩层理的层纹状、条带状等构造。由于 Fx 断裂系褶皱的伴生构造，即在塑性褶皱形成过程中脆性变形开始时才伴随形成，含矿热液向顺层滑脱空间充填成矿的同时，部分热液向与之连通的 Fx 断裂注入并形成相应矿体。

综上所述，加里东期背斜与早期基底隆起叠加形成穹状正向构造，使含矿热液向该穹状正向构造聚集而成矿，形成包括顺层充填含金石英脉和贫金石英脉，以及充填于山洞背斜伴生 Fx 断裂构造的含金石英（网）脉，随地壳的抬升和剥蚀，大量贫金石英脉和含金石英脉出露地表，包括热液作用形成的各种蚀变产物，因剥蚀而形成金及其伴生元素的地球化学异常，包括自然重砂异常等。

5. 典型矿床成矿要素

经分析研究,矿床的成矿要素及其特征见表3-27。

表3-27　贵州省锦屏县同古金矿床成矿要素表

成矿要素		特征描述	要素分类
地质环境	成矿时代	加里东期[石英脉流体包裹体Rb-Sr等时线法,(425±16)Ma;朱笑青等,2006]	必要
	构造背景	(雪峰山基底逆推带)北东向山洞复式背斜(轴部)	必要
	构造组合	背斜轴部及其两翼近轴范围的层间虚脱空间及伴生断裂构造	重要
矿床特征	含矿带及矿体特征	自上而下计6条含金脉带,其中M_1~M_3出露地表,M_4~M_6产于100m以深。M_1、M_2以层间单脉为主,勘查前已采空;M_3充填于层间剥离裂隙,由10~20条单脉及网脉交织组成,长1400m,宽120~200m,厚10~20m,品位$(0.02$~$0.94)\times10^{-6}$,勘查前已采空;M_4长约350m,厚5~28m,含Ⅰ号矿体,矿长200m,厚0.96~1.72m,品位$(1.22$~$6.59)\times10^{-6}$;M_5长250m,宽约80m,厚5~10m,含Ⅱ号矿体,矿体长300m,厚0.76~0.88m,品位$(3.90$~$16.00)\times10^{-6}$;M_6长1400m,宽80~130m,厚10~30m,含Ⅲ$_1$和Ⅲ$_2$两个矿体。Ⅲ$_1$矿体长500m,厚0.46~1.65m,品位$(1.09$~$4.46)\times10^{-6}$,Ⅲ$_2$号矿体(M_6)长400m,厚0.50~2.60m,品位$(1.17$~$17.86)\times10^{-6}$	重要
	矿物成分	自然金、黄铁矿、方铅矿、闪锌矿、毒砂,少量磁黄铁矿、黄铜矿、黝铜矿、金红石、锐钛矿、金银矿、石英、长石、白云石等	重要
	矿物组合	石英-黄铁矿-自然金;石英-毒砂-自然金;石英-黄铁矿-毒砂-闪锌矿-方铅矿-自然金;石英-锐钛矿-自然金	重要
	矿石类型	含中粗粒金脉石英矿石、含微粒金脉石英矿石、含硫化物和金脉石英矿石、含氧化物和金脉石英矿石、含微粒金变质细砂岩和砂砾岩型矿石(少量)	重要
	结构构造	半自形晶粒状结构、他形晶粒状结构、交代结构,网脉状构造、角砾状构造、条带状构造、块状构造	重要
	金赋存形态	以片状、柱状为主,次为树枝状、不规则状。上部矿体多为明金,粒径一般大于0.10mm,最大4.5mm×3.8mm,主要产于石英脉中,部分赋存于石英脉内的黄铁矿;下部矿体(M_5、M_6)以微金为主,粒径一般0.00114~0.10mm,最大0.30mm	重要
	资源量	1 351.5 kg	重要
	品位	在$(1.54$~$9.95)\times10^{-6}$之间	重要
	厚度	0.50~1.34 m	重要
	围岩蚀变	以硅化和黄铁矿化为主,闪锌矿化、毒砂化、铁白云石化、方解石化、绢云母化、绿泥石化	重要
	同位素特征	硫同位素$\delta^{34}S$ 9.7‰~14.3‰;$\delta^{32}S/^{34}S$ 21.907~22.007;碳同位素$\delta^{13}C_{PDB}(CO_2)$ -7.98‰~-2.34‰;氢氧同位素$\delta^{18}O_{H_2O}$ -3.52‰~-1.14‰;δD_{H_2O} -44.3‰~-33.4‰	次要
	包裹体特征	均化温度(石英包体)190~330℃,平均239℃	次要
	物源	来源于基底地层及围岩,热液以建造改造水—变质水为主,有大气水大量参与	次要

6. 典型矿床成矿模式

综合矿床矿体产出特征及其控矿因素研究,将矿床的成矿作用及成矿模式归纳如下,模式图见图 3-26。

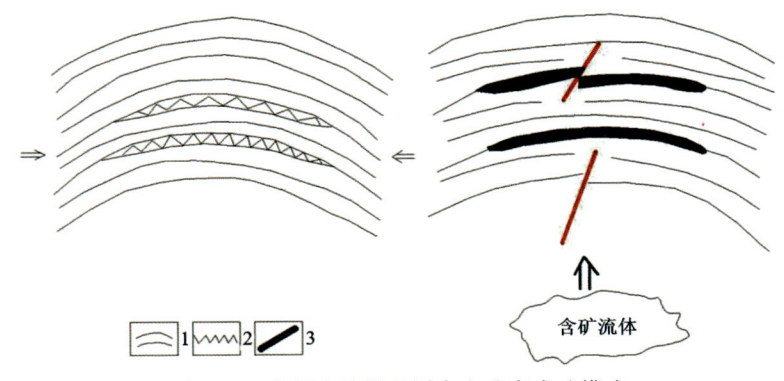

图 3-26 贵州省锦屏县同古金矿床成矿模式
1. 板岩、变质砂岩及千枚岩;2. 石英脉;3. 金矿体

(1)位于雪峰山陆缘裂谷盆地相,即雪峰山弧形剪切构造带西南段,在成矿区(带)划分上属于滨太平洋成矿域→扬子成矿省→江南隆起西段锡、钨、金、锑、铜、重晶石成矿带→天锦黎金、水晶、重晶石钒成矿带,成矿地质构造背景条件有利。

(2)巨厚的浅变质陆源碎屑沉积岩夹火山碎屑岩复理石建造(以及其中某些金丰度可能较高的地质体),为区内金矿的含金建造即矿源层,成矿地质条件有利。

(3)含金沉积建造在加里东期经成岩改造、埋深静压变质、褶皱造山构造变形变质及其热动力作用,使建造水逐渐演化成为由改造水、变质水及部分远(深)源岩浆水组成的以变质水为主的含矿热液,在演化过程中常有大量大气水的参与。区内金矿属于加里东褶皱造山(中—低温)变质热液矿床类型。

(4)多元成矿信息显示,矿区存在一系列由四堡基底隆起构造控制的东西向成矿(矿)带和加里东背斜轴部控制的北东向成矿(矿)带,矿床产于两者的交会处。矿体主要为含金石英脉,就位于背斜轴部及其附近翼侧层间滑脱空间和其伴生断裂和轴面劈理构造中,另外沉积建造中砂(砾)岩层也形成层控蚀变岩型金矿(化)。一系列区域性断裂构造与金的成矿作用关系不大,背斜为控矿构造。

(5)顺层(含金)石英脉可划分为褶皱初期水平顺层充填(含金)石英脉(或含金毒砂矿脉)和褶皱期及后期倾斜"整合"充填(含金)石英脉。由于造山褶皱轴在其演化过程中的迁移原因,由背斜控制的顺层含金石英脉往往偏集于背斜轴部北西翼一侧。

(6)在地层垂向序列上,自上而下成矿显示由以石英脉型为主演变为浸染蚀变岩型金矿(低硫化物型),具有良好的成矿条件和找矿前景。

(7)一系列区域性断裂构造对金矿的成矿作用贡献不大,但不排除对其他期次成矿的影响,例如部分大断裂构造带可能与雪峰地区深部的区域性剪切熔融层相联系而形成相应金矿。

三、铜矿

(一)贵州省威宁县铜厂河铜矿床

1. 矿床概况

矿区位于威宁县城南南西侧,距离县城 210°方位约 25km。中心地理坐标:东经 104°14′50″,北纬

26°43′30″。属与陆相镁铁质岩浆喷出作用有关的火山沉积-热液型（玄武岩型）铜矿床。矿区已进行过普查工作，矿床规模为小型。成矿单元属上扬子台褶带铅、锌、铜、汞、锑、金成矿带的组成部分。

2. 成矿地质背景

1) 构造

矿区位于上扬子陆块南部碳酸盐台地相的六盘水断陷和普安旋扭构造变形区。矿区褶皱有铜厂河背斜和老厂向斜，轴向均为南北向。主要发育近南北向断层，其次为北西向、北东向和近东西向断层。近南北向断层与矿化关系密切。

2) 赋矿地层、岩石

本区主要出露上二叠统峨眉山玄武岩组、上二叠统龙潭组。峨眉山玄武岩组岩石包括火山熔岩及火山碎屑岩，火山熔岩主要有致密块状玄武岩、杏仁状安山玄武岩，火山碎屑岩主要有火山集块岩、集块角砾岩、凝灰角砾岩、凝灰岩、沉凝灰岩及凝灰质灰岩，是区内主要的容矿岩石。

本区位于峨眉山大火成岩省的东区，岩石地球化学特点是高钛低镁，属高钛玄武岩类型。玄武岩具有 Cu 的高背景值，平均含量 162×10^{-6}，并处于 Cu 的地球化学急变带上，故具有铜成矿的背景和可能。

3. 矿体及矿石特征

1) 矿体特征

矿区内矿化层位较多，矿物组合简单，主要矿化富集产在 1、2、3 喷发旋回的中上部，有 4 个喷发层含矿较好，其中以第三喷发旋回中上部的杏仁状安山玄武岩矿化较富集，规模较大，层位稳定，为矿区工业矿体的主要赋存层位。东矿段已圈出大小矿体 45 个，西矿段也圈出两个矿体。矿体呈透镜状、陡脉状，以沿层产出为主，在构造通过地段铜矿较富集，并出现穿层现象。

矿区西段圈出的最大矿体长约 110m，宽 200m，厚 1.08~4.0m，Cu 品位 0.366%~1.3%。东矿段圈出的最大矿体长约 167m，宽 52m，厚 0.45~7.6m，总体是中间厚四周薄的透镜状矿体，Cu 品位 2.4%。

2) 矿石特征

金属矿物主要有辉铜矿、斑铜矿、黄铜矿、自然铜，次为铜蓝、蓝铜矿、方辉铜矿、赤铜矿，伴生矿物有黄铁矿、磁铁矿、褐铁矿、方铅矿、闪锌矿等；脉石矿物主要有辉石、斜长石、绿泥石、石英、玉髓、方解石、白云石、浊沸石、炭沥青、石膏等。

矿石结构有充填交代结构、自形—半自形粒状结构、叶片状—格子状结构等；矿石构造主要有晶洞状构造、浸染状构造、细脉状构造和网状构造。

矿床围岩蚀变有绿泥石化、碳沥青化、黄铁矿化、硅化、沸石化、方解石化等。

矿床形成分为 3 个成矿期：①同生期，形成广泛的条带状和浸染状黄铜矿、自然铜等铜矿化；②热液期，形成具工业价值的铜矿体；③表生期，铜硫化物矿体表生氧化形成孔雀石、蓝铜矿、铜蓝等次生矿物。

4. 控矿因素与成矿作用

1) 控矿因素

铜矿主要受玄武岩岩浆火山机构、断层和层间裂隙共同控制。

铜矿的分布与火山机构密切相关，不同的火山机构其岩性组合不同。火山喷液中心为火山凝灰岩、角砾岩，为有利矿体赋存的岩性组合；而杏仁状安山玄武岩、富有机质黏土岩是赋矿的有利岩石建造；另外，火山集块岩、集块角砾岩、凝灰角砾岩、凝灰岩、沉凝灰岩及凝灰质灰岩也是区内主要的容矿岩石。因此，离火山喷液中心较近的区域有利成矿，而稍远的块状熔岩不利于成矿。

断层和层间裂隙是矿体赋存的主要空间,燕山期构造运动形成的玄武岩中的层间断裂带、破碎带、虚脱空间等是导矿和容矿的有利空间,与矿源层有较大接触面的容矿构造,即具有较大范围的水-岩反应萃取矿质沉淀富集的空间亦是有利的控矿构造。矿区断裂构造十分发育,主要有近北西向、近南北向、北东向和近东西向 4 组。矿区规模较大的断层有北西向 F_{51}、F_{55}、F_{50} 断层,近南北向 F_{52}、F_{53} 断层和北东向 F_1、F_{49} 等断层。F_{52} 断层为矿区内最大的断层,以 170°的走向穿过矿区,将矿区分割为东西两块,东盘上升,西盘下降,形成现今的东、西两个矿段;F_{53} 断层位于西矿段西部,走向 5°,倾向北东,倾角约 80°,长 5km 以上,在断层西盘第三含矿层位顶部有较好的铜矿(化)产出。

2)成矿作用

肖宪国(2005)、武国辉(2005)研究认为本区大规模的玄武岩岩浆喷发分异形成了铜的初步富集。火山喷发后,火山同生热液沿着火山机构和火山通道及火山通道周围的断裂上升,使溢流玄武岩中的铜不断向上迁移富集。古火山口附近火山旋回之间的火山凝灰岩和火山角砾岩及气孔状玄武岩为热液活动提供通道和铜的沉淀空间,形成铜矿化,是最主要的成矿阶段。后经埋藏变质作用改造,使成矿物质空间分布重新调整,在构造发育的地段进一步富集而形成较好的工业矿体。矿床成因为与玄武岩喷发分异有关的火山沉积,火山同生热液成矿叠加埋藏变质作用改造的矿床。

罗孝桓等(2002)认为威宁地区玄武岩型铜矿主要赋存在 P_3em^3 玄武岩多个喷发微旋回之中的"玄武质凝灰岩、沉凝灰岩、富含陆地-沼泽相植物和有机质的正常沉积泥砂岩石"组成复杂、岩性岩相多变的"地质—地球物理—地球化学矛盾带"中。他们综合分析认为,该区玄武岩型层状铜矿化并非单一因素作用,而是多因素的耦合放大-近源火山机构(物源准备)加上喷发间歇期有机质吸附(初步富集),再加上深埋藏变质作用(成矿热流体)叠加的产物。

戴传固等(2003)对威宁地区的玄武岩型铜矿地质特征、成矿规律等进行了分析,认为成矿时期最大可能是燕山期。云南地区玄武岩型铜矿床(云南宝坪)目前报道的成矿年龄为 87.2~27.1Ma,以 57~27.1Ma 为主体(钟康惠等,2003)。他们认为矿床形成于晚燕山期—早中喜马拉雅期。朱炳泉等(2005)对滇东北与自然铜富矿石密切共生的浊沸石、片沸石进行了年龄测定,不同自然铜矿化区浊沸石给出了一致的 $^{40}Ar/^{39}Ar$ 坪年龄和等时线年龄(226~228 Ma);片沸石 $^{40}Ar/^{39}Ar$ 和 U-Th-Pb 等时线定年结果表明,该区在白垩纪早期(135 Ma)存在第二次低温热液作用和自然铜矿化。因此,我们认为威宁铜厂河铜矿床的成矿时代也应与具有相同成矿背景、特征的云南宝坪及滇东北矿床相近,矿床在峨眉山玄武岩喷发间隙及期后热液作用下共同形成。

5.典型矿床成矿要素

根据矿床成矿特征,总结成矿要素见表 3-28。

6.典型矿床成矿模式

在全面整理、综合分析研究矿床地质特征的基础上对矿床成矿模式总结见图 3-27。

峨眉山地幔柱上涌形成区域拉张,导致攀西大陆边缘裂谷发育,形成川滇黔区域大面积玄武岩喷溢及同源辉绿岩的侵位,岩浆从地幔及地壳携带大量 Cu、Pb、Zn、Au 等成矿物质喷出地表,形成矿区内第一喷发旋回的火山角砾岩,并成为矿区的最初始矿源层,随后岩浆持续喷溢,继续带来大量 Cu 等成矿物质,局部形成矿化体,在岩浆活动后期,强烈喷发减弱为间歇性喷发,除继续带来大量成矿物质外,同时产生大量火山气液,在陆相水体环境下,成矿气液得以保存,成矿物质沉淀下来形成工业矿体。同时由于岩浆持续喷发所带来的巨大热能,使得天水(地表水体)持续沿断裂(岩石孔隙)下渗、被加热并不断淋滤出玄武岩石中 Cu 等成矿物质,并在具储矿空间的杏仁状玄武岩层位中形成更富集的工业矿体。

表 3-28　贵州省威宁县铜厂河铜矿床成矿要素表

成矿要素		描述内容	要素分类
特征描述		与陆相镁铁质岩浆喷出作用有关的火山沉积-热液型（玄武岩型）铜矿床	
地质环境	成矿时代	晚古生代晚二叠世茅口晚期至龙潭早期火山喷发第三旋回	必要
	构造背景	扬子地块南部被动边缘褶冲带六盘水复杂变形区哀秋向斜	重要
	成矿环境	峨眉山地幔柱上涌形成区域拉张，导致攀西大陆边缘裂谷发育，形成川滇黔区域大面积玄武岩喷溢及同源辉绿岩的侵位	必要
	岩石类型	陆相玄武质熔岩、玄武质火山碎屑岩、角砾岩、富有机质碳质黏土岩	必要
	岩石建造	与火山机构（古火山口及一定范围）密切相关的杏仁状玄武岩、火山凝灰岩、角砾岩	重要
	热液活动	推测火山机构周边的断裂构造为火山期及期后火山成矿热液活动提供了有利通道	必要
	岩石化学	里特曼指数 1.56，MgO 含量 4.49%，固结指数 SI 为 20.47，岩浆分异程度较高，TiO_2 3.89%，属高钛玄武岩，SiO_2 49.39%，属过饱和型，Cu 平均含量 136×10^{-6}	重要
矿床特征	矿体形态	矿体主要为似层状、透镜状，次为扁豆状、团块状	次要
	矿物组合	主要金属矿物为黄铜矿、自然铜、辉铜矿，次为斑铜矿、铜蓝；脉石矿物主要为辉石、斜长石、绿泥石、方解石	重要
	结构构造	多具交代结构与半自形—他形微粒—细粒状结构 构造主要为浸染状、细脉状、杏仁状构造	次要
	蚀变类型	主要为绿泥石化、碳沥青化、黄铁矿化、硅化、沸石化等	重要
	成矿元素	以 Cu 为主，伴生 Ga、Ag	重要

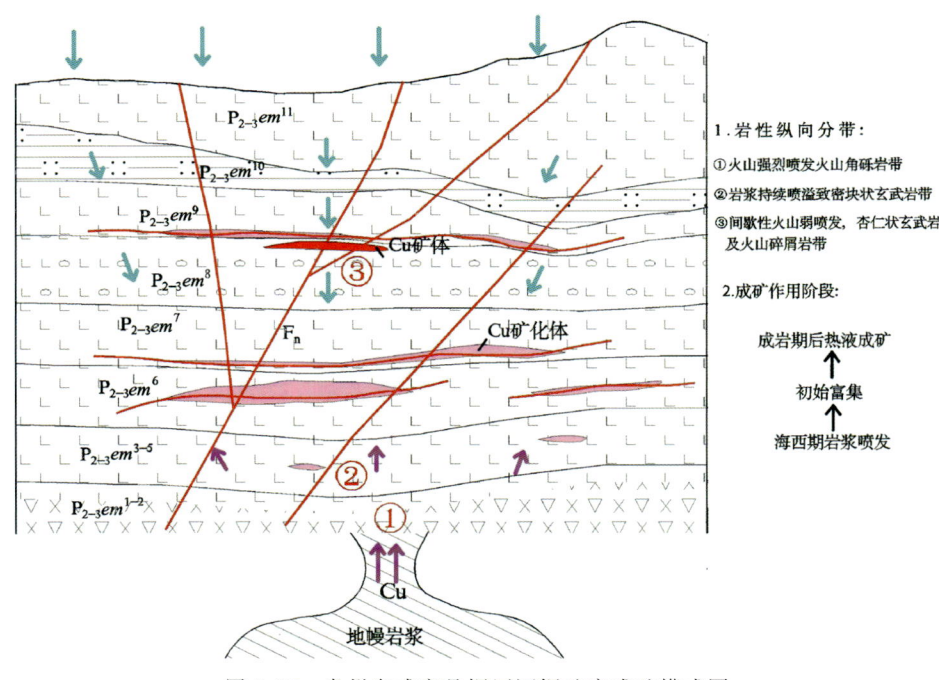

图 3-27　贵州省威宁县铜厂河铜矿床成矿模式图

(二)贵州省从江县地虎铜金银多金属矿床

1. 矿床概况

矿区位于从江县城西南 57 km。地理坐标:东经 108°09′09″,北纬 108°09′09″,面积 0.7km²。属于以铜、铅锌、银、金等为主的多金属矿床,目前矿区已进行了详细普查工作,矿床规模为小型,基本上处于闭坑状态。

2. 成矿地质背景

1)构造

矿区位于雪峰山陆缘裂谷盆地相的吉羊穹隆西侧加车鼻状背斜之加磨背斜轴部。矿区位于甲路组一段与二段滑脱带中,带内层间小断裂特别发育。滑脱构造带总体体现为顺层滑脱,主滑面与地层产状基本一致,局部切割地层,总体走向近于东西,向北倾,主滑脱面倾角一般 10°~30°。西端于党扭南部被党扭断层破坏而交于党扭断层,往东经翁浪—地虎后,于翁浪东部延伸出本区,区内延长约 6300m。滑脱构造带一般宽 2~30m 不等,最宽达 100m 以上。滑脱带内岩性多为强硅化绢云母千枚岩、铁锰质绢云母千枚岩、块状石英片岩、绿泥石片岩、变余石英砂岩等。由于滑脱作用和后期构造作用的影响,带内岩石常形成构造片岩、硅化碎裂岩、碎裂状变质砂岩(石英岩)碎粒岩、剪切透镜体、断层泥等。

2)地层

矿区内出露地层为新元古界青白口系下江群甲路组,为本矿床的赋矿地层。甲路组根据岩性组合特征,可分为两段。

甲路组一段以灰、灰绿色中厚层变余石英砂岩为主,底部有含砾变余砂岩,上中部为灰、灰绿色中厚层变余砂岩夹绢云母板岩、千枚岩、绢云母石英片岩。

甲路组二段下部为灰、灰绿色钙质千枚岩,中部为含铁锰质绢云母千枚岩和灰绿色绢云母千枚岩、粉砂质板岩与薄层变余砂岩互层,上部为浅灰、灰及灰绿色钙质千枚岩、钙质片岩、千枚岩夹灰—肉红色大理岩透镜体。

3)火山岩

矿区内出露火山岩主要为蚀变基性火山岩,其厚度变化大,呈透镜体产出。

3. 矿体及矿石特征

1)矿体特征

矿体受滑脱构造带控制,产出于带内强硅化绢云母千枚岩、铁锰质绢云母千枚岩、块状石英片岩、绿泥石片岩、变余石英砂岩等岩石中。圈定大小矿体共 38 个,其中,主矿体主要呈透镜体状、似层状产出,南北长约 350m,宽 200~400m,平均厚 3.36m,矿体倾角 15°~20°,一般上部缓下部陡,平均埋深 19.3m。矿体向南变薄,东部富集地带矿体平均厚 9.7m,最大厚度达 20m。

2)矿石特征

(1)矿物成分。矿石金属矿物有黄铜矿、黝铜矿、方铅矿、闪锌矿,其次为硫锑铅矿、车轮矿、黄铁矿、磁铁矿、磁黄铁矿、白铁矿、毒砂、自然金、银金矿及少量硫铜银矿、银黝铜矿;脉石矿物主要有石英、绿泥石、绢云母、白云母、黑云母、绿帘石等,见有微量的锐钛矿、金红矿、白钛矿、锆石、电气石、石榴子石、褐帘石、钠长石、方解石、重晶石等。矿石 Au$(2.3~6.5)\times10^{-6}$,Ag$(114.8~223.6)\times10^{-6}$,Cu 0.97%~1.1%,Pb、Zn 3.8%~6.2%。

(2)矿物生成顺序。可分为石英-磁黄铁矿阶段,黄铜矿-闪锌矿-方铅矿阶段,石英-黄铜矿-黄铁矿

(磁铁矿)阶段及石英阶段。

(3)矿石结构构造。包晶结构、自形晶粒结构、半自形晶粒结构、他形晶粒结构、交代溶蚀结构、斑状变晶结构。以块状、细脉浸染状、条带状、脉状、充填交代角砾状构造为主。

(4)围岩蚀变。主要表现为与构造有关的动力热液变质作用，蚀变类型主要有硅化、黄铁矿化、磁铁矿化、绿泥石化，次为高岭石化。

4.控矿因素与成矿作用

1)控矿因素

首先，该区位于雪峰山陆缘裂谷盆地相各地质历史阶段的岩浆活动相对强烈，有形成多金属矿的地质背景。其次，南北向吉羊穹隆背斜-加车鼻状背斜-加磨背斜这些不同级别的褶皱与大规模发育的滑脱构造带密切相关，矿床都分布在背斜、滑脱构造带上，矿体产在滑脱构造带与 Si_a、Si_b、Si_c 及 j_{13} 这一蚀变组合岩体带中，滑脱带中小褶曲及波状起伏的挠曲交会部位控制了矿体的产出部位、形态。矿体围岩为强硅化绢云母千枚岩、铁锰质绢云母千枚岩、块状石英片岩、绿泥石片岩、变余石英砂岩等。

2)成矿作用

矿体主要产于粗粒石英岩或经硅化后的其他千枚岩中，是由于区域变质及期后热液蚀变中成矿热液淋滤出含矿岩石中的各种成矿元素，并在有利的岩石中沉淀富集。硅化蚀变(带)体上部的钙泥质岩系及"黑层"(含铁锰质黑云绢云母蚀变岩、绿泥石千枚岩)起了"化学障"作用，使得成矿热液不致散失而逐渐沉淀富集成矿；硅化是矿区内广泛而重要的近矿围岩蚀变，绿泥石化、绢云母化也是重要的近矿蚀变。"黑层"—绿泥石岩—强硅化绿泥石化混杂蚀变体三位一体的空间蚀变组合是矿体的直接标志。蚀变组合层的厚度、强度与矿体的厚度及矿化强度密切相关，蚀变体越厚、蚀变强度越大，矿体越厚大、越富。

贵州省有色金属和核工业地质勘查局六总队对矿区出露地层及基性火山进行了成矿元素的测定，结果显示甲路组一段中 Si_a、Si_b、Si_c 及 j_{13} 这一蚀变组合岩体带成矿元素显著富集，甲路组中的基性火山岩成矿元素含量也较高，尤其是 Au、Ag 含量高。因此，他们认为矿区内的含矿建造为上述蚀变岩带及基性岩体。同时，矿床的硫同位素测定显示 $\delta^{34}S$ 值为 1.3‰～22.1‰，平均 10.7‰，小于 5‰的有 3 件样。经分析认为矿床的硫源为火山源与沉积源 2 种，即火山活动参与了成矿作用。流体包裹体测试显示矿床成矿温度最高为 313℃，最低 174℃，平均 260.5℃，矿床为中低温热液矿床。

通过上述研究，该区成矿作用发生在整个变质的全过程，经历了一个漫长的演化过程。早期的岩浆作用对成矿物质的活化、迁移起着催化剂的作用，并且提供热源、介质，使成矿物质初步富集；晚期变质作用使成矿热液继续淋滤出围岩中的成矿物质，并在有利的成矿就位场所富集成矿。

王尚彦等(2006)在综合分析前人资料成果后认为区内金矿为多时代多阶段形成的，雪峰期提供成矿物质，加里东期是主要成矿期，燕山期也是重要的成矿时期，不但形成新金矿，还改造加里东期形成的金矿。陶平等(2005)认为从江地区金、铜、银等多金属矿产集中分布于该主滑脱面之上的滑脱构造变形带内，反映了它们与滑脱构造系统有必然的成因联系，因此推测其成矿作用与加里东构造运动有关。考虑到黔东地区成矿地质条件的特殊性(罗迪尼亚超大陆裂解导致大量火山活动发育，构造多旋回，雪峰运动、加里东运动、燕山运动)，作者认为矿床的形成确应是多期次、多阶段成矿作用共同作用的结果。即矿床形成经历了雪峰期形成矿源—加里东期成矿—燕山期矿床品位继续变富、规模变大。

5.典型矿床成矿要素

根据矿床成矿特征，我们对其成矿规律进行了总结，确定其成矿要素见表 3-29。

表 3-29 贵州省从江县地虎铜金银多金属矿床成矿要素表

成矿要素		描述内容	要素分类
特征描述		岩浆期后热液型铜、金、银、多金属矿床	
地质环境	成矿时代	加里东期	必要
	大地构造	扬子地块南缘雪峰山基底逆推带（江南地轴九万大山隆起部位）	必要
	控矿构造	吉羊穹状背斜-加车鼻状背斜，发育于区内大规模的滑脱构造带及各类韧性剪切带	必要
	地层及岩石建造	下江群甲路组一段海相陆源碎屑建造及基性—超基性海相火山岩建造及二段的碳酸盐建造	必要
	变质作用	区域变质作用形成的热液及区域强烈挤压作用形成的蚀变岩体	必要
矿床特征	矿体形态	主要呈似层状、透镜状、扁豆状产于滑脱构造带中	重要
	矿物组合	金属矿物主要黄铜矿、黝铜矿、方铅矿、闪锌矿等，脉石矿物为石英、绿泥石、绢云母、绿帘石等	重要
	结构构造	结构有包晶结构、自形晶粒结构、半自形晶粒结构、他形晶粒状结构、交代溶蚀结构等；构造有块状构造、细脉浸染状构造、条带状构造等	重要
	矿石类型	自然元素（金、银）硫化物、氧化物	次要
	蚀变类型	与成矿关系密切的围岩蚀变主要是硅化、黑云母化、绿泥石化、绢云母化、黄铁矿化等	重要
	成矿元素	主成矿元素为铜、金、银、铅锌等，并伴生镓、锗、镉等	重要

四、铅锌银矿

（一）贵州省威宁县银厂坡铅锌矿床

1. 矿床概况

银厂坡铅锌银矿位于威宁县南西部与云南会泽县交界处，威宁县城南西直距 57km 处，属威宁县岔河乡管辖。地理坐标：东经 103°45′18″—103°47′42″，北纬 26°38′43″—26°41′25″。该矿为碳酸盐岩型铅锌矿床，勘查程度达到详查，矿床规模达中型矿床。

2. 成矿地质背景

1）矿区构造

该矿区位于上扬子陆块南部碳酸盐岩台地相的石门断层带中。银厂坡矿区褶皱自西向东主要发育黑山坡向斜(或称区域迤车向斜)、石门背斜、天星洞向斜、黑座江背斜、横山向斜、银厂坡背斜和小米向斜等，背斜多被平行于轴向的断层破坏而不完整。矿山厂-金牛厂背斜为一不完整之破背斜，跨云贵两省，轴向北北东，核部地层为震旦系，翼部为寒武系、奥陶系、泥盆系、石炭系及二叠系。会泽大型铅锌矿即产于背斜近核部位置。银厂坡铅锌银矿床位于背斜南东翼，矿区内表现为一个单斜构造，地层走向南南西-北北东,倾向南东东,倾角30°～75°。

断裂主要发育北东向石门断裂带(即区域翻身村断裂带)和北北东向银厂坡(迤那)断裂带。其中,石门断裂带由一系列北东向逆断层组成,主干构造为石门断层,区内沿玉龙—小石桥—银厂口—石门一线呈NE40°方向延伸约50km,两端延出区外。断层倾向南东,倾角>40°,两盘岩石挤压破碎明显,褶皱剧烈,破碎带中充填脉状、团块状方解石脉,普遍具硅化、褐铁矿化,是本区北段主要控矿构造;银厂坡断裂带自黑土河—迤那—海拉—银厂坡一线呈北北东向延伸,北端与石门断裂带呈锐角相交,南段延入云南省境内。该断裂带是本区南段主要的控矿构造,控制了银厂坡矿床的产出。在银厂坡矿区范围内,该断裂带表现为由多条断层组成的北北东向叠瓦式逆冲断层。

2)赋矿地层

矿区内地层从老到新出露有震旦系—寒武系灯影组,下寒武统筇竹寺组、沧浪铺组,中泥盆统独山组,中上泥盆统高坡场组,下石炭统大埔组,上石炭统黄龙组,中二叠统梁山组、栖霞组、茅口组,上二叠统峨眉山玄武岩、宣威组,下三叠统飞仙关组、嘉陵江组等。其中,上石炭统黄龙组(C_2h)是本矿床主要赋矿层位,岩性为浅灰—灰色厚层灰岩夹深灰色厚层条带状泥晶灰岩、角砾灰岩,上部岩石中发育带状铁锰质蚀变白云岩,厚度19.78～90.60m。

3. 矿体及矿石特征

1)矿体特征

银厂坡矿床位于银厂坡逆断层上盘,所见矿体、矿化体赋存于大埔组中部的蚀变白云岩中,容矿岩石以褐色粗晶白云岩与黄色中晶疏松白云岩为主。矿体形态复杂,连续性差,矿化不均匀,变化大,主要呈透镜状、串珠状沿层产生,产状与围岩基本一致,一般走向15°～25°,倾向110°,倾角40°～55°,局部因构造或地层产状变化可达65°。已揭露矿体6个,一般长100～200m,延伸100～150m,一般厚1～4m,最厚可达10m,厚度变化大。以Ⅰ矿体规模最大,约占总资源量的71.3%。

Ⅰ矿体:呈透镜状,断续分布于36～46探勘线间,地表仅见1处露头。走向25°,倾向115°,倾角45°～55°。矿体控制最大延长390m,垂直延深340m,至1740m标高之下仍有向下延伸趋势,矿体均厚2.59m,最厚10m,主要产于大埔组中部粗晶白云岩中,矿化富集部位明显受层间构造、层间滑动控制。矿体平均品位Pb 15.16%,最高可达78.52%,Zn 2.99%,Zn最高可达12.05%,伴生Ag $181×10^{-6}$。

Ⅱ矿体:走向断续延长470m,断续垂直延深178m,分布于1～10号勘探线与1940～2142m标高之间,地表出露长度39m,产于大埔组中部蚀变白云岩中,向下延深有顺断穿层现象。矿体与围岩渐变,产状与围岩一致,一般矿体倾角42°～49°,厚1～3m,平均厚2.23m,最大厚5m。矿体平均品位Pb 1.86%、Zn 1.76%,最高Pb 9.18%、Zn 8.05%。

2)矿石特征

其自然类型以硫化矿为主,次有氧化矿、混合矿。硫化矿矿物成分简单,以强金属光泽之致密块矿方铅矿为主,斑点状次之,占矿石矿物组成的80%以上。在致密方铅矿中常见细粒浸染状黄铁矿、闪锌矿。氧化矿主要矿物成分为白铅矿、铅矾、铅铁矾、异极矿、菱锌矿、水锌矿、褐铁矿等。矿石呈土状、蜂窝状、皮壳状等,分布于近地表1980m高程以上及断层与岩溶发育部位。伴生银多数以细粒银的独立矿物的形式存在于方铅矿中,银与铅呈明显的正相关。从单矿物分析来看,方铅矿中银的含量多数较其他矿物高,电子探针扫银的面分布图上显示银呈密集的点分布于方铅矿中。研究分析认为,银厂坡铅锌银矿床中,银的独立矿物主要为银黝铜矿和自然银,银黝铜矿充填于方铅矿的解理和裂隙中,自然银为氧化结果,主要被包于褐铁矿或铅的氧化矿物中。另还有少量Ag替代方铅矿中的Pb而成类质同象。

3)围岩蚀变

主要有铁锰质白云石化、方解石化、褪色化、褐铁矿化、硅化等。

4. 控矿因素与成矿作用

1）控矿因素

小江深断裂带和昭通-曲靖隐伏断裂带为形成深源成矿流体提供了有利的成矿地质背景；矿山厂断裂为矿山厂、麒麟厂及银厂坡3个矿床中压扭性断裂的含矿流体贯入提供了通道，是主要的导矿构造；下石炭统大埔组北东向层间压扭性断裂为矿质沉淀堆积提供了储存空间，并控制了矿体形态的产状，为矿床的主要容矿构造；北西向断裂与北东向断裂交会部位，矿体变富、变厚，是矿床的配矿构造。北东向构造带是矿区最控制矿床的构造，是矿床的主要控矿构造体系。

2）成矿作用

该区北东云贵断裂成矿带受水城断陷盆地两侧的紫云-垭都同沉积断裂及威宁-水城同沉积断裂控制，断陷经历了早期裂陷，中期强烈沉陷，晚期基性岩浆的喷溢与侵位，印支期封闭消亡，燕山期构造反转定型等多阶段的复杂历史，形成了受北西向和北东向古构造控制的、在多期应力作用下以北西向构造为主体的强烈挤压褶皱断裂带。该区铅锌矿的形成与该区地质作用的过程也是一致的。

成矿物源是多源的，以地层来源为主。根据矿体及围岩的常量元素、微量元素和铅、硫同位素以及稀土元素资料，认为该区成矿物质主要来自上部地壳和造山带各种沉积围岩中，含矿地层、基底岩石和沉积盖层均提供部分成矿物质，深部来源较少。矿石矿物和脉石矿物的均一温度在120～200℃之间，说明成矿温度较低，成矿流体以大气降水和海水为主。改造可能与峨眉山玄武岩的喷发有关。矿床明显受构造控制，在上震旦统至二叠系中，普遍有同生沉积型的铅锌元素。

黄智龙（2001）推测会泽铅锌矿的成矿年龄与峨眉山玄武岩基本相同，进而对矿区六号和一号矿体中方解石进行Sm-Nd同位素测年，得到等时线年龄分别为（227±18）Ma和（225±41）Ma（李文博，2004）。张长青等用会泽铅锌矿麒麟厂矿石中泥质岩石在矿化时形成的蚀变岩石中的伊利石进行K-Ar法测年，结果为（176.5±2.54）Ma。

在二叠纪中后期，由于峨眉山地幔柱的活动，使该区位于大区域的地热环境中，有良好的热、气、液驱动源。此时地层压力增加，温度升高，释放同生沉积水，它们与地表和海盆中向下渗透的水相混合，经"地堑"式或岩浆加热，并淋滤和溶解了蒸发岩中的卤素，形成热卤水，向地热高、压力低的梯度带上运移，运移的热卤水将分散在地壳岩石中的铅、锌成矿元素萃取，形成含矿热卤水；侏罗纪以来，本区为一个构造格架形成后的挤压后伸展阶段，伸展期地壳继续活动，形成有利的容矿空间，上升热卤水继续活跃，溶滤、萃取各地层中的矿质，与大气降水混合，形成大规模的流体，含矿热卤水由断裂、裂隙不发育且岩石完整及向斜轴部的承压地段向断裂发育、岩石碎裂及向斜两翼等卸压地段运移，并在物理化学条件变化时或因能量的突然释放或因不同性质水溶液的加入，与围岩发生反应，使铅锌等重金属元素以硫化物的形式从含矿热卤水中不断沉淀。主干逆断层为矿液运移通道，羽状断裂容矿或储矿。容矿岩层挠曲、层间剥离、层间滑动带组成容矿空间，成矿流体在燕山期造就的有利构造空间就位成矿。

5. 典型矿床成矿要素

在对典型矿床地质特征、矿体特征、矿石特征及成矿规律、控矿因素进行分析研究的基础上，归纳总结出典型矿床成矿要素见表3-30，并对要素进行了分类。

6. 典型矿床成矿模式

小江深断裂带和昭通-曲靖隐伏断裂带为形成深源成矿流体提供了有利的成矿地质背景；银厂坡-石门断裂为区内银厂坡等矿床中的压扭性断裂的含矿流体贯入提供了通道，是主要的导矿构造；石炭纪、晚泥盆世碳酸盐岩中北东向层间压扭性断裂为矿质沉淀堆积提供了储存空间，并控制了矿体形态的产状，为矿床的主要容矿构造，北西向断裂与北东向断裂交会部位，矿体变富、变厚，是矿床的配矿构造（图3-28）。

表3-30 贵州省威宁县银厂坡铅锌矿床成矿要素表

成矿要素	描述内容	要素分类
特征描述	中低温热液改造碳酸盐岩型铅锌矿床	
成矿时代	印支期—燕山期	必要
构造背景	扬子陆块南部被动褶冲带,矿山厂-金牛厂背斜东翼,石门断裂带	必要
控矿构造	银厂坡背斜+纵向 F_1 逆断层	重要
赋矿层位	石炭系黄龙组、摆佐组	重要
容矿构造	背斜东翼,银厂坡逆断层上盘层间断裂裂隙	重要
矿物组合	主要矿石矿物闪锌矿、方铅矿、黄铁矿。脉石矿物方解石、白云石,次为重晶石、萤石	重要
矿石结构构造	多具交代结构、自形—半自形—他形结构;以块状构造为主,次为浸染状、网脉状、条带状	次要
围岩蚀变	白云岩化、铁锰质白云石化、方解石化、黄铁矿化、重晶石化、硅化	重要
岩石类型	白云岩、白云岩化灰岩、灰岩	必要
岩石结构	粗晶、细晶	次要
矿床平均品位	Pb 0.54%～78.52%,平均 3.44%,Zn 平均 3.04%。在主矿体中伴生银平均 181×10^{-6}	重要
矿体规模	矿体规模小,形状不规则,呈透镜状、囊状及串珠状。矿体长 40～480m,延深 30～340m,矿体厚度平均 2.43m,最厚 10m	重要

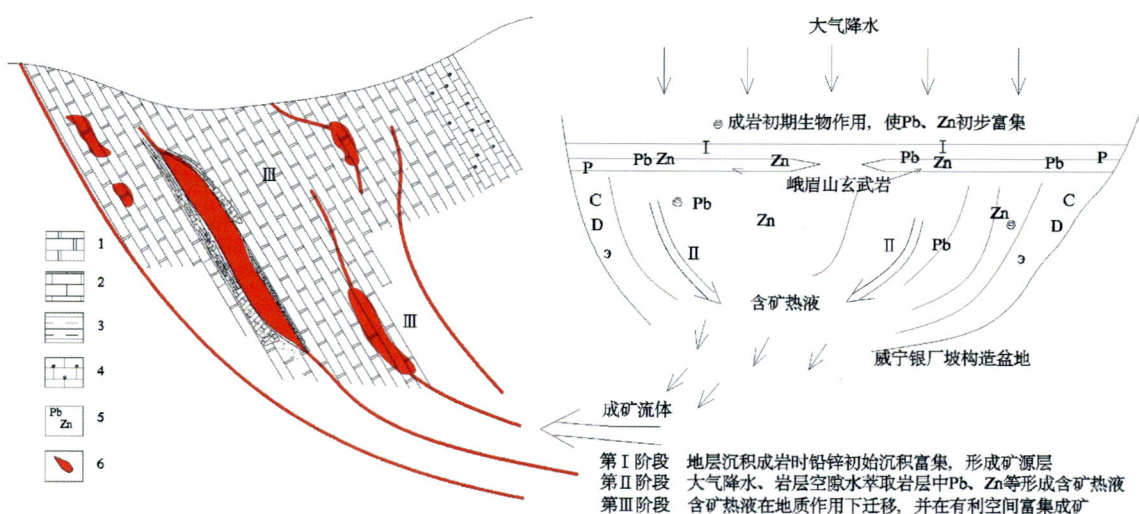

图3-28 贵州省威宁县银厂坡铅锌矿床成矿模式图
1.白云岩;2.灰岩;3.泥岩;4.生物灰岩;5.含铅锌矿地层;6.铅锌矿体

（二）贵州省水城县杉树林铅锌矿床

1. 矿床概况

杉树林铅锌矿位于六盘水市南东约 28km 处，现属钟山区鹰山镇管辖。中心地理坐标：东经 105°05′01″，北纬 26°28′13″。属沉积改造中低温热液型矿床。勘查程度达勘探，中型矿床规模。该区属于上扬子中东部铅、锌、铜、银、铁、锰、汞、锑、磷、铝土矿、硫铁矿、煤、煤层气成矿带（Ⅲ77）中的威宁-六盘水铅、锌、银成矿带（Ⅲ77-1）中。

2. 成矿地质背景

1）矿区构造

矿区位于上扬子陆块南部碳酸盐岩台地相的六盘水叠加褶皱带中。杉树林矿区位于威水背斜南东倾没段，全长约 7km，宽达 1km。背斜轴在杉树林西部为 120°，往东变为 105°，向东倾没，倾伏角为 20°～25°，核部最老地层为下石炭统祥摆组，两翼为上石炭统、二叠系。背斜轴部紧密，岩层倾角甚陡，南西翼倾角 70°～90°，甚至倒转；北东翼较缓，倾角在 40°～50°之间。

2）赋矿地层

区内地层以泥盆系、石炭系、二叠系分布最广，发育最完全，厚度最大。中二叠世晚期—晚二叠世早期峨眉山玄武岩分布亦较普遍。志留系和三叠系零星出露。

各时代地层岩性主要为碳酸盐岩建造（以灰岩为主，白云岩为次），泥质岩和碎屑岩仅见于少数。矿体主要赋存在断层、节理裂隙中，围岩为石炭系大埔组、黄龙组。大埔组岩石为深灰色、灰黑色致密至粗粒结晶厚层状白云岩，局部有燧石透镜体分布，多受白云石化、硅化及褐铁矿化等蚀变。粗粒白云石化灰岩与铅锌矿关系密切，铅锌矿体多赋存于中上部，为本矿床主含矿层。黄龙组上部为深灰、灰黑色致密中厚层状灰岩，含较多燧石透镜体及条带，底部有一层厚 0.8～2m 的不稳定泥灰岩；下部为灰色、灰黑色致密至中粒结晶中厚层状灰岩，局部夹泥质灰岩及泥灰岩。

3. 矿体及矿石特征

1）矿体特征

杉树林铅锌矿床，位于威水背斜南西翼近轴部，矿体受层间滑动断层控制，围岩为石炭纪白云岩、灰岩。探明的 18 个矿体中，以 4 号矿体最大，占总储量 85%，其次为 14 号、8 号、7 号、6 号。除 5 号矿体外全为盲矿体，埋深 100～180m，在空间位置上呈雁列分布，北西高而南东低，矿体走向 295°～330°，倾向南西，倾角 43°～83°。

矿体规模大小不一，形态不规则，呈透镜状及脉状，矿体长度 40～460m，一般 80～150m，延深 15～190m，一般 50～80m，少数矿体向南东倾伏。厚度 0.16～18m，铅品位 0.15%～10.17%，平均 2.07%；锌品位 0.20%～26.64%，平均 6.53%。矿体厚度、品位变化大，具膨胀、尖灭、分支、复合现象。

2）矿石特征

（1）矿物成分。矿石主要矿物为黄铁矿、闪锌矿、方铅矿；脉石矿物有方解石、白云石、重晶石等。矿石中矿物组合为黄铁矿 30%～40%，闪锌矿 15%～35%，方铅矿 5%～15%，脉石矿物占 10%～20%。

（2）矿石结构构造。矿石结构以自形晶粒状、半自形晶粒状、乳浊状结构为主；具有块状、条带状、细脉状、浸染状构造。

（3）矿石类型分为硫化矿、混合矿、氧化矿 3 种，以硫化矿为主。在 1720m 标高以上不同地段发现有氧化矿、混合矿和硫化矿，越接近地面的氧化程度越高；从 1720m 之下全为硫化矿。矿石中以铅锌共生矿为主，单一的铅或锌极少见。

(4)矿床的围岩蚀变主要有白云石化、方解石化、硅化、重晶石化、黄铁矿化、萤石化及高岭石化。从围岩至矿体的变化规律是：团块状方解石化→黄铁矿化→铅锌矿化。团块状方解石化与黄铁矿化一起出现，是找矿的直接标志。

4. 控矿因素与成矿作用

1）控矿因素

杉树林铅锌矿床受威水构造带的控制，但从成矿期构造而言，本矿床受晚古生代时期水城断陷的控制，因为水城断陷控制了区内奥陶纪后期的地层、岩相、古地理及辉绿岩的分布。

铅锌矿体主要受F_1断层破坏的水杉背斜近轴部的层间裂隙和层间断层控制，其次矿体主要产于碳酸盐岩地层中，该区赋矿地层主要为石炭系大埔组、黄龙组，次有旧司组、上司组、马平组，容矿岩石为白云岩、白云质灰岩。

总之，该区铅锌矿体主要受断层、层间裂隙和大埔组、黄龙组白云岩共同控制。

2）成矿作用

据铅同位素测量结果，杉树林铅模式年龄为66～400Ma（贵州省地质矿产志，1986），主要为印支期—海西期。但最近研究表明，铅同位素模式年龄代表成矿物质来源区的年龄。因此，结合铅锌矿的生成在空间上受构造的严格控制，而区内分布最广泛、活动最强烈的构造运动为晚三叠世至始新世之前的燕山运动，说明从海西期—印支期至燕山期均有成矿，而矿床的定位形成应在燕山期，喜马拉雅期可能还有成矿作用。

此区矿床中矿石矿物、近矿蚀变岩与远矿围岩和黑色页岩都有共同的特征，为δEu、δCe中度亏损；而玄武岩类则表现为δEu正异常至微弱异常，δCe为无异常至微弱负异常（毛健全等，1998）。区别是明显的，证明成矿物质来源与玄武岩类关系不明显，而与沉积岩类关系密切。

通过矿床资料及综合收集资料研究认为：杉树林铅锌矿床属于沉积改造中低温热液型矿床。物源是多源的，以地层来源为主。有大气降水在深部特定的物化条件下萃取地层中的成矿物质而形成的热卤水，改造可能发生于燕山运动，增加了热液的活力及含矿的浓度（可能和峨眉山玄武岩的喷发及同期的辉绿岩侵入有关），并驱动含矿热卤水运移，热卤水沿着的一定的通道上升，成矿流体在复杂的物理化学作用下，在断裂破碎带和背斜中特定岩石组合的层间剥离带内富集成矿。

5. 典型矿床成矿要素

在对典型矿床地质特征、矿体特征、矿石特征及成矿规律、控矿因素进行分析研究的基础上，归纳总结出典型矿床成矿要素见表3-31。

6. 典型矿床成矿模式

在相对封闭的水城断陷盆地中，赋存于地层中的Pb、Zn等矿质元素在一定的物化条件下随层间水和大气降水下渗形成含矿热卤水于地壳深部，区域性断裂向下深切地壳至上地幔，向上利于海水的下渗和含矿热卤水上升并可能循环形成成矿流体，在构造运动作用下沿F_1断层上升并在断裂破碎带及层间剥离空间成矿（图3-29）。

（三）贵州省都匀市牛角塘铅锌矿床

1. 矿床概况

都匀牛角塘矿区位于都匀市东部约20km，属坝固镇、大坪镇管辖。地理坐标：东经107°37′47″—107°41′05″，北纬26°11′57″—26°15′12″，面积23.25km²。该矿床由南西向北东划分为王家山、左弯田、马坡、狮子洞4个矿段，均开展了普查评价工作，部分矿段已达详查，中型规模。

表3-31 贵州省水城县杉树林铅锌矿床成矿要素表

成矿要素	描述内容	要素分类
特征描述	中低温热液改造碳酸盐岩型铅锌矿床	
成矿时代	具有多期成矿特点，主成矿期为燕山期	必要
大地构造	扬子陆块南部被动边缘褶冲带六盘水叠加褶皱带	必要
构造背景	六盘水断陷、威水构造带	必要
控矿构造	水杉背斜＋纵向F_1逆断层	重要
容矿构造	背斜南西翼，F_1断层上盘层间断裂裂隙	重要
沉积建造	碳酸盐岩建造	必要
赋矿层位	摆佐组—黄龙组	重要
岩石类型	白云岩、白云岩化灰岩、灰岩	必要
矿物组合	主要矿石矿物为闪锌矿、方铅矿、黄铁矿。脉石矿物有方解石、白云石，次为重晶石、萤石	重要
矿石结构构造	交代结构、自形结构、半自形—他形结构；以块状构造为主，次为浸染状、网脉状、条带状	次要
围岩蚀变	白云石化、方解石化、黄铁矿化、重晶石化、硅化	重要
岩石结构	粗晶、细晶、泥晶	次要
矿床平均品位	Pb 0.15%～10.17%，平均2.07%；Zn 0.2%～26.64%，平均6.53%	重要
矿体规模	矿体规模小，形状不规则，呈透镜状及脉状。矿体长40～460m，延深15～190m，矿体平均厚度1.82m，最厚18m	重要

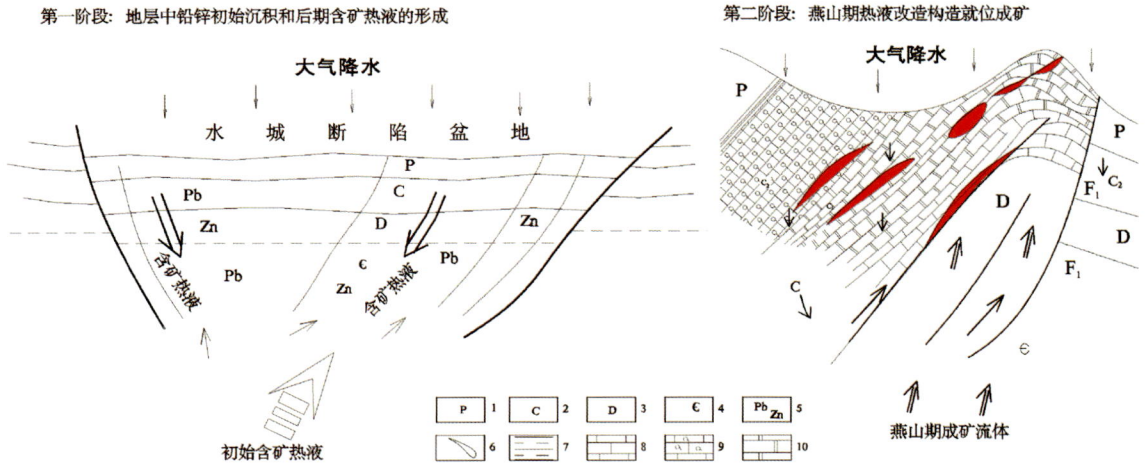

图3-29 贵州省水城县杉树林铅锌矿床成矿模式图

1.二叠系；2.石炭系；3.泥盆系；4.寒武系；5.含铅锌矿地层；6.铅锌矿体；7.泥岩；8.生物灰岩；9.灰岩；10.白云岩

2. 成矿地质背景

1)矿区构造

大地构造位于上扬子陆块东南缘被动边缘盆地相的都匀滑脱褶皱带，区域上位于王司背斜南段、早楼断层北西侧，区内褶皱、断裂发育，变形复杂。背斜走向约55°，走向长约16km，轴部主要出露清虚洞组，南东侧主要出露九门冲组、乌训组、清虚洞组。矿床整体呈现单斜产出，岩层倾向280°～355°，倾角10°～38°。区内断裂发育，具有多期复活特点，且后期断裂活动掩盖了早期构造形迹；断裂类型多样，如逆冲、断陷、走滑；作用有别，如控相、控矿、破坏等，形成了矿床复杂交织的构造格架。

2)赋矿地层

矿区内出露地层有下震旦统陡山沱组，留茶坡组，下寒武统九门冲组、乌训组、杷榔组、清虚洞组，中寒武统高台组、石冷水组，跨寒武系和奥陶系的娄山关组及第四系。

清虚洞组（$\epsilon_1 q$）是区内铅锌矿的含矿层位，根据岩性特征分为两个岩性段，其中第二段分为4层，具体岩性描述如下。

(1)第一段（$\epsilon_1 q^1$）：灰、深灰色薄层条带状结晶灰岩，局部含白云质灰岩。厚12～40m。

(2)第二段（$\epsilon_1 q^2$）：根据岩性特征分为4层。

A. 第一层（$\epsilon_1 q^{2-1}$）：上部为灰到深灰色薄—中厚层含泥质白云岩；下部为灰至深灰色薄层泥质白云岩，普遍含碳质及黄铁矿晶体。厚77～94m。

B. 第二层（$\epsilon_1 q^{2-2}$）：灰色厚层含鲕状细晶白云岩。岩石性脆、节理发育、较破碎，局部白云石化发育，闪锌矿分布在白云石脉或团块中，为Ⅰ号矿体含矿岩性段。厚35～140m。

C. 第三层（$\epsilon_1 q^{2-3}$）：深灰色中厚层层纹状泥质白云岩。具有层纹状、条带状构造，岩石中普遍见黄铁矿颗粒。厚10～25m。

D. 第四层（$\epsilon_1 q^{2-4}$）：上部为灰色厚层豆状细晶白云岩，普遍含微量炭泥质、黄铁矿，由上至下豆粒逐渐减少，颗粒变细；下部为浅灰、灰色厚层鲕状细晶白云岩，岩石性脆、节理发育、较破碎，白云石化较发育，Ⅱ号锌矿体分布于该岩性段。厚55～160m。

3. 矿体及矿石特征

1)矿体特征

矿床内分布有两个矿带，由下往上编号为Ⅰ、Ⅱ矿带，含矿层位分别为$\epsilon_1 q^{2-2}$、$\epsilon_1 q^{2-4}$。每个矿化带由若干个矿体组成。

Ⅰ矿带：在矿床范围内该矿带呈单斜产出，赋存于$\epsilon_1 q^{2-2}$含鲕状细晶白云岩中，距离$\epsilon_1 q^{2-2}$顶界6～32m，受层位控制明显。矿带在区内分布稳定，但矿体在矿带中呈似层状、透镜状产出。该矿带在王家山矿段中最为稳定，分布有Ⅰa^9、Ⅰa^{12}、Ⅰb^4、Ⅰb^6、Ⅰb^8、Ⅰc^1、Ⅰc^3共计9个矿体，其中Ⅰb^4矿体规模最大，为Ⅰ矿带中主矿体。Ⅰb^4矿体位于王家山矿段西北部，108线与102线之间，由ZK57、ZK97、ZK95等11个工程控制，为一似层透镜状矿体。矿体倾向110°，倾角12°。矿体长300m，宽200m，矿体厚0.31～3.90m，平均厚1.43m，厚度变化系数为37%。矿体含锌3.25%～16.42%，平均6.62%，品位变化系数73%。

Ⅱ矿带：在矿床中呈单斜产出，赋存于$\epsilon_1 q^{2-4}$底部鲕状细晶白云岩中，距离底界10～60m，受层位控制明显。矿带在区内分布稳定，但矿体在矿带中呈似层状、透镜状产出。该矿带中矿体主要分布在马坡矿段和左湾田矿段中，其中马坡矿段中矿体最为稳定、规模较大。在马坡矿段中，Ⅱ矿带中矿体由Ⅱa_1～Ⅱa_{11}、Ⅱb_1～Ⅱb_5、Ⅱc_1～Ⅱc_7、Ⅱd_1～Ⅱd_4、Ⅱe_1、ⅡF_1共计29个矿体组成，其中Ⅱb_1矿体规模最大。Ⅱb_1矿体位于7～8勘探线间，倾向325°～350°，倾角10°～25°，平面形态呈长带状，矿体长1080m，延展面积0.306km²，在剖面上呈似层状，厚0.70～15.10m，平均厚3.37m，厚度变化系数99%，锌品位

2.11%～22.14%,平均为 3.75%,品位变化系数 55%。估算 332+333 锌金属资源量 17.87×10^4 t,其中 332 级资源量 4.74×10^4 t。

围岩主要为鲕状细晶白云岩,围岩蚀变主要为白云石化、黄铁矿化,次为硅化、重晶石化、碎裂化、方解石化。

2)矿石特征

(1)矿石化学成分及组成。矿石有用组分为锌,含锌 2.0%～51.07%,伴生组分镉、锗、镓,其中镉含量最高,有综合利用价值。

矿石矿物主要为闪锌矿、铁闪锌矿,次为菱锌矿、方铅矿、异极矿等;脉石矿物主要为白云石,次为黄铁矿、方解石、重晶石、石英等。

闪锌矿(铁闪锌矿):主要为浅黄色,少量为褐色、棕色,油脂光泽,呈半自形—他形晶粒结构,粒径 0.01～2mm。

菱锌矿:浅绿色、乳白色,油脂光泽,粒径一般在 0.03～0.5mm 之间,微量。

方铅矿:铅灰色,立方体,金属光泽,粒径 0.05～0.5mm,微量。

白云石:一类为细晶—中晶,是矿石中围岩残留部分,呈半自形—自形晶粒结构,含较多细分散包裹体、浑浊、透明度低,含沉积—成岩期黄铁矿包体;另一类作为矿石胶结组分,透明度高,包体少,结晶粗大(0.5～2mm),最大可达 5mm,与细晶白云石无明显的界线。

黄铁矿:呈星散状分布于矿石中,呈半自形、他形晶粒产出,颗粒细小 0.002～0.05mm。

石英:多为成岩期形成,少数为成矿时生成,呈他形粒状,星散状分布于白云石晶间孔隙或碎裂白云岩、闪锌矿裂隙中,微量。

(2)矿石结构构造。矿石具有不等粒镶嵌结构、碎粒结构、交代残余结构、溶蚀交代结构。矿石具有致密块状、条带状、浸染状、角砾状、团块状、球粒状等构造。

(3)矿石类型。按矿石构造分为致密块状矿石、条带状矿石、浸染状矿石、角砾状矿石、团块状矿石;按氧化率分为硫化矿石、混合矿石、氧化矿石、混合矿石。

3)矿物生成顺序

矿物的生成可分为 3 个阶段。

(1)沉积阶段。形成泥晶方解石和黏土质。

(2)成岩阶段。形成白云石-石英-黄铁矿-闪锌矿组合。

(3)热液阶段。含矿热液作用于岩石,矿质往往沿岩石层间、层间破碎带、构造角砾岩、节理和裂隙中充填,形成脉状、角砾状、条带状矿石;或矿质交代已经初步形成的富集岩(矿)石,使矿石变富,此阶段的闪锌矿表现为颗粒大、颜色深,矿石富含黄铁矿,形成白云石-闪锌矿-黄铁矿-方铅矿组合。

矿物生成顺序大致如下:泥晶方解石—白云石(Ⅰ)—黄铁矿、闪锌矿、石英(Ⅰ)—白云石(Ⅱ)—黄铁矿、闪锌矿(Ⅱ)方铅矿。

4. 控矿因素与成矿作用

1)控矿因素

(1)古构造及岩相古地理对区域成矿的控制作用。①加里东早期,早楼断层顺时针斜走滑,形成正断层,位于沉积盆地边缘并控制沉积盆地分布。热源、物源沿断层上升,为盆地沉积提供物质补给,产生 Zn、Cd 等高背景值沉积层($\in_1 p+\in_1 w$),可能为成矿的矿源层。②加里东早期构造运动形成的地理环境,在 $\in_1 q^{2-1}$、$\in_1 q^{2-3}$、$\in_2 g$ 形成潮下低能带泥质白云岩、页岩沉积,为成矿提供了储、盖条件,准备了成矿空间。③加里东末期构造运动,早楼断层逆时针走滑逆冲,形成牛角塘隆起,在 $\in_1 q^2$ 中形成褶曲、断裂、碎裂岩带。当与构造运动伴随的热源、物源沿构造上升时,改造矿源层,成矿物质运移到上述构造中成矿。这种成矿作用最早可能始于$\epsilon_1 q$成岩期。④燕山期早楼断层顺时针走滑斜冲,使"$\epsilon_1 w$"超覆于$\epsilon_1 q$之上,形成上有$\epsilon_2 g$,下有$\epsilon_1 q^{2-1}$、$\epsilon_1 q^{2-3}$,南东有"$\epsilon_1 w$"三面的封闭盖层,牛角塘锌矿床恰好位于此框内,因此,对燕山期是否成矿尚存质疑,但至少可以说对成矿后起保护作用。

(2)地层层序及岩性组合对成矿的控制作用。①矿床明显受岩性控制,$\epsilon_1 q^{2-2}$、$\epsilon_1 q^{2-4}$岩层厚,晶粒粗,性脆,易碎裂的特点,提供了良好的容矿空间。②"盖层"条件,$\epsilon_1 q^{2-1}$、$\epsilon_1 q^{2-3}$、$\epsilon_2 g$对成矿起"盖层"和次盖层作用,F_2逆冲,$\epsilon_1 w$覆盖于$\epsilon_1 q^2$之上也起类似作用,使含矿组分不致逸失而聚积成矿。

(3)控制矿体的构造。

①狮子洞背斜轴部及次级皱曲轴部对成矿有利。

②北东早楼断层及旁侧与之平行的次级断层是区内主要控矿断层或导矿断层,而近南北向断层主要对矿床起着破坏作用。主矿体位于F_2与F_3断层之间,与化探异常基本相符;F_{104}、F_{103}等断层与成矿主构造相通,起导矿作用,后期断层表现为破坏矿体;层间滑动面附近矿体富;矿体中角砾状构造较明显,反映层间破碎带容矿。

2)成矿作用

据铅同位素测量结果,模式年龄为466.5～506.3Ma,反映成矿期为加里东早期。$\delta^{34}S$为23.96‰～27.69‰,反映来自容矿地层或含矿附近的岩层,结合黔东铅锌矿带南段$\epsilon_1 w$、$\epsilon_1 p$具高Zn、Cd特点和成矿条件分析,成矿与$\epsilon_1 w + \epsilon_1 p$具一定的依赖关系。根据闪锌矿硫同位素分析结果,结合与闪锌矿平衡共生的黄铁矿,按同位素分馏方程$T = (0.85 \pm 0.03) \times 10^3 / \triangle^{1/2}$(Sakai,1968),计算出第二矿带7件闪锌矿样品中闪锌矿的成矿温度分别为149℃、96.8℃、105℃、105℃、133℃、83℃、102℃,平均温度为110.5℃。在成矿的过程中,由于受构造作用、深部热源、物源、水源参与,在物化条件发生改变时对$\epsilon_1 w$、$\epsilon_1 p$地层进行改造,溶解其中Zn、Pb、Fe等组分,由于孔隙流体、构造等因素引起成矿体系压力差,使组分运移到$\epsilon_1 q^2$中。受盖层$\epsilon_1 q^{2-1}$、$\epsilon_1 q^{2-3}$、$\epsilon_2 g$的隔挡,进入$\epsilon_1 q^{2-2}$、$\epsilon_1 q^{2-4}$中交代、充填成矿。故认为矿床成因应属于与地下热卤水作用相关的"热液交代、充填型层控矿床"类型。

5. 典型矿床成矿要素

通过对牛角塘铅锌矿床地质特征、矿体特征、矿石特征及成矿作用、成矿控制条件及成因类型探讨等的分析,归纳总结出典型矿床成矿要素及特征见表3-32,并对成矿要素进行了分类。

6. 典型矿床成矿模式

都匀牛角塘铅锌矿床内锌矿的主要容矿层(清虚洞组)在沉积作用阶段处于碳酸盐岩台地边缘滩(丘)环境,碳酸盐岩生产率高,沉积速率大,为高孔隙度的碳酸盐颗粒快速堆积,颗粒间和晶间贮有较多的水。高台期发生海侵时,其细粒沉积物则构成不透水的流体相盖层,使先期沉积物中的水被封存起来。成岩阶段的压实作用和重结晶作用,使岩层的孔隙水和晶间水被释放出来,这部分水成为热卤水深部循环水的来源;再者,典型矿床区的断裂构造发育,为大气降水下渗提供了良好的通道,大气降水成为热卤水浅层循环水的主要来源。从前面研究的结果中可以看出,都匀市牛角塘铅锌矿床多个矿样标本成矿的平均温度为110.5℃,说明所研究的典型矿床属于中低温热液矿床。根据典型矿床所处地质背景,都匀市牛角塘铅锌矿床热动力来源于上覆地层的地温梯度增温或深部岩体,封存水或深成水在增温条件下开始活化围岩中的铅锌矿质,形成富含铅锌矿物质的有机热卤水。有机热卤水在热动力的驱使下沿断层向上部空间运移。加里东中、晚期,早楼断裂带复活,牛角塘典型矿床富含铅锌有机热卤水主要沿早楼断裂带运移,并在运移过程中继续不断活化流经地层岩石中的成矿元素(Pb、Zn、Cd等),这些元素可能以络合物的形式存在于热液中。当含矿热液沿早楼断裂向上运移到清虚洞组第二段时,其中的结晶白云岩和颗粒白云岩孔隙度相对较大,易于含矿热液流动;同时由于初始条件的改变,使络合物分解,促使 Pb、Zn 离子与来自寒武系碳酸盐岩中呈分散状态的硫化物或硫酸盐中的 S^{2-} 结合,并在适当条件下充填于结晶白云岩和颗粒白云岩孔隙中,从而形成与结晶白云岩和颗粒白云岩层关系十分密切的以闪锌矿为主的似层状、透镜状矿体(图 3-30),而 Cd 以类质同象形式存在于闪锌矿中,此外,覆于清虚洞组之上的高台组薄层砂泥质白云岩在铅锌矿成矿作用过程中可能起着一定的屏蔽作用。

表 3-32 贵州省都匀市牛角塘铅锌矿床成矿要素表

成矿要素		成矿要素特征描述	要素分类
成矿背景	大地构造位置	扬子陆块南部被动边缘褶冲带,都匀滑脱褶皱带东部	必要
	区域构造位置	位于王司背斜近轴部、早楼断层北西侧	必要
	成矿时代	主成矿期为加里东构造旋回期,次为印支期、燕山期叠加	必要
	沉积建造	碳酸盐岩建造	必要
矿床特征	含矿地层	清虚洞组第二段第二层、第四层	必要
	含矿岩性	灰、深灰色厚层鲕状细晶白云岩	必要
	褶皱构造	该矿床位于王司背斜南段近轴部次级褶曲中,由于受早楼断层破坏,次级褶曲难以恢复,褶曲轴部大致位于早楼断层附近,轴向与断层基本一致,矿床分布在次级褶曲的北西翼	必要
	断裂构造	区内分布有北东向、近南北向两组断裂,但矿体主要受北东向的早楼断层及层间破碎带控制矿体就位	必要
	特殊标志层（盖层）	高台组、清虚洞组第二段第一层及第三层,岩性为深灰色薄层泥质白云岩	必要
	矿体形态	区内分布有两个含矿带,在矿带中由若干个矿体组成,矿体呈似层状、透镜状产出	重要
	矿物组成	矿石矿物主要为闪锌矿、铁闪锌矿,次为菱锌矿、方铅矿、异极矿;脉石矿物主要为白云石,次为黄铁矿、方解石、重晶石、石英	重要
	主要组分及赋存状态	矿床的主要用组分为锌,伴有益组分为镉。Zn 主要赋存于 ZnS 中,Cd 以类质同象赋存于 ZnS 中	重要
	控矿构造	矿床主要受早楼断层(F_2)及层间破碎带的有利岩性控制,远离 F_2 断层,矿体的厚度变小,锌品位变贫	重要
	围岩蚀变	围岩蚀变主要为白云石化、黄铁矿化,次为硅化、重晶石化、碎裂化、黄铁矿化。其中白云石化、黄铁矿化与闪锌矿化密切	重要
	蚀变矿物组合	蚀变矿物组合为白云石、黄铁矿、重晶石等	重要
	矿物生成顺序	泥晶方解石—白云石(Ⅰ)—黄铁矿、闪锌矿、石英(Ⅰ)—白云石(Ⅱ)—黄铁矿、闪锌矿(Ⅱ)方铅矿	重要
	矿石矿物特征	闪锌矿主要为浅黄色,少量为褐色、棕色,油脂光泽,呈半自形—他形晶粒,粒径 0.01~2mm	重要

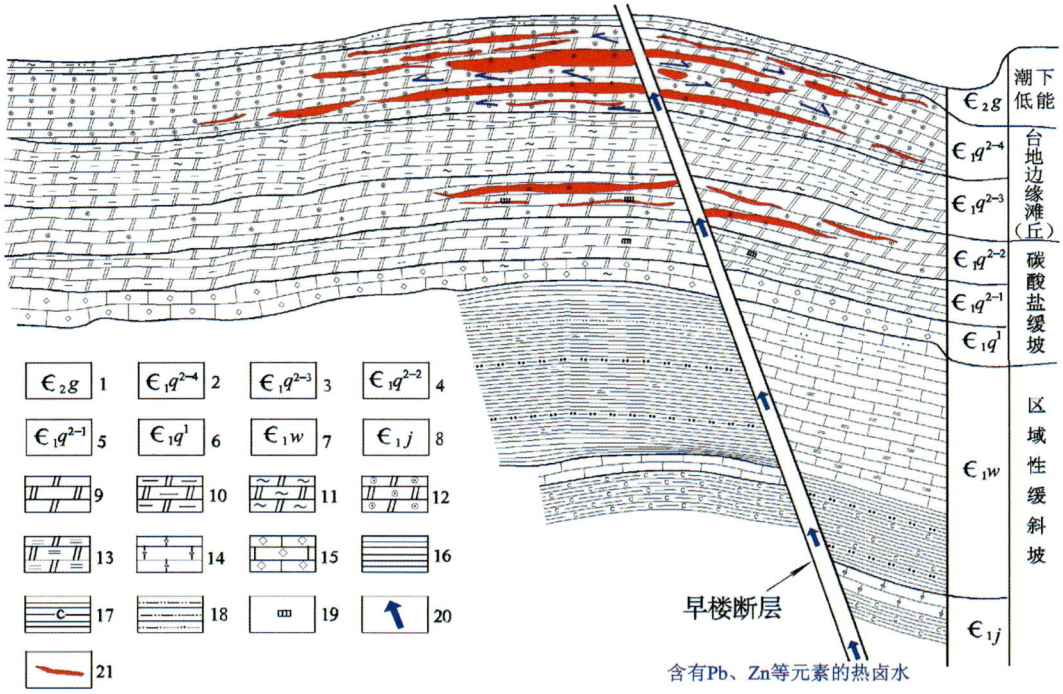

图 3-30 贵州省都匀市牛角塘铅锌矿床成矿模式图

1.高台组;2.清虚洞组二段第四层;3.清虚洞组二段第三层;4.清虚洞组二段第二层;5.清虚洞组二段第一层;6.清虚洞组一段;7.乌训组;8.九门冲组;9.白云岩;10.泥质白云岩;11.层纹状白云岩;12.鲕状白云岩;13.条带状白云岩;14.泥晶岩;15.结晶灰岩;16.页岩;17.含碳质页岩;18.泥质粉砂岩;19.黄铁矿化;20.含矿气液运移方向;21.矿体位置

(四)贵州省织金县杜家桥铅锌矿床

1. 矿床概况

杜家桥铅锌矿床位于织金县城南24km,属织金县熊家场乡所辖。地理坐标:东经105°37′47″—105°39′58″,北纬26°25′55″—26°27′30″。成矿区(带)隶属于上扬子中东部铅、锌、铜、银、铁、锰、汞、锑、磷、铝土矿、硫铁矿、煤、煤层气成矿带中的普定-习水铅、锌成矿带,位于五指山Ⅴ级成矿铅锌亚带中。成因类型为碳酸盐岩型铅锌矿床,矿床勘查程度较高(详查),矿床达大型规模。

2. 成矿地质背景

1)构造

大地构造位置位于上扬子陆块东南缘被动边缘盆地相,矿区位于五指山背斜北东段,该背斜为一不对称背斜,轴向北东,轴面近直立或微向北西倾,核部出露震旦系和寒武系,北东翼主要由石炭系—二叠系组成,南东翼被北东向五指山断层(F_1)破坏,形态不完整。北西翼较缓,南东翼较陡,北西翼地层倾向300°～350°,倾角6°～30°;南东翼120°～170°,倾角20°～60°。背斜的核部是该区铅锌矿的储存场所。

区内断裂构造十分发育,主要发育北东向、北西向两组构造。其中,北东向组主要表现为正断层,该组断层旁侧常可见闪锌矿(化)体,是区内导矿和容矿构造,目前已知主要铅锌矿(点)床都分布在该断层的旁侧;北西向组是区内较为发育的一组断层,一般倾向南西,倾角70°～80°,主要表现为正断层,部分断层可见铅锌(化)体。

2）赋矿地层

矿区内出露地层主要为震旦系—寒武系灯影组,寒武系牛蹄塘组、明心寺组、金顶山组、清虚洞组、石炭系祥摆组、大埔组。铅锌矿主要产于灯影组、清虚洞组的碳酸盐岩中,但杜家铅锌矿详查仅对产于灯影组中的铅锌矿进行研究。

(1)灯影组($Z\in dy$)。跨系(跨震旦系、寒武系),是区内铅锌矿主要产出层位之一。区域上分为两段,区内仅出露二段上部,$Z\in dy^2$根据岩性差异可分为3层。

A. 二段第一层($Z\in dy^{2-1}$):浅灰、灰白色中厚层状细晶白云岩,岩石中见大量硅化白云岩,顶部见一厚2~7m的深灰色含燧石之硅化白云岩。厚度大于40m。

B. 二段第二层($Z\in dy^{2-2}$):灰、浅灰色薄—中厚层细晶白云岩,岩石中见大量硅化白云岩。顶部见乳白色具有蠕状—缟状构造之硅化白云岩,厚0.2~1.5m。厚约30m。

C. 二段第三层($Z\in dy^{2-3}$):上部为浅灰至深灰、浅紫色薄—中厚层状含磷质生物屑白云岩;下部为灰、浅灰色薄—中厚层细晶白云岩,夹硅质岩条带或透镜体。厚约40m。

(2)清虚洞组($\in_1 q$)。区内铅锌矿主要产出层位之一。上部为浅灰、灰白、黄灰色薄—中厚层细晶白云岩,间夹深灰、黄灰色薄—中厚层泥质白云岩,含粉砂质白云岩;下部为灰、深灰色中至厚层黏土质泥晶灰岩、生物屑泥晶灰岩、瘤状及"豹皮状"灰岩。底部为厚2~3m的颗粒白云岩。厚200~300m。

3. 矿体及矿石特征

1）矿体特征

矿区共发现了9个矿带,主要位于清虚洞组二段三亚段、二段二亚段、二段三亚段中。矿带呈似层状、透镜状产出。1号矿带分布最为稳定,全区可见。该矿带位于灯影组顶部,也圈定一个矿体,矿体产状与岩石产状基本一致,呈似层状产出,倾向290°~340°,倾角15°~35°,走向长1800m,倾向600m。矿体厚一般0.41~2.47m,最厚达10.78m,平均厚3.26m;铅品位一般0.50%~2.12%,平均为1.27%。估算铅金属资源量30 684t。围岩主要为白云岩、含燧石团块白云岩;围岩蚀变主要为白云石化、硅化,次为重晶石化、黄铁矿化。与矿化密切相关的是白云石化和硅化。

2）矿石特征

(1)矿石组成。矿石有用组分为Pb,0.92%~2.11%,矿床平均含铅1.33%,含铅最高达16.03%。伴生有益组分为Zn,锌含量一般为0.00%~10%。矿石矿物主要为方铅矿,次为闪锌矿;脉石矿物主要为白云石、石英,其次为重晶石、方解石。

(2)矿石结构。矿石中主要见自形—半自形—他形粒状结构、碎裂结构及溶蚀交代结构。

(3)矿物生成顺序。矿物生成顺序大致为:白云石Ⅰ—黄铁矿—石英Ⅰ—闪锌矿Ⅰ—方铅矿Ⅰ—重晶石—白云石Ⅱ—方铅矿Ⅱ—石英Ⅱ。可以看出矿床在构造热液成矿阶段至少经过了两期矿化过程。

(4)矿石类型。矿石自然类型主要为硫化矿石,次为混合矿石和氧化矿石;根据矿石构造又可划分为角砾状矿石、浸染状矿石等。

4. 控矿因素与成矿作用

1）控矿因素

(1)大地构造条件。在雪峰期—加里东期,由于这一时期为地幔羽小型上隆,地壳处于微拉张的时期,总体以上隆为主,拉张为辅,总体活动较稳定。但在地壳上隆过程中,在其黔中古陆上隆边缘形成拉张环境,形成有利的成矿盆地,有利于矿质的补给和沉淀,形成成矿物质的初始富集。

(2)岩性控矿。含矿岩性条件:矿体形成与含藻砂屑白云岩、含燧石团块白云岩有关。

盖层条件:无论是早期的成矿阶段和后期的热液改造阶段,都要有必要的封闭条件,含矿组分才不会逸失。灯影组之上的牛蹄塘组黑色碳质页岩对含矿热液起着隔挡作用。

(3)构造控矿。断层为热液提供通道,背斜轴部为矿液提供贮存场所,区内的铅锌矿除了严格受岩性控制外,同时受构造控制。五指山背斜及轴部次级褶曲是区内主要容矿部位;北东向五指山断层及次级断层是区内主要导矿构造。目前已知矿(点)床都位于五指山断层的旁侧背斜近轴部。

2)成矿作用

(1)成矿物理化学条件。矿物中包裹体多为液相,包裹体细小,直径为 $2\sim6\mu m$,形状主要为椭圆和长条形,气液比 $5\%\sim20\%$,大多数包裹体具有布朗运动。测定了石英中包体均一温度为 $98.3\sim227.2℃$;石英中包体的盐度值主要分布于 $0.35\%\sim23.6\%$ 之间,表明它形成于从海水盐度的 8 倍转变到接近淡水的流体中。

(2)成矿物质来源。

①硫质来源:3 件样品硫同位素测试表明,$\delta^{34}S$ 分布范围为 $19.22‰\sim23.401‰$,平均值为 $21.756‰$。说明硫是来自海水沉积的硫酸盐类地层或矿物。②铅质来源:据贵州省地质矿产局科研所资料,铅同位素中 Pb^{206}/Pb^{207} 比值为 $1.1405\sim1.1409$,认为铅来自上地幔或与岩浆源有关。

(3)成矿时代。根据铅同位素测试,杜家桥铅锌矿床的模式年龄(Φ)为 $584.10\sim595.40Ma$,成矿期主要为加里东期,这与贵州省东部主要铅锌矿成矿期为加里东期基本一致。

(4)矿床成因。综上所述,区内铅锌矿经历了沉积-强改造两个重要阶段,并具有多源、多次、多因的多元素成矿特征,矿床的成因属与地下热(卤)水作用相关的"热液交代、充填型层控矿床"类型。

5. 典型矿床成矿要素

在对杜家桥铅锌矿床地质特征、矿体特征、矿石特征及成矿作用、控矿因素进行分析的基础上,归纳总结出典型矿床成矿要素及特征见表 3-33,并对成矿要素进行了分类。

表 3-33 贵州省织金县杜家桥铅锌矿床成矿要素表

成矿要素		要素特征描述	要素分类
地质环境	大地构造位置	扬子陆块南部被动边缘褶冲带,黔中隆起西缘	必要
	区域构造位置	紫云-垭都断裂以东,五指山背斜东段近轴部	必要
	成矿时代	主成矿期为加里构造旋回期,次为印支期、燕山期叠加	必要
	沉积建造	碳酸盐岩建造	必要
矿床特征	含矿地层	灯影组上部	必要
	含矿岩性	灰色中—厚层含燧石团块白云岩;灰色中厚层细晶白云岩	必要
	褶皱构造	矿区位于五指山背斜北东段近轴部,该背斜由于受区域断层破坏,背斜北东翼被断层破坏,轴向与断层基本一致,矿床分布在背斜近轴部	必要
	断裂构造	区内分布有北东向和北西向两组断裂,但矿体主要受北东向五指山断裂及层间破碎带控制	必要
	特殊标志层	牛蹄塘组底部黑色碳质页岩	必要
	矿体形态	矿体呈似层状、透镜状、囊状产出;矿体产状倾向 $290°\sim340°$,倾角 $15°\sim35°$;矿区分布有 C1~C9 共计 9 层矿体,其中 C1 矿体为区内主矿体,矿体长 1800m,平均厚 3.26m	重要

续表 3-33

成矿要素		要素特征描述	要素分类
矿床特征	矿物组成	矿石矿物主要为方铅矿,次为闪锌矿;脉石矿物主要为白云石、石英,次为重晶石、方解石	重要
	成矿元素	矿床主要组分为铅,伴生组分为锌	重要
	控矿构造	矿床主要受五指山断层及层间破碎带的有利岩性控制,远离五指山断层,矿体的厚度变小,锌品位变贫	重要
	围岩蚀变	主要为白云石化、硅化,次为方重晶石、黄铁矿化。其中白云石化、硅化与铅锌成矿密切	重要
	蚀变矿物组合	蚀变矿物组合为白云石、石英、重晶石、黄铁矿等	重要
	矿物生成顺序	白云石Ⅰ—黄铁矿—石英Ⅰ—闪锌矿Ⅰ—方铅矿Ⅰ—重晶石—白云石Ⅱ—方铅矿Ⅱ—石英Ⅱ	重要
	矿石矿物特征	闪锌矿主要为深褐色,少量为浅黄色,呈他形、半自形浸染状产出;方铅矿为铅灰色,呈他形、半自形浸染状产出	重要

6. 典型矿床成矿模式(图 3-31)

晚震旦世,本区处于滨海台地相沉积环境,藻类发育,水体中沉积物及藻生命活动过程中吸收了海水中的锌组分,在碳酸盐岩中沉积,这些沉积物在成岩作用阶段,经白云石化后,组分迁移,通过复杂的物化作用,部分形成早期的星点状矿石,形成了区内矿(化)带顺层分布的特点;到了加里东期,构造变动加剧,沿区域性"五指山"正断层上升的热卤水进入灯影组中,在构造适宜条件下,叠加在早期形成的矿化(带)上,使矿化带局部得到富集并形成矿体。

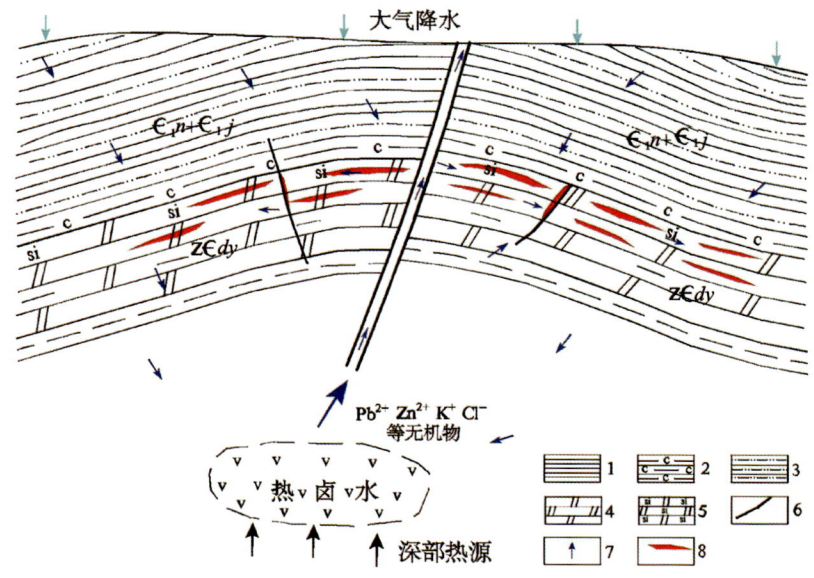

图 3-31 贵州省织金县杜家桥铅锌矿床成矿模式图
1.页岩;2.含碳质页岩;3.泥质粉砂岩;4.白云岩;5.含燧石团块白云岩;6.断层;7.热卤水运移方向;8.铅锌矿体

五、锑矿

（一）贵州省晴隆县西舍锑矿床

1. 矿床概况

晴隆西舍锑矿区位于晴隆县县城187°方向18km，属大厂镇管辖。地理坐标：东经105°08′24″—105°09′12″，北纬25°40′01″—25°40′53″，面积1.5875km²。它赋存于中二叠统大厂层控制的火山岩中热液型锑矿，目前工作程度达详查，矿床规模为中型。

2. 成矿地质背景

1）构造

大地构造位于南盘江-右江前陆盆地相，西舍锑矿田位于北东向碧痕营背斜之南东翼部雷钵硐断层之东南盘。岩层倾角平缓，一般10°～20°，局部受断层作用影响变为陡立。

2）赋矿地层

矿区出露地层最老为中二叠统茅口组，向上依次为大厂层、峨眉山玄武岩、上二叠统龙潭组。赋矿地层为大厂层，仅在矿区内强烈切割区出露。

(1) 茅口组。灰色中厚层状、厚层状石灰岩。出露厚度大于100m（未见底）。其顶部为一古岩溶面。

(2) 大厂层。一套灰色、灰白色硅化、黄铁矿化低温热液蚀变岩。厚度0～47m，平均厚14m。与下伏地层呈岩溶不整合接触。自下而上硅化由强变弱，黄铁矿化由弱变强。由于蚀变差异，岩石结构和矿物组合的不同，可分为3小段。

第一段：灰白色强硅化石灰岩。蚀变强烈，主要有硅化、方解石化、萤石化，局部见重晶石化。白色石英脉穿插切割形成似角砾，致使矿区普遍显示角砾状构造，晶洞发育，在晶洞中发育石英、方解石、萤石晶体，锑矿化较弱，局部见浸染状辉锑矿与石英、萤石伴生。厚度0～22m，平均厚8m。

第二段：灰色、灰白色硅化、黄铁矿化角砾状黏土岩，白色石英脉穿插切割黄铁矿化黏土岩，形成网状脉，角砾明显，黄铁矿呈中晶状分布，晶洞发育，石英辉锑矿呈脉状、团块状、透镜状、似层状产出，是本区锑矿的主要赋存层位。厚度0～12m，平均厚4m。

第三段：深灰色黄铁矿化黏土岩，硅化较弱，呈隐晶质，局部见白色石英脉沿节理裂隙分布，普遍见中晶状、脉状黄铁矿，局部出现黄铁矿结核，石英辉锑矿呈细脉状、小团块状、扁豆状产出，为次要产锑矿部位。厚度0～26m，平均厚6m。

(3) 峨眉山玄武岩。上部为灰紫色凝灰质玄武岩，风化呈鳞片状；中部为暗绿色致密块状玄武岩，柱状节理发育，铁质晕圈状构造明显；下部为灰绿色致密块状玄武岩，方解石脉发育，充填于节理、裂隙之中。厚度平均为80m。与下伏岩层为假整合接触。

(4) 龙潭组。上部为灰色、灰黄色砂岩与页岩互助层，其间夹碳质页岩和煤线；中部为灰色中厚层状生物碎屑灰岩与页岩互层，煤线；下部为灰色黏土岩与页岩互层，产煤层0.8～3.06m，平均厚1.84m。与下伏岩层呈平行不整合接触。

3. 矿体及矿石特征

(1) 含矿体和矿体。分布于背斜核部及附近，锑矿脉往往分布于更次级的挠曲构造中，挠曲的核部产出陡角度的锑矿脉，而两翼受层间剥离作用故产出大致顺层的锑矿细脉，并往往密集成富锑矿体。含矿体呈似层状、短轴状、穿隆状产出。每个矿体内,由于再次一级褶曲和节理裂隙的发育程度不同,而包括大小不等的扁豆状、巢状及不规则状的若干矿体。最大含矿体长达300~760m,宽155~300m。厚0.86~3.80m,平均厚度2m,含锑量0.68%~5.28%,平均3.02%。从生产坑内可圈出矿体3个,矿体长130~200m,宽47~74m,厚度2.10~3.8m,含锑量2.02%~5.03%。

(2)矿石矿物。矿石以辉锑矿为主,辉锑矿多以团块状、晶簇成群出现。晶洞内经常保持良好的柱状、针状辉锑矿晶簇,个别晶体长达20cm,一般为数公分。星散状半自形、他形辉锑矿构成较贫矿石,多见于次生石英岩中。富矿石含锑10%以上。伴生矿物有硫铁矿、萤石、石膏及少量铜蓝、自然硫等。脉石矿物主要为石英,其次为高岭石。有害元素砷的含量0.023%~0.39%,一般在0.1%以下。据辉锑矿单矿物分析,含铜0.02%~0.19%,含镓0.0009%~0.0012%。

(3)矿石类型。矿石的自然组合类型以石英-辉锑矿为主;其次是萤石-辉锑矿和蚀变黏土岩-辉锑矿。研究发现,辉锑矿与石英"形影不离",与辉锑矿伴生的石英晶形比较完整,颗粒大小不一,常呈烟灰色、翠绿色、无色等;与辉锑矿伴生的萤石为白色、淡蓝色、紫色等,且晶形完好。

(4)围岩蚀变。硅化为矿床主要蚀变,可分为3期。硅化(石英1)最早生成,结晶较细,常含碳质、硫铁矿、磷灰石锐钛矿,见于次生石英岩、蚀变黏土岩、玄武岩中。硅化(石英2)不含杂质,晶体干净且较大,常呈似层状、脉状、团块状或充填于晶洞中。与其密切共生的有辉锑矿、硫铁矿、高岭石、萤石等,见于次生石英岩及蚀变黏土岩中,为主要成矿硅化期。硅化(石英3)成矿后期生成,晶体干净,无共生矿物,常呈细脉穿插或充填于晶洞中,含矿层上、下普遍见到。硫铁矿化、高岭土化、萤石化、角砾化等蚀变作用主要与第二期硅化同时出现,与成矿作用关系密切。另外,如在玄武岩底部偶见菱铁矿化、方解石化及褪色现象,与成矿作用关系不大。

4. 控矿因素与成矿作用

1)控矿因素

含矿体和矿体明显受背斜控制,更次级挠曲控制锑矿脉的产出。挠曲的核部产出陡角度的锑矿脉,两翼受层间剥离作用,产出大致顺层侵入的锑矿细脉,并往往密集成富锑矿体。

2)成矿作用

中二叠世古特提斯海水由南西向北东大规模入侵,接受了海相碳酸盐沉积,接着由于东吴运动的开始地壳普遍上隆、拉张产生地裂,并伴随地幔热柱活动发生,被喷溢的峨眉山玄武岩覆盖,构成规模宏大的大火成岩,原来的海洋沉积环境转向陆地的风化与沉积环境。在这一转化过程中,早先形成的中二叠统茅口组灰岩及早期喷发旋回形成的玄武岩经历了风化作用构成古风化壳,下部茅口组灰岩和上部峨眉山玄武岩的不透水性阻挡了矿液的流失,起到了保护成矿的作用。一是大厂层在未成岩之前,为茅口组灰岩的风化剥蚀物(古风化壳),由于茅口组灰岩产状平缓,风化剥蚀物几乎滞留原地,或者有较近距离的搬运,因而出现角砾棱角明显的现象;二是茅口组灰岩裸露风化期间,由于不同部位物质成分的差异,抗风化能力有强有弱,因而形成了凹凸不平的古岩溶面,并在局部出现风化腐质土;三是东吴运动喷溢峨眉山玄武岩覆盖在古风化壳上,峨眉山玄武岩流迅速冷却凝固。喷溢活动后期含矿液侵入,由于上覆峨眉山玄武岩和下伏茅口组灰岩石致密,其间的古风化壳为构造脆弱地带,是含热液运移流动分异沉积沉淀的通道,角砾间的孔隙为矿液富集成矿提供了良好的空间场所,在成矿热液灌入时,同时产生交代作用、蚀变作用、成岩作用、构造作用、成矿作用。

3)成矿时代:据王登红等(2010)采集含锑方解石、萤石,采用Sm-Nd测年为142.3Ma、148Ma。

5. 典型矿床成矿要素

根据晴隆县西舍锑矿典型矿床研究,归纳总结出该典型矿床成矿要素见表3-34。

表 3-34　贵州省晴隆县西舍锑矿床成矿要素表

成矿要素		描述内容	要素分类
特征描述		火山岩中热液型锑矿床	
地质环境	成矿时代	燕山期(148～142.3Ma)	必要
	构造背景	上扬子陆块盘江-右江前陆盆地北侧之北东向组成的碧痕营穹隆构造中	必要
	控矿构造	Ⅳ级构造(碧痕营穹隆、花鱼井断层、青山镇断层、雷钵洞断层)起着导矿作用控制了矿床的分布,Ⅵ级主要是北东向背斜和压扭性断裂旁的大厂层起着容矿作用,控制矿床、含矿体或矿体	重要
	沉积建造	沉积火山岩碎屑建造(硅质蚀变岩建造)	重要
	成矿区(带)	Ⅲ89-1 册亨-望谟金、砷、锑、重晶石成矿带	必要
	含矿地层	二叠系海相沉积火山岩大厂层	重要
	蚀变	以硅化、黄铁矿化、高岭土化、萤石化、角砾岩化为主	重要
矿床特征	岩性特征	石英蚀变、硅化灰岩组合:有锑矿体产出	重要
		强硅化角砾状黏土岩组合:是锑矿最重要产出层位	
		蚀变玄武岩组合:有锑矿体产出	
	矿石类型与矿物组合	石英-辉锑矿矿石,以辉锑矿为主,次要矿物有硫铁矿、萤石、石膏等	必要
	含矿岩系厚度	一般 10～17 m,平均厚 13.5m	重要
		品位:0.68%～5.28%,平均 3.02%。D 级储量 38 246.79t	重要
		规模:中型	重要
	矿体厚度	0.68～5.28m	重要
	矿体延深	200～350m	重要

6. 典型矿床成矿模式

综合矿床矿体产出特征及其控矿因素研究,将矿床的成矿作用及成矿模式归纳如下,西舍锑矿床成矿模式图见图 3-32。

(1)地质构造背景。位于上扬子陆块次级构造单元南盘江-右江前陆盆地北侧之北东向组成的碧痕营穹隆构造中。

(2)成矿地质环境。中二叠世晚期大厂层,大陆溢流开阔台地火山岩相,热液蚀变硅质蚀变岩建造。受控于碧痕营背斜及相伴的花鱼井断层、青山镇断层和雷钵洞断层所夹持北东向背斜和压扭性断裂,含矿地层为中二叠世晚期大厂层。

(3)含矿岩石特征。上段,上部为灰白色黄铁矿化黏土岩,下部为浅灰色硅化、黄铁矿化角砾状黏土岩。下段,上部为深灰色角砾状石英蚀变岩,下部为深灰、灰白色致密块状石英蚀变岩,局部夹硅化灰岩和灰白色厚层石灰岩。

(4)矿体组合分布及产状。处于黑山箐后坡背斜中部南东翼雷钵洞断层上盘西舍背斜上,地层产状平缓,倾角 10°～20°不等。大厂层厚 10～17m。锑矿主要产于大厂层中段黏土岩中,辉锑矿呈脉状、扁豆状、巢状产出;含矿体呈似层状和短轴状、穹隆状产出。含矿体规模较大,一般长 300～760m,宽

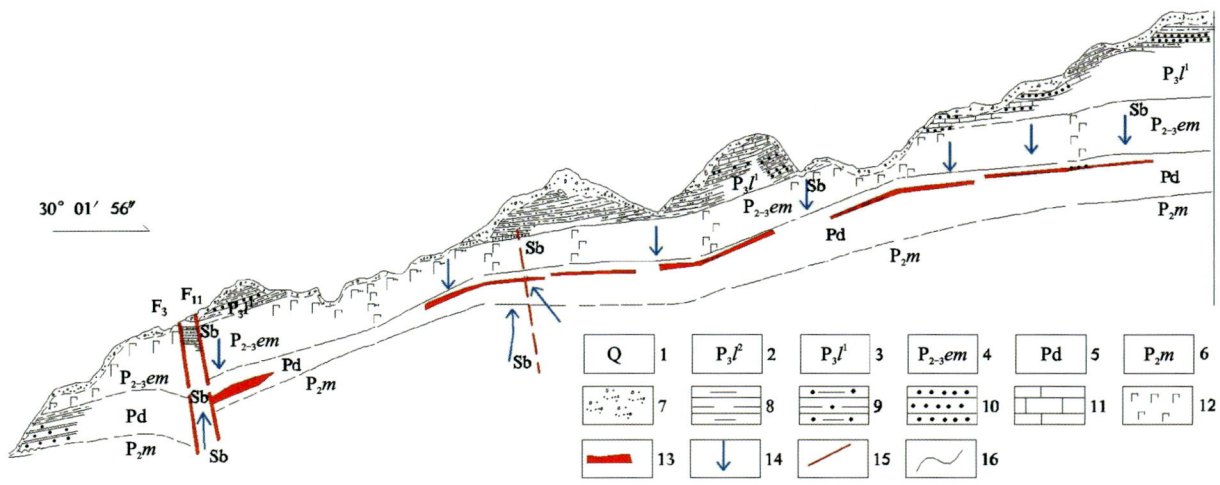

图 3-32 贵州省晴隆县西舍锑矿床成矿模式图
1.第四系;2.龙潭组二段;3.龙潭组一段;4.峨眉山组;5.大厂层;6.茅口组;7.覆土;8.黏土岩;9.砂质页岩;10.砂岩;
11.灰岩;12.玄武岩;13.矿体;14.矿质溶淋及矿液运移方向;15.断层;16.地层界线

155~300m。下段石英蚀变岩中只有团块状锑矿产出,规模小。矿体平均品位 Sb:0.68%~5.28%,平均 3.02%。矿体均具有沿断层走向展布的特点。

(5)矿物组合。矿石以辉锑矿为主。富矿体中辉锑矿多以团块状、晶簇成群出现。晶洞内经常保持良好的柱状、针状辉锑矿晶簇,个别晶体长达 20cm,一般为数厘米。星散状半自形、他形辉锑矿构成较贫矿石,多见于次生石英岩中。

(6)矿石化学成分。矿石的化学成分单一,除有用主要元素锑外,其他有益有害元素均甚微。有害组分汞、砷、铅、锌、铋,除砷在 0.023%~0.09%外,其余均在 0.01%以下,矿石中尚无发现可供综合利用的有益组分。

(7)矿石类型。矿石的自然组合类型以石英-辉锑矿为主;其次是萤石-辉锑矿和蚀变黏土岩-辉锑矿。

(8)矿石结构构造。矿石结构主要有自形柱状结构、半自形柱状结构、他形晶粒结构,他形—自形晶结构及聚片双晶结构等;矿石构造有块状构造,浸染状构造,脉状构造,角砾状构造,放射状构造,层状构造,晶簇状构造,交代溶蚀、交代残余状构造等。

(9)矿化蚀变带及分布。硅化为矿床主要蚀变,可分为 3 期。硅化(石英1)最早生成,结晶较细,常含碳质、硫铁矿、磷灰石锐钛矿,见于次生石英岩、蚀变黏土岩、玄武岩中。硅化(石英2)不含杂质,晶体干净且较大,常呈似层状、脉状、团块状或充填于晶洞中。与其密切共生的有辉锑矿、硫铁矿、高岭石、萤石等,见于次生石英岩及蚀变黏土岩中,为主要成矿硅化期。硅化(石英3)成矿后期生成,晶体干净,无共生矿物,常呈细脉穿插或充填于晶洞中,含矿层上、下普遍见到。

硫铁矿化、高岭土化、萤石化、角砾化等蚀变作用主要与第二期硅化同时出现,与成矿作用关系密切。另外,如在玄武岩底部偶见菱铁矿化、方解石化及褪色现象,与成矿作用关系不大。

(10)成矿阶段划分:矿床可划分为成矿期前、主成矿期和表生期。成矿期前包括沉积-成岩和成岩期后两个阶段,主要形成黏土矿物、黄铁矿、有机质和玉髓等矿物。主成矿期包括石英-辉锑矿阶段和石英-辉锑矿阶段,前一阶段主要形成辉锑矿、萤石、石英、石膏等,后一阶段主要形成高岭石和石英。表生期形成了锑华、褐铁矿、高岭石、石膏和黏土矿物等。

(11)成矿时代。燕山期(148~142.3Ma)。

(二)贵州省独山县半坡锑矿床

1. 矿床概况

矿区位于独山县县城105°方向9km,属城关镇管辖。地理坐标:东经107°36′35″—107°37′55″,北纬25°48′43″—25°49′59″,面积3.4248km^2。锑矿严格受丹林群、翁项群、独山组层位控制,为充填于北北西向、北东东向的张扭性断裂带及影响带、层间破碎带内的碎屑岩脉状热液型锑矿,目前工作程度达详细勘查,矿床规模为大型。

2. 成矿地质背景

1)构造

矿区位于扬子陆块南盘江-右江前陆盆地相,区域上位于独山箱状背斜核部的北北西向组断裂破碎带中,矿区构造以南北向左旋直扭程式而产生的北北西向张扭性半坡断裂组为主。成矿前断裂构造有两期,其中后期断裂构造(北北西向张扭性)与成矿关系密切。矿区为倾向南西西的单斜地层,倾向北西,倾角5°~12°。

2)赋矿地层

出露地层为下泥盆统丹林群、舒家坪组及中泥盆统龙洞水组、邦寨组、独山组等,下泥盆统丹林群为赋矿地层。丹林群厚大于500m,岩性为灰白色厚层中粒沉积石英砂岩、石英岩状砂岩。该群中上部夹细粒薄层石英砂岩、含砾砂岩、紫红色粉砂岩,层厚10~100cm;中下部夹泥质、白云质细砂岩、粉砂岩或砂质白云岩、砂质泥岩及页岩,层厚数十厘米至数米。该群自上而下石英屑粒度由粗至细,泥质增加,粉砂岩、泥质岩、页岩夹层常见。

3. 矿体及矿石特征

(1)矿体特征。半坡锑矿床为"再造式"层控交错型辉锑矿床。矿床主要产于下泥盆统丹林群陆缘碎屑岩层中,充填于北北西向的半坡张扭性断裂带及影响带内,主矿体呈大脉状产出。矿床明显受地层岩性及断裂控制。半坡锑矿床9个矿体,有7个充填于F_1断裂组的断裂带及影响带内。诸矿体均产于与北北西向断裂中,断层规模大小与矿体大小基本成正相关关系,其主断裂控制的Ⅰ号矿体,规模最大,长1220m,倾斜延深50~480m,储量占总储量的72%,矿体呈综合脉状产出;矿体厚一般在0.31~1.43m之间,矿石品位2.01%~12.7%;矿体分枝复合、膨缩明显,是矿床中主要矿体。断裂组中规模较小断裂控制的矿体规模较小,一般长60~550m。矿床总体呈北北西向展布。

(2)矿物成分。矿石矿物以硫化锑为主占98%,次为锑华及锑赭石约占2%,有少量黄铁矿、氧化铁等;脉石矿物以石英为主,方解石、白云石少量,黏土矿物、重晶石等极少。

(3)矿石化学成分。矿石的化学成分单一,除有用主要元素锑外,其他有益有害元素均甚微。有害组分汞、砷、铅、锌、铋,除锌个别最高达0.1%外,其余均在0.01%以下。

(4)矿石类型。矿石自然类型以致密块状、浸染状为主,其次有角砾状、脉状;矿床工业类型属单一硫化锑矿床。

(5)矿石结构构造。矿石结构主要有自形—半自形结构,半自形、他形结构,聚片双晶结构,再生边结构及假象结构等;矿石构造有致密块状构造、浸染状构造、脉状构造、角砾状构造、碎裂构造、碎粒构造、晶簇状构造、散点状构造等。

(6)围岩蚀变。主要有硅化,碳酸盐化,黄铁矿化,绢云母化,重晶石化,深色化等。与矿化关系最密切的是强硅化,其次是碳酸盐化。

(7)地球化学标志。①矿区沉积岩中Sb、Hg、As明显富集,元素平均含量Sb 11.92×10^{-6},Hg

$0.702×10^{-6}$，As $22.44×10^{-6}$，富集系数分别为 59.6、23.4、12.47。Sb、Mo、Au 在碎屑岩中富集，Pb 在碳酸盐中相对富集。②原生晕异常都基本沿断裂带呈条带状、线状、串珠状展布，并随断裂带的宽窄而膨缩。异常严格受断裂及影响带控制。原生晕组合为 Sb、Hg、As、Mo。③半坡断裂微量元素地球化学标志，表现出从围岩到破碎带中心，成矿主元素 Sb 及伴生元素 Hg、As、Zn、Mo、Ni、Co 含量升高，Pb、V_2O_5 降低。Ni/Co＞1，具海相沉积特征。④SiO_2 含量与 Sb 矿化强度呈正消长关系，围岩 SiO_2 含 87.22%。断层上下盘为 87.92%，破碎带中心为 88.09%。⑤半坡断裂中 Sb、Hg 的含量远高于区内诸断裂中 Sb、Hg 含量平均值。Sb 为 5.4～27.4 倍，Hg 为 1.4～6.2 倍，As、Mo 亦相对较高。Au 有富集趋势。成矿元素伴生微量元素在主断裂带具有分段富集、元素组合各异的特点。⑥元素 Sb、Hg、As、Mo、Au 在断层角砾中的含量远高与于碎裂岩石英砂岩和碎裂岩石灰岩中相应元素的含量。⑦半坡断裂为高强度的 Sb、Hg、As、Au 组合晕，是矿化异常的明显标志，组合晕异常长达 3km。

4. 控矿因素与成矿作用

1）控矿因素

（1）地层厚度控矿。矿体的出现与赋矿层位地层的厚度有一定的关系。半坡矿区丹林群是其主要赋矿层位，该处丹林群厚度＞500m，同样巴年矿区赋矿地层独山组宋家桥段厚度＞500m。从而得出厚地层有利于成矿。厚地层说明其古环境为沉降带，以沉积作用为主，水深、环境封闭、水体宁静、物理化学条件有利于各种沉积物聚集形成金属元素高含量物源层。

（2）沉积相环境控矿。矿区处于滨海沙滩相沉积环境，但矿体仅出现于此环境中的一系列小沉积凹陷盆地中。

（3）岩性组合控矿。丹林群之厚—中厚层状细粒石英砂岩夹薄层状砂质泥岩、页岩、泥质砂岩层是最有利的成矿岩性组合。其一，细粒石英砂岩 Sb 含量高，具备矿质源层的基体条件；其二，该层岩性孔隙度高，渗透性好，有利于矿液的运移，导致其含矿层的形成；其三，薄层状砂质泥岩、页岩、泥质砂岩层起一盖层作用。

（4）层内断裂、裂隙控矿。在下泥盆统丹林群和中泥盆统独山组第二段内，主要含矿围岩均为具有很大刚性和脆性的石英砂岩，此石英砂岩在受力作用后易发生切层断裂和破碎。当后期改造作用发生时，矿液往往沿断裂、裂隙活化转移，同时在断裂、裂隙的有利空间聚集沉淀。

2）成矿作用

（1）矿源层的形成。早—中志留世，独山东临江南古陆，北西为黔中半岛，位于黔东海峡南端，古扬子海水经海峡南侵，此时独山的沉积物几乎都来自东边古陆。至早、中泥盆世，黔中半岛东伸与江南古陆相连，独山则位于都匀-凯里海湾外侧，距江南古陆更近，沉积物质更全部来自古陆。江南古陆上巨厚的板溪群——特别是凝灰质板岩中丰富的锑质（为地壳丰值的 9 倍）受到风化剥蚀后，其中的锑质部分溶解，以溶液或络合物形式随江河溪流、大气降水迁移至海中，此外，尚有部分则以碎屑形成向海中迁移。这些迁移到海中的锑质在适宜的地区得到初步富集，与岩石一起沉积下来而成为矿源层。翁项群、丹林群、独山组就是在这种情况下形成的矿源层。矿源层中锑的含量为地壳丰度值的十几倍、几十倍甚至上百倍。矿石中 Ni/Co＞1，Sr/Ba＜1，都具有沉积特征。因此，初步富集成为矿源层是成矿过程最根本的物质基础。而初步富集，既有古地理条件、岩相条件，又有沉积介质的物理化学条件，还有生物的富集作用。如中泥盆统独山组中的化石和生物灰岩，其腕足类、珊瑚类等内含锑量为地壳丰度值的约 200 倍。

（2）成矿流体的形成：在箱状背斜范围内，大气降水由地表通过岩石孔隙、裂隙、节理、断层等途径向下渗透，逐步向深度很大的烂土深断层、独山深断层汇集，途中从矿源层萃取出 Sb，并和一些封存的古海水混合。在深部受志留系翁项群上部不透水的泥质岩的阻拦，致使大部分流体在翁项群界面上滞流，其局部凹陷处可使溶液汇集成含矿卤水溶液仓。由于地热梯度关系，下部的溶液逐渐变热，深浅部的冷热不均，从而使溶液对流循环。另外脉动或构造力的作用，既可给溶液增温，又可驱动环流加速。而温度提高,又可提高溶液对矿源层中 Sb 的萃取能力。如此反复循环,终使溶液中的 Sb 和某些成分达到相当浓度,成为真正成矿热液。Sb 主要以络合物形式在中偏碱性的介质中运移。

(3)成矿作用。随着大的构造力作用,成矿流体沿烂土断裂、独山断裂等通道构造流向浅部,并分流进河沟断裂、银坡断裂,再从这些 V 级断裂导流入半坡等张扭断裂及牛硐、蕊燃沟等压扭断裂。流经半坡、蕊燃沟、巴年等地时,由于温度压力的下降以及地下水中和作用,使矿液化学性质发生系列变化。pH 值由中偏碱性转为中偏酸性,在有利的空间条件配合下,Sb 开始沉淀下来而形成矿脉矿体。在 Sb 的沉淀过程中,CO_2、有机质起了催化、加速作用。矿脉中的石英即来自翁项群、丹林群石英砂岩、粉砂岩中的硅质。南部的巴年矿区,成矿部位比半坡高,成矿温度、压力较低,由于其构造的特殊形式,形成了整合类型矿床,脉石矿物成分主要来自围岩。在巴年表现得更加明显:围岩是石英砂岩时,含矿体脉石矿物主要为石英,蚀变以硅化为主;围岩为碳酸盐岩时,脉石矿物主要是方解石,蚀变主要为碳酸盐化和硅化。

(4)成矿物理化学条件。①据包裹体研究,半坡矿区石英包裹体的均一温度为 144~165℃,平均 150℃;辉锑矿爆裂温度 235~269℃,平均 256℃。②成矿液体的盐度。以中低盐度为特征,液体中的盐度并不是很均匀。③矿液的 pH 值。按包裹体成分,矿液为 CO_2-H_2O-$NaCl$ 体系,同时含有 CO_2 及 HCO_3^-,成矿流体均属微酸性。④半坡矿区成矿温度在 150℃时,Eh=−2.95V,成矿溶液均处于低氧逸度的条件下。⑤成矿流体压力约为 8.5bar。即独山锑矿田的成矿作用是在较低的成矿压力条件下进行的。⑥成矿流体具有中等密度。⑦成矿流体的水源。成矿流体中除了成矿成分一些常量元素和少数微量元素外,绝大部分成分是水,而水的来源不外乎岩浆水、变质水和大气降水。对辉锑矿、石英、方解石等矿物及包裹体作 $\delta^{18}O$ 和 δD 的测试,包裹体中 $\delta^{18}O_{H_2O}$ 变化范围−6.71‰~7.89‰,δD −62.9‰~−39.6‰,均为负值,明显具大气降水特征。

(5)成矿时代。与构造活动相对应,为燕山末期。

5. 典型矿床成矿要素

根据独山县半坡锑矿典型矿床研究,归纳总结出该典型矿床成矿要素见表 3-35。

6. 典型矿床成矿模式

综合矿床矿体产出特征及其控矿因素研究,将矿床的成矿作用及成矿模式归纳如下(图 3-33)。

表 3-35 贵州省独山县半坡锑矿床成矿要素表

成矿要素		描述内容	要素分类
特征描述		半坡式不规则碎屑岩脉状热液型锑矿床	
地质环境	成矿时代	燕山期(145Ma)	必要
	构造背景	上扬子陆块扬子陆块南部被动边缘褶冲带都匀滑脱褶皱带王司-独山箱状背斜南端	必要
	控矿构造	Ⅳ级(烂土、独山断裂)构造起着导矿作用控制了矿床的分布。Ⅵ级北北西向张扭性断裂起着容矿作用控制矿床、含矿体或矿体	重要
	沉积建造	石英砂岩夹粉砂岩建造	重要
	成矿区(带)	Ⅲ77-8 丹寨-荔波金、锑、汞、铅、锌成矿带	必要
	岩性组合	下泥盆统丹林群	重要
	蚀变	硅化、重晶石化,部分黄铁矿化	重要

续表 3-35

成矿要素		描述内容	要素分类
特征描述		半坡式不规则碎屑岩脉状热液型锑矿床	
矿床特征	容矿岩石	厚层块状细—中粒石英砂岩及石英岩间或夹少量的泥质砂岩及砂质泥岩	重要
	矿石类型与矿物组合	石英-辉锑矿型主要有用矿物为辉锑矿，次要矿物有少量黄铁矿、氧化铁等	必要
	矿化	断裂或其旁侧裂隙中直接发现锑矿化	重要
	资源量	矿石量：B+C+D=322.68×10⁴t	重要
		品位：1.32%～12.7%，平均 4.6%	重要
		金属量：B+C+D=148 202.99t；B+C+D+Cw+Dw=149 642.88t	重要
	赋矿岩系厚度	>500m	重要
	成矿温度	180～250℃	重要

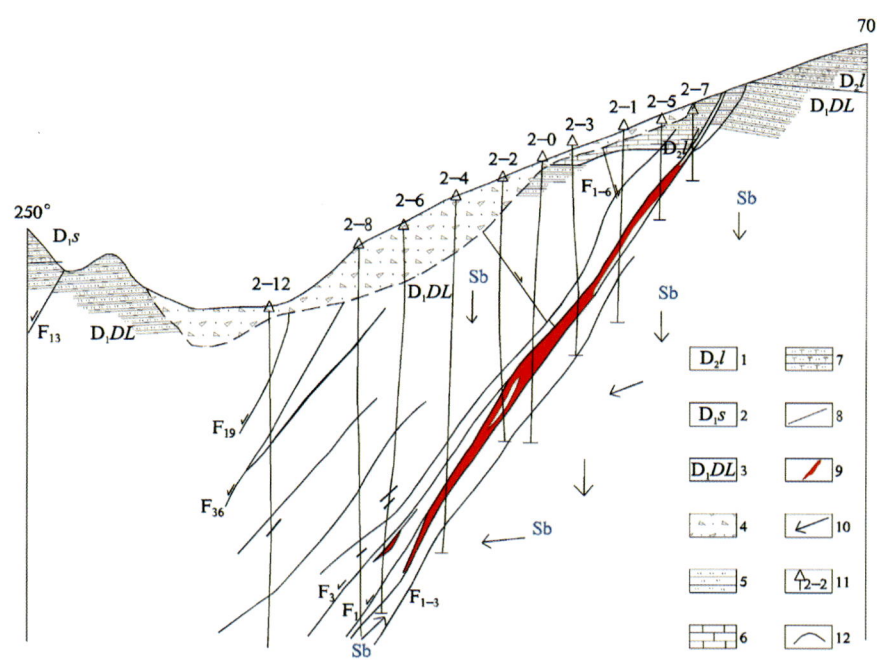

图 3-33　贵州省独山县半坡锑矿床成矿模式

1.龙洞水组；2.舒家坪组；3.丹林群；4.第四纪覆土；5.石英砂岩；6.灰岩；7.含铁质石英砂岩；8.断层；9.矿体；10.矿质溶淋及矿液运移方向；11.钻孔及编号；12.地层界线

（1）成矿地质环境。多期构造运动形成的江南造山带古陆边缘，一套陆地边缘相三角洲前缘——滨岸沙滩碎屑岩沉积建造。矿体受控于烂土断层和独山断层夹持背斜中的北北西向半坡张扭性正断层组及影响带，赋矿地层为泥盆纪早期丹林群。丹林群厚度大于 500m。

（2）赋矿岩石。厚层块状细—中粒石英砂岩及石英岩间或夹少量的泥质砂岩及砂质泥岩。

（3）矿体组合分布及产状。矿体赋存于半坡张扭性系列断裂中，呈大脉状产出，产状基本与断层一致，倾角 45°～70°不等，与平缓的岩层（8°～15°）呈大角度相交。

（4）矿化蚀变带及分布。主要围岩蚀变有硅化、重晶石化、黄铁矿化。在垂向方面，从下到上依次为强硅化、弱黄铁化—强硅化、中碳酸盐化—强碳盐化，中重晶石—中碳酸盐化，强黄铁矿化；在纵向方面，由矿体中心部位向南北两端依次为强硅化,弱黄铁矿化—中硅化,强碳酸盐化—中碳酸盐化,强黄铁矿化;横向方面,由矿脉向外依次为强硅化—硅化,方解石化,白云石化,黄铁矿化—方解石化,黄铁矿化(此带已超出矿化带范围)—单一黄铁矿化。

(5)多期成矿的叠加改造。在地下热水的作用下(据氢氧同位素资料,地下热水的来源是大气降水),矿源层中的锑质出现活化溶解,形成氧或硫混合物进入热水中并随其迁移。由于温差和压力差,此含矿的热水溶液在一定范围内(包括垂直方向和水平方向)出现循环流动,并不断从各矿源层中萃取矿质及封存古海水,使其达到较大的矿液浓度。最后由于物理化学条件的改变而在适宜的构造部位矿质发生沉淀形成矿脉。物理化学条件的变化主要是指温度、压力、氧逸度、氧化还原电位、酸碱度等。特别是酸碱度的改变对矿质的沉淀有重大影响。矿液对围岩发生交代及地表水向下渗透中和,会导致矿液 pH 值的重大改变。热水的热源是地热增温及构造动热能的转化,此二者也是矿液深部环境驱动力之一。

岩性在成矿过程中起着源、储、盖的作用。半坡矿区经频率测探探明,D_1DL 底界面是个低凹盆形,其下又是 $S_{1-2}wn$ 顶部不透水的泥质层,因此矿液在此间形成"锅底汇集效应",半坡的锑矿之所以丰富和这"锅底"大有关系。巨厚的 D_1DL 既是矿源层外又是赋(储)矿层,其上 D_2l 底部泥灰岩与 D_1s 底部砂质、碳质泥岩都起着盖层屏蔽作用。

(三)贵州省榕江县八蒙锑矿床

1. 矿床概况

该矿床位于榕江县县城西南 105°方向 65km,属兴华乡管辖。地理坐标:东经 108°08′11″—108°09′19″,北纬 25°49′30″—25°49′50″,面积 3.5km²。属赋存于下江群陆缘浅变质岩层中,充填于北东向组断裂破碎带中及影响带内的浅变质岩中温热液型锑矿,地质勘查工作程度达详查程度,相对工作程度较高,矿床规模为中型。

2. 成矿地质背景

1)构造

矿区位于扬子陆块雪峰山陆缘裂谷盆地,矿床位于雷公山复式背斜的南倾没端,次级古腊背斜之南东翼,兴华向斜之北西翼,小范围内基本为一单斜构造。岩层倾向 100°~140°,倾角 15°~40°。矿床内断裂构造发育,以走向 NE30°~60°一组为主,次为南北向组。北东向组断裂规模较大,破碎带宽,硅化蚀变强,是矿床内主要控矿容矿断裂。

2)赋矿地层

出露地层为下江群平略组中上部,薄层状、厚层状及层纹状含变余石英粉砂绢云母绿泥石板岩。根据岩性差别,将矿区内出露的平略组划分成 6 个岩性段,现由下而上简述如下。

Pt_3p^a:灰、青灰色厚层状偶夹层纹状含变余石英粉砂绢云母绿泥石板岩。变余粉砂结构及显微鳞片变晶结构,含黄铁矿斑晶,呈顺层细脉状或星点状分布于岩石中。厚>81m。

Pt_3p^b:灰色薄层层纹状含变余石英粉砂绢云母绿泥石板岩。变余粉砂结构及显微鳞片变晶结构,变余层纹状构造。厚 25~51m。

Pt_3p^c:灰色厚层状偶夹层纹状含变余石英粉砂绢云母绿泥石板岩。变余粉砂结构及显微鳞片变晶结构,含黄铁矿斑晶。厚 86~163m。

Pt_3p^d:灰色薄层层纹状夹厚层状含变余石英粉砂绢云母绿泥石板岩。偶夹变余粗—细长石砂岩;变余粗—粉砂结构及显微鳞片变晶结构,变余层纹状构造;中上部包卷层理较发育,黄铁矿呈立方体星点状分布于岩石中。辉锑矿产于该层的断裂及其影响带中。厚 61~241m。

Pt_3p^e:灰白色厚层状含变余石英粉砂绢云母绿泥石板岩。变余粉砂结构及显微鳞片变晶结构,含少量菱铁矿及黄铁矿。厚 10～15m。

Pt_3p^f：灰色薄层层纹状含变余石英粉砂绢云母绿泥石板岩。变余粉砂结构及显微鳞片变晶结构，变余层纹状构造，含铁质斑点。厚＞161m。

3. 矿体及矿石特征

（1）八蒙锑矿床是断裂充填的石英脉型锑矿床，共圈定 14 个矿体。锑矿体产于断裂破碎带或其上、下盘节理、裂隙中，矿体产状基本与断裂产状一致，矿体形态以大小不等的透镜状、不规则脉状为主。主矿体真厚度 0.3～13.67m，平均厚 4.06m。矿体含 Sb 1.42%～19.34%，平均 3.81%。详查后，获锑金属资源量 B 级 4 967.86t，C 级 10 342.61t，B 级＋C 级 15 310.47t；D 级 21 582.90t，B 级＋C 级＋D 级 36 893.37t，占整个矿床总资源量的 58.69%。

（2）矿物组合。矿石矿物以辉锑矿为主，偶见微量的锑氧化物——锑华、锑赭石、红锑矿；伴生有少至微量黄铁矿、毒砂、黄铜矿、闪锌矿、石英、铁白云石、绢云母、绿泥石、斜长石、含钛矿物、电气石、锆石等。

（3）矿石化学成分。Sb 3.22%、Au $0.25×10^{-6}$、As 0.11%、SiO_2 67.02%、Al_2O_3 11.26%、TiO_2 0.32%、Fe_2O_3 4.81%、CaO 1.36%、MgO 1.16%、P_2O_5 0.12%、K_2O 3.06%、Na_2O 1.66%、Cu 0.004%、Pb 0.01%、Zn 0.00%、Mn 0.03%、S 1.58%、灼失量 4.37%。

（4）矿石类型。矿石自然类型以浸染状为主，其次有细脉或网脉状、角砾状、团块状和致密块状；矿床工业类型属单一锑矿床或锑金矿床。

（5）矿石结构构造。粒（柱、针发）状结构；矿石构造以浸染状和细脉状为主，角砾状、团块状次之，致密块状更次之。

（6）围岩蚀变。主要围岩蚀变有硅化、铁白云石化、黄铁矿化、毒砂化。

4. 控矿因素与成矿作用

1）控矿因素

锑矿控矿因素主要是构造。首先，雷公山复背斜及相伴的昂因断层、西江断层组合及断层间发育的过渡性剪切带和脆性断裂构造系统，控制了该区锑矿分布空间；其次，锑矿体主要赋存于斜列的次级背斜，叠加、穿越过渡性（或韧性）剪切带的北北东向、北东向断层带及其派生断层裂隙内。

成矿地质环境也对锑矿起到控制作用，多期构造运动形成的江南造山带古陆边缘，为陆缘斜坡-半深海槽盆地沉积砂岩、泥岩复理石浅变质建造。位于不同时期逆冲推覆滑脱面发育的昂因断层和西江断层之间，受控于两断层间发育的过渡性剪切带和脆性断裂构造系统；次级背斜、北北东向过渡性剪切及密集发育的叠加、穿越过渡性剪切带的北北东向、北东向断裂带及影响带内，赋矿地层为平略组。

赋矿岩石的控矿因素：含矿围岩为灰色绢云母绿泥石板岩夹变余砂岩。

2）成矿作用

（1）成矿物源。根据对下江群浅变质岩、辉锑矿稀土元素分析，二者的稀土元素模式在曲线斜率、Eu 亏损程度等特征上都有较大的差异，计算的稀土元素参数也有明显区别，显然属于不同的模式类型。辉锑矿的稀土元素模式与玄武岩的稀土元素模式近似，说明成矿物质来源与下江群乃至上地壳岩层没有联系，而具深源的特征。

下江群板岩中分散的铅测定的铅同位素组成比较稳定，模式年龄值新于下江群的地质年代，全部属于放射成因的铅，而且演化历史较复杂。进入辉锑矿晶格的微量铅测定的铅同位素组成变化较大，模式年龄值的离散度也相当大，但多新于下江群的地质年代，且又老于辉锑矿控矿构造形成的地质年代，可能是放射成因之故，并这种铅不是单阶段演化铅，其同位素演化历史复杂。铅同位素组成数值在铅构造模式图上的位置均处于造山带演化线和上地壳演化线之上，因而排除了铅来自上地幔或下地壳的可能性。可以认为辉锑矿中的微量铅是来自上地壳。

矿石矿物中的硫化物主要是辉锑矿。八蒙矿床 6 件辉锑矿样品的 $δ^{14}S$ 值变化幅度很小，都在

−0.5‰～2.1‰之间，平均0.5‰，与陨石硫非常接近，显示深源特征。

测定的流体包裹体碳、氢、氧同位素组成，$\delta^{13}C$的值域在Hoers(1965)的$\delta^{13}C$图上落在岩浆热液范围，具幔源特征；而δD和$\delta^{18}D$的值域参照Taylor(1974)的研究资料，则属大气降水。

综前各种测试分析结果，热液中的成矿物质主要是来源于上地幔或下地壳，仅有少量铅等系混入的陆壳物质。

(2)成矿时代。区域地质背景和矿床地质特征表明，控矿断裂构造的形成时期是印支期—燕山期，主要成矿时代应与构造活动相对应，为中晚燕山期。

(3)成矿热液。成矿热液的流体介质，初始阶段可能为地幔去气作用形成的以CO_2为主的流体，运移至地壳浅层有大气降水加入，并在沉淀成矿时成为主要成分。

成矿热液上升运移的通道可能主要是西江、昂因等规模较大的断裂带。断层活动的压力差造成成矿热液上升运移，并在运移过程中分流到北北东、北东等方位规模较小的断裂带，随着进入浅层，温压降低，在次级断层破碎带、尤其是叠加于过渡性剪切带断层裂隙密集分布的地段沉淀成矿。

(4)成矿物理化学条件。用流体包裹体测试的均一温度，位于80～280℃区间内，并有3个阶段，从早阶段的中温变化到中—晚阶段的低温，但各阶段之间是连续的。10件辉锑矿样品测试的包裹体爆裂温度为130～260℃，平均196℃，可以把这个数值作为辉锑矿初始堆积成矿时的温度。成矿溶液的温度是从中温变化到低温的，辉锑矿的形成主要是在低温(80～200℃)阶段。

主要成矿阶段的溶液是含$NaCl-H_2O$稀盐溶液和含$CO_2-NaCl-H_2O$稀盐溶液，在成矿过程中，随溶液温度的降低盐度亦降低，而密度则增高。流体压力在成矿过程中从早到晚逐渐降低，矿床是在低压条件下形成的。

成矿溶液的氧逸度较低，而二氧化碳逸度较高，在成矿过程中，从早到晚，氧逸度由高变低，二氧化碳逸度由低变高。

成矿溶液呈酸性($pH=5.33～5.82$)，变化范围狭小，成矿过程从早到晚酸度略有降低。氧化-还原电位则由低值向高值发展，成矿作用是在强还原条件下进行的。

成矿流体成分主体一般是H_2O，占溶液总量的80%～90%，有的样品甚至达98%，其次是CO_2，少数样品CO_2含量超过H_2O。在这种以H_2O和CO_2为主体的稀盐热水溶液中，还含Na^-、K^+、CO^{2+}、Mg^{2+}、F^-、Cl^-、SO^{2-}等。S以H_2S和SO_2形式存在；C除CO_2外，还以CO和CH_4的形式存在；H少量以独立H_2存在，大部分与O、S、C组成H_2O、H_2S、CH_4。在成矿过程中，从早到晚成矿溶液由$NaCl-H_2O$型向$NaCl-CO_2-H_2O$型演化，最后发展到含大量CO_2的$CO_2-NaCl-H_2O$型。

溶液中的Na^+/K^+值可用于判别溶液中成矿物质的来源(Roder,1972)。成矿时期溶液中的Na^+/K^+值在8.11～2.76之间，表明溶液中的成矿物质可能来自上地幔或下地壳。

(5)多期成矿的叠加改造。成矿热液的沉淀富集，大致有3个阶段。第一阶段成矿热液在断层破碎带中与构造岩相互作用，从破碎带中心向两侧依次形成一套分布有序的蚀变岩石：硅化岩石、绢云母化岩石和碳酸盐化岩石，碳酸盐化岩石与未蚀变浅变质岩的界面就是围岩蚀变的极限面，亦即交代前锋。这套蚀变岩石大致以断层破碎带中心为轴呈对称分布，热液携带的造矿组分沉淀在硅化岩石带。第二阶段成矿物质的沉淀与第一阶段成矿作用的产物是叠加关系，成矿热液与第一阶段生成的硅化岩石相互作用，使硅化岩石受到强烈溶蚀，造矿组分沉淀在硅化岩石溶蚀后产生的自由空洞内，形成以辉锑矿为主的矿石。同时还残存在硅化岩石中的杂质被淋滤出去，使硅化岩石重结晶，形成乳白色中粗粒石英，即脉石英。第三阶段成矿作用的范围更窄，主要叠加在锑矿石和脉石英上，很少量的涉及硅化岩石和绢云母化岩石带，其产物主要是由辉锑矿、细粒石英和碳酸盐矿物组成的细脉，在细微裂隙中则形成毛发状辉锑矿集合体。至此，热液的成矿作用宣告结束。

5. 典型矿床成矿要素

根据八蒙锑矿典型矿床研究，归纳总结出该典型矿床成矿要素见表3-36。

表 3-36 贵州省榕江县八蒙锑矿床成矿要素表

成矿要素		描述内容	要素分类
特征描述		石英脉型锑矿床	
地质环境	成矿时代	中晚燕山期	必要
	成矿区（带）	Ⅲ79-1 雷公山锑、铅、锌、铜成矿带	必要
	构造背景	扬子陆块南部被动边缘褶冲带及雪峰山基底逆推带及都匀南北向褶皱区的雷公山复式背斜的南倾没端	必要
	控矿构造	Ⅳ级构造起着导矿作用控制了矿床的分布。Ⅵ级叠加、穿越过渡性（或韧性）剪切北北东向、北东向断裂带及其派生断层裂隙控制矿体	重要
	沉积建造	砂岩泥岩复理石浅变质建造	重要
矿床特征	赋矿地层	上元古宇下江群平略组中上部	重要
	蚀变	硅化、黄铁矿化、角砾化	重要
	容矿岩石	灰色薄层层纹状夹厚层状含变余石英粉砂绢云母绿泥石板岩	必要
	矿石矿物	石英-辉锑矿型，主要有用矿物为辉锑矿	必要
	矿化	断裂或其旁侧影响带中直接发现锑矿化	重要
	资源量	金属量：B级+C级+D级＝62 856.65t	重要
		品位：1.42%～19.34%，平均 4.23%	重要
		规模：中型	重要
	赋矿地层厚度	61～241m	重要
	成矿温度	180～200℃	重要

6. 典型矿床成矿模式

综合矿床矿体产出特征及其控矿因素研究，将矿床成矿作用及成矿模式归纳如下（图 3-34）。

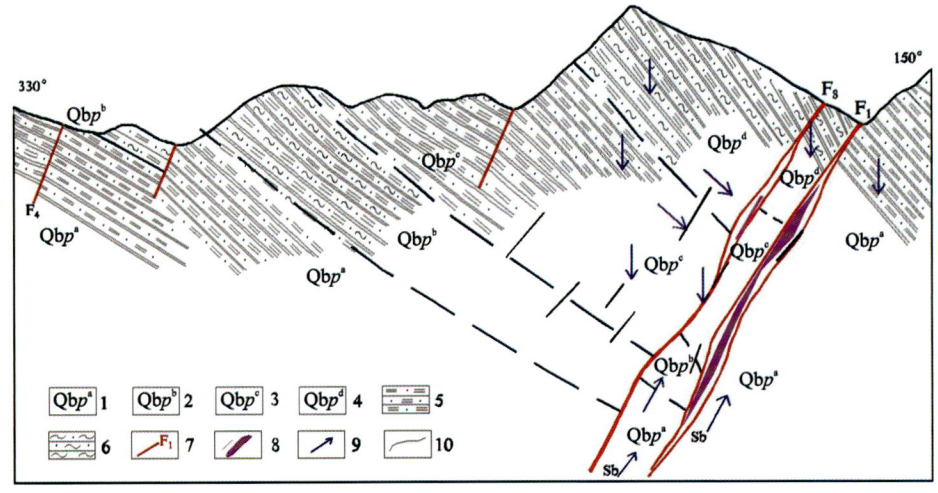

图 3-34 贵州省榕江县八蒙锑矿床成矿模式图

1.平略组 a 段；2.平略组 b 段；3.平略组 c 段；4.平略组 d 段；5.厚层含变余石英粉砂绢云母绿泥石板岩；
6.薄层含变余石英粉砂绢云母绿泥石板岩；7.断层；8.矿体；9.矿质溶淋及矿液运移方向；10.地层界线

(1) 地质构造背景。位于上扬子陆块扬子陆块南部被动边缘褶冲带及雪峰山基底逆推带及都匀南北向褶皱区雷公山复式背斜的南倾没端。

(2) 成矿地质环境。多期构造运动形成的江南造山带古陆边缘，为陆缘斜坡-半深海槽盆地沉积砂岩、泥岩复理石浅变质建造。位于不同时期逆冲推覆滑脱面发育的昂因断层和西江断层之间，受控于两断层间发育的过渡性剪切带和脆性断裂构造系统；次级背斜、北北东向过渡性剪切及密集发育的叠加、穿越过渡性剪切带的北北东向、北东向断裂带及影响带内，赋矿地层为平略组。

(3) 赋矿岩性特征。灰色绢云母绿泥石板岩夹变余砂岩。

(4) 矿体组合分布及产状。八蒙锑矿床矿体均产于北东向断层破碎带构造岩较发育的地段，矿体形态以大小不等的透镜状、不规则脉状为主，产状基本与断层一致，倾向北西，倾角 46°～75°。矿脉走向总体上为北东向，但局部为北北东向，矿体形态在平面上为较规则透镜状；纵剖面为两头大，中间小的似哑铃状透镜体。由南西向北东侧伏，侧伏角 25°～30°。

(5) 矿化蚀变带及分布。主要围岩蚀变有硅化、铁白云石化、黄铁矿化、毒砂化。第一阶段蚀变主要是硅化、绢云母化、碳酸盐化。第二阶段亦既辉锑矿的主要成矿阶段，蚀变作用主要是硅化，并局限在第一阶段形成的硅化范围内。蚀变产物主要是石英-辉锑矿矿石和无矿或少矿的热液石英堆积体，石英粒度大小与第一阶段生成的石英有显著区别。第三阶段蚀变作用的分布很窄，一般形成以石英、碳酸盐矿物和辉锑矿为主的细脉，穿插于前阶段生成的矿石和蚀变岩石之中。

六、重晶石

贵州省施秉县顶罐坡重晶石矿床

1. 矿床概况

矿区位于施秉县城南西 216°方位直距 2km 处，行政区划属施秉县城关镇所辖。地理坐标：东经 108°05′57″—108°06′30″，北纬 27°00′23″—27°01′05″，矿区面积约 0.61km²。属热液型重晶石矿床，矿区进行了初勘工作，矿床规模为小型。

2. 成矿地质背景

1) 构造

该矿床位于上扬子陆块南盘江-右江前陆盆地，区域上发育两组断裂构造：其一为北东向或北北东向的轴缘深大断裂，其二为近东西向的贵阳-芷江大断裂。受此两组区域性断裂构造的影响，矿区内形成了北东向、北北东向、北东东向、北西向 4 组断层，其中北东向断层为主要的控矿断裂。

2) 赋矿地层

矿区出露地层仅见下奥陶统。重晶石赋矿地层为下奥陶统桐梓组白云岩-硅质岩-重晶石层-白云岩。顶板为灰黄、砖红色瘤状泥质灰岩与钙质页岩，底板为微至细晶白云岩。

3) 矿体及矿石特征

1) 矿体特征

矿区内地表揭露原生重晶石矿脉（17 条）及残坡积型重晶石矿（6 个）。原生重晶石含矿带长 900m，17 条原生重晶石矿脉呈侧列式分布，为陡倾斜矿体，沿北东-南西向张性及张扭性断裂充填。单个矿脉长度 30～280m 不等，矿脉出露宽 0.2～20m，延伸可达 70m。$BaSO_4$ 的含量为 95%～99.42%，锶含量在 0.96%～1.5% 之间。矿体一般倾向南东，倾角 55°～70°。残坡积型重晶石矿位于原生矿附近低洼地带，赋存于第四系中。

2) 矿石特征

(1) 矿石矿物成分。主要矿物为重晶石，伴生有萤石、石英、方解石，偶见铁质氧化物。重晶石多为白色、乳白色、灰白色，致密块状，在矿脉边缘有少量萤石产出，具板状解理，密度大。萤石以乳白色、白色、灰白色为主，油脂光泽，硬度小，一般为他形致密块状。石英为较少的伴生矿物，分布于重晶石脉的边缘部分，与重晶石呈负相关关系。

(2) 矿石化学成分。$BaSO_4$ 含量为 93.93%～99.42%，平均 96.68%；矿石中锶含量为 0.96%～1.64%，平均 1.30%。其他微量元素含量为 Cu 0.002%，Pb 0.003%，Zn 0.02%，Ga 0.002%。SiO_2 含量 0.3%，个别样品高达 7.17%；Al_2O_3 含量低于 0.85%；Fe_2O_3 含量低于 0.89%。

(3) 矿石结构。主要为镶嵌结构、细脉网状结构和溶蚀交代结构3类。

(4) 矿石构造。主要有块状构造、斑点状构造、角砾状构造。

(5) 围岩及围岩蚀变。矿体(矿脉)的围岩，均为下奥陶系桐梓组白云岩、石灰岩及泥质灰岩；围岩蚀变微弱，主要有重晶石化、硅化、方解石化、白云石化等。

4. 控矿因素与成矿作用

1) 控矿因素

重晶石矿体的产出与分布严格受北东向张性及张扭性断裂组的控制，同时受控于下奥陶统桐梓组白云岩及石灰岩建造。

2) 成矿作用及形成过程

(1) 大气降水渗入地下，随深度增加而被加热，不断萃取区内含钡、氟、钙极高的地层岩石相关成矿元素，或混合深地层卤水，形成含矿热流体。

(2) 当富矿质、高矿化度的含矿热流体，在地下深处随着温度、压力的不断升高、增大，并在成矿期（燕山晚期）构造运动等作用释放热量的影响下，沿断裂、裂隙等低压空间不断上升、运移，同时在这一过程中进一步从围岩中吸取矿质，使成矿热液矿化度不断增高。

(3) 当高矿化度的含矿热液沿早期生成断裂构造运移至地表浅部，由于温度、压力、浓度等物理化学条件的改变，导致石英、萤石、重晶石等矿物先后析出充填在北西向的断层空间，由于上覆泥质类岩层的屏蔽作用，使上述成矿过程能够重复缓慢地进行，直到矿床完全形成。

(4) 成矿时代：燕山期。

5. 典型矿床成矿要素

在对典型矿床地质特征、矿体特征、矿石特征、成矿规律及控矿因素等进行分析研究的基础上，形成成矿要素表（表3-37）。

6. 典型矿床成矿模式

在全面研究施秉县顶罐坡热液型重晶石矿床的成矿地质作用、控矿构造、成矿特征的基础上，归纳总结了顶罐坡式热液型重晶石矿床的成矿模式（图3-35）。

锑矿形成过程如下。

(1) 大气降水渗入地下，随深度增加而被加热，不断萃取区内含钡、氟、钙极高的地层岩石相关成矿元素，或混合深地层卤水，形成含矿热流体。

(2) 当富矿质、高矿化度的含矿热流体，在地下深处随着温度、压力的不断升高、增大，并在成矿期（燕山晚期）构造运动等作用释放热量的影响下，沿断裂、裂隙等低压空间不断上升、运移，同时在这一过程中进一步从围岩中吸取矿质，使成矿热液矿化度不断增高。

(3) 当高矿化度的含矿热液沿早期生成断裂构造运移至地表浅部，由于温度、压力、浓度等物理化学条件的改变，导致石英、萤石、重晶石等矿物先后析出充填在北西向的断层空间，由于上覆泥质类岩层的屏蔽作用，使上述成矿过程能够重复缓慢地进行，直到矿床完全形成。

表 3-37 贵州省施秉县顶罐坡重晶石矿床成矿要素表

成矿要素		描述内容	要素分类
特征描述		顶罐坡式热液型重晶石矿床	
地质环境	成矿时代	燕山期	必要
	构造背景	上扬子陆块扬子陆块南部碳酸盐岩台地相	必要
	控矿构造	矿体的产出与分布严格受北东向张性及张扭性断裂组的控制	必要
	沉积建造	白云岩及石灰岩建造	必要
	盖层	大湾组钙质页岩	必要
	成矿物理化学条件	该矿床成矿温度为130～220℃,最高达276℃,硫同位素组成值为16.13‰～28.82‰,属重型硫	重要
矿床特征	赋矿地层	下奥陶统桐梓组	必要
	岩性组合	白云岩-硅质岩-重晶石层-白云岩	重要
	矿体形态	矿体呈脉状或透镜状沿断层产出,平面呈"S"状	重要
	矿石结构	镶嵌结构、细脉网状结构和溶蚀交代结构	重要
	矿石构造	块状构造、斑点状构造、角砾状构造	重要
	矿体规模	区内主矿体为Ⅰ号、Ⅳ号矿体,Ⅰ号矿体长180m,水平厚9.45m。Ⅳ号矿体长290m,平均厚18.08m。矿体受次级断裂控制,矿体规模较小,长70～120m	重要
	矿石品位	$BaSO_4$含量为93.93%～99.42%,平均96.68%	重要
	围岩蚀变	围岩蚀变微弱,主要有弱硅化、方解石化、白云石化等	次要
	资源储量规模	小型(544×10^3t)	重要

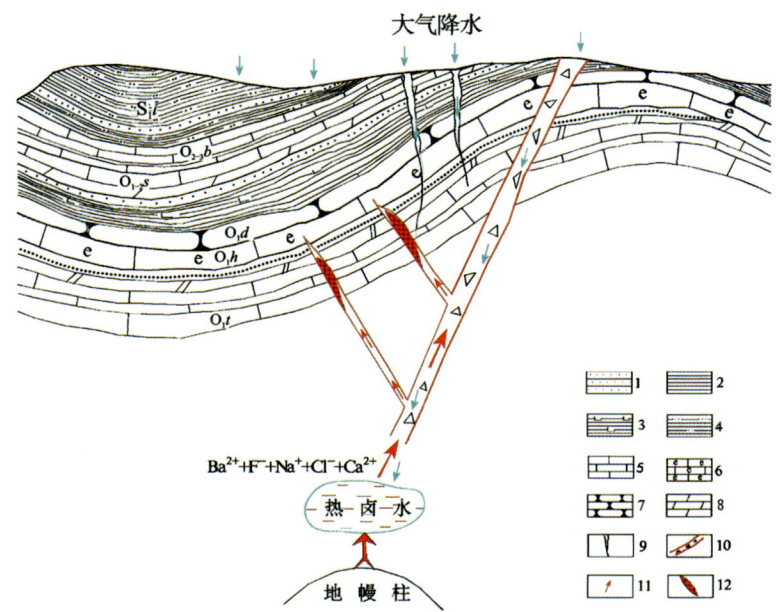

图 3-35 贵州省施秉县顶罐坡重晶石矿床成矿模式图

1.砂岩;2.页岩;3.钙质页岩;4.粉砂质页岩;5.灰岩;6.生物碎屑灰岩;7.瘤状灰岩;8.泥灰岩;9.裂隙;10.断层;11.热卤水运移方向;12.重晶石矿体

七、汞矿

(一)贵州省万山特区杉木董汞矿床

1. 矿床概况

矿区位于贵州东北部,云贵高原和湖南麻阳盆地之交界处,行政上属贵州省万山特区。地理坐标:东经109°11′17″—109°12′15″,北纬27°30′12″—27°30′58″。属低温热液层状(层控)矿床,该区工作程度较高(勘探),且矿已采完,矿床规模达大型。

2. 成矿地质背景

1)构造

位于上扬子陆块南部碳酸盐岩台地相,区域上位于下溪背斜北西翼或铜仁向斜之东南翼。主体构造为万山向斜、大兴背斜、坝盘背斜及其北东向、北北东向断裂的配套构造。矿区内地层倾角平缓,局部水平,一般都在5°~10°之间,倾向不一,多为北西及南西,为一不明显的较大平缓背斜层。背斜大致以杉木董至来羊坪一线的附近为其轴部,轴向290°,向西倾没。断裂较发育,但主要为断距较小的正断层及平移断层。

2)赋矿地层

矿区出露地层为上寒武统比条组、中上寒武统车夫组、中寒武统敖溪组,下寒武统清虚洞组等。中寒武统敖溪组为主要含矿层,次为下寒武统清虚洞组。

清虚洞组($\epsilon_1 q$):上部为深灰色细粒薄层致密状石灰岩、浅灰色细粒或中粒厚层时显薄层微结晶硅化白云岩,局部有少量的沿层分布的燧石结核、深灰色细粒薄层致密石灰岩,局部具交错纹。中部主要为深灰色细粒薄层泥灰岩夹深灰色细粒薄层石灰岩、深灰色细粒薄层致密石灰岩,局部具交错纹。下部为黑及黄绿色页岩含云母碎片,夹少量砂岩,偶见夹有一薄层磷块,厚20~380m。与敖溪组呈整合接触。

敖溪组($\epsilon_2 a$):中上部为浅灰色—灰色中厚层白云岩、泥质白云岩,局部硅化强烈。中部为浅灰色—灰色多孔角砾状图斑变质白云岩,泥质成分加重。下部为深灰色中厚层白云岩,时夹1~2层灰岩与页岩。厚120~560m。

3. 矿体及矿石特征

1)矿体特征

杉木董汞矿具有典型的层控特征,矿体受北西向向西倾没的杉木董背斜和与其斜交的北东东向杉木董断层控制。含矿围岩为灰色薄层细粒条带状白云岩。各矿段中汞矿体都呈似整合状产出,汞矿体总体走向为290°~300°。倾向南西,倾角在4°~12°之间变化。矿体长200~1250m,最宽处达310m,中部窄,一般为70~80m,最窄处约为40m。厚度西端薄,中部厚且稳定,东端变化大,最厚33.13m。品位区间0.1~1.5%,最高达2.1%。矿体埋深不大,在200~300m之间。总的特点是一个形态简单的层状、似层状矿体。

2)矿石特征

(1)矿物组合。主要矿物为辰砂,次为黑辰砂、辉硒汞矿、自然汞,伴生金属矿物有辉锑矿、闪锌矿、黄铁矿等;主要脉石矿物为石英、白云石、方解石,其次是沥青、萤石、重晶石、石膏等。

(2) 矿石化学成分。矿石的化学成分单一,除有用主要元素汞外,其他有益有害元素均甚微。主要为硒,以类质同象形式存在,硒品位为 0.001 2%～0.016%,可综合利用。

(3) 矿石类型。矿石自然类型是以浸染状与细脉状为主的综合类型,矿床工业类型属单一硫化汞矿床。

(4) 矿石结构。矿石结构有自形、半自形、他形细粒结构。

(5) 矿石构造。矿石构造有浸状、角砾状、细脉浸染状、细脉状、皮膜、粉末状,以前两种为主。总的来说,各种矿石交织在一起不能单独划分。

(6) 围岩蚀变。矿区内围岩蚀变强烈,类型较多,常见有褪色重结晶化、硅化、白云石化、方解石化、沥青化、重晶石化、黄铁矿化、黏土化、石膏化等,与矿化关系最密切的是硅化、白云石化,但其范围极其狭窄,凡是矿化消失时其蚀变也就消失。

3) 矿床地球化学标志

在汞矿体和汞矿化地段,均有明显汞原生晕异常存在。成晕元素有 Hg、Sb、As、Zn、Pb、Cu,有效指标主要为 Hg、Sb、Hg/Zn 比值。$(1～5)×10^{-6}$ Hg 浓度带可见到辰砂矿染;$(5～10)×10^{-6}$ Hg 浓度带可见 Hg 矿化;$(10～50)×10^{-6}$ Hg 浓度带接近汞矿化边沿。

4. 控矿因素与成矿作用

1) 控矿因素

控制矿床的构造:矿床受控于铜仁逆冲带中的杉木董背斜。

控制矿体的构造:①汞矿体严格受控于背斜轴部的背斜-断裂构造组合;②主要含矿层为中寒武统敖溪组,次为下寒武统清虚洞组;③矿体常产在渗透性较弱的,可塑性较强的泥质薄层条带状、层纹状泥白云岩及中厚层变晶白云岩。

2) 成矿作用

(1) 矿源层的形成。在距今 10 亿年前,扬子陆块与华夏板块隔着华南海南北对峙,万山地区正位于扬子陆块的海槽内。在 2 亿年的时间内,扬子陆块与华夏板块分分合合,引起了频繁的海底火山活动,形成了含有丰富金属的火山岩系。距今 8 亿年,发生晋宁运动,万山东侧抬升为江南古岛屿,遭受风化剥蚀,为寒武系的沉积提供了大量的陆源碎屑物。汞以及其他各种风化产物按照一定规律从被破坏的母岩中迁出,并初步富集于沉积岩中。被迁出的汞质可以在表生环境中作长距离迁移,主要迁移形式是机械、胶体化合物及络合物形式。进入海洋后亦以机械、胶体凝聚及生物富集作用沉积下来。在沉积初步富集区带内,Hg 及其相关元素以高丰度值初步富集起来,Hg 的丰度值一般可达 $(0.75～25)×10^{-6}$,平均 $0.85×10^{-6}±$,这种沉积的汞主要以辰砂吸附及类质同象状态保存下来,经历这个风化沉积过程,形成了以含矿层为主的矿源层,为热液成矿阶段工业矿床的形成创造了物源条件。寒武系之后,受加里东构造运动的影响,扬子板块与华夏板块碰撞拼接,地层发生褶皱,并且产生北东向深大断裂如万山断层,而中生代以来,特别是晚中生代强烈的燕山构造运动,使以前的深大断裂再次活动,并且形成新的断裂和裂隙,为汞矿的形成提供了通道,而该时期形成的褶皱为汞矿体形成提供了良好的储矿空间。

(2) 汞矿的形成。大气降水由地表通过岩石孔隙、裂隙、节理、断层等途经向下渗透,逐步向深度很大的万山深断层汇集,途中从矿源层萃取出汞,并和一些封存的古海水混合。在深部受寒武系非含矿层(盖层)阻拦,致使大部分流体在含矿层内进行环流,其局部凹陷处可使溶液汇集成含矿卤水溶液仓。由于地热梯度关系,下部的溶液逐渐变热,深浅部的冷热不均,从而使溶液对流循环。另外脉动或构造力的作用,既可给溶液增温,又可驱动环流加速。而温度提高,又可使溶液对矿源层中 Hg 的萃取能力提升。如此反复循环,最终形成一种高盐度、高密度、低温度的地下热卤水,即成矿热液。在成矿热液形成之后,必须要有合适的储矿空间,区内褶皱的发育为汞矿体的形成提供了良好的储存空间。而有利岩性组合(容矿层+盖层),更为汞矿体的形成提供了密闭空间,防止汞元素的散逸。在物理化学各种条件都具备的情况下,自然水到渠成,最终形成汞矿体。

5. 典型矿床成矿要素

在对矿工作区内矿床地质特征、矿体特征、矿石特征及成矿规律、控矿因素等进行综合分析研究的基础上,形成如下成矿要素表(表3-38)。

表3-38 贵州省万山特区杉木董汞矿床成矿要素表

成矿要素		描述内容	要素分类
特征描述		万山式热液型汞矿床	
地质环境	成矿时代	燕山期	必要
	大地构造位置	上扬子陆块东南缘被动边缘盆地相	必要
	主要控矿构造	北东向矿区主干断层＋北东向背斜＋近东西向断层	必要
	沉积建造	碳酸盐岩建造	必要
	成矿单元	铜仁-凯里汞、铅、锌、锰、铝土矿成矿带(Ⅲ77-5)	必要
矿床特征	赋矿地层	中寒武统敖溪组为主要含矿层,次为下寒武统清虚洞组	必要
	赋矿岩性特征	矿体常产在渗透性较弱的,可塑性较强的泥质薄层条带状、层纹状泥白云岩及中厚层变晶白云岩。"碳质片岩"和断层泥为顶板遮挡之下渗透性较高的脆性岩石	重要
	含矿岩系厚度	120~560m	重要
	矿体产出形态	严格受控于背斜轴部的背斜-断裂组合,矿体形态呈透镜状、囊状及脉状	重要
	品位变化及平均品位	品位变化:0.04%~3.54%,平均品位0.38%	重要
	矿石类型	浸染状辰砂矿石类型	次要
	矿石结构	自形、半自形、他形细粒结构,浸染结构	次要
	矿石构造	细脉状构造、浸染状构造、角砾状构造、脉状构造、条带状构造	次要
	围岩蚀变	硅化、白云岩化、方解石化、重晶石化、沥青化	必要
	资源储量	全区累计查明汞金属资源储量(111b＋122b＋2S22＋333)为12 665.0t,无保有资源量	重要
	成矿温度	主要分布在120~150℃之间,最佳成矿温度有两个:130℃和140℃	重要

6. 典型矿床成矿模式

综合矿床矿体产出特征及其控矿因素研究,将矿床的成矿作用及成矿模式归纳如下。

(1)地质构造背景。上扬子陆块东南缘被动边缘盆地相-杉木董背斜。

(2)成矿地质环境。寒武纪之前,贵州经历了梵净运动、武陵运动及雪峰运动,这几次运动在盛产汞矿的黔东影响强烈。经历梵净、武陵及雪峰运动的影响,扬子陆块在震旦纪之前即已形成。早古生代的构造运动,形成基底褶皱,使华南褶皱带基底的构造形迹形成,并与扬子陆块拼在一起,形成稳定地台。万山汞矿区正处于万山向斜、下溪背斜及瓦屋向斜的范围内。

(3)赋矿岩石特征:对于汞矿成矿有利岩性中,最有利的为中寒武统薄层条带状白云岩,次为薄层条带状灰岩,之所以该类岩性利于成矿,主要是在应力作用下能产生利于成矿热液环流的容矿空间,并能使环流热液受到不同程度的封闭。层纹剥离带的成矿空间最大,层间剥离裂隙次之,解理裂隙空间最小。

(4)矿体组合分布及产状。杉木董汞矿床矿体产出于万山断层东侧,受北西向向西倾没的杉木董背斜及与其斜交的北东东向杉木董断层控制。矿体呈层状、似层状产出,产状与围岩一致,倾角5°～10°不等。

(5)矿化蚀变带。主要围岩蚀变有硅化、白云石化、方解石化、沥青化等。

综上所述,杉木董汞矿形成的规律是构造＋地层＋有利岩性组合。杉木董汞矿典型矿床成矿模式见图3-36。

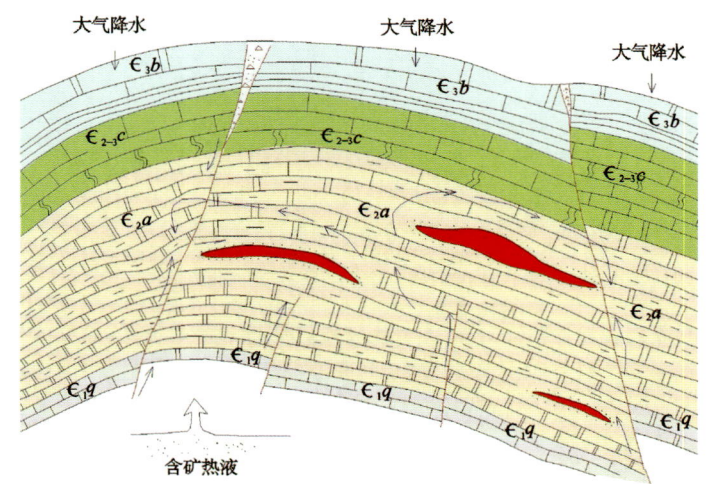

图 3-36　贵州省万山特区杉木董汞矿床成矿模式图
ϵ_3b.比条组;$\epsilon_{2-3}c$.车夫组;ϵ_2a.敖溪组;ϵ_1q.清虚洞组

(二)贵州省务川县木油厂汞矿床

1. 矿床概况

贵州省务川县木油厂汞矿位于务川仡佬族苗族自治县城东北,矿区西起银钱沟、新根坝,东至木油厂、三家田,北起干溪,经三家田等地,南抵小岬口。地理坐标:东经107°57′32″—107°59′37″,北纬28°31′48″—28°34′06″。矿区勘查程度为勘探,矿床规模达大型。

2. 成矿地质背景

1)构造

大地构造位置处于上扬子陆块南部碳酸盐岩台地相,区域上位于金鸡岭大背斜中段的近北端,银钱沟断层上盘。矿田内地质构造复杂,褶皱发育,形态多样,断裂纵横交错,主要的褶皱、断裂呈北北东向平行排列,与区域构造线方向近于一致。

2)赋矿地层

矿区内地层单一,以寒武系为主,岩性以碳酸盐类的白云岩为主,次为白云质灰岩,砂岩及页岩少见。赋矿地层主要为下寒武统清虚洞组(ϵ_1q),次为中寒武统高台组(ϵ_2g)。

(1)中寒武统高台组(ϵ_2g)分布于木油厂背斜轴部及两翼。按岩性组合和含矿性分3个段。

高台组三段(ϵ_2g^3):灰色薄层至中厚层和极薄层致密及细晶白云岩、偶夹碎屑状白云岩、含粉砂质白云岩、角砾状白云岩及碎屑状白岩及含粉砂质泥质白云岩。

高台组二段（ϵ_2g^2）：上部为浅灰至深灰色厚层及中厚层夹块状致密—细晶白云岩，中夹两层假鲕状和鲕状白云岩，具角砾化现象及角砾状构造。下部为灰、深灰色薄层致密及细晶白云岩，层面有黄色泥质薄膜，近底部夹有1层厚1.7～4.5m的黄灰色含泥质粉砂质白云岩，层面偶夹碳质薄片，节理面上偶见铁质浸染。该段厚49～55m。

高台组一段（ϵ_2g^1）：上部为绿灰、黄灰色极薄层夹薄片状含绢云母黏土质泥岩、页岩，偶夹1层厚0.2m±的鲕状白云岩；中部以灰色薄层含硅质细晶白云岩为主，间夹绿灰色薄板状含绢云母黏土质泥灰岩及假鲕状、碎屑状白云岩、灰质角砾状白云岩，含燧石团块及角砾；下部以灰、黄灰色薄层极薄层状致密白云岩及泥质白云岩、含粉砂质白云岩为主，夹0.2～0.5m的灰质角砾状白云岩数层。厚21～24m。

(2) 下寒武统清虚洞组（ϵ_1q）只在坑道和钻孔中见及。按岩性组合和含矿性分5个段，最大厚度167m。

清虚洞组五段（ϵ_1q^5）：灰—深灰色中厚层状致密—细晶白云岩为主，夹薄层白云岩，具假鲕状或碎屑状结构，顶部夹一层厚0.5～1.0m的浅黄灰色薄片状含泥质白云岩；中部夹有1～2层浅黄色含绢云母粉砂质白云岩，底部为薄板状，片状层间夹钙质白云岩。

清虚洞组四段（ϵ_1q^4）：浅灰、灰色极薄层状含粉砂质泥质白云岩及泥质白云岩，中部夹厚0.2～1.0m的致密白云岩及透镜体角砾状白云岩。

清虚洞组三段（ϵ_1q^3）：上部浅灰至深灰色薄层夹中厚层状致密—细晶白云岩夹极薄层状白云岩及片状微含碳泥质白云岩。下部为深灰、灰色中厚层至厚层状细晶白云岩。

清虚洞组二段（ϵ_1q^2）：上部灰—深灰色微层、薄层状泥质白云岩与中厚层细晶白云岩、钙质白云岩及灰岩互层组成；中部深灰—灰黑色薄层状致密—细晶灰岩；下部为深灰色薄层夹中厚层状细晶灰岩，层间夹黄色泥质条带，顶部有一层厚1.2～1.7m的碎屑砂状石灰岩。

清虚洞组一段（ϵ_1q^1）：灰、深灰色中厚层鲕状石灰岩，层间夹黄色泥质条带，岩石中偶有黄铁矿晶粒星点分布。

3. 矿体及矿石特征

1) 矿体特征

通过勘查工作，矿田内计有9个含矿层位（含矿体），大小矿体452个，其中ϵ_1q^{3-2}主含矿层有3个矿化部位，占矿床总储量的71.2%。主要矿体均产于该层上部，矿体沿层展布，呈似层状，矿化稳定，规模大。

ϵ_1q^{3-2}主含矿层：本层中矿体以其产出部位不同，分为3个部位，全层共有矿体52个。其中上部主矿体14个，中部矿体14个，下部矿体24个，其稳定连续性差。

ϵ_1q^5含矿层：矿体多产于木油厂背斜轴部及南东翼，以产于近顶部矿体较为稳定，其余矿体均不稳定，工业意义不大。

ϵ_1q^4含矿层：主要分布于岭旗山9～18线，白杨面27～32线，三家田43～46线之间。矿体大都产于背斜轴部及近轴部的南东翼，在背斜北西翼仅水幅见有两个矿体赋存。其产出部位有3个，距离顶界依次为0～5.5m、5.5～8m、8～11m。仅上部强蚀的矿体较为稳定，其余中下部矿体稳定连续性差。共见有26个矿体。

ϵ_1q^{3-1}含矿层：规模小，产出部位不一，形态复杂。其产出部位大致可分为5个，距离分层顶界依次为0～4m、5～9m、10～16m、17～20m、21～27m，以前两部位矿体较为常见。矿田北段内共见有95个矿体，仅12个能在平、剖面上相连，其余多为厚1.12～3.06m之零星小矿体。

ϵ_2g^{1-1}含矿层：主要分布在岭旗山9～15线，白羊面29～33线之间，分4个含矿部位，距分层顶界依次为0～1.5m、3～10m、12～14m、20～22m，仅在第二个含矿部位较为稳定连续，其他均为单线单孔之孤零矿体，29线上ϵ_2g^{1-1}与ϵ_2g^{1-2}为跨层圈连矿体。全层共有26个矿体。

$\epsilon_2 g^{1-2}$ 含矿层：主要分布在岭旗山 10～15 线之间，分 3 个含矿部分，距分层顶界依次为 0～2m、4～7m、9～10m。第一、第二含矿部位较为稳定连续，有时矿化强烈，则并为一个矿体；第三含矿部位很不稳定。当矿化异常强烈时，3 个部位均并为一个矿体。本层共有 12 个大小不等的矿体。

$\epsilon_2 g^2$ 含矿层：主要分布在岭旗山 7～18 线，白羊面 25～33 线之间，均普遍见有矿化和工业矿体产出，地表古人开采很盛，大小采坑星罗棋布，其产出部位不一，多为单线单孔见矿，沿走向及倾向均变化大，极不连续，较难正确对比连接矿体，仅在岭旗山 14～16 线，白羊面 29～33 线之间，大致对比圈连部分矿体 26 个，大致分为 3 个含矿部位，距分层顶界依次为 0～10m、15～25m、30～50m。其中以第一个含矿部位较为稳定，变化较小。

$\epsilon_2 g^{3-1}$ 含矿层：主要分布在岭旗山 13～14 线，白羊面 25～29 线间，见有矿化现象，局部地段富集为矿化体，均呈小矿巢及小矿囊产出，全由白云岩中脉状矿石组成，矿体顶底界极不清晰，由于本层矿化极不连续，大致圈连 22 个孤立小矿体。

F_1 含矿体：分布在岭旗山 9～14 线间断层角砾岩和部分方解石化角砾岩中，均呈断续大小不等的小矿巢或扁豆状沿破碎带产出，由浸染状、脉状矿石组成，矿体顶底界不甚清晰，矿化连续性差，除 F_{01}、F_{03} 号矿体较连续外，其他在 F_1 深部的 F_{02}、F_{04} 号矿体均系单线单孔的孤独小矿体。

2）矿石质量

矿石矿物为辰砂，矿石具有较典型的浸染状构造、条带状构造，还有脉状构造，网脉状构造，致密块状和"土状"构造等。矿石品位一般较低，常在 0.1%～0.2% 之间，多为贫矿石。

3）围岩蚀变

围岩蚀变以方解石化为主，白云石化次之，局部硅化、重晶石化。

4. 控矿因素与成矿作用

1）控矿因素

木油厂汞矿的控矿基本规律是：含矿地层（高台组、清虚洞组）＋控矿构造（背斜＋断层）。

（1）控制矿床的构造。本矿床受控于木油厂断层和务川断层夹持的木油厂背斜。

（2）控制矿体的构造。矿体受褶皱-断裂构造组合的控制，富矿体常产在背斜轴部、近轴部的两翼，以及翼部的次一级挠曲构造之张扭性正断层中。

（3）有利的地层岩性。矿体赋存于下寒武统清虚洞组二段—中寒武统高台组四段，尤其是清虚洞组第三段；有利的岩性组合为渗透性较弱的、可塑性较强的泥质白云岩、致密白云岩，以及以"碳质片岩"和断层泥为顶板遮挡之下的渗透性较高之脆性岩石，如白云岩，白云质灰岩等。

2）成矿作用

（1）成矿物源。Hg 源来自同生水成及后生气成，均来自深源（严钧平等，1989），即来自上地幔，其主要依据如下：① 贵州省灰岩和白云岩中汞的平均含量分别为 $0.08×10^{-6}$～$0.11×10^{-6}$（向茂木，1985），灰岩与地壳元素丰值相同，白云岩接近地壳元素丰值；两类岩石稍高于碳酸盐岩石元素丰值，分别高 2 倍和 2.75 倍，远远不足以自身富集成矿。严钧平、刘平对贵州汞矿的研究也表明，汞不是在同生沉积阶段聚集起来的，而是后期矿化阶段带来的（严钧平等，1989）。② 省内的偏碱性超基性岩属幔源岩，其岩石主要有金伯利岩、橄辉云煌岩和煌斑岩，这三类岩石中汞的平均含量分别为 $0.13×10^{-6}$、$0.075×10^{-6}$、$0.315×10^{-6}$（向茂木，1985），均远高于全球超基性岩和上地幔中汞的平均含量（分别高出 13 倍、7.5 倍、31.5 倍），在贵州及邻省的上地幔中形成了含汞的异常区，证明汞元素在上地幔的分布是不均的，正是这个原因和差别，乃是形成贵州及邻省汞矿的物质基础。③ 贵州诸多汞矿带均受深大断裂的控制，前者的展布方向与后者的走向一致，两者关系密切。根据重力资料证实，贵州的深大断裂确实存在，在马坪还有超基性岩裸露（严钧平等 1989）。北东向大方-正安隐伏深断裂控制了沿线零散的汞矿化，并对务川汞矿带的成矿也产生一些直接的影响（向茂木，1985）。

（2）成矿流体的水源。成矿溶液中的水来自深源（杨科伍等，1989），在运移的过程中有地下水参与和大气水加入(严钧平等,1989)。

(3)成矿物理化学条件。据蚀变岩中包裹体均一温度测定结果,有19件样为100~165℃,仅1件样为230℃,说明蚀变矿物形成的温度介于100~165℃。据石英(采自$\in_1 q$底部硅化富矿体,代表早期蚀变)、方解石(采自$\in_1 q^{3-2}$主矿体,代表中期蚀变)、萤石(采自$\in_2 g$中的萤石、方解石充填脉,代表晚期蚀变)单矿物3件样品包裹体成分分析结果,包裹体成分以H_2O、Ca^{2+}为主,表明矿液属$CaSO_4$-$CaCO_3$型,H_2O含量均很高,CH_4含量虽然低但都存在,pH值分析结果分别为7.06、9.74、6.62,即中性—碱性—弱酸性,说明在不同矿化阶段有所变化。对蚀变岩中的方解石(13件样品)$\delta^{13}C$测定结果为$-4.21‰$~$-6.41‰$,平均值为$-5.33‰$;方解石$\delta^{18}O$测定结果为$16.25‰$~$20.59‰$,平均值为$17.37‰$;对未经蚀变的围岩——白云岩(2件)$\delta^{18}O$测定结果为$23.44‰$~$25.51‰$,平均值为$24.48‰$。测定结果表明蚀变岩中的碳氧同位素介于深源水与原生沉积白云岩之间,蚀变岩石中的C、O是深源的C、O,与沉积地层中的C、O的混合物。

(4)矿化阶段划分。根据对木油厂矿田北段进行的专题研究,划分4个热液成矿阶段。

第一阶段(石英—辰砂阶段):强烈硅化,矿物生成顺序为重晶石白云石—石英或玉髓—辰砂,辰砂呈他形粒状充填于石英粒间,并有溶蚀、包裹石英和重结晶白云石的现象。本阶段主要形成稠密浸染或稀疏浸染状矿石,偶见块状富矿。

第二阶段(重晶石、石英—辰砂阶段):矿物生成顺序为石英—白云石—重晶石—石英—方解石—辉锑矿—辰砂。该阶段矿物结晶颗粒较大,其中第二、第三世代石英粒度可达$0.5mm \times 1mm$。本阶段矿石主要呈脉状、网脉状构造和角砾状构造。在脉石中曾发现少量的As、Pb、Cu、Fe等硫化物,本阶段成矿作用以沿裂隙、解理的充填作用为主。

第三阶段(方解石—辰砂阶段):矿物生成顺序为石英—重晶石—方解石—辰砂、辉锑矿、闪锌矿。其中,方解石最多,常成花岗变晶结构,构成层状的方解石化蚀变岩,是矿田的主要矿化阶段,形成本区巨大的矿体,形成的矿石以稀疏浸染状构造为主。

第四阶段(方解石—重晶石—辰砂阶段):此阶段矿物为重晶石—方解石—辰砂。所形成的方解石、重晶石集合体有两种,一种是呈结晶粗大的花斑状及呈数十厘米至1m的团块状断续分布在第一阶段含辰砂的强硅化灰岩内和第三阶段的方解石蚀变岩内;另一种是由结晶较细的辰砂、方解石、重晶石组成的脉,直接充填在白云岩或灰岩的张裂隙中,无明显的交代作用。

5. 典型矿床成矿要素特征

在对矿床地质特征、矿体特征、矿石特征及成矿规律、控矿因素等进行综合分析研究的基础上,总结归纳出该典型矿床成矿要素(表3-39)。

6. 典型矿床成矿模式

综合矿床矿体产出特征及其控矿因素研究,将矿床的成矿作用及成矿模式归纳如下。

(1)地质构造背景。上扬子陆块南部碳酸盐岩台地相金鸡岭复背斜中部。

(2)成矿地质环境。受控于木油厂断层和务川断层所夹持的背斜中的北北西向木油厂张扭性正断层组及影响带内,赋矿地层为中寒武统高台组与下寒武统清虚洞组。含矿地层厚度大于500m。

(3)赋矿岩石特征。矿体常产在渗透性较弱的,可塑性较强的泥质白云岩、致密白云岩及以"碳质片岩"和断层泥为顶板遮挡之下渗透性较高的脆性岩石中,如白云岩,白云质灰岩等。

(4)矿体组合分布及产状。矿体受褶皱构造的控制,局部亦有受断裂构造控制,富矿体常产在背斜轴部、近轴部的两翼,以及翼部的次一级挠曲构造中。由于区内次级构造发育,矿体产状变化较大,但大部分矿体产状与赋矿地层产状一致。

(5)主要成矿时代应与构造活动相对应,为燕山末期。

综合矿床矿体产出特征及其控矿因素研究,将矿床的成矿作用及成矿模式归纳如下(图3-37)。

表 3-39 贵州省务川县木油厂汞矿床成矿要素表

成矿要素		描述内容	要素分类
特征描述		木油厂碳酸盐岩层状热液型汞矿床	
地质环境	成矿时代	燕山期	必要
	大地构造位置	上扬子陆块南部碳酸盐岩台地相	必要
	控矿构造	北缘的银钱沟断层为导矿断层。木油厂背斜核部及轴部附近两翼次级挠曲构造为储矿构造	必要
	沉积建造	碳酸盐岩夹粉砂岩建造	必要
	成矿单元	渝南-黔北铝土矿磷块岩稀土、锰、汞成矿带（Ⅲ 77-4）	必要
矿床特征	含矿层位	下寒武统清虚洞组二段至中寒武统高台组四段均有产出，其中清虚洞组三段为主要含矿层	必要
	容矿岩石	矿体常产在渗透性较弱，可塑性较强的泥质白云岩、致密白云岩及以碳质片岩和断层泥为顶板遮挡之下渗透性较高的脆性岩石中，如白云岩，白云质灰岩等	重要
	含矿岩系	含矿岩系厚度＞400m。含矿岩系厚度越大，对成矿越有利	重要
	矿体形态	矿体呈似层状、透镜状、囊状、巢状	重要
	矿石品位	品位变化：0.092%～0.285%，平均品位 0.154%	次要
	矿石类型	几乎全为辰砂单矿物矿石类型	重要
	矿石结构	矿石具半自形至他形粒状、粒状嵌晶结构、溶蚀交替结构	次要
	矿石构造	主要为浸染状构造、细脉状构造，少数可见条带状（团块状）角砾状、薄膜皮壳状构造，偶见胶状、环状和晶洞状构造	次要
	围岩蚀变	方解石化为主，其次为白云石化、局部重晶石化、硅化，普遍见褪色和重结晶现象	必要
	资源储量	全区累计查明汞金属资源储量（111b＋122b＋2S22＋333）为 15 869t。保有（111b＋122b＋2S22＋333）12 912t	重要
	成矿温度	根据蚀变岩中包裹体均一温度测定结果，成矿温度在 100～165℃	重要

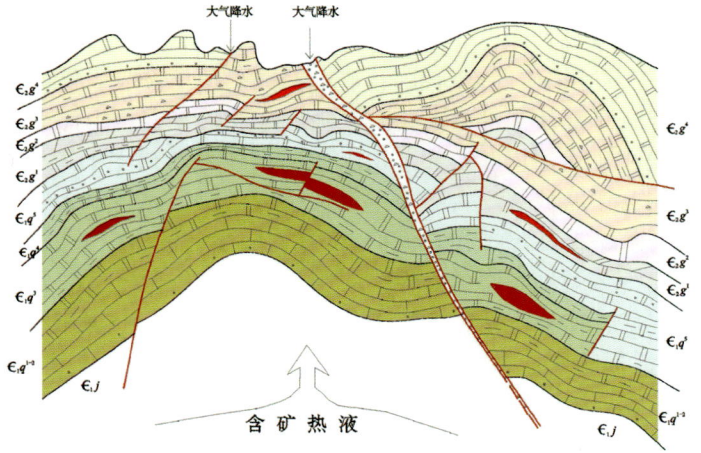

图 3-37 贵州省务川县木油厂汞矿床成矿模式图

$\epsilon_1 j$. 金顶山组；$\epsilon_1 q$. 清虚洞组；$\epsilon_2 g$. 高台组

(三)贵州省丹寨县宏发厂汞矿床

1. 矿床概况

宏发厂汞矿位于丹寨县东南 12km。工作区的地理坐标:东经 107°50′52″—107°52′29″,北纬 26°07′35″—26°10′15″。勘查程度为勘探,矿床规模达大型。

2. 成矿地质背景

1)构造

矿区位于上扬子陆块东南缘被动边缘盆地相,宏发厂汞矿位于地祥断层北段西侧,矿田内地质构造复杂,断层发育,形态多样,断裂纵横交错。区内主体构造以断裂为主,褶皱不发育。断裂可以分为北北东向、北北西向、北西向、北西西向 4 组,以北北东组对控矿最为重要。

2)赋矿地层

含矿围岩为中上寒武统杨家湾组($\epsilon_{2-3}y$),该组共划分 5 段。

⑤$\epsilon_{2-3}y^5$:灰色薄层条带状泥质粉屑灰岩,夹砾屑灰岩,层厚 45~65m。

④$\epsilon_{2-3}y^4$:以灰绿色薄层粉砂质页岩,钙质页岩和泥质灰岩为主,夹扁豆状层纹状灰岩。风化后易形成低谷。层厚 200m。

③$\epsilon_{2-3}y^3$:灰色至深灰色厚层石灰岩,夹 2~4 层条带状泥质灰岩或薄层灰岩,还夹有厚层角砾状石灰岩及层纹状泥质灰岩。厚 0~145m。

②$\epsilon_{2-3}y^2$:浅灰至灰色薄层致密条带状泥质灰岩及层纹状泥质灰岩及 1~2 层厚层角砾状灰岩,薄层泥质灰岩组成综合岩石组,辰砂产于薄层硅化结晶灰岩或厚层硅化灰岩内,或两者之间剥离构造和片理化发育之处。厚 140~241m。

①$\epsilon_{2-3}y^1$:浅灰至灰白色厚层角砾状石灰岩,夹厚层石灰岩、条带状泥质灰岩、薄层结晶灰岩及层纹状泥质灰岩。厚 40~123m。

3. 矿体及矿石特征

宏发厂矿床含矿体受帚状构造头部断层上、下盘层间张裂隙控制。含矿围岩为杨家湾组中下部灰岩和泥灰岩互层的灰岩。矿体可分层状和囊状两种,囊状规模较小,大都直接产于断裂带;层状矿体规模相对较大,产于层间裂隙与挠曲中,呈带状分布,标高在 600~700m 之间。矿床明显受地层岩性及断裂控制,矿体赋存在特定层位,并在一定的构造部位产出。矿体产状走向一般为北东向 20°~30°,矿体沿走向长 7~110m,沿倾向长 3~130m,厚度一般 1~5m。矿体分布不连续,间隔一般 30~50m,最大 188m,最小 4m。平均品位一般为 0.302%~0.578%。

矿石为辰砂-碳酸盐型单汞矿石,以条带状矿石、角砾状矿石为最富;而块状矿石则贫富悬殊,分布狭;星点状、斑块状、浸染状矿石较贫。辰砂汞矿石矿物成分主要为辰砂,并见有少量黄铁矿、闪锌矿、辉锑矿和自然汞。脉石为白云石、石英和方解石。以充填结构为主,交代溶蚀结构亦很普遍。

矿石结构有自形、半自形、他形细粒结构、浸染结构、充填结构、皮膜状、粉末状结构。矿石构造有浸染状、角砾状、细脉浸染状、细脉状、皮膜、粉末状,以前两种为主。

4. 控矿因素与成矿作用

1)控矿因素

(1)控制矿床的构造:现今的北东东向断裂构造带控制了矿床的分布,而控制沉积盆地及其岩相的古同生断裂构造及其附近,为控制矿床的古构造因素。

(2)控制矿体的构造：含矿体受帚状构造头部断层上、下盘层间张裂隙控制。

(3)地层、岩性控矿：矿体一般赋存在沉积建造中的中上寒武统不纯碳酸盐岩中。

2)成矿作用

现有资料表明，本区汞矿成矿过程可能包括汞-金-锑等成矿元素的初始富集期和汞-金-锑矿床最终形成与定位的富集成矿期。而该区近南北向大型"贯通性"断裂构造的活动所形成的构造-热液循环体系，可能是由汞-金-锑等成矿元素由初始富集到汞-金-锑矿床最终形成与定位的关键所在。其中初始富集期可包括"矿源岩（层）"的形成，富集成矿期也可表现为"改造"成矿作用。

在震旦纪和早寒武世的深水盆地中沉积的巨厚富腐泥型有机质的碎屑浊积岩、硅质岩和泥灰岩-黑色岩系，多认为是本区汞的"矿源岩"。在三丹汞、金、锑矿化带，其 Hg、Au、As、Sb 的背景值分别为 10.83×10^{-9}、10.16×10^{-9}、38.63×10^{-9} 和 1.25×10^{-9}，分别是上部地壳的 34 倍、6 倍、27 倍和 7 倍，人们多主张 Hg、Au、As、Sb 等成矿元素在该区地层中具有初始富集或称之为"矿源层"。

高振敏等研究认为控制沉积盆地和岩相的古同生断裂构造活动所构成的古构造-热液循环体系可能是该区地层中成矿元素（喷流沉积）初始富集的关键性控制因素，同时也有震旦系和下寒武统黑色页岩提供的部分成矿物质。矿床最终形成与定位的富集成矿期可能主要在印支造陆运动之后的燕山期。盆地形成后的大型"贯通性"断裂构造活动所构成的构造-热液循环体系，既可表现为大气降水沿三丹矿带的几条区域性走向断裂破碎带下渗到深部，也可表现为深部热流体沿断裂带上涌与喷流；既可表现为下渗的大气降水被加热后活化并携带地层中初始富集的汞及伴生元素 Au、As、Sb 等，也可表现为上涌的深部热流体从深部携带成矿物质和活化围岩中的成矿元素，从而形成构造-成矿热液体系。

Hg、Au、Sb 等成矿元素地球化学性质的内在统一性，决定了汞-金-锑矿带、矿田、矿床、矿体等不同层次中的共生性，其地球化学性质的内在差异性又决定了其时空分布下的分异性，或在不同的地质、物化条件下最终形成与定位（朱赖民等，1999；陶淡等，2000）从而导致 Hg、Au、Sb 矿床的共生分异或"同源异位"的特点。

因此，本区汞-金矿床主要表现为富含 Hg 和 Au 的成矿热液沿断裂破碎带上升到岩性、构造和地球化学环境有利的锅塘组及杨家湾组扁豆状灰岩和角砾状白云质灰岩中形成浅部汞矿—深部金矿的汞、金矿床垂直分带。在水平方向上，三丹汞、金、锑矿化带则表现为西部为汞-金矿化亚带，中部为金-锑矿化亚带，东部为锑-金矿化亚带，具有明显的汞-金-锑水平分带特征。

成矿时代：汞矿的成矿时期应属燕山期晚期。

5. 典型矿床成矿要素特征

在对典型矿床地质特征、矿体特征、矿石特征及成矿规律、控矿因素等进行综合分析研究的基础上，总结出该典型矿床成矿要素见表3-40。

6. 典型矿床成矿模式

宏发汞矿床属沉积-构造低温热液型汞矿床，典型矿床成矿模式见图3-38。

（四）贵州省三都县排带硫铁矿床

1. 矿床概况

三都排带硫铁矿行政区划属贵州省三都县交梨乡管辖。地理坐标：东经 $107°52'48''—107°53'27''$，北纬 $26°04'39''—26°05'48''$，东西宽 1km，南北长 2km。属于复合内生型硫铁矿矿床，本次潜力评价工作将它称为排带式，已进行了详查地质工作，矿床规模达中型。

表 3-40 贵州省丹寨县宏发厂汞矿床成矿要素表

成矿要素		描述内容	要素分类
特征描述		丹寨式热液型汞矿	
地质环境	成矿时代	燕山期	必要
	大地构造位置	上扬子陆块东南缘被动边缘盆地相	必要
	主要控矿构造	控矿构造主要为断裂,宏发厂矿床产于北东东向 F_{118} 断裂的上下盘。其次是受层间剥离、牵引褶曲、不同方向小断裂或裂隙等构造控制	必要
	沉积建造	中上寒武统不纯碳酸盐岩	必要
	成矿单元	黔东汞矿成矿区之三都-丹寨成矿带(Ⅲ78-1-2)	必要
矿床特征	含矿层位	中上寒武统杨家湾组	必要
	赋矿岩性特征	薄层层纹状灰岩、泥质灰岩与角砾状灰岩互层,部分矿体直接产于断裂带内	重要
	含矿岩系厚度	$\in_{2-3}y^2$:140~210m	重要
	矿体产出形态	呈扁豆状、透镜状产出	重要
	矿石品位	品位变化:0.074%~2.725%,平均品位 0.598%	重要
	矿石结构	具他形至半自形粒状结构,少数为溶蚀交替结构	次要
	矿石构造	主要呈浸染状和细脉状构造,少部分为条带状、团块状或块状构造("牛肝巴"矿石),偶见晶洞状及被膜状构造	次要
	围岩蚀变	硅化、片理化角砾化、方解石化和白云石化	必要
	资源储量	全区累计查明汞金属储量(111b)5862t,无保有资源量	重要
	成矿温度	成矿温度主要分布在 130~150℃之间,最佳成矿温度有 130℃和 140℃	重要

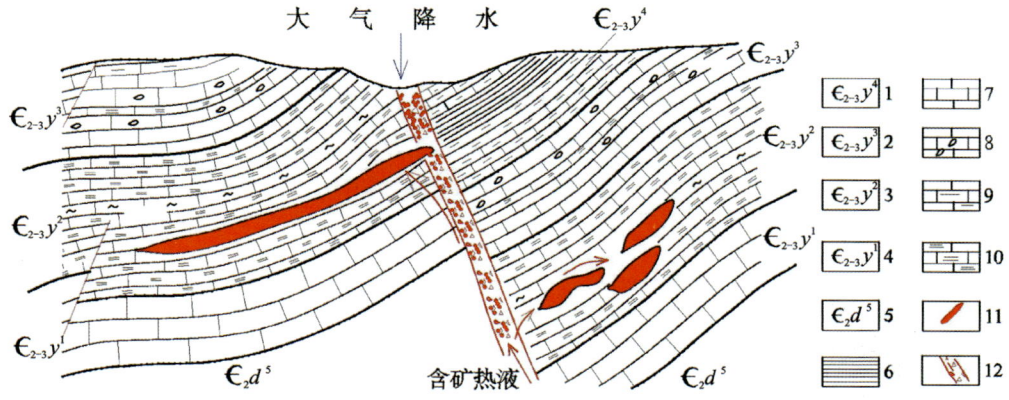

图 3-38 贵州省丹寨县宏发厂汞矿床成矿模式图

1.寒武系杨家湾组第四段;2.寒武系杨家湾组第三段;3.寒武系杨家湾组第二段;4.寒武系杨家湾组第一段;5.寒武系都柳江组第五段;6.页岩;7.灰岩;8.角砾状灰岩;9.泥灰岩;10.层纹状灰岩;11.矿体;12.破碎带

2. 成矿地质背景

1）构造

三都县排带硫铁矿床大地构造位置位于上扬子陆块东南缘被动边缘盆地相，区域上位于平寨-庙龙场向斜北部。该向斜轴的走向为北北东向，向北扬起，扬起端在平寨附近。向斜的两翼不对称，东翼陡峻且局部倒转，西翼则较平缓，并为后期断裂所破坏，因而西翼地层的层序受到破坏。在向斜两翼和核部，发育次一级的向斜及挠曲，而挠曲见于东翼地层倒转的地段内。

2）赋矿地层

出露地层主要有中寒武统排城组、大发洞组及中上寒武统杨家湾组。赋矿层位为中寒武统大发洞组。

3. 矿体及矿石特征

（1）矿体特征。硫铁产于断层带中，硫铁矿属低温热液矿床，矿体为似层状，矿体控制总长近1500m，矿层厚度变化大，厚度在0.83～4.56m之间。矿石品位为TS 12%～21.72%。

（2）含矿围岩及矿物成分。含矿围岩为中寒武统大发洞组薄层白云岩和同生角砾状白云岩，矿石矿物成分为黄铁矿，次要矿物为石英、重晶石、白云石、方解石等。矿物组合为石英-黄铁矿、石英-重晶石-黄铁矿、石英-白云石-黄铁矿、白云石-黄铁矿。

（3）矿石类型。碳酸盐黄铁矿石。

（4）矿石结构构造。交代结构、压碎结构、半自形粒状结构，块状构造、角砾状构造、条带状构造、脉状构造、浸染状构造。

（5）黄铁矿赋存形态。黄铁矿多为不规则的他形集合体和半自形晶粒状，偶见立方体。

（6）围岩蚀变。以硅化为主，次为白云石化。

4. 控矿因素与成矿作用

1）控矿因素

构造：高角度逆冲断层（以剪切破碎带为主）。

水动力：高孔隙流体压力水动力破裂（次）。

不渗透障：局部性不渗透障作用。

2）成矿作用

三都县排带硫铁矿床以充填成矿为主，交代成矿为次，既可能是某一种成矿方式也可能是二者兼有之，其依据为：矿石以块状构造为主，常见角砾状（黄铁矿为填隙胶结物）、梳状、晶簇状构造，这些矿石构造主要是充填作用形成的；产在断裂破碎带内的少数矿床，矿石以浸染状构造为主，这可能主要是交代作用形成的。

围岩蚀变强度、硫同位素资料和成矿温度变化表明，成矿作用是从内向外、由下而上进行的，间接反映了成矿方式以充填为主。①多数矿体顶、底板的围岩蚀变不强烈，范围较小，而矿体与围岩的界线截然分明，具有充填矿床的一般特征。产在断裂破碎带内的少数矿床，矿化和围岩蚀变较强烈，范围较大，矿体与围岩界线不清，两者为渐变关系，这表明这些少数矿体可能主要是以交代作用形成的。②矿石硫化物的$\delta^{34}S$值比围岩中黄铁矿的$\delta^{34}S$值大，反映了一部分易扩散的轻硫首先扩散到围岩内形成分散的浸染状黄铁矿，而停积在赋矿构造内形成矿床的硫则相对富集。

此类矿床黄铁矿的测温结果表明，矿脉深部的成矿温度高，浅部成矿温度低。这反映成矿热液从下向上运移，成矿作用由下向上进行。

5. 典型矿床成矿要素

典型矿床成矿要素见表3-41。

表3-41 贵州省三都县排带硫铁矿床成矿要素表

成矿要素		描述内容	要素分类
特征描述		排带式复合内生型硫铁矿床	
成矿时代	沉积地层时代	中寒武世	必要
	成矿时代	燕山期	重要
大地构造	大地构造单元	上扬子陆块东南缘被动边缘盆地相	必要
沉积建造沉积作用	地层分区	扬子陆块南部被动边缘褶冲带之黔西南地层小区	重要
	岩石地层	中寒武统大发洞组	必要
	断裂构造	深大断裂构造带	必要
成矿特征	矿物成分	黄铁矿、石英、重晶石、白云石、方解石等	重要
	矿物组合	石英-黄铁矿、石英-重晶石-黄铁矿、石英-白云石-黄铁矿、白云石-黄铁矿	重要
	矿石类型	碳酸盐黄铁矿石	重要
	结构构造	交代结构、压碎结构、半自形粒状结构、块状构造、角砾状构造、条带状构造、脉状构造、浸染状构造	重要
	围岩蚀变	以硅化为主，次为白云石化	重要
	赋存形态	黄铁矿多为不规则的他形集合体和半自形晶粒状，偶见立方体	重要

八、萤石矿

(一)贵州省晴隆县必康萤石矿床

1. 矿床概况

必康萤石矿区位于晴隆县碧塑痕区大厂乡，北距沙子岭38km，南距兴仁47km。地理坐标：东经105°08′18″—105°09′20″，北纬25°39′51″—25°40′50″。属萤石、辉锑矿、硫铁矿共生矿床，已进行了地质普查工作，矿床规模达中型。

2. 成矿地质背景

1) 构造

大地构造位置处于扬子陆块的南盘江-右江前陆盆地相北侧之北东向组成的碧痕营穹隆构造之南东翼部。矿床产于碧痕营背斜及其两翼北东向鱼井断层、青山镇断层分布区。北东向、北西向两组断裂互相切割形成棋盘状构造。岩层倾角平缓，一般10°～20°。局部受断层拖拉作用影响，倾角较陡立。断层主要为高角度的正逆平移断层。不论断层规模大小，一般垂直和水平断距均很微小。北东向、北西向两组断裂互相切割,形成典型的棋盘格式构造体系。萤石矿与上述两组断层有密切关系,尤其是北东向断裂和褶曲往往控制含矿带的分布。

2) 地层

出露地层最老为中二叠统茅口组灰岩,最新为上二叠统龙潭组。峨眉山玄武岩顺层产于茅口组灰岩与龙潭组之间的大厂层中,一般厚度小于100m,必康以南尖灭。玄武岩之下的大厂层发育2~48m次生石英岩和黏土岩,锑矿、萤石矿普遍富集于本层之中。矿山面积东西长15km,南北宽大于10km,构成了具有一定规模的萤石矿田。

大厂层(P_2m^{dc}):一套灰色、灰白色硅化、黄铁矿化低温热液蚀变岩,硅化自下而上由强变弱,黄铁矿化自下而上由弱变强。据钻孔资料,厚度0~47m,平均厚14m。由于蚀变差异,岩石结构和矿物组合的不同,可由下至上分为3小层。

①P_2m^{dc1}:灰白色强硅化石灰岩。蚀变强烈,主要有硅化、方解石化、萤石化,局部见重晶石化。白色石英脉穿插切割形成似角砾,致使矿区普遍显示角砾状构造,晶洞发育,在晶洞中发育石英、方解石、萤石晶体,锑矿化较弱,局部见浸染状辉锑矿与石英、萤石伴生。厚度0~22m,平均厚8m。

②P_2m^{dc2}:灰色、灰白色硅化、黄铁矿化角砾状黏土岩,白色石英脉穿插切割黄铁矿化黏土岩,形成网状脉,角砾明显,黄铁矿呈中晶状分布,晶洞发育,石英辉锑矿呈脉状、团块状、透镜状、似层状产出,是本区萤石矿的主要赋存层位。厚度0~12m,平均厚4m。

③P_2m^{dc3}:深灰色黄铁矿化黏土岩,硅化较弱,呈隐晶质,局部见白色石英脉沿节理裂隙分布,普遍见中晶状、脉状黄铁矿,局部出现黄铁矿结核,石英辉锑矿呈细脉状、小团块状、扁豆状产出,为次要产萤石矿部位。厚度0~26m,平均厚6m。

3. 矿体及矿石特征

1) 矿体特征

矿体产于大厂层中,受地层、构造双重因素的控制,含矿体呈似层状、短轴状、穿隆状产出。每个矿体内,由于再次一级褶曲和节理裂隙的发育程度不同,而包括大小不等的扁豆状、巢状及不规则状的若干矿体。最大含矿体长达300~760m,宽155~300m。厚0.86~3.80m,平均厚度2m,含CaF_2 37.43%~51.13%,平均43.55%。从生产坑内可圈出最大矿体3个,矿体长130~200m,宽47~74m,厚度2.10~3.8m,含伴生锑2.02%~5.03%。

2) 矿石矿物

矿石矿物以萤石为主,次有辉锑矿、硫铁矿、石膏及少量铜蓝等。脉石矿物主要为石英,其次为高岭石。有害元素砷的含量0.023%~0.39%,一般在0.1%以下。据3件辉锑矿单矿物分析,含铜0.02%~0.19%,含镓0.0009%~0.0012%,一般不具工业价值。

3) 矿石类型

矿石的自然组合类型以石英-辉锑矿为主;其次是萤石-辉锑矿和蚀变黏土岩-辉锑矿。

4) 围岩蚀变

硅化为矿床主要蚀变,可分为3期。硅化(石英1)最早生成,结晶较细,常含碳质、硫铁矿、磷灰石锐钛矿,见于次生石英岩、蚀变黏土岩、玄武岩中。硅化(石英2)不含杂质,晶体干净且较大,常呈似层状、脉状、团块状或充填于晶洞中。与其密切共生的有辉锑矿、硫铁矿、高岭石、萤石等,见于次生石英岩及蚀变黏土岩中,为主要成矿硅化期。硅化(石英3)于成矿后期生成,晶体干净,无共生矿物,常呈细脉穿插或充填于晶洞中,含矿层上、下普遍见到。硫铁矿化、高岭土化、萤石化、角砾化等蚀变作用主要与第二期硅化同时出现,与成矿作用关系密切。

4. 控矿因素与成矿作用

1) 控矿因素

碧痕营背斜及该背斜翼部的北东向鱼井断层、青山镇断层控制了矿床的分布;北东向、北西向两组断裂互相切割形成棋盘状构造,萤石矿与它密切关系,尤其是北东向断裂和褶曲往往控制含矿带的分布;而与这些地质构造耦合的大厂层之层状构造起着容矿作用,控制了含矿体、矿体、矿化体的分布。

2) 成矿作用

中二叠世古特提斯海水由南西向北东大规模入侵,接受了海相碳酸盐沉积,接着由于东吴运动的开始,地壳普遍上隆、拉张产生地裂,并伴随地幔热柱活动发生,被喷溢的峨眉山玄武岩覆盖,构成规模宏大的大火成岩,原来的海洋沉积环境转向陆地的风化与沉积环境。在这一转化过程中,早先形成的中二叠统茅口组灰岩及早期喷发旋回形成的玄武岩经历了风化作用构成古风化壳,下部茅口组灰岩和上部峨眉山玄武岩的不透水性阻挡了矿液的流失,起到了保护成矿的作用。一是大厂层在未成岩之前,为茅口组灰岩的风化剥蚀物(古风化壳),由于茅口组灰岩产状平缓,风化剥蚀物几乎滞留原地,或者有较近距离的搬运,因而出现角砾棱角明显的现象;二是茅口组灰岩裸露风化期间,由于不同部位物质成分的差异,抗风化能力有强有弱,因而形成了凹凸不平的古岩溶面,并在局部出现风化腐质土;三是东吴运动喷溢峨眉山玄武岩覆盖在古风化壳上,峨眉山玄武岩流迅速冷却凝固。喷溢活动后期含矿液侵入,由于上覆峨眉山玄武岩和下伏茅口组灰岩致密,其间的古风化壳为构造脆弱地带,是含热液运移流动、分异沉积沉淀的通道,角砾间的孔隙为矿液富集成矿提供了良好的空间场所,在成矿热液灌入时,同时产生交代作用、蚀变作用、成岩作用、构造作用、成矿作用。

5. 典型矿床成矿要素特征

在对典型矿床地质特征、矿体特征、矿石特征及成矿规律、控矿因素进行分析研究的基础上,归纳总结出典型矿床成矿要素(表 3-42)。

表 3-42 贵州省晴隆县必康萤石矿床成矿要素表

成矿要素		描述内容	要素分类
地质环境	构造背景	上扬子陆块次级构造单元南盘江-右江前陆盆地北侧之北东向组成的碧痕营穹隆构造中	必要
	成矿时代	燕山期(148~142.3Ma)	必要
	沉积建造	沉积建造类型:沉积火山碎屑岩建造(硅质蚀变岩建造)	必要
	矿体特征	成矿区(带):Ⅲ89-1 册亨-望谟金、砷、锑重晶石成矿带	必要
		控矿构造:碧痕营背斜及该背斜翼部的北东向断裂(鱼井断层和青山镇断层)控制了矿床的分布;北东、北西向两组断裂互相切割形成棋盘状构造,萤石矿与其密切关系,尤其是北东向断裂和褶曲往往控制含矿带的分布;而与这些地质构造耦合的大厂层之层状构造起着容矿作用,控制了含矿体、矿体、矿化体的分布	必要
		矿石类型及矿物组合:以石英-辉锑矿和蚀变黏土岩-辉锑矿为主	重要
		围岩蚀变:以硅化、高岭石化、角砾化为主,次为黄铁矿化、萤石化	必要
		基底:茅口组灰岩形成岩溶洼地,为成矿热液提供贮存空间	必要
		盖层:峨眉山玄武岩,岩性致密,对控矿起着一定遮挡作用	必要
		矿体厚度:一般大厂层厚度越大,对成矿越有利	重要
		在断层上盘形成的矿体规模大,下盘次之	重要
	有利岩性组合	硅质岩和黏土岩类组合:最有利萤石矿体的产出	必要
		硅质岩类组合:有萤石矿体产出,规模小、变化较大	必要
		玄武岩组合:有萤石矿体产出,规模小、变化较大	必要
	含矿岩系	大厂层	重要

6. 典型矿床成矿模式

综合矿床矿体产出特征及其控矿因素研究，将矿床的成矿作用及成矿模式归纳如下。

(1)地质构造背景。位于上扬子陆块次级构造单元南盘江-右江前陆盆地北侧之北东向区域构造中的碧痕营穹窿构造内。

(2)成矿地质环境。中二叠世晚期大厂层，大陆溢流开阔台地火山岩相，热液蚀变硅质蚀变岩建造。受控于碧痕营背斜及相伴的花鱼井断层、青山镇断层和雷钵洞断层所夹持的北北东向背斜和压扭性断裂，含矿地层为中二叠世晚期大厂层。

(3)含矿岩石特征。上段上部为灰白色黄铁矿化黏土岩，下部浅灰色硅化、黄铁矿化角砾状黏土岩。下段的上部为深灰色角砾状石英蚀变岩，下部为深灰、灰白色致密块状石英蚀变岩，局部夹硅化灰岩和灰白色厚层石灰岩。

(4)矿体组合分布及产状。处于黑山箐后坡背斜中部南东翼雷钵洞断层上盘西舍背斜上，地层产状平缓，倾角10°～20°不等。大厂层厚10～17 m，萤石矿主要产于大厂层中段黏土岩中，辉锑矿呈脉状、扁豆状、巢状产出。矿体呈似层状和短轴状产出，规模大，一般长300～760 m，宽155～300 m。下段石英蚀变岩中只有团块状锑矿产出，规模小。矿体平均品位Sb 0.68%～5.28%，平均3.02%。矿体均具有沿断层走向展布的特点。

(二)贵州省沿河县丰水岭萤石矿床

1. 矿床概况

丰水岭萤石矿区位于沿河县城南西方向距离约35 km，属沿河县官舟镇所辖。地理坐标：东经108°21′05″—108°21′30″，北纬28°28′47″—28°29′09″。属于复合内生型萤石矿，已开展详查工作，矿床规模为小型。

2. 成矿地质背景

1)构造

大地构造位置位于上扬子陆块南部碳酸盐台地相之次级构造单元凤冈滑脱褶皱带沿河背斜之次级夹石背斜北西翼，或钟南枢纽断裂之西侧。

丰水岭萤石矿床位于夹石复式背斜与妙坝复式向斜之间，为一单斜构造，地层走向北东，倾向北西295°～325°，倾角平缓7°～25°。断裂仅见北西组4条，均为张扭性断裂。

2)赋矿地层

出露地层为下奥陶统湄潭组(O_1m)、红花园组(O_1h)地层，总厚527.88 m，为一套浅海相碳酸盐岩及碎屑岩建造。其中，红花园组为区内主要含矿层位，次为湄潭组(O_1m)。

红花园组(O_1h)：灰至深灰色厚层、块状细粒—粗粒结晶生物碎屑灰岩，厚78.66 m。该层产萤石、重晶石矿，沿北西向断裂充填，呈脉状产出，并构成工业矿体。

湄潭组(O_1m)可分为以下3段。

一段：第一层(O_1m^{1-1})下部为黄绿、灰绿色页岩夹薄层生物碎屑灰岩；中部黄绿、紫红色页岩；上部灰、浅灰色厚层至块状生物碎屑石灰岩。厚12.08 m。此层常见有萤石、重晶石矿呈脉状产出，亦能构成工业矿体。第二层(O_1m^{1-2})黄绿色、灰绿色页岩偶夹砂质页岩，底部含灰岩结核。厚63.44 m。

二段(O_1m^2)：下部灰、灰绿色中厚至厚层状瘤状灰岩。厚25.63 m。

三段(O_1m^3)：灰绿、黄绿色砂质页岩夹页岩及薄层粉砂岩。顶部为6.1 m中厚层状细砂岩，底部为黄绿色页岩夹灰岩及灰岩结核,厚198.14 m。

3. 矿体及矿石特征

1) 矿体特征

本矿区萤石、重晶石矿为中型低温热液型矿床,矿体产于断裂带中,呈透镜状、脉状,围岩为桐梓组、红花园组、湄潭组中灰岩、白云岩。已探明矿体两个。

(1) 矿体(萤石)。矿体(脉)赋存于下奥陶统红花园组上部灰岩及大湾组下部的灰岩、钙质页岩中,产出层位独特,为萤石、重晶石混合型矿床,易于分选,综合利用价值高。南段矿体已暴露地表,北段隐伏于下奥陶统湄潭组第一段第二层底界0～30m。矿体向北西侧伏,侧伏角15°左右。走向为北西310°～320°,倾角84°～88°。矿体长575m,延深10～83m,厚度0.78～8.08m,平均1.77m。CaF_2品位27.32%～80.78%,平均50.44%,矿体埋藏标高为535～670m。

(2) 矿体(重晶石)。呈脉状与萤石矿体共生。埋藏标高520～650 m,矿体走向北西310°～320°,倾角86°。矿体长487 m,厚度1.01～8.51 m,平均厚度4.30 m,延深30～70 m。$BaSO_4$品位26.39%～71.89%,平均品位55.47%。

2) 矿石特征

(1) 矿石化学组分。主要有益组分CaF_2(萤石精矿)品位80.00%～96.64%,一般品位为23.54%～74.03%;重晶石矿石$BaSO_4$最高品位92.35%,一般在31.54%～74.03%之间。有害组分为SiO_2 0.06%～42.23%,S 0.05%～1.39%,少量高达2.22%,P 0.001%～0.009%。

(2) 矿石矿物。矿床中与萤石、重晶石矿共生的有石英、方解石、方铅矿、闪锌矿、黄铁矿等矿物,但含量均甚低而难以利用。组成矿石矿物以萤石、重晶石为主,次为石英、方解石。金属矿物有方铅矿、闪锌矿、黄铁矿等。

(3) 矿石结构。有自形—半自形粒状结构、花岗变晶及充填交代结构、斑状结构、角砾结构、板状及叶片状结构

(4) 矿石构造。块状构造、网脉状构造、条带状构造、皱纹构造。

3) 围岩及围岩蚀变

近矿围岩蚀变主要有硅化、萤石化、重晶石化、碳酸盐化、黄铁矿化及矿物重结晶现象,以前两种为主。主要分布在矿脉两侧20m内,矿脉中尤为明显。

(1) 硅化。石英为烟灰、浅灰色他形及半自形粒状集合体,呈不规则团块状、脉状充填于萤石或重晶石中。

(2) 萤石化、重晶石化。在矿脉两侧的石灰岩及顶部页岩中有紫色、白色萤石脉体充填,白色重晶石与之共生。

(3) 碳酸盐化。在矿脉旁侧的石灰岩节理、裂隙中,有方解石呈细脉或网脉充填。

(4) 黄铁矿化。黄铁矿呈星散状产出,多分布在矿脉中。

4. 控矿因素与成矿作用

1) 控矿因素

萤石矿主要赋存于下奥陶统桐梓组(O_1t)、红花园组(O_1h)含白云质团块灰岩、白云岩、泥晶灰岩、鲕状灰岩中,而下部的白云质灰岩或灰质白云岩中矿化较少,再往下部上寒武统毛田组厚层白云岩或灰质白云岩已不含萤石矿。同时,矿体形成于构造热液充填成矿作用,均产于北西向张扭性断裂中。

因此,控矿因素为有利地层、有利岩性与张扭性断裂,矿床具有明显的层控性和断控性。

2) 成矿作用

区内萤石矿属产于碳酸盐岩中的热液充填型控矿床,萤石矿体和矿化均受奥陶系桐梓组、红花园组的控制。矿床的成因属与地下热水作用相关的"热液充填型矿床"类型。

(1)成矿介质。根据该区萤石矿成矿地质特征,萤石矿成矿物质(F、Ca)的介质(水源)应来源于深部物质和大气降水。

(2)构造演化和成矿空间形成阶段。控矿构造系统形成于燕山晚期,故成矿时期应为中生代或中—新生代,届时该成矿带所处地域为以南岭中段为核心的中—新生代地幔柱活动波及范围的西部边缘,推论形成含矿热液的热源可能是与此地幔柱活动有关的深源热和动力热,从而导致地热增温,使大气降水渗入地下成为地热水,促进矿质活化迁移和成矿热流体形成。

(3)矿化-成矿阶段。成矿物质主要来源于含氟、钙背景值极高的地层岩石,这些物质在燕山期构造热的作用下,不断活化转移进入地下被加热的大气降水之中,随着燕山期造山运动形成一系列北北东向、北东向张性断裂带,将深部大量含矿热液携带上移,形成含矿热流体;当富矿质、高矿化度的含矿热流体在地下深处随着温、压的不断升高、增大,并在成矿期(燕山晚期)构造动力的作用下,沿断裂、裂隙等低压空间不断上升、运移,同时在这一过程中进一步从围岩中吸取矿质,使成矿热液矿化度不断增高;当高矿化度的含矿热液沿早期生成的北西向断裂构造运移至地表浅部,由于温度、压力、浓度等物理化学条件的改变,同时受大湾组第二、第三段弱透性岩层的隔阻,矿液流动受到限制,导致石英、萤石、重晶石等矿物先后析出充填在断裂带内形成矿体。

5. 典型矿床成矿要素特征

在对沿河县丰水岭典型矿床地质特征、矿体特征、矿石特征及成矿规律、控矿因素进行分析研究的基础上,归纳总结出典型矿床成矿要素见表3-43。

表3-43 贵州省沿河县丰水岭萤石矿床成矿要素表

成矿要素		描述内容	要素分类
地质环境	构造背景	上扬子陆块南部被动边缘褶冲带凤冈滑脱褶皱带	必要
	成矿时代	燕山晚期	必要
矿床特征	沉积作用沉积建造	含矿地层:奥陶系红花园组	必要
		灰岩、白云质灰岩	必要
		沉积建造类型:碳酸盐岩建造	必要
	成矿特征	断裂构造:发育北北东向断层旁多期的次张性断裂,北东向、北西向的断裂为热液运移物质通道,而旁侧的次级张性断层为赋矿空间	必要
		盖层:矿体上覆盖层为钙质页岩、黏土页岩,对成矿热液起着遮挡屏蔽作用	必要
	矿体特征	矿体形态:矿体呈脉状充填于奥陶系桐梓组、红花园组、湄潭组的次级张性断层中,矿体呈透镜状充填裂隙	必要
		围岩蚀变:主要为硅化及重结晶化,其次为方解石化和褐铁矿化	重要
		矿石类型及矿物组合:萤石矿-重晶石	重要
		磁测ΔT值:矿区周边磁异常变化剧烈,矿区磁场则相对平静。场值变化在$-55\sim-50$nT之间	重要

6. 典型矿床成矿模式

经综合研究,将矿床的成矿作用及成矿模式归纳如下(图3-39)。

(1)成矿地质环境。奥陶系红花园组、湄潭组碳酸盐岩。萤石矿的分布受控于北北东向断裂、褶皱带。矿体倾角陡立,上宽下窄。

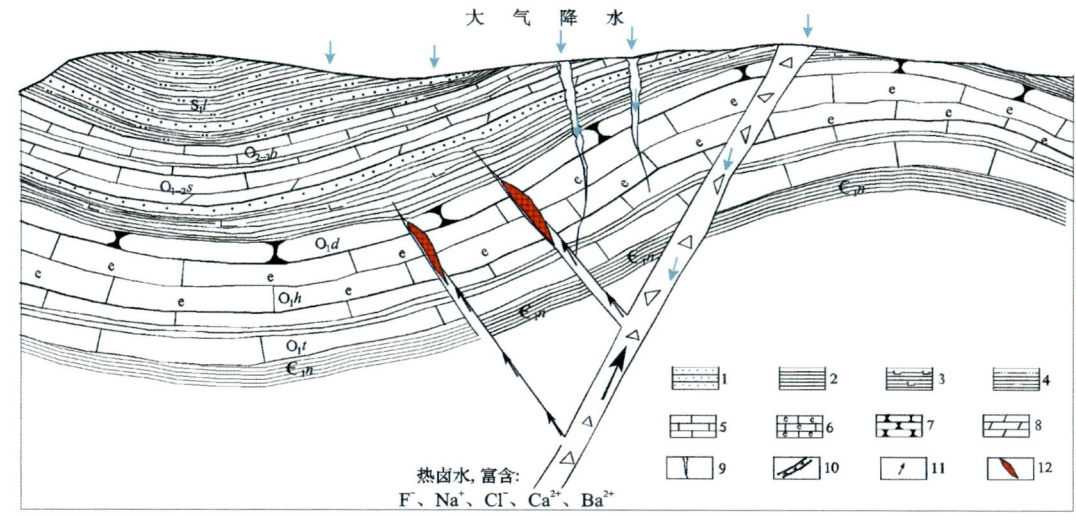

图 3-39 贵州省沿河县丰水岭萤石矿床成矿模式图

1.砂岩；2.页岩；3.钙质页岩；4.粉砂质页岩；5.灰岩；6.生物碎屑灰岩；7.瘤状灰岩；8.泥灰岩；9.裂隙；
10.断层；11.热卤水运移方向；12.萤石矿体

(2) 含矿岩石特征。产于灰、深灰色厚层块状灰岩及生物灰岩。

(3) 矿体组合分布及产状。矿床位于张扭性断层中，矿体呈脉状、透镜状产出。

(4) 矿化蚀变带及分布。矿脉围岩有轻微的白云岩化、方解石化和硅化等蚀变现象，蚀变范围不均匀。

(5) 成矿时代。燕山期(148～142.3Ma)。

(6) 成矿过程。①大气降水渗入地下，随深度增加而被加热，不断萃取区内含氟、钙极高的地层岩石相关成矿元素，或混合深地层卤水，形成含矿热流体；②当富矿质、高矿化度的含矿热流体，在地下深处随着温度、压力的不断升高、增大，并在成矿期(燕山晚期)构造运动等作用释放热量的影响下，沿断裂、裂隙等低压空间不断上升、运移，同时在这一过程中进一步从围岩中吸取矿质，使成矿热液矿化度不断增高；③当高矿化度的含矿热液沿早期生成断裂构造运移至地表浅部，由于温度、压力、浓度等物理化学条件的改变，导致石英、萤石、重晶石等矿物先后析出充填在北西向的断层空间，由于上覆泥质类岩层的屏蔽作用，使上述成矿过程能够重复缓慢地进行，直到矿床完全形成。

第三节　与岩浆作用有关的矿床

在贵州省矿产资源潜力评价工作中，所涉及的与岩浆作用有关的矿床主要是钨锡矿。

贵州省从江县乌牙钨锡矿床

1. 矿床概况

从江县乌牙多金属矿区乌牙钨矿位于从江县城南东 17 km 处，行政区属贵州省从江县翠里乡。地理坐标：东经 108°54′15″—108°55′45″，北纬 25°35′00″—25°36′15″。矿区南面侵入的摩天岭花岗岩，是雪峰期(760Ma)陆壳改造型花岗岩，与之相伴的热液非岩浆成因，属变质成因，普查工作目前仅探明印江标水岩、黑湾河和从江乌牙 3 处，均为小型规模。成矿区(带)隶属于江南隆起西段锡、钨、金、锑、铜、重晶石、滑石成矿带(Ⅲ79)之九万大山钨、锡、铜、金、银成矿带(Ⅳ11)内。

2. 成矿地质背景

1) 构造

大地构造位置为雪峰山陆缘裂谷盆地相区,区域上位于吉羊穹隆背斜北倾伏端偏东部位。矿区在变质岩中见到一些小褶皱,地层总体走向北西—南东向,倾向20°～50°,总体为30°,倾角15°～35°,总体为25°。有区域性大断层——高武断层(F_2)从矿区南东角通过。断层走向为北东-南西向,倾向北西,倾角55°。由于受该断层的影响,附近地层产状变为东倾,倾角在30°左右。

2) 地层

出露及钻孔所见地层有中元古界四堡群河村组及新元古界下江群甲路组。

四堡群:主要出露为河村组,主要由灰、灰黄至灰绿色变质石英砂岩与绢云母绿泥石石英千枚岩不等厚互层组成,具清晰的条带状构造和复理式韵律。底部与花岗岩接触带上多具角岩化,岩石坚硬,砂岩与千枚岩接触处多为沿千枚理分布的石英细脉和石英透镜体充填。岩石中见少量黑云母和电气石。本层受花岗岩侵入体接触面起伏的影响,厚度不稳定,南东较厚,为152m,向北西和深部变薄直至尖灭。

下江群:主要出露甲路组,岩性为浅灰绿至灰色绢云母绿泥石石英千枚岩、绿泥石绢云母石英千枚岩及绿泥石石英千枚岩,夹少量变质石英粉砂岩,岩石揉皱强烈,具叠瓦状构造,见针状、放射状电气石和片状黑云母。该层以具较强揉皱与下伏地层区别,其与下伏河村组呈微角度不整合接触,厚385m。本层近底部为具强电气石化和黑云母化蚀变的灰、灰绿色绿泥石绢云母石英千枚岩,是区内钨锡矿的主要含矿层位。

3. 矿体及矿石特征

矿床钨锡矿体主要赋存于花岗岩外接触带中,主要矿体受外接触带云英岩蚀变带(hst)控制,矿体产状与hst底界一致,矿区地层走向北西—南东,倾向北东,倾角一般20°～40°,hst及矿体走向近东西向,与地层走向约有30°交角,总体倾角20°。控制的矿体有3个,呈似层状、透镜状产出。

1) 矿体特征

矿区内产出的主要矿体为Ⅲ号、Ⅳ号、Ⅴ号矿体,其他均为小矿体,主要矿体特征如下。

Ⅲ号矿体呈似层状产出于外接触带hst中部,距Ⅱ号矿体底板15～30m,倾向北,倾角20°～25°。东西走向长约460m,倾向延伸140～240m,平均宽约150m,矿体由ZK701、ZK801等7个钻孔及TC16等工程控制,平均品位0.199%,平均厚度1.81m,占矿床总资源量的13%。

Ⅳ号矿体呈似层状产出于外接触带hst下部,距Ⅲ号矿体底板15～40m,倾向北,倾角15°～30°。东西走向长约960m,倾向延伸50～220m,平均宽约200m,矿体由ZK704、ZK004等8个钻孔及TC12、TC21等工程控制,平均品位0.226%,平均厚度2.08m,占矿床总资源量的39%。

Ⅴ号矿体呈似层状产出于外接触带hst底部,距Ⅳ号矿体底板10～40m,倾向北,倾角25～30°。东西走向长约760m,倾向延伸50～290m,平均宽约150m,矿体由ZK704、ZK004等8个钻孔及TC12、TC16等工程控制,平均品位0.238%,平均厚度2.32m,占矿床总资源量的41%。

2) 矿石矿物成分

主要金属矿物为白钨矿、黄铁矿等。脉石矿物有石英、绢云母、黑云母、电气石等。

3) 矿石组分

白钨矿(WO_3)平均品位为0.274%,Ⅲ号矿体平均品位0.199%,Ⅳ号矿体平均品位0.226%,Ⅴ号矿体平均品位0.238%,主要伴生组分为Ag、Ga、Au,在浸染状矿石中达到综合利用要求($0.11×10^{-6}$)。

4) 矿石结构构造

矿石结构有细—中粒结构;矿石构造有浸染状构造、脉状构造。

5) 围岩蚀变

围岩蚀变有云英岩化、电气石化、黑云母化等。

4.控矿因素与成矿作用

1)控矿因素

矿床位于摩天岭背斜北倾伏端偏东部位、区域性池洞断层的北段、高武断层(F_2)北西端。雪峰期花岗岩侵位于背斜核部,呈巨大岩基产出。背斜北倾伏端乌牙矿区花岗岩侵位于四堡群与下江群甲路组中,岩体与围岩呈突变接触。在外接触带四堡群与甲路组不整合面上,云英岩发育,该带控制了矿区内矿体的产出,同时甲路组中富钙质的黏土岩(原岩)是成矿的有利地层。

由于区内经历了多期次的构造旋回,中酸性花岗岩体发育,火山岩的大规模侵入引起了壳幔物质的循环交换,为区内形成规模的钨锡矿床提供了优越的成矿条件。

2)成矿作用

矿床形成应与矿区内分布的巨大花岗岩体侵位有关。随着罗迪尼亚超大陆在新元古代的裂解(地幔柱活动引起的伸展作用),四堡群等基底地层被卷入,由于基底地层成矿元素的差异性(本区可能富钨锡)及岩体本身的强烈演化分异,地幔柱产生的巨大热能使卷入基底重熔生成了雪峰期富钨锡的花岗岩体。由于花岗岩体侵入带来的巨大热源及后期变质作用与不同期次的构造旋回(加里东运动、燕山运动)使得成矿热液被加热、不断循环淋滤出花岗岩体及围岩中的钨锡等成矿元素,并在岩体外接触带中适当构造及岩性组合有利部位如 hst 中富集成矿。

关于矿床的成矿年代,与之成矿密切相关的花岗岩体已经获得精确的锆石 U-Pb 年龄(802~825Ma),表明岩体形成时间为新元古代。因此,冯学仕等(2004)将矿床的成矿时代定新元古代雪峰期。

5.典型矿床成矿要素

根据矿床成矿特征,确定成矿要素见表 3-44。

表 3-44 贵州省从江县乌牙钨锡矿床成矿要素表

成矿要素		描述内容	要素分类
特征描述		与花岗岩侵位有关的岩浆变质热液型钨锡矿床	
地质环境	成矿时代	新元古代雪峰期(760Ma)	必要
	构造背景	上扬子地块西南缘,江南地轴九万大山隆起部位北倾伏端偏东部位	必要
	岩浆活动	雪峰期黑云母花岗岩重熔生成及上侵定位	必要
	地层及岩石建造	花岗岩体外接触带四堡群与甲路组不整合面石英千枚岩黑色蚀变岩体带(hst)	必要
	变质作用	区域变质作用与混合岩化作用形成的热液及区域强烈挤压作用形成的蚀变岩体	必要
矿床特征	矿体形态	蚀变岩型呈透镜状、石英脉型呈单脉或复脉状	重要
	矿物组合	金属矿物主要为白钨矿、黄铁矿等;脉石矿物为石英、绢云母、黑云母等	重要
	矿石结构构造	矿石结构主要是细—微粒结构;矿石构造主要为浸染状、细脉状及团块状构造	次要
	蚀变类型	与成矿密切相关的蚀变是电气石化、黑云母化	重要
	控矿构造	花岗岩体外接触带蚀变岩体带中层间节理、裂隙、破碎带、揉皱等	重要
	成矿元素	以钨为主,伴生可综合利用的金、银、镓	重要

大规模的陆壳重熔型花岗岩的侵位带来丰富的成矿物质与热源,为成矿提供了很好的条件。

研究表明,高钾超酸性过铝质富钨锡花岗岩是形成矿床的基础,花岗岩外接触带蚀变岩体及蚀变岩体带中层间节理、裂隙、破碎带、揉皱等是有利建造构造组合。

6. 典型矿床成矿模式

通过对乌牙钨矿区进行综合研究,分析与钨锡矿成矿有关的成矿时代、地质背景、矿体形态、围岩蚀变等,总结出乌牙钨锡矿床的成矿模式。

其成矿模式可描述为:花岗岩体侵位导致围岩产生蚀变,富 W、Sn 的花岗岩为成矿提供了大量的成矿物质,使得成矿热液循环淋滤出花岗岩、围岩中的 W、Sn 等成矿元素,并在花岗岩体外接触带云英岩蚀变带中有利的岩性和控矿构造组合部位沉淀富集成矿。

第四章 综合成矿区(带)及单矿种成矿区(带)

第一节 综合成矿区(带)

一、综合成矿区(带)划分方案

1. 划分依据及其边界线的确定

根据全国矿产资源潜力评价项目的划分方案,贵州省属滨太平洋成矿域的扬子成矿省、华南成矿省,进一步划分了上扬子中东部(台褶带)铅、锌、铜、银、铁、锰、汞、锑、磷、铝土矿、硫铁矿成矿带,江南隆起西段锡、钨、金、锑、铜、重晶石、滑石成矿带,桂西-黔西南金、锑、汞、铊、银、水晶、石膏成矿区,四川盆地铁、铜、金、油气、石膏、钙芒、硝石盐、煤和煤层气成矿区 4 个三级成矿区(带)。本次重点是对省内Ⅳ级、Ⅴ级成矿区(带)的划分,其划分原则如下。

(1)以大地构造分区为基础,同一大地构造区一般划为同一成矿区(带);受同一区域褶断带和断裂带控制的矿区划为同一区(带)。

(2)区域矿产空间分布的集中性和区域成矿作用的统一性。区域成矿作用与地质构造发展演化是一致的,是区域地质构造活动的组成部分之一,在各种控矿条件最佳耦合情况下,在一定区域内一个或多个成矿旋回叠加作用,可形成矿化强度大、矿床分布集中的矿化密集区;每一成矿旋回的发生、发展和演化过程造就的区域成矿作用、矿床空间分布、成矿作用强度限定在相似区域成矿地质背景控制的成矿地质环境的范围内。因此,成矿地质构造环境及与其有关的成矿作用所涉及的范围是圈定成矿区(带)边界的地质科学依据。

(3)逐级圈定的原则,包括成矿域(Ⅰ级)、成矿省(Ⅱ级)、成矿区(带)(Ⅲ级)、成矿亚区带(Ⅳ级)、矿集区(Ⅴ级)。

(4)与成矿系列对应的原则,同一地质事件的成矿作用原则上划为同一区(带)。如沉积矿产原则上同时同一沉积环境的矿区划为同一成矿区(带),同时也要考虑后期构造破坏保存条件,同一保存条件划为同一区(带)。热液矿产参考控矿地质背景,不同的控矿构造划分为不同区(带)。

(5)沉积矿与低温热液、岩浆岩型矿等不同矿床类型的分开划分Ⅴ级成矿区(带)。

(6)Ⅳ级成矿区(带)全覆盖,而Ⅴ级是矿床(点)分布集中的区域,主要是参照目前已有勘查成果进行划分,同时也要分析各区域的找矿远景,个别区域目前发现的矿床也可能只有矿床点,但据分析该区有很好的找矿远景也进行了Ⅴ级成矿区(带)的划分。

(7)地质、矿化、物探、化探、遥感资料相互印证的原则。以成矿地质背景为基础,结合地球物理场、地球化学场、卫星及航空影像等资料相互印证;而地球化学场、地球物理场资料对厘定成矿区(带)的边界有参考意义。特别是对地质勘查程度低的地区,更要充分利用上述高度综合资料,对预测区进行远景评价和圈定。

2. 各级成矿区(带)的内涵及命名原则

Ⅰ级——成矿域:大致对应于全球构造域,受控于统一的全球古大洋动力学体系。

Ⅱ级——成矿省:Ⅰ级成矿单元内的次级成矿区(带),其区域成矿作用是经几个或一个大地构造—岩浆旋回的地质历史时期形成的,发育有特定的矿化类型。在区域成矿作用演化过程中,成矿物质的富集受地壳物质不均匀性的控制,赋存的矿床类型明显受多级或多序次构造的控制。

Ⅲ级——成矿区(带):在成矿省内的一定地壳演化阶段形成独特的一种或多种矿化集中分布区,成矿受控于某一构造—岩浆带、岩相带、区域构造或变质作用。

Ⅳ级——成矿亚区(带):在同一大地构造背景,大致受同一区域成矿作用控制的矿田分布带,或虽然目前没有已知矿床,但有大量成矿信息分布的地段称矿带。

Ⅴ级——矿集区:在同一位置的矿床点集中区域,或者存在集中的最小预测区。

按照全国矿产资源潜力评价项目办相关技术要求及会议精神,Ⅳ级成矿区(带)是在全国统一划分的Ⅲ级成矿区(带)上进行划分的,并且覆盖全省范围;Ⅴ级成矿区(带)则根据具体成矿远景区、矿集区进行圈定。各级编号是在Ⅲ级编号的基础上加连接符号;单矿种或矿种组成矿区(带)原则上也划分至Ⅳ级或Ⅴ级,根据研究条件而定。

3. Ⅳ级、Ⅴ级成矿区(带)划分

根据上述成矿区(带)划分原则,结合贵州省大地构造位置划分,以及矿产分布位置、矿产特征、矿床类型等对贵州成矿区(带)进行了划分,见表 4-1 与图 4-1。

表 4-1 贵州省成矿区(带)划分表

Ⅱ级	Ⅲ级	Ⅳ级	Ⅴ级
Ⅱ-15 扬子成矿省(Ⅱ-15b 上扬子成矿亚省)	Ⅲ74 四川盆地铁、铜、金、油气、石膏、钙芒硝、石盐、煤和煤层气成矿区	Ⅲ74-1 赤水-习水铁、铜、金、油气、石膏、钙芒硝、硝石盐、煤和煤层气成矿带	
	Ⅲ77 上扬子中东部(台褶带)铅、锌、铜、银、铁、锰、汞、锑、磷、铝土矿、硫铁矿成矿带	Ⅲ77-1 威宁-六盘水铅、锌、银、铜、铁、锰成矿带	Ⅲ77-1-1 云贵桥铅、锌矿集区 Ⅲ77-1-2 五里坪铜、铅、锌、铁矿集区 Ⅲ77-1-3 炉山铜矿集区 Ⅲ77-1-4 水城铁、铅、锌、锰矿集区 Ⅲ77-1-5 绿卯坪铅锌矿集区
		Ⅲ77-2 毕节-习水镍、钼、锌、铜、磷块岩成矿带	Ⅲ77-2-1 桑木铅锌硫矿集区 Ⅲ77-2-2 吉场铅锌硫矿集区 Ⅲ77-2-3 仁怀铅锌硫矿集区 Ⅲ77-2-4 松林镍钼磷硫矿集区
		Ⅲ77-3 织金-纳雍铅、锌、磷块岩、铝土矿成矿带	Ⅲ77-3-1 大方硫矿集区 Ⅲ77-3-2 水东镍钼铅锌矿集区 Ⅲ77-3-3 新华磷硫矿集区 Ⅲ77-3-4 五指山铅锌矿集区

续表 4-1

Ⅱ级	Ⅲ级	Ⅳ级	Ⅴ级
Ⅱ-15 扬子成矿省（Ⅱ-15b 上扬子成矿亚省）	Ⅲ77 上扬子中东部（台褶带）铅、锌、铜、银、铁、锰、汞、锑、磷、铝土矿、硫铁矿成矿带	Ⅲ77-4 渝南-黔北铝土矿、磷块岩、稀土、锰、汞成矿带	Ⅲ77-4-1 务正道铝土矿萤石矿集区 Ⅲ77-4-2 务川汞重晶石萤石矿集区 Ⅲ77-4-3 绥阳硫矿集区 Ⅲ77-4-4 遵义锰铝土矿硫矿集区 Ⅲ77-4-5 开阳磷矿集区 Ⅲ77-4-6 瓮福磷矿集区 Ⅲ77-4-7 清镇铝土矿硫磷铁矿集区
		Ⅲ77-5 铜仁-凯里汞、铅、锌、锰、铝土矿成矿带	Ⅲ77-5-1 大塘坡锰钒汞铅锌磷矿集区 Ⅲ77-5-2 万山汞铅锌锰矿集区 Ⅲ77-5-3 镇远钒矿集区 Ⅲ77-5-4 余庆钒磷汞矿集区 Ⅲ77-5-5 顶罐坡重晶石矿集区 Ⅲ77-5-6 凯里铝土矿铁矿集区
		Ⅲ77-6 梵净山钨、锡、铜、金、镍、铌、钽成矿带	Ⅲ77-6-1 梵净山钨锡金矿集区
		Ⅲ77-7 贵定-长顺铅、锌成矿带	Ⅲ77-7-1 牛角塘铅锌矿集区 Ⅲ77-7-2 贵定铅锌铁矿集区
		Ⅲ77-8 丹寨-荔波汞、金、锑、铅、锌、硫成矿带	Ⅲ77-8-1 独山锑铅锌铁矿集区 Ⅲ77-8-2 丹寨汞金铅锌硫矿集区
	Ⅲ78 江南隆起西段锡、钨、金、锑、铜、重晶石、滑石成矿带	Ⅲ78-1 雷公山锑、铅、锌、铜成矿带	Ⅲ78-1-1 台江铅锌重晶石钒矿集区 Ⅲ78-1-2 八蒙锑铅锌矿集区
		Ⅲ78-2 天锦黎金、水晶、重晶石、钒成矿带	Ⅲ78-2-1 大河边重晶石钒矿集区 Ⅲ78-2-2 坑头金矿集区 Ⅲ78-2-3 金井金矿集区 Ⅲ78-2-4 平秋金矿集区 Ⅲ78-2-5 稳江金矿集区 Ⅲ78-2-6 同古金矿集区 Ⅲ78-2-7 水口金矿集区 Ⅲ78-2-8 高增锰矿集区
		Ⅲ78-3 九万大山钨、锡、铜、金、银成矿带	Ⅲ78-3-1 地虎金铜金银多金属矿集区 Ⅲ78-3-2 南加钨锡铜矿集区
Ⅱ-16 华南成矿省	Ⅲ88 桂西-黔西南（右江地槽）金、锑、汞、钛、银、水晶、石膏成矿区	Ⅲ88-1 兴晴贞金、汞、锑、钛、铀、萤石成矿带	Ⅲ88-1-1 莲花山金矿集区 Ⅲ88-1-2 大厂锑金萤石硫矿集区 Ⅲ88-1-3 泥堡金矿集区 Ⅲ88-1-4 灰家堡汞矿集区 Ⅲ88-1-5 戈塘金硫矿集区 Ⅲ88-1-6 雄武金矿集区
		Ⅲ88-2 册亨-望谟金、砷、锑、重晶石成矿带	Ⅲ88-2-1 乐纪重晶石矿集区 Ⅲ88-2-2 望谟金矿集区 Ⅲ88-2-3 冗决金锑铁矿集区 Ⅲ88-2-4 赖子山金矿集区 Ⅲ88-2-5 板其金矿集区

图 4-1　贵州省Ⅲ、Ⅳ级成矿区划分图
1.Ⅲ级成矿区(带)分界线；2.Ⅳ级成矿区(带)分界线

二、综合成矿区(带)分述

1. Ⅲ74 赤水-习水铁、铜、金、油气、石膏、钙芒硝、石盐、煤和煤层气成矿带

该成矿带分布于三级构造分区川中前陆盆地内，在贵州省内仅有小面积分布，零星见有砂岩铜矿及油气苗等。

2. Ⅲ77-1 威宁-六盘水铅、锌、银、铜、铁、锰成矿带

本带大致对应于上扬子陆块南部碳酸盐台地相西部的水城-紫云断裂带北西段，主要包括赫章、威宁、水城和盘县西北部。构造变形以北西向为主，同滇东毗邻地段则被北北东构造交截。成矿特征是燕山期中低温热液活动比较活跃，主要形成以上古生界海相碳酸盐岩容矿的低温热液型铅锌(银)矿床和中低温热液型铁矿，其次是风化型氧化锰矿。

铅锌矿主要集中在六盘水断陷中。该断陷是志留纪末广西运动形成的一个发育不全的北西向裂谷带。北东侧以紫云-垭都深大断裂为界，西南侧以盘县-师宗-弥勒深断裂为界。燕山运动对成矿起了决定性作用。极其复杂的燕山期构造及蚀变是主要控矿因素，而层控因素相对较次，是在构造作用下由地层能干性差异形成的，多层含矿是因构造的沟通、隔挡层的存在及多期成矿作用形成的，在空间、时间上连续的演化系列。铅锌矿床点集中分布于北西向的云贵桥-垭都断裂带、威宁-水城断裂带,以及北北东向的银厂坡-石门断裂带、绿卵坪-顶头山断裂带等构造蚀变带中。

锰矿主要分布于黔西北的水城——纳雍一带,主要产于北北西向的百兴向斜、堕却背斜、白泥滥坝向斜和北西向的威水背斜、沟木底向斜、布坑底背斜翼部,产出层位可与滇东的格学锰矿床对比,产于中二叠统茅口组二段顶部,上覆峨眉山玄武岩。矿层较稳定,呈层状、似层状产出,具多层产出特征,一般累计厚度3～4m,个别达11m,矿体沿走向延伸数千米,沿倾向延伸0～100m,但目前发现的矿石类型均为氧化锰矿,矿床成因类型为风化残积型。

铜矿广泛分布于威宁、水城、盘县等地。矿床类型为玄武岩型铜矿,矿床规模较小,至目前为止所发现的铜矿均为矿点、矿化点或小型矿床。铜矿化有4种类型:一是玄武质凝灰岩层及宣威组底部富含陆地—沼泽相植物和有机质的碎屑岩中的层状—似层状铜矿化,峨眉山玄武岩为其矿源层,腐殖型有机质在成矿过程中起到重要作用,矿化连续性、品位稳定性较好,找矿前景乐观,可能是贵州玄武岩铜矿勘查研究的重要对象;二是玄武岩与茅口组接触界面的层状—似层状铜矿化,因资料太少,找矿前景目前尚难评估;三是玄武质熔岩中受脆性断裂控制的零星铜矿化;四是玄武质熔岩中无规律的透镜状铜矿化,难以形成规模矿床。

3. Ⅲ77-2 毕节-习水镍、钼、铅、锌、铜、磷块岩成矿带

该成矿带位于上扬子陆块南部碳酸盐台地相北西部,主要指毕节—仁怀—习水一带。该带主要有煤、铅锌、硫、镍钼钒、磷、铜等矿产。

煤、硫矿分布全区,主要产于上二叠统龙潭组中,煤矿产于整个龙潭组中,而硫主要产于龙潭组底部。

铅锌矿主要分布于习水、仁怀及毕节。其中,习水地区铅锌矿位于北东向桑木场背斜,铅锌矿床(点)产于桑木场背斜轴部及近轴翼部的灯影组、清虚洞组、石冷水组和娄山关组白云岩中;仁怀地区铅锌矿位于北东向的仁怀(中枢)背斜,铅锌矿床产于近背斜轴部的娄山关组白云岩中;而毕节地区铅锌矿主要分布在大吉场背斜中。

镍钼钒磷矿主要分布在松林-岩孔背斜中,镍钼钒矿产于寒武系牛塘组底部,而磷矿主要产于灯影组、牛塘组中。

砂岩铜矿产于上三叠统—中侏罗统,对地层及其岩性具有一定的选择性,岩屑砂岩为其矿源层,腐殖型有机质在成矿过程中也起到重要作用。

4. Ⅲ77-3 织金-纳雍铅、锌、磷块岩、铝土矿成矿带

该成矿带位于上扬子陆块南部碳酸盐台地相西部的纳雍、普定、织金、黔西地区。该区以沉积矿产为主,有产于寒武纪早期的磷块岩(稀土)、镍钼钒矿,石炭系硫铁矿、铝土矿,二叠系的硫铁矿和煤。另外,有受北西向紫云-垭都深断裂及东西向纳雍-贵阳断裂的控制的铅锌矿。

沉积矿产磷块岩含磷层位属早寒武世梅树村期牛蹄塘组一段,是省内主要含磷层位之一,其上部为深灰色中厚层状细粒含磷白云岩与暗灰、灰黑色薄层状白云质磷块岩不等厚互层,下部为灰、青灰色薄—中厚层细粒白云质砂屑磷块岩,矿层厚3.08～21.85m;织金新华磷矿矿石品位虽然较贫,但其储量规模大,且伴生稀土元素含量丰富,可进行综合利用。镍钼钒矿主要分布在水东、五指山地区,产在磷块岩之上,受牛蹄塘组控制。铝土矿产于早石炭世大塘期,受由黏土岩、铝质岩、铁质岩组成的九架炉组控制,矿床类型为古风化壳沉积型铝土矿,有马桑林等。硫铁矿和煤覆盖全区,主要产于上二叠统龙潭组中,煤矿产于整个龙潭组中,而硫主要产于龙潭组底部。

铅锌矿主要分布于纳雍的五指山地区和织金的杜家桥—张维地区,铅锌矿床分布主要受一系列背斜的控制,如五指山背斜、张维背斜、牛场背斜、新华背斜等,核部地层最老出露震旦系,其余大多由寒武系组成。与褶皱相配套的断裂有平行褶皱轴的北东向的压扭性断层,斜交背斜轴的北西向张扭性断层,这两组断层与近东西向断层斜交,与导矿构造连通,成为本区最重要的配矿和容矿构造。按矿体产状可分为3种类型:断裂型、层控型和裂隙型。产出层位有4个,即震旦系灯影组、下寒武统清虚洞组、中上寒武统的陡坡寺组和娄山关组,其中震旦系灯影组、寒武系清虚洞组是主要含矿层位。

5. Ⅲ77-4 渝南-黔北铝土矿、磷块岩、稀土、锰、汞成矿带

该成矿带位于上扬子陆块南部碳酸盐台地相中部、北部的道真、德江、湄潭、开阳、修文、清镇地区。区内产有铝土矿、磷块岩、锰矿、硫铁矿、汞、萤石、重晶石矿、铅锌矿等矿产许多处,是贵州省内这些沉积矿产的主要产区,此外内生矿产中的务川汞矿也颇具名气。

本区铝土矿为黔中-渝南石炭纪铝土矿成矿区的主体。黔中-渝南铝土矿成矿带延伸方向为北北东向,长达370km,南起清镇、贵阳、修文,向北经息烽、遵义、正安、务川、道真,再向北延伸到重庆市南部的南川、武隆等地。成矿带内铝土矿床(点)相对集中成清镇-修文、遵义、务川-正安-道真3个带。经众多地质工作者多年研究,成矿带南部的修文、息烽、遵义一带铝土矿含矿岩系为早石炭世大塘期祥摆时—旧司时,含矿岩系的岩石地层名为九架炉组。成矿带北部的正安、道真两矿带含矿岩系为中二叠世早期,其岩石地层名为大竹园组。早石炭世与晚石炭世沉积的铝土矿含矿岩系之间,即遵义市城区与桐梓—绥阳一线之间,有一条很窄的北西西向的长期隆起带,未见任何时代铝土矿含矿岩系沉积物。含铝岩系的下伏地层自南向北逐渐由下寒武统白云岩提升到下石炭统黄龙组石灰岩,上覆地层自南向北从下石炭统旧司组和大埔组碳酸盐岩逐渐变为中二叠统梁山组碳质页岩或栖霞组含燧石结核石灰岩。矿床类型为古风化壳型沉积型铝土矿。

磷块岩主要分布在开阳—瓮安一带,产于早震旦世陡山沱期的陡山沱组中,分布于受黔中古隆起控制的台地边缘滩相带内。

锰矿主要分布在遵义铜锣井地区,主要包括遵义铜锣井、冯家湾、天井台、尚场等大中型矿床及矿点。产于中二叠统茅口组顶部,下伏地层为茅口组"白泥塘层"含锰硅质岩或硅质灰岩。矿床类型主要为碳酸锰矿,地表及浅部可见少量氧化锰矿。锰矿层呈层状、似层状、透镜状产出,长数米至数千米不等,各大、中型矿区矿层展布均在1000m以上。遵义铜锣井锰矿勘查深度500m标高以上,预测锰矿石资源量2187×10^4t,是一个大型锰矿勘查开发区。矿床类型为沉积型锰矿,矿床式为碳酸盐岩型锰矿(台缘型)或称为遵义式锰矿。

汞矿主要分布于黔北的务川汞矿带和蒋家坝汞矿带内,主要产于下寒武统清虚洞组白云岩中,多层含矿极为显著,受北东向大断裂切割北北东向背斜部位及背斜向南南西倾没部位的控制。矿床类型为碳酸盐岩中热液型汞矿,矿床式为万山式白云岩中热液型汞矿。

6. Ⅲ77-5 铜仁-凯里汞、铅、锌、锰、铝土矿成矿带

该成矿带位于上扬子陆块东南缘被动边缘盆地相北东段,东部紧靠雪峰山陆缘裂谷盆地相。该成矿带呈北东向延伸于黔东的松桃—铜仁—万山—镇远—凯里一带,宽50～70km,长200km。早古生代(特别是寒武纪)海相碳酸盐岩层发育,前陆冲断褶皱典型。成矿特征是,低温热液作用非常活跃,产有较多大中型汞矿床,是我国著名的热液型汞成矿聚集区,密西西比河型铅锌矿也有较多产出;沉积矿产以产出较多大中型碎屑岩型锰矿为特色,另有少量小型铝土矿床、矿点分布。

汞矿主要产于本区北东部的铜凤汞矿带内,本汞矿带北起湖南宝靖水银厂,途经湖南凤凰、贵州铜仁、万山,南至湖南新晃,延长150km。在贵州境内主要沿铜仁大断裂分布,容矿岩石主要为陆棚相的中寒武统敖溪组碳酸盐岩。

锰矿主要包括大塘坡、杨立掌、大屋等锰矿床(点),产于震旦系大塘坡组,矿床类型也主要为碳酸锰矿,并见部分氧化锰矿。

铝土矿产于本成矿带南西部,为产于晚古生代黔中隆起南缘的古风化壳沉积型铝土矿,含铝岩系九架炉组主要出露于凯里市炉山(苦李井)龙场—黄平县铁厂沟一带,其次在福泉县陆坪附近、马场坪—隆

昌一带以及龙里县的民主乡附近也有分布。矿体赋存于九架炉组的中、上部,矿体产状与围岩基本一致,矿体主要呈层状、似层状、透镜状,其形态、厚度及其横向变化明显受岩溶不整合面的起伏和九架炉组的厚度控制。

铅锌矿为碳酸盐岩型铅锌矿。依据其产出层位、矿体产状、成矿特征进一步划分为铜仁、松桃、凯里下寒武统清虚洞组,受藻灰泥丘相控制为主的层控型铅锌矿(密西西比型铅锌矿)和铜仁、凤凰中寒武统敖溪组产于汞矿体间隙带中的层控型铅锌矿床两亚类。

7. Ⅲ77-6 梵净山钨、锡、铜、金、镍、铌、钽成矿带

该成矿带位于上扬子陆块东南缘被动边缘盆地相北东端,为扬子陆块内部的中元古界浅变质基底裸露区。主体为中元古代地层分布,面积为 $280km^2$,是一个由中元古代变质岩+基性—超基性岩+花岗岩三位一体的前寒武纪隆起。区域成矿特征是:①与中元古代幔源基性—超基性岩有关的岩浆熔离型铜、镍矿床和高温热液铜、金、砷矿床发育;②以与雪峰期壳源(S型)花岗岩有关气成高温热液铌、钽和钨、锡、铜矿床较为典型。

钨锡矿主要分布在白云母花岗岩及与之相关的酸性脉岩出露区段,矿床成因类型主要属岩浆期后气成至高温热液型石英、钨、锡矿床,部分可能属中温热液型石英、锡石矿,个别属伟晶期锡矿床。铌、钽矿产于白云母花岗岩出露附近接触带的沉积变质基性熔岩——辉绿岩中,可分为含稀有金属花岗伟晶岩型矿床、含铌组合钨电气石英岩脉和含铌钽花岗岩 3 种类型。

铜矿主要为产于梵净山群下部基性熔岩——辉绿岩体内辉绿岩粗粒带中的岩浆热液型铜矿,其次为产于梵净山群的层状基性熔岩——辉绿岩内的热液脉状铜矿。

8. Ⅲ77-7 贵定-长顺铅、锌成矿带

该成矿带位于上扬子陆块东南缘被动边缘盆地相南段及上扬子陆块南部碳酸盐台地相的东南部,地理位置包括贵定、都匀、长顺等地。分布有牛场铅锌矿、牛角塘铅锌矿及硫铁矿。

铅锌矿主要分布在贵定、都匀、牛角塘等地,矿体主要产于断层及节理裂隙中,含矿围岩为寒武系清虚洞组、泥盆系高坡场组的白云岩、泥质白云岩。

9. Ⅲ77-8 丹寨-荔波汞、金、锑、铅、锌、硫成矿带

该成矿带位于上扬子陆块东南缘被动边缘盆地相南段,地理位置包括黔南丹寨、三都、独山、荔波等地。主要分布有著名的三丹汞、金、锑成矿带和独山锑矿带,产有较多汞、锑、金、铅锌等矿产。

三丹汞、金、锑成矿带是我国重要的产汞基地之一,因矿床(点)多,矿床规模大,矿石富而复杂、开采历史悠久而驰名全国。分布于黔南三都—丹寨地区,范围北起丹寨县殊砂场,南至三都县旷家店,纵贯丹寨、三都两县,长 35km,宽 4~6km;自北而南分为水银厂汞矿田、交梨汞矿田、苗龙锑金矿田、牛场铅锌金汞矿田。矿床成因类型属沉积低温热液再造型矿床。按矿床伴生有益组分划分为汞金型(丹寨四相厂、宏发厂)、单汞型(三都交梨矿床)、汞锌型(三都坝桥矿床)3 种。按矿体产状划分为整合型(三都某矿床)、断裂型(三都交梨矿床)、复合型(丹寨宏发厂矿床)3 种。成矿方式以充填为主,以交代作用为次。矿床形成时间主要为燕山晚期。其中,汞矿的矿床类型为碳酸盐岩中热液型汞矿,矿床式为丹寨式石灰岩中热液型汞矿;金矿的矿床类型为微细浸染性金矿,矿床式为苗龙式锑金(砷)矿床;锑矿的矿床类型为碳酸盐岩中热液型锑矿,矿床式为苗龙式碳酸盐岩中沉积-改造型锑矿。

独山锑矿带的锑矿位于北北东向王司箱状背斜(或称独山背斜)中,为产于泥盆纪碎屑岩中的断裂充填型交错脉状锑矿。产出矿床有半坡大型锑矿床、巴年中型锑矿床和蕊然沟小型锑矿床等。矿床类型为半坡式不规则脉状热液型锑矿。

10. Ⅲ78-1 雷公山锑、铅、锌、铜成矿带

该成矿带位于雪峰山陆缘裂谷盆地相，地理上指剑河—榕江一线以西的雷公山地区。区域成矿特征是主要产出低温热液型锑矿床，少量产出低温热液型铅、锌矿床和铜、金、银、多金属矿床产出。其中，锑矿产于雷山—榕江地区下江群番召组、清水江组、龙里组粉砂质绢云母板岩、砂质板岩、变余沉凝灰岩、绢云母板岩中。矿床类型为浅变质岩中热液型锑矿，矿床式为八蒙式脉状透镜状囊状热液型锑矿。典型矿床有榕江八蒙、雷山开屯等。

11. Ⅲ78-2 天锦黎金、水晶、重晶石、钒成矿带

该成矿带位于雪峰山陆缘裂谷盆地相，地理上包括天柱、锦屏和黎平三县及从江县北部。区域成矿的基本特征：低温热液矿床发育，广泛产出有赋存于浅变质岩系、形成于加里东期至燕山期的金矿和水晶矿；震旦纪—寒武纪之交形成有很有特色的海相热水沉积重晶石及磷、钒矿床。

金矿为产于新元古界青白口系浅变质碎屑岩中的热液型金矿床，可分为石英脉型及蚀变岩型金矿床。主要见为石英脉型金矿，分布于天柱—锦屏—黎平地区，产出层位多，与北北东向、北东向断裂构造及剪切带关系密切，见有铜鼓、金井、八克、磨山、主山冲、平秋、辣子坪等数十处金矿床（点）；而蚀变岩型金矿仅在黎平县有所发现（为矿点或矿化点），工作程度不高。

重晶石主要分布于天柱县大河边及湖南新晃贡溪一带，为热水沉积型重晶石矿，形成于早寒武世大陆斜坡上的湘黔桂陆缘断陷型热水沉积成矿盆地环境，赋矿层位为下寒武统留茶坡组（黔东）或小烟溪组（湘西南），岩性为黑色硅质岩、碳质页岩夹磷块岩、重晶石矿层和碳质页岩。其中天柱县大河边矿床地处湘黔交界的贡溪复向斜中坪地向斜南东翼，是我国至目前探明钡资源量最大的重晶石矿床，也是湘黔桂陆缘断陷沉积成矿盆地中储量最大、矿石质量最好的重晶石矿床。

锰矿产于溆浦-从江成锰盆地边缘。成锰盆地呈北东向分布，是湘西南—黔东南重要的成锰盆地。含矿岩系由灰黑色碳质粉砂质黏土岩、含锰硅质岩和浅灰色含粉砂质黏土岩及锰矿层组成，锰矿层中偶夹厚 3～5cm 的灰白色石英细脉。锰矿产出层位为震旦系大塘坡组，但产出特征与松桃锰矿有些不同，目前所见主要为氧化锰矿（硬锰矿等），找矿前景较大，而工作程度尚低。

12. Ⅲ78-3 九万大山钨、锡、铜、金、银成矿带

该成矿带位于雪峰山陆缘裂谷盆地相，地理上指仅限于贵州省东南隅与广西毗邻的从江县境内，属九万大山前寒武纪隆起北缘，即吉羊穹状背斜北缘，或称黔桂边境摩天岭花岗岩的北延部分。因其构造变形较为强烈，出现类型较复杂的北东向韧性剪切带和滑脱构造变形系统。再加上岩浆活动频繁，从而形成了钨、锡和金、铜等金属矿产。区域成矿的基本特征是以新元古代岩浆活动有关的成矿作用为主（中元古代—四堡期成矿主要在广西境内），包括与幔源海相基性岩浆活动有关的高中温热液成矿作用形成的铜、金、银、铅锌矿床和与雪峰期壳源超酸性花岗岩有关的高温热液钨锡矿床两个系列。

钨、锡矿产于摩天岭花岗岩体外接触带附近的四堡岩群与下江群甲路组之间的层间滑脱构造蚀变岩带中（乌牙钨锡矿），以及四堡岩群唐柳岩组层间破碎蚀变岩带或花岗岩体与围岩接触带中（南加钨锡矿）。矿床成因类型有岩浆期后气成至高温热液型石英钨锡矿床、中温热液蚀变岩型钨锡矿床，气成-高温热液、中温—低温热液。矿床工业类型有石英脉型钨锡矿床和蚀变岩型白钨矿、锡石矿床。

铜矿分布于从江县南部，有两种类型。第一种类型与花岗岩关系密切，如南加和舒家湾矿点，其矿体受东西向或北西向破碎带控制，破碎带主要由硅化花岗质构造角砾岩及碎裂状石英脉组成，围岩蚀变为硅化、黄铁矿、黄铜矿化、绿泥石化、高岭石化及绢云母化等。第二种类型受区域性滑脱构造（蚀变岩）带控制，以地虎铜金银多金属矿为代表，矿体呈似层状、透镜状产出。

金矿分布于从江县南部，矿床类型为产于沉积岩建造中的蚀变岩型金矿或铜金银多金属矿。矿体沿中元古界四堡岩群与新元古界下江群之间的不整合界面附近发育的滑脱构造变形带内产出，含矿建

造为下江群甲路组沉积变质岩建造,矿体形态为层状、似层状、透镜状。

13. Ⅲ88-1 兴晴贞金、汞、锑、钛、铀、萤石成矿带

该成矿带位于南盘江-右江前陆盆地相的西北部。地理范围包括兴仁、晴隆、普安、兴义、盘县等县及贞丰县北西部。出露晚古生代至中生代地层,主体属被动大陆边缘沉积。其中,东部以金、汞、铊为主,容矿岩石主要是下三叠统最下部和上二叠统上部的石灰岩(不纯石灰岩),成矿分别受逆断层和层间断层控制,形成"多层楼"矿床构形。中、西部则主要以峨眉山玄武岩组下部或边部的火山碎屑岩(凝灰岩)及其相邻地层岩石容矿,为锑、金、萤石组合,成矿受层间张性断裂控制,形成锑、金、萤石和重晶石矿床系列。值得特别提出的是,卡林型金矿及其共生锑矿等,在晚新生代以来新构造气候等的影响下,形成与喀斯特作用密切相关的土型金矿,是本区成矿的一大特色。

本成矿带金矿主要为产于沉积建造中的微细浸染型金矿,有紫木凼、水银洞、泥堡金矿床。其次为与表生作用有关的金矿,称土型金矿,产于岩溶洼地中的微细浸染型金矿,是基岩中的微细浸染型金矿的风化产物,典型矿床为晴隆县老万场、盘县砂锅厂金矿。

锑矿为产于上、下二叠统间的火山凝灰质、硅质蚀变岩层的火山岩中热液型锑矿,矿床式为晴隆大厂式似层状脉状囊状热液型锑矿。

14. Ⅲ88-2 册亨-望谟金、砷、锑、重晶石成矿带

该成矿带位于南盘江-右江前陆盆地相的西北部,地理位置处于册亨、望谟及罗甸、贞丰县南东部。大片出露三叠系的硅质陆源碎屑岩系,其中三叠统的三套浊积岩系是本带卡林型金矿的主要容矿岩石。成矿流体沿板劈理密集带发育的陡倾斜逆冲断层活动,此成矿作用是与印支—燕山造山进程有关的浅成低温热液金砷锑矿床。此外,本带区域成矿的另一特征,是晚泥盆世受伸展构造背景控制,形成了被动大陆边缘台盆相的热水沉积重晶石矿床。

第二节 单矿种或矿种组成矿区(带)

一、锰矿

贵州省锰矿主要分布于松桃—铜仁、遵义—水城地区,主要分为南华系大塘坡式锰矿和遵义式锰矿。南华系大塘坡式锰矿主要分布在松桃、江口、从江等地区,含矿岩系为南华系大塘坡组;而遵义式锰矿主要分布在遵义、水城地区,含矿岩系为二叠系茅口组二段中。根据成矿区(带)的划分原则,锰矿成矿区(带)划分如表 4-2、图 4-2 所示。

1. 赤水-习水锰成矿带(Ⅲ74-1)

该成矿带分布于Ⅲ级成矿区(Ⅲ74 四川盆地铁、铜、金、油气、石膏、钙芒硝、石盐、煤、煤层气成矿区)或三级构造分区川中前陆盆地内,在贵州省内仅有小面积分布,目前尚未发现有锰矿床(点)产出。

2. 遵义-水城锰成矿带(Ⅲ77-1)

锰矿主要分布于遵义、水城—纳雍一带,呈北东向展布。锰矿产于中二叠统茅口组二段顶部,上覆峨眉山玄武岩、龙潭组。总体来说在南西段水城一带,锰含量低,目前发现的矿石类型均为茅口组二段顶部含锰灰岩经地表浅部氧化淋滤原地次生富集的氧化锰矿。在北东遵义铜锣井地区,矿层较稳定,是贵州省重要的大型锰矿勘查开发区之一。锰矿产于二叠系茅口组顶部,矿床类型主要为碳酸锰矿,地表及浅部可见少量氧化锰矿。

表 4-2　贵州省锰矿成矿区(带)划分表

成矿区(带)(Ⅲ级)	成矿亚区(带)(Ⅳ级)	成矿区(带)(Ⅴ级)
Ⅲ74 四川盆地铁、铜、金、油气、石膏、钙芒硝、石盐、煤、煤层气成矿区	Ⅲ74-1 赤水-习水锰成矿带	
Ⅲ77 上扬子中东部(台褶带)铅、锌、铜、银、铁、锰、汞、锑、磷、铝土矿、硫铁矿成矿带	Ⅲ77-1 遵义-水城锰成矿带	Ⅲ77-1-1 遵义铜锣井锰成矿区
		Ⅲ77-1-2 纳雍云盘锰成矿区
		Ⅲ77-1-3 坛罐窑锰成矿区
	Ⅲ77-2 松桃-铜仁锰成矿带	Ⅲ77-2-1 松桃乌罗-西溪堡锰成矿区
		Ⅲ77-2-2 铜仁瓦屋-万山下溪锰成矿区
Ⅲ78 江南隆起西段锡、钨、金、锑、铜、重晶石、滑石成矿带	Ⅲ79-1 黎平-从江锰成矿带	Ⅲ78-1-1 从江高增-广界锰成矿区
Ⅲ88 桂西-黔西南金、锑、汞、铊、银、水晶、石膏成矿区	Ⅲ89-1 普安-望谟锰成矿带	

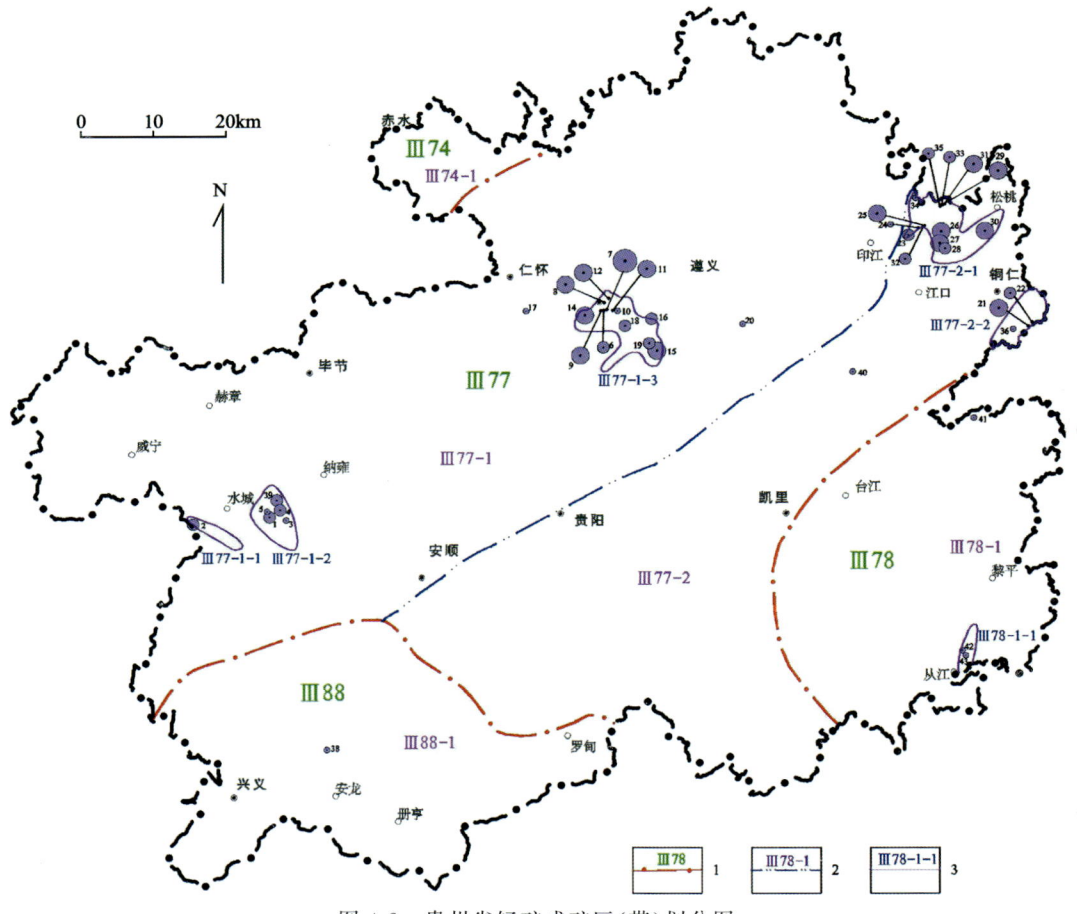

图 4-2　贵州省锰矿成矿区(带)划分图

1.Ⅲ级成矿区(带)界限及编号;2.Ⅳ级成矿区(带)界限及编号;3.Ⅴ级成矿区(带)界限及编号

1)坛罐窑锰成矿区(Ⅲ77-1-1)

该成矿区位于遵义-水城锰成矿带(Ⅲ77-1)的西南段,典型矿床有坛罐窑锰矿点,以水城式锰矿为主。锰矿产于中二叠统茅口组二段顶部,上覆峨眉山玄武岩。含矿层较稳定,沿北西走向延伸约23km,含矿层平均厚约2.3m,矿体为茅口组二段顶部含锰灰岩经地表浅部氧化淋滤原地次生富集的氧化锰矿,呈层状、似层状产出,沿倾向延伸0~100m。

2)纳雍云盘锰成矿区(Ⅲ77-1-2)

该成矿区位于遵义-水城锰成矿带(Ⅲ77-1)西南段,区内主要有陈家寨、纳雍营盘、徐家寨小型锰矿床及麻窝锰矿点,主要产于北北西向的白泥滥坝向斜翼部,锰矿产于中二叠统茅口组二段顶部,上覆峨眉山玄武岩。矿层较稳定,呈层状、似层状产出,具多层产出特征,一般累计厚度3~4m,个别达11m,矿体沿走向延伸数千米,沿倾向延伸0~100m,发现的矿石类型均为茅口组二段顶部含锰灰岩经地表浅部氧化淋滤原地次生富集的氧化锰矿,工作程度尚低,具一定的资源潜力。

3)遵义铜锣井锰成矿区(Ⅲ77-1-3)

该成矿区位于遵义-水城锰成矿带(Ⅲ77-1)北东段,本区矿床类型为沉积型锰矿床,矿床式为遵义式。有已知铜锣井大型锰矿床(包括历年来勘查的深溪沟矿段、沙坝矿段、长沟矿段、铜锣井矿段、黄土坎矿段、石榴沟矿段和冯家湾矿段)、团溪工农湾锰矿、龙平镇高山锰矿、红花岗区东高寨锰矿、团溪白虎山(和尚场)矿区、共青湖锰矿等一大批锰矿床(点),探明的锰矿储量总计约$5071×10^4$t。矿体产于上二叠统茅口组第三段顶部,且仅分布于以"白泥塘(碳硅质灰岩)"为基底,环带状硅质岩相或"城墙式硅质岩体"所包围发育有一套硅-泥-灰岩的岩性组合中,其他正常碳酸盐岩或硅质岩相沉积的岩性组合中不具工业价值的锰矿体产出。该区内锰矿沉积环境可分为台沟相及台沟边缘相,其中台沟相沉积环境中锰矿体呈层状、似层状产出,台沟边缘相沉积环境中锰矿体呈透镜状产出。

3. 松桃-铜仁锰成矿带(Ⅲ77-2)

该成矿带大致对应于上扬子台褶带内的四级构造分区铜仁逆冲带,南东部紧靠江南隆起西段。锰矿主要分布于松桃—铜仁地区,锰矿资源丰富,同时也是贵州省重要的大型锰矿勘查开发区。锰矿产于下南华统大塘坡组底部,矿层呈似层状,以产出较多大中型碎屑岩型碳酸锰矿为特色,局部地表及浅部可见少量氧化锰矿。

1)松桃乌罗-西溪堡锰成矿区(Ⅲ77-2-1)

该成矿区位于松桃-铜仁锰成矿带(Ⅲ77-2)北北东,东与湖南相邻,北与重庆市交界。本区锰矿是渝、湘、黔边境锰矿重要的组成部分,主要分布于松桃地区的乌罗、黑水溪、大屋、大塘坡、举贤、西溪堡等地。本区探明的锰矿储量总计约$6000×10^4$t,探明的矿床有松桃大塘坡、杨立掌、大屋、黑水溪、杨家湾、西溪堡、举贤等,锰矿产于下南华统大塘坡组底下部炭页岩中。矿床类型为海相沉积型锰矿床;矿床式为大塘坡式。

矿体的产出严格受岩相古地理及北东向古构造或裂陷盆地的控制。矿层稳定,呈层状、似层状产出,矿石以高磷低铁贫锰矿石为主,部分矿床产有优质锰矿。矿石类型主要为菱锰矿,地表浅部见少量氧化锰矿,矿石主要为块状及条带状。块状矿石:锰品位一般20%~25%;条带状:锰品位一般13%~18%;矿石品位较高的杨立掌、大塘坡锰矿床,品位:Mn 18%~21%,SiO_2 19%~25%,TFe 3%~5%,P 0.12%~0.20%;矿石品位中等的为大屋锰矿床,品位:Mn 15%~19%,SiO_2 20%~26%,TFe 3%~5%,P 0.15%~0.20%;矿石品位较低的西溪堡、黑水溪等矿床:Mn 13%~16%,SiO_2 23%~30%,TFe 3%~5%,P 0.12%~0.22%。

该区工作程度相对较高,以往矿床勘查深度多为0~500m,中深部勘查工作及含矿岩系隐伏区工作程度尚低,部分矿体也还未圈边,资源潜力巨大。例如:杨立掌矿床北东延伸的深部,矿体厚达2~4m,矿体还未圈边;西溪堡矿床外围沿矿体走向方向及倾向方向(冷水溪断层北西盘)大片区域为隐伏区,目前已有深部钻探证实存在隐伏矿体,预测矿床规模均达大型以上。

2）铜仁瓦屋-万山下溪锰成矿区（Ⅲ77-2-2）

该成矿区包含铜仁市瓦屋乡新田湾锰矿、洪岩洞锰矿、长行坡锰矿段及万山特区中朝溪锰矿、盆架山锰矿等矿床（点）。锰矿产于下南华统大塘坡组底下部炭页岩中，矿层较稳定，呈层状、似层状产出，漾头向斜两翼，矿层稳定，呈层状、似层状产出，探明的锰矿储量总计约 520×10^4 t。矿床类型为海相沉积型锰矿床；矿床式为大塘坡式。

矿床以高磷低铁贫锰矿石为主，多为条带状矿石。本成矿区工作程度相对较低，长行坡锰矿区北延地段尚未圈边以及下溪背斜北西翼铜仁漾头—万山敖寨一带尚未进行系统的普查评价，找矿潜力及资源远景较大，通过进一步工作有望取得新的成果。

4. 黎平-从江锰成矿带（Ⅲ78-1）

本成矿带位于雪峰山基底逆推带西部的锦屏重叠褶皱区内。地理上包括天柱、锦屏和黎平三县及从江县北部。锰矿产于溆浦-从江成锰盆地边缘。成锰盆地呈北东向分布，是湘西南—黔东南重要的成锰盆地。含矿岩系由灰黑色碳质粉砂质黏土岩、含锰硅质岩和浅灰色含粉砂质黏土岩及锰矿层组成，锰矿层中偶夹厚3～5cm的灰白色石英细脉。

锰矿产出层位为下南华统大塘坡组底部，但产出特征与松桃锰矿有些不同，为同期异相沉积。目前所见地表浅部主要为氧化锰矿（硬锰矿等），中深部已发现有碳酸锰矿，找矿前景较大，而工作程度尚低。目前圈出了高增-广界锰成矿区。

从江高增-广界锰成矿区（Ⅲ78-1-1）位于四级黎平-从江锰成矿带（Ⅲ78-1）内，南与广西交界。该成矿区包含高增小型锰矿及广界锰矿点。矿体产于下南华统大塘坡组含矿岩系下部，直接顶板为褐红、灰白等杂色薄层状粉砂质黏土岩与深灰色薄层状硅质岩互层，矿体底板为灰绿色、灰白等杂色薄层状泥质粉砂岩与黏土岩互层，厚度约2m。含矿岩系分布于芭扒向斜两翼，厚0～12m。矿体呈层状、似层状产出，厚0.50～0.90m，平均0.74m。矿体露头线至近地表5～10m潜水面以上的矿体，因氧化次生富集常形成氧化锰矿，潜水面以下深部为碳酸锰矿石，矿层中偶夹厚3～5cm的灰白色石英细脉。矿石类型主要为块状、条带状碳酸盐锰矿石，属于优质的碳酸锰矿石。次为氧化矿石，具低磷低铁特点。块状氧化锰矿石的Mn含量较高，Fe、SiO_2含量相对较低；松散状、粉末状氧化锰矿石的Mn含量较低，Fe、SiO_2含量相对较高。

本区探明的锰矿储量总计约 29×10^4 t，探明的矿床主要为高增锰矿。含矿岩系沿北东走向方向，工作程度较低，具一定的找矿潜力。矿床类型为海相沉积型锰矿床；矿床式为大塘坡式。

5. 普安-望谟锰成矿带（Ⅲ88-1）

本成矿带位于三级构造分区南盘江-右江前陆盆地的北部，构造线主要为北西西向和东西向，印支期—燕山期滨太平洋和特提斯两大地动力背景下形成的褶皱断裂带。该成矿区（带）仅安龙县花障坪分布有1处小型锰矿点，锰矿产于三叠系瓦窑组底部，含矿岩系为一套含锰质泥灰岩、黏土岩、页岩组合，锰矿系含锰泥灰岩经风化淋滤后次生富集形成的氧化锰矿体，大致顺层分布，呈似层状、透镜状产出，矿体厚0.54～0.62m，单件样品Mn品位13.75%～44.67%，地表延伸约1km，工作程度尚低。

二、磷（稀土）矿

贵州省磷矿主要为海相沉积磷块岩，由当时发育的上升流裹胁富磷酸盐水团至有利古地理环境沉淀析出磷灰石而构成。成矿时代为早震旦世陡山沱期和早寒武系梅树村期，由于两个成磷期时间间隔太短，因而磷矿在空间分布上具大体一致、形影相随的特点。其基本类型有颗粒结构磷块岩、凝胶状结构磷块岩及生物磷块岩。主要分布在织金、清镇、开阳、瓮安、松桃及都匀地区，根据矿床相对集中及后期构造破坏条件可划分8个五级磷矿集区，划分情况见表4-3和图4-3。

表 4-3　贵州省磷矿成矿区(带)划分表

Ⅲ级成矿区(带)	Ⅳ级成矿亚区(带)	Ⅴ级成矿区(带)
Ⅲ74 四川盆地铁、铜、金、油气、石膏、钙芒硝、石盐、煤、煤层气成矿区	Ⅲ74-1 赤水-习水磷成矿带	
Ⅲ77 上扬子中东部(台褶带)铅、锌、铜、银、铁、锰、汞、锡、磷矿、硫铁矿成矿带	Ⅲ77-1 遵义-织金磷成矿带	Ⅲ77-1-1 织金磷矿成矿区
		Ⅲ77-1-2 松林磷矿成矿区
	Ⅲ77-2 开阳-瓮安磷成矿带	Ⅲ77-2-1 洋水磷矿成矿区
		Ⅲ77-2-2 翁昭磷矿成矿区
		Ⅲ77-2-3 玉华磷成矿区
		Ⅲ77-2-4 厦安磷成矿区
	Ⅲ77-3 铜仁-凯里磷成矿带	Ⅲ77-3-1 铜仁磷矿成矿区
		Ⅲ77-3-2 丹寨磷成矿区
Ⅲ78 江南隆起西段锡、钨、金、锑、铜、重晶石、滑石成矿带	Ⅲ78-1 天柱-从江磷成矿带	
Ⅲ88 桂西-黔西南金、锑、汞、银、水晶、石膏成矿区	Ⅲ88-1 兴仁-贞丰磷成矿带	

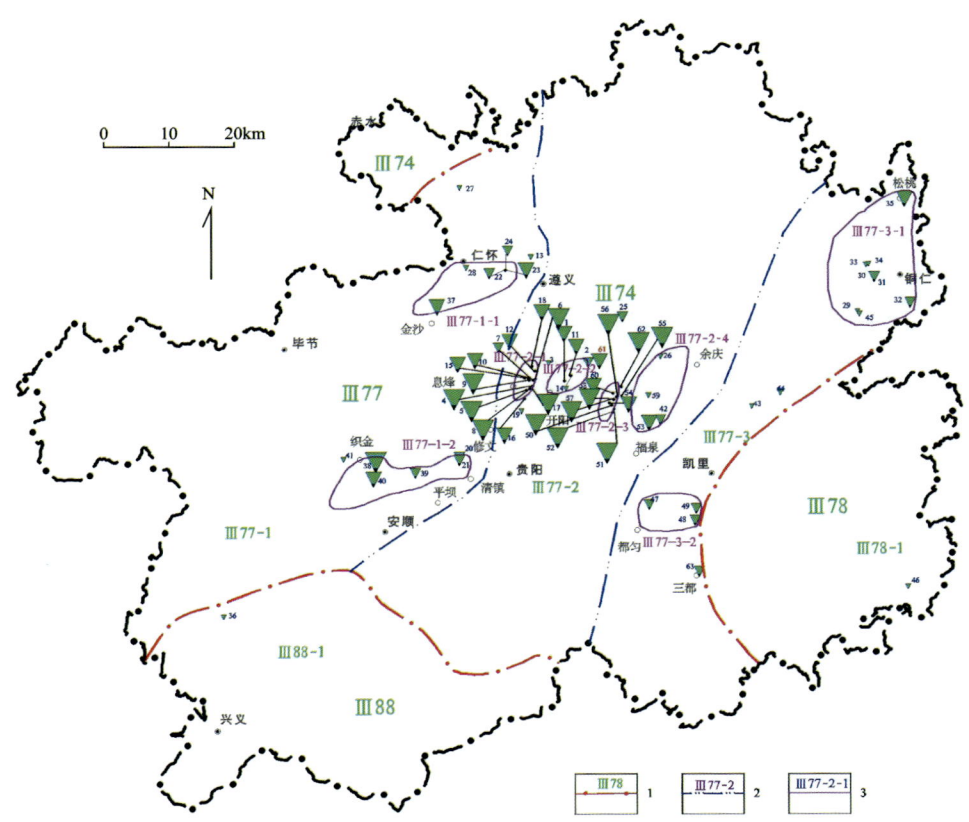

图 4-3　贵州省磷矿成矿区(带)划分图

1.Ⅲ级成矿区(带)界限及编号；2.Ⅳ级成矿区(带)界限及编号；3.Ⅴ级成矿区(带)界限及编号

1. 赤水-习水磷成矿带（Ⅲ74-1）

该成矿带分布于Ⅲ级成矿区Ⅲ74（四川盆地铁、铜、金、油气、石膏、钙芒硝、石盐、煤、煤层气成矿区）或三级构造分区川中前陆盆地内，在贵州省内仅有小面积分布，目前尚未发现有磷矿床（点）产出。

2. 遵义-织金磷成矿带（Ⅲ77-1）

1) 织金磷矿（稀土）成矿区（Ⅲ77-1-1）

该成矿区位于遵义-织金磷块岩成矿区（Ⅲ77-1），含矿岩系为早寒武世梅树村期，其岩石地层为牛蹄塘组一段（$\in_1 n^1$）。下伏地层为灯影组一段（$Z\in dy^1$）灰、灰白、深灰色中厚层细晶白云岩。上覆地层为下寒武统牛蹄塘组（$\in_1 n^1$）碳质页岩。矿床类型为海相沉积型磷块岩矿床；矿床式为新华式，目前在该区已发现织金县新华磷稀土矿、打麻厂矿区、李家寨矿区、毛稗冲矿区、杜家桥矿区、清镇桃子冲矿区、洛夯矿区、纳雍水东矿点及大院矿点等。

2) 松林磷矿成矿区（Ⅲ77-1-2）

该成矿区位于遵义-织金磷块岩成矿区（Ⅲ77-1）内，含矿岩系的沉积时代有早震旦世陡山沱期与早寒武世梅树村期，其岩石地层名为陡山沱组（$Z_1 ds$）与牛蹄塘组一段（$\in_1 n^1$）。陡山沱组下伏地层为上南华统南沱组（$Nh_2 n$）灰绿色粉砂岩、页岩、泥岩、冰碛砾岩及紫红色页岩。上覆地层为灯影组一段（$Z\in dy^1$）灰、灰白、深灰色中厚层细晶白云岩、团块状白云岩。矿床类型为海相沉积型磷块岩矿床，矿床式为开阳式；牛蹄塘组含磷岩系的下覆地层为灯影组白云岩，顶部为硅质岩、碳质泥岩，矿床式为新华式。同时该区有开阳式磷矿，含矿岩系为早震旦世陡山沱期陡山沱组，含矿岩系为磷块岩。

3. 开阳-瓮安磷矿成矿带（Ⅲ77-2）

1) 洋水磷成矿区（Ⅲ77-2-1）

该成矿区位于开阳-瓮安磷成矿区（Ⅲ77-2）Ⅳ级成矿区（带）内，大地构造为开阳洋水背斜，含矿岩系为早震旦世陡山沱期，其岩石地层名为陡山沱组（$Z_1 ds$）。下伏地层为上南华统南沱组（$Nh_2 n$）灰绿色粉砂岩、页岩、泥岩、冰碛砾岩及紫红色页岩。上覆地层为灯影组一段（$Z\in dy^1$）灰、灰白、深灰色中厚层细晶白云岩、含锰白云岩、同生角砾状白云岩。矿床类型为海相沉积型磷块岩矿床；矿床式为开阳式。

2) 翁昭磷矿成矿区（Ⅲ77-2-2）

该成矿区位于渝南-黔北磷矿磷块岩稀土、锰、汞、硫铁矿成矿区（Ⅳ-4）Ⅳ级成矿区（带）内，大地构造为开阳翁昭背斜，含矿岩系为早震旦世陡山沱期，其岩石地层名为陡山沱组（$Z_1 ds$）。下伏地层为上南华统南沱组（$Nh_2 n$）灰绿色粉砂岩、页岩、泥岩、冰碛砾岩及紫红色页岩。上覆地层为灯影组一段（$Z\in dy^1$）灰、灰白、深灰色中厚层细晶白云岩、含锰白云岩、同生角砾状白云岩。矿床类型为海相沉积型磷块岩矿床；矿床式为开阳式。

3) 玉华磷矿成矿区（Ⅲ77-2-3）

该成矿区位于渝南-黔北磷矿磷块岩稀土、锰、汞、硫铁矿成矿区（Ⅳ-4）Ⅳ级成矿区（带）内，大地构造为瓮福白岩背斜，含矿岩系为早震旦世陡山沱期，其岩石地层名为陡山沱组（$Z_1 ds$）。下伏地层为上南华统南沱组（$Nh_2 n$）灰绿色粉砂岩、页岩、泥岩、冰碛砾岩及紫红色页岩。上覆地层为灯影组一段（$Z\in dy^1$）灰、灰白、深灰色中厚层细晶白云岩、团块状白云岩。矿床类型为海相沉积型磷块岩矿床；矿床式为开阳式。

4) 厦安磷矿成矿区（Ⅲ77-2-4）

该成矿区跨越渝南-黔北磷矿磷块岩稀土、锰、汞、硫铁矿成矿区（Ⅳ-4）、铜仁-凯里汞、铅、锌、锰、磷矿成矿带（Ⅳ-5）、贵定-长顺铅、锌成矿带（Ⅳ-7）3个Ⅳ级成矿区（带），主要大地构造为瓮福上塘背斜，含矿岩系的沉积时代主要为早震旦世陡山沱期，其岩石地层名为陡山沱组（$Z_1 ds$）。下伏地层为上南华统南沱组(Nh_2n)灰绿色粉砂岩、页岩、泥岩、冰碛砾岩及紫红色页岩。上覆地层为灯影组一段($Z\in dy^1$)灰、灰白、深灰色中厚层细晶白云岩、团块状白云岩。矿床类型为海相沉积型磷块岩矿床;矿床式主要为开阳式(该成矿区内有且仅有厦安磷矿为开阳式磷矿)。

4. 铜仁-凯里磷成矿带(Ⅲ77-3)

1)铜仁磷矿成矿区(Ⅲ77-3-1)

该成矿区位于铜仁-凯里磷矿成矿带(Ⅲ77-3),含矿岩系为早寒武系梅树村期,其岩石地层名为陡山沱组(Z_1ds)。含磷岩系的下覆地层为灯影组白云岩,顶部为硅质岩、碳质泥岩,矿床式为新华式。

2)丹寨磷矿成矿区(Ⅲ77-3-2)

该成矿区位于铜仁-凯里磷成矿带(Ⅲ77-3)内,含矿岩系的沉积时代有早震旦世陡山沱期与早寒武世梅树村期,其岩石地层名为陡山沱组(Z_1ds)与牛蹄塘组一段($\in_1 n^1$)。陡山沱组下伏地层为上南华统南沱组(Nh_2n)灰绿色粉砂岩、页岩、泥岩、冰碛砾岩及紫红色页岩。上覆地层为灯影组一段($Z\in dy^1$)灰、灰白、深灰色中厚层细晶白云岩、团块状白云岩。矿床类型为海相沉积型磷块岩矿床,矿床式为开阳式;牛蹄塘组含磷岩系的下覆地层为灯影组白云岩,顶部为硅质岩、碳质泥岩,矿床式为新华式。

三、铝土矿

贵州省铝土矿主要分布在道真、务川、正安、遵义、开阳、息烽、瓮安、凯里、修文、白云、清镇等地,总体呈北北东向展布,该铝土矿成矿带也称"渝南-黔中铝土矿成矿带",北抵重庆的南川,南到贵州的清镇,整个带长约370km。矿床点相对集中在务川-正安-道真、遵义、清镇-修文、凯里等地,其间有很多无矿地带。目前已探明8个大型矿床、21个中型矿床、30个小型矿床。铝土矿的矿床类型主要是古风化壳型铝土矿,矿体产于泥盆纪古风化壳之上,上石炭统—中二叠统之下,矿石主要为一水硬铝石。

根据铝土矿的分布空间,以及成矿规律划分为6个四级成矿带,4个Ⅴ级成矿区,见表4-4、图4-4。

表4-4 贵州铝土矿成矿区(带)划分表

Ⅲ级成矿区(带)	Ⅳ级成矿亚区(带)	Ⅴ级成矿带
Ⅲ74 四川盆地铁、铜、金、油气、石膏、钙芒硝、石盐、煤、煤层气成矿区	Ⅲ74-1 赤水-习水铝土矿成矿带	
Ⅲ77 上扬子中东部(台褶带)铅、锌、铜、银、铁、锰、汞、锑、磷、硫铁矿成矿带	Ⅲ77-1 道真-正安铝土矿成矿带	Ⅲ77-1-1 务正道铝土矿成矿区
	Ⅲ77-2 遵义-清镇铝土矿成矿带	Ⅲ77-2-1 遵义铝土矿成矿区
		Ⅲ77-2-2 清镇铝土矿成矿区
	Ⅲ77-3 铜仁-凯里铝土矿成矿带	Ⅲ77-3-1 凯里铝土矿成矿区
Ⅲ78 江南隆起西段锡、钨、金、锑、铜、重晶石、滑石成矿带	Ⅲ78-1 天柱-从江铝土矿成矿带	
Ⅲ88 桂西-黔西南金、锑、汞、银、水晶、石膏成矿区	Ⅲ88-1 兴仁-贞丰铝土矿成矿带	

1. 道真-正安铝土矿成矿带(Ⅲ77-1)

务正道铝土矿成矿区(Ⅲ77-1-1)

黔北Ⅴ级铝土矿成矿区(Ⅴ-1)为正安、务川、道真，再向北延伸到重庆市南部的南川、武隆等地区，含矿岩系为晚石炭世马平期，其岩石地层名为大竹园组(P_2d)。早石炭世与晚石炭世铝土矿含矿岩系之间，即遵义市城区与桐梓—绥阳一线之间，有一条很窄的北西西向的长期隆起带，未见任何时代铝土矿含矿岩系沉积物。含铝岩系的下伏地层为下志留统韩家店群(S_1hj)紫红、灰绿色页岩、泥岩、粉砂质页岩，局部夹薄层粉砂岩及生物碎屑灰岩或上石炭统黄龙组(C_2h)灰白和肉红色中—厚层块状细至粗晶灰岩、生物碎屑灰岩，局部夹厚层块状白云质灰岩，接触面常见有起伏不平的古岩溶侵蚀面，控制了含铝岩系(铝土矿体)的形态，与上覆地层大竹园组呈假整合接触。上覆地层为中二叠统梁山组碳质页岩或栖霞组含燧石结核石灰岩。矿床类型为古风化壳型沉积型铝土矿；矿床式为大竹园式。

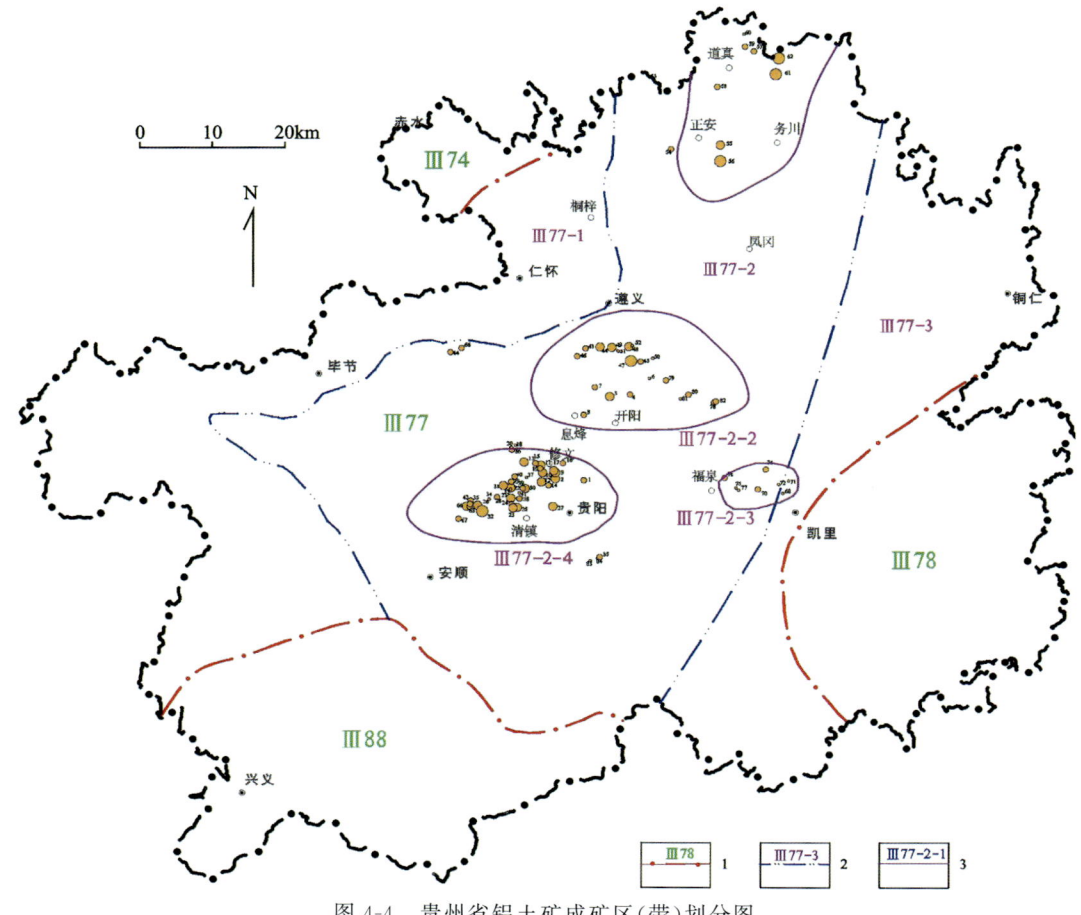

图 4-4　贵州省铝土矿成矿区(带)划分图
1.Ⅲ级成矿区(带)界限及编号；2.Ⅳ级成矿区(带)界限及编号；3.Ⅴ级成矿区(带)界限及编号

2. 遵义-清镇铝土矿成矿带(Ⅲ77-2)

1)遵义铝土矿成矿区(Ⅲ77-2-1)

大致对应于四级构造分区黔中隆起区。含铝岩系梁山组主要出露于凯里市炉山(苦李井)龙场—黄平县铁厂沟一带，其次在福泉县陆坪附近、马场坪—隆昌一带以及龙里县的民主乡附近也有分布。矿体赋存于梁山组的中、上部，矿体产状与围岩基本一致，矿体主要呈层状、似层状、透镜状，其形态、厚度及其横向变化明显受岩溶不整合面的起伏和含矿岩系的厚度控制。铝土矿常与赤铁矿伴生。含铝岩系的下伏地层为泥盆系高坡场组石灰岩，上覆地层为栖霞组含燧石结核石灰岩。

2)清镇铝土矿成矿区(Ⅲ77-2-2)

大致对应于四级构造分区黔中隆起区。铝土矿产于早石炭世大塘期，受由黏土岩、铝质岩、铁质岩组成的九架炉组控制,矿床类型为古风化壳沉积型铝土矿,矿床式为猫场式铝土矿。产有猫场、老黑山等大中型矿床。铝土矿常与赤铁矿伴生。含铝岩系的下伏地层为清虚洞组—石冷水组。上覆地层为石炭系大铺组白云岩。

3. 铜仁-凯里铝土矿成矿带(Ⅲ77-3)

凯里地区Ⅴ级铝土矿成矿区(Ⅲ77-3-1)

大致对应于四级构造分区黔中隆起区。含铝岩系梁山组主要出露于凯里市炉山(苦李井)龙场—黄平县铁厂沟一带,其次在福泉县陆坪附近、马场坪—隆昌一带及龙里县的民主乡附近也有分布。矿体赋存于梁山组的中、上部,矿体产状与围岩基本一致,矿体主要呈层状、似层状、透镜状,其形态、厚度及其横向变化明显受岩溶不整合面的起伏和含矿岩系的厚度控制。铝土矿常与赤铁矿伴生。含铝岩系的下伏地层泥盆系高坡场组石灰岩,上覆地层为栖霞组含燧石结核石灰岩。

四、铅锌矿

贵州省铅锌(银)矿主要集中分布在紫云-水城和万山-三都-荔波两个深大断裂带及其附近,但其他地区也有零星分布。其中,受紫云-水城断裂控制的铅锌床以断层与层位共同控制特征较明显,而受万山-三都-荔波断裂控制的铅锌矿床以层位控制为主,断层控制作用较次。目前已发现中型铅锌矿床9个,小型矿床18个,矿点147个,共查明铅锌资源量162.76×10^4 t。

根据矿床成因,贵州省铅锌矿可划分3种类型,即①与热(卤)水活动有关的铅锌矿床(细分为碳酸盐岩型铅锌矿床、细碎屑岩型铅锌矿床);②与岩浆侵入活动有关的热液型脉状铅锌矿床;③与表生作用有关的铅锌砂矿。

碳酸盐岩型铅锌矿:产于古隆起坳陷带中或地台的显生宙坳陷边缘,赋矿岩性为海相碳酸盐岩,尤其是富含有机质、泥质的生物泥晶灰岩和白云岩,有时又可分为白云岩型和灰岩型,受同生古断裂和褶皱急、层间错动控制。矿体呈层状、似层状和透镜状,少数矿体呈脉状和囊状。矿体与围岩界线清晰,沿走向和倾向有分支复合、尖灭再现现象。单个矿体长数十至千余米,有的达数千米,延深几十至几百米,厚几米至几十米。矿石品位、厚度变化大。

细碎屑岩型铅锌矿:产于古隆起边缘坳陷带中,赋矿地层为一套浅海相碎屑-黏土-碳酸盐相浅变质岩系,主要是碳质板岩、碳质千枚岩、灰岩、石英岩和黑云石英片岩等组成的互层带,其中有时夹变质火山岩。矿体主要赋存于碳质板岩和变质砂岩中,呈似层状和透镜状,具有多层性,沿走向常有分支复合、尖灭再现现象。主要分布在贵州东部含矿构造带中。

风化残积型:分布在赫章一带,矿体赋存于第四系残坡积中,矿体呈似层状、不规则状,为土状氧化矿,目前发现的有榨子厂、猫猫厂矿床。

根据铅锌矿控矿构造、含矿层位、岩性、形成时代等特点,把贵州省划分为7个Ⅳ级成矿区(带)和27个Ⅴ级成矿区(带)(表4-5、图4-5),区内铅锌矿主要分布在威宁—六盘水、普定—习水、都匀—凯里—铜仁地区等。

1. 赤水铅、锌成矿带(Ⅲ74-1)

该成矿带属于三级构造分区川中前陆盆地分布范围内,出露地层主要为晚三叠统、侏罗系,构造变形比较微弱,褶皱一般为开阔型,轴向以东西向为主,断层不发育,零星分布一些小型的正断层,导致区内内生型矿产不发育,局部地方见零星砂岩铜矿点。

表 4-5 贵州铅锌矿成矿区(带)划分表

Ⅲ级成矿区(带)	Ⅳ级成矿区(带)	Ⅴ级成矿区(带)
Ⅲ74 四川盆地铁、铜、金、油气、石膏、钙芒硝、石盐、煤、煤层气成矿区	Ⅲ74-1 赤水铅锌成矿带	
Ⅲ77 上扬子中东部铅、锌、铜、银、铁、锰、汞、锑、磷、铝土矿、硫铁矿、煤、煤层气成矿带	Ⅲ77-1 威宁-六盘水铅、锌、银成矿带	Ⅲ77-1-1 石门铅、锌、银成矿区
		Ⅲ77-1-2 云贵铅、锌、银成矿区
		Ⅲ77-1-3 银厂坡铅、锌、银成矿区
		Ⅲ77-1-4 江子山铅、锌成矿区
		Ⅲ77-1-5 垭都-蟒洞铅、锌成矿区
		Ⅲ77-1-6 威水铅、锌成矿区
		Ⅲ77-1-7 水杉铅、锌成矿区
		Ⅲ77-1-8 绿卯坪铅、锌成矿区
		Ⅲ77-1-9 顶头山铅、锌成矿区
	Ⅲ77-2 普定-习水铅、锌成矿带	Ⅲ77-2-1 五指山铅、锌成矿区
		Ⅲ77-2-2 水东铅、锌成矿区
		Ⅲ77-2-3 吉场铅、锌成矿区
		Ⅲ77-2-4 中枢铅、锌成矿区
		Ⅲ77-2-5 桑木场铅、锌成矿区
	Ⅲ77-3 贵阳-沿河铅、锌成矿带	Ⅲ77-3-1 沿河铅、锌成矿区
	Ⅲ77-4 都匀-凯里-铜仁铅、锌成矿带	Ⅲ77-4-1 独山铅、锌成矿区
		Ⅲ77-4-2 三都牛场铅、锌成矿区
		Ⅲ77-4-3 江洲-老熊洞铅、锌成矿区
		Ⅲ77-4-4 半边街-仙桥铅、锌成矿区
		Ⅲ77-4-5 牛角塘铅、锌成矿区
		Ⅲ77-4-6 柏松铅、锌成矿区
		Ⅲ77-4-7 万山-大硐喇铅、锌成矿区
		Ⅲ77-4-8 塘边坡铅、锌成矿区
		Ⅲ77-4-9 盘信-嗅脑铅、锌成矿区
Ⅲ78 江南隆起西段锡、钨、金、锑、铁、锰、铜、重晶石、滑石成矿带	Ⅲ78-1 雷公山铅、锌成矿带	Ⅲ78-1-1 丹寨铅、锌成矿区
		Ⅲ78-1-2 南省-盘山铅、锌成矿区
	Ⅲ78-2 地虎铅、锌成矿带	
Ⅲ88 桂西-黔西南金、锑、汞、银、水晶、石膏成矿区	Ⅲ88-1 兴仁-贞丰铅、锌成矿带	

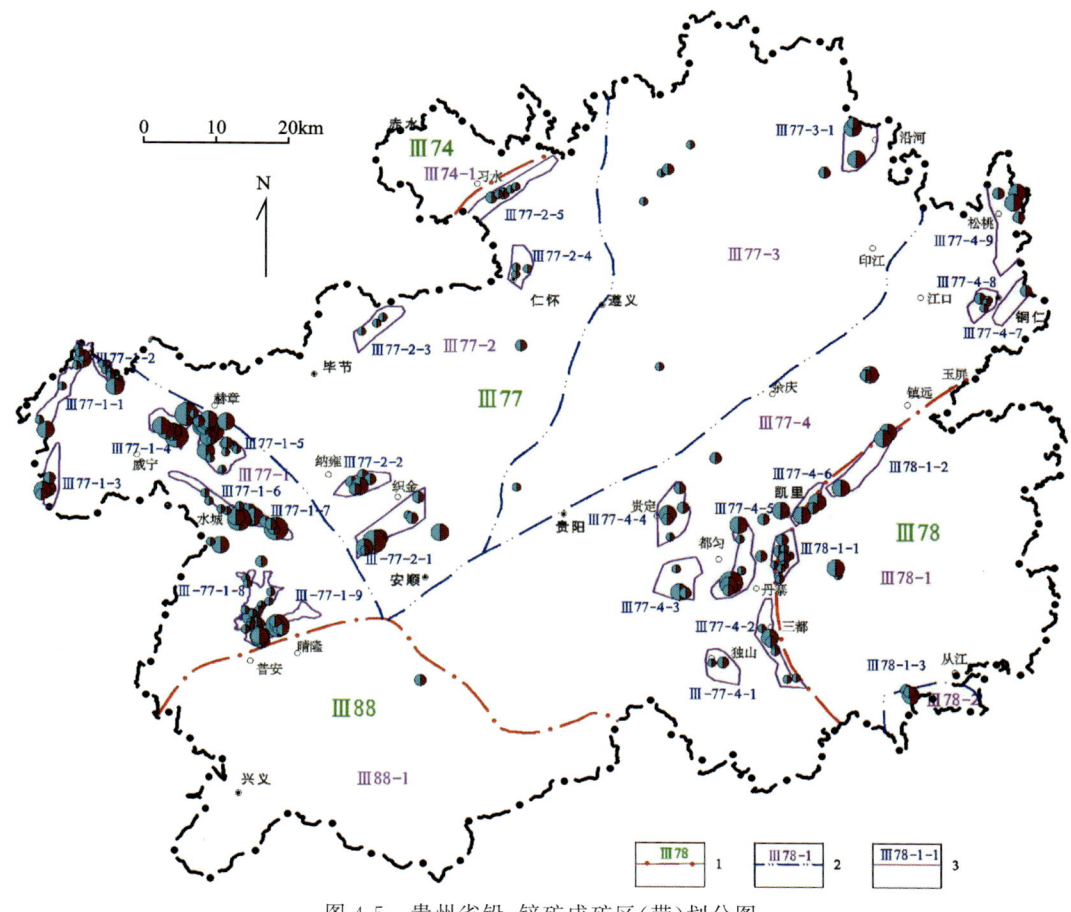

图 4-5 贵州省铅、锌矿成矿区(带)划分图

1.Ⅲ级成矿区(带)界限及编号;2.Ⅳ级成矿区(带)界限及编号;3.Ⅴ级成矿区(带)界限及编号

2. 威宁-六盘水铅、锌、银成矿带(Ⅲ77-1)

威宁-六盘水铅、锌、银成矿带大致对应于四级构造分区六盘水叠加褶皱带,主要包括赫章、威宁、水城和盘县西北部。构造变形以北西向为主,同滇东毗邻地段则被北北东向构造交截。成矿特征是印支期—燕山期热液活动比较活跃,形成以上古生界海相碳酸盐岩容矿的低温热液型铅、锌(银)矿床。铅锌矿主要集中在六盘水断陷中。该断陷是志留纪末广西运动形成的一个发育不全的北西向裂谷带,北东侧以紫云-垭都深大断裂为界,西南侧以弥勒-师宗-盘县深断裂为界。印支运动、燕山运动对成矿起了决定性作用。极其复杂的印支期、燕山期构造及蚀变是主要控矿因素,而层控因素相对较次,是在构造作用下因地层能干性差异形成的,多层含矿是因构造的沟通、隔挡层的存在及多期成矿作用形成的在空间、时间上连续的演化系列。铅锌矿床(点)集中分布于北西向的云贵桥-垭都断裂带、威宁-水城断裂带,以及北北东向的银厂坡-石门断裂带、绿卯坪-顶头山断裂带等构造蚀变带中。

1) 石门铅、锌、银成矿区(Ⅲ77-1-1)

石门铅、锌、银成矿区位于贵州省威宁县西北部与云南省昭通市交界的威宁县内,大地构造位于扬子陆块南部被动边缘褶冲带六盘水复杂变形区、区域性的银厂坡-石门构造带内。出露地层主要有中泥盆统独山组、上泥盆统融县组、高坡场组、下石炭统大埔组、上石炭统黄龙组、马平组。北东向的银厂坡和石门断裂带为区内主体构造格架,断层倾向南东,倾角大于 40°,两盘岩石挤压破碎明显,褶皱剧烈,破碎带中充填脉状、团块状方解石脉,普遍具硅化、褐铁矿化,是本区北段主要控矿构造。铅锌(银)矿呈似层状、透镜状、脉状产于断裂破碎带和层间裂隙内。赋矿地层主要为泥盆系融县组及石炭系大埔组、上司组。容矿岩性多为白云岩、白云质灰岩。该Ⅴ级成矿区(带)包含云炉河坝最小预测区,预测铅锌资源量 $27.46 \times 10^4 t$,银资源量 56.18t。

综上所述,该Ⅴ级成矿区(带)的成矿地质条件极为有利,具有较好的物探、化探、遥感、自然重砂异常,资源潜力大,找矿前景好。

2)云贵铅、锌、银成矿区(Ⅲ77-1-2)

该成矿区位于威宁县西北角,矿带内分布有云贵、横坡、罗卜荛等铅、锌、银矿床点。

该成矿区以北西向的云贵桥背斜和一系列北西向断层构成了矿区的主体构造方向。矿区东部受北东向褶皱断裂构造横跨复合影响,形成一组北东向的逆冲叠瓦状构造。最老的地层为矿田中部、北西向云贵桥背斜核部的中泥盆统,其两侧出露上泥盆统、石炭系及下二叠统,最新的为矿田东端的上二叠统峨眉山玄武岩。北西向主断裂 F_1,走向310°,断层面倾向南西,倾角30°~65°,往北西变缓,断切地层从独山组至大埔组,为逆冲断层。在豆牙沟,独山组逆冲于汤粑沟组之上,下盘受到强烈挤压,揉皱明显,并伴有牵引褶皱形成,在南东段断夹块中,发育有北西向小规模褶皱,有的呈紧闭倒转。断层具有左行走滑特征,其一是断层北东盘上部—东西向张性正断层,其二是出现分支又合并的3条同倾向、同性质的断层,断夹块由望城坡组至祥摆组构造,分支断层和断夹块均呈左行雁列展布。

该成矿区包含云贵桥最小预测区。预测铅锌资源量 $42.88 \times 10^4 t$,银资源量107.95t。区内物化探异常吻合良好,并具有高值异常,资源潜力大,找矿前景好。

3)银厂坡铅、锌、银成矿区(Ⅲ77-1-3)

该成矿区位于威宁县西部与云南交界处,与云南会泽超大型铅锌矿一江之隔,其成矿条件极为相似,位于区域性的银厂坡-石门构造带之银厂坡断裂带内。

会泽铅锌矿区在大地构造上位于扬子地块南缘,处于小江深大断裂东侧的滇东北坳陷盆地南部。在区域上,位于小江断裂和昭通-曲靖隐伏深断裂之间的北东构造带、南北构造带及北西构造带的构造复合部位。其中小江深大断裂带和曲靖-昭通隐伏断裂带构成了川滇黔南北向断裂系,是海西期岩浆活动的通道,为铅锌矿提供了十分有利的构造地质背景。

从会泽铅锌矿田构造来看,矿山厂矿床、麒麟厂矿床、银厂坡矿床呈左行雁列展布,形成高级的"多"字形构造。矿体呈似层状、透镜状产于石炭系大埔组、黄龙组以白云岩为主的碳酸盐岩内。

该Ⅴ级成矿区(带)内预测铅锌矿资源量 $117.19 \times 10^4 t$,银矿资源量1108.4t。

综上所述,该Ⅴ级成矿区(带)成矿地质条件极为有利,具有较好物探、化探、遥感、自然重砂异常,资源潜力大,找矿前景好。

4)江子山铅、锌成矿区(Ⅲ77-1-4)

该成矿区位于赫章县西南与威宁县交界的赫章县内,为垭都-蟒洞成矿带北段江子山矿带。矿带内分布有天桥、猫猫厂两个中型矿床,还有五里坪、耗子洞、榨子厂、江子山等矿床(点)。

区内出露地层有泥盆系、石炭系(主)、二叠系。北西西向(江子山褶断带)和北东向断层(耗子洞断层)与背斜组成了本区的构造格架。地层总体走向北东,产状平缓。局部地段因受耗子洞猫猫厂断层的影响,倾角大于70°。赋矿地层主要为石炭系摆佐组、上司组。容矿岩石多为白云岩、白云质灰岩。区内包含五里坪、猫猫厂、天桥3个最小预测区。预测铅锌资源量 $129.58 \times 10^4 t$。有色地勘院在猫猫厂矿床深部找矿获得较大突破,也预示该区找矿潜力巨大。

5)垭都-蟒洞铅、锌成矿区(Ⅲ77-1-5)

该成矿区位于赫章县西南、南部,矿带位于垭都-蟒洞构造带,由一系列北西走向、南西向北东逆冲的断层组成前缘叠瓦扇。矿床(点)集中分布在北西向垭都-蟒洞断层和北北西向的石门坎、山旺坪断层所组成的三角地带。三角地带出露的地层为志留系、泥盆系及下三叠统。三角带外有上二叠统和三叠系分布。由北东至南西,区内主要有垭都-蟒洞断层、菜园子断层、草子坪-野里坝断层、发达断层。主断层旁侧有水槽堡、朱砂厂、万宝硐、草子坪、垭都、张口洞等背斜,背斜都被纵向逆冲断层切割。

矿田内出露地层主要有志留系、泥盆系、石炭系、二叠系。容矿岩石均为碳酸盐岩,以白云岩化灰岩矿化较好,次为灰岩。矿带中各矿床(点)的铅锌矿体多沿垭都-蟒洞断裂旁侧的次级背斜核部、翼部的层间剥离空间,呈连续与不连续的似层状、透镜状产出,与地层产状一致,部分矿体沿与垭都-蟒洞断层平行的次级断裂或两组断裂的交会处、断裂旁侧裂隙中呈单个或连续的透镜状、囊状分布,局部有分支现象。矿体产状与断裂、裂隙一致,倾角陡,一般大于57°。

该成矿区包含草子坪、野都古、垭都、蟒洞、亮岩、白矿山、白腊厂、连发厂等8个最小预测区。预测铅锌资源量 189.11×10^4 t。该区是贵州省最主要的铅锌矿产区,近年相继在垭都、筲箕湾等矿床深部发现富厚矿体,找矿潜力巨大。

6)威水铅、锌成矿区(Ⅲ77-1-6)

该成矿区位于水城北西,全都分布于威水背斜南西翼。矿带位于威水构造内,区内主要褶皱为威水背斜。矿床点均分布于背斜控制,矿体产于背斜陡倾的南西翼的层间剥离断层或层间断裂内,容矿层位主要为上石炭统马平组,次为黄龙组、摆佐组白云质灰岩。在青山马平组与栖霞组灰岩中还见有两个小型辉绿岩体产出。区内铅锌矿主要受威水背斜南西翼的 F_1、F_2、F_{32} 及 F_{35} 控制,沿此5条断层出现2个铅锌矿带、14个矿体。

该成矿区包含三王庙、高炉冲、青山3个最小预测区,预测铅锌资源量 163.47×10^4 t。

综上所述,资源潜力巨大,找矿前景好。

7)水杉铅、锌成矿区(Ⅲ77-1-7)

该成矿区位于水城县南西,行政区划部分属于六盘水市钟山区。矿带位于威水构造带内,区内主要褶皱为水杉背斜。水杉背斜北西起自水城县城东之放马坝,背斜轴310°,向南东至观音山即转折为340°,至杉树林东南牛头山倾没,全长25km,褶皱紧密,南西翼陡峻,有时近于直立。矿床沿水杉背斜轴向展布,矿体产于平行水杉背斜轴的高角度逆冲断层中,纵向逆冲走滑断层切割背斜,北东翼下降,南西翼上升。F_1 断层为区域性断层,在杉树林与水杉背斜南西翼的层间高角度逆冲断形成单冲叠瓦状锋缘逆冲断层系。

控矿构造与容矿构造,矿床受北西向的水杉背斜控制,主要在陡倾的南西翼产出,矿体的产出与平行于背斜轴的层间高角度逆冲断层有关。此外,在杉树林与银矿包,矿体还受地层中的挠曲构造控制。

容矿岩性主要为大埔组灰岩、白云岩及黄龙组薄—中厚层泥晶灰岩。区内矿体均受层间高角度断层控制,矿体产状与地层、断层及水杉背斜轴三者近于平行,但一般离背斜轴有一定距离,在陡翼呈透镜状、脉状、囊状产于层间破碎带中。矿体多有侧伏再现现象。

该成矿区的成矿地质条件极为有利,具有较好物探、化探、遥感、自然重砂异常,资源潜力大,预测铅锌资源量 54.77×10^4 t,找矿前景好。

8)绿卵坪铅、锌成矿区(Ⅲ77-1-8)

该成矿区位于水城、普安、晴隆三县交界处,大部分行政区划属于普安县,北部小部分为晴隆县。

铅锌矿产于普安旋扭构造带内,产于石炭纪、泥盆纪岩层中,尤以石炭系岩关组及黄龙组中的矿化较强。褶曲主要由厨子寨向斜、格所背斜、猴子地向斜、绿卵坪背斜,以及与褶曲一致的压性或压扭性断层(如有蜂岩-白石岩断层、绿卵坪断层等)组成。含矿带沿断层两侧分布,分别受老厂背斜和道光硐挠曲控制,沿层展布,呈似层状产出,其产状与岩层产状大体一致,倾向多北东,倾角平缓。矿体赋存于含矿带内,其富集受挠曲轴部、次一级褶曲鞍部及层间裂隙控制,局部亦受断层破碎带控制,呈大小不等的透镜状、扁豆状及囊状产出。

该成矿区包括猴子场、格子田、芦山、东盛、绿卵坪、凉水井、白沙、青山8个最小预测区,预测铅锌资源总量 138.15×10^4 t。

综上所述,该成矿区的成矿地质条件极为有利,具有较好物探、化探、遥感、自然重砂异常,资源潜力巨大,找矿前景好。

9)顶头山铅、锌成矿区(Ⅲ77-1-9)

该成矿区位于晴隆县北西,行政区划属于晴隆县,少部分跨入普安县。矿带位于顶头山弧形构造带内,分布有顶头山矿床及其他铅锌矿点。下面以顶头山矿床为例说明本区铅锌矿地质特征。

顶头山矿区范围广,除顶头山段产铅锌矿外,周围位于顶头山穹形背斜中,尚有花贡、明山、阉鸡尾、双峰山、靛水河等矿化点。

顶头山段出露地层为上石炭统马平组,位于顶头山穹隆背斜轴部附近,且在弧形转折处,由于断层的破坏,使岩层产状变动。

矿段内发育F_1、F_5断层。F_1断层两侧均出露有马平组,断距很小,断裂带宽,其中裂隙、节理及各种方向的方解石脉都很发育,走向与F_1相吻合,且多依顶头山背斜轴向的变化而转移。F_5横切于北端,在其北面除背斜轴部通过之外,可见很复杂的牵引褶曲,断层上盘除断层近旁岩层较陡外,一般都平缓(10°~30°),形成平缓宽阔的褶曲而和阉鸡尾相接,区内小褶皱较多,轴宽为数米至数十米。

主要矿化层位为马平组中段,而在下段和上段中仅见微量矿化,主要控制矿化带的是F_1断层及其上盘由次级断裂、裂隙、节理构成的破碎带,破碎带内与层面大致一致的层间裂隙很发育,因而矿化带有一定程度的成层性。

该成矿区包含顶头山最小预测区,预测资源量19.14×10^4 t。

综上所述的成矿地质条件有利,具有较好的物探、化探、遥感、自然重砂异常,资源潜力大,找矿前景好。

3. 普定-习水铅、锌成矿带(Ⅲ77-2)

该成矿带大致对应于四级构造分区毕节前陆褶皱带和黔中隆起,主要分布在赫章—镇宁—平坝—遵义—新店一线以北。铅锌矿受地层和北东向构造控制明显,主要含矿层位为震旦系灯影组、寒武系清虚洞组,控矿构造主要为北东向五指山背斜、张维穹状背斜、打麻厂背斜、戈仲武背斜、吉场背斜、仁怀背斜、桑木场背斜及与轴向平行的区域断层。区内铅锌矿主要集中分布在黔中隆起西缘的五指山背斜和张维穹状背斜,区域构造位于紫云-垭都、纳雍-贵阳及师宗-弥勒3条深大断裂带形成的断夹块中,在加里东期活动较为强烈,为区内含矿热液提供导矿通导,在区内背斜和有利岩性中富集成矿。

1)五指山铅、锌成矿区(Ⅲ77-2-1)

该成矿区位于贵州省普定县与织金县的交界处,大地构造位于扬子陆块南部被动边缘褶冲带的黔中隆起西缘、区域性紫云-垭都深大断裂带的东侧。控矿背斜主要有北东向五指山背斜、戈仲伍背斜、打麻厂背斜,区域控矿断层为北东向五指山断层、珠藏断层、新华断层。区内分布有普定县那雍枝、织金县杜家桥等8个铅锌矿床(点),矿体主要呈似层状、透镜状分布震旦系灯影组、寒武系清虚洞组,容矿岩性主要为瘤状白云岩、细晶白云岩,区内铅锌矿成因为与热(卤)水活动有关的碳酸盐岩型铅锌矿床。具有铅、锌、银Ⅲ级浓度异常,异常与铅锌矿(床)点套合较好,分布有铅的Ⅱ级自然重砂异常,布格重力异常推断该成矿区深部有1条近东西向和南北向断层,推测断层可能控制区内铅锌矿的产出。

该Ⅴ级成矿区(带)包括5个最小预测区,查明铅锌资源量73.84×10^4 t,预测铅锌资源量260.05×10^4 t。

综上所述,该成矿区的成矿地质条件极为有利,具有较好物探、化探、遥感、自然重砂异常,资源潜力大,找矿前景好。

2)水东铅、锌成矿区(Ⅲ77-2-2)

该成矿区位于贵州省纳雍县和织金县内,大地构造位于扬子陆块南部被动边缘褶冲带的黔中隆起西缘、区域性紫云-垭都深大断裂带的东侧。控矿背斜主要为张维穹状背斜,区域控矿断层为北东向水东断层、帕那断层、锅戛断层。区内分布有纳雍县以则孔、大锌厂、水东、老包等5个铅锌矿床(点),矿体主要呈似层状、透镜状、脉状分布在震旦系灯影组中,容矿岩性主要为含燧石条带细晶白云岩、细晶白云岩。区内铅锌矿成因为与热(卤)水活动有关的碳酸盐岩型铅锌矿床。该成矿区具有铅、锌、银Ⅲ级浓度异常,异常与铅锌矿(床)点套合较好;分布有铅的Ⅱ级自然重砂异常,布格重力异常推断该成矿带深部具有酸性隐伏岩体,推断深部有1条北西西向和南北向断层,推测断层可能控制区内铅锌矿的产出。

该Ⅴ级成矿区(带)包括两个最小预测区,即水东最小预测区、以则孔最小预测区,查明铅锌资源量 6.73×10^4 t,预测铅锌资源量 85.53×10^4 t。

综上所述,该成矿区的成矿地质条件极为有利,具有较好物探、化探、遥感、自然重砂异常,资源潜力大,找矿前景非常好。

3)吉场铅、锌成矿区(Ⅲ77-2-3)

该成矿区位于贵州省大方县与毕节市的交界处,大地构造位于扬子陆块南部被动边缘褶冲带、毕节前陆褶皱带。控矿背斜为北东向吉场背斜,区域控矿断层为北东向播扎断层、普宜断层、阿市断层。区内分布有小木拉、大吉场、野那沟3个铅锌矿点,矿体主要呈似层状、透镜状、脉状分布在寒武系清虚洞组中,容矿岩性主要为细晶白云岩、瘤状白云岩、夹泥质白云岩,区内铅锌矿成因为与热(卤)水活动有关的碳酸盐岩型铅锌矿床。该成矿区具有铅、锌Ⅲ级浓度异常和银Ⅰ级浓度异常,异常与铅锌矿点套合较好;分布有铅的Ⅱ级自然重砂异常,布格重力异常推断该成矿带深部有1条近北北东向和北西向断层,推测断层可能控制区内铅锌矿的产出。

该Ⅴ级成矿区(带)包括1个最小预测区,即小木拉最小预测区,预测铅锌资源量 16.87×10^4 t。

综上所述,该Ⅴ级成矿区(带)的成矿地质条件较为有利,具有较好的物探、化探、遥感、自然重砂异常,资源潜力较大,有一定的找矿前景。

4)中枢铅、锌成矿区(Ⅲ77-2-4)

该成矿区位于贵州省仁怀市内,大地构造位于扬子陆块南部被动边缘褶冲带、毕节前陆褶皱带南东缘。控矿背斜为北东—北北东向仁怀背斜,区域控矿断层为北东—北北东向仁怀断层、北东向喜头山断层及近南北向中枢断层。区内分布有仁怀市中枢、喜头两个铅锌矿床(点),矿体主要呈透镜状、脉状分布在寒武系娄山关组第二段中,容矿岩性主要为破碎细晶白云岩,区内铅锌矿成因为与热(卤)水活动有关的碳酸盐岩型铅锌矿床。该成矿区具有铅Ⅲ级浓度异常;分布有铅的Ⅱ级自然重砂异常,布格重力异常推断该成矿带深部各有1条北北西向、北西向、近南北向、北东向断层,推测断层可能控制区内铅锌矿的产出。

该Ⅴ级成矿区(带)包括3个最小预测区,即岩坪最小预测区、喜头山最小预测区、中枢最小预测区,预测铅锌资源量 25.90×10^4 t。

综上所述,该Ⅴ级成矿区(带)成矿地质条件较为有利,具有较好的物探、化探、遥感、自然重砂异常,有一定的资源潜力,找矿前景一般。

5)桑木场铅、锌成矿区(Ⅲ77-2-5)

该成矿区位于贵州省习水县内,大地构造位于川中前陆盆地和扬子陆块南部被动边缘褶冲带接合部位、毕节前陆褶皱带北东缘。控矿背斜主要有北东向桑木场背斜,区域控矿断层为北东向桑木场断层。区内分布有习水县谢家坝、银厂等6个铅锌矿床(点),矿体主要呈似层状、透镜状、脉状分布在震旦系灯影组、寒武系清虚洞组中,容矿岩性主要为含燧石团块粗晶白云岩、细晶白云岩、灰岩、白云质灰岩,区内铅锌矿成因为与热(卤)水活动有关的碳酸盐岩型铅锌矿床。该成矿区具有铅、锌、银Ⅲ级浓度异常,异常与铅锌矿(床)点套合较好;分布有铅的Ⅱ级自然重砂异常,布格重力异常推断该成矿带深部有1条北北东向断层,推测断层可能控制区内铅锌矿的产出。

该Ⅴ级成矿区(带)包括1个最小预测区,即谢家坝最小预测区,查明铅锌资源量 0.8×10^4 t,预测铅锌资源量 45.51×10^4 t。

综上所述,该Ⅴ级成矿区(带)成矿地质条件较为有利,具有较好的物探、化探、遥感、自然重砂异常,资源潜力较大,找矿前景较好。

4. 贵阳-沿河铅、锌成矿带（Ⅲ77-3）

该成矿带大致相当于四级构造分区凤冈滑脱褶皱带，以北北东向和北东向"多"字形构造为主，褶皱排列方式以轴近南北的纵排为主，背斜与向斜多做等势发育，在背斜轴部常出露寒武系，向斜轴部多保存三叠系，在背斜轴部常发育走向冲断层、二次纵张断裂和扭性断裂等，在背斜构造和断裂带复合部位，往往见内生矿产出。区内铅锌矿往往产在背斜近轴部的寒武系娄山关组和奥陶系红花园组中。

沿河铅、锌成矿区（Ⅲ77-3-1）

该成矿区位于贵州省沿河县内，大地构造位于扬子陆块南部被动边缘褶冲带、凤冈滑脱褶皱带东缘。控矿背斜主要有北东向三角塘背斜、板场背斜，区域控矿断层为北东向三角塘断层、钟南断层。区内分布有沿河县三角塘、板场等3个铅锌矿床（点），矿体主要呈似层状、透镜状、脉状分布在寒武系及奥陶系跨系娄山关组第一段第二层，容矿岩性主要为泥晶灰岩、鲕状灰岩、白云质灰岩、白云岩，区内铅锌矿成因为与热（卤）水活动有关的碳酸盐岩型铅锌矿床。具有铅、锌、镉Ⅲ级浓度异常，异常与铅锌矿（床）点套合较好，分布有铅的Ⅰ级自然重砂异常，布格重力异常推断该成矿带深部有1条北北东向断层，推测的断层可能控制区内铅锌矿的产出。

该Ⅴ级成矿区（带）包括两个最小预测区，即三角塘最小预测区、板场最小预测区，查明铅锌资源量$2.71×10^4$ t，预测铅锌资源量$18.30×10^4$ t。

综上所述，该Ⅴ级成矿区（带）的成矿地质条件较为有利，具有较好的物探、化探、遥感、自然重砂异常，资源潜力较大，找矿前景较好。

5. 都匀-凯里-铜仁铅、锌成矿带（Ⅲ77-4）

该成矿带大致对应于扬子陆块南部被动边缘褶冲带内的铜仁逆冲带和都匀滑脱褶皱带分区，南东部紧靠雪峰山基底逆推带西段。该成矿带呈北东向延伸于黔东的松桃—铜仁—玉屏—镇远—凯里—都匀—荔波一带，是贵州铅锌矿的主要Ⅳ级成矿区（带）之一。早古生代（特别是寒武纪）海相碳酸盐岩层发育，前陆冲断褶皱典型。铅锌铅受万山-三都-荔波深大断裂带控制明显，成因类型主要为与热（卤）水活动有关的碳酸盐岩型铅锌矿床，含矿层位主要有寒武系清虚洞组、敖溪组，奥陶系红花园组，泥盆系鸡窝寨组、望城坡组。典型矿床有松桃县嗅脑、铜仁市塘边坡、凯里市柏松、都匀市牛角塘等铅锌矿床。

1) 独山铅、锌成矿区（Ⅲ77-4-1）

该成矿区位于贵州省独山县内，大地构造位于雪峰山基底逆推带和扬子陆块南部被动边缘褶冲带接合部位、区域性万山-三都-荔波深大断裂带的西侧。区域控矿断层为北东向独山断层。区内分布有独山县万富山、郁家寨两个铅锌矿点，矿体主要呈似层状、透镜状分布在泥盆系鸡窝寨组中，容矿岩性主要为破碎白云岩、白云岩，区内铅锌矿成因为与热（卤）水活动有关的碳酸盐岩型铅锌矿床。该成矿区具有锌Ⅲ级浓度异常、铅Ⅰ级浓度异常，异常与铅锌矿（床）点套合较好；分布有铅的Ⅱ级自然重砂异常，布格重力异常推断该成矿带深部有1条北东向和北西向断层，推测断层可能控制区内铅锌矿的产出。

该Ⅴ级成矿区（带）包括1个最小预测区，即万富山最小预测区，查明铅锌矿资源量为$1×10^4$ t，预测铅锌资源量为$15.98×10^4$ t。

综上所述，该Ⅴ级成矿区（带）的成矿地质条件较为有利，具有较好的物探、化探、遥感、自然重砂异常，资源潜力较大，找矿前景较好。

2) 三都牛场铅、锌成矿区（Ⅲ77-4-2）

该成矿区位于贵州省三都县内，大地构造位于雪峰山基底逆推带和扬子陆块南部被动边缘褶冲带接合部位、区域性万山-三都-荔波深大断裂带的西侧。控矿向斜主要有近南北向麻夜向斜，区域控矿断层为北北西向地祥断层、北北东向烂土断层、近南北向丹寨断层。区内分布有三都县牛场、姑挂等7个铅锌矿床（点），矿体主要呈透镜状、脉状分布在寒武系三都组、寒武系及奥陶系跨系锅塘组，容矿岩性主要为灰岩、条带状灰岩、泥灰岩、泥晶灰岩、砾屑灰岩。区内铅锌矿成因为与热(卤)水活动有关的碳酸盐岩型铅锌矿床。该成矿区具有铅、锌Ⅰ级浓度异常和镉Ⅲ级浓度异常；分布有铅的Ⅱ级自然重砂异常，布格重力异常推断该成矿带深部有3条北东向断层，推测断层可能控制区内铅锌矿的产出。

该Ⅴ级成矿区(带)包括4个最小预测区，即牛场最小预测区、雅莱村最小预测区、抵案最小预测区，查明铅锌资源量为$1.32×10^4$t，预测铅锌资源量为$20.06×10^4$t。

综上所述，该成矿区(带)成矿地质条件较为有利，资源潜力较大，找矿前景较好。

3)江洲-老熊洞铅、锌成矿区(Ⅲ77-4-3)

该成矿区位于贵州省都匀市与贵定县交界处，大地构造位于扬子陆块南部被动边缘褶冲带的都匀滑脱褶皱带北东侧。控矿背斜主要有甘塘穹隆、江洲背斜，区域控矿断层为近东西向江洲断层、北西向鱼洞断层、北东东向老熊洞断层。区内分布有都匀市老熊洞、江洲银厂坡等3个铅锌矿床(点)，矿体主要呈似层状、透镜状、脉状分布在奥陶系红花园组中，容矿岩性主要为细晶白云岩，区内铅锌矿成因为与热(卤)水活动有关的碳酸盐岩型铅锌矿床。该成矿区分布有铅的Ⅱ级自然重砂异常，布格重力异常推断该成矿带深部有1条近南北向断层，推测的断层可能控制区内铅锌矿的产出。

该Ⅴ级成矿区(带)包括两个最小预测区，即老熊洞最小预测区、江洲最小预测区，查明铅锌资源量$6.01×10^4$t，预测铅锌资源量$18.05×10^4$t。

综上所述，该成矿区(带)的成矿地质条件较为有利，资源潜力较大，找矿前景较好。

4)半边街-仙桥铅、锌成矿区(Ⅲ77-4-4)

该成矿区位于贵州省福泉县与贵定县交界处，大地构造位于扬子陆块南部被动边缘褶冲带的都匀滑脱褶皱带北东侧。控矿背斜主要有近南北向黄丝背斜、谷洞穹状背斜，区域控矿断层为近南北向巴巴箐断层、近东西向黄丝断层、北东向摆耳断层。区内分布有福泉市高坡窑、贵定县半边街等6个铅锌矿床(点)，矿体主要呈层状、似层状、透镜状、脉状分布在奥陶系红花园组、泥盆系望城坡组中，容矿岩性主要为生物白云岩、晶洞白云岩、细晶白云岩，区内铅锌矿成因为与热(卤)水活动有关的碳酸盐岩型铅锌矿床。布格重力异常推断该成矿带深部具有酸性隐伏岩体，推断深部有1条近南北向和北东向断层，推测断层可能控制区内铅锌矿的产出。

该Ⅴ级成矿区(带)包括3个最小预测区，即高坡窑最小预测区、半边街最小预测区、牛屯最小预测区，查明铅锌矿资源量为$1.31×10^4$t，预测铅锌资源量为$53.53×10^4$t。

综上所述，该成矿区(带)的成矿地质条件极为有利，能在区内泥盆系望城坡组中找到"沉积-弱改造型铅锌矿床"，资源潜力大，找矿前景好。

5)牛角塘铅、锌成矿区(Ⅲ77-4-5)

该成矿区主要位于贵州省都匀市与麻江县内，大地构造位于扬子陆块南部被动边缘褶冲带的都匀滑脱褶皱带北东侧。控矿背斜主要有近南北向王司背斜、宣威背斜，北东向狮子洞背斜，区域控矿断层为北东向早楼断层、北北东向大风洞断层。区内分布有麻江县两鼓、都匀市牛角塘等13个铅锌矿床(点)，矿体主要呈层状、似层状、透镜状分布在寒武系清虚洞组中，容矿岩性主要为鲕状细晶白云岩，区内铅锌矿成因为与热(卤)水活动有关的碳酸盐岩型铅锌矿床。该成矿区具有铅、锌、银Ⅲ级浓度异常，异常与铅锌矿(床)点套合较好；分布有铅的Ⅰ级自然重砂异常，布格重力异常推断该成矿带深部具有酸性隐伏岩体，推测深部有1条北东向断层，推测断层可能控制区内铅锌矿的产出。

该Ⅴ级成矿区(带)包括5个最小预测区，即两鼓最小预测区、独牛最小预测区、牛角塘最小预测区、坝固最小预测区、同子园最小预测区，查明铅锌资源量$47.10×10^4$t，预测铅锌资源量$224.77×10^4$t。

综上所述，该Ⅴ级成矿区(带)的成矿地质条件极为有利，具有很好的物探、化探、遥感、自然重砂异常，资源潜力非常大，找矿前景非常好。

6)柏松铅、锌成矿区(Ⅲ77-4-6)

该成矿区位于贵州省凯里市，大地构造位于雪峰山基底逆推带和扬子陆块南部被动边缘褶冲带接合部位。控矿背斜为北东向柏松背斜,区域控矿断层为北东向曼洞断层、施硐口断层。区内分布有台江县龙井街、凯里市柏松、硐下3个铅锌矿床(点),矿体主要呈似层状、透镜状分布在寒武系清虚洞组、石冷水组中,容矿岩性主要为角砾状细晶白云岩、鲕状白云岩、细晶白云岩。区内铅锌矿成因为与热(卤)水活动有关的碳酸盐岩型铅锌矿床。该成矿区具有铅、锌、镉Ⅲ级浓度异常,异常与铅锌矿(床)点套合较好;分布有铅的Ⅱ级自然重砂异常,布格重力异常推断该成矿带深部有1条北北东向断层,推测断层可能控制区内铅锌矿的产出。

该Ⅴ级成矿区(带)包括1个最小预测区,即柏松最小预测区,查明铅锌资源量3.70×10^4 t,预测铅锌资源量20.25×10^4 t。

综上所述,该成矿区(带)的成矿地质条件极为有利,具有较好的物探、化探、遥感、自然重砂异常,资源潜力大,找矿前景好。

7)万山-大硐喇铅、锌成矿区(Ⅲ77-4-7)

该成矿区主要位于贵州省铜仁市内,南西部位于玉屏县与万山特区内,大地构造位于雪峰山基底逆推带和扬子陆块南部被动边缘褶冲带接合部位、扬子陆块南部被动边缘褶冲带铜仁逆冲带东缘。控矿褶皱主要有北北东向和田向斜、北东向万山褶皱群,区域控矿断层为北北东向保-铜-玉断层、斗牛坪断层、三角岩断层。区内分布有铜仁市大硐喇1个铅锌矿点,矿体主要呈似层状分布在寒武系敖溪组中,容矿岩性主要为角砾状白云岩。区内铅锌矿成因为与热(卤)水活动有关的碳酸盐岩型铅锌矿床。该成矿区具有锌、镉Ⅰ级浓度异常,布格重力异常推断该成矿带西侧之深部有1条北北东向断层,推测断层可能控制区内铅锌矿的产出。

该Ⅴ级成矿区(带)包括两个最小预测区,即大硐喇最小预测区、万山特区最小预测区,预测铅锌资源量49.80×10^4 t。

综上所述,该Ⅴ级成矿区(带)成矿地质条件较为有利,可以在汞矿附近的褶皱轴部找寻铅锌矿床,资源潜力大,找矿前景较好。

8)塘边坡铅、锌成矿区(Ⅲ77-4-8)

该成矿区位于贵州省铜仁市内,大地构造位于扬子陆块南部被动边缘褶冲带铜仁逆冲带东缘。控矿背斜主要有北东向卜口场背斜,区域控矿断层为北北东向保铜玉断层、北东向卜口场断层。区内分布有铜仁市塘边坡等4个铅锌矿点,矿体主要呈似层状、透镜状分布在寒武系清虚洞组中,容矿岩性主要为含藻细晶灰岩。区内铅锌矿成因为与热(卤)水活动有关的碳酸盐岩型铅锌矿床。该成矿区具有铅Ⅲ级浓度异常,锌、镉Ⅱ级浓度异常,异常与铅锌矿(床)点套合较好;分布有铅的Ⅱ级自然重砂异常,布格重力异常推断该成矿带深部有1条北北东向断层,推测断层可能控制区内铅锌矿的产出。

该Ⅴ级成矿区(带)包括1个最小预测区,即塘边坡最小预测区,查明铅锌资源量0.56×10^4 t,预测铅锌资源量34.83×10^4 t。

综上所述,该Ⅴ级成矿区(带)的成矿地质条件较为有利,具有较好的物探、化探、遥感、自然重砂异常,资源潜力较大,找矿前景较好。

9)盘信-嗅脑铅、锌成矿区(Ⅲ77-4-9)

该成矿区位于贵州省松桃县内,大地构造位于扬子陆块南部被动边缘褶冲带铜仁逆冲带东缘。控矿背斜主要有北北东向松桃背斜、松桃-盘山背斜,区域控矿断层为北北东向保铜玉断层、水田坝断层、小红岩断层。区内分布有松桃县代懂、粑粑寨等4个铅锌矿床(点),矿体主要呈似层状、透镜状分布在寒武系清虚洞组中,容矿岩性主要为含藻细晶灰岩。区内铅锌矿成因为与热(卤)水活动有关的碳酸盐岩型铅锌矿床。该成矿区具有铅、锌、镉Ⅲ级浓度异常,异常与铅锌矿(床)点套合较好;分布有铅的Ⅲ级自然重砂异常,布格重力异常推断该成矿带深部有1条北北东向断层,推测断层可能控制区内铅锌矿的产出。

该Ⅴ级成矿区(带)包括2个最小预测区,即五星最小预测区、嗅脑最小预测区,查明铅锌资源量

$3.38×10^4$ t,预测铅锌资源量 $34.10×10^4$ t。

综上所述,该成矿区(带)的成矿地质条件极为有利,具有较好的物探、化探、遥感、自然重砂异常,资源潜力大,找矿前景非常好。

6. 雷公山铅、锌成矿带(Ⅲ78-1)

该成矿带位于除九万大山铅、锌成矿带分布区域外的雪峰山基底逆冲推带中。区内发育密集的剪切劈理带,由相互平行的剪切劈理密集排列成带构成,对地层原生层理有明显改造作用。区域铅锌成矿特征是与热(卤)水活动有关的细碎屑岩型铅锌矿床,矿床产于古隆起边缘坳陷带中,赋矿地层为一套浅海相碎屑—黏土岩相浅变质岩系,主要是由碳质板岩、碳质千枚岩、石英岩和黑云母石英片岩等组成的互层带。矿体主要赋存于浅变质板岩中,受断裂构造控制明显,主要呈脉状产出。铅锌矿(床)点主要分布在万山-三都-荔波深大断裂带旁侧的次级断裂带中。

1)丹寨铅、锌成矿区(Ⅲ78-1-1)

该成矿区位于贵州省丹寨县、雷山县、凯里市三县内,大地构造位于雪峰山基底逆推带和扬子陆块南部被动边缘褶冲带接合部位、区域性万山-三都-荔波深大断裂带的东侧。控矿背斜主要有北东向排肖-荣房背斜,北北东向挂丁背斜,区域控矿断层为北东向曼洞断层、野记断层。区内分布有丹寨县脚皋、雷山县排肖等 12 个铅锌矿床(点),矿体主要呈透镜状、脉状分布在浅变质岩地层,容矿岩性主要为变余砂岩夹粉砂质板岩、绢云母板岩、变余砂岩、砂质绢云母板岩、砂质板岩、凝灰质板岩、粉砂质板岩。区内铅锌矿成因为与热(卤)水活动有关的细碎屑岩型铅锌矿床。该成矿区具有铅Ⅰ级浓度异常和锌Ⅲ级浓度异常,异常与铅锌矿(床)点套合较好;分布有铅的Ⅰ级自然重砂异常,布格重力异常推断该成矿带深部有 1 条北北东向断层,推测断层可能控制区内铅锌矿的产出。

该Ⅴ级成矿区(带)包括 2 个最小预测区,即脚皋最小预测区、乌江最小预测区,查明铅锌资源量 $1.0×10^4$ t,预测铅锌资源量 $26.6×10^4$ t。

综上所述,该Ⅴ级成矿区(带)成矿地质条件较为有利,局部具有物探、化探、遥感、自然重砂异常,资源潜力较好,找矿前景一般。

2)南省-盘山铅、锌成矿区(Ⅲ78-1-2)

该成矿区位于贵州省台江县、施秉县、镇远县和三穗县,大地构造位于雪峰山基底逆推带和扬子陆块南部被动边缘褶冲带接合部位、区域性万山-三都-荔波深大断裂带的东南侧。控矿褶皱主要有北东向三穗向斜、盘山背斜,区域控矿断层为北东向革东断层、料洞断层、施洞口断层。区内分布有镇远县盘山-牛塘田、台江县南省等 3 个铅锌矿床,矿体主要呈透镜状、脉状分布在浅变质岩地层中,容矿岩性主要为变余砂岩、砂质绢云母板岩、凝灰质板岩、粉砂质板岩。区内铅锌矿成因为与热(卤)水活动有关的细碎屑岩型铅锌矿床。该成矿区具有铅Ⅲ级浓度异常;锌、镉Ⅰ级浓度异常;分布有铅的Ⅱ级自然重砂异常,布格重力异常推断该成矿带深部有 1 条近南北向和北东向断层,推测断层可能控制区内铅锌矿的产出。

该Ⅴ级成矿区(带)包括两个最小预测区,即盘山-牛塘田最小预测区、南省最小预测区,查明铅锌资源量 $8.96×10^4$ t,预测铅锌资源量 $18.04×10^4$ t。

综上所述,该Ⅴ级成矿区(带)成矿地质条件较为有利,资源潜力大,找矿前景较好。

7. 九万大山铅、锌成矿带(Ⅲ78-2)

该成矿带位于三级构造分区雪峰山基底逆冲推带中,地理上指仅限于贵州省东南隅与广西毗邻的从江县内,属九万大山前寒武纪隆起北缘,即吉羊穹状背斜北缘,或称黔桂边境摩天岭花岗岩的北延部分。因其构造变形较为强烈,出现类型较复杂的北东向韧性剪切带和滑脱构造变形系统。再加上岩浆活动频繁,形成了铅、锌、铜、钨、锡、金等金属矿产。区域成矿的基本特征是以与新元古代岩浆活动有关的成矿作用为主(中元古代四堡期成矿主要在广西内),包括与幔源海相基性岩浆活动有关的高中温热液成矿作用形成的铅、锌、铜、金、银矿床。铅锌矿的成因属于与岩浆侵入活动有关的热液脉状铅锌矿床。

8. 兴义-望谟铅、锌成矿带(Ⅲ88-1)

本成矿带位于三级构造分区南盘江-右江前陆盆地的北部,是夹持在师宗-弥勒断裂和紫云-垭都断裂之间滇黔桂毗邻的"金三角"地带。地理范围主要包括贵州西南部。构造线主要为北西西向和东西向,是印支期—燕山期滨太平洋和特提斯洋两大地背景下形成的褶皱断裂带。本带成矿特征主要是受断裂构造驱动的浅成低温热液活动十分活跃,形成了以卡林型金矿为主的矿产。关岭—上关—贞丰一带、兴仁以西的青山—潘家庄一带、安龙—坡妹一带、兴义以北的郑屯—敬南—鲁布革一带分布大面积的铅、锌Ⅲ级浓度地球化学异常,异常套合较好。区内主要出露三叠系,在兴仁以西的潘家庄异常带中见白沙、花洞两处铅锌矿化点。

五、金矿

金矿床为水银洞、烂泥沟、戈塘、紫木凼、泥堡、铜鼓、金井、苗龙、丫他、板其、躲牛洞等金矿。根据金矿分布位置、金矿类型、控矿构造、含矿层位、岩性、形成时代等特点,贵州省可划分为8个Ⅳ级成矿区(带)和28个Ⅴ级成矿区(带)(表4-6和图4-6)。

1. 赤水金成矿带(Ⅲ74-1)

该成矿带分布于Ⅲ级成矿区Ⅲ74(四川盆地铁、铜、金、油气、石膏、钙芒硝、石盐、煤、煤层气成矿区)或三级构造分区川中前陆盆地内,在贵州省内仅有小面积分布,目前尚未发现有金矿床(点)产出。

2. 铜仁-凯里金成矿带(Ⅲ77-1)

该成矿带主要指威宁、遵义、安顺、贵阳、铜仁、凯里等地,该区目前只有在梵净山、安顺双堡发现金矿点。安顺双堡金矿点为微细粒浸染型金矿,矿体主要产于石炭系马平组与中二叠统之岩溶界面上的粉砂岩、细砂岩、黏土岩中,顺层产出。而梵净山金矿总体受梵净山穹状背斜次级大罗背斜、淘金沟南北向断层控制,以灯盏坪金矿点为代表。矿体赋存于下江群与梵净山群不整合面上及其附近,矿脉长300m,宽5~100m,单脉长数米至80m,厚0.3~1.0m,含Au 0.05×10^{-6}~12.87×10^{-6}。含矿围岩为含砾砂质板岩、变质砂岩、辉绿岩。矿石矿物主要有自然金,次有毒砂、黄铁矿等,围岩蚀变主要为硅化、铁白云石化、黄铁矿化。

在该区的梵净山地区已发现3个金矿点,金矿点主要受梵净山穹状背斜次级大罗背斜、淘金沟南北向断层控制。该区褶皱、断裂发育,主体为穹隆滑脱构造,构造形式复杂多样,已有金矿床点是有利的金矿找矿区域。

3. 三都-丹寨金成矿带(Ⅲ77-2)

该成矿带西部位于扬子陆块南部被动边缘褶冲带(三级构造单元)之都匀南北向褶皱区(四级构造单元);东部位于雪峰山基底逆推带(三级构造单元)。地理上包括三都、丹寨二县大部分地区,成矿基本特征为低温热液矿床发育,微细粒浸染型金矿主要产于晚寒武世碳酸盐岩建造中,受燕山期近南北向的三都-丹寨褶断带控制,金矿床(点)以与汞或锑矿化共生或伴生为显著特点。代表性矿床有苗龙、四相厂、宏发厂、坝桥等多处金矿床(点);矿床式为苗龙式。

表 4-6 贵州金矿成矿区(带)划分简表

Ⅲ级成矿区(带)	Ⅳ级成矿区(带)	Ⅴ级成矿区(带)
Ⅲ74 四川盆地铁、铜、金、油气、石膏、钙芒硝、石盐、煤、煤层气成矿区	Ⅲ74-1 赤水金成矿带	
Ⅲ77 上扬子中东部(台褶带)铅、锌、铜、银、铁、锰、汞、锑、磷、金矿、硫铁矿成矿带	Ⅲ77-1 铜仁-凯里金成矿带	Ⅲ77-1-1 梵净山金成矿区
	Ⅲ77-2 三都-丹寨金成矿带	Ⅲ77-2-1 宏发厂-四相厂金成矿区
		Ⅲ77-2-2 苗龙金成矿区
		Ⅲ77-2-3 坝桥金成矿区
Ⅲ78 江南隆起西段锡、钨、金、锑、铜、重晶石、滑石成矿带	Ⅲ78-1 天柱-黎平金矿成矿带	Ⅲ78-1-1 坑头-翁洞金成矿区
		Ⅲ78-1-2 织云-辣子坪金成矿区
		Ⅲ78-1-3 下达-磨山金成矿区
		Ⅲ78-1-4 高引-石洞金成矿区
		Ⅲ78-1-5 南加-口洞金成矿区
		Ⅲ78-1-6 章洞-梅子湾金成矿区
		Ⅲ78-1-7 口江-同古金成矿区
		Ⅲ78-1-8 古帮-大斗金成矿区
	Ⅲ78-2 从江地虎多金属成矿带	Ⅲ78-2-1 从江地虎多金属成矿区
Ⅲ88 桂西-黔西南(右江地槽)金、锑、汞、银、水晶、石膏成矿区	Ⅲ88-1 普安-贞丰金成矿带	Ⅲ88-1-1 平关金成矿区
		Ⅲ88-1-2 莲花山金成矿区
		Ⅲ88-1-3 泥堡-碧痕营金成矿区
		Ⅲ88-1-4 灰家堡金成矿区
		Ⅲ88-1-5 大丫口-戈塘金成矿区
		Ⅲ88-1-6 雄武金成矿区
	Ⅲ88-2 册亨-望谟金成矿带	Ⅲ88-2-1 丫他背斜金成矿区
		Ⅲ88-2-2 纳板穹隆金成矿区
		Ⅲ88-2-3 两江口金成矿区
		Ⅲ88-2-4 乐康金成矿区
		Ⅲ88-2-5 上大观金成矿区
		Ⅲ88-2-6 白层金成矿区
		Ⅲ88-2-7 板莫金成矿区
		Ⅲ88-2-8 赖子山金成矿区

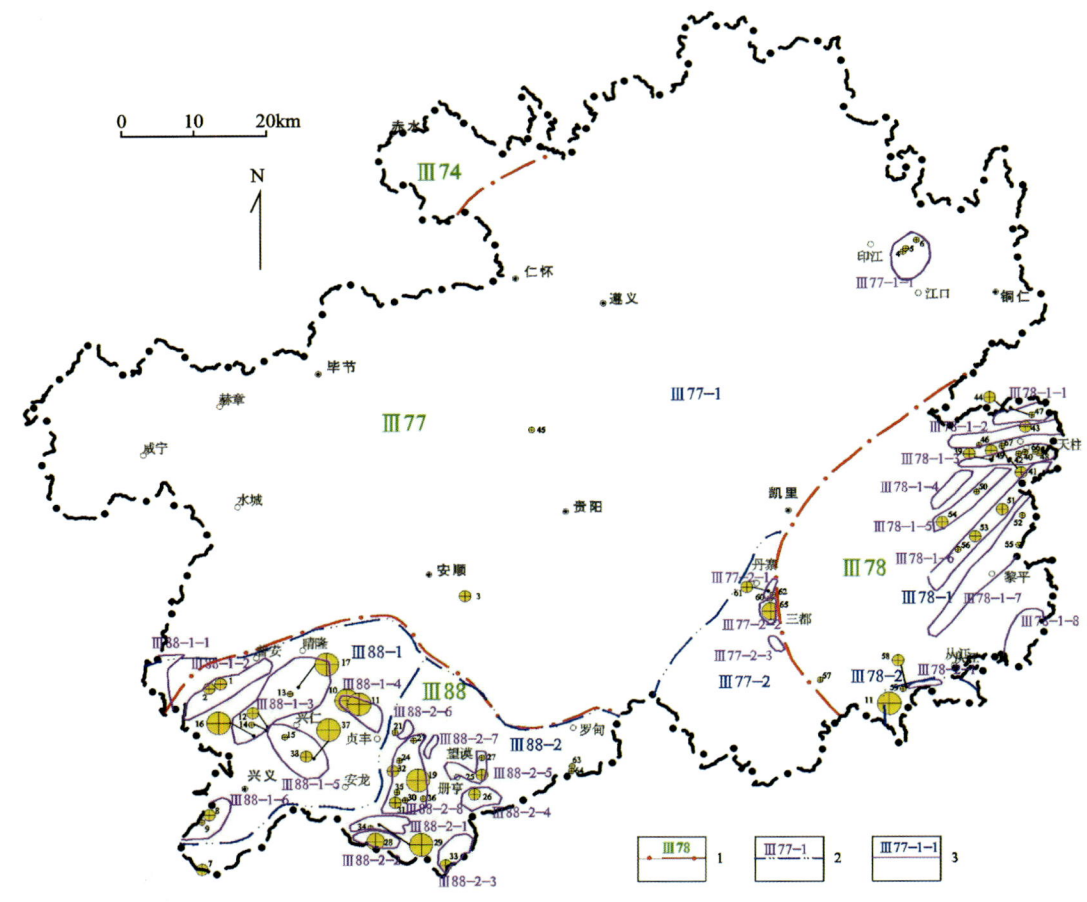

图 4-6 贵州省金矿成矿区(带)划分图

1.Ⅲ级成矿区(带)界限及编号;2.Ⅳ级成矿区(带)界限及编号;3.Ⅴ级成矿区(带)界限及编号

根据分布位置、控矿构造不同,该成矿带分为宏发厂-四相厂金成矿区(Ⅲ77-2-1)、苗龙金成矿区(Ⅲ77-2-2)、坝桥金成矿区(Ⅲ77-2-3)。

4. 天柱-黎平金成矿带(Ⅲ78-1)

该成矿带位于雪峰山基底逆推带西部的锦屏重叠褶皱区内,地理上包括天柱、锦屏和黎平三县及从江县北东部。成矿基本特征为低温热液矿床发育,金矿主要产于晚元古代下江群浅变质岩系中,属赋存于变质岩中的石英脉型金矿。矿床、矿点多沿加里东期的区域性背斜或褶断带分布,形成一系列呈北东向展布的金矿带(矿化带)。矿带内常有多金属矿化伴生。代表性矿床有铜鼓、八克、金井、平秋等数十处金矿床(点);矿床式为同古式。

根据控矿东西向隐伏断裂构造划分了坑头-翁洞金成矿区(Ⅲ78-1-1)、织云-辣子坪金成矿区(Ⅲ78-1-2)、下达-磨山金成矿区(Ⅲ78-1-3)3个找矿远景区,这些金矿点主要产于东西断层与北东向背斜相交部位。而以北东向的平秋背斜、稳江背斜、山洞背斜、古帮背斜为控矿条件划分了高引-石洞金成矿区(Ⅲ78-1-4)、南加-口洞金成矿区(Ⅲ78-1-5)、章洞-梅子湾金成矿区(Ⅲ78-1-6)、口江-同古金成矿区(Ⅲ78-1-7)、古帮-大斗金成矿区(Ⅲ78-1-8)。

5. 从江地虎多金属成矿带(Ⅲ78-2)

该成矿带位于雪峰山基底逆推带西部的从江重叠褶皱区内,位于从县之南部。成矿基本特征为低温热液多金属矿床发育,金矿主要产于晚元古代下江群浅变质岩系中,属赋存于变质岩中的蚀变岩型金矿及铜、铅锌多金属矿,分布于从江地虎—翁浪—摆容一带和令里—登云山—江边寨一带。矿体主要赋存于甲路组第一、第二段之间的次级滑脱构造的褶皱和断裂蚀变带内,主要受叠加于滑脱构造蚀变岩带之上的北东东向脆性断裂、南北向层间断裂破碎带、层间片理化带的控制。对于片理化带来说,体现为密集的片理裂隙对矿化的集中控制。含金硫化矿物以沿片理裂隙充填为主,形成条带状矿化。

在从江地虎多金属找矿远景区(Ⅲ78-2-1)内,目前已发现有地虎多金属矿床、翁浪金矿床,矿床受甲路组第一、第二段之间的次级滑脱构造控制,其矿体产于次级褶皱、断裂蚀变带、层间裂隙中。

6. 普安-贞丰金成矿带(Ⅲ88-1)

该成矿带位于特提斯-喜马拉雅构造域与濒太平洋两大全球构造域接合部东侧的扬子陆块与右江造山带两个构造单元的接合带,地理上包括普安、安龙、兴仁、晴隆、兴义、盘县及贞丰部分地区。成矿基本特征为低温热液矿床发育,广泛产出有赋存于陆源火山碎屑岩系、形成于燕山期的金矿和铅锌、锑矿床。金及锑、汞、砷矿化均主要沿燕山期的背斜或穹隆构造分布,形成延伸方向各异的矿带或矿化带。金矿主要产于上二叠统-中三叠统碎屑岩-泥岩建造或碳酸盐建造中,多属微细粒浸染型,具有分布广、规模大、矿化较稳定等特点,代表性矿床有水银洞、紫木凼、泥堡、沙锅厂、戈塘及雄武等数十处金矿床(点),矿床式为水银洞式。另有第四系中改造型红黏土型金矿床,赋存于第四系中,主要分布于晴隆、戈塘等地。

以莲花山背斜、碧痕营背斜、泥堡背斜、灰家背斜、戈塘背斜、雄武背斜为控矿条件,该成矿带进一步划分为莲花山金矿集区(Ⅲ88-1-1)、碧痕营金矿集区(Ⅲ88-1-2)、泥堡金矿集区(Ⅲ88-1-3)、灰家堡金矿集区(Ⅲ88-1-4)、戈塘金矿集区(Ⅲ88-1-5)、雄武金矿集区(Ⅲ88-1-6)。

7. 册亨-望谟金成矿带(Ⅲ88-2)

该成矿带位于特提斯-喜马拉雅构造域与濒太平洋两大全球构造域接合部东侧的扬子陆块与右江造山带两个构造单元的接合带,地理上包括贞丰、册亨及罗甸部分地区。成矿基本特征为低温热液矿床发育,广泛产出有赋存于陆源硅质碎屑岩系、形成于燕山期的金矿和铅锌、锑矿床。金矿为产于以中生界二叠系及三叠系为主的陆源硅质碎屑岩中的热液型金矿床,分布于贞丰—册亨—望谟地区,产出层位多,与南北向、东西向、北西向的背斜构造或穹隆构造及其伴生断裂构造关系密切,见有烂泥沟、丫他、央友、庆坪、卡务、百地、大观等数十处金矿床(点),矿床式为烂泥沟式。

根据控矿构造,该成矿带划分了5个矿集区,主要有受北西向沙子背斜、紫云-水城裂隙槽控制的乐纪式重晶石矿集区(Ⅲ88-2-1),受乐元北西向逆冲断层及上盘控制的北西向望谟金矿集区(Ⅲ88-2-2),受北东向构造带控制的冗决金锑铁矿集区(Ⅲ88-2-3),以赖子山背斜为控矿条件的赖子山背斜矿集区(Ⅲ88-2-4),以东西向背斜为控矿条件的板其金矿集区(Ⅲ88-2-5)。

六、锑矿

贵州省锑矿主要分布在桂西-黔西南(右江地槽)金、锑、汞、银、水晶、石膏成矿区(Ⅲ88),江南隆起西段锡、钨、金、锑、铜、重晶石、滑石成矿带(Ⅲ78),上扬子中东部(台褶带)铅、锌、铜、银、铁、锰、汞、锑、磷、金矿、硫铁矿成矿带(Ⅲ77)内。根据贵州锑矿分布、矿床特征、矿床类型等划分的成矿带见图4-7和表4-7。

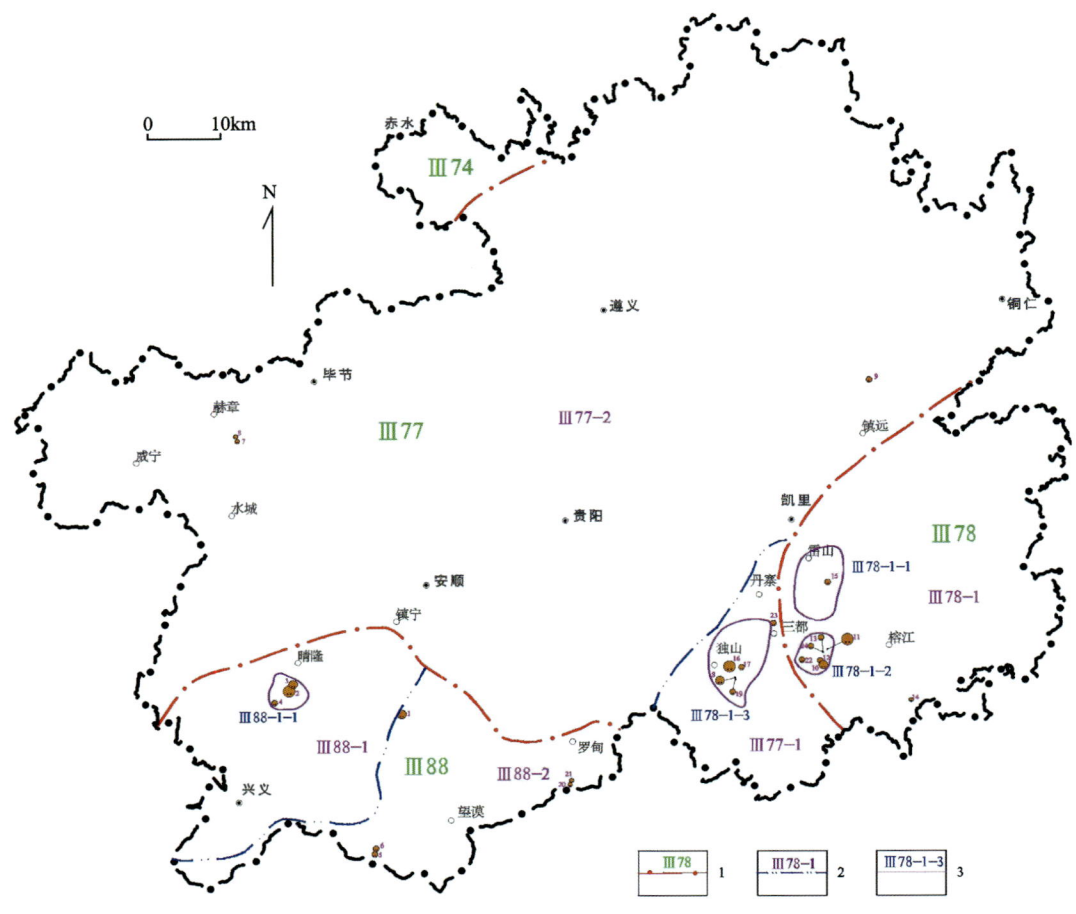

图 4-7 贵州省锑矿成矿区(带)划分图

1.Ⅲ级成矿区(带)界限及编号;2.Ⅳ级成矿区(带)界限及编号;3.Ⅴ级成矿区(带)界限及编号

表 4-7 贵州省锑矿成矿区(带)划分表

Ⅲ级成矿区(带)	Ⅳ级成矿带	Ⅴ级成矿远景区
Ⅲ74 四川盆地铁、铜、金、油气、石膏、钙芒硝、石盐、煤、煤层气成矿区	Ⅲ74-1 赤水锑成矿带	
Ⅲ77 上扬子中东部(台褶带)铅、锌、铜、银、铁、锰、汞、锑、磷、铝土矿、硫铁矿成矿带	Ⅲ77-1 水城-镇远锑成矿带	
	Ⅲ77-2 丹寨-荔波锑成矿带	Ⅲ77-1-1 独山箱状背斜锑成矿区
Ⅲ78 江南隆起西段锡、钨、金、锑、铜、重晶石、滑石成矿带	Ⅲ78-1 雷公山锑成矿带	Ⅲ78-1-1 雷山开屯锑成矿区
		Ⅲ78-1-2 榕江兴华锑成矿区
Ⅲ88 桂西-黔西南金、锑、汞、铊、银、水晶、石膏成矿区	Ⅲ88-1 册亨-望谟砷、重晶石成矿带	Ⅲ88-1-1 大厂锑成矿区
	Ⅲ88-2 晴隆-贞丰锑成矿带	

1. 赤水锑成矿带(Ⅲ74-1)

该成矿带分布于Ⅲ级成矿区(带)(Ⅲ74 四川盆地铁、铜、金、油气、石膏、钙芒硝、石盐、煤、煤层气成矿区)或三级构造分区川中前陆盆地内,在贵州省内仅有小面积分布,目前尚未发现有锑矿床(点)产出。

2. 水城-镇远锑成矿带(Ⅲ77-1)

该成矿带主要指威宁、水城、遵义、贵阳、铜仁、镇远、凯里等地,该区目前发现的矿点主要有镇远水岭、赫章大海子、雨磨山、镇宁纳沙矿点。锑矿是铅锌矿、铁矿的伴生矿产。锑矿体主要产于断层、节理裂隙中。

3. 丹寨-荔波锑成矿带(Ⅲ77-1)

该成矿带主要分布有独山箱状背斜锑成矿带,另外丹寨、三都汞矿带中产出伴生锑矿。目前较好的就是独山箱状背斜锑成矿区(Ⅲ77-1-1)。该区位于独山箱状背斜南倾没端,区内以泥盆纪碎屑岩为主。化探异常有锑、汞、砷、金。已发现锑矿产地8处。代表性矿床有半坡、巴年、维寨、蕊燃沟等锑矿床(点),矿床式为半坡式。

对本区成矿地质条件和现有成矿信息进行分析后,初步认为其成矿地质条件较好、成矿信息较丰富,具有寻找半坡式锑矿产的潜力。在找矿过程中,应注意对赋矿地层控制因素(特别是控矿断裂与裂隙系统)的分析。

4. 雷公山锑成矿带(Ⅲ78-1)

该成矿带有八蒙、火燃寨、开屯、摆吉等二十几处锑矿床(点),矿床式为八蒙式。本带位于雷公山复式背斜南倾没端。区内以浅变质岩为主,已发现锑矿产地21处,化探异常有Sb、Hg、As、Au。对本区成矿地质条件和现有成矿信息进行分析后,初步认为其成矿地质条件较好、成矿信息较丰富,具有寻找八蒙式锑矿产的潜力。在找矿过程中,应注意对赋矿地层控制因素(特别是控矿断裂与裂隙系统)的分析。

1) 雷山开屯锑成矿区(Ⅲ78-1-1)

该成矿区位于雷公山复式背斜北部东翼之乔洛断层上下盘地带。西侧以雷公坪向斜、东侧以提庆短轴斜南部为界。工作区次一级北东构造发育,异常良好。出露的地层为青白口系,已发现开屯、乔乐、交错、大槽等锑矿床(点)9处。预测在已知矿床(点)深部和延伸方向及区内其他次一级北东向断裂地带有锑矿存在。

2) 榕江兴华锑成矿区(Ⅲ78-1-2)

该成矿区位于雷公山复式背斜南倾没端东翼之古腊背斜南部,摆邦坡平移正断层北部以西地段。工作区次一级北东构造发育,异常良好。出露的地层为平略组、清水江组,已发现八蒙、三都排少、摆吉等锑矿床(点)9处。预测可在已知矿床(点)深部和延伸方向及区内其他次一级北东向断裂地带寻找锑矿床。

5. 册亨-望谟锑成矿带(Ⅲ88-1)

该成矿带位于Ⅲ88桂西-黔西南金、锑、汞、铊、银、水晶、石膏成矿带中,只在册亨兴哲、洛哈,罗甸王屯、冗贡分布有锑矿点,矿体多产于断层带中。另外,百地、板其等金矿中伴生有锑矿体。

6. 晴隆-贞丰锑成矿带(Ⅲ88-2)

该成矿带位于碧痕营穹隆带中,穹隆核部由中上二叠统组成并伴有玄武岩或隐伏岩体,周围常伴有较大的区域性断裂或为深大断裂切割。它主要形成于印支期,燕山期则进一步抬升而成为现今的面貌。穹隆构造与区内内生金属矿床有十分密切的关系,已发现锑矿产地10处。化探异常有锑、汞、砷、金。代表性矿床有大厂、西舍、沙家坪、后坡北、后坡南、三望坪等10处锑矿床(点),矿床式为大厂式。对本区成矿地质条件和现有成矿信息进行分析后,初步认为其成矿地质条件较好、成矿信息较丰富,具有寻找晴隆式锑矿产的潜力。在找矿过程中,应注意对含矿岩系控矿因素(特别是大厂层与构造系统)的分析。

七、镍、钼、钒矿

贵州省镍、钼、钒矿主要为沉积型,矿体主要产于寒武系牛蹄塘组和震旦系老堡组中,因此,根据沉积环境的变化划分为9个Ⅳ级成矿区(带)、18个Ⅴ级成矿区(带),见表4-8、图4-8。

表 4-8 贵州镍、钼、钒成矿区(带)划分表

Ⅲ级成矿区(带)	Ⅳ级成矿区(带)	Ⅴ级成矿区(带)
Ⅲ74 四川盆地铁、铜、金、油气、石膏、钙芒硝、石盐、煤、煤层气成矿区	Ⅲ74-1 赤水-习水镍、钼、钒成矿带	
Ⅲ77 上扬子中东部(台褶带)铅、锌、铜、银、铁、锰、汞、锑、镍、钼、钒、硫铁矿成矿带	Ⅲ77-1 威宁镍、钼、钒成矿带	
	Ⅲ77-2 毕节-遵义镍、钼、钒成矿带	Ⅲ77-2-1 水东镍、钼成矿区 Ⅲ77-2-2 桂果镍、钼成矿区 Ⅲ77-2-3 岩孔钒成矿区 Ⅲ77-2-4 松林镍、钼、钒成矿区 Ⅲ77-2-5 蔡家沟钒成矿区
	Ⅲ77-3 瓮安-石阡钼、钒成矿带	Ⅲ77-3-1 构皮滩钼、钒成矿区 Ⅲ77-3-2 道坪钒成矿区 Ⅲ77-3-3 草塘钒成矿区 Ⅲ77-3-4 平溪钒成矿区 Ⅲ77-3-5 小腮钒成矿区 Ⅲ77-3-6 白沙钒成矿区
	Ⅲ77-4 镇远-松桃钒成矿带	Ⅲ77-4-1 镇远-岑巩钒成矿区 Ⅲ77-4-2 都坪钒成矿区 Ⅲ77-4-3 万山钒成矿区 Ⅲ77-4-4 坝黄钼成矿区 Ⅲ77-4-5 孟溪钒成矿区
Ⅲ78 江南隆起西段锡、钨、金、锑、铜、重晶石、滑石成矿带	Ⅲ78-1 三穗-天柱钼、钒成矿带	Ⅲ78-1-1 三穗钒成矿区 Ⅲ78-1-2 大河边钒成矿区
Ⅲ88 桂西-黔西南(右江地槽)金、锑、汞、银、水晶、石膏成矿区	Ⅲ88-1 兴义-盘县钼成矿带	

1. 赤水-习水镍、钼、钒成矿带(Ⅲ74-1)

该带分布于Ⅲ级成矿区(带)(Ⅲ74 四川盆地铁、铜、金、油气、石膏、钙芒硝、石盐、煤、煤层气成矿区)或三级构造分区川中前陆盆地内,在贵州省内仅有小面积分布,目前未发现镍、钼矿点。

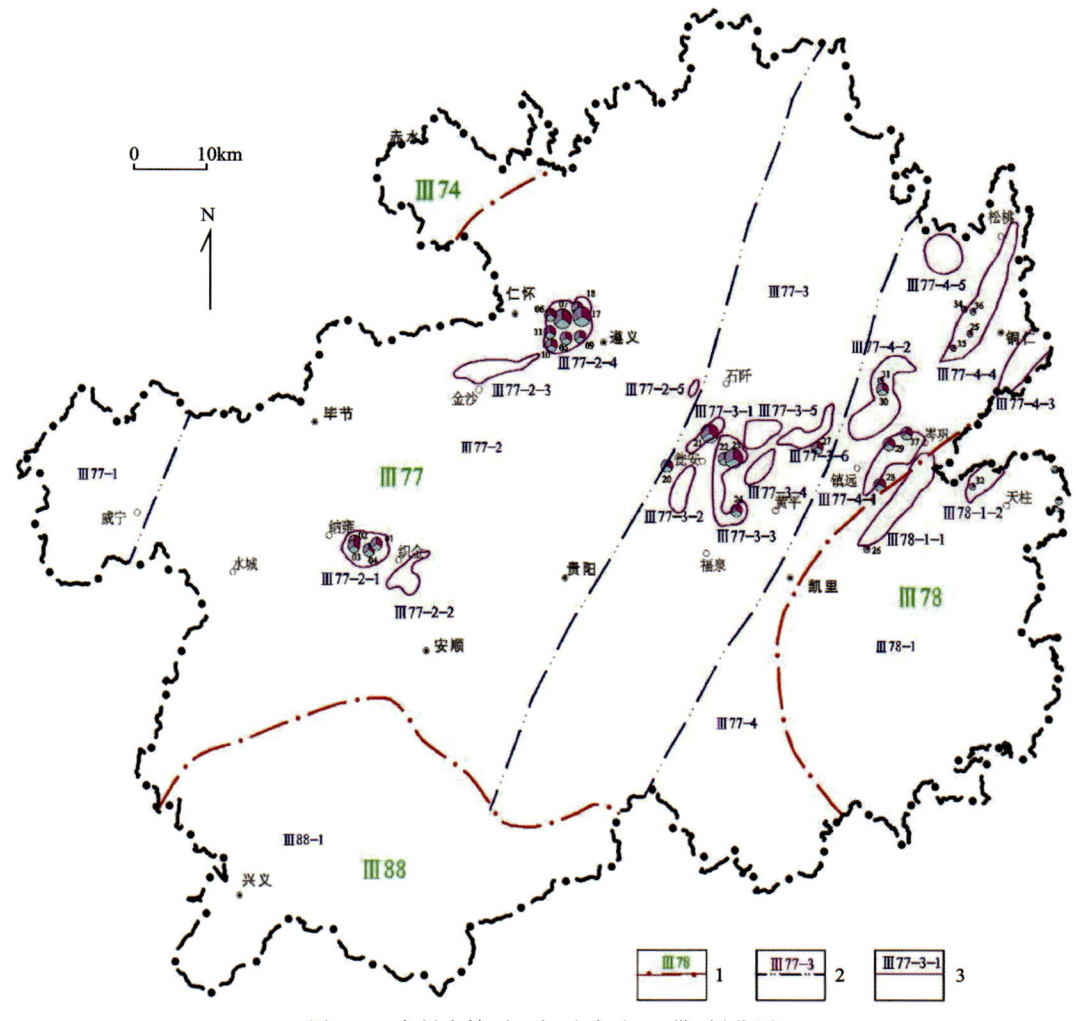

图 4-8 贵州省镍、钼、钒矿成矿区(带)划分图
1.Ⅲ级成矿区(带)界限及编号;2.Ⅳ级成矿区(带)界限及编号;3.Ⅴ级成矿区(带)界限及编号

2.威宁镍、钼、钒成矿带(Ⅲ77-1)

该成矿带位于Ⅲ级成矿区(带)(Ⅲ77 上扬子中东部铅、锌、铜、银、铁、锰、汞、锑、磷、铝土矿、硫铁矿成矿带)、贵州省内的北西隅,构造变形以南北向、北西向为主,同滇东毗邻地段则被北北东构造交截。

3.毕节-遵义镍、钼、钒成矿带(Ⅲ77-2)

该成矿带位于Ⅲ级成矿区(带)(Ⅲ77 上扬子中东部铅、锌、铜、银、铁、锰、汞、锑、磷、铝土矿、硫铁矿成矿带)、贵州省的北西部,构造变形以北东向为主。镍钼钒矿主要分布于水东、新华、岩孔、松林等地,区内产有中型镍、钼矿床(点),镍、钼矿产于寒武系牛蹄塘组下部。

1)纳雍水东镍、钼成矿区(Ⅲ77-2-1)

该成矿区位于毕节-遵义镍钼矿成矿带(Ⅲ78-3)西段,为海相沉积型矿床,以镍钼矿为主,其次有钒矿。含矿岩系为牛蹄塘组碳质黏土岩,矿体呈层状、似层状。下伏地层为灯影组中厚层细晶白云岩,上覆地层为明心寺组黏土岩。

2)织金桂果镍、钼成矿区(Ⅲ77-2-2)

该成矿区分布在织金南东部,含矿岩系为早寒武世梅树村期,为海相沉积型矿床,以镍、钼矿为主,其次有钒矿。含矿岩系为牛蹄塘组碳质黏土岩，矿体呈层状、似层状。下伏地层为灯影组灰、灰白、深灰色中厚层细晶白云岩，上覆地层为下寒武统明心寺组黏土岩。

3）金沙县岩孔钒矿成矿区（Ⅲ77-2-3）

该成矿区在松林-岩孔背斜西段两翼岩孔一带，为海相沉积型矿床，以钒矿为主体，镍、钼矿次之。含矿岩系为牛蹄塘组，矿体呈层状、似层状。下伏地层为灯影组细晶白云岩，上覆地层为下寒武统明心寺组黏土岩。

4）遵义松林镍、钼、钒成矿区（Ⅲ77-2-4）

该成矿区分布于遵义松林穹隆周边，为海相沉积型矿床，以镍、钼矿为主体，钒矿次之。含矿岩系为牛蹄塘组，镍、钼呈多金属薄层或透镜体，厚度3～8cm，钒矿体分布于多金属层之上下。下伏地层为灯影组细晶白云岩，上覆地层为下寒武统明心寺组。

5）湄潭蔡家沟钒成矿区（Ⅲ77-2-5）

该成矿区位于毕节-遵义钼、钒成矿带（Ⅲ77-2）内，分布于蔡家沟背斜，以钒矿为主，见少量钼矿，含矿岩系为牛蹄塘组下部（$\in_1 n$）。下伏地层为灯影组（$Z\in dy$）灰白、灰色中厚层微至细晶白云岩。上覆地层为下寒武统牛蹄塘组（$\in_1 n$）碳质页岩、含炭粉砂质泥岩。矿床类型为海相沉积型钒矿床，矿床式为镇远式。

4. 瓮安-石阡钼钒成矿带（Ⅲ77-3）

该成矿带位于Ⅲ级成矿区（带）（Ⅲ77上扬子中东部铅、锌、铜、银、铁、锰、汞、锑、磷、铝土矿、硫铁矿成矿带），贵州省内的北西部，构造变形以北东向为主。镍、钼、钒矿主要分布于构皮滩、瓮安、石阡等地，区内产有中型钒、钼矿床（点），钒、钼矿产于寒武系牛蹄塘组下部。

1）构皮滩钼、钒成矿区（Ⅲ77-3-1）

该成矿区位于瓮安-石阡钼钒成矿带（Ⅲ77-3），少量钼矿，含矿岩系为牛蹄塘组下部（$\in_1 n$）。下伏地层为灯影组（$Z\in dy$）灰白、灰色中厚层微至细晶白云岩。上覆地层为下寒武统牛蹄塘组（$\in_1 n$）碳质页岩、含碳粉砂质泥岩。矿床类型为海相沉积型钼钒矿床，矿床式为镇远式。

2）道坪钒成矿区（Ⅲ77-3-2）

该成矿区位于瓮安-石阡钼钒成矿带（Ⅲ77-3）内，含矿岩系为牛蹄塘组下部（$\in_1 n$）。下伏地层为灯影组（$Z\in dy$）灰白、灰色中厚层微至细晶白云岩。上覆地层为下寒武统牛蹄塘组（$\in_1 n$）碳质页岩。矿床类型为海相沉积型钒矿床，矿床式为镇远式。

3）草塘钒成矿区（Ⅲ77-3-3）

该成矿区位于瓮安-石阡钼钒成矿带（Ⅲ77-3），分布于蔡家沟背斜，以钒矿为主，见少量钼矿，含矿岩系为牛蹄塘组下部（$\in_1 n$）。下伏地层为灯影组（$Z\in dy$）灰白、灰色中厚层微至细晶白云岩。上覆地层为下寒武统牛蹄塘组（$\in_1 n$）碳质页岩、含碳粉砂质泥岩。矿床类型为海相沉积型钒矿床，矿床式为镇远式。

4）平溪钒成矿区（Ⅲ77-3-4）

该成矿区位于瓮安-石阡钼钒成矿带（Ⅲ77-3）内，含矿岩系为牛蹄塘组下部（$\in_1 n$）。下伏地层为灯影组（$Z\in dy$）灰白、灰色中厚层微至细晶白云岩。上覆地层为下寒武统牛蹄塘组（$\in_1 n$）碳质页岩。矿床类型为海相沉积型钒矿床，矿床式为镇远式。

5）小腮钒成矿区（Ⅲ77-3-5）

该成矿区位于瓮安-石阡钼钒成矿带（Ⅲ77-3）内，含矿岩系为牛蹄塘组下部（$\in_1 n$）。下伏地层为灯影组（$Z\in dy$）灰白、灰色中厚层微至细晶白云岩。上覆地层为下寒武统牛蹄塘组（$\in_1 n$）碳质页岩。矿床类型为海相沉积型钒矿床，矿床式为镇远式。

6）白沙钒成矿区（Ⅲ77-3-6）

该成矿区位于瓮安-石阡钼钒成矿带（Ⅲ77-3）内，含矿岩系为牛蹄塘组下部（$\in_1 n$）。下伏地层为灯影组灰白、灰色中厚层微至细晶白云岩。上覆地层为下寒武统牛蹄塘组（$\epsilon_1 n$）碳质页岩。矿床类型为海相沉积型钒矿床，矿床式为镇远式。

6. 镇远-松桃钒成矿带（Ⅲ77-4）

该成矿带位于Ⅲ级成矿区（带）（Ⅲ77 上扬子中东部铅、锌、铜、银、铁、锰、汞、锑、磷、铝土矿、硫铁矿成矿带）、贵州省东部，构造变形以北东向为主。钒矿产于寒武系牛蹄塘组下部和留茶坡组中。

1）镇远-岑巩钒矿成矿区（Ⅲ77-4-1）

该成矿区位于镇远-江口-松桃钼钒成矿带（Ⅲ77-4）内，含矿岩系为牛蹄塘组下部（$\epsilon_1 n$）。下伏地层为跨时的留茶坡组（$Z\epsilon lc$）灰黑色薄层含碳硅质岩、中厚层硅质岩夹碳质泥岩。上覆地层为下寒武统牛蹄塘组（$\epsilon_1 n$）碳质页岩。矿床类型为海相沉积型钒矿床，矿床式为镇远式。

2）都坪钒成矿区（Ⅲ77-4-2）

该成矿区位于镇远-江口-松桃钒成矿带（Ⅲ77-4），含矿岩系为留茶坡组（$Z\epsilon lc$）与牛蹄塘组（$\epsilon_1 n$）。下伏地层为震旦系陡山沱组二段（$Z_1 ds^2$）灰色中厚层细晶白云岩、泥质条带白云岩。上覆地层为下寒武统牛蹄塘组（$\epsilon_1 n$）碳质页岩。矿床类型为海相沉积型钒矿床，矿床式为镇远式。

3）万山钒成矿区（Ⅲ77-4-3）

该成矿区位于镇远-江口-松桃钒成矿带（Ⅲ77-4）内，含矿岩系为牛蹄塘组下部（$\epsilon_1 n$）。下伏地层为跨时的留茶坡组（$Z\epsilon lc$）灰黑色薄层含碳硅质岩、中厚层硅质岩夹碳质泥岩。上覆地层为下寒武统牛蹄塘组（$\epsilon_1 n$）碳质页岩。矿床类型为海相沉积型钒矿床，矿床式为镇远式。

4）铜仁坝黄钼、钒成矿区（Ⅲ77-4-4）

该成矿区位于瓮安-石阡钼钒成矿带（Ⅲ77-4）内，含矿岩系为牛蹄塘组下部（$\epsilon_1 n$）。下伏地层为跨时的留茶坡组（$Z\epsilon lc$）灰黑色薄层含碳硅质岩、中厚层硅质岩夹碳质泥岩。上覆地层为下寒武统牛蹄塘组（$\epsilon_1 n$）碳质页岩。矿床类型为海相沉积型钒矿床，矿床式为镇远式。

5）松桃孟溪钒成矿区（Ⅲ77-4-5）

该成矿区位于瓮安-石阡钼钒成矿带（Ⅲ77-4），含矿岩系为牛蹄塘组下部（$\epsilon_1 n$）。下伏地层为跨时的留茶坡组（$Z\epsilon lc$）灰黑色薄层含碳硅质岩、中厚层硅质岩夹碳质泥岩。上覆地层为下寒武统牛蹄塘组（$\epsilon_1 n$）碳质页岩。矿床类型为海相沉积型钒矿床，矿床式为镇远式。

7. 三穗-天柱钼、钒成矿带（Ⅲ78-1）

该成矿带位于Ⅲ级成矿区（带）（Ⅲ78 江南隆起西段锡、钨、金、锑、铜、重晶石、滑石成矿带）、贵州省内的东部，构造变形以北东向为主。钒矿产于寒武系牛蹄塘组下部和留茶坡组中。

1）三穗钒成矿区（Ⅲ78-1-1）

该成矿区位于三穗-天柱钼、钒成矿带（Ⅲ78-1）内，含矿岩系为牛蹄塘组下部（$\epsilon_1 n$）。下伏地层为跨时的留茶坡组（$Z\epsilon lc$）灰黑色薄层含碳硅质岩、中厚层硅质岩夹碳质泥岩。上覆地层为下寒武统牛蹄塘组（$\epsilon_1 n$）碳质页岩。矿床类型为海相沉积型钒矿床，矿床式为镇远式。

2）天柱大河边钒成矿区（Ⅲ78-1-2）

该成矿区位于三穗-天柱钼、钒成矿带（Ⅲ78-1）内，含矿岩系为牛蹄塘组下部（$\epsilon_1 n$），下伏地层为跨时的留茶坡组（$Z\epsilon lc$）灰黑色薄层含碳硅质岩、中厚层硅质岩夹碳质泥岩。上覆地层为下寒武统牛蹄塘组（$\epsilon_1 n$）碳质页岩。矿床类型为海相沉积型钒矿床，矿床式为镇远式。

8. 兴义-盘县钼成矿带（Ⅲ88-1）

该成矿带位于Ⅲ88 桂西-黔西南（右江地槽）金、锑、汞、银、水晶、石膏成矿区，在该区以低温热液型钼矿为主，分布于兴义一带，矿体受断层及旁侧次级层间裂隙、岩性层控制，含矿围岩主要为灰岩、粉砂岩。目前只有兴义大际山矿床做过普查工作,对其特征简要叙述如下。

矿体受断层破碎带的旁侧层间裂隙控制,矿体呈似层状、透镜状、扁豆状产出,矿体长20～160m,一般20～70m,宽15～20m,厚度0.42～6.40m,含Mo在0.021%～3.46%之间,矿体的富集与断层破碎带关系密切。钼、铀矿主要金属矿物有硫钼矿、蓝钼矿、黄铁矿,其次为闪锌矿、辉铜矿、方铅矿、褐铁矿;主要脉石矿物有石英、钾长石、钠长石、云母、水云母、钾明矾、高岭土等。硫钼矿与黄铁矿共生密切。铀矿物主要以离子吸附分散状态存在。

八、硫铁矿

贵州省硫铁矿分布范围广,桐梓、遵义、纳雍、织金、黔西、晴隆、兴仁、安龙、安顺、贵阳、龙里、都匀等地都有分布。类型多,主要有沉积型、热液型及其他共伴生型,而沉积型又有石炭系、中二叠统、上二叠统等。根据贵州硫铁矿分布、矿床特征、矿床类型等划分成矿带见表4-9、图4-9。

表4-9 贵州硫铁矿成矿区(带)划分表

Ⅲ级成矿区(带)	Ⅳ级成矿区(带)	Ⅴ级成矿区(带)
Ⅲ74 四川盆地铁、铜、金、油气、石膏、钙芒硝、石盐、煤、煤层气成矿区	Ⅲ74-1 赤水硫成矿带	
Ⅲ77 上扬子中东部(台褶带)铅、锌、铜、银、铁、锰、汞、锑、磷矿、硫铁矿成矿带	Ⅲ77-1 毕节-遵义硫铁矿成矿带	Ⅲ77-1-1 仁怀-桐梓硫成矿区
		Ⅲ77-1-2 林口硫成矿区
		Ⅲ77-1-3 大方硫成矿区
		Ⅲ77-1-4 三岔硫成矿区
		Ⅲ77-1-5 织金硫成矿区
		Ⅲ77-1-6 清镇硫成矿区
		Ⅲ77-1-7 贵阳硫成矿区
	Ⅲ77-2 铜仁-都匀硫铁矿成矿带	Ⅲ77-2-1 三都硫成矿区
		Ⅲ77-2-2 对门山硫成矿区
Ⅲ78 江南隆起西段锡、钨、金、锑、铜、重晶石、滑石成矿带	Ⅲ78-1 天柱-从江硫铁矿成矿带	
Ⅲ88 桂西-黔西南(右江地槽)金、锑、汞、银、水晶、石膏成矿区	Ⅲ88-1 晴隆-兴仁硫铁矿成矿带	Ⅲ88-1 大厂硫成矿区
		Ⅲ88-2 大坝硫成矿区

1. 赤水硫成矿带(Ⅲ74-1)

该成矿带分布于Ⅲ级成矿区(带)(Ⅲ74四川盆地铁、铜、金、油气、石膏、钙芒硝、石盐、煤、煤层气成矿区)或三级构造分区川中前陆盆地内,在贵州省内仅有小面积分布,目前尚未发现有硫矿床(点)产出。

2. 毕节-遵义硫铁矿成矿带(Ⅲ77-1)

该成矿带主要是指仁怀、遵义、毕节、大方、息烽、清镇、贵阳等,根据分布位置、岩相古地理可划为下列7个成矿区。

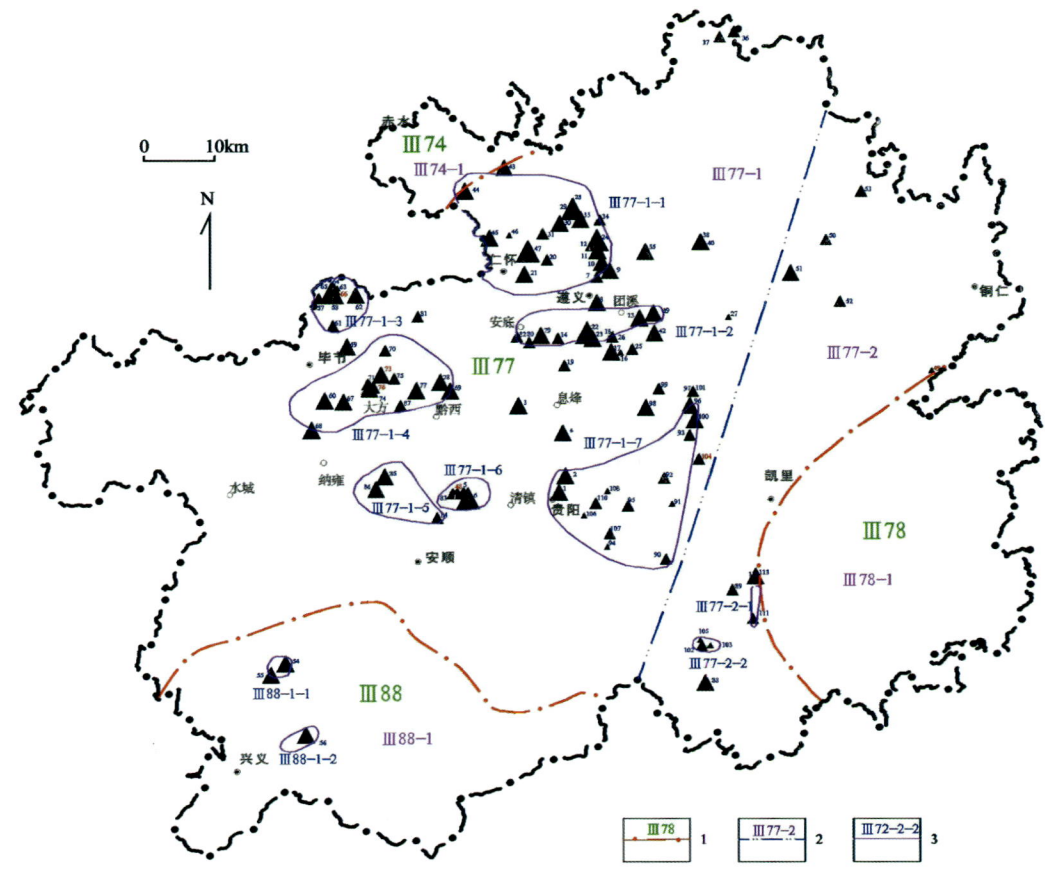

图 4-9 贵州省硫铁矿成矿区(带)划分图

1. Ⅲ级成矿区(带)界限及编号；2. Ⅳ级成矿区(带)界限及编号；3. Ⅴ级成矿区(带)界限及编号

1）仁怀-桐梓硫成矿区(Ⅲ77-1-1)

该成矿区位于仁怀、桐梓一带，含矿岩系为上二叠统龙潭组，矿体产于龙潭组底部，含矿岩石为黏土岩、粉砂岩。下伏地层为茅口组灰、灰白、深灰色中厚层灰岩，上覆地层为上二叠统龙潭组煤系。矿床类型为海陆过渡沉积型硫铁矿床。矿床式为叙永式。

2）林口硫成矿区(Ⅲ77-1-2)

该成矿区位于Ⅲ77-2 毕节-遵义硫铁矿成矿带的西部，含矿岩系为上二叠统龙潭组，硫铁矿产于龙潭组底部含凝灰质黏土岩中。下伏地层为茅口组灰、灰白、深灰色中厚层灰岩，上覆地层为上二叠统龙潭组煤系。矿床类型为海陆过渡沉积型硫铁矿床，矿床式为叙永式。

3）大方硫成矿区(Ⅲ77-1-3)

该成矿区位于Ⅲ77-2 毕节-遵义硫铁矿成矿带的西部，含矿岩系为上二叠统龙潭组，硫铁矿产于龙潭组底部含凝灰质黏土岩。下伏地层为茅口组灰、灰白、深灰色中厚层灰岩，上覆地层为上二叠统龙潭组煤系。矿床类型为海陆过渡沉积型硫铁矿床，矿床式为叙永式。

4）三岔硫成矿区(Ⅲ77-1-4)

该成矿区位于三合—尚溪一带，含矿岩系为上二叠统龙潭组，矿体产于龙潭组底部，含矿岩石为黏土岩。下伏地层为茅口组灰、灰白、深灰色中厚层灰岩，上覆地层为上二叠统龙潭组煤系。矿床类型为海陆过渡沉积型硫铁矿床。东部尚溪一带含矿岩系为石炭系九架炉组。

5）织金硫成矿区(Ⅲ77-1-2)

该成矿区位于牛场一带，含矿岩系为上二叠统龙潭组，矿体产于龙潭组底部，含矿岩石为黏土岩。

下伏地层为茅口组灰、灰白、深灰色中厚层灰岩,上覆地层为上二叠统龙潭组煤系。矿床类型为海陆过渡沉积型硫铁矿床,矿床式为叙永式。

6) 清镇硫成矿区(Ⅲ77-1-6)

该成矿区位于清镇一带,含矿岩系是石炭系九架炉组。下伏地层为中上寒武统娄山关组白云岩之上,上覆地层为九架炉组铁质黏土岩、铝质黏土岩。矿床类型为湖相沉积型硫铁矿床。

7) 贵阳硫成矿区(Ⅲ77-1-2)

该成矿区位于贵阳—龙里一带,含矿岩系为上二叠统龙潭组,矿体产于龙潭组底部,含矿岩石为黏土岩。下伏地层为茅口组灰、灰白、深灰色中厚层灰岩,上覆地层为上二叠统龙潭组煤系。矿床类型为海陆过渡沉积型硫铁矿床,矿床式为叙永式。

3. 铜仁-都匀硫铁矿成矿区(Ⅲ77-2)

该成矿区以排带式硫铁矿为主,仅有1个矿点为叙永式沉积型硫铁矿。排带式硫铁矿主要以断裂和断裂破碎带为贮矿空间,其次是节理。矿体围岩为薄层白云岩和同生角砾状白云岩的接触线上。矿体中矿物组合较简单,在矿石中金属矿物仅见黄铁矿1种。脉石矿物有少量石英、重晶石、白云石、方解石等。

该成矿区至今共发现与勘查硫铁矿8处,主要有三都排带、坝桥、小寨,独山对门山、贵修等矿区,西部位于扬子陆块南部被动边缘褶冲带(三级构造单元)之都匀南北向褶皱区(四级构造单元);东部位于雪峰山基底逆推带(三级构造单元)。地理上包括三都、丹寨二县大部分地区,成矿基本特征为低温热液矿床发育,热液充填型硫铁矿主要产于上寒武统碳酸盐建造中,受燕山期近南北向的三都-丹寨褶断带控制,硫铁矿床(点)多与汞或锑矿化共生或伴生为显著特点。代表性矿床有排带、坝桥、对门山等多处硫铁矿床(点),矿床式为排带式。

4. 天柱-从江硫铁矿成矿带(Ⅲ78-1)

该成矿带位于Ⅲ78江南隆起西段锡、钨、金、锑、铜、重晶石、滑石成矿带中。在该区目前只发现小规模的硫铁矿点,主要是以铅锌矿的共伴生形式出现。

5. 晴隆-兴仁硫铁矿成矿带(Ⅲ88-1)

该成矿区代表性矿床有西舍、沙家坪、戈塘3处硫铁矿床(点),其中北部矿床式为排带式,南部矿床式为叙永式(同上)。

1) 大厂硫成矿区(Ⅲ88-1-1)

该成矿区排带式硫铁矿位于碧痕营穹隆带中,穹隆核部由中上二叠统组成并伴有玄武岩或隐伏岩体,其周围常伴有较大的区域性断裂或为深大断裂所切割。主要形成于印支期,燕山期则进一步抬升而成为现今的面貌。穹隆构造与区内内生金属矿床有十分密切的关系,已发现硫铁矿矿产地6处。化探异常有Sb、Hg、As、Au。

对该区成矿地质条件和现有成矿信息进行分析后,初步认为其成矿地质条件较好、成矿信息较丰富,具有寻找排带式硫铁矿产的潜力。在找矿过程中,应注意对含矿岩系控矿因素(特别是大厂层与构造系统)的分析。

2) 大坝硫成矿区(Ⅲ88-1-1)

该区硫铁矿以叙永式沉积型为主,该类型含矿岩系为二叠系龙潭组底部,主要分布在穹状背斜周围。该区至今共发现3处,主要有安龙县戈塘矿区等。

九、铁矿

贵州省铁矿主要分布在威宁、六盘水、赫章、独山、凯里、桐梓等地（表 4-10、图 4-10）。

表 4-10　贵州省铁矿成矿区（带）划分表

Ⅲ级成矿区（带）	Ⅳ级成矿带	Ⅴ级成矿区
Ⅲ74 四川盆地铁、铜、金、油气、石膏、钙芒硝、石盐、煤、煤层气成矿区	Ⅲ74-1 赤水铁成矿带	
Ⅲ77 上扬子中东部（台褶带）铅、锌、铜、银、铁、锰、汞、锑、磷、铝土矿、硫铁矿成矿带	Ⅲ77-1 威宁-水城铁成矿带	Ⅲ77-1-1 铁矿山铁成矿区
		Ⅲ77-1-2 观音山铁成矿区
	Ⅲ77-2 毕节-遵义铁成矿带	
	Ⅲ77-3 凯里-长顺铁成矿带	Ⅲ77-3-1 苦李井铁成矿区
		Ⅲ77-3-2 都匀铁成矿区
Ⅲ78 江南隆起西段锡、钨、金、锑、铜、重晶石、滑石成矿带		
Ⅲ88 桂西-黔西南金、锑、汞、铊、银、水晶、石膏成矿区		

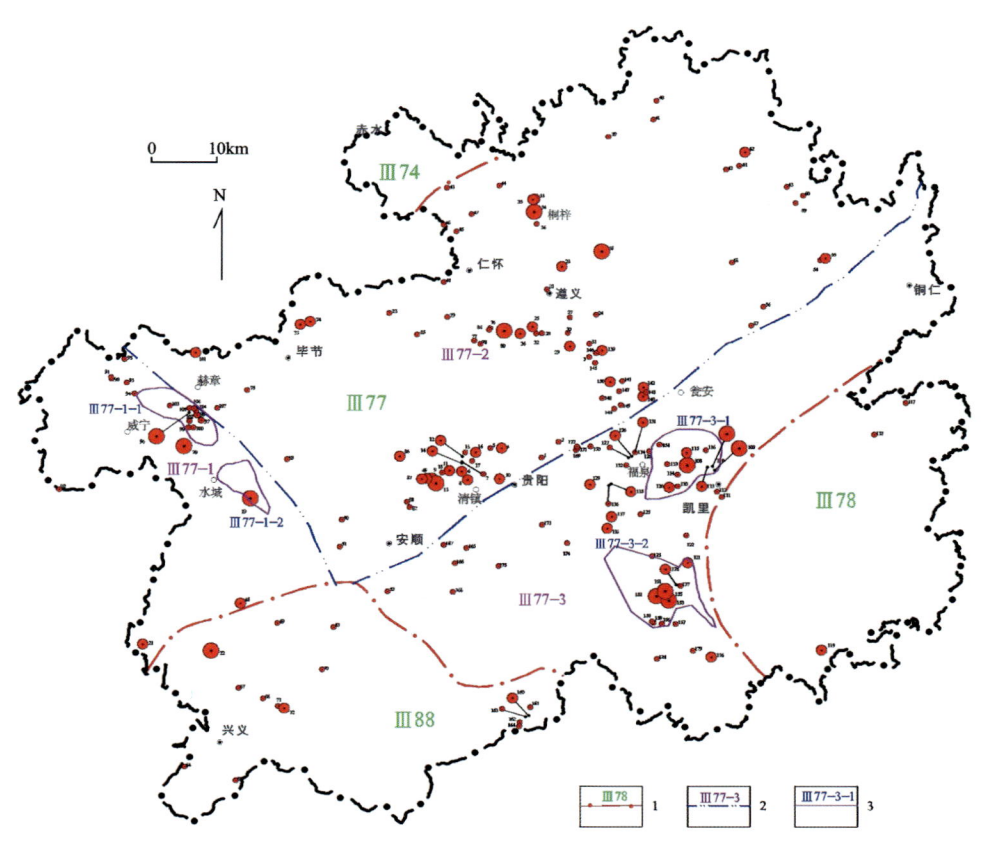

图 4-10　贵州省铁矿成矿区（带）划分图

1. Ⅲ级成矿区（带）界限及编号；2. Ⅳ级成矿区（带）界限及编号；3. Ⅴ级成矿区（带）界限及编号

1. 赤水铁成矿带（Ⅲ74-1）

该成矿带分布于Ⅲ级成矿区（Ⅲ74 四川盆地铁、铜、金、油气、石膏、钙芒硝、石盐、煤、煤层气成矿区）或三级构造分区川中前陆盆地内，在贵州省内仅有小面积分布，目前尚未发现有铁矿床（点）产出。

2. 威宁-水城铁成矿带（Ⅲ77-1）

1）铁矿山铁成矿区（Ⅲ77-1-1）

该成矿区位于为赫章县南部、威宁县北东部，是"宁乡"式铁矿的最主要的成矿区，同时也是"菜园子"式层控内生型铁矿的主要的成矿区，该区大部分铁矿床均包含了上述两种类型。区内，北西向构造发育，位于垭都-蟒洞断裂带南西侧，地层多样，含铁碳酸盐岩建造和碎屑岩建造交替更迭，地层厚度变化大，是贵州省泥盆系重要出露区，辉绿岩较发育，在临近北东方向的黔中古陆，物源异常丰富，沉积作用、火山作用及构造运动强烈。这些成矿因素为上述两种类型铁矿的形成提供了有利条件。

2）观音山铁成矿区（Ⅲ77-1-2）

该成矿区位于威宁县中部、赫章县南部、水城县中东部，威宁-六盘水北西向断褶带东部，是"菜园子"式层控内生型铁矿的重要的成矿区，主要有观音山中型铁矿床。区内，北西向构造发育，石炭系台盆边缘相含铁碳酸盐岩建造发育，且厚度巨大，相变频繁，石炭系台地斜坡相含铁碳酸盐岩建造发育，且厚度较大，有零星的辉绿岩出露，有较多的同一类型的铅锌矿床，构造运动强烈，为"菜园子"式层控内生型铁矿的成矿提供了极为有利的条件。

3. 毕节-遵义铁成矿带（Ⅲ77-2）

该成矿区位于毕节、大方县、仁怀市、桐梓县、遵义、清镇市、开阳县、印江一带，在该带中主要是有一些小型铁矿体，多为风化淋滤型褐铁矿。矿体多出露地表，由硫铁矿及其他硫化物经风化淋滤形成。主要是产于二叠系龙潭组煤系中的风化淋滤型铁矿、二叠系梁山组沉积型硫铁矿风化淋滤型铁矿，另外在清镇、开阳、遵义、瓮安一带还有铝土矿之下的铁矿。

4. Ⅲ77-3 凯里-长顺铁成矿带

1）Ⅲ77-3-1 苦李井铁成矿区

该成矿区位于凯里市，大致对应于四级构造分区黔中隆起区。凯里地区含铁岩系梁山组主要出露于凯里市炉山（苦李井）龙场—黄平县铁厂沟一带，其次在福泉县陆坪附近、马场坪—隆昌一带及龙里县的民主乡附近也有分布。矿体赋存于梁山组的中、下部，矿体产状与围岩基本一致，矿体主要呈层状、似层状、透镜状，其形态、厚度及其横向变化明显受炉山湖古地理和含矿岩系的厚度控制。铁矿常与铝土矿共生。炉山湖的周围为上扬子古陆，物源丰富，铁矿产于深湖相中。

2）Ⅲ77-3-2 都匀铁成矿区

该成矿区位于独山县中部、三都县南西部，位于四级构造分区都匀滑脱褶皱带的中西部上扬子古陆西侧，是"宁乡"式铁矿的最主要的成矿区，含矿岩系为中泥盆统大河口组，在有利的沉积相近滨沙滩亚相内，物源丰富，有多个中小型铁矿，成矿条件有利。

十、重晶石

贵州省重晶石矿主要分布在Ⅲ77 上扬子中东部（台褶带）铅、锌、铜、银、铁、锰、汞、锑、磷、重晶石、硫铁矿成矿带、Ⅲ78 江南隆起西段锡、钨、金、锑、铜、重晶石、滑石成矿带和Ⅲ88 桂西-黔西南金、锑、汞、铊、银、水晶、石膏成矿区 3 个Ⅲ级成矿区（带）内。

本次依据重晶石矿成因类型、主要控矿条件、已知矿床点分布等，应用成矿区(带)逐级划分原则，划分了5个Ⅳ级成矿区(带)、8个Ⅴ级成矿区(带)，划分结果见表4-11、图4-11。

表 4-11　贵州省重晶石矿成矿区(带)划分表

Ⅲ级成矿区(带)	Ⅳ级成矿区(带)	Ⅴ级成矿区(带)
Ⅲ74 四川盆地铁、铜、金、油气、石膏、钙芒硝、石盐、煤、煤层气成矿区	Ⅲ74-1 赤水重晶石成矿带	
Ⅲ77 上扬子中东部(台褶带)铅、锌、铜、银、铁、锰、汞、锑、磷、重晶石、硫铁矿成矿带	Ⅲ77-1 沿河-凯里重晶石成矿带	Ⅲ77-1-1 镇南重晶石成矿区
		Ⅲ77-1-2 丰水岭重晶石成矿区
		Ⅲ77-1-3 柿坪重晶石成矿区
		Ⅲ77-1-4 顶罐坡重晶石成矿区
		Ⅲ77-1-5 水山重晶石矿集区
Ⅲ78 江南隆起西段锡、钨、金、锑、铜、重晶石、滑石成矿带	Ⅲ78-1 天柱-从江重晶石成矿带	Ⅲ78-1-1 丙溪重晶石成矿区
		Ⅲ78-1-2 大河边重晶石成矿区
Ⅲ88 桂西-黔西南(右江地槽)金、锑、汞、银、水晶、石膏成矿区	Ⅲ88-1 兴义-望谟重晶石成矿带	Ⅲ88-1-1 乐纪重晶石成矿区

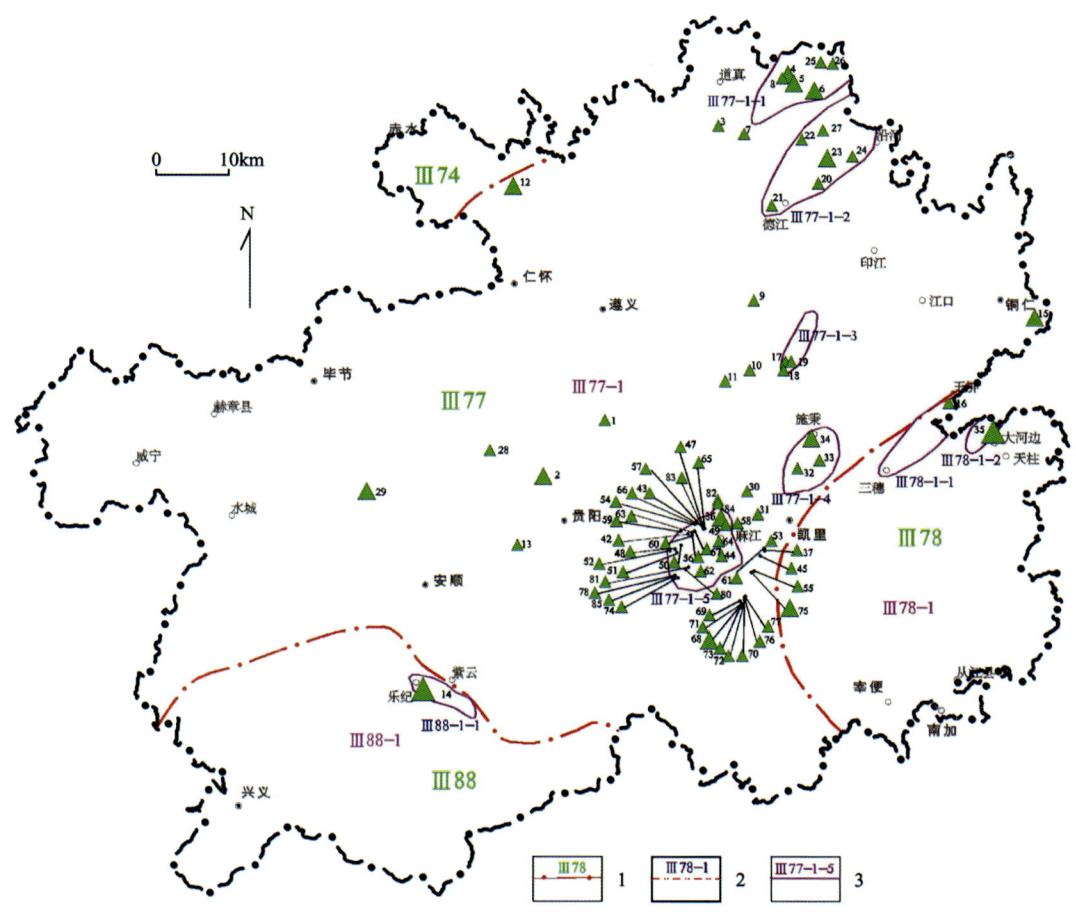

图 4-11　贵州省重晶石矿成矿区(带)划分图

1.Ⅲ级成矿区(带)界限及编号；2.Ⅳ级成矿区(带)界限及编号；3.Ⅴ级成矿区(带)界限及编号

1. 赤水重晶石成矿带（Ⅲ74-1）

该成矿带分布于Ⅲ级成矿区（带）（Ⅲ74 四川盆地铁、铜、金、油气、石膏、钙芒硝、石盐、煤、煤层气成矿区）或三级构造分区川中前陆盆地内，在贵州省内仅有小面积分布，目前尚未发现有重晶石矿床（点）产出。

2. 沿河-凯里重晶石成矿带（Ⅲ77-1）

该成矿带位于Ⅲ级成矿区（带）（Ⅲ77 上扬子中东部铅、锌、铜、银、铁、锰、汞、锑、磷、铝土矿、硫铁矿成矿带）、贵州省内，构造变形以北西向为主，同滇东毗邻地段则被北北东构造交截。重晶石矿主要分布于黔东北的务川—沿河及石阡柿坪一带，区内产有较多小型重晶石矿床（点），重晶石矿产于下奥陶统桐梓组，含矿岩系为一套灰岩、白云质灰岩组合，是贵州省主要的热液型重晶石矿床产出地之一。

1）Ⅲ77-1-1 镇南重晶石成矿区

该成矿区位于务川以北一带，大地构造位置为扬子陆块南部被动边缘褶冲带之铜仁逆冲带，成矿时代为燕山期。矿体产于下奥陶统桐梓组灰岩、白云岩中节理裂隙中。下伏地层为上寒武统娄山关组白云岩。上覆地层为下奥陶统红花园组浅灰色中厚层状粗晶石灰岩及生物碎屑灰岩。矿床类型为热液型重晶石矿床，矿床式为顶罐坡式。

2）丰水岭重晶石矿集区（Ⅲ77-1-2）

该矿集区的大地构造位置为扬子陆块南部被动边缘褶冲带之铜仁逆冲带，成矿时代为燕山期。矿体产于下奥陶统桐梓组灰岩、白云岩中节理裂隙中。矿床类型为热液型重晶石矿床，矿床式为顶罐坡式。

3）柿坪重晶石矿集区（Ⅲ77-1-3）

该矿集区的大地构造位置为扬子陆块南部被动边缘褶冲带之铜仁逆冲带，成矿时代为燕山期。矿体产于下奥陶统桐梓组灰岩、白云岩中节理裂隙中。矿床类型为热液型重晶石矿床，矿床式为顶罐坡式。

4）顶罐坡重晶石矿集区（Ⅲ77-1-4）

该矿集区的大地构造位置为扬子陆块南部被动边缘褶冲带之铜仁逆冲带，成矿时代为燕山期。矿体产于下奥陶统桐梓组灰岩、白云岩中节理裂隙中。矿床类型为热液型重晶石矿床，矿床式为顶罐坡式。

5）水山重晶石成矿区（Ⅲ77-1-5）

该矿集区的大地构造位置为扬子陆块南部被动边缘褶冲带之铜仁逆冲带，成矿时代为燕山期。矿体产于下奥陶统桐梓组灰岩、白云岩中节理裂隙中。矿床类型为热液型重晶石矿床，矿床式为顶罐坡式。

3. 天柱-从江重晶石成矿带（Ⅲ78-1）

本成矿带位于雪峰山基底逆推带内。地理上包括天柱、锦屏和黎平三县、从江县、剑河—榕江一线以西的雷公山地区。重晶石主要分布于天柱县大河边及玉屏丙溪一带，为沉积型重晶石，重晶石矿产于上震旦统—下寒武统老堡组，岩性为黑色硅质岩、碳质页岩夹磷块岩、重晶石矿层和碳质页岩，是贵州省主要的沉积型重晶石矿床产出地之一。

1）丙溪重晶石成矿区（Ⅲ78-1-1）

该成矿区位于Ⅲ78-1 天柱-从江重晶石成矿带内，大地构造位置为扬子陆块上的雪峰山基底逆推带（三级构造单元），含矿岩系为晚震旦世—早寒武世灯影峡期，其岩石地层名为上震旦统—下寒武统老堡组（$Z\epsilon l$）。下伏地层为下震旦统陡山沱组（$Z_1 ds$）灰色厚层细晶白云岩、粉晶白云岩夹少量碳质页岩。上覆地层为下寒武统牛蹄塘组（$\epsilon_1 n$）黑色碳质页岩、含粉砂质碳质页岩夹薄层状泥晶—细晶灰岩透镜体。矿床类型为海相沉积型重晶石矿床，矿床式为大河边式。

2)大河边重晶石成矿区(Ⅲ78-1-2)

该成矿区位于(Ⅲ78-1)天柱-从江重晶石成矿带内,大地构造位置为扬子陆块上的雪峰山基底逆推带(三级构造单元)之坪地复式向斜南东翼,含矿岩系为晚震旦世——早寒武世灯影峡期,其岩石地层名为上震旦统——下寒武统老堡组($Z_3 \in_1 l$)。下伏地层为下震旦统陡山沱组($Z_1 ds$)灰色厚层细晶白云岩、粉晶白云岩夹少量碳质页岩。上覆地层为下寒武统牛蹄塘组($\in_1 n$)黑色碳质页岩、含粉砂质碳质页岩夹薄层状泥晶——细晶灰岩透镜体。矿床类型为海相沉积型重晶石矿床,矿床式为大河边式。

4. 兴义-望谟重晶石成矿带(Ⅲ88-1)

该成矿带位于三级构造分区南盘江-右江前陆盆地的北部。其地理范围主要包括贵州西南部,以及盘县南部。构造线主要为北西西向及东西向,是印支期——燕山期滨太平洋和特提斯洋两大地动力背景下形成的褶皱断裂带。该成矿带仅镇宁县乐纪分布有1处大型重晶石矿床,重晶石矿产于泥盆系榴江组下部,含矿岩系为一套硅质岩、重晶石组合,是贵州省主要的沉积型重晶石矿床产出地之一。

乐纪重晶石成矿区(Ⅲ88-1-1)

含矿岩系为晚泥盆世佘田桥期,其岩石地层为上泥盆统榴江组。重晶石矿体呈似层状、透镜状顺层产出,矿体厚3.28~13.70m,平均7.52m。$BaSO_4$含量极值分别为55.32%~95.6%,平均品位为91.21%,矿床类型为海相沉积型重晶石矿床,矿床式为乐纪式。下伏地层为下泥盆统火烘组($D_1 h$)灰黑色、灰色泥岩、页岩、钙质粉砂岩,上覆地层为上泥盆统五指山组(DCw)灰、深灰色、灰黄色中厚层泥质条带灰岩。

十一、萤石矿

从大地构造环境来看,贵州省内已知萤石矿产于扬子成矿区与华南成矿区内。在不同次级构造单元中,萤石矿床的时空分布、控矿因素、矿化特征等有所不同,因而可进一步划分为8个Ⅳ级成矿区(带)和9个Ⅴ级成矿带、矿化带(表4-12,图4-12)。

表4-12 贵州省萤石成矿区(带)划分表

Ⅲ级成矿区(带)	Ⅳ级成矿区(带)	Ⅴ级成矿区(带)
Ⅲ74 四川盆地铁、铜、金、油气、石膏、钙芒硝、石盐、煤、煤层气成矿带	Ⅲ74-1 赤水-习水萤石成矿带	
Ⅲ77 上扬子中东部铅、锌、铜、银、铁、锰、汞、锑、磷、铝土矿、硫铁矿、煤、煤层气成矿带	Ⅲ77-1 沿河-贵阳萤石成矿带	Ⅲ77-1-1 焦坝-柏村萤石成矿区
		Ⅲ77-1-2 七科坝萤石成矿区
		Ⅲ77-1-3 朱家坝萤石成矿区
		Ⅲ77-1-4 石朝萤石成矿区
		Ⅲ77-1-5 正安萤石成矿区
		Ⅲ77-1-6 紫黄江萤石成矿区
Ⅲ78 江南隆起西段铜、锡、钨、锑、重晶石、滑石成矿带	Ⅲ78-1 天柱-从江萤石成矿带	
Ⅲ88 桂西-黔西南-滇东南北部(右江海槽)金、锑、汞、银、锰、水晶、石膏成矿区	Ⅲ88-1 普安-望谟萤石成矿带	Ⅲ88-1-1 碧痕营穹隆萤石成矿区

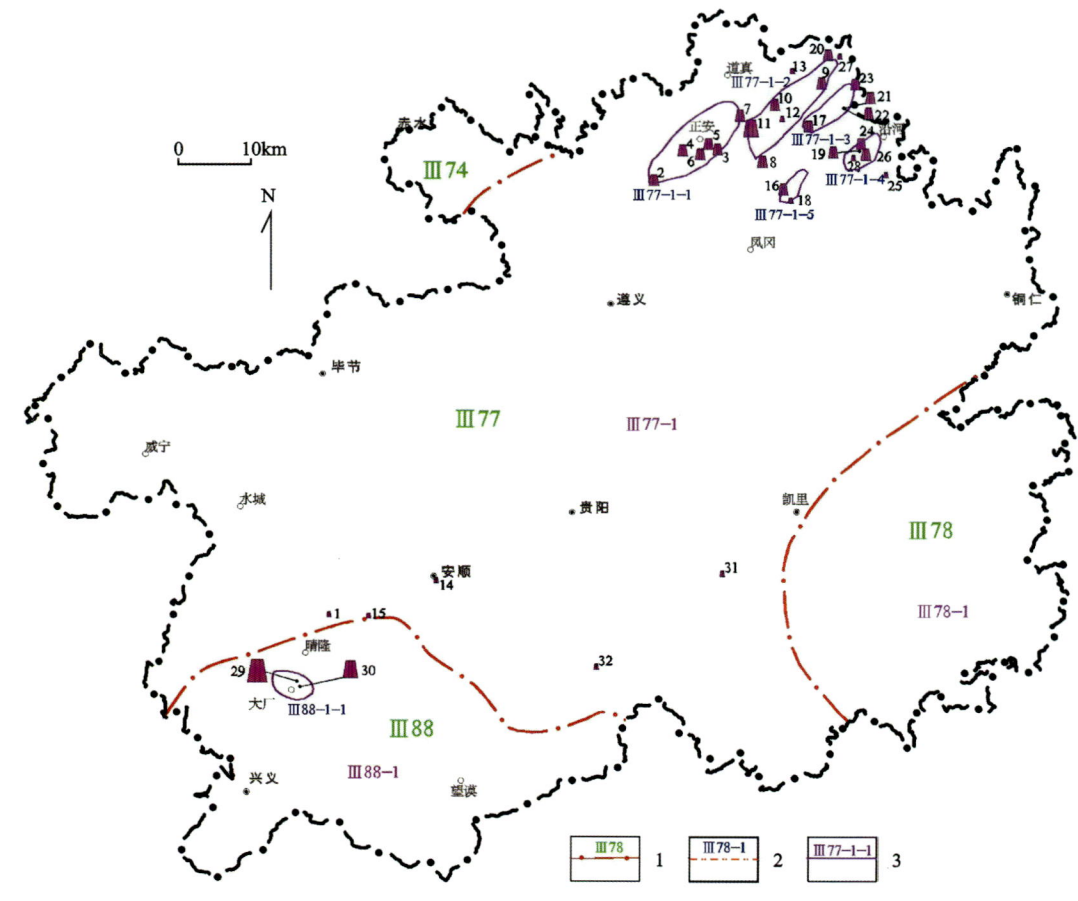

图 4-12 贵州省萤石矿成矿区(带)划分图

1. Ⅲ级成矿区(带)界限及编号;2. Ⅳ级成矿区(带)界限及编号;3. Ⅴ级成矿区(带)界限及编号

1. 赤水萤石成矿带(Ⅲ74-1)

该成矿带分布于Ⅲ级成矿区(带)(Ⅲ74 四川盆地铁、铜、金、油气、石膏、钙芒硝、石盐、煤、煤层气成矿区)或三级构造分区川中前陆盆地内,在贵州省内仅有小面积分布,目前尚未发现有萤石矿床(点)产出。

2. 沿河-贵阳萤石成矿带(Ⅲ77-1)

该成矿带位于贵州省威宁县、六盘水市、六枝、安顺、贵阳、遵义、沿河、铜仁、凯里等地。该区萤石矿主要分布在沿河、务川、正安一带,区内分布有丰水岭、双河、柏村等22个萤石矿床(点),另外在六枝、关岭见少数萤石矿点。在该成矿带中有焦坝-柏村萤石成矿区、七科坝萤石成矿区、朱家坝萤石成矿区、石朝萤石成矿区、正安萤石成矿区5个成矿区。

5个成矿区的特征基本相似,矿体主要产于断层、节理中,呈透镜状、脉状,矿体围岩为奥陶系桐梓组、红花园组、湄潭组中,容矿岩性主要为泥晶灰岩、鲕状灰岩、白云质灰岩、白云岩。区内萤石矿成因为与热(卤)水活动有关的碳酸盐岩型萤石矿床。该成矿区具有钡、砷、汞Ⅲ级浓度异常,异常与萤石矿(床)点套合较好;分布有萤石的Ⅰ级自然重砂异常,布格重力异常推断该成矿带深部有1条北北东向断层,推测断层可能控制区内萤石矿的产出。矿床为丰水岭式热液充填型。

3. 天柱-从江萤石成矿带(Ⅲ78-1)

该成矿带位于天柱、黎平、榕江、从江等地,主要出露中新元古代地层,以板岩、千枚岩、变质砂岩为主。该成矿带内以北东向、北北东向构造为主,目前未发现萤石矿床(点)。

4. 普安-望谟萤石成矿带(Ⅲ88-1)

该成矿区主体位于贵州省晴隆县内,代表性矿床有沙家坪、后坡北、后坡南等10处萤石矿床(点),矿床式为大厂式。

该成矿带位于碧痕营穹隆带中,穹隆核部由中上二叠统组成并伴有玄武岩或隐伏岩体,其周围常伴有较大的区域性断裂或被深大断裂切割。该成矿带主要形成于印支期,燕山期则进一步抬升而成为现今的面貌。穹隆构造与区内内生金属矿床有十分密切的关系,已发现萤石矿产地10处。区内化探异常有Sb、Hg、As、Au,异常与萤石矿(床)点套合较好;分布有萤石的Ⅰ级自然重砂异常。

该Ⅴ级成矿区(带)包括两个最小预测区,即中最小寨预测区、必康最小预测区,预测萤石矿石量$8\ 512.9\times10^3$t,$CaF_2\ 3\ 558.4\times10^3$t。其中查明萤石矿石量$5\ 735.00\times10^3$t,$CaF_2\ 2\ 052.63\times10^3$t;潜在萤石矿石量$2\ 777.9\times10^3$t,$CaF_2\ 1\ 505.77\times10^3$t。

综上所述,该成矿区(带)成矿地质条件较为有利,具有较好的物探、化探、遥感、自然重砂异常,但由于该区域前期地质勘查工作以详查为主,基本查明了该区域萤石资源量,未来在该区域进行萤石矿勘查工作,很难有大的突破。

十二、汞矿

贵州汞矿资源十分丰富,汞矿床(点)几乎遍布全省各地。截至目前,共计有矿床65处,矿点125处,矿化点59处。这些矿床(点)大致呈北东向,以带状集中分布于务川—遵义—盘县一线的南东侧,新晃—台江—荔波一线的北西侧,北东与湘、鄂、滇、桂汞矿相连,构成一个连绵千余千米的汞矿成矿区。根据控制汞矿的构造、地层、沉积相、矿化特征及地理位置等因素,贵州省可划分为8个汞矿成矿区和11个汞矿成矿带,详细情况见表4-13和图4-13。

表4-13 贵州省汞矿成矿区(带)划分表

Ⅲ级成矿区(带)	Ⅳ级成矿区(带)	Ⅴ级成矿区(带)
Ⅲ74 四川盆地铁、铜、金、油气、石膏、钙芒硝、石盐、煤、煤层气成矿区	Ⅲ74-1 赤水汞矿成矿带	
Ⅲ77 上扬子中东部(台褶带)铅、锌、铜、银、铁、锰、汞、锑、磷、铝土矿、硫铁矿成矿区	Ⅲ77-1 瓮安-开阳汞矿成矿带	Ⅲ77-1-1 开阳汞成矿区
		Ⅲ77-1-2 纸房成矿带
		Ⅲ77-1-3 红岩汞成矿带
	Ⅲ77-2 务川-江口汞矿成矿带	Ⅲ77-2-1 松桃-江口汞成矿区
		Ⅲ77-2-2 秀山-印江汞成矿区
		Ⅲ77-2-3 德江汞成矿区
		Ⅲ77-2-4 务川汞成矿区
	Ⅲ77-3 万山-丹寨汞成矿带	Ⅲ77-3-1 万山汞成矿区
		Ⅲ77-3-2 丹寨汞成矿区
Ⅲ78 江南隆起西段锡、钨、金、锑、铜、重晶石、滑石成矿区	Ⅲ78-1 天柱-从江汞成矿带	
Ⅲ88 桂西-黔西南金、锑、汞、铊、银、水晶、石膏成矿区	Ⅲ88-1 晴隆-贞丰汞成矿带	Ⅲ88-1-1 花江汞成矿区
		Ⅲ88-1-2 滥木厂汞成矿区

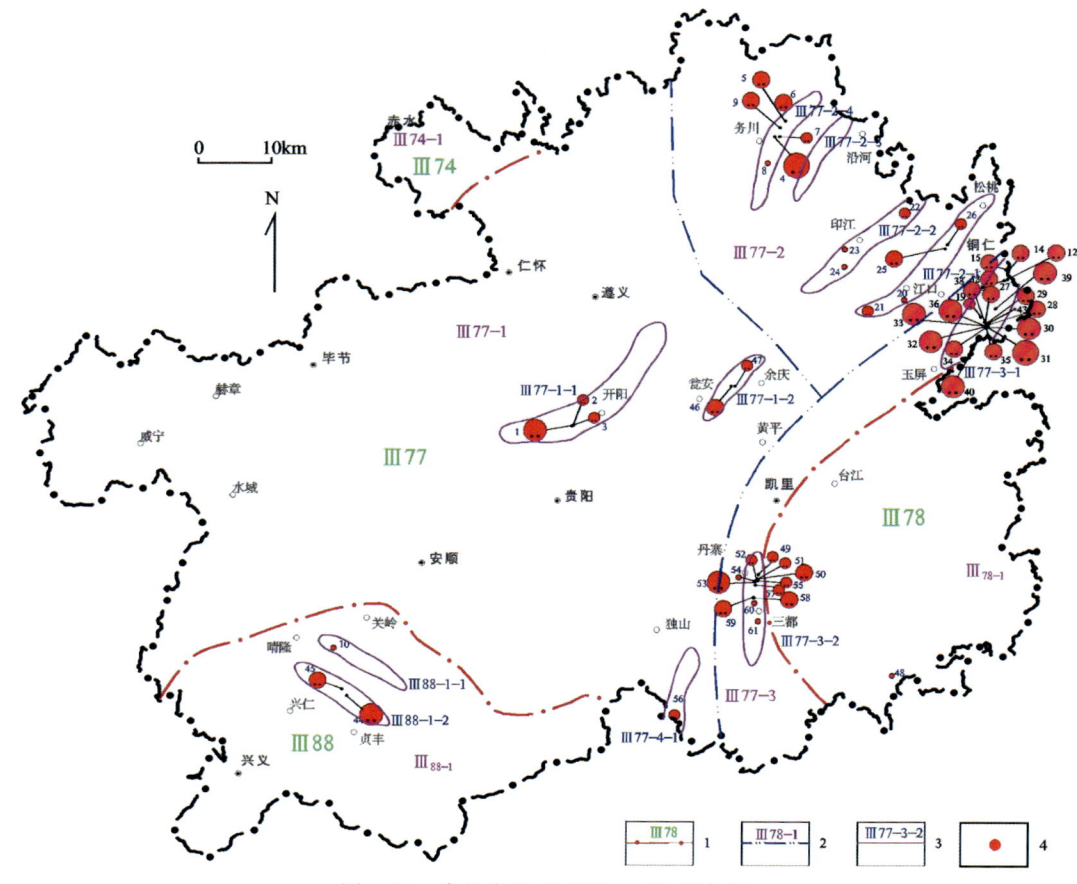

图 4-13 贵州省汞矿成矿区(带)划分图

1.Ⅲ级成矿区(带)界限及编号;2.Ⅳ级成矿区(带)界限及编号;3.Ⅴ级成矿区(带)界限及编号;4.汞矿

1. 赤水汞成矿带(Ⅲ74-1)

该成矿带分布于Ⅲ级成矿区(带)(Ⅲ74 四川盆地铁、铜、金、油气、石膏、钙芒硝、石盐、煤、煤层气成矿区)或三级构造分区川中前陆盆地内,在贵州省内仅有小面积分布,目前未发现矿床点。

2. 瓮安-开阳汞矿成矿带(Ⅲ77-1)

该成矿带位于贵州中部,区内有开阳、纸房、红岩3个成矿带。其中以纸房成矿带最重要,开阳成矿带次之。区内汞矿多分布在纳雍-玉屏深断裂之两侧,少数分布在北东向大断裂的两侧。汞矿产出层位不一,自东而西含矿层位有由老到新的趋势。汞矿主要产于中下寒武统,其次产于灯影组。所有汞矿皆产于碳酸盐岩中,围岩蚀变主要是硅化。

(1)纸房成矿带。位于矿区之东端,走向南北,受一系列北北东向逆掩断层所形成的叠瓦状构造的控制。矿带长约25km,宽5～8km,面积约125km^2。汞矿产于灯影组白云岩中。区内汞矿床有纸房汞矿及零星分布的汞矿化点。

(2)开阳成矿带。位于矿区中部,黔中深断裂之北侧。矿带长约50km,宽8～12km,面积约500km^2。汞矿床主要有白马硐、新光、白骨塔汞矿床及零星分布的汞矿化点。除白马硐矿床产于下寒武统清虚洞组及中寒武统石冷水组外,其余皆产于灯影组中。

(3)红岩汞成矿区(Ⅲ77-1-4)。位于贵州南部的独山与紫云之间,区内有独山红岩成矿带。呈南北向展布,汞矿产于石炭系摆佐组和中二叠统茅口组碳酸盐岩中。矿体或含矿体均受断裂构造的严格控制,属断裂型复杂矿床。含矿体常赋存在 F_2 断裂带扭褶弯曲处、次级构造交叉斜接处。矿带长约 20km,宽 6~10km,面积约 160km^2,走向近南北。区内汞矿中只有独山-红岩汞矿 1 处矿床,其余均为汞矿化点。

3. 务川-江口汞矿成矿区(Ⅲ77-2)

该成矿区位于务川、德江、沿河、印江、江口一带。在早寒武世清虚洞期至中、晚寒武世在该区沉积了厚 1300~1600m 的碳酸盐岩,它们大部分属台地蒸发相(潮坪相),少数属局限台地—开阔台地相。自东而西有松桃-江口成矿带、秀木-印江成矿带、德江成矿带、务川成矿带。它们大多受北北东向背斜、复背斜控制,少数受北东向、北北东向大断裂控制。汞矿主要产于台地蒸发相的下寒武统清虚洞组,矿体、含矿体多呈层状、似层状。围岩蚀变主要是方解石化。以务川汞矿带最为重要,松江汞矿带次之,再为德江成矿带与秀山-印江成矿带。

(1)务川成矿带。呈北北东向,受金鸡岭复背斜控制,长 80km,宽 5~10km,面积约 640km^2,包括板场-董家坝矿田,木油厂和官坝矿田。其中木油厂矿田规模巨大,含矿层位稳定。汞矿主要产于清虚洞组上部的白云岩中,多层含矿极为显著。矿田受北东向大断裂切割北北东向背斜部位及背斜向南南西倾没部位的控制。代表性矿床有木油厂、董家坝、板场、后洞、断山、泥塘坳等多处汞矿床(点),矿床式为务川式。

(2)松江成矿带。呈北北东向,长约 90km,宽 5~10km,面积约 900km^2。有长兴、水银厂和荫溪桥 3 个汞矿田。汞矿带沿北北东向松江倒转复向斜轴部发育的逆断层—逆掩断层带分布,断层垂直断距达千余米。北端的长兴矿田受逆断层旁侧的一短轴背斜控制。水银厂、荫溪桥矿田皆受逆断层控制。汞矿主要产于下寒武统清虚洞组,其次产于中、上寒武统白云岩中。代表性矿床有松桃水银厂,矿床式为务川式。

(3)德江成矿带。呈北北东向,长约 70km,宽 5~10km,面积约 560km^2。含矿地层主要为下寒武统清虚洞组,次为中寒武统高台组。汞矿化主要集中分布在区内复背斜内,有零星矿点多处。

(4)秀山-印江成矿带。呈北北东向,长约 90km,宽 5~8km,面积约 450km^2。含矿地层主要为下寒武统清虚洞组,次为高台组。汞矿化主要集中分布在区内复背斜内。区内有印江木黄汞矿及小泽沟汞矿及矿点多处。

4. 万山-丹寨汞成矿带(Ⅲ77-3)

在该成矿带出露有早寒武世清虚洞期至中、晚寒武世地层,岩性为以石灰岩、泥灰岩、白云岩为主的碳酸盐岩建造,厚 1000~2000m,在生物组合上具有扬子型与华南型混合的特点,沉积相属台地边缘相。汞矿皆产于紧邻台地边缘沉积的碳酸盐岩中的断层、层间裂隙中。

(1)万山汞成矿区。呈北北东向,跨湘、黔两省,北起湖南保靖水银厂,南至湖南新晃酒店塘,全长 50km(贵州境内长 40km),宽 10~15km,面积约 50km^2,沿铜仁大断裂分布。在沉积相上是台地边缘斜坡相。汞矿主要产于台缘斜坡相的中寒武统敖溪组中,次为下寒武统清虚洞组。本汞矿带包括保靖水银厂、猴子坪、黄丝桥、酒店塘、茶田(以上属湖南)及滑石、大硐喇、岩屋坪、万山、龙田冲(以上属贵州)共 10 个矿田,以万山、大硐喇两矿田最为著名。这些矿田都受与北北东向主褶皱垂直的、向北西西倾没的横跨背斜(又称半背斜)的控制,(岩屋坪、龙田冲受横跨向斜控制)。矿体(含矿体)多呈层状、似层状、层带状,围岩蚀变以硅化、白云石化为主。代表性矿床有杉木董、张家湾、冷风洞、路腊、大硐喇、沙洛湾等多个汞矿床(点),矿床式为万山式。

(2)丹寨汞成矿区。略呈南、北向,北起丹寨朱砂厂,南至荔波佳荣,长 90km,宽 5~8km,面积约 550km^2。在构造上,汞矿带位于两条近南北向的逆断层之间。在沉积相上,汞矿带则沿晚寒武世和早奥陶世的台地边缘斜坡与陆棚相的分界线分布。从北而南的丹寨水银厂、三都交梨和周覃 3 个汞矿田,分别受两条近南北向逆断层之间北北东向、近南北向的水银厂断裂带、交梨背斜和周覃背斜的控制。汞矿分别产于杨家湾组、都柳江组、三都组、锅塘组。代表性矿床有宏发厂、新发厂、羊角厂、下乌泥、天银厂、三都交梨等多个汞矿床(点),矿床式为丹寨式。

5. 天柱-从江汞成矿带(Ⅲ78-1)

该成矿带位于贵州天柱—从江一带、江南造山带西段,出露中新元古界,主要为浅变质岩—板岩、变质砂岩、千枚岩及少量片岩。该成矿带以北东向构造为主,目前未发现汞矿床点。

6. 晴隆-贞丰汞成矿带(Ⅲ88-1)

该成矿带位于贵州西南部,区内有兴仁烂木厂成矿带及关岭花江成矿带两个成矿带,呈北西向分布。含矿层位主要为上二叠统,而上覆的中下三叠统内只见矿化,未能形成工业矿床。

(1)花江成矿区。受北西向构造之花江背斜控制。含矿层位为三叠系关岭组,次为上二叠统。矿带长约28km,宽6~10km,面积约160km^2,走向近与烂木厂成矿带平行,为北西向。区内主要汞矿床有花江汞矿。

(2)烂木厂成矿区。受灰家堡背斜控制。含矿层主要为上二叠统龙潭组及长兴组,在下三叠统永宁镇组中也偶有工业矿体产出。矿带长约25km,宽5~8km,面积约150km^2,走向近北西。区内包括烂木厂、大坝田两个汞矿田,以烂木厂为主。矿石中铊含量较高,是省内唯一的汞铊类型矿床。

十三、铜矿

贵州省铜矿分布较为零星,均为小型规模,主要分布于黔西北的威宁、赫章,黔东南的从江地区及黔东铜仁的梵净山地区,另在织金、纳雍、盘县、关岭、雷山、丹寨、金沙、习水、赤水等地也有不同类型铜矿床(点)零星分布。截至2009年,贵州探明的铜矿产地为17处,上表资源量为111 202.76t。其综合成矿区(带),主要归属于Ⅲ77上扬子中东部(台褶带)铅、锌、铜、银、铁、锰、汞、锑、磷、铝土矿、硫铁矿成矿带、Ⅲ78江南隆起西段锡、钨、金、锑、铜、重晶石、滑石成矿带内,另在Ⅲ74四川盆地铁、铜、金、油气、石膏、钙芒硝、石盐、煤、煤层气成矿区和Ⅲ88桂西-黔西南金、锑、汞、铊、银、水晶、石膏成矿区有零星铜矿床(点)分布。

据贵州铜矿分布、矿床类型、赋矿特征,铜矿Ⅳ级、Ⅴ级成矿单元划分如下(表4-14,图4-14)。

表4-14 贵州省铜矿成矿区(带)划分表

Ⅲ级成矿区	Ⅳ级成矿亚带	Ⅴ级成矿区
Ⅲ74四川盆地铁、铜、金、油气、石膏芒硝、石盐、煤、煤层气成矿区	Ⅲ74-1赤水铜矿成矿区	
Ⅲ77上扬子中东部(台褶带)铅、锌、铜、银、铁、锰、汞、锑、磷、铝土矿、硫铁矿成矿区	Ⅲ77-1威宁-六盘水铜矿成矿带	Ⅲ77-1-1玉龙铜成矿区
		Ⅲ77-1-2铜厂河铜成矿区
		Ⅲ77-1-3炉山铜成矿区
	Ⅲ77-2仁怀-毕节铜矿成矿带	
	Ⅲ77-3江口-安顺铜矿成矿带	Ⅲ77-3-1梵净山铜成矿区
Ⅲ78江南隆起西段锡、钨、金、锑、铜、重晶石、滑石成矿区	Ⅲ78-1天柱-从江铜矿成矿带	Ⅲ78-1-1地虎铜成矿区
Ⅲ88桂西-黔西南金、锑、汞、铊、银、水晶、石膏成矿区	Ⅲ88-1普安-贞丰铜矿成矿带	

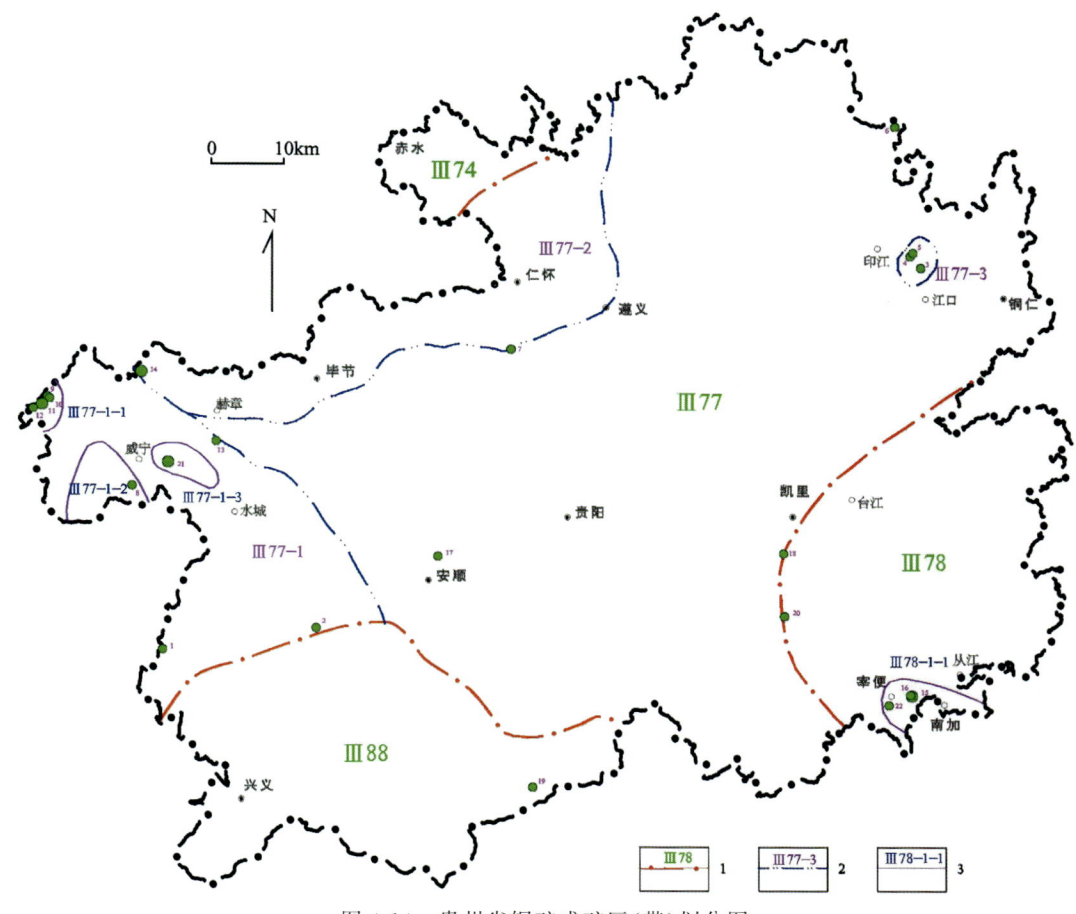

图 4-14 贵州省铜矿成矿区(带)划分图

1. Ⅲ级成矿区(带)界限及编号;2. Ⅳ级成矿区(带)界限及编号;3. Ⅴ级成矿区(带)界限及编号

1. 赤水-习水铜矿成矿带(Ⅲ74-1)

该带分布于Ⅲ级成矿区Ⅲ74(四川盆地铁、铜、金、油气、石膏、钙芒硝、石盐、煤、煤层气成矿区)或三级构造分区川中前陆盆地内,在贵州省内仅有小面积分布,目前只发现一些砂岩型铜矿化点。

2. 威宁-六盘水铜矿成矿带(Ⅲ77-1)

该成矿带主要分布在黔西北威宁、纳雍地区,其次为盘县、普定等地,是与陆相火山岩有关的玄武岩型铜矿,已发现矿床、矿(化)点 40 余处,以威宁铜厂河铜矿床为代表。

截至目前,关于威宁地区铜矿床直接的精确成矿年代数据未见报道。戴传固等(2003)对威宁地区的玄武岩型铜矿地质特征、成矿规律等进行了分析,认为成矿时期最大可能是燕山期。云南地区玄武岩型铜矿床(云南宝坪)目前报道的成矿年龄为 87.2~27.1Ma,以 57~27.1Ma 为主体,矿床形成于晚燕山期—早中喜马拉雅期(钟康惠等,2003)。朱炳泉等(2005)对滇东北与自然铜富矿石密切共生的浊沸石、片沸石进行了年龄测定,不同自然铜矿化区浊沸石给出了一致的 $^{40}Ar/^{39}Ar$ 坪年龄和等时线年龄(228~226 Ma);片沸石 $^{40}Ar/^{39}Ar$ 和 U-Th-Pb 等时线定年结果表明,该区在白垩纪早期(135 Ma)存在第二次低温热液作用和自然铜矿化。因此,我们认为威宁铜厂河铜矿床的成矿时代也应与具有相同成矿背景、特征的云南宝坪及滇东北矿床相近,矿床成矿时代为燕山晚期到早中喜马拉雅期,矿床在峨眉山玄武岩喷发间隙时及期后热液作用下共同形成。

根据分布位置、类型不同,该成矿带可划分为Ⅲ77-1-1 玉龙铜成矿区、Ⅲ77-1-2 铜厂河铜成矿区、

Ⅲ77-1-3 炉山铜成矿区。总体来说,该成矿带铜矿规模小,厚度、品位变化大。

3. 仁怀-毕节铜矿成矿带(Ⅲ77-2)

该成矿带位于习水、仁怀、毕节等地,总体来说,具有规模小,厚度薄,不稳定,品位变化大,品位低的特点。该区铜矿产出层位有上二叠统龙潭组或宣威组、下三叠统飞仙关组或夜郎组、上三叠统二桥组、下中侏罗统自流井群或下禄丰组、中侏罗统上沙溪庙组、上侏罗统遂宁组和蓬莱镇组等。其中以飞仙关组和上沙溪庙组含铜砂岩型铜矿分布较广,矿点较多,工作较详,其余仅有稀少矿点(矿化点)分布,工作程度较低,资料较少。飞仙关组铜矿主要分布在西部盘县雨坝、东家庄、松林坡、鲁库、把嘎,水城樊家寨、哑口场,威宁金斗、二田坝,赫章德卓、罗洲、拉门口、结构、兴义铜厂沟、毕节等地,已发现矿床1处,矿点19处,矿化点13处;上沙溪庙组铜矿主要分布在贵州北部及西部之仁怀罗村、冷山、石板坡、大弯、麻湾、天堂湾、黎日山、习水新房、两岔河,金沙铜厂坡、沿河、古家寨,大方上坝、小河,毕节野猪塘、马梨光等地,已知矿点107处。

威宁德卓铜矿赋存于德卓向斜两翼的下三叠统飞仙关组砂岩中,共产铜4层,主要产出于下三叠统飞仙关组(T_1f^{1-2})中,矿层断续延长400~3800m,一般厚0~1.2m,平均品位0.35%~4.05%。铜矿之矿物组合较简单,硫化矿物主要为斑铜矿、黄铜矿,而辉铜矿少见;氧化矿物主要为孔雀石、蓝铜矿等,矿石具丹粒状、散点状、条带状等构造,脉石矿物主要为方解石及石英。

4. 江口-安顺铜矿成矿带(Ⅲ77-3)

该成矿带主要分布在东部梵净山一带,矿床(点)产于晚元古代的梵净山隆起东部,以江口县桑木沟铜镍矿点为代表,属于与超基性岩有关的熔离型的镍、铜矿床成矿亚系列,梵净山地区分布的主要是与壳源花岗岩有关的中高温岩浆热液型铜矿。该类矿床主要分布在梵净山印江标水岩地区和黑湾河地区,矿床同时受深部隐伏的花岗岩和地表出露的辉绿岩体控制。

5. Ⅲ78-1 天柱-从江铜矿成矿带

该成矿带限于黔东南与桂北毗邻的从江县内,属九万大山前寒武纪隆起北缘,即吉羊穹状背斜北缘,或称黔桂边境摩天岭花岗岩的北延部分。因其构造变形较为强烈,出现类型较复杂的北东向韧性剪切带和滑脱构造变形系统。再加上岩浆活动频繁,从而形成了钨锡和金、铜等金属矿产。

黔东南从江地区的铜、金、银、多金属矿与基性火山岩有密切关系,从江地区与滑脱构造带有关的岩浆热液型铜、金、银、多金属矿主要分布在地虎、九星、鸡脸、陇雷等地,矿体多呈矿(化)点产出。

区内铜金银多金属矿床主要以似层状、透镜状产出于滑脱构造带内。铜金银多金属矿体一般长几米到几百米,宽几十米到几百米,一般厚1~6m,平均品位一般约为1.2%。矿体倾角与地层产状基本一致,一般10°~30°。带内强硅化绢云母千枚岩、铁锰质绢云母千枚岩、块状石英片岩、绿泥石片岩、变余石英砂岩等岩石是容矿的有利岩石。

另外,在花岗岩中有石英脉型铜矿,其矿体受近北西向张性断裂控制,舒家湾一带脉状矿体长一般长数十米至300m。

6. 普安-贞丰铜矿成矿带(Ⅲ88-1)

在黔西南地区,目前主要有罗甸县羊子坪铜矿。该铜矿主要产于辉绿岩外接触带中,矿体产于节理裂隙、蚀变带中,呈脉状、透镜状,其围岩为上二叠统晒瓦组粉砂岩、细砂岩及凝灰岩。

十四、钨、锡矿

贵州省钨、锡矿仅分布在从江、梵净山地区。它们分别处于Ⅲ78江南隆起西段锡、钨、金、锑、铜、重晶石、滑石成矿带,Ⅲ77上扬子中东部(台褶带)铅、锌、铜、银、铁、锰、汞、锑、磷、金矿、硫铁矿成矿带内。对贵州钨锡矿Ⅳ级、Ⅴ级成矿带划分见表4-15、图4-15。

表4-15 贵州省钨、锡矿成矿区(带)划分表

Ⅲ级成矿区(带)	Ⅳ级成矿区(带)	Ⅴ级成矿区(带)
Ⅲ74 四川盆地铁、铜、金、油气、石膏、钙芒硝、石盐、煤、煤层气成矿带	Ⅲ74-1 赤水钨、锡成矿带	
Ⅲ77 上扬子中东部(台褶带)铅、锌、铜、银、铁、锰、汞、锑、磷、铝土矿、硫铁矿成矿带	Ⅲ77-1 铜仁-贵阳钨、锡成矿带	Ⅲ77-1-1 梵净山钨、锡成矿区
Ⅲ78 江南隆起西段锡、钨、金、锑、铜、重晶石、滑石成矿带	Ⅲ78-1 天柱-从江钨、锡成矿带	Ⅲ78-1-1 从江钨、锡成矿区
Ⅲ88 桂西-黔西南金、锑、汞、铊、银、水晶、石膏成矿带	Ⅲ88-1 晴隆-贞丰钨、锡成矿带	

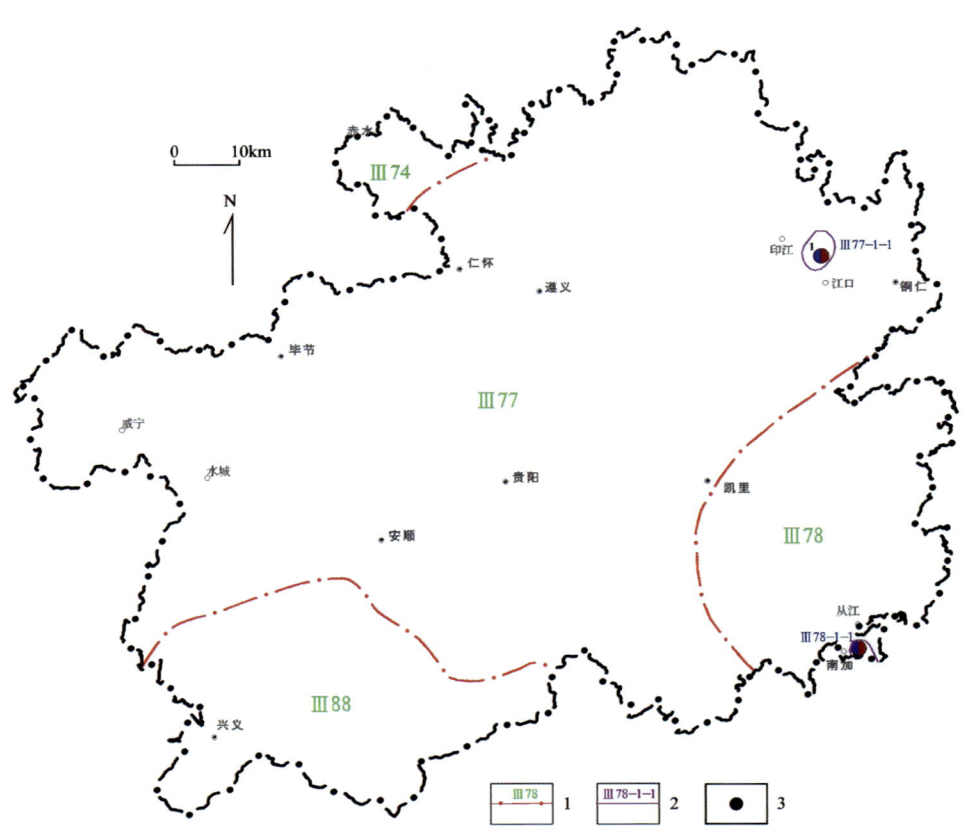

图4-15 贵州省钨、锡矿成矿区(带)划分图

1.Ⅲ级成矿区(带)界限及编号;2.Ⅴ级成矿区(带)界限及编号;3.矿床(点)

1. 赤水钨锡成矿带（Ⅲ74-1）

该成矿带分布于Ⅲ74四川盆地铁、铜、金、油气、石膏、钙芒硝、石盐、煤、煤层气成矿区或三级构造分区川中前陆盆地内，在贵州省内仅有小面积分布，目前尚未发现有钨、锡矿床（点）产出。

2. 铜仁-贵阳钨锡矿成矿带（Ⅲ77-1）

钨、锡矿主要分布在梵净山地区，已发现印江标水岩、江口县梵净山黑湾河钨、锡矿等，为锡石-热液石英细脉带钨、锡矿床。

（1）印江标水岩钨、锡矿。位于梵净山群张家堰背斜北西翼近轴部地段，矿体产于云英岩带，含矿围岩为梵净山群淘金河组第三段中部之辉绿岩。深部有隐伏花岗岩存在。钨锡矿脉呈脉状充填于辉绿岩中，矿脉有3组，均为含钨锡云英岩脉及电气石石英脉。主矿脉产状平缓，脉间距数米至数十米不等，矿脉走向长150～600m，倾向宽120～520m。矿体Sn品位0.22％～0.99％，WO_3 0.12％～0.45％。少数矿体含铜。矿石主要金属矿物为锡石、白钨矿、黑钨矿等。脉石矿物主要为石英、电气石、白云母。主要近矿围岩蚀变为云英岩化、钠黝帘石化、绿泥石化。矿床为含锡石石英脉型钨、锡矿床。

（2）江口黑湾河石英细脉带型钨、锡矿。含钨、锡石英脉赋存于呈紧密同斜褶曲的中元古节梵净山群铜厂组浅变质复理石砂、板岩中。矿床深部有隐伏的武陵期白云母花岗岩侵入。含矿石英脉密集成带出现。矿化受同斜褶曲的控制，呈北东向产出。矿脉倾角陡，近直立，倾向多变。脉带中单脉长多在100m以上，脉宽0.01～0.7m。

3. 天柱-从江钨锡成矿带（Ⅲ78-1）

钨、锡矿主要分布在从江翠里一带、摩天岭花岗岩体北东部，矿体产于外接触带的云英岩中，如乌牙钨、锡矿；另外，南加矿体产于花岗岩体与围岩接触带中。该区主要是钨矿，只见锡矿化，其矿体与花岗岩侵入相关。该区花岗岩已有很多测年资料，2003—2010年间贵州省地质调查院测得锆石U-Pb年龄（802±31）Ma，李政祥、李献华（2007）的SHRIMP U-Pb年龄为820～825Ma，其形成时代为新元古代中期。因此，矿床形成于新元古代雪峰期。该类型钨、锡矿主要分布在从江乌牙、南加一带，目前仅探明乌牙1处小型矿床。矿床形成于花岗岩体的外接触带黑色蚀变岩带中。

矿区内摩天岭花岗岩为富SiO_2和K_2O，贫CaO、MgO、(FeO)的高钾超酸性过铝质花岗岩。岩石微量元素与黎彤（1962）平均值相比，Cr、Co含量偏高，Ni、Ti普遍偏低，贵金属Ag、Au明显偏低，W、Sn明显富集（W最高达6倍；Sn最高达16倍），为有利的钨、锡矿花岗岩类型。

4. 晴隆-贞丰钨锡矿成矿带（Ⅲ88-1）

该成矿带主要分布于Ⅲ88桂西-黔西南金、锑、汞、铊、银、水晶、石膏成矿带中，主要出露二叠系、三叠系，以碎屑岩、碳酸盐岩为主，构造较复杂，主要以北东向、北西向、东西向构造发育为特征，只有少量超基性岩体产出，目前未见钨、锡矿床（化）点。

第五章　矿床成矿系列与成矿谱系

第一节　贵州省矿床成矿系列划分概况

一、研究工作概述

1. 前人研究程度

陈毓川等(2007)的《中国成矿体系与区域成矿评价成果报告》指出矿床成矿系列为"在一定的地质历史时期或构造运动阶段,在一定的地质构造单元及构造部位,与一定的地质成矿作用有关,形成一组具有成因联系的矿床的自然组合"。每个矿床成矿系列由时间、空间(地质环境)、地质成矿作用、矿床组合4个要素组成,这是研究每个矿床成矿系列所不可缺少的内容。

直接针对贵州省成矿系列的研究成果,先后见于欧文(1996)、王华云(1997)和冯学仕等(2003),以及10多年来陈毓川院士等主编的"中国成矿体系与区域成矿评价系列丛书"。其中,贵州省成矿系列的系统研究成果,始见于冯学仕等(2003)所著的《贵州省区域矿床成矿系列与成矿规律》。该成果以区域矿床成矿系列学术思想为指导,将贵州省主要矿种划分为20个矿床成矿系列及16个亚系列。其后,陈毓川等(2007)编著的《中国成矿体系与区域成矿评价》,在各省的矿床成矿系列研究成果基础上,对全国矿床成矿系列及成矿谱系进行了系统汇总、归并和再研究,获得了更深入系统的认识,其中涉及贵州省的矿床成矿系列及亚系列分别有11个和8个。

2. 本次主要研究内容

矿床成矿系列研究包含7个序次,即①矿床成矿系列组合;②矿床成矿系列类型;③矿床成矿系列组;④矿床成矿系列;⑤矿床成矿亚系列;⑥矿床式;⑦矿床(陈毓川等,2007)。本次工作中,重点研究④、⑤两个序次,将在沿用陈毓川等(2007)已经建立的矿床成矿系列、亚系列基本框架、名称及编号的基础上,结合贵州省矿产资源潜力评价单矿种研究成果及近年来其他研究成果作必要修正和增补,而对于增补的系列及亚系列,先提名并编号,再报全国成矿规律组审定;⑥、⑦两个序次,也是本次研究的重点,将针对各个成矿系列和亚系列内的不同矿床类型分别建立矿床式,然后分别选择1～2个代表性矿床进行深入研究,具体包括成矿作用、成矿规律及成矿模式等,以此深化贵州省主要矿产成矿规律及找矿方向的认识。

二、成矿系列研究成果概述

1. 矿床式

矿床式是矿床成矿系列研究中的第六序次,是对矿床(第七序次)进行系统研究基础上总结出来的概念,系指矿床成矿系列中某一相似成矿条件下形成的具有相似地质特征、相似元素组合和矿床成因的一些矿床组或称矿床类型(陈毓川等,2007)。它的特征和属性大致可从其典型矿床研究中获得。每一个矿床式应该具有独一无二的位置,可以作为编制矿床成矿系列图的基本"元"。正确和准确地识别矿床式,是建立矿床成矿模式(包括成因模式和描述模式)的基础(矿床成矿系列和亚系列一般对应于区域成矿模式),也是建立找矿模型的依据。

本次研究工作首先对全省主要矿种的36个典型矿床和若干个代表性矿床、矿点进行了综合研究,然后按矿床类型及其成矿作用的不同进行分类和归并,从而形成56个矿床式。

各类矿床式基本特征如下:

(1)以单一成矿作用形成,或者以一种成矿作用为主。

(2)某些沉积矿产的矿床式,形成于比较短暂的同一成矿期,如早寒武世初期沉积的镍钼钒矿,有遵义式镍钼钒矿和镇远式钒矿,其成矿元素组合从东至西呈现出有规律性的变化,尽管物质成分、成矿元素组合明显不同,但其沉积成矿期大致一致,是同一地史时期大致相似的成矿条件,但沉积相位和沉积环境略有不同的产物。

(3)某些沉积矿产的矿床式之间,矿床成因类型相同,沉积环境大致相同,但沉积成矿作用具明显穿时性。例如,从黔中至黔北,先后有猫场式铝土矿、遵义仙人岩式铝土矿、大竹园式铝土矿,其沉积成矿时间及顶、底板地层都是穿时的,随着岩相古地理的变迁,由南至北成矿时代变新。

(4)成矿时间相差不大而成矿环境有所不同的矿床也可以区分为矿床式,尤其是内生矿床,往往在空间上不处在同一个地区。

(5)某些矿床在贵州省研究程度不高,可借用省外的矿床式名称,如会泽式铅锌矿、宁乡式铁矿等。

总之,尽管各个矿床式的成矿期有早有晚、有长有短,但都有其主成矿期。经初步研究,贵州省主要矿床式的主成矿期详见表5-1。

表5-1 贵州省主要矿床式的主成矿期

矿种	主成矿期					
	Pt_3	Pz_1	Pz_2	Mz_1	Mz_2	Kz
铜或铜金银多金属	南加式铜矿	地虎式铜、金、银、多金属矿床			习水条台式铜矿,含铜砂岩型;铜厂河式铜矿	(铜厂河式铜矿以原生为主)
金		同古式金矿			水银洞式金矿;烂泥沟式金矿;泥堡式金矿;苗龙式金矿	老万场式金矿;泪罗式金矿
铝、镓			大竹园式铝土矿;凯里鱼洞式铝土矿;遵义仙人岩式铝土矿;猫场式铝土矿			
铁			楚米铺式铁矿;苦李井式铁矿;宁乡式赤铁矿		菜园子式菱铁矿;綦江式铁矿	金沙式铁矿
锰	大塘坡式锰矿		遵义式锰矿;下雷式锰矿			水城式锰矿
铌、钽等	磨槽沟式铌、钽矿					
铅、锌、多金属				会泽式铅锌矿	杉树林式铅锌矿;牛角塘式铅锌矿;天桥式铅锌矿	榨子厂式铅锌矿

续表 5-1

矿种	主成矿期					
	Pt_3	Pz_1	Pz_2	Mz_1	Mz_2	Kz
汞					滥木厂式汞矿；白马洞式汞矿；纸房式汞矿；丹寨式汞矿；务川式汞矿；万山式汞矿	
锑					晴隆式锑矿；八蒙式锑矿；半坡式锑矿	
钨	乌牙式钨矿；梵净山式钨锡铜矿					
镍、钼、钒等		遵义式镍钼钒矿；镇远式钒矿			（白马洞汞铀钼矿床）	
磷（稀土）	新华式磷(稀土)矿；开阳式磷(碘)矿					
煤			六盘水式煤矿；龙里式煤矿	龙头山式煤矿		（昭通式煤矿、须家河组式煤矿）
硫			叙永式硫铁矿		排带式硫铁矿	
石膏				太平堡式石膏		（黄平红梅式石膏）
重晶石	大河边式重晶石		乐纪式重晶石矿		顶罐坡式重晶石矿	（平坝马场式重晶石砂矿）
萤石					晴隆式萤石矿；丰水岭式萤石矿	
玉石	（印江紫袍玉）		罗甸式玉石矿			
金刚石		镇远式金刚石矿				（镇远马坪式金刚石矿）

注：带括号者表示发现有该类矿产，但尚无条件建立矿床式。

2. 矿床成矿系列、亚系列及系列组

矿床成矿系列是矿床成矿系列研究中的第四序次，指在一定的地质历史时期或构造运动阶段，在一定的地质构造单元及构造部位，与一定的地质成矿作用有关，形成一组具有成因联系的矿床的自然组合（陈毓川等，2007）。

矿床成矿系列的亚系列是矿床成矿系列研究中的第五序次，为同一矿床成矿系列中的次一级成矿系列。

矿床成矿系列组是矿床成矿系列研究中的第三序次，简称成矿系列组，即地质成矿作用不同，但在同一构造旋回及该旋回所形成的构造单元内的矿床成矿系列可以整合为一个具有一定内在联系的一个组。它包括由不同地质作用形成的且形成于同一个地质历史时期的同一构造旋回中的，按照一定时空规律有序组合的矿床成矿系列。通过矿床成矿系列组的研究，建立矿床成矿系列与地壳运动演化规律之间的联系，可为运用矿床成矿系列解释地质构造演化和地球演化提供依据。陈毓川等（2007）划出的两个矿床成矿系列组在贵州有分布，即：①Sw7 西南部风化壳稀有、稀散、镍、金、铂族、钛铁矿、砂锡成矿系列组；②Mz_1-12F 川滇黔与印支旋回热水-沉积作用有关的铅、锌、锰、锶、石膏、盐、杂卤石、煤矿床成矿系列组。

本书参照陈毓川等（2007）的研究成果，并结合贵州省潜力评价项目综合研究成果，共建立了 14 个矿床成矿系列。其中，与沉积作用有关者 7 个，与热液作用有关者 2 个，与岩浆作用有关者 4 个，与沉积-变质作用相关者 1 个。各矿床成矿系列都作了亚系列的进一步划分，详见表 5-2。

表 5-2 贵州省矿床成矿系列汇总表

成矿时代	矿床成矿系列	矿床成矿亚系列	矿床式	代表性矿床	矿床描述	分布区域
Q	Sp1 长江流域砂成矿系列	Sp1-7 沅江—洞庭湖流域砂金、金刚石、独居石成矿亚系列	泪罗式金矿	黎平县敖市砂金（代表）、天柱县白市砂金	主要产于河流阶地、河漫滩	黔东南清水江流域
Q	Sp1 长江流域砂成矿系列	Sp1-7 沅江—洞庭湖流域砂金、金刚石、独居石成矿亚系列	（未建式）	镇远马坪金刚石砂矿点	主要产于河流冲积物中	舞阳河流域、清水江流域
Q	Sw7 西南部风化壳稀有、稀散元素、金、铂族元素、钛铁矿、砂锡矿、重晶石矿床成矿系列组（实际已跨越扬子、华南）	Sw7-4 岩溶石山地区风化壳土型金矿成矿亚系列	老万场式金矿	黔西南老万场（代表）、豹子洞，砂锅厂金矿	微细粒浸染型原生矿体、矿化体经崩塌堆积后形成，部分为红土化作用，产于残坡积物中	兴义、兴仁、晴隆、普安、盘县一带
Q		Sw7-5 滇黔桂风化壳铝土矿成矿亚系列	（未建式）	零星分布于黔中—黔北地区	为铝土岩在风化壳中经进一步去硅、脱碳后形成铝土矿体	黔中—黔北地区
Q		Sw7-9（新）坡残积层中铅、锌、水晶矿床成矿亚系列	榨子厂式铅锌矿	赫章榨子洞铅锌矿床（代表）、赫章白腊厂铅锌矿床等	原生铅锌矿体经风化壳中风化堆积于残坡积物中形成的矿	黔西北、黔南
Q		Sw7-9（新）坡残积层中铅、锌、水晶矿床成矿亚系列	马场式水晶	贵阳马场水晶、罗甸拱里大型水晶矿床	硅质岩层中水晶风化后保留在残坡积物中	黔西南、黔南等地
Q		SW7-10（新）石灰岩淋滤带中石膏矿床成矿亚系列	（未建式）	黄平红梅石膏矿床	新生风化淋滤作用	黄平县及附近
Q		Sw7-11（新）华南—扬子沉积碳酸盐风化壳锰、铁成矿亚系列	水城式锰矿	水城徐家寨锰矿床	含锰碳酸盐岩风化壳中风化淋滤后形成，产于茅口组二段风化淋滤带	水城、纳雍等地
Q		Sw7-11（新）华南—扬子沉积碳酸盐风化壳锰、铁成矿亚系列	金沙式铁矿	金沙县大槽铁矿床	硫铁矿或粘质黏土岩经风化淋滤作用形成	贵州西部
Mz_2	Mz_2-40 上扬子台褶带沉积金、银、锑、砷、萤石、重晶石矿床成矿系列（实际已跨越扬子、华南）	Mz_2-40⁵ 苗岭—南盘江断裂褶皱带二叠系及三叠系碳酸盐岩层中金矿、银、锑、汞矿床成矿亚系列	水银洞式金矿	贞丰水银洞（代表）、太平洞、三岔河、紫木凼等大型金矿床	燕山期、低温热液型，Au 105Ma，产于龙潭组与茅口组接触带及断层中	普安—贞丰地区
Mz_2			滥木厂式汞矿	兴仁县滥木厂汞矿床	沉积—改造型热液矿床，以热液矿化为主	兴仁县
Mz_2		Mz_2-40⁷（新）苗岭—南盘江断裂褶皱带二叠系及三叠系硅质陆源碎屑岩容矿的金、锑、汞、砷矿床成矿亚系列	烂泥沟式金矿	贞丰县烂泥沟金矿床	二叠系及三叠系硅质陆源碎屑岩容矿	册亨—望谟地区

续表 5-2

成矿时代	矿床成矿系列	矿床成矿亚系列	矿床式	代表性矿床	矿床描述	分布区域
Mz₂	Mz₂-40 上扬子台褶带沉积岩容矿的铅、锌、汞、金、银、锑、砷、铀、萤石、重晶石矿床成矿系列（实际已跨越扬子、华南）	Mz₂-40⁸（新）苗岭-南盘江断裂山碎屑岩（凝灰岩）、碎屑岩容矿的锑、金、萤石矿床亚系列	泥堡式金矿	普安泥堡金矿床（代表），兴义大竑口、兴义雄武、盘县青山坡、陇戛大地等金矿	海西期、燕山期（主），低温热液型，主要产于二叠系（含）火山碎屑岩（凝灰岩）中	兴义、兴仁、晴隆、普安、盘县一带
			晴隆式锑矿	晴隆县大厂锑矿（代表），碧痕、固路、支永、后坡锑矿	燕山期，低温热液，产于二叠系玄武岩与茅口组接触带	晴隆县大厂
			晴隆式萤石矿	晴隆县后坡萤石矿（代表），西舍、碧康萤石矿	燕山期，热液型，产于二叠系玄武岩与茅口组接触带	晴隆县大厂
		Mz₂-40³ 开阳-余庆台缘褶断带震旦系-寒武系碳酸盐岩容矿的汞成矿床亚系列	白马洞式汞矿	开阳县白马洞汞铂钼矿床（代表），开阳中心汞矿	燕山期，低温热液型，产于寒武系白云岩节理裂隙中	开阳-余庆
			纸房式汞矿	黄平县纸房肖家冲汞矿床	产于寒武系白云岩节理裂隙	黄平
		Mz₂-40² 丹寨-独山台缘褶断带古生界碳酸盐岩、碎屑岩及前寒武系浅变质岩容矿的锑、汞、金矿床成矿亚系列	丹寨式汞矿	丹寨宏发厂汞矿厂，独山岜夜汞矿床；三都交梨、半坡汞矿床	燕山期、低温热液型，产于寒武系、奥陶系碳酸盐岩及断层带及层间裂隙	丹寨-三都
			苗龙式锑矿	丹寨苗龙金汞锑矿床	微细浸染型锑矿，产于寒武系白云岩节理裂隙	丹寨-三都
			八蒙式锑矿	榕江县八蒙锑矿床	热液型锑矿，产于浅变质岩、碎屑岩及断层、节理裂隙	雷山-榕江
			半坡式锑矿	独山县半坡锑矿床；雷山开屯式锑矿床	低温热液型，产于碳酸盐岩及断层、节理裂隙	独山
			排庭式硫铁矿	三都县排庭硫铁矿床	热液型，产于断层、节理裂隙中	丹寨-三都
		Mz₂-40⁴ 务川-万山台缘褶断带寒武系碳酸盐岩容矿的汞、砷、锑、硒、铀、萤石、重晶石矿床成矿亚系列	务川式汞矿	务川木油厂汞矿床	燕山期，低温热液型，439～318Ma，产于寒武纪碳酸盐岩中断层、节理裂隙	务川
			万山式汞矿	万山杉木菫汞矿床	热液型，439～318Ma，产于寒武纪碳酸盐岩中断层、节理裂隙	万山
			丰水岭式萤石矿	沿河县丰水岭萤石（代表），鸡冠山萤石、洞口坳萤石、重晶石矿床	热液液型，产于奥陶系红花园组中断层、节理裂隙	
		Mz₂-40⁹（新）轴缘带碳酸盐岩容矿的低温热液锌、铅、铀、萤石、重晶石矿床成矿亚系列	顶罐坡式重晶石矿	施秉顶罐坡重晶石	热液型，产于下奥陶统碳酸盐岩断层、节理裂隙中	务川-沿河、石阡、施秉

续表 5-2

成矿时代	矿床成矿系列	矿床成矿亚系列	矿床式	代表性矿床	矿床描述	分布区域
Mz₂	Mz₂-40 上扬子台褶带沉积岩容矿的铅、锌、汞、金、银、锑、砷、萤石、重晶石矿床成矿系列（实际已跨越扬子、华南）	Mz₂-40¹⁰（新）上扬子地台碳酸盐岩容矿的中低温热液铅、锌、银、铁、菱铁矿床成矿亚系列	杉树林式铅锌矿	水城杉树林铅锌矿床；赫章猫猫厂铅锌矿	海西期热水沉积初步富集，印支期—燕山期热液成矿；产于泥盆系、石炭系、二叠系碳酸盐岩断层、节理裂隙中	赫章—水城、普安地区
			天桥式铅锌矿	织金县杜家桥铅锌矿	沉积-改造型，产于碳酸盐岩中	正安—沿河
			菜园子式菱铁矿	赫章县菜园子菱铁矿床，主要指热液型脉状矿体，不包括沉积型	泥盆纪沉积作用初始富集，印支期—燕山期热液作用形成菱铁矿，产于层间断层、节理裂隙中	黔西北、黔北地区
			铜厂河式铜矿	威宁县铜厂河铜矿床	二叠纪合铜玄武岩在印支—燕山期热液作用形成铜矿，产于玄武岩中断层及节理裂隙	赫章—水城
	Mz₂-39 四川盆地与侏罗纪—白垩纪陆相碎屑岩、泥质岩有关的铁、芒硝成矿系列	Mz₂-39³ 四川盆地东南部铁矿床成矿亚系列	綦江式铁矿	仁怀县沙滩铁矿床	大陆湖沼相沉积型铁矿，矿石矿物为赤铁矿、菱铁矿等	黔北地区
Mz₁	Mz₁-12F 川滇黔旋回热水沉积作用有关的铅、锌、锰、锶、石膏、盐卤石、煤矿床成矿系列之海相沉积成矿系列	Mz₁-12⁴ 大凉山—乌蒙山断裂破带铅、锌、锗、银矿床成矿亚系列	会泽式铅锌矿	会泽县会泽铅锌矿床；威宁县云炉河坝、云炉河厂坡、六枝花厂坡铅锌银矿床	碳酸盐岩中热液型，产于Z₂、D、C碳酸盐岩层同断层、节理裂隙中	威宁县及其附近
	Mz₁-12S 川滇黔旋回热水沉积作用有关的铅、锌、锰、锶、石膏、盐卤石、煤矿床成矿系列之海陆交流组之海陆相沉积成矿系列	Mz₁-12² 滇黔海盆与三叠系相碳酸盐岩有关的石膏成矿亚系列	太平堡式石膏	普定太平堡石膏矿（代表）、马场沟、六枝打铁寨石膏矿	早—中三叠世蒸发相沉积，产于三叠系嘉陵江组四段及关岭组一段	普定县及附近
		Mz₁-12³（新）滇黔海盆与三叠系陆相沉积煤成矿亚系列	龙头山式煤矿	贞丰县龙头山煤矿床	陆相沉积作用，产于三叠系把南组、火把冲组	贞丰县及其附近
P_z₂	P_z₂-18（新）晚二叠世与峨眉山玄武岩、辉绿岩有关的铜、玉石矿床成矿系列	P_z₂-18-1（新）紫云—水城裂陷槽罗甸软玉成矿亚系列	罗甸式玉石矿	罗甸县官固玉石矿床	晚二叠世辉绿岩体侵入大塞组中灰岩接触交代形成透闪石变质矿物，即软玉	罗甸—望谟地区

续表 5-2

成矿时代	矿床成矿系列	矿床成矿亚系列	矿床式	代表性矿床	矿床描述	分布区域
Pz₂	Pz₂-15 上扬子晚古生代与沉积作用有关的铁、锰、铝、硫、镓、钒、膏盐、轴、重晶石、磷矿床成矿系列	Pz₂-15⁴ 川滇黔晚二叠世与陆相玄武岩、海陆交互相沉积有关的硫、锰、铁、铝土矿、煤矿床成矿亚系列	遵义式锰矿	遵义县铜锣井锰矿床、团溪锰矿床	中二叠世台沟相热水沉积,锰质来源于玄武岩喷发	遵义地区
			叙永式硫铁矿	遵义三岔河、大方猫场硫铁矿床	含煤建造沉积型硫铁矿,产于龙潭组一段	黔北、黔西北、黔中、黔西南
			六盘水式煤矿	六枝煤矿	潮坪相—陆相交互相沉积作用,含煤地层为长兴组、宣威组、龙潭组、合山组	贵州西部地区广泛见及
			楚米铺式铁矿	桐梓县楚米铺铁矿床	龙潭组底部海陆交互相沉积形成菱铁矿、赤铁矿,含绿泥石菱铁矿	黔北地区
		Pz₂-15³ 石炭纪上扬子地台与沉积作用有关的铝土矿、黏土、镓、铁、煤矿床成矿亚系列	大竹园式铝土矿	务川县大竹园铝土矿床	古风化壳沉积作用,产于二叠系大竹园组	务正道地区
			凯里式铝土矿	凯里市鱼洞铝土矿床	风化壳沉积型	凯里地区
			遵义式仙人岩式铝土矿	遵义县后槽铝土矿床	古风化壳沉积作用,产于石炭系九架炉组中	遵义—开阳
			猫场式铝土矿	清镇猫场铝土矿床	古风化壳沉积作用,产于石炭系九架炉组中	黔中地区
			苦李井式铁矿	凯里市苦李井铁矿床	古风化壳沉积作用,菱铁矿,含石炭系九架炉组	凯里市
			龙里式煤矿	龙里县营屯煤矿床	潮坪相沉积作用,含煤系为石炭系祥摆组	龙里县及其附近
		Pz₂-15² 泥盆纪—石炭纪沉积-热液型铁矿床成矿亚系列	宁乡式赤铁矿	赫章铁矿山、小河边、观音山铁矿床;都匀平黄山铁矿床	海相化学沉积型赤铁矿、菱铁矿,产于中泥盆世大河口组	威宁—赫章、都匀—独山
		Pz₂-15⁵ (新) 华南西部(-上扬子) 晚泥盆世—早石炭世产于碳硅泥岩(黑色岩系)中锰、钒、轴、重晶石矿床亚成矿系列	乐纪式重晶石矿	镇宁县乐纪重晶石矿床	为与海底喷流沉积作用有关的热水喷流沉积矿床,产于晚泥盆世榴江组含沟相地层中	六马—紫云
			下甬式锰矿	罗甸县甲戎锰矿床	台沟相沉积,产于晚泥盆世地层中	罗甸县

续表 5-2

成矿时代	矿床成矿系列	矿床成矿亚系列	矿床式	代表性矿床	矿床描述	分布区域
Pz_1	Pz_1-2（新）加里东期江南地轴缘带与钾镁煌斑岩有关的金刚石矿床成矿系列		镇远式金刚石矿	镇远县马坪金刚石矿床	岩浆钾镁煌斑岩，加里东期	镇远、麻江、黎平等地
	Pz_1-1 加里东期江南地轴西段与低温热液作用有关的金、砷、钨、锑、铅、锌、铜、银、水晶成矿系列	Pz_1-1^1 产于浅变质细碎屑岩中的金、钨、锑、铅、锌、铜矿成矿亚系列	同古式金矿	铜屏同古金矿。湘西为沃溪式金钨锑矿床	中低温热液，以加里东期为主，产于背斜轴部及附近浅变质岩系层间石英脉中	天柱—黎平—从江
			地虎式铜、金、银多金属矿床	从江县地虎铜金多金属矿床	为以加里东期为主的热液成矿，产于甲路组中滑脱构造层	
		Pz_1-1^2（新）轴缘带碳酸盐岩容矿的低温热液锌、铅、镉矿成矿亚系列	牛角塘式铅锌矿	都匀市牛角塘锌镉矿、松桃嗅脑铅锌矿床	属沉积改造型矿床，加里东期改造阶段为层间裂隙及层间断层中低温热液清虚洞组、高台组碳酸盐岩	黔东北、黔东南
			天桥式铅锌矿	织金县天桥铅锌矿床	加里东期低温热液成矿，震旦系、寒武系牛蹄塘组、震旦系九门冲组	
		Pz_1-1^3 产于水晶矿中的水晶矿成矿亚系列	（未建式）		加里东期低温热液成矿	天柱县
	Pz_1-12 扬子地台与寒武纪海相沉积有关的石煤、钒、镍、钼、锰、钼、稀土元素、铀、铂族、重晶石、石膏、石盐矿床成矿系列	Pz_1-12^1 产于浅变质细碎屑岩中的水晶矿成矿亚系列	新华式磷（稀土）矿		沉积型，与 Pt_3-4 为一体	天柱县
			大河边式重晶石矿	天柱大河边重晶石矿床	沉积型，与 Pt_3-4 为一体	天柱县
		Pz_1-12^1 上扬子与早寒武世黑色岩系有关的重晶石、磷、钒、镍、钼、铂族、铀、石煤矿床成矿亚系列	遵义式镍钼钒矿	遵义新土沟镍钼矿床、杨家湾、陈大湾镍多金属矿床	与海底喷流作用有关的沉积矿床，产于寒武系牛蹄塘组	织金—遵义地区
			镇远式钒矿	镇远县江古钒矿床、余庆县长岭岗钼钒矿床	沉积于寒武系牛蹄塘组及震旦系九门冲组	余庆—瓮安、松桃—铜仁、镇远—玉屏

续表 5-2

成矿时代	矿床成矿系列	矿床成矿亚系列	矿床式	代表性矿床	矿床描述	分布区域
Pt_3	Pt_3-4 扬子地台及周边地区新元古代与火山-热水沉积作用有关的磷、铁、锰矿床成矿系列之沉积-变质成矿系列		大河边式重晶石	天柱县大河边重晶石矿床	留茶坡组海相热水(泉)沉积	天柱县
		Pt_3-4³ 上扬子与新元古代(热水沉积(黑色岩系)-变质作用有关的重晶石、磷块岩、锰、铁、钒、钼、碘、稀土矿床成矿亚系列	新华式磷(稀土)矿	织金县新华磷、稀土矿床、沙岩孔磷块岩	寒武系牛蹄塘组及其相当层位的海相化学(泉)沉积	织金、金沙一遵义、铜仁、丹寨
			开阳式磷(碘)矿	开阳县洋水磷块岩、高坪磷(碘)矿床、福泉穿岩洞、瓮安白岩磷矿床	晚震旦世的洋水组化学相-生物化学沉积	开阳、瓮安一福泉、铜仁、金沙一遵义、丹寨
			大坡塘式锰矿	松桃县大塘坡锰矿床	南华系大塘坡组冷泉沉积	铜仁一松桃、黎平等地
	Pt_3-5 江南地轴与雪峰期岩浆作用有关的钨、锡、铜、铌、钽、金、银矿床成矿系列	Pt_3-5⁴ 九万大山隆起与壳源花岗岩岩有关的钨、锡、铜矿床成矿亚系列	乌牙式钨矿	从江县乌牙钨矿床	与壳源花岗岩岩与四堡群外接触带中	从江县
			南加式铜矿	从江县南加铜矿点	与壳源花岗岩岩有关	从江县
		Pt_3-5⁵ 梵净山隆起与壳源花岗质岩岩有关的钨、锡、铜、铌、钽矿床成矿亚系列	梵净山式钨锡铜矿	江口县黑湾河钨、锡矿床、印江标水岩钨、锡、铜矿床	黑湾河钨锡矿产于花岗岩中，标水岩钨锡铜矿与辉绿岩有关	江口一印江地区
			磨槽沟式铌钽矿	印江县磨槽沟铌、钽矿床	与伟晶岩有关	印江县
			印江式紫袍玉		沉积-变质成因，产于甲路组中	印江县
	Pt_3-6(新) 新元古代梵净山隆起与基性-超基性岩岩有关的镍、铜、金矿床成矿系列	Pt_3-6-1 梵净山隆起东部与超基性岩有关的熔离型的镍、铜矿床成矿亚系列	(未建式)	江口县桑木沟铜、镍矿点	弧后盆地拉张环境侵位于梵净山群的基性-超基性岩熔离成矿作用	江口县
		Pt_3-6-2 梵净山隆起西北部与基性岩浆热液活动有关的铜、金、砷矿床成矿亚系列	(未建式)	印江县石柱岩铜、多金属矿床	岩浆热液型铜、多金属矿床	印江县

需要说明的是：

(1)对于某些矿床成矿系列，沿用了陈毓川等(2007)建立的编号及名称。但是，其含义不完全相符。例如，Pt_3-4扬子地台及周边地区新元古代与火山-热水-沉积作用有关的磷、铁、锰矿床成矿系列组之沉积变质成矿系列在贵州并没有变质作用因素；Mz_2-40上扬子台褶带沉积岩容矿的铅、锌、汞、金、银、锑、砷、萤石、重晶石矿床成矿系列已经不局限于Ⅲ77成矿单元，而跨入Ⅲ88成矿单元；还有一些成矿系列不完全符合沉积作用系列的定义，暂归入其中的一个亚系列；对某些成矿时代不清、研究程度不够，但很重要的新矿产，先进行大致归类，以后再逐渐修正，如晚二叠世与峨眉山玄武岩和辉绿岩有关的铜、玉石矿矿床成矿系列。

(2)对于某些新增的矿床成矿系列、亚系列，因为目前条件有限，尚未进行系统研究，因此其命名可能存在一定的局限性。例如，分布区域的局限性、矿种及矿床类型的局限性、成矿时代的局限性等，有待将来修正。同时，对新增成矿系列或亚系列的编号，也仅给出一个临时性编号——在编号后加注了"(新)"的字样以示区别。

第二节 矿床成矿系列分述

一、Pt_3-6(新)新元古代梵净山隆起与基性—超基性岩有关的镍、铜、金矿床成矿系列

本成矿系列分布于梵净山地区，包括两个亚系列，即 Pt_3-6-1 梵净山隆起东部与超基性岩有关的熔离型的镍、铜矿床成矿亚系列、Pt_3-6-2 梵净山隆起西北部与基性岩浆热液活动有关的铜、金、砷矿床成矿亚系列。

(1)Pt_3-6-1 梵净山隆起东部与超基性岩有关的熔离型的镍、铜矿床成矿亚系列分布于梵净山地区的黑湾河、盘溪沟、凤凰山一带，产出矿种有镍、铜，目前已发现的有桑木沟、青龙洞、长溪沟、两岔河等矿点。以桑木沟镍铜矿点为代表，其矿体位于芋头当背斜北西翼与瓦溪断层之间挤压带上，呈北东向展布，挤压带中褶皱断层较发育，组成叠瓦状构造。矿体产于梵净山群回香坪组的变质超基性岩中，呈层状顺层产出，矿带长1550m，矿体在矿带中长320m，厚0.86~13.54m，含Ni 0.2%~0.22%、Cu 0.09%~1.03%。矿石中含磁黄铁矿、黄铜矿、钴镍黄铁矿、针镍矿等金属矿物，脉石矿物有方解石、铁白云石、石英等，金属矿物呈细脉、浸染状产于脉石矿物中。矿体顺变质超基性岩产出，该超基性岩经贵州省地质调查院2004—2010年间测得锆石SHRIMP U-Pb年龄为814~852Ma，因此，认为该区成矿时代为雪峰期。

(2)Pt_3-6-2 梵净山隆起西北部与基性岩浆热液活动有关的铜、金、砷矿床成矿亚系列分布于梵净山地区的石柱岩及其附近区域，以印江县石柱岩铜多金属矿床为代表。该矿床为岩浆热液型铜多金属矿床，铜、砷、金矿化较普遍，主要以含铜金砷多金属石英脉形式赋存于辉长辉绿岩内的各种构造裂隙中。

二、Pt_3-5 江南地轴与雪峰期岩浆作用有关的钨、锡、铜、铌、钽、金、银矿床成矿系列

(一)概述

陈毓川等(2007)对本成矿系列的原始定义范围局限于雪峰山陆缘裂谷盆地(V-2-9)内。本成矿系

列在贵州分布于黔东北的梵净山地区和黔东南的从江地区。其成矿作用主要与壳源花岗岩有关,其钨、锡等主矿种的主成矿期为新元古代雪峰期。钨、锡矿常以 W、Sn、Cu、Pb、Zn 为主成矿元素形成 Cu-Pb-Zn-Ag、W-Sn-Bi 组合,钨、锡矿的赋矿地层为花岗岩体外接触带,具体处于四堡群与甲路组不整合面石英千枚岩黑色蚀变岩体带,容矿岩石为外接触带中甲路组一段富钙质黑色蚀变岩带(深色石英千枚岩)及岩体与四堡群接触带蚀变石英岩。

本成矿系列可划分为 2 个成矿亚系列及多个矿床式:

(1)$Pt_3\text{-}5^4$ 九万大山隆起与壳源花岗岩有关钨、锡、铜矿成矿亚系列,矿床式有乌牙式钨矿、南加式铜矿。

(2)$Pt_3\text{-}5^5$ 梵净山隆起与壳源花岗质岩有关的钨、锡、铜、铌、钽矿床成矿亚系列,矿床式有梵净山式钨锡铜矿以及磨槽沟式铌钽矿。

(二)主要矿种及矿床式分述

1. 乌牙式钨矿

1)时空分布

乌牙式钨矿隶属于 $Pt_3\text{-}5^4$ 九万大山隆起与壳源花岗岩有关钨、锡、铜矿成矿亚系列,分布于从江县乌牙地区,至今已发现乌牙 1 个小型矿床。

2)矿床特征

乌牙式钨矿为与花岗岩有关的矿产。乌牙式钨矿主要分布于摩天岭背斜北倾伏端偏东部位,花岗岩外接触带中甲路组一段富钙质黑色蚀变岩带(深色石英千枚岩)及岩体与四堡群接触带蚀变石英岩为容矿岩石。矿体产于石英千枚岩黑色蚀变岩体带底部,呈透镜状,属石英脉型,呈单脉或复脉状大致顺层分布。矿石结构常见有细—微粒结构等,矿石构造常见浸染状、细脉状及团块状等,金属矿物主要为白钨矿、黄铁矿等,脉石矿物为石英、绢云母、黑云母等。围岩蚀变有电气石化、黑云母化、硅化、方解石化等。

3)控矿因素

(1)乌牙式钨矿受摩天岭背斜北倾伏端偏东部位滑脱构造带控制;

(2)钨矿床主要分布在背斜—蚀变带,为典型的构造蚀变岩型钨矿床;

(3)钨矿体主要赋存于滑脱构造带石英千枚岩黑色蚀变岩体带底部;

(4)赋矿层位主要为花岗岩外接触带中甲路组一段富钙质黑色蚀变岩带(深色石英千枚岩)及岩体与四堡群接触带蚀变石英千枚岩黑色蚀变岩体带;

(5)少部分岩浆侵位到比较浅的位置,大部分岩浆仍在深部进行结晶分异,导致硅质、碱质和挥发组分的初步富集,然后以脉冲方式上侵定位和成矿。

在这种多阶段成岩系列中,往往有几个阶段的成矿作用(陈毓川等,1995)。区域变质作用形成的变质成矿热液最终富集成矿。

4)成矿作用

富钨锡黑云母花岗岩上侵定位,提供丰富的物源与热源,为成矿奠定了良好的基础,随后在区域变质作用、动力变质作用下,含矿热液(热水)活化并沿着岩体上侵,沿断层、裂隙等迁移至岩体内(岩体与四堡群接触面,南加锡矿化点)外(四堡群与甲路组一段接触面,乌牙小型矿床)接触带有利的建造构造部位淀积成矿。根据矿床产出层位(花岗岩内外接触带,四堡群及下江群甲路组),我们认为区内钨锡矿床的形成与黑云母花岗岩密切相关。

5)区域成矿要素及成矿模式

(1)区域成矿要素如表 5-3 所示。

表 5-3 从江地区岩浆热液型钨、锡矿区域矿床成矿要素一览表

成矿要素		描述内容	要素分类
特征描述		与花岗岩有关的岩浆热液型钨、锡矿床	
地质环境	成矿时代	新元古代雪峰期	必要
	构造背景	上扬子地台西南缘,江南地轴九万大山隆起部位	重要
	成矿环境	雪峰期花岗岩重熔生成及侵位	必要
	岩石类型	似斑状花岗岩及其外接触带蚀变岩体	必要
	热液活动	区域变质作用形成的变质成矿热液最终富集成矿	必要
	岩石化学	花岗岩富硅、钾,贫钛、铁、锰,黑色蚀变岩体富钙质	重要
矿床特征	矿体形态	主要为似层状、透镜状、脉状	次要
	矿物组合	主要金属矿物为白钨矿,脉石矿物主要为石英、绢云母、黑云母等	重要
	控矿构造	摩天岭背斜北倾伏端偏东部位,花岗岩体内外接触带附近层间断裂、破碎带、揉皱等	重要
	结构构造	矿石结构多为中细粒状结构;矿石构造主要为浸染状、脉状构造	次要
	蚀变类型	主要为钾长石化、电气石-黑云母化、石英绢云母化、青磐岩化等	重要
	成矿元素	以钨、锡为主,伴生镓、银、金	重要

(2)区域成矿模式。依据前述典型矿床及特征矿床(点)研究,结合工作区成矿规律特征及其成矿要素综合分析研究,建立工作区钨锡矿的区域成矿模式,如图 5-1 所示。

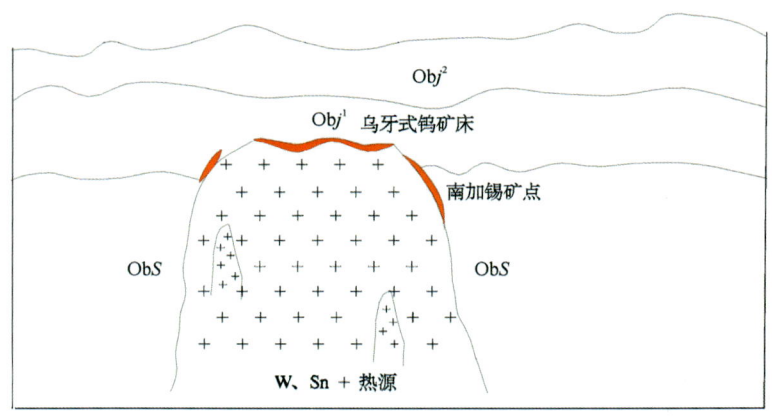

图 5-1 从江地区乌牙式钨矿区域成矿模式图
QbS.青白口系四堡群;Qbj.青白口系甲路组

富钨、锡黑云母花岗岩上侵定位,提供丰富的物源与热源,为成矿奠定了良好的基础。由于花岗岩体侵入带来的巨大热源及后期变质作用与不同期次的构造旋回(加里东运动、燕山运动),使得成矿热液被加热、不断循环淋滤出花岗岩体及围岩中的钨、锡等成矿元素,含矿热液(热水)活化并沿着岩体上侵,沿岩石产生的破碎带(断层、裂隙等)迁移至岩体内外(内:岩体与四堡群接触面破碎带,南加锡矿化点;外:四堡群与甲路组一段接触面层间断裂、破碎带、揉皱等蚀变构造岩体带,乌牙小型矿床)接触带有利的建造构造部位淀积成矿。

2.梵净山式钨、锡、铜矿

梵净山式钨锡铜矿床主要分布于江口县黑湾河、印江县标水岩,代表性矿床为小黑湾、标水岩、磨槽沟矿床,是与壳源花岗岩有关的热液型金属矿床。其研究程度较低,故不赘述。

(三) 时空分布规律及区域成矿模式

本矿床式在贵州主要分布于本成矿单元的从江花岗岩地区，其次为梵净山出露的花岗岩地区。

在从江花岗岩地区，摩天岭花岗岩外接触带是主要成矿有利部位，甲路组一段富钙质黑色蚀变岩带及岩体与四堡群接触带蚀变石英岩为其容矿岩石。其研究程度较低，故不赘述。

在梵净山地区，成矿作用与白岗岩关系密切。矿体产于岩浆岩体或内外接触带中，受云英岩带、断层等的控制。主要有钨、锡矿，铌、钽矿，铜矿，金矿。

1. 钨、锡矿

钨、锡矿主要分布于白岗岩外接触的云英岩蚀变带中，也有分布于酸性岩脉、伟晶岩脉中。产出围岩为浅变质岩、变质基性岩，矿体受云英岩带、断层、挤压褶皱带控制。典型矿床有标水岩钨锡矿，矿脉产于岩体外带的电英脉和节理裂隙中。矿脉群长 1500m，宽 300～500m，带中由若干单脉组成，其单脉长 40～350m，厚 0.3～1.5m，单脉间距 0.1～10m，大致呈雁行排列，只有 8 条脉达工业品位，含 WO_3 0.012%～15.96%、Sn 0.012%～0.99%，含 Cu、Nb、Ta 伴生组分。

矿石矿物主要是锡石、白钨矿，少量黑钨矿，伴生有黄铜矿、斑铜矿、辉铜矿等；脉石矿物有石英、电气石等，属于白钨矿、黑钨矿-锡石-电气石、石英组合。以浸染状构造为主，次有脉状、团块状；以他形—半自形粒状结构为主。围岩蚀变主要是云英岩化、硅化，次有绿帘石化、绿泥石化及绢云母化等。

钨锡矿的形成与花岗岩关系密切，因此，根据矿床产出层位、花岗岩体成岩年龄（锆石 U-Pb 年龄 760Ma、(802±31)Ma、(825.4±2.4)Ma 及 819～826Ma(施实，1976；贵州省地质调查院，2003；曾雯等，2005；李献华，1999；李正祥等，1999，2003)等，我们认为区内钨、锡矿床形成于新元古代雪峰期。

2. 铌、钽矿

铌、钽矿主要分布在梵净山白岗岩内接触带中，以梵净山青龙洞铌、钽矿点为代表。矿体产于白岗岩的云英岩脉、电英脉中，呈脉状、透镜状产出。目前只有 3 个零星工程见矿，脉长 25～30m，宽 10～15m。含 Nb_2O_5 0.01%～0.2%、Ta_2O_5 0.000 5%～0.032%。

3. 金矿

金矿主要分布在梵净山地区，总体受梵净山穹状背斜次级大罗背斜、淘金沟南北向断层控制，以灯盏坪金矿点为代表。矿体赋存于下江群与梵净山群不整合面上及其附近，矿脉长 300m，宽 5～100m，单脉长几米至 80m，厚 0.3～1.0m，含 Au(0.05～12.87)×10^{-6}。含矿围岩为含砾砂质板岩、变质砂岩、辉绿岩。矿石矿物主要有自然金，次有毒砂、黄铁矿等。围岩蚀变主要为硅化、铁白云石化、黄铁矿化。

三、Pt_3-4 扬子地台及周边地区新元古代与火山-热水-沉积作用有关的磷、铁、锰矿床成矿系列组之沉积

（一）概况

本成矿系列主要指在南华系、震旦系、寒武系之间形成的与黑色岩系相关的沉积矿产，包括锰矿、重晶石矿、磷矿等。

在贵州省内属于其中的一个亚系列，即 Pt_3-4^3 上扬子与新元古代（热水）沉积（黑色岩系）-变质作用有关的重晶石、磷块岩、锰、镍、钼、钒、碘、稀土矿床成矿亚系列，主要分布于织金县新华、开阳、瓮安、福泉、大河边、松桃一带。重晶石产于上震旦统—下寒武统老堡组中，磷矿产于震旦系洋水组、灯影组中，

锰矿产于南华系大塘坡组中。矿体呈层状、似层状产出，矿体规模一般较大。该亚系列从贵州中西部，往东往北延入湘西北花垣、渝东南秀山等地，属上扬子地台的东南部，这些区域的早震旦世陆源硅质碎屑地层发育，分布较广。在两套冰海相粗屑沉积之间，发育了温暖气候条件下黑色细屑沉积——大塘坡组、洋水组、老堡组、牛蹄塘组，菱锰矿、磷矿、镍矿、钼矿、钒矿、重晶石等赋存于这些地层黑色岩系中，属于伸展构造体制下被动大陆边缘斜坡上裂陷盆地沉积。其矿物质来源于上地幔或下地壳，是Rodinia（罗尼迪亚）超大陆裂解，南华裂谷盆地形成演化与岩浆活动、古天然气渗漏等导致锰、重晶石、镍、钼、钒等大规模成矿作用的一次沉积事件。

Pt_3-4^3上扬子与新元古代（热水）沉积（黑色岩系）-变质作用有关的重晶石、磷块岩、锰、镍、钼、钒、碘、稀土矿床成矿亚系列在贵州有4个矿床式，即大坡塘式锰矿、开阳式磷（碘）矿、新华式磷（稀土）矿、大河边式重晶石矿。

（二）主要矿床式特征

1. 大塘坡式锰矿

1）矿床的时间和空间分布规律

大塘坡式锰矿，即产于早南华世大塘坡期的锰矿，地理位置主要分布于湘（湖南）、黔（贵州）、渝（重庆）交界的"三角"地带。地质背景位于Rodinia超大陆扬子与南华裂谷交界附近，处于裂谷期"雪球地球"成冰纪特殊的"层圈"状态和相对深水的浅海环境。在贵州省内分布于黔东北松桃、铜仁地区，其次在黔东南的黎平、从江地区有小范围分布。锰矿床（点）的分布具有明显的分散性、方向性、等距性与雁行式分布的特点，这些特点是由于矿床（点）所处的特殊Rodinia超大陆位置及南华裂谷盆地演化所形成的。经总结，其分布规律如下：

(1) 分散性。各锰矿床（点）较为分散，空间上分布不均匀。

(2) 方向性。锰矿床（点）受岩相古地理及古构造控制而呈北东向带状展布，一般为40°～50°。

(3) 等距性。由于古断裂具有方向性和等距性，受古断裂控制的沉积盆地也具此特点，故区内锰矿床也具有等距分布特点，一般距离多为3～3.5km。

(4) 串珠状。区内锰矿床（点）具雁行式分布特征并沿北东方向或某构造带呈串珠状出现，往往1个矿带常有1～2个矿床。

2）矿产特征

锰矿产于大塘坡组第一段中，大塘坡组第一段岩性主要为碳质页岩、含碳质粉砂质页岩、菱锰矿、白云岩、凝灰质砂页岩、黏土岩等，即为含矿岩系（或称含锰岩系）。经历年来的勘查经验总结与统计，其厚度的大小、岩性的组合不同与锰矿的产出具一定的关系。主要有：

(1) 含锰岩系厚度规律。厚度小于10m的地段一般无菱锰矿产出，一般厚10m以上的地段是区内主要产锰地段。

(2) 岩相组合规律。成锰盆地从中心向外围具有环带状岩石组合规律，但成锰盆地裂陷越深，其岩相组合规律越不明显。成锰盆地中心为菱锰矿-碳质页岩组合，分布面积较小，矿石以玉髓结核状和块状矿石为主，为优质锰矿；盆地外围为菱锰矿-白云岩-碳质页岩组合，矿石以条带状及块状矿石为主，矿石中泥质及细粉砂和菱锰矿构成条带；成锰盆地最外围为碳质页岩-黑色页岩组合，由碳质页岩和黑色页岩组成，无菱锰矿产出。

菱锰矿赋存于大塘坡组第一段底部碳质页岩中，矿体形态大致可分为层状、似层状、枕状、透镜状4类，与围岩产状一致，顺层产出，长1000～5500m，厚0.5～13.04m。矿床规模主要为中小型，大型锰矿床1～2个，从江地区锰矿床规模为小型。

矿石分原生碳酸盐锰矿石和次生氧化锰矿石两类。原生碳酸锰矿石又细分为块状矿石、薄层块状矿石与条带状矿石。矿石矿物组分：已查明矿石中18余种矿物，大致可分为以下3类。

(1) 碳酸锰矿物。菱锰矿、钙菱锰矿、锰方解石、锰白云石等,是矿石矿物的主体,占矿石矿物总量的 67.22%。

(2) 原生沉积矿物。黄铁矿、石英、黏土矿物及碳质有机质、硫酸盐、磷灰石、胶磷矿,占矿石矿物总量的 15%~28%。

(3) 次生脉石矿物。石英、长石、电气石、玉髓、水锰矿、硬锰矿、偏锰酸矿及锰的氢氧化物、赤铁矿、褐铁矿、石膏、绿泥石、毒砂、锆石、锡石、自然铅、锐钛矿-白钛石、闪锌矿、方铅矿、磁黄铁矿等,占矿石矿物总量的 4.78%~17.78%。

矿石结构主要有砂屑、泥晶、生物等结构,次有泥状、斑状、交代残余等结构;矿石构造主要有块状、条纹(带)构造,次有条纹状、层纹状、碎屑角砾状构造。矿石以碳酸盐锰矿为主。品位:Mn 10%~25%,一般 17%;SiO_2 19%~30%;TFe 3%~5%;P 0.12%~0.22%。

3) 控矿因素

Rodinia 超大陆裂解与南华纪锰矿形成的关系极为密切,后者是对前者的响应;前者则是其成矿的宏观背景和必要条件(王砚耕,2012)。Rodinia 超大陆裂解对南华纪锰矿的形成和控矿作用,主要表现在以下 7 个方面:

(1) 决定了成锰环境的构造部位和构造性质。裂解改变了 Rodinia 超大陆的构造格架,特别是南华裂谷的形成,"湘黔渝锰三角"位于裂谷边缘,其构造属性仍以裂陷作用为主。

(2) 差异性裂解形成的局限盆地控制着锰矿集中区。裂解作用强度的地域差异,造成隆、坳相间的格局,脊状隆起靠陆一侧的相对局限成锰盆地有利于锰矿的形成。以"湘黔渝锰三角"脊内浅海盆地为代表。

(3) 同沉积断裂控制的裂隙盆地群是成矿的场所。导致裂解的主断裂旁侧的众多同沉积断裂活动,形成裂隙式成锰盆地群,每个小盆地就是锰矿形成的基本单元,往往成为一个矿床。

(4) 裂解派生的次级构造是喷气通道,利于碳酸锰矿形成。超大陆裂解过程中派生出的许多小断裂和裂隙成为古天然气透漏的通道,并参与成矿,形成冷泉碳酸锰矿(菱锰矿)。

(5) 裂解作用导致火山喷发,提供部分锰质。裂解作用伴随的火山喷发活动,不仅形成火山岩和火山碎屑岩,而且把锰质带入盆地中,为成矿提供了部分锰物质来源。

(6) 裂解期的"雪球地球"影响并控制了沉积成矿在内的表生地质作用。从成冰纪 Rodinia 超大陆裂解期的"雪球地球"到冰消作用的过程改变了地球层圈物质交换,特别是改变了 CO_2 的循环,使气候冷暖交替,不仅控制着生物圈的兴衰,而且深刻地制约着岩石表层水圈、大气圈的状态,特别是盖帽碳酸盐、锰、铁、磷等的沉积成矿作用。南华纪菱锰矿也受此背景的控制。

(7) 间冰期的"温室"效应控制着南华纪锰矿的形成环境。大塘坡间冰期,气候较暖,"温室"效应使大陆冰川消融,海平面上升,水体变深。带入盆地的有机质等增多,使盆地水体性质发生变化,成为厌氧-还原环境,为碳酸锰的沉积提供了良好介质条件。

控制南华纪锰矿的条件主要为:在早南华世大塘坡期(约 665Ma)形成的大塘坡组属于裂隙式成锰盆地沉积环境,其下部形成菱锰矿-碳质页岩、菱锰矿-白云岩(透镜体)-碳质页岩组合。

4) 成矿作用

周琦等(2012)研究认为,"早南华世大塘坡期的锰矿,是 Rodinia 超大陆裂解,南华裂谷盆地形成演化与岩浆活动、古天然气渗漏等导致锰矿大规模成矿作用的一次重大事件沉积"。

由于 Rodinia 超大陆裂解和华南新元古代裂谷盆地演化,形成了一系列的被动陆缘裂谷盆地。南华纪早期,位于扬子陆块南部被动边缘拉张裂谷带的大塘坡地区,在浅海陆棚相区进一步形成了一系列由北东向次级断裂控制的大致等间距分布的局限封闭式及强还原环境的次级凹陷。这些次级凹陷就是大塘坡式成锰沉积盆地的雏形。在这些成锰沉积盆地海底,发育古冷泉(海底天然气渗漏)系统及与天然气渗漏作用有关的泥火山、底辟等构造,其深部与下伏较大规模的断裂相连通。由于新元古代岩浆活动引发的深部富含锰质的液体沿断裂输送,同时也引发了含锰岩系及下伏地层古天然气渗漏。渗漏的甲烷使冷泉口附近的微生物大量繁殖,因硫酸盐还原细菌作用,甲烷发生缺氧氧化反应($CH_4 + SO_4^{2-} \rightarrow HCO_3^- + HS^- + H_2O$)。该反应产生的 HCO_3^- 与 Ca^{2+} 或 Mg^{2+} 结合从而使方解石或白云石发生沉淀,形成富含微生物的碳酸盐岩。过饱和的 HS^- 也会增强黄铁矿沉淀,并常以草莓状出现。

深部富含锰质的流体沿断裂输送到冷泉口溢出或喷流,Mn^{2+} 与甲烷发生缺氧氧化反应产生的 HCO_3^- 结合,发生菱锰矿沉淀,形成了特殊的、富微生物的菱锰矿沉积。距离冷泉口越远,Mn^{2+} 浓度逐渐降低,HCO_3^- 也逐渐减少,故菱锰矿中泥质含量便越来越高,矿石构造类型由喷流处的气泡状构造、块状构造向外逐渐变为条带状构造、层纹状构造等,锰含量也逐渐降低,导致平面上圈层结构的出现。在锰质流体上涌溢出的间隙处则形成白云岩透镜体。

5) 成矿要素特征

通过对典型矿床及区域成矿规律进行研究,从空间关系、数量关系、结构等方面进行定性或定量的研究对比和分析,总结出区域成矿要素特征见表 5-4。

表 5-4 大塘坡式沉积型锰矿区域成矿要素表

成矿要素特征描述		描述内容	要素分类
		海相沉积型锰矿床	
地质环境	成矿时代	早南华世大塘坡期	必要
	大地构造位置	主要为上扬子陆块东南缘被动边缘盆地相、次雪峰陆缘裂谷盆地相	必要
	古构造	由于 Rodinia 超大陆裂解和华南新元古代裂谷盆地演化,形成了一系列的被动陆缘裂谷,并进一步形成大致等间距分布的次级北东向裂陷盆地群,每一个裂陷盆地就是一个聚锰盆地。局限封闭的裂陷盆地强还原环境为锰矿的形成提供了良好的富集空间,区内已知锰矿床(点)主要分布于北东向古断裂带中,并受断裂带控制	必要
	岩相古地理	海湾亚相及棚内盆地亚相是形成工业锰矿床的最佳场所,陆棚平原亚相及水下隆起无菱锰矿产出。碳质页岩菱锰矿微相,有优质菱锰矿体产出;碳质页岩白云岩菱锰矿微相或碳质页岩硅质岩菱锰矿微相,有菱锰矿体产出;碳质黏土岩-白云岩类或碳质黏土岩-黑色页岩类组合,无菱锰矿体产出	必要
成矿作用	天然气缺氧氧化作用	生物化学作用:古天然气的渗漏导致以甲烷为能源的藻菌类生物大量繁殖,于喷溢口发生缺氧氧化反应($CH_4 + SO_4^{2-} \longrightarrow HCO_3^- + H_2O$),为菱锰矿的形成提供了大量的 CO_2 等物质基础	必要
		化合作用:古天然气发生缺氧氧化反应产生的 HCO_3^- 与岩浆活动提供的锰质(Mn^{2+})于喷溢口周围结合沉淀,形成特殊的、富微生物的菱锰矿沉积	
	锰质浓度扩散作用	在菱锰矿沉积过程中,离喷溢口越远,Mn^{2+} 浓度逐渐降低,HCO_3^- 也逐渐减少,菱锰矿中泥质含量便越来越高,同时,与海水中的 Ca^{2+}、Mg^{2+} 结合从而使方解石、白云石发生沉淀,形成菱锰矿、碳酸盐岩组合,矿石构造类型逐渐从气泡状、块状构造变为条带状、层纹状等构造,锰含量也逐渐降低,导致平面上圈层结构的出现。在锰质流体涌溢的间隙处则形成白云岩透镜体	必要
矿床特征	产出层位	大塘坡组第一段(Nh_1d^1)	必要
	岩性特征	主要由碳质页岩、菱锰矿、含锰碳质页岩、硅质岩、凝灰质细砂岩、粉砂质碳质页岩夹黏土岩及灰质砂岩透镜体等组成	重要
	矿物组合	主要为菱锰矿,次为钙菱锰矿,少量锰方解石、锰白云岩、黏土矿物、碳质有机质、石英、玉髓、黄铁矿、白云石等	重要
	结构构造	矿石结构主要有泥晶结构、泥晶凝块结构,次为砂屑结构、团块结构;矿石构造主要有条带状构造、块状构造,次为叠层构造	重要
	矿石密度	$2.83 \sim 3.03 g/cm^3$	重要
	含矿岩系厚度	厚度越大,对成矿越有利	重要
	矿体厚度	值越大,对成矿越有利	重要
	Mn 品位	值越大,对成矿越有利	重要
	矿床规模	有大中型矿床,小型矿床、矿点	重要

在研究大塘坡式锰矿床区域成矿环境、成矿作用、成矿条件及控矿因素等的基础之上,编制的区域矿产成矿模式图如图5-2所示。

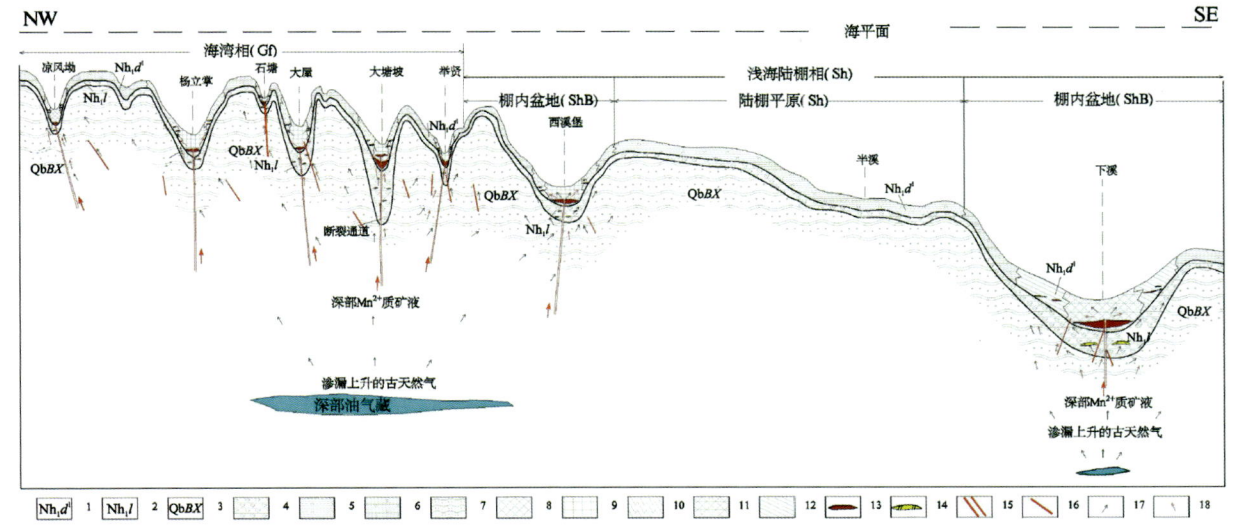

图5-2 大塘坡式锰矿区域成矿模式图(据周琦等,2012)

1.下南华统大塘坡组第一段;2.下南华统两界河组;3.青白口系板溪群;4.冰碛砾岩;5.粉砂质页岩及黏土岩;6.碳质页岩及碳质黏土岩;7.粉砂质板岩;8.碳质页岩—块状砂屑菱锰矿微相;9.碳质页岩-块状及条带状菱锰矿微相;10.碳质页岩-白云岩-菱锰矿微相;11.碳质页岩-条带状菱锰矿微相;12.碳质页岩-含锰白云岩-硅质岩微相;13.菱锰矿体;14.白云岩透镜体;15.锰质矿液运移通道;16.次级断裂运移通道;17.上升的古天然气;18.锰质矿液运移方向

2. 开阳式磷矿

该区发现磷矿床(点)20个,其中大型7个、中型8个、小型5个。开阳式磷矿是指息烽县、开阳、瓮安、福泉等一带品位较富的磷块岩矿床。该区磷矿形成于早震旦世早期(陡山沱期),主要为海相沉积型磷块岩矿床,含矿地层为洋水组。

1)成矿特征

开阳式磷矿指分布在开阳、瓮安县—福泉市一带的磷矿床,属海相沉积磷块岩矿床。矿体产于下震旦统洋水组中,矿石主要为磷块岩。洋水组是一套磷块岩、白云岩、硅质白云岩组成的含磷岩组,主要由2层磷块岩(即a层矿和b层矿)和含磷或含硅的白云岩、碳质泥岩、细砂岩组成。全组厚34.02～39.35m,总的变化趋势自北向南随洋水组厚度加大,相应磷块岩沉积厚度也增大。该区磷矿呈层状、似层状产出。矿体长105～5500m,宽294～1100m,厚1.09～37.60m。矿石矿物以低碳氟磷灰石、碳氟磷灰石为主,次为磷灰石,脉石矿物主要有白云石、石英、褐铁矿、黄铁矿、菱铁矿、绢云母、锆石、海绿石、水云母(伊利石)等。根据矿区磷块岩的结构特征,该区磷块岩矿石结构主要为原生沉积结构和后生结构两类。

原生沉积结构可分为颗粒结构、凝胶结构,后生结构主要是沉积后成岩过程中的重结晶结构和成岩后的交代结构。磷块岩矿石构造主要有块状构造、条纹—条带状构造、角砾状(团块状)构造。

2)控矿因素

磷矿的控制因素主要是岩相古地理。在早震旦世陡山沱期,贵州正处于上扬子古陆东南被动边缘向前陆充填的活动期,晋宁运动后黔中地区隆升成古陆,为物源供给区,周缘为沉降盆地,接受陆表海沉积,溶解磷酸盐的富磷上翻洋流由湖南西部自东向西进入贵州,在适宜的环境和生物化学条件下形成了含磷岩系。依据岩石和磷块岩的结构、构造、沉积层序、岩石组合、水动力条件、古生物组合及生态等沉积环境标志,将陡山沱期古地理格局沿古陆周缘岸线向外渐变过渡按相序配置划分为4个相带:近岸浅水区域为潮坪—潟湖—障壁礁滩相带,属障壁型海岸相组;初始浅海台地相带,属台棚相组;台地前缘斜坡相带和浅海陆棚盆地相带,属陆棚相组。从西往东有息烽-翁昭潮坪—潟湖(滩间洼地)相带、石阡瓮安-福泉初始浅海台地相带、余庆-都匀台地前缘斜坡—浅海陆棚相带、半深海盆地相带。

潮坪亚相由于反复受陆表海潮汐作用影响,水动力能量较高,含磷岩系上部岩性为乳白色、肉红色、浅灰色硅质岩、硅质白云岩、渗流豆白云岩,溶洞穴杂乱堆积的上述岩块,属潮坪上部淡水改造暴露标志;中下部为浅灰色、深灰色、黄灰色薄—中厚层状砂屑磷块岩,砂屑颗粒多呈浑圆形、椭圆形。

潟湖亚相在潮坪与障壁礁滩之间,岩性主要由浅灰色、灰色中厚层状硅质岩、硅质白云岩夹砂屑磷块岩和页岩组成,因离岸线较远,陆源碎屑矿物少见。岩系中所夹的砾砂屑磷块岩可分为白云质粗砂屑磷块岩、角砾状砾屑磷块岩、凝块状砂屑磷块岩和层纹状白云质砂屑磷块岩及磷质白云岩等。由于该区域正处于潮坪边部前缘向海一侧,海水中的碳酸盐介质由于气候温热日照蒸发,前缘有障壁礁,海水流通不畅而逐渐咸化,故白云石成为含磷岩系的重要成分。该区水体较潮坪环境稍深,常受潮汐影响升降频繁,海水动荡能量较高,在保存下来的潮道滞留沉积物中,常见到撕裂、折断的角砾状磷块岩砾屑,岩系顶部不发育潮上暴露标志。

障壁礁滩亚相主要由不具骨骼喜磷的蓝绿藻群落组成,生活在阳光充足富氧的浅水沉积界面上,极大地限制了水体的流动和循环。下部呈深灰色,块状无层理,由 0.5～1.5cm 间距密集分布的浅棕色圆柱状、树枝状叠层藻构成,圆柱直径 0.7～3cm,高数厘米至 10 余厘米,柱内浅棕色白云石纹层微微上拱,纹层间有少许磷质砂屑,叠层柱间全系黑色砂屑磷颗粒填积,为叠层藻的下部层序;其上部为成层性很好的、含白色硅质团块的圆柱状叠层石磷块岩和含磷块岩角砾的浅色硅质白云岩,构成向上变浅、水体动荡能量较高的上部层序。

初始浅海台地相带与潮坪相接,该相带的沉积主要是浅灰色厚层状粉—细晶白云岩、黏土岩、砂质白云质黏土岩,夹薄层砂砾岩。

由深海区沿陆坡上翻的富磷海水团进入沉积空间有限的该沉积盆地不易扩散,经长期蒸发、浓缩、磷质过饱和,在大量某种喜磷原始藻类生物的参与和适宜的化学条件下,形成质优、量大的磷块岩矿床。

3)成矿作用

贵州经历了四堡运动、晋宁运动、澄江运动后,扬子陆块的古构造格局已基本形成,控制了陡山沱期的古地理环境,而黔中隆起这时也抬升成陆地,在开阳洋水地区形成一个濒广海的障壁形海湾,为该区磷的富积和沉积提供了较为理想的场所。磷矿主要成矿作用:胶体沉积—盆内颗粒再沉积—孔隙磷质溶液的沉积和磷质进一步的分异凝聚—磷质交代作用—藻生物作用。

(1)胶体沉积。在相对稳定、低能的浅水环境中,磷质自含磷海水中过饱和析出聚沉,是陡山沱期扬子浅海内磷质沉积的初始阶段和基础形式。磷溶胶在相对宁静、浑浊的浅海盆地内,与悬浮级非磷碎屑混杂共沉,组成杂质、无陈化龟裂含藻生物碎屑及孢子囊的凝胶结构磷块岩或含磷岩。因胶体聚沉是低速的、漫长的成磷过程,杂质掺和机会较多,故所成矿层的厚度、品位视环境差异有较大变化。在物质充足的前提下,成磷环境长时间持续稳定者,磷矿层则厚;碱度、咸化度适中而又洁净者,磷矿层则富。

(2)盆内颗粒再沉积。上述已聚沉的磷凝胶或条件成因的已固化磷块岩,在浅水扰动条件下颗粒化,就地或经盆内迁移、簸选,而于不同能量的环境中再沉积,是磷质富化再集,形成量大质优磷矿床的一个重要成矿方式和阶段。盆内颗粒再沉积形成的磷块岩,只分布于浅海台地的边缘,尤其是藻礁及其围限的浅滩等礁后地带。

(3)孔隙磷质溶液的沉积和磷质进一步的分异凝聚。这两种作用都是成岩阶段完成的,它们虽不是普遍现象,但对于特定的富化也起了重要作用,如浅海台地浅滩相中的磷质淀晶胶结的颗粒结构磷块岩。

(4)磷质交代作用。经初浓缩的磷溶液、磷溶胶或尚未固化的磷凝胶,常沿下伏岩矿缝隙交代先期碳酸盐岩,而形成网脉状、浸染状、结核状磷块岩。

(5)藻生物作用。在早震旦世陡山沱期磷块岩的整个成磷过程中,藻类等微生物活动有着特殊意义。较明显的生物化学和生物物理作用有4点:一是藻类生物光合作用大量地消耗水介质中的二氧化碳,增加介质的含氧量,并因此而导致了水介质的碱度增加,为磷质过饱和析出提供了缺二氧化碳、高pH值的环境;二是藻类阻滞抗浪的屏障作用及其捕集黏结无机盐质点的本能,为磷质的胶体聚沉建造了稳定、低能,多凝聚核和异电荷的沉积环境;三是藻类等微生物汲取介质中磷质等,对磷质状态转化、磷酸盐溶液的浓缩稀散元素等也起了重要作用;四是藻类生物捕陷黏结磷质碎屑及藻丛间陷集磷质颗粒等造礁作用,不仅加快了磷质的沉积速度、增大了磷质的沉积量,而且使之稳定,保护了已沉积的磷质。

4) 成矿要素与成矿模式

对该区进行综合分析研究,分析与磷矿形成有关的参数,如成矿时代、地质背景、岩相古地理、基底、顶板、岩性组合、古气候、资源量、矿体厚度、P_2O_5、I、F、MgO、Fe_2O_3、Al_2O_3、HP、含矿岩系厚度、矿体规模、矿体倾向延伸等,提炼出成矿要素,对成矿要素进行总结(表5-5)。

表5-5 开阳式磷矿区域成矿要素表

成矿要素		描述内容	要素分类
特征描述		海相沉积型磷块岩矿床	
地质环境	成矿时代	早震旦世陡山沱期	必要
	构造背景	扬子陆块南部被动边缘褶冲带凤冈滑脱褶皱带洋水背斜	重要
	岩相古地理	潮坪相,有大型磷矿床产出	重要
		礁滩相,有中型磷矿产出	重要
		潟湖相,有透镜状矿体产出	重要
矿床特征	沉积作用/沉积建造	下震旦统陡山沱组	必要
		粉砂岩-白云岩-磷块岩-硅质岩的岩质组合	重要
		沉积建造类型:陆缘碳酸盐岩建造	必要
		含矿岩系厚度:9.02~28.82m	重要
	成矿构造	洋水背斜、翁昭背斜	重要
		断层:龙坑帚状构造	重要
	成矿特征	矿石矿物:以低碳氟磷灰石为主,次为碳磷灰石,磷灰石	重要
		P_2O_5 10.72%~38.70%	重要
		I^- 0.0013%~0.073%	重要
		矿石结构:以凝胶结构为主,内碎屑结构次之	重要
		矿石构造:主要为致密块状构造、条带状构造,其次为碎屑状构造和角砾状构造	重要
	矿体厚度	0~12.37m	重要
	矿体规模	矿体走向延伸:15km,倾向延深50~1200m,局部达2000m以上	重要

通过对预测区域成矿要素的研究,建立的区域成矿模式如图5-3所示。

3. 新华式磷矿

新华式磷矿主要位于贵州省中西部织金县、清镇市、修文县、纳雍县、平坝县一带,其次在松林、铜仁、都匀等地区也有零星分布,该区主要为低品位的含重稀土磷块岩矿床。该区磷(稀土)矿主要为海相

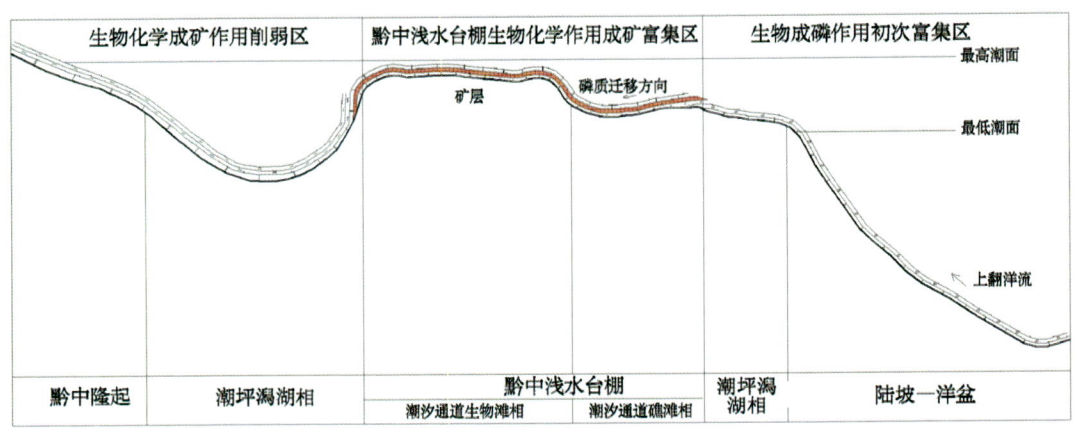

图 5-3 开阳式磷矿区域成矿模式图

沉积型磷块岩矿床。含矿岩系为下寒武统戈仲伍组、牛蹄塘组底部的一套沉积岩(织金地区称戈仲伍组)。该组岩石下部为灰色、灰白色细—中粒含磷白云岩与灰黑色、黑色细粒到致密块状磷块岩互层,具水平、波状、交错层理;上部为灰色、灰白色细—中粒含磷白云岩夹层状硅质磷块岩,具水平纹层理,层位稳定,磷(稀土)矿赋存于该组。

该区磷(稀土)矿勘查工作始于20世纪50年代后期,到90年代中期大规模勘查工作基本结束,经半个多世纪的地质勘查工作(表3-4),区内发现和勘查了9处磷(稀土)矿区,主要有织金新华矿区、打麻厂矿区、李家寨矿区、毛稗冲矿区、杜家桥矿区、清镇桃子冲矿区、洛夯矿区、纳雍水东矿点及大院矿点等。

1) 矿床特征

新华式磷矿含磷岩系为寒武系戈仲伍组,含矿岩系下部为碳酸盐重稀土磷块岩(厚0~21.17m),上部为富含铀、钒、钼的黑色细碎屑岩磷块岩(厚0~8.69m)。其底界为生物滩潮渠角砾岩,顶界为半深水岩质细砂岩。磷矿层顶板为碳质泥(页)岩,底板为灯影组硅质白云岩、白云岩。磷矿呈层状、似层状产出。矿体长65~4100m,宽40~1600m,厚0.83~5.00m。

磷块岩的主要矿物为胶磷矿,次要矿物为磷灰石、独居石、白云石、方解石、石英、玉髓、云母等,但不同矿石类型所含矿物主、次不同。在黑色磷块岩的条带中,各种形态的胶磷矿集合体呈定向排列,含量70%~90%;在灰白色白云质磷块岩条带中,胶磷矿的集合体呈稀疏、不规则排列,有时略呈定向排列,散布于白云石中,亦有胶磷矿的颗粒为白云石、方解石、石英等所交替,含量10%~30%;在层状、结核状硅质磷块岩中,胶磷矿的集合体略呈定向排列,于石英、玉髓所交替,嵌布粒度很细,含量40%~70%。在偏光镜下,黑色条带状磷块岩中胶磷矿呈蠕虫状、棒状、豆状、鲕状集合体;白云质磷块岩中胶磷矿呈棒状、蠕虫状、鲕状集合体;结核状硅质磷块岩中的胶磷矿呈蠕虫状、鲕状和粒状集合体。磷块岩矿石结构主要为颗粒结构和泥晶结构两类。颗粒结构内的颗粒分内碎屑和生物屑两类,内碎屑又分为砾屑、砂屑、粉屑。砾屑成分有泥晶磷块岩、含硅质含生物屑泥晶磷块岩及含硅质生物屑泥晶磷块岩等,生物屑主要是小壳化石碎屑。泥晶结构主要由泥晶磷灰石构成,混杂有少量黏土矿物、石英粉砂,有时还有少量磷质生物屑和磷质粉砂屑。矿石构造主要有块状、条纹—条带状、结核状构造。

矿石中以磷矿为主,P_2O_5 在16%~26%之间,另外伴生有稀土矿,其中,REE 0.004%~0.235%,Y_2O_3 0.01%~0.077%,U 0.002%~0.012%,稀土含量与 P_2O_5 呈正相关关系。

2) 控矿因素

磷矿主要受含磷岩系期岩相古地理控制,岩相古地理受古构造控制。该区当时属川黔半局限海台地南部边缘——织金台缘,细分为潟湖、浅滩、滩缘塌积、淹没台地、磷质滞积相等次级古地貌单元。

(1) 滩后含磷潟湖相。在织金县大院一带,下部为不稳定的薄层砂质磷块岩与含磷粉晶白云岩之交替沉积,表明初始水体较浅而动荡,距滩体较近;上部为含磷质砂屑黏土岩,向西可变为含灰岩透镜体的碳质粉砂岩,表明随后覆水有所加深,潟湖是由大院向西展布的,但成磷作用较弱。

(2)磷质生物碎屑浅滩相。主要分布于戈仲伍、果化、佳垮—大嘎及打麻厂、杜家桥等地。岩系底部为不稳定的磷质角砾岩层,其中磷块岩角砾向上有增多的趋势,属潮道滞留沉积。其上为薄至中厚层状生物屑砂屑磷块岩与含磷质生物屑砂屑细晶白云岩组成的交替沉积。成磷作用较强。

(3)磷质生物碎屑滩缘塌积相。见于五指山、毛稗冲一带,发育在含磷岩系下段或近底部,为角砾状磷块岩、白云岩,有少量硅质岩和黏土岩的混杂沉积,厚4~7m,富含大个体小壳类化石。

(4)含磷淹没台地相。由薄层硅质岩、含磷硅质岩及少量碳质页岩、极薄层状(0.5~4cm)硅质白云岩和硅质砾屑磷块岩构成,厚4.6m。发育水平细纹层,含软舌螺和海绵类化石及少量生物碎屑与星散状黄铁矿,并见饼状砾,表明为潮下浅水既安静又有间歇振荡的沉积环境。

(5)磷质滞积相。梅树村晚期,由于海平面突然上升,预测区皆沦为陆棚较深水环境,远离陆源供给区,形成了一套以硬质界面开始的碳质细砂屑缺氧沉积,夹不稳定的薄层透镜状、结核状磷块岩及富含钒、钼、镍等元素的"金属层"。

3)主矿种与古地理沉积相的关系

由上述各沉积相带的特征看出,磷质生物碎屑浅滩相反映的成磷作用最强,因为这里处在当时新生的浅水陆架富磷酸盐海水上升流活动区,沉积界面位于潮下带上部至潮间带的部位,水体温暖,生物繁盛,极易形成磷质砂屑浅滩沉积、磷质潮坪沉积这类磷酸盐沉积相。特别是戈仲伍磷质生物碎屑浅滩区,其成磷期之磷酸盐、碳酸盐的产率与海平面的上升速度是基本协调平衡的,从而在该区形成了量大质优的磷块岩矿层。

五指山-毛稗冲磷质生物碎屑滩缘斜坡之塌积相,因其物源区主要是戈仲伍磷质生物碎屑浅滩,形成的角砾状磷块岩质量无虞,但稳定性差。

大院滩后含磷潟湖相区因位居滩后,海流磷质经滩区过滤,浓度大为降低,仅于初始浅水时沉积了少量磷块岩,随着海侵的推进,磷矿形成的条件逐渐丧失,故成磷作用较弱。

在含磷淹没台地相区,由于覆水稍深,水温较滩区要低,生物亦大为减少,加之水介质以安静为主,磷质补充乏力,成磷条件向不利方面倾斜,规模稍大的磷块岩矿床的成生概率较小。

4)成矿作用

新华式磷(稀土)矿成矿时期为早寒武世梅树村期。贵州梅树村早期由于先期环境的继承性,原碳酸盐岩台地虽被淹没,但多数为浅水。位于生物碎屑滩区的新华式磷(稀土)矿以潮汐沉积作用为主。新华式磷(稀土)矿的形成,除有相应的磷质来源外,还受气候、水介质条件等因素的综合作用,依次经历了凝结作用、粒化作用、敷淀作用。

(1)凝结作用。在梅树村期新华附近海域中,磷酸盐浓度高,达到饱和或过饱和状态。该期海水较为平静,水动力条件较弱,海盆中由于不同水体相遇混合、气候炎热,该区处于半封闭的浅水盆地环境,海水中浮游生物繁盛。在此基础上,由于磷酸盐离子价数高于碳酸盐离子的价数,磷酸盐先于碳酸盐沉积,由于海水动荡,往往磷酸盐颗粒与碳酸颗粒同时沉积,通过凝结作用形成磷酸盐、碳酸盐、硅质和黏土矿物的共生体,凝结作用形成的磷酸盐胶体固结成岩,形成微粒磷块岩。

(2)粒化作用。按粒化作用的性质,可分为物理粒化作用和化学粒化作用。物理粒化作用是指凝结作用形成的凝胶(未固结)或微粒磷块岩(已固体)在海流、波浪或潮汐作用下,破碎、搬运、再沉积的过程,此种作用是机械物理过程,是磷块岩形成的第2阶段,物理粒化作用的产物为内碎屑磷块岩。化学粒化作用是指成磷体系中,磷酸盐胶体粒子凝聚成较大团粒或磷酸盐围绕一些中心加积凝聚,并主要在重力作用下失去同海水动力平衡而沉积的过程,所形成的产物为团粒磷块岩和鲕粒磷块岩。

(3)敷淀作用。海盆内成磷体系中磷酸盐溶液敷着粒化作用所形成的颗粒或其他固体物质沉淀成微晶磷灰石外壳的过程。它是磷块岩形成的又一重要阶段,即第3阶段。所形成的磷块岩为壳粒磷块岩。当高浓度磷酸盐溶液凝聚成大量团粒后,溶液中磷酸盐浓度迅速降低,凝结作用大大减弱,于是敷淀作用发生。

5) 成矿要素与成矿模式

通过对典型矿床及织金地区磷(稀土)成矿规律总结,区域成矿要素见表 5-6。

表 5-6 新华式磷矿区域成矿要素表

预测要素	描述内容	要素分类
特征描述	海相沉积型磷块岩矿床	
成矿时代	早寒武世梅树村期	必要
构造背景	扬子陆块南部被动边缘褶冲带,织磷(稀土)宽缓褶皱区	重要
岩相古地理	大院潟湖区:无具工业价值的矿体	重要
	戈仲武台内浅滩区:有相当规模矿体产出,已发现大型矿床	
	五指山-毛稗冲滩缘斜坡区:有一定规模的矿体产出,已发现有小型矿床	
	淹没台地区:有零星矿体产出,已发现有矿体	
成矿构造	大院穹隆构造、果化背斜、打麻厂背斜、铁厂坎背斜、洛夯背斜、四花树向斜、九龙山背斜、五指山背斜;果化断层、正河断层带、马场断层带、齐伯断层带、营合断层带	重要
沉积作用/沉积建造	岩石地层:灯影组二段—牛蹄塘组一段	重要
	年代地层:下寒武统	
成矿特征	$P_2O_5 > 12\%$	重要
	共伴生 REE >0.03	
	矿层厚度大于 1m	

早寒武世梅树村期,当上升洋流再次裹夹富磷酸盐水团上涌时,首先穿过硅质过饱和层,而此时磷酸盐仍处于溶解状态,故硅质岩地区没有磷块岩出现;当上升洋流涌入缺氧层后,由于水体中 CO_2 大量形成,造成水体酸度提高,硅质岩过渡到缺氧层(黑色页岩),这就反映了水体从碱性转化为酸性,因此,在它们接触的界面上析出了磷灰石。由于 CO_2 过量引起磷酸盐呈溶解状态,在黑色页岩特别发育的缺氧层里,磷块岩反而少见。通过对预测区域要素的研究,建立的区域成矿模式如图 5-4 所示。

4. 大河边式重晶石矿

晚震旦世—早寒武世,沉积型重晶石矿主要分布在天柱大河边和玉屏丙溪等地。现已发现超大型矿床 1 个(大河边重晶石矿床)、小型矿床 1 个(丙溪重晶石矿床),为贵州省重晶石矿床主要成因类型。由于矿床主要成矿期为早寒武世,因此,其矿床特征安排在下文的"Pz_1-12 扬子地台与寒武纪海相沉积有关的石煤、磷、钒、镍、钼、锰、铀、稀土、铂族、重晶石、石膏、石盐矿床成矿系列"中叙述,此处从略。

(三) 成矿系列空间分布及成矿背景

Pt_3-4^3 上扬子与新元古代(热水)沉积(黑色岩系)-变质作用有关的重晶石、磷块岩、锰、镍、钼、钒、碘、稀土矿床成矿亚系列,从老到新为锰(南华系大塘坡组)、重晶石(上震旦统—下寒武统)、磷(上震旦统—下寒武统)。锰主要分布在印江—凯里以东,重晶石主要分布在玉屏—天柱一带,磷矿主要分布在织金—开阳—瓮安一带及铜仁—都匀一带。这些矿均与成矿期岩相古地理密切相关,基本上位于贵州中东部。它们都是在伸展构造体制下被动大陆边缘斜坡上裂陷盆地沉积形成的,其成矿物质来源于上地幔或下地壳,是 Rodinia 超大陆裂解与南华裂谷盆地形成演化及岩浆活动、古天然气渗漏等导致锰、

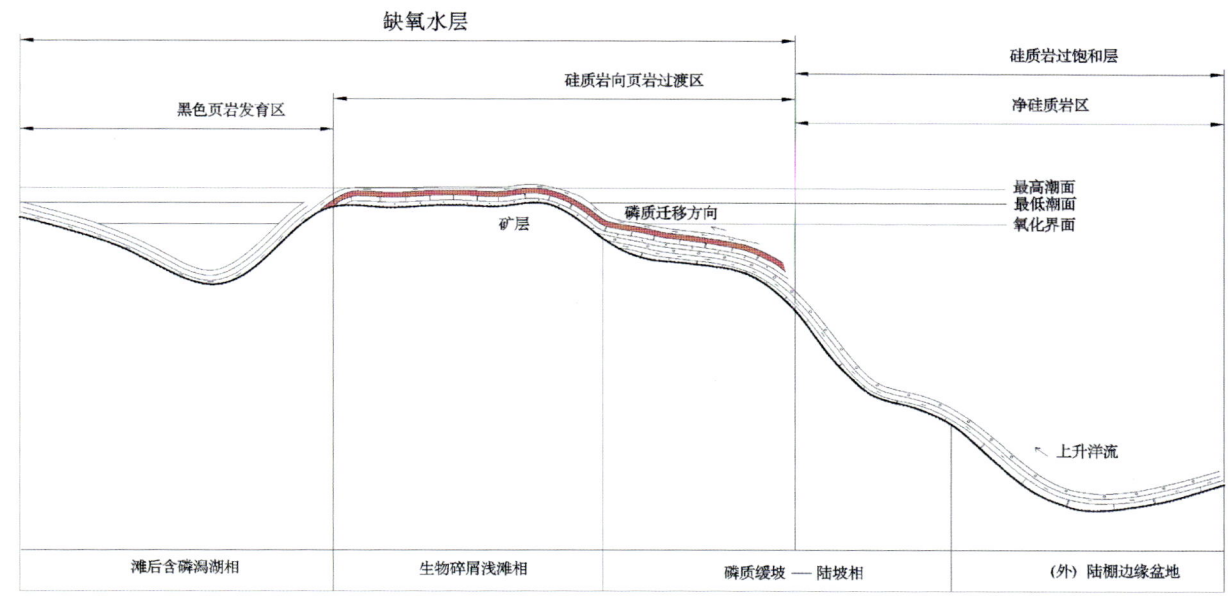

图 5-4 新华式磷(稀土)矿区域成矿模式图

重晶石、磷、镍、钼、钒大规模成矿作用的一次事件沉积。

贵州位于扬子陆块西南缘与华南褶皱带的过渡带。从新元古代开始,Rodinia 超大陆裂解,扬子陆块与华南陆块发生分裂,黔东一带处于扬子陆块伸展构造深海环境下的裂盆——南华裂谷海槽中,岩浆活动强烈,基性—超基性侵入岩等发育。到南华纪,海槽逐渐萎缩,但构造活动、岩浆活动依然强烈,海底热水作用普遍。雪峰运动使贵州大部分地区上升成陆,除黔东南以外的大部分地区都由活动性大陆边缘类型地壳变为稳定的地台类型。同时广西境内的俯冲带以南的大洋地壳,此时也部分转变为活动性陆缘类型的过渡地壳。早震旦世期间,华夏洋板块不断向扬子板块俯冲,俯冲带向南迁移至(广西贺县)鹰扬关,海水向北推进,弧后边缘海盆地中心南移至九万大山一带。晚震旦世,海水继续向北推进,覆盖全省,形成边缘海盆地硅泥质组合和稳定地台沉积区的浅海碳酸盐岩组合。晚震旦世的边缘海盆地显然由于陆源物质减少而成为非补偿性沉积环境,沉积厚度较小。从寒武纪开始,俯冲带的位置可能已迁移至南边的云开大山一带,早古生代弧后盆地中心已向南东方向迁移,盆地边缘南移到玉屏至镇远一线。从此线往南到丹寨—天柱一线大致是盆地边缘斜坡地带,此带向西北过渡为浅海台地,向南东逐渐进入盆地。寒武纪早期,本区基本上受震旦纪末期构造格局及其继承发展的控制,该期(牛蹄塘期)形成的浅海台地相有机质黑色泥岩直接控制着镍、钼、钒矿床的形成和分布。

四、Pz_1-12 扬子地台与寒武纪海相沉积有关的石煤、磷、钒、镍、钼、锰、铀、稀土、铂族、重晶石、石膏、石盐矿床成矿系列

(一)概述

陈毓川等(2007)对本成矿系列的原始定义范围局限于雪峰山陆缘裂谷盆地(Ⅴ-2-9)内。本成矿系列的成矿作用主要为海相沉积成矿,在贵州主要有沉积型磷、钼、稀土、钒、重晶石等,次有沉积型石膏、石盐、石煤,构成了 Pz_1-12^1 上扬子与早寒武世黑色岩系有关的重晶石、磷、钒、镍、钼、铂族、铀、石煤矿床成矿亚系列。Pz_1-12^1 上扬子与早寒武世黑色岩系有关的重晶石、磷、钒、镍、钼、铂族、铀、石煤矿床成矿

亚系列,在贵州境内的矿床式有4个,即大河边式重晶石矿、新华式磷(稀土)矿、遵义式镍、钼、钒矿、镇远式钒矿。

(二)主要矿种及矿床式分述

1.大河边式重晶石矿

晚震旦世—早寒武世,沉积型重晶石矿主要分布在天柱大河边和玉屏丙溪等地。现已发现超大型矿床1个(大河边重晶石矿床)、小型矿床1个(丙溪重晶石矿床),为贵州省重晶石矿床主要成因类型。

1)矿床地质特征

重晶石矿床分别位于北东向坪地向斜南东翼和区域枞梭背斜北东段北西翼。重晶石矿床产出于上震旦统—下寒武统老堡组中上部。含矿岩系为老堡组硅质岩、重晶石、磷块岩、硅质岩建造。含矿围岩岩性单一,主要为硅质岩。矿体呈层状、似层状,整合产出于老堡组上部,矿体产状与岩层产状基本一致,含矿层露头线长约4600m(丙溪)至11 550m(大河边),矿体厚度一般为1.00m(丙溪)至12.02m(大河边)。

矿物以浅灰色、灰色、深灰色、灰白色重晶石为主,伴生有少量方解石、玉髓、石英、泥质、碳质、黄铁矿、闪锌矿、绢云母及盐类等。矿石以他形粒状结构、片状结构、镶嵌状结构、细粒结构、花岗变晶结构及不等粒花岗变晶结构为主,偶见斑杂状及溶蚀结构。矿石具块状、条带状、残余层纹状构造。局部可见似膏盐假晶残迹。

矿石中的主要有益组分是$BaSO_4$。$BaSO_4$一般46.50%(大河边)～99.01%(丙溪),最高99.10%(大河边)。有害组分:SiO_2一般0.08%～17.89%,最高33.71%(大河边);Fe_2O_3一般0.07%～0.89%,最高1.93%(大河边);Al_2O_3 0.00%～7.18%;CaO 0.07%～0.23%;MgO 0.007%～0.111%;可溶盐0.17%～0.20%。

2)控矿因素

矿层厚度与硅质岩厚度密切相关:若硅质岩层小于10m时,矿层存在;若硅质岩层厚度大于10m或上百米时,则矿层尖灭或仅有重晶石结核存在。

当矿层底板之硅质岩层极薄或尖灭,同时陡山沱组褐铁矿层紧靠矿层产出,南沱组顶部出现含砾石英杂砂岩透镜体(最厚大于50m)时,常出现矿厚约5m的优质富厚矿段。

3)成矿作用

在新元古代早期,Rodinia超大陆发生裂解,地壳和岩石圈在引力、张力作用下发生裂陷作用,使深部含Ba热水流体被动上涌。晚震旦世—早寒武世,裂陷盆地已演化为深水盆地,随着裂陷作用的继续加深,深部含P、Ba、H_2S等组分的硅酸盐热水流体沿同沉积深断裂运移喷溢于深水裂陷盆地中。当硅酸盐气液热流体与海水相遇时,随物质浓度变化,依照沉积分异作用规律(除火山碎屑岩、砂质岩沉积外),硅质岩最先在酸性环境中沉积,含磷硅质岩或夹磷结核层、磷块岩等相继沉积,在硅胶凝聚成硅质岩之际释放Ba^{2+}于海水中。当溶液由酸性演化至弱碱性的氧化环境时,硅质岩不再沉积,此时Ba^{2+}与海水中的SO_4^{2-}相遇结合沉淀为重晶石矿层。由于裂陷作用的强烈程度、多期性、间歇性,含矿气液流体的喷溢也呈现出时间长短不一、多期性和间歇性,从而形成厚度不等、矿石质量不一的多层重晶石矿。

4)成矿要素与成矿模式

通过对典型矿床及重晶石区域成矿要素的研究,其区域成矿要素特征如表5-7所示。

在全面研究大河边预测工作区重晶石矿成矿地质作用、成矿构造、成矿特征的基础上,建立的大河边式重晶石矿预测工作区的区域成矿模式见图5-5。

表 5-7 大河边式重晶石矿区域成矿要素表

成矿要素		描述内容	要素分类
特征描述		大河边式沉积型重晶石矿床	
地质环境	成矿时代	晚震旦世—早寒武世灯影峡期	必要
	构造背景	扬子陆块上的雪峰山基底逆推带	必要
	古构造	北东向沉积断裂和裂陷盆地	必要
	沉积建造	重晶石、钒、磷块岩、硅质岩建造	必要
	岩相古地理	陆缘裂陷盆地相	必要
矿床特征	赋矿地层	上震旦统—下寒武统老堡组	必要
	含矿岩系	碳质页岩、重晶石、钒、磷块岩、硅质岩等	重要
	含矿岩系厚度	0~3m：有零星重晶石矿体产出 ＞3m，且有重晶石矿连续产出时，才有一定规模的重晶石矿体存在	重要
	岩性特征	硅质岩、磷块岩、重晶石矿、碳质页岩组合，有重晶石矿产出；硅质岩、磷块岩、碳质页岩组合，无重晶石矿产出	重要
	矿体形态	层状、似层状	重要
	矿石矿物组分	主要为重晶石，次要矿物有白云石、方解石	重要
	矿石结构	粉晶—细晶结构、不等粒变晶结构、花岗变晶结构	重要
	矿石构造	块状构造、花斑状构造、溶孔状构造、条纹状构造和结核状构造等	重要
	矿体厚度	一般厚度越大，对成矿越有利	重要
	矿石品位	值越大，对成矿越有利	重要

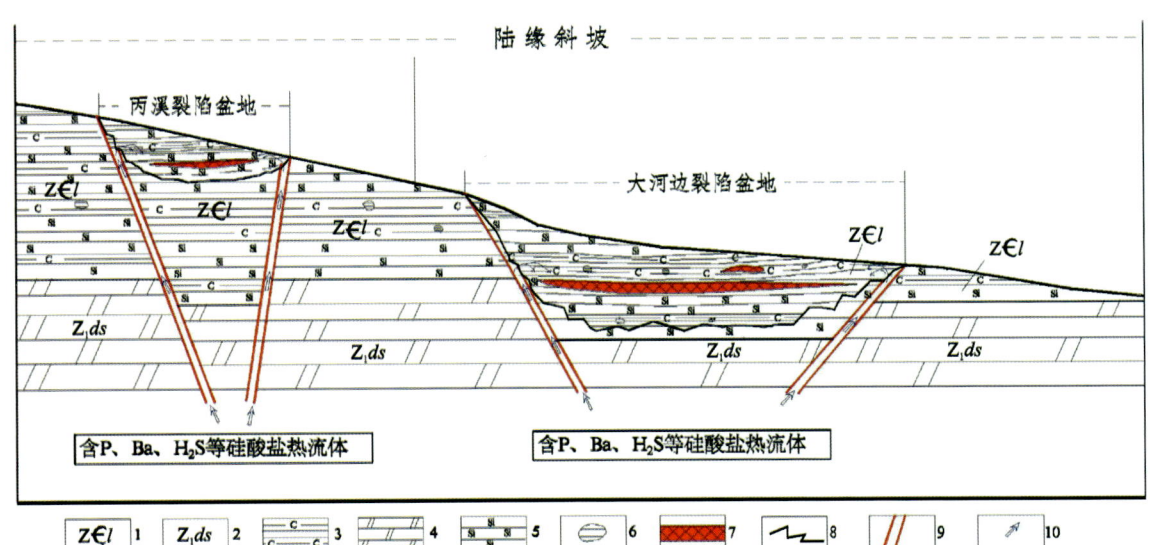

图 5-5 大河边式重晶石矿区域成矿模式图

1.老堡组；2.陡山沱组；3.碳质页岩；4.白云岩；5.硅质岩；6.硅质、磷质结核；7.重晶石矿层；8.相变线；9.同沉积断裂；10.含 P、Si、Ba 热流体

2. 遵义式沉积型镍、钼、钒矿,镇远式沉积型钒矿

1) 矿床特征

镍、钼、钒矿主要赋存于牛蹄塘组、留茶坡组中。

遵义式沉积型镍、钼、钒矿:分布于纳雍—遵义一带,以镍、钼矿为主,含少量钒矿,镍、钼矿主要产于牛蹄塘组的镍、钼"金属层"中,矿点主要分布于张维背斜、果化背斜、水东背斜中,在"金属层"中含镍、钼较高,该区矿体主要呈层状为主,局部呈似层状,矿体厚3～30cm,局部达1.50m;含钼3%～9%,含镍3%～8%,代表性矿床有遵义市汇川区杨家湾-陈大湾镍、多金属矿床。

镇远式沉积型钒矿:分布于松桃—万山、施秉—镇远—天柱等地,含矿地层为留茶坡组,以钒矿为主,矿体呈层状,一般2～3层,含V_2O_5在0.5%～2.70%之间,代表性矿床有镇远县江古钒矿床。在余庆—瓮安一带,也为镇远式沉积型钒矿分布区域,以钒矿为主,含少量钼矿,钒矿体呈层状,矿体厚度在3.20～26.00m之间,局部可达50m以上,含V_2O_5在0.5%～2.70%之间;而钼矿体呈透镜状,厚度在0.76～3.44m之间,含Mo在0.036%～3.009%之间,代表性矿床有余庆县长岭岗钼、钒矿。

2) 控矿因素

(1)岩相古地理控制矿床的分布及矿体规模、厚度等。寒武纪古地理格局是在晚震旦世的基础上发展而成的。灯影峡期后,上扬子地区地壳抬升,使川中、黔北地区的灯影组遭到不同程度的剥蚀,形成凹凸不平的、波状起伏的喀斯特缓坡。梅树村早期快速海侵,使上扬子地区成为西北高东南低的、以波浪作用为主的广海型碎屑岩缓坡陆棚,沉积了一套含磷碎屑岩和黑色页岩组合。从黔北到黔东南依次为内陆棚、外陆棚、陆棚斜坡及半深海沉积相带。

贵州的寒武系全是海相沉积。在牛蹄塘期,贵州从西向东分为川黔浅海、黔东湘西浅海、原始江南古陆及湘黔陆棚静海。在川黔浅海的东部为水下隆起。本期底部普遍沉积着含磷硅质;接近水下隆起的西侧(遵义—织金一带),有磷块岩及重稀土元素等富集现象;东侧(瓮安—福泉一带)有超大型磷矿产出。此外,远离水下隆起的边缘有较多的黄铁矿晶粒,即镇远—玉屏一带,越向东黄铁矿晶粒越多。结合高碳质泥岩、黑色含磷结核或磷块岩的硅质岩及燧石层等岩性特征,以及区内营漂游生活的盘虫、古海绵骨针及少量软舌螺类、古介类等生物的分带情况,反映了越往贵州东部边境,古地理环境越显示还原滞留海的性质。

总之,寒武纪牛蹄塘期的贵州处于川黔水下隆起两侧的川黔浅海、黔东湘西浅海这样一个封闭、半封闭的台地海盆中。由于构造活动——海底火山喷流作用,地球深部的成矿物质和高硅质的流体被带到海水中,硅质沉积成硅质岩,而成矿物质(钒、钼等)溶解于海水中,在浅海滞留环境,黏土矿物吸附海水中的钒等元素形成黑色黏土岩型钼、钒矿床。

(2)后期构造对沉积矿产的破坏、保留作用。镍、钼、钒成矿之后,经历了加里东运动、海西运动、印支运动、燕山运动、喜马拉雅运动。每次运动都对矿体进行了破坏、改造。特别是燕山运动对该区地层造成了褶皱、断层,在之后的喜马拉雅运动中很多地方矿体受到了剥蚀。

3) 成矿作用

关于贵州镍、钼、钒矿的成矿作用一直争议较大,有火山作用形成,也有生物作用、化学作用等方面的论述。本书认为其成矿作用应是海底喷流成矿作用、碳质黏土的吸附作用、胶体的化学沉积分异作用、古生物成矿作用共同作用的结果。

(1)海底喷流成矿作用。由于Rodinia超大陆裂解作用,南华裂谷海槽中深大断裂发育,岩浆活动强烈,海底热液喷流作用普遍。海底热液在活动过程中,除本身从深源带来的矿质外,在喷流口以下的热液通道中通过充填、交代作用广泛萃取围岩中金属成矿物质。这些携带成矿物质的高温流体(或热卤水)在喷流口以上的海底通过与冷海水的相互作用,使成矿物质分散(分布)于海水中,为含丰富V、Mo、P、U等元素的寒武系牛蹄塘组黑色岩层提供了区域成矿背景。

(2)碳质黏土的吸附作用。新元古代开始,扬子陆块与华南陆块发生分离,形成海槽。在这一系列活动演化过程中,岩浆作用强烈,基性—超基性火山岩、酸性侵入岩等发育,同时也带来了大量的金属离

子(可能有碳质)分散于海水中。到寒武纪早期,特别是在大断裂分布区仍有海底火山喷流作用,不时将地球深部的大量矿物质和高硅质的流体带到海水相对较浅且相对封闭的台地海盆中,硅质成分形成薄层硅质岩,矿物质则溶解在海水中。在海底火山喷流作用相对平静时期,陆棚、海盆是相对稳定、缺氧的环境,以悬浮的碳质、陆源碎屑沉积为主,陆源碎屑主要为黏土矿物。悬浮的碳质、含碳质黏土对水中的金属离子具有强烈的吸附作用。在海水相对平静时,碳质黏土沉积下来,同时被碳质黏土吸附的Ni、Mo、V、U等矿物质也就沉积下来,并且海水中的Ni、Mo、V、U等元素也不断被沉积下来的碳质黏土吸附,随着矿物质不断增加,形成了一套黑色硅质岩与碳质黏土岩组合及黑色黏土岩型镍、钼、钒、铀、多金属矿床。

(3)胶体的化学沉积分异作用。成矿物质以胶体溶液或真溶液形式进行迁移时,由于不同元素在同一介质的溶解度各不相同,从而在沉淀过程中产生成矿物质的分异作用,主要包括真溶液的化学沉积分异作用和胶体的化学沉积分异作用。本书认为,镍、钼、钒、铀、多金属矿床的形成,除碳质黏土吸附作用外,胶体的化学沉积分异作用亦不容忽视。我们知道胶体有两种特性,即带电性和吸附性。带正电荷者称正胶体,带负电荷者称负胶体。胶体因胶粒具有巨大的比表面积而具有巨大的吸附性,在搬运过程中,它们总要选择吸附溶液中的某些离子或交换吸附某些离子,以求达到平衡。自然界中胶体吸附现象是普遍存在的,这在成矿作用中同样具有重要意义。这些被吸附的元素,当胶体溶液被破坏时,便发生了胶体聚沉作用和溶胶向凝胶的转变作用,并在重力作用下,随着胶体的凝聚作用一起沉积下来。

(4)古生物成矿作用。在黑色含矿岩系中,发现的大量微古生物化石,有放射虫、海绵骨针、藻类等还保存着海相低等生物的有机残体。这表明,黑色岩系沉积物中菌藻类得到了空前的繁衍,并在成矿过程中起着较好的聚矿作用和造硫作用。矿体产于含大量微生物化石、藻化石的碳质页岩中,矿石具碎屑(角砾)状、胶状、结核状、浸染状等结构与构造,与围岩整合且界线多为过渡关系,反映了矿床与生物作用密切相关。

微生物对镍、钼、钒矿床的形成贡献巨大,镍、钼、钒矿床的形成是在震旦纪灯影峡期短暂的沉积间断出现的弱喀斯特化起伏面之后,开始了早寒武世的"成磷期"。此时气候温暖,磷的含量高,表明水体营养度高,有大量低等生物繁衍。生物活动对镍、钼、钒、多金属矿层的形成起着关键性的作用,页岩及矿层中富集的金属元素显然与其中的有机碳含量高有关(殷鸿福等,1999),包括植物、动物及微生物内的生物,对许多金属元素如 Ag、Al、Ba、Bi、Cd、Cr、Cs、Cu、Fe、Ga、Mn、Mo、Ni、V、Zn 等都有惊人的富集能力,富集系数为 $n\times10^2\sim n\times10^5$,而页岩和矿层中的有机碳成分主要来源于生物(菌类、藻类)。其成矿主要是通过微量金属的吸附作用、硫酸盐的还原作用和硫化物的沉积作用,这种富集特点可能与镍、钼、钒、多金属元素被有机质和黏土吸附的地球化学性质具有一致性。黑色岩系中保留的大量菌藻类生物,镍、钼、钒矿物局部保留有显微球状及细菌结构,以及常见莓球状黄铁矿等,这些特征及高含量的有机碳、金属有机化合物(镍卟啉、钒卟啉)便是有机成矿作用的佐证。

黑色岩系由于底部含矿岩系的有机质(高碳质)的还原性和吸附性,而具有很强富集成矿的功能,而藻类分解造成的还原环境,有利于镍、钼等呈硫化物形式沉淀。某些厌氧性的微生物还原细菌,能将硫酸盐中的高价硫(S^{6+})还原成低价硫(S^{2-}),在这一生物化学作用过程中,其放出的 H_2S 则为形成金属硫化物矿床提供了必不可少的硫源,从而对矿床的形成起到了至关重要的作用。研究表明,钒也是在有机质(生物化学)直接参与下发生成矿作用的,是生物化学富集作用的产物。据资料,矿石中富含有机碳(沥青,约10%)和碳质绿色素($1.16\times10^{-6}\sim2.85\times10^{-6}$),特别是其中的烷类、三萜类是细菌和陆源有机物生物标志化合物,其中干酪根代表了黑色岩系中的主要有机成分。矿层中发现大量的藻类生物化石证实了有机质属生物成因。黑色岩系中钒的含量常随绿色素的增高而增高,这也表明微生物在钒的形成过程中起到了关键作用。

4)成矿要素与成矿模式

通过对典型矿床及全省区域成矿规律研究,总结的成矿要素见表5-8、成矿模式见图5-6。

表 5-8 遵义式沉积型镍、钼、钒矿区域成矿要素表

成矿要素		描述内容	要素分类
特征描述		海相沉积型镍、钼、钒、多金属矿床	
地质环境	成矿时代	震旦纪留茶坡期、早寒武世梅树村期	必要
	构造背景	上扬子陆块南部碳酸盐岩台地相	必要
	岩相古地理	内陆棚相	必要
矿床特征	沉积作用/沉积建造	含矿地底层：留茶坡组、牛蹄塘组	必要
		泥岩-磷块岩-硅质岩-黑色碳质页岩-含粉砂质碳质页岩建造	必要
	成矿构造	遵义地区为松林-岩孔背斜,织金—纳雍地区为水东穹隆构造、果化-小纳弓背斜、桂果-灰洞背斜、李家寨背斜等	重要
	成矿特征	矿石矿物：针镍矿、胶硫钼矿、锑硫镍矿、黄镍钼钒矿等	必要
		Ni 2.68%～7.30%,Mo 4.80%～8.67%,V_2O_5 0.7%～2.78%	重要
		矿石结构：以砾屑结构为主,次为生物屑结构、藻包粒结构	重要
		矿石构造：主要为叠层构造、滑动角砾构造、生物扰动构造	重要
	矿体厚度	镍、钼矿多厚 0.02～0.10m,钒矿厚 1～39m	重要
	含矿岩系	含矿岩系厚度 17.00～34.56m	重要

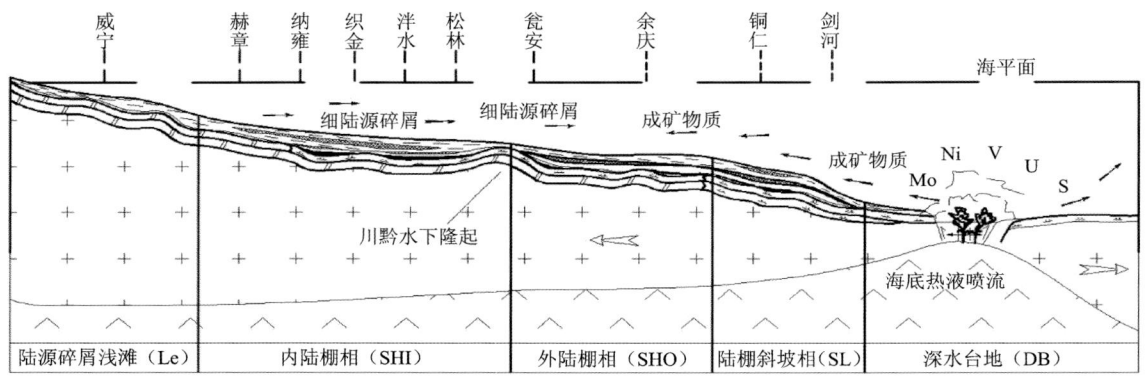

图 5-6 贵州震旦系—寒武系沉积型镍、钼、钒矿成矿模式

1.地幔；2.大陆地壳；3.台地碳酸盐沉积；4.盆地相碳硅质沉积；5.远岸碳泥质、黏土质沉积；6.镍钼多金属层；7.钒矿层；8.裂解盆地；9.含 Ni、Mo、V、U 等热液；10.同沉积断层；11.成矿物质及上翻洋流方向；12.陆源碎屑物质移动方向；13.拉伸方向

五、Pz_1-1 加里东期江南地轴西段与低温热液作用有关的金、砷、水晶矿床成矿系列

(一)概述

陈毓川等(2007)对本成矿系列的原始定义范围局限于雪峰山陆缘裂谷盆地(Ⅴ-2-9)内。本成矿系

列在本成矿单元中主要产有石英脉型金矿、蚀变岩型铜金银多金属矿等。成矿元素组合常为以 Au、Cu、Pb、Zn 为主成矿元素的 Cu-Pb-Zn-Ag、Au-As-Sb-Hg 和 Pb-Zn-Ag 组合,金矿赋矿地层为青白口系龙里组,容矿岩石为变余细砂岩(砂砾岩)和粉砂质板岩,成矿物质来源于基底地层及围岩,热液以建造改造-变质水为主,有大气水大量参与。铜矿赋矿地层为青白口系甲路组,容矿岩石为甲路组一段和二段滑脱带内强硅化绢云母千枚岩、铁锰质绢云母千枚岩、块状石英片岩、绿泥石片岩、变余石英砂岩等岩石,蚀变基性火山岩、黑云母花岗岩是成矿的物质来源。本成矿系列的成矿作用为中低温热液,金矿主成矿期为加里东期,铜、金、银、多金属矿主成矿期为加里东期。本成矿系列在江南隆起西段锡、钨、金、锑、铁、锰、铜、重晶石、滑石成矿带(Ⅲ78 贵州)可划分为 1 个成矿亚系列,即 Pz_1-1^1 产于浅变质细碎屑岩中的金、钨、锑、铅、锌、铜矿床成矿亚系列,包括 2 个矿床式,即同古式金矿和地虎式铜、金、银、多金属矿床。

(二)主要矿种及矿床式分述

1. 同古式金矿

1)时空分布

同古式金矿隶属于 Pz_1-1^1 产于浅变质细碎屑岩中的金、钨、锑、铅、锌、铜矿床成矿亚系列,分布于贵州省黔东南的天柱和锦屏地区,至今已发现平秋、同古、八克、金井、辣子坪、主山冲等 8 个小型矿床,矿点 14 个。

2)矿床特征

同古式金矿为变碎屑岩中石英脉型金矿,主要分布于雪峰山基底逆推带北东向山洞复式背斜。变余细砂岩(砂砾岩)和粉砂质板岩为容矿岩石。矿体产于龙里组变余细砂岩(砂砾岩)和粉砂质板岩间的层间滑脱构造带石英脉中,石英脉型呈单脉或复脉状大致顺层或沿断裂分布。矿石结构常见有半自形晶粒状结构、他形晶粒状结构、交代结构等;矿石构造常见网脉状构造、角砾状构造、条带状构造、块状构造等;围岩蚀变以硅化和黄铁矿化为主,并伴有闪锌矿化、毒砂化、铁白云石化、方解石化、绢云母化、绿泥石化等。

3)控矿因素

其控矿因素如下:

(1)同古式金矿受背斜轴部及其两翼近轴范围的层间虚脱空间及伴生断裂构造控制。

(2)金矿床主要分布在背斜-蚀变带,为典型的石英脉型金矿床。

(3)金矿体主要赋存于龙里组变余细砂岩(砂砾岩)和粉砂质板岩间的层间滑脱构造带石英脉中,有顺层充填含金石英脉,另见充填于与背斜伴生的断裂构造的含金石英网脉。

(4)赋矿层位主要为青白口系龙里组。

4)成矿作用

如前所述,金矿的成矿作用类型为加里东褶皱造山带改造-变质热液型金矿,主要矿体为顺层充填含金石英脉。锦屏八克金矿上部为含金石英脉,向下演变为顺层含金毒砂矿脉,剑河南加直接出露顺层含金毒砂石英脉。此外,有资料表明,区内还有受与褶皱伴生的断裂和劈理构造控制的网脉含金石英脉和蚀变岩型金矿(化),以及受孔隙度较大的砂岩或砂砾岩层(透镜体)控制的层控蚀变岩型金矿(化)。金矿成矿作用研究表明,含金石英脉的均一化温度(石英包裹体)190～330℃,平均 239℃;硫同位素 $\delta^{34}S$ 9.7‰～14.3‰,$\delta^{32}S/\delta^{34}S$ 21.907‰～22.007‰;碳同位素 $\delta^{13}C_{-PDB}(CO_2)$ −7.98‰～−2.34‰;氢氧同位素 $\delta^{18}O_{H_2O}$ −3.52‰～−1.14‰,δD_{H_2O} −44.3‰～−33.4‰。

5)成矿时代

在湘西黔东地区,金矿的分布从黔东南的黎平—锦屏—天柱,然后向北东(东)延伸至湖南益阳—

带。彭建堂等(1998)探讨雪峰地区金矿成矿时代时,依据湖南平茶和肖家等金矿的同位素测年认为其成矿时代是在加里东早期以后,加里东期和印支期—燕山期是两个主要的金成矿期,特别是印支期—燕山期地台活化对该区大型金矿的形成起着重要作用。匡文龙等(2001)则指出"江南古陆"作为我国南方一条重要的金成矿带,其主要成矿时代为燕山期。胡瑞忠等(2005)认为加里东期仍是雪峰地区的重要成矿期。朱笑青等(2006)则明确它为加里东期(435~402Ma)成矿作用的产物,并划出了湘西黔东加里东金成矿带。

2. 地虎式铜、金、银、多金属矿床

1)时空分布

地虎式铜、金、银、多金属矿床属于Pz_1-1^1产于浅变质细碎屑岩中的金、钨、锑、铅、锌、铜矿床成矿亚系列,主要分布于从江地区的地虎、九星、鸡脸、陇雷等地。矿床多呈矿(化)点产出,区内目前探明的仅有地虎、九星2个铜、金、银多金属矿床。

2)矿床特征

地虎式铜、金、银多金属矿床为与基性火山岩有关的岩浆热液型铜、金、银、多金属矿床,主要分布于摩天岭复式背斜北西缘之吉羊穹状背斜—加车鼻状背斜中。甲路组一段和二段滑脱带内强硅化绢云母千枚岩、铁锰质绢云母千枚岩、块状石英片岩、绿泥石片岩、变余石英砂岩为容矿岩石。矿体主要受滑脱构造带控制,呈似层状、透镜状。矿石结构常见有包晶结构、自形—半自形晶结构、他形晶粒状结构、交代溶蚀结构等;矿石构造常见块状构造、细脉浸染状构造、条带状构造等;矿石矿物为自然金及含金硫化物。

3)控矿因素

其控矿因素如下:

(1)地虎式铜、金、银、多金属矿床受摩天岭复式背斜北西缘之吉羊穹状背斜—加车鼻状背斜中发育于区内大规模的滑脱构造带及各类韧性剪切带控制。

(2)该矿床主要分布在背斜-滑脱构造带及各类韧性剪切带中,为典型的岩浆热液型铜、金、银、多金属矿床。

(3)矿体主要赋存于滑脱构造带及各类韧性剪切带内强硅化绢云母千枚岩、铁锰质绢云母千枚岩、块状石英片岩、绿泥石片岩、变余石英砂岩等岩石中。

(4)赋矿层位主要为甲路组一段(Qbj^1)与二段(Qbj^2)间的滑脱构造带。

(5)隐伏花岗岩体侵位导致盖层与基底之不整合面产生侧向滑动,形成区内大规模发育的控矿滑脱构造带。由于滑脱构造带的作用,带内产生层间滑动、破碎带等地质作用,使得岩石变形。同时由于滑动产生的巨大热能,成矿热液从基底及上覆岩层中不断萃取铜、金、银等成矿元素,并在滑脱构造带内软弱部位富集成矿。

(6)区域变质作用及区域动力作用形成的蚀变岩体也控制了矿床的分布。

4)成矿作用

地虎式铜、金、银、多金属矿成矿作用可分为3个阶段:沉积作用阶段、成岩作用阶段、构造作用阶段。

(1)沉积作用阶段主要形成含铜等背景值较高的基性火山岩、火山碎屑岩、含有机质碎屑岩及侵入体。

(2)成岩作用阶段主要是在压实和温度作用下,其间有机质及铜、铅锌、金等活泼或较活泼元素,以水溶、络合物或自然元素的形式随水溶液转移到储集层中,同时在水溶液的渗滤转移过程中,还进一步溶解地层中的成矿元素,使成矿元素进一步在溶液中富集。

(3)构造作用阶段前的含矿溶液是分散在各储集层中的,构造作用产生较多的断层、剪切带、虚脱空间及节理裂隙等,这为矿液的流动和聚集形成较好的流通管道和空间,同时构造作用中的岩浆侵入也带入一些矿液加入储集层中。成矿热液在迁移过程中,首先从岩体原始富集层中萃取成矿物质,然后随着温度、压力的逐步降低,依次就位于韧-脆剪切带、脆性断裂带、滑脱构造带和层间断裂带中富集成矿。

5)成矿时代

摩天岭花岗岩锆石 U-Pb 年龄为(802±31)Ma 及(825.4±2.4)Ma,而针对黄铜矿、方铅矿采用铅同位素年龄测定为 60～687Ma(贵州省地质调查院,2003)。同时,从地质发展的角度来看,铜矿的形成是一个长期地质作用过程,从岩浆的侵入开始,铜矿初始富集作用就已开始,随后北西向、北东向、东西向断裂形成,从而为铜矿体就位提供了有利空间,而岩浆的再次活动为成矿作用提供了丰富的成矿热液,经过多期多次的岩浆活动和成矿作用,才形成现今的铜矿体。根据测年及地质因素综合分析认为,从江地区铜矿成矿始于新元古代中期,到燕山期结束。

(三)时空分布规律及区域成矿模式

本部分重点叙述黔东南新元古代浅变质岩系中的金矿。

1. 时空分布规律

黔东南新元古代浅变质岩系中的金矿,主要为石英脉型金矿,个别为构造蚀变岩型金矿,其金矿带和金矿田都主要产于加里东期北东向褶皱-断裂构造系统中,多数矿床受加里东期北东向复背斜核部及其两侧的轴向断裂控制。金矿主要分布于两个片区,即天柱—锦屏—黎平地区和从江地区,分别以天柱县同古金矿床和从江县翁浪金矿为代表。两个片区金矿时空分布规律既有区别又有联系,主要体现于以下 3 个方面:

1)容矿构造

两者的容矿构造都主要受由新元古界下江群地层构成的区域性层间滑脱构造体系控制。但是,天柱—锦屏—黎平地区金矿位于该区域性层间滑脱构造体系的中部和上部,金矿体受背斜核部或其转折端的层间剪切滑动构造、剥离扩容空间控制,而从江地区金矿则位于该区域性层间滑脱构造体系的下部,距离区域性主滑脱面(下江群与四堡群或梵净山群的接触面)最近。

2)赋矿地层

天柱—锦屏—黎平地区金矿主要产于下江群中—上部的清水江组、龙里组、番召组、丹州群拱洞组、南华系长安组等地层中,而从江地区金矿主要产于下江群底部的甲路组。

3)围岩蚀变与成矿元素组合

天柱—锦屏—黎平地区金矿围岩蚀变较弱、较简单,成矿元素组合简单,主要为单 Au,个别为 Au-As;而从江地区金矿的围岩蚀变较强、较复杂,成矿元素(组合)为 Au 或 Au-Ag。

2. 区域成矿模式

对于天柱—锦屏—黎平地区金矿,即同古式金矿,其区域成矿模式蕴含于区域构造控矿模式之中。

该金矿是以加里东期为主成矿期的低温热液型矿产,与推断的隐伏岩浆岩体可能有一定关系。该金矿广泛分布于贵州东部天柱—锦屏—黎平地区及湘西地区,受控于湘黔桂相邻区的北东—北北东向雪峰山构造带。金矿带的分布,一般与某个加里东期北东向背斜的空间分布一致,因此大致符合呈北东向等间距分布的规律,间距 15～25km。磨山-下达金矿带较特殊,分布于北东向加里东期构造与东西向高酿基底断裂交会部位,而该矿带之南的 3 个矿带还受推断的深部断裂和隐伏岩体控制。金矿田一般分布于某个加里东期北东向(复)背斜的某一段之核部—近核部,部分分布于两翼断裂形成的断夹块中。金矿床一般是上述金矿田分布区的一部分,分布于背斜的某一段的核部—近核部,或某一翼,或某个断夹块中。金矿体的分布位置主要是各类控矿背斜、断裂、节理、裂隙、剪切带、层状构造,尤其是它们的复合部位。

综合大地构造环境、含金沉积建造、构造控制因素、深部构造、隐伏岩体、矿床类型、成矿作用、成矿规律等方面的研究成果,建立的黔东天锦黎地区同古式金矿构造控矿模式详见图5-7(陶平,2012)。

由于从江地区金矿不属于本次潜力评价项目的预测工作区,研究工作相对较少,尚未建立区域成矿模式或区域控矿模式。

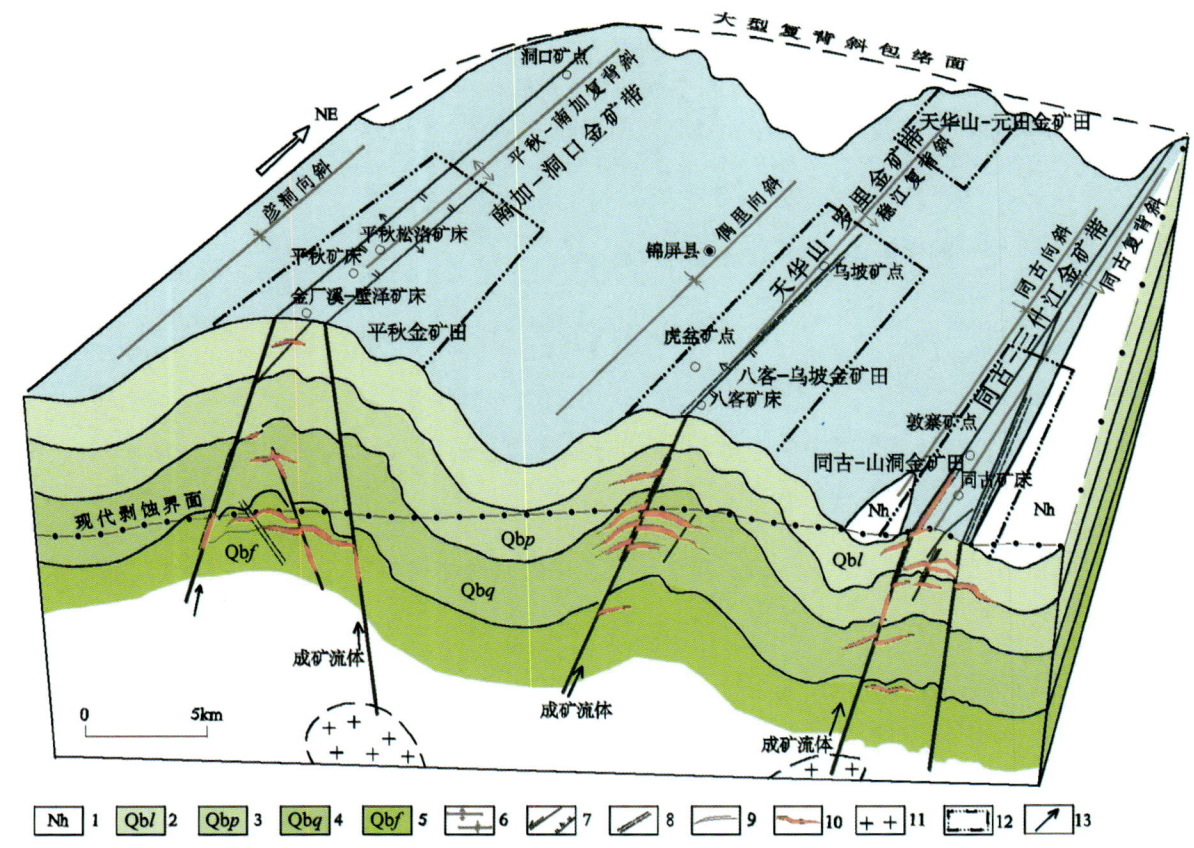

图 5-7　黔东地区同古式金矿区域成矿模式图(据陶平,2012;有修改)

1.南华系;2.青白口系龙里组;3.青白口系平略组;4.青白口系清水江组;5.青白口系番昭组;6.背斜轴、向斜轴;7.断裂(剖面、平面);8.次级断裂;9.顺层剪切带或层间滑脱构造;10.金矿体或矿化体;11.推测隐伏岩体;12.金矿田范围;13.成矿流体方向

六、Pz_1-2(新)加里东期江南地轴轴缘带与钾镁煌斑岩有关的金刚石矿床成矿系列

本成矿系列仅有1个矿种及1个矿床式,即镇远式金刚石,为加里东期江南地轴轴缘带与钾镁煌斑岩有关的金刚石矿床。

贵州中东部发现的钾镁煌斑岩及类似岩浆岩可大体划分为两个纬向分带,即黄平—施秉—镇远的27°带,麻江—雷山—台江—榕江的26.5°带,相距两岩体带50km。其中黄平—施秉—镇远带的岩体为钾镁煌斑岩,在马坪一带岩体中含金刚石矿。麻江—雷山—台江—榕江带的岩体包括钾镁煌斑岩和云斜煌岩及其他类似岩浆岩。另外,各岩体带在东西向上也还表现出一定的间距分布特征,并且主要受黄平-镇远-芷江区域性断裂构造控制,另有受向斜构造控制的一些特征。

根据贵州省自然重砂和人工重砂资料,金刚石可根据类型划分为3个分布区:

(1)镇远马坪地区Ⅱ型金刚石。以Ⅱa型金刚石为主,少量Ⅱb型。晶体以菱形十二面体为主,普遍具熔圆特征。

(2)清水江干流Ⅰ型金刚石。锦屏、白市、施洞口、凯里、同车、瓮城河、都匀等地见金刚石出土,除1粒为Ⅱ型金刚石外,其余均为Ⅰ型金刚石,形态以菱形十二面体为主(约占40%),八面体约占30%。

(3)都柳江Ⅱ型金刚石。三都段以上干流及其支流的普安、大河、烂土、独山等,以及下游的下江和榕江等地见金刚石出土,Ⅱ型金刚石占78%(颗粒百分比),以菱形十二面体占优势(61.3%),八面体仅占12.5%。

镇远马坪地区含金刚石的钾镁煌斑岩呈岩墙、岩床状产出。根据现存岩体及其空间分布特征分析,该区目前出露的岩体可能是上部岩相,管道相或根部相尚未出露地表,这与清水江流域只产出Ⅰ型金刚石而未发现(大量)Ⅱ型金刚石砂矿的实际情况吻合。这表明该区中深部有火山通道的可能性。

七、Pz_2-15 上扬子晚古生代与沉积作用有关的铁、锰、铝、硫、锶、钒、镓、煤、膏盐、重晶石、磷矿床成矿系列

(一)概述

本成矿系列主要指泥盆系—二叠系沉积矿产,有铁、锰、铝、硫、锶、钒、镓、煤、膏盐、重晶石、磷矿等多种,广布于贵州北部、中部和西部地区。在贵州省内包含以下4个亚系列:

(1)Pz_2-15^4川滇黔晚二叠世与陆相玄武岩、海陆交互相沉积岩有关的硫、锰、铁、铝土矿、煤矿床成矿亚系列。有4个矿床式,即遵义式锰矿、叙永式硫铁矿、六盘水式煤矿、楚米铺式铁矿。

(2)Pz_2-15^3石炭纪上扬子地台与海陆交互相沉积作用有关的铝土矿、黏土、镓、煤、铁矿床成矿亚系列。有6个矿床式,即大竹园式铝土矿、凯里式铝土矿、遵义岩式铝土矿、猫场式铝土矿、苦李井式铁矿、龙里式煤矿。

(3)Pz_2-15^2泥盆纪—石炭纪沉积-热液型铁矿床成矿亚系列。有1个矿床式,即宁乡式赤铁矿。

(4)Pz_2-15^5(新)华南西部(-上扬子)晚泥盆世—早石炭世产于碳硅泥岩(黑色岩系)中的锰、钒、铀、重晶石矿床成矿亚系列。有2个矿床式,即乐纪式重晶石矿、下雷式锰矿。

(二)主要矿种及矿床式特征

下文着重叙述锰矿、煤矿、铁矿、重晶石矿的数个矿床式。

1. 遵义式锰矿

1)矿床的时间和空间分布规律

贵州省二叠纪沉积型锰矿主要形成于中二叠世茅口晚期,是由地幔热柱强烈活动引起已存在的贵阳深断裂、紫云-垭都深断裂活动及海底喷流出富含硅锰质热液流体演化过程中的产物。在贵州省内主要分布于遵义铜锣井地区,为遵义式锰矿;其次分布在水城、纳雍一带,为水城式锰矿。二叠纪锰矿床(点)的分布具有明显的方向性。

2)矿床特征

遵义式锰矿赋矿层位为中二叠统茅口组第三段;水城—纳雍地区的赋矿层位为上二叠统茅口组第二段。茅口组第三段岩性主要深灰色、黑灰色中厚层含碳质灰岩、黑色碳质黏土岩、灰—灰白色含菱锰矿及黄铁矿质黏土岩,上部由翠绿色黏土岩、灰—灰褐色及灰黑色锰矿层、灰—灰褐色及灰黑色黄铁矿质水云母黏土岩等组成,即为含矿岩系(或称含锰岩系)。经历年来的勘查经验总结与统计,其厚度的大

小、岩性的组合不同与锰矿的产出具一定的关系,现简述如下:

(1)含锰岩系厚度规律。小于5m的地段一般无菱锰矿产出,一般厚5m以上的是区内主要产锰地段。

(2)岩相组合规律。成锰盆地从台沟中心向台沟边缘具有环带状岩石组合规律。

A.菱锰矿-黄铁矿质黏土岩组合位于成锰台沟中心相,分布面积较小。矿石以叠层石构造、扰动构造、虫孔构造为主,为优质锰矿。

B.菱锰矿、含碳质灰岩、黑色碳质黏土岩组合位于成锰台沟中心相外围,即台沟边缘相,矿石以栉壳状构造、似角砾构造为主。

C.绿泥石、硫化物、少量碳质物、石英组合位于台沟边缘相最外围,由绿泥石、硫化物、少量碳质物、石英组成,无菱锰矿产出。

(3)矿体形态及规模。菱锰矿赋存于茅口组第三段顶部碳质黏土岩中,矿体形态大致可分为层状、似层状、透镜状、枕状4类,与围岩产状一致,顺层产出。含锰岩系一般厚2~20m,局部最大厚度可达31.82m;矿体长40~9000m,矿体厚0.5~5.44m。

(4)原生锰矿以碳酸锰矿为主,其次为菱锰矿、钙菱锰矿、锰方解石、含锰方解石、硫锰矿、黑锰矿等。钙菱锰矿多分布于矿层下部,上部也常见;菱锰矿、锰方解石分布于矿层的上部及下部;硫锰矿多分布于矿层下部;黑锰矿多产于矿层中上部。锰次生矿物:硬锰矿、软锰矿、偏锰酸矿等。硬锰矿,灰色或钢灰色,光泽暗淡,结构较致密,多呈微—隐晶质结合体,蜂窝状、胶状、土状和渣(砂)状产出,常含黏土,是氧化矿石的主要矿物;软锰矿,灰黑色、钢灰色、质软污手,具金属或暗淡光泽,多呈星状及脉状产出;偏锰酸矿,巧克力色,土状,质轻软,污手,镜下呈灰白色,隐晶质,呈不规则斑点及小团块状分布于氧化矿石中,含量少。品位:Mn $10\% \sim 28\%$(一般19%),SiO_2 $13\% \sim 26\%$,TFe $3\% \sim 5\%$,P $0.09\% \sim 0.32\%$。

锰矿有泥晶结构、生物碎屑结构、球粒结构、火山碎屑结构;有层理构造、叠层石构造、扰动构造、虫孔构造、风化面构造。

3)控矿因素

锰矿床(点)严格受岩相古地理及古构造控制。地幔热柱强烈活动形成了一条自云南经贵州水城—纳雍—黔西—遵义自西向北东向的黔中台沟,富硅、锰的热液流体沿黔中台沟通道运移,在遵义台沟形成次生裂隙通道,富含硅、锰质热液流体沿着此通道溢出,为遵义式锰矿的沉积提供了物质来源。

4)成矿作用

遵义式锰矿产于中二叠世茅口晚期,锰矿的沉积、分布及特征等与峨眉山地幔柱活动有关。在扬子准地台西部,中二叠世茅口晚期是峨眉山地幔热柱强烈活动时期。地幔柱的托升作用(何斌等,2005)引起研究区内早已存在的贵阳深断裂、紫云-垭都深断裂活动,由于地壳不均衡裂陷(拉张和同沉积断裂的影响),深断裂在碳酸盐岩台地的基础上发生了分异,形成了一条自云南经贵州水城、纳雍、黔西至遵义的北东向黔中台沟(陈文一等,2003)。该台沟水深较大,大于60m,发育了一套与浅海盆地相区岩性、生物群十分相似的沉积,而台沟两侧为浅水半局性台地,水深小于10m。区内早二叠世晚期沉积的以碳酸盐岩为主的地层遭受较长时期的剥蚀,形成广阔的准平原。晚二叠世初期的海水就侵入到这个准平原上。研究区即处于川滇古陆东侧的滨海台坪环境中。贵州二叠系的锰矿分布在上述台沟内,分别处于黔北台隆东部的遵义断拱凤冈北北东向构造变形区、六盘水断陷威宁北西向构造变形区。发育的紫云-垭都深断裂和纳雍-瓮安深断裂、盘县-师宗深断裂等影响着该区火山活动、沉积作用、成矿作用和矿产分布(陶平等,2005)。

5)成矿要素与成矿模式

通过对典型矿床及区域成矿规律的研究,遵义式沉积型锰矿区域成矿要素特征见表5-9。

地幔热柱强烈活动,地幔柱的托升作用引发已存在的贵阳深断裂、紫云-垭都深断裂活动。由于地壳不均衡裂陷(拉张和同沉积断裂的影响),深断裂在碳酸盐岩台地的基础上发生了分异,形成了一条自云南经贵州水城、纳雍、黔西至遵义的北东向黔中台沟。富硅、锰的热液流体沿水城—纳雍—黔西—遵义的北东向黔中台沟通道运移,为遵义锰矿的沉积提供了物质来源。另外,从海底喷流出的富含硅、锰质热液流体沿着次生裂隙通道运移,在遵义台沟形成喷流,其中的锰质在热海水的渗入作用下,不断析出,进入弱碱性的海水中发生氧化锰的沉淀,最后,遵义台沟西部早期喷发的玄武岩在强化学风化作用下,淋滤出来的铁、锰质向遵义台沟迁移、集中,风化搬运沉积成矿作用为遵义的成锰提供物质来源。

表 5-9 遵义式沉积型锰矿区域成矿要素表

成矿要素		描述内容	要素分类
特征描述		海相沉积型锰矿床	
地质环境	成矿时代	中二叠世茅口晚期	必要
	构造背景	扬子陆块南部被动边缘褶冲带三级构造单元的凤冈滑脱褶皱带、毕节前陆褶皱	必要
	岩浆活动	峨眉山地幔柱活动造成玄武岩喷发和在台沟中喷液活动	必要
	岩相古地理	生物灰岩相、台沟边缘相、台沟中心相、硅质岩相;台沟边缘相、台沟中心相利于成矿,硅质岩相、生物灰岩相不利于成矿。铜锣井"遵义台沟中心"有大规模锰矿体(大型—超大型)、尚场"和尚场"有大规模锰矿体产出(中型);冯家湾台沟中心—台沟边缘有一定规模锰矿体产出,共青湖台沟边缘有零星锰矿体产出,毛家山台沟边缘有零星锰矿体产出,张家湾台沟边缘有零星锰矿体产出,五龙台沟边缘有零星锰矿体产出	重要
矿床特征	岩性特征	黏土岩、菱锰矿层、根土岩、菱铁矿黏土岩组合,有锰矿体产出	重要
		灰岩、黏土岩组合,无锰矿体产出	
		碳硅质灰岩、菱铁质灰岩组合;无锰矿体产出	
	含矿岩系厚	大于5m,有规模锰矿体产出;2~5m,有锰矿体产出;小于2m,无锰矿体产出	必要
	矿规模	大型矿床1个,中型矿床2个,小型矿床4个	重要
	矿石特征	主要矿石矿物为菱锰矿、硫锰矿,次生矿物为黄铁矿、褐铁矿、石英、方解石等	重要

2. 猫场式、遵义式、大竹园式、鱼洞式铝土矿

贵州省铝土矿主要分布在道真、务川、正安、遵义、开阳、息烽、瓮安、凯里、修文、白云、清镇等地,总体呈北北东向展布。该铝土矿成矿带也称"渝南-黔中铝土矿成矿带",北抵重庆的南川,南到贵州的清镇,整个成矿带长约370km。矿床点相对集中在务川-正安-道真、遵义、清镇-修文、凯里等地,其间有很多无矿地带。目前已探明8个大型矿床、21个中型矿床、30个小型矿床。铝土矿的矿床类型主要是古风化壳型铝土矿,矿体产于泥盆系之上古风化壳之上,上石炭统—中二叠统之下,矿石主要为一水硬铝石。

按矿床点分布位置不同,成矿时代差异,顶、底板地层的区划分了猫场式、遵义式、大竹园式、鱼洞式4种类型。有3种成矿模式在第四章中已做了详细介绍;同时,由于铝土矿都产于同一侵蚀界面(平行不整合)上的沉积型一水硬铝石铝土矿床,其矿床的成因、控矿因素、成矿作用、成矿要素、成矿模式等都基本相同,因此,此处对铝土矿的特征、控矿因素、成矿作用、成矿要素、成矿模式一并介绍。

1)成矿特征

渝南-黔中铝土矿成矿带的主体在贵州省内,从南往北有清镇-修文铝土矿带、遵义-息烽铝土矿带、务川-正安-道真铝土矿带。另外,在东部还有凯里铝土矿带。

(1)清镇-修文铝土矿带(猫场式)。该带长约75km,宽约50km,有清镇市猫场、长冲河、燕坨、麦坝、黄泥田、老黑山、窑上、修文小山坝、织金县马桑林等矿床。铝土矿产于早石炭世大塘期九架炉组中,九架炉组由铁质岩、铝质岩、碳质黏土岩3段组成。铁质岩段位于含矿岩系底部,主要为含赤铁矿、鲕绿泥石赤铁矿的紫红色铁质黏土岩,厚4~15m;铝质岩段位于含矿岩系中部,岩性为铝土质黏土岩、铝土矿,厚2～30m；碳质黏土岩段位于含矿岩系上部，岩性为碳质页岩，局部夹煤线，厚1～3m。铝土矿常与赤铁矿伴生。含铝岩系的下伏地层为寒武系高台组、娄山关组白云岩，局部为粉砂岩，上覆地层为石炭系大埔组白云岩。矿体和围岩产状基本一致，呈层状、似层状，局部地段偶有透镜状小矿体，矿体中偶见铝土岩、黏土岩及黄铁矿夹层。矿体长200～4500m，宽100～1700m，厚0.97～11.91m。

铝土矿矿石以铝矿物为主，次为黏土矿物、铁矿物、硫化物及钛矿物，最常见的是一水硬铝石、伊利石、高岭石、绿泥石、赤铁矿、菱铁矿、黄铁矿、钛铁矿、金红石、电气石等。在铝土矿中，一水硬铝石占整个矿石矿物组合的50%～95%。一水硬铝石（$Al_2O_3 \cdot H_2O$）在偏光显微镜下一般呈无色透明或白色、淡黄色，常呈泥晶—隐晶（≤0.005mm），通常因受有机质和碳质的影响而看不清颗粒形态而呈现深浅不同的条纹和层纹理。另一种状态呈微晶—粉晶粒状、柱状、板状集合体，少数为片状和针状（0.005～0.1mm）。在电子显微镜下致密状铝土矿中一水硬铝石呈柱状及粒状，碎屑状铝土矿中一水硬铝石呈板状和粒状，胶结物中一水硬铝石呈短柱状和粒状。

铝土矿的矿物颗粒形态、大小及颗粒间的相互关系划分为晶粒结构、碎屑结构、鲕状结构、凝胶结构、交代结构。铝土矿有块状和土状构造、层状构造、纹层层理、粒序层理及少许的斜交层理。这些构造反映了铝土矿的沉积作用。此外还有胶状构造、网状构造。

Al_2O_3主要赋存在一水硬铝石中，其次赋存在高岭石及水云母中，Al_2O_3含量在45%～75%之间；SiO_2主要赋存在高岭石中，其次赋存在水云母及绿泥石中。SiO_2含量0.14%～22.36%，Al_2O_3与SiO_2呈负相关关系。Fe_2O_3含量在0.35%～24.30%之间，S含量在0.01%～15.52%之间，铝硅比值在2.64～22.92之间。

(2)遵义-息烽铝土矿带（遵义式）。该带长约80km，宽约45km，主要矿床（点）有后槽、苟江、仙人岩、坑底、新站、大白岩、龚家大山、赵家湾等。铝土矿主要产于下石炭统九架炉组中，分布于区内各向斜中。含铝岩系由铝质岩类、黏土岩类、碳质岩类组成，呈似层状、透镜状、漏斗状产出，含矿岩系厚0.40～109.9m，厚度变化较大，厚度越大铝土矿、黄铁矿产出层数越多。含铝岩系与下伏下奥陶统桐梓组、寒武系娄山关组白云岩呈岩溶不整合接触，与上覆地层中二叠统梁山组页岩或栖霞组灰岩呈假整合接触。铝土矿含矿岩系可分为4种剖面类型：

A.风化剥蚀型。下段为原生海相沉积的黏土页岩，颜色为灰绿色、浅灰绿色、灰色、深灰色，页岩中含星点状黄铁矿；上段为风化黏土岩，呈灰色、灰绿紫色、褐红色等杂色，越近顶部风化程度越高，可成为铝铁岩或铁铝岩。该类型为无矿地段。

B.风化残积型。下段为原生海相沉积的黏土页岩，常含星点状黄铁矿，有时含块状黄铁矿；中段为黏土岩；上段为致密状铝土矿或铝土岩，致密状铝土矿→铝土岩→页岩的风化程度逐渐降低。

C.风化-冲刷堆积型。下段和中段由页岩向黏土岩过渡，上段为碎屑状铝土矿和铝土矿，主要分布在溶坑周围，其外侧与风化残积型相邻。

D.溶坑(洼)沉积型。溶坑是指垂直深度大，而面积小；溶洼是指垂直深度较小，而面积大。

该类含矿岩系有以下特点：

A.多层结构。铝土矿与黏土岩互层，铝土矿层最多达15层。

B.厚度大。含矿岩系厚11.04～109.90m，一般30～60m。

C.见早石炭世孢子化石、植物化石产出。

D.中上部含碳质页岩或煤层，常见1～2层煤，最厚达4.82m。

E.铝土矿自然类型主要为碎屑状，其次为豆鲕状和致密状，有低铁和高铁铝土矿产出，高品位铝土矿常居上部。

F.黏土岩多为灰白色块状构造，可见不规则斜交层理和细微层理，碎屑结构发育，棱角分明，排列混乱。黏土岩中常含微细粒黄铁矿，TS高者达25%。

G. 产高硫铝土矿或硫铁矿。

H. 底部常直接与白云岩接触，溶坑浅时与桐梓组白云岩接触，溶坑深时与娄山关组白云岩接触。

I. 各剖面间变化大。如铝土矿厚度、层数、是否产煤等均相差很大。除最上一层铝土矿为连续分布外，下部矿层呈透镜状产出。该类型剖面常居某一矿体中心，连续分布的最上部矿体，其质量最佳。

该区铝土矿矿体的形态、大小、厚度及品位明显依附于基底古岩溶洼地的形态和大小，往往在基底低洼处矿层厚度大，连续性好，层数增多，且矿石质量亦佳，凸起处或相对凸起区厚度变薄，成单层矿体，矿石品位低。位于上部的主矿体呈似层状产出，在主矿体之下的矿体呈扁豆状、透镜状，且单个矿体延伸小、规模小。

铝土矿矿石矿物以一水硬铝石为主，其次为高岭石、水云母、伊利石和绿泥石，以及少量、微量的赤铁矿、黄铁矿、锆石、锐钛矿、金红石、板钛矿和极少量的电气石等。一水硬铝石占整个矿石矿物组合的75%以上，最大达98%。区内铝土矿矿石结构有碎屑结构、豆鲕结构、碎屑豆鲕复合结构、粉晶结构和泥晶结构等，矿石构造有块状构造、半土状构造、致密状构造和斜交层理构造。

铝土矿中，含 Al_2O_3 45.31%～80.18%，SiO_2 0.24%～22.43%，Fe_2O_3 0.28%～34.25%，Li 0.001%～0.013%，Ga 0.009 4%～0.013 0%，Al_2O_3 与 Ga 呈正相关关系。

(3) 务川-正安-道真铝土矿带（大竹园式）。铝土矿主要产于大竹园组中，分布于区内各向斜中，有18个矿床（点），其中，大型2个、中型5个、小型10个、矿点1个。含铝土矿岩系下部为灰—灰绿—紫红色黏土岩、黄铁矿黏土岩及绿泥石黏土岩和绿泥石岩，偶夹赤铁矿或菱铁矿透镜体、扁豆体和结核；中上部为灰—黄灰色半土状铝土矿、碎屑状铝土矿、铝土岩，偶见灰色鲕状铝土矿、灰绿色绿泥石铝土矿及灰色致密状铝土岩、黏土岩等；黏土矿物主要为伊利石；总厚度0.78～13.2m。据岩性组合特征，铝土矿含矿岩系可大致归纳为黏土岩-铝土矿型、黏土岩-铝土岩型及黏土岩型3种剖面类型，简述如下。

A. 黏土岩-铝土矿型。下部为灰绿色厚层块状绿泥石黏土岩、绿泥石岩和浅灰色及深灰色黄铁矿黏土岩、黏土岩，局部夹赤铁矿、硫铁矿透镜体；中上部以灰色、深灰色及褐黄色半土状铝土矿为主，局部为碎屑状铝土矿，偶见灰色致密状铝土矿、豆鲕状铝土矿、灰绿色绿泥石铝土矿、黏土岩等透镜体及碳质页岩和劣质煤夹层与半土状、碎屑状铝土矿同时产出；顶部常为深灰色、褐黄色中厚层致密状黏土岩及铝土岩，仅个别地段的矿层直接与中二叠统梁山组碳质页岩接触。厚0～5.93m。

B. 黏土岩-铝土岩型。下部为深灰绿色中厚层致密状绿泥石黏土岩、绿泥石岩和灰色中厚层致密状含黄铁矿黏土岩、黏土岩；中上部为深灰色中厚层致密状铝土岩及黏土岩。厚0～2.81m。

C. 黏土岩型。由下至上为灰绿色中厚层致密状绿泥石黏土岩、灰色及浅灰色中厚层致密状黄铁矿黏土岩。此类剖面数量较少，分布于无矿地段。

大竹园组与上覆地层中二叠统梁山组页岩或栖霞组灰岩呈假整合接触，下伏地层为石炭系黄龙组灰岩或志留系韩家店组黏土岩、粉砂岩。

铝土矿矿体产于大竹园组中，呈层状、似层状产出，产状与地层产状基本一致。矿体长300～5054m，宽300～1080m，厚0.85～5.05m。

矿石矿物成分以一水硬铝石为主，其次为高岭石、伊利石和绿泥石，以及少量—微量的赤铁矿、黄铁矿、锆石、锐钛矿、金红石、板钛矿和极少量的电气石等。一水硬铝石占整个矿石矿物组合的75%以上。矿石化学成分：Al_2O_3 42.57%～81.17%，SiO_2 0.48%～22.71%，Fe_2O_3 0.49%～32.69%。Al_2O_3 和 SiO_2 呈明显负相关，其相关系数为−0.74；Al_2O_3 和 Fe_2O_3 呈明显负相关，其相关系数为−0.63。矿石含Ga、Li 等稀土元素。矿石结构有碎屑结构、豆鲕结构、粉晶结构和泥晶结构等，矿石构造有块状构造、半土状构造和致密状构造。

(4) 凯里铝土矿带（鱼洞式）。该区铝土矿产于九架炉组中，有鱼洞、苦李井、铁厂沟、黄猫寨等矿床（点）。含铝岩系为九架炉组，由含铁层、含铝土矿层、含煤层组成。含铁层主要由紫红色铁质浸染黏土质页岩、褐红色含结核状菱铁矿、灰绿—黄绿色黏土页岩或铝土页岩组成,厚0～15m。含铝土矿层由铝土岩、铝土矿、铝土岩夹铝土页岩组成,厚0.8～37.6m。含煤层由碳质页岩、煤层或煤线、碳质页岩、石英砂岩组成,厚1.2～12.7m。

铝土矿矿体产于九架炉组,呈似层状、透镜状产出,产状与围岩产状一致。矿体长200～1100m,厚0.95～4.3m。

矿石矿物成分以一水硬铝石为主,另有少量一水软铝石、三水铝石、高岭石、水云母、鳞绿泥石、菱铁矿、赤铁矿、黄铁矿、锆石、金红石等。矿石成分Al_2O_3 42%～66%,SiO_2 8.85%～17.95%,Fe_2O_3 5.66%～8.86%,A/S(铝硅比)4.44～15.13。矿石结构有他形粒状结构、半自形—自形结构、隐晶结构、胶状结构、豆鲕状结构、碎屑状结构,矿石构造有块状结构、层纹状结构及孔隙状构造,少见斑状构造。

2)控矿因素

(1)大地构造控矿。贵州铝土矿所处大地构造属相对稳定的扬子地台区。在加里东运动时期,大面积抬升成陆,遭受长时期的风化剥蚀。在古陆边缘的低洼地带,形成古红土堆积,控制了铝铁建造生成和分布。

(2)古地理环境控矿。据古地磁实测资料表明,铝土矿成矿带在早石炭世—中二叠世早期的古纬度为8.2°,处于热带多雨潮湿的气候条件下,植被又极为茂盛,长期受腐植酸淋滤作用,对古红土的改造十分强烈,有利于铝矿物的生成和聚集。

(3)基底岩类控矿。基底岩类为碳酸盐岩的地区对成矿最为有利,因为在古气候的酸性风化条件下,碳酸盐岩最容易被强烈红土化,从而加速古红土堆积。另外,由于遭受过风化剥蚀后的碳酸盐岩,岩溶发育,孔隙率高,渗滤条件好,古红土再堆积覆盖在这样的岩类之上,对古红土的反复淋滤过程进行顺利,脱硅排铁的通道十分畅通,有利于铝土矿的形成。

(4)控矿层位。区内铝土矿严格受地层控制,清镇—遵义地区的铝土矿受九架炉组控制,而务川—正安—道真地区、凯里地区的铝土矿受大竹园组控制,含铝岩系是区内最直观、最重要的成矿控制因素,也是进行铝土矿找矿勘探和开发利用的主要标志和依据。

3)成矿作用

铝土矿的形成属外生成矿作用。它的形成过程应包括风化作用—搬运作用—沉积作用3个阶段。在形成铝土矿的地球化学全过程中,母岩的分解和分解物的分异始终起着主导作用,并贯穿全过程。每一阶段的成矿机制各有侧重。当一个成矿系统中,各种控矿因素在特定局部地段形成最佳组合时,则可形成大型甚至超大型矿床。

(1)风化作用(红黏土的形成)。组成母岩的矿物主要是白云岩、方解石,次为各类黏土矿物以及少量长石、辉石、角闪石、黑云母和微量的重矿物。这些矿物在炎热潮湿气候条件下经含有O_2和CO_2地表水长期的溶蚀,使母岩按一定次序析出碱金属K^+、Na^+等,次为碱土金属Ca^{2+}、Mg^{2+}。当K^+、Na^+、Ca^{2+}、Mg^{2+}等被地下水和地表水以不同形式全部或近乎全部迁出母岩体后,Al^{3+}、Fe^{3+}、Si^{4+}等残留下来互相结合,并吸收部分K^+、Na^+形成伊利石及高岭石类黏土矿物。

母岩中首先被溶解的是碳酸盐岩中的Ca、Mg,其分解式如下:

$$CaCO_3 + CO_2 + H_2O \longrightarrow Ca(HCO_3)_2$$

$$MgCO_3 + CO_2 + H_2O \longrightarrow Mg(HCO_3)_2$$

原岩中的Ca^{2+}、Mg^{2+}被分解为重碳酸盐流失后,各类长石被分解:

$$K_2O \cdot Al_2O_3 \cdot 6SiO_2 + CO_2 + 2H_2O \longrightarrow Al_2O_3 \cdot 2SiO_2 \cdot 2H_2O + K_2CO_3 + 4SiO_2$$

$$Na_2O \cdot Al_2O_3 \cdot 6SiO_2 + CO_2 + 2H_2O \longrightarrow Al_2O_3 \cdot 2SiO_2 \cdot 2H_2O + Na_2CO_3 + 4SiO_2$$

$$CaO \cdot Al_2O_3 \cdot 2SiO_2 + CO_2 + H_2O \longrightarrow Al_2O_3 \cdot 2SiO_2 \cdot 2H_2O + Ca(HCO_3)_2$$

其中，K、Na、Ca、Mg 成为可溶蚀碳酸盐和重碳酸盐而淋失，高岭石黏土矿物残留原地。

除各类长石以外，母岩中还有辉石、角闪石和黑云母，在风化过程中首先淋出 Ca^{2+}、Mg^{2+} 而形成蒙脱石、伊利石、绿泥石及高岭石残留原地。而游离出来的 Fe^{2+} 被氧化为含水的氧化铁或赤铁矿，使残留原地的风化产物——黏土类被染成棕色、褐色、红色。

$$2K(Mg、Fe)_3[AlSi_3O_{10}](OH)_2 + 2H_2CO_3 \longrightarrow Al(Mg、Fe)_5[AlSi_3O_{10}](OH)_8 + (Mg、Fe)CO_3 + K_2CO_3 + 3SiO_2$$

$$Al(Mg、Fe)_5[AlSi_3O_{10}](OH)_8 + 5CO_2 \longrightarrow Al_2Si_2O_5(OH)_4 + 5(Mg、Fe)CO_3 + Si(OH)_4$$

$$8(Mg、Fe)CO_3 + O_2 \longrightarrow 2Fe_2O_3 + 4MgCO_3 + 4CO_2$$

风化作用是阶段性的，又是连续的和渐进的。红黏土发育阶段主要发生在岩溶发育的初期，即岩溶深切速率大于横向侵蚀速率，其水介质主要由碱性至中性反应逐渐转向酸性反应。风化结果除上述残留的红色黏土外，还使母岩表层布满许多的溶缝、溶沟和落水洞以及潜在的暗河和水平溶洞等喀斯特地貌景观。由于流水作用和重力作用，风化残余物充填在溶缝、溶沟、落水洞中及堆积在小的平台、坡脚、山谷中，少数沉积在地下河中。这便是由基底碳酸盐岩和页岩风化残余物形成的原地残积和坡积、冲积、洪积等异地堆积层——红黏土。

随着溶蚀作用的推移、长期的积累，黏土矿物由少到多，逐渐形成杂色的黏土层。成土作用继续进行，黏土层不断增厚，从下而上形成不同颜色、不同成分的成层结构，越靠土层上部成土化越强，矿物成熟度越高，红黏土由 I M 型进入 II M 型，Al_2O_3、Fe_2O_3 的含量普遍较高，尤其是表层，Al_2O_3 的含量比原岩提高 10～85 倍，达到 20%～30%。一旦下雨，地表片流把富含 Al_2O_3、Fe_2O_3 的表土层一次又一次、一层又一层地冲刷、溶解并带进附近溶坑凹。

(2) 搬运作用（铝的初步富集作用）。至岩溶发育的中期，垂向溶蚀仍大于横向溶蚀，但横向溶蚀程度比初期已有了很大的发展，纵深溶蚀发展有所减缓，母岩继续风化产生红色黏土，已形成的红色黏土在前述气候条件下的特定环境地段，在生物活动的影响下、在地表有机酸和无机酸的参与下，继续进行水解、酸解、络合作用，使部分红色黏土彻底风化、完全分解。高岭石类黏土矿物分解形成铝的氢氧化物、铝铁的有机金属络合物的溶液或胶体，被地下水或地表水带进沉积场所，因各种原因在岩溶缝隙或溶坑、溶凹中聚集沉淀下来；SiO_2 则沉淀在原地或流失，初步完成 Si 与 Al、Fe 的分离，从而达到铝的初步富集。

$$H_2Al_2O_8 \cdot H_2O + 3H_2SO_4 \longrightarrow Al_2(SO)_4 + 2H_2SiO_3 \downarrow + 3H_2O$$

$$Al_2SiO_5(OH)_4 + 5H_2O \longrightarrow 2Al(OH)_3 + 2H_4SiO_4$$

另外，矿源主要来自土化了的红黏土表层，其间夹少数由于物理作用、化学作用形成的豆鲕状铁矿物质。干旱季节，红黏土表层可风干成薄的尘土，颗粒很细。到雨季，大气降雨和尘土混合成浑浊状的片流沿缓坡和冲沟迁移至附近的溶坑、溶凹沉淀下来，形成透镜状成层的豆鲕状铝土矿和土状铝土矿及它们的过渡型鲕状土状铝土矿的叠置。这又是一种充填初步富集方式。

不管是哪种富集方式，这时的堆积场所是分散而多样的，汇集矿源的面积、矿源的多少及成熟度各不相同。溶坑、溶凹除容纳三水铝石和铝铁的有机金属络合物的矿液外，无力排除地表水搬运来的黏土类矿物，于是堆积成一坑一凹的混合淤泥。溶解有 CO_3^{2-}、NO_3^-、SO_4^{2-}、有机酸的酸性地表水，在溶坑、溶凹内继续对混合物堆积物进行分解、淋滤，继续将 K^+、Na^+、Ca^{2-}、Mg^{2+} 等和 SiO_2 呈各种硅酸随渗透水带出溶坑、溶凹；Al 和 Fe 的氢氧化物则留在溶坑、溶凹内，进一步浓缩富集。相应的，pH 值的变化使含水氧化铁和含水氧化铝在溶坑内进行分异。这种分异是偏酸性的溶液（pH=3～4）和偏碱性的基底介质中和并逐渐过渡到中性（pH=5～8）时完成的。实验证明：$Fe(OH)_3$ 在 pH=3～5 时大量沉淀，$Al(OH)_3$ 在 pH=5～8 时才大量沉淀。由于这两种不同性质的溶液相遇进行中和时，pH 值的差异变化导致溶质 $Fe(OH)_3$ 和 $Al(OH)_3$ 的分离，$Fe(OH)_3$ 在 pH 低值时首先从溶液中析出沉淀在溶坑、溶凹底部；$Al(OH)_3$ 需较高的 pH 值，稍后析出并沉淀在溶坑、溶凹上部。这就形成了小而分散的具双重组合建造的原始岩溶喀斯特型铝土矿。这些元素经水解作用和酸解作用先析出 SiO_2，其次是 Fe_2O_3，最后才是 Al_2O_3。先析出的元素先搬运至溶坑、溶凹并沉淀在其底部，后析出的元素后被搬运至此并沉淀其上。这种从母岩中分解析出的时间差同样可以形成上述的双重组合建造。当地表水溶液中的溶质是单一的 $Fe(OH)_3$ 时，汇入溶坑、溶凹中形成单一的铁质岩相建造；当溶质是单一的 $Al(OH)_3$ 时，溶坑、溶凹内形成单一的铝质岩相建造。

这种初步富集的喀斯特铝土矿规模小，形态复杂，厚度变化大，Al_2O_3 含量不高，矿石质量差，但比起红黏土来说，Al_2O_3 含量起码提高 1.5～3 倍，SiO_2 含量大大减少。矿石类型只能是致密状和土状铝土矿，不大可能有碎屑状铝土矿，但可见少量的豆鲕状铝土矿，为形成最终铝土矿矿床奠定了物质基础。

在上述地貌和水文地质条件下，红黏土脱硅向富铁铝演化的过程中，时间是极其重要的因素，要经过相当长的地质时期才能使红黏土彻底分解成铝土物质。此外，只有雨量充沛才能有足够多的地表水和地下水对风化残余物进行去 Si、Fe 及富 Al 的淋滤和搬运过程。

(3) 沉积作用 (铝土矿的形成)。长期溶蚀作用使隆起古陆不断被夷平，由中期转入晚期，侧向溶蚀速度大于下切溶蚀速度，经漫长地质时期，溶坑、溶凹发展成溶盆。整个古陆被溶盆、溶洼瓜分，外部形态趋近准溶原，在部分地区形成溶蚀湖，起初是彼此分离的各有排泄通道的溶坑、溶洼和漏斗，它们之间为初步富集的喀斯特型铝土矿和富铝铁的红黏土所充填，在侧向溶蚀作用下，不断扩展最终形成一个底部起伏不平、相互连通的多中心的溶蚀湖。湖中有孤岛，湖岸曲折多港湾，为最终铝土矿的形成准备了沉积场所。

如前所述，最初形成的铝铁矿所处位置是不牢固的，由于强烈溶蚀和水流的机械冲刷发生重力崩塌，进入再分解再溶解状态，为最终铝土矿的形成提供碎屑物质。而红黏土和母岩的风化溶蚀作用继续进行，分解作用还在源源不断地提供中间产物并为最终铝土矿的形成提供矿源。这时的矿源物质，在质量上有了很大提高，主要矿源是由初步富集的喀斯特型铝土矿提供，次为红黏土的表层，少数才是基岩最初的风化物。同时这些成矿物质被搬运到湖盆后，在未被海侵沉积物覆盖埋藏之前，同样受到酸性地表水的不断分解、淋滤，排除 SiO_2，Al_2O_3 的浓度继续得到了提高。这样既有成矿的矿源又有堆矿的场所，成矿就成为必然了。后经海侵沉积物的覆盖、压紧、脱水、成岩作用，变成铝土矿深埋地下。

(4) 成岩作用。上述各种方式沉积的物质被埋藏后，由深积物转变为沉积岩的过程中，在地层水的参与下，经过一系列变化，达到新的地球化学平衡。因沉积物性质的不同、沉积环境的差异、埋藏条件的变化，成岩作用结果多样。

被埋藏的碎屑物、黏土矿物或胶凝体进入早期成岩作用阶段，在压力作用下首先压实脱水，体积收缩，孔隙度降低并发生胶结作用，这些矿物由非晶质变成晶质，不稳定矿物变成稳定矿物；其次由于有机质和细菌的作用，沉积物中失去 O_2，由氧化环境转变为还原环境，形成菱铁矿和黄铁矿等成岩矿物。

从沉积物变成固结的矿体或岩层时起，到变质作用开始前这一地质时期内，压固作用和重结晶作用继续进行着。由于上覆岩层静压力的加大或构造应力作用，使已固矿体或岩层产生裂隙和压溶作用，在地下水积极参与和影响下，引起九架炉组岩矿层的交代作用和后生矿物的形成。最常见的交代作用有菱铁矿化、黄铁矿化、白云石化、高岭石化等。后生矿物有一水硬铝石、锐钛矿、绿泥石、重晶石等。

总之，在整个成岩作用期，岩(矿)层在结构、构造甚至成分上均发生一定程度的变化。这些变化仍然没有改变九架炉组岩(矿)层的基本性质。

4) 成矿要素

通过对典型矿床及贵州区域成矿要素的研究，其区域成矿要素特征如表 5-10 所示。

表 5-10 贵州省沉积型铝土矿成矿要素表

成矿要素		描述内容	要素分类
地质环境	成矿时代	早石炭世—中二叠世梁山期大竹园亚期	必要
	成矿构造背景	扬子陆块南部被动边缘褶冲带	必要
	岩相古地理	古陆或丘陵隆起剥蚀区:无铝土矿产出	必要
		滨湖区:无铝土矿产出,局部有透镜状铝土矿产出	
		浅湖区:有相当规模矿体产出,已发现有大型矿床	
		湖心区:基本无铝土矿产出	
	古地貌	在加里东运动使该区抬升,形成准溶源地貌,古风化壳	必要
	古气候	古纬度 8.2°,赤道附近的热带地区,气候湿热	必要
	基底	灰岩:形成岩溶洼地,为成矿物质提供贮存空间	重要
		黏土岩、页岩:提供成矿物源及贮存空间	重要
矿床特征	含矿岩性组合	黏土岩类组合:基本无铝土矿产出	重要
		黏土岩、铝质岩类组合:有铝土矿体产出	
		铁质岩、黏土岩、铝质岩类组合:有铝土矿体产出	
		硅质岩、黏土岩类组合:基本无铝土矿产出	
	含矿岩系厚度	0~3m,无铝土矿体产出;3~5m,有零星铝土矿体产出;大于 5m,有一定规模铝土矿体产出的可能	重要
	矿体特征	矿体厚度:一般厚度越大,对成矿越有利	重要
		Al_2O_3:值越大,对成矿越有利	
		A/S:值越大,对成矿越有利	
	次生作用	潜水面以上,地下水活动影响范围	重要

3. 叙永式硫铁矿

1)时空分布

叙永式硫铁矿分布广,主要分布在习水、桐梓、绥阳、湄潭、遵义县、大方、黔西、贵阳、盘县、兴仁等范围内,规模较大,蕴藏量大。该类型硫铁矿主要产在石炭系—中二叠统之界面和上二叠统龙潭组与中二叠统界面上。石炭系—中二叠统之界面硫铁矿分布零星、矿体规模小,变化大、品位低;而龙潭组底部硫铁矿分布范围广,因此,该处主要阐述龙潭组底部的叙永式沉积型硫铁矿。

2)矿床特征

硫铁矿主要赋存于龙潭组底部(煤层底部),即茅口组灰岩侵蚀面上的黏土岩,由上至下主要产出 a、b 两层黄铁矿,矿层沿走向延伸 1600~2300m,倾向延伸 670~1800m,矿层呈层状—似层状产出,其产状与地层产状基本一致,倾向北东,倾角 3°~15°。

矿石类型主要为黏土岩硫铁矿(俗称"白矿"),其次为含碳黏土岩硫铁矿(俗称"黑矿")。硫矿物以黄铁矿为主,白铁矿次之,化学成分主要为硫与铁。脉石矿物主要为高岭土、水云母,其次为方解石、石英、褐铁矿、菱铁矿。矿石主要为粒状结构、鲕状结构及球粒状结构;黄铁矿呈星点状结构、浸染状结构、条带状结构分布于水云母黏土中。

3)控矿因素

矿层受古侵蚀面控制,受古侵蚀面之上沉积环境为潟湖—沼泽相沉积环境控制。在晚二叠世早期,水体为动荡不安的滨海—浅海,当海水退出时上升形成潟湖—沼泽相环境,随后形成浅海环境,进而形成沼泽相沉积环境。

受物源控制,早二叠世晚期的东吴运动使中国南方大面积海退,茅口组灰岩遭受不同程度剥蚀和岩溶化,沿古断裂喷溢的峨眉山玄武岩在川滇黔有巨厚沉积,玄武岩覆盖面积达 30 万 km^2,构成水陆相嵌的特殊地带,组成西高东低、背山面水的古地势环境,容易形成古陆风化壳,古陆壳风化为铁的来源提供了铁质保障;而在沼泽环境中,生物细菌在还原环境中分解有机质,提供硫的来源。

4)成矿作用

东吴运动是较强烈的造陆运动,使区内早二叠世晚期沉积的以碳酸盐岩为主的地层遭受较长时期的剥蚀,形成广阔的准平原。晚二叠世初期的海水就侵入到这个准平原上,形成预测工作区内滨海—滨浅海潮坪沼泽相,矿床成矿作用是在氧化电位小的偏碱性滨海—浅海潮坪沼泽相还原环境中形成,这一时期峨眉地幔热柱喷发后期气液及古陆壳的风化作用,为硫铁矿提供铁质来源,海水起着缓冲和封闭作用,水界面之下的缺氧和富含硫酸盐环境中,菌藻类微生物大量繁殖,不仅可以形成对硫酸盐还原有利的有机质,而且可对海底喷气带来的金属离子产生明显吸附作用,最终生成硫铁矿。

5)成矿要素与成矿模式

通过对贵州省叙永式沉积型硫铁矿典型矿床及区域成矿要素的研究,总结的贵州省叙永式沉积型硫铁矿区域成矿要素见表 5-11,成矿模式见图 5-8。

表 5-11 叙永式沉积型硫铁矿区域成矿要素表

成矿要素		描述内容	要素分类
特征描述		叙永式含煤建造沉积型硫铁矿床	
地质环境	成矿时代	晚二叠世龙潭期	必要
	成矿构造	晚二叠世龙潭期褶皱断裂构造	必要
	构造背景	毕节前陆褶皱带、黔中隆起	必要
	岩相古地理	滨海沼泽相	必要
	古气候类型	温湿条件	必要
矿床特征	成矿作用	玄武岩喷发晚期,温度开始降低,H_2S、SO_2 气体大量出现,与海水混合为硫铁矿提供物质来源;水界面之下的缺氧和富含硫酸盐环境中,菌藻类微生物大量繁殖,不仅可以形成对硫酸盐还原有利的有机质,而且可对海底喷气带来的金属离子产生明显吸附作用	必要
	赋矿地层	上二叠统龙潭组	必要
	岩性特征	硫、煤、黏土矿物组合	重要
	矿石结构	条带状结构、团块结构、细粒状结构	次要
	矿石构造	浸染状构造、团块状—结核状构造、脉状—透镜状构造	次要
	矿体厚度	厚度越大,对成矿越有利	重要
	含矿岩系厚度	厚度越大,对成矿越有利	重要
	TS	值越大,对成矿越有利	重要

4. 六盘水式煤矿

1)时空分布

六盘水式煤矿隶属于 $Pz_2\text{-}15^4$ 川滇黔晚二叠世与陆相玄武岩、海陆交互相沉积岩有关的硫、锰、铁、铝土矿、煤矿床成矿亚系列,主要分布于本Ⅲ级成矿区(带)的西部,如普安、盘县、兴仁、兴义、安龙等县。

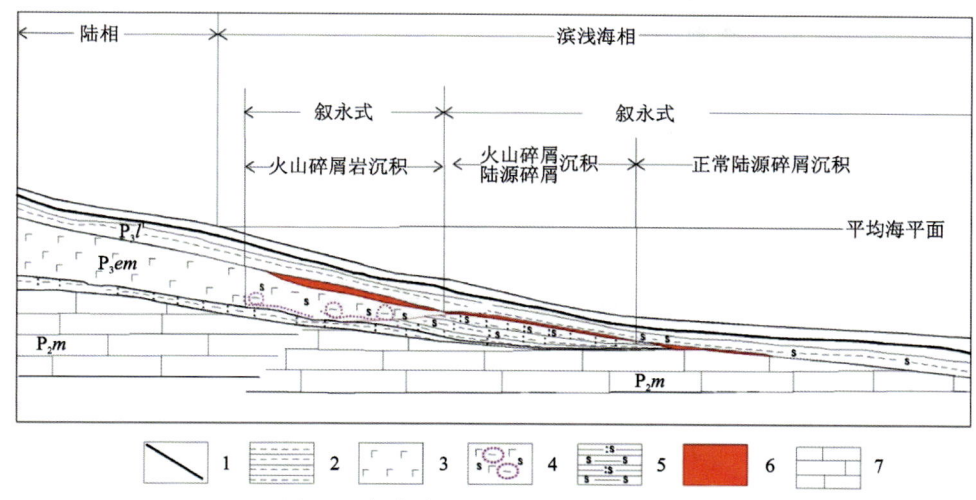

图 5-8 叙永式沉积型硫铁矿成矿模式图

1.煤层;2.黏土岩;3.玄武岩;4.含黄铁矿强黏土化玄武岩(猫场式);5.含黄铁矿强黏土岩及凝灰质黏土岩(叙永式);6.矿层;7.灰岩

2)矿床特征

其矿床特征如下:

(1)西部(水城-紫云断裂与册亨弧形断裂所围限的西部区域)为六盘水赋煤带,含煤地层为上二叠统龙潭组,底部与上二叠统峨眉山玄武岩或中二叠统茅口组灰岩呈假整合接触,顶部与下三叠统飞仙关组(夜郎组)呈假整合接触,含煤地层内部为连续沉积。含煤岩系厚76~400m,含煤10~83层,煤层总厚度1.93~52.0m,含可采煤层0~26层,可采厚度0~29.8m。

(2)东部(水城-紫云断裂东南段与册亨弧形断裂所围限的南部区域)为南盘江赋煤带,上二叠统地处深海碳酸盐台地相区,含煤岩系为吴家坪组,含煤岩系厚93~2380m,绝大部分区域生物贫乏,不含煤或含煤性极差,为贵州省贫煤区。

3)控矿因素

其控矿因素如下:

(1)聚煤作用好的地带均为古三角洲平原,主要位于盘县三角洲上,是各成煤期的聚煤中心。

(2)水城-紫云断裂构成了六盘水煤田与织纳煤田的分界,东吴运动成为峨眉山玄武岩喷溢通道,对晚二叠世沉煤基底起到填平补齐作用,是陆源碎屑搬运的通道,亦是海侵的主要通道,并控制着断裂两侧晚二叠世沉积厚度及含煤性。

(3)盘县-水城断裂控制着两侧晚二叠世成煤基底风化剥蚀程度,晚二叠世以盆缘断裂形式出现,控制晚二叠世沉积厚度,西薄东厚,同时控制着晚二叠世陆相与过渡相的分界,进而控制着两侧晚二叠世含煤地层的含煤性。

(4)册亨弧形断裂形成于海西期,控制着浅海碳酸盐岩台地相与深水盆地相的分界,进而控制断裂两盘的岩相、厚度及含煤性,南东侧以复杂的弧形褶皱为特点,一般不含煤。

4)成煤作用

本区煤矿的演化经历了前燕山期和燕山期两个阶段。其中,前燕山期因上覆地层较厚,区域变质可使煤演化至贫煤或低煤化度无烟煤;燕山期与岩浆活动有关,使贫煤或低煤化度无烟煤进一步演化为无烟煤。

5. 宁乡式赤铁矿

1)空间分布

宁乡式赤铁矿隶属于Pz_2-15^2泥盆纪—石炭纪沉积-热液型铁矿床成矿亚系列。在贵州主要分布于威宁—赫章、都匀—独山一带，但在本成矿单元只有零星分布，主要产于中泥盆统大河口组中，属于海相沉积铁矿床。在黔南都匀、独山、三都一带有2~3个含矿层位，为大河口组第一段（下含矿组）、独山组宋家桥段（中、上含矿组）；在黔西北赫章小河边地区，只有大河口组一个产出层位。其中以大河口组的铁矿质量较好，分布较稳定。已知有大、中、小型矿床各1个，矿点19个。

2）矿体特征

含矿岩系为中泥盆统大河口组第一段，与上覆大河口组第二段呈整合接触，与下伏龙洞水组整合（都匀、独山）或假整合（赫章小河边）接触。都匀—独山一带，含矿岩系主要由石英砂岩、砂质泥岩、钙质砂泥岩、含铁砂岩、含铁泥岩及铁1~3矿层组成，厚10~30m。局部地区（如三都水龙、营寨等地）较薄，砂质岩石增多，只赋存1~2层铁矿；南部平黄山等地含矿岩系逐渐增厚，碳酸盐质岩石增多，铁矿亦增至2~3层。赫章小河边地区，含矿岩系主要由砂岩、石英砂岩、砂质泥岩、鲕绿泥石层及1~2层铁矿组成，颜色较深（地表氧化变浅）并含动物化石及有机质，厚度小于112m，由北东向南西似有增厚趋势。

(1) 矿体产出特征及规模。铁矿呈层状、似层状和透镜状产出，具多层成矿特征。都匀—独山一带，由下而上分为Ia、Ib及Ic矿层，以含矿岩系底部Ia矿层分布最广，层位固定；Ib矿层在含矿岩系中部，下距Ia矿层0.5~3m，比较稳定；含矿岩系上部Ic矿层，下距Ib矿层3~5m，极不稳定，常呈透镜体产出，分布零星，规模甚小，一般不具工业价值。铁矿层厚度变化较大，一般为0.5~2m，最厚达4.7m（独山平黄山Ia矿层），以独山平黄山、桑麻等地较稳定。铁矿层横向变化较大，偶夹数十厘米厚之含铁砂岩或含铁泥岩1~2层，另在局部范围内，还常相变为铁质砂岩形成无矿"天窗"。矿层顶、底板多为含铁砂岩、砂岩、含铁泥岩或泥岩。当矿层顶、底板为含铁砂岩或砂岩时，矿层厚度较大，矿石品位变贫，钙、镁质含量减少；反之，当矿层顶、底板为含铁泥岩或含碳酸盐质砂岩时，矿层厚度一般较小，矿石品位相对较富，钙、镁成分增高。赫章小河边地区的铁矿，地表出露很少，多呈隐伏矿体产出，常见两层，称A、B矿层。B矿层为主要含矿层，位于含矿岩系上部，分布较稳定，厚0.81~13.52m，变化较大。矿层局部夹含铁泥岩（少数为含铁砂岩或绿泥石泥岩）1~2层，厚0.17~0.72m，一般0.3~0.5m。矿层顶、底板多为砂岩、砂质泥岩及泥岩，局部为鲕绿泥石岩。A矿层位于B矿层之下1~4m，为零星产出的透镜状矿体，变化大，分布不稳定，主要见于小河边及潘家院子矿段。小河边矿段有两个较大的透镜体，一个南北长约600m，东西宽约300m；另一个长达400m，宽度不详。两矿体厚度一般为1.52~1.82m，最厚7.62m，最小仅0.3m。潘家院子矿段的A矿层，虽较稳定，但规模小，厚度大于1m者仅有3处，经济价值不大。矿层顶、底板主要为泥岩及砂岩。此外，在A、B矿层的上、下部尚有一些分布很不稳定的矿层存在。

(2) 矿石类型及物质组成。中泥盆统沉积铁矿主要由赤铁矿矿石组成，仅赫章小河边地区含部分鲕绿泥石菱铁矿石，赤铁矿矿石的主要矿石矿物为赤铁矿，次为铁绿泥石及褐铁矿。脉石矿物主要为鲕泥质和石英，还有少数方解石、白云石、黄铁矿、绢云母、水云母、长石、高岭石、锆英石、电气石、胶岭石、黑云母、锡石等碎屑物零星分布。鲕绿泥石菱铁矿矿石系由鲕绿泥石、菱铁矿等矿物被以泥质、砂泥质为主的胶结物胶结而成。这些矿物的含量互为消长，形成一套含铁岩石，只有当菱铁矿的含量占主要时，才形成矿石，其脉石矿物还有石英（主）和黄铁矿、方解石（微）。小河边地区的鲕绿泥石菱铁矿矿石在垂直方向上，一般位于铁矿下部，赤铁矿矿石在上部，但也时有交替现象。在平面上，北西段（石门坎及小河边矿段）以赤铁矿矿石为主，南东段（潘家院子矿段）鲕绿泥石菱铁矿矿石由北西向南东逐渐增多，甚至全为鲕绿泥石菱铁矿。

(3) 矿石结构构造。赤铁矿矿石主要呈隐晶、鲕状结构及致密、半致密块状构造。鲕状、鲕粒或假鲕粒呈圆球和椭球形，直径在0.15~1mm之间，一般为0.6~0.8mm，局部地段鲕粒较大，且不够均匀，部分大于1mm者呈豆状构造。鲕粒以石英砂粒、赤铁矿、鲕绿泥石或绿泥石的球状集合体为核心，周围由赤铁矿、鲕绿泥石、泥质物和方解石呈同心环状构成。每个鲕粒的赤铁矿含量高低不一，有时它是鲕粒的主要成分，有时仅占1/4或1/3。致密、半致密块状者，赤铁矿呈隐晶粒状集合体，但有时也可见鲕粒雏形或全形鲕粒，与鲕状为过渡关系。

鲕绿泥石菱铁矿矿石系由两种含铁矿物组成。一般鲕绿泥石多具显微粒状、鳞片状及致密状结构，菱铁矿则均为显微粒状结构，富集时呈致密状。因而，此类矿石与赤铁矿矿石一样，外观上都有鲕状和致密状两种。

3) 控矿因素

其控矿因素如下：

(1) 铁矿产于中泥盆统大河口组第一段，大河口组一段的分布控制了矿体的分布范围，含矿岩系的沉积环境决定了矿体的分布。赤铁矿体的长轴方向，大都与古海岸线平行，组成含铁岩系的碎屑岩都是上细下粗，有时具底砾岩和含砾砂岩，可能属海进式沉积。铁矿石具鲕状结构，表明当时地壳颇不稳定，海水进退较为频繁。中泥盆世赤铁矿及鲕绿泥石菱铁矿属滨海陆源碎屑岩沉积。含矿岩系的组成物质颜色较深（地表氧化变浅），并含动植物化石和有机质，以及铁矿石的主要化学组分有氧化铁存在，表明赤铁矿应属温暖、潮湿气候条件下的浅水氧化环境产物。局部地段由于离岸稍远，海水加深，氧化电位变低，pH 值增大，游离的硅酸开始作用，生成铁的硅酸盐，如鲕绿泥石、磷绿泥石等。当氧化电位更低，pH 值增大至 7 时，水盆底部处于还原环境，从而生成菱铁矿。由于地壳振动较剧烈，海水进退频繁，故矿层不连续，规模较小，金属含量分布不均匀，厚度、品位变化较大，无区域性稳定的顶、底板，侧变现象明显。

(2) 成矿物质控制矿体的分布。靠近上扬子古陆和江南古陆，并大致与古陆边缘平行，矿层较厚、矿石质量较好地段一般距古海岸线较近，因此，认为沉积铁矿的物质来源受上扬子古陆和江南古陆控制。由于长期风化的结果，古陆受到剥蚀，致使铁质充分分解、集中，并被地表径流搬运入海，在氧化位势和 pH 值宜于铁矿沉积的滨海地带形成矿床。

(3) 成矿期的气候控制矿体的分布。在湿热的古气候条件，促使古陆的含铁岩石进行红土化作用，并提供较充分的铁质来源。

4) 成矿作用

中泥盆世应堂期大河口时，湿热的古气候条件使古陆的含铁岩石经受红土化作用，长期处于剥蚀状态下的"上扬子古陆"发生强烈的化学风化作用，产生大量的赤铁矿胶体，并以悬浮物的形式被流水带入陆表浅海—滨浅海。前滨海相具有强烈扰动的水动力能量，在悬浮状态下，赤铁矿以细砂—粉砂质颗粒为核心，以化学或生物化学的方式沉积形成灰绿色鲕绿泥石—棕红色鲕状赤铁矿—灰绿色鲕状菱铁矿石相和生物遗骸，再经波浪和潮汐水流的搬运改造和富集，在海退时，最终在相对较封闭或半封闭的内陆古海盆地、古海湾或潮坪环境中沉积下来，在滨岸沙滩相下部成矿。

5) 成矿要素与成矿模式

在典型矿床研究的基础上，深入研究区域内矿床（点）不同工作阶段的勘查评价资料，结合以往研究成果，按照区域成矿地质环境与区域成矿地质特征两个方面归纳总结区内具有共性的成矿地质作用、控矿因素、成矿特征，形成宁乡式海相沉积型铁矿的区域成矿要素见表 5-12、成矿模式见图 5-9。

6. 苦李井式铁矿

1) 时空分布

苦李井式铁矿主要分布在福泉、凯里地区，含矿岩系主要覆于晚泥盆世的古风化壳面上，层位稳定。在晚泥盆世沉积之后，该区上升为陆遭受剥蚀，在准平原化阶段，低凹地带由地表水汇集而形成淡水湖泊，古风化壳为铁矿形成提供了丰富的物质基础。以炉山苦李井为代表，含矿岩系底部为深湖相的杂色铝土页岩包裹菱铁矿结核；上部为浅湖相的铝土岩，局部可形成铝土矿，近顶部为滨湖相—沼泽相的碳质页岩夹煤层；顶部海水淹没湖泊为滨岸相的砂岩。

苦李井式铁矿以菱铁矿呈大小不等的结核式密集组成小透镜体，重叠夹于铝土页岩中。含矿岩系的厚度及含矿率受下伏古侵蚀面地形控制，在古喀斯特地形发育地区的低凹地带，含矿岩系厚度大，结核状菱铁矿含矿率高，矿石品位相对要好；反之，含矿岩系厚度小，含矿率系数低，品位变贫。横向上由炉山苦李井湖心向周边，湖水变浅，如重安江铁厂及福泉蟒城等地，含矿岩系变薄，含矿率低，品位也较低。

表 5-12 宁乡式海相沉积型铁矿区域成矿要素表

成矿要素		描述内容	要素分类
特征描述		宁乡式海相沉积型铁矿床	
地质环境	成矿时代	中泥盆世应堂期	必要
	沉积成矿环境	含铁溶液氧化作用下生成鲕状赤铁矿、菱铁矿。其次生氧化矿石，是由赤铁矿、菱铁矿暴露地表经长期氧化而成	必要
	大地构造位置	扬子陆块南部被动边缘褶冲带(V-2-7)之都匀滑脱褶皱区(V-2-7-6)	必要
	岩相古地理 古地理	古陆边缘的滨海浅陆棚地带	必要
	岩相古地理 沉积相	平黄山-王彩近(临)滨岸沙滩亚相带、包阳—平寨近(临)滨沿岸沙坝亚相	必要
	岩相古地理 沉积建造	含铁砂岩建造	重要
	基底	龙洞水灰岩	次要
矿床特征	含矿岩系特征	含矿岩系为中泥盆统大河口组，由赤铁矿、含铁砂岩及页岩(砂质页岩)所组成，厚0～80m	必要
	矿体形态、产状	矿体呈似层状、透镜状产出。产状与地层基本一致	重要
	含矿岩系厚度	含矿岩系大河口组厚度为10～60m，对成矿有利	重要

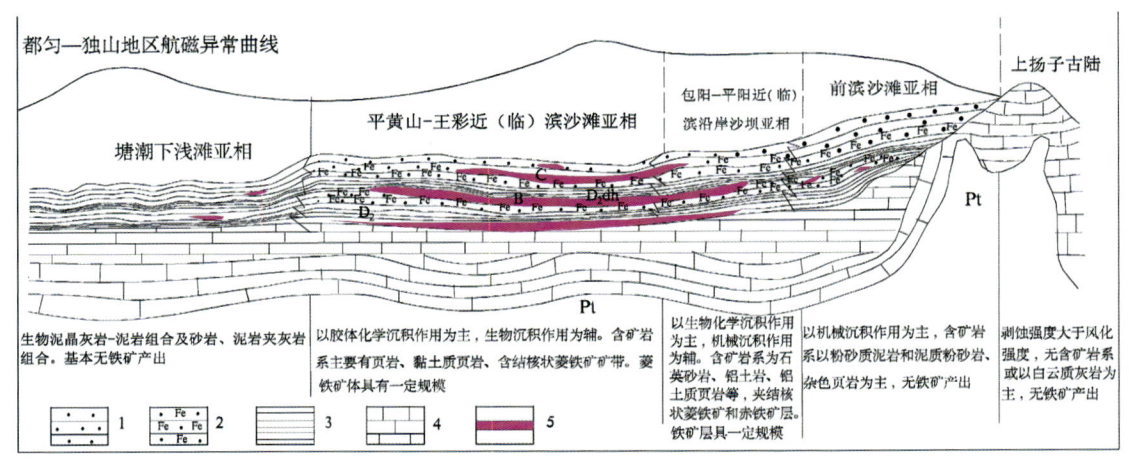

图 5-9 宁乡式海相沉积型铁矿成矿模式图
1.石英砂岩；2.含铁砂岩；3.页岩；4.石灰岩；5.铁矿层

2) 矿产特征

苦李井铁矿产于九架炉组下部含铁岩系中。含铁岩系厚 n～20m，一般 4～10m，上与栖霞组连续沉积，下与下泥盆统假整合接触。含矿岩系顶部海水淹没湖泊为滨岸相的砂岩，近顶部为滨湖相—沼泽相的碳质页岩夹煤层；中上部为浅湖相的铝土岩，局部可形成铝土矿，结束了该区湖相沉积，底部为深湖相的杂色铝土质黏土岩包裹菱铁矿结核。含铁矿的含矿层位与之上铝土矿的含矿层位为整合接触，厚0～7.2m，与下伏地层泥盆系高坡场组呈岩溶不整合接触。

铁矿以结核状产于杂色铝土质黏土岩中，剖面上呈似层状、透镜状产出，铁矿在含矿层位中有下述 4 种赋存形态：

(1)矿体呈扁豆状,长 2~3m,厚 0.1~0.3m;结核状直径 8~30cm;眼球状直径 2~3cm,赋存于杂色黏土岩、铁质页岩或土质页岩中。其密集程度达工业指标(线含矿率=0.3)时,圈定为矿体,这种矿体形态为本区铁矿主要的赋存形态。

(2)矿体由数层薄层状(层厚 5~20cm)铁矿夹黏土或铝土质页岩组成。

(3)矿体由 1~2 个透镜体(单个厚 0.4~2.5m)组成。

(4)由上述两三种赋存形态混合组成。

铁矿体呈似层状、透镜状产出,矿体长 205~2120m,宽 60~1360m,产状与地层一致,厚 0.80~3.85m。

苦李井铁矿矿石矿物主要为菱铁矿,少量为褐铁矿,脉石矿物为绿泥石、黄铁矿、含水高岭土及微量的黄铜矿、方铅矿。菱铁矿石具粒状、胶状结构及球状、致密块状构造;褐铁矿具葡萄状、肾状、网格状及致密块状构造。

铁矿石类型可分为褐铁矿、水赤铁矿、菱铁矿和绿泥石铁矿,其中菱铁矿和绿泥石铁矿为原生沉积;褐铁矿和水赤铁矿为菱铁矿氧化而成,氧化过程为:

$$4FeCO_3 + O_2 + H_2O = 2Fe_2O_3 \cdot H_2O + 4CO_2$$
（菱铁矿）　　　　　（水赤铁矿）

$$Fe_2O_3 \cdot H_2O + nH_2O = Fe_2O_3 \cdot (n+1)H_2O$$
　　　　　　　　　　（褐铁矿）

可见,水赤铁矿即是菱铁矿第一阶段氧化产物,褐铁矿是菱铁矿氧化结果,绿泥石铁矿亦可氧化形成赤铁矿和褐铁矿。菱铁矿以结核菱铁矿为主,团块状次之。主要矿物成分以菱铁矿细—粉晶 0.01~0.03mm 圆粒他型为主,次要成分为黄铁矿、铁物质、水云母。

主要化学组分含量:TFe 30.09%~50.28%,MgO 0.43%~2.35%,CaO 0.19%~1.63%,S 0.04%~1.496%,P 0.027%~0.37%,Mn 0.12%~1.38%。

3)控矿因素

岩相古地理是控制铁矿分布的主要因素。晚石炭世—中二叠世早期(梁山早期),凯里—贵阳—毕节以北地区及以东地区为上扬子古陆,遭受长期分化剥蚀,在古陆边缘近海一带(凯里地区)形成淡水湖泊,为该地区沉积型铁矿的物源及聚矿盆地提供了良好的古地理环境。该湖可进一步划分 3 个亚相:

(1)深湖亚相。北以福泉蟒城—重安江的金庄,向南西至麻江大良田一带呈北北东向的倒三角形,湖泊中心在凯里炉山的苦李井一带,岩石组合为含菱铁矿结核的铝土页岩-铝土岩组合,厚 8~20m,向周边减薄。

(2)浅湖亚相。分布于深湖亚相的南东凯里上寨及西侧瓮安牛场—福泉马场坪一带,岩石组合以凯里上寨为代表,为杂色铝土岩—泥质铝质岩组合,底部为砾屑铝土岩,上部含鲕粒、豆粒及内碎屑,厚约 11m。

(3)滨湖亚相。福泉小山—福泉猫猫营一带,以小山为代表,为含铁铝土岩-鲕粒、豆粒铝土岩组合,厚约 14m。向南猫猫营一带厚度增大约 22.5 m,以铝土岩为主,下部夹少量石英砂岩。

在晚泥盆世沉积之后,该区上升为陆遭受剥蚀,在准平原化阶段,低凹地带由地表水汇集而形成淡水湖泊,古风化壳为铁矿形成提供了丰富的物质基础。其中在深湖相的杂色铝土页岩包裹菱铁矿结核,为主要含矿位置,因此深湖亚相是控制铁矿的主要因素。

成矿期古气候也是决定铁矿的重要因素,在湿热的古气候条件,促使古陆的含铁岩石进行红土化作用,并提供较充分的铁质来源。同时盆地水中氢离子的不同浓度(pH 值)和盆地中的不同氧化位势(Eh 值)也影响铁矿的形成,二价铁(Fe^{2+})在氧化位势较低、pH 值大于 7 时,含铁溶液呈中性或偏碱性时,铁质在还原的条件和厌氧细菌的作用下直接沉积生成菱铁矿。

矿体的形态、规模取决于湖盆形状、大小和湖底起伏情况及汇水面积(成矿单元)的大小,以及受矿源的多寡及沉积时间的长短影响。

4)成矿作用

苦李井式陆相沉积型铁矿形成过程概括为:晚石炭世晚期—中二叠世梁山早期,扬子古陆的碳酸盐岩及黏土岩类,在长期炎热潮湿多雨气候条件下,经受物理和化学风化作用,产生强烈的红土化作用,形成红黏土,造成Fe、Al的氧化物和氢氧化物与SiO_2在局部部分分离。SiO_2残留原地,Fe、Al的氧化物和氢氧化物及其碎屑矿物在有机质的保护作用下,被地表径流以各种络合物或胶体及机械悬浮状态搬运到古溶蚀炉山湖中,按机械碎屑沉积、化学沉积、生物沉积规律在深湖相中形成铁矿床。

成矿阶段可概括为:①原岩风化(红土化)阶段;②Fe的氧化物、氢氧化物及碳酸盐矿物搬运阶段;③铁矿的沉积、成岩阶段。

苦李井式铁矿的成矿要素特征见表5-13。

表5-13 苦李井式沉积型铁矿区域成矿要素表

成矿要素			描述内容	要素分类
特征描述			苦李井式陆相沉积矿床	
地质环境	成矿时代		晚石炭世九架炉期—中二叠世梁山早期	必要
	沉积成矿环境		沉积的菱铁矿是由富含铁的有机质重碳酸盐溶液,在还原的环境下直接分解而成。次生氧化矿石是由菱铁矿经长期氧化而成	必要
	大地构造位置		扬子陆块南部被动边缘褶冲带(V2-7)的东部,跨省内划分的铜仁-凯里基底边缘冲断带(V2-7-1)及黔南褶皱带(V2-7-6)两个四级构造单元	必要
	岩相古地理	古地理	扬子古陆边缘近海一带淡水湖泊	必要
		沉积相	深湖亚相	必要
		沉积建造	碳质页岩、页岩、石英砂岩、铁铝岩及含煤建造	重要
	基底		主要受下伏白云质灰岩古侵蚀起伏面控制	次要
矿床地质特征	含矿岩系特征		含矿岩系为中二叠统梁山组。上与栖霞组连续沉积,下与泥盆系假整合接触。含矿岩系中下部杂色铝土页岩夹铁矿层;上部为铝土岩,局部可形成铝土矿,近顶部为碳质页岩夹煤层;顶部为砂岩	必要
	矿体形态、产状		矿体呈似层状、透镜状产出。产状与地层基本一致	重要
	含矿岩系厚度		含矿岩系中二叠统梁山组厚度为0~25m,对成矿有利	重要

7. 下雷式锰矿

下雷式锰矿隶属于Pz_2-15^5(新)华南西部(-上扬子)晚泥盆世—早石炭世产于碳硅泥岩(黑色岩系)中锰、钒、铀、重晶石矿床成矿亚系列。在广西,下雷锰矿赋存于上泥盆统五指山组泥质条带状灰岩及硅质灰岩之间,主要为碳酸锰矿石,地表有少量氧化锰矿石,沉积于浅海盆地及台沟。在贵州境内仅见矿点,位于罗甸县西部的大床井背斜南翼泥盆系代化组灰岩夹黏土岩地层中,含锰岩系厚10m,夹碳酸锰矿层2~3层,单层厚度10~20cm。尽管没有形成上规模的工业矿床,但从矿产地质研究角度具有重要意义。

8. 乐纪式重晶石矿

1)时空分布

该矿床隶属于Pz_2-15^5(新)华南西部(-上扬子)晚泥盆世—早石炭世产于碳硅泥岩(黑色岩系)中锰、钒、铀、重晶石矿床成矿亚系列,位于南盘江-右江前陆盆地(Ⅲ级构造单元)北东隅与扬子陆块南部被动边缘褶冲带之都匀滑脱褶皱带结合部位。主要分布于六马—紫云地区。

2) 矿床特征

典型矿床为镇宁县乐纪重晶石矿床,为台沟相热水(泉)沉积型重晶石矿。含矿岩系为上泥盆统榴江组(D_3lj)硅质岩-重晶石组合,即灰色薄层硅质岩夹灰色含硅质、铁质豆状条带重晶石。重晶石矿层产状与地层产状一致,呈层状、似层状产出,自上而下产出Ⅲ矿化层、Ⅱ矿化层、Ⅰ矿层。矿层一般为似层状、透镜状。矿石矿物组合分为重晶石型、石英-重晶石型。重晶石矿体呈似层状、透镜状顺层产出,矿体厚3.28~13.70m,平均7.52m。$BaSO_4$含量极值为55.32%~95.6%,平均品位为91.21%,矿床类型为海相沉积型重晶石矿床。矿石结构以细晶结构、草莓结构为主,矿石构造以层纹状构造、条带状构造及块状构造为主。下伏地层为火烘组(D_1h)泥岩、页岩、钙质粉砂岩。上覆地层为五指山组(D_3w)中厚层泥质条带灰岩。

3) 控矿因素

含矿岩系受控于紫云-垭都大断裂南西侧的晚古生代裂陷槽盆地(台沟、台盆)。

4) 成矿作用

该矿床属于与海底喷流作用有关的沉积矿床。晚古生代陆内拉张活动形成的裂陷盆地,为矿床的形成提供就位空间,地幔或地壳深处的有关元素随热水流动进入裂陷盆地为矿床的形成提供物质来源。其成矿大致经历了以下3个阶段(李文炎等,1991):

(1) 晚古生代早期,由于地壳热膨胀作用加强,地壳和岩石圈在引张力作用下发生裂陷作用,使深部含矿(Ba)气液流体被动上涌。

(2) 晚泥盆世早期,裂陷盆地已演化为深水盆地,随着裂陷作用的继续进行,深部含P、Ba、H_2S等组分的硅酸盐气液热流体沿同沉积深断裂运移喷溢于深水裂陷盆地中。

(3) 当硅酸盐气液热流体与海水相遇时,随物质浓度变化,依照沉积分异作用规律,最先在酸性环境中沉积了硅质岩,依次含磷硅质岩或夹磷结核层、磷块岩等相继沉积。在硅胶凝聚成硅质岩之际释放Ba^{2+}于海水中。当溶液由酸性演化至弱碱性的氧化环境时,硅质岩不再沉积,此时Ba^{2+}与海水中的SO_4^{2-}相遇结合沉淀为重晶石矿层。由于裂陷作用的强烈程度、多期性、间歇性,含矿气液流体的喷溢也呈现出时间长短不一、多期性和间歇性,从而形成厚度不等、矿石质量不一的多层重晶石矿。

5) 成矿要素与成矿模式

在全面研究乐纪预测工作区重晶石矿成矿地质作用、成矿构造、成矿特征的基础上,归纳总结了乐纪预测工作区区域成矿要素(表5-14)与区域成矿模式(图5-10)。

(三) 成矿系列时空分布规律

1. 成矿系列时空分布规律

(1) 在Pz_2-15^4川滇黔晚二叠世与陆相玄武岩、海陆交互相沉积岩有关的硫、锰、铁、铝土矿、煤矿床成矿亚系列中,本区主要有煤矿、硫铁矿、铁矿等产出,它们明显受晚二叠世的岩相古地理格局控制。其中,煤矿主要分布于古三角洲平原(如盘县三角洲),硫铁矿主要分布于沼泽化潟湖相带。

(2) 在Pz_2-15^2泥盆纪—石炭纪沉积-热液型铁矿床成矿亚系列中,本区有宁乡式赤铁矿产出,分布于威宁-赫章、独山-都匀地区。

(3) 在Pz_2-15^5(新)华南西部(-上扬子)晚泥盆世—早石炭世产于碳硅泥岩(黑色岩系)中锰、钒、铀、重晶石矿床成矿亚系列中,本区主要有乐纪式重晶石矿和下雷式锰矿产出,它们主要为北西向的晚古生代裂陷槽热水沉积产物。该古裂陷槽沿北西向的水城-紫云-南丹大断裂带发育,因为该断裂带起源于加里东运动末期,主要发育于晚古生代(裂陷环境),在中生代及新生代仍然有活动。

表 5-14 乐纪式沉积型重晶石区域成矿要素表

成矿要素		描述内容	要素分类
特征描述		乐纪式沉积型重晶石矿床	
地质环境	成矿时代	晚泥盆世佘田桥期	必要
	构造背景	南盘江-右江前陆盆地	必要
	古构造	北西向沉积断裂和裂陷盆地	必要
	沉积建造	含重晶石、硅质岩建造	必要
	岩相古地理	台盆相	必要
矿床特征	赋矿地层	上泥盆统榴江组	必要
	含矿岩系岩性	硅质岩、硅质页岩及少量燧石灰岩等	重要
	含矿岩系厚度	120.11～195.30m	重要
	岩性特征	具规模矿体主要产出于含矿岩系下部薄层硅质岩、重晶石矿组合中	重要
	矿体形态	层状、似层状	重要
	矿石矿物组分	主要为重晶石,次要矿物有石英及少量黄铁矿	重要
	矿石结构	镶嵌结构、细脉网状结构和溶蚀交代结构	重要
	矿石构造	块状构造、斑点状构造、角砾状构造	重要
	矿体厚度	厚度越大,对成矿越有利	重要
	矿石品位	值越大,对成矿越有利	重要

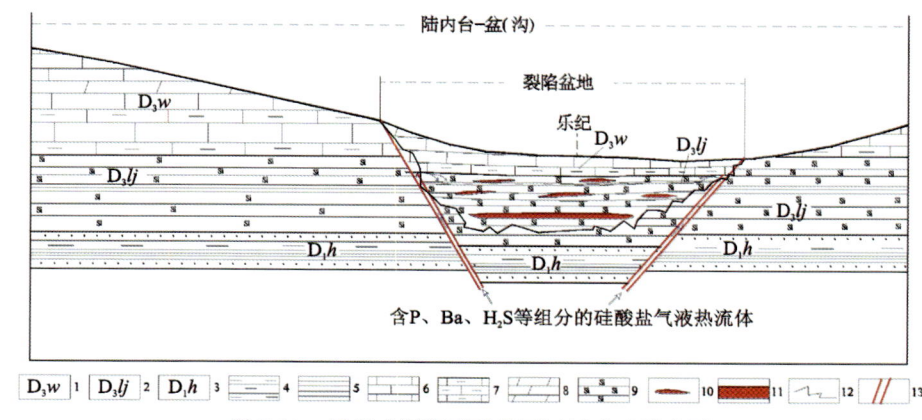

图 5-10 乐纪式沉积型重晶石区域成矿模式图

1.五指山组;2.榴江组;3.火烘组;4.黏土岩;5.页岩;6.灰岩;7.含泥质条带灰岩;8.泥灰岩;9.硅质岩;10.透镜状重晶石;11.重晶石矿层;12.相变线;13.同沉积断层

八、Pz_2-18(新) 晚二叠世与峨眉山玄武岩、辉绿岩有关的铜、玉石矿矿床成矿系列

(一)概述

本成矿系列分布于贵州中西部直至云南境内,为晚二叠世形成的峨眉山玄武岩、辉绿岩分布区。至

目前在贵州境内发现矿种主要为与该玄武岩、辉绿岩有关的软玉矿、铜矿等，其成矿时代是海西期末，主成矿期分别相同于和晚于岩浆活动期，成矿作用分别为辉绿岩与碳酸盐岩的外接触带之接触交代成矿作用，以及玄武岩喷发期初步富集再于成岩期后次生富集。

根据至今已发现的矿产及其地质勘查和研究程度，仅在本成矿系列中划出一个亚系列，即 Pz_2-18（新）-1 紫云-水城裂陷槽罗甸软玉矿亚系列，矿床式为罗甸式软玉矿床。

(二) 主要矿种及矿床式特征

晚二叠世与峨眉山玄武岩、辉绿岩有关的铜、玉石矿矿床在贵州西部均有发现。其中，铜矿至今仅有矿（化）点，小而零星。软玉矿为产于罗甸县境内碳酸盐岩与基性岩接触带的透闪石岩，在历史资料中一直被当作硅质岩、汉白玉大理岩、硅灰石大理岩。贵州省地质调查院 2012 年开展的专项调查及预查中，共发现软玉矿（化）点 14 处，初步认为罗甸地区软玉矿点多面广，质量一般但有极品，玉石品种多，伴生彩石、奇石丰富，预计找矿远景超过大型。因此，可建立 1 个亚系列，即 Pz_2-18（新）-1 紫云-水城裂陷槽罗甸软玉矿亚系列，矿床式有 1 个，即罗甸式软玉矿。

1. 罗甸式软玉矿

1）时空分布

大地构造位置处于上扬子陆块南盘江-右江前陆盆地的北部。在晚二叠世成矿期，本区处于水城-紫云-南丹裂陷槽逐渐闭合环境。矿床具体产于辉绿岩体与四大寨组灰岩接触带（图 5-20），二叠纪辉绿岩体侵入四大寨组灰岩中接触交代形成含透闪石变质矿物。

2）矿床特征

（1）含矿地质体。软玉矿的含矿地质体为辉绿岩体与二叠系碳酸盐岩的外接触带，分布于罗甸县的 5 个背斜构造中，即床井穹隆、桑朗背斜、峨劳背斜、打郎背斜和纳亮背斜。与峨眉山玄武岩喷发物质同期、同质、异相的辉绿岩与中下二叠统四大寨组灰岩的外接触带上，岩体大多顺层侵入，产状与围岩基本一致，其浅部出露部分与赋矿地层同步褶皱，组成印支期和燕山期的构造形迹，说明岩体形成于印支期及燕山期褶皱之前。围岩为泥晶灰岩、燧石灰岩夹少量砾屑灰岩，围岩成分为不纯钙质碳酸盐岩，其含有 Fe、Mg、Mn 等杂质元素，硅化后化学性质进一步活跃，并含有丰富的 Si、Ca，对透闪石的形成有利（杨林，2012）。围岩蚀变广泛，主要有透闪石化、绿泥石化、绢云母化、高岭土化、硅化等，为接触交代型软玉矿床的形成创造了良好条件，资源远景十分可观。

（2）矿体特征。矿体赋存于中下二叠统四大寨组灰岩与辉绿岩接触带外带的大理岩化、硅化蚀变带中，是基性岩与碳酸盐岩（灰岩）接触交代变质（蚀变）作用的产物，矿体主要呈似层状和透镜状产出；部分矿体呈条带状、透镜状、不规则团块状产于大理岩内，玉石与围岩呈渐变过渡接触。矿体走向延长数米至数十米，厚 10～100cm。

（3）矿石特征。主要矿物为透闪石，含量大于 95%；次要矿物有方解石、透辉石、滑石、铁锰氧化物。矿石以白色、灰白微带淡绿色、淡绿色为主，呈半透明—微透明状蜡状光泽，抛光断面呈弱油脂—油脂光泽，少量呈瓷状光泽，结构致密且透明度高者，其光泽趋于弱玻璃光泽。矿石结构为纤维状变晶结构（包括纤维状—柱状、斑状变晶交织结构、纤维状—毡状变晶交织结构、纤维状—片状变晶交织结构、纤维状变晶交织结构等）。其中，纤维状—斑状变晶结构往往影响软玉的均一性和透明度，在外观上给人以较干、较粗、瓷性光泽的感觉；纤维状变晶交织结构使软玉的韧性大为增加，使玉石细润致密。矿石构造主要为块状构造，少量为片状构造。

（4）矿石类型。罗甸玉虽然在物质组成、显微结构方面与新疆、青海等软玉有相近的性质，但从成因类型、玉质表现等方面观察，仍有自己独特的性状特征。刘飞等（2009）发现，产于基性—超基性岩型的软玉矿体均为蛇纹岩（基性—超基性岩体蛇纹石化）与碳酸盐岩接触的产物，而罗甸玉则直接产于基性岩(辉绿岩)与碳酸盐岩的接触带,应为一种新类型的软玉矿体,因此应直接采用"罗甸玉"名称以示它与其它软玉类玉石的区别(杨林,2011)。玉石分为白色、青色、花斑3种类型,白色玉石外观整体呈瓷状、土状及弱油脂光泽,质地均较致密、细腻,不透明—半透明状。青色玉常形成条带,多呈半油脂—油脂光泽,结构致密,质感细腻,略显透明。花斑玉是在前两类的基础之上,岩石中铁、锰等析出,在玉石中形成的形态如斑点、花草等,因而形成白底花斑、青底花斑,而铁、锰等浸染程度严重的,则形成灰褐色底的花斑,这一类玉石较多见的为白色花斑,或是带有淡绿色调的花斑,其玉化程度均高于纯色系列,且次生裂隙一般较发育,花斑多深入玉石内部沿裂隙面分布。

3)控矿因素

罗甸玉首先受控于辉绿岩与碳酸盐岩的接触交代变质带之外带,其次受四大寨组灰岩分布区域的控制。

4)成矿作用

成矿作用主要为接触交代变质作用,属于接触交代型矿床,其形成时间应与辉绿岩体的侵入时期大致相当。依据围岩时代与岩体的构造变形样式推断,成矿时代可能是海西期末。岩体侵入层位主要是中下二叠统四大寨组,最高侵入于中上二叠统领薅组底部,使围岩发生了接触变质作用,岩体内含有四大寨组灰岩捕房体,在三叠系中尚未见到岩体侵入,表明岩体形成时间是中二叠世之后、早三叠世之前。根据玉石矿床地质特征、成矿物质来源及流体性质等方面综合分析,玉石的成矿过程大致经历了两个阶段:

(1)大理岩形成阶段。基性岩浆侵入薄层燧石灰岩使之接触变质首先形成方解石大理岩或透闪石化大理岩。

(2)成玉阶段。大理岩内的晚期含矿流体继续交代大理岩在其内部形成软玉矿体。

5)矿床成因

玉石矿(化)点均分布在辉绿岩与薄层燧石灰岩的接触变质带上,2012年贵州省地质调查院采集了4件软玉矿的氢、氧、硅稳定同位素样品和1件石英岩的氢、氧、硅稳定同位素样品。玉石矿氧同位素值为14.3‰～16.5‰,将其氧同位素值进行投图,结果显示玉石矿形成于变质热液中。$\delta^{30}Si$值为1.1‰～1.3‰,显然其硅质由围岩中的燧石结核提供。

2. 玄武岩型铜矿

在盘县陇英大地矿区及其外围,通过2001—2002年贵州省地质调查院综合找矿,新发现产于峨眉山玄武岩组中的铜矿点2处,即盘县老厂黄见坑铜矿点和盘县盘西铜贡山铜矿点。玄武岩中的铜矿主要分布在玄武岩喷发旋回的间断面,容矿岩石为火山凝灰岩及杏仁状玄武岩,与沥青化、硅化、方解石化、绿泥石化、沸石化等密切相关。

以黄见坑铜矿点为例,铜矿产于中二叠统茅口组(P_2m)灰岩古侵蚀面之上的峨眉山玄武岩组第一段($P_2\beta^1$)的凝灰岩中。矿体呈透镜状、脉状产出。透镜状矿体产于凝灰岩中,直径60～150cm;脉状矿体产于硅化灰岩裂隙中充填的凝灰岩中,脉宽度小于100cm。矿体围岩为凝灰岩夹1～2层硅化灰岩或块状玄武岩,接近矿体时黏土化作用特别强烈,局部已成黏土岩。铜矿石以氧化铜为主,偶见星点状黄铜矿,矿石矿物主要为孔雀石,次为蓝铜矿、硅孔雀石、水胆矾等。热液蚀变作用主要有硅化(石英、蛋白石等)、黏土化、褐铁矿化、方解石化、白云石化,矿石及围岩均具强烈的淋滤氧化作用。经坑探工程刻槽取样化验,矿石含Cu 1.28%～28.15%,平均含Cu 20%,属富铜矿产资源。

经综合研究,该区玄武岩型铜矿在峨眉山玄武岩岩浆喷发时期产生了初步富集,并形成个别小矿体或矿化体,在表生风化淋滤作用下,可进一步富集成铜矿的次生硫化物矿体。

3. 铜厂河式铜矿

铜厂河式铜矿的矿(化)点有40余处。这些矿(化)点较集中地分布在威宁地区、纳雍地区、盘县—

普定一带。矿体主要以峨眉山玄武岩第三喷发旋回末期产物为容矿围岩。古火山喷发中心、层间断裂、生物有机质成矿作用对矿体的后期富集具有十分重要的作用。矿(化)点以威宁铜厂河、大明槽及钥匙湾、纳雍狗场、盘县官鸠坪等为代表。

1) 矿床特征

铜矿在峨眉山玄武岩的不同部位都有见及,主要发育在第三旋回上部,含矿岩石包括玄武质火山碎屑岩和杏仁状玄武岩。其中玄武质火山碎屑岩中的铜矿化多顺层发育而呈层状,岩性主要是玄武质火山角砾凝灰岩或沉火山角砾凝灰岩,并偶含黏土物质及相当丰富的羊齿类、蕨类等植物碎屑。矿体产出多受顺层发育的构造破碎空间控制而呈透镜状,少量受陡倾斜断裂控制而呈脉状。矿体长度大者 100~130m,小者 5~10m,厚度一般 0.8~1.5m,Cu 品位一般 0.6%~1.5%,普遍的特点是矿体规模小、变化大、品位高。

矿石矿物有自然铜、辉铜矿、斑铜矿、黄铜矿、黝铜矿、赤铜矿、蓝铜矿、孔雀石、硅孔雀石等,多以自然铜、辉铜矿为主。脉石矿物有浊沸石、钠长石、方解石、绿帘石、绿泥石、石英、阳起石、沥青、黄铁矿。矿体围岩蚀变主要有浊沸石化、方解石化、钠长石化、阳起石化、绿泥石化、沥青化等,矿体富集部位常具强烈的沥青化,甚至可成为沥青岩。

2) 控矿因素

玄武岩型铜矿床主要受峨眉山玄武岩第三喷发旋回末期古火山喷发中心、层间断裂及生物有机质成矿作用、后期热液作用等共同控制。

火山机构:古火山喷发中心及其一定范围控制了矿体的分布范围,远离火山喷发中心矿变差。对应的高渗透率的火山角砾岩、杏仁状玄武岩、火山碎屑岩(凝灰岩)及富有机质黏土岩等是有利的岩性组合,控制了矿体的分布空间。

古地理环境:玄武岩喷发间隙或喷发后期时处于具一定规模地表水体的环境,使得成矿气液得以保存成矿。

地质构造:后期(可能是燕山期)构造运动形成的玄武岩层间断裂带、破碎带、虚脱空间等是控矿和容矿的有利构造组合,与矿源层有较大接触面的容矿构造(即具有较大范围的水-岩反应萃取矿质沉淀富集的空间)亦是有利的控矿构造。

3) 成矿作用

李厚民等(2004a)研究表明矿床中有机质有 2 种:①腐泥型,为石油的遗迹,来自下部地层;②腐殖型,来自原地沉积的陆生高等植物。在有机质变质的同时,受有机质的还原,成矿流体的物理化学条件发生变化,Cu 以自然铜的形式在沥青的裂隙及碳质附近沉淀下来成矿,自然铜的沉淀与有机质有关,而有机质的变质也与成矿热液有关。

李厚民等(2004b)的研究表明,矿床铜矿石中,沥青的 $\delta^{13}PDB$ 为 $-33.1‰$~$-30.9‰$,碳质的 $\delta^{13}PDB$ 为 $-23.2‰$~$-20.2‰$;方解石的 $\delta^{13}PDB$ 一般为 $-19.4‰$~$-13.5‰$,δ^{18}_{SMOW} 一般为 $-23.5‰$~$-19.0‰$;石英流体包裹体水 δD 为 $-89‰$~$-69‰$,δ^{18}石英-SMOW 为 $15.7‰$~$17.4‰$,与其平衡的流体的 δ^{18}水-SMOW 为 $2.2‰$~$3.9‰$;各种矿物的铅同位素组成一般为 $^{206}Pb/^{204}Pb$ 17.855~18.923、$^{207}Pb/^{204}Pb$ 15.503~15.694、$^{208}Pb/^{204}Pb$ 38.293~39.036;辉铜矿 $\delta^{34}S_{CD}T$ 为 $19.2‰$ 和 $20.7‰$。他们认为峨眉山玄武岩铜矿的成矿作用与盆地流体的对流循环及从玄武岩中萃取的成矿物质有关,有机质对成矿流体的还原和对成矿物质的吸附作用可能是成矿的重要机制。

许连忠(2006)通过对比矿石与玄武岩及其上、下地层岩石和区域基底岩石的铅同位素组成,发现矿石铅同位素组成与玄武岩的铅同位素组成一致,与其他各时代岩石铅同位素组成存在巨大差异或不完全协调,由此确定了矿石中的铅来源于玄武岩。

矿床中方解石以富 δ^{18}_{SMOW} 和贫 $\delta^{13}C$ 为特征,δ^{18}_{SMOW} 和 $\delta^{13}C_{PDB}$ 分别为 $13.1‰$~$22.9‰$ 和 $-32.3‰$~$-13.5‰$,证明了本区流体活动的存在。本区铜矿的碳氧同位素特征与美国密西西比型铅锌矿中的比较接近,可能为一种热能驱动下的古热流体活动的产物。成矿流体更可能的来源应该是建造水与玄武岩发生强烈的水-岩反应所形成的成矿流体。

戴传固等(2003)对威宁地区的玄武岩型铜矿地质特征、成矿规律等进行了分析,认为成矿时期最大可能是燕山期;戴传固等(2004)、邓克勇等(2007)对区内玄武岩铜矿进行了综合分析后认为,矿床存在同生火山热液和期后构造热液富集成矿2个阶段,即峨眉山玄武岩喷发期也是成矿的时期之一。

云南地区玄武岩型铜矿床(云南宝坪)目前报道的成矿年龄为87.2～27.1Ma,以57～27.1Ma为主体(钟康惠等,2003)。他们认为矿床形成于晚燕山期—早中喜马拉雅期。朱炳泉等(2005)对滇东北与自然铜富矿石密切共生的浊沸石、片沸石进行了年龄测定,不同自然铜矿化区浊沸石给出了一致的 $^{40}Ar/^{39}Ar$ 坪年龄和等时线年龄(228～226Ma);片沸石 $^{40}Ar/^{39}Ar$ 和 U-Th-Pb 等时线定年结果表明,该区在白垩纪早期(135Ma)存在第二次低温热液作用和自然铜矿化。

结合邻区玄武岩铜矿的成矿时代,威宁地区玄武岩铜矿成矿时代也应与滇东北地区的玄武岩铜矿成矿时代一致,即成矿时代应在226～27.1Ma之间,矿床形成经历了火山期同生热液成矿→燕山期—喜马拉雅期期后构造热液富集成矿等几个主要阶段。

4)成矿要素与成矿模式

根据典型矿床研究结果,并结合区域上大明槽、钥匙湾、黄泥坡、小米乡等矿床(点)产出的地质特征,认为成矿时代为晚二叠世茅口晚期—龙潭早期火山喷发第三旋回(不排除期后热液、构造成矿)。矿床形成主要是由于区域上峨眉山地幔柱上涌形成区域性的地壳拉张,形成川滇黔区域大面积玄武岩喷溢及同源辉绿岩的侵位,为矿床形成提供了丰富的成矿物源。古火山喷发中心、陆相杏仁状玄武岩、富有机质玄武质火山碎屑岩、角砾岩是赋矿的主要建造构造,同时期后的热液活动对矿床(矿源层)进行了叠加改造,使得原矿床品位变富、规模变大。

玄武岩型铜矿成矿要素见表5-15。

表5-15　铜厂河式玄武岩型铜矿成矿要素表

成矿要素		描述内容	要素分类
特征描述		与陆相镁铁质喷出作用有关的火山沉积-热液型(玄武岩型)铜矿床	
地质环境	成矿时代	海西期晚二叠世茅口晚期—龙潭早期火山喷发第三旋回初步富集,燕山期中低温热液成矿作用使其进一步富集成矿	必要
	构造背景	扬子陆块南部被动陆缘褶冲带六盘水复杂变形区向斜两翼,北西向垭都-蟒洞断裂带与威宁-水城断裂带两侧	重要
	成矿环境	峨眉山地幔柱上涌形成区域拉张,导致攀西大陆边缘裂谷发育,形成川滇黔区域大面积玄武岩喷溢及同源辉绿岩的侵位;燕山期褶皱-断裂作用形成中区域性的低温热液成矿环境	必要
	岩石类型	陆相杏仁状玄武岩、富有机质玄武质火山碎屑岩、角砾岩	必要
	火山机构	古火山喷发中心及一定范围是成矿的有利就位场所	重要
	热液活动	推测火山机构周边的断裂构造为火山期及期后的成矿热液活动提供了有利通道	必要
	岩石化学	低 Mg、过饱和、岩浆分异度较高的高钛玄武岩	重要
矿床特征	矿体形态	主要为似层状、透镜状,次为扁豆状和团块状	次要
	矿物组合	主要金属矿物为黄铜矿、自然铜、辉铜矿,次为斑铜矿、铜蓝;脉石矿物主要为辉石、斜长石、绿泥石、方解石	重要
	结构构造	多具交代结构与半自形—他形微粒—细粒状结构;构造主要为浸染状、细脉状、杏仁状构造	次要
	蚀变类型	主要为绿泥石化、炭沥青化、黄铁矿化、硅化、沸石化等	重要
	成矿元素	以 Cu 为主,伴生 Ga、Ag	重要

成矿模式描述为：峨眉山地幔柱上涌，形成区域地壳拉张，导致大规模富含 Cu、Pb、Zn 等成矿元素的陆相玄武岩岩浆喷溢，形成区内广布的矿源层，在火山喷发的间隙，在适当的建造构造条件（具有高渗流能力的杏仁状玄武岩、角砾状玄武岩、富有机质火山碎屑岩＋玄武岩中的成矿期发育的构造裂隙带和构造破碎带）下初步富集成矿，在成岩期后的埋藏变质、热水循环淋滤作用下，以及燕山期构造作用下，不断从岩石中萃取出 Cu 等成矿元素，并沿着断裂构造迁移至峨眉山玄武岩组中上部（第三喷发旋回）富集成工业矿体。

（三）成矿系列时空分布规律

玉石、铜矿主要分布在水城裂陷槽及其附近区域，成矿时代是海西期末，成矿作用与二叠纪峨眉山玄武岩活动密切相关，分布范围与玄武岩分布范围一致。玉石矿主要分布在裂隙槽的东南部罗甸、望谟一带，矿体产于辉绿岩与中二叠统四大寨组灰岩的外接触带中，矿体多呈透镜状、脉状，其产状与辉绿岩外接触带产状一致。铜矿主要分布在水城—威宁地区，铜矿主要产于玄武岩中断层、层间裂隙中，矿体呈似层状、透镜状，围岩为玄武岩、凝灰岩；而羊子坪铜矿矿体产在辉绿岩外接触带的层间裂隙、断层带中，围岩为凝灰岩、粉砂岩。

九、Mz_1-12S 川滇黔与印支旋回热水-沉积作用有关的铅、锌、锰、锶、石膏、盐、杂卤石、煤矿床成矿系列组之海相沉积成矿系列

（一）概述

本成矿系列分布于川滇黔相邻区，在贵州省主要分布于省内西部地区，跨越上扬子中东部（台褶带）铅、锌、铜、银、铁、锰、汞、锑、磷、铝土矿、硫铁矿成矿带（Ⅲ77）与桂西-黔西南金、锑、汞、铊、银、水晶、重晶石成矿区（Ⅲ88）。

在贵州境内，本矿床成矿系列分为以下 2 个亚系列：

(1) Mz_1-12^3（新）滇黔海盆与三叠系陆相沉积煤成矿亚系列，有 1 个矿床式，即龙头山式煤矿。

(2) Mz_1-12^2 滇黔海盆与三叠系海相碳酸盐岩有关的石膏成矿亚系列，有 1 个矿床式，即太平堡式石膏。

（二）主要矿种及矿床式特征

1. 龙头山式煤矿

龙头山式煤矿分布于贞丰县及其附近，以贞丰县龙头山中型煤矿床为代表，含矿地质体主为三叠系把南组、火把冲组，为陆相沉积作用产物。

晚三叠世早期海退开始，陆地面积扩大，贵州省内均为隆起区和海陆交替的滨海地带。在滨海地带，如兴仁、贞丰、安龙等县交会处的龙头山向斜和六枝的郎岱向斜产生了贵州第四期海陆交替相成煤环境，形成零星而孤立的聚煤盆地。其含煤岩系为把南组（T_3b），分布在龙头山向斜轴部，以灰绿色、灰色薄—中厚层状泥岩、砂质泥岩、钙质泥岩为主，与灰色中厚—厚层状粉砂岩、细—中粒石英砂岩组成不等厚互层，其上部含薄煤 20 多层，从而形成了零星分布的小型煤矿床（点）。

2. 太平堡式石膏矿

太平堡式石膏矿分布于普定县及附近，以普定县太平堡石膏矿床为代表，另有马家沟、六枝等石膏矿床。其矿层产于永宁镇组、嘉陵江组四段、关岭组一段，成矿作用为早—中三叠世蒸发相沉积成矿。

十、Mz_1-12F 川滇黔与印支旋回热水-沉积作用有关的铅、锌、锰、锶、石膏、盐、杂卤石、煤矿床成矿系列组之流体成矿系列

该成矿系列在贵州主要见有会泽式铅锌矿，分布在威宁西部云贵桥—银厂坡一带，至今发现铅锌小型矿床1处，矿点3处。

1. 矿床空间分布

本成矿系列的铅锌矿主要分布在北北东向的银厂坡-石门构造带中。不同级次断裂分别控制了矿化带、矿化集中区或矿床(点)、矿体分布。区域断裂带属导矿构造，控制了矿带分布，断裂带内断裂复杂地段即为矿区或矿化区，矿体即产于矿区或矿化区的容矿构造即次级断裂裂隙中。该区北东角为北西向垭都-蟒洞成矿带北延部分的云贵构造带与银厂坡-石门成矿带交会部位，以上两构造带内的小背斜与次级断裂复合部位、不同方向断裂交会(叠加)部位铅锌矿集中富集；次级断裂破碎带及其断裂产状变化部位，小背斜轴部、倒转翼或倾没端的层间拓空破碎带往往直接控制矿体的形态、产状和规模。矿体围岩为泥盆系独山组、望城坡组和融县组，石炭系摆佐组、黄龙组蚀变白云岩、灰岩。

2. 矿化富集规律

从地表向下，从褐铁矿、铅锌氧化矿逐渐过渡成混合矿，到深部一般成为铅锌硫化矿。

矿体规模：从上到下，多由小变大。

矿石品位：一般从上往下，由贫变富。

矿体形态：从地表以不规则面状为主，向下逐渐变成似层状、透镜状、缓倾斜脉状和陡倾斜脉状多种矿体形态，到地下深处则多以陡倾斜脉状为主。

3. 成矿时间和物质来源

该区北东向云贵断裂成矿带受水城断陷盆地紫云-垭都同沉积断裂及威宁-水城同沉积断裂控制，断陷经历了早期裂陷、中期强烈沉陷、晚期基性岩浆的喷溢与侵位、印支期封闭消亡、燕山期构造反转定型等多阶段的复杂历史，形成了受北西向和北东向古构造控制的、在多期应力作用下的、以北西向构造为主体的强烈挤压褶皱断裂带。

区内主要为银厂坡-石门断裂成矿带，属于会泽锌(银、锗)矿床所属的会泽金牛厂-矿山厂区域性控矿断裂带北东部分。该断裂由云南会泽向北东经银厂坡连接石门断裂带。断裂走向北东，倾向南东，沿其断裂分布二叠纪峨眉山玄武岩。沿断裂分布有小型、中—大型铅锌矿床(点)。矿山厂、麒麟厂、银厂坡断裂为多期活动的断裂带，组成叠瓦状构造，分别控制了矿山厂、麒麟厂和银厂坡铅锌矿床，形成3个铅锌矿带，构成矿田的"多"字形构造。

黄智龙(2001)推测会泽铅锌矿的成矿年龄与峨眉山玄武岩基本相同，进而对矿区六号和一号矿体中方解石进行Sm-Nd同位素测年，得到等时线年龄分别为(227±18)Ma和(225±41)Ma(李文博，2004)。

铅锌矿体产在断层带及层间节理裂隙中，其围岩为碳酸盐岩，明显受某一特定层位的限制，从震旦纪到二叠纪的碳酸盐岩都是赋矿层位，这说明区内没有单一的铅锌矿源，成矿物源是多源的。根据矿体

及围岩的常量元素、微量元素和铅、硫同位素及稀土元素资料，认为该区成矿物质主要来自上部地壳和造山带各种沉积围岩地层，含矿地层、基底岩石和沉积盖层可能均提供部分成矿物质，深部来源较少。矿石矿物和脉石矿物的均一温度都比较低，范围在120～200℃之间，说明成矿温度较低，成矿流体以大气降水和海水为主。改造可能与峨眉山玄武岩的喷发有关。矿床明显受构造控制，在灯影组—三叠系中，普遍有同生沉积型的Pb、Zn，由于古特提斯洋向扬子板块俯冲，本区处于大区域的地热环境中，成为良好的热、气、液驱动源。此时地层压力增加，温度升高，释放同生沉积水，它们与地表和海盆中向下渗透的水相混合，经"地堑"式或岩浆加热，淋滤和溶解了蒸发岩中的卤素，形成热卤水，向地热高、压力低的梯度带上运移，运移的热卤水将分散在地壳岩石中的铅、锌萃取，形成含矿热卤水；侏罗纪以来，本区为一个构造格架形成后的挤压后伸展阶段，伸展期地壳继续活动，形成有利的容矿空间，上升热卤水继续活跃，溶滤、萃取各地层中的矿质，与大气降水混合，形成大规模的流体，含矿热卤水由断裂、裂隙不发育、岩石完整及向斜轴部的承压地段向断裂发育、岩石碎裂或及向斜两翼等卸压地段运移，并在物理化学条件变化时或因能量的突然释放或因不同性质水溶液的加入，与围岩发生反应，使铅锌等重金属元素以硫化物的形式从含矿热卤水中不断沉淀。主干逆断层为矿液运移通道，羽状断裂容矿或储矿。容矿岩层挠曲、层间剥离、层间滑动带组成容矿空间，成矿流体在燕山期造就的有利构造空间就位成矿。

4. 区域成矿模式

小江深断裂带和昭通-曲靖隐伏断裂带为形成深源成矿流体提供了有利的成矿地质背景；矿山厂断裂为矿山厂、麒麟厂及银厂坡3个矿床中的压扭性断裂的含矿流体贯入提供了通道，是主要的导矿构造；中上泥盆统—石炭系以白云岩为主的碳酸盐岩中的北东向层间压扭性断裂为矿质沉淀堆积提供了储存空间，并控制了矿体的形态和产状，为矿床的主要容矿构造；北西向断裂与北东向断裂交会部位，矿体变富、变厚，是矿床的配矿构造，北东向构造带是最主要的控矿构造。

十一、Mz_2-39 四川盆地与侏罗纪—白垩纪陆相碎屑岩、泥质岩有关的铁、芒硝矿床成矿系列

该成矿系列分布在习水—桐梓一带，主要是铁矿，目前只有小型矿床3处，习称綦江式铁矿。

綦江式铁矿产于中侏罗世自流井组底部，属于大陆湖沼相沉积型铁矿。含铁岩系为侏罗系自流井组綦江段，岩性为灰绿色薄—中厚层石英砂岩、铁质石英砂岩夹黏土岩，中下部夹透镜状菱铁矿、赤铁矿。含矿层厚度变化较大，在仁怀沙滩—合马一带厚17～23m，往东到习水、桐梓厚度变为3～6m。铁矿体呈透镜状成群组成，矿体长30～600m，厚0.3～1.76m。矿体规模与含矿岩系厚度成正相关关系。矿石矿物为菱铁矿、赤铁矿，次为绿泥石、黄铁矿等，含TFe 17.67%～52.98%。

十二、Mz_2-40 上扬子台褶带沉积岩容矿的铅、锌、汞、金、银、锑、砷、萤石、重晶石矿床成矿系列

（一）概述

本成矿系列，即上扬子台褶带沉积岩容矿的铅、锌、银、汞、金、锑、萤石、重晶石矿床成矿系列，主要是指燕山期成矿的低温热液矿产，诸如汞、金、锑、铅锌、铁、铜、重晶石、萤石、硫等矿产。

本成矿系列的地理分布为东到三穗—丹寨,西到赫章—威宁,北抵务川,南入广西省内。其大地构造位置,据陈毓川等(2007)对本成矿系列的原始定义范围局限于上扬子陆块(V-2)的"扬子陆块南部被动边缘褶冲带(V-2-7)",而实际范围已经跨越到上扬子陆块(V-2)的"南盘江-右江前陆盆地(V-2-10)"中。从二级综合成矿区(带)角度分析,本成矿系列实际已经跨越扬子成矿省(Ⅱ-15)与华南成矿省(Ⅱ-16)。从Ⅲ级成矿区(带)角度分析,本成矿系列跨越了上扬子中东部(台褶带)铅、锌、铜、银、铁、锰、汞、锑、磷、铝土矿、硫铁矿成矿带(Ⅲ77)和桂西-黔西南(右江地槽)金、锑、汞、钛、银、水晶、石膏成矿区(Ⅲ88)。

本矿床成矿系列在贵州境内分为以下8个亚系列:

(1)Mz_2-40^5苗岭-南盘江断裂褶皱带二叠系及三叠系碳酸盐岩容矿的金、银、砷、锑、汞矿床成矿亚系列。分布于普安—兴仁—贞丰地区,矿床式有水银洞式金矿、滥木厂式汞矿。

(2)Mz_2-40^7(新)苗岭-南盘江断裂褶皱带二叠系及三叠系硅质陆源碎屑岩容矿的金、锑、汞、砷矿床成矿亚系列。分布于册亨—望谟地区,矿床式有烂泥沟式金矿,以贞丰县烂泥沟金矿床为典型矿床。

(3)Mz_2-40^8(新)苗岭-南盘江断裂褶皱带二叠系(含)火山碎屑岩(凝灰岩)容矿的锑、金、萤石矿床亚系列。分布于兴义、兴仁、晴隆、普安、盘县一带,矿床式有泥堡式金矿、晴隆式锑矿、晴隆式萤石矿。

(4)Mz_2-40^3开阳-余庆台缘褶断带震旦系—寒武系碳酸盐岩容矿的汞矿床成矿亚系列。分布于开阳—余庆—黄平地区,矿床式有白马洞式汞矿、纸房式汞矿。

(5)Mz_2-40^2丹寨-独山台缘褶断带古生界碳酸盐岩、碎屑岩及前寒武系浅变质岩容矿的锑、汞、金矿床成矿亚系列。分布于丹寨、三都、雷山、榕江、独山等县。矿床式有丹寨式汞矿、苗龙式金矿、八蒙式锑矿、半坡式锑矿、排带式硫铁矿。

(6)Mz_2-40^4务川-万山台缘褶断带寒武系碳酸盐岩容矿的汞、砷、硒、锑、铀、金、萤石、重晶石矿床成矿亚系列。分布于务川、万山、沿河、铜仁等县。矿床式有务川式汞矿、万山式汞矿、丰水岭式萤石矿。

(7)Mz_2-40^9(新)轴缘带碳酸盐岩容矿的低温热液锌、铅、镉、重晶石矿床成矿亚系列。分布于务川、沿河、石阡、施秉等县。矿床式有顶罐坡式重晶石矿。

(8)Mz_2-40^{10}(新)上扬子地台碳酸盐岩容矿的中低温热液铅、锌、银、铜、菱铁矿床成矿亚系列。分布于赫章—水城、普安、正安—沿河等地区。矿床式有杉树林式铅锌矿、天桥式铅锌矿、菜园子式菱铁矿、铜厂河式铜矿。

(二)主要矿种及矿床式分述

1. 水银洞式金矿

1)时空分布

水银洞式金矿隶属于Mz_2-40^5苗岭-南盘江断裂褶皱带二叠系及三叠系碳酸盐岩容矿的金、银、砷、锑、汞矿床成矿亚系列,主要分布于贞丰—兴仁地区的灰家堡背斜中,至今已发现贞丰水银洞(大型)、太平洞(大型)、三岔河(大型)和紫木凼(大型)等金矿床(点)。在其附近,尚有兴仁大坝田中型汞矿床、滥木厂大型汞(铊)矿床等矿床(点),与金矿床一同构成了灰家堡金、汞、铊成矿带。

2)矿床特征

水银洞式金矿为复合内生型矿产,系由沉积岩中浅成中低温构造热液作用时空定位的矿产,矿床成因类型为沉积-构造低温热液型金矿。金矿体主要赋存于上二叠统龙潭组(P_3l)和下三叠统夜郎组(T_1y)中,容矿岩石主要为不纯碳酸盐岩(泥质灰岩、泥灰岩)及细碎屑岩等,其中以不纯灰岩最为重要。矿体沿北西西向的灰家堡背斜核部及其平行的逆冲断层分布。矿体形态及产状主要有两类,一是切层型,即矿体与地层斜交(矿体呈似板状、脉状、不规则状);二是缓倾型即矿体产状与地层大致平行(矿体呈似层状、透镜状等)。主矿体呈层状、似层状产出于灰家堡背斜核部向两翼近500m范围内的生物碎屑灰岩中，产状与岩层产状一致，走向上具波状起伏向东倾没，空间上具有多个矿体上下重叠、品位高、厚度薄的特点。矿石类型主要为原生（硫化）矿，地表或近地表为氧化矿。原生矿石结构为半自形—他形、隐晶、碎斑、细粉晶、包含、重结晶等结构，矿石构造为细脉状、网脉状、星散状、浸染状、环带状、条带状、角砾状和致密块状等，矿物组合为自然金、黄铁矿、黄铜矿、斑铜矿、雄黄、毒砂等；氧化矿石的矿物组合为自然金、褐铁矿、水云母、方解石等，黏土矿物占80%～90%。原生矿石中的金主要呈包裹体裂隙金，少数以类质同象金状态存在于硫化物中，尤以含砷黄铁矿和毒砂最为重要；氧化矿石中的金主要呈游离金或吸附金的状态存在于褐铁矿和黏土矿物中。主要成矿元素组合有Au-Sb-Ag-As。围岩蚀变以黄铁矿化为主，次有硅化、毒砂化、碳酸盐岩化及白铁矿化等，部分金矿（化）产于其中。

3）控矿因素

（1）地层岩性因素。自下而上沉积建造为扬子区浅海台地碳酸盐（P_2m）—滨岸潮坪煤系+钙泥质沉积（P_3l）—半局限台地的硅泥质与不纯碳酸盐岩组合（P_3c+T_1y），在纵向上形成了能干性（渗透障）与非能干性（不渗透障）有规律性的重复叠置和有序排列，不同能干性岩石的转换部位是区内金矿成矿的有利部位。

（2）构造因素。各矿田或矿床分别受不同尺度的变形分解作用及其形成的不同应变域控制。各矿区之矿床级构造均具有基本一致的"褶皱+轴向断裂+X剪切断裂（+横张断裂）"的组合样式。背斜轴部及附近的轴向断裂构造、主断层旁侧次级断裂及层间破碎带、中上二叠统间的区域性滑脱构造为主要容矿空间。

（3）热液蚀变因素。热液蚀变主要为细粒浸染状、微细脉状黄铁矿，细粒浸染状毒砂，浸染状、微细脉状硅化（石英），脉状、浸染状雄（雌）黄及褐铁矿、黏土矿物等表生蚀变的中—低温热液蚀变矿物。由断层带中心向两侧推移，上述蚀变矿物组合由复杂到简单，蚀变强度渐趋减弱至消失。呈脉状产出的蚀变矿物均具有2组以上的交错，构造活动及相应的成矿作用具明显的多期（次）性特征。富金矿体常产生在岩石成分复杂，构造发育，蚀变复杂多样的三者有机组合部位。层间断层虽不具备构造岩发育条件，但因围岩屏蔽效应较强而使矿化集中，常形成厚度薄、品位高的富矿体。

4）成矿作用

成矿构造环境表现为地块边缘裂陷槽地拉张与挤压两种环境的交替发展与演化。裂谷带广泛发育各种不同级别和类型的断裂构造和裂隙，既是深部物质流和能量流集中释放的有利场所，也是成矿物质超常富集的有利空间。水银洞微细粒浸染型金矿目前还缺少合适的定年矿物，过去有关专家曾用裂变径迹法、石英流体包裹体Rb-Sr法和黄铁矿Pb-Pb等方法确定其成矿年龄为80～170Ma（Hu et al.，2003；陈懋弘，2007），但变化范围大，精度不够。近来通过与成矿有密切关系的方解石脉中的Sm、Rb和Sr同位素组成分析，水银洞微细粒浸染型金矿床的成矿年龄为135～145Ma（早白垩世），与区域岩石圈的伸展构造背景相对应（Su et al.，2009），其结果较为可靠。王登红等（2012）通过对紫木凼金矿的Sm-Nd同位素年代学研究表明，该矿区方解石和萤石形成于海西期—印支期过渡期（约250Ma）。

5）成矿要素与成矿模式

（1）区域成矿要素如表5-16所示。

（2）成矿模式。成矿模式是对具有相似成矿、控矿条件的某类矿床进行的归纳和总结，工作区内金矿勘查已历时近30年，发现了一大批具有重要经济价值的大、中型工业矿床，积累了丰富的地质资料和研究成果。郭振春（1993）通过对紫木凼矿床研究提出了"两层楼"的成矿模式，刘建中（1996）通过进一步的研究提出了深部隐伏花岗岩侵位热液说，夏勇（2009）提出了深源超压流体的概念。本次工作在前人工作的基础上，现将普安—贞丰地区微细粒浸染型金矿成矿模式总结如下。

A. 印支晚期—燕山早期的构造运动，使地壳深部和上地幔形成了富含挥发分活动元素的成矿流体，并浸取了基底和深部富含Au、Hg、Sb、As、Tl等的地层岩石中的成矿元素而成为超压流体，此即为原始成矿流体。

表 5-16 水银洞式金矿区域成矿要素表

成矿要素		描述内容	要素分级
特征描述		复合内生微细粒浸染型金矿床	
成矿时代	沉积地层时代	晚二叠世乐平期,早三叠世印支期	必要
	成矿时代	K_1	重要
大地构造位置	大地构造单元	南盘江-右江前陆盆地边缘	必要
沉积建造沉积作用	地层分区	上扬子地台分区之黔西南地层小区	重要
	岩石地层单元	峨眉山玄武岩组、龙潭组、夜郎组	必要
	岩石类型	生物碎屑泥、粉晶灰岩,硅化角砾状黏土岩,凝灰岩、凝灰质黏土岩	必要
	岩石结构	莓状结构、球状结构、胶状结构、自形晶结构、交代结构、假象结构、碎裂结构、星散浸染状构造、缝合线构造、脉(网脉)状构造、晶洞构造、生物遗迹构造、角砾状构造、条带状构造、薄膜状构造等	重要
	蚀变特征	黄铁矿化、白云石化、硅化、毒砂化、雄(雌)黄化、方解石化、辉锑矿化、萤石化、滑石化、辰砂化	重要
	沉积建造类型	生物碎屑泥晶灰岩、含煤碎屑岩建造;泥、微晶生物屑灰岩、粉砂岩—泥岩建造;沉凝灰岩建造	重要
成矿构造	褶皱构造	背斜轴部两侧 1000m。穹隆构造之近轴部层间构造断裂带或滑脱带、层间挤压构造破碎带	必要
	断裂构造	背斜轴部附近的轴向断层两侧 1000m	必要
成矿特征	矿体形态	层状、似层状	重要
	矿体产状	与地层产状基本一致,倾向南或北,倾角 5°~20°	重要
	矿石矿物组合	金属矿物主要有黄铁矿、毒砂、赤铁矿,少量辉锑矿、辰砂、雄黄等;脉石矿物有石英、白云石、方解石、水云母、绢云母、高岭石、萤石、海绿石、沸石、有机炭、变质沥青	重要
	成矿期次	沉积成岩和构造热液两个成矿期	重要
	矿床有益组分	Au	重要
	矿床规模	大型矿床5个,中型矿床2个,小型矿床8个,矿点13个,矿化点7个	重要

B. 燕山晚期的拉张伸展活动,偏碱性超基性岩脉(筒)的贯入,基底已有断裂复活,与盖层断裂一起切穿地壳,破坏了超压成矿流体的封存条件,富含 CH_4、N_2、CO_2 挥发分和 Au 的超压成矿流体沿深大断裂进入地壳上部,由于较高的压力和挥发分,成矿流体部分沿 P_2m 与 P_3l 或 $P_3\beta$ 间区域构造滑动面侧向运移,与岩石发生交代,形成构造蚀变体(sbt),局部形成金矿体或金矿床。部分沿断裂构造继续向上运移,使成矿流体在龙潭组黏土岩—生物碎屑灰岩—黏土岩有利岩性组合中的生物屑砂屑灰岩、峨眉山玄武岩—沉凝灰岩—峨眉山玄武岩中的沉凝灰岩—峨眉山玄武岩界面侧向运移和渗透,局部还对围岩造成水动力破坏。背斜轴部附近发育的轴向断层破坏了由背斜和有利岩性组合构成的封闭系统,使流体中的挥发分发生快速逃逸,流体压力骤降,还原性降低,以及地层中铁、大气降水、其他某些组分的局部和部分加入,造成成矿条件巨大反差,迅速向有利于 Au 沉淀的方向转变,Au 随含砷黄铁矿快速结晶(部分是在沉积成因的黄铁矿内核上结晶)或以细粒毒砂的形式而快速沉淀下来。由于断层的贯通和剖面上有利岩性组合的重复出现,致使区内金矿具有多层矿体产出,于 P_2m 与 P_3l 或 $P_3\beta$ 间区域构造滑动面中形成的金矿床或金矿体统称为"楼下矿"。

C. 少部分成矿流体沿背斜轴部轴向断裂构造继续往上运移，Au 在断裂构造形成的有利成矿空间内与围岩发生交代而富集成矿，称为"楼上矿"。

2. 烂泥沟式金矿

1）时空分布

烂泥沟式金矿隶属于 Mz_2-40^7（新）苗岭-南盘江断裂褶皱带二叠纪及三叠纪硅质陆源碎屑岩容矿的金、锑、汞、砷矿床成矿亚系列，分布于册亨—望谟等地区，至今已发现烂泥沟特大型金矿床等矿床（点）。

2）矿床特征

烂泥沟式金矿属复合内生型矿产，系由沉积岩中浅成中低温构造热液作用时空定位的矿产，矿床成因类型为沉积-构造低温热液型金矿。烂泥沟式金矿主要分布于赖子山碳酸盐岩台地边缘，就位于陆源碎屑岩盆地一侧，以二叠系及三叠系硅质陆源碎屑岩为容矿岩石。矿体常呈高角度陡立状产于断层破碎带中，或呈大透镜状或脉状赋存于不同方向断裂的交会处，在主断裂旁侧的分枝断裂亦有小矿体分布。个别矿体产于层间破碎带中，大致顺层分布。矿石结构常见有自形、半自形粒状结构，他形粒状结构，自形、半自形针状结构，包含结构，环带结构，交代残余结构，压碎结构等；矿石构造常见浸染状、细脉状、条带状、角砾状构造等；矿石自然类型以原生（硫化）矿石为主，氧化（表生）矿石较少，仅分布于浅表风化带。金矿物以微粒金和次显微金为主，以包裹金形式存在（占 81.89%），粒间金较少（18.11%）。而在包裹金中又以黄铁矿包裹金为主，占包裹金总量的 64%。主要载金矿物为黄铁矿，其次是毒砂。围岩蚀变有硅化、黄铁矿化、毒砂化、辰砂化、雄（雌）黄化、碳酸盐化、黏土化等。

3）控矿因素

（1）烂泥沟式金矿受控于师宗-弥勒断裂带与紫云-垭都断裂带之间较强的构造变形带，位于扬子被动边缘碳酸盐岩台地演化而成的海西期—印支期陆内裂谷盆地和燕山期前陆盆地内。

（2）金矿床主要分布在背斜-断裂组合地带，为典型的断层控矿型金矿床。

（3）金矿体主要赋存于高角度逆冲断层与背斜构造的耦合部位，穹隆构造之近轴部层间构造断裂带或滑脱带，其次为层间挤压构造破碎带。

（4）赋矿层位主要为中下三叠统边阳组、尼罗组、许满组、紫云组，次为中下二叠统四大寨组、乐康组、栖霞组，因此赋矿层位不是对成矿的控制较弱，而有利岩性组合（细砂岩、粉砂岩、粉砂质黏土岩等陆源碎屑岩）才是主要控矿因素。

4）成矿作用

烂泥沟式金矿的成矿物质可能来源于赋矿围岩，因为右江盆地斜坡相带为 Au 的高背景值区；成矿构造背景为右江-南盘江前陆盆地，成矿构造为印支期—燕山期褶皱-断裂构造；主成矿期为印支期—燕山期（热液成矿），次为喜马拉雅期以来的表生作用。其中，印支期—燕山期热液成矿作用又可分为早期、中期、晚期 3 个矿化阶段，成矿温度为低温（温度 110～280℃）。成矿元素组合为 Au-As-Sb-Hg。

5）成矿要素与成矿模式

（1）区域成矿要素见表 5-17。

（2）成矿模式。微细粒浸染型金矿作为世界上一种重要的金矿类型，对它的勘查与研究已有近 30 年的历史，但系统性地深入矿床成因研究和建立成矿模式，则在 20 世纪 30 年代，其中代表性的研究者有 A. S. Radtke（1980，1985）、L. J. 布坎南（1981，1984）、R. W. 亨利（1983）、S. B. Rornberger（1986）等，他们几乎都指出了地下水对形成微细粒浸染型金矿的重要性，并建立了大致相同的卡林型金矿成因模式。所有这些，都是值得借鉴和可参考的。

表 5-17 烂泥沟式金矿区域成矿要素表

成矿要素		描述内容	要素分类
特征描述		复合内生型微细粒浸染型金矿床	
地质成矿环境	成矿时代	印支期—燕山期	必要
	成矿构造	印支期—燕山期褶皱-断裂构造	必要
	成矿单元	右江-南盘江矿田分布区（Ⅴ级）	必要
	构造背景	右江-南盘江前陆盆地	必要
	地球化学	Au、As、Sb、Hg	必要
	成矿环境	低压低温（温度110～280℃）	重要
矿床特征	赋矿地层	以边阳组、尼罗组、许满组、紫云组为主；次为四大寨组、乐康组、栖霞组	必要
	容矿构造	高角度逆冲断层（剪切破碎带为主）与背斜组合为主，穹隆构造之近轴部层间构造断裂带或滑脱带，其次为层间挤压构造破碎带	重要
	容矿岩石	主要为细砂岩、粉砂岩、粉砂质黏土岩及其过渡性岩类	必要
	容矿构造与岩性组合	容矿构造破碎带通过赋矿地层中薄—中厚层状细砂岩、粉砂岩与相对少量的黏土岩及其过渡性岩类组合地段，微细粒浸染型金矿体产出的可能性较大；容矿构造破碎带穿过单一的细砂岩性组合对微细粒浸染型金矿成矿不利，多为低品位或矿化现象；容矿构造破碎带穿过单一的黏土岩性组合对微细粒浸染型金矿成矿不利，多为小规模矿体产出	重要
	矿体形态	严格受控于成矿断裂破碎带，呈透镜状、藕节状、囊状及脉状等	重要
	围岩蚀变	硅化、黄铁矿化、毒砂化、辰砂化、雄（雌）黄化、碳酸盐化、黏土化	必要
	矿物组合	石英-黄铁矿-自然金	重要
		石英-毒砂-自然金	重要
		石英-黄铁矿-毒砂-自然金	重要
	矿石结构	自形、半自形、他形粒状结构、环带结构	次要
	矿石构造	浸染状构造、角砾状构造、网状、脉状、条带状构造	次要
	不渗透障	局部不渗透障作用	重要

对于黔西南微细粒浸染型金矿的矿床学和成矿模式，有不少学者都进行过研究，主要有Cunaingham等（1988）、李文亢等（1989）、侯宗林等（1989）、何立贤等（1991）、杨科佑等（1992）。他们从不同侧面或用不同的观点，探讨了黔西南微细浸染型金矿的成矿条件与成矿规律，有的还建立了成矿模式。但由于他们的研究目的和侧重点不同，大多限于矿床学本身，很少或未涉及与金成矿作用有关的、根本性的区域地质背景和重大基础地质问题，故其认识主要集中在矿床学方面。王砚耕等（1993）在深入研究该区域地质背景条件和典型矿床的基础上，以新的成矿学说或新的成矿理论为指导，对黔西南的区域地质背景、构造图像及构造组合、金矿床地质特征（含典型矿床成矿模式）、金矿的控制因素和分布规律等，均进行了论述或探讨，在此基础上经过综合分析和上升提炼，建立了本区以细砂屑岩为容矿岩石的金矿区域成矿模式。

A. 地质环境特征如下。

构造背景：右江造山带。

地壳类型：大陆地壳。

成矿单元：南盘江矿田分布区（Ⅳ级）。

构造层次：以浅层次脆性变形为主。

成矿环境：低压低温物理环境。
赋矿地层：中三叠统（主）、下三叠统（次）。
容矿岩石：粉砂岩及细砂岩。
成矿时代：印支期—燕山期或稍后。
共（伴）生矿床：砷矿、锑矿、汞矿。
B.矿床地质特征如下。
矿体产状：陡倾斜矿体（主）、近水平矿体（次）。
原生矿石类型：以碎屑岩类矿石为主。
矿物组合：黄铁矿、自然金、毒砂、雄黄、辰砂、石英、黏土矿物。
结构构造：自形、半自形粒状结构，浸染状、角砾状构造。
蚀变：硅化、黄铁矿化、毒砂化、铁白云石化等。
风化（氧化）：黄褐色、铁锈色氧化物。
地球化学标志：As、Hg、Sb、Au、Ag、W、Mo。
C.控矿条件如下。
构造：高角度逆冲断层（以剪切破碎带为主）。
水动力：高孔隙流体压力水动力破裂（次）。
不渗透障：局部性不渗透障作用。

3. 泥堡式金矿

1）时空分布

泥堡式金矿隶属于 $Mz_2\text{-}40^8$（新）苗岭-南盘江断裂褶皱带二叠系（含）火山碎屑岩（凝灰岩）容矿的锑、金、萤石矿床亚系列。大地构造位置为南盘江-右江前陆盆地边缘。主要分布于峨眉山玄武岩分布区东部边缘的凝灰岩分布带内，包括北东向的兴义七舌-雄武-白碗窑、普安车郎-泥堡-兴仁潘家庄-晴隆老万场，以及近东西向的兴仁农场-五指山-大垭口等地。但是，在峨眉山玄武岩分布区（盘县—普安西部）也有该类型金矿产出（产于玄武熔岩之间所夹的凝灰岩层中）。已发现矿床主要有普安县泥堡金矿床（大型），以及兴仁县大垭口、三道沟铁厂坳、兴义木扎、陇纳、雄武、盘县青山坡、大麦地、陇英大地等小型金矿床或矿点10余处。

2）矿床特征

（1）赋矿层位及容矿岩石。赋矿地层为茅口组上部大厂层硅质岩、峨眉山玄武质凝灰岩、沉凝灰岩及龙潭组第一段的凝灰质生物碎屑灰岩、凝灰质黏土岩等。

（2）矿体特征。矿体主要受峨眉山玄武岩与茅口组灰岩间平行不整合面发育的区域性层间滑脱构造及主断裂旁侧的次级断裂（裂隙）和凝灰岩层的层间破碎带控制；次为龙潭组内部的层间滑脱空间控制。同时，平行于背斜的逆冲断裂往往既是导矿构造也是容矿构造，矿体呈似板状和脉状产于其中。

（3）矿石特征。矿石类型以氧化矿石为主，原生（硫化）矿石较少。矿石构造主要有条纹状、层状、土状、块状、浸染状和角砾状构造；矿石结构主要有砂状结构、不等粒结构、交代结构、泥质结构。矿物组合主要为黏土矿物，次为黄铁矿、石英、褐铁矿等；与矿化有关围岩蚀变主要有黄铁矿化、褐铁矿化、硅化及黏土化等。

3）控矿因素

（1）峨眉山玄武岩分布区及边缘的凝灰岩分布区控制了金矿分布。峨眉山玄武岩喷发是地幔热柱活动的直接产物，它提供了成矿物质来源。

（2）区域性构造控制着金矿床的形成及分布。该类金矿受控于扬子陆块西南缘，受控于该大地构造位置所特有的深部构造及区域性深大断裂。

（3）区域性的次一级构造决定了矿床的定位，也决定了矿体空间分布及形状、产状。其中，大背斜

(如泥堡背斜、雄武背斜、碧痕营背斜)及其两翼边界的主干断裂(如潘家庄断裂、红岩断层)控制了该类金矿床的分布;次级褶皱(如泥堡金矿床的二龙抢宝背斜)、层间揉皱、滑脱构造及低序次断裂、节理、裂隙分别控制了矿体群和矿体的分布及产出特征;能干性不同的岩石所构成的层状构造在导矿、容矿及盖矿等过程中起着各自的作用(陶平,2005)。

(4)金矿具有多期成矿特点,各期构造的控矿作用不同。

(5)蚀变控矿因素主要有硅化、黄铁矿化等。

(6)金矿床具有明显的层控性。

4. 丹寨式汞矿、苗龙式金矿

1)区域地质概况

该区出露地层从新元古界青白口系下江群清水江组—中生界中三叠统许满组,各时代地层出露较为齐全,缺失不多。早古生代震旦纪、寒武纪及早奥陶世的沉积相属扬子准地台扬子型与华南加里东褶皱系间的过渡型相,厚5000～6000m,近似于"轴缘坳陷"。褶皱运动主要有加里东期的广西运动和燕山期的宁镇运动。

2)矿床的空间分布特征

该区以汞为主,有金、锑等共(伴)生,汞矿产出空间部位受构造控制明显,主要与燕山期古构造关系密切,由背向斜、主干断裂、层间断裂分级控制矿田和矿床。汞、金矿是以碳酸盐岩为主容矿围岩的超显微浸染型热液渗滤矿床,矿化对构造和岩性有明显的选择性,表现为受构造及岩性复合控矿。矿体产出具有多层位性,三都组—锅塘组及杨家湾组都有产出,矿体主要分布在台地盆缘斜坡相。围岩为条带状白云岩、白云质灰岩与薄层黏土岩组合地段。

汞、金、锑矿化既是同一成矿热液系统的产物,又属于同一成矿系列的矿床组合,彼此具有相似的成矿机理。由于各元素间的地球化学性质差异及热液成矿作用不同阶段特征,各元素矿化在空间及时间上具有明显的独立性和共生性。矿质来源、成矿热液的形成、矿床的富集等与沉积、成岩、构造及次生风化等作用关系十分密切。亦即成矿作用是在扬子陆块南部被动边缘褶冲带这一特定的大地构造背景下进行的,矿床所需矿质、介质、热源皆由特定地质背景所提供,与区内断裂构造的形成、发展、演化不可分割。围岩蚀变均以硅化、黄铁矿化为主,次有萤石化、碳酸盐化、重晶石化及锑、铅矿化。各种矿化蚀变特征均为共(伴)生,无明显的分带现象。矿化蚀变多沿断裂破碎带分布,均为低温热液蚀变矿物。这些蚀变与各组断裂构造作用紧密相关,其分布范围也多局限在断裂带内。

3)矿床特征

汞、金矿体无论在平面上或垂向的总体空间分布上关系密切,为受同一构造控制的汞、金矿带。矿体主要受构造控制,多产于断层破碎带或层间剥离带内,呈脉状、透镜状、扁豆状,少部分呈薄层状、囊状、楔状。规模大小不等,一般长20～245m,最长261m,厚0.80～9.12m,最厚14.21m,倾斜延深(宽)25～235m。矿体产状与断层、节理裂隙产状基本一致。矿体围岩主要是碳酸盐岩。汞、金矿化范围因地而异:如四相厂—宏发厂,金矿化的宽度小于汞矿化宽度,而坝桥金矿化宽度却大于汞矿化宽度1～5倍。少部分的汞、金矿体彼此共生,构成汞金矿体或部分重叠。大部分的汞矿体位于金矿体旁侧,两者有一定距离,构成独立的汞或金矿体。从汞、金矿化分布规律来看,它们不但处于同一矿带内,而且在地球化学背景和元素组合上共同出现,形成组合异常。矿物组合、矿石成分、结构构造和共(伴)生关系等,均说明它们有一定成因联系。它们的成矿阶段有所不同,金矿化在先,汞矿化在后,热液蚀变和矿化造成汞金矿体部分叠加,矿石中汞、金品位一般不存在正相关关系。

另外,该区锑也是三都-丹寨矿带汞、锑、砷、金成矿系列的主要元素之一。当其中的锑金(砷)大量富集时(此时汞含量一般较低)即形成锑、金(砷)型矿床(点)。形成的矿体可以有金、金砷、金锑、金锑砷等多种矿体。锑、金含量一般不存在明显正相关关系。辉锑矿不但在晶间裂隙中含金,而且还有包裹金现象。

4）控矿因素

（1）构造对成矿的控制作用。本区是一多期构造活动带，断裂十分发育。断裂主要有南北向和北东向两组，南北向断层一般规模较大，是区域内主要导矿构造，起着控制矿带展布的作用，如烂土断层、牛场断层、地祥断层、三都断层等，延长多在30～80km之间，垂直断距100～1000m。由于多期次的活动，断层性质较为复杂，对矿产的控制作用十分明显。如烂土断层，旁侧剪切裂隙中含铅锌矿，此段控制了丹寨汞矿田，牛场断层旁侧次级断裂中有汞矿化和铅锌矿化，北东向断层相对规模较小，为主要的赋矿构造。更次一级的小断层和X型配套剪切断层也是区内主要的赋矿构造。北北东向主干断裂与北西向断裂的交叉与复合控制了矿床和矿体分布，矿体形态为透镜状和似层状。矿体的产状严格受断裂构造的性质和产状控制，含矿体多富集在断裂两侧派生的层间断裂或其他构造裂隙的交切处。矿体的产出形态主要为囊状、透镜状、似层状。

（2）沉积岩相与建造对成矿的控制作用。该区汞、金、锑矿的形成与其赋矿地层的岩相有着密切关系。本区从早震旦世陡山沱期至早寒武世为过渡性沉积。晚震旦世至早寒武世，海水由南向北推进，随着海水不断加深，沉积了一套碳质、硅质细碎屑-碳酸盐组合。中、晚寒武世，差异性升降造成南北各异的沉积组合，在丹寨、三都一带形成具有典型的斜坡相沉积物（塌积岩、砾—砂屑碳酸盐岩与条带状、层纹状粉屑碳酸盐岩互层等），即都柳江组、杨家湾组、三都组。北部此时由广海陆棚相沉积逐渐变为浅海台地相沉积，而发育一套碳酸盐岩至高镁碳酸盐岩组合。在台缘斜坡相中，物质来源丰富，除北西面台地边缘滩所供给的碳酸盐矿物外，东侧海盆洋流也供给了以石英粉砂为主的碎屑沉积物，以及成矿物质，为后期成矿提供了物源。因此，三都、丹寨一带的汞、金、锑等矿床（点）大部分分布在台地边缘斜坡相中。该区寒武纪处于碳酸盐岩台地与深水盆地之间的斜坡相带，斜坡带重力效应导致的层间滑动产生压溶作用，使得其中的金属硫化物（主要是黄铁矿、毒砂）发生溶解，从而导致汞的活化迁移并再次富集。这揭示了该区汞矿成矿与斜坡相的关系。

汞、金、锑矿赋矿层位为都柳江组、杨家湾组、三都组及锅塘组的砾屑—砂屑碳酸盐岩、层纹状—条带状含陆源碎屑的碳酸盐岩及富含有机质的黏土岩、粉砂岩及泥岩等一套碳酸盐岩台地边缘相沉积建造。主要容矿岩石为薄—微层（含）泥质碳酸盐岩、层纹状灰岩、泥灰岩、含有机质硅质泥岩、片理化的硅质泥岩、粉砂岩、钙质粉砂岩、黏土质页岩，以及白云岩角砾岩、含泥质白云岩角砾岩等。这些岩石与赋矿地层中其他岩石因物化条件的差异，相对渗透率高，有利于含汞热液的运移、储存和交代。同时，岩石中含大量的黏土质和有机质，造成金、汞对岩性的选择，并在有利部位富集成矿。

5）矿床在时间上的产出与演化规律

在时间上，三都、丹寨地区汞、金矿床的成矿作用与区内构造事件密切相关，并与其演化进程一致。在中寒武世—早白垩世漫长的造山作用演化进程中，原地壳中的Hg、Au、Sb在构造驱动和热力的作用下，形成含Hg、Au、Sb低温热液流体，随着造山作用的进行，产生超孔隙流体压力，在适宜的构造部位（空间）和物性介质（岩性）中，沉淀或交代而形成矿体。从各种年龄测试数据和赋矿地层、控矿构造的形成时代来看，区内的汞矿床、锑矿床、金矿床的主成矿期应为燕山期。

6）区域成矿地质作用

通过对矿区构造应力场的初步研究，结合区域构造应力场及构造展布特点分析，本区加里东期—燕山期曾经历了多次构造运动。主要控矿断裂在其发生、发展演化过程中，至少经历了4次大的构造作用。其中最主要的构造作用表现为逆冲运动及引张运动，特别是后者为本矿床的主要成矿阶段。从各种年龄测试数据和赋矿地层、控矿构造的形成时代来看，区内的汞矿床、微细浸染型金矿床、锑矿床的主成矿期应为加里东期及燕山期，是加里东运动及燕山运动的产物，它们在空间上共生、在时间上相伴，表明它是一组具有内在成因联系的共生分异矿床。元素的地球化学性质是导致其成矿过程中共生分异的内因，地球化学性质相近的元素在成矿中表现出共生的同时，也因其自身性质之间的差异，对成矿流体成分或物化条件改变的响应不同而产生分异。相关研究资料得出一致的结论：矿床中各汞矿化域与构造的这种空间依存关系和时间上的一致性表明两者有着密切的成生联系，即构造作用成矿。换言之，该区构造作用与成矿作用基本上是在同时、同地、受同一机制启动、发展、演化和终结的,这个机制就是构造运动产生断裂及断裂带。构造运动强大的机械能转变为热能(同时亦不排除地热增温、岩浆活动、放射性元素衰变等热能的参与)加热地下水形成动力热液,并在构造力的驱使下在其运移过程中萃取围岩中的汞等成矿元素,最后就位于有利的赋矿空间。

综上所述,宏发汞矿床系构造作用成矿,其矿床的成因类型属沉积-构造低温热液型汞矿床。

7) 成矿要素

在上述前人研究的基础上,本次潜力评价中通过对区域要素的研究,总结的丹寨式汞矿、苗龙式金矿区域成矿要素见表5-18。

表 5-18 丹寨式汞矿、苗龙式金矿区域成矿要素表

成矿要素		描述内容	要素分类
地质环境	成矿时代	燕山期	必要
	大地构造位置	位于上扬子陆块东南缘被动边缘盆地相	必要
	成矿构造	燕山期断裂褶皱构造,其中背斜有利成矿	必要
	赋矿地层	中寒武统都柳江组、中上寒武统杨家湾组、上寒武统三都组和上寒武统—下奥陶统锅塘组	必要
	建造类型	条带状白云岩-泥灰岩-灰岩-页岩建造	必要
	岩性特征	条带状灰岩、白云岩与页岩,薄层状泥灰岩—灰岩	必要
	成矿单元	丹寨-荔波成矿带(Ⅲ77-8)	必要
矿床特征	矿体特征	矿体多富集在断裂两侧派生的层间断裂或其他构造裂隙的交切处。矿体的产出形态主要为囊状、透镜状、似层状	重要
	矿石 矿物成分	金属矿物主要有辰砂、自然金、毒砂、黄铁矿、辉锑矿,次有雄黄、闪锌矿、方铅矿。非金属矿物主要有石英、铁白云石、方解石、水云母,其次为重晶石、萤石等	重要
	矿石类型	浸染状矿石、条带状矿石、脉状矿石、角砾状矿石	重要
	矿石结构	他形—半自形粒状结构,少数为溶蚀交替结构	次要
	矿石构造	主要呈浸染状和细脉状构造,少部分为条带状、团块状或块状构造,偶见晶洞状及被膜状构造	次要
	围岩蚀变	硅化、黄铁矿化、方解石化、萤石化、重晶石化	重要
	物源	汞质来源是多源,壳源、深源。热液水源主要为大气降水,其次为沉积岩所含原生水	重要
物理化学条件	成矿温度	成矿温度主要分布在130~150℃之间,最佳成矿温度有两个:130℃和140℃	重要
	成矿盐度	成矿溶液属于高浓缩度的热卤水	重要
	包裹体特征	$\delta^{34}S\ 5.6‰\sim30.8‰$;$\delta^{32}S/^{34}S\ 21.744‰\sim22.911‰$;$\delta^{13}C_{PDB}\ 2.43‰\sim7.61‰$;$\delta^{18}O_{H_2O}\ 16.89‰\sim21.03‰$	重要

5. 滥木厂式汞矿

1) 时空分布

Mz_2-40^{5}苗岭-南盘江断裂褶皱带二叠系及三叠系碳酸盐岩容矿的金、银、砷、锑、汞矿床成矿亚系列。综合成矿区(带)处于Ⅲ88桂西-黔西南金、锑、汞、铊、银、水晶、石膏成矿区内,本次将汞矿单矿种成矿区(带)Ⅳ级划为Ⅲ88-1黔西南汞矿成矿区,Ⅴ级划出Ⅲ88-1-1关岭花江成矿带和Ⅲ88-1-2兴仁滥木厂成矿带两个。已发现有兴仁县滥木厂、大坝田等汞、铊矿床,以及兴仁花江、安龙古理、盘县砂厂、镇宁顶红等矿点、矿化点。矿化元素组合类型主要为汞、铊矿床,次为汞矿床。此外,在本Ⅲ级成矿区(Ⅲ88)的东部,也有少数汞矿点产出,主要是在册阳、丫他、烂泥沟发现。它们分布于赖子山背斜南、北倾伏端,与北东向断裂及南北向相变关系密切,常与金、砷、锑矿共生产出,含矿层主要为台地浅水—深水碳酸盐岩和钙质砂岩,汞含量变化大,多分散,矿物主要为自然汞、辰砂,伴生矿物有雌黄、雄黄、金等。

2) 矿床特征

(1) 赋矿层位及容矿岩石。赋矿层位主要为上二叠统龙潭组、长兴组,而上覆的中三叠下统内只见矿化,未能形成工业矿床。

(2) 矿体特征。矿体(层)总数1个,含矿体呈似层状、扁豆状、透镜状及鞍状,矿体呈似层状、囊状、串珠状,主矿体长300~540m,倾向延伸80~180m,厚5.8~257m,倾角5°~20°,埋深0~300m。

(3) 矿石特征。矿石矿物为辰砂,伴生的黄铁矿中富含铊,已达工业品位。

(4) 矿床类型为低温热液层状(层控)矿床。

(5) 各成矿带特征。①滥木厂成矿带受灰家堡背斜控制,包括滥木厂(大型)、大坝田(中型)两个汞矿床,以滥木厂为主,含矿层主要为上二叠统龙潭组及长兴组,在下三叠统永宁镇组中也偶有工业矿体产出,矿带长约25km,宽5~8km,面积约150km²,走向近北西。矿石中含铊较高,是省内唯一的汞铊类型矿床;②花江成矿带受北西向构造花江背斜控制,汞矿床主要为花江汞矿床,含矿层位为三叠系关岭组,次为上二叠统。矿带长约28km,宽6~10km,面积约160km²,走向北西并与滥木厂成矿带平行。

3) 控矿因素

整体为受地层岩性与构造双重控制的沉积-改造型矿床,但主要为断裂控制型热液矿床,但亦有整合型层控矿体(品位稍高,规模小,矿体少,工业价值不大)。滥木厂成矿带受灰家堡背斜及上二叠统龙潭组(主要)、长兴组滨海平原至碳酸盐岩台地过渡相地层控制(但在下三叠统永宁镇组中也偶有工业矿体产出);花江成矿带受北西向构造花江背斜控制及三叠系关岭组(主要)、上二叠统控制。

4) 成矿作用

本区汞矿$\delta^{34}S$虽然大多数是正值,但情况复杂,辰砂为$-0.9‰\sim15.2‰$(其中滥木厂矿床辰砂中为$3.6‰\sim6.3‰$),这些数据与世界各地二叠纪数据(约10‰)相比偏低,但黄铁矿的$\delta^{34}S$为负值(-19.5),属生物作用,故$\delta^{34}S$偏低原因可能是由于地层中的硫与生物作用所致;关岭花江矿点和安龙古理矿化点数据与滥木厂矿床数据近似,原因也可能如此。此外,盘县砂厂矿点和镇宁顶红矿点,$\delta^{34}S$为$-0.9‰\sim4.5‰$,极差$0.1‰\sim2.3‰$,平均值$-0.8‰\sim2.1‰$,黄铁矿(顶红)为$5.2‰\sim5.6‰$,平均值为$5.4‰$,如结合矿点附近有峨眉山玄武岩分布的情况,其硫质来自火山源似有依据。至于兴义丫根矿点辰砂的$\delta^{34}S$为$13‰\sim15‰$,平均值为$14‰$,数据虽稍低,但和全省大多数矿床相似,其硫质来自地层中硫酸盐的可能性极大。

6. 务川式汞矿

该矿床在王司-金鸡岭背斜中端。区内断裂发育且形态多变,其力学性质较为复杂。分布有很多汞矿点。

从已知汞矿床(点)分布特点可知,矿体均产于寒武系中,汞矿化出现在金顶山上部—石冷水组顶部厚约400m的地层中,而矿体局限在下寒武统顶部清虚洞组—寒武系高台组厚约200m的地层中,而其余各时段当中均无工业矿床产出,只偶尔有极贫弱的汞矿化零星出现。该区内赋汞地层(含矿层)主要为寒武系清虚洞组、高台组、石冷水组,次为寒武系后坝组、平井组及金顶山组。赋矿有利岩性为白云岩、泥质白云岩、灰岩、碳质页岩、粉砂岩,其中以白云岩为主。

清虚洞组为区内主要赋矿层位。其上部为灰色薄—中厚层和极薄层致密及细晶白云岩,偶夹碎屑状白云岩;中部为浅灰至深灰色厚层及中厚层夹块状致密细晶白云岩,夹两层假鲕状和鲕状白云岩,具角砾化现象及角砾状构造；下部以灰色、黄灰色薄层极薄层状致密白云岩及泥质白云岩及含粉砂质白云岩为主，夹 0.2～0.5m 的灰质角砾状白云岩数层；底部为泥质白云岩，偶夹燧石结核及条带，局部含绢云母碎片沿层面分布。最大厚度 340m。

该区域构造较为发育，主要表现为北北东向、北东向褶皱构造与北北东向、近东西向断裂构造，它们联合控制该区内汞矿床的产出。控制务川汞矿带的金鸡岭大背斜延伸长 80km，主要由金鸡山和木油厂两背斜呈雁行状平行交替组成，并向南北两端倾没消失。金鸡山背斜北起两河口，南止断山大沙坝，全长 42km，在后洞附近因断裂构造破坏剧烈，致使背斜保存不完整。木油厂背斜北起胡家坝，南止谢家坡，全长 5km，该背斜南北两端较开阔、完整，断裂不发育，在木油厂矿田附近褶皱紧凑，局部倒转，并向南北两端倾没，各组向断裂亦甚发育。除有走向北东延伸长 20 余千米，以 34°夹角斜切木油厂背斜的 F_1 银线沟断层外，尚有一系列走向北东、北北东、北西的正断层、逆断层、逆掩断层和层间断层。

1) 矿床特征

含矿地质体主要受褶皱控制，呈层状、似层状、层带状、透镜状及扁豆状产出，产状与岩层产状基本一致，矿化连续性较好，规模较大，长数百米至千余米，个别可达数千米，宽百余米至数百米，厚数米至数十米。如务川木油厂矿田的主含矿体最长 2600m，沿倾向斜深 179m，平均厚 2.84～12.35m，呈层状产出。

矿体主要受层间裂隙、断层控制，呈似层状、透镜状、扁豆状、豆荚状、囊状、脉状、树枝状、柱状、鞍状、串珠状及不规则状等。矿体大小悬殊，长数米至数百米，宽数米至百余米，厚不到 1m 至二三十米。一般整合型矿床的矿体规模较大，厚度较稳定，形态较单一，一般以似层状、透镜状、扁豆状、鞍状为主。如务川木油厂矿床，共有 380 个矿体，其中 3 个主矿体分别长 1490m、810m、240m，宽 246～479m、45～296m、90～165m，平均厚 3.27m、3.71m、3.25m。其他矿体一般长数十米至 200 余米，宽数十米，厚数米。

汞矿主要矿石矿物为辰砂，伴生金属矿物主要有少一微量雌黄、雄黄、黄铁矿、闪锌矿、方铅矿、辉锑矿、黄铜矿，主要属单汞型矿床。脉石矿物较单一，主要脉石矿物为石英，次要矿物为重晶石。矿石以他形一半自形粒状结构为主，溶蚀交代结构为次。矿石以细脉状、浸染状构造为主，条带状、块状、角砾状、被膜状构造次之，偶见晶洞状构造。

2) 控矿因素

(1) 产出层位及区域分布规律。从已知汞矿床分布特点可知，矿体均产于寒武系中，汞矿化出现在金顶山上部至石冷水组顶部厚约 400m 的地层中，而矿体局限在下寒武统顶部清虚洞组—中寒武统高台组厚约 200m 的地层当中，而其余各时段当中均无工业矿床产出，只偶尔有极贫弱的汞矿化零星出现。

寒武系在本区厚约 2300m，从区内出露最老地层金顶山组上段以上，直至寒武系顶界，此段主要由灰岩、白云质灰岩、白云岩组成，厚约 1000m，为赋汞有利岩性。往下为下寒武统，几乎全由砂岩、粉砂岩、页岩等细碎屑岩等组成，至古元古界板溪群、梵净山群，为巨厚层的千枚岩、砂岩、板岩等，为赋汞不利岩性。汞矿（化）集中在地台盖层最下部的碳酸盐岩层——清虚洞组、高台组之中，其上为奥陶系—志留系巨厚页岩、泥质粉砂岩，为汞矿的赋存提供"盖层"这一有利条件。从岩性上来看，含矿地层本身具有明显的脆性，其上下均有软弱垫层，含矿地层是较为活泼的。

(2) 构造与地层岩性联合控矿规律。根据典型矿床研究，木油厂矿田矿体产出层位可达 16 层之多，但各矿床中，其产出矿体或汞矿化的层段则不尽相同。相邻矿床对应部位出现的矿体，不论规模大小，富集程度也都互有区别。显然，这是由于各矿床在整个矿田构造中所处的部位和地层岩性的不同导致的必然结果。反之，矿田内处于相似构造条件下的不同矿床、矿段，亦由于沉积相变引起的岩石成分、厚度变化，也会导致矿化作用的局部增强或者急剧消失。在勘探工作中证实，在木油厂矿田内，$\in_3 q^{2-3}$ 主矿体明显受木油厂背斜轴部的控制而呈狭长的层带状展布。多层矿化集中在矿田北段和中段，而矿田南段由于褶皱开阔，形态简单，次级断裂不发育，因而矿化层位也显著减少。

总之，在矿田范围内，控制成矿的构造条件与地层岩性条件二者是相互依存的，而构造条件更具有明显的控矿作用。

3）成矿作用

根据矿床的地质特征及矿石结构构造、矿物生成顺序等，矿床可划分为成矿前期、热液期和表生期3个成矿期。成矿前期包括了沉积-成岩和成岩后生2个成矿阶段；热液期包括石英—辰砂阶段、重晶石—石英—辰砂阶段、方解石—辰砂阶段、方解石—重晶石—辰砂阶段4个阶段。其中第三阶段为热液期重要阶段，只有在此阶段才形成规模较大的工业矿床。

4）成矿要素

该典型矿床的区域成矿要素详见表5-19。

表5-19 务川式汞矿区域成矿要素表

成矿要素			描述内容	要素分类
地质环境	成矿时代		燕山期	必要
	大地构造位置		扬子陆块南部碳酸盐岩台地	必要
	成矿构造		北东向断裂为区域导矿构造，成矿期背斜为储矿构造，特别是伴随褶曲发育的层间剥离构造，更利于矿体的形成	重要
	赋矿地层		以寒武系清虚洞组、高台组、石冷水组为主，次为寒武系后坝组、平井组及金顶山组	重要
	建造类型		白云岩、泥质白云岩、角砾白云岩、灰岩、砂质页岩、钙质粉砂岩建造	必要
	岩性特征		白云岩、泥质白云岩、灰岩、碳质页岩、粉砂岩。其中以白云岩为主	重要
	成矿单元		渝南-黔北铝土矿磷块岩汞矿成矿带（Ⅲ77-4）	重要
矿床特征	矿体特征		严格受背斜控制。在褶皱挤压变形严重及节理裂隙发育处矿体更发育。矿体呈层状、脉状、囊状等	重要
	矿石	矿物成分	主要矿物为辰砂，伴有少量辉锑矿、黄铁矿、白铁矿、闪锌矿、雄黄及微量的方铅矿、辉铜矿。脉石矿物主要有方解石、重晶石、石英、白云石、玉髓、萤石、石膏	重要
		矿石类型	矿石主要为辰砂汞矿石，其次为硒汞矿石	重要
		矿石结构	矿石具半自形—他形粒状、粒状嵌晶结构、溶蚀交替结构	次要
		矿石构造	主要为浸染状构造、细脉状构造，少数可见条带状（团块状）、角砾状、薄膜皮壳状构造，偶见胶状、环状和晶洞状构造	次要
	围岩蚀变		主要为方解石化，其次为硅化、重晶石化、白云岩化等。与矿化关系最密切的是方解石化和硅化	重要
	物源		成矿物质主要来源于基底地层，热液主要为大气降水	重要
物理化学条件	成矿温度		根据蚀变岩中包裹体均一温度测定结果，成矿温度为100～165℃	重要
	酸碱度		属弱酸性	重要
	包裹体特征		根据蚀变岩中包裹体均一温度测定结果，成矿温度在100～165℃，pH值分析结果分别为7.06、6.62～9.74。蚀变岩中的方解石（13件样品）$\delta^{13}C$测定结果为$-6.41‰\sim-4.21‰$，平均值为$-5.33‰$；方解石$\delta^{18}O$测定结果为$16.25‰\sim20.59‰$，平均值为$17.37‰$；对未经蚀变的围岩——白云岩（2件）$\delta^{18}O$测定结果为$23.44‰\sim25.51‰$，平均值为$24.48‰$	重要

7. 万山式汞矿

1) 时空分布

万山式汞矿主要分布在铜仁—凤凰一带，呈北北东向，往北延伸至湖南保靖水银厂，南至湖南新晃酒店塘，全长50km（贵州境内长40km），宽10～15km，面积约50km^2，沿铜仁大断裂分布。在沉积相上是台地边缘斜坡相。汞矿主要产于台缘斜坡相的中寒武统敖溪组中，次为下寒武统清虚洞组。主要有猴子坪、黄丝桥、酒店塘、茶田（以上属湖南）及滑石、大硐喇、岩屋坪、万山、龙田冲（以上属贵州）共10个矿田，以万山、大硐喇两矿田最为著名。这些矿田都受与北北东向主褶皱垂直的、向北西西倾没的横跨背斜（又称半背斜）控制（岩屋坪、龙田冲受横跨向斜控制）。矿床（点）有杉木董、张家湾、冷风洞、路腊、大硐喇、沙洛湾等多个汞矿床。

2) 矿床特征

矿体及含矿体多呈层状、似层状、层带状，围岩蚀变以硅化、白云石化为主，主要分布于万山一带。含矿体的产状、形态及规模视矿床类型及控矿构造而异，受褶皱控制的整合型矿床，含矿体呈层状、似层状、层带状、透镜状及扁豆状产出，产状与岩层产状基本一致，矿化连续性较好，含矿体长60～300m，个别达460m以上，宽6～32.5m，一般厚0.5～1.95m，局部厚达8m，呈大透镜体或扁豆体产出。

汞矿主要矿石矿物为辰砂，见少量灰硒汞矿、黑辰砂及微—少量自然汞。伴生金属矿物主要为少量—微量的雌黄、雄黄、黄铁矿、闪锌矿、方铅矿、辉锑矿、黄铜矿。脉石矿物较单一，主要脉石矿物为石英，次要矿物为重晶石、方解石。矿石以他形—半自形粒状结构为主，溶蚀交代结构为次。矿石以细脉状、浸染状构造为主，条带状、块状、角砾状、被膜状构造次之，偶见晶洞状构造。

3) 控矿因素

（1）地层与岩性：出露地层有新元古界青白口系、南华系、震旦系及下古生界寒武系、奥陶系。其中以寒武系分布最广，几乎遍布全区；其余时代的地层出露面积小，分布零星。汞矿床明显受寒武系控制，寒武系以Hg的富集程度较高，具有良好的汞成矿地球化学背景，特别是中寒武统Hg含量较高，是地壳元素丰度值的几十倍至近百倍，其中敖溪组含量最高，为万山地区内各汞矿的主要富集层位。汞矿床主要产出于寒武系敖溪组中，汞矿体呈似层状、透镜状、扁豆状、不规则状形态产出，被严格限制在一定层位中，没有穿层产出的现象，在含矿层中每一汞矿含矿层上下都有非含矿层相隔。含矿层就是主要的矿源及储矿层，具有提供矿质、储藏矿床的双重功能，而非含矿层就是盖层和含矿层之下的遮挡层，起了封闭作用，使它们分别具有生、储、盖功能。

（2）多层控矿性：汞矿产出多层位，下寒武统就有6个汞矿含矿层位。多层成矿的基本原因首先仍然是沉积作用，寒武纪时期，从早寒武世到晚寒武世是一次大的海进和海退过程，其中又包括早、中、晚寒武世3次小的海进和海退过程，使沉积具有连续性，又有多循环性。这种性质的沉积过程，往往形成了含矿层和非含矿层岩相建造呈韵律性组合的特点，同时也相应确定了热液汞矿的产出具有相应的韵律特点。

（3）构造控矿：控矿褶皱为万山向斜，而北西部发育有坝盘背斜。此外，其他较明显的次级背斜有下溪背斜、大兴背斜。这些区域性的背斜往往给汞矿的形成提供良好的储矿空间。本区发育的断裂主要分为北东向与北东东向，北东向断裂一般先于汞矿形成，为区内汞矿物质来源提供通道。而北东东向断裂往往成为汞矿的直接通道，和本区褶皱组合形成较典型的"背斜加一刀"的控矿模式。

构造在沉积阶段和热液成矿阶段都起了重要的控制作用。沉积阶段构造控制了沉积环境、沉积矿质的来源、迁移及沉积，以及矿源层的形成。热液成矿阶段断裂为成矿热液提供通道，褶皱挤压所产生的虚脱空间为矿体提供了储矿空间。

控制汞矿的断裂可以穿过多个含矿层和非含矿层，但汞矿体只赋存在断裂穿过含矿层部位的断裂破碎带两侧的含矿层，在褶皱中的赋存状态也一样，汞矿体只赋存在含矿层的褶皱层中，特别是背斜的轴部。在汞矿带中，每一含矿层都有几个矿床（点），顺着含矿层的走向间断分布，上下都被非含矿层分开。这些特点说明一个简单事实,即汞矿的产出层位虽然多,但分布都受一定层位控制。

在背斜轴部,特别是在软硬相间的地层内,地层在构造变动时岩性的接触界面易产生滑动,形成虚脱的空间,这些空间益于矿液的流动和矿质的聚集沉淀。如:冷风硐在层纹状白云岩与上部页岩的接触界面往往形成层间剥离和滑动,矿体则多在其内聚集形成,一般呈似层状、透镜状产出,和围岩产状大体保持一致。

4)成矿作用

根据对典型矿床研究,结合工作区成矿规律特征及其成矿要素综合分析研究可知,区内汞矿的形成大致可以分成两个阶段,第一阶段为沉积初步富集成矿,第二阶段为热液改造成矿。将工作区汞矿的成矿模式简述如下。

(1)沉积初步富集成矿。万山汞矿从早古生代开始位于弧后盆地西侧边缘地带,寒武系属弧后斜坡沉积岩系。下寒武统—上寒武统,大体反映了一次海进海退旋回。在这个沉积过程中,沉积了滨岸、潮间、斜坡—半深海的一套沉积物,同时形成了包括汞在内的完整沉积、沉积富集的成矿系列。其沉积过程主要是:

A. 来自矿区西部台地及雪峰运动之后隆起的"雪峰古陆"两物源区的矿质在风化营力的作用下,Hg 随同各种风化产物按照一定的规律,从被风化的母岩中迁出,这种迁出的能力和矿质足以供给初步富集成矿的需要。

B. 迁移到海洋后,经过机械碎屑沉积、胶体凝聚沉积及生物富集作用,Hg 可以在特定层位寒武系敖溪组中达到初步富集成矿。

C. 在初步富集矿化带内,Hg 在含矿层内形成初步富集,丰度值一般为 $0.75 \times 10^{-6} \sim 22 \times 10^{-6}$,平均值 0.55×10^{-6};另外,在早寒武世黑色碳质有机页岩层内,Hg 丰度值也很高,为 $0.85 \times 10^{-6} \sim 30 \times 10^{-6}$,它们具有矿源层的意义。

(2)热液改造成矿阶段。

A. 本区赋矿地层为寒武系。从下至上,岩性组合很有规律,赋存汞矿的层纹状白云岩、灰岩,具有微弱汞矿化的变晶白云岩、细晶白云岩,不含汞的黑色碳质有机页岩、泥质石灰岩、泥质硅质白云岩交替出现。形成含矿层(含水层)和非含矿层(非含水层)。其中含水层利于成矿热液流通,隔水层(非含矿层)不利于成矿热液流通,化学性质活泼(含矿层)易于成矿作用发生及化学性质惰性(非含矿层)不利于成矿作用发生,物理性质硬脆利于层间构造隐伏,构造发育及物理性质软塑(非含矿层)不利于构造发育等作用,即一种对成矿有利良好的生、储、盖关系。

B. 构造是热液流通及矿体空间分布的控制条件。热液顺天水断裂及含水层流通,形成天然的循环系统,矿体主要赋存在断裂两侧含矿层及层间断裂带中,构成纵向多含矿层、水平方向呈带状产出的格局。

C. 岩性在成矿过程中起着多方面的作用,诸如引导热液的流通方向,决定矿质聚集场所,影响构造的发育程度及分布,制约充填、交代等成矿作用的发生发展。某些特定的岩石直接参与成矿作用,如层纹状白云岩、灰岩在交代过程中产生大量 CO_2 气体,可以促成辰砂的持续沉淀等。

D. 埋深及热力条件。区内汞矿埋深一般约为 250m,浅至地表,深达 750m。地温是 16~138℃,与包裹体测定的温度很接近。在 2501~569m 深的岩石压力为 $7.36 \times 10^7 \sim 1.34 \times 10^8$ Pa,属于一种中深成矿环境。

E. 成矿热液。地下热卤水在环流过程中不断地把矿源层即含矿层中的矿质溶出,深部高温的热液向上流动,由于地温的降低和天水的参与而温度逐渐降低又返回深部,形成反复对流的过程,然后在最佳的温度区间及有利的地层、岩性、构造部位形成环流中心、漩涡,即成矿中心,形成工业矿体。

5)成矿要素

万山式汞矿的区域成矿要素详见表 5-20。

表 5-20 万山式汞矿区域成矿要素表

成矿要素			描述内容	要素分类
地质环境	成矿时代		燕山期	必要
	大地构造位置		扬子陆块南部被动边缘褶冲带铜仁逆冲带	必要
	成矿构造		背斜及向斜轴部和近轴部两翼地层之间的层间断裂、裂隙	重要
	赋矿地层		下奥陶统红花园组—下寒武统杷榔组,其中以寒武系敖溪组和清虚洞组为主	重要
	建造类型		灰岩—泥质灰岩、白云岩—泥质白云岩、页岩与泥岩建造	必要
	岩性特征		白云岩、泥质白云岩、灰岩、页岩,以白云岩为主	重要
	成矿单元		铜仁-凯里汞铅锌锰成矿带(Ⅲ77-5)	重要
矿床特征	矿体特征		矿体受控矿褶皱、断裂控制,在断裂分枝、层间裂隙发育处矿体更加发育。矿体形态以层状为主,其次为似层状、透镜状	重要
	矿石	矿物成分	主要矿物为辰砂,次为黑辰砂、辉硒汞矿、自然汞。伴生金属矿物有辉锑矿、闪锌矿、黄铁矿等。主要脉石矿物为石英、白云石、方解石,其次为沥青、萤石、重晶石、石膏等	重要
		矿石类型	矿石主要为辰砂汞矿石,次为硒汞矿石	重要
		矿石结构	自形—半自形—他形细粒结构、浸染状结构	次要
		矿石构造	细脉状构造、浸染状构造、角砾状构造、脉状构造、条带状构造	次要
	围岩蚀变		硅化、白云岩化、方解石化、重晶石化、沥青化、黄铁矿化等。与矿化关系最密切的是硅化和白云石化	重要
	物源		成矿物质主要来源于基底地层,热液水源主要为大气降水,次为沉积岩建造水	重要
	物化条件	成矿温度	利用与辰砂共生的脉石矿物(石英、方解石、白云石)包体均一法测温,铜凤汞矿带为86~163℃;集中区为100~140℃	重要
		成矿压力	成矿压力为100~120Pa	重要
		同位素特征	同位素 $\delta^{34}S$ 14.1‰~23.3‰;$\delta^{32}S/^{34}S$ 21.744~22.911;碳同位素 $\delta^{13}C_{PDB}$ −8.18‰~−2.20‰;氢氧同位素 $\delta^{18}O_{H_2O}$ −16.63‰~−11.97‰。包裹体盐度测定说明成矿热液是一种高盐度的卤水	重要

8. 晴隆式锑矿

1)时空分布

晴隆式锑矿隶属于 Mz_2-40^8(新)苗岭-南盘江断裂褶皱带二叠系(含)火山碎屑岩(凝灰岩)容矿的锑、金、萤石矿床亚系列,处于上扬子陆块次级构造单元南盘江-右江前陆盆地北侧之北东向组成的碧痕营穹隆构造,分布于晴隆县大厂一带,可称为晴隆县大厂锑矿床(或称锑矿田)(刁理品,2008),具体包括晴隆大厂、西舍、水井湾、黑山箐、固路、后坡、支庹、沙家坪、张家湾、三望坪等矿段锑矿床或矿点。以晴隆县西舍锑矿为典型矿床。全区包括大厂、西舍、水井湾、黑山箐、固路、后坡、支庹、沙家坪、张家湾、三望坪等10余个矿段,面积约100km²。

2)矿床特征

本矿床为产于二叠纪玄武岩与茅口组接触带的茅口组硅质蚀变岩中,属赋存于中二叠世大厂层控制的火山岩中热液型锑矿。矿床位于北东向碧痕营背斜中,岩层倾角平缓,一般10°~20°,有少数北东向断裂通过,对矿体一般起破坏作用。矿体呈似层状、扁豆状、脉状、巢状及不规则状,大小不一,长70~915m,以140~200m者居多,一般宽30~415m,厚平均1~3m。锑矿中伴生硒,共生萤石、硫铁矿与煤等有用矿产。

3) 控矿因素

(1) 赋矿层位的控制表现于从已知锑矿床(点)分布特点,矿体均产于大厂层中,而在茅口组灰岩、玄武岩及龙潭组中仅见零星矿脉和矿化。

(2) 有利岩性的控制主要表现于主要矿体都产于大厂层中的硅质岩和黏土岩交界的黏土层中,而产于其下的硅质岩和其上玄武岩中的矿体则规模小、形态复杂、变化较大。

(3) 构造对成矿的控制(刁理品,2008)表现于:①区域性近东西向基底构造控制了矿田的展布;北东向的花鱼井断层及青山镇断层控制了矿田内成矿带的分布;两断层所在的地块内的北东向褶皱和主干断裂控制了矿床和锑矿化带的分布;主干断裂派生的北北东向和北东东向构造及层间断裂共同控制矿体和矿脉展布,层间断裂使矿体加富,其层间破碎带常是条带状、透镜状、脉状矿体(脉)充填部位。②矿田内的构造主要分为3期:第1期形成北东向的花鱼井断层、青山镇断层、碧痕营背斜和黑山箐-后坡背斜构造;第2期形成北东轴向的一系列背斜与向斜;第3期北东东向、近东西向断裂改造前两期的构造,成矿与前两期构造密切相关。

(4) 围岩蚀变因素,与锑矿最密切的蚀变为硅化、高岭石化、角砾化。

4) 成矿作用

中二叠世,古特提斯海水由南西向北东大规模入侵,接受了海相碳酸盐沉积,接着由于东吴运动的开始,地壳普遍上隆、拉张产生地裂,并伴随地幔热柱活动发生,喷溢的峨眉山玄武岩覆盖,构成规模宏大的大火成岩,原来的海洋沉积环境转向陆地的风化与沉积环境。在这一转化过程中,早先形成的中二叠统茅口组灰岩及早期喷发旋回形成的玄武岩(经历了风化作用)构成古风化壳,下部茅口组灰岩和上部峨眉山玄武岩的不透水性阻挡了矿液的流失,起到了保护成矿的作用:

(1) 大厂层在未成岩之前,为茅口组灰岩的风化剥蚀物(古风化壳)。由于茅口组灰岩产状平缓,风化剥蚀物几乎滞留原地,或者有较近距离的搬运,因而出现角砾棱角明显的现象。

(2) 茅口组灰岩裸露风化期间,由于不同部位物质成分的差异,抗风化能力有强有弱,因而形成了凹凸不平的古岩溶面,并在局部出现风化腐殖土。

(3) 东吴运动喷溢峨眉山玄武岩覆盖在古风化壳上,峨眉山玄武岩流迅速冷却凝固。喷溢活动后期含矿液侵入,由于上覆峨眉山玄武岩和下伏茅口组灰岩岩石致密,其间的古风化壳为构造脆弱地带,是含热液运移流动分异沉积沉淀的通道,角砾间的孔隙为矿液富集成矿提供了良好的空间场所,在成矿热液灌入时,同时产生交代作用、蚀变作用、成岩作用、构造作用、成矿作用。

关于锑矿的成矿时代,据王登红等(2010)研究成果,对晴隆大厂矿区萤石-方解石-辉锑矿矿石类型中的方解石和萤石,分别挑选单矿物进行Sm-Nd等时线的同位素年代学研究,其结果锑矿中方解石Sm-Nd等时线年龄为(148±13)Ma,Ru初始值为0.512 256±0.000 018,MSWD=0.14;萤石的Sm-Nd等时线年龄为(142.3±7.9)Ma,Ru初始值为0.512 151±0.000 013,MSWD=0.12。二者在误差范围内基本一致,表明方解石和萤石均形成于晚侏罗世早期,由此推测晴隆大厂锑矿属于燕山早期晚阶段产物。这一结果与彭建堂等(2003)发表的结果(萤石Sm-Nd等时线148Ma和142 Ma)完全一致。

3) 成矿要素与成矿模式

(1) 晴隆式锑矿区域成矿要素如表5-21所示。

(2) 晴隆式锑矿区域成矿模式如图5-11所示。

A. 成矿构造背景。上扬子陆块次级构造单元南盘江-右江前陆盆地北侧之北东向组成的碧痕营穹隆构造中,处于北东向碧痕营背斜及翼部花鱼井断层与青山镇断层夹持地带。

表 5-21 晴隆式锑矿区域成矿要素表

成矿要素		描述内容	要素分类
地质环境	成矿时代	燕山期(148～142.3Ma)	必要
	成矿构造背景	上扬子陆块次级构造单元南盘江-右江前陆盆地北侧的北东向组成的碧痕营穹隆构造中	必要
	成矿区(带)	Ⅲ88-1 册亨-望谟金、砷、锑、重晶石成矿带	必要
	沉积建造	沉积火山碎屑岩建造(硅质蚀变岩建造)	重要
	控矿构造	Ⅳ级碧痕营背斜及该背斜翼部的北东向断裂(鱼井断层和青山镇断层)起着导矿作用控制了矿床的分布，Ⅵ级主要是北东向背斜和压扭性断裂旁的大厂层起着容矿作用,控制矿床、含矿体或矿体	重要
	蚀变	以硅化、高岭石化、角砾化为主,次为黄铁矿化、萤石化	重要
	基底	茅口组灰岩:形成岩溶洼地,为成矿热液提供贮存空间	重要
	盖层	峨眉山玄武岩:岩性致密,对控矿起着一定遮挡作用	重要
矿床特征	有利的岩性组合	硅质岩和黏土岩类组合:最有利锑矿体的产出	重要
		硅质岩类组合:有锑矿体产出,规模小、变化较大	重要
		玄武岩组合:有锑矿体产出,规模小、变化较大	重要
	含矿岩系	大厂层	重要
	资源量	金属量:已查明资源量 214 854.7t	重要
		品位:0.59%～8.15%,平均 2.07%	重要
	矿石类型矿物组合	以石英-辉锑矿为主,次为萤石-辉锑矿和蚀变黏土岩-辉锑矿	必要
	矿体特征	矿体厚度:一般大厂层厚度越大,对成矿越有利	重要
		在断层上盘形成的矿体规模大,下盘次之	

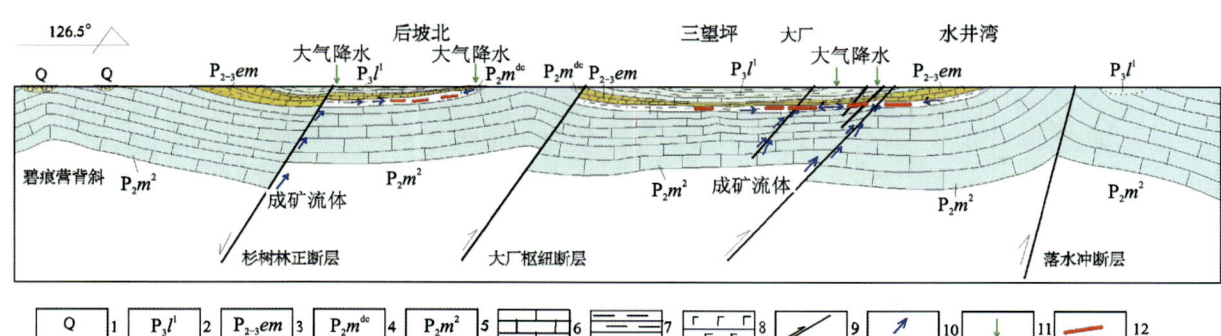

图 5-11 晴隆式锑矿区域成矿模式图

1.第四系；2.二叠系龙潭组一段；3.峨眉山玄武岩；4.大厂层；5.二叠系茅口组二段；6.灰岩；7.黏土岩；8.玄武岩；9.断层；10.成矿流体运移方向；11.大气降水方向；12.锑矿体

B. 成矿时代。燕山期(148～142.3Ma)。

C. 成矿区(带)。Ⅲ88-1 册亨-望谟金、砷、锑、重晶石成矿带。

D. 控矿构造。Ⅳ级碧痕营背斜及该背斜翼部的北东向断裂(花鱼井断层和青山镇断层)起着导矿作用,控制了矿床的分布;Ⅵ级主要是北东向背斜和压扭性断裂旁的大厂层起着容矿作用,控制了矿床、含矿体或矿体。

E. 沉积建造。沉积火山碎屑岩建造(硅质蚀变岩建造)。

F. 含矿岩系。大厂层是锑矿体主要产出层位,龙潭组一段也有锑矿化(点)产出,但规模小、品位低。

G. 围岩蚀变。以硅化、高岭石化、角砾化为主,次为黄铁矿化、萤石化。

9. 半坡式锑矿

1)时空分布

矿体分布于独山箱状背斜南倾没端。已发现有半坡、巴年、蕊燃沟、贝达、甲拜、牛硐、银坡等多个锑矿床(点)。根据各锑矿床(点)的特征分析,该区锑矿严格受丹林群、翁项群、独山组层位控制,充填于北北西向、北东东向的张扭性断裂带及影响带、层间破碎带内,主矿体呈大脉状产出。矿床明显受赋矿地层岩性及断裂控制。张扭性断裂对成矿最有利,此种断裂张、扭多次活动,或扭与张复合,互相利用改造。断裂带总体走向长度大、延伸深,破碎带宽窄相间出现,孔隙度适中。此种断裂控制矿脉延深大、品位高、规模大,半坡断层就属此类。在同一作用力下,不同构造方向表现了不同力学性质。最有利于成矿的断裂为北北西向,次为北东东向,再次为北西西向,南北向的较差,正东西向的最差。

各地层中成矿元素的含量不一。地层的成矿元素含量高,厚度大,则矿质吸收得多,成矿前景比较大。在泥盆系中,Sb 含量大致随地层的变新而降低,因此老地层比新地层找矿前景较大。然而自老至新的降低也不是那么均匀,中泥盆统上部宋家桥段中的 Sb 含量高突,因此该段有一定的找矿前景。沉积间断往往使其上伏地层成矿元素富集,如翁项群顶界为古侵蚀面,其上伏丹林群的 Sb 含量普遍较高,宋家桥二段灰岩中局部存在凹凸不平的古侵蚀面,有的灰岩具龟裂纹,其上伏粉砂岩的 Sb 含量就显著上升。Sb 易于在海进层序的碎屑岩中富集,其他岩性依次为泥岩→白云岩→灰岩。坚硬的石英砂岩具很大的刚性和脆性,在受力作用时易产生断裂,矿液沿这些断裂流灌、上升、沉淀、充填而呈脉状的半坡式矿床,所以丹林群为寻找半坡式矿床的有利岩性。软硬相间、厚度不大的岩层,受力后易沿结合力最弱的不同岩性界面产生滑动形成层间破碎,矿液顺层间破碎带流动、沉淀,形成巴年式矿床。故寻找巴年式矿床的有利岩性是灰岩、砂岩互层的宋家桥组二段,其次为灰岩、砂岩、泥岩互层的翁项群顶部及鸡泡群一段顶部。

2)矿体特征

该区锑矿体主要产于北北西向、北东东向的张扭性断裂带及影响带、层间破碎带内中,呈脉状、透镜状产出。其围岩为丹林群、翁项群、独山组中砂岩、黏土质粉砂岩。

该区围岩蚀变大致分为早、中、晚3个阶段,从早到晚,蚀变种类经历了简单→复杂→简单,蚀变强度为弱→强→弱,蚀变类型为硅化、黄铁矿化→碳酸盐化,而辉锑矿则由他形、半自形→半自形、自形,颗粒细粒→粗粒。早期围岩蚀变以硅化、黄铁矿化为主,方解石化、白云石化、绢云母化少量。蚀变矿物特征:石英为隐晶质,呈微石英脉产出;黄铁矿为自形—半自形五角十二面体的粗颗粒,呈斑点、星点状产出;辉锑矿粒状居多,不等粒状,他形—半自形,呈致密块状、浸染状产出。中期围岩蚀变种类繁多,强度大,计有硅化、白云石化、方解石化、重晶石化、黄铁矿化和绢云母化等。蚀变矿物特征:石英呈微—细粒,形成不规则粗大的似脉体,网脉状;黄铁矿较少,隐晶—微晶,自形—半自形,立方体和五角十二面体,呈脉状、浸染状产出;辉锑矿多为柱状、针状、放射状、自形—半自形,呈细脉状、致密块状产出。晚期围岩蚀变碳酸盐化较为显著,次有硅化、重晶石化、黄铁矿化等。蚀变矿物特征:方解石和白云石(中—晚期)细—中粒,呈脉状、网脉状、星散状及不规则状产出;黄铁矿以细粒立方体晶形为主,呈星散状—团块状产出;辉锑矿多为长柱状。

综上所述,辉锑矿形成的主要时期为热液富集期的中期,多与中期围岩蚀变共生。

3) 控矿因素

独山箱状背斜及相伴的独山断层、烂土断层控制了该区锑矿分布空间。区内锑矿主要赋存于次级北北西向张扭性断裂隙（半坡断层）、北东东向张扭性断裂隙[牛硐（蕊燃沟）断层、罩子坡断层]及次级断层旁侧发育的次级背斜（其核部的层间破碎带内）。主要控矿因素有：

（1）断裂、裂隙控矿。在背斜轴部，特别是在软硬相间的地层内，地层在构造变动时岩性的接触界面易产生滑动形成虚脱的空间，这些空间有利于矿液的流动和矿质的聚集、沉淀。如在巴年矿区，石英砂岩与碳酸盐岩的接触界面往往形成层间剥离和滑动，矿体则多在其内聚集形成，一般呈似层状、透镜状产出，与围岩产状大体保持一致。因此，本区背斜构造要重点关注。D_1dn和D_2d^2的主要含矿围岩均为具有很大刚性和脆性的石英砂岩，此石英砂岩在受力作用后易发生切层断裂和破碎。当后期改造作用发生时，矿液往往沿断裂、裂隙活化转移，同时在断裂、裂隙的有利空间聚集沉淀。

（2）矿源层控矿。泥盆系中Sb的富集程度较高，具有良好的锑成矿地球化学背景，特别是中下泥盆统的Sb平均含量较高，是地壳元素丰度值的几十倍至近百倍，其中D_1dn和D_2d^2的背景值最高，分别是半坡矿床和巴年矿床的富集层位。

（3）岩性组合控矿。丹林群中厚—厚层状细粒石英砂岩夹薄层状砂质泥岩、页岩、泥质砂岩层是最有利的成矿岩性组合。其一，细粒石英砂岩Sb含量高，具备矿质源层的基体条件；其二，该层岩性孔隙度高，渗透性好，有利于矿液运移，导致其含矿层的形成；其三，薄层状砂质泥岩、页岩、泥质砂岩层起一盖层作用。

4) 成矿作用

该区泥盆纪广泛分布有高Sb含量凝灰质板岩。在适宜的条件下，岩石中的锑或锑化物风化成极细的碎屑，以胶体形式随江河长距离搬运至滨海，在障壁海（特别是小海盆）的碎屑岩及部分碳酸盐岩中，浓集沉淀而成为矿源层。因此，巨厚的中晚泥盆世碎屑岩及部分碳酸盐岩，为独山锑矿主要的矿源层。此外，泥盆纪前的各地层中，只要有适宜的沉积环境也可出现锑质浓集的岩层而成为矿源层。矿源层含锑虽比地壳丰值高出几十到几百倍，但还远不是矿层。改造富集是成矿的关键。往往改造程度越高，矿体规模就越大，矿质越好。改造的第一步是锑质从矿源层中析出。偏碱性的地下水（现半坡地下水pH值为7.4～7.8）溶淋了矿源层中的锑及其他矿物质，在重力作用下往深部渗流。深部地温的增加使得渗流溶液变得愈来愈热，因而密度也随之变小，达到一定极限后终于改变了原来的平衡状态，由向下渗流变为上升，至浅部冷却后又重新下沉。在这种不断的热卤水循环过程中，更多的锑和其他矿物质不断地从矿源层中溶淋出来，使溶液中的矿化度越来越高。改造的第二步是汇集。没有汇集的矿液是分散的，只有经过在有利部位的汇集后，方能形成矿液上升、充填、沉淀、成脉时所需的"矿液仓"。下部不透水层所形成的低洼"锅底"，就是有利的汇集部位。侵蚀面、大裂隙或密集小裂隙的存在，对汇集也是有利的。

燕山期构造应力，一方面给矿液增压和增温，另一方面在断裂处形成了低压区，使得矿液向断裂空隙流动，至浅部后随着温压的降低，矿质的溶解度降低，矿质发生沉淀。地表水的加入产生了中和作用，矿液pH值的改变也是矿物发生沉淀的重要原因之一。

此外，有机质的存在也促进了沉淀作用。半坡矿脉中有的样品有机碳达到1.6%～1.7%，说明它在成矿中发挥了一定作用。

5) 成矿要素

对该区成矿规律进行研究，总结出的区域成矿要素见表5-22。

10. 八蒙式锑矿

1) 时空分布

八蒙式锑矿隶属于Mz_2-40^2丹寨-独山台缘褶断带古生代碳酸盐岩、碎屑岩及前寒武纪浅变质岩容矿的锑、汞、金矿床成矿亚系列，分布于雷山县，至今已发现八蒙、摆吉2个中型矿床，巫秀、五坳坡、登

表 5-22 半坡式锑矿区域成矿要素表

成矿要素		描述内容	要素分类
地质环境	成矿时代	燕山期(145Ma)	必要
	成矿构造背景	上扬子陆块东南缘被动边缘盆地相都匀滑脱褶皱带王司-独山箱状背斜南端	必要
	成矿区(带)	Ⅲ77-8 丹寨-荔波金、锑、汞、铅、锌成矿带	必要
	沉积建造	石英砂岩夹粉砂岩建造	重要
		粉砂质泥岩、石英砂岩、泥质灰岩瘤状建造	
		石英砂岩、细砂岩夹瘤状赤铁矿建造	
		灰岩白云质灰岩建造	
	控矿构造	独山箱状背斜、烂土断层、独山断层、河沟断层控制了预测区矿床(点)的分布。北北西向、北东东向张扭性正断层及在次级断层旁的小背斜(核部的层间破碎带)起着容矿作用,控制矿体	重要
	蚀变	硅化、重晶石化,部分黄铁矿化	重要
矿床特征	有利赋矿岩性特征	丹林群厚层块状细—中粒石英砂岩及石英岩间或夹少量的泥质砂岩及砂质泥岩,宋家桥二段灰砂岩互层。其次为翁项群顶部、鸡泡群一段顶部	重要
	矿石类型与矿物组合	石英-辉锑矿型,主要有用矿物为辉锑矿	必要
	矿化	断裂或其旁侧裂隙中直接发现锑矿化,位于已知矿区周围	重要
	资源量	查明资源量(金属量):188 613t	重要
		品位:1.00%~12.7%,平均3.02%	重要
	矿体特征	一般在断裂的中部、主断裂与支断裂交会部位或断裂带中滑动面分岔处、断裂走向转折、倾角陡缓变化处对成矿越有利,易成富厚矿体	重要

沟、排盖、控坑 5 个小型矿床和 1 个矿点。

2) 矿床特征

八蒙式锑矿为复合内生型矿产,矿床成因类型为低温热液-改造型。八蒙式锑矿主要分布于雷公山复式背斜的南倾没端,严格受下江群清水江组、平略组等层位控制,变余石英粉砂绢云母绿泥石板岩为容矿岩石。矿体产于北北东向、北东向的张扭性断裂带及影响带内,主矿体呈脉状、透镜状产出。矿石结构常见有粒(柱、针发)状结构等;矿石构造常见浸染状和细脉状、角砾状,团块状次之,致密块状更次之。矿石自然类型以浸染状为主,其次有细脉或网脉状、角砾状、团块状和致密块状。

3) 控矿因素

由多期构造运动造就的江南造山带古隆起地区,控制了锑矿带的分布。古隆起地区,亦即雷公山复式背斜地区,发育过渡性剪切带并叠加、穿越过渡性剪切带断裂构造分布密集的构造高点部位,控制了八蒙式锑矿田的分布;叠加过渡性剪切带的 1 条或 1 组北北东向断层破碎带及穿越过渡性剪切带地段的 1 条或 1 组北东向和其他方位断层破碎带,控制了锑矿床的分布。锑矿床主要分布在背斜-断裂组合带,为典型的热液型锑矿床。断层带的次级构造裂隙,尤其是断层破碎带构造岩发育并规模较大的地段,控制了锑矿体的产出。锑矿体主要赋存于北北东向、北东向的张扭性断裂带及影响带内,赋矿层位主要为下江群清水江组、平略组。

4）成矿作用

印支期—燕山期的褶皱和由东向西的逆冲推覆,使雷公山地区进一步隆起和地壳增厚,原中—深构造层次多转化为浅构造层次,沿相对软弱的过渡性剪切带断裂活动尤为强烈,并且其中沿昂因、西江等先期和同期滑脱面发育的逆冲断裂带,具有相当大的规模,形成一个将贮存于大陆地壳中部或中—下部的成矿热液输导到浅层并分流、沉淀成矿的控矿构造系统。本区锑矿的形成需要3个基本条件:①携带矿质的高密度幔源C—H—O流体及其分异的成矿热液活动。②输导和分流成矿热液的断裂构造系统。③与成矿热液发生水—岩反应使成矿物质沉淀富集的断层破碎带构造岩发育。

11. 杉树林式铅锌矿

1）矿床空间分布

该矿床分布在威宁、赫章、水城、晴隆一带,铅锌矿主要分布在北西向构造带中,主要沿北西向垭都-蟒洞断裂带、威宁-水城断裂带产出。不同级次断裂分别控制了矿化带、矿化集中区或矿床(点)、矿体的分布。区域断裂带属导矿构造,控制了矿带分布,矿体产于次级断裂、裂隙中,在背斜与次级断裂复合部位、不同方向断裂交会(叠加)部位铅锌矿集中富集；次级断裂破碎带及其断裂产状变化部位,小背斜轴部、倒转翼或倾没端的层间拓空破碎带往往直接控制矿体的形态、产状和规模。

在威宁-水城铅锌成矿带,矿体产于北西向断层、节理中,产状一般较陡,主要沿层间断裂破碎带,层间挤压,虚脱部位呈陡脉状、透镜状、似层状产出,矿体产状与断层产状基本一致,常形成沿倾向延伸深大而走向延长短、品位高、厚度大的硫化铅锌矿体。矿体围岩主要是上石炭统黄龙组、马平组白云岩,次为下石炭统大埔组白云岩和上司组泥灰岩。带内以北西向紧密褶皱和纵向逆冲断层发育为特征。背斜轴部的逆冲断层是区内铅锌矿的主要导矿构造,并具有多期活动特点。

在垭都-蟒洞成矿带,矿体呈北西向带状展布,矿带内铅锌、银、铁矿化强烈,分布范围大。其中天桥、猫榨厂、筲箕湾具中型规模,铅锌矿体主要呈脉状、透镜状产出于主干断裂破碎带及其下盘的次级层间挤压带中。在次级断裂带内的矿体延伸较小,往往呈透镜状,矿体规模较小,品位较富,与围岩界线清晰；在主干断层内的矿体走向延伸大,受构造面的空间控制,膨胀收缩、尖灭再现现象明显,总体规模大,矿石品位变化大。

2）矿产特征

该类型铅锌矿主要沿威水构造成矿带和垭都-蟒洞成矿带产出。威水构造成矿带长40km,宽10km,呈北西向带状展布,查明有杉树林、青山2个中型矿床,并有小型矿床及矿点28个。铅锌矿床(点)主要产于背斜近轴部及南东倾伏部位,矿体主要沿层间断裂破碎带、层间挤压、虚脱部位呈陡脉状、似层状产出,产状和地层产状基本一致,常形成延深远大于延长、品位高、厚度大的硫化铅锌矿体。背斜轴部的逆冲断层是区内铅锌矿的主要导矿构造,并具有多期活动特点,烂坝断层、威水断层基本控制了矿带的南北矿化范围。此外,常见发育相对较晚的北东向、北西西向横断层。矿体一般长数十米至200m,最长可达1500余米(水东),延深数米至数百米,一般厚0.5~3m,最厚达10余米。产于上石炭统中的铅锌矿体规模大、矿体较连续,矿石品位高,如青山矿床和杉树林矿床。而产于下石炭统上司组和大埔组内矿体小而多,矿化普遍,矿石品位低。

垭都-蟒洞成矿带呈北西向带状展布,北西起于威宁云炉河,经兔街、水槽堡、草子坪、垭都、蟒洞、筲箕湾、白马厂,直至银硐湾,长150km,宽30km。构造以逆冲断层及短轴背斜发育为特征,断裂构造主要有北西向垭都-蟒洞断层及其同向低序次的铁矿山断层、菜园子断层、珠市河断层、江子山断层、耗子硐断层等。背斜多被北西向纵向断层和北东向横断层切割或错断。矿带内铅锌矿银、铁矿化强烈,分布范围大,主要沿垭都-蟒洞、筲箕湾、天桥、猫榨厂、草子坪分布。其中天桥、猫榨厂、筲箕湾具中型规模,铅锌矿体主要呈脉状、透镜状产出主干断裂破碎带及其下盘的次级层间挤压带。含矿围岩为中泥盆统独山组,上泥盆统融县组,石炭系大埔组、黄龙组、马平组,中二叠统栖霞组、茅口组的粗晶白云岩、白云质灰岩、灰岩。

3) 控矿因素

铅锌矿的生成和分布受构造的严格控制,是区内层控型铅锌矿的一个重要特征。根据现有资料,铅锌矿带、矿田、矿床及矿体的分布,受不同级别的构造严格控制,构造分级控制明显。就区内铅锌矿控矿因素而言,成矿物质的赋存、热液活动的产生及有利成矿岩石和地层的存在固然是必不可少的基本条件,然而这些条件必须借助于有利的构造聚集场所,如各种断裂、破碎带、褶皱、层间剥离空间、节理等,只有作为热液的流动通道或聚集场所,才能使成矿作用易于进行,并形成矿床。因此,在成矿条件中,构造条件起着主导作用。

根据构造与铅锌矿关系来看,构造对铅锌矿的控制主要表现在以下几个方面:

(1) 褶(皱)断(裂)带、断裂带控矿。区内发育有较多的褶断带和断裂带,尽管它们的生成时期和分布方向不同,规模大小不等,复杂程度不一,但大都对铅锌矿的生成和分布起着重要控制作用,已知的铅锌矿大都分布在这些褶断带和断裂带中。

(2) 褶皱构造控矿。指由褶皱构造控制矿床或矿体的构造。区内褶皱控矿现象比较普遍,特别是岩层倾角偏缓地区尤多。铅锌矿主要呈似层状、透镜状产出,垂直方向上常垂直排列,其分布主要受层间破碎带或剥离空间控制。矿体的膨大、富集部位多出现在背斜核部。背斜倾没端、褶皱翼部岩层倾角变化处以及岩层层间剥离空间或层间破碎带与断裂交会处,易于形成较为宽阔的岩层层间剥离带和层间破碎带,在这些地段往往形成规模较大的工业矿体。而这类矿体常具有多层产出特征,矿体延展方向基本与岩层层间剥离带或层间破碎带分布方向一致。

(3) 断裂构造控矿。主要是针对断层直接控制矿体的低级构造。在区内该类控矿较为普遍,呈脉状和不规则状产出的矿体往往受此种构造控制,其成矿方式以充填作用为主。该类矿体主要产于压性、压扭性断裂中,其次为张扭性断层。压性、压扭性断裂大部分在背斜核部地区,断裂走向大都与背斜轴向一致,这种断裂往往切割较深,产于该种断裂中的矿体,规模和延深亦较大;张性断裂亦大部分布在背斜核部附近,系褶皱形成过程中产生次级张力作用而成,属纵张断裂。这种断裂在横剖面上常形成楔形,向下很快收窄,以至消失,由于切割深度一般不大,故形成于这种断裂中的矿体,其规模和延深一般亦较小。这类脉状和不规则状矿体形态复杂,厚度变化大,在短距离内,尖灭再现、膨大收缩、分枝复合等现象明显。其产出形态严格受断裂控制,矿体产状与断裂产状一致,当控矿断裂成群平行出现时,矿体亦成群平行排列产出。

4) 成矿作用

广西运动之后,本研究区域进入裂谷演化阶段,垭都-蟒洞断裂成为滇黔桂裂谷东侧的边界断裂,中泥盆世中晚期—石炭纪末期,本区以地壳拉张作用为主,强烈沉陷,海平面上升,在裂陷槽内沉积形成了巨厚的局限台地相、盆缘缓坡相、潮坪—潟湖相等岩石组合,裂陷槽也为初始阶段的 Pb、Zn 富集提供了有利场所,来自古陆风化产物中的 Pb、Zn 随海水不断进入裂陷槽中,或被潮坪相的碳酸盐软泥吸附,或被藻类生物吸收而堆积于沉积物中。最有意义的是伴随裂陷发展造成区域性海平面上升,使裂陷槽中较深水的部位成为陆源物质饥饿区,形成一种沉积速率极慢的深海相和半深海相的,薄而连续的,具有丰富的微体浮游生物与底栖生物化石组合、自生矿物、有机质、金属元素,石化固结程度较低的层,即所谓的凝缩段。随埋深增大而发生的成岩过程中,由于地温升高、有机质分解、硫酸盐还原、黏土脱水(同时金属物质解吸)、薄膜渗滤效应,烃类物质在较高温的还原条件下放出 H_2 等作用,中后期成岩阶段封存的孔隙水盐度不断升高,水质由 HCO_3-SO_4 型向 $Ca·Na$-Cl 型转化,对沉积物中的 Pb^{2+}、Zn^{2+} 等金属离子淋滤萃取能力增强。另外,由于裂陷槽边界及内部生长断裂的活动,由外围渗入的大气降水的补给,在断裂引导下与来自下部的较高密度的含 Pb^{2+}、Zn^{2+} 的热水发生水力联系,构成地下径流。当这种热水在裂陷槽底与海水发生有限混合时,随温度、压力等条件的改变,形成斑点状、浸染状、条带状等具有同生构造的矿体(矿化体)。

燕山期是本区进入构造活动的全盛期,构造体系由伸展转变为收缩挤压的褶皱、断裂构造带,同时形成了一系列新的容矿构造。含矿热液在地质压力的热温差异的驱动下,由下向上向容矿构造汇集。

在容矿构造中,含矿热液与冷的大气降水混合,由于物理化学条件改变,pH 值升高、fO_2(氧逸度)降低及温度和压力下降均导致 Pb、Zn 配合物溶解度降低,故有利于 Pb、Zn 沉淀成矿。

5)成矿要素及成矿模式

在全面总结该区成矿地质作用、成矿构造、成矿特征的基础上,结合成矿背景特征和前人的研究成果,总结的区内铅锌矿成矿要素见表 5-23、成矿模式见图 5-12。

表 5-23 杉树林式铅锌矿区域成矿要素一览表

成矿要素	描述内容	要素分类
特征描述	中低温热液改造碳酸盐岩型铅锌矿床	
成矿时代	燕山期	必要
构造背景	上扬子地台西南缘,水城断陷盆地边缘	必要
成矿构造	威水构造带、垭都深大断裂带	重要
容矿构造	褶皱+走向断层+次级断裂。褶皱间裂隙、断裂构造带及附近	重要
矿物组合	矿石矿物有闪锌矿、方铅矿、黄铁矿;脉石矿物有方解石、白云石,次为重晶石、萤石	重要
矿石结构构造	多具交代结构、自形—半自形—他形结构;以块状构造为主,次为浸染状、网脉状、条带状构造	次要
围岩蚀变	白云石化、方解石化、黄铁矿化、铁锰质白云岩化、重晶石化、硅化	重要
岩石类型	碳酸盐建造,白云岩、白云岩化灰岩、灰岩	必要
赋矿层位	以摆佐组—黄龙组为主,次为中上泥盆统、中二叠统	重要
岩石结构	泥晶、细晶、粗晶	次要
矿体规模	矿体规模小,形状不规则,呈透镜状、豆荚状、脉状、不规则筒状	重要

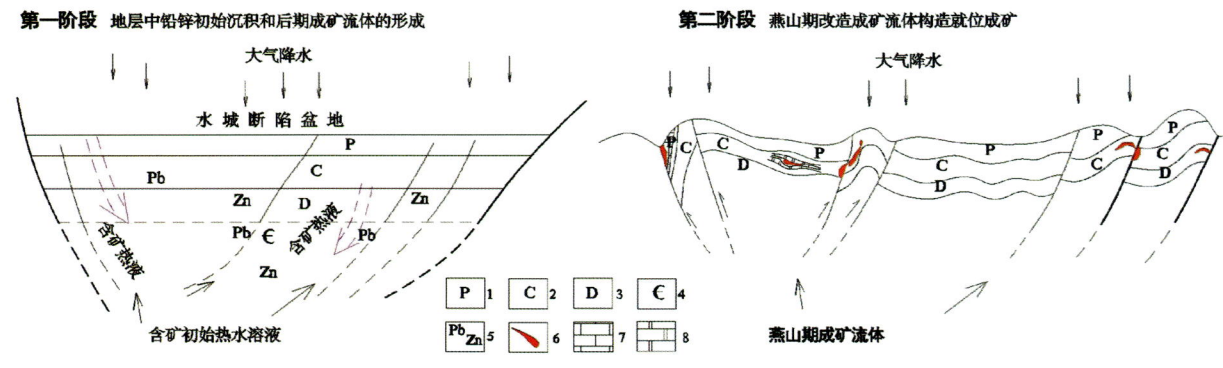

图 5-12 杉树林式铅锌矿区域成矿模式图

1.二叠系;2.石炭系;3.泥盆系;4.寒武系;5.地层中的铅、锌;6.铅锌矿体;7.灰岩;8.白云岩

在相对封闭的水城断陷盆地中,赋存于地层中的 Pb、Zn 等矿质元素在一定的物理化学条件下随层间水和大气降水下渗形成含矿热卤水于地壳深部,区域性断裂向下深切地壳及至上地幔,向上利于海水的下渗和含矿热卤水上升并可能循环,并不断萃取老地层的 Pb、Zn 等成矿元素,形成成矿流体,在燕山构造期,在构造运动的作用下沿垭都-蟒洞断裂和水城断裂构造系统上升并在碳酸盐岩主要为白云岩的断裂破碎带中及背斜层间剥离空间成矿。

12. 天桥式铅锌矿

1）矿床特征

该矿床主要分布在织金、毕节、习水桑木一带，矿区主要受北东向背斜控制，矿体产于断层带、层间节理裂隙中。区内铅锌矿体主要产于断夹块的清虚洞组一段和二段的瘤状细晶白云岩或震旦系白云岩的层间虚脱空间中，呈似层状、透镜状、脉状，产状与围岩基本一致，矿体倾角较缓。矿体走向长几十米到2250m，厚0.83~26.90m。

矿体围岩为白云岩；围岩蚀变主要见白云石化、黄铁矿化，次为硅化、重晶石化、方解石化。矿石矿物主要为闪锌矿，次为方铅矿；脉石矿物主要为白云石，次为黄铁矿、石英、重晶石。矿石矿物呈自形—半自形晶粒、他形晶粒状，交代残余结构，具有脉状、浸染状、细脉状、网脉状、团块状构造等。根据镜下观察结果，矿物生成顺序大致为：石英Ⅰ→闪锌矿Ⅰ→黄铁矿→石英Ⅱ→闪锌矿Ⅱ→白云石→方铅矿，表明在构造热液成矿阶段至少经过了两期矿化过程。

2）控矿因素

（1）区内铅锌矿产于清虚洞组、灯影组中，严格受层位控制。

（2）矿体受岩性控制明显，含矿围岩主要为深灰色瘤状细晶白云岩、含燧石条带细晶白云岩、含砂质细晶白云岩。

（3）矿体的赋存受古构造控制明显。矿体多位于穹状背斜、北东向背斜以及次级褶曲轴部虚脱空间中；北东向区域断裂及次生断裂是区内控矿断层，北西向断层是区内容矿断层；北东向断层与其他方向的断裂交会部位往往是矿体膨胀部位。

（4）矿床具有多源、多次、多因的多元素成矿特征，生成经历了沉积、再造两个重要阶段，矿床的成因属与地下热水作用相关的"热液交代、充填型层控矿床"类型。

3）成矿作用

晚震旦世龙王庙期，区内都处于局限—半局限台地相沉积，藻类（晚震旦世）、三叶虫（龙王庙期）发育，水体中沉积物及藻、三叶虫等生命活动过程中吸收了海水中的锌组分，在沉积岩层中沉积，这些沉积物在成岩作用阶段经白云石化后，组分迁移，通过复杂的物理、化学作用，部分形成早期的星点状矿石，形成了区内矿（化）带具有顺层分布的特点；局部形成低品位矿体。在加里东期和印支期、燕山期，随着构造变动加剧，沿区域性断层上升的热卤水进入灯影组、清虚洞组中，在构造适宜条件下，叠加在早期形成的矿（化）带上，使矿（化）带局部得以富集成矿体。

4）成矿要素与成矿模式

在典型矿床研究基础之上，结合区域研究成果，总结区域成矿要素特征见表5-24、成矿模式见图5-13。

13. 牛角塘式铅锌矿

1）矿床地质特征

牛角塘式铅锌矿主要分布在贵定、福泉市、都匀等地，目前已发现18处铅锌矿产地。铅锌矿主要赋存在寒武系清虚洞组、奥陶系红花园组、泥盆系望城组中。代表性矿床有牛角塘铅锌矿床、福泉市高坡窑铅锌矿、贵定县半边街铅锌矿床等。

矿体主要产于泥盆系高坡组、奥陶系红花园组、寒武系清虚洞组等的白云岩中，矿体呈层状、似层状产出，产状与围岩基本一致。矿体长80~946m，宽60~132m，厚1.19~13.20m。矿石矿物为闪锌矿、铁闪锌矿，脉石矿物主要为白云石，次为方解石、石英、重晶石等。矿物具有碎屑结构、交代结构、细粒结晶结构，具有块状构造、纹层状构造、浸染状构造、胶状构造等。矿体中含锌2.48%~27.98%，伴生有益组分为铅、镓、锗，铅品位一般为0.04%~0.72%，镓品位为0.001%~0.005%，锗品位为0.001%~0.015%。

表 5-24 天桥式铅锌矿区域成矿要素表

成矿要素		描述内容	要素分类
地质环境	大地构造	上扬子陆块南部碳酸盐岩台地相	必要
	区域构造	紫云-垭都断裂北东侧	必要
	成矿时代	加里东期初次成矿,主要成矿期燕山期叠加	必要
	沉积建造	碳酸盐岩建造	必要
矿床特征	含矿地层	震旦系灯影组、寒武系清虚洞组	必要
	含矿岩性	灰色中—厚层含燧石团块白云岩、灰色中厚层细晶白云岩、灰色中厚层瘤状细晶白云岩	必要
	褶皱构造	北东向背斜、穹状背斜及背斜轴部次级褶皱控矿	必要
	断裂构造	北东向区域断层是区内控矿断层,北西向断层往往为容矿断层	必要
	特殊标志层（盖层）	牛蹄塘组黑色含碳质页岩;清虚洞组泥质白云岩;高台组泥质白云岩	必要
	矿体形态	区内矿体产出形式有两种:层间碎裂型和断裂型。层间碎裂型,矿体总体产状与围岩基本一致,呈似层状透镜状产出;断裂型,矿体分布在北西向断层破碎带中,产出严格受破碎带控制,呈脉状、透镜状产出	重要
	矿物组成	灯影组:矿石矿物主要为闪锌矿,次为方铅矿;脉石矿物主要为白云石,次为黄铁矿、石英、重晶石。矿石具有半自形、他形晶粒结构;具有脉状、浸染状、网脉状、团块状等构造。清虚洞组:矿石矿物主要为闪锌矿,次为方铅矿;脉石矿物主要为白云石、石英,次为重晶石。矿物具有半自形、他形晶粒结构;具有角砾状、脉状、星点状、块状等构造	重要
	围岩蚀变	灯影组:主要为白云石化、硅化,次为重晶石化、黄铁矿化。清虚洞组:主要为白云石化、黄铁矿化,次为硅化、重晶石化、方解石化	重要
	蚀变矿物组合	灯影组:主要为白云石＋石英＋黄铁矿。清虚洞组:主要为白云石＋黄铁矿	重要
	矿石矿物特征	灯影组中闪锌矿主要为褐黑色,少量为浅黄色,具有油脂光泽,呈半自形、他形产出;方铅矿为铅灰色,呈半自形、他形产出。清虚洞组中闪锌矿呈浅黄色产出,少量为褐黑色,具有油脂光泽,呈半自形、他形产出;方铅矿为铅灰色,呈半自形、他形产出	重要

矿体围岩为白云岩,围岩蚀变主要为弱白云石化、黄铁矿化,次为重晶石化、硅化等。

2)控矿因素

(1)区内铅锌矿产于寒武系清虚洞组、奥陶系红花园组和泥盆系望城坡组中,严格受层位控制。含矿岩性为(含)鲕状细晶白云岩、生物白云岩、晶洞白云岩等。

(2)矿体的赋存受古构造控制明显。矿体多位于近南北向、北北东向、北东向背斜及次级皱曲轴部虚脱空间中;北东向早楼断层控制了区内主要铅锌矿床的分布,次为江洲断层、黄丝断层等一系列区域性断层控制其他矿(点)床的分布。

(3)在区内采取 6 件样品进行了 Rb-Sr 法同位素测年,结果显示该矿区铅锌矿的成矿年代为(378 ± 14)Ma,大致相当于晚泥盆世早期。并且矿体在泥盆系中呈似层状产出,很少见切穿地层产出的

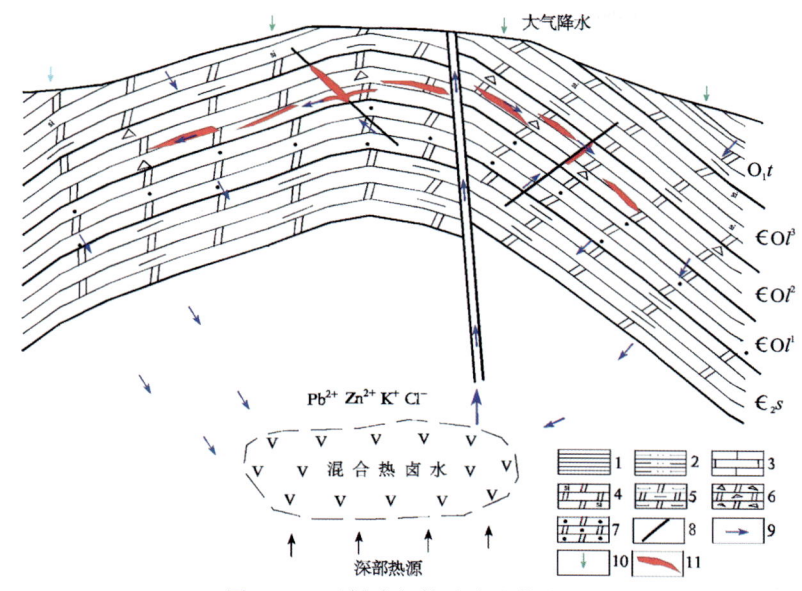

图 5-13 天桥式铅锌矿成矿模式图
1.页岩;2.泥质粉砂岩;3.灰岩;4.硅质白云岩;5.泥质白云岩;6.含燧石白云岩;7.瘤状白云岩;
8.断层;9.热卤水运移方向;10.大气降水方向;11.铅锌矿体

矿脉,且矿石显微特征明显,矿床主成矿期形成的闪锌矿与含矿层中其他矿物未发生交代,亦从另一个方面说明了矿床主矿体与含矿层近于同时形成。

综上所述,区内铅锌矿主要经历了同生沉积阶段,次为后期的改造使得局部富集,因此,矿床成因为"同生沉积-弱改造型层控矿床"。

3) 成矿作用

成矿作用争议较大,一种认为是热液交代、充填型层控矿床成矿,另一种则认为是同生沉积-弱改造型层控成矿。本次认为是前者。

在寒武纪时期,由于同沉积断层活动强烈,其中一些区域性的大断层深切地壳,成为深源热液和矿质运移的通道,富含金属元素的热卤水源源不断地向盆地排放,形成了晚震旦世末至早寒武世初区内深水炭硅质岩层中热水沉积成因的富含稀土和 Cu、Mo、Ni、Ag、U、V、Ba、Pb、Zn、Sb、Cd 等元素的金属矿(化)层,并造成整个早古生代地层中 Pb、Zn、Hg、Cd、Mo、Sb 等元素的原始富集。

中晚奥陶世—志留纪,加里东运动使盆地挤压隆起—褶皱关闭,区内发生偏碱性超基性岩侵位,深部还有中酸性岩浆活动,地幔异常热事件造成的增温作用使地下热液将早古生代地层中的 Pb、Zn、Cd 等矿物质淋滤出来,沿此期活动的断裂运移至背斜轴部的有利岩性中储存,与下渗热水相互作用沉淀,形成区内热液交代、充填型层控矿床。

4) 成矿要素与成矿模式

在典型矿床研究基础之上,结合区域研究成果,总结区域成矿要素特征见表 5-25、成矿模式见图 5-14。

14. 菜园子式菱铁矿

1) 时空分布

菜园子式菱铁矿现已发现矿床和矿点 10 余个,其中,大型矿床 1 个,中型矿床 4 个,小型矿床 4 个,储量共计几千余万吨。矿体主要产于晚古生代碳酸盐类岩石中,集中分布在贵州西部赫章铁矿山、水城观音山及普安罐子窑等地。

表 5-25 牛角塘式铅锌矿区域成矿要素表

成矿要素		描述内容	要素分类
地质环境	大地构造位置	上扬子陆块东南缘被动边缘盆地相	必要
	区域构造位置	位于区域黄丝背斜和王司背斜中	必要
	成矿时代	初期成矿加里东期,主成矿期次燕山期叠加	必要
	沉积建造	碳酸盐岩建造	必要
矿床特征	含矿地层	清虚洞组、红花园组、望城坡组	必要
	含矿岩性	灰色厚层含鲕状细晶白云岩,深灰色中—厚层生物白云岩、晶洞白云岩	必要
	褶皱构造	近南北向黄丝背斜、王司背斜及背斜中的小背斜轴部控矿	必要
	断裂构造	北东向早楼大断裂及近东西向、北东向、近南北向区域断层	必要
	特殊标志层（盖层）	望城坡组泥质生物屑灰岩;大湾组底部页岩;高台组泥质白云岩;清虚洞组泥质白云岩	必要
	矿体形态	区内矿体产出形式有两种:即断裂型和层间碎裂型。层间碎裂型,矿体总体产状与围岩基本一致,呈似层状透镜状产出,局部为透镜状、囊状;断裂型,矿体分布在北东向、北西向断层破碎带中,产出严格受破碎带控制,呈脉状、透镜状产出	重要
	矿物组成	矿石矿物主要为闪锌矿、铁闪锌矿;次为菱锌矿、微量方铅矿;脉石矿物主要为白云石,次为黄铁矿、重晶石、石英等	重要
成矿地质特征	围岩蚀变	蚀变主要为白云石化、黄铁矿化,次为硅化、重晶石化、方解石化等	重要
	矿石矿物特征	闪锌矿:为浅黄色、高粱色、褐色、黑褐色,具有油脂光泽,呈他形、半自形晶粒产出;方铅矿:为钢灰色,呈他形晶粒产出,常沿闪锌矿边缘、裂隙、颗粒间隙分布	重要

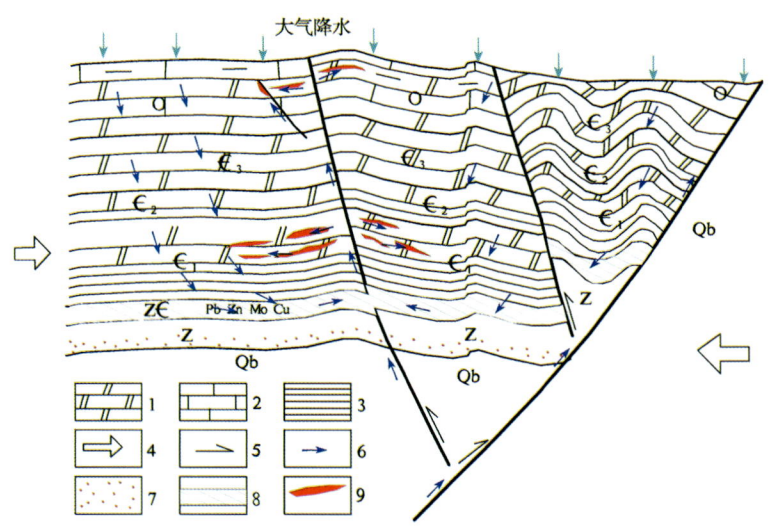

图 5-14 牛角塘式铅锌矿成矿模式图
1.白云岩;2.灰岩;3.泥质岩;4.构造应力方向;5.断层相对运液方向;6.成矿流体运液方向;
7.热水沉积矿;8.金属层;9.铅锌矿

2）矿床特征

矿体受北西向构造控制，多产于北西向断层旁侧及背斜核部虚脱空间，主要呈似层状和脉状产出，也有透镜状和不规则状者。在含矿层内矿体不是均匀地普遍分布，而是在一定部位和地段成群出现，并大致平行排列。矿体形态复杂，大小悬殊，厚度变化大，在短距离内膨胀缩小、分枝复合、尖灭再现，内夹"中石"等特征明显。似层状、透镜状矿体与围岩为过渡关系，界线不规则，多呈锯齿状接触，有时肉眼不易识别两者，必须借助于化学分析方能区分。脉状及不规则矿体与围岩界线，多较清楚。

中志留统—下石炭统都有本类型矿床或矿化点，并以产于中泥盆统独山组及下石炭统大埔组为主。无论在整个区域或单个矿床，菱铁矿均具有明显的多层矿特征。矿床受岩性控制，围岩为碳酸盐类岩石。矿体在白云岩和灰岩中加厚，在砂岩、泥岩中减薄以至尖灭。尽管单个矿床的各类岩石中，可能均有矿化分布，但具有工业价值的矿体则都赋存在白云岩和灰岩中。因此，这类矿床的生成，主要是与碳酸盐类岩石密切相关。

矿石金属矿物主要有菱铁矿，次为镁菱铁矿，少量的方铅矿、闪锌矿、黄铜矿、黝铜矿及微量的辉铜矿、辉锑矿、毒砂等。非金属矿物主要有铁白云石、铁方解石、白云石、方解石，次有少量石英、重晶石、毒重石、滑石、石膏及有机质等。各矿床都不同程度地发育有氧化带。氧化带的主要矿物为褐铁矿、水赤铁矿及少量的锰褐铁矿、软锰矿、孔雀石、白铅矿、水锌矿、铅铁矾等，菱铁矿、镁菱铁矿，按颜色不同可分为"灰矿"（浅灰—黑灰色细—巨晶菱铁矿石）和"黄矿"（浅黄—米黄色粗—巨晶菱铁矿石），单一颜色的矿体少见，大量分布由两者不同比例、混杂共生、不易明显区别的斑杂状矿石组成的矿体，一般在矿体中部以"黄矿"为主，边部以"灰矿"为主，其间多为斑杂状矿石。围岩中的菱铁矿脉及团块矿化多由"黄矿"组成。菱铁矿中含砂、泥、碳质等杂质，其含量随矿石颜色由浅变深（黄→黑灰）逐渐增多。"黄矿"的杂质含量低于"灰矿"的，全铁含量较"灰矿"高3%～6%。矿石中有用组分主要为铁、锰，原生矿石全铁含量一般为25%～60%；锰含量一般为0.5%～3%。伴生有益组分，南部（罐子窑）铅锌含量高并常为主要开采对象。北部（菜园子）有铜，在部分地段已达到综合利用指标，并常自成小矿体。

矿石的结构有假象交代、溶蚀、残余、花岗变晶、斑状变晶等，构造有块状、脉状、浸染状、条带状、层状、缝合线等。矿物间的穿插关系及溶蚀交代现象表明，成矿过程中热液活动频繁，多期成矿作用明显。菱铁矿的生成普遍有两个阶段，"灰矿"在先，"黄矿"在后。"灰矿"交代围岩现象明显，常呈似层状产出。"黄矿"以充填作用为主，常呈脉状、团块状穿插于"灰矿"和围岩之中。铅锌矿物、铜矿物多呈脉状、团块状、浸染状散布在菱铁矿和围岩中，生成时期晚于菱铁矿。

各矿床（点）围岩蚀变明显、普遍，以白云石化、铁白云石化，菱铁矿化、黄铁矿化最发育，硅化、铁方解石化、重晶石化、石膏化、褪色作用和重结晶作用次之。其中与菱铁矿关系密切的主要是菱铁矿化和铁白云石化，距矿体由远而近，蚀变强度由弱至强，菱铁矿和铁白云石含量逐渐增多，铁白云石折光逐渐增大。菱铁矿和铁白云石煅烧后呈黄褐色，具弱磁性，是两种易于辨认的近矿蚀变。

3）控矿因素

其控矿因素如下：

(1) 区内菜园子式铁矿均产于泥盆纪末—石炭纪碳酸盐岩地层中，严格受层位控制。

(2) 矿体位于受长期剥蚀的古陆边缘，距离古陆较近的矿区远景规模大，距离古陆较远的矿区远景规模小。矿体多赋存于深灰色白云岩化泥晶灰岩中，形成于生物滩后潟湖或台盆边缘的低能宁静环境。

(3) 矿体受北西向构造控制，多产于北西向断层旁侧及背斜核部虚脱空间。矿体的长轴方向常与古海岸或与控制沉积相、地层厚度、岩性的同生断层平行。

(4) 菜园子式菱铁矿体的外围或上下层位中常可见层控型的铅锌矿、铜矿，与铅锌矿、铜矿同属成矿系列。

4）成矿作用

泥盆纪—石炭纪，黔中古陆上的含铁质碎屑岩在潮湿、温暖的气候下，经受着强烈的物理和化学风化作用，风化后丰富铁质被带入邻近的滨、浅海湾——滇-黔滨浅海湾中，以胶体的形式与碳酸盐岩一起在相对宁静的环境中沉淀下来。当经历漫长的沉积-成岩作用后,形成的含丰富铁质矿源层在碱性还原环境(pH>7,Eh<0)中保留下来。由于菱铁矿在酸性和弱酸性溶液中是可溶的、极易迁移的,当pH值升高(pH>7)可发生$FeCO_3$沉淀,在氧化条件下或温度升高时,即转变为Fe_2O_3、Fe_3O_4;当其他条件不变时,温度升高可从溶液$Fe(HCO_3)_2$中析出$FeCO_3$;菱铁矿在有CO_2渗入的溶液中溶解为$Fe(HCO_3)_2$,上述过程是可逆的。因此,当含丰富铁质的矿源层在漫长的地质历史过程中,经历了东吴运动,峨眉地幔热柱受上隆活动达到顶峰,全区发生了大规模玄武岩岩浆喷溢及辉绿岩岩浆侵入。矿源层温度显著上升,含矿溶液活性急剧加强,从矿源层萃取大量的成矿物质,溶液与溶液、溶液与围岩发生复杂的物理化学作用、生物化学作用并沿构造通道迁移富集;到晚白垩世,区域发生了燕山运动,使晚白垩世以前的地层普遍发生褶皱断裂,构造运动产生的热能驱动含矿溶液再次沿导矿构造迁移至合适的容矿空间叠加、改造,再富集而形成如今的菱铁矿床。

5)成矿要素与成矿模式

在典型矿床研究的基础上,深入研究区域内矿床(点)不同工作阶段的勘查评价资料,结合以往研究成果,按照区域成矿地质环境与区域成矿地质特征,总结其成矿要素特征见表5-26,其成矿模式见图5-15。

表 5-26 菜园子式菱铁矿区域成矿要素表

成矿要素			描述内容	要素分类
特征描述			菜园子式层控内生型铁矿床	
地质环境	大地构造位置		上扬子陆块南部碳酸盐岩台地相的六盘水叠加褶断带、垭都-蟒洞断裂带	必要
	成矿时代		主要为燕山期	必要
	岩相古地理	古地理	泥盆纪为滇-黔滨浅海陆棚碳酸盐岩台地;石炭纪为滇-黔滨浅海陆坡	必要
		沉积相	泥盆纪为近陆局限台地相,石炭纪为台盆边缘相	重要
		沉积建造	含铁碳酸盐岩建造	必要
	岩浆建造		侵入于海西期—燕山期辉绿岩建造	重要
矿床特征	含矿地层		泥盆纪—石炭纪碳酸盐岩,岩性主要为灰岩、白云岩、白云质灰岩、泥质白云岩	必要
	成矿构造		北西向断层、北西向背斜及近轴部走向断层	重要
	围岩蚀变		硅化、白云石化、方解石化、黄铁矿化、铁锰白云石化	重要

15. 顶罐坡式重晶石矿、丰水岭式萤石矿

1)时空分布

矿床产出具一定层位,除志留系外,自下江群清水江组至下三叠统均有重晶石产出,并以娄山关组、下奥陶统、下二叠统及下三叠统较重要。地理分布上,东部湄潭以北主要产于下奥陶统,湄潭以南主要产于娄山关组及下奥陶统;北部习水地区主要产于灯影组;中部织金地区主要产于下二叠统,息烽—平坝地区主要产于下三叠统。含矿围岩岩性单一,主要为白云岩、泥质白云岩、白云质灰岩、灰岩、泥灰岩。

2)矿床特征

矿体主要呈脉状、似层状,透镜状、不规则囊状及团块状产出。脉状矿体较普遍,分布最广,矿体大多产于陡倾角张性、张扭性断裂破碎带及裂隙、节理中,产状与断层、裂隙、节理产状一致。在成矿断裂发育地段,矿体常成群出现,呈大致平行排列。矿体形态复杂、大小悬殊,厚薄不等,一般长数十米至300米,最长断续出露达6000m(沿河芍家村),一般厚1~5m,最厚8.5m(施秉顶罐坡),控制斜深一般5~60m,最大切割斜深120m(习水石背上)。矿体在短距离内膨胀收缩、分枝复合、尖灭再现,内夹"中石"等特征明显。此类矿体为重晶石矿的主要产出形态,工业价值较大。

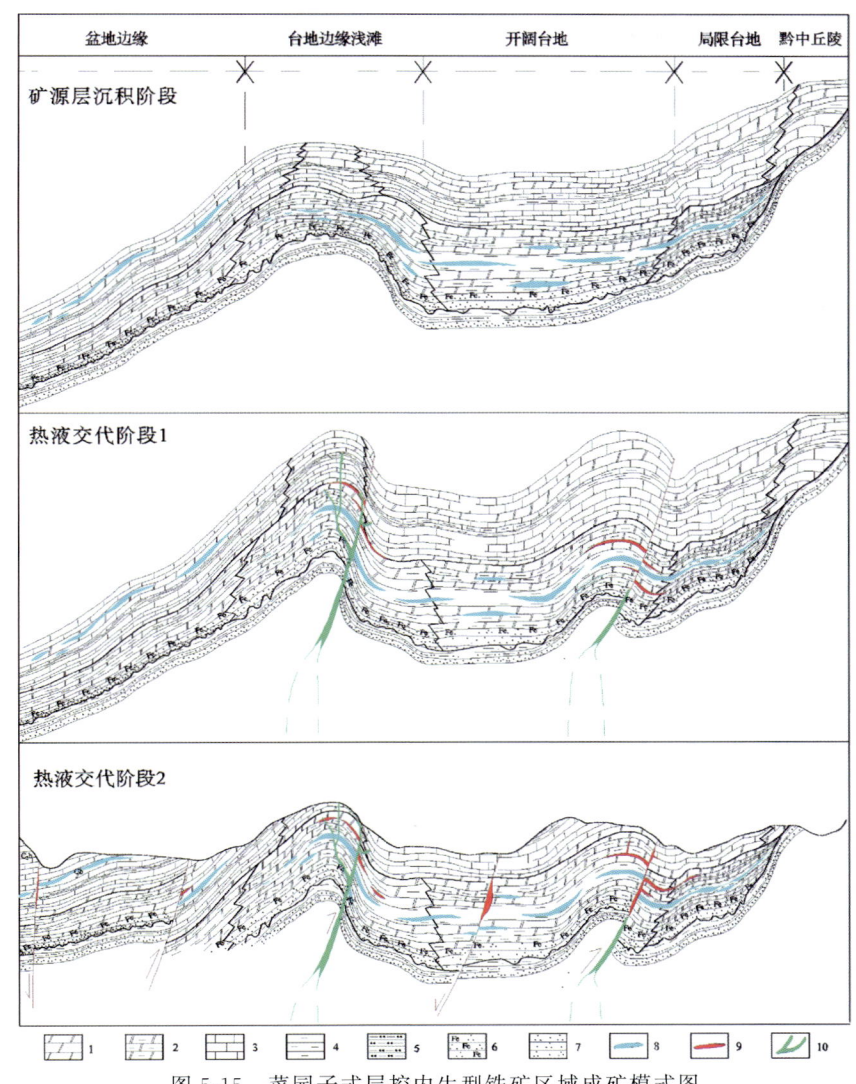

图 5-15 菜园子式层控内生型铁矿区域成矿模式图

1.白云质灰岩；2.灰质白云岩；3.灰岩；4.泥岩；5.粉砂质泥岩；6.铁质石英砂岩；7.石英砂岩；
8.赤铁矿；9.菱铁矿；10.成矿流体

似层状、透镜状矿体多沿层间断裂、层间破碎带、层间裂隙、层间剥离空间产出。矿体产状与岩层产状基本一致，形态较规整，矿体规模不等，长 40～900m，一般 100～200m，厚 1.5～10m。主要见于中部地区矿床中，工业价值较大。

不规则囊状及团块状矿体大都沿层间裂隙、剥离空间产出，规模较小，一般 $(1×1～8×5)m^2$，小者长轴仅数十厘米。团块状比囊状更小。常与顺层的小透镜状或脉状矿体成群混合产出。主要见于织金地区，一般工业价值较小。

3）成矿作用

其形成过程概括如下：

(1) 大气降水渗入地下，随深度增加而被加热，不断萃取区内含钡、氟、钙极高的地层岩石的相关成矿元素，或混合深层卤水，形成含矿热流体。

(2) 当富矿质、高矿化度的含矿热流体，在地下深处随着温度升高、压力增大，并在成矿期（燕山晚期）构造运动等作用释放热量的影响下，沿断裂、裂隙等低压空间不断上升、运移。同时在这一过程中进一步从围岩中萃取矿质，使成矿热液矿化度不断增高。

(3)当高矿化度的含矿热液沿早期生成断裂构造运移至地表浅部,由于温度、压力、浓度等物理化学条件的改变,导致石英、萤石、重晶石等矿物先后析出,充填在北西向的断层空间。由于上覆泥质类岩层的屏蔽作用,上述成矿过程能够重复缓慢地进行,直到矿床完全形成。

4)成矿要素

顶罐坡式重晶石矿、丰水岭式萤石矿区域成矿要素详见表5-27。

表 5-27　顶罐坡式重晶石矿、丰水岭式萤石矿区域成矿要素表

成矿要素		描述内容	要素分类
特征描述		顶罐坡式热液型重晶石矿床、丰水岭式萤石矿床	
地质环境	成矿时代	燕山期	必要
	构造背景	扬子陆块南部碳酸盐岩台地相	必要
	成矿构造	矿床或矿体的产出与分布严格受北东向张性及张扭性断裂组的控制	必要
	沉积建造	白云岩及灰岩建造	必要
	盖层	大湾组钙质页岩	必要
	成矿物理化学条件	该矿床成矿温度为130～220℃,最高达276℃,硫同位素组成值为16.13‰～28.82‰,属重型硫	重要
矿床特征	赋矿地层	下奥陶统桐梓组	必要
	岩性组合	白云岩—硅质岩—重晶石层—白云岩	重要
	矿体形态	矿体呈脉状或透镜状沿断层产出,平面呈"S"形	重要
	矿体产状	矿体倾向南东,倾角55°～70°	重要
	矿物组分	主要矿物为重晶石,伴生有萤石、石英、方解石,偶见铁质氧化物	重要
	矿石品位	值越大,对成矿越有利	重要
	矿石结构	镶嵌结构、细脉网状结构和溶蚀交代结构	重要
	矿石构造	块状构造、斑点状构造、角砾状构造	重要
	围岩蚀变	围岩蚀变微弱,主要有弱硅化、方解石化、白云石化等	次要

16. 晴隆式萤石矿

1)时空分布

晴隆式萤石矿隶属于Mz_2-40^8(新)苗岭-南盘江断裂褶皱带二叠系(含)火山碎屑岩(凝灰岩)容矿的锑、金、萤石矿床亚系列。分布于晴隆县大厂一带,至今已发现晴隆县后坡、西舍、碧康等萤石矿床。以晴隆式层控内生型萤石矿必康典型矿床为代表。

2)矿床特征

该矿床主要产于二叠系玄武岩与茅口组接触带之下,赋存于茅口组灰岩顶部大厂层的硅质蚀变岩中。大厂层为一套灰色、灰白色硅化、黄铁矿化低温热液蚀变岩,一般为厚2～48m不等的次生石英岩和黏土岩,硅化自下而上由强变弱,黄铁矿化自下而上由弱变强,萤石矿体、锑矿体普遍富集其中。矿体呈似层状、透镜状、囊状,属萤石-辉锑矿-硫铁矿共生矿床。每个矿体内,由于再次一级褶曲和节理裂隙的发育程度不同,而包括大小不等的扁豆状、巢状及不规则状的若干子矿体。矿石矿物以萤石为主,伴生矿物有硫铁矿、锑矿、石膏及少量铜蓝、自然硫等。矿石矿物组合以石英-辉锑矿为主,次为萤石-辉锑矿、蚀变黏土岩-辉锑矿。

3）控矿因素

碧痕营背斜及该背斜翼部的北东向鱼井断层、青山镇断层控制了矿床的分布；北东向、北西向两组断裂互相切割形成棋盘状构造，萤石矿与其密切关系，尤其是北东向断裂和褶曲往往控制含矿带的分布；而与这些地质构造耦合的大厂层的层状构造起着容矿作用，控制了含矿体、矿体、矿化体的分布。此外，锑矿体的产出受构造、地层、岩性与围岩蚀变（硅化）等的控制。

4）成矿作用

该萤石矿为燕山期热液型矿产。硅化为其主要蚀变，并可分为3期，其中第二期，硅化与硫铁矿化、高岭土化、萤石化、角砾化等同时出现，与成矿作用关系密切。

中二叠世古特提斯洋的海水由南西向北东大规模侵入，接受了海相碳酸盐沉积。接着，由于东吴运动的开始，地壳普遍上隆、拉张产生地裂，并伴随地幔热柱活动发生，喷溢的峨眉山玄武岩覆盖，构成规模宏大的火成岩体。喷溢活动后期含矿液侵入，由于上覆峨眉山玄武岩和下伏茅口组灰岩致密，其间的古风化壳为构造脆弱地带，是含热液运移流动分异沉积沉淀的通道，角砾间的孔隙为矿液富集成矿提供了良好的空间场所，在成矿热液灌入时，同时产生交代、蚀变、成岩及成矿作用。彭建堂等（2003）认为其成矿期为燕山期。（萤石Sm-Nd等时线年龄为148Ma和142.3Ma）。

5）成矿要素

晴隆式萤石矿的区域成矿要素详见表5-28。

表5-28 晴隆式萤石矿区域成矿要素表

成矿要素		描述内容	要素分类
地质环境	构造背景	上扬子陆块次级构造单元南盘江-右江前陆盆地北侧之北东向断裂带上的碧痕营穹隆构造中	必要
	成矿时代	燕山期(148~142.3Ma)	必要
	沉积建造	沉积建造类型：沉积火山碎屑岩建造（硅质蚀变岩建造）	必要
	矿体特征	成矿区（带）：Ⅲ88-1册亨-望谟金、砷、锑、重晶石成矿带	必要
		控矿构造：Ⅳ级碧痕营背斜及该背斜翼部的北东向断裂（鱼井断层和青山镇断层）起着导矿作用，控制了矿床的分布；Ⅵ级构造主要是北东向背斜和压扭性断裂旁的大厂层，起着容矿作用，控制矿床、含矿体或矿体	必要
		矿石类型及矿物组合：以石英-辉锑矿和蚀变黏土岩-辉锑矿为主	重要
		围岩蚀变：以硅化、高岭石化、角砾化为主，次为黄铁矿化、萤石化	必要
		基底：茅口组灰岩，形成岩溶洼地，为成矿热液提供贮存空间	必要
		盖层：峨眉山玄武岩，岩性致密，对控矿起着一定遮挡作用	必要
		矿体厚度：一般大厂层厚度越大，对成矿越有利	重要
		断层上盘形成的矿体规模大，下盘矿体规模次之	重要
	有利岩性组合	硅质岩和黏土岩类组合：最有利于萤石矿体的产出	必要
		硅质岩类组合：有萤石矿体产出，规模小、变化较大	必要
		玄武岩组合：有萤石矿体产出，规模小、变化较大	必要
	含矿岩系	大厂层	重要
	地球物理信息	预测区位于峨眉山玄武岩出露地区，矿床位于磁异常相对平缓区中的磁测推断北西向断裂附近	重要

17. 排带式硫铁矿

1) 矿床特征

该矿床位于扬子陆块南部被动边缘褶冲带的都匀南北向褶皱区与雪峰山基底逆推带接合部位。该区发现硫铁矿 8 个，主要有三都排带、坝桥、小寨、独山对门山、贵修等矿区，属于热液型硫铁矿。矿体主要产于断裂和断裂破碎带中，其次是节理，呈脉状、透镜状。含矿岩石地层主要有三都组及锅塘组和同高组，皆是台缘斜坡-广海陆棚环境之沉积。矿体主要赋存在三都组底部薄层白云岩和同生角砾状白云岩的接触带上。因地层倒转，该层最底部的薄层白云岩覆盖在矿体之上。矿体中矿物组合较简单，在矿石中金属矿物仅见黄铁矿一种。脉石矿物有少量石英、重晶石、白云石、方解石等。共(伴)生矿床有金、汞、锑、铅锌等。

2) 控矿因素

构造：高角度逆冲断层（以剪切破碎带为主）。

水动力：高孔隙流体压力水动力破裂（次）。

不渗透障：局部性不渗透障作用。

3) 成矿作用

从元古宙起，三都—丹寨矿田及其外围地区所在部位已进入了前陆盆地发育阶段，在浅海环境下接受砂页岩沉积。此时由于地壳尚薄，常出现基性、中基性海底火山喷发，使缓慢下降长期堆积而成的巨厚元古宇成为壳幔混染的含金砂页岩复理石建造，在雪峰运动中受到区域变质并发生褶皱，一些雏形断裂开始形成。盆地继续发展，早古生代沉积的一套巨厚含金复理石建造将元古宇覆盖，局部地区包括矿田所在部位于寒武纪后开始上隆露出海面，雏形断裂规模发育扩大。此时，地幔流蠕动加速引起热膨胀，改造部分断裂密集带而形成切割至上地幔的南北向深大断裂，引起高强度含金动力幔源流贯入地壳，在幔源流贯入和幔壳同熔活动过程及南北向挤压形成褶皱带的过程中，矿区及其外围出现了南北向主压应力场，在矿区产生了呈北东向和北西西向的 2 组共轭剪切断裂和 1 组南北向的张性断裂。加里东运动使区内处于剥蚀状态并很快进入较为稳定的地台阶段，但深大断裂仍在活动，地幔流的蠕动和上升并没有停止。在通道的构造动力热状态下，区内高温高压成矿流体活化了矿源层(岩)中硫，由地幔热流传导引起的应力场，长时间地作用于本区，使内、外接触带产生的断裂出现剪→张→剪→张的频次活动，为含矿气液流体的活动创造了良好的条件。在断裂内，温度降低到 200～300℃，压力小于 550×10^5 Pa 时，出现解络反应，金和汞、铅、锌等硫化物开始沉淀，金属矿物不断富集而形成硫化物矿床。

4) 成矿要素

排带式硫铁矿区域成矿要素详见表 5-29。

18. 其他矿种

本成矿系列中的其他矿种如下：

砷矿：主要有丫他、烂泥沟等矿点。矿点多受南北向、东西向及北东向断裂破碎带控制，矿化体多呈脉状产出。含矿层位为新苑组、许满组、尼罗组的含有机质的粉砂岩、黏土岩、细砂岩。砷矿物以雄黄为主，雌黄、毒砂次之，伴生有金、锑、汞等。

铅锌(银)矿：在本成矿单元(Ⅲ88)中没有相关赋矿层位及构造，故无产出。

(三) 成矿系列时空分布规律

Mz_2-40 上扬子台褶带沉积岩容矿的铅、锌、汞、金、银、锑、砷、萤石、重晶石矿床成矿系列，具有明显的时空分布规律，主要表现于以下 7 个方面。

表 5-29　排带式硫铁矿区域成矿要素表

成矿要素		描述内容	要素分类
特征描述		排带式复合内生型硫铁矿床	
成矿时代	沉积地层时代	中寒武世加里东期	必要
	成矿时代	中寒武世	重要
大地构造位置	大地构造单元	都匀滑脱褶皱带	必要
沉积建造沉积作用	地层分区	扬子陆块南部被动边缘褶冲带的黔西南地层小区	重要
	岩石地层单元	中寒武统大发洞组	必要
成矿特征	断裂构造	深大断裂构造带	必要
	矿物成分	黄铁矿、石英、重晶石、白云石、方解石等	重要
	矿物组合	石英-黄铁矿、石英-重晶石-黄铁矿、石英-白云石-黄铁矿、白云石-黄铁矿	重要
	矿石类型	黄铁矿石	重要
	矿石结构构造	交代结构、压碎结构、半自形粒状结构；块状构造、角砾状构造、条带状构造、脉状构造、浸染状构造	重要
	围岩蚀变	以硅化为主，次为白云石化	重要
	黄铁矿赋存形态	黄铁矿多为不规则的他形集合体和半自形晶粒状，偶见立方体	重要

1. 空间上表现为多级构造控制作用

首先，黔西南所处的区域地质和构造背景与北美西部卡林型金矿床相似，均位于克拉通边缘与造山型构造带的接壤部位。具体说来，黔西南地区位于特提斯-喜马拉雅与濒太平洋构造域的交接带，跨越扬子陆块及右江印支期—燕山期造山带，岩相、沉积、变形比较复杂并呈有规律变化，沿着大的构造边界堆积了有利于成矿的沉积-火山沉积建造，为成矿作用提供了主要物源条件。

（1）扬子陆块与右江印支期—燕山期造山带的毗邻地带，大体控制了滇黔桂"金三角区"微细粒浸染型金矿集中区的总体分布范围。区内成矿带最初可能是近东西向的，与晚古生代—中生代阶段右江造山带与扬子陆块的交接边界平行，只是受后期变形的改造相邻地区的构造影响，成矿带的形状才畸变成现在的样子。

（2）造山带内带、前陆褶皱带等不同部位，金矿及其成矿系列的其他矿产的形成及分布呈现有规律的变化：

在东部的册亨-望谟金、砷、锑、重晶石成矿带（Ⅳ-12）的丫他、望谟、花冗、烂泥沟地区、三叠系陆源碎屑复理石（浊积岩），形成近东西向造山型构造带，金矿床或矿化主要受逆冲断层控制，挤压体制很清楚。

在西部的兴晴贞金、汞、锑、铊、铀、萤石成矿带（Ⅳ-13）的兴仁、贞丰和安龙一带的浅水碳酸盐岩分布区，金矿床和金矿化受膝折带逆冲断层及近水平的张性破裂带控制，挤压体制虽也很清楚，但层理面的作用则更为明显。

继续向北，在黔中及黔北，金矿化现象就很微弱了。

（3）不同方向的区域性背斜构造轴部及附近轴向断裂构造、南北向与东西向叠加形成的穹状背斜核部、沿中上二叠统间的区域性滑脱面或断层等,严格控制了区内金矿田的分布;背斜核部及附近主断层旁侧的次生小断裂构造、层间破碎带、中上二叠统间的区域性蚀变岩体则控制了各金矿床、矿体、矿化体的产出。对于本成矿系列的其他矿产,如汞矿、锑矿、萤石矿,也基本服从于这些控矿因素,同时在晴隆大厂等区域,金矿、锑矿、萤石矿还大致表现为异体共生关系。

(4)矿田、矿床受变形分解作用及其形成的不同应变域控制。一般情况是,弱应变域内较强的应变窄带(如烂泥沟),或较强的应变域内局部应变相对弱的地区(如板其),或在浅水碳酸盐岩分布区不同应变域边界及内部次级边界,都有金矿床(点)或矿化点的发现,即使没有矿化点,也有金异常或蚀变等现象。

(5)矿体受矿区尺度的断裂及破裂带控制。烂泥沟、丫他、水银洞、泥堡等金矿床内部的不同方向和产状的矿体,均分别位于应力场内的破裂系统之中。反之,用已经被地表地质、坑探和钻探所证实的矿体形状和产状,可以恢复破裂时的应力网络系统。

2. 时间上表现为造山带演化过程的控制作用

造山前的离散或伸展构造环境下的火山作用、沉积作用、压实变质作用等,为金及含金流体的形成、迁移奠定了部分物质基础。在特定的大地构造位置和背景下,被动大陆边缘的陆棚—斜坡及深水复理石的沉积,格局清晰,物源环境有利。古生代之前的区域变质岩系丰富的含金岩系提供了成矿物质来源(侯宗林等,1989),而大面积的二叠纪玄武岩及玄武质凝灰岩分布也提供了部分成矿物质。构造应力和热应力促使Au等成矿元素迁移和富含Au的流体热液运动,导致出现超流体静压力体制和水力破裂发育。当含矿热液流体迁移到低压或减压空间时,Au及伴生元素沉淀下来,富集成金矿体或矿化岩体。矿物组合、蚀变类型和流体包裹体均一温度测试表明,本区微细粒浸染型金矿的成矿温度一般介于150～350℃之间,属低温热液矿床。用伊利石矿物X光测定,该区印支-燕山造山带的区域低级变质作用温度为200～350℃,形成深度6～10km。从构造分析来看,它的主成矿期或定型时间应是燕山期,与造山带变形样式形成的时间大体同步或稍晚。册亨—望谟地区右江造山带造山期后变形事件还有很多,至少大型的由北西向南东的多层次逆冲-推覆运动和造山期后伸展坍陷运动,对本区微细粒浸染型金矿有改造作用。

总之,微细粒浸染型金矿及其共生的汞矿、锑矿、砷矿等矿产,同属低温热液成因类型。原生矿的成矿作用经历了复杂的过程,这个过程主要与右江印支期—燕山期碰撞造山热-构造演化历史同步,主成矿期是燕山构造阶段,大体为100～150Ma。王登红(2012)认为紫木凼金矿中方解石的Sm-Nd等时线年龄为(250 ± 14)Ma,Ru初始值为$0.511\,909\pm0.000\,043$(MSWD=1.02),这一结果表明方解石形成于二叠纪与三叠纪的过渡期,由此推测紫木凼金矿的形成可能与古生代末期、中生代初期的区域性构造事件尤其是峨眉山地幔柱活动存在成因上的联系(王登红等,2007a),值得进一步研究。结合紫木凼金矿床的赋矿层位既有中上二叠统,也有下三叠统等实际情况,本书主张本区金矿的成矿时代为古生代末期—中生代,中生代为主成矿期。

3. 区域古构造与金矿关系

区内在中二叠世末—晚二叠世,裂谷性质的张裂作用发生、发展,形成峨眉山玄武岩岩浆大面积喷溢的玄武岩高原,由西向东,有陆相—过渡相—海相的古地理格局。在过渡相—海相水域环境中,发育同生断裂,进一步使沉积古地理环境变得复杂。主要有以下同生断裂:

(1)紫云-垭都断裂,北西走向,晚二叠世活动强烈,其南西盘下降,北东盘上升,控制了浅水碳酸盐岩台地相与深水盆地相的分界。

(2)潘家庄断裂,北东走向,晚二叠世活动强烈,断裂两盘龙潭组厚度含煤性有较大差异,其北西盘的普安糯东、楼下、泥堡一带,煤系一般厚约310m,可采煤层达13m;而南东盘的兴仁苞谷地,龙潭组厚度增大至380m,但含煤性显著变差,可采煤层总厚约9m。

(3)册亨弧形断裂,晚二叠世活动强烈,呈向东突出之弧形延伸,北西盘上升,南西盘下降,为深水盆地。在浅海碳酸盐岩台地边缘,发育着台地边缘生物礁堤。由于生物礁堤的阻挡,在潘家庄断裂及紫云-垭都断裂及册亨弧形断裂夹持的三角形断裂地段,为一被限制的潟湖—潮坪—浅海碳酸盐岩台地。泥堡金矿床容金岩石在过渡相三角洲潮坪沉积相中,水银洞金矿容金岩石沉积在此潟湖—潮坪—浅海碳酸盐岩台地的局限台地相中,塘新寨、坡稿等金矿容矿岩石在台地边缘生物礁内侧相中。

同生断裂对含金建造的控制:紫云-垭都断裂、潘家庄断裂、册亨弧形断裂基本上控制了黔西南煤金建造盆地沉积,这几条断裂均为同沉积断裂。该时期正是东吴运动时期,且东吴运动是贵州岩石圈断陷达到上地幔的表现,除有玄武岩大量喷发,也有同源岩浆侵入,沿深断裂带,伴有热水活动,导致硅质岩、硅质灰岩、硫化物、铁质等沉积。

4. 沉积岩相与建造对成矿的控制作用

本成矿系列的形成与南盘江-右江前陆盆地发生、发展演化密不可分。自晚古生代以来,南盘江—右江地区逐渐发生了北西向和北东向两个方向的裂陷,形成了错落有致的台盆分布格局,伴随该盆地由大陆边缘裂陷盆地向周缘前陆盆地的演化,不同相位的沉积岩石各具特色并丰富多彩。

西部属扬子陆块区,在二叠纪晚期形成海陆交互相的含煤碎屑岩夹生物碎屑灰岩沉积建造,三叠纪早期形成浅海陆棚相细碎屑岩夹不纯碳酸盐沉积建造,在晴隆—兴仁一线北西向还伴有大面积玄武岩浆的喷发及火山碎屑堆积,构成了区内金矿、锑矿、萤石矿等赋存的特殊岩石建造类型,区内所有金矿均赋存于以上3个岩石组合中,锑矿、萤石矿赋存在与峨眉山玄武岩喷发相关的大厂层岩石中。

东部属右江造山带,为孤立台地碳酸盐生物礁(Pjh)→斜坡相钙泥质堆积(T_1l)→深水及相对深水相浊流沉积(T_2xm、T_2by)。在纵剖面上,形成能干性(渗透障)与非能干性(不渗透障)有节律性的交替叠置和有序排列。这一现象的存在,对该区微细浸染型金矿含矿热液的运移及其成矿无疑是非常重要的。几乎所有金矿床都产于地层柱中能干性(渗透障)—非能干性(不渗透障)的转换部位,即处于所谓岩石流变学和物理力学以及地质地球化学矛盾带内。板其金矿位于 T_2xm^1/Pjh、百地和丫他金矿位于 T_2nl^1/T_2xm^1、烂泥沟微细粒浸染型金矿位于 T_2by^2/T_1by^1 及 T_2n^1/T_2xm^4 等。

岩石组合对金矿化的控制作用,是各种岩石自身物理化学特性所决定的。不同岩石的孔隙度不同,而对矿液流动效应具决定意义的是有效孔隙度。黏土岩孔隙度虽高达30%,但连通性差,而灰岩、钙质砂岩中的钙质易于溶解,它不仅可以扩大孔隙度体积,还释放出 CO_2 增加溶液活性,如硅化灰岩角砾岩矿石普遍疏松多孔,而黏土矿石具塑性,受构造应力作用则易软化、片理化,甚至泥化,其作用结果不仅不能增加有效孔隙度,相反还可能会降低原岩的有效孔隙度。因此,若是砂岩(灰岩)夹黏土岩组合,则形成渗透层(障)与不渗透层(障)的组合,使含矿热液在其间缓缓流动,并与围岩进行充分的物质交换,由此而使金得以大量富集成矿。

5. 矿床在时间上的产出与演化规律

在时间上,微细粒浸染型金矿床的成矿作用与陆内碰撞造山事件密切相关,并与其演化进程一致。该区东部处于右江造山带北缘与上扬子陆块西南缘前陆褶皱-冲断带的结合部位,在中三叠世—早白垩世漫长的造山作用演化进程中,使原地壳中的金在构造驱动和热力的作用下,形成含金低温热液流体,随着造山作用的进行,产生超孔隙流体压力,在适宜的构造部位(空间)和物性介质(岩性)中,金沉淀或交代而形成金矿。对几个典型金矿床研究结果(沈阳地质矿产研究所,1987,1989)表明,金的主要成矿阶段为石英—黄铁矿—毒砂—自然金(或石英—黄铁矿—自然金)阶段。张峰等(1991)采用裂变径迹法研究该区微细粒浸染型金矿床的成矿时代,测得烂泥沟微细粒浸染型金矿床石英—黄铁矿—自然金成矿阶段的石英年龄值为(82.9 ± 6.3)Ma,百地金矿点上述成矿阶段石英的年龄值为(87.6 ± 6.1)Ma。此同位素年龄值既代表了含金黄铁矿的成矿年龄,又反映了与含金热液有关同时形成的石英的生成时间。Cunnigham 等(1988)利用丫他金矿床矿体中的方铅矿测出的同位素年龄值约为 100Ma。以上同位素年龄值可能代表了本区微细粒浸染型金矿一次主要的热液成矿事件,也可能是主要的成矿期或成矿的高峰期(王砚耕等,1993)。

该区西部处于扬子陆块区,金矿赋存于晚二叠世—早三叠世的峨眉山玄武岩、龙潭组、夜郎组含金地层中。微细粒浸染型金矿目前还缺少合适的定年矿物,过去有关专家曾用裂变径迹法、石英流体包裹体Rb-Sr法和黄铁矿Pb-Pb法等方法确定水银洞微细粒浸染型金矿的成矿年龄为80~170Ma(Hu et al.,2003;陈懋弘,2007),其变化范围大,精度不够。通过与成矿有密切关系的方解石脉中的Sm-Nd-Sr同位素组成分析可知,水银洞微细粒浸染型金矿床的成矿年龄为135~145Ma(早白垩世)。从区内南东侧贞丰、镇宁、望谟等地分布的岩脉、岩墙状偏碱性超基性岩同位素年龄为77~97Ma(杨科佑,1994)来看,其与区域岩石圈的伸展构造背景相对应(Su et al.,2009),结果较为可靠,说明黔西南金矿的主成矿期在早白垩世与晚白垩世之间的燕山构造阶段的中晚期。

一个成矿过程从发生、发展到终止,必然要经过漫长的过程,黔西南金矿等矿产的形成与南盘江-右江前陆盆地的发生、发展、消亡及之后的陆内造山运动密切相关。本区所在区域自晚古生代以来,逐渐发生了北西向和北东向两个方向的裂陷,形成了错落有致的台盆沉积格局。伴随着该沉积盆地由大陆边缘裂陷盆地向周缘前陆盆地的演化,在区内二叠纪晚期形成了潮坪环境的碳泥质沉积,三叠纪早期形成了浅海陆棚相的细碎屑岩夹不纯碳酸盐岩沉积。在晴隆—兴仁一线以西,还伴随大面积的玄武岩浆喷发和火山碎屑堆积。这些构成了区内金矿赋存的重要岩性组合,是区内金矿成矿的物质基础。在盆地关闭并褶皱造山过程中的低级变质作用、褶皱-断裂作用导致了地壳物质的分异、重组与汇集,从而形成了区内金矿床。金矿、汞矿、砷矿、锑矿同属浅成低温热液型矿床,在成矿时间上,金矿较早,其次砷矿、锑矿、汞矿最后,但均同属于印支—燕山成矿期。

具体到金矿,在时间上的分布可从以下3个阶段进行讨论:

(1)成矿前金元素的储备阶段。在时间分布上为晚古生代—中生代,特别是二叠纪和三叠纪。此时期为被动大陆边缘→周缘前陆盆地发展阶段。有利于金元素在地壳浅部海盆中呈分散状态沉积。这就是微细粒浸染型金矿为何分布于沉积地壳最上部的原因。

(2)成矿阶段。金成矿作用与陆内碰撞造山作用同步或稍晚,为印支期—燕山期,但成矿的鼎盛时期是90~100Ma,即为燕山晚期或稍后。也就是说,东西向造山型构造的形成时期即是金矿(原生矿)的生成时间。此成矿时期是与印支期—燕山期造山作用相匹配的。这就是分布在黔西南广义的造山带微细粒浸染型金矿(原生矿)时间分布的规律。

(3)氧化阶段。金原生矿形成后,在表生作用下,载金矿物被氧化而形成的所谓"氧化矿"。在时间上,自第三纪(古近纪+新近纪)以来,特别是第四纪的地壳上升,遭受剥蚀和风化作用,使载金矿物(主要是黄铁矿)氧化。在适当的地形地貌部位,特别是一些岩溶凹地富集,品位提高,形成了有工业价值的"氧化矿"。

6.矿床的空间分布特征及矿化分带性

本区金矿产出具有多层位性及多相位性,在上二叠统峨眉山玄武岩组、龙潭组、下三叠统夜郎组、罗楼组,中三叠统许满组、边阳组的多个层位及岩性组合中均有产出。其中峨眉山玄武岩组、龙潭组以产出层控型矿体"楼下矿"为主,夜郎组中产出断裂型金矿体"楼下矿",许满组、边阳组则产出"楼上矿"。

平面上金矿床的分布受构造控制明显,与区域构造展布格局相吻合,不同方位的区域性背斜构造、南北向与东西向叠加而成的穹状背斜构造控制了区内金矿田和矿化集中区的分布。背斜轴部附近轴向主断层旁侧次级断裂构造、层间破碎带、下中二叠统间的区域性滑动构造控制了各矿床中矿体矿化体的产出。

7.本成矿系列中多个矿种的组合关系

1)砷、锑、汞、铊、萤石矿组合

本成矿系列以金矿为主要矿种,同时还产出砷、锑、汞、铊、萤石矿等,是统一成矿热液系统的产物,从而在时空中呈有序分布。由于各个构造部位成矿地质背景差异、各元素间地球化学性质差异、热液成矿作用不同阶段作用范围差异等，从而产生如此的矿种组合关系及分带性。

在黔西南地区，金矿与砷矿常伴生或共生，锑矿与萤石矿常常伴生或共生，汞矿与铊矿为紧密共生。

在三都—丹寨地区，汞、金、锑是共伴生矿产关系，三者在其空间位置上存在分带，主要分布在丹寨、三都、独山等地，与上扬子陆块东南缘被动边缘盆地相一致，矿体围岩主要是寒武纪—泥盆纪碳酸盐岩。据金、汞的共生或伴生组合关系，可划分汞金型、锑金（砷）型两个矿化类型（王尚彦等，2006）。

（1）汞金型矿化类型，其汞、金矿化范围因地而异，如四相厂—宏发厂，金矿化的宽度小于汞矿化宽度，而坝桥金矿化宽度却比汞矿化宽度大1～5倍。少部分的汞、金矿体彼此共生，构成汞、金矿体或部分重叠。大部分的金矿体位于汞矿体旁侧，两者有一定距离，构成独立的金矿体。从汞、金矿化分布规律来看，它们不但处于同一矿带内，而且在地球化学背景和元素组合上共同出现，形成组合异常。矿物组合、矿石成分、结构构造和共（伴）生关系等，均说明它们有一定成因联系。它们的成矿阶段有所不同，金矿化在先，汞矿化在后，热液蚀变和矿化造成汞金矿体部分叠加，矿石中汞、金品位一般不存在正相关关系。

（2）锑金（砷）型矿化类型，形成的矿体可以有金、金砷、金锑、金锑砷等多种矿体。锑、金含量一般不存在明显正相关关系。辉锑矿不但在晶间裂隙中含金，而且还有包裹金现象。

从成矿作用入手分析，这些矿种的矿质来源、成矿热液来源、成矿物质的富集成矿等，都与沉积、成岩、构造及次生风化等作用关系十分密切。成矿作用是在扬子陆块边缘的拉张裂陷这一特定的大地构造背景下进行的，各个矿种成矿所需的矿质、介质、热源皆由特定地质背景所提供，与台、盆的形成、发展、演化不可分割。由于矿化层位、地质构造、特定岩石组合等差异，反映出矿物组合、矿石结构等方面各不相同，但载金矿物仍以黄铁矿、水云母及黏土矿物为主，表生地球化学元素亦以 Au、As、Hg、Sb 等形成的叠加异常出现；围岩蚀变均以硅化、黄铁矿化为主，次有高岭石化、碳酸盐化、重晶石化以及锑、砷矿化。在热液作用下，伴随着区内原生金矿的产出，在金矿附近同时出现了以黄铁矿化、硅化、白云石化等浅成低温热液型矿物为主的矿化蚀变组合。原生微细粒浸染型金矿经后期氧化后，在地表氧化带中产生次生富集，其金的赋存状态由包裹体金转变为自然状态金，共（伴）生黄铁矿经氧化后变为褐铁矿，硅化相对弱化，蚀变带褪色化明显。

2）铅矿、锌矿、银矿、铁矿组合

分布在赫章、威宁、水城、普安、毕节等地的铅锌银矿、菱铁矿，其分布区域总体与紫云-水城北西向裂陷槽的一致，矿体围岩从寒武系—中二叠统都有，主要是泥盆系、石炭系，岩性主要是白云岩、灰质白云岩。铅锌银共（伴）生较多，有时菱铁矿与铅锌矿共生形成一个成矿系统，但往往铅锌银矿与菱铁矿互为消长关系。

3）萤石、重晶石矿组合

在务川、沿河、石阡、凯里一带，萤石矿与重晶石矿常常为共（伴）生矿产关系，二者分布也具有一定的分带性。

（四）低温热液成矿系统

1. 扬子区低温热液成矿系统

本成矿单元西部，即兴晴贞金、汞、锑、铊、铀、萤石成矿带（Ⅳ-13），主体位于扬子碳酸盐岩台地沉积区边缘，东部紧邻右江盆地沉积区，形成的矿床式有水银洞式金矿、泥堡式金矿、滥木厂式汞矿、晴隆式锑矿、晴隆式萤石矿等。下文以扬子区黔西南金矿成矿系统（陶平，2007）为主线，进行区域综合成矿模式的探讨。

1）成矿要素

（1）成矿物质来源。据研究（陶平，1999；陈履安，2000），扬子区峨眉山玄武岩多次喷发导致大面积玄武岩及玄武质火山凝灰岩地层（$P_3\beta$）分布，也导致了相邻地层（P_2m^{dc}、P_3l）岩石富含火山凝灰质，因 Au 丰度较高而成为含金沉积建造即矿源层（图 5-16A）。原生矿源场是地幔，玄武岩岩浆经地幔柱涌到地表喷发，通过喷溢—沉积—风化再沉积作用等形成了含金沉积建造。另经研究（张志杰，1999；张启厚，1999），P_2m^{dc} 硅质岩中丰富的硅及大厂锑矿床的锑也主要来源于该玄武岩喷发，这间接回答了该层位容金岩石中硅质来源问题。

（2）成矿流体来源。成矿流体中水主要来源于大气降水及沉积建造水（韩至均等，1999）。大气降水可沿张性断裂、脆性岩石中的逆冲断层或脆性剪切带渗入到地下深处，沉积建造水（层间水、裂隙水、孔隙水等）是由于压实作用及构造应力作用而从沉积岩中大量排除（韩至均等，1996）。

（3）成矿流体通道与导矿构造。是成矿流体汇集、流动和联系矿源场与储矿场的构造-岩石网络，主要有两类：

（a）导矿构造。①穿过各类地层岩石的张性断裂、张性剪切断裂，以及穿过脆性岩层的压性、压扭性断裂；②中、上二叠统之间常发育的区域性滑脱构造，以及其他地层之间或内部的层间裂隙、空洞；③各种脆性岩石形成的构造破碎带、节理、裂隙网络。

（b）相对透水层。通过渗流等方式顺层运送成矿流体，如 $P_3\beta$、P_3l 中黏土岩层之下的砂状凝灰岩、泥质粉砂岩等。

（4）储矿场与容矿构造。储矿场是由构造、岩相等因素耦合形成的成矿场所，因构造-岩相变化导致控矿物化参量突变而形成金矿沉淀；容矿构造是以构造因素为主的储矿场，主要包括（陶平等，2002，2004，2005）：

A. 褶皱构造容矿：伴有一系列逆冲断层的大背斜、构造穹隆属于高级别的储矿场，控制矿床分布范围、规模及形态等；次级褶皱是具体的储矿场，即容矿构造，控制矿（化）体产状、形态、规模等。矿体常产于背斜核部、翼部、转折端、倾伏端，以及鼻状褶皱与主褶皱结合部位、褶皱叠加部位等。本系统中其他低温热液矿产及化探异常也受背斜或穹隆的控制，如大厂锑矿产于次级背斜轴部、隆起高点、翼部挠曲等部位；金、砷、锑、汞化探异常分布于各背斜中。

B. 断裂构造容矿：褶皱期主干断裂以压性、压扭性纵断裂为主，控制了储矿场所（矿床或矿化带）的分布及延伸，而其旁侧次级高角度逆冲断裂、低角度逆断层，以及更次级断裂、节理等，往往形成低压扩容地带即容矿构造；与背斜轴斜交的压性—压扭性断裂是较好的容矿构造，形成似层状、扁豆状矿体；层间断裂也是重要容矿构造，形成似层状、席状金矿体。

C. 地层-岩性容矿：①含金建造中各地层均产金矿；②矿化岩性主要为（沉）凝灰岩及含凝灰质黏土岩、次生石英岩，由原生沉积因素（如透水层）或蚀变-破碎因素产生的高孔隙度岩石（如粉砂岩夹层、粉砂质黏土岩硅化后再角砾化、破碎的生物碎屑灰岩），富含有机质岩石。

D. 复合因素容矿：大矿体常常形成于褶皱—断裂—地层—岩性的最佳组合场所。

（5）成矿流体的动能。主要是燕山期构造运动。它致使系统内形成了：

A. 压力梯度。构造挤压及岩石重力造成的压力差促使深部流体大规模侧向或向上运移。

B. 热梯度。构造作用（包括逆冲断裂、层间断裂、中上二叠统岩层界面间发生的区域性构造滑脱——动力蚀变作用）导致了各部位的地热差，诱发流体循环并导致流体-岩石反应。

C. 浓度梯度。各区段成矿流体因浓度差异而流动。

2）区域成矿模式

本区域成矿模式，为 3 阶段成矿模式，以金矿为主线，兼论本成矿系列的其他矿种（汞矿、锑矿、萤石矿等）。

（1）含金沉积建造形成阶段。峨眉山玄武岩内及边缘的火山沉积碎屑岩组合（$P_3\beta$）、大厂层（P_2m^{dc}）上部的含凝灰质硅质岩-硅质灰岩组合、龙潭组（P_3l）的富含火山凝灰质含煤-金沉积建造（图 5-16A）。

（2）低温热液矿床形成阶段。矿源层中矿质通过活化—迁移—沉淀形成低温热液金矿床。据韩至均等（1999），该区主成矿期温度 200～250℃，从早期到晚期温度逐渐降低。盐度 1%～12.38%，从早期

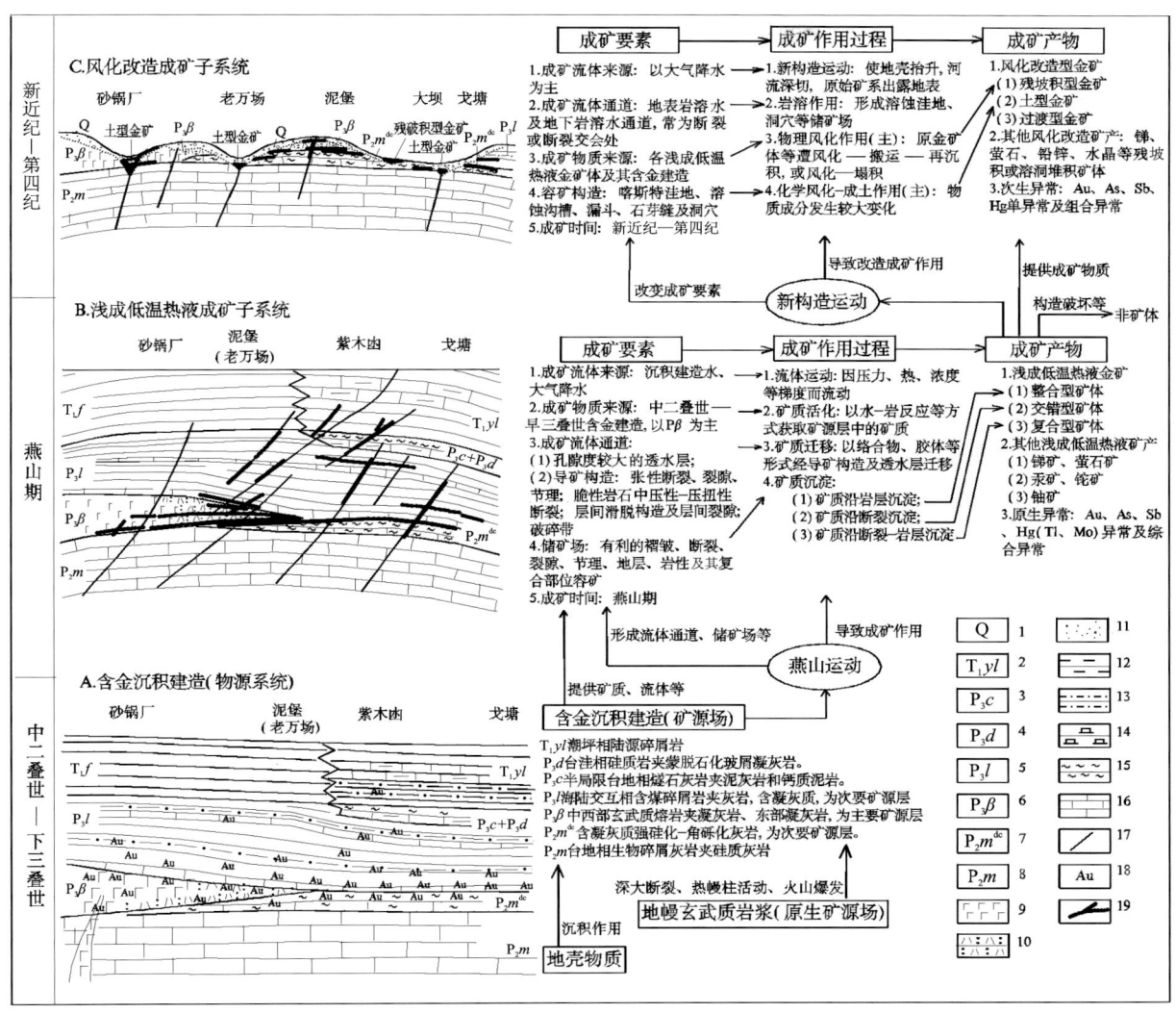

图 5-16 扬子区金矿成矿系统(陶平,2007)

1.第四系;2.夜郎组;3.长兴组;4.大隆组;5.龙潭组;6.峨眉山玄武岩;7.茅口组大厂层;8.茅口组;9.玄武岩;10.凝灰岩;11.第四系松散沉积物;12.泥岩、页岩;13.砂质页岩;14.碳质页岩或煤层;15.硅质岩;16.灰岩;17.断裂构造;18.矿质 Au;19.金矿体

到晚期盐度有所降低。密度 $0.83 \sim 0.99 \mathrm{g/cm^3}$,大于一般地下水在 $300 \sim 330 ℃$ 时密度值 $0.6 \sim 0.7 \mathrm{g/cm^3}$。各矿床 pH 值 $5.0 \sim 6.74$,Eh 值 $-0.69 \sim -0.1$。氧逸度值明显偏低,氧、二氧化碳、硫、氢逸度系数从成矿早期到晚期逐渐降低,故成矿环境由封闭渐渐开放。流体中大量阴离子、络阴离子和有机质是 Au 的理想溶剂和搬运介质,水-岩交换作用使 Au 活化、溶解、络合,以金的氯化物、硫化物的络合物形式进行迁移,并沿断裂、裂隙及孔隙度和渗透率大的岩层形成蚀变矿化产物——包括数个金矿田和其中的多个金、锑、汞、铊、萤石等矿床(点),以及多个金、砷、汞、锑地球化学异常区等(图 5-16B)。

(3)表生成矿作用阶段。以上低温热液金矿成矿产物,被抬升到地表并遭受风化改造作用,形成了残坡积型金矿和土型(俗称红土型)金矿即老万场式金矿(图 5-16C),也形成了其他残坡积矿产,如铅锌矿、水晶矿、锑矿、砷矿等矿(化)点等。(Sw7 西南部风化壳稀有元素、稀散、镍、金、铂族、钛铁矿、砂锡成矿系列组的老万场式金矿)。

关于本区金矿与其他低温热液矿产关系(表 5-30)的讨论:中上二叠统之间的区域性滑脱面、张性断层及层间断层中见锑—金—萤石矿化,如大厂锑金矿;龙潭组和夜郎组见 Au、Hg、Sb、Tl、U 和 As 等矿化组合,如紫木函金矿床;灰家堡、雄武、戈塘等断裂破碎带中的铊(汞)矿床(点)产于 P_3l、P_3c、T_1y 泥质灰岩及泥质—砂质—碳质岩中,矿质来源也与火山凝灰质岩石有关,为印支期—燕山期多次构造运动铸成矿床(点)(陈代演等,2000),可与金矿归于同一成矿系统。铀矿化见于南部雄武背斜,常与金矿相伴,形成时间可能晚于金矿(邓存新等,2003)。

表 5-30　扬子区金矿低温热液成矿产物(陶平,2007)

浅成低温热液成矿系统的产物	莲花山背斜	泥堡背斜	灰家堡背斜	新寨背斜	碧痕营穹隆	雄武背斜	戈塘背斜
T_1y 碎屑岩中金矿		√√f					
P_3c—P_3d 不纯碳酸盐岩中的金矿		√j	☆j				
P_3l 凝灰质、碳泥质碎屑岩中金矿	√j	√j	√√z	√f	√j	√f	☆f
$P_3\beta$ 凝灰岩、沉凝灰岩中金矿	√√f	√√z	☆z	☆☆z	☆☆f		
P_2m^{dc} 强硅化凝灰质灰岩中金矿	√z	√z	☆☆z	☆☆z		√f	√z
代表性金矿床、矿点	陇英大地羊禾地	泥堡铁厂坳	紫木凼水银洞	大垭口五指山	黑山箐王家湾	张家湾寨子头	赵家坝万人洞
其他低温热液矿床、矿(化)点	汞矿点、砷矿化点	砷、锑、萤石、重晶石	汞、铊矿	汞、砷	锑、萤石、重晶石	铀、砷、钼、铊	锑、铊
水系或土壤化探异常	Au、As、Sb(Hg)	Au、As、Sb、Hg	Au、As、Hg、Sb、Tl	Au、As、Hg、Sb	Au、As、Hg、Sb	Au、U、As、Sb、Mo	Au、As、Hg、Sb

注:√.已发现金矿体;√√.已发现金矿体并有较大规模;☆.有希望发现金矿体;☆☆.有希望发现金矿体并具有较大找矿前景;z.以整合型金矿为主;j.以交错型金矿为主;f.复合型金矿(整合型和交错型兼而有之)。

2. 右江区低温热液成矿要素

1)成矿物质来源

成矿物质可能来源于赋矿围岩,因为右江盆地斜坡相带为 Au 的高背景值区。

2)成矿流体来源

成矿流体中的水主要来源于大气降水及沉积建造水,同时推断有深部中酸性岩浆活动带来的成矿流体。

3)成矿流体通道与导矿构造。

成矿流体通道与导矿构造为印支期—燕山期褶皱-断裂构造。

4)储矿场与容矿构造

(1)成矿围岩由海相沉积的碳酸盐岩和碎屑岩。

(2)容矿岩石都以粉砂岩、细砂岩、泥质岩及相互过渡岩石为主,碳酸盐岩也是重要的容矿岩石。

(3)有些矿床常常以断裂带为容矿构造。

5)成矿流体的动能

印支期(次)—燕山期(主)构造运动及其深部中酸性岩浆岩体导致的温度、压力、浓度等方面的梯度差异,为成矿流体的流动提供了动力。

十三、Sw7 西南部风化壳稀有、稀散、镍、金、铂族、钛铁矿、砂锡成矿系列组

(一)概述

本成矿系列组在贵州境内有以下 5 个亚系列:

(1) Sw7-4 岩溶石山地区风化壳土型金矿成矿亚系列,其矿床式为老万场式金矿。
(2) Sw7-5 滇黔桂风化壳铝土矿成矿亚系列,其矿点零星分布于黔中—黔北地区,未建式。
(3) Sw7-9(新)坡残积层中铅、锌、水晶矿床成矿亚系列,其矿床式为榨子厂式铅锌矿、马场式水晶。
(4) SW7-10(新)石灰岩淋滤带中石膏矿床成矿亚系列,见有黄平红梅石膏矿床,未建式。
(5) Sw7-11(新)华南—扬子沉积岩风化壳锰、铁成矿亚系列,见有水城式锰矿、金沙式铁矿。

1. 金矿

Sw7-4 岩溶石山地区风化壳土型金矿成矿亚系列,仅有 1 个矿床式,即老万场式金矿,其矿床特征及成矿作用的研究认识如下。

1) 时空分布

老万场式金矿隶属于 Sw7-4 岩溶石山地区风化壳土型金矿成矿亚系列,主要分布于黔西南晴隆县、盘县、安龙县等区域,见有晴隆老万场、固路、民政、王家寨、盘县砂锅厂、安龙豹子洞等金矿床(点)。

2) 矿床特征

矿体呈层状—似层状、透镜状和漏斗状,产于第四纪松散堆积物(土)中,大小差别大,厚几米至千米不等,最大的矿体长 10~1000m,宽 80~250m,矿段厚 3.17~13.08m。Au 品位 $(1\sim10)\times10^{-6}$。矿物成分主要为自然金、高岭石、伊利石、水云母、褐铁矿、粉石英、玉髓、绿泥石、白云母、长石、黄铁矿、辉锑矿、钛铁矿、重晶石、萤石。

3) 成矿作用

黔西南老万场(代表)、豹子洞、砂锅厂金矿床为微细粒浸染型原生矿体,矿化体经崩塌堆积形成,部分为红土化作用,产于残坡积物中。

4) 成矿要素与成矿模式

(1) 成矿要素如下。

(a) 矿源场:即扬子区各大背斜(或断裂带)中的浅成低温热液金矿床(点)及含金岩石分布区。

(b) 矿源体:主要是各个浅成低温热液型金矿(化)体,次为含金建造的富金岩石(王砚耕等,2000;陶平,1999;陈履安,2000);成矿物质运移通道主要是各背斜或断裂带中各级断裂及其交会处,既可是形成此类金矿的水、热、矿质运移通道,又可是含金岩石及金矿石的容纳、充填空间。

(c) 储矿场:主要是喀斯特洼地、漏斗、溶槽、溶沟、洞穴等喀斯特负地形,沿断裂裂隙发育,尤其是沿张性断裂及其节理或两组断裂的交切部位发育。

(2) 成矿作用及其过程如下。

(a) 成矿动力主要包括:①新构造运动(抬升);②物理风化作用(剥蚀—搬运—机械再沉积、滑塌—崩塌等);③化学风化作用,如岩溶、风化成土作用等,但不存在典型的红土化作用(陶平,1999);④.生物风化作用(生物有机质及酸性物质风化等)。由于这些作用,导致了风化改造成因金矿的形成。

(b) 成矿作用过程:①原生金矿形成之后的构造作用,使原生矿体产生变形、断错、破碎、升降及物质组分、矿石品位等变化。②新构造运动导致地壳抬升,河流深切,原生矿体及含金建造出露地表并遭风化剥蚀。同时岩溶作用及硫化矿物氧化时产生的酸蚀作用,使茅口组灰岩形成溶蚀洼地、溶蚀沟槽及地下溶洞等,为风化改造成矿提供了容矿空间。③其后(或同时),以物理风化为主的弱风化作用,一方面导致金矿石短距离搬运再沉积于负地形中(如王家湾、砂锅厂、泥堡),另一方面导致地下溶洞的上方含矿岩土就地塌陷、坠落于洞穴中(如砂锅厂)。此时可形成新的金矿体,但品位常低于原生金矿。④最后,以化学风化为主,条件适度时可形成土型金矿,如崩塌堆积再风化成土的老万场金矿,以及原地—准原地残坡积再风化成土的砂锅厂、豹子洞金矿。风化成土过程包括氧化和水解两个阶段,风化成土剖面特征及金和相关元素地球化学变化等,陈履安(2000)已作较多研究。

(c) 成矿作用产物:①残坡积物中金矿,多呈氧化矿石堆积于原生金矿体露头附近低洼处或茅口组溶蚀洼地中,形成鸡窝状、囊状、不规则状矿体,相对原生矿有所贫化,泥堡矿床和炼山坡矿点可见;②第四系中土型金矿,多呈土状、细碎屑状氧化矿石堆积于岩溶负地形及地下溶洞,形成形状各异的矿体,如砂锅厂和老万场等矿床;③上述两类之间的过渡型金矿,多数矿床中都可见到;④金矿化体、矿致异常;⑤其他残坡积矿产,如铅锌矿、水晶矿、锑矿、砷矿等矿(化)点等。

2. 锰矿

1)矿床特征

主要分布在水城—纳雍地区,矿体赋存于中二叠统茅口组灰岩之上、峨眉山玄武岩之下的茅口组上部含锰岩系中,出露于地表或地下浅部,埋深一般在80～100m范围内。矿体严格受层位控制,呈层状、似层状顺层产出,产状与围岩基本一致,局部有分叉、复合等现象。矿体长80～520m,厚1.63～3.90m。矿石矿物主要由硬锰矿、软锰矿和偏锰硅酸盐矿物等组成,脉石矿物以黏土矿物为主。含Mn 13.12%～34.64%,矿石结构为微晶—隐晶(或他形粒状)结构,矿石构造多呈土状、致密块状和星散状。

2)成矿作用

中二叠世晚期,由于峨眉山地幔柱的活动,形成海底喷流作用,大量的富硅、富锰流体沿断裂等通道运移至水城-纳雍台沟中,形成富含锰质的层状硅质岩矿源层;同时,早期形成大陆玄武岩经过风化剥蚀、淋滤等地质作用,Si、Mn、Fe等成矿元素被析出并被迁移至台沟后,经过海解作用,形成富含锰质的硅质岩、硅质灰岩矿源层;盆地西缘部分地段,玄武岩熔流伸入台沟,在海水的作用下,析出硅质、锰质,沉积含锰硅质岩、硅质灰岩层矿源层。由于成矿物源的不充足或是热能的不充足,当时并未形成一定规模的碳酸锰矿体。在地质改造过程中,富含锰质的层状硅质岩、硅质灰岩上升为陆,在长期的剥蚀、切割作用下,矿源层位于当地最低侵蚀基准面之上,出露于地表,经适宜的温度、水的作用下,进行次生风化淋滤富集,最终形成具有沉积特征的风化锰帽型或残积氧化锰矿床。

3)成矿要素与成矿模式

(1)通过该区域成矿要素的研究,其区域成矿要素特征见表5-31。

(2)成矿模式。水城式锰矿中二叠世茅口晚期,古断裂构造及峨眉山地幔热柱的活动促使了峨眉山玄武岩的喷发(海底喷流),喷发的流体中含有大量的Si、Mn等成矿元素,台沟沉积为含锰质的硅质岩、硅质灰岩。燕山运动促使地壳的抬升,中二叠世茅口晚期沉积的富含锰质层状硅质岩、硅质灰岩上升为陆,在长期的剥蚀、切割作用下,出露于地表。经风化淋滤作用,易于溶解的物质被带出,留下的Si、Mn、Fe等成矿元素最终富集形成具有沉积特征的风化锰帽型氧化锰矿床。

2. 铅锌矿

铅锌矿主要分布在赫章县西南部的榨子厂一带,有赫章县榨子厂铅锌矿床。矿体赋存于坡积层、冲积层上部,呈层状产出。矿体长860m,宽120～790m,厚0.65～19m。矿石金属矿物主要为白铅矿、水锌矿、菱锌矿、方铅矿等,非金属矿物有方解石、磷灰石、电气石等。

十四、Sp1长江流域砂金成矿系列

本成矿系列的砂金矿,在湘黔相邻区划为Sp1-7沅江-洞庭湖流域砂金、金刚石、独居石成矿亚系列,其中金矿的矿床式为汨罗式金矿。在黔东南地区,砂金矿分布于流经天柱、锦屏、黎平等县的清水江流域,已知砂金矿(化)点有10余处,诸如天柱白市、汶溪、中团、高酿、下达、坑头、瓮洞、天华山、主山冲、炮团、锦屏金井、平秋、地稠、八腊、黎平傲市、罗里、三什江、地门等砂金矿点、矿化点,其产出规模均较小,多数未开展地质工作。代表性砂金矿点为天柱县白市砂金矿。

表 5-31 水城式锰矿区域成矿要素表

成矿要素		描述内容	要素分类
特征描述		海相沉积型锰矿床、次生风化富集氧化锰矿床	
地质环境	成矿时代	中二叠统茅口组二段及第四系	必要
	大地构造位置	扬子陆块上扬子陆块南部碳酸盐台地相	必要
	成矿作用	台沟中的古断裂热水喷流沉积作用形成茅口组二段富锰、硅的碳酸盐岩沉积建造（矿源层），同时茅口期玄武岩喷发物质通过海水进入台沟中，为它提供了锰质、硅质来源	重要
		第四纪地壳抬升形成河谷，使原本埋藏地下的茅口组二段含锰岩石（矿源层）暴露在地表，经过后期风化淋滤富集为锰矿床。矿体埋藏深度一般80～100m	重要
	沉积建造	薄层硅质岩、含锰硅质岩夹含锰灰岩和含锰黏土岩建造。中二叠统茅口组二段、第四系	重要
	岩相古地理	岩石类型以深灰色、灰黑色含硅质条带泥晶灰岩、生物屑硅质灰岩、硅质泥岩为主	重要
	气候类型	温暖、潮湿气候	重要
		亚热带季风气候，温暖、潮湿，有利于成矿	重要
矿床特征	矿石密度	Mn:1.60g/cm³	必要
	含矿岩系厚度	10.30～92.10m	必要
	矿体厚度	0.32～6.95m	必要
	Mn含量	8.23%～37.06%	必要
	岩性特征	薄层硅质岩、含锰硅质岩夹含锰灰岩和含锰黏土岩	必要

1）矿床特征

砂金矿床类型主要为冲积型（可再细分为河漫滩、河滩、河床及阶地砂金矿等细类），少数为洪积型、残积型、堆积型等。冲积型砂金矿主要产于清水江河谷一、二级阶地、河漫滩、沙洲的中下部砂砾层中。分布长1～7km，宽50～1000m。除沙洲、河漫滩一般仅见砂砾层外，河谷阶地具双层结构。上部由灰黑色腐殖土、黄色黏土夹细砂及少量砂砾组成，不含金或含金甚微，厚1～3m；下部为浅黄色、褐黄色、灰色砂砾层，最厚7m（中团），一般2～4m，为主含金层，往往砂砾层底部含金更佳。砾石成分以板岩、砂质板岩、沉凝灰岩为主，次为石英。冲积型砂含矿体沿河谷方向呈带状展布，产状平缓，略向河床倾斜，与现代河谷近于平行，最长可达7km（罗里），一般1～3km，最宽500m（中团），一般30～200m，厚0.25～3.21m。冲积型砂含矿体主要有用矿物为砂金，伴生有石英、钛铁矿、锆石、磁铁矿、黄铁矿、石榴子石、金红石、辰砂、电气石，时见毒砂、闪锌矿、方铅矿、黄铜矿及自然银等。

2）成矿作用

本区砂金矿的成矿作用是天柱—锦屏—黎平一带的变碎屑岩中脉型和蚀变岩型金矿床（点）或矿化点，在经风化剥蚀作用并在河流冲积搬运等表生作用下，沿清水江流域水系中堆积形成。

3）控矿因素

变碎屑岩中脉型、蚀变岩型金矿床、矿（化）点附近（以及下游地区）河流及其河流阶地，控制着冲积型砂金矿的分布。新构造运动控制着砂金矿的分布。地貌环境控制着砂金矿的分布。冲积型砂金矿多分布于支流与主流交会处的沙洲及河漫滩阶地、河床冲积物下部砂砾层中及河床底岩凹陷处。搬运介质条件也控制着砂金矿的分布。砂金矿具有成群分布的特点。

第三节 各构造期成矿环境及成矿系列演化

一、武陵期（新元古代青白口纪中期）

（一）构造演化

1. 离散阶段

相关地质记录在本区内未出露。其依据如下：

中元古代，吕梁运动形成扬子克拉通，贵州位于扬子克拉通的南部。至新元古代早期，扬子克拉通发生裂解，分裂出扬子地块和华夏地块，其间为南华狭窄洋盆和一些微陆块。在贵州从江—广西四堡地区产于四堡群中的超基性岩、赣东北蛇绿岩可能是该时期南华狭窄洋盆洋壳岩石组合的代表之一。随着南华狭窄洋盆的萎缩、消亡，南华狭窄洋盆的洋壳向上扬子陆块俯冲，其东南缘出现沟-弧-盆格局（刘宝珺，1993），在四堡群中发育有岛弧特征的基性火山岩。此时，贵州位于大陆边缘-弧后盆地位置，发育了梵净山群、四堡群深水盆地相细碎屑岩沉积，以及枕状玄武岩（细碧岩）-石英角斑岩和基性岩—超基性岩组成的（弧后）蛇绿岩组合。

因此，贵州省出露的梵净山群和四堡群，都是青白口纪中期后阶段形成的，之前扬子克拉通裂解形成南华狭窄洋盆的离散环境前期沉积物和岩浆岩，在贵州没有出露。梵净山区的细碧角斑岩及超基性—基性岩，形成于弧后盆地（局部伸展）环境，四堡群中的基性火山岩形成于活动大陆边缘（戴传固，2010）。

2. 汇聚阶段

至青白口纪中期末，扬子古陆块、华夏古陆块碰撞，发生武陵运动，形成广阔的陆间造山带，华南陆块形成。武陵运动使其上、下地层之间呈角度不整合关系，使梵净山群、四堡群发生北东向阿尔卑斯型褶皱（复式褶皱）、逆冲推覆断层、韧性剪切带，并使下伏地层发生绿片岩相区域动力变质作用。推测该时期从皖南、赣东北经赣中九岭、黔东北梵净山至桂北四堡存在一个扬子古陆东南大陆边缘的弧陆拼贴带（丘元禧，1999）。戴传固（2010）将它称为武陵期的江南造山带，并认为从江地区四堡群绿片岩相变质岩中高压变质矿物多硅白云母和江南造山带东段高压蓝闪石片岩反映了碰撞造山作用的存在，形成梵净山地区的白云母花岗岩和贵州从江—桂北地区摩天岭（三防）花岗岩岩基，在区域上可与休宁岩体、九岭岩体、许村岩体等组成的弧陆碰撞后陆壳重熔花岗岩带对比。

摩天岭花岗岩及酸性脉岩为碰撞-大陆板内伸展环境产物，形成了与之有关的钨锡矿；后碰撞环境与白云母花岗岩及酸性脉岩有关的气成-高温热液型钨锡和伟晶岩型铌钽相关。据测年数据和地质背景，将摩天岭花岗岩的形成时期定在武陵期末，即威尔逊旋回的最后阶段，汇聚挤压之后形成大陆，此时可以出现伸展。

(二)成矿作用

1. 汇聚阶段早期

此阶段的成矿作用主要为武陵期离散机制下的弧后盆地岩浆岩成矿环境,主要见于梵净山地区,包括与超基性岩有关的成矿作用(熔离型镍、铜矿床)和与基性岩浆热液活动有关的成矿作用(铜、金矿床)。因此,形成了1个与岩浆岩成矿作用有关的矿床成矿系列,即 Pt_3-6(新)新元古代梵净山隆起与基性—超基性岩有关的镍、铜、金矿床成矿系列。可细分为以下2个亚系列:

(1)Pt_3-6-1 梵净山隆起东部与超基性岩有关的熔离型的镍、铜矿床成矿亚系列。弧后盆地拉张环境侵位于梵净山群基性—超基性岩,由中心的超基性岩向边缘过渡为基性岩,在其岩浆结晶分异成岩过程中伴随形成了岩浆型熔离型铜镍硫化物矿,即梵净山隆起东部的江口县桑木沟铜镍矿点。尚未建立矿床式。

(2)Pt_3-6-2 梵净山隆起西北部与基性岩浆热液活动有关的铜、金、砷矿床成矿亚系列。亦尚未建立矿床式。

2. 汇聚阶段晚期

据《贵州省区域地质志》(2017),梵净山白云母花岗岩和摩天岭花岗岩都是武陵期汇聚阶段的产物,因此从江钨锡矿、梵净山磨槽沟式铌钽矿等矿产应为武陵期汇聚阶段产物。这一点,有别于陈毓川等(2007)提出的雪峰期成矿。

从而,本书将陈毓川(2007)建立的"Pt_3-5 江南地轴与雪峰期岩浆作用有关的钨、锡、铜、铌、钽、金、银矿床成矿系列"改为"Pt_3-5 江南地轴与武陵期岩浆作用有关的钨、锡、铜、铌、钽、金、银矿床成矿系列"。该成矿系列主要为锡多金属成矿作用,在湘黔桂地区都有矿床点分布,多产于岩体周围,局部可见到岩体接触带由内到外的钨锡→锡铜→铜铅锌→锑矿化分带现象。该系列在贵州主要包括以下2个亚系列:

(1)Pt_3-5^4 九万大山隆起与壳源花岗岩有关的钨、锡、铜矿成矿亚系列。含2个矿床式,即乌牙式脉状钨锡矿、南加式铜矿。其中,乌牙式脉状钨锡矿床以从江县乌牙钨矿床为代表,产于壳源花岗岩与四堡群、下江群甲路组外接触带中;南加式铜矿床以从江县南加铜矿点为代表,与壳源花岗岩有关。

(2)Pt_3-5^5 梵净山隆起与壳源花岗质岩有关的钨、锡、铜、铌、钽矿床成矿亚系列。含3个矿床式,即梵净山式钨、锡、铜矿,磨槽沟式铌、钽矿,印江式紫袍玉矿。其中,梵净山式钨、锡、铜矿见有小黑湾和标水岩矿床,磨槽沟式铌、钽矿见有磨槽沟铌钽矿床,印江式紫袍玉见有印江县紫袍玉矿床(该矿床可能有加里东期变质作用的叠加)。据《贵州省区域地质志》(2017),梵净山地区在武陵运动的同造山或造山期后的壳源超酸性过铝白云母花岗岩及酸性脉岩,所含微量元素不仅钨、锡含量相当高,且F、Rb、Li等含量较酸性岩平均值高数倍,显示酸性岩浆及残余气液活动可形成气成-高温热液型钨锡和伟晶岩型铌、钽等稀有元素成矿系列。在白云母花岗岩及酸性脉岩出露地段,已发现多处钨、锡和铌、钽矿床(点)。

二、雪峰期(新元古代青白口纪晚期)

(一)构造演化

1. 离散阶段

从武陵运动(青白口纪中期末)之后,扬子地块与华夏地块再次发生裂解,并在其间形成南华裂谷海槽。此时,南华裂谷海槽中心位于罗城—龙胜—桃江—景德镇一带(戴传固,2010)。由于裂陷作用,导致青白口系甲路组中发育了双峰式岩浆岩组合,在从江及广西龙胜产出了佐证裂谷海槽初始洋壳存在的酸性侵入岩、基性—超基性侵入岩和丹洲群中枕状玄武岩(—细碧岩)—火山岩组合,其锆石 U-Pb 年龄分别为(761 ± 8)Ma 和 765Ma、(788 ± 2.6)Ma。

该时期在扬子古陆边缘的贵州梵净山北、湖南大庸、岳阳、平江一线南东侧出现了从滨岸—台地相、陆棚-斜坡相到斜坡-盆地相的沉积格局,形成了从板溪群、下江群至丹洲群的沉积分异。而在该线西北侧,则沉积了另一套地层系统,即马底驿组和渫水河组。

2. 隆升阶段

在青白口纪末,发生了雪峰运动(晋宁运动),致使离散的中华古陆块群相互连接,形成古中国地台(任纪舜,1997)。这在湘西表现较为明显,形成"张裂的断块成岩片"(陈心才,1991),造成了板溪群与南华系之间的不整合面,以及不同层位的超覆。

但是,在贵州,雪峰期汇聚阶段却没有表现出汇聚造山特征,因为大部分地区下江群与上覆南华系呈连续沉积,整合接触,少数地区存在平行不整合,故雪峰运动在贵州只是局部隆升遭受剥蚀。

(二)成矿作用

1. 离散阶段

该阶段成矿作用为武陵运动之后离散背景下的被动陆缘裂陷槽成矿环境,发生了与裂陷槽及其海相火山作用有关的沉积成矿作用,主要是含火山凝灰质陆源碎屑沉积及成矿元素富集作用,从而形成了金、锑、铜、铅、锌、银矿产的矿源层。可细分为以下 2 种矿源层:

(1)下江群甲路组。浅变质岩系中夹基性火山岩,意味着甲路期不仅有基性岩浆溢出,而且还很可能有范围更大的多次火山气液活动,携带的矿质进入水体沉淀富集,致使甲路组成为矿源层或局部构成矿床,这可能就是赋存在该层位的地虎铜铅锌金银多金属矿床的矿源层,为加里东期成矿奠定了基础。

据《贵州省区域地质志》(2013),新元古代青白口纪晚期—早古生代早期,伸展环境拉斑玄武岩岩浆喷溢形成的基性火山岩和火山气液活动,与从江地区火山沉积改造层控有色金属和贵金属矿床关系密切。携带的矿质进入水体沉淀富集,致使基性火山岩产出的下江群甲路组已变质为千枚岩的泥质岩层和基性火山岩本身,成为矿源层或局部构成矿床。从江县高文—洋边山一带分布的铜矿点,达品位要求的矿体几乎都赋存于甲路组,呈似层状、透镜状、扁豆状产出。从江县地虎铜铅锌金银多金属矿床的赋矿地层也是甲路组,初步判断地虎附近似为火山气液活动的中心地段,可能形成了热卤水池,并可能在沉积阶段即已成矿而属火山沉积矿床,之后又经历了热液活动的改造。

(2)青白口系下江群清水江组、番召组、平略组和龙里组。这些浅变质岩系(尤其是清水江组)中若干含火山凝灰质陆源碎屑沉积层中有很高的 Au 丰度,在邻区的冷家溪群和板溪群中也具很高的钨、铅、金丰度,为黔东南天锦黎金矿带和湘西钨锑金成矿带提供了重要成矿物质,也为加里东期成矿奠定了基础。

2. 隆升阶段

如前所述,在雪峰运动(晋宁运动)时段,贵州只是局部隆升遭受剥蚀,形成下江群与上覆南华系之间的整合—局部平行不整合接触,结合附近与花岗岩有关的矿产形成于武陵期的认识,本书认为雪峰期汇聚阶段在贵州基本没有发生与岩浆岩有关的成矿作用,但不排除发生热液成矿作用和沉积成矿作用。鉴于研究程度限制,本书未建立本时段的矿床成矿系列。

三、加里东期(新元古代南华纪—早古生代)

(一)构造演化

1. 离散阶段

加里东早—中期(南华纪—早古生代早—中期),经四堡运动统一的华南古大陆,从青白口纪晚期起,在桂北地区开始裂解。其主要表现在 825~820Ma 晋宁期过铝质黑云母花岗闪长岩类的侵位以及同时代的镁铁质岩石(辉长岩、辉绿岩以及辉橄岩、橄榄岩等)呈岩脉、岩株状产出。华南古大陆大约在 700Ma 出现全面裂解,扬子古陆和华夏古陆再一次离散。

2. 汇聚阶段

该阶段发生于加里东晚期(早古生代末)。

加里东运动的发生,古中华陆块会合到一起。中华陆块群重新汇聚拼接,并与冈瓦纳大陆相连,逐渐形成欧亚超大陆。其中,扬子地块、华夏地块碰撞造山形成华南加里东褶皱带。该褶皱带中,湖南、桂北发育碰撞型岩浆岩组合,以桂北越城岭花岗岩体、以湖南新化西鸭田加里东期岩体为代表,反映出该时期构造运动的中心位置位于湘桂地区通道—龙胜一带。同时,戴传固(2010)指出,从广西罗城—龙胜—湖南通道一带向西、向东两侧,在加里东期的地层接触关系、不整合面界面特征、变质作用程度和构造样式等方面都出现有规律的变化,也揭示出这一带处于加里东运动的中心位置,形成了雪峰—加里东期造山带的内带。黔东南黎平—从江一线以东地区也处于内带,向西至雷山地区逐渐变为外带,再向西逐渐变为前陆。莫柱荪(1989)提出,赣南、桂北该类型岩体同位素年龄 512~415Ma。

加里东运动在贵州黎平—从江以东地区、湖南通道、桂北龙胜地区造成前泥盆纪地层发生紧闭线型阿尔卑斯型褶皱并局部倒转,褶皱轴向总体为北东向,而向西其变形变质强度逐渐减弱,使贵州大部分地区新元古代、早古生代地层发生低绿片岩相—极低区域动力变质作用,发育北北东向开阔型阿尔卑斯型褶皱、逆冲推覆断层、(逆冲推覆、平行走滑)过渡型韧性剪切带。加里东运动形成的地质构造可能控制了后期晚古生代的沉积格局,且对武陵期构造进行叠加、改造。

由于加里东运动影响,晚古生代地层与下伏地层之间呈角度不整合,发育晚古生代早期磨拉石盆地相的底砾岩沉积,并使新元古代、早古生代地层发生低绿片岩相、极低区域动力变质作用,黔东南少数地区新元古代地层中还发育脆韧性剪切带。最后,使贵州省与广大东南地区形成辽阔的南华加里东褶皱区,与扬子陆块连为一体,进入了统一的华南陆块发展阶段,结束了洋陆转换阶段(武陵期—加里东期)而向板内活动阶段(燕山期—喜马拉雅期)演化。

在加里东期的后造山伸展阶段,黔东镇远马坪、麻江、施秉等地有钾镁煌斑岩侵位。

(二)成矿作用

加里东期,在扬子—华南地区,华南地块向北西方向运动并与扬子陆块汇聚(翟裕生等,1999);在上扬子陆块东南缘为持续发展的岛弧-海槽,并于加里东末期闭合。中国南方从南华纪开始就处于大陆边缘裂谷期,在寒武纪早期扬子板块与华夏板块之间达到强烈拉张阶段,在地壳拉张的同时,伴有海底扩张,引起海平面上升和洋流上涌。加里东旋回的区域成矿正是在这一构造格局及其发展背景下演化的,并形成了多个大型、超大型热液型铜铅锌矿床及沉积型磷、锰、硫、重晶石和石膏等矿床。

1. 离散阶段

陆块和盆地边缘成矿是扬子陆块区域成矿的一个显著规律。在南华纪—早震旦世的离散背景下，由于古陆边缘(上扬子陆块东南缘中西段)大规模的海侵，造成了扬子陆块及其陆缘区域发生了与海相沉积有关的石煤、磷、钒、镍、钼、锰、铀、稀土、铂族、重晶石、石膏、石盐成矿作用。其中上扬子陆块东南缘成为了我国最重要的铁、锰、磷成矿区，在古陆边缘不同区域(桂北、黔中、川东南、湘、鄂西和赣中等地)分别成为铁锰磷成矿区、镍钼钒成矿区。

本离散阶段在贵州主要表现为离散机制下的被动陆缘盆地(裂陷盆地、初始洋盆)成矿环境，成矿作用与新元古代—早寒武世(热水)沉积(黑色岩系)有关，具体包括海相热水(泉)沉积(P、REE)、海相化学—生物化学沉积(P、I)、陆内裂陷盆地(台沟)冷泉沉积(Mn)、热水喷流沉积(重晶石)、黑色页岩沉积(V、Ni、Mo)等，总体上应属于同一个成矿系列，只因跨越了新元古代与早古生代，故而分为2个成矿系列。

第一，Pt_3-4扬子地台及周边地区新元古代与火山-热水-沉积作用有关的磷、铁、锰矿床成矿系列组的沉积-变质成矿系列。在贵州包括1个亚系列，即Pt_3-4^3上扬子与新元古代(热水)沉积(黑色岩系)-变质作用有关的重晶石、磷块岩、锰、镍、钼、钒、碘、稀土矿床成矿亚系列，至今建立了4个矿床式，即大河边式重晶石、新华式磷(稀土)矿、开阳式磷(碘)矿、大坡塘式锰矿。其中，大河边式重晶石，以天柱县大河边重晶石矿床为代表，属海相热水(泉)沉积，产于老堡组($Z\in l$)；新华式磷(稀土)矿，属海相热水(泉)沉积，产于寒武系戈种伍组及其相当层位；开阳式磷(碘)矿，属海相化学-生物化学沉积，产于晚震旦世的洋水组；大坡塘式锰矿，属冷泉碳酸盐岩沉积，产于南华系大坡塘组。

第二，Pz_1-12扬子地台与寒武纪海相沉积有关的石煤、磷、钒、镍、钼、锰、铀、稀土、铂族、重晶石、石膏、石盐矿床成矿系列。在贵州包括1个亚系列，即Pz_1-12^1上扬子与早寒武世黑色岩系有关的重晶石、磷、钒、镍、钼、铂族、铀、石煤矿床成矿亚系列。其中，石膏产于川南、黔北的灯影组和下寒武统清虚洞组中。建立的矿床式有4个，即新华式磷(稀土)矿、大河边式重晶石矿、遵义式镍钼钒矿、镇远式钒矿。其中，新华式磷(稀土)矿，为穿越新元古代与早古生代的同一地质体——海相热水(泉)沉积矿产，因此在成矿系列Pt_3-4^3、Pz_1-12中都罗列出来；大河边式重晶石矿，也为穿越新元古代与早古生代的同一地质体，在Pt_3-4^3与Pz_1-12中都罗列出来；遵义式镍钼钒矿，以遵义新土沟镍钼矿床为代表，另有织金杨家湾、陈大湾镍多金属矿等，属与海底喷流作用有关的沉积矿床，产于下寒武统牛蹄塘组；镇远式钒矿，以镇远县江古钒矿为代表，另有余庆县长岭岗钼钒矿等，为沉积型矿产，产于寒武系牛蹄塘组。

以上矿产的成矿作用特征是：①含矿地层中或附近产有火山岩和凝灰岩层，反映产于裂谷盆地中的高地热场环境。②铁锰磷矿床在时间上是依次相接的，铁矿床在南华纪间冰期地层下部的莲沱组中，锰矿床层位稍高，在大塘坡组间冰期地层中，磷矿床则主要产在南沱冰碛层以上的震旦系中。但3种矿床常不在同一地点形成工业矿床，一般是一种矿床伴有另外2种矿化或高的元素含量。③铁、锰、磷均与SiO_2和生物作用关系密切，SiO_2或为矿石的主要组分，或为矿体的含矿围岩及夹层。锰、磷矿石中常见由生物遗体堆积成的微生物岩，矿石和含矿地层常富含有机质。

1)锰矿(南华纪)

南华纪为上扬子古陆块东南缘(湘黔地区)沉积型锰矿沉积成矿作用的一个高峰期，形成了赋存于大塘坡间冰期碳酸盐岩、黑色页岩中的大塘坡式(贵州)-湘潭式(湖南)锰矿集中区，由多个大型、超大型原生沉积碳酸锰矿床构成。其中以贵州东部锰矿找矿潜力最大，已有松桃县大塘坡、杨立掌、锅厂、举贤、大屋、石塘、黑水溪等10余处大中型矿床，并在近年来全国整装勘查项目中已发现道坨超大型锰矿床。

南华系锰矿形成于大陆斜坡体系中裂陷背景下的凹陷盆地，属于海相深水沉积环境的冷泉碳酸盐岩成因(周琦，2012)。古斜坡上因古断裂活动形成的构造脊(水下隆起)将斜坡分隔为脊内坡上局限盆地和脊外坡上盆地,其中脊内坡上局限盆地锰质不易散失,从而导致了锰质的大量聚集成矿。含锰岩系中有火山喷出的凝灰物质,碳酸盐锰矿石和碳质黏土岩的锶同位素组成指示成锰时期有火山物质加入,测温资料反映沉积成锰的热水温度为194℃。因而判断锰矿形成应与火山喷发有一定关系,成因类型归于喷流沉积矿床。

2) 磷矿(晚震旦世—早寒武世)

早震旦世—早寒武世是扬子陆块大规模磷酸盐岩沉积成矿时期,磷块岩主要赋存于下震旦统陡山沱组/洋水组,其次是下寒武统梅树村组/渔户村组/筇竹寺组,工业磷矿床主要集中于湘鄂黔三省,其次是赣川陕等省。

具体到贵州,一是产于震旦系陡山沱组/洋水组的磷矿,主要分布在黔中开阳、息烽、瓮安、福泉地区以及黔北遵义、黔东南丹寨等地区,包括开阳洋水、瓮安白岩、福泉高坪、息烽温泉等多处大中型矿床,资源储量在全国各省(区、市)中位居第二,而优质富矿资源储量则居首位。二是产于震旦系—寒武系灯影组的磷矿,分布范围更广泛,但矿层厚度和储量规模较大者主要集中在务川—湄潭—瓮安一线以西的扬子区,已知有织金新华、打麻厂等大中型矿床,含磷岩系由含磷生物屑白云岩、磷块岩、泥硅质磷块岩、硅质岩、白云岩等组成,矿层产于含磷岩系底部。其中,织金磷矿床伴生稀土矿,伴生资源量具大型矿床规模,构成织金稀土矿富集区。同时,稀土元素的研究成果提示,磷块岩沉积时似有海底喷流活动参与,织金新华等地可能是喷口附近。磷质来源于古陆岩石的风化产物或海底火山喷发,直接来源是海洋生物死亡分解的产物。

磷矿大规模成矿的原因:

(1) 从构造演化背景分析,新元古代—早寒武世成磷时期是泛大陆拉张解体和全球性海平面上升期。中国南方从南华纪开始就处于大陆边缘裂谷期,在寒武纪早期扬子板块与华夏板块之间达到强烈拉张阶段,华南洋扩大。地壳拉张,海底扩张,引起海平面上升,洋流上涌,在扬子板块大陆边缘大陆架沉积了大量磷酸盐岩,导致了大规模磷酸盐沉积成矿作用的发生。

(2) 从沉积古地理环境来看,陡山沱磷矿层和梅树村磷矿层都是沉积在上部大陆架内碳酸盐岩台地及其半局限浅水盆地中,向东南经外大陆架与深水海域相连,具有良好的古地理环境。外海有深水富磷海水和火山喷发磷质的补给,经洋流上涌带到上部大陆架浅水地带沉积。

(3) 从磷矿成矿物质来源而言,是因为震旦纪成磷期是叠层礁的繁茂时间,许多矿床的高磷段就是叠层石礁体组成。而早寒武世成磷期正是小壳动物初次出现并大量发育时期,有些磷块岩矿层层段就是直接由磷质的小壳化石组成;从古气候分析,南华纪是全球性冰期,冰期产物之一——南沱冰碛层分布在扬子板块上的鄂、湘、黔、川、桂地区,属大陆冰盖型冰川。陡山沱组含磷层位于冰碛层分布区之内,并位于其上。冰川消融变化影响全球海平面升降、气候冷暖变化和生物兴衰,直接关联着磷块岩的沉积作用。

3) 重晶石矿(震旦纪末—寒武纪初)

该期沉积型重晶石矿床主要产于江南地轴西缘,含矿岩系为震旦系—寒武系老堡组及筇竹寺组等相当层位的地层,往往由黑色碳质页岩、硅质岩、重晶石岩和硅质、磷质结核组成,具下部沉积磷矿、上部沉积重晶石矿的沉积序列。其沉积磷矿带,从黔东南的天柱县,延至湘西叙浦,再断续向东延至安徽省东至县石桥、绩溪县石桥,长千余千米,宽十余千米。此外,在扬子准地台北缘也有一些小型重晶石矿产出。其中,在湘黔相邻区所形成的重晶石矿是我国最大的重晶石矿床,即贵州省天柱县大河边和湖南省新晃县贡溪两超大型矿床,尤其以大河边重晶石矿床为世界瞩目。

矿床的形成受含矿岩系震旦系—寒武系老堡组的严格控制,但据其矿床分布特征及相关矿床地质研究表明,成矿作用受北东向的同沉积断裂带控制,矿床成因类型属于喷流沉积矿床。

4) 镍、钼、钒、多金属矿(早寒武世)

寒武纪与黑色岩系、石煤有关的磷及镍钼钒矿多金属矿遍及中国西北部和华南,含Ba、Ni、Mo、V、U、PGE等25种以上有用元素,有些元素聚集成矿,有的则成为一些后成矿床的"矿源层"。具体到贵州,镍钼钒矿多金属矿产于下寒武统牛蹄塘组底部黑色岩系中,主要成矿元素 Ni、Mo、V 在区域上具有明显分带性:在黔西北织金—金沙地区、黔北遵义地区主要为镍—钼组合,向东至开阳、瓮安、铜仁、镇远等地区主要为钼—钒组合,再向东至天柱、三穗地区则以钒为主。钼镍矿一般产于黑色岩系下部,钒矿产于黑色岩系中部。成因类型多属喷流沉积矿床。

2. 汇聚阶段

汇聚阶段即加里东晚期(早古生代末),更是体现在陆块边缘成矿规律,即加里东运动造就了扬子陆块周缘与汇聚机制下加里东造山带有关的成矿环境,形成了金矿、金刚石矿、水晶等矿产。

在该时期,贵州东部与中—西部分别处于加里东造山带的外带及前陆盆地位置。从湘西地区(造山带内带)至黔东南天柱—锦屏—黎屏—从江地区(造山带外带),形成了造山型金矿(陶平,2012)及有一定关系的锑矿、水晶矿等。再向西,进入三都—丹寨—凯里地区,则进入前陆盆地一侧,主要形成了铅锌、金、锑等热液矿产,再向西则主要为沉积型矿产。

因此,可根据成矿作用与造山带的空间关系细分为 3 种成矿环境:

(1)加里东期造山带外带成矿环境:主要是浅变质细碎屑岩中金、钨、锑、铅、锌、铜低温热液成矿作用,所形成矿产包括金(天柱、锦屏—黎平—从江地区)、钨(湘西)、锑(三都、榕江)、铅锌铜(从江、雷山—镇远)、水晶(天柱)等。

(2)沿深断裂分布的钾镁煌斑岩成矿环境:发生了金刚石的成矿作用(镇远原生金刚石)。

(3)加里东期前陆盆地环境:主要包括碳酸盐岩中低温热液成矿作用(铅、锌等),以及沉积成矿作用。

结合陈毓川(2007)的成矿系列建立方案,可将贵州省加里东期汇聚阶段的矿产划归为 2 个成矿系列:

(1)Pz_1-1 加里东期江南地轴西段与低温热液作用有关的 Au、As、水晶矿床成矿系列:形成的矿床主要有锦屏同古金矿床(以及湘西的沃溪金钨矿床)、天柱白土地水晶矿点、镇远马坪金刚石矿点等。细分为 2 个亚系列:

(a)Pz_1-1^1 产于浅变质细碎屑岩中的金、钨、锑、铅、锌、铜矿床成矿亚系列:处于加里东期造山带外带位置的浅变质岩系中。包含 2 个矿床式,即同古式金矿、地虎式铜金银多金属矿床。

同古式金矿是造山带的构造调整期形成的与剪切带等构造及流体有关的矿产,产于加里东期形成的背斜轴部及附近浅变质岩系层间石英脉中,以锦屏同古金矿床为代表。赋矿层位有青白口系下江群清水江组(主要)、龙里组、番召组、丹州群拱洞组、南华系长安组等,这些地层的浅变质细碎屑岩可能为矿源层(朱笑青,2006;陶平,2012),而成矿作用主要为加里东构造旋回期末的中低温热液成矿作用,属于造山型金矿(陶平,2012)。

地虎式铜金银多金属矿床与同古式金矿类似,也是加里东期造山带的构造调整期形成的与剪切带等构造及流体有关的矿产,以从江地虎铜金银多金属矿床、翁浪金矿床为代表。赋矿层位为青白口系下江群甲路组,为以加里东期为主的甲路组滑脱构造层中的中—低温热液成矿。

其他低温热液矿产,锑产于三都—榕江的浅变质岩系分布区,往往受叠加于过渡性剪切带上的断裂带控制,铅锌铜矿多金属矿产于从江、雷山—凯里—镇远东部的浅变质岩系分布区。它们在加里东期可能成矿,但主成矿期可能为燕山期(详见后文),故没有在本成矿系列中建立矿床式。

(b)Pz_1-1^3 产于浅变质细碎屑岩中的水晶矿床成矿亚系列:处于加里东期造山带外带位置的前寒武纪浅变质岩系中,为加里东期低温热液成矿作用形成的水晶矿产,规模较小,以天柱白土地水晶矿床为代表,含晶石英脉呈似层状张裂的雁行状赋存于挤压褶皱带内,赋矿地层为下江群龙里组。由于研究程度较低,故尚未建立矿床式。

(2)Pz_1-2(新)加里东期江南地轴轴缘带与钾镁煌斑岩有关的金刚石矿床成矿系列:为江南地轴轴缘带在加里东期与深断裂及金伯利岩、钾镁煌斑岩有关的金刚石成矿作用形成。

尽管至今勘查及研究程度较低,但有找矿意义,故建立1个矿床式,即镇远式金刚石矿,典型矿床为镇远县马坪金刚石床。加里东期造山期之后的隆升伸展环境出现的地质事件是板内岩浆活动,在从江、雷山、台江等地均有钙碱性煌斑岩出露,在镇远马坪、麻江地区有幔源型钾镁煌斑岩出露。钾镁煌斑岩的产出与断裂构造关系密切,一些平缓产出的岩体往往与断层旁侧的层间滑脱构造有关,主要赋存于寒武系高台组和娄山关组中。在镇远马坪钾镁煌斑岩中发现原生含金刚石(主要为Ⅱ型金刚石),其中以深冲岩体带出露的岩石最全,含矿性最好,有品位大于 $10mg/m^3$ 的钾镁煌斑岩分布,马坪含金刚石钾镁煌斑岩选出45ct金刚石,共计7100颗。此外,在镇远思南塘、黄平、施秉、三穗、剑河、榕江和雷山发现数百个钾镁煌斑岩体群分布,其中是否有金刚石产出,有待地质调查和综合研究。

四、海西期(晚古生代—二叠世中期)

(一)构造演化

晚古生代—早白垩世,在濒太平洋陆缘和特提斯域的共同影响下,本区进入板内活动的裂陷、挤压阶段,经历了板内裂陷到挤压的动力学演化历程。加里东运动晚期使华南海槽大部分闭合、隆升,扬子和华夏两陆块联合而成的华南古大陆经短期剥蚀后,于早泥盆世晚期又缓慢沉降,发育海西期—印支早期稳定型陆表海沉积。在贵州,海西期经历了陆内裂陷、闭合、隆升的演化过程。其中,泥盆纪—中二叠世晚期为陆内裂陷槽、裂谷盆地的发生、发展阶段,晚二叠世为裂谷萎缩—闭合—隆升和地幔热柱活动阶段,为稳定型陆表海沉积(其中岩浆活动表现为峨眉山玄武岩的喷发)。

1. 离散阶段(泥盆纪—中二叠世)

离散阶段,即泥盆纪—中二叠世的大陆裂谷盆地的发生、发展阶段。在裂陷背景下出现基性火山活动,形成大面积分布的大陆溢流玄武岩和偏碱性玄武岩(K-Ar同位素年龄为235.3~253.3Ma;程裕淇,1994),并使晚古生代地层的沉积格局与早古生代出现明显差异,形成浅水台地相与较深水台盆相相间的沉积格局。拉张裂陷时间为晚古生代,主要位置在湘、黔、桂、滇地区,裂陷呈北东向、北西向有规律排列,形成交叉的浅水碳酸盐岩台地和深水硅质岩台盆发育的多盆围台、多台隔盆的奇特景观(丘元禧,1999),分别发育陆相、滨岸—台地相、台缘相和裂谷盆地相。

该阶段有以下几种沉积环境:

(1)裂陷机制下的陆内—陆缘裂谷—裂陷沉积环境:贵州主要体现为北西向水城-紫云-南丹裂陷槽(台沟、台盆),以及相同裂陷机制下形成的小规模台沟、台盆,它们一般呈线形分布。其沉积建造主要为复陆屑建造、礁碳酸盐岩建造、黑色页岩建造、大陆火山沉积建造等。沉积作用有同沉积作用、热水喷流沉积作用等。

(2)碳酸盐岩台地边缘(或与台沟、台盆的过渡带)沉积环境:碎屑岩—碳酸盐岩正常沉积。

(3)稳定型陆表海沉积环境:未受裂陷机制影响的区域,属于扬子和华夏两陆块联合而成的华南古大陆在海西期—印支期所发育的稳定型陆表海沉积环境。在贵州中西部以浅海相沉积为主,向黔南—桂北地区沉积水体相对较深。

2. 闭合、上隆阶段(中二叠世晚期—晚二叠世)

中二叠世晚期—晚二叠世,为陆内裂谷盆地的萎缩、闭合及地壳升降、海进海退阶段。除风化剥蚀区外,大部分地区为陆表海盆地沉积。同时,受特提斯洋地壳演化动力作用的影响,以原先的陆内裂谷为构造薄弱地带产生了穹状地幔隆起和大陆热点熔融,造成了强烈的基性—超基性岩浆活动,即峨眉山玄武岩的大量喷发和镁铁质—超镁铁质岩浆的强烈侵入，形成拉斑玄武岩系列和碱性系列，具双峰式火山岩。这在贵州主要表现为西部的峨眉山玄武岩喷发和辉绿岩体的侵入（黔西北和黔西南分别为石英拉斑玄武岩和橄榄拉斑玄武岩），其次表现为紧邻玄武岩的附近区域，以含玄武质火山碎屑陆屑建造、单陆屑建造、浅海碳酸盐岩建造和海陆交互含煤建造等为主，沉积作用以正常沉积作用为主，包括风化作用、机械沉积作用、化学沉积作用、生物化学作用，但也有热水沉积作用。此外，桂北那坡地区出现岛弧型火山岩，二叠系和三叠系界限附近的酸性凝灰岩或凝灰质硅质岩具有岛弧火山岩的地球化学特征，反映了右江盆地已进入活动大陆边缘阶段（Yang et al.，2012）。

需要说明的是，本书之所以没有把峨眉山玄武质岩浆活动归属于离散阶段，而归属于闭合—上隆阶段，是因为从贵州省中二叠世晚期—晚二叠世岩相古地理图可知，中二叠世晚期之后已不存在泥盆纪—石炭纪的那种裂陷槽沉积格局，水城-紫云-南丹晚古生代裂陷构造已基本闭合（尤其是水城—紫云地区）。因此，本书认为，峨眉山玄武岩的大量喷发作用并非产生于大陆裂谷的伸展环境，而是产生于陆内裂谷萎缩、闭合及地幔隆升环境下的大陆热点熔融，先形成的陆内裂谷区域往往成为此时的构造薄弱地带，为火山-次火山作用创造了条件。

（二）成矿作用

1. 离散阶段（泥盆纪—中二叠世）

在海西期的泥盆纪—中二叠世为离散阶段，主要发生了与沉积作用有关的成矿作用，形成了 1 个矿床成矿系列——Pz_2-15 上扬子晚古生代与沉积作用有关的铁、锰、铝、硫、锶、钒、镓、煤、膏盐、重晶石、磷矿床成矿系列。其成矿环境及成矿作用可细分为以下 3 种：

1）陆内—陆缘裂谷—裂陷沉积成矿环境及其成矿作用

海西期由于陆内裂陷构造环境，导致若干同沉积断裂相互组合构成了地堑—半地堑断裂型的台沟、台盆，水体相对较深，在威宁—水城—紫云一带为台沟环境，在紫云—南丹一带为水体更深的台沟—台盆环境，在这些环境中发生了沉积、热水喷流沉积、生物化学沉积等成矿作用，形成了沉积-热水喷流沉积的铁矿（宴勇，2012）、重晶石矿（高均波，2011）、锰矿（程玛莉，2011）、铅锌矿（矿源层）、金矿（矿源层）。其中，铅锌矿主要为其矿源层的形成，即泥盆系在陆块边缘或陆块内的裂陷构造中，在泥盆纪碳酸盐岩中赋存有众多的铅锌矿床，为热水喷流沉积形成矿体、矿化体或矿源层，受到同沉积断裂的构造的控制，在印支期—燕山期有改造富集成矿作用发生。在该成矿环境下，形成了 2 个矿床成矿亚系列：

（1）Pz_2-15^2 泥盆纪—石炭纪沉积-热液型铁矿床成矿亚系列。产于晚古生代水城-紫云-南丹裂陷槽的北段（黔西北地区）。本次建有 1 个矿床式，即宁乡式赤铁矿。

（2）Pz_2-15^5（新）华南西部（-上扬子）晚泥盆世—早石炭世赋存于碳硅泥岩（黑色岩系）中的锰、钒、铀、重晶石矿床成矿亚系列。产于晚古生代水城-紫云-南丹裂陷槽的中段—南段（黔西北南部—黔西南—桂西北）。本次建有 2 个矿床式，即乐纪式重晶石矿和下雷式锰矿。其中，乐纪式重晶石矿为台沟相与海底热水（泉）喷流作用有关的沉积矿床，产于上泥盆统榴江组中；下雷式锰矿沉积环境类似，在贵州主要见于罗甸县，以甲戎锰矿床为代表，产于晚泥盆世碳酸盐岩中，为热水喷流沉积成因，与桂西北的下雷式锰矿的台间浅海槽盆（同沉积断裂形成的地堑型盆地）环境类似。

2）碳酸盐岩台地边缘（或与台沟、台盆的过渡带）成矿环境及其成矿作用

碳酸盐岩台地边缘（或与台沟、台盆的过渡带）成矿环境，主要有 Fe、Al、P、黏土、煤等正常沉积成矿作用，以及与风化淋滤表生富集有关的 Fe、Al、耐火黏土等成矿作用。这些成矿作用，形成了 1 个成矿亚系列，即 Pz_2-15^3 石炭纪上扬子地台与海陆交互相沉积作用有关的铝土矿、黏土、镓、煤、铁矿床成矿亚系列。其中，铝土矿产于九架炉组—大竹园组中，为古风化壳上的潮坪相—浅湖相沉积作用形成。由南向北产出层位逐渐升高，黔中的修文-清镇铝土矿为下石炭统祥摆组，黔北的遵义铝土矿为下石炭统九

架炉组,再向北至黔北的务正道铝土矿为下二叠统梁山组,从而由南向北形成了3个矿床式,即猫场式、遵义式(凯里鱼洞式)、大竹园式。与铝土矿伴生的矿产常常有赤铁矿、硫铁矿、煤、耐火黏土、镓等;铁矿为苦李井式铁矿,以凯里市苦李井铁矿为代表,属古风化壳沉积型铁矿;煤矿为龙里式煤矿,以龙里县营屯煤矿为代表,含煤岩系为石炭系祥摆组。

3) 稳定型陆表海沉积环境的成矿作用

稳定型陆表海沉积环境的成矿作用包括浅海碳酸盐岩台地内部的碳酸盐岩沉积成矿作用,成矿作用以浅海碳酸盐岩正常沉积作用为主,形成了大量碳酸盐岩沉积矿床,灰岩、白云岩等非金属矿产。

由于这些矿种不是本次工作关注重点,故尚未建立成矿亚系列。

2. 汇聚、上隆阶段(中二叠世晚期—晚二叠世中期)

该阶段,贵州西部的陆内裂谷盆地逐渐萎缩、闭合,地壳(川滇古陆)逐渐隆起,并发生峨眉山玄武岩喷发作用,导致黔西南及桂北(右江盆地西北缘)的火山碎屑岩夹少量硅质岩和灰岩沉积,形成了与峨眉山地幔柱活动有一定成因联系的矿产,如锰矿、玄武岩型铜矿点或矿源层、辉绿岩外接触带的接触交代型软玉矿床,以及卡林型金矿的矿源层、铂钯异常等。

因此,该阶段共建立了2个成矿系列和多个矿种的矿源层:

(1) Pz_2-15 上扬子晚古生代与沉积作用有关的铁、锰、铝、硫、锶、钒、镓、煤、膏盐、重晶石、磷矿床成矿系列。贵州仅包含其中的1个亚系列,即 Pz_2-15^4 川滇黔晚二叠世与陆相玄武岩、海陆交互相沉积岩有关的硫、锰、铁、铝土矿、煤矿床成矿亚系列。该亚系列主要有正常沉积作用、生物化学沉积作用、台沟相热水沉积作用等,从而导致了铝、锰、煤、硫、铁等矿产的形成。至今,已建立4个矿床式,即遵义式锰矿、叙永式硫铁矿、六盘水式煤矿、楚米铺式铁矿。其中,遵义式锰矿主要为中二叠世台沟相热水沉积(但部分产于龙潭组一段,为中二叠世风化—剥蚀—再沉积产物),以遵义县铜锣井锰矿、团溪锰矿为代表;叙永式硫铁矿为含煤建造沉积型硫铁矿,产于龙潭组一段,以遵义三岔河、大方猫场硫铁矿为代表;六盘水式煤矿为潮坪相—陆相沉积作用成矿,含煤地层有宣威组、龙潭组、合山组、长兴组,以六枝煤矿为代表;楚米铺式铁矿为海陆交互相沉积作用形成,产于龙潭组底部,矿石包括菱铁矿、赤铁矿、含绿泥石菱铁矿等,以桐梓县楚米铺铁矿为代表。

(2) Pz_2-15^5(新) 晚二叠世与峨眉山玄武岩、辉绿岩有关的铜、玉石矿床成矿系列。本次新建的矿床系列,目前见有2个矿床式,即铜厂河式铜矿、罗甸式软玉。其中,铜厂河式铜矿与峨眉山玄武岩直接有关,而罗甸式玉石矿产于辉绿岩体与四大寨组灰岩接触带,以罗甸县官固软玉矿床为代表,是二叠世辉绿岩体侵入四大寨组中灰岩,在其外接触带形成了接触交代型透闪石变质矿物,成为达到软玉矿工业要求的矿产。

(3) 多个矿种的矿源层。众多学者研究表明,中晚二叠世峨眉山玄武岩喷发及其次火山岩(辉绿岩)的侵入,不但为上述海西期锰、铁、硫、重晶石等矿产的形成提供了成矿物质来源或热液,而且也为印支期—燕山期—喜马拉雅期某些矿产的形成奠定了物质基础,这主要体现为形成了黔西南卡林型金矿(尤其是凝灰岩型金矿,即泥堡式金矿)、铜矿等的矿源层乃至于矿化体、矿体。

五、印支期(中二叠世晚期—晚三叠世中期)

(一) 构造演化

尽管印支期构造作用及成矿作用在贵州的表现不强烈,但从更大区域来说,很有必要将印支期与燕山期的构造旋回和成矿旋回区别开来。印支期是海西运动之后中国北方大陆与西伯利亚古大陆之间的

"磨合"时期,是华北陆块与扬子陆块的闭合时期,也是西南部特提斯洋的主体演化时期,从打开到闭合经历了一个完整的构造旋回。印支期(三叠纪)的中国大陆,经历了从"南海北陆"到燕山期"东西分野"的巨大转变。因此,将印支期矿床成矿系列独立出来研究,对于认识中国大陆成矿体系的形成,具有重要意义。

在贵州,从晚古生代末开始,随着贵州西南侧金沙江-红河-马江洋盆汇聚呈现弧-盆体系和贵州东南侧钦防海槽的萎缩,贵州进入了挤压背景下的(弧后)前陆盆地演化阶段,以沉积作用为主,主要包括风化作用、机械沉积作用、化学沉积作用、生物化学作用等。

印支晚期发生的印支运动在贵州省主要表现为地台内部的升降运动,导致从海相为主转变为以陆相为主。

(二)成矿作用

印支期贵州主要为升降机制下的前陆盆地陆表海盆地成矿环境,沉积建造为稳定型的单陆屑建造、浅海碳酸盐建造和海陆交互含煤建造等,成矿作用类型包括碳酸盐岩台地断裂构造低温热液成矿作用(Pb、Zn、Ge、Ag),以及滇黔海盆三叠系陆相沉积作用(煤)及海相碳酸盐岩沉积作用(石膏、灰岩、白云岩)等。具体与成矿相关者有风化作用、机械沉积作用、化学沉积作用、热水沉积作用、生物化学作用等。从而形成了2个矿床成矿系列:

(1)Mz_1-12F 川滇黔与印支旋回热水—沉积作用有关的铅、锌、锰、锶、石膏、盐、杂卤石、煤矿床成矿系列组的流体成矿系列。在贵州只有1个亚系列,即 Mz_1-12^4 大凉山-乌蒙山断裂褶皱带铅、锌、锗、银矿床成矿亚系列,并且只有1个矿床式,即会泽式铅锌矿,以云南省会泽县会泽铅锌矿床为代表,为热水喷流沉积成矿。李家盛(2005)提出,会泽铅锌矿属海底热卤水喷流沉积-改造层控型矿床。在贵州主要见于黔西北地区,有威宁银厂坡、云炉河坝、水城县杉树林、猴子场等铅锌(银)矿、织金县杜家桥等铅锌矿床,为碳酸盐岩中热液型铅锌矿,或称密西西比河谷型铅锌矿,产于 Z_2、D、C 碳酸盐岩层间断层、节理裂隙中。本书采纳主成矿期为印支期的观点,认为该矿床式的铅锌矿属于沉积-热液改造成矿,从而归属为印支期本成矿系列。

(2)Mz_1-12S 川滇黔与印支旋回热水-沉积作用有关的铅、锌、锰、锶、石膏、盐、杂卤石、煤矿床成矿系列组的海相沉积成矿系列。在贵州省有2个亚系列:

A. Mz_1-12^2 滇黔海盆与三叠系海相碳酸盐岩有关的石膏成矿亚系列,矿床式为太平堡式石膏,以普定县太平堡石膏矿为代表,另有马家沟、六枝等石膏矿床,为早—中三叠世蒸发相沉积,产于嘉陵江组四段及关岭组一段。

B. Mz_1-12^3(新)滇黔海盆与三叠系陆相沉积煤成矿亚系列,矿床式为龙头山式煤矿,以贞丰县龙头山中型煤矿为代表,含矿地质体为三叠系把南组、火把冲组,为陆相沉积作用形成。

六、燕山期(晚三叠世晚期—早白垩世)

(一)构造演化

燕山构造旋回是中生代地质构造演化发展的新阶段,它开始于早侏罗世,结束于白垩纪晚期,其时限为205~80Ma,是西太平洋古陆和亚洲大陆碰撞的结果。

燕山期贵州省总体处于滨太平洋构造域的鄂尔多斯-四川前陆坳陷带的四川前陆盆地环境,它们既是东侧滨太平洋造山带的前陆盆地,也是西侧特提斯造山带的前陆盆地,是晚三叠世川滇近海盆地的重要组成部分,在侏罗纪—白垩纪发展成为陆相红色盆地。

燕山造山带中心位置在绍兴—萍乡—北海一线,向西部依次为湘中—湘南—桂中前陆坳陷、湘西—桂北—黔东南前陆隆起和黔中—四川盆地坳陷。贵州受东侧燕山期前陆逆冲褶皱带俯冲造山的影响,形成南北向造山带前陆侏罗山式褶皱,因而主要广泛发育低温热液蚀变及其成矿作用,以及更广泛的沉积作用。沉积地层主要发育了前陆盆地沉积岩石组合及磨拉石盆地沉积岩石组合,而构造组合主要发育造山带前陆组合,以侏罗山式褶皱、日耳曼式褶皱、逆冲推覆断层、浅层滑脱构造、平行走滑断层为代表,构造运动方向由东向西,变形以浅部层次脆性变形为主。

(二)成矿作用

燕山期,在贵州主要见有以下几个矿床成矿系列:

1)Mz_2-40 上扬子台褶带沉积岩容矿的铅、锌、汞、金、银、锑、砷、萤石、重晶石矿床成矿系列

该成矿系列实际分布范围已跨越陈毓川等(2007)限定的上扬子台褶带范围,在上扬子成矿省中东部和华南成矿省桂西—黔西南地区都有分布,由此广大区域中的多个时代沉积地层的多矿种低温热液成矿作用所形成。本书将其成矿环境细分为:苗岭-南盘江断裂褶皱带二叠系及三叠系沉积岩中热液成矿环境(Au、Ag、As、sb、Hg);上扬子台缘褶断带沉积岩及浅变质沉积岩中的中—低温热液成矿环境(Hg、As、Se、Sb、U、Au、Pb、Zn、Ag、萤石、重晶石)。

所形成的亚系列,可根据陈毓川等(2007)提出的矿床成矿系列划分方案,并结合贵州客观实际,细分为以下 8 个:

(1)Mz_2-40^5 苗岭-南盘江断裂褶皱带二叠纪及三叠纪碳酸盐岩容矿的金、银、砷、锑、汞矿床成矿亚系列。金矿的矿床式有 4 个,即紫木凼式金矿、戈塘式金矿、板其式金矿、水银洞式金矿。其中水银洞金矿形成于燕山期,105Ma,低温热液成矿,产于龙潭组与茅口组接触带及断层中;汞矿只建有 1 个矿床式,即滥木厂式汞矿,以兴仁县滥木厂汞矿为代表。

(2)Mz_2-40^7(新)苗岭-南盘江断裂褶皱带二叠纪及三叠纪硅质陆源碎屑岩容矿的金、锑、汞、砷矿床成矿亚系列:建有 1 个矿床式,即烂泥沟式金矿,以贞丰县烂泥沟金矿为代表。

(3)Mz_2-40^8(新)苗岭-南盘江断裂褶皱带二叠纪(含)火山碎屑岩(凝灰岩)容矿的锑、金、萤石矿床亚系列。建有 3 个矿床式,即泥堡式金矿、晴隆式锑矿、晴隆式萤石矿。其中,泥堡式金矿以普安泥堡金矿为代表,产于二叠系峨眉山玄武岩喷发的火山凝灰岩沉积区,赋矿层位及容矿岩石为茅口组顶部的含火山凝灰质的构造蚀变体(俗称大厂层)、峨眉山玄武岩组火山凝灰岩沉积层、龙潭组含火山凝灰质陆源碎屑沉积岩等,主要为燕山期低温热液成矿;晴隆式锑矿以晴隆县大厂锑矿为代表,产于二叠系玄武岩与茅口组接触部位,容矿岩石为含火山凝灰质的构造蚀变体(俗称大厂层),为燕山期低温热液成矿;晴隆式萤石矿以晴隆县后坡萤石矿为代表,另有西舍、碧康萤石矿等,产于二叠系玄武岩与茅口组接触部位,为燕山期热液型矿床。

(4)Mz_2-40^3 开阳-余庆台缘褶断带震旦纪—寒武纪碳酸盐岩容矿的汞矿床成矿亚系列。含矿地层以半局限台地蒸发相和台地边缘斜坡相碳酸盐岩为主,矿化常富集在具脆性岩层(中—厚层白云岩等)与塑性岩层(中—薄层富含泥质的碳酸盐岩)组合的脆性岩层中,含矿体多沿背斜层间破碎带产出,矿体及含矿体多呈层状、似层状、透镜状顺层展布,一般长数百米至千余米,厚数米至数十米。地球化学研究成果反映出矿质来源于地层,在盖层沉积阶段形成的矿源层,可能主要是含矿地层本身,即矿源层经之后低温地下热水改造成矿。具体而言,有 2 个矿床式:①白马硐式汞矿,以开阳县白马硐汞铀钼矿为代表,另有开阳中心汞矿等,为燕山期低温热液成矿,产于上震旦统—寒武系中、下部白云岩节理裂隙中;②纸房式汞矿,以黔中地区黄平县纸房肖家冲汞矿为代表,产于灯影组—寒武系白云岩节理裂隙中。

(5)Mz_2-40^2 丹寨-独山台缘褶断带古生代碳酸盐岩、碎屑岩及前寒武纪浅变质岩容矿的锑、汞、金矿床成矿亚系列。有 5 个矿床式:宏发厂式汞矿,以丹寨宏发厂汞金矿为代表,另有独山窑夜汞矿、三都交

梨汞矿、半坡汞矿等，为燕山期低温热液成矿，产于寒武纪、奥陶纪碳酸盐岩及断层带中；苗龙式金矿，以丹寨苗龙汞锑金矿床为代表，属于微细粒浸染型金矿，产于断层带及层间裂隙中；八蒙式锑矿，以榕江县八蒙锑矿为代表，属于热液型锑矿，产于浅变质细碎屑岩及断层、节理裂隙中；半坡式锑矿，以独山县半坡锑矿为代表，另有雷山开屯锑矿，为低温热液成矿，产于碳酸盐岩及断层、节理裂隙中；排带式硫铁矿，以三都县排带硫铁矿床为代表，热液型，产于断层、节理裂隙中。

(6) Mz_2-40^4 务川-万山台缘褶断带寒武纪碳酸盐岩容矿的汞、砷、硒、锑、铀、金、萤石、重晶石矿床成矿亚系列。有2个矿床式：务川式汞矿，以务川木油厂汞矿床为代表，燕山期(439~318Ma)低温热液成矿，产于寒武纪碳酸盐岩的断层、节理裂隙中；万山式汞矿，以万山杉木董汞矿床为代表，燕山期(439~318Ma)低温热液型成矿，产于寒武代碳酸盐岩的断层、节理裂隙中；丰水岭式萤石矿，以沿河县丰水岭萤石矿为代表，另有鸡冠山萤石矿床和洞口坳萤石、重晶石矿床等，为热液型，产于奥陶系红花园组的断层、节理裂隙中。

(7) Mz_2-40^9（新）轴缘带古生代碳酸盐岩容矿的低温热液锌、铅、镉、重晶石矿床成矿亚系列。有1个矿床式，即顶罐坡式重晶石矿，以施秉顶罐坡重晶石矿床为代表，为燕山期热液型矿床，产于下奥陶统碳酸盐岩断层、节理裂隙中。

(8) Mz_2-40^{10}（新）上扬子地台碳酸盐岩容矿的中低温热液铅、锌、银、铜、菱铁矿床成矿亚系列。有4个矿床式：杉树林式铅锌矿，以水城杉树林铅锌矿为代表，另有赫章猫猫厂等铅锌矿床，为海西期热水沉积初步富集，印支期—燕山期热液成矿，产于泥盆系、石炭系、二叠系碳酸盐岩断层、节理裂隙中；天桥式铅锌矿，以杜家桥铅锌矿为代表，为产于早古生代地层碳酸盐岩中的沉积-改造型铅锌矿；菜园子式菱铁矿，以赫章县菜园子菱铁矿为代表，主要指其中的热液型脉状矿体，不包括沉积型层状矿体，为泥盆纪沉积作用形成赤铁矿初始富集，印支期—燕山期热液作用形成的菱铁矿，产于层间断层、节理裂隙中；铜厂河式铜矿以威宁县铜厂河铜矿为代表，为二叠纪含铜玄武岩在印支期—燕山期热液作用形成铜矿，产于玄武岩中断层及节理裂隙。

2) Mz_2-39 四川盆地与侏罗—白垩纪陆相碎屑岩、泥质岩有关铁、芒硝矿床成矿系列

本系列仅建立了1个亚系列，即 Mz_2-39^3 四川盆地东南部铁矿床成矿亚系列，为四川前陆盆地成矿环境，在贵州主要分布于黔北—黔西北地区，以陆相沉积成矿作用。有1个矿床式，即綦江式铁矿，其铁矿主要产于四川盆地东南缘，以綦江县的綦江铁矿为代表，含矿层为下侏罗统下部珍珠冲组紫红间灰绿色砂泥岩中部，矿石为赤铁矿和菱铁矿。

对于燕山期产出的其他矿产，如晚三叠世—侏罗纪陆相地层中产出的煤矿、芒硝矿等，也为陆相沉积成矿作用，由于研究程度较低，本次尚未建立矿床式和成矿亚系列。

七、喜马拉雅期（晚白垩世—第四纪）

(一)构造演化

喜马拉雅期的基本环境为有比大洋地区更厚的地壳和岩石圈，在贵州主要表现为陆内古构造带重新活动和新构造活动的成矿动力学机制，以及表生成矿机制——由大陆上气圈、水圈、生物圈、岩石圈四者接触、相互作用形成的表生成矿动力学机制。

晚白垩世—第四纪，本区进入板内隆升活动阶段，形成一系列地垒-地堑式构造组合，明显切割了先期构造形迹和地质体，控制了古近纪渐新世、新生代地层呈山间磨拉石盆地产出。

喜马拉雅运动（新构造运动）代表了新近系与下覆地层之间角度不整合接触关系的构造事件，区域构造活动主要表现为区域性隆升背景下的断块活动，具有明显的掀斜性、间歇性隆升和差异性隆升等特

征(王砚耕,2000),而且现代仍处在隆升趋势之中,控制了贵州现今的河谷阶地、第四系分布、温泉、地震及地貌和水系格局,进而对新生代成矿作用产生深刻影响。

(二)成矿作用

贵州省新生代包含表生成矿作用环境和内生成矿作用环境。

1. 表生成矿作用环境

表生成矿作用环境主要为隆升机制下的山间盆地成矿环境,以表生成矿作用为主,具体包括:风化带氧化—淋滤及残积导致的富集成矿作用、红土化成矿作用(Al、Au、Mn)、冲洪积物中的机械沉积成矿作用(金、铅、锌、水晶、重晶石、金刚石的砂矿),次生硫化物富集成矿作用(砂岩铜矿、玄武岩铜矿进一步富集成矿)等。形成的矿床成矿系列如下。

1)Sw7 西南部风化壳稀有、稀散、镍、金、铂族、钛铁矿、砂锡成矿系列组

本次在贵州建立了以下5个亚系列:

(1)Sw7-4 岩溶石山地区风化壳土型金矿成矿亚系列。已建立1个矿床式,即老万场式金矿,以黔西南老万场为代表,另有豹子洞、砂锅厂金矿,微细粒浸染型原生矿体、矿化体经崩塌堆积形成,部分为红土化作用,产于残坡积物中。

(2)Sw7-5 滇黔桂风化壳铝土矿成矿亚系列。主要产于各类原生沉积铝土矿床的新生代风化壳上,一般为残坡积矿体,部分为铝土岩在风化壳富集成矿,但规模极小。

(3)Sw7-9(新)坡残积层中铅、锌、水晶矿床成矿亚系列。已建立2个矿床式:①榨子厂式铅锌矿,以赫章榨子洞铅锌矿的残坡积矿体为代表,另有赫章白腊厂铅锌矿等的残坡积矿体,为原生铅锌矿体经风化搬运到一定位置形成残坡积物中的矿体;②马场式水晶,以贵阳马场水晶砂矿为代表,产于灯影组风化露头附近的缓丘状山坡上,以残坡积为主。另有罗甸拱里水晶矿点等,为硅质岩层中水晶风化后保留在残坡积物中。

(4)SW7-10(新)灰岩淋滤带中石膏矿床成矿亚系列。贵州主要见有黄平红梅石膏等矿床点,为新生风化淋滤作用形成。

(5)Sw7-11(新)华南—扬子沉积岩风化壳锰、铁成矿亚系列。已建立2个矿床式,即水城式锰矿、金沙式铁矿。其中,水城式锰矿以水城徐家寨锰矿为代表,另有纳雍营盘锰矿、水城沙沟锰矿等,为茅口组二段中的含锰碳酸盐岩经风化淋滤后成矿;金沙式铁矿以金沙县大槽铁矿为代表,为硫铁矿或铁质黏土岩经风化淋滤作用形成,产于第四纪残坡积物。

2)Sp1 长江流域砂金成矿系列

贵州见有1个成矿亚系列,即 Sp1-7 沅江-洞庭湖流域砂金、金刚石、独居石成矿亚系列。其成矿作用与机械沉积作用有关。已建立1个矿床式,即汨罗式金矿,在贵州以天柱白市砂金矿点为代表,另有黎平县敖市砂金矿点等,产于河流阶地、河漫滩。此外,可建立1个金刚石砂矿的矿床式,即亮江式金刚石砂矿,为金刚石原生矿风化剥蚀冲积于现代河流的河漫滩、阶地堆积物中形成的砂矿。根据贵州省地质矿产勘查开发局一○一地质大队资料反映,通过水系大样及水系重砂扫面工作,除黔北、黔西北外,在贵州省其他地区各水系及其支流的河漫滩、阶地堆积物均有数量不等的金刚石及其伴生矿物——镁铝榴石和铬铁矿出露。其中,以清水江水系出土的金刚石数量最多、品质最好,亮江支流出土的金刚石以无明显蚀象、粒度较大、质量佳为特征,以Ⅰ型金刚石为主。

贵州省内残坡积重晶石砂矿,主要产于平坝、修文、湄潭等地,均为原生矿床顶部或附近,一共有平坝马场中型重晶石矿床1处、修文陈官等重晶石矿点3处。

2. 内生成矿作用环境

内生成矿作用较少,主要见有兴义大际山地区钼铀矿及汞矿等内生热液矿产,产于上白垩统茅台组砾岩系的硅化黄铁矿化砾岩、角砾岩中,其地质构造主要定型于喜马拉雅期,与喜马拉雅期断裂活动相关的热液成矿影响已达茅台组内,沿不整合面的茅台组中下部及其下伏地层的硅化蚀变强烈,分布范围较广,其中有热液成因的钼铀矿和汞矿产出(张明发等,2005)。

3. 未建矿床成矿系列或亚系列的其他新生代矿产

贵州省新生代矿产中,由于地质勘查及研究程度很低(或本次潜力评价工作没有关注)而未建矿床成矿系列或亚系列者主要有:

(1) 砂岩型铜矿、银矿。黔北地区(习水、赤水、仁怀、金沙、遵义等地)广泛见有与新生代沉积盆地陆相碎屑岩类有关的砂岩型铜矿、银矿等小型矿床及矿点,产于晚三叠世—侏罗纪沉积盆地的陆相碎屑岩系中,为次生硫化物型铜、银矿床,主要矿产为铜,银主要为伴生矿产,一般矿体规模不大,不稳定,多为矿点或小型矿床,以习水条台铜矿点为代表。

(2) 其他。如中新生代盆地中发育的可地浸砂岩型铀矿床,含矿岩系主要为新生代含煤碎屑岩建造、红色碎屑岩建造或中生代火山-沉积建造;古生界及其更老地层黑色岩系中的页岩气矿产;等等。因超出本项目研究范畴,故不赘述。

第四节 区域成矿旋回与矿床成矿谱系

一、贵州省区域成矿旋回划分意见

区域成矿旋回的划分通常与构造旋回相对应,任纪舜(1999)曾将我国构造演化划分为迁西、阜平、五台、吕梁、四堡、晋宁、震旦、加里东、海西、印支、燕山、喜马拉雅13个旋回及其若干个亚旋回,从而也将中国的区域成矿旋回划为了13个旋回及其若干个亚旋回。

对于贵州省成矿旋回的划分,可大致参照贵州省构造旋回的划分。贵州省从有地表露头的地质记录(新元古代—第四纪地层、岩石、构造等)来看,从早到晚经历了从活动型地壳向稳定型地壳演化,从洋陆转换阶段向板内活动阶段的地壳演化历程。其中,洋陆转换阶段又分为武陵构造旋回期(新元古代青白口纪中期)、雪峰—加里东构造旋回期(新元古代青白口纪晚期—早古生代),具有洋陆B型俯冲、弧陆碰撞造山的特点;板内活动阶段又分为海西—印支—燕山构造旋回期(晚古生代—早白垩世)、喜马拉雅构造旋回期(晚白垩世—第四纪),具有板内A型俯冲造山的特点。本书与之对应,认为贵州区域成矿旋回也可分为4个旋回,即武陵旋回、加里东旋回、海西—印支—燕山旋回和喜马拉雅旋回。由于这一划分较为粗略,不便于与全国对比,因此拟再划分出成矿亚旋回,即以构造作用相对较弱、造成区域性平行不整合面和局部角度不整合面的构造运动为依据,如雪峰运动、紫云运动、黔桂运动、东吴运动、安源运动(印支运动)等,划分出雪峰、加里东、海西、印支、燕山等亚旋回。

现将贵州省各成矿旋回及其亚旋回的区域构造背景和成矿作用特点总结于表5-32。

二、贵州省矿床成矿谱系

陈毓川等(2001,2007)指出矿床成矿谱系(简称为"成矿谱系")是矿床成矿系列理论的重要组成部分,指一个区域内地质构造环境演化过程中成矿作用的演化及时空结构,可用于探索一个区域内的成矿旋回及其成矿作用类型与演化、矿床成矿系列之间的叠加、改造、再造作用过程,以及它们与区域构造旋回及其各类地质作用的关系。具体而言,在某个特定区域内的各个地史时期,经历了若干地质构造旋回,相应地伴随着发生程度不等、性质不同的成矿作用,形成与构造旋回大致对应的成矿旋回及其矿床成矿系列、亚系列、矿床式等。一个成矿旋回,由一定成矿单元内出现的重大地质事件、对应的成矿地质环境和匹配的矿床成矿系列组成,按成矿旋回(成矿时代)演化过程中先后出现的成矿地质环境,依顺序排列起来组成成矿地质环境的演化序列。

表 5-32 贵州省成矿旋回、成矿背景及成矿作用简表

成矿旋回		动力机制	成矿地质环境与成矿作用
中国 (任纪舜,1999)	贵州省 (本书建议)		
喜马拉雅旋回	喜马拉雅旋回	隆升	(1)表生成矿作用环境,主要为隆升机制下的山间盆地成矿环境,成矿作用主要有风化带氧化富集作用及红土化成矿作用(Al、Au、Mn),残坡积、冲洪积作用(Au、Pb、Zn、水晶、重晶石、金刚石的砂矿),次生硫化物富集成矿作用(砂岩铜矿、玄武岩性铜矿进一步富集成矿)等 (2)内生成矿作用环境较少,主要见有兴义大际山地区钼铀矿及汞矿等内生热液矿产,产于上白垩统茅台组砾岩系中
燕山旋回	燕山亚旋回	挤压隆升	主要为挤压隆升机制下的造山带前陆盆地成矿环境,根据燕山期构造环境可细分为以下几种成矿环境: (1)上扬子台褶带低温热液成矿环境:该成矿系列的分布范围实际已跨越陈毓川(2007)等限定的上扬子台褶带范围,在上扬子成矿省中东部和华南成矿省桂西—黔西南地区都有分布,在多个时代沉积地层中发生了多个矿种的低温热液成矿作用(铅、锌、汞、金、银、锑、砷、萤石、重晶石),形成了多个亚系列。因此,可将成矿环境细分为:①苗岭-南盘江断裂褶皱带二叠系及三叠系沉积岩中热液成矿环境(金、银、砷、锑、汞);②上扬子台缘褶断带沉积岩及浅变质沉积岩中的中—低温热液成矿环境(汞、砷、硒、锑、铀、金、铅、锌、银、萤石、重晶石); (2)四川前陆盆地成矿环境:是滨太平洋造山带和特提斯造山带的前陆盆地,在晚三叠世—白垩纪发展为陆相红色盆地,在贵州主要分布于黔北—黔西北地区,以陆相沉积成矿作用(铁矿、芒硝、煤矿等)为主
印支旋回	海西—印支—燕山旋回	印支亚旋回	升降	主要为挤压隆升机制下的前陆盆地成矿环境。成矿作用包括碳酸盐岩台地断裂构造低温热液成矿作用(铅、锌、锗、银),以及滇黔海盆三叠系陆相沉积作用(煤)及海相碳酸盐岩沉积作用等(石膏、灰岩、白云岩)
海西旋回		海西亚旋回	汇聚上隆	主要为汇聚-上隆机制下的被动陆缘裂谷闭合—地壳隆起—玄武岩喷发成矿环境,根据成矿作用与玄武岩—辉绿岩的亲疏关系,大致可细分为2种成矿环境: (1)海陆交互相沉积岩-陆相玄武岩喷发沉积成矿环境。主要包括正常海陆交互相沉积成矿环境下的泥质碎屑沉积、化学沉积、生物化学沉积等成矿作用(Al、Fe、硫铁矿、高岭土矿、煤矿等),以及古玄武质火山喷发沉积、含玄武质的碎屑岩—碳酸盐岩—硅质岩沉积环境有关的化学沉积成矿作用等(Mn、Au 矿源层等); (2)峨眉山玄武岩岩浆成矿环境及辉绿岩的外围岩接触成矿环境。主要是玄武岩喷发期成矿作用(如玄武岩型铜矿),以及与玄武岩同质异相的辉绿岩体与四大寨组灰岩的外接触带接触交代成矿作用(软玉矿)

续表 5-32

成矿旋回		动力机制	成矿地质环境与成矿作用
中国（任纪舜，1999）	贵州省（本书建议）		
海西旋回	海西—印支—燕山旋回	海西亚旋回	离散	主要为离散机制下的被动陆缘裂陷环境，从裂陷槽（裂谷）向两侧大致可分为 3 种成矿环境： (1)陆内—陆缘裂谷—裂陷沉积成矿环境。主要是碳酸盐岩台沟、台盆中海相沉积、热水喷流沉积、生物化学沉积等成矿作用（铁、锰、重晶石矿体及铅、金的矿源层）； (2)碳酸盐岩台地边缘（或台沟、台盆边缘）成矿环境。包括正常沉积成矿作用（铁、铝、磷、黏土、煤等）及表生风化淋滤富集成矿作用（铁、铝、耐火黏土等）； (3)稳定型陆表海沉积环境的成矿作用。浅海碳酸盐岩台地内部的海碳酸盐岩沉积成矿作用（灰岩、白云岩矿产）
加里东旋回	雪峰—加里东旋回	加里东亚旋回	汇聚	主要为汇聚机制下的加里东期造山成矿环境，根据与造山带的空间关系，可细分为 3 种成矿环境： (1)加里东期造山带外带成矿环境。主要是浅变质细碎屑岩中金、钨、锑、铅、锌、铜低温热液成矿作用，所形成矿产包括金（天柱、锦屏—黎平—从江地区），W、Sb（三都、榕江），铅、锌、铜（从江、雷山—镇远），水晶（天柱）等； (2)沿深断裂分布的钾镁煌斑岩成矿环境。发生了金刚石的成矿作用（镇远、麻江等地原生金刚石）； (3)加里东期前陆盆地环境。主要包括碳酸盐岩中低温热液成矿作用（锌、铅、镉等）
震旦旋回			离散	主要为离散机制下的被动陆缘盆地（裂陷盆地、初始洋盆）成矿环境，成矿作用为与新元古代—早寒武世（热水）沉积（黑色岩系）有关的成矿作用，具体包括海相热水（泉）沉积（磷、稀土）、海相化学-生物化学沉积（磷、硫）、陆内裂陷盆地（台沟）冷泉沉积（锰）、热水喷流沉积（重晶石）、黑色页岩沉积（钒、镍、钼）等
晋宁旋回		雪峰亚旋回	隆升	雪峰运动在贵州没有表现出汇聚造山特征，而是局部隆升遭受剥蚀的环境，因此可能不存在与花岗岩有关的成矿作用，但不排除有热液成矿作用和沉积成矿作用
			离散	主要为离散机制下的被动陆缘裂陷槽成矿环境；主要是含火山凝灰质陆源碎屑沉积及成矿元素富集作用，仅形成了金、锑、铜、铅、锌、银矿源层，尚未成矿
四堡旋回	武陵旋回		汇聚	在汇聚机制下，首先为弧后盆地岩浆岩成矿环境，包括与超基性岩有关的成矿作用（熔离型镍、铜矿床）和与基性岩浆热液活动有关的成矿作用（铜、金矿床）。其后，主要为被动陆缘岩浆成矿环境，包括与基性岩有关的中—低温热液成矿作用（铜、金、银），以及与壳源花岗岩有关的气成-高温热液成矿作用（钨、铅、铜、铌、钽）
			离散	相关地质记录在本区内未出露

成矿谱系研究成果一般用矿床成矿谱系图来表示：以成矿单元作为横坐标，以成矿旋回（成矿时代）、成矿环境的变化顺序作为纵坐标（分列在图的两侧），中间列出与成矿旋回和成矿环境相对应的矿床成矿系列。

以上述理论方法为指导，本书以陈毓川等(2007)建立的全国各个成矿省的矿床成矿谱系为基础，通过系统综合研究，建立了适应于贵州省的矿床成矿谱系（图5-17），获得了较多重要认识——将在全省区域成矿规律综述及各个Ⅲ级成矿单元分述中分别给予总结。主要认识如下：

(1)贵州省矿床成矿谱系，表达了全省及其各个Ⅲ级成矿单元内随着成矿环境、成矿旋回的变化所形成的矿床成矿系列及其亚系列的有序分布，反映了全省地质构造环境演化过程中成矿作用的演化及时空结构，揭示了全省成矿旋回及其成矿作用类型与演化、矿床成矿系列之间的叠加、改造、再造作用过程，以及它们与区域构造旋回及其各类地质作用的关系。

(2)贵州省构造旋回可分为4个，即武陵旋回、雪峰—加里东旋回、海西—印支—燕山旋回和喜马拉雅旋回；亚旋回可划分出4个，即雪峰、加里东、海西—印支—燕山亚旋回。相应地，成矿旋回也划分为武陵旋回、雪峰—加里东旋回、海西—印支燕山旋回和喜马拉雅旋回。

(3)在武陵旋回、雪峰—加里东旋回、海西—印支燕山旋回、喜马拉雅旋回4个成矿旋回中，相互间都以大的造山运动及其所形成的区域性不整合面为界。其构造演化性质，前两个（武陵、加里东旋回）为洋陆转换阶段，后两个（海西—印支燕山、喜马拉雅旋回）为陆内演化阶段。其动力机制，前三个成矿旋回均为从离散（拉张、裂陷）向汇聚（挤压）的变化过程，而后一个成矿环境（喜马拉雅旋回）以区域性隆升为主。

(4)对于成矿亚旋回的划分而言，即雪峰与加里东亚旋回的分界，以及海西—印支亚旋回与燕山亚旋回的分界，均以区域性的平行不整合为界。

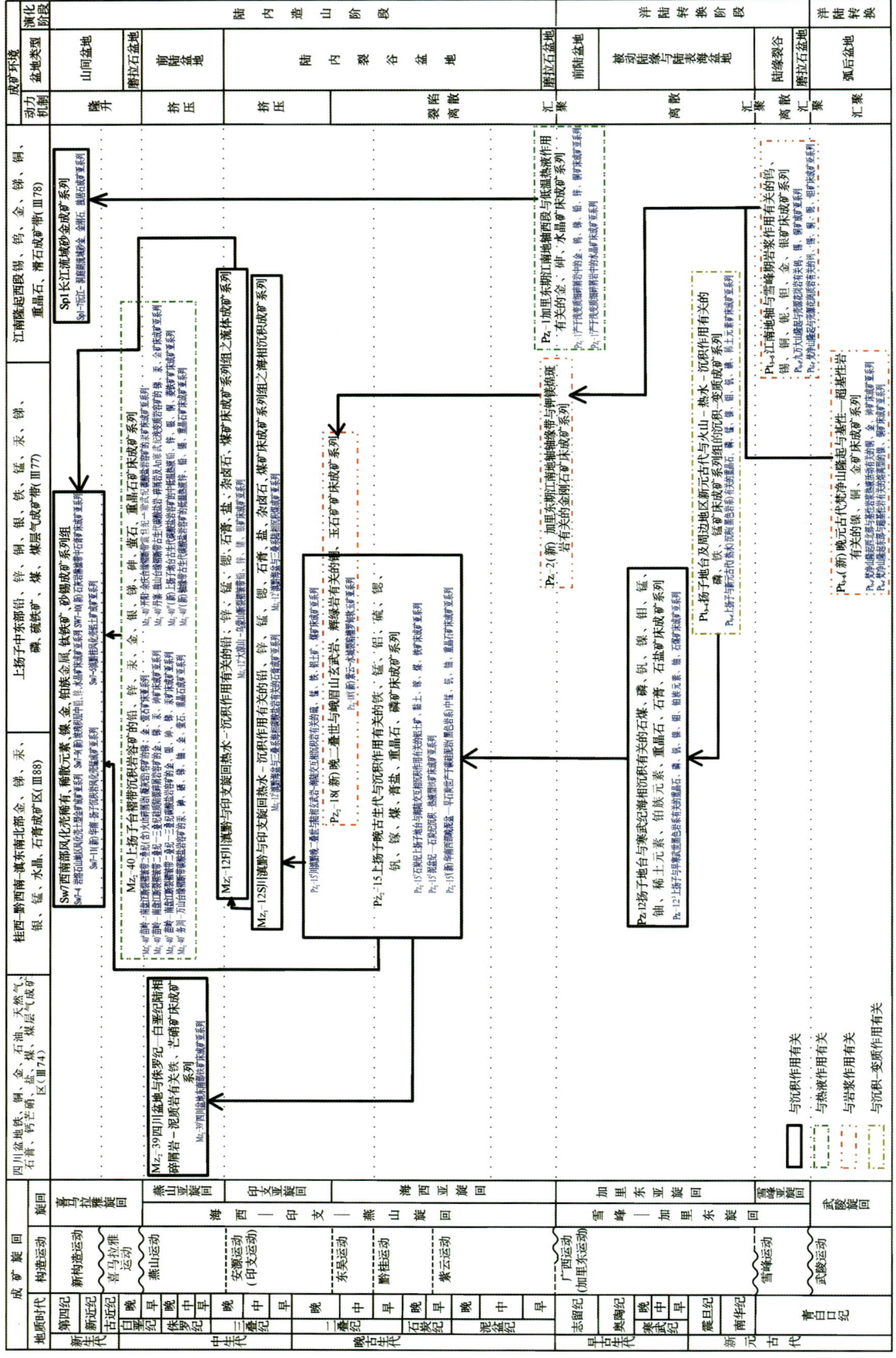

图5-17 贵州省矿床成矿谱系图

第六章　预测评价模型与矿产预测成果

第一节　上扬子中东部成矿带（Ⅲ77）

一、区域地球物理、地球化学标志

（一）区域地球物理

1. 重力特征及异常解译

该成矿带东部的重力梯级带为大兴安岭-太行山-武陵山重力梯级带南段，在贵州境内经松桃—剑河—榕江入广西境内，地质上为深大断裂的反映；西部的变化陡的重力梯级异常带是云贵高原与青藏高原过渡带的反映，为莫霍面陡变带或深大断裂带产生。

该成矿带在贵州中部，该区布格异常总体从东到西逐渐减小，变化幅度较大，从东部洋溪一带的 -100mGal 到西北部赫章的 -212mGal，变化了 112mGal；东部以零星圈闭异常为主，该区除麻江一带为范围较大的圈闭布格异常，异常走向为南北转东西向，其余地区为零星圈闭布格异常。西部为梯度带异常，布格异常等值线走向变化较大，多处具布格异常等值线系凸起带，最大为中部近东西向凸起带。

根据区内布格异常变化特征、方向导数、垂向一导与垂向二导求取等数据处理，区内共解译断裂59条，通过不同圆滑半径求取剩余异常，结合地质推断区内重力高值异常由侵入基性—超基性岩体引起的有23处。

2. 磁场特征及异常解译

从研究区航磁异常来看，西部毕节—织金—紫云以西，磁异常变化强烈，以正负相间圈闭磁异常展现，变化范围一般在正、负几十至300多纳特，以东磁异常变缓。研究区中部平坝—贵阳—瓮安—余庆—石阡一线磁异常相对平缓，沿该线以北，以正磁异常为主，中北部遵义—凤冈一带磁异常呈东西向正磁异常梯级带相隔，南北两边以大小不一的圈闭负磁异常展布，金沙一带，有一较大圈闭正负相伴磁异常，变化幅度在 $\pm 30\text{nT}$ 之内，在湄潭附近，有一个轴向东西的圈闭约 20nT 的正磁异常。桐梓—遵义—清镇—贵阳一线磁异常呈南北向梯级带排列。

结合该区地质、重力、化探等资料综合推断该区磁测构造，大部分磁异常与地表构造相对应，是地表地层、背斜、向斜构造及断裂构造地层中磁性物质的反映，部分地区为隐伏、半隐伏断裂构造，隐伏、半隐伏岩体引起。研究区西部大片出露的火成岩峨眉山玄武岩，面积广，磁场上表现为跳跃、变化剧烈磁场，推断西部磁场主要是由峨眉山玄武岩引起，中部以沉积岩为主，多为无磁性或弱磁性。从地表地质构造来看,息烽—石阡一带,推断为东西向深大断裂构造的反映。桐梓—遵义—清镇—贵阳一线航磁异常梯级带与地表桐梓-遵义-清镇-贵阳断裂构造对应。其余地区宽缓的正负磁异常多是地表背向斜构造中地层磁性物质的反映。

对该区航磁数据进行化极、求取 $0°$、$45°$、$90°$、$135°$ 方向导数、垂向一阶导数等计算,结合研究区地质、矿产、化探等资料,对航磁异常进行推断解释,在本区共推断断裂 90 条,推断基性岩体 20 个,其中隐伏岩体 9 个,半隐伏岩体 11 个。

(二)区域地球化学

1. 区域地球化学标志

上扬子中东部成矿带内,区域化探分析的 39 个元素(或氧化物)地球化学特征参数见表 6-1。39 个元素(或氧化物)中,相对于贵州省地球化学背景值的富集系数,除 Zr 特别低,Y 和 Al_2O_3 比 1 稍低外,其他 36 个元素(或氧化物)富集系数均大于(或等于)1。其中,又以 Hg、CaO、Na_2O、Cd 富集度最高,富集系数分别为 4.27、2.39、2.17、2.14。另外,MgO、Ba、Pb、Sb、Mo、F、As 等富集度也较高,富集系数在 1.30～1.55 之间。

39 个元素(或氧化物)中,La、Th、SiO_2、Al_2O_3 等元素(或氧化物)含量离散程度最低,为均匀分布类元素(变异系数小于 0.3),B、Be、Co、Cr、F、Nb、Ni、Sn、Ti、U、V、Y、Zr、Fe_2O_3、K_2O 等为弱离散元素类(变异系数在 0.3～0.5 之间),Ag、As、Bi、Cu、Li、Mn、P、Sr、W、MgO 等为中等离散元素类(变异系数在 0.5～1.0 之间),Hg、Sb、Au、Ba、Pb、Zn、Cd、Mo、Na_2O、CaO 等为强离散元素类(变异系数大于 1.0),特别是 Hg、Sb 含量离散程度最高,变异系数分别为 17.75 和 10.49。

上扬子中东部成矿带内,元素含量变化特征总体表现为:

(1)与汞、铅锌矿有关的 Hg、Sb、As、Pb、Zn、Cd 等元素富集度和离散程度均较高。

(2)与寒武系、南华系等地层中黑色岩系矿产具有较好相关性的 Ba、Mo 等元素富集度和离散程度均较高。

(3)代表区内广泛分布的碳酸盐岩物质组成特征的 CaO 和 MgO 富集度和离散程度均较高。

(4)反映沉积环境的 F 元素具有较高的富集度,离散程度则相对较低。

与铅锌矿有关的 Pb、Zn、Cd 等元素重要富集区(带),主要分于上扬子中东部成矿带的赫章、水城、普安和东部铜仁—玉屏—凯里。另外,上扬子中东部成矿带中部的开阳—瓮安和纳雍—普定等地也有规模较大的 Pb、Zn、Cd 元素富集区。与汞矿有关的 Hg、Sb、As、Au 等元素重要富集区(带),主要分布在万山、务川、息烽和丹寨。这些 Hg、Sb、As、Au 元素富集区(带)均为贵州省最为重要的汞成矿区,异常带往往长数十千米,宽一二十千米,特别是 Hg 异常规模大、强度高,最大峰值可达 $643\,102.6\times10^{-9}$。另外在松桃和余庆等地还分布有较大规模的 Hg、Sb、As、Au 元素富集区(带),在绝大部分 Pb、Zn、Cd、Ag 富集区(带)及其周围也有一定规模、强度的 Hg、Sb、As、Au 元素富集。

Ba、Mo、Ni、V、U、Ag 元素富集区(带)主要沿南华系—寒武系底部黑色岩系分布,在上扬子中东部成矿带东部形成一系列长达数十千米,北北东向展布的多元素富集区(带)。另外,在务川、万山、丹寨等汞矿区也有较大规模的 Ba 异常发育;在贵阳—紫云和赫章—毕节等地三叠系上有大面积的 Mo、Ni、V、U 低缓异常。

表 6-1 上扬子中东部成矿带地球化学特征参数表

元素/(氧化物)	成矿带地球化学参数($N:32\,933$)				贵州省水系背景值	变异系数	富集系数
	最大值	最小值	平均值	标准变差			
Ag	4 258.76	2.17	72.92	70.11	68.15	0.96	1.07
As	1647	0.11	19.42	17.63	14.89	0.97	1.30
Au	430.99	0.06	1.13	2.9	1.06	2.57	1.07
B	655.74	1.25	75.11	30.55	67.14	0.41	1.12
Ba	98 077.41	6.83	415.37	874.16	319.3	2.10	1.30
Be	119	0.25	2.56	1.14	2.36	0.45	1.08
Bi	11.91	0.04	0.45	0.39	0.41	0.87	1.10
Cd	58 902.4	21.58	670.75	1 029.02	313.3	1.53	2.14
Co	131.67	0.12	18.51	7.28	17.38	0.39	1.07
Cr	724.05	0.24	84.82	35.05	79.42	0.41	1.07
Cu	331.15	1.11	32.12	19.53	29.43	0.61	1.09
F	13 559.4	18.03	957.57	454.18	679.2	0.47	1.41
Hg	643 102.6	1.00	439.08	7 795.23	102.74	17.75	4.27
La	146	0.09	41.59	11.76	41.35	0.28	1.01
Li	679.6	3.28	47.58	27.32	40.09	0.57	1.19
Mn	43 430.2	19.61	1 279.63	742.72	1 076.9	0.58	1.19
Mo	265	0.02	1.88	2.79	1.38	1.49	1.36
Nb	185.7	0.89	20.51	8.1	20.37	0.40	1.01
Ni	342.96	2.00	33.39	13.26	32.84	0.40	1.02
P	18 028	10.77	631.04	333.32	621.5	0.53	1.02
Pb	9 687.47	0.60	41.61	129.03	29.39	3.10	1.42
Sb	2 523.7	0.08	1.91	20	1.35	10.49	1.41
Sn	69.81	0.51	3.2	1.08	3.19	0.34	1.00
Sr	75.74	2.42	1 199.53	39.88	64.82	0.53	1.17
Th	47.34	0.82	16.78	3.69	16.47	0.22	1.02
Ti	78 978.6	22	5 951.81	2826	5469	0.48	1.09
U	90.15	0.19	3.98	1.76	3.31	0.44	1.20
V	779.34	12.38	116.26	47.74	109.4	0.41	1.06
W	100.77	0.10	2.02	1.01	1.74	0.50	1.16
Y	332	0.35	29.77	10.73	31.44	0.36	0.94
Zn	37 813.75	0.86	101.41	353.87	89.94	3.49	1.12
Zr	1025	3.8	84.82	35.05	330.8	0.41	0.25
SiO_2	99.99	7.3	66.87	8.87	67.03	0.13	1.00
Al_2O_3	38	1.05	12.1	2.74	12.7	0.23	0.95
Fe_2O_3	64.54	0.41	5.97	2.97	5.63	0.35	1.06
K_2O	17.23	0.02	2.38	1.06	1.89	0.44	1.25
Na_2O	20.38	0.005	0.52	1.73	0.24	3.31	2.17
CaO	92	0.01	1.77	2.38	0.74	1.35	2.39
MgO	48.34	0.04	2	1.98	1.29	0.99	1.55

注:Ag、Au、Cd、Hg 含量单位为 $\times 10^{-9}$,SiO_2、Al_2O_3、Fe_2O_3、K_2O、Na_2O、CaO、MgO 的为%,其他元素的为 $\times 10^{-6}$。贵州省背景值引自《贵州省1∶50万地球化学图说明书》(1996)。

CaO、MgO高富集带主要与地层中不纯碳酸盐岩有关。F主要富集于三叠系及二叠系含煤岩系中。

上扬子中东部成矿带中,Ⅲ77-1、Ⅲ77-5、Ⅲ77-8共3个四级成矿带地质、矿产及其地球化学特征较为鲜明。分别对3个Ⅳ级成矿带与区内特色矿种相关性较好的Au、As、Sb、Hg、Pb、Zn、Mo、Ni、V、Mn、Ba 11个元素含量富集系数和变异系数进行统计。

(1)威宁-六盘水铅、锌、银、铜、铁、锰成矿带11个特征元素含量富集系数和变异系数,以Pb、Zn、Sb等中—低温热液成矿元素富集程度最高,变异特征最为显著。其次,富集、变异特征较为明显的元素有Hg、As。Mo、Mn、Ba有一定富集,但变异程度较低。总体表现为以铅锌成矿为主导,Sb、Hg、As伴生异常的特征。峨眉山玄武岩分布区Mn、Au、V为高背景,三叠系Mo元素相对富集。

(2)铜仁-凯里汞、铅、锌、锰、铝土矿成矿带11个特征元素含量富集系数和变异系数,最突出的是Hg,富集度和变异程度均特别高。其次,Sb、Au、Pb、Mo、Ba等,具有较高的富集度和变异程度。另外,As、Zn、Mn等也有一定程度的富集和变异。总体表现为与汞成矿有关的Hg元素富集度和变异程度均特别高,与铅锌、钼镍钒、重晶石等成矿相关的Pb、Mo、Ba及汞矿伴生异常元素Sb、Au等次之,成矿元素Mn、Zn及汞矿、铅锌矿伴异常元素As有一定程度的富集和变异。

(3)丹寨-荔波汞、金、锑、铅、锌、硫成矿带11个特征元素含量富集系数和变异系数最突出的是Hg、Sb,富集度和变异程度均特别高。其次,Au、Mo、Ba等具有较高的富集度和变异程度。另外,As、Pb、Zn、Mn等也有一定程度的富集度和变异程度。总体表现为与汞、锑成矿有关的Hg、Sb元素富集度和变异程度均特别高,与金、钼镍钒、重晶石等成矿相关的Au、Mo、Ba等次之,成矿元素Mn、Pb、Zn及汞矿、锑矿、金矿、铅锌矿伴异常元素As有一定程度的富集和变异。

2. 异常圈定及解释

各元素异常以贵州省区域化探数据90%累频值为异常下限,90%~95.5%为异常外带,95.5%~98%为异常中带,≥98%为异常内带。所圈异常以Au、As、Sb、Hg、Pb、Zn、Ag、Cd、Mo、Ni、V、U、Mn、Ba等元素异常为主要研究对象。

Au、As、Sb、Hg异常与汞、锑矿有关,同时南华系—寒武系底部黑色岩系相关矿产及铅锌矿也有异常显示。北北东向的织金-息烽-余庆异常带分布有著名的白马硐汞矿。东部从北到南有务川异常区、万山异常区、独山-丹寨异常区,分别与著名的务川汞矿、万山汞矿、丹寨汞金矿区对应。

Pb、Zn、Ag、Cd异常主要与铅锌矿有关。主要分布在西部和东部,以西部异常最为突出,有赫章、水城、罐子窑等北西向异常带(图6-1)。东部主要沿铜仁—玉屏—凯里形成北北东向的异常带。中部在纳雍-织金、开阳-瓮安等地也有较高异常发育。

Mo、Ni、V、U、Mn、Ba等元素异常主要与南华系—寒武系底部黑色岩系沉积型矿产有关,分布在钼镍钒矿区。Mn元素异常主要分布于松桃锰矿区和遵义锰矿区。Ba等元素异常除有与Mo、Ni、V、U异常相似的分布特征外,在务川、万山、丹寨等汞矿区也有较大规模的Ba元素异常发育。

在上扬子中东部成矿带中,西部威宁-六盘水铅、锌、银、铜、铁、锰成矿带就是以Pb、Zn、Ag、Cd异常为主的铅锌密集成矿区,其Pb-Zn-Ag-Cd组合异常见图6-1。异常主要分为中水-赫章妈姑、威宁-水城和罐子窑3个北东向的异常区(带)。这些异常规模均较大,中水-赫章妈姑异常带和威宁-水城异常带,在贵州省内延伸100km±,Pb、Zn元素异常均具三级异常浓度分带,与铅锌矿床(点)的分布及其控矿构造的展布极其吻合,是铅锌成矿及主要伴生异常元素组合。

东北部铜仁-凯里汞、铅、锌、锰、铝土矿成矿带是以Hg、Sb、Au、As异常为主,Pb、Zn、Ag、Cd、Mo、Ni、V、U、Ba异常次之,Mn异常局部发育为特征的成矿带。Hg-Sb-Au-As、Pb-Zn-Ag-Cd和Mo-Ni-V-U组合异常见图6-2。各元素异常下限:Hg 256.49×10^{-9}、Sb 2.97×10^{-6}、Au 1.98×10^{-9}、As 35×10^{-6}、Pb 52×10^{-6}、Zn 128.33×10^{-6}、Ag 104.43×10^{-9}、Cd 1402.96×10^{-9}、Mo 3.9×10^{-6}、Ni 50.80×10^{-6}、V 178.73×10^{-6}、U 5.92×10^{-6}。

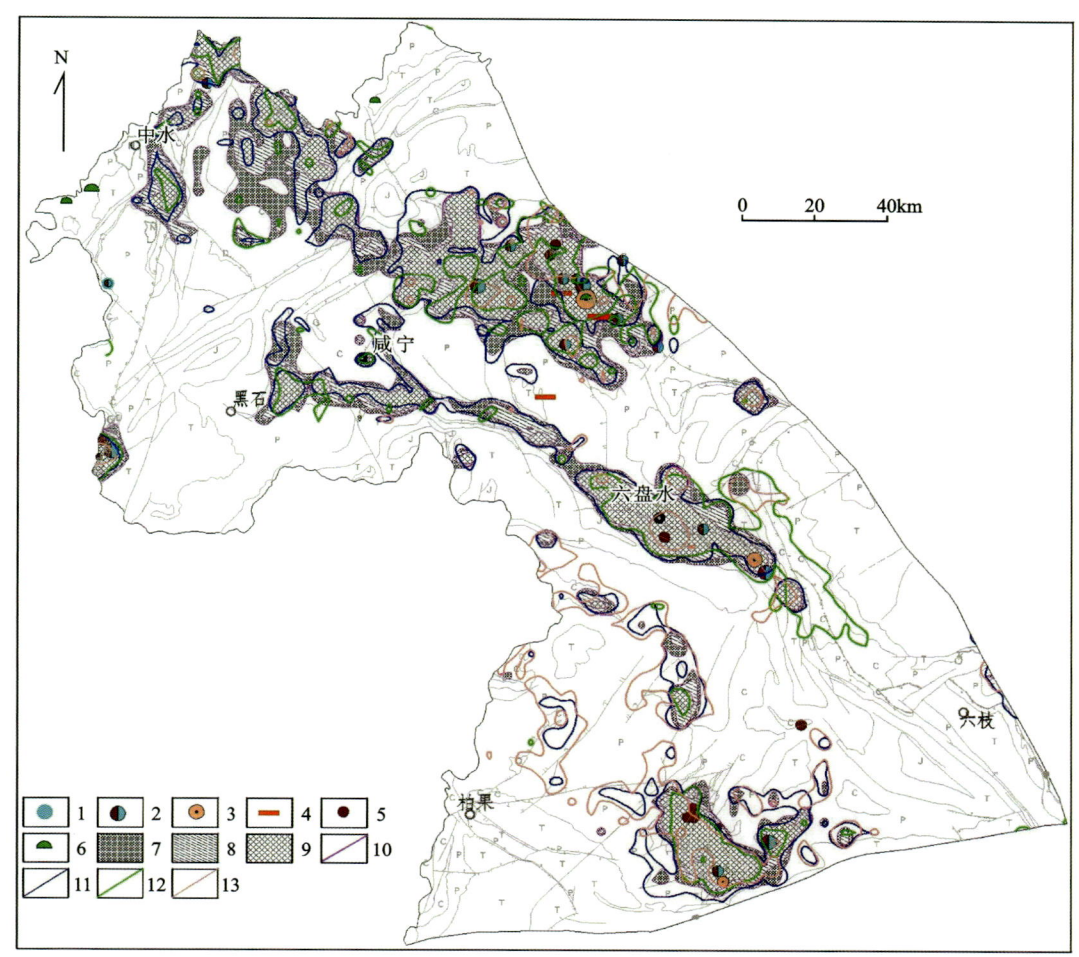

图 6-1 水城—普安地区 Pb-Zn-Ag-Cd 组合异常图

1.铅矿床(点);2.铅锌矿床(点);3.菜园子式铁矿床(点);4.硫铁矿床(点);5.锌矿床(点);6.铜矿床(点);7.铅元素一级浓度分带;8.铅元素二级浓度分带;9.铅元素三级浓度分带;10.铅异常线(52×10^{-6});11.锌异常线(128.328×10^{-6});12.银异常线(104.43×10^{-6});13.镉异常线(104.96×10^{-6})

Hg-Sb-Au-As、Pb-Zn-Ag-Cd 综合异常均呈北北东向带状分布,Pb-Zn-Ag-Cd 综合异常主要沿铜仁—玉屏—凯里断续分布,异常带长近百千米,Hg-Sb-Au-As 综合异常,特别是以 Hg 为主的 Hg-Sb-Au-As 综合异常,与汞矿床(点)的分布极为密切,是汞矿床(点)的直接反映,主要分布于 Pb-Zn-Ag-Cd 综合异常带东侧的万山一带;江口北部寨英东面梵净背斜上 Hg-Sb-Au-As 综合异常,以 Au 元素异常为主,Hg 元素异常不发育,是梵净山背核部石英脉型金矿引起。Pb、Zn 异常规模较大,多数具三级异常浓度分带,与铅锌矿床(点)的分布较为密切。Mo、Ni、V 综合异常主要沿背斜核部及背、向斜两翼南华系—寒武系底部黑色岩系呈北北东向带状分布,有 Mo 元素异常发育的 Mo-Ni-V-U 综合异常,与钼、镍、钒多金属矿产有关。

丹寨-荔波汞、金、锑、铅、锌、硫成矿带是以 Hg-Sb-Au-As 组合异常为主,Pb-Zn-Ag-Cd、Mo-Ni-V-U 组合异常次之,Mn 局部发育为特征的成矿带,Hg-Sb-Au-As、Pb-Zn-Ag-Cd 和 Mo-Ni-V-U 综合异常见图 6-3。

Hg-Sb-Au-As 综合异常主要分布于丹寨—山都、独山及周覃等地,异常规模较大,强度较高,与丹寨—山都、独山地区汞、金、锑矿产关系极为密切;四级成矿带南部边缘及中和—茂兰还有部分弱异常。Pb-Zn-Ag-Cd 综合异常主要分布于丹寨—山都—中和—茂兰及荔波等地,山都附近异常较高地段有铅锌矿产出,与铅锌矿产较为密切;荔波南部大面积弱异常地质找矿意有待进一步研究;独山锑矿区有小

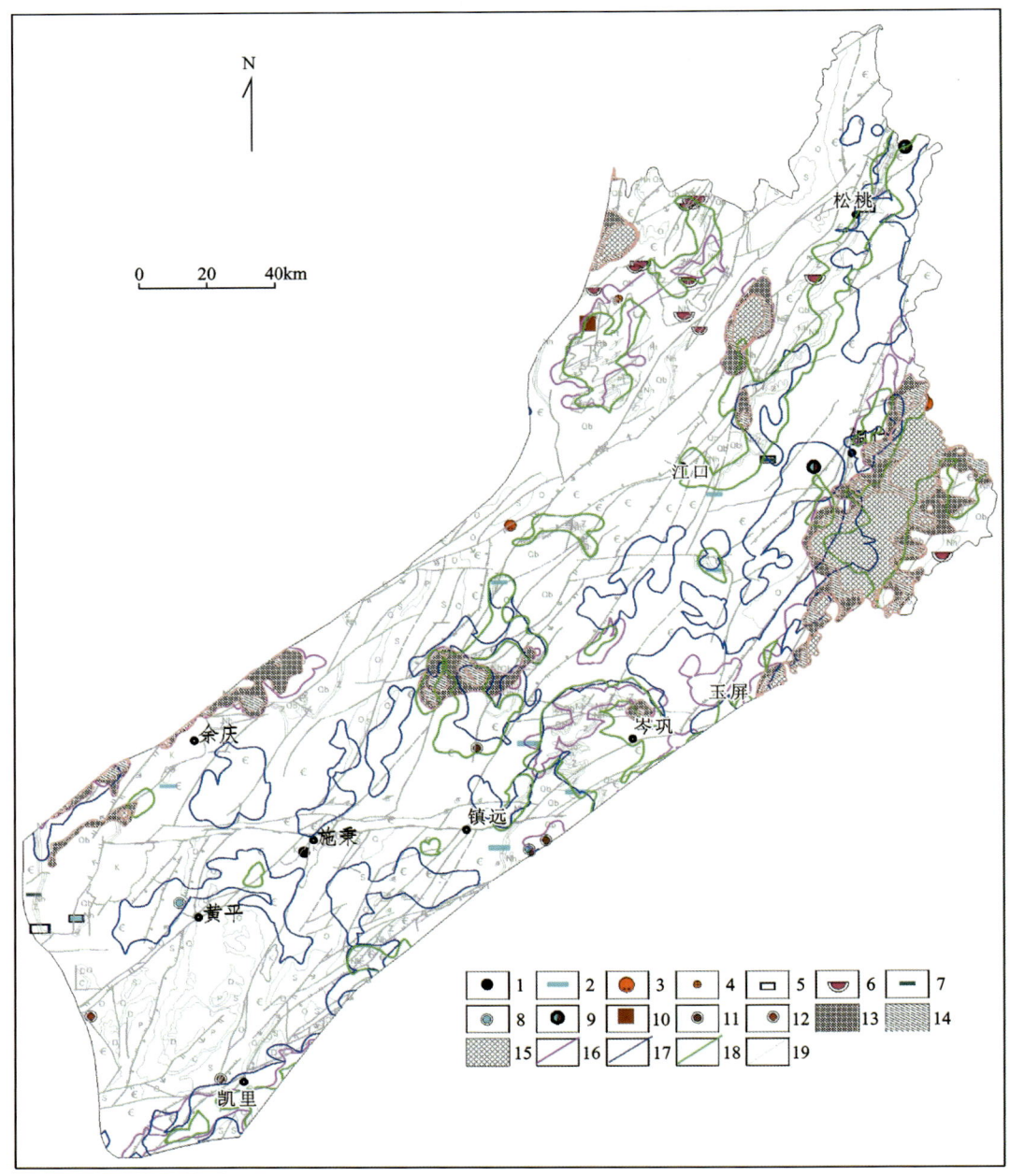

图 6-2 铜仁—镇远地区 Hg-As-Au-Sb、Pb-Zn-Ag-Cd、Ni-Mo-V-U 综合异常图

1.重晶石矿床(点);2.钒矿床(点);3.汞矿床(点);4.金矿床(点);5.磷矿床(点);6.锰矿床(点);7.铜矿床(点);8.铅矿床(点); 9.铅锌矿床(点);10.锡矿床(点);11.锌矿床(点);12.锑矿床(点);13.Hg 一级浓度分带;14.Hg 二级浓度分带;15.Hg 三级浓度分带;16.Hg-As-Au-Sb 综合;17.Pb-Zn-Ag-Cd 综合异常;18.Ni-Mo-V-U 综合异常

规模的弱异常。Mo-Ni-V-U 综合异常主要沿成矿带东部边缘寒武系底部黑色岩系呈带状分布,异常分布地段有钼、镍、钒、多金属矿产产出的可能。

根据上扬子中东部成矿带中地质、矿产与水系沉积物测量地球化学异常关系的研究表明:

(1)汞矿床(点)多分布于 Hg-Au-As-Sb 综合异常带内,规模较大的汞矿床(带)均与 Hg-Au-As-Sb 综合异常有关,特别是 Hg 异常较为发育。万山、务川、三都-丹寨 3 个著名的汞矿带上均有大规模、高含量的 Hg 异常及 Hg-Au-As-Sb 综合异常。

(2)铅锌矿床(点),特别是具有一定规模的铅锌矿床均分布于 Pb-Zn-Ag-Cd 综合异常内,且铅锌矿

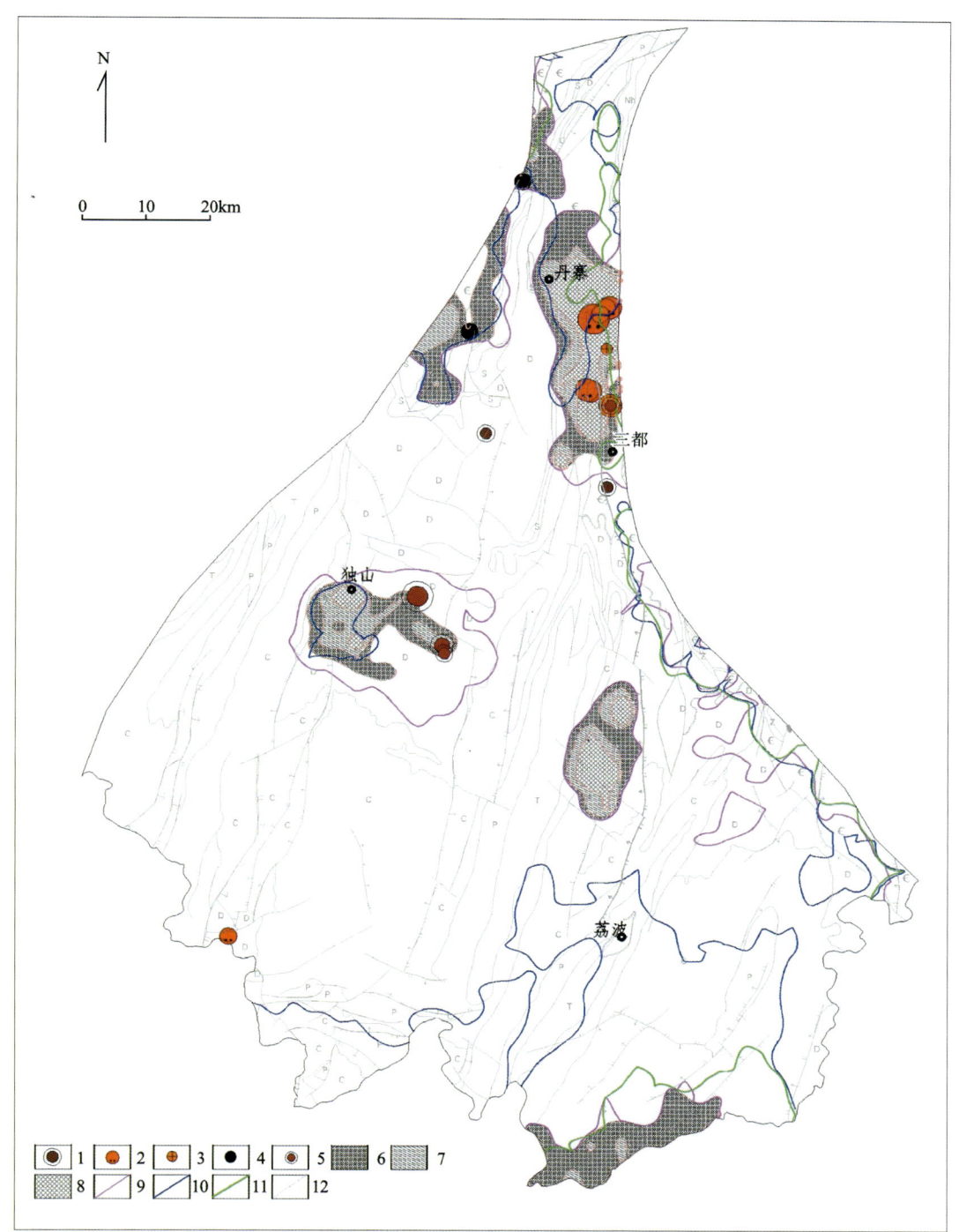

图 6-3 丹寨—荔波地区 Hg-As-Au-Sb、Pb-Zn-Ag-Cd、Ni-Mo-V-U 综合异常图

1.锌矿床(点);2.汞矿床(点);3.金矿床(点);4.重晶石矿床(点);5.锑矿床(点);6.Hg 一级浓度分带;7.Hg 二级浓度分带;8.Hg 三级浓度分带;9.Hg-As-Au-Sb 综合异常;10.Pb-Zn-Ag-Cd 综合异常;11.Ni-Mo-V-U 综合异常;12.Hg 一级异常线$(256.494×10^{-6})$

床规模与 Pb、Zn 异常规模具有很好的正相关线生关系。Pb-Zn-Ag-Cd 综合异常是很好的地球化学找矿指标。

(3)钼镍钒矿床(点)多分布于 Mo-Ni-V-U 综合异常带内,特别是规模较大的钼镍钒矿床均与 Mo-Ni-V-U 综合异常有关,且有较好的 Mo 异常发育。在钼镍钒矿主要成矿元素(Mo、Ni、V)中,Mo 独具酸性地球化学性质,受基性—超基性岩浆活动及基性物质富集地层的影响较小,异常规模、强度与钼镍钒矿关系极为密切，其异常规模（面金属量）是钼、镍、钒矿较好的地球化学预测指标。

（4）梵净山背斜核部石英脉型金矿上 Hg-Sb-Au-As 综合异常，以 Au 异常为主。

（5）上扬子中东部成矿带东部万山、丹寨 Hg-Au-As-Sb 综合异常带同样位于铜仁—玉屏—凯里 Pb-Zn-Ag-Cd 综合异常带东侧，西侧有松桃汞矿带。上扬子中东部成矿带西部 Pb-Zn-Ag-Cd 综合异常较强区域，Hg 异常较弱，向东铅锌成矿及 Pb-Zn-Ag-Cd 综合异常变弱，Hg 异常增强，到黔西、息烽一带演变为以汞成矿及 Hg-Au-As-Sb 综合异常为主。这可能反映了铅锌矿与汞矿之间存在着密不可分的水平分带关系。

二、区域矿产及矿床成矿系列

（一）区域矿产产出特征

上扬子中东部成矿亚带内主要盛产沉积型矿产和低温热液型矿产，而岩浆岩型矿产较少。沉积矿产从老到新有锰、磷、镍钼钒、铁、铝土矿、硫铁矿、煤等，低温热液矿产主要有汞、锑、铅锌、铁、金、重晶石、萤石等，岩浆矿产有钨锡、镍等。

锰矿共有大型矿床 1 个、中型矿床 15 个、小型矿床 16 个，矿点 7 个，又可分为南华系矿床、二叠系矿床，南华系锰矿产于大塘坡组底部，分布在松桃—江口、从江小黄一带，其矿体呈层状，规模大；二叠系锰矿产于茅口组二段，分布在遵义铜锣井、水城一带，矿体呈层状，规模较大。

磷矿共有大型矿床 15 个、中型矿床 15 个、小型矿床 16 个，矿点 23 个，均为海相沉积型磷块岩矿床，产于下震旦统陡山沱组和下寒武统牛蹄塘组中。下震旦统陡山沱组磷矿为贵州主要磷矿层，底板上南华统南沱组，顶板灯影组，分布在开阳、瓮安—福泉地区，矿体呈层状，规模大；产于牛蹄塘组的磷矿层底板为灯影组一段，顶板为牛蹄塘组二段，主要分布在织金县新华一带，普遍伴生稀土矿，矿体呈层状，规模较大。

镍钼钒矿中型矿床 18 个、小型矿床 38 个，矿点 23 个，主要产于震旦系—寒武系的老堡组、牛蹄塘组、九门冲组中，镍钼矿主要分布瓮安以西的遵义、水东地区，产于牛蹄塘组底部，矿体呈层状，规模较大，矿体厚度小（3~100cm）；而钒矿主要产于震旦系—寒武系的老堡组、牛蹄塘组、九门冲组中，分布在瓮安—镇远—松桃地区，矿体呈层状，规模较大。另外，在梵净山地区有可能存在与岩浆岩有关的镍矿床点。

铝土矿大型矿床 5 个、中型矿床 21 个、小型矿床 38 个，矿点 21 个，主要分布在清镇、修文、遵义、道真、务川、凯里地区，主要产于泥盆系与石炭系、二叠系之间界面上，矿体呈层状、似层状，局部地区呈透镜状，一般呈层状、似层状的矿体规模较大，透镜状规模较小。

汞矿主要产于分布在务川、万山、丹寨及开阳、余庆等地区，汞矿大型矿床 10 个、中型矿床 17 个、小型矿床 20 个，矿点 10 个，矿体多产于寒武系碳酸盐岩的层间裂隙中，矿体呈似层状、透镜状，规模大。

锑矿大型矿床 1 个、中型矿床 1 个、小型矿床 4 个，矿点 2 个，主要分布在独山地区，矿体产于断层或层间裂隙中，呈透镜状、脉状，规模较大。

铅锌矿主要分布在威宁、赫章、织金、松桃、凯里等地区，大型矿床 1 个、中型矿床 8 个、小型矿床 48 个，矿点 60 个，矿体多赋存在断层、层间裂隙中，多以似层状、透镜状为主，规模较小。

铁矿大型矿床 2 个、中型矿床 13 个、小型矿床 45 个，矿点 98 个，分为沉积型和热液型。沉积型主要有泥盆纪海相沉积型和石炭纪陆相沉积型。泥盆系海相沉积型铁矿主要产于大河口组中，分布在独山、赫章一带，矿体呈层状，规模较大；而石炭系陆相沉积型主要产于九架炉组中，分布在凯里、福泉、清镇一带，矿体呈透镜状，规模较小。热液型铁矿主要分布在赫章—水城地区，主要产于断层中，呈似层状、透镜状,规模较大。

硫铁矿大型矿床6个、中型矿床43个、小型矿床44个,矿点15个,主要产于石炭系九架炉组、二叠系龙潭组中,主要分布在黔北、黔西北及黔中地区,矿体呈似层状,规模较大,但品位较低,品位、厚度变化较大。

煤矿主要产于石炭系祥摆组,二叠系梁山组、龙潭组及三叠系把南组、火把冲组中,以二叠系龙潭组中煤矿为主,主要分布水城、织金、贵阳、遵义、桐梓等地区。

金矿主要分布在丹寨—三都一带及安顺,以微细粒浸染型金矿为主,矿体多呈透镜状,规模不大,其中,中型矿床1个、小型矿床3个、矿点6个。

重晶石矿、萤石矿零星分布在务川、石阡、凯里一带,矿体主要产于节理裂隙中,多呈脉状,规模普遍较小。共计矿床(点)82个,其中小型矿床19个。

铜矿小型矿床有2个,矿点14个,主要分布在威宁—水城、梵净山地区。钨锡铌钽矿主要分布在梵净山地区,均与岩浆岩有一定的关系,目前发现的主要为小型矿床4个、矿点1个。

(二)矿床成矿系列发育概况

在该三级成矿区(带)中,本次参照陈毓川等(2007)并结合贵州省潜力评价项目综合研究成果,共建立了11个矿床成矿系列及多个亚系列。

1. Sw7 西南部风化壳稀有、稀散、镍、金、铂族、钛铁矿、砂锡成矿系列组

该系列在本成矿单元有3个亚系列:

(1)Sw7-11(新)华南—扬子沉积岩风化壳锰、铁成矿亚系列。主要产有水城式锰矿和榨子厂式铅锌矿,分别以水城徐家寨锰矿床、赫章县榨子厂铅锌矿床为代表,均分布于黔西北纳雍、水城地区。其中,锰矿为含锰碳酸盐岩风化壳中风化淋滤后成矿,产于茅口组二段风化淋滤带;铅锌矿为原生矿体或矿化体经风化作用,搬运沉积形成砂矿。

(2)Sw7-5 滇黔桂风化壳铝土矿成矿亚系列。铝土岩在风化壳中经进一步去硅、脱硫、脱碳后形成铝土矿体,零星分布于黔中—黔北地区。

(3)Sw7-10(新)灰岩淋滤带中石膏矿床成矿亚系列。仅见于黄平红梅石膏矿床等产出,为新生风化淋滤作用形成。

2. Mz_2-40 上扬子台褶带沉积岩容矿的铅、锌、汞、金、银、锑、砷、萤石、重晶石矿床成矿系列

该系列在本成矿单元有以下6个亚系列:

1)Mz_2-40^3 开阳-余庆台缘褶断带震旦系—寒武系碳酸盐岩容矿的汞矿床成矿亚系列

该亚系列主要产有白马硐式汞矿,分布于开阳、修文地区,燕山期,为低温热液成矿,产于寒武系白云岩节理裂隙中,以开阳县白马洞汞铀钼矿床为代表。

2)Mz_2-40^2 丹寨-独山台缘褶断带古生代碳酸盐岩、碎屑岩及前寒武纪浅变质岩容矿的锑、汞、金矿床成矿亚系列

该成矿亚系列主要产有5个矿床式:

(1)丹寨式汞矿,分布于丹寨、三都地区,为燕山期低温热液成矿,产于寒武系、奥陶系碳酸盐岩及断层带,以丹寨县宏发厂汞金矿床为代表。

(2)苗龙式金矿,分布于丹寨、三都地区,为微细粒浸染型金矿,产于断层带及层间裂隙,以丹寨县苗龙汞锑金矿床为代表。

(3)八蒙式锑矿,分布于雷山、榕江、三都地区,为热液型锑矿,产于浅变质细碎屑岩及断层、节理裂隙中,以榕江县八蒙锑矿床为代表。

(4)半坡式锑矿,分布于独山地区,为低温热液成矿,产于碳酸盐岩及断层、节理裂隙中,以独山县半坡锑矿床为代表。

(5)排带式硫铁矿,分布于都匀、三都地区,为低温热液型矿床,产于断层、节理裂隙中,以三都县排带硫铁矿床为代表。

3）Mz_2-40^4 务川-万山台缘褶断带寒武系碳酸盐岩容矿的汞、砷、硒、锑、铀、金、萤石、重晶石矿床成矿亚系列

该成矿亚系列主要产有3个矿床式:

(1)务川式汞矿,分布于务川、德江地区,为燕山期低温热液成矿,产于寒武系碳酸盐岩中断层、节理裂隙中,以务川县木油厂汞矿床为代表。

(2)万山式汞矿,分布于万山、铜仁地区,为热液型矿床,矿体产于寒武系碳酸盐岩中断层、节理裂隙中,以万山区杉木董汞矿床为代表。

(3)丰水岭式萤石矿,分布于沿河、施秉地区,为热液型矿床,产于奥陶系红花园组断层、节理裂隙中,以沿河县丰水岭萤石矿为代表。

4）Mz_2-40^9 轴缘带碳酸盐岩容矿的低温热液锌、铅、镉、重晶石矿床成矿亚系列

该成矿亚系列主要产有1个矿床式,即顶罐坡式重晶石矿,分布于沿河、施秉、凯里、麻江地区,为热液型矿床,产于早奥陶世碳酸盐岩断层、节理裂隙中,以施秉县顶罐坡重晶石矿为代表。

5）Mz_2-40^{10} 上扬子地台碳酸盐岩容矿的中低温热液铅、锌、银、铜、菱铁矿矿床成矿亚系列

该成矿亚系列主要产有3个矿床式:

(1)杉树林式铅锌矿,分布于赫章、威宁、水城地区,为海西期热水沉积初步富集,印支期—燕山期热液成矿,产于泥盆系、石炭系、二叠系碳酸盐岩断层、节理裂隙中,以水城杉树林铅锌矿床为代表。

(2)菜园子式菱铁矿,分布于赫章、水城地区,为泥盆纪沉积作用形成赤铁矿初始富集,印支期—燕山期热液作用形成菱铁矿,产于层间断层、节理裂隙中,以赫章县菜园子菱铁矿床为代表。

(3)铜厂河式铜矿,分布于威宁、水城地区,为二叠纪含铜玄武岩在印支期—燕山期热液作用形成铜矿床,产于峨眉山玄武岩组的玄武岩等岩石内的断层及节理裂隙中,以威宁县铜厂河铜矿床为代表。

3. Mz_2-39 四川盆地与侏罗纪—白垩纪陆相碎屑岩、泥质岩有关的铁、芒硝矿床成矿系列

该系列在本成矿单元只有1个亚系列,即 $Mz2$-39^3 四川盆地东南部铁矿床成矿亚系列,主要包含1个矿床式,即綦江式铁矿,分布于习水、仁怀地区,为燕山期海相沉积成矿,以仁怀市沙滩菱铁矿为代表。

4. Mz_1-12F 川滇黔与印支旋回热水-沉积作用有关的铅、锌、锰、锶、石膏、盐、杂卤石、煤矿床成矿系列组之流体成矿系列

该系列在本成矿单元有1个亚系列,即 Mz_1-12^4 大凉山-乌蒙山断裂褶皱带铅、锌、锗、银矿床成矿亚系列,主要产有1个矿床式,即会泽式铅锌矿,分布于威宁西部地区,以威宁县银厂坡铅锌银矿床为代表。其中铅锌矿为碳酸盐岩中热液型,铅锌矿体产于震旦系、泥盆系、石炭系碳酸盐岩层间断层、节理裂隙中。

5. Pz_2-15 上扬子晚古生代与沉积作用有关的铁、锰、铝、硫、锶、钒、镓、煤、膏盐、重晶石、磷矿床成矿系列

该系列在本成矿单元有4个亚系列:

1）Pz_2-15^4 川滇黔晚二叠世与陆相玄武岩、海陆交互相沉积岩有关的硫、锰、铁、铝土矿、煤矿床成矿亚系列

该成矿亚系列主要产有4个矿床式:

(1)遵义式锰矿,为中二叠世台沟相热水沉积,锰质来源于玄武岩喷发,主要分布于遵义地区,以遵

义县铜锣井锰矿床代表。

（2）叙永式硫铁矿，为含煤建造沉积型硫铁矿，产于龙潭组一段，主要分布于遵义、贵阳以西地区，以遵义三岔河、大方猫场硫铁矿床代表。

（3）六盘水式煤矿，为潮坪相-陆相沉积作用形成，含煤地层为长兴组、宣威组、龙潭组、合山组等，主要分布于遵义、贵阳以西地区，以盘县土城煤矿代表。

（4）楚米铺式铁矿，锰矿产于龙潭组底部，海陆交互相沉积作用形成菱铁矿、赤铁矿、含绿泥石菱铁矿，主要分布于遵义、贵阳以西地区，以桐梓县楚米铺铁矿床代表。

2）Pz_2-15^3 石炭纪上扬子地台与海陆交互相沉积作用有关的铝土矿、黏土、镓、煤、铁矿床成矿亚系列

该成矿亚系列主要产有6个矿床式：

（1）大竹园式铝土矿，分布于务川、正安、道真地区，为古风化壳沉积作用成矿，产于大竹园组，以务川县大竹园铝土矿床为代表。

（2）遵义岩式铝土矿，分布于遵义、开阳、瓮安地区，为古风化壳沉积作用成矿，产于石炭系九架炉组中，以遵义县后槽铝土矿床为代表。

（3）猫场式铝土矿，分布于清镇、修文地区，为古风化壳沉积作用成矿，产于石炭系九架炉组中，以清镇猫场铝土矿床为代表。

（4）凯里式铝土矿，分布于黄平、凯里地区，为古风化壳沉积作用成矿，产于石炭系九架炉组中，以凯里市鱼洞铝土矿为代表。

（5）苦李井式铁矿，分布于凯里、福泉地区，为古风化壳沉积作用成矿，含矿岩系为石炭系九架炉组，以凯里市苦李井铁矿床为代表。

（6）流龙里式煤矿，分布于麻江、龙里、惠水、威宁地区，为潮坪相沉积作用成矿，含煤岩系为石炭系祥摆组，以龙里县营屯煤矿床为代表。

3）Pz_2-15^2 泥盆纪—石炭纪沉积-热液型铁矿床成矿亚系列

该成矿亚系列主要产有1个矿床式，即宁乡式赤铁矿，分布于独山、赫章、威宁、水城地区，为海相沉积型矿床，产于中泥盆世大河口组中，以独山平黄山铁矿床、赫章铁矿山矿床为代表。

4）Pz_2-15^5 华南西部（—上扬子）晚泥盆世—早石炭世产于碳硅泥岩（黑色岩系）中锰、钒、铀、重晶石矿床成矿亚系列

该成矿亚系列主要产有个1矿床式，即乐纪式重晶石矿，分布于紫云、沙子地区，为与海底喷流作用有关的沉积矿床，产于晚泥盆世榴江组中，以镇宁县乐纪重晶石矿床为代表。

6. Pz_1-2（新）加里东期江南地轴轴缘带与钾镁煌斑岩有关的金刚石矿床成矿系列

该系列因研究程度较低，未建立亚系列，有1个矿床式，即镇远式金刚石矿。分布于镇远及周边地区，以镇远县马坪金刚石矿床（加里东期产于钾镁煌斑岩的金刚石矿床）为代表。

7. Pz_1-1 加里东期江南地轴西段与低温热液作用有关的金、砷、水晶矿床成矿系列

该成矿系列在本成矿单元有1个亚系列，即 Pz_1-1^2（新）轴缘带碳酸盐岩容矿的低温热液锌、铅、镉矿床成矿亚系列，建立有2个矿床式：

（1）牛角塘式铅锌矿，分布于都匀、贵定、镇远、松桃、沿河等地，属沉积改造型矿床，为加里东期改造阶段的低温热液成矿，矿源层为下寒武统清虚洞组及寒武系高台组碳酸盐岩，容矿构造以层间裂隙及层间断层为主，以都匀市牛角塘锌镉矿、松桃嗅脑铅锌矿床为代表。

（2）天桥式铅锌矿，分布于织金、纳雍、毕节、习水等地，为加里东期低温热液成矿，主要产于震旦系、寒武系的碳酸盐岩断层、层间裂隙中，以织金县天桥铅锌矿床为代表。

8. Pz_1-12 扬子地台与寒武纪海相沉积有关的石煤、磷、钒、镍、钼、锰、铀、稀土、铂族、重晶石、石膏、石盐矿床成矿系列

该系列在本成矿单元有1个亚系列，即 Pz_1-12^1 上扬子与早寒武世黑色岩系有关的重晶石、磷、钒、镍、钼、铂族、铀、石煤矿床成矿亚系列。主要产有2个矿床式：

（1）遵义式镍钼钒矿，分布于遵义、水东地区，为与海底喷流作用有关的沉积矿床，产于牛蹄塘组，以汇川区杨家湾、陈大湾镍多金属矿床为代表。

（2）镇远式钒矿，分布于瓮安、镇远、松桃、玉屏地区，为沉积型矿床，产于下寒武统，以镇远县江古钒矿床为代表。

9. Pt_3-4 扬子地台及周边地区新元古代与火山-热水-沉积作用有关的磷、铁、锰矿床成矿系列组之沉积-变质成矿系列

该系列在本成矿单元有1个亚系列，即 Pt_3-4^3 上扬子与新元古代（热水）沉积（黑色岩系）-变质作用有关的重晶石、磷块岩、锰、镍、钼、钒、碘、稀土矿床成矿亚系列。主要有3个矿床式：

（1）新华式磷（稀土）矿，分布于织金、遵义地区，为海相热水（泉）沉积，产于寒武系戈种伍组及其相当层位，以织金县新华磷—稀土矿床为代表。

（2）开阳式磷（碘）矿，分布于开阳、瓮安、福泉、遵义地区，为海相化学—生物化学沉积，产于上震旦统洋水组，以开阳县洋水磷块岩、高坪磷（碘）矿床为代表。

（3）大塘坡式锰矿，分布于松桃、江口、从江地区为冷泉沉积，产于南华系大塘坡组，以松桃县大塘坡锰矿床为代表。

10. Pt_3-5 江南地轴与雪峰期岩浆作用有关的钨、锡、铜、铌、钽、金、银矿床成矿系列

该系列在本成矿单元有1个亚系列，即 Pt_3-5^5 梵净山隆起与壳源花岗质岩有关的钨、锡、铜、铌、钽矿床成矿亚系列。主要产有2个矿床式：

（1）梵净山式钨锡铜矿，分布于梵净山地区，其中黑湾河钨锡矿产于砂页岩中，标水岩钨锡铜矿与辉绿岩有关，以江口黑湾河钨锡矿床、印江标水岩钨锡铜矿床代表。

（2）磨槽沟式铌钽矿，分布于梵净山地区，以与伟晶岩有关以印江县磨槽沟铌钽矿床为代表。

此外，还有印江县的紫袍玉，为沉积-变质成因，产于甲路组中，因研究程度较低，故未建立矿床式。

11. Pt_3-6 新元古代梵净山隆起与基性—超基性岩有关的镍、铜、金矿床成矿系列

该系列在本成矿单元有1个亚系列，即 Pt_3-6-1 梵净山隆起东部与超基性岩有关的熔离型的镍、铜矿床成矿亚系列，未建矿床式，见有江口县桑木沟铜镍矿点，为弧后盆地拉张环境侵位于梵净山群的基性—超基性岩熔离作用成矿。

三、区域矿产预测类型及预测工作区分布

（一）区域矿产预测类型

矿产预测类型是开展矿产资源量预测工作的基本组成部分，凡是由相似地质作用下形成的，成矿要素和预测要素基本一致，可以在同一张预测底图上完成预测工作的矿床、矿点和矿化线索可以归为同一矿产预测类型。

上扬子中东部(台褶带)铅、锌、铜、银、铁、锰、汞、锑、磷、铝、硫成矿带(Ⅲ77)内,以沉积矿产和低温热液矿产为主,次有少量岩浆岩型矿产。沉积矿产从老到新有锰、重晶石、磷、镍钼钒、铁、铝土矿、硫铁矿、煤等;低温热液矿产主要有汞、锑、铅锌、铁、金、重晶石、萤石等。据区域矿产预测类型的定义,结合本区地质矿产工作程度、矿点分布情况、矿产地质特征、控矿规律、成矿时代、成矿作用等因素,对其矿产预测类型划分如表 6-2 所示。

表 6-2 上扬子中东部(台褶带)铅、锌、铜、银、铁、锰、汞、锑、磷、铝、硫成矿带(Ⅲ77)矿产预测类型划分表

序号	矿产预测类型	预测工作区名称	预测矿种	典型矿床
1	大塘坡式沉积型锰矿	松桃-铜仁预测工作区	锰	松桃县大塘坡锰矿床
2	遵义式沉积型锰矿	遵义预测工作区	锰	遵义县铜锣井锰矿床
3	水城式沉积型锰矿	水城预测工作区	锰	水城徐家寨锰矿床
4	顶罐坡式热液型重晶石矿	施秉顶罐预测工作区	重晶石	施秉县顶罐坡重晶石矿床
5	开阳式沉积型磷矿	开阳预测工作区	磷	开阳县洋水沙坝土磷矿床
		瓮安-福泉预测工作区	磷	瓮安县穿洞磷矿床
6	新华式寒武纪沉积型磷稀土矿	织金预测工作区	磷、稀土	织金县新华磷矿床
7	遵义式沉积型镍钼钒矿	遵义预测工作区	镍钼	汇川区杨家湾、陈大湾镍钼多金属矿床
		织金-纳雍预测工作	镍钼	
8	镇远式沉积型钒矿	余庆-瓮安预测工作区	钒	镇远县江古钒矿床
		松桃-铜仁预测工作区	钒	
		镇远-玉屏预测工作区	钒	
9	菜园子式层控内生型铁矿	赫章-水城预测工作区	铁	赫章菜园子铁矿床
10	宁乡式海相沉积型铁矿	威宁-赫章预测工作区	铁	赫章菜园子铁矿床
		都匀-独山预测工作区	铁	都匀平黄山铁矿床
11	苦李井式陆相沉积型铁矿	凯里-炉山预测工作区	铁	凯里市苦李井铁矿床
12	大竹园式古风化壳沉积型铝土矿	务川-正安-道真预测工作区	铝土矿	务川县大竹园铝土矿床
13	遵义古风化壳沉积型铝土矿	遵义-开阳预测工作区	铝土矿	遵义县后槽铝土矿床
14	凯里式古风化壳铝土矿	凯里预测工作区	铝土矿	凯里市鱼洞铝土矿床
15	猫场式古风化壳沉积型铝土矿	黔中预测工作区	铝土矿	清镇市猫场铝土矿床
16	叙永式含煤建造沉积型硫铁矿	黔北预测工作区	硫铁	遵义三岔河硫铁矿床
		黔西北预测工作区	硫铁	大方猫场硫铁矿床
		贵阳-清镇预测工作区	硫铁	
17	排带式热液型硫铁矿	三都-丹寨预测工作区	硫铁	三都排带硫铁矿床
		晴隆-兴仁预测工作区	硫铁	
18	半坡式层控内生型锑矿	独山预测工作区	锑	独山县半坡锑矿床

续表 6-2

序号	矿产预测类型	预测工作区名称	预测矿种	典型矿床
19	会泽式复合内生型铅锌(银)矿	威宁西部预测工作区	铅锌(银)	威宁银厂坡铅锌矿床
20	杉树林式层控内生型铅锌(银)矿	赫章-水城预测工作区	铅锌(银)	水城杉树林铅锌矿床
		普安预测工作区		
21	杜家桥式层控内生型铅锌矿	织金预测工作区	铅锌	织金县杜家桥铅锌矿床
		毕节预测工作区	铅锌	
		仁怀预测工作区	铅锌	
		习水预测工作区	铅锌	
22	牛角塘式层控内生型铅锌(银)矿	福泉-都匀预测工作区	铅锌(银)	都匀市牛角塘铅锌矿床
		镇远-三都预测工作区		
		松桃-玉屏预测工作区		
		沿河预测工作区		
23	丰水岭式热液充填型萤石矿	务川-沿河预测工作区	萤石	沿河县丰水岭萤石矿床
24	铜厂河式玄武岩型铜矿	威宁-赫章预测工作区	铜	威宁县铜厂河铜矿床

(二)预测工作区

矿产预测类型是为了进行矿产预测工作的矿产(床)分类,一般按大地构造单元和区域成矿带根据不同成矿地质要素确定。划分矿产预测类型是为了进行区域矿产预测,根据相同的矿产预测要素以及成矿地质条件,对矿产划分类型。矿产预测类型也是开展矿产预测工作的基本单元,凡是由同一地质作用下形成的,成矿要素和预测要求基本一致,可以在同一预测底图上完成预测工作的矿床、矿点和矿化线索可以归为同一矿床预测类型。同一矿种存在多种矿床预测类型,不同矿种组合可能为同一类型,同一成因可能有多种类型,不同成因类型组合可能为同一类型。矿产预测类型的命名原则:××矿床式+××类型+××矿。根据成因不同可以划分为如下 5 类:

(1)沉积型。由成矿成岩沉积作用时空定位的矿产。
(2)复合内生型。由地质建造、变形构造、侵入岩浆作用综合因素时空定位的矿产。
(3)侵入岩体型。与侵入岩体有空间关系的矿产,一般在岩体内、接触带或侵入体热流体影响范围内成矿的矿产。
(4)火山岩型。与火山作用有关的矿产。
(5)层控内生型。与侵入作用时空定位有关,又受特定层位控制的矿产。

根据以上原则,对上扬子中东部(台褶带)铅、锌、铜、银、铁、锰、汞、锑、磷、铝、硫成矿带(Ⅲ77)进行了预测工作区的圈定。

四、重要矿种预测评价模型

上扬子中东部(台褶带)铅、锌、铜、银、铁、锰、汞、锑、磷、铝、硫成矿带(Ⅲ77)内主要有锰、铝土矿、磷、镍钼钒、锑、铅锌、铁、硫铁矿、重晶石、金、萤石等。

1. 大塘坡式沉积型锰矿

大塘坡式沉积型锰矿属南华纪海相沉积型锰矿,严格受地层层位和岩性的控制,矿体呈层状或似层状产于含矿岩系中。大塘坡式锰矿主要有松桃-铜仁预测工作区。

松桃-铜仁预测区位于贵州省东北部地区,根据重力推断地质构造图推断了北东向断裂构造,以及隐伏酸性岩体、基性岩体。北东向断层控制了该区沉积盆地的分布,同时岩体为锰矿的形成提供了物质来源。通过遥感特征也可解译北东北北东向的断层存在。水系中主要见软锰矿,其次为硬锰矿,在黑水溪、大塘坡、下溪圈出了3个锰异常区。

通过对该区地质背景和成矿规律的分析研究及对物化遥重成果进行总结,形成该区预测要素(表6-3),建立预测工作区预测模型(图6-4)。

表6-3 大塘坡式沉积型锰矿预测要素表

成矿要素		描述内容	要素分类
特征描述		大塘坡式海相沉积型锰矿床	
地质环境	成矿时代	早南华世大塘坡期	必要
	大地构造位置	主要位于铜仁逆冲带及与凤冈滑脱褶皱带的结合部位	必要
	古构造	由于Rodinia超大陆裂解和华南新元古代裂谷盆地演化,形成了一系列的被动陆缘裂谷,并进一步形成大致等间距分布的次级北东向裂陷盆地群,每一个裂陷盆地就是一个聚锰盆地。局限封闭的裂陷盆地强还原环境为锰矿的形成提供了良好的富集空间,区内已知锰矿床(点)主要分布于北东向古断裂带中,并受它控制	必要
	岩相古地理	海湾亚相及棚内盆地亚相是形成工业锰矿床的最佳场所,陆棚平原亚相及水下隆起无菱锰矿产出。碳质页岩菱锰矿微相:有优质菱锰矿体产出;碳质页岩白云岩菱锰矿微相或碳质页岩硅质岩白云岩菱锰矿微相:有菱锰矿体产出;碳质黏土岩-白云岩类或碳质黏土岩-黑色页岩类组合:无菱锰矿体产出	必要
矿床特征	产出层位	大塘坡组第一段(Nh_1d^1)	必要
	含矿岩系厚度	≥8m	重要
	矿体厚度	≥0.50m	重要
	Mn品位	≥10%	重要
	矿床规模	中型7个、小型9个、矿点4个	重要
综合信息特征	物探异常特征	推断该区有一系列北北东向断层,以及酸性、基性隐伏岩体,为分析成锰盆地位置提供了佐证	次要
	自然重砂矿物异常特征	主要为锰矿物自然重砂异常,与大部分已知锰矿床(点)分布范围套合较好	次要

2. 遵义式沉积型锰矿

遵义式沉积型锰矿,严格受地层层位和岩性的控制,矿体呈层状或似层状产于中二叠统茅口组三段中,为海相沉积成矿。该类型锰矿划分了一个区域工作区,即遵义预测工作区。在该区中推断了南北向、北东向、北西向3组断层,同时也推断了有隐伏的酸性、基性岩体的存在。对该预测工作区地质背

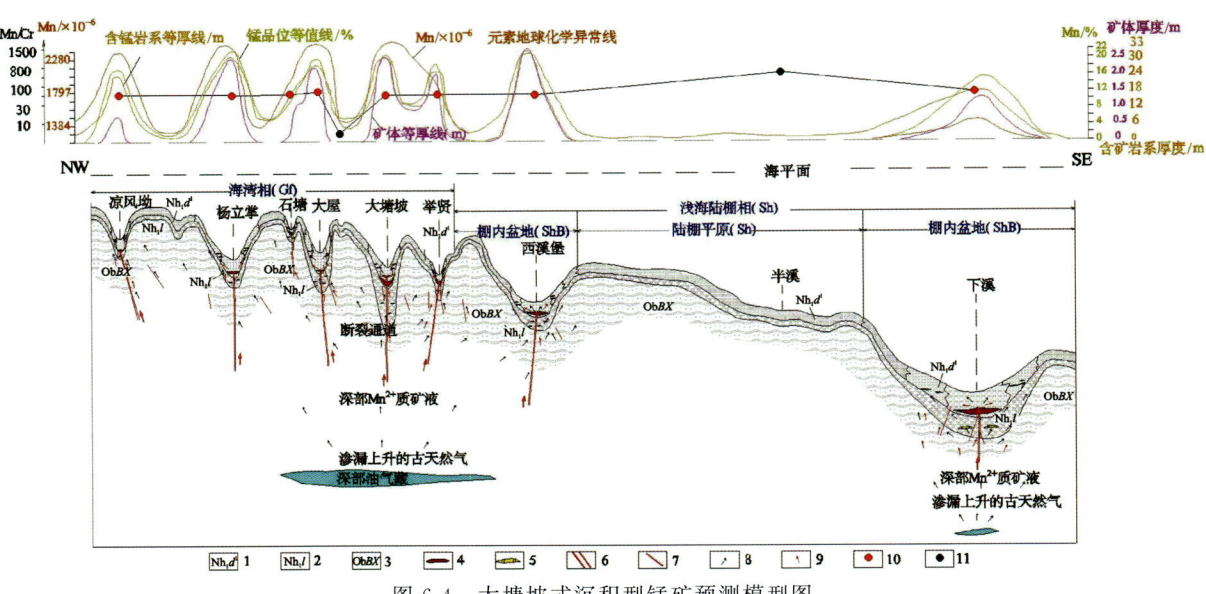

图 6-4 大塘坡式沉积型锰矿预测模型图

1.下南华统大塘坡组第一段;2.下南华统两界河组;3.青白口系板溪群;4.菱锰矿体;5.白云岩透镜体;6.锰质矿液运移通道;7.次级断裂运移通道;8.上升的古天然气;9.锰质矿液运移方向;10.有菱锰矿产出区(Nh_1d^1 碳质页岩 Mn/Cr 平均值在 40 左右);11.无菱锰矿产出区(Nh_1d^1 碳质页岩 Mn/Cr 平均值远大于或小于 40)

景、成矿规律、物探、化探、遥感、自然重砂成果进行分析研究,总结出预测要素见表 6-4。

表 6-4 遵义式沉积型锰矿预测要素表

成矿要素		描述内容	要素分类
特征描述		海相沉积型碳酸锰矿	
地质环境	成矿时代	中二叠世茅口晚期	必要
	构造背景	扬子陆块南部被动边缘褶冲带的凤冈滑脱褶皱带、毕节前陆褶皱带	必要
	岩浆活动	地幔柱活动和海底热液溢处在遵义裂陷台沟的活动	必要
	岩相古地理	碳酸盐岩台地相无锰矿产出,台沟中心、台沟边缘有锰矿产出,铜锣井"遵义台沟中心"有大规模锰矿体(大型—超大型),"和尚场"有大规模锰矿体产出(中型),冯家湾台沟中心—台沟边缘有一定规模锰矿体产出,共青湖台沟边缘有零星锰矿体产出,毛家山台沟边缘有零星锰矿体产出,张家湾台沟边缘有零星锰矿体产出,五龙台沟边缘有零星锰矿体产出	必要
矿床特征	含矿岩系	大于 5m 有规模锰矿体产出;2～5m 有锰矿体产出;小于 2m 无锰矿体产出	重要
	矿(床)点	有矿点	重要

3. 水城式沉积型锰矿

水城式沉积型锰矿属沉积-风化锰帽型矿床,严格受地层层位、岩性及地形地貌的控制,同时还受温度、水及裂隙发育程度的影响,矿体呈层状或似层状产于含矿岩系中。水城式锰矿的成矿时代与遵义式锰矿有较大区别:沉积期仅仅形成含锰碳酸盐岩,只有经过第四纪次生风化淋滤作用才能进一步富集形成工业矿体。

该矿床式的预测要素见表 6-5。

表 6-5　水城式沉积型锰矿预测要素表

预测要素		描述内容	要素分类
地质环境	成矿时代	中二叠世茅口期二段及第四纪	必要
	大地构造位置	扬子陆块南缘被动褶冲带六盘水叠加褶皱带和黔中隆起	必要
	成矿作用	贵州西部茅口期玄武岩岩浆通过海底喷溢作用被运移至六盘水台沟中,使茅口组第二段中的锰质含量升高。再经过后期的构造改造,使该层位成为该区锰矿的含矿层	必要
		在喜马拉雅期地壳抬升形成河谷,使原本埋藏地下的茅口组二段含锰岩石暴露在地表,经过第四纪风化剥蚀、淋滤,最终富集形成氧化锰矿床	必要
	沉积建造	薄层硅质岩、含锰硅质岩夹含锰灰岩和含锰黏土岩建造	必要
	岩相古地理	台沟相,平面上分布在云南宣威—纳雍—黔西—遵义一带,岩石类型以深灰色、灰黑色含硅质条带泥晶灰岩、生物屑硅质灰岩、硅质泥岩为主	必要
气候类型	古气候类型	温暖时期,潮汐沉积发育	必要
	现代气候类型	亚热带季风气候,温暖、潮湿,有利于成矿	必要
矿床特征	含矿岩系埋藏深度	80~120m	重要
	潜水面深度	现代潜水面以上才利于风化淋滤富集成矿	重要
	构造破碎程度	有断裂构造通过者,有利于风化淋滤富集成矿	重要
	资源储量规模分类	陈家寨矿区锰资源量 412×10^3 t,为中型,其余矿区锰资源量均不到 200×10^3 t,为小型	重要
	含矿岩系厚度	10.30~92.10m	重要
	矿体厚度	0.10~7.49m	重要
	Mn 含量	10.49%~48.24%	重要
	岩性特征	薄层硅质岩、含锰硅质岩夹含锰灰岩和含锰黏土岩	重要

4. 黔中—黔北铝土矿(猫场式、遵义式、大竹园式沉积型铝土矿)

如前所述,铝土矿产在渝南—黔中铝土矿成矿带中,铝土矿的矿床类型主要是古风化壳型铝土矿,矿体产于泥盆系之上古风化壳之上,上石炭统—中二叠统之下。根据矿床点分布位置不同、成矿时代的差异和顶底板地层的不同,划分了猫场式、遵义式、大竹园式 3 种类型。但该区铝土矿都产于同一侵蚀界面(平行不整合)上的沉积型一水硬铝石铝土矿床,其矿床的成因、控矿因素、成矿作用、预测要素、预测模型等都大致相同,因此,对铝土矿的预测要素、预测模型合并一起介绍。

铝土矿的控矿因素主要有:①成矿构造背景为上扬子陆块;②成矿时代为石炭纪大塘期—中二叠世大竹园期;③岩相古地理为潟湖—湖盆浅湖环境;④古地貌属古陆上喀斯特地貌——脊峰谷地、侵蚀丘地、峰丛洼地等;⑤岩性有黏土岩、铝质岩、碳质黏土岩类组合,铁质岩、黏土岩、铝质岩类、碳质黏土岩组合。

通过研究,铝土矿预测要素表见表 6-6,预测模型见图 6-5。

表 6-6 黔中—黔北沉积型铝土矿预测要素表

预测要素		描述内容	要素分类
地质背景	含矿岩系	九架炉组—大竹园组	必要
	构造背景	扬子陆块南部被动边缘褶冲带	必要
	岩相古地理	浅湖沼区:有零星铝土矿产出	必要
		淡化潟湖区:有相当规模矿体产出	必要
	岩性组合特征	黏土岩类组合:基本无铝土矿产出	重要
		黏土岩、铝质岩类组合:有铝土矿产出	重要
		铁质岩、黏土岩、铝质岩类组合:有铝土矿体产出	重要
		硅质岩、黏土岩类组合:基本无铝土矿产出	重要
	含矿岩系厚度	小于2m无铝土矿体产出,2~5m有零星铝土矿体产出,大于5m有一定规模铝土矿体产出的可能	重要
矿床特征	矿床式	猫场式、遵义式、大竹园式沉积型铝土矿	重要
	矿体厚度	矿体厚度大于或等于1m	重要
	Al_2O_3	大于50%	重要
	A/S	大于2.80	重要
	矿床规模	大型、中型、小型、矿点	重要
	含矿系数	38.99%	重要
	次生作用	潜水面以上	重要

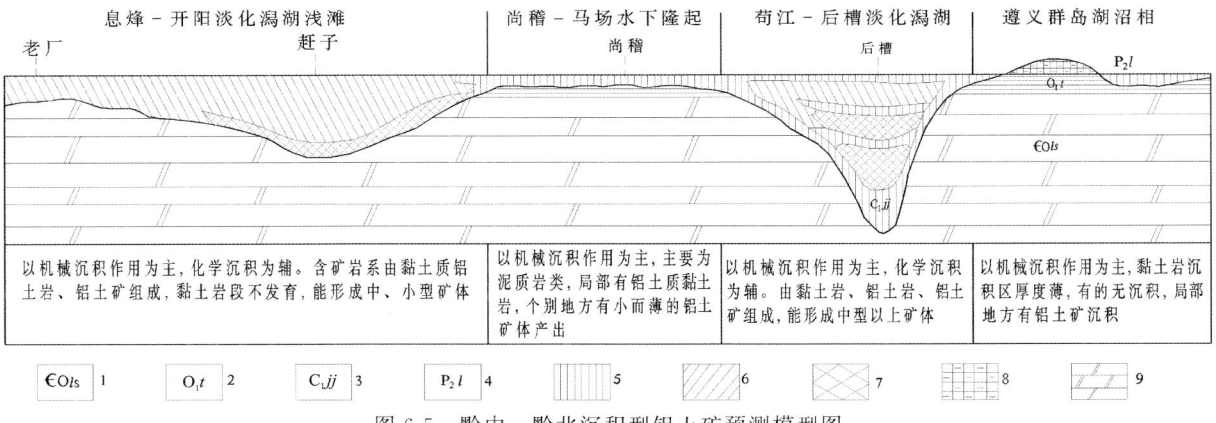

图 6-5 黔中—黔北沉积型铝土矿预测模型图

1.娄山关组;2.桐梓组;3.九架炉组;4.梁山组;5.黏土岩;6.铝土岩;7.铝土矿;8.无沉积区;9.白云岩

5.新华式早寒武世梅树村期海相沉积型磷稀土矿

该类型磷稀土矿主要分布在织金、清镇一带,另外,在都匀、铜仁、遵义零星分布,其矿体厚度小,变化大,品位低。矿体主要产于牛蹄塘组底部,早寒武世梅树村期岩相古地理控制了磷稀土矿的分布,在生物碎屑浅滩相最有利形成磷稀土矿,滩缘斜坡区有一定规模的矿体产出,淹没台地区也有零星矿体产出。

通过对新华式磷稀土矿形成地质背景、成矿规律、找矿标志等总结,新华式沉积型磷稀土矿预测要素如表6-7所示、预测模型如图6-6所示。

表6-7 新华式沉积型磷(稀土)矿预测要素表

预测要素	描述内容	要素分类
特征描述	海相沉积型磷块岩矿床	
成矿时代	早寒武世梅树村期	必要
构造背景	扬子陆块南部被动边缘褶冲带,织磷(稀土)宽缓褶皱区	重要
成矿构造	大院穹隆构造、果化背斜、打麻厂背斜、铁厂坎背斜、洛夯背斜、四花树向斜、九龙山背斜、五指山背斜;果化断层、正河断层带、马场断层带、齐伯断层带、营合断层带	重要
沉积作用/沉积建造	含矿地层为灯影组二段—牛蹄塘组一段,下部浅滩相的含磷建造及上部陆棚相的碳质页岩—含磷多金属建造	重要
成矿特征	$P_2O_5 > 12\%$;REO>0.03	重要
	矿层厚度$>1m$	

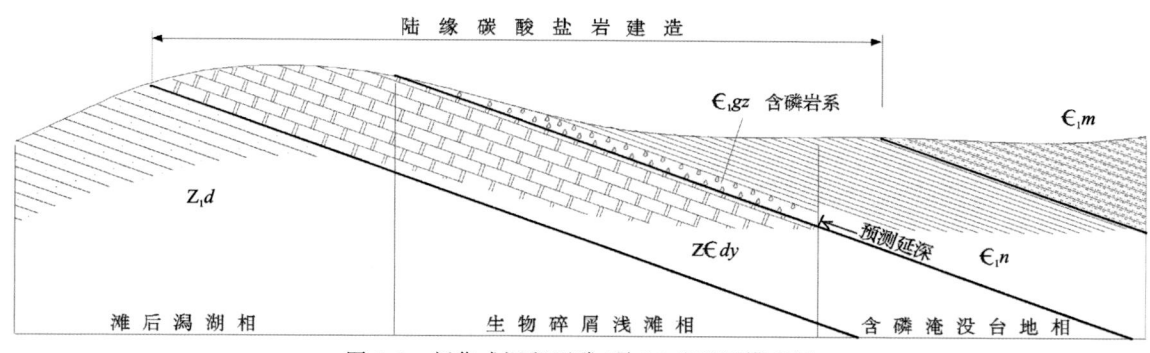

图6-6 新华式沉积型磷(稀土)矿预测模型图

6. 开阳式沉积型磷矿

开阳式沉积型磷矿主要分布在开阳、瓮安、福泉一带,为陡山沱期海相沉积磷块岩,主要产于陡山沱组中,岩相古地理控制了磷矿分布。通过对开阳式磷矿地质背景、成矿规律的分析研究,总结了磷矿预测要素、预测模型,分别见表6-8、图6-7。

表6-8 开阳式沉积型磷矿预测要素表

成矿要素		描述内容	要素分类
特征描述		海相沉积型磷块岩矿床	
地质环境	成矿时代	早震旦世陡山沱期	必要
矿床特征	沉积作用/沉积建造	下震旦统陡山沱组	必要
		粉砂岩-白云岩-磷块岩-硅质岩的岩石组合	重要
		沉积建造类型:陆缘碳酸盐岩建造	必要
	成矿特征	$P_2O_5 > 12\%$	重要
		矿层厚度:$>1m$	重要
		矿体规模:矿体走向延伸大于200m,倾向延深大于50m	重要

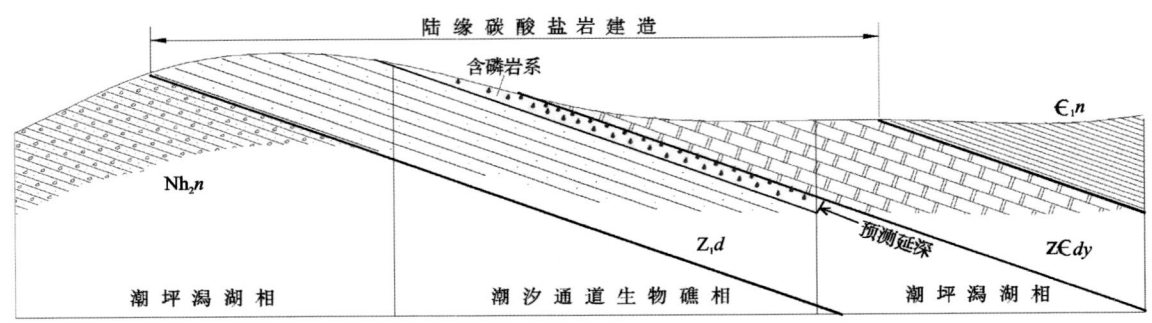

图 6-7　开阳式沉积型磷矿预测模型图

7. 杉树林式层控内生型铅锌矿

在全面研究典型矿床及其他已知矿床的成矿作用、成矿构造、矿床特征等的基础之上,综合物探、化探、遥感、自然重砂等信息,总结该矿床式预测要素见表 6-9,建立预测模型见图 6-8。

表 6-9　杉树林式层控内生型铅锌矿预测要素表

预测要素	描述内容	要素分类
成矿时代	最重要成矿期为燕山期	必要
构造背景	上扬子陆块西南缘,水城断陷、威水构造带	必要
沉积建造	碳酸盐岩建造	必要
成矿构造	背斜＋纵向逆断层	重要
容矿构造	断裂及层间裂隙	重要
矿物组合	主要矿石矿物闪锌矿、方铅矿、黄铁矿;脉石矿物主要为方解石、白云石,次为重晶石、萤石	重要
矿石结构构造	多具交代结构,自形、半自形—他形晶粒结构;块状构造为主,次为浸染状、网脉状、条带状构造	次要
围岩蚀变	白云石化、方解石化、黄铁矿化、重晶石化	重要
赋矿层位	石炭系摆佐组—黄龙组白云岩、白云岩化灰岩、灰岩	重要
综合信息特征	Pb、Zn、Ag 异常;自然重砂异常;重力和磁测推断构造和岩体;遥感异常	重要
找矿线索	铁帽、老硐等	重要

根据以上区域成矿规律研究,结合物探、化探、遥感、自然重砂等特征建立预测工作区铅锌矿预测模型,主要体现矿体产在断层及裂隙中,赋存岩石为碳酸盐岩,同时有 Pb、Zn、Ag 异常的存在。

8. 天桥式层控内生型铅锌矿

铅锌矿主要分布在织金、纳雍、毕节、习水、仁怀一带,矿区主要受穹状背斜、大断层控制,矿体产于震旦系灯影组、寒武系清虚洞组白云岩中。成矿初期为加里东构造旋回期,主成矿期为印支期、燕山期。通过全面研究典型矿床及其他已知矿床的成矿地质作用、成矿构造、成矿特征,综合物探、化探、遥感、自然重砂等信息,总结出预测要素见表 6-10。

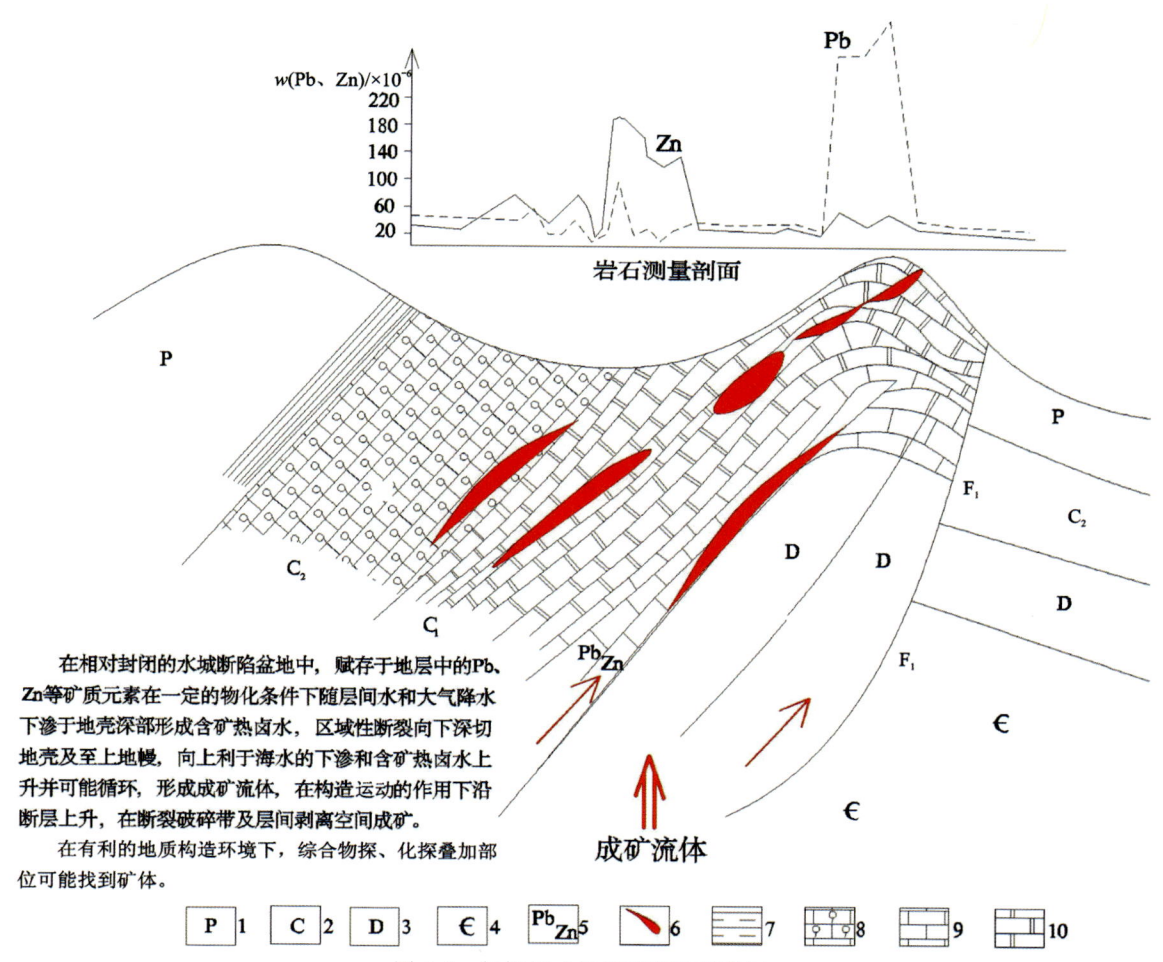

在相对封闭的水城断陷盆地中，赋存于地层中的Pb、Zn等矿质元素在一定的物化条件下随层间水和大气降水下渗于地壳深部形成含矿热卤水，区域性断裂向下深切地壳甚至上地幔，向上利于海水的下渗和含矿热卤水上升并可能循环，形成成矿流体，在构造运动的作用下沿断层上升，在断裂破碎带及层间剥离空间成矿。

在有利的地质构造环境下，综合物探、化探叠加部位可能找到矿体。

图6-8 杉树林式铅锌矿预测模型图

1.二叠系；2.石炭系；3.泥盆系；4.寒武系；5.成矿元素铅锌；6.铅锌矿体；7.页岩；8.生物灰岩；9.灰岩；10.白云岩

表6-10 天桥式层控内生型铅锌矿预测要素表

预测要素		描述内容	要素分类
成矿地质背景	大地构造位置	扬子陆块南部被动边缘褶冲带黔中隆起西缘	必要
	区域构造位置	紫云-垭都断裂东侧	必要
	成矿时代	成矿初期为加里东构造旋回期，主成矿期为印支期、燕山期	必要
	沉积建造	碳酸盐岩建造	必要
成矿地质特征	含矿地层及岩性	清虚洞组、灯影组，清虚洞组为瘤状细晶白云岩；灯影组为含燧石条带细晶白云岩、细晶白云岩	必要
	成矿构造	穹状背斜、北东向背斜及背斜轴部次级皱曲虚脱空间有利控矿	必要
		北东向区域断裂是区内控矿断层	必要
		北西向断层往往是区内容矿断层	重要
		北东向与其他断层交会处往往是矿体膨胀、复合部位	重要
		断层的复杂程度有利控矿	重要
	矿床(点)	铅锌矿床点	重要

续表 6-10

预测要素		描述内容	要素分类
综合信息特征	化探异常	具有 Pb、Zn、Ag 异常	重要
	自然重砂异常	与 Pb 自然重砂异常套合较好,分布在Ⅱ级异常带中	重要
	物探	从重力物探推断有隐伏的东西向断裂,可能是控制铅锌矿床点分布,同时成矿受隐伏酸性岩体控制	次要
			次要
	遥感异常	对遥感羟基异常和铁染异常区与已知矿床(点)资料进行综合研究,尤其是对套合程度较好的遥感异常进行了分析,作为圈定最小预测区参考因素	次要

9. 牛角塘式层控内生型铅锌矿

牛角塘式层控内生型铅锌矿主要分布在贵州东部。成矿初期为加里东期,主要成矿期为燕山期。北东向断层及背斜为主要控矿构造,而断层旁侧的次生断层与矿化带交会部位往往使矿体富集。含矿地层清虚洞组二段第二层和第四层,含矿岩性为灰色、深灰色厚层(含)鲕状细晶白云岩。该铅锌矿的预测要素见表 6-11。

表 6-11　牛角塘式铅锌矿预测要素表

预测要素		描述内容	要素分类
成矿地质背景	大地构造位置	扬子陆块南部被动边缘褶冲带的都匀滑脱褶皱带北东侧和铜仁逆冲带西侧	必要
	区域构造位置	黄丝背斜和王司背斜及其上的断裂构造	必要
	成矿时代	成矿初期为加里东期,主要成矿期为燕山期	必要
	沉积建造	碳酸盐岩建造	必要
成矿地质特征	含矿地层及岩性	包括清虚洞组、红花园组、望城坡组,其容矿岩石为灰色厚层含鲕状细晶白云岩、深灰色中—厚层状细晶白云岩、生物白云岩、晶洞白云岩	必要
	成矿构造	近南北向背斜	必要
		北东向、近东西向、北东向断层为控矿断层	必要
		区域断层与其他断层交会处最有利于成矿	重要
		断层的密集部位有利于成矿	重要
	矿(床)点	有铅锌矿床点	重要
综合信息特征	化探异常	具有 Pb、Zn、Cd Ⅲ级浓度分带。Pb:内带 $>139\times10^{-6}$,中带 $(95\sim139)\times10^{-6}$,外带 $(64\sim95)\times10^{-6}$;Zn:内带 $>289\times10^{-6}$,中带 $(194\sim289)\times10^{-6}$,外带 $(132\sim194)\times10^{-6}$;Cd:内带 $>1690\times10^{-9}$,中带 $(1160\sim1690)\times10^{-9}$,外带 $(730\sim1160)\times10^{-9}$	重要
	重砂异常	与铅重砂异常套合较好,主要分布在Ⅰ、Ⅱ级异常带中	重要
	重力异常	铅锌矿床(点)分布于重力推断的北东向和近南北向断层附近	次要
	航磁异常	从磁法推断的地质构造图上看,区内东部铅锌矿主要集中分布在北东向断裂带附近	次要
	遥感异常	对遥感解译色、块、线、带和环区,遥感羟基异常和铁染异常区,结合预测区地质特征并与已知矿床和矿点资料进行综合研究,对套合程度较好的遥感异常进行了分析	次要

10. 会泽式复合内生型铅锌矿

该矿床式主要是贵州西北部石门断层以西地区,也是云南会泽铅锌矿北延部分。通过全面研究典型矿床及其他已知矿床的成矿地质作用、成矿构造、成矿特征,综合物探、化探、遥感、自然重砂等信息,总结出预测要素见表6-12,建立了预测模型见图6-9。

描述性预测模型:小江深断裂带和昭通-曲靖隐伏断裂带为形成深源成矿流体提供了有利的成矿地质背景;银厂坡-石门断裂带为附近压扭性断裂中含矿流体贯入提供了通道,是主要的导矿构造;石炭系、上泥盆统碳酸盐岩中北东向层间压扭性断裂为矿质沉淀堆积提供了储存空间,并控制了矿体的形态和产状,是矿床的主要容矿构造。北西向断裂与北东向断裂交会部位,矿体变富、变厚,是矿床的容矿构造。北东构造带是矿区最主要的成矿构造系统。

表6-12 会泽式铅锌矿预测要素表

成矿要素	描述内容	要素分类
特征描述	中低温热液改造碳酸盐岩型铅锌矿床	
成矿时代	矿体位于泥盆系—二叠系中,为多期次成矿,最重要成矿期为燕山期	必要
构造背景	扬子陆块南部被动褶冲带,矿山厂-金牛厂背斜东翼,银厂坡-石门断裂带	必要
沉积建造	小江深大断裂带和昭通-曲靖隐伏断裂派生的"多"字形构造	必要
成矿构造	碳酸盐岩建造	重要
容矿构造	北东向压扭性层间断裂	重要
赋矿层位	石炭系摆佐组—黄龙组、中上泥盆统、震旦系灯影组少量	重要
矿物组合	矿石矿物闪锌矿、方铅矿、黄铁矿;脉石矿物主要为方解石、白云石,次为重晶石	重要
矿石结构构造	多具交代结构、自形、半自形—他形结构;以块状构造为主,次为浸染状、网脉状、条带状构造	次要
围岩蚀变	白云石化、方解石化、黄铁矿化、铁锰质白云岩化、重晶石化、硅化	重要
矿体形状	矿床规模大小,形状不规则,矿体呈透镜状、豆荚状、脉状、不规则筒状	重要
化 探	Pb、Zn、Ag异常	重要
遥 感	遥感解译构造特征,铁染、羟基异常	次要
物 探	重力和磁测推断构造和岩体	次要
找矿线索	铁帽、老硐等	次要

11. 遵义式沉积型镍钼矿

该矿床式主要指分布在遵义松林、织金—水东一带的沉积型镍钼矿,该区镍钼矿产在下寒武统牛蹄塘组中,含矿岩石组合为泥岩—黏土岩—硅质岩—碳质泥岩—含粉砂质碳质泥岩。通过对其成矿地质背景、成矿规律的分析研究,总结出预测要素见表6-13、预测模型见图6-10。

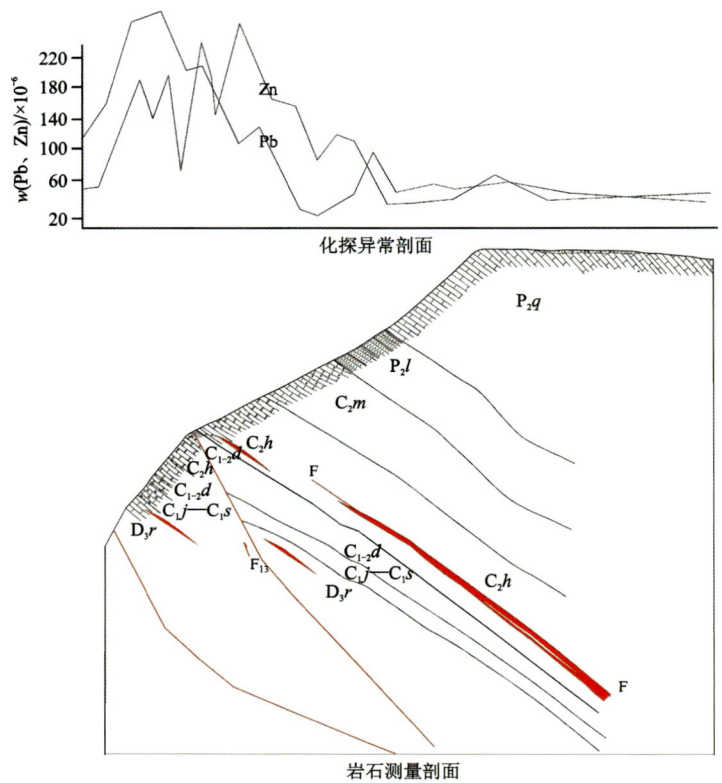

图 6-9 会泽式铅锌矿预测模型图

表 6-13 遵义式沉积型镍钼钒矿预测要素表

预测要素		描述内容	要素分类
特征描述		沉积型镍钼钒矿床	
地质环境	成矿时代	早寒武世梅树村期	次要
	构造背景	扬子陆块南部被动边缘褶冲带毕节前陆褶皱带及织金宽缓褶皱	次要
	岩相古地理	内陆棚相有利于成矿	次要
	沉积作用/沉积建造	含矿地层：下寒武统牛蹄塘组底部	次要
		泥岩、黏土岩、碳质泥岩、粉砂质碳质泥岩组合。碳质泥岩有利于成矿	重要
		沉积建造类型：粉砂岩、碳质泥岩、含粉质砂碳质泥岩建造	次要
		含矿岩系厚度：17～34.56m，含矿岩系厚5～12m有利于成矿	重要
矿床特征	成矿特征	矿石矿物：黄铁矿、红砷镍矿、紫硫镍铁矿、硫钼矿及少量针镍矿、二硫镍矿、闪锌矿	次要
		结构构造：自形粒状结构、自形微粒状、他形显微粒状结构、他形微粒状结构；条带状构造	重要
		Mo 0.83%～6.89%、Ni 0.25%～6.45%，V_2O_5 0.51%～1.47%	重要
	矿体厚度	Ni 米百分值[①] 0.09%～0.17%，Mo 米百分值在 0.09%～0.17%，V_2O_5 0.74%～4.60%	重要
	矿体规模	矿体走向延伸5km，倾向延深500～1000m	重要
综合信息特征		物探、遥感推断深部隐伏构造，指明找矿方向，Ni、Mo、V、U 的地球化学异常可进行参考	次要

① 由于一般达不到可采厚度，故采用米百分值。

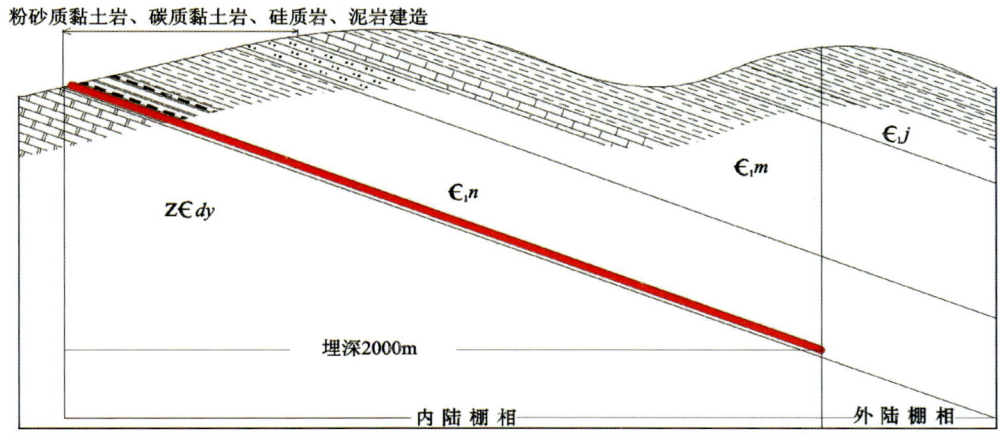

图 6-10　遵义式沉积型镍钼钒矿预测模型图

12. 镇远式沉积型钒、钼矿

该矿床式主要分在瓮安以东地区，矿体产在上震旦统留茶坡组及下寒武统牛蹄塘组中，矿体主要受内陆棚相—外陆棚相控制。总结其预测要素于表 6-14。因镇远式的预测模型与上述遵义式类似，区别主要在于相位略有差异，故其预测模型图从略。

表 6-14　镇远式沉积型钒钼矿预测要素表

预测要素		描述内容	要素分类
特征描述		镇远沉积型钒、钼矿床	
地质环境	成矿时代	晚震旦世灯影峡期—早寒武世梅树村期	次要
	大地构造背景	扬子陆块南部被动边缘褶冲带凤冈南北向褶皱区、铜仁宽缓褶皱区及都匀南北向褶皱区的结合带	次要
	岩相古地理	内陆棚—外陆棚相—斜坡相—深水盆地，宽缓外陆棚及缓斜坡是钒多金属矿的重要场所	次要
	沉积作用及沉积建造	上震旦统留茶坡组及下寒武统牛蹄塘组，含矿岩石为灰黑色含磷结核、含碳质粉砂质黏土岩、隐晶质硅质岩夹灰黑色碳质页岩、粉砂质黏土岩	次要
		碳质页岩、硅质碳质页岩、粉砂质碳质页岩及含钒碳质黏土岩、粉砂质黏土岩建造，粉砂质碳质页岩及碳质黏土岩夹钼钒矿建造有利于成矿	次要
		含矿岩系厚度：18.10～78.80m	重要
矿床特征	成矿特征	非金属矿物有泥质黏土、碳质、石英、水云母及重晶石、高岭土、电气石、石榴子石、伊利石等。金属矿物主要有黄铁矿，另有少量的针镍矿、胶硫钼矿、锑硫镍矿、黄铜矿、闪锌矿、铜蓝	重要
		V_2O_5 0.53%～1.39%、Mo<0.01%、Ni<0.01%	重要
		矿石结构：粉砂结构、显微鳞片状结构、胶状结构	重要
		矿石构造：鳞片状构造、条带—层纹状构造、块状构造、脉状构造	重要
	矿体厚度	0.88～13.26m	重要

13. 半坡式层控内生型锑矿

半坡式锑矿主要分布在独山一带，矿区主要受独山箱状背斜、烂土断层、独山断层、河沟断层等共同控制，预测类型为层控内生型锑矿，矿床类型为热液型锑矿。矿体产在北北西向、北东东向张扭性断层以及在次级断层旁的小背斜核部产生的层间破碎带控制着矿体，含矿围岩为中、下泥盆统独山组、丹林群，含矿建造为石英砂岩夹粉砂岩建造，粉砂质泥岩、石英砂岩、泥质灰岩瘤状建造。通过分析研究，总结出预测要素见表 6-15、建立其预测模型见图 6-11。

表 6-15 半坡式层控内生型锑矿预测要素表

预测要素		特征描述	要素分类
地质环境	成矿时代	燕山期	必要
	大地构造	扬子陆块南部被动边缘褶冲带都匀滑脱褶皱带	
	赋矿地层	中、下泥盆统独山组、丹林群	
	构造组合	逆冲断层及其切割地层的层间裂隙及虚脱空间	
矿床特征	矿体特征	矿体产在断层带及旁侧小背斜核部产生的层间裂隙。脉状、透镜状、似层状	重要
	矿体厚度、品位	矿体厚度≥1.0m；矿石品位 Sb≥0.8%	
	岩石组合	厚层块状细—中粒石英砂岩及石英岩间或夹少量的泥质砂岩及砂质泥岩	
	围岩蚀变	以硅化为主，次为白云石化、硅化、重晶石化、部分黄铁矿化	重要
	矿床点	矿床、矿化点	重要
综合信息特征		物探异常：Sb-Hg-As 组合、Sb-Hg-As-Pb-Zn 组合、Sb-Hg-As-Zn 组合异常。自然重砂异常：辉锑矿、黄铁矿等	次要

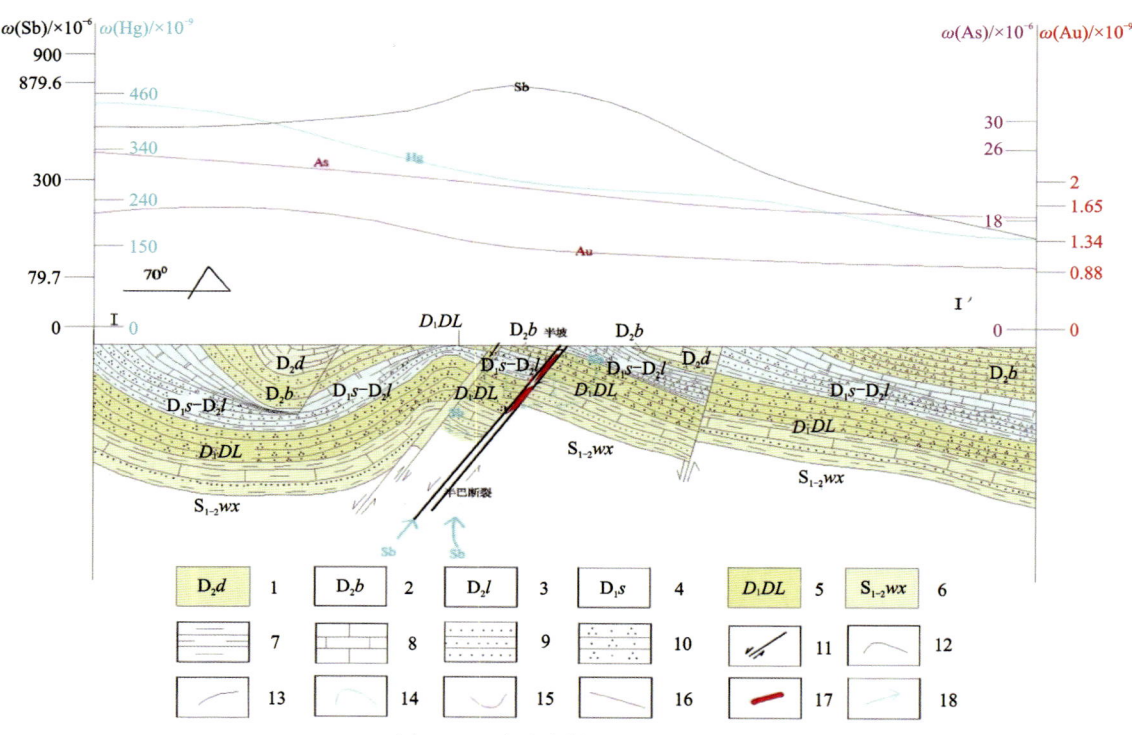

图 6-11 半坡式锑矿预测模型图

1.独山组；2.邦寨组；3.龙洞水组；4.舒家坪组；5.丹林群；6.翁项群；7.泥岩；8.灰岩；9.砂岩；10.石英岩；11.断层；12.地层界线；13.锑元素异常线；14.汞元素异常线；15.砷元素异常线；16.金元素异常线；17.矿体；18.矿质溶淋及矿液运移方向

14. 菜园子式层控内生型铁矿

菜园子式层控内生型铁矿位于扬子陆块南部被动边缘褶冲带。赋矿地层为泥盆系舒家坪组、龙洞水组、独山组，岩性组合为灰岩、白云岩、白云质灰岩、泥质白云岩，厚0～1000m，属于局限台地相含铁碳酸盐岩建造。成矿作用有多种，以还原环境下的交代作用为主。赋矿构造为北西向断层、北西向背斜及近轴部走向断层。围岩蚀变为硅化、白云石化、方解石化、黄铁矿化、铁锰白云石化。成矿时代先为加里东期—印支期，后有燕山期成矿作用的叠加。海西期—燕山期辉绿岩建造与成矿可能有一定关系。

通过对菜园子式铁矿地质背景和成矿规律的分析研究，总结出预测要素见表6-16。

表6-16 菜园子式层控内生型铁矿预测要素表

预测要素			描述内容	要素分类
特征描述			菜园子式层控内生型铁矿床	
成矿地质背景	大地构造位置		扬子陆块南部被动边缘褶冲带，六盘水叠加褶断带	必要
	成矿时代		主要为加里东期—印支期，后期叠加燕山期	必要
	岩相古地理	古地理	泥盆纪为滇-黔滨浅海陆棚碳酸盐岩台地；石炭纪为滇-黔滨浅海陆坡	必要
		沉积相	泥盆纪为局限台地相；石炭纪为局限台地相或台盆边缘相	重要
		沉积建造	含铁碳酸盐岩建造	必要
	岩浆建造		侵入海西期—燕山期辉绿岩建造	重要
矿床地质特征	含矿地层		泥盆系—石炭系	必要
	成矿构造		北西向断层（方向和密度）有利成矿	必要
			北西向背斜轴部虚脱空间有利成矿	
			断层交会点：北西向断层与其他断层交会点往往是矿体膨胀、复合的部位	
	已知矿产地及查明资源储量		已知大型矿床1个、中型矿床4个、小型矿床4个，查明资源储量7311×10^{4}t	重要
综合信息特征			区内剩余重力异常为$(-3.82～1.04)×10^{-5}$m^2/s的区域与已知铁矿点和铁矿的含矿岩系重现性较好，对成矿有利	重要

15. 宁乡式海相沉积型铁矿

贵州宁乡式海相沉积型铁矿主要分布在威宁—赫章、都匀—三都地区。铁矿产于中泥盆统大河口组中，矿体受岩相古地理控制，其中滨岸沙滩相、远滨相有利于成矿。通过对宁乡式铁矿地质背景和成矿规律的分析研究，建立其预测模型见图6-12，总结出预测要素见表6-17。

16. 苦李井式陆相沉积型铁矿

苦李井式陆相沉积型铁矿主要分布在凯里、福泉一带，铁矿主要产于下石炭统九架炉组，岩相古地理控制矿体分布及规模，深湖亚相有利于成矿。含矿沉积建造为碳质页岩、页岩、石英砂岩、铁铝岩及含煤建造，下与泥盆系假整合接触，上与栖霞组连续沉积。通过对预测工作区地质背景和成矿规律的分析研究，综合了物探、化探、遥感、自然重砂等信息，总结出预测要素见表6-18。

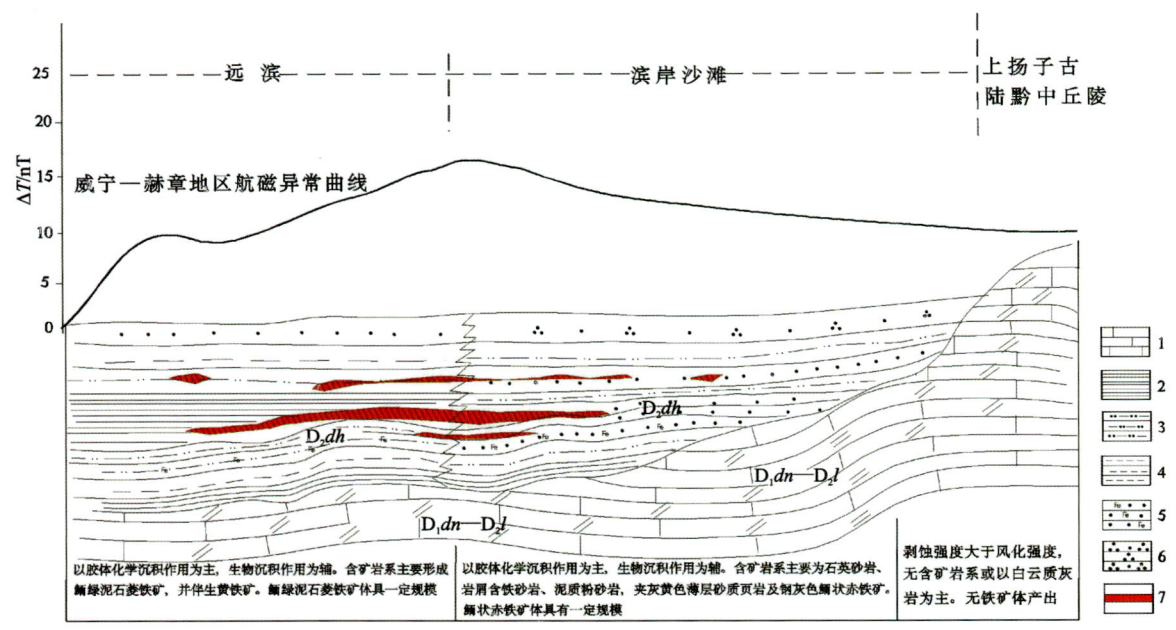

图 6-12 宁乡式沉积铁矿预测模型图

1.碳酸盐岩；2.页岩；3.泥质粉砂岩；4.黏土岩；5.含铁砂岩；6.石英砂岩；7.铁矿层

表 6-17 宁乡式沉积型铁矿预测要素表

成矿要素			描述内容	要素分类
特征描述			宁乡式海相沉积型铁矿床	
地质环境	成矿时代		中泥盆世应堂期	必要
	沉积成矿环境		含铁溶液在氧化作用下生成鲕状赤铁矿、赤铁矿，次生氧化矿石，是由菱铁矿暴露地表经长期氧化而成褐铁矿	必要
	大地构造位置		扬子陆块南部被动边缘褶冲带六盘水叠加褶皱带及织金短轴褶皱区	必要
	岩相古地理	古地理	滇-黔滨浅海陆棚碎屑岩盆地	必要
		沉积相	滨岸沙滩相、远滨相	必要
		沉积建造	含铁细碎屑岩建造	必要
矿床地质特征	含矿地层特征		含矿地层为中泥盆统大河口组，岩性为砂岩、粉砂质泥岩、泥质粉砂岩、泥岩、赤铁矿层、菱铁矿层	必要
	矿体形态、产状		矿体呈似层状、透镜状产出。产状与地层基本一致	必要
	露头		赤铁矿层断续出露	次要
	风化		褐铁矿呈断续带状分布	次要
	含矿岩系厚度		大河口组厚度在 20~120m 区间者成矿有利	重要
	已知矿床(点)		大型、中型有利，小型、矿点有远景	必要
	矿体厚度		>1m	重要
综合信息特征			区内航磁异常与已知铁矿点和铁矿的含矿岩系重现性较好，可指导找矿	重要

表 6-18 苦李井式陆相沉积型铁矿预测要素表

预测要素			描述内容	要素分类
特征描述			苦李井式陆相沉积矿床	
地质环境	成矿时代		石炭纪—中二叠世梁山早期	必要
	沉积成矿环境		沉积的菱铁矿是由富含铁的有机质重碳酸盐溶液,在还原的环境下直接分解而成。次生氧化矿石是由菱铁矿经长期氧化而成	必要
	大地构造位置		扬子陆块南部被动边缘褶冲带的三级构造单元东部,跨省内划分的铜仁—凯里基底边缘冲断带及黔南褶皱带两个四级构造单元	必要
	岩相古地理	古地理	扬子古陆边缘近海一带(凯里炉山地区)淡水湖泊(凯里炉山湖)	必要
		沉积相	深湖亚相	必要
		沉积建造	碳质页岩、页岩、石英砂岩、铁铝岩及含煤建造	重要
	基底		主要受下伏白云质灰岩古侵蚀起伏面的控制	次要
矿床地质特征	含矿岩系特征		含矿岩系为九架炉组,其中下部为杂色铝土页岩夹铁矿层;上部为铝土岩,局部可形成铝土矿;近顶部为碳质页岩夹煤层;顶部为砂岩	必要
	矿体形态、产状		矿体呈似层状、透镜状产出。产状与地层基本一致	重要
	含矿岩系厚度		6~16m	重要
	已知矿床(点)		已知有中型矿床	重要
综合信息特征			区内 Fe_2O_3 异常在 2.5%~5.5% 之间的区域与已知铁矿点和铁矿的含矿岩系重现性较好	重要

17. 叙永式沉积型硫铁矿

叙永式硫铁矿的大地构造位置为上扬子陆块,含矿岩系为上二叠统龙潭组及下石炭统九架炉组,以滨海潮坪对成矿有利。叙永式硫铁矿预测要素见表 6-19。

表 6-19 叙永式沉积型硫铁矿预测要素表

预测要素		描述内容	要素分类
特征描述		叙永式含煤建造沉积型硫铁矿床	
地质环境	成矿时代	晚二叠世龙潭期、早石炭世—中二叠世早期	必要
	成矿构造	成矿期古断裂	必要
	构造背景	扬子陆块	必要
	岩相古地理	滨海—潮坪沼泽相	必要
沉积建造	赋矿地层	上二叠统龙潭组、下石炭统九架炉组	必要
	岩性特征	硫、铝、黏土矿、煤组合	重要

续表6-19

预测要素		描述内容	要素分类
特征描述		叙永式含煤建造沉积型硫铁矿床	
矿床特征	矿石结构	条带状结构、团块状结构、细粒状结构	次要
	矿石构造	浸染状构造、团块状—结核状构造、脉状—透镜状构造	次要
	矿体厚度	≥0.7m	重要
	含矿岩系厚度	≥4m	重要
	TS(全硫)	≥14%	重要
找矿线索	含矿层位	龙潭组底部、九架炉组下部	重要
	矿点	已查明矿床及矿点为重要找矿线索	重要
综合信息特征		(1)布格重力异常值(−148～−106)×10^{-5}m²/s,变化幅值为42×10^{-5}m²/s,矿产地分布在磁异常平缓地区。 (2)Fe-Cr-Ni-Ti组合异常	次要

18. 排带式热液型硫铁矿

排带式硫铁矿属于热液型矿产,矿体主要产于断裂破碎带及旁侧层间裂隙中,通过GIS技术对获取的各种与成矿有关的基本信息进行综合分析,总结其预测要素,见表6-20。

表6-20 排带式热液型硫铁矿预测要素表

预测要素		描述内容	要素类别
地质环境	成矿时代	燕山期	必要
	大地构造	扬子陆块南部被动边缘褶冲带都匀滑脱褶皱带	
	赋矿地层	中寒武统都柳江组角砾状白云岩,纹层状白云岩	
	构造组合	逆冲断层及其切割地层的层间裂隙及虚脱空间	
矿床特征	矿物成分	黄铁矿、石英、重晶石、白云石、方解石等	重要
	矿物组合	石英-黄铁矿、石英-重晶石-黄铁矿、石英-白云石-黄铁矿、白云石-黄铁矿	
	矿石类型	黄铁矿石	
	结构构造	交代结构、压碎结构、半自形粒状结构;块状构造、角砾状构造、条带状构造、脉状构造、浸染状构造	
	黄铁矿赋存形态	黄铁矿多为不规则的他形集合体和半自形晶粒状,偶见立方体	
	矿体厚度、品位	厚度≥0.7m,品位S≥14%	
找矿线索	断层	逆冲断层及其切割地层的层间裂隙	重要
	围岩蚀变	以硅化为主,次为白云石化	重要
	矿床点	矿床、矿化点	重要
综合信息特征		Pb-Zn-Au-Sb-Hg组合异常(物探异常)、黄铁矿自然重砂异常等可指明找矿方向	次要

19. 顶罐坡式层控内生型重晶石矿与丰水岭式层控内生型萤石矿

这两个矿床式,其成因类型均为中低温热液型,预测类型均为层控内生型,其萤石、重晶石矿主要分布在沿河、务川、湄潭、石阡、施秉、黄平、凯里、贵定、修文、平坝、织金等县的广大地区。矿体主要受地层、断层共同控制,围岩主要有弱硅化、方解石化、白云石化、毒重石化等蚀变,都属于低温热液成矿形成,归属于中低温热液形成的汞、锑、金、铀、钼、硒、萤石、重晶石矿床成矿系列。重晶石矿、萤石矿在平面上既有重叠共生又有相互分离。因此,对2个矿床式的预测要素、预测模型进行总结,分别见图6-13和表6-21。

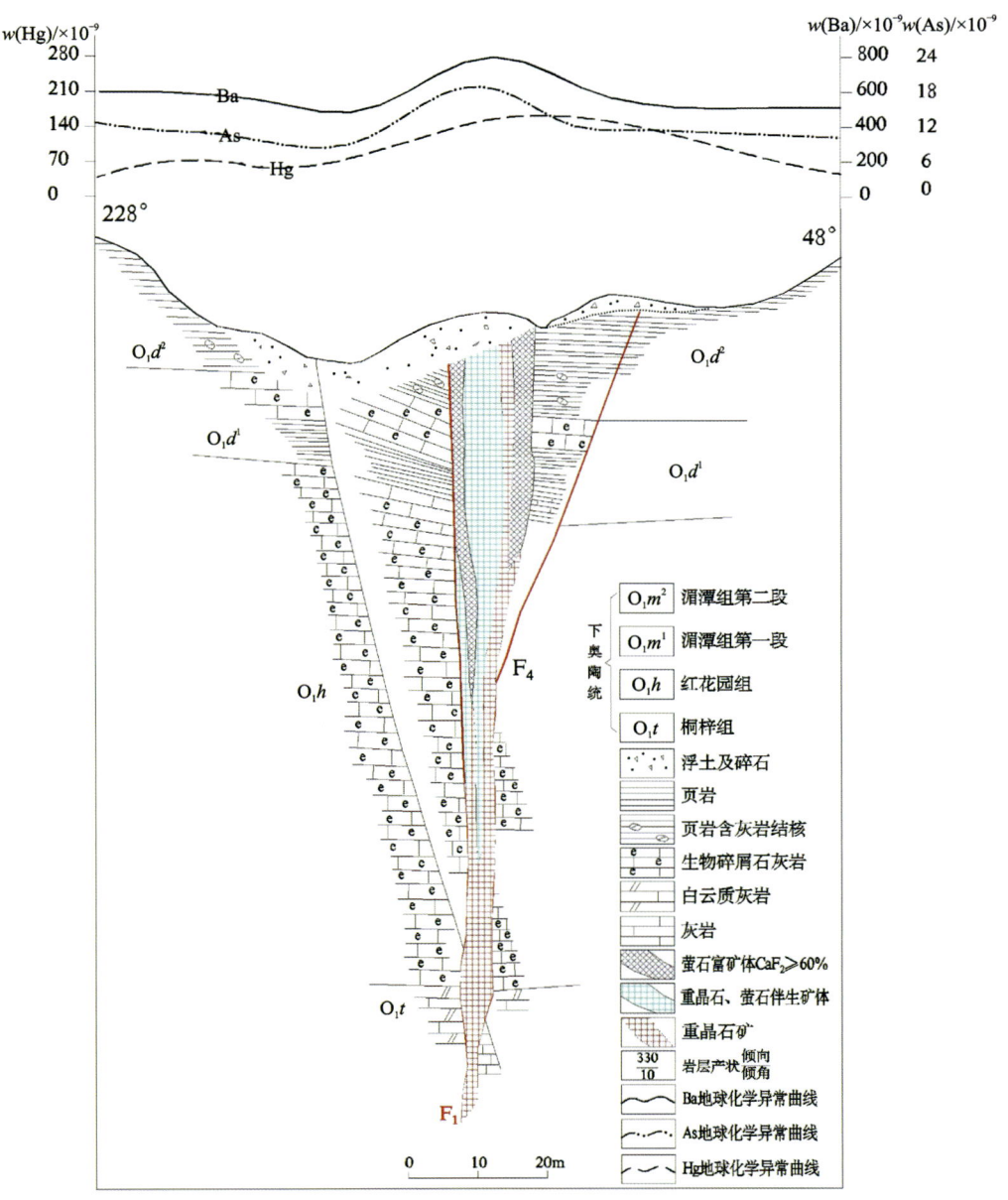

图 6-13 顶罐坡式重晶石矿与丰水岭式萤石矿预测模型图

表 6-21 顶罐坡式重晶石矿与丰水岭式萤石矿预测要素表

预测要素		描述内容	要素分类
特征描述		顶罐坡式重晶石矿、丰水岭式萤石矿,成因类型均为中低温热液型,预测类型均为层控内生型	
地质环境	成矿时代	燕山期	必要
	构造背景	扬子陆块南部被动边缘褶冲带之铜仁逆冲带及都匀滑脱褶皱带	必要
	成矿构造	北北东向断裂为导矿构造,北西向张性及张扭性断裂为容矿构造	必要
	沉积建造	白云岩及灰岩建造	必要
	盖层	大湾组钙质页岩	必要
矿床特征	赋矿地层	下奥陶统桐梓组	必要
	岩性组合	白云岩-硅质岩-重晶石-萤石-白云岩	重要
	矿石构造	块状构造、斑点状构造、角砾状构造	次要
	矿石品位	$BaSO_4 \geqslant 30\%$,$CaF_2 \geqslant 20\%$	重要
	围岩蚀变	围岩蚀变微弱,主要有弱硅化、方解石化、白云石化等	次要
地球化学标志		有 As、Ba、Sb、Hg 异常分布,同时有重晶石矿物异常	必要

20. 苗龙式层控内生型金矿

该矿床式主要分布在丹寨、三都一带,其矿床成因类型为微细粒浸染型金矿,预测类型为层控内生型,与汞、锑矿相伴生。经研究典型矿床及区域成矿规律,并综合分析预测工作区成矿条件、控矿因素及物探、化探、遥感、自然重砂综合找矿信息,总结出该矿床式的预测要素见表 6-22。

表 6-22 苗龙式层控内生型金矿预测要素表

预测要素		特征描述	要素等级
地质环境	含矿地层	中寒武统都柳江组、中上寒武统杨家湾组、上寒武统三都组和上寒武统—下奥陶统锅塘组	必要
	构造背景	都匀滑脱褶皱带与雪峰山基底逆推带接合部。其中南北向断层一般规模较大,是区域内主要导矿构造,起着控制矿带展布的作用。北东向断层规模相对较小,为主要的赋矿构造。更次一级的小断层和 X 型配套剪切断层也是区内主要的赋矿构造。北北东向主干断裂与北西向断裂的交叉与复合部位控制了矿床和矿体分布,矿体形态为透镜状和似层状	必要
	建造类型	条带状白云岩-泥灰岩-灰岩建造	重要
矿床特征	岩性特征	条带状灰岩、白云岩与页岩,薄层状泥灰岩—灰岩	重要
	矿床规模	中—小型矿床、矿化点	重要
	矿体特征	矿体产状与断裂破碎带产状一致,严格受断裂破碎带控制,特别是在断裂分支、复合膨大处矿体更加发育,矿体形态以脉状为主,次为透镜状、豆荚状、囊状等	重要
	矿物成分	金属矿物主要有自然金、毒砂、黄铁矿、辉锑矿,其次为闪锌矿、辰砂;脉石矿物主要有石英(玉髓)、铁白云石、方解石、水云母,其次为重晶石、萤石	次要
	矿石类型	浸染状矿石、条带状矿石、脉状矿石、角砾状矿石	次要
	围岩蚀变	硅化、黄铁矿化、方解石化、萤石化、重晶石化	重要
地球化学标志		Au、Sb、As、Hg、Pb、Zn 等元素的地球化学异常及其综合异常	重要
间接找矿标志		汞、锑矿床(点)	重要

21. 铜厂河式铜矿

通过对铜厂河式铜矿典型矿床及区域成矿作用、控矿因素、成矿模式等研究，并综合物探、化探、遥感、自然重砂等找矿信息，总结出预测要素见表 6-23。

表 6-23 铜厂河式铜矿预测要素表

预测要素		描述内容	要素分类
特征描述		与陆相镁铁质喷出作用有关的火山沉积-成岩期后热液型铜矿床	
地质环境	成矿时代	茅口晚期—龙潭早期火山喷发第三旋回	必要
	构造背景	扬子陆块南部被动陆缘褶冲带六盘水复杂变形区向斜两翼，呈北西向排列的垭都-蟒洞断裂带与威宁-水城断裂带两侧	重要
	成矿环境	峨眉山地幔柱的基性岩浆主要沿晚古生代裂陷构造形成的构造薄弱地带上涌，形成川滇黔大面积玄武岩喷溢及同源辉绿岩的侵位	必要
	岩石类型	陆相杏仁状玄武岩、富有机质玄武质火山碎屑岩、角砾岩	必要
	火山机构	古火山喷发中心及附近一定范围是富铜流体的有利就位场所	重要
	热液活动	推测火山机构周边的断裂构造为火山期及其期后热液活动提供了有利通道	必要
	岩石化学	低镁、过饱和、岩浆分异度较高的高钛玄武岩	重要
矿床特征	矿体形态	主要为似层状、透镜状，次为扁豆状和团块状	次要
	矿物组合	矿石矿物主要为黄铜矿、自然铜、辉铜矿，次为斑铜矿、铜蓝；脉石矿物主要为辉石、斜长石、绿泥石、方解石	重要
	结构构造	多具交代结构与半自形—他形微粒—细粒状结构，以及浸染状构造、细脉状构造、杏仁状构造	次要
	蚀变类型	主要为绿泥石化、炭沥青化、黄铁矿化、硅化、沸石化	重要
	成矿元素	以 Cu 为主，伴生 Ga、Ag	重要
综合信息特征	物探	封闭布格重力异常相对变化较缓的地带和剩余重力异常零值线附近对寻找矿床有一定指示作用	重要
	化探	Cu 异常值 $>91\times10^{-6}$，异常中心与矿床点大致吻合	重要
	遥感	铁染异常与矿床点及玄武岩火山喷发中心大致吻合	重要
	自然重砂	铜矿物的自然重砂异常，其分布与矿床点大致吻合	重要

五、多矿种综合预测区成果

多矿种综合预测区圈定原则：
(1)同一位置、同一控矿构造控制的同一矿种或多种矿种；
(2)按成矿系列进行矿种组合，分别圈定综合预测区；
(3)最小面积最大含矿率原则；
(4)所涵盖的矿产预测类型必须由同一成矿地质作用控制，隶属于同一成矿系列。

根据上述圈定原则，在Ⅲ77上扬子中东部(台褶带)铅、锌、铜、银、铁、锰、汞、锑、磷、铝土矿、硫铁矿成矿带圈出 31 个综合预测区(表 6-24，图 6-14)。主要的矿种有锰、重晶石、磷、镍钼钒、铁、铝土矿、硫铁矿、煤、汞、锑、铅锌、铁、金、重晶石、萤石等。

表 6-24　上扬子中东部(台褶带)铅、锌、铜、银、铁、锰、汞、锑、磷、铝土矿、硫铁矿成矿带综合预测区划分表

Ⅲ级成矿区(带)	Ⅳ级成矿区(带)	综合预测区名称	类别
Ⅲ77 上扬子中东部（台褶带）铅、锌、铜、银、铁、锰、汞、锑、磷、铝土矿、硫铁矿成矿带	Ⅲ77-1 威宁-六盘水铅、锌、银、铜、铁、锰成矿带	云贵桥铅、锌综合预测区	B
		五里坪铜、铅、锌、铁综合预测区	A
		炉山铜综合预测区	C
		水城铁、铅、锌、锰综合预测区	A
		绿卯坪铅、锌综合预测区	B
	Ⅲ77-2 毕节-习水镍、钼、铅、锌、铜、磷块岩成矿带	桑木铅、锌、硫综合预测区	B
		吉场铅、锌、硫综合预测区	C
		仁怀铅、锌、硫综合预测区	C
		松林镍、钼、磷、硫综合预测区	A
	Ⅲ77-3 织金-纳雍铅、锌、磷块岩、铝土矿成矿带	大方硫综合预测区	C
		水东镍、钼、铅、锌综合预测区	A
		新华磷、硫综合预测区	B
		五指山铅、锌综合预测区	A
	Ⅲ77-4 渝南-黔北铝土矿、磷块岩、稀土、锰、汞成矿带	务正道铝土矿、萤石综合预测区	A
		务川汞、重晶石、萤石综合预测区	B
		绥阳硫综合预测区	C
		遵义锰、铝土矿、硫综合预测区	A
		开阳磷综合预测区	A
		瓮福磷综合预测区	A
		清镇铝土矿、硫、磷、铁综合预测区	A
	Ⅲ77-5 铜仁-凯里汞、铅、锌、锰、铝土矿成矿带	大塘坡锰、钒、汞、铅、锌、磷综合预测区	A
		万山汞、铅、锌、锰综合预测区	B
		镇远钒综合预测区	A
		余庆钒、磷、汞综合预测区	B
		凯里铝土矿、铁综合预测区	A
	Ⅲ77-6 梵净山钨、锡、铜、金、镍成矿带	梵净山钨、锡、金综合预测区	C
		顶罐坡重晶石综合预测区	B
	Ⅲ77-7 贵定-长顺铅、锌成矿带	牛角塘铅、锌综合预测区	B
		贵定铅、锌、铁综合预测区	C
	Ⅲ77-8 丹寨-荔波汞、金、锑、铅、锌、硫成矿带	独山锑、铅、锌、铁综合预测区	A
		丹寨汞、金、铅、锌、硫综合预测区	C

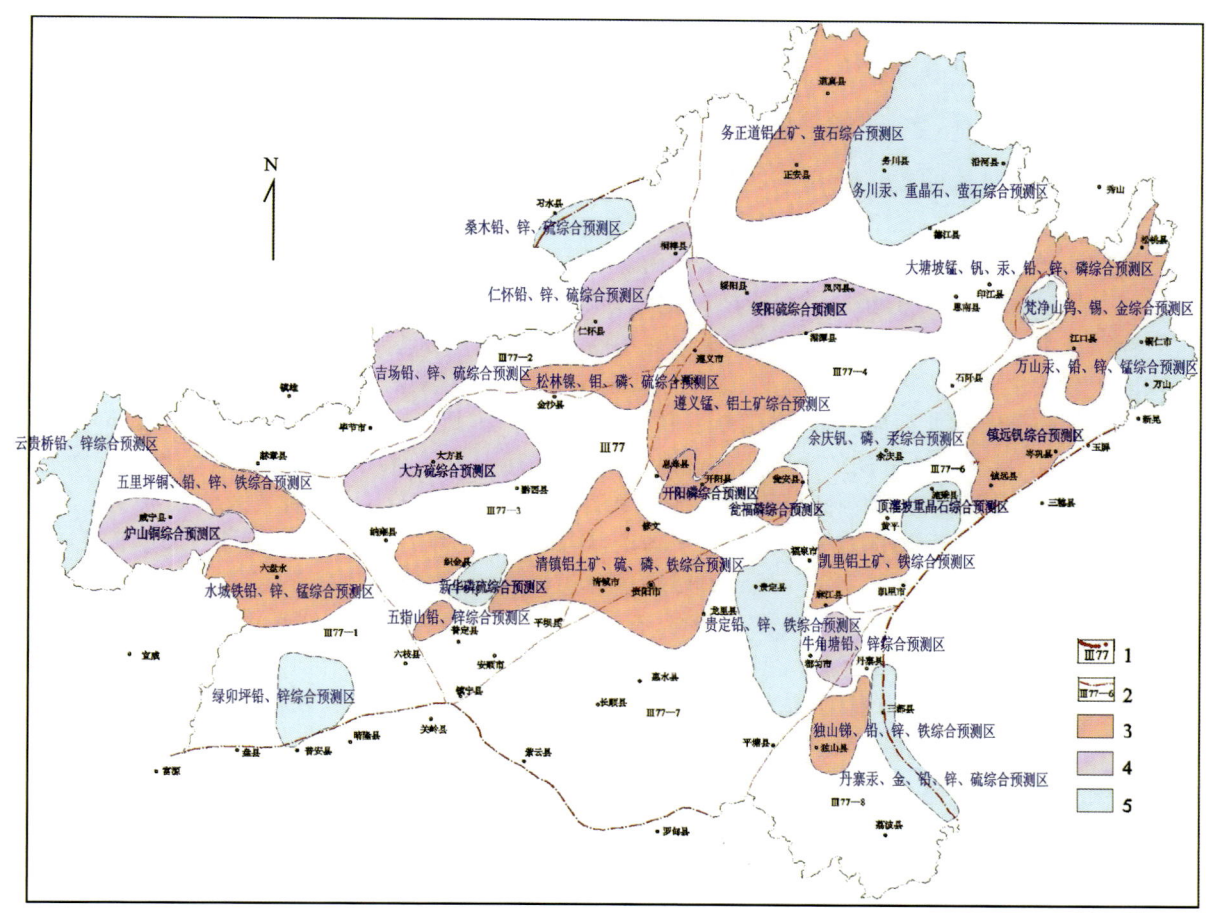

图 6-14　上扬子中东部成矿带(Ⅲ77)综合预测区分布图

1.Ⅲ级成矿区及编号；2.Ⅳ级成矿区及编号；3.A类综合预测区；4.B类综合预测区；5.C类综合预测区

1. 云贵桥铅、锌综合预测区

1）成矿条件及矿床地质特征

该区主要分布于威宁县西部、西北部，大地构造位处上扬子陆块南部碳酸盐岩台地相六盘水叠加褶皱带的银厂坡-石门构造带，小江深大断裂东侧之滇东北坳陷盆地内，主体构造为牛棚向斜、玉龙向斜、石门向斜、石门背斜，银厂坡-石门断裂带为重要的区域性导矿构造，其次由北西向的云贵桥背斜和一系列北西向断层构成。小江深大断裂带和曲靖-昭通隐伏断裂带构成了川滇黔南北向断裂系，是海西期岩浆活动的通道，为铅锌矿提供了十分有利的构造地质背景。从会泽铅锌矿田构造来看，矿山厂矿床、麒麟厂矿床、银厂坡矿床呈左行雁列展布，形成高级的"多"字形构造。

该区矿床式主要有会泽式低温热液型铅锌矿、铜厂河式铜矿。其中，铅锌矿床(点)有银厂坡、牛棚、云贵、罗卜荚、狮子洞等，铅锌矿体呈似层状、透镜状产于走向断层和层间裂隙中，其赋矿地层为泥盆系融县组和石炭系上司组、大埔组、黄隆组，容矿岩性多为白云岩、白云质灰岩。铜矿床点有黄泥坡、大明槽、玉龙乡钥匙湾等。而所发现的铜矿，主要呈透镜状、脉状赋存于黑色致密玄武岩的上部凝灰层中，并有断裂通过。应为大气降水与深部流体混合，沿玄武岩中断裂构造流动并萃取成矿物质，迁移至还原环境后发生次生硫化物成矿作用，从而形成此类铜矿床(点)。

2）预测区资源量及找矿远景

区内查明的矿种主要为铅、锌、铜矿，查明资源量铅 60 600t、锌 14 700t、铜 27 405.31t，区内开展矿产资源潜力评价的矿种有铅、锌、铜矿，预测资源量铅 1 061 900t、锌 384 600t、铜 17 817.49t，总资源量铅 1 122 500t、锌 399 300t、铜 45 222.8t。综合预测区已发现铅锌、铜矿等矿产,多为小型矿床,云贵桥综合预测区预测资源量大,具有较大的找矿潜力。

2. 五里坪铜、铅、锌、铁综合预测区

1)成矿条件及矿床地质特征

该区位于赫章县南—威宁县交界的赫章县境内,大地构造处于上扬子陆块南部碳酸盐岩台地相之六盘水叠加褶皱带,垭都-蟒洞矿集区北段江子山矿带。由南西向北东逆冲的断层组成前缘叠瓦扇,主要有垭都-蟒洞断层、菜园子断层、草子坪-野里坝断层、发达断层,主断层旁侧有水槽堡、朱砂厂、万宝硐、草子坪、垭都、张口洞等背斜,背斜都被纵向逆冲断层切割。出露地层为志留系—三叠系。

该区矿床式主要有杉树林式铅锌矿、铜厂河式铜矿、菜园子式铁矿、宁乡式沉积型铁矿。其中,杉树林式铅锌矿集中分布在北西向垭都-蟒洞断层和北北西向的石门坎、山旺坪断层所组成的三角地带,铅锌矿体多沿垭都-蟒洞断裂旁侧的次级背斜核部、翼部的层间剥离空间,呈连续与不连续的似层状、透镜状产出,部分矿体沿与垭都-蟒洞断层平行的次级断裂或两组断裂的交会处、断裂旁侧裂隙中呈单个或连续的透镜状、囊状分布,局部有分枝现象。矿体产状与断裂、裂隙一致,倾角一般大于57°。赋矿地层主要为泥盆系高坡场组—石炭系上司组、大埔组、黄隆组,有少量二叠系栖霞组、茅口组,容矿岩石均为碳酸盐岩,以白云岩化灰岩矿化较好,次为灰岩,有五里坪、耗子洞、榨子厂、江子山、鼎盛鑫、铜烘山、横坡等铅锌银矿床(点)。菜园子式热液型菱铁矿与铅锌矿大体一致。宁乡式沉积型铁矿产出层位主要为中泥盆统大河口组、独山组鸡泡段、龙洞水组及下泥盆统舒家坪组碳酸盐岩,铁矿床有菜园子、雄雄戛两个大型铁矿床。铜厂河式铜矿产于矿集区西北部,呈扁豆状不规则分布在晚二叠世峨眉山玄武岩与上二叠统龙潭组底部接触带中,有菜园子、德桌等铜矿点。

2)预测区资源量及找矿远景

区内查明资源量铅 139 200t、锌 451 700t、铁 335 994×10^3t,预测资源量铅 739 300t、锌 2 876 400t、铁 394 660 800t。查明资源量与预测资源量合计为:铅 878 500t、锌 3 328 100t、铁 730 654 800t。

综合预测区已发现铅锌、铁矿等矿产,多为中小型矿床,综合预测区预测资源量大,具有较大的找矿潜力。

3. 炉山铜综合预测区

1)成矿条件及矿床地质特征

该区分布于黔西北威宁南部,在大地构造上位于上扬子陆块南部碳酸盐岩台地相六盘水叠加褶皱带内,主要褶皱为威水背斜,北西向、北北西向断裂构造发育,出露泥盆系—二叠系。该区主要为铜厂河式铜矿,其铜矿床形成与峨眉山地幔柱玄武岩的喷发作用密切相关,高钛、富铜的玄武岩是形成矿床的基础,与火山机构(古火山口及一定范围)相关[第三喷发旋回(P_3em^8)]的杏仁状玄武岩、火山凝灰岩、角砾岩、富有机质黏土岩是赋矿的有利岩石建造。矿床成矿时代为燕山晚期到早中喜马拉雅期,矿床在峨眉山玄武岩喷发间隙时及期后热液作用下共同形成。已发现抱都、铜厂河、炉山等铜矿床(化)点 40余处;另发现中二叠世梁山早期含铁岩系下部苦李井式中型铁矿 1 处。

2)预测区资源量及找矿远景

区内查明的矿种主要为铜矿,查明资源量铜 1613t,预测资源量铜 95 508.07t,二者合计为 97 121.07t。综合预测区已发现铅锌、铁矿等矿产,多为中小型矿床,综合预测区预测资源量大,具有较大的找矿潜力。

4. 水城铁、铅、锌、锰综合预测区

1)成矿条件及矿床地质特征

该区分布于水城县南东至北西一线,在大地构造上位于上扬子陆块南部碳酸盐岩台地相六盘水叠加褶皱带之威水构造带内、白泥滥坝向斜和阿都戛背斜翼部。其主要褶皱为水杉背斜。水杉背斜北西

起自水城县城东的放马坝，背斜轴310°，向南东至观音山即转折为340°，至杉树林东南牛头山倾没，全长25km，褶皱紧密，南西翼陡峻，有时近于直立。地层主要出露泥盆系—二叠系。该区主要有杉树林式铅锌矿、菜园子式铁矿、宁乡式沉积型铁矿、水城式沉积型锰矿。

杉树林式铅锌矿、菜园子式铁矿主要沿水杉背斜轴向展布，矿体产于平行水杉背斜轴的高角度逆冲断层和背斜陡倾的南西翼的层间剥离断层或层间断裂内，此外在杉树林与银矿包矿体还受地层中的挠曲构造控制，矿体产状与地层、断层及水杉背斜轴三者近于平行，在陡翼呈透镜状、脉状、囊状产于层间破碎带中。容矿岩石主要为上石炭统大埔组、马平组，次为黄龙组白云质灰岩、灰岩、白云岩及薄—中厚层泥晶灰岩。有杉树林、双水井、横塘等中小型铅锌矿床3处和观音山中型铁矿床1处。

水城式沉积型锰矿产于中二叠统茅口组二段顶部，上覆峨眉山玄武岩。矿层较稳定—不稳定，呈层状、似层状产出，厚2.3～4m，个别达11m，矿体沿走向延伸数千米，而沿倾向延伸仅为0～100m，矿石类型均为茅口组二段顶部含锰灰岩经地表浅部氧化淋滤原地次生富集的氧化锰矿。有徐家寨、水城县老鸦营-威宁县三家寨、水城立火、纳雍营盘、陈家寨、麻窝等小型沉积型锰矿（化）点。

宁乡式沉积型铁矿产于中泥盆统大河口组中，含铁碳酸盐岩建造和碎屑岩建造交替更迭，地层厚度变化大。

2）预测区资源量及找矿远景

区内查明的矿种主要为铅、锌、铁、锰矿，查明资源量铅213 800t、锌693 600t、铁38 602.39×10^3t、锰1717×10^3t，区内开展矿产资源潜力评价的矿种有铅、锌、铁、锰矿，预测资源量铅471 900t、锌1 796 100t、铁27 457×10^3t、锰6910×10^3t，总资源量铅685 700t、锌12 489 700t、铁66 059.39×10^3t、锰8627×10^3t。

综合预测区已发现铅锌、铁、锰矿等矿产，多为中小型矿床，综合预测区预测资源量大，具有较大的找矿潜力。

5. 绿卯坪铅、锌综合预测区

1）成矿条件及矿床地质特征

该区位于水城、普安、晴隆3县交界处，大部分行政区划属于普安县，北部小部分为晴隆县。在大地构造上位于上扬子陆块南部碳酸盐岩台地相之普安旋扭构造带内。褶皱构造主要有厨子寨向斜、格所背斜、猴子地向斜、绿卯坪背斜、顶头山穹形背斜。断裂构造主要为与褶皱轴向一致的压性或压扭性断层，如蜂岩-白石岩断层、绿卯坪断层。主要出露泥盆系—二叠系。该区主要为杉树林式热液型铅锌矿，目前已发现有兴中、顶头山、绿卯坪、凉水井（道光硐）、东盛等铅锌矿床（化）点。铅锌矿产于顶头山穹形背斜、老厂背斜和道光硐挠曲的断层和层间裂隙中，呈似层状，透镜状、扁豆状及囊状产出。其产状与岩层、断层产状大体一致，倾向多北东，倾角平缓。矿体赋存于石炭系、泥盆系中，含矿围岩为白云岩、白云质灰岩。

2）预测区资源量及找矿远景

区内查明的矿种主要为铅、锌矿，查明资源量铅123 200t、锌187 500t，区内开展矿产资源潜力评价的矿种有铅、锌矿，预测资源量铅655 400t、锌1 482 000t，总资源量铅778 600t、锌1 669 500t。

综合预测区已发现铅、锌矿等矿产，多为中小型矿床，综合预测区预测资源量大，具有较大的找矿潜力。

6. 桑木铅、锌、硫综合预测区

1）成矿条件及矿床地质特征

该区位于贵州省水县南东侧，属习水县桑木场镇管辖；在大地构造上位于川中前陆盆地和上扬子陆块南部碳酸盐岩台地相结合部位，毕节前陆褶皱带北东缘。控矿背斜主要有北东向桑木场背斜，区域控矿断层为北东向桑木场断层。该区目前发现的主要为天桥式铅锌矿，矿体多位于桑木场背斜及次级褶曲轴部虚脱空间中，矿体呈似层状、透镜状、脉状。出露地层为震旦系灯影组，寒武系牛蹄塘组、明心寺组、金顶山组。带内分布有习水县谢家坝、银厂等6个铅锌矿床(点),矿体围岩为震旦系灯影组、寒武系清虚洞组,容矿岩石主要为含燧石团块粗晶白云岩、细晶白云岩、灰岩、白云质灰岩。

区内铅、锌矿成因为与热(卤)水活动有关的碳酸盐岩型铅、锌矿床。具有铅、锌、银Ⅲ级浓度异常,异常与铅、锌矿床(点)套合较好,分布有铅的Ⅱ级自然重砂异常,布格重力异常推断该矿集区深部有1条北北东向断层,推测的断层可能控制区内铅、锌矿的产出。矿体产出有两种形式,即呈似层状产出于灯影组顶部的含燧石团块白云岩中层间碎裂型和受北东向的次级断裂控制、矿体产状与断裂产状基本一致的断裂型。除铅锌矿外,该矿集区尚发现有赋存于上二叠统龙潭组含煤地层底部与茅口组(P_2m)灰岩顶界面(古侵蚀面)之间的叙永式硫铁矿床(点);桑木场背斜轴部还发现有赋存于震旦系灯影组上部白云岩中,呈结核状、团块状及小透镜状的习水河坝磷矿点及萤石、重晶石等矿床(点)。

2)预测区资源量及找矿远景

区内查明的矿种主要为铅、锌、硫铁矿,查明资源量铅2400t、锌5600t、硫铁矿$7246×10^3$t,区内开展矿产资源潜力评价的矿种有铅、锌、硫铁矿,预测资源量铅174 900t、锌280 200t、硫铁矿$8 697.7×10^4$t,总资源量铅177 300t、锌285 800t、硫铁矿$9 422.3×10^4$t。

综合预测已发现铅、锌、硫铁矿等矿产,多为中小型矿床,综合预测区预测资源量大,具有较大的找矿潜力。

7. 吉场铅、锌、硫综合预测区

1)成矿条件及矿床地质特征

该区分布于毕节市北东方向的阿市乡一带,大地构造上位于上扬子陆块南部碳酸盐岩台地相北西部,长树田穹状隆起、清水铺向斜、太极场向斜、播扎背斜等褶皱翼部。地层出露震旦系—三叠系。该区目前发现的主要为天桥式铅锌矿,矿体的形成和产出状态受断层控制,多产出于断层破碎带及次生裂隙中,呈网脉状、脉状、透镜状产出,矿体围岩为中寒武统石冷水组的角砾状白云岩、泥质白云岩,有毕节市阿木铅锌矿、金银山铅锌矿。硫铁矿呈似层状产出于上二叠统龙潭组底部,属叙永式沉积型硫铁矿床,有林口硫铁矿、兴隆硫铁矿等。

2)预测区资源量及找矿远景

区内查明的矿种主要为锌、硫铁矿,查明资源量锌100t、硫铁矿$7 220.7×10^4$t,区内开展矿产资源潜力评价的矿种有铅、锌、硫铁矿,预测资源量铅64 600t、锌104 000t、硫铁矿$6 291.4×10^4$t,总资源量铅64 600t、锌104 100t、硫铁矿$13 512.1×10^4$t。

综合预测区已发现铅、锌、硫铁矿等矿产,多为中小型矿床,综合预测区预测资源量大,具有较大的找矿潜力。

8. 仁怀铅、锌、硫综合预测区

1)成矿条件及矿床地质特征

该区分布于贵州北西部仁怀、桐梓地区,在大地构造位处上扬子陆块南部碳酸盐岩台地相中北部,主体构造为高大坪背斜、五马-楚米向斜,构造轴线扭曲呈"S"形。轴部出露寒武系,翼部为奥陶系、志留系、志留系、二叠系、三叠系、侏罗系。产有中枢等铅锌矿床(点)3处,米江硫铁矿、桐梓县杨村沟菱铁矿等矿床(点)12处。

铅、锌矿体严格受中枢断层控制,矿化带长度大于1300m,宽1~5.5m,矿体在破碎带中主要呈不规则星点状、网脉状产出。围岩为娄山关组二段中的细晶白云岩。

硫铁矿赋存于龙潭组底部、茅口组灰岩喀斯特不整合面之上,呈层状、似层状产出;菱铁矿(层)体产于二叠系龙潭组底部,呈薄层状、透镜状、结核状产出,有时呈结核群,与页岩、碳质页岩等互层产出,为沉积型。

2)预测区资源量及找矿远景

区内查明的矿种主要为锌、硫铁矿、磷矿,查明资源量锌 5600t、硫铁矿 12 855.0×10^4t、磷矿 16.0×10^4t,区内开展矿产资源潜力评价的矿种有铅、锌、硫铁矿、磷矿,预测资源量铅 99 200t、锌 159 800t、硫铁矿 25 395.6×10^4t、磷矿 159.0×10^4t,总资源量铅 99 200t、锌 165 400t、硫铁矿 38 250.6×10^4t、磷矿 175.0×10^4t。

综合预测区已发现铅、锌、硫铁矿、磷矿等矿产,多为中小型矿床,综合预测区预测资源量大,具有较大的找矿潜力。

9. 松林镍、钼、磷、硫综合预测区

1)成矿条件及矿床地质特征

该区分布于遵义县城西侧—金沙县城北部,在大地构造上位于扬子陆块南部碳酸盐岩台地相毕节前陆褶皱带松林-岩孔背斜的翼部,该背斜核部由前震旦系板溪群的一套浅变质岩系和震旦系南沱组、陡山沱组和灯影组组成,翼部由下寒武统牛蹄塘组、明心寺组、金顶山组、清虚洞组和中寒武统的高台组、石冷水组组成。沿背斜的西缘发育了一系列北东向—北北东向的高角度逆冲断层,对穿隆北翼、西翼和西南翼地层有一定的切割破坏作用。该区主要产出镍钼矿、磷矿、硫铁矿。

遵义式沉积型镍、钼矿产于下寒武统牛蹄塘组底部黑色岩系中,主要成矿元素镍、钼、钒在区域上具有明显分带性,在黔北遵义地区主要为镍-钼组合,钼、镍矿一般产于黑色岩系下部,钒矿产于黑色岩系中部,镍、钼呈多金属薄层或透镜体,钒矿体分布于多金属层之下。成因类型多认属喷流沉积矿床,矿床类型为海相沉积型镍、钼、钒矿床。已发现有遵义县罗家湾、黄家湾、鸡公山、田湾、庙子湾、常溪水、松林镇马鞍山、白云台、巴蕉地区、新土沟地区、大元、松林镇珍珠山、陈家湾—杨大湾、冉村沟、松林镇大竹流水、双龙桥、白云台、安村、杨村沟、松林至金沙县岩孔等中小型镍、钼、钒矿床或多金属矿床。

磷矿含矿岩系为陡山沱组与牛蹄塘组一段,沉积时代为早震旦世陡山沱期与早寒武世梅树村期。早震旦世陡山沱期磷矿的矿床类型为海相沉积型磷块岩矿床,矿床式为开阳式。早寒武世梅树村期牛蹄塘组磷矿的矿床类型亦为海相沉积型磷块岩矿床,矿床式为新华式,有金家岭、松林、岩孔等磷矿床。

硫铁矿赋存于龙潭组底部、茅口组灰岩喀斯特不整合面之上,属煤系叙永式沉积型硫铁矿床,有野彪、降头水、仁怀市米江等大中型硫铁矿床。

2)预测区资源量及找矿远景

区内查明的矿种主要为硫铁矿、磷矿、镍钼矿,查明资源量硫铁矿 1 878.2×10^4t、磷矿 1 464.0×10^4t、镍 222 209.321 8t、钼 374 316.556 2t,区内开展矿产资源潜力评价的矿种有硫铁矿、钼镍钒矿,预测资源量硫铁矿 4 407.2×10^3t、磷矿 3 786.0×10^4t、镍 353 400t、钼 778 309t、钒 19 533 169t,总资源量硫铁矿 6 285.4×10^4t、磷矿 5 250.0×10^4t、镍 575 609t、钼 1 152 625t、钒 19 533 169t。

综合预测区已发现镍钼矿、磷矿、硫铁矿等矿产,大—小型矿床均有,综合预测区预测资源量大,具有较大的找矿潜力。

10. 大方硫综合预测区

1)成矿条件及矿床地质特征

该区分布于贵州黔西、大方地区,在大地构造上位于扬子陆块南部碳酸盐岩台地相中西部,主体构造为毕节向斜、八寨背斜、千溪背斜、张家寨背斜及大方断层和头塘断层,出露寒武系—三叠系。产有毕节市阴底、大方县毛栗、黔西县中寨等中小型硫铁矿床(点)8处。

硫铁矿主要分布在背斜翼部,赋存于上二叠统龙潭组底部,以假(不)整合关系覆于茅口组灰岩侵蚀面上,下伏地层为茅口组灰色、灰白色、深灰色中厚层灰岩;矿床类型为海陆过渡沉积型硫铁矿床;矿床式为叙永式。

2）预测区资源量及找矿远景

区内查明的矿种主要为硫铁矿,查明资源量硫铁矿 8494×10^4t,区内开展矿产资源潜力评价的矿种有硫铁矿,预测资源量硫铁矿 $29\,464\times10^4$t,总资源量硫铁矿 $37\,958\times10^4$t。

综合预测区已发现硫铁矿等矿产,多为中小型矿床,综合预测区预测资源量大,具有较大的找矿潜力。

11. 水东镍、钼、铅、锌综合预测区

1）成矿条件及矿床地质特征

该区位于贵州省纳雍县和织金县相交部位;在大地构造上位于扬子陆块南部碳酸盐岩台地相的黔中隆起西缘,区域紫云-垭都深大断裂带的东侧。控矿背斜主要为张维穹状背斜和区水东断层、帕那断层、锅戛断层。出露的地层以寒武系最广,震旦系次之,此外还有石炭系及二叠系。分布有纳雍县以则孔铅、大锌厂、水东、老包等铅锌矿床(点)5 处,纳雍县唐家坝、纳雍县水东、水东乡矿床(点)3 处。

铅锌矿体产于断层和层间裂隙中,呈似层状、透镜状、脉状,含矿围岩为震旦系灯影组中,容矿岩性为含燧石带白云岩、细晶白云岩,区内铅锌成因为与热(卤)水活动有关的碳酸盐岩型铅锌矿床,属天桥式铅锌矿。具有铅、锌、银Ⅲ级浓度异常,异常与铅锌矿(床)点套合较好,分布有铅的Ⅱ级自然重砂异常,布格重力异常推断该矿集区深部具有酸性隐伏岩体,推断深部有断层通过,并可能控制区内铅锌矿的产出。

钼镍矿体产于下寒武统牛蹄塘组一段的深灰色—黑色粉质泥岩、碳质泥岩、含硅质磷块岩、泥质灰岩中。呈层状产出,为遵义式沉积型镍钼矿。另外,在东部龙潭组底部有叙永式硫铁矿。

2）预测区资源量及找矿远景

区内查明的矿种主要为铅锌、硫铁矿、钼镍矿,查明资源量铅 6500t、锌 60 800t、硫铁矿 $3\,400.9\times10^4$t、镍矿 48 453t、钼矿 66 011t,区内开展矿产资源潜力评价的矿种有铅锌、硫铁矿、钼镍,预测资源量铅 81 600t、锌 773 700t、硫铁矿 4490×10^4t、镍矿 226 319t、钼矿 558 831t,总资源量铅 88 100t、锌 834 500t、硫铁矿 $7\,890.9\times10^4$t、镍矿 274 772t、钼矿 624 842t。

综合预测区已发现铅、锌、硫铁矿、钼镍矿等矿产,多为中小型矿床,综合预测区预测资源量大,预测区内有较大的找矿潜力。

12. 新华磷、硫综合预测区

1）成矿条件及矿床地质特征

该区分布于织金县南东侧桂果镇等地,在大地构造上位于扬子陆块南部碳酸盐岩台地相的织金宽缓褶皱区的中部,新华背斜北西翼中段,北北东向的织金—纳雍磷(稀土)磷块岩铅、锌成矿区内。主要出露震旦系、寒武系、石炭系、二叠系。含磷岩系为下寒武系牛蹄塘组一段深灰色中厚层泥质灰岩夹薄层钙质页岩、黑色碳质页岩,底部为磷矿层。已发现有织金新华、打麻厂、毛稗冲等磷、稀土矿床(点)。

2）预测区资源量及找矿远景

区内查明的矿种主要为磷矿,查明资源量磷矿 $148\,957.6\times10^4$t,区内开展矿产资源潜力评价的矿种有磷矿、稀土矿、钼镍矿,预测资源量磷 $21\,001\times10^4$t、稀土矿 169 100t、镍矿 134 750t、钼矿 115 352t,总资源量磷 $169\,958.6\times10^4$t、稀土矿 169 100t、镍矿 134 750t、钼矿 115 352t。

综合预测区已发现磷矿、稀土矿、钼镍矿等矿产,多为大型—小型矿床,综合预测区预测资源量大,预测区内有较大的找矿潜力。

13. 五指山铅、锌综合预测区

1）成矿条件及矿床地质特征

该区位于贵州省普定县与织金县的交界处。在大地构造上位于扬子陆块南部碳酸盐岩台地相的黔中隆起西缘,区域紫云-垭都深大断裂带的东侧。控矿背斜主要有北东向五指山背斜、戈仲伍背斜、打麻厂背斜和北东五指山断层、珠藏断层、新华断层。区内分布有那雍枝、杜家桥等8个铅锌矿床(点),铅锌矿体主要产于断层及断夹块之间层间裂隙中,呈似层状、透镜状,含矿围岩为震旦系灯影组、寒武系清虚洞组,容矿岩石为瘤状白云岩、细晶白云岩,属天桥式铅锌矿。该区具有铅、锌、银Ⅲ级浓度异常,异常与铅锌矿(床)点套合较好,分布有铅的Ⅱ级自然重砂异常,布格重力异常推断该矿集区深部有1条近东西向断层,推测的断层可能控制区内铅锌矿的产出。

2)预测区资源量及找矿远景

区内查明的矿种主要为铅、锌、磷,查明资源量铅153 000t、锌1 585 400t、磷10.1×10^4t,区内开展矿产资源潜力评价的矿种有铅、锌、磷矿,预测资源量铅975 600t、锌1 624 900t、磷317×10^4t,总资源量铅1 128 600t、锌3 210 300t、磷327.1×10^4t。

综合预测区已发现铅锌矿、磷矿等矿产,多为大型—小型矿床,综合预测区预测资源量大,具有较大的找矿潜力。

14. 务正道铝土矿、萤石综合预测区

1)成矿条件及矿床地质特征

该区分布于正安、务川、道真地区,向北延伸到重庆市南部的南川、武隆。在大地构造上位于扬子陆块南部碳酸盐岩台地相之凤冈南北向滑脱褶皱带内。区内多为两翼不对称的北东向、近南北向平缓向斜,轴部最新地层为下三叠统茅草铺组,向两翼依次为下三叠统夜郎组,上、中二叠统,下石炭统及下志留统。该区主要为大竹园式铝土矿和丰水岭式萤石矿。大竹园式铝土矿含矿岩系为大竹园组。铝土矿下伏基岩是石炭纪碳酸盐岩或志留纪细碎屑岩,典型矿床为大竹园铝土矿床,主要为一水铝土石。已发现瓦厂坪、大竹园、红光坝、桶坪、新模、大塘、新民、桃园、双河、国家岩、子母岩、岩风阡等大中型铝土矿床(点)18个。其中,大型矿床2个、中型矿床5个、小型矿床10个、矿点1个。

萤石矿主要产于断层、节理裂隙中,呈似层状、透镜状产出,含矿围岩为下奥陶统红花园组石灰岩,有务川县双河、鹿坪、蕉坝等矿床(点)。

2)预测区资源量及找矿远景

区内查明的矿种主要为铝土矿,查明资源量铝土矿$10\,563.37\times10^4$t,区内开展矿产资源潜力评价的矿种有铝土矿,预测资源量铝土矿$31\,130.1\times10^4$t,总资源量铝土矿$41\,693.47\times10^4$t。

综合预测区已发现铝土矿等矿产,多为中小型矿床,综合预测区预测资源量大,具有较大的找矿潜力。

15. 务川汞、重晶石、萤石综合预测区

1)成矿条件及矿床地质特征

该区分布于务川地区,在大地构造上位于扬子陆块南部碳酸盐岩台地相凤冈南北向滑脱褶皱带内。矿集区呈北北东向,受金鸡岭复背斜控制,长80km,宽5~10km,面积约640km^2,包括板场-董家坝矿田,木油厂和官坝矿田。其中木油厂矿田规模巨大,含矿层位稳定。汞矿主要产于清虚洞组上部的白云岩中,多层含矿极为显著。矿田受北东向大断裂切割北北东向背斜部位及背斜向南南西倾没部位的控制。代表性矿床有木油厂、董家坝、板场、后洞、断山、泥塘坳等多处汞矿床(点);矿床式为务川式。

萤石、重晶石矿主要产于断层、节理裂隙中,呈似层状、透镜状产出,含矿围岩为下奥陶统红花园组灰岩,已有丰水岭、鸡冠山、白岩、黄土等17个矿床(点)。

2)预测区资源量及找矿远景

区内查明矿种主要为萤石、重晶石。其中,查明资源量萤石307.474×10^4t,重晶石511.780×10^4t。此外,通过开展矿产资源潜力评价的矿种有萤石、重晶石,预测资源量萤石623.877×10^4t,重晶石$1\,020.578\times10^4$t。

综合预测区已发现萤石、重晶石等矿产,多为中小型矿床,综合预测区预测资源量大,预测区有较大的找矿潜力。

16. 绥阳硫综合预测区

1)成矿条件及矿床地质特征

该区分布于绥阳、湄潭、凤冈地区,在大地构造上位于扬子陆块南部碳酸盐岩台地相凤冈南北向滑脱褶皱带。主体构造有铜鼓坪背斜、永兴向斜、徐家坝向斜及伴生北东向、北北东向断层,出露震旦系—三叠系。该区主要为叙永式硫铁矿,矿体赋存于上二叠统吴家坪组底部,顶板为煤层,底板为茅口组灰岩。已发现思南县枫芸,桐梓县娄山关镇鼎山城,绥阳县清源,遵义县宋家大林、中寺、布政坝、龙尾坝、四面山、栋青坝、田沟长沟、苟江、湄潭县两路口等大、中、小型硫铁矿床(点)。

2)预测区资源量及找矿远景

区内查明的矿种主要为硫铁矿,硫铁矿查明资源量 $10\ 362.7\times10^4\mathrm{t}$,区内开展矿产资源潜力评价的矿种有硫铁矿,预测资源量 $20\ 582.6\times10^4\mathrm{t}$,总资源量 $30\ 945.3\times10^4\mathrm{t}$。

综合预测区已发现硫铁矿等矿产,多为中小型矿床,综合预测区预测资源量大,具有较大的找矿潜力。

17. 遵义锰、铝土矿硫综合预测区

1)成矿条件及矿床地质特征

该区分布于遵义市城区及南东一线,大地构造位于扬子陆块南部碳酸盐岩台地相的铜锣井矿背斜向南西倾没并转折的北西翼中段。铜锣井背斜、玉山向斜为矿区主要的褶皱构造,总体上控制锰矿含矿层和锰矿体的分布和铅锌矿分布。铜锣井背斜呈南西-北东向展布,以背斜轴线为界,以北北东向褶皱和逆冲断层发育,以南为一单斜构造。出露寒武系娄山关组,下奥陶统桐梓组、红花园组、湄潭组,二叠系栖霞组、茅口组、龙潭组、长兴组,下三叠统夜郎组、茅草铺组及侏罗系。该区主要为遵义式锰矿、遵义式铝土矿。

遵义式锰矿赋存于中二叠统茅口组顶部,并以白泥塘层为基底,平面上被环带状硅质岩相或"城墙式硅质岩体"所包围。含锰岩系为一套硅—泥—灰岩的岩性组合,周边其他正常碳酸盐岩或硅质岩相沉积的岩性组合中不具工业价值的锰矿体产出。含矿层为1层,层位稳定,矿层呈层状、似层状产出,产状与围岩基本一致。已发现有遵义铜锣井大型锰矿床(包括历年来勘查的深溪沟矿段、沙坝矿段、长沟矿段、铜锣井矿段、黄土坎矿段、石榴沟矿段和冯家湾矿段)、团溪工农湾锰矿、龙平镇高山锰矿、红花岗区东高寨锰矿、团溪白ründungsroman(和尚场)矿区、共青湖锰矿等一大批锰矿床(点)。另发现有矿层呈透镜状产出于二叠系龙潭组底部,共生有煤矿、硫铁矿多处。

遵义式铝土矿产于下石炭统九架炉组中,集中分布于遵义县三合—团溪一带,自西向东大致包括南白、尚稽和团溪3个铝土矿成矿区。含矿层呈层状分布,矿体在含矿层中分布不连续,矿体产出受下伏基底侵蚀面的控制,与岩溶地形地貌关系密切,有遵义县宋家大林、团溪后槽、仙人岩、新站、复兴-坑底、苟江等铝土矿。

2)预测区资源量及找矿远景

区内查明的矿种主要为铝土矿、硫铁矿,查明资源量铝土矿 $6\ 691.1\times10^4\mathrm{t}$、硫铁矿 $10\ 845.3\times10^4\mathrm{t}$,区内开展矿产资源潜力评价的矿种有铝土矿、硫铁矿、钒矿,预测资源量铝土矿 $66\ 911.1\times10^4\mathrm{t}$,硫铁矿 $50\ 251.7\times10^4\mathrm{t}$,钒矿 $149\ 738.6\mathrm{t}$,总资源量铝土矿 $73\ 602.2\times10^4\mathrm{t}$、硫铁矿 $61\ 097.0\times10^4\mathrm{t}$、钒矿 $1\ 497\ 386\mathrm{t}$。

综合预测区已发现铝土矿、硫铁矿、钒矿等矿产,多为中小型矿床,综合预测区预测资源量大,具有较大的找矿潜力。

18. 开阳磷综合预测区

1)成矿条件及矿床地质特征

该区分布于贵州中部息烽、开阳地区,在大地构造上位于扬子陆块南部碳酸盐岩台地相,主体构造翁昭背斜和洋水复背斜。主要出露地层有陡山沱组、灯影组、牛蹄塘组、明心寺组和金顶山组。该区主要为开阳式磷矿和汞矿、铀矿。磷矿呈层状产于震旦系陡山沱组上部,矿段磷块岩呈稳定的层状产出,其产状与地层产状一致。原生磷酸盐沉积形成的是单一的一层磷块岩,矿床类型为海相沉积型磷块岩矿床。已有开阳县双山、龙水、新坡、马路坪、沙坝、沙坝土矿段、沙坝土南大坪小露天、牛赶冲、极乐、两岔河、翁昭、永温乡明泥湾、卢沙坪、洋水等一批大中型磷矿床。除磷矿床外,尚产出有开阳县 504 汞铀钼矿床、白骨塔铀、汞、钼矿床和白马洞汞矿床等。

2)预测区资源量及找矿远景

区内查明的矿种主要为磷矿,磷矿查明资源量 $49\ 779.639\ 84\times10^4\mathrm{t}$,区内开展矿产资源潜力评价的矿种有磷矿,预测资源量 $143\ 684.0\times10^4\mathrm{t}$,磷矿总资源量 $193\ 463.639\ 84\times10^4\mathrm{t}$。

综合预测区已发现磷矿等矿产,多为大中型矿床,综合预测区预测资源量大,具有较大的找矿潜力。

19. 瓮福磷综合预测区

1)成矿条件及矿床地质特征

该区分布于贵州中部瓮安南部和福泉北部地区,大地构造位于扬子陆块南部碳酸盐岩台地相,主体构造为瓮福白岩-高坪背斜、瓮福上塘背斜,伴生 2 组断裂面,即北北东向的压性、压扭性结构面和北西向的张扭性结构面。出露最老地层为青白口系鹅家坳组,背斜两翼依次为下震旦统南沱组,上震旦统洋水组、灯影组,下寒武统牛蹄塘组、明心寺组、金顶山组等。已勘查开发的矿区福泉县高坪磷矿磨坊矿区、高坪磷矿小坝矿区、高坪磷矿英坪矿区、福泉化肥厂水洞磷矿、瓮安县白岩磷矿玉华矿区、白岩磷矿大塘矿段、白岩磷矿王家院矿区、白岩磷矿穿岩洞矿区、白岩磷矿新桥矿区、玉华乡老虎洞磷矿等。上震旦统洋水组是由一套磷块岩、白云岩、硅质岩组成的含磷岩组,主要由 2 层磷块岩(即 a 层矿、b 层矿)和 3 层含磷或含硅质白云岩(即矿层顶板、夹层、底板白云岩)组成。自南向北随洋水组厚度加大,相应磷块岩沉积厚度也增大,该区主要为开阳式沉积型磷矿。

2)预测区资源量及找矿远景

区内查明矿种主要为磷矿,磷矿查明资源量 $89\ 334.75\times10^4\mathrm{t}$,区内开展矿产资源潜力评价的矿种有磷矿、钒矿,磷矿预测资源量 $142\ 330.0\times10^4\mathrm{t}$,钒矿 $7\ 083\ 750\mathrm{t}$,磷矿总资源量 $231\ 664.75\times10^4\mathrm{t}$,钒矿 $7\ 083\ 750\mathrm{t}$。

综合预测区已发现磷矿、钒矿等矿产,多为大中型矿床,综合预测区预测资源量大,具有较大的找矿潜力。

20. 清镇铝土矿、硫、磷、铁综合预测区

1)成矿条件及矿床地质特征

该区分布于贵州中部贵阳、清镇、修文地区,在大地构造上位于扬子陆块南部碳酸盐岩台地相南侧,大致对应于黔中隆起南东缘褶断带部位,主要褶皱有南北向的高坡场向斜、凹河背斜、北东向的大威岭背斜等。构造总体简单,地层较平缓。出露地层为上二叠统龙潭组,中二叠统茅口组、栖霞组、梁山组,下石炭统大埔组、九架炉组,中上寒武统娄山关组。该区以铝土矿、磷矿为主,次有铁、硫铁矿。

铝土矿产于早石炭世大塘期,受由黏土岩、铝质岩、铁质岩组成的九架炉组控制,矿床类型为古风化壳沉积型铝土矿,矿床式为猫场式铝土矿。铝土矿常与赤铁矿、硫铁矿伴生。含铝岩系的下伏地层为上寒武统清虚洞组—石冷水组,上覆地层为石炭系大埔组白云岩。在铝土矿之下往往有赤铁矿、硫铁矿层。铝土矿有修文县小山坝、干坝、长冲、大豆厂、乌栗、朱官、清水塘、天马山、六广合营、沙溪长发、五老

山、清镇市燕坨—林歹、岩上、麦坝铝土矿龙头山、麦坝铝土矿铜鼓坝、长冲河铝土矿长冲河、杨家庄、黄泥田、卫城、麦格、坛罐窑、猫场、迎燕、沙坝、波渡河、暗流云峰、阵银子、沙坝沟、麦格马龙井、卫城镇凤山、麦格乡谷巴六、流长田湾正河等大、中、小型铝土矿床(点)。

另外,在贵阳市有图云关、洛湾,息烽县九庄棋山、猫场、老黑山,平坝县窑上等大中型硫铁矿床(点),硫铁矿产于龙潭组底部。在清镇市有桃子冲、织金县毛稗冲等小型磷矿床(点),磷矿产于寒武系牛蹄塘组一段中。

2) 预测区资源量及找矿远景

区内查明的矿种主要为铝土矿、硫铁矿、磷矿,铝土矿查明资源量 $40\,482.6\times10^4$ t、硫铁矿 $4\,680.3\times10^4$ t、磷矿 221.9×10^4 t,区内开展矿产资源潜力评价的矿种有铝土矿、硫铁矿、磷矿,预测资源量铝土矿 $24\,924.4\times10^4$ t、硫铁矿 $12\,473.8\times10^4$ t、磷矿 $13\,911.0\times10^4$ t,铝土矿总资源量 $65\,407.0\times10^4$ t、硫铁矿 $17\,154.1\times10^4$ t、磷矿 $14\,132.9\times10^4$ t。

综合预测区已发现铝土矿、硫铁矿、磷矿等矿产,多为大型—小型矿床,综合预测区预测资源量大,具有较大的找矿潜力。

21. 大塘坡锰、钒、汞、铅、锌、磷综合预测区

1) 成矿条件及矿床地质特征

该区分布于贵州东部铜仁、江口、松桃地区,在大地构造上位于上扬子陆块东南缘被动边缘盆地相北东端。区内构造有钟灵-梵净山复式背斜、鸡公岭背斜、大塘坡背斜、坝盘背斜、闵孝向斜、妙隘向斜等,发育北东向断裂如红石、三阳、江口、桂丁、太平营、芙蓉坝、扬立掌、岭龙等断层,其次为北西向和近东西向断层。出露青白口系—二叠系,其间缺失泥盆系、石炭系。该区主要有锰矿和铅锌矿。

锰矿主要为大塘坡式锰矿,碳酸锰矿主要产于南华系大塘坡组,氧化锰矿则主要产于铁丝坳组中,受区域性古断裂控制,产有松桃大塘坡、杨立掌、大屋、黑水溪、杨家湾、西溪堡、举贤等大中型锰矿床 11 处。

铅锌矿产于层间脱脱构造带中,围岩为清虚洞组深灰色厚层块状灰岩。铅锌呈星点状、团块状、细脉状充填于方解石化、黄铁矿化强的断裂角砾岩及附近的灰岩中。有松桃县奇峰长坪、嗅脑中小型铅锌矿床(点)2 处。

另外,在该区还有钒矿、磷矿,钒矿呈似层状产于留茶坡组黑色硅质磷块岩之上,下寒武统九门冲组底部 10m 范围内,有铜仁市半溪矿区、坝黄锭子铺矿区、江口县情塘坡、盘坡等钒矿 7 处。磷矿层产于下寒武统九门冲组中下部,呈层状分布,由含磷结核层和磷块岩层组成,有松桃县道水、铜仁市呢哨、坝黄北、江口县晴楼等小型磷矿床 5 处。同时在松桃县水银厂、大圆还有 2 处汞矿床。

2) 预测区资源量及找矿远景

综合预测区已发现铅、锌、锰、磷、钒矿等矿产,多为大型—小型矿床,综合预测区预测资源量大,具有较大的找矿潜力。

22. 万山汞、铅、锌、锰综合预测区

1) 成矿条件及矿床地质特征

该区分布于贵州东部铜仁、万山地区,在大地构造上位于上扬子陆块东南缘被动边缘盆地相北东端,主体构造有云场坪背斜,北东向、北西向及东西向断层较发育。出露地层几乎均属寒武系,而且以中、下寒武统为主。该区主要有成山式汞矿、大塘坡式锰矿、牛角塘式铅锌矿。

万山式汞矿主要受平缓褶曲和断层控制,常呈似层状、透镜状、囊状、巢状;含矿围岩为中寒武统敖溪组的白云岩,有万山特区杉木董、张家湾、岩院子、客寨、大小洞、铜仁市沙落湾、乌脚拉等大中型汞矿床 18 个。

锰矿体赋存于大塘坡组一段黑色碳质页岩的下部,有万山黄茶铅锌锰矿、新田湾锰矿、米公山锰矿

中型矿床3个。另外,铅锌矿产出层位有:①产于青白口系板溪群五强溪组第二段下部的灰绿色变余层凝灰岩、变余凝灰岩,发育有南东东向及北东向的含矿断裂带;②呈似层状、透镜状产于下寒武统清虚洞组二段第二亚段藻灰岩中,矿体产状基本与围岩产状一致。有铜仁卜口、万山黄茶铅锌(锰)矿床(点)3个。

2)预测区资源量及找矿远景

区内查明的矿种主要为锌、锰、磷矿,查明资源量锌5600t、锰519.09×10^{4}t、磷99.0×10^{4}t,区内开展矿产资源潜力评价的矿种有铅、锌、锰、磷、钒矿,预测资源量铅79 700t、锌766 600t、锰1 211.85×10^{4}t、磷776.0×10^{4}t、钒872 049t,总资源量铅79 700t、锌772 200t、锰17 309.4×10^{4}t、磷875.0×10^{4}t、钒872 049t。

综合预测区已发现铅、锌、锰、磷、钒等矿产,多为中小型矿床,综合预测区预测资源量大,具有较大的找矿潜力。

23. 镇远钒综合预测区

1)成矿条件及矿床地质特征

该区分布于贵州东部岑巩、镇远地区,在大地构造上位于上扬子陆块东南缘被动边缘盆地相北东部,主体构造有龙田背斜、尚寨向斜、花桥向斜、凯本向斜等,主要发育北东向、北北东向断裂构造,次为北西向断裂。出露地层有青白口系平略组,南华系铁丝坳组、大塘坡组、南沱组,震旦系陡山沱组、震旦系—寒武系留茶坡组,寒武系九门冲组、变马冲组、杷榔组。该区主要为钒矿,另有零星铅锌矿点。

钒矿为镇远江古式钒矿,钒矿(化)体(层)位于震旦系—寒武系留茶坡组、下寒武统九门冲组一段底部,岩性为黑色薄体硅质岩与黑色碳质页岩互层或黑色薄体硅质岩夹黑色碳质页岩地层及碳质页岩,产有镇远县江古、马鬃岭、两路口、鸡鸣关等7个钒矿床(点)。铅锌矿主要产于断层及层间裂隙中,其含矿围岩为寒武系高台组白云岩及下奥陶统下组灰岩、白云质灰岩与灰质白云岩。

2)预测区资源量及找矿远景

区内开展矿产资源潜力评价的矿种有重晶石、钒矿,预测资源量重晶石15.85×10^{4}t、钒6 599 872.750 2t,总资源量重晶石15.85×10^{4}t、钒6 599 872.750 2t。

综合预测区已发现重晶石矿、钒矿等矿产,多为中小型矿床,综合预测区预测资源量大,具有较大的找矿潜力。

24. 余庆钒、磷、汞综合预测区

1)成矿条件及矿床地质特征

该区分布于贵州中部瓮安、余庆地区,在大地构造上位于上扬子陆块东南缘被动边缘盆地相北中部。主体构造有余庆向斜、牛大场向斜、草塘背斜、福泉向斜及北东向、北西向断裂构造。出露地层有青白口系、震旦系、寒武系、奥陶系、志留系、二叠系、三叠系、白垩系等。钼钒矿体呈似层状产于下寒武统牛蹄塘组下部,含矿围岩为碳质泥岩,钒矿与钼矿呈共生产出,属沉积型钼钒矿床,有余庆县小乌江钼钒矿、瓮安小河山钼钒矿、瓮安小河山乡螃蟹溪钼矿、瓮安县螃蟹溪钒矿、瓮安县小河山钼钒矿等中小型矿床(点)7个。磷矿体产于上震旦统洋水组中,呈层状或透镜状产出,b层矿赋存于洋水组上部,矿体呈层状、透镜状产出,与下伏的a矿层以一稳定夹层相隔,有福泉化肥厂水洞磷矿、黄平县上塘磷矿、余庆县洞沟磷矿中小型矿床3个。另外,在该区有少量汞矿床、铝土矿、硫铁矿床,汞矿有黄平县纸房汞矿区刺竹溪矿床、木厂矿床2个中型矿床;铝土矿有瓮安县草塘老寨子铝土矿床,瓮安县木引槽乡上庆高岭土矿床、铝土矿床3个中小型矿床。

2)预测区资源量及找矿远景

区内查明的矿种主要为硫铁矿、重晶石、磷,查明资源量硫铁矿274.3×10^{4}t、重晶石67.19×10^{4}t、磷1 498.5×10^{4}t,区内开展矿产资源潜力评价的矿种有硫铁矿、重晶石、磷、钒,预测资源量硫铁矿408.8×10^{4}t、重晶石282.93×10^{4}t、磷18 418×10^{4}t、钒6 990.577 3×10^{4}t,总资源量硫铁矿683.1×10^{4}t、

重晶石 350.12×10^4 t、磷 $19\ 916.5\times10^4$ t、钒 $6\ 990.577\ 3\times10^4$ t。

综合预测区已发现硫铁矿、重晶石、磷、钒矿等矿产，多为中小型矿床，综合预测区预测资源量大，具有较大的找矿潜力。

25. 顶罐坡重晶石综合预测区

1) 成矿条件及矿床地质特征

该区分布于贵州中东部黄平、施秉地区，在大地构造上位于上扬子陆块东南缘被动边缘盆地相北中部，近似圆形展布。主体构造为区域构造性的北东向或北北东向的贵阳-芷江轴缘深大断裂和近东西向的大断裂，受此两组区域性断裂构造的影响，次级北东向、北北东向、北东东向、北西向 4 组断层发育。出露地层主要有上南华统南沱组，下震旦统陡山沱组、留茶坡组，下寒武统九门冲组、变马冲组、乌训组，中寒武统凯里组。以寒武系为主，震旦系次之。

该区主要为重晶石矿，矿化与北东向及北西向断裂关系密切，它们交代、充填于北东向张扭性断裂带内，呈侧列式排列，产出形态复杂，属热液型重晶石矿床。同时矿体还产于特定的层位——桐梓组灰色、深灰色中厚层状粗晶灰岩及生物碎屑灰岩。已有施秉县顶罐坡、黄平县清江窝等重晶石矿床 2 个。另外，有施秉县新城磷矿和台江县南哨钒矿各 1 个。

2) 预测区资源量及找矿远景

区内查明的矿种主要为重晶石，查明资源量重晶石 99.44×10^4 t，区内开展矿产资源潜力评价的矿种有重晶石，预测资源量重晶石 392.608×10^4 t，总资源量重晶石 492.048×10^4 t。

综合预测区已发现重晶石等矿产，多为中小型矿床，综合预测区预测资源量大，具有较大的找矿潜力。

26. 凯里铝土矿、铁综合预测区

1) 成矿条件及矿床地质特征

该区分布于贵州东南部凯里、麻江、福泉地区，在大地构造上位于上扬子陆块东南缘被动边缘盆地相北中部，呈近似三角形展布。主体构造为苦李井向斜、翁坪向斜、凯里向斜，北北东向、北东东向断裂构造发育。出露地层由老到新依次为中上寒武统娄山关组，上泥盆统高坡场组，下石炭统九架炉组，中二叠统梁山组、栖霞组、茅口组。

该区主要为铁、铝土矿，铁、铝土矿均产于下石炭统九架炉组中下部，菱铁矿在下部，之上为铝土矿层，平行不整合沉积于上泥盆统高坡场组古侵蚀面上。有凯里市苦李井铁矿、鱼洞铁矿、龙场铁矿中小型苦李井式菱铁矿床 3 个；凯里市鱼洞、苦李井、铁厂沟、福泉市陆坪镇小泥田高岭土矿等铝土矿床(点) 7 个。此外，还有少量顶罐坡式重晶石矿 1 个。

2) 预测区资源量及找矿远景

区内查明的矿种主要为铝土矿、铁、重晶石，查明资源量铝土矿 $17\ 401\times10^3$ t、铁 $129\ 756\times10^3$ t、重晶石 $1\ 458.00\times10^3$ t，区内开展矿产资源潜力评价的矿种有铝土矿、铁、重晶石，预测资源量铝土矿 $86\ 878\times10^3$ t、铁 $483\ 586.89\times10^3$ t、重晶石 221.28×10^3 t，总资源量铝土矿 $104\ 279\times10^3$ t、铁 $613\ 342.89\times10^3$ t、重晶石 $1\ 679.28\times10^3$ t。

综合预测区已发现铝土矿、铁、重晶石等矿产，多为中小型矿床，综合预测区预测资源量大，具有较大的找矿潜力。

27. 梵净山钨、锡、金综合预测区

该区在大地构造上位于上扬子陆块东南缘被动边缘盆地相北东端，为扬子陆块内部的中元古界浅变质基底裸露区。主体为中元古代地层分布，面积为 $280\ km^2$，是一个由中元古界变质岩＋基性—超基性岩＋花岗岩"三位一体"的前寒武纪隆起。区域成矿特征是：① 与中元古代幔源基性—超基性岩有关

的岩浆熔离型铜、镍矿床和高温热液型铜、金、砷矿床发育;②与雪峰期壳源(S型)花岗岩有关气成高温热液型铌、钽和钨、锡、铜矿床较为典型。

由于该区属梵净山自然保护区,同时在该区20世纪六七十年代也做过很多矿产勘查工作,仅发现一些小规模的钨锡、金、铜等矿点,因此,本次对该综合预测区不做评价。

28. 牛角塘铅、锌综合预测区

1)成矿条件及矿床地质特征

该区分布于贵州东南部麻江、丹寨、都匀地区,在大地构造上位于上扬子陆块南部碳酸盐岩台地相南侧,主体构造为近南北向的贤昌向斜,伴随有近南北向的牛角塘断层,次级北东向、北西向、近南北向断裂构造发育。区域出露地层有震旦系、寒武系、奥陶系、志留系、泥盆系、石炭系、二叠系、三叠系。该区主要产铅锌矿、重晶石矿、硫铁矿。

铅锌矿产于清虚洞组中,矿体呈似层状、透镜状在背斜轴部及次级褶曲轴部附近富集,而两翼及向斜构造则逐渐变贫。属于与地下热卤水作用相关的"热液交代、充填型层控矿床"类型。产有都匀市牛角塘锌矿王家山矿、牛角塘锌矿马坡—左湾田矿、大亮锌矿、麻江县两鼓铅锌矿等中小型矿床11个。

重晶石、萤石矿床产于奥陶系红花园组上部深灰色、灰黑色蚀变岩石中,沿岩层呈似层状、透镜体状产出,为热液型矿床。有麻江县城中、火壤,都匀市坝固镇甲鸟、坝固镇河兴、坝固镇打铁寨蟒冲、洛帮等重晶石和萤石矿床(点)37个。另有麻江县青平小型磷矿床1个、褐铁矿床(点)1个。

2)预测区资源量及找矿远景

区内查明的矿种主要为锌、磷,查明资源量锌矿459 000t,磷6320×10^3t,区内开展矿产资源潜力评价的矿种有锌、铁、磷,预测资源量锌2 247 700t,铁7 228.59×10^3t,磷27 340×10^3t,总资源量锌2 706 700t、铁7 228.59×10^3t、磷33 660×10^3t。

综合预测区已发现锌、铁、磷等矿产,多为中小型矿床,预测资源量大,具有较大的找矿潜力。

29. 贵定铅、锌、铁综合预测区

1)成矿条件及矿床地质特征

该区分布于贵州东南部平塘、贵定地区,在大地构造上位于上扬子陆块南部碳酸盐岩台地相南侧,有麻芝铺背斜、掌布向斜、贵定向斜、黄丝背斜及北东向、近东西向或北西向的贵定断层、窑上断层、云雾断层、江洲断层、黄丝断层等。出露地层有上寒武统炉山组,下奥陶统桐梓组、红花园组、大湾组,中志留统翁项群。该区主要有铅锌矿,另有少量重晶石、铁、硫等矿产。

铅锌矿为牛角塘式铅锌矿,矿体赋存在层间裂隙和次级断裂破碎带中,矿体呈似层状产出,伴生矿产有锌、铁矿等,属热液型矿床。有都匀市江洲银厂坡、金洲、党朵—老虎冲、福泉市大树堂铅锌矿床(点)4个。

铁矿主要为赤铁矿,矿体呈层状产于中泥盆统独山组的上部,矿层顶底板均为中厚层石英砂岩,下石炭统祥摆组含铁页岩、黏土岩中。硫铁矿层产于上泥盆统望城坡组薄层状泥灰岩、中厚层状灰岩中,为沉积型硫铁矿床。有贵定县小开田赤铁矿、县观音阁赤铁矿、福泉市长冲顶硫铁矿等铁矿床(点)多处。另外,重晶石矿体赋存于次级断层中,呈脉状产出,含矿围岩为下奥陶统红花园组和桐梓组的中厚层状至厚层状白云岩,属热液型矿床。有麻江县大开田、麻江马坡头、麻江县太丰等重晶石矿床(点)10余处。

2)预测区资源量及找矿远景

区内查明的矿种主要为锌、硫铁矿,查明资源量锌73 200t、硫铁矿584×10^3t,区内开展矿产资源潜力评价的矿种有锌、硫铁矿,预测资源量锌715 800t、硫铁矿5154×10^3t,总资源量锌789 000t、硫铁矿5738×10^3t。

综合预测区已发现锌矿、硫铁矿矿产,多为中小型矿床,预测资源量大,具有较大的找矿潜力。

30. 独山锑、铅、锌、铁综合预测区

1) 成矿条件及矿床地质特征

该区分布于贵州东南部独山、丹寨地区，在大地构造上位于上扬子陆块东南缘被动边缘盆地相南部，主体构造为基长背斜，发育有北北西向、北西西向断层。出露地层有寒武系、奥陶系、泥盆系、石炭系，岩性为一套海相碳酸盐岩和陆源碎屑页岩等。

该区以锑矿为主，矿体产于北北西向张扭性断裂带及旁侧层间裂隙中，矿体呈陡倾斜大脉状产出，矿体形态、产状、品位变化较复杂。含矿围岩为丹林群陆缘碎屑岩层及舒家坪组陆缘滨海、浅海碎屑岩、泥岩。有独山县水岩乡维寨、独山县王屯、巴年、半坡中小型锑矿床(点)4个。另外，铅锌矿体或矿化带受层间断层和层位的控制，含矿带沿断层破碎带或裂隙带分布，主要产于独山组鸡窝寨段中下部白云岩的层间破碎带中，其产出形态受层间断层的控制，有独山县万富山等铅锌矿床7个。

赤铁矿主要产于中泥盆统独山组一段(鸡泡段)灰岩及二段(宋家桥段)石英砂岩下部含矿层中。近地表形成氧化褐铁矿产于第四纪残坡积或浮土中，矿体形态呈不规则状或扁豆状。矿层顶板为灰色、灰白色、紫红色中厚—厚层状铁质石英砂岩，底板为石英砂岩夹页岩或灰岩，属沉积型。有独山县平黄山、桑麻、甲定等五、翁台乡大石板等赤铁矿和唐表、对门山等硫铁矿床(点)8个。

2) 预测区资源量及找矿远景

区内查明的矿种主要为锌、铁、锑、硫铁矿，查明资源量锌12 600t、铁7 228.59×10³t、锑188 600t、硫铁矿883×10³t，区内开展矿产资源潜力评价的矿种有铅、锌、铁、锑、硫铁矿，预测资源量铅10 900t、锌189 700t、铁198 966.49×10³t、锑142 500t、硫铁矿8101×10³t，总资源量铅10 900t、锌202 300t、铁206 195.08×10³t、锑331 100t、硫铁矿8984×10³t。

综合预测区已发现铅、锌、铁、锑、硫铁矿，多为中小型矿床，预测资源量大，具有较大的找矿潜力。

31. 丹寨汞、金、铅、锌、硫综合预测区

1) 成矿条件及矿床地质特征

该区分布于贵州南东部丹寨、三都及其南东一线地区，在大地构造上位于上扬子陆块东南缘被动边缘盆地相南部与雪峰陆缘裂谷盆地相交会地带，主体构造为丹寨—三都"多"字形构造之近南北向的三都牛场向斜，断裂构造发育，主要有北北东向、北西西向两组及层间断裂。其中尤以北北东向压扭性断裂最为发育，是汞、金矿液上升运移的主要通道，起着导矿的作用，次级分支断层是控矿构造，断层破碎带中具汞、金矿化，产汞矿体。出露地层为寒武纪—奥陶纪海相碳酸盐岩和陆源碎屑页岩。产有三都县交梨汞矿乌晒沟、坝桥、水银厂汞矿三星厂矿区、水银厂汞矿四相厂新村矿区、水银厂汞矿广平厂矿区等汞矿床(点)12处；丹寨县排庭金矿、丹寨宏发厂-四相厂汞金矿、丹寨县丹寨汞(金)、三都县苗龙金锑矿矿床点4处；三都县牛场、姑挂等铅锌矿床点8处；三都县坝桥、排带、小寨硫铁矿床(点)3处。

汞矿床含矿体受帚状构造头部断层上、下盘层间张裂隙控制。含矿围岩为杨家湾组中下部灰岩和泥灰岩互层中的灰岩。矿体呈层状和囊状产于层间裂隙、断裂带中，受地层岩性及断裂控制明显。层间滑动断裂常见于薄层层纹状泥晶灰岩或条带状泥晶灰岩和厚层砾屑灰岩之间，滑动断面常含碳质片岩，部分被辉锑矿、辰砂充填。层间滑动断裂多分布于断层旁侧。形成的褶皱带、节理裂隙带是良好的容矿构造，是本区重要的含矿层位。属沉积-构造低温热液型汞矿床。

金矿体主要赋存于断裂旁侧的层间断裂带、层间滑脱带及其相联系的硅化蚀变带中，围岩以薄层层纹状泥晶灰岩、条带状泥晶灰岩为主，次为厚层硅化灰岩。矿体产出地层层位主要为中上寒武统杨家湾组一段和中寒武统大发洞组五段、上寒武统三都组的上部和上寒武统—下奥陶统锅塘组的底部，其次为中上寒武统杨家湾组二段。矿体与围岩界线不清楚，围岩常受硅化、方解石化及白云石化等蚀变，矿体与围岩产状基本一致。矿体形态以脉状为主，次为透镜状、豆荚状、囊状等。属于微细粒浸染型金矿床。

铅锌矿体主要赋存于上寒武统三都组中断层破碎带的扩容部位,围岩为厚层角砾状灰岩、条带状灰岩及泥质灰岩,矿体严格受断层控制,产状与断层产状基本一致,为明显受断层及岩性控制的热液型铅锌矿床。

硫矿产于上寒武统三都组上段的灰色薄层条带灰岩或厚层角砾状灰岩组成的断裂带中,呈脉状、透镜状、巢状至不规则状。矿体规模小,品位较高,厚度变化大,为断裂型中低温热液充填交代型硫铁矿床。

2)预测区资源量及找矿远景

区内查明的矿种主要为金、锌、铅、硫铁矿,查明资源量金 8427kg、锌 12 601t、铅 600t、硫铁矿 5367×10^3t,区内开展矿产资源潜力评价的矿种有金、锌、硫铁矿,预测资源量金 96 339kg、锌 159 800t、硫铁矿 9873×10^3t,总资源量金 104 766kg、锌 172 401t、铅 600t、硫铁矿 $15\ 240\times10^3$t。

综合预测区已发现金、铅、锌、硫铁矿等矿产,多为中小型矿床,预测资源量大,具有较大的找矿潜力。

第二节　桂-黔-滇北部成矿区(Ⅲ88)

一、区域地球物理、地球化学标志

(一)区域地球物理

1. 重力特征及异常解译

1)重力场特征

区内重力场特征如图 6-15 所示,区内布格异常总体从东向西布格异常逐渐减小,变化幅度较大,从东部茂井以东的 −108mGal 到西部平关的 −220mGal,变化了 112mGal;该区西南角泥凼—敬南、鲁布格—白碗泥一带为范围较大的圈闭、半圈闭布格异常,异常走向为北西向,其余大部地区由东向西布格异常等值线走向由北东向变为近南北向,局部地方具布格异常等值线系统凸起带,大致以紫云—册亨一带为界,以西布格异常等值线为近南北向,以东布格异常等值线走向为北西西向,该带局部具圈闭布格异常。

2)重力异常的圈定、解译及解释

根据区内布格异常变化特征、方向导数、垂向一导、二导求取等数据处理,区内共解释断裂 20 条;通过不同圆滑半径求取剩余异常,结合地质推断区内重力高值异常由侵入基性—超基性岩体产生的有 2 个;重力低值异常由酸性岩体产生的有 8 个,详见该区推断地质构造图(图 6-16)。

根据该区布格异常及对异常的解释推断认为,该区西南部黄泥河—马岭—顶效—龙广—德卧一带具一北西西向构造,册亨—紫云一带具一南北向隐伏构造;该区热液活动强烈,根据区内推断的隐伏侵入岩体的展布方向变化,可能该区热液活动分为不同期次。

2. 磁场特征及异常解译

1)磁场特征

研究区位于贵州省西南部,是贵州省金、砷、汞、锑、铅、锌等矿产重要的成矿区,历年来进行过几次航磁工作,磁测资料以 1∶10 万航磁资料为主,工作时间从 1986 年至 1998 年。

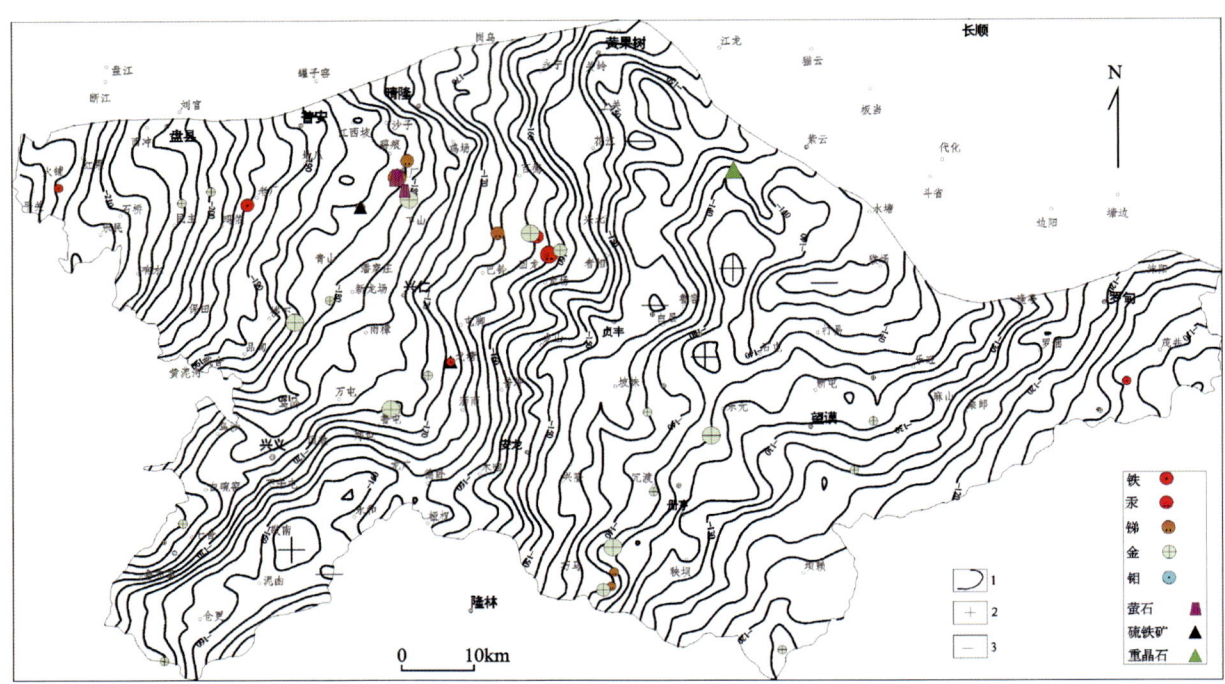

图 6-15　桂-黔-滇北部成矿区（Ⅲ88贵州）重力布格异常图

1.重力布格等值线；2.高布格等值线编号；3.低布格等值线编号

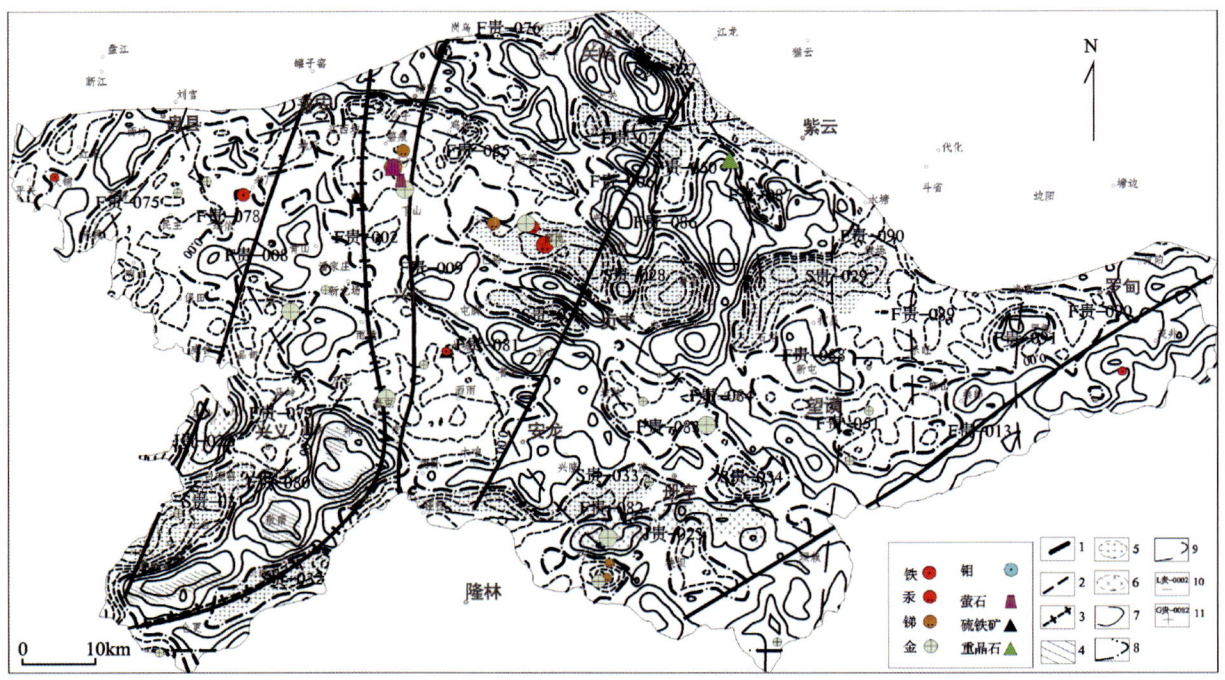

图 6-16　桂-黔-滇北部成矿区（Ⅲ88贵州）剩余重力异常及重力推断地质构造图

1.重力推断Ⅰ级断裂构造；2.重力推断Ⅲ级断裂构造；3.重力推断构造单元线；4.三叠系；5.推断酸性岩体；6.推断基性岩体；7.剩余重力异常正等值线；8.剩余重力异常零等值线；9.剩余重力异常负等值线；10.低剩余重力异常及编号；11.高剩余重力异常及编号

据该区航磁 ΔT 等值线图（图6-17），沿关岭—贞丰—册亨一线划分东西两边磁异常特征不同，东边磁异常平缓，仅在贞丰东侧有两个较强的圈闭正磁异常，一个呈圆形位于白层，另一个呈正负伴生、轴向东西的磁异常分布在坡妹—石屯;该线以西磁异常变化相对强烈,沿普安、晴隆—兴仁—兴义—永和一线,几个正磁异常近南北向排列,西北部以正负相间磁异常沿北东向展布,该线以东至关岭—贞丰—册亨,以较弱的负磁异常为主。化极后正北磁异常面积增大,负磁异常面积减小,磁异常向北东向偏移。求取垂向一阶导数,磁异常呈大小不一圈闭磁异常。

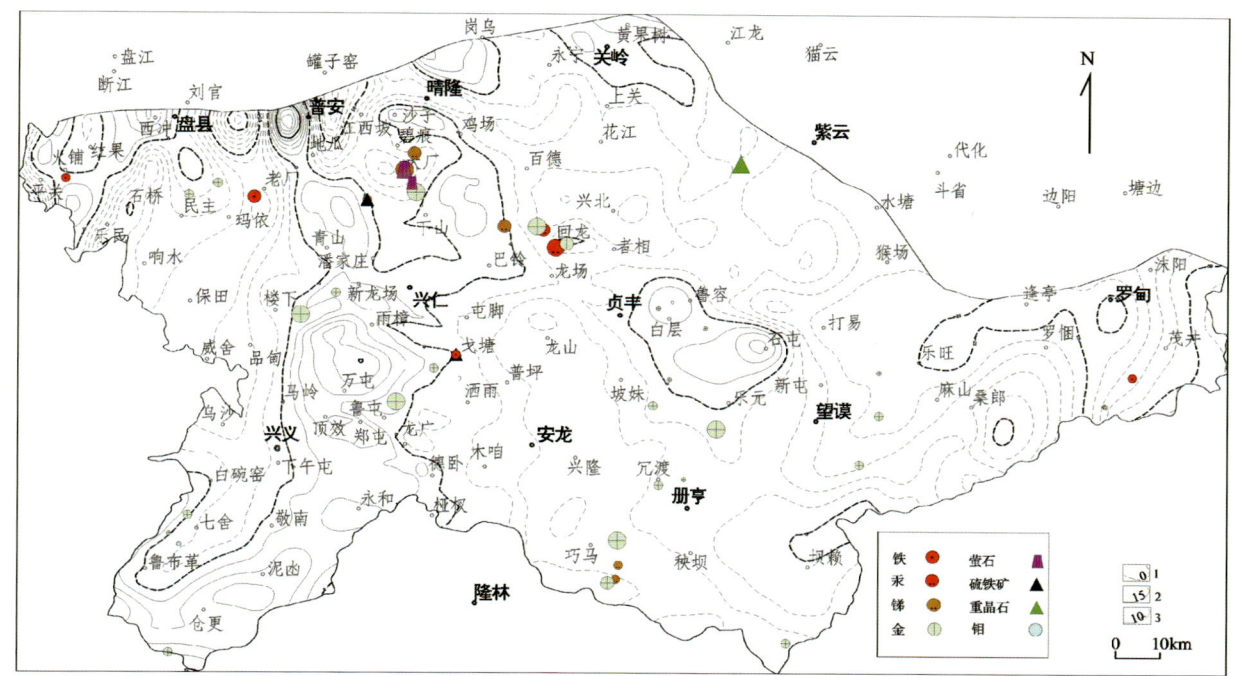

图 6-17　桂-黔-滇北部成矿区(Ⅲ88 贵州)航磁 ΔT 化极等值线图
1. 零等值线及注记;2. 正等值线及注记;3. 负等值线及注记

2) 磁异常的圈定、解译及解释

(1) 对航磁数据进行化极,求取 0°、45°、90°、135°方向导数,结合研究区地质、矿产、化探等资料,推断隐伏、半隐伏断裂 37 条。

(2) 根据磁异常圈定侵入岩有 3 个原则:一是看磁异常所处的地质环境,根据地质构造环境进行研究;其二是根据磁异常的特点进行判断;其三是根据物探、化探、遥感综合信息进行研究。此次推断隐伏基性—超基性岩体 25 个(图 6-18)。

3. 对找矿的指导意义

从重力、磁测反映的隐伏地质特征来看,该区推断出隐伏基性岩体,重力推断还存在隐伏酸性岩体,表明该区热液活动强烈。结合地质上的认识,该区热液活动为多期次,是寻找深部热液矿床的有利地区。大厂地区是一个锑矿的矿床密集区,从图 6-16 来看,该矿床密集区沿着重力推断的隐伏断裂(贵F-002)分布,隐伏断裂对锑矿床分布起控制作用,该断裂带可能既是锑矿的控矿断裂,也是锑矿的导矿断裂,沿着(贵F-002)断裂的次级断裂应该是该区寻找锑矿的有利部位。同时,金矿床点大多沿着隐伏断裂和隐伏岩体分布,沿着隐伏断裂和侵入岩体周围也是寻找金矿及其他热液矿床的有利部位。同样,磁测推断隐伏岩体、隐伏断裂构造周边,多是矿点集中分布区域。

矿产受地层及构造控制,且多分布在断裂构造交会部位,受背斜构造、穹隆构造控制,深部岩浆、断裂构造活动提供矿源或热源等特点,通过航磁异常寻找构造,结合化探元素异常和成矿条件,为寻找隐伏矿体提供依据。

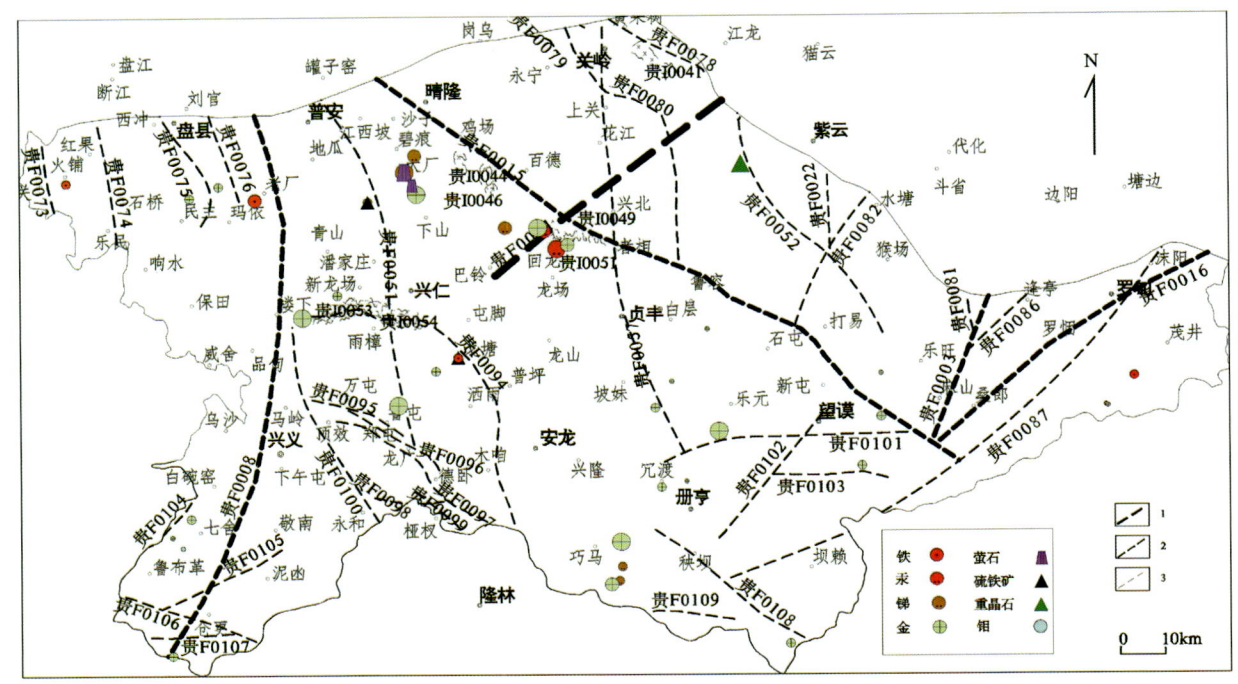

图 6-18 桂-黔-滇北部成矿区(Ⅲ88 贵州)航磁推断地质构造图
1. 航磁推断一级断裂；2. 航磁推断二级断裂；3. 航磁推断三级断裂

(二) 区域地球化学

1. 区域地球化学标志

桂-黔-滇北部成矿区内，区域化探分析的 39 个元素（或氧化物）地球化学特征参数见表 6-25。39个元素（或氧化物）中，相对于贵州省地球化学背景值的富集系数，除 Ba、Y、Zr、SiO_2、Al_2O_3 稍低外，其他34 个元素（或氧化物）富集系数均大于（或等于）1。其中，又以 Cd、Na_2O、Sb、Hg、CaO、As 富集度最高，富集系数分别为 3.83、3.75、3.64、2.93、2.08、1.87。另外，Au、Li、F、MgO 等富集度也较高，富集系数在 1.32～1.57 之间。

表 6-25 桂-黔-滇北部成矿区(Ⅲ88 贵州)地球化学特征参数表

元素/氧化物	成矿带地球化学参数（$N=6000$）				贵州省水系背景值	变异系数	富集系数
	最大值	最小值	平均值	标准变差			
Ag	1 043.24	14.36	72.27	47.22	68.15	0.65	1.06
As	6 418.5	0.02	27.87	91.2	14.89	3.27	1.87
Au	643.82	0.06	1.66	9.3	1.06	5.6	1.57
B	1 520.55	2.53	80.8	60.75	67.14	0.75	1.20
Ba	51 693.42	88.35	266.66	596.24	319.3	2.24	0.83
Be	10.17	0.44	2.6	0.96	2.36	0.38	1.10
Bi	9.51	0.01	0.45	0.32	0.41	0.71	1.10
Cd	36 836.25	37.01	1 200.66	2 396.88	313.3	1.20	3.83

续表 6-25

元素/氧化物	成矿带地球化学参数（$N=6000$）				贵州省水系背景值	变异系数	富集系数
	最大值	最小值	平均值	标准变差			
Co	121.71	1.41	18.37	10.06	17.38	0.55	1.06
Cr	430.59	4.84	85.48	48.99	79.42	0.57	1.08
Cu	193.39	2.54	31.01	22.17	29.43	0.72	1.05
F	8 796.48	67.32	966.86	704.53	679.2	0.73	1.42
Hg	81 642.45	2.27	301.28	1 697.8	102.74	5.64	2.93
La	189.04	3.86	41.74	16.72	41.35	0.40	1.01
Li	997.6	3.19	57.99	50.69	40.09	0.87	1.45
Mn	18 024.25	39.62	1 350.84	984.31	1 076.9	0.74	1.25
Mo	101.79	0.06	2.09	3	1.38	1.44	1.51
Nb	75.5	1.52	20.52	10.98	20.37	0.54	1.01
Ni	196.48	4.62	33.15	17.75	32.84	0.53	1.01
P	4 053.17	61.76	653.12	392.31	621.5	0.60	1.05
Pb	705.45	5.72	34.02	20.4	29.39	0.60	1.15
Sb	2 566.01	0.06	4.92	35.62	1.35	7.23	3.64
Sn	54.61	0.28	3.29	1.88	3.19	0.57	1.03
Sr	1 051.19	9.14	78.84	60.85	64.82	0.77	1.21
Th	44.98	2.06	16.99	5.19	16.47	0.31	1.03
Ti	19 045.28	332.75	5 739.76	3 872.02	5469	0.67	1.05
U	25.31	0.63	4.1	2.48	3.31	0.61	1.24
V	411.44	18.5	114.5	64.28	109.4	0.56	1.05
W	58.44	0.3	2.18	1.43	1.74	0.66	1.25
Y	128.94	0.13	31.34	14.18	31.44	0.45	0.99
Zn	386.19	4.38	92.26	48.64	89.94	0.53	1.03
Zr	743.02	25.02	303.89	87.25	330.8	0.29	0.92
SiO_2	98.51	29.01	66.82	12	67.03	0.18	0.99
Al_2O_3	38.06	0.06	12.22	3.71	12.7	0.30	0.96
Fe_2O_3	47.64	0.16	6.05	3.25	5.63	0.54	1.07
K_2O	16.74	0.17	2.46	1.11	1.89	0.45	1.30
Na_2O	13	0.09	0.9	2.62	0.24	2.90	3.75
CaO	19.4	0.05	1.54	1.73	0.74	1.12	2.08
MgO	26.38	0.06	1.84	1.47	1.29	0.80	1.42

注：Ag、Au、Cd、Hg 的含量单位为 $\times 10^{-9}$，SiO_2、Al_2O_3、Fe_2O_3、K_2O、Na_2O、CaO、MgO 的含量单位为%，其他元素的含量单位为 $\times 10^{-6}$；贵州省水系背景值引自《贵州省 1∶50 万地球化学图说明书》。

区内 39 个元素（或氧化物）中，Zr、SiO_2 等元素（或氧化物）含量离散程度最低，为均匀分布类元素（变异系数小于 0.3），Be、La、Th、Y、Al_2O_3、K_2O 等为弱离散元素类（变异系数在 0.3~0.5 之间），Ag、B、Bi、Co、Cr、Cu、F、Li、Mn、Nb、Ni、P、Pb、Sn、Sr、Ti、U、V、W、Zn、MgO、Fe_2O_3 等为中等离散元素类（变异系数在 0.5~1.0 之间），Sb、Hg、Au、As、Ba、Cd、Mo、CaO、Na_2O 等为强离散元素类（变异系数大于 1.0），特别是 Sb、Hg、Au、As 含量分布离散程度最高，变异系数分别为 7.32、5.64、5.6、3.27。

本区内元素含量变化特征总体表现为：

(1) 与金、锑、汞矿产有关的 Au、Hg、Sb、As 等元素富集度和离散程度均最为显著；

(2) 岩石基本组成元素（氧化物）Na_2O、CaO、MgO 富集度和离散程度均较高；

(3) 重晶石成矿元素 Ba 含量总体贫化，但离散程度较高；

(4) 在三叠系上表现为高背景分布特征的 Co、Cr、Cu、Mn、Ni 等大量基性元素，和 Mo、U、Pb、Zn、Cd、Li、F 等元素均有一定富集度和离散度，其中 Li、F 富集度较高，Mo、Cd 达强离散程度。

区内与金、锑、汞矿有关的 Au、Sb、Hg、As 等元素重要富集区（带），主要分布于区内莲花山、碧痕营、灰家堡、雄武、戈塘、雷公滩、鲁贡、大观等背斜上，形成大规模、高强度的富集区（带）。区内晴隆、普安、兴仁一带以 Au、Sb、As 富集为主，Hg 富集区小规模零散分布。该区西面盘县地区和南面兴义—安龙一带，Hg 富集增强，部分规模与 Au、Sb、As 富集规模相当，强度也达Ⅲ级。贞丰—册亨一带以 Hg 富集为主，Au、Sb、As 富集带往往被 Hg 富集带所包含。东部望谟地区则以 Sb 富集为主，Au、As 次之，Hg 富集区较少见及。

Ba 除镇宁乐纪泥盆系重晶石成矿区有大规模的富集区外，贞丰回龙有小规模高富集区，其他均为背景、低背景分布。

Co、Cr、Cu、Mn、Ni、Mo、U、Pb、Zn、Cd、Li、F 等元素主要沿三叠系形成大规模低缓富集带，特别是贞丰礁相带上富集规模特别大，宽度达数十千米，长约 200km。

2. 异常圈定及解释

本区以贵州省区域化探数据 90% 累频值为异常下限，90%~95.5% 为异常外带，95.5%~98% 为异常中带，≥98% 为异常内带。所圈异常，以该区特色矿产——金、锑、汞成矿及主要伴生异常元素 Au、Sb、Hg、As 为主要研究对象。Au-As-Sb-Hg 组合异常见图 6-19。

碧痕营、灰家堡、楼下、戈塘、雷公滩等背斜为区内重要金矿产区，碧痕营、楼下、戈塘等地 Au-Sb-Hg-As 组合异常发育，异常面积多为数百平方千米，面积最大的雷公滩等背斜和戈塘背（含背斜西南方）超过 1000km²，Au 异常强度均为Ⅲ级。Au-Sb-Hg-As 组合异常与金、锑、汞矿产分布极为密切。

以碧痕营背斜为代表的晴隆、普安楼下、兴仁一带，Au-As-Sb-Hg 组合异常以 Au、Sb、As 异常为主，Hg 异常规模小，且零散分布。该区西面以莲花山背斜为代表的盘县地区及南面以戈塘背斜为代表的兴义—安龙一带，Hg 异常增强，部分 Au-Sb-Hg-As 组合异常，Hg 异常规模与 Au、Sb、As 异常规模相当。贞丰—册亨一带的灰家堡、雷公滩背斜上，以 Hg 异常为主，Au、Sb、As 异常带往往被 Hg 异常带所包含。成矿区东部望谟地区则以 Sb 异常主，Au、As 次之，Hg 富集较少见及。

桂-黔-滇北部成矿区中地质、矿产与水系沉积物测量地球化学异常关系的研究表明：

(1) Au-Sb-Hg-As 组合异常主要与区内金、锑、汞矿产有关。金、锑、汞矿产规模与 Au-Sb-As-Hg 组合异常的规模及强度相关，而且，Au-Sb-As-Hg 异常的组合特征与矿产类型关系密切：组合异常以 Au、Sb、As 异常为主，Hg 异常规模小、强度低时，往往与金-锑矿有关；Au、Sb、Hg、As 异常强度均较高、规模均较大时，以金成矿为主；组合异常以 Hg 异常为主，Au、Sb、As 异常强度较高、规模较大时，与金-汞矿有关。

(2) Co、Cr、Cu、Mn、Ni、Mo、U、Pb、Zn、Cd、Li、F 等多种微量元素主要沿三叠系形成大规模低缓异常，特别是贞丰礁相带上异常规模特别大，雄武背斜上还有钼、铀矿产出，这可能与三叠纪大陆边缘裂解，深部物质随地下热水向上运移沉积有关。

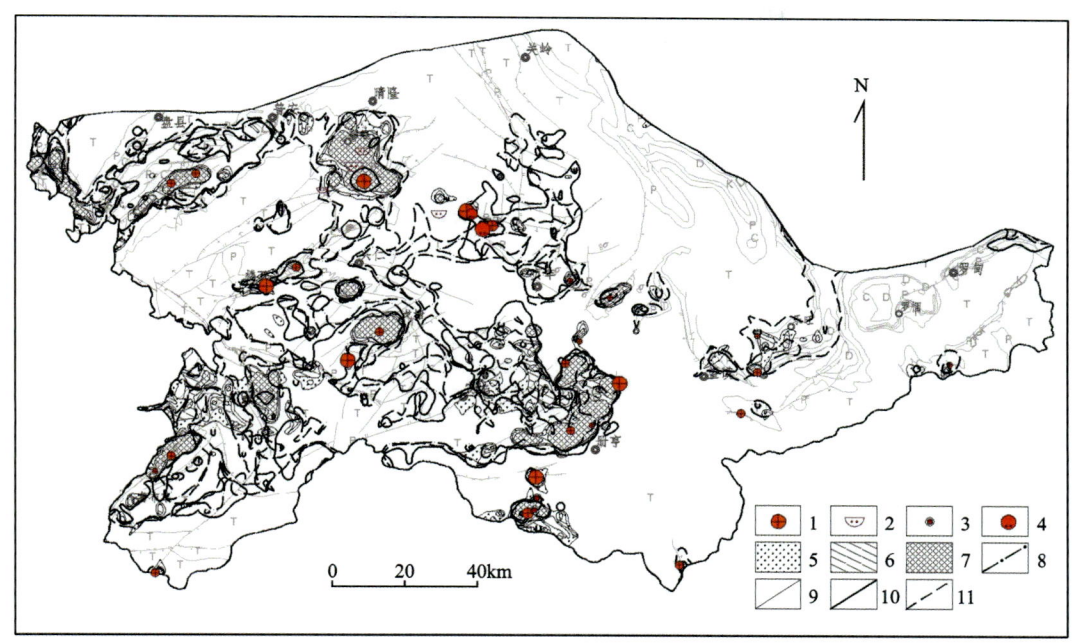

图6-19 桂-黔-滇北部成矿区(Ⅲ88贵州)Au-As-Sb-Hg组合异常图

1.金矿床(点);2.独山式锑矿床(点);3.晴隆式锑矿床(点);4.汞矿床(点);5.金元素Ⅰ级浓度分带;6.金元素Ⅱ级浓度分带;7.金元素Ⅲ级浓度分带;8.砷异常线(35.006×10^{-6});9.金异常线(1.978×10^{-9});10.汞异常线(256.494×10^{-9});11.锑异常线(2.965×10^{-6})

二、区域矿产及矿床成矿系列

（一）区域矿产产出特征

桂-黔-滇北部成矿区(Ⅲ88贵州)，大致对应于Ⅲ级构造单元，即南盘江-右江前陆盆地(Ⅴ-2-10)的北部，为师宗-弥勒-盘县断裂带和水城-紫云-南丹断裂带在黔西南、南部所围限的区域，是由上扬子被动边缘碳酸盐岩台地演化而成的一个中晚三叠世周缘前陆盆地。其构造格局形成时期可能主要是燕山期。

本成矿单元主要产出矿种有金、锑-萤石、汞-铊矿、煤等大中型矿床，次有硫铁矿、铁矿等中小型矿床，零星分布有锰、重晶石、石膏、铜、铅-锌、水晶、冰洲石、钼-铀矿、砷等小型矿床或矿点(表6-27)。

根据该成矿单元的成矿地质背景，结合以上矿种的产出情况，可细划为西、东两个Ⅳ级综合成矿区(带)，分别称为兴晴贞金、汞、锑、铊、铀、萤石成矿带(Ⅳ-13)、册亨-望谟金、砷、锑、重晶石成矿带(Ⅳ-12)。前者包括兴仁、晴隆、普安、兴义、盘县、安龙等县及贞丰县北西部，出露晚古生代—中生代地层，主体属扬子被动大陆边缘碳酸盐岩沉积，主要产出金-汞-铊-锑-金-萤石矿产组合，主要产于二叠系，其次产于三叠系；后者包括贞丰南东部及罗甸、望谟等县，大片出露三叠纪硅质陆源碎屑岩系，主要产出金矿、重晶石等，极少产出锰矿、水晶、冰洲石等矿床(点)。

（1）金矿：本区为我国金矿的重要产区之一，属于滇-黔-桂"金三角"(由师宗-弥勒断裂带、紫云-垭都断裂带交叉限制南部区域)最重要的组成部分。一般为单矿种，分布于本成矿单元大部地区，但在晴隆大厂地区常与锑矿、萤石矿构成异体共生矿产。矿床类型主要为产于沉积岩中的微细浸染型金矿，个别为红土型金矿。至目前已发现大型金矿床7处(烂泥沟、紫木凼、水银洞、戈塘、泥堡、晴隆老万场、黄厂沟)、中型金矿床2处(贞丰水银洞东段、板其)、小型金矿床11处、金矿点超过14处。查明资源量已达190t。

(2) 锑矿：本区为我国锑矿的重要产区之一，都产于晴隆县大厂一带，受北东向碧痕营穹状背斜及大厂层（P_2m^{dc}）的共同控制。至目前已发现大型锑矿床1处（由晴隆锑矿固路矿段、晴隆锑矿大厂矿段、晴隆锑矿支尕矿段、晴隆锑矿后坡南部矿段、晴隆锑矿西舍矿段、晴隆县晴隆锑矿水井湾矿段6个矿段构成，每个矿段均为中型矿床规模，但有的资料也将各矿段分别称为矿床）；小型矿床超过3处，矿点超过2处。查明资源量已达21.48×10^4t。

(3) 萤石矿：与晴隆大厂锑矿为共生矿产，至目前已发现晴隆大型萤石矿床1个（由后坡南部、后坡北部、沙家坪、必康4个矿段构成，每个矿段均为中型规模）。查明资源量已达573.5×10^4t。

(4) 重晶石矿：至目前已发现1个大型重晶石矿床，即乐纪重晶石矿床（由卢家院重晶石大型矿床及两用矿、纳盘、肯然重晶石矿等小型矿床构成），查明资源量已达157.2×10^4t。

(5) 煤矿为本区重要矿产之一，至目前已发现5处大型矿床、7处中型矿床，小型矿床超过30个。查明资源量已达17.83×10^8t。

(6) 硫铁矿：已发现3个中型矿床（晴隆县西舍矿区、晴隆县后坡南部矿区、晴隆县支尕矿区）。查明资源量已达7272.5×10^4t。

(7) 铁矿：1处中型矿床（盘县特区老厂矿区），查明资源量已达2636×10^3t。

(8) 钼-铀矿：见于兴义市大际山一带，共生于北北东向雄武背斜南东翼的下三叠统中，含矿层位主要是永宁镇组、飞仙关组的黑色碳质白云岩和黑色碳质黏土质粉砂岩，形成小型矿床。

(9) 其他矿产：如锰矿、磷矿、铅锌矿、铜矿等均发现少数矿点。

(二) 矿床成矿系列发育概况

在该Ⅲ级成矿区（带）中，本次参照陈毓川等（2007），并结合贵州省潜力评价项目综合研究成果，共建立了5个矿床成矿系列及多个亚系列。

1. Sw7 西南部风化壳稀有、稀散、镍、金、铂族、钛铁矿、砂锡成矿系列组

该系列在本成矿单元有1个亚系列，即：Sw7-4岩溶石山地区风化壳土型金矿成矿亚系列。该亚系列有1个矿床式，即老万场式金矿，矿床类型为土型金矿床，是微细粒浸染型原生矿体、矿化体经崩塌堆积形成，产于残坡积物中，分布于兴义、兴仁、晴隆、普安、盘县一带，以晴隆县老万场为代表。

2. Mz_2-40 上扬子台褶带沉积岩容矿的铅、锌、汞、金、银、锑、砷、萤石、重晶石矿床成矿系列

该系列在本成矿单元有3个亚系列，即：

(1) Mz_2-40^5 苗岭-南盘江断裂褶皱带二叠系及三叠系碳酸盐岩容矿的金、银、砷、锑、汞矿床成矿亚系列。主要产有2个矿床式：

A. 水银洞式金矿，分布于普安—贞丰地区，为燕山期低温热液型矿床，产于龙潭组与茅口组接触带及断层中；以贞丰水银洞金矿床为代表；

B. 滥木厂式汞矿，分布于兴仁县境内，为沉积-改造型热液矿床，以燕山期热液成矿为主，以兴仁县滥木厂汞矿床为代表。

(2) Mz_2-40^7（新）苗岭-南盘江断裂褶皱带二叠系及三叠系硅质陆源碎屑岩容矿的金、锑、汞、砷矿床成矿亚系列。主要产有1个矿床式，即烂泥沟式金矿，主要分布于册亨—望谟地区，为二叠系及三叠系硅质陆源碎屑岩容矿的微细浸染型金矿床，以贞丰县烂泥沟金矿床为代表。

(3) Mz_2-40^8（新）苗岭-南盘江断裂褶皱带二叠系（含）火山碎屑岩（凝灰岩）容矿的锑、金、萤石矿床成矿亚系列。主要产有3个矿床式：

A. 泥堡式金矿，分布于兴义、兴仁、晴隆、普安、盘县一带，为海西期—燕山期（主）低温热液成矿作用形成的微细浸染型金矿床,主要产于二叠系(含)火山碎屑岩(凝灰岩)中,以普安泥堡金矿床为代表。另有兴仁大垭口、兴义雄武、盘县青山坡、陇英大地等金矿床或矿点;

B. 晴隆式锑矿,分布于晴隆大厂,为燕山期中低温热液型锑矿床,产于二叠系玄武岩与茅口组接触带,以晴隆县大厂锑矿床为代表,另有碧康、固路、支尕、后坡锑矿床;

C. 晴隆式萤石矿,分布于晴隆大厂,为燕山期中低温热液型萤石矿床,产于二叠系玄武岩与茅口组接触带,以晴隆县后坡萤石矿为代表,另有西舍、碧康等萤石矿床及矿点。

3. Mz_1-12S 川滇黔与印支旋回热水-沉积作用有关的铅、锌、锰、锶、石膏、盐、杂卤石、煤矿床成矿系列组之海相沉积成矿系列

该系列在本成矿单元有 1 个亚系列,即 Mz_1-12^3(新)滇黔海盆与三叠系陆相沉积煤成矿亚系列。本成矿单元仅包括 1 个矿床式,即龙头山式煤矿,分布于贞丰、安龙及其附近地区,含矿地质体主要为三叠系把南组、火把冲组,以贞丰县龙头山煤矿床为代表。

4. Pz_2-18(新) 晚二叠世与峨眉山玄武岩、辉绿岩有关的铜、玉石矿矿床成矿系列

该系列在本成矿单元有 1 个亚系列,即 Pz_2-18(新)-1 紫云-水城裂陷槽罗甸软玉矿成矿亚系列。建立有 1 个矿床式,即罗甸式软玉矿,分布于罗甸—望谟地区,为二叠纪辉绿岩体侵入四大寨组中灰岩接触交代形成透闪石而成为软玉矿产,以罗甸县官固玉石矿床为代表。

5. Pz_2-15 上扬子晚古生代与沉积作用有关的铁、锰、铝、硫、锶、钒、镓、煤、膏盐、重晶石、磷矿床成矿系列

该系列在本成矿单元有 3 个亚系列,即:

(1)Pz_2-15^4 川滇黔晚二叠世与陆相玄武岩、海陆交互相沉积岩有关的硫、锰、铁、铝土矿、煤矿床成矿亚系列。主要产有 2 个矿床式:

A. 叙永式硫铁矿,分布于黔北、黔西北、黔中、黔西南,为含煤建造中沉积型硫铁矿床,产于龙潭组一段,以遵义三岔河、大方猫场硫铁矿床为代表;

B. 六盘水式煤矿,分布于盘县、普安、兴义、兴仁、晴隆等县,为潮坪相—陆相沉积作用形成,含煤地层主要为龙潭组;以六枝煤矿床为代表。

(2)Pz_2-15^2 泥盆纪—石炭纪沉积-热液型铁矿床成矿亚系列。主要产有 1 个矿床式,即宁乡式赤铁矿,分布于威宁—赫章、都匀—独山两个片区,为海相化学沉积型赤铁矿、菱铁矿床,产于中泥盆纪大河口组,以赫章铁矿山、观音山铁矿床、都匀平黄山铁矿床为代表。

(3)Pz_2-15^5(新)华南西部(-上扬子)晚泥盆世至早石炭世产于碳硅泥岩(黑色岩系)中锰、钒、铀、重晶石矿床成矿亚系列。主要产有 2 个矿床式:

A. 乐纪式重晶石矿,分布于紫云及其附近地区,为与海底喷流作用有关的热水喷流沉积型矿床,产于上泥盆统榴江组台沟相地层中,以镇宁县乐纪重晶石矿床为代表;

B. 下雷式锰矿,分布于罗甸县及其以南(主要在广西境内),为台沟相沉积,产于晚泥盆世,以罗甸县甲戎锰矿点为代表(而典型矿床为下雷锰矿床,位于广西境内)。

三、区域矿产预测类型及预测工作区分布

1. 矿产预测类型确定原则

详见本章第一节第三部分。

2. 预测工作区分布

桂-黔-滇北部成矿区（Ⅲ88贵州）成矿特征主要是产于沉积岩中的微细粒浸染型金矿，金矿产预测类型在册亨—望谟地区划为烂泥沟式微细粒浸染型金矿，在普安—贞丰地区划分为水银洞式微细粒浸染型金矿。锑矿矿产预测类型在大厂地区划分为大厂式火山岩中热液型锑矿。萤石矿主要分布在碧痕营穹隆构造，矿床明显受大厂层、峨眉山玄武岩与茅口组界面及层间断裂控制，萤石矿矿产预测类型在晴隆地区划分为晴隆式热液型萤石矿。硫铁矿产于二叠系茅口组与峨眉山玄武岩过渡段，与锑矿共生，顶板为峨眉山玄武岩，底板为茅口组灰岩，受穹隆构造控制，硫铁矿矿产预测类型在晴隆地区划分为晴隆式热液型硫铁矿。重晶石主要赋存于上泥盆统榴江组，矿层底板为火烘组，顶板为五指山组，矿产预测类型在镇宁地区划分为乐纪式沉积型重晶石矿，详见表6-26。

表6-26 桂-黔-滇北部成矿区（Ⅲ88贵州）矿产预测类型表

序号	矿产预测类型	预测工作区名称	预测矿种	典型矿床
1	烂泥沟式微细粒浸染型金矿	册亨-望谟预测工作区	金矿	贞丰烂泥沟金矿床
2	水银洞式微细粒浸染型金矿	普安-贞丰预测工作区	金矿	贞丰水银洞金矿床
3	晴隆式热液型萤石矿	晴隆大厂预测工作区	萤石矿	晴隆县西舍萤石矿床
4	乐纪式沉积型重晶石矿	乐纪预测工作区	重晶石矿	镇宁县乐纪重晶石矿床
5	大厂式火山岩中热液型锑矿	晴隆大厂预测工作区	锑矿	晴隆县大厂锑矿床
6	晴隆式热液型硫铁矿	晴隆大厂预测工作区	硫铁矿	

（1）烂泥沟式微细粒浸染型金矿。以陆源硅质碎屑岩为主要容矿岩石的烂泥沟式微细浸染型金矿床主要分布于右江褶皱带内的兴义市南部、册亨县大部、贞丰县南部的册亨县及望谟县。已发现的矿床（点）主要包括板其、丫他、烂泥沟、百地、豆芽井、陇纳、洛帆等。该矿床式位于册亨-望谟预测工作区。

（2）水银洞式微细粒浸染型金矿。以不纯碳酸盐岩为主要容矿岩石的水银洞式微细浸染型金矿床，主要分布于扬子地块内的贞丰、兴仁、安龙到兴义一带。此外，在右江区的边缘赖子山西部及北缘的板年、洛东等地亦有。已发现的矿床（点）主要有紫木凼、太平洞、大丫口、戈塘、洛东、板年、雄武等。该矿床式位于普安-贞丰预测工作区。

（3）大厂式火山岩中热液型锑矿。主要分布于碧痕营穹隆构造带内。已发现有大厂、西舍、沙家坪、杉树林、固路、后坡、支余等多个锑矿床（点）。根据各锑矿床（点）的特征分析，该区锑矿严格受大厂层、北东向构造和隐伏的近东西向基底构造联合控制，主要赋存在大厂层中段强硅化黏土岩中，主矿体呈层状、似层状、带状分布。矿床明显受大厂层、峨眉山玄武岩与茅口组界面及层间断裂控制。该矿床式位于乐纪预测工作区。

（4）乐纪式沉积型重晶石矿。乐纪重晶石矿主要赋存于上泥盆统榴江组，矿层底板为火烘组，顶板为五指山组，主要分布在镇宁乐纪地区。该矿床式位于晴隆大厂预测工作区。

（5）晴隆式热液型萤石矿。主要分布于碧痕营穹隆构造中，矿床明显受大厂层、峨眉山玄武岩与茅口组界面及层间断裂控制。该矿床式位于晴隆大厂预测工作区。

（6）晴隆式热液型硫铁矿。产于二叠系茅口组与峨眉山玄武岩过渡段，与锑矿共生，顶板为峨眉山玄武岩，底板为茅口组灰岩，受穹隆构造控制，主要分布于碧痕营穹隆构造内。该矿床式位于晴隆大厂预测工作区。

四、重要矿种预测评价模型

1. 烂泥沟式微细粒浸染型金矿

1) 典型矿床预测模型

烂泥沟式微细粒浸染型金矿主要位于南盘江褶断带南东部的册亨-望谟褶皱带,为夹持在师宗-弥勒断裂带和紫云-垭都断裂带之间较强的构造变形带,是由扬子被动边缘碳酸盐岩台地演化而成的中晚三叠世周缘前陆盆地。卷入这个构造带的地层为上古生界—中生界,其中三叠系的 3 套浊积岩系是本带微细粒浸染型金矿的主要容矿岩石。成矿流体沿板劈理密集带发育的陡倾斜逆冲断层活动,此成矿作用造就了与印支期—燕山期造山进程有关的浅成低温热液金、砷、锑矿床,从本区内已发现的多个金矿床来看,贵州省贞丰县烂泥沟微细粒浸染型金矿床为勘查程度和研究程度最高、形成地质资料最齐全的矿床,故选择烂泥沟微细粒浸染型金矿作为典型矿床。

由于烂泥沟金矿床为中低温热液型金矿,20 多年以来的勘查工作及综合研究表明,该类型金矿产出特征与地质环境,成矿网络断裂破碎带,有利岩性组合,围岩蚀变,地球化学 Au、As、Sb、Hg 异常、区域重力布格异常、遥感影像等均有不同程度的相关关系,通过综合研究,烂泥沟金矿床预测要素见表 6-27。

表 6-27 烂泥沟微细粒浸染型金矿典型矿床预测要素表

预测要素		描述内容	要素分类
特征描述		复合内生型—微细粒浸染型金矿床	必要
地质环境	成矿时代	印支期—燕山期(时间为 80~280Ma)、早侏罗世[(194±2)Ma]	必要
	成矿构造	印支期—燕山期褶皱断裂构造	必要
	成矿单元	右江-南盘江矿田分布区(Ⅴ级)	必要
	构造背景	右江-南盘江前陆盆地	必要
	地球化学	Au、As、Sb、Hg	必要
	成矿环境	低温低压热液与相对封闭的还原环境(温度 110~280℃)	重要
矿床特征	赋矿地层	以中三叠统边阳组为主,其次为下三叠统尼罗组、许满组二段和四段	必要
	容矿构造	北西向构造破碎带(剪切破碎带)为主与背斜组合,其次为北东向构造破碎带、层间构造破碎带及早期南北向盆地断相伴生的同生断层(导矿构造)。穹隆构造之近轴部层间构造断裂带或滑脱带、层间挤压构造破带	重要
	容矿岩石	主要为细砂岩、粉砂岩及粉砂质黏土岩	必要
	容矿构造与岩性组合	容矿构造破碎带通过赋矿地层中薄至中厚层状细砂岩、粉砂岩与相对少量的黏土岩组合地段,对微细粒浸染型金矿体产出特别有利;容矿构造破碎带穿过单一的细砂岩岩性组合对微细粒浸染型金矿成矿不利,多为低品位或矿化现象;容矿构造破碎带穿过单一的黏土岩岩性组合对微细粒浸染型金矿成矿不利,多为小规模矿体产出	重要
	矿体特征	严格受控于成矿断裂破碎带及层间破碎带,呈透镜状、似层状、藕节状、囊状及脉状等	重要

续表6-27

预测要素		描述内容	要素分类
矿床特征	围岩蚀变	硅化、黄铁矿化、毒砂化、辰砂化、雄(雌)黄化、碳酸盐化、黏土化	必要
	矿物组合	石英-黄铁矿-自然金	重要
		石英-毒砂-自然金	重要
		石英-黄铁矿-毒砂-自然金	重要
	矿石结构	自形、半自形、他形粒状结构、环带结构	次要
	矿石构造	浸染状构造、角砾状构造、网状构造、脉状构造、条带状构造	次要
	不渗透障	局部不渗透障作用	重要

2) 矿床式预测要素及预测模型

该矿床式预测模型见图6-20，在本预测工作区内，因印支期—燕山期构造作用，尤其是逆冲-推覆构造作用，成矿热液沿导矿网络运移，进入切穿盆地相陆源碎屑岩的北西向、北东向、东西向压扭性断裂及配套的走滑断层中，在有利成矿的岩性组合及封闭构造空间富集成矿。该矿床式预测要素主要为压扭性断裂破碎带等控矿构造、中厚层砂岩夹黏土岩等有利含矿地层建造，以及Au、As矿物组合伴生，硅化、黄铁矿化、毒砂化等围岩蚀变，热液石英、黄铁矿、毒砂等重要载金矿物。以有利的中厚层砂岩夹黏土岩地层建造区域，存在高角度逆冲断层破碎带、层间破碎带与背斜组合构造，Au、As、Sb、Hg化探异常组合，硅化、黄铁矿化、毒砂化等蚀变特征的地区，作为寻找金矿的有利靶区。

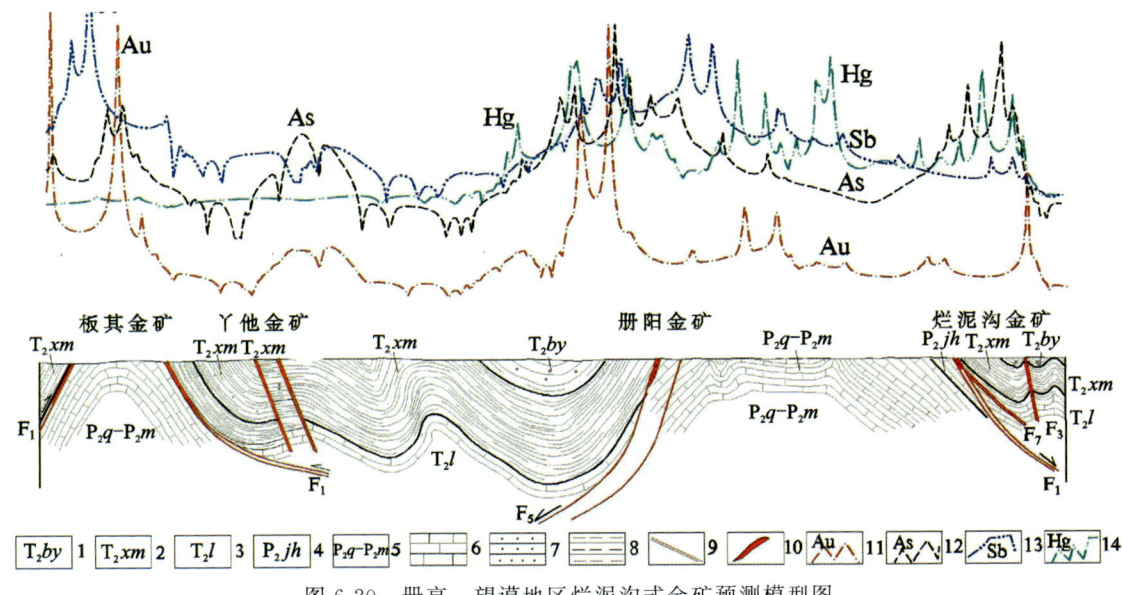

图6-20 册亨—望谟地区烂泥沟式金矿预测模型图

1.边阳组；2.许满组；3.尼罗组；4.礁灰岩(非正式地层单位)；5.栖霞组—茅口组；6.灰岩；7.砂岩；8.黏土岩；9.断层；10.金矿体；11.化探金元素含量曲线；12.化探砷元素含量曲线；13.化探锑元素含量曲线；14.化探汞元素含量曲线

通过研究黔西南册亨—望谟地区地质、矿产、物探、化探、遥感等多种信息，其矿床式预测要素特征见表6-28。

表 6-28 册亨—望谟地区烂泥沟式金矿预测要素表

预测要素		描述内容	要素分类
特征描述		矿床预测类型为复合内生型金矿床,成因类型为微细粒浸染型金矿床	
地质环境	成矿时代	印支期—燕山期,以燕山期为主成矿期	必要
	成矿构造	印支期—燕山期褶皱断裂构造	必要
	成矿单元	右江-南盘江矿田分布区(Ⅴ级)	必要
	构造背景	右江-南盘江前陆盆地	必要
	地球化学	Au、As、Sb、Hg	必要
	成矿环境	低压,中、低温(温度110~280℃)	重要
矿床特征	赋矿地层	以中三叠统边阳组,下三叠统尼罗组、许满组、紫云组为主;其次为下二叠统四大寨组、乐康组、栖霞组	必要
	容矿构造	高角度逆冲断层(剪切破碎带)为主与背斜组合,穹隆构造之近轴部层间构造断裂带或滑脱带,其次为层间挤压构造破碎带	重要
	容矿岩石	主要为细砂岩、粉砂岩、粉砂质黏土岩及其过渡性岩类	必要
	容矿构造与岩性组合	容矿构造破碎带通过赋矿地层中薄至中厚层状细砂岩、粉砂岩与相对少量的黏土岩及其过渡性岩类组合地段,有利于微细粒浸染型金矿体产出;容矿构造破碎带通过单一的细砂岩性组合对微细粒浸染型金矿成矿不利,多为低品位或矿化现象;容矿构造破碎带穿过单一的黏土岩性组合对微细粒浸染型金矿成矿不利,多为小规模矿体产出	重要
	矿体特征	严格受控于成矿断裂破碎带,呈透镜状、藕节状、囊状及脉状等	重要
	围岩蚀变	硅化、黄铁矿化、毒砂化、辰砂化、雄(雌)黄化、碳酸盐化、黏土化	必要
	矿物组合	石英-黄铁矿-自然金	重要
		石英-毒砂-自然金	重要
		石英-黄铁矿-毒砂-自然金	重要
	矿石结构	自形、半自形、他形粒状结构,环带结构	次要
	矿石构造	浸染状构造、角砾状构造,网状、脉状、条带状构造	次要
	不渗透障	局部不渗透障作用	重要

2. 水银洞式微细粒浸染型金矿

1)典型矿床预测模型

水银洞式微细粒浸染型金矿位于Ⅲ级构造单元南盘江-右江前陆盆地(Ⅴ-2-10)北部,弥勒-师宗断裂带和紫云-六盘水断裂带的夹持地带。成矿构造环境表现为地块边缘裂陷槽的拉张与挤压两种环境的交替发展与演化。裂谷带广泛发育各种不同级别和类型的断裂构造和裂隙,既是深部物质流和能量流集中释放的有利场所,也是成矿物质超常富集的有利空间。从本区内已发现的多个金矿床来看,贵州省贞丰县水银洞微细粒浸染型金矿床为勘查程度和研究程度最高、形成地质资料最齐全的矿床,故选择水银洞微细粒浸染型金矿作为典型矿床。

通过典型矿床(贞丰水银洞金矿中段)成矿规律和控矿因素的研究,总结提取了贞丰县水银洞微细粒浸染型金矿的预测要素并编制了成矿要素图,然后叠加物探、化探、遥感、自然重砂等综合信息,分析和总结具有找矿意义的相应因子提炼成预测要素,并依预测要素对成控矿的相对重要性,将预测要素划分为必要、重要和次要 3 个等级,编制预测要素表见表 6-29。

表 6-29　贵州省贞丰县水银洞金矿典型矿床预测要素表

预测要素		特征描述	要素等级
矿床类型		矿床预测类型为复合内生型金矿床,成因类型为微细粒浸染型金矿床	
成矿时代	沉积地层时代	晚二叠世乐平期	必要
	成矿时代	燕山晚期(135～145Ma)	重要
构造位置	大地构造单元	南盘江-右江前陆盆地边缘灰家堡背斜近核部	重要
沉积建造及沉积作用	地层分区	上扬子地台分区之黔西南小区	重要
	岩石地层单元	上二叠统龙潭组、长兴组	必要
	岩石类型	生物碎屑泥、粉晶灰岩,硅化角砾状黏土岩	必要
	蚀变特征	细粒浸染状黄铁矿化、硅化、白云石化	重要
	沉积建造类型	海陆交互相含煤夹碳酸盐岩建造,硅化角砾状黏土岩建造	必要
成矿构造	褶皱构造	近东西向灰家堡背斜轴部两侧 500m 范围	必要
	断裂构造	近东西向的 F_{105}、F_{101} 冲断层	必要
成矿特征	矿体形态	层状、似层状	重要
	矿体产状	层控型矿体产状与地层产状一致,倾角 5°～20°;断裂型矿体产状与断层产状一致,倾角 30°～60°	重要
	成矿期次	沉积成岩和构造热液两个成矿期	重要
	平均品位	$\geqslant 4.5 \times 10^{-6}$	重要
	厚度	$\geqslant 1m$	重要
	倾向延伸	$\leqslant 500m$	重要
	最低埋深	$\leqslant 1500m$	重要
化探异常	元素组合异常	套合、叠合越好的 Au、As、Sb、Hg 组合异常,成矿可能性越大	重要
	原生晕 楼上矿	前缘晕 As、Sb、Hg、Cu、F(Bi、Pb、Zn);矿体晕 Au(Hg、Pb、Mo);尾晕 W、Mo、Sn	重要
	原生晕 楼下矿	外带 Hg、As、Pb(Bi、Zn、Sb);中带 Au、Mo;内带 W	重要
	次生晕	以前缘晕元素异常最广泛,矿体晕元素异常集中,尾晕元素异常较小	重要

描述性预测模型如下。

(1)成矿构造背景:东西向灰家堡背斜东段近轴部。
(2)赋矿地层:上二叠统龙潭组和下三叠统夜郎组。
(3)赋矿围岩:生物碎屑灰岩、硅化角砾状黏土岩及少量细碎屑岩。
(4)沉积建造:海陆交互相含煤碎屑岩夹生物碎屑灰岩建造。
(5)成矿环境:低温超高压成矿流体与相对封闭的还原环境。
(6)综合信息:资料表明,物探、遥感的解译结果对在大区域内圈定找矿靶区上具有良好的指示意义,但在小范围内开展成矿预测,特别是定性预测方面指导意义不明显。化探信息则对找矿具有重要意义,因此综合信息主要利用地球化学信息资料。

2)矿床式预测要素及预测模型

通过对预测工作区地质背景和成矿规律的分析研究,尤其是对典型矿床成矿要素图和预测模型图等的编制,总结提取了普安—贞丰地区水银洞式微细粒浸染型金矿区域成矿要素和预测要素,并依据它对预测找矿的相对重要性划分为必要、重要、次要3个等级,编制预测要素见表6-30。

表 6-30　贵州省普安—贞丰地区水银洞式微细粒浸染型金矿预测要素表

预测要素		特征描述	要素等级
地质环境	构造背景	南盘江-右江前陆盆地边缘	必要
	含矿岩系	峨眉山玄武岩组、龙潭组、夜郎组	必要
	控矿背斜	灰家堡背斜,有特大型、大型、中型金矿床	必要
		戈塘穹隆,有大型金矿床	必要
		碧痕营穹隆,有小型金矿床	必要
		大丫口背斜,有小型金矿床	必要
		泥堡背斜,有中型金矿床	必要
		莲花山背斜,有小型金矿床	必要
		雄武背斜,有小型金矿床	必要
	控矿断裂	背斜轴部或近轴部、大型穹隆核部中上二叠统间区域性滑脱构造、轴向断层及旁侧层间断裂破碎带	必要
	建造类型	生物碎屑泥晶灰岩、含煤碎屑岩建造,泥微晶生物屑灰岩、粉砂岩、泥岩建造,钙碱性玄武岩、凝灰质黏土岩建造	必要
矿床特征	容矿岩石	生物碎屑泥、粉晶灰岩,硅化角砾状黏土岩,凝灰岩,凝灰质黏土岩	重要
	蚀变特征	黄铁矿化、白云石化、硅化、毒砂化、雄(雌)黄化、方解石化、辉锑矿化、萤石化、滑石化、辰砂化	重要
	矿体厚度	≥0.80m	重要
	最低延深	≤1500m	重要
	矿体品位	≥1×10^{-6}	重要
	矿床规模	特大型1个,大型5个,中型2个,小型9个,矿点12个,矿化点7个	重要
地球化学标志		套合、叠合较好的Au-As-Hg-Sb组合异常	必要

矿床式描述性预测模型如下:

(1)成矿构造背景。背斜轴部或近轴部、大型穹隆核部中上二叠统间区域性滑脱构造、轴向断层及旁侧层间断裂破碎带。

(2)赋矿地层。上二叠统峨眉山玄武岩组和龙潭组。

(3)岩性组合。生物碎屑泥、粉晶灰岩,硅化角砾状黏土岩,凝灰岩,凝灰质黏土岩。

(4)沉积建造。生物碎屑泥晶灰岩、含煤碎屑岩建造。泥微晶生物屑灰岩、粉砂岩、泥岩建造,钙碱性玄武岩、凝灰质黏土岩建造。

(5)综合信息。物探和遥感对大区域内寻找找矿靶区有较好的指示作用,对在小范围内开展成矿预测则没有很好的指导意义；区内已知的金矿床（点）与水系沉积物化探异常中套合、叠合较好的 Au - As - Sb - Hg 组合异常极为吻合，因此套合、叠合较好的 Au - As - Sb - Hg 组合异常对区内金矿的找矿具有极为重要的意义。

3. 晴隆式热液型萤石矿

晴隆式热液型萤石矿主要分布于碧痕营穹隆构造中，矿床明显受大厂层、峨眉山玄武岩与茅口组界面及层间断裂控制。从勘查程度和研究程度较高、形成地质资料最齐全的选择要求出发，选择晴隆县必康萤石矿作为典型矿床。

1）典型矿床预测要素

根据相关规定，典型矿床预测模型图是在典型矿床成矿要素图研究的基础上，再加上综合信息预测要素研究结果（主要指重力、磁测、化探、遥感、自然重砂预测要素）而编制的图件。通过分析研究矿区成矿地质作用、控矿因素、矿化特征以及物探、化探、遥感、自然重砂等特征，归纳总结出典型矿床——晴隆县必康萤石矿床预测要素见表 6-31。

表 6-31 晴隆县必康萤石矿床预测要素表

成矿要素		描述内容	要素分类
特征描述		晴隆式热液型萤石矿床	
地质环境	成矿时代	燕山期	必要
	构造背景	上扬子陆块次级构造单元南盘江-右江前陆盆地北侧之北东向组成的碧痕营穹隆构造中	必要
	成矿构造	矿体的产出与分布严格受北东-南西向张性及张扭性断裂组的控制	必要
	沉积建造	白云岩及灰岩建造	必要
	盖层	峨眉山玄武岩	必要
	成矿物理化学条件	该矿床成矿温度为 130~220℃，最高达 276℃，硫同位素组成值为 $(16.13~28.82)\times 10^3$，属重型硫	重要
矿床特征	赋矿地层	茅口组蚀变硅质岩（俗称大厂层）	必要
	岩性组合	以石英-辉锑矿和蚀变黏土岩-辉锑矿为主	重要
	矿体形态	矿体呈似层状或透镜状产出	重要
	矿石结构	镶嵌结构、细脉网状结构和溶蚀交代结构	重要
	矿石构造	块状构造、斑点状构造、角砾状构造	重要
	矿体规模	区内主矿体为Ⅰ号矿体，Ⅰ号矿体长 180m，平均水平厚 9.45m。规模较大，矿体受次级断裂控制	重要
	矿石品位	CaF_2 含量为 51.12%~60.17%，平均 55.68%	重要
	围岩蚀变	以硅化、高岭石化、角砾化为主，次为黄铁矿化	次要
	资源储量规模	中型（矿石量 77.7×10^4t，CaF_2 32.479×10^4t）	重要
综合信息特征	化探	Ba 异常强度为Ⅰ级，Hg 异常强度为Ⅱ级	重要
	遥感	在 ETM+影像上仅能以茅口组与峨眉山玄武岩的影像特征进行推断解译	次要
	物探	从现有的资料看，重力异常与航磁异常与矿床（点）没有直接的联系，故不能作为预测的直接依据	次要
	自然重砂	无直接联系，不作为预测依据	次要

2) 矿床式预测要素

通过分析研究镇宁晴隆地区萤石矿区成矿地质作用、控矿因素、矿化特征及归纳物探、化探、遥感、自然重砂等综合信息特征,总结晴隆式萤石矿的预测要素见表6-32。

表6-32 晴隆式萤石矿预测要素表

成矿要素		描述内容	要素分类
特征描述		晴隆式热液型萤石矿床	
地质环境	成矿时代	燕山期(148～142.3Ma)	必要
	构造背景	上扬子陆块次级构造单元南盘江-右江前陆盆地北侧之北东向组成的碧痕营穹隆构造中。处于北东向碧痕营背斜及翼部花鱼井断层与青山镇断层夹持地带	必要
	成矿构造	矿体的产出与分布严格受北东向张性及张扭性断裂组的控制	必要
	沉积建造	二叠纪海相沉积火山岩及大厂层灰岩建造	必要
	盖层	峨眉山玄武岩	必要
	成矿物理化学条件	该矿床成矿温度为130～220℃,最高达276℃,硫同位素组成值为$28.82×10^3$～$16.13×10^3$,属重型硫	重要
矿床特征	赋矿地层	茅口组蚀变硅质岩(俗称大厂层)	必要
	岩性组合	以石英—辉锑矿和蚀变黏土岩—辉锑矿为主	重要
	矿体形态	矿体呈似层状或透镜状产出	重要
	矿石结构	镶嵌结构、细脉网状结构和溶蚀交代结构	重要
	矿石构造	块状构造、斑点状构造、角砾状构造	重要
	矿体规模	区内主矿体为Ⅰ号矿体,Ⅰ号矿体长180m,平均水平厚9.45m。规模较大,矿体受次级断裂控制	重要
	矿石品位	CaF_2含量为51.12%～60.17%,平均55.68%	重要
	围岩蚀变	以硅化、高岭石化、角砾化为主,次为黄铁矿化	次要
	储量规模	中型(矿石量$777×10^3$t,CaF_2 $324.79×10^3$t)	重要
综合信息特征	化探	Ba异常强度为Ⅰ级,Hg异常强度为Ⅱ级	重要
	遥感	在ETM+影像上仅能以茅口组与峨眉山玄武岩的影像特征进行推断解译	次要
	物探	从现有的资料看,重力异常与航磁异常与矿床(点)没有直接的联系,故不能作为预测的直接依据	次要
	自然重砂	无直接联系,不作为预测依据	次要

4. 乐纪式沉积型重晶石矿

乐纪式沉积型重晶石矿为晚泥盆世南盘江凹陷海相黑色岩系中与热水沉积作用有关的重晶石矿床,主要分布在镇宁乐纪地区。赋存于上泥盆统榴江组,矿层底板为火烘组,顶板为五指山组。从勘查程度和研究程度最高、形成地质资料最齐全的矿床的角度出发,选择镇宁县乐纪重晶石矿作为典型矿床。

由于该矿床式只有1个矿床,因此典型矿床预测模型即为矿床式预测模型。

综合已有信息及研究认识,乐纪式重晶石矿床预测要素见表6-33。

表 6-33 乐纪式重晶石矿床预测要素表

预测要素		描述内容	要素分类
特征描述		乐纪式沉积型重晶石矿床	
地质环境	成矿时代	晚泥盆世佘田桥期	必要
	构造背景	南盘江-右江前陆盆地	必要
	沉积建造	含重晶石、硅质岩建造	必要
	岩相古地理	台盆相	必要
矿床特征	赋矿地层	上泥盆统榴江组	必要
	含矿岩系	硅质岩、硅质页岩及少量燧石灰岩等	重要
	含矿岩系厚度	≥3.00m	重要
	矿体厚度	≥1.00m	重要
	矿石品位	$BaSO_4 \geq 30\%$	重要
地球物理		布格重力异常值:矿区落在轴向北西向"V"形转折的弧型重力异常带西侧	次要
		磁测 ΔT 值:矿区位于北西向、北正南负的两个正、负磁异常之间磁场平静区,正负磁异常呈封闭幅值 2~6nT 的北西向分布	次要
地球化学		Ba 异常值:$(452 \sim 3197) \times 10^{-6}$	重要
		Sr 异常值:$(120.4 \sim 173.7) \times 10^{-6}$	重要
遥感		根据遥感影像可圈出榴江组,对指导找矿意义不大	次要
自然重砂		重晶石自然重砂异常与矿点套和较好,存在Ⅱ级异常	重要

5. 大厂式火山岩中热液型锑矿

该区锑矿属赋存于中二叠统茅口组顶部大厂层中的中低温热液型锑矿,考虑到矿床地质勘查程度、研究程度、代表性和预测区工作参与单位的资料掌握、搜集程度等综合因素,选择晴隆县西舍锑矿作为该区的典型矿床。

1)典型矿床预测模型

通过对典型矿床成矿地质背景和成矿规律的分析研究及对典型矿床成矿要素图、预测模型图等图件的编制,对典型矿床区资料进行综合研究,分析成矿物质来源、成矿环境,对导矿、容矿断层类型、赋矿岩性和矿物组合,综合物探、化探、遥感、自然重砂等成矿和找矿信息分析,总结提取了典型矿床预测要素,从而建立典型矿床定性预测模型(图6-21)。

2)矿床式预测模型

该矿床式预测模型见图6-22。

(1)成矿构造背景:上扬子陆块次级构造单元南盘江-右江前陆盆地北侧之北东向组成的碧痕营穹隆构造中。处于北东向碧痕营背斜及翼部花鱼井断层与青山镇断层夹持地带。

(2)成矿时代:燕山期(148~142.3Ma)。

(3)成矿区(带):Ⅲ88-1 册亨-望谟金、砷、锑、重晶石成矿带。

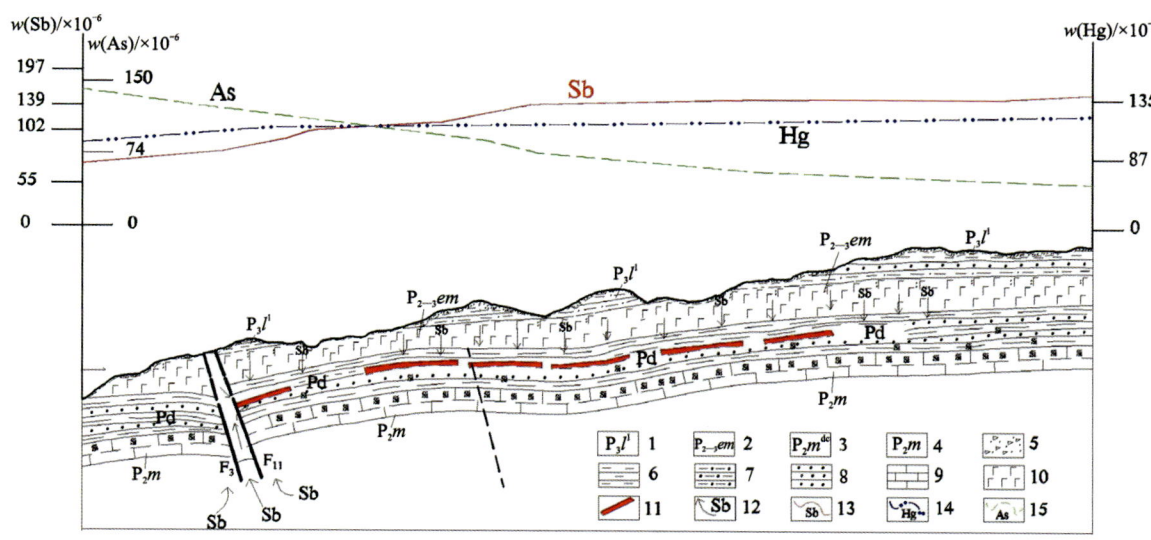

图 6-21 晴隆县西舍锑矿床预测模型图

1.龙潭组一段;2.峨眉山玄武岩组;3.大厂层;4.茅口组;5.第四纪浮土;6.黏土岩;7.砂质页岩;8.砂岩;9.灰岩;10.玄武岩;11.矿体;12.矿质及成矿流体运移方向;13.Sb 异常线;14.Hg 异常线;15.As 异常线

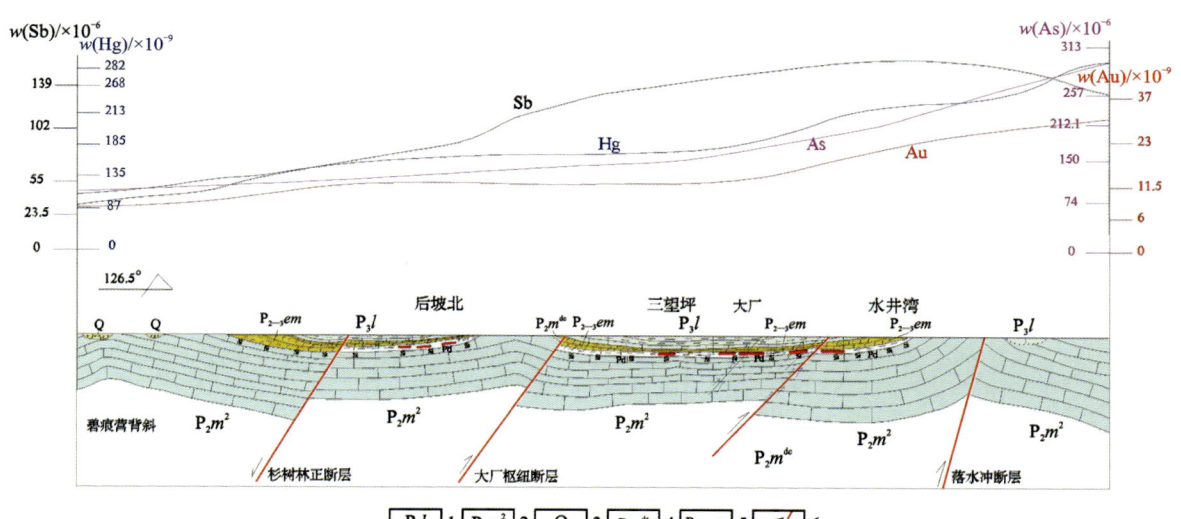

图 6-22 大厂式热液型锑矿预测模型图

1.龙潭组;2.茅口组二段;3.第四系;4.大厂层;5.峨眉山玄武岩组;6.断层

（4）控矿构造：碧痕营背斜及该背斜翼部的北东向断裂（鱼井断层和青山镇断层）起着导矿作用，控制了矿床的分布。更次级的北东向背斜和压扭性断裂旁的"大厂层"为容矿构造，控制了含矿体及其矿体的分布。

（5）含矿岩系：二叠系茅口组海相碳酸盐岩沉积，其顶部为大厂层富含凝灰质、硅质的中厚层状灰岩沉积，并叠加燕山期强烈硅化，俗称硅化蚀变体。

（6）蚀变：以硅化、高岭土化、角砾岩化为主。

（7）原生晕特征：锑矿床（点）都位于锑异常浓集中心附近。

6. 晴隆式热液型硫铁矿

预测区硫铁矿产于中二叠世茅口晚期大厂层中，其硫铁矿主要受碧痕营背斜及该背斜翼部的北东向断裂（花鱼井断层和青山镇断层）控制。

预测工作区硫铁矿都属于燕山期低温热液型硫铁矿,硫铁矿矿体严格受大厂层控制,矿体呈似层状、团块状、透镜状等产于大厂层中,产状大体与地层产状一致。

以1:5万构造图为底图,在研究预测工作区域成矿规律的基础上,结合本区地质矿产勘查及研究工作程度,综合分析利用预测工作区1:5万~1:10万区域地质调查和矿产调查、各硫铁矿普查、详查及勘探大比例尺地质资料,并综合物探、化探、遥感、自然重砂多学科信息资料,建立预测模型。

(1)成矿构造背景。上扬子陆块次级构造单元南盘江-右江前陆盆地北侧之北东向组成的碧痕营穹隆构造中。处于北东向碧痕营背斜及翼部花鱼井断层与青山镇断层夹持地带。

(2)成矿时代。燕山期(142.3~148Ma)。

(3)成矿区(带)。Ⅲ88-1册亨-望谟金、砷、锑、重晶石成矿带。

(4)控矿构造。Ⅳ级碧痕营穹窿构造及该背斜翼部的北东向断裂(鱼井断层和青山镇断层)起着导矿作用控制了矿床的分布、Ⅵ级主要是北东向背斜和压扭性断裂旁的大厂层起着容矿作用控制矿床、含矿体或矿体。

(5)含矿岩系。二叠系海相沉积火山岩,大厂层。

(6)沉积建造。沉积火山碎屑岩建造(硅质蚀变岩建造)。

(7)蚀变。以硅化、高岭土化、角砾岩化为主。

(8)岩性特征。以灰、浅灰色黄褐色黏土化玄武质沉积火山角砾岩为主的沉积火山碎屑岩。

五、多矿种综合预测区成果

桂-黔-滇北部成矿区(Ⅲ88贵州)内的主要矿种有金、锑、萤石、汞、煤及大量碳酸盐岩、泥质岩、砂岩等建材矿产,次有硫铁矿、铁矿等,零星分布有锰、重晶石、石膏、铜、铅锌、砷、水晶、冰洲石等矿产。

根据前述多矿种综合预测区划分原则,获得的桂-黔-滇北部成矿区(Ⅲ88贵州)综合预测区划分如表6-34和图6-23所示。

表6-34 桂-黔-滇北部成矿区(Ⅲ88贵州)综合预测区一览表

Ⅲ级成矿区(带)	Ⅳ级成矿区(带)	综合预测区名称	综合预测区类别
Ⅲ88 桂西-黔西南(右江地槽)金、锑、汞、钛、银、水晶、石膏成矿区	Ⅲ88-1 兴晴贞金、汞、锑、钛、铀、萤石成矿带	莲花山金综合预测区	B
		大厂锑金萤石硫综合预测区	A
		泥堡金综合预测区	A
		灰家堡金综合预测区	A
		戈塘金硫综合预测区	A
		雄武金综合预测区	B
	Ⅲ88-2 册亨-望谟金、砷、锑、重晶石成矿带	乐纪重晶石综合预测区	A
		望谟金综合预测区	C
		冗决综合预测区	B
		赖子山金锑铁综合预测区	A
		板其金综合预测区	B

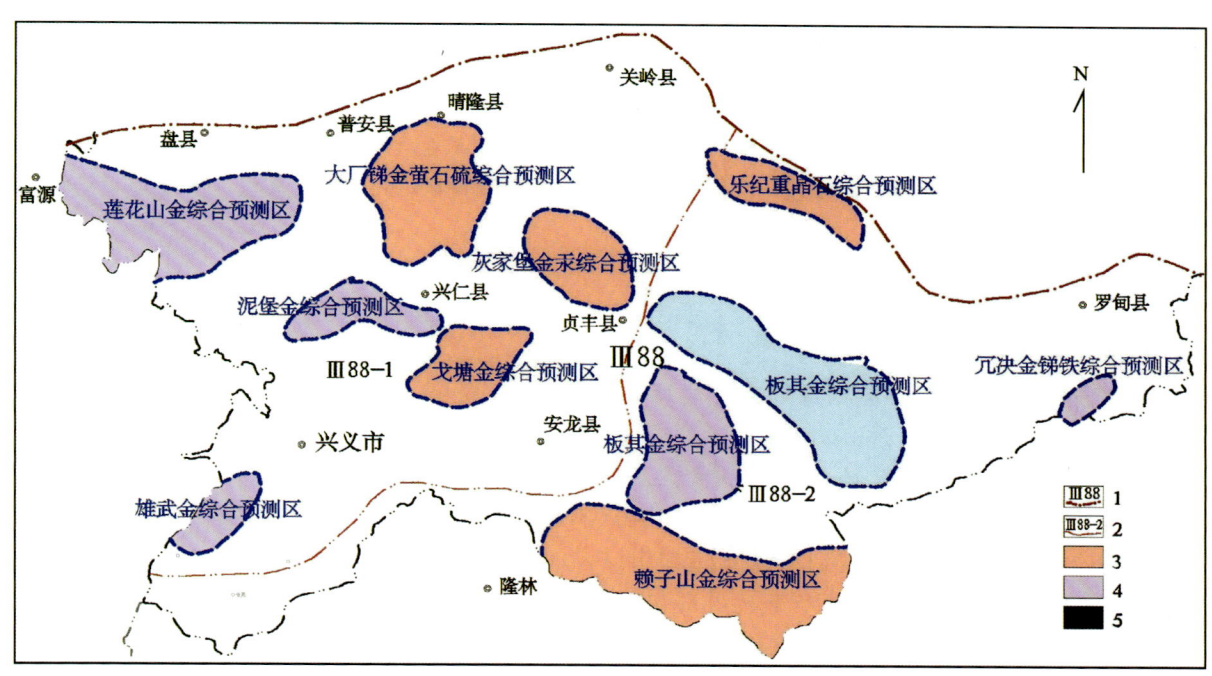

图 6-23 桂-黔-滇北部成矿区（Ⅲ88 贵州）综合预测区分布图
1. Ⅲ级成矿区及编号；2. Ⅳ级成矿区及编号；3. A类综合预测区；4. B类综合预测区；5. C类综合预测区

1. 莲花山综合预测区

1) 成矿条件及矿床地质特征

莲花山综合预测区属 Mz_2-40 上扬子台褶带沉积岩容矿的铅、锌、汞、金、银、锑、砷、萤石、重晶石矿床成矿系列，分布在莲花山背斜一带，赋矿地层和容矿岩石为峨眉山玄武岩组一段凝灰岩及二段玄武岩中所夹的凝灰岩，矿石自然类型有原生矿、氧化矿两种。近矿围岩蚀变主要为硅化、黄铁矿化、褐铁矿化、黏土化。矿体呈似层状、透镜状及不规则状，大致顺层分布。矿体一般厚 2～10m，延长数十米至百余米；矿石平均品位一般 $(1～3)×10^{-6}$，少数达 $(7～10)×10^{-6}$。此类金矿已有陇英大地、青山坡、炼山坡、羊禾地、砂锅厂等矿床（点）。

本区除金矿之外，尚有煤矿、铜矿、铁矿等矿床、矿点产出。其中，煤矿主要产于上二叠统龙潭组（P_3l）含煤地层中，煤矿床在本Ⅲ级成矿区（带）西部即盘县、普安、兴义、兴仁、安龙等县广泛分布。铜矿见有盘县黄见坑矿点；铁矿为苦李井式铁矿，中小型矿床，零星见于峨眉山玄武岩及龙潭组煤系中，多为不稳点的褐铁矿、菱铁矿小矿体。

2) 预测区资源量及找矿远景

区内查明的矿种主要为金矿，查明资源量 5 779.94kg，预测资源量 29 588.24kg，总资源量 35 368.18kg，因此预测区内有较大的找矿潜力。

2. 大厂综合预测区

1) 成矿条件及矿床地质特征

大厂综合预测区属 Mz_2-40 上扬子台褶带沉积岩容矿的铅、锌、汞、金、银、锑、砷、萤石、重晶石矿床成矿系列，处于上扬子陆块次级构造单元南盘江-右江前陆盆地北侧之北东向组成的碧痕营穹隆构造，分布于晴隆县大厂一带。在该综合预测区中矿产极为丰富，有较多金、锑、萤石、硫铁矿等大—中型矿床分布，它们作为低温热液型矿产，主要集中产于二叠系玄武岩与茅口组接触带的茅口组硅质蚀变岩中，同时在龙潭组、第四系中也有金矿产出，龙潭组也是煤矿的重要产出层位。

2)预测区资源量及找矿远景

在综合预测区内已发现的矿产有金、锑、萤石、硫铁矿,多为大中型矿床。其中,查明资源量锑214 800t、萤石 5735×10^3t、金 353.83kg、硫铁矿 $72\,725\times10^3$t,区内开展矿产资源潜力评价的矿种有金、锑、萤石、硫铁矿,预测资源量锑 177 400t、萤石 $8\,512.9\times10^3$t、金 47 730.2kg、硫铁矿 $92\,572\times10^3$t,总资源量锑 392 200t、萤石 $14\,247.9\times10^3$t、金 48 084.03kg、硫铁矿 $165\,297\times10^3$t。由此可见,预测区内尚有较大找矿潜力。

3. 泥堡综合预测区

1)成矿条件及矿床地质特征

该综合预测区位于普安县南部和兴仁县西南部的楼下、泥堡、三道沟、雨樟和兴仁一带,东西长33.25km,南北宽 11.25km,面积 374km^2。综合预测区内主要构造线方向为北东向,其次为北西西向,分别由潘家庄断裂带与泥堡背斜、新寨背斜和大垭口断裂带构成。出露地层有中—上二叠统和下—中三叠统。自老而新出露地层有中二叠统茅口组灰岩(P_2m)、大厂层(P_2m^{dc})次生石英岩、峨眉山玄武岩组下段($P_2\beta^1$)凝灰岩、沉凝灰岩及上二叠统龙潭组(P_3l),矿床边缘有下三叠统永宁镇组(T_1yn)和中三叠统关岭组(T_2g)。微细粒金主要产于 $P_2\beta^1$ 凝灰岩和 P_2m^{dc} 含凝灰质次生石英岩中。金矿体呈似层状、透镜状,大致顺层产出。围岩蚀变主要有硅化、黄铁矿化、褐铁矿化等。区内1:20万水系沉积物测量Au 异常明显,并与 As、Hg 等元素套合较好。

本区除金矿之外,尚有煤矿产出——主要产于上二叠统龙潭组(P_3l)含煤地层中。

2)预测区资源量及找矿远景

区内开展矿产资源潜力评价的矿种为金矿,查明资源量 24 972kg,预测资源量 60 383.35kg,总资源量 85 355.35kg。

综合预测区已发现的金矿有普安县泥堡金矿床(大型)、兴仁县大垭口金矿床(小型)、铁厂坳金矿点等,类似的成矿地质条件找矿空间较大,预测资源量大,有较大找矿潜力。

4. 灰家堡综合预测区

1)成矿条件及矿床地质特征

灰家堡背斜的大地构造处于扬子陆块与右江造山带两个构造单元的接合部位之右江-南盘江前陆盆地一侧,成矿构造主要为印支期—燕山期褶皱断裂构造,容矿构造主要以北西向及近东西向构造破碎带(剪切破碎带)与背斜组合为主,其次为北东向构造破碎带、层间构造破碎带及早期南北向盆地相伴生的同生断层(导矿构造)及穹隆构造。赋矿地层以中三叠统边阳组为主,其次为下三叠统尼罗组、许满组二段与四段。已经发现了多个微细粒浸染型金矿床,并发育大面积、高强度的 Hg、As、Sb、Sr 异常及零星强度较高的 Au、Ba 异常,成矿元素异常组合为 Au-Hg-Sb。

2)预测区资源量及找矿远景

综合预测区内已发现的矿产有金矿,并开展了矿产资源潜力评价。查明资源量金 133 110.22kg,预测资源量金 181 442.24kg,总资源量金 314 552.46kg。区内已发现金矿床多为大中型矿床,预测资源量大,有较大找矿潜力。

5. 戈塘综合预测区

1)成矿条件及矿床地质特征

该综合预测区出露地层以中二叠统茅口组、上二叠统龙潭组为主。周边有部分二叠系长兴组和大隆组、三叠系夜郎组。上二叠统龙潭组(P_3l)为一套夹煤系沉积的滨海潮坪相陆源碎屑岩石,属于黔西南龙头山海相碳酸盐岩赋金层序,是金矿主要的赋矿层位。除金矿之外,尚有叙永式沉积型硫铁矿、六盘水式煤矿产出。

(1)金矿。各个金矿床(点)主要受轴向北东东向的戈塘穹隆控制。茅口组、龙潭组间的区域性层间滑脱构造是主要的储矿构造。层间滑脱构造主压应力方向在戈塘穹隆的不同部位表现不同,能干层(P_2m)变形微弱,而非能干层(P_3l)塑性变形强烈。本区已发现多个大、中、小型金矿床。金矿体产自中二叠统茅口组(P_2m)与上二叠统龙潭组(P_3l)之间的古岩溶不整合面上,严格受层间滑脱构造控制。主要赋存在以龙潭组一段(P_3l^1)灰质角砾岩、凝灰质角砾岩、碳质泥质角砾岩为主的一套伴有不同程度蚀变的角砾岩层中,其中龙潭组一段第三层为最主要的含金层。矿体产状平缓,呈层状、似层状产出,与地层产状基本一致,与下伏灰岩呈不整合接触,而与上覆龙潭组呈整合接触。矿石品位一般$(3\sim5)\times10^{-6}$,个别大于10×10^{-6}。围岩蚀变以硅化、黄铁矿化、褐铁矿化、辉锑矿化、萤石化为主,高岭土化、碳酸盐化、黏土化、雄黄化等次之。

(2)硫铁矿。叙永式沉积型硫铁矿。

(3)煤矿。主要产于上二叠统龙潭组(P_3l)含煤地层中。

2)预测区资源量及找矿远景

该综合预测区内已发现的矿产有金矿、硫铁矿,其中查明资源量金25 873kg、硫铁矿363×10^4t,区内开展矿产资源潜力评价的矿种有金矿、硫铁矿,预测资源量金13 809.23kg、硫铁矿821.9×10^4t,总资源量金39 682.23kg、硫铁矿$1\ 184.9\times10^4$t。

综合预测区已发现矿产以金矿为主,多为中—小型矿床,预测资源量大,具有较大的找矿潜力。

6. 雄武综合预测区

1)成矿条件及矿床地质特征

该综合预测区主要受北东向雄武背斜及鲁布革、雄武逆冲断层控制。出露地层有石炭系、二叠系及下—中三叠统。重要矿种主要有金矿,此外在东侧尚有铀、钼矿床和汞、砷矿点产出,在西侧尚有煤矿产出——主要产于上二叠统龙潭组(P_3l)含煤地层中。

区内化探金异常显著,且Au、As、Hg、Sb等元素套合甚好,Au异常最高值达42×10^{-9}。矿化带呈北东向延伸,长约19km,西北向宽800~1600m,面积约$25km^2$。

本区已发现金矿均为小型矿床或矿点。金矿主要产于$P_2\beta^1$黄铁矿化、硅化凝灰岩(或褐铁矿化、硅化凝灰岩)中,其次产于P_2m^{dc}黄铁矿化(大多已氧化呈褐铁矿)含凝灰质次生石英岩中,以及分布于P_2m灰岩溶凹地、漏斗中的"红土型"金矿。矿体厚0.8~3.0m,平均1.40m;矿石含Au一般为$(1\sim3)\times10^{-6}$,最高达19.08×10^{-6}。围岩蚀变主要为硅化和黄铁矿化(大部分已氧化为褐铁矿)。

2)预测区资源量及找矿远景

在该综合预测区内,金矿查明资源量1465kg,预测资源量37 128.85kg,总资源量38 593.85kg。金矿床规模多为小型,但预测资源量较大,有一定的找矿潜力。

7. 乐纪综合预测区

1)成矿条件及矿床地质特征

乐纪综合预测区的大地构造位置处于水城-紫云-南丹大断裂(裂陷带)南东方向延伸段,属南盘江凹陷区。该深大断裂在晚古生代为裂陷带,是深部成矿物质的运移通道,为贵州西部具有一定热水沉积成因联系的重晶石矿、铅锌矿、金矿、锰矿、铁矿奠定了基础。

在该综合预测区内,重要矿产主要为重晶石。镇宁乐纪大型重晶石矿床是其中规模最大的矿床,它主要受控于水城-紫云-南丹大断裂,位于镇宁县乐纪顶红背斜中。背斜核部地层为中泥盆统火烘组(D_2h),两翼由上泥盆统桑郎组(D_3s)、代化组(D_3d)及石炭系、二叠系等地层组成。重晶石产于上泥盆统桑郎组(D_3s)中下部褐色、灰黄色薄层硅质岩夹硅质页岩中,矿体由层状—似层状、灰—灰白色重晶石构成,矿石具有细粒结构、晶粒结构、块状、条带状、纹层状、角砾状、碎屑状构造等。厚层至块状重晶石矿 $BaSO_4$ 含量一般 $>80\%$,条带状重晶石矿 $BaSO_4$ 含量 $34\%\sim74\%$。SiO_2 含量 $>3\%$,Al_2O_3 含量 $0.08\%\sim1.38\%$。

2) 预测区资源量及找矿远景

在该综合预测区内,重晶石查明资源量 $17\,572.60\times10^3$ t,预测资源量 $56\,403.47\times10^3$ t,总资源量 $7\,397.607\times10^4$ t。根据成矿地质条件分析,预测区内尚有较大的找矿潜力。

8. 望谟综合预测区

1) 成矿条件及矿床地质特征

本区发现的重要矿产主要为金矿。金矿赋矿层位及容矿岩石有下三叠统紫云组上段、上二叠统领薅组一段、中三叠统新苑组一段,容矿岩石主要为粉砂岩、细砂岩、泥质岩屑粉砂岩,其次为角砾状黏土岩、含砾砂岩及砾岩等。矿床往往受背斜或穹隆与断层的联合控制,矿体往往受断裂构造控制,矿体形态有透镜状、长透镜状、似层状、脉状等。矿化蚀变有硅化、黄铁矿化、毒砂化、方解石化及高岭石化等。

2) 预测区资源量及找矿远景

综合预测区内已发现的重要矿产有金矿,其中查明资源量金 2686 kg,预测资源量金 113 849 kg,总资源量金 116 535 kg。综合预测区已发现多个规模较小的金矿床、矿点,但成矿地质条件有利,地质勘查工作不足,预测资源量较大,有较大的找矿潜力。

9. 冗决综合预测区

1) 成矿条件及矿床地质特征

该综合预测区分布于罗甸县南部,与广西相邻。主要有微细浸染型金矿产出,次有风化淋滤型铁矿产出。金矿赋矿层位及容矿岩石有下三叠统紫云组上段、上二叠统领薅组一段、中三叠统新苑组一段,容矿岩石主要为粉砂岩、细砂岩、泥质岩屑粉砂岩。本综合预测区地质勘查程度较低,相关资料不多。

2) 预测区资源量及找矿远景

综合预测区内开展矿产资源潜力评价的矿种只有金矿。其查明资源量 99 kg,预测资源量 2443 kg,总资源量 2542 kg。该综合预测区面积比较小,预测资源量不大,但因地质工作程度不高,还有待进一步开展地质勘查工作。

10. 赖子山综合预测区

1) 成矿条件及矿床地质特征

赖子山综合预测区主体位于赖子山背斜成矿带上,地理位置主要处于册亨县和贞丰县。分布的重要矿产主要为金矿,产于赖子山背斜两翼三叠系许满组泥灰岩、砂岩、泥岩、黏土岩层中,以及边阳组细砂岩、黏土岩,夜郎组泥晶灰岩、细砂岩、黏土岩中。区内主体构造线呈北东向、北西向,主要表现为褶皱与断裂构造相伴产出。褶曲主要有赖子山背斜及与褶曲一致的压性或压扭性断层,如册阳地区 F_1、F_2 等组成。含矿带沿断层沿层展布,似层状产出,其产状与岩层和断层产状大体一致。矿体赋存于含矿带内,受挠曲轴部、次一级褶曲及层间裂隙控制,矿体形状不规则,呈似层状、透镜状及脉状产出。区内 Au、As、Pb、Hg 组合异常总体呈不规则分布,异常面积大,异常总体展布特征与背斜轴线基本一致。该成矿区(带)成矿地质条件极为有利,具有较好物探、化探、遥感、自然重砂异常,资源潜力巨大,找矿前景好。

2) 预测区资源量及找矿远景

综合预测区内已发现的金矿,其查明资源量 95 113 kg,预测资源量 149 132 kg,总资源量 244 245 kg。

综合预测区已发现多个金矿床(点),多为中小型矿床,但预测资源量大,推测有较大的找矿潜力。

11. 板其综合预测区

1)成矿条件及矿床地质特征

板其综合预测区位于上扬子陆块西南缘的滇-黔-桂裂谷盆地中,出露地层为二叠系及三叠系,其中二叠系主要为一套泥灰岩及礁灰岩,三叠系主要由黏土岩及细砂岩组成。已发现的主要矿产为金矿。金矿体与围岩产状基本一致,矿体呈透镜状、似层状赋存于下三叠统紫云组上段粉砂岩和黏土岩中。金矿体的分布、形态及规模受纳板穹隆、F_1断层及层间断裂带等因素的联合控制。

2)预测区资源量及找矿远景

综合预测区内,金矿查明资源量28 308kg,预测资源量98 960kg,总资源量127 268kg。

综合预测区已发现数个小型金矿床,预测资源量大,有一定的找矿潜力。

第三节 江南隆起西段成矿带(Ⅲ78)

一、区域地球物理、地球化学标志

(二)区域地球物理

1. 重力特征及异常解译

江南隆起西段成矿带(Ⅲ78贵州)布格重力异常总体从东向西逐渐减小,变化幅度较大,从东北部瓮洞一带的−60mGal到西部排调一带的−130mGal,变化了70mGal;该区西部的排调附近为范围较大的圈闭异常,异常走向为近南北向,南部从江以南为半圈闭布格异常,西南部为零星的布格异常,中东部为梯度带异常,从东向西梯度变陡,在榕江—剑河—三穗一带梯度最大,天柱—锦屏—排调一带分支现象,布格异常等值线走向总体为近南北向,局部地方具布格异常等值线系统凸起带。

根据区内布格重力异常变化特征、方向导数、垂向一导、垂向二导求取等数据处理成果,区内共解译断裂21条。通过利用不同圆滑半径求取剩余异常,结合地质推断区内重力低值异常由酸性岩体产生的岩体有4个。

根据该区布格重力异常及推断地质构造认为,该区剑河一带具东西向构造,锦屏—天柱一带具南北向隐伏构造。该区热液活动强烈,根据区内推断隐伏侵入岩体的展布方向变化,该区南部从江花岗岩与雷山—排调负异常推断的隐伏花岗岩在深部为一体。

2. 磁场特征及异常解译

磁测资料以1:20万(7135数据)航磁资料进行推断解释。从航磁ΔT异常等值线图来看,围绕凯里—三都—从江周边,磁异常多以正负磁异常伴生为主,四周磁异常变化较中部强烈,中部呈较缓磁异常;沿凯里—榕江—从江—黎平呈现出几个负磁异常,向南弯曲呈弧形连成一线展布,延伸出省界至湖南省,磁异常强度为−10~20nT,在天柱—锦屏—黎平一带,从北向南磁异常呈正负相间排列,轴向北东,该正磁异常与背斜核部方向一致。化极后,研究区磁异常北移。求取化极后垂向一阶导数,磁异常表现为正负圈闭的磁异常围绕老基底分布。

从本区地质资料看,元古宇北部厚2300m,南部厚17 000m,元古宇、震旦系基本无磁性,本区负磁异常与元古宇与震旦系分布轮廓和延伸方向基本对应,负磁异常被认为是巨厚元古界的反映。凯里—榕江—从江—黎平向南呈弧形展布的负磁异常区,被认为是控制地层构造边界,研究区中部的平缓的正磁异常可能是古老结晶基底的反映,两侧磁异常变化强烈,往往是构造应力集中作用的地方,容易形成挤压破碎地带,为岩浆作用提供了空间。从地表岩体出露来看,不仅有基性岩体出露,还有酸性花岗岩体出露,基性岩体磁性较强,酸性花岗岩体基本无磁性,围绕研究区分布的磁异常推断是由隐伏基性岩体引起的。

凯里—雷山—三都一带有南北向排列的正负相间的磁异常及从江地区磁异常,结合该区地质资料推断由基性—超基性岩体及酸性岩体引起,受北东向隐伏断裂切割。该区位于重力场解释的松桃-三穗-榕江大断裂西侧,重力场反映为贯穿全省重力梯级带,可能由于该断裂带两侧磁性差异较小,磁异常反映不明显。松桃-三穗-榕江大断裂部分观念认为是破碎性的断裂,为热液活动提供良好的通道。

对航磁数据进行化极,求取$0°、45°、90°、135°$方向导数,结合研究区地质、矿产、化探等资料,推断隐伏、半隐伏断裂18条,隐伏基性—超基性岩体42个。

3. 对找矿的指导意义

从重力、磁场反映的隐伏地质特征来看,该区热液活动强烈,且已知铜钨锡矿、铅锌矿微细粒型金矿、锑矿均产在已知或推断隐伏酸性岩体周围,因此,围绕已知或推断隐伏酸性岩体是寻找以上矿产的有利地区。另外,该区东部的石英脉型金矿大多沿着重力推断隐伏断裂贵F-070南北向断裂分布,该断裂可能是石英脉型金矿的导矿断裂,沿着该断裂的次级构造应该是寻找石英脉型金矿的有利部位。

该区外围北西向都匀-荔波断裂构造(F贵0012)与雷山一带断裂贵F0002、贵F0089、贵F0031,重力场解释的松桃-三穗-榕江大断裂,这些断裂构造为中低温热液型矿产的形成提供了条件,基性—超基性岩体、酸性岩体的存在,为部分矿产的形成提供了物质来源及热液,同时断裂构造对沉积型矿产的沉积环境产生影响,因此,在断裂交会地断往往是寻找隐伏矿产的地区。

(二)区域地球化学

1. 区域地球化学标志

江南隆起西段成矿带内,区域化探分析的39个元素(或氧化物)地球化学特征参数见表6-35。39个元素(或氧化物)中,相对于贵州省地球化学背景值的富集系数,除$La、Nb、Y、Zr、Al_2O_3$稍低外,其他34个元素(或氧化物)富集系数均大于(或等于)1。其中,又以$Ba、CaO、Mo、Cd、Au、Hg$富集度最高,富集系数分别为2.27、2.09、1.82、1.72、1.67、1.67。另外,$MgO、Pb、Sb、U、F、As$等富集度也较高,富集系数在1.33~1.52之间。

39个元素(或氧化物)中,$Be、Cu、La、Nb、Sr、Th、Ti、Y、Zr、SiO_2、Al_2O_3、Fe_2O_3、K_2O$等元素(或氧化物)含量分布离散程度最低,为均匀分布类元素(变异系数小于0.3);$B、Co、F、Li、Mn、P、V$等为弱离散类元素(变异系数在0.3~0.5之间);$Ba、Bi、Cr、Mo、Ni、Sn、U、W、Zn、Na_2O、MgO$等为中等离散类元素(变异系数在0.5~1.0之间);$Au、As、Hg、Sb、Pb、Cd、Ag、CaO$等为强离散类元素(变异系数大于1.0),特别是$Au、Hg$元素含量离散程度最大,离散程度最高,变异系数分别为7.33和6.78。

江南隆起西段成矿带内,元素含量变化特征总体表现为:

(1)与金、锑、铅锌矿有关的$Au、Hg、Sb、As、Pb、Cd$等元素富集度和离散程度均较高,其中$Au、Hg$变异系数特别高,为区内金矿地球化学异常特征。

(2)与寒武系、南华系等地层中黑色岩系矿产具有较好相关性的$Ba、Mo、U$等元素富集度和离散程度均较高。

表 6-35 江南隆起西段成矿带地球化学特征参数表

元素/氧化物	成矿带地球化学参数($N=6086$)				贵州省水系背景值	变异系数	富集系数
	最大值	最小值	平均值	变差系数			
Ag	3 593.27	8.23	82.92	136.97	68.15	1.65	1.22
As	1 650.1	0.18	22.61	35.9	14.89	1.59	1.52
Au	616.58	0.12	1.77	13	1.06	7.33	1.67
B	853.39	2.86	75.77	34.64	67.14	0.46	1.23
Ba	12 879.22	40.14	724.63	658.79	319.3	0.91	2.27
Be	19.78	0.57	2.57	0.68	2.36	0.26	1.09
Bi	11.84	0.11	0.45	0.28	0.41	0.61	1.10
Cd	20 550.92	48.04	537.4	839.7	313.3	1.56	1.72
Co	124.79	0.16	18.56	7.51	17.38	0.40	1.07
Cr	2 541.09	16.31	90.51	63.06	79.42	0.70	1.14
Cu	2 152.86	6.77	30.96	30.86	29.43	0.20	1.05
F	13 280.4	132.8	946.92	379.81	679.2	0.40	1.39
Hg	77 636.87	0.66	171.88	1 165.4	102.74	6.78	1.67
La	94.08	13.86	40.98	5.97	41.35	0.15	0.99
Li	170.24	0.25	42.58	12.79	40.09	0.30	1.06
Mn	10 514.7	198.28	1 284.09	549.4	1 076.9	0.43	1.19
Mo	94.99	0.1	2.51	4.74	1.38	1.89	1.82
Nb	59.88	3.93	19.96	3.17	20.37	0.16	0.98
Ni	1 411.78	4.64	35.21	24.41	32.84	0.69	1.07
P	3 508.53	36.38	623.16	243.4	621.5	0.39	1.00
Pb	2577	2.98	40.44	92.56	29.39	2.29	1.38
Sb	302.92	0.03	1.79	5.13	1.35	2.87	1.33
Sn	104.93	1.14	3.38	2.47	3.19	0.73	1.06
Sr	277.97	12.87	70.63	20.12	64.82	0.28	1.09
Th	35.79	0.11	16.7	3.55	16.47	0.21	1.01
Ti	17 413.7	1 574.46	5 823.15	1 240.48	5469	0.21	1.06
U	65.57	0.07	4.43	3.34	3.31	0.75	1.34

续表 6-35

元素/氧化物	成矿带地球化学参数（$N=6086$）				贵州省水系背景值	变异系数	富集系数
	最大值	最小值	平均值	变差系数			
V	840.58	1.39	120.3	50.34	109.4	0.42	1.10
W	41.11	0.02	2.17	1.59	1.74	0.73	1.25
Y	89.27	0.09	28.76	5.49	31.44	0.19	0.91
Zn	1 990.4	5.31	90.37	55.89	89.94	0.62	1.00
Zr	674.56	0.34	302.31	59.14	330.8	0.20	0.91
SiO_2	88.42	10.83	67.13	4.63	67.03	0.07	1.00
Al_2O_3	18.55	3.14	12	1.66	12.7	0.14	0.94
Fe_2O_3	18.62	2.3	5.92	1.3	5.63	0.22	1.05
K_2O	8.13	0.5	2.37	0.45	1.89	0.19	1.25
Na_2O	8.64	0.04	0.29	0.28	0.24	0.97	1.21
CaO	93	0.17	1.55	3.21	0.74	2.07	2.09
MgO	49.5	0.45	1.75	1.26	1.29	0.72	1.36

注：Ag、Au、Cd、Hg 的含量单位为 $\times 10^{-9}$；SiO_2、Al_2O_3、Fe_2O_3、K_2O、Na_2O、CaO、MgO 的含量单位为%；其他元素的含量单位为 $\times 10^{-6}$；贵州省背景值引自《贵州省1：50万地球化学图说明书》。

(3) 岩石基本组成元素 CaO 和 MgO 的富集度和离散程度均较高。

与金、锑矿有关的 Au、Sb、Hg、As 等元素富集区（带），除剑河和榕江北部外，该成矿带内均有分布，异常规模、异常强度较显著的是天柱—锦屏—黎平—从江和雷山—山都都江地区。雷山—山都都江地区以 Sb 富集程度最高，天柱—锦屏—黎平—从江地区以 Au 富集最为显著。玉屏—三穗地区也有一定规模、强度的 Au、Sb、Hg、As 富集。

与铅锌矿有关的 Pb、Zn、Cd 等元素主要富集于三穗—台江—雷山一线。

Mo、U 主要沿玉屏—三穗地区南华系—寒武系底部黑色岩系形成带状富集区。

Ba 在江南隆起西段成矿带地球化学参数统计中，具有较高的富集度，变异程度中等，在玉屏—三穗之间和天柱大河边向斜上有较大规模的异常分布，并与已知沉积型重晶石矿床（点）关系密切。

2. 异常圈定及解释

江南隆起西段成矿带所圈异常，以该区特色矿产——金、锑成矿及主要伴生异常元素 Au、Sb、As、Hg 为主要研究对象。各元素异常以贵州省区域化探数据 90% 累频值为异常下限，90%～95.5% 为异常外带，95.5%～98% 为异常中带，≥98% 为异常内带。所圈定的 Au-As-Sb-Hg 综合异常见图 6-24，其异常下限分别为：Au 1.98×10^{-9}、Sb 2.97×10^{-6}、As 35×10^{-6}、Hg 256.49×10^{-9}。

天柱—锦屏—黎平—从江地区 Au-As-Sb-Hg 综合异常主要与青白口系内石英脉型金矿有关。Au-As-Sb-Hg 异常规模较大，Au 异常多为Ⅲ级强度，特别是锦屏—黎平地区 Au-As-Sb-Hg 异常以 Au 异常为主，Au 元素异常多数基本涵盖了整个综合异常，As、Sb、Hg 异常散布在 Au 异常中。雷山—山都都江地区 Au-As-Sb-Hg 异常与锑、金（微细粒型）有关，异常以 Sb 异常为主，Au 异常大多达Ⅲ级强度。玉屏—三穗和天柱大河边等地 Au-As-Sb-Hg 异常主要由寒武系、南华系等地层中黑色多金属富集（矿化）层引起，异常规模较大，强度相对较弱。

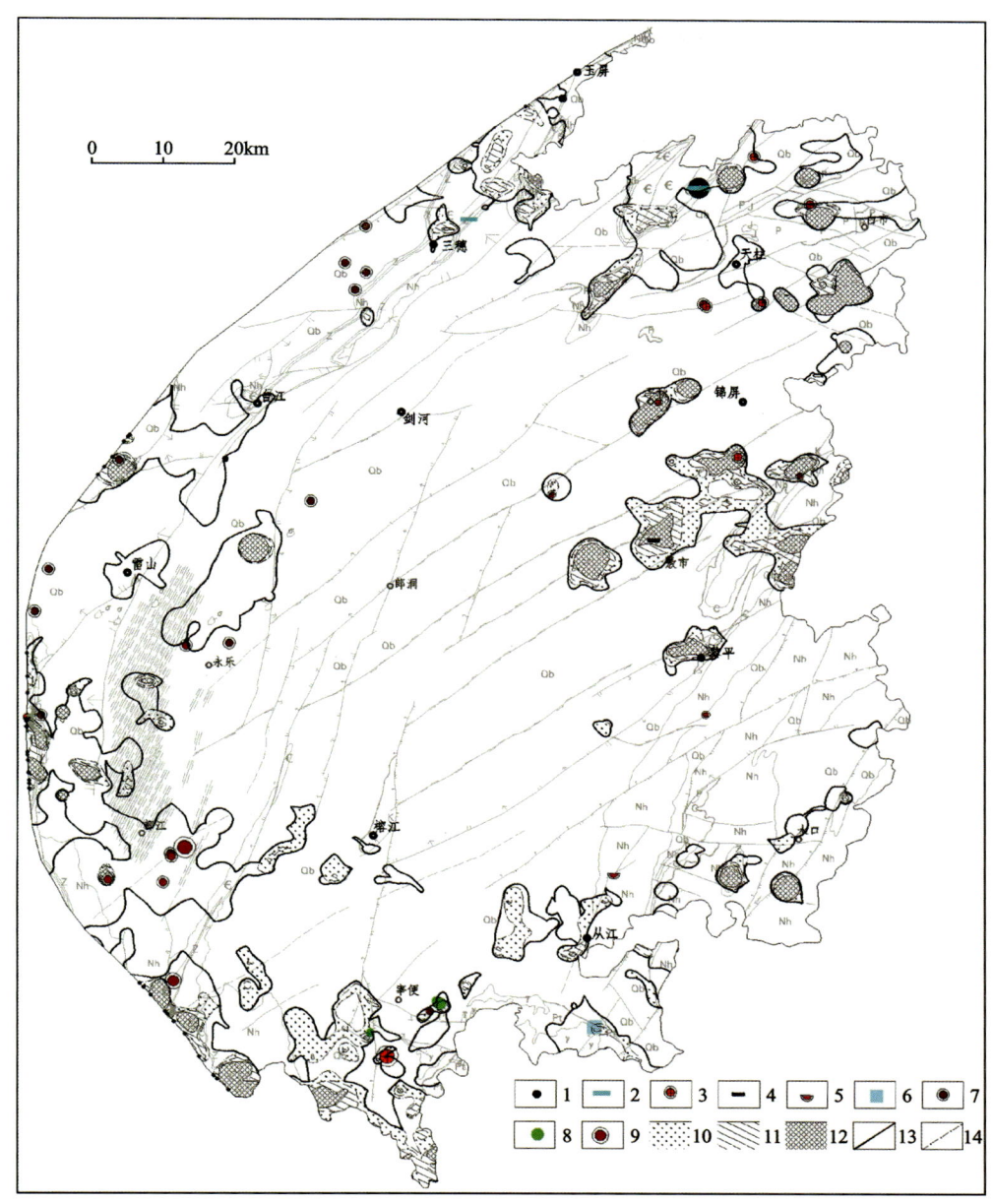

图 6-24 江南隆起西段成矿带（Ⅲ78 贵州）Au-As-Sb-Hg 综合异常图

1.重晶石矿床（点）；2.钒矿床（点）；3.石英脉型金矿床（点）；4.微细粒型金矿床（点）；5.锰矿床（点）；6.钨矿床（点）；7.锌矿床（点）；8.铜矿床（点）；9.锑矿床（点）；10.金元素Ⅰ级浓度分带；11.金元素Ⅱ级浓度分带；12.金元素Ⅲ级浓度分带；13.金砷锑汞综合异常线；14.金元素一级异常线（1.978×10^{-9}）

江南隆起西段成矿带中地质、矿产与水系沉积物测量地球化学的异常关系表明：

（1）Au-Sb-As-Hg 综合异常主要与区内金、锑矿产有关。一般情况下，Au 异常相对较强时主要与金矿有关，如天柱—锦屏—黎平—从江地区，Au-Sb-As-Hg 综合异常内矿产以石英脉型金矿为主；Sb 异常较强时与锑矿关系较密切，如雷山—山都都江地区 Au-As-Sb-Hg 综合异常内矿产以锑矿为主，伴有少量微细粒型金矿。

（2）三穗—台江—雷山一线有部分铅锌矿床（点）产出，其本质上属于黔东北（铜仁—玉屏—凯里）铅锌多金属成矿带，Pb-Zn-Ag-Cd 综合异常也具有一定规模。

（3）成矿带西部边沿及天柱大河边一带寒武系底部地层中黑色多金属富集层上，Mo-Ni-V-U 综合异常和 Ba 异常较为发育,与钼镍钒及重晶石等沉型矿产有关。另外,该多金属富集层上还伴有 Au、Sb、As、Hg、Pb、Zn、Ag、Cd、Sr、Y 等多个元素异常,异常规模、强度不一,如 Hg、Zn、Ag、Y 等元素,有时形成规模较大、强度较高的异常。

二、区域矿产及矿床成矿系列

(一)区域矿产产出特征

江南隆起西段锡、钨、金、锑、铁、锰、铜、重晶石、滑石成矿带(Ⅲ78 贵州)位于上扬子陆块东南缘的雪峰山基底逆推带。其地理范围主要包括贵州的黔东南苗族侗族自治州。地史上经历了四堡(格林威尔)运动、加里东运动、印支运动和燕山运动等多次构造运动。

江南隆起西段成矿带(Ⅲ78 贵州)已发现矿产统计详见表 6-36。

表 6-36　江南隆起西段成矿带已发现矿产统计表

矿种	矿床/处			矿点/处	查明资源量/t
	大型	中型	小型		
铜矿			2	4	1.7×10^4
锑矿		2	5	1	9.28×10^4
钒矿		1	2	2	
汞矿				1	
金矿			8	14	9.96
磷矿			1		
硫铁矿		1	1		
锰矿			1	1	28.77×10^4
铅矿			3	12	
铁矿			1	3	
钨矿			1		2 648.84
锌矿			13	6	
重晶石	1		1		$10\ 975.9 \times 10^4$
合计	1	4	36	44	

根据该成矿单元的成矿地质背景,结合前述矿种产出情况,可细划为北、南两个Ⅳ级综合成矿区(带)。其中,前者位于本区中部—北部,包括天柱、锦屏、黎平及榕江、剑河等县,出露地层主要为新元古代浅变质岩系,少量分布有古生代—新生代沉积地层,主要产出矿产为金矿、重晶石矿;后者位于南部的从江县境内,除主要出露新元古代浅变质岩系外,尚有基性—超基性岩、酸性岩浆岩分布,主要产出金矿、铜金银多金属矿、铅锌矿、钨锡矿等。

(二)矿床成矿系列发育概况

在该Ⅲ级成矿区(带)中,本次参照陈毓川等(2007)的研究成果,并结合贵州省潜力评价项目综合研究成果,共建立了3个矿床成矿系列及多个亚系列。

1. Pz_1-1 加里东期江南地轴西段与低温热液作用有关的金、砷、水晶矿床成矿系列

该系列在本成矿单元有1个亚系列,即 Pz_1-1^1 产于浅变质细碎屑岩中的金、钨、锑、铅、锌、铜矿床成矿亚系列,包括两个矿床式:①同古式金矿,主要分布于天柱—黎平地区,为加里东期中低温热液成因的石英脉性金矿床,主要产于背斜轴部及附近浅变质岩系层间石英脉中,以锦屏县同古金矿床为代表;②地虎式铜金银多金属矿床,分布于从江县境内,为以加里东期为主的蚀变岩型矿床,产于甲路组中滑脱构造层,以从江县地虎铜金银多金属矿床为代表。

2. Pz_1-12 扬子地台与寒武纪海相沉积有关的石煤、磷、钒、镍、钼、锰、铀、稀土、铂族、重晶石、石膏、石盐矿床成矿系列

该系列在本成矿单元只有1个亚系列,即 Pz_1-12^1 上扬子与早寒武世黑色岩系有关的重晶石、磷、钒、镍、钼、铂族、铀、石煤矿床成矿亚系列,有1个矿床式,即大河边式重晶石矿,分布于天柱县及其附近地区,为热水喷流沉积型重晶石矿床,以天柱大河边重晶石矿床为代表。

3. Pt_3-5 江南地轴与雪峰期岩浆作用有关的钨、锡、铜、铌、钽、金、银矿床成矿系列

该系列在本成矿单元有1个亚系列,即 Pt_3-5^4 九万大山隆起与壳源花岗岩有关钨、锡、铜矿床成矿亚系列,包括两个矿床式:①乌牙式钨矿,分布于从江县境内,为与壳源花岗岩有关的岩浆热液型矿床,产于花岗岩与四堡群外接触带,以从江县乌牙钨矿床为代表;②南加式铜矿,分布于从江县境内,为与壳源花岗岩有关的铜矿床,以从江县南加铜矿点为代表。

三、区域矿产预测类型及预测工作区分布

1. 矿产预测类型确定原则

详见本章第一节第三部分。

2. 预测工作区分布

江南隆起西段锡、钨、金、锑、铁、锰、铜、重晶石、滑石成矿带成矿特征主要是产于变碎屑岩中石英脉型金矿和蚀变岩型金矿,次为不纯碳酸盐岩-细碎屑岩中的微细浸染型金矿,还有少量为冲积型砂金矿;赋存于台地边缘斜坡相地层中,以碳酸盐岩为容矿岩石的低温热液-改造型锑、汞矿;沉积型重晶石、锰、磷、钒矿;高温花岗岩体外接触带附近的蚀变岩型钨、锡、铜矿。矿种主要有金、锑、重晶石、锰、铜、钨矿等,次要有硫铁矿、磷、钒矿、锡、铅锌、汞矿等。据区域矿产预测类型的定义,结合本区地质矿产工作程度、矿点分布情况、矿产地质特征、控矿规律、成矿时代、成矿作用等因素,对该区矿产预测类型进行了划分,见表6-37。各预测工作区分布见图6-25。

表 6-37　江南隆起西段锡、钨、金、锑、铁、锰、铜、重晶石、滑石成矿带矿产预测类型及预测工作区一览表

序号	矿产预测类型	预测工作区名称	预测矿种	典型矿床
1	同古式石英脉型金矿	黔东南预测工作区	金矿	锦屏同古金矿床
2	八蒙式变质岩中热液型锑矿	雷公山-榕江预测工作区	锑矿	榕江县八蒙式锑矿床
3	大河边式沉积型重晶石矿	大河边预测工作区	重晶石矿	天柱县大河边重晶石矿床
4	地虎式铜金银多金属矿床	从江预测工作区	铜矿	从江县地虎铜金银多金属矿床
5	乌牙式脉状钨矿	从江预测工作区	钨矿	从江县乌牙钨矿床
6	大塘坡式沉积型锰矿	从江预测工作区	锰矿	松桃大塘坡锰矿床

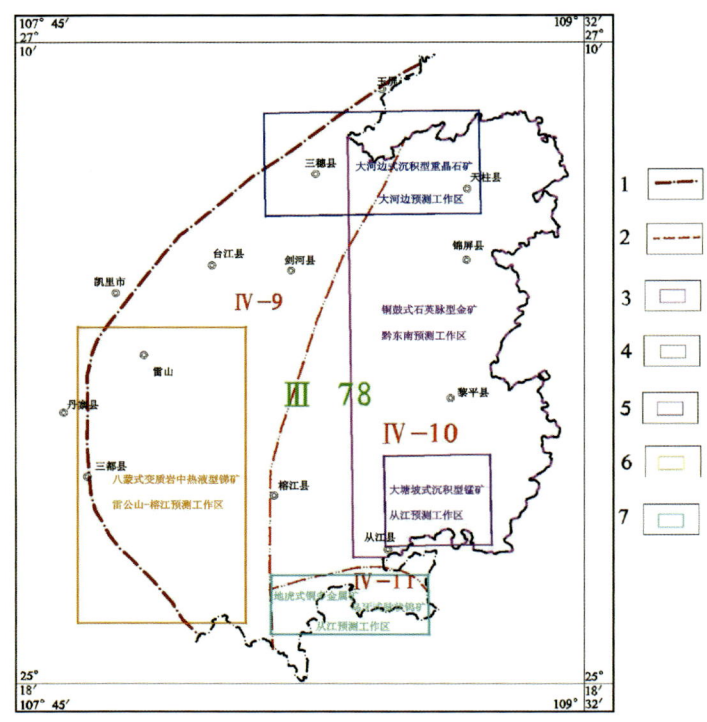

图 6-25　江南隆起西段成矿带（Ⅲ78 贵州）预测工作区分布图

1.Ⅲ级成矿区（带）及编号；2.Ⅳ级成矿区（带）及编号；3.金矿预测工作区；4.重晶石预测工作区；
5.锑、硫铁矿预测工作区；6.锑矿预测工作区；7.铜矿预测工作区

四、重要矿种预测评价模型

江南隆起西段锡、钨、金、锑、铁、锰、铜、重晶石、滑石成矿带（Ⅲ78 贵州）内的矿种主要有金、锑、铜、重晶石、钨等。

1. 同古式石英脉型金矿

同古式石英脉型金矿主要为顺层充填含金石英脉和切层充填含金石英脉、沿构造破碎带和劈理构造充填含金石英脉、蚀变岩型金矿、顺层充填含金毒砂矿脉、沿砂岩砂砾岩层浸染蚀变岩型金矿、变质碎

屑岩中蚀变岩型金矿,同古式石英脉型金矿主要有黔东南预测工作区。

通过对同古式石英脉型金矿形成地质背景、成矿规律、找矿标志等总结,建立金矿预测模型如图 6-26 所示。

(1)成矿构造背景。江南造山带雪峰山逆冲构造带西南段,成矿构造主要为背斜构造及其伴生断裂构造。

(2)成矿时代。加里东期。

(3)容矿空间。背斜构造轴部顺层虚脱空间及其伴随断裂构造空间。

(4)赋矿地层。青白口系下江群番召组、清水江组、平略组、龙里组。

(5)矿化地层。青白口系丹洲群拱洞组和南华系长安组。

(6)岩性组合。浅变质砂板岩、火山沉凝灰岩。

(7)矿体特征。以顺层充填为主,少数充填于断裂构造中;矿体走向延伸、倾向延深及其厚度和品位变化大,尖灭再现及侧现普遍。

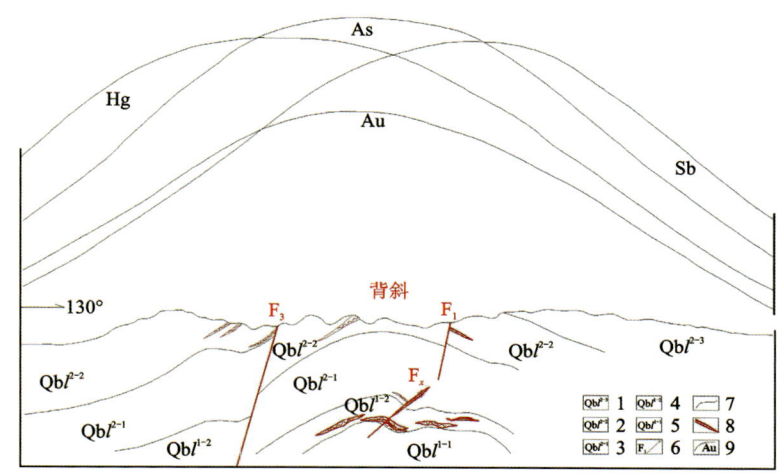

图 6-26 黔东南预测工作区同古式金矿预测模型示意图

1.龙里组二段三亚段;2.龙里组二段二亚段;3.龙里组二段一亚段;4.龙里组一段二亚段;
5.龙里组二段一亚段;6.断层及编号;7.地层界线;8.含金石英脉;9.化探异常

塑性褶皱造山过程中主要形成"整合"型含金石英脉及含金毒砂矿脉,并随岩石褶皱变形,演化至造山中晚期阶段岩层达到一定强度后才逐渐表现出脆性变形特征,即发育一些小规模伴生断裂构造,从而形成构造控制网脉状含金石英脉及蚀变岩型金矿(化)。显然,Au、As、Ag、Hg、Sb、Pb、Zn 等各元素异常或综合异常区为找矿靶区,尤其是地球化学异常叠加于背斜构造(轴部带)上为有利部位。由于成矿演化及各元素地球化学性质差异,各元素异常分布相对于背斜轴部及矿(体)体空间位置各有所偏移,但预测背斜轴部附近北西翼侧相对更有利于成矿。

2. 八蒙式变质岩中热液型锑矿

通过对八蒙式变质岩中热液型锑矿形成地质背景、成矿规律、找矿标志等总结锑矿预测模型如下,建立预测模型如图 6-27 所示。

(1)成矿构造背景。扬子陆块南部被动边缘褶冲带及雪峰山基底逆推带及都匀南北向褶皱区的雷公山复式背斜的南倾没端。

(2)成矿时代。燕山期。

(3)成矿区(带)。Ⅲ78-1 雷公山锑、铅、锌、铜成矿带。

(4)控矿构造。Ⅳ级构造(雷公复式背斜、昂因断层、西江断层)控制了预测区矿床(点)的分布。Ⅴ级构造叠加、穿越过渡性(或韧性)剪切北北东向、北东向断层带及其派生断层裂隙起着容矿作用,控制矿体。

(5)赋矿地层。中—新元古界下江群(乌叶组、番召组、清水江组、平略组、龙里组)。

(6)蚀变。硅化、黄铁矿化、角砾化。

(7)沉积建造。砂岩泥岩复理石浅变质建造。

(8)原生晕特征。从异常特征看,Sb、As异常大部分重叠,形状多呈线状、椭圆状,其分布方向大致呈南北向。Au异常范围通常较小,多呈椭圆形和圆形,常与Sb或Sb-As异常呈中心式重叠。

(9)赋矿岩性特征。灰色薄层层纹状夹厚层状含变余石英粉砂绢云母绿泥石板岩。

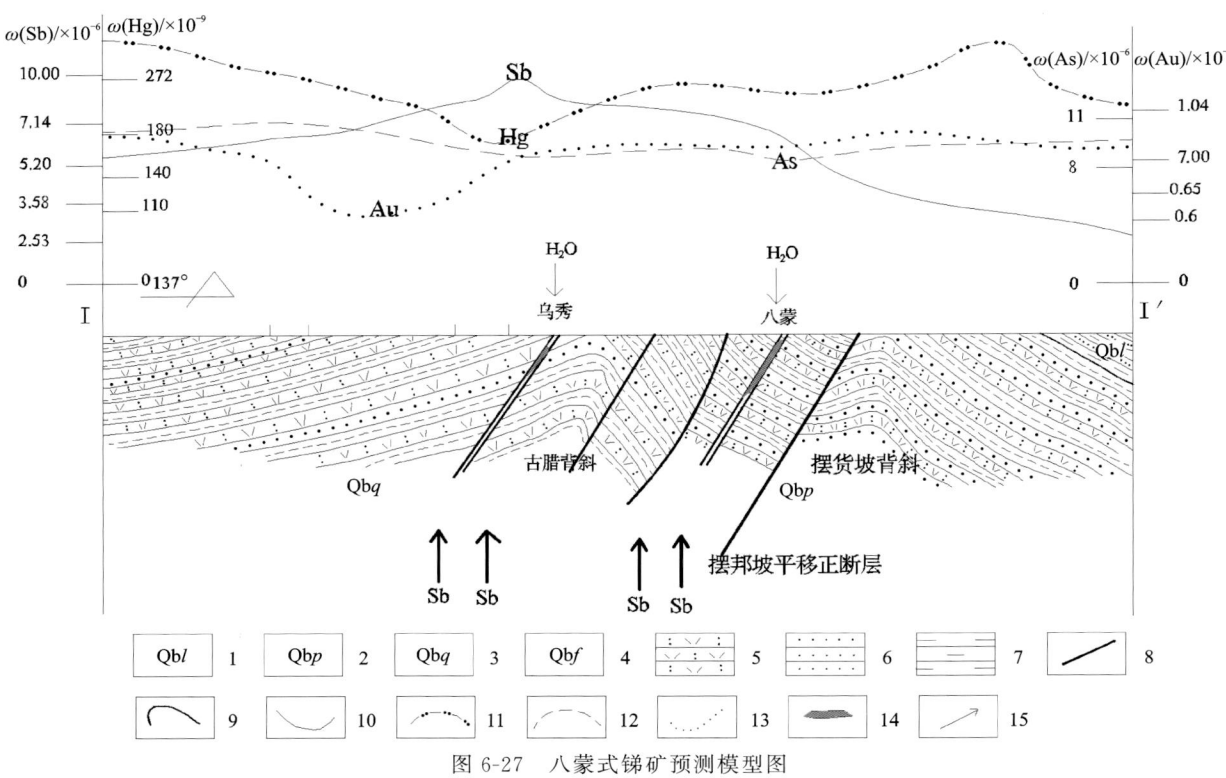

图 6-27 八蒙式锑矿预测模型图

1.青白口系龙里组;2.青白口系平略组;3.青白口系清水江组;4.青白口系番召组;5.凝灰岩;6.砂岩;7.泥岩;8.断层;9.地质界线;10.锑元素异常线;11.汞元素异常线;12.砷元素异常线;13.金元素异常线;14.矿体;15.矿质溶淋及矿液运移方向

3. 大河边式沉积型重晶石矿

预测区重晶石矿主要赋存于上震旦统—下寒武统老堡组,矿产预测类型为大河边式沉积型重晶石矿,选择沉积矿产预测方法。考虑到矿床地质勘查程度、研究程度、代表性和预测区资料掌握、搜集程度等综合因素,选择天柱县大河边重晶石矿作为该区的典型矿床。

大河边式沉积型重晶石矿主要赋存于上震旦统—下寒武统老堡组,大河边式沉积型重晶石矿主要有大河边预测工作区。大河边式沉积型重晶石矿的预测要素、预测模型见表6-38和图6-28。

4. 地虎式铜金银多金属矿床

地虎式铜金银多金属矿床为岩浆变质热液型,铜矿受滑脱构造带、基性火山岩等控制。地虎式铜金银多金属矿床有从江预测工作区。

地虎式铜金银多金属矿床的预测模型总结如下,预测要素见表6-39。

表 6-38 大河边预测工作预测要素表

预测要素		描述内容	要素分类
特征描述		大河边式沉积型重晶石矿床	
地质环境	成矿时代	晚震旦世—早寒武世灯影峡期	必要
	构造背景	扬子陆块上的雪峰山基底逆推带	必要
	沉积建造	重晶石、钒、磷块岩、硅质岩建造	必要
	岩相古地理	陆缘裂陷盆地相	必要
矿床特征	赋矿地层	上震旦统—下寒武统老堡组	必要
	含矿岩系	碳质页岩、重晶石、钒、磷块岩、硅质岩等	重要
	含矿岩系厚度	≥3.00m	重要
	矿体形态	层状、似层状	重要
	矿石矿物组分	主要为重晶石，次要矿物有白云石、方解石	重要
	围岩蚀变	围岩蚀变微弱，主要有弱硅化、方解石化、白云石化等	重要
	矿体厚度	≥1.00m	重要
	矿石品位	$BaSO_4 \geq 30\%$	重要
地球物理		预测区布格重力异常值东高西低，矿点位于北西向重力梯级带上，剩余重力低异常区	次要
		预测区位于弱负航磁 ΔT 异常区，东边异常走向总体呈北东向，西边航磁 ΔT 异常无一定规律	次要
地球化学		Ba 异常值：$(1149 \sim 5460) \times 10^{-6}$	重要
		B 异常值：$(96 \sim 172) \times 10^{-6}$	重要
遥感		根据遥感影像可圈出老堡组，对找矿指导意义不大	次要
自然重砂		重晶石自然重砂异常与矿点套和较好，存在Ⅰ、Ⅱ级异常	重要

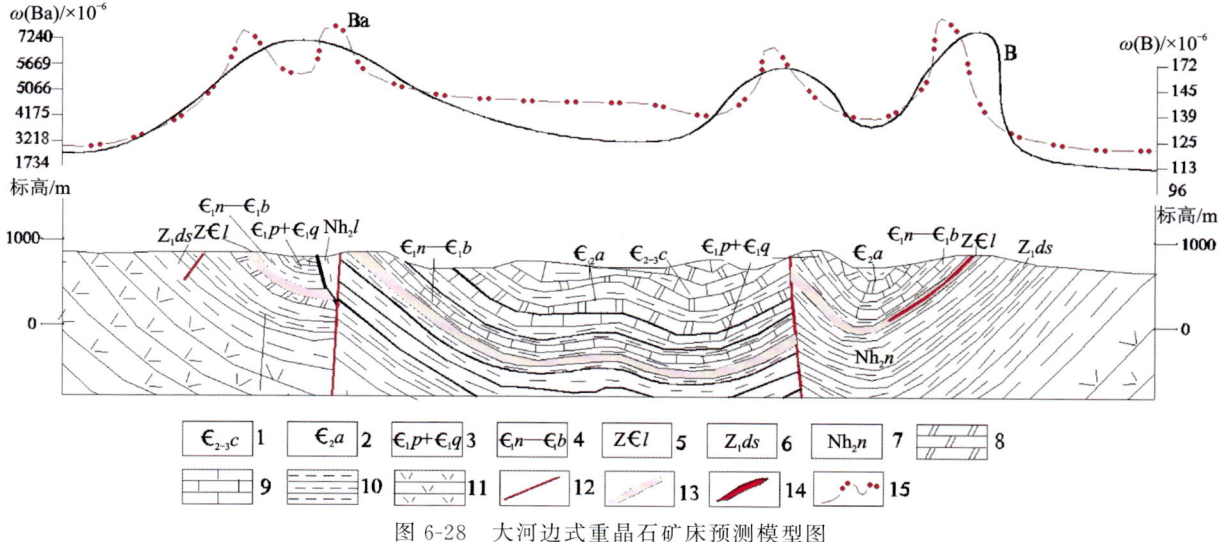

图 6-28 大河边式重晶石矿床预测模型图

1.车夫组；2.敖溪组；3.杷榔组＋清虚洞组；4.牛蹄塘组—变马冲组；5.老堡组；6.陡山沱组；7.南沱组；8.白云岩；9.灰岩；10.黏土岩；11.凝灰岩；12.断层；13.含矿岩系；14.重晶石矿体；15.水系沉积物地球化学测量元素含量曲线

(1)成矿构造背景:上扬子陆块南缘雪峰山基底逆推带(江南地轴之九万大山隆起部位),成矿构造主要为滑脱构造带。

(2)成矿时代:加里东期。

(3)容矿空间:甲路组一段(Qbj^1)与二段(Qbj^2)之间滑脱构造带内层间破碎带、裂隙、虚脱空间,花岗岩体中近北西向、东西向断裂等。

(4)岩浆岩:新元古代蚀变基性火山岩、花岗岩。

(5)矿化地层:甲路组一段(Qbj^1)与二段(Qbj^2)之间滑脱构造带,花岗岩体中近北西向、东西向断裂带。

(6)岩性建造:滑脱带内强硅化绢云母千枚岩、铁锰质绢云母千枚岩、块状石英片岩、绿泥石片岩、变余石英砂岩等,断裂带内石英岩等。

表 6-39　从江地区铜、金、银、多金属预测要素一览表

预测要素		描述内容	要素分类
地质环境	构造背景	上扬子陆块南缘雪峰山基底逆推带(又称江南地轴之桂北隆起);吉羊穹状背斜	必要
	变质作用	区域变质作用及混合岩化作用形成的热液及各类混合岩及花岗混合岩	重要
区域成矿特征	成矿类型	与加里东期区域大规模剪切活动、滑脱构造、区域变质热液作用等有关的蚀变岩型铜、金、银、多金属矿	必要
	赋矿建造	甲路组一段和二段之间滑脱构造及其构造蚀变岩体、花岗岩体	必要
	控矿构造	发育于区内大规模的韧性剪切带及甲路组一段和二段之间的滑脱构造带及其附近近北西向断层	必要
	结构构造	结构:包晶结构、自形半自形晶结构、他形晶粒状结构、交代溶蚀结构、斑状变晶结构。构造:块状构造、细脉浸染状构造、条带状构造、脉动充填交代角砾状构造	重要
	蚀变类型	围岩蚀变为硅化、绿泥石化、绢云母化、黄铁矿化、滑石化	重要
	矿床规模	区内小型矿床几个,矿(化)点众多,成矿十分有利	必要
综合信息特征	地球物理	布格重力异常梯级带上及附近和剩余负重力异常带上,重力推断的隐伏断裂和隐伏岩体对铜钨锡矿有明显的控制作用。航磁推断的地下磁场体与隐伏断裂对铜矿的成矿有一定的控制	重要
	地球化学	Cu-Pb-Zn-Ag 异常组合($Cu \geqslant 37 \times 10^{-6}$;$Pb \geqslant 36 \times 10^{-6}$;$Zn \geqslant 114 \times 10^{-6}$;$Ag \geqslant 95 \times 10^{-9}$、Au-As-Hg-Sb 异常组合($Au \geqslant 1.7 \times 10^{-9}$;$As \geqslant 23 \times 10^{-6}$;$Sb \geqslant 2.5 \times 10^{-6}$;$Hg \geqslant 180 \times 10^{-9}$)与矿床点吻合,对寻找地虎式铜矿床有较好的指示	重要
	遥感	环形构造推断的酸性岩体对寻找石英脉型铜矿有一定的作用	

5. 乌牙式脉状钨矿

乌牙式脉状钨矿为岩浆变质热液型,钨矿受花岗岩体外接触带黑色蚀变岩带及其中的层间破碎带等控制,见于从江预测工作区。

对乌牙式脉状钨矿预测要素的总结见表 6-40。

(1)成矿构造背景:上扬子陆块南缘雪峰山基底逆推带(江南地轴九万大山隆起部位),成矿构造主要为外接触带蚀变岩体中的层间断裂破碎带、裂隙、岩层层理等。

(2) 成矿时代：新元古代雪峰期。

(3) 容矿空间：花岗岩体外接触带四堡群与甲路组一段（Qbj^1）不整合面中岩层层理、层间裂隙、揉皱空间等。

(4) 岩浆岩：新元古代黑云母花岗岩。

(5) 矿化地层：花岗岩体外接触带四堡群与甲路组一段（Qbj^1）不整合面及花岗岩与四堡群接触带。

(6) 岩性建造：花岗岩体外接触带蚀变黑色岩体——灰黑色石富钙质石英千枚岩及花岗岩与四堡群接触带蚀变岩。

表 6-40　从江地区岩浆热液型钨、锡矿预测要素一览表

预测要素		描述内容	要素分类
特征描述		与花岗岩有关的岩浆热液型钨、锡矿床	
地质环境	成矿时代	中新元古代雪峰期	必要
	构造背景	上扬子陆块西南缘，江南地轴之九万大山隆起部位	重要
	成矿环境	雪峰期花岗岩重熔生成及侵位	必要
	岩石类型	似斑状花岗岩、甲路组一段近底部黑色蚀变岩体	必要
	热液活动	区域变质作用形成的变质成矿热液最终富集成矿	必要
	岩石化学	花岗岩富硅、钾，贫钛、铁、锰，黑色蚀变岩体富钙质	重要
矿床特征	矿体形态	主要为似层状、透镜状、脉状	次要
	矿物组合	金属矿物主要为白钨矿；脉石矿物主要为石英、绢云母、黑云母等	重要
	控矿构造	摩天岭背斜北倾伏断层偏东部位，花岗岩体内外接触带附近层间断裂、揉皱等构造软弱部位	必要
	结构构造	多为中细粒状结构；主要为浸染状构造、脉状构造	次要
	蚀变类型	主要为钾长石化、电气石—黑云母化、石英绢云母化、青磐岩化等	重要
	成矿元素	以 W、Sn 为主，伴生 Ga、Ag、Au	重要
综合信息特征	化探	W、Sn 异常，$W>4.74\times10^{-6}$，$Sn>7.8\times10^{-6}$	重要
	物探	矿床（点）位于布格重力异常梯级带上及附近和剩余负重力异常带上反映的莫霍面陡变带或深大断裂带，此构造带与区内铜钨锡矿产形成有一定关联。重力推断的隐伏断裂和隐伏岩体对铜钨锡矿有明显的控制作用	重要
	遥感	矿床（点）周边异常反映少，遥感异常与矿床的相关性较差	次要
	自然重砂	钨、锡矿物异常区与矿床（点）分布大致吻合	必要

五、多矿种综合预测区成果

江南隆起西段锡、钨、金、锑、铁、锰、铜、重晶石、滑石成矿带（Ⅲ78 贵州）内主要的矿种有金、锑、重晶石、锰、铜、钨矿等，次要的有硫铁矿、磷、钒矿、锡、铅锌、汞矿等。根据前述多矿种综合预测区圈定原则，可圈定 12 个综合预测区，详见表 6-41、图 6-29。

表 6-41　江南隆起西段锡、钨、金、锑、铁、锰、铜、重晶石、滑石成矿带（Ⅲ78 贵州）综合预测区一览表

Ⅲ级成矿区（带）	Ⅳ级成矿区（带）	综合预测区名称	综合预测区类别
Ⅲ78 江南隆起西段锡、钨、金、锑、铁、锰、铜、重晶石、滑石成矿带	Ⅲ78-1 雷公山锑、铅、锌、铜成矿带	台江铅、锌、重晶石、钒综合预测区	B
		八蒙锑、铅、锌综合预测区	A
	Ⅲ78-2 天锦黎金、水晶、重晶石、钒成矿带	大河边重晶石、钒综合预测区	A
		坑头金综合预测区	A
		金井金综合预测区	B
		平秋金综合预测区	B
		稳江金综合预测区	A
		铜鼓金综合预测区	B
		水口金综合预测区	C
		高增锰综合预测区	C
	Ⅲ78-3 九万大山钨、锡、铜、金、银成矿带	地虎金铜、金、银、多金属综合预测区	A
		南加钨、锡、铜综合预测区	A

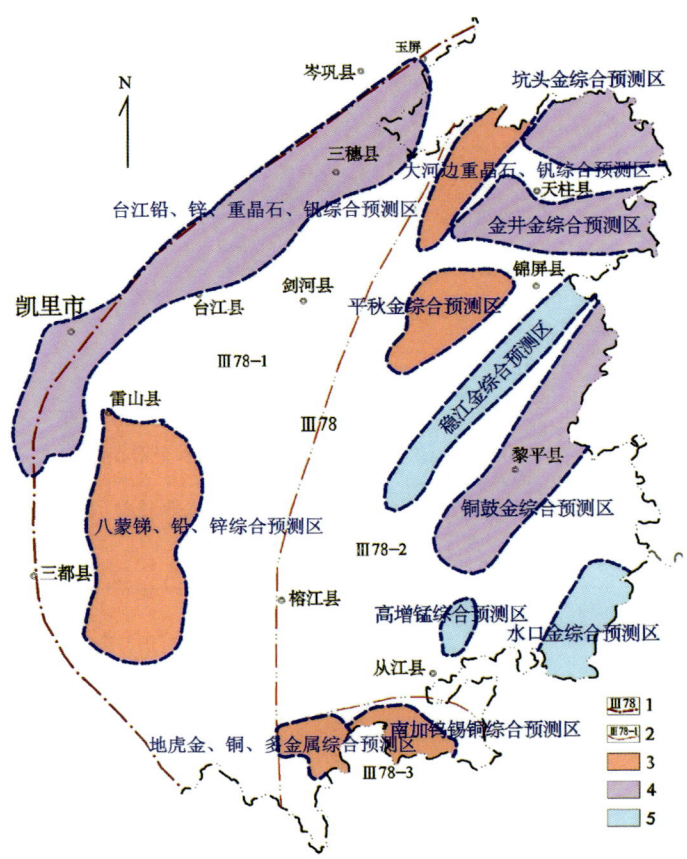

图 6-29　江南隆起西段锡、钨、金、锑、铁、锰、铜、重晶石、滑石成矿带（Ⅲ78 贵州）综合预测区分布图
1.Ⅲ级成矿区及编号；2.Ⅳ级成矿区及编号；3.A 类综合预测区；4.B 类综合预测区；5.C 类综合预测区

1. 台江铅、锌、重晶石、钒综合预测区

1)成矿条件及矿床地质特征

该综合预测区分布于贵州南东部玉屏、三穗、台江、凯里市地区,在大地构造上位于雪峰陆缘裂谷盆地相北西侧,主体构造有挂丁背斜、台江向斜、三穗南东背斜等及其伴生的挂丁断层、金堡南东侧断层、独南断层等。出露地层主要有板溪群、南华系南沱组、震旦系陡山沱组和留茶坡组、寒武系九门冲组和杷榔组。产有铅锌矿、钒矿、重晶石矿等矿床。

铅锌矿体及矿化带在北北东—北东向组含铅、锌矿的断层及其破碎带中赋存,呈脉状产于断层中。上下盘岩石为灰色凝灰质板岩,岩石层纹清晰、完整。矿体与上下盘岩石为断层接触。属海相沉积-改造型铅锌多金属矿床,产有剑河县岑松镇、台江县南省、镇远县上塘、镇远县松明、镇远县上塘、镇远县小溪、镇远县松柏等铅锌矿17处。

钒矿为镇远江古式层控型沉积矿床。钒矿体产于下寒武统牛蹄塘组二段中上部,严格受层位控制,层位较稳定。矿体呈层状、似层状产出,其产状与围岩产状一致,发现有三穗县潘家沟钒矿床1处。

重晶石矿床为典型化学沉积矿床,矿体呈层状、似层状,整合产出于留茶坡组上部,含矿层常由1~3层深灰—灰黑色薄—中层微细晶纹层状—块状重晶石和0~2个局部夹层组成。为低温热液型矿床,产有玉屏县丙溪重晶石矿1处。

2)预测区资源量及找矿远景

区内查明的矿种主要为锌、铅、重晶石,查明资源量锌164 600t、铅3200t、重晶石949×10^3t,区内开展矿产资源潜力评价的矿种有锌、铅、重晶石、钒矿,预测资源量锌505 300t、铅143 600t、重晶石8 245.44×10^3t,钒1 639 938.062 5t,总资源量锌矿669 900t、铅矿146 800t、重晶石9 194.44×10^3t、钒矿1 639 938.062 5t,预测资源量大,具有较大的找矿潜力。

2. 八蒙锑、铅、锌综合预测区

1)成矿条件及矿床地质特征

该综合预测区分布于贵州东南部雷山、三都地区,在大地构造上位于雪峰陆缘裂谷盆地相西侧,主体构造为北北东向的雷公山复式背斜的南倾没端,桃江背斜及其与之近乎平行的西江断层。出露新元古界下江群平略组中上部,薄层、厚层及层纹状含变余石英粉砂绢云母绿泥石板岩。产有锑矿、(金)锑矿、铜(铅、锌)多金属矿床。

(1)锑矿为小型低温热液充填的脉状矿床。辉锑矿石英脉充填于断层破碎带中,含矿围岩为青白口系平略组变余砂岩、变余粉砂岩、绢云母板岩及绢云母绿泥石板岩互层。矿体呈透镜状产出,两端厚度较薄,但品位较高。产有三都县五坳坡(火烧寨矿区)、三都县苗龙金锑矿、三都县排少、榕江县八蒙、摆吉、雷山县开屯等锑矿床(点)8个。

(2)铜(铅、锌)矿大都赋存于灰岩中,矿体的直接顶板为灰岩,底板亦为灰岩。矿床中铜、铅、锌主要赋存于节理性裂隙或断层裂隙所控制的石英脉内,以受染色性作用而成的石英脉最有利。矿区的含铜、铅、锌石英脉属中低温热液矿床,成矿时期是多次的。产有三都县柳树坪铜(铅、锌)矿床1处。

2)预测区资源量及找矿远景

区内查明矿种主要为锑矿,查明资源量锑9.27×10^4t,区内开展矿产资源潜力评价的矿种也为锑矿,预测资源量锑23.92×10^4t,总资源量锑33.19×10^4t。预测区预测资源量大,具有较大的找矿潜力。

3. 大河边重晶石、钒综合预测区

1)成矿条件及矿床地质特征

该综合预测区分布于贵州东南部天柱地区,在大地构造上位于雪峰陆缘裂谷盆地相北东部,主体构造为坪地(贡溪)向斜及其与之伴生的桐林断层,出露上震旦统—下寒武统老堡组中上部地层。发现有重晶石矿、钒矿等矿床。

(1) 重晶石含矿岩系为老堡组硅质岩、重晶石、磷块岩、硅质岩建造。含矿围岩岩性单一,主要为硅质岩。矿体规模大,形态简单,呈层状与围岩整合接触,矿体产状与围岩一致。属海相沉积矿床,产有天柱县大河边特大型重晶石矿床1处。

(2) 钒矿为镇远江古式钒矿床,分为上下两层,上层产于下寒武统渣拉沟组底部黑色碳质页岩中,为本区的主要钒矿层;下层产于震旦系留茶坡组上部,一般不具工业价值。其产状与地层基本一致。属外生沉积型矿床,产有天柱县大河边钒矿、八界锰(钒)矿中、小型矿床2处。

2) 预测区资源量及找矿远景

区内查明的矿种主要为重晶石,查明资源量重晶石 $10\,975.9\times10^4$ t,区内开展矿产资源潜力评价的矿种有重晶石、钒矿,预测资源量重晶石 $14\,838.282\times10^4$ t,钒 $157.013\,45\times10^4$ t,总资源量重晶石 $25\,796.182\times10^4$ t,钒 $157.013\,45\times10^4$ t。预测区预测资源量大,具有较大的找矿潜力。

4. 坑头金综合预测区

1) 成矿条件及矿床地质特征

该综合预测区分布于贵州南东部天柱北东地区,大地构造位于雪峰陆缘裂谷盆地相北东部,主体构造为天柱向斜及北东向、北西向的断裂构造,出露新元古界青白口系。产有石英脉型金矿。

金矿赋矿层位为新元古界青白口系下江群清水江组(Qbq)粉砂质绢云母板岩、含凝灰质绢云母板岩、变余砂岩、变余沉凝灰岩及变余凝灰岩夹石英脉。含金石英脉及金矿体主要产于背斜轴部及近轴之两翼,层间剪切节理裂隙带、层间剥离带、小断层交切部位等控制了金矿体的分布、形态、产状及规模。属热液型矿床,产有天柱县金银洞、凤城镇坑头地豆冲金矿床2处。

2) 预测区资源量及找矿远景

区内查明的矿种主要为金矿,查明资源量 1 354.7 kg,区内开展矿产资源潜力评价的矿种也为金矿,预测资源量 36 608.17 kg,总资源量 36 608.17 kg。预测区预测资源量大,具有较大的找矿潜力。

5. 金井金综合预测区

1) 成矿条件及矿床地质特征

该综合预测区分布于贵州南东部天柱南部地区,在大地构造上位于雪峰陆缘裂谷盆地相北东部,主体构造为八克背斜、锦屏向斜、平秋背斜、天柱向斜及北东向、北西向断裂构造。出露地层有元古宇下江群/板溪群、二叠系、侏罗系及第四系。产有石英脉型金矿。

矿体主要产于背斜轴部、近轴部层间剥离空间中,多为隐伏矿体,金矿体为含金石英脉,矿体产状与围岩基本一致,界线与围岩清楚,呈似层状、透镜状产出。含矿围岩为板溪群番召组和清水江组,矿体受背斜控制。属热液型矿床,产有天柱县金井金矿洋满冲矿段、下达、溪口、金厂坡、辣子坪等金矿床(点)9处。

2) 预测区资源量及找矿远景

区内查明的矿种主要为金矿,其查明资源量 3 003.38 kg,区内开展矿产资源潜力评价的矿种也为金矿,预测资源量 61 858.07 kg,总资源量 61 858.07 kg。预测区预测资源量大,具有较大的找矿潜力。

6. 平秋金综合预测区

1) 成矿条件及矿床地质特征

该综合预测区分布于贵州南东部天柱、锦屏地区,在大地构造上位于雪峰陆缘裂谷盆地相北东部,主体构造为八克背斜、锦屏向斜及北东向的启蒙断层、大稼断层、孟彦断层、钟灵断层。出露新元古界青白口系。产有石英脉型金矿。

金矿体产于次级稳江背斜轴部的层间破碎带的石英脉中,受背斜褶曲轴部构造的控制,矿体呈似层状产出。属含金石英脉热液型矿床,产有锦屏县瑞鑫、八瓢达冲金矿床2处。

2)预测区资源量及找矿远景

区内查明的矿种主要为金矿,查明资源量 3 827.52kg,区内开展矿产资源潜力评价的矿种也为金矿,预测资源量 21 872.84kg,总资源量 21 872.84kg。预测区预测资源量大,具有较大的找矿潜力。

7. 稳江金综合预测区

1)成矿条件及矿床地质特征

该综合预测区分布于贵州南东部锦屏南西部地区,在大地构造上位于雪峰陆缘裂谷盆地相中北部,主体构造为平秋背斜、尚重背斜及北东向的南加断层、彦洞断层等,出露新元古界青白口系。产有石英脉型金矿。

金矿体含矿围岩为新元古界青白口系下江群番召组二段(Pt_3f^2)。含金石英脉及金矿体主要产于背斜轴部及近轴之两翼,层间剪切节理裂隙带、层间剥离带、小断层交切部位,属热液型金矿床。产有锦屏县平秋松格、剑河南加培由金矿床 2 处。

(2)预测区资源量及找矿远景

区内查明矿种主要为金矿,查明资源量 425.19kg,区内开展矿产资源潜力评价的矿种有金矿,预测资源量 32 606.67kg,总资源量 33 031.86kg。预测区预测资源量大,具有较大的找矿潜力。

8. 铜鼓金综合预测区

1)成矿条件及矿床地质特征

该综合预测区分布于贵州南东部黎平地区,在大地构造上位于雪峰陆缘裂谷盆地相中部,主体构造为黎平向斜,北东向、近东西向断裂构造发育,出露地层由新元古代早期相的沉积岩系,板溪群(下江群)浅变质海相砂页岩、凝灰岩及少量碳酸盐岩组成。产有石英脉型金矿。

金矿体赋存于板溪群番召组变余凝灰质粉砂岩的层间滑动带中,金矿主要富集在层间滑动带产状由陡变缓处和围岩破碎、强硅化部位及其附近层间小裂隙和层间滑动产生的羽状裂隙中,区内金矿为石英脉型金矿,其矿体的延伸、品位、厚度变化较大,局部可见到富金包体。属热液型矿床,产有锦屏县顺鸿、黎平县高屯镇 103 丘团金矿床 2 处。

2)预测区资源量及找矿远景

区内查明的矿种主要为金矿,查明资源量 1 351.5kg,区内开展矿产资源潜力评价的矿种有金矿,预测资源量 25 909.97kg,总资源量 25 909.97kg。预测区预测资源量大,具有较大的找矿潜力。

9. 水口金综合预测区

1)成矿条件及矿床地质特征

该综合预测区分布于贵州南东部黎平南部地区,在大地构造上位于雪峰陆缘裂谷盆地相中偏南部,主体构造为雷洞背斜及北东向的雷洞断层、龙额断层和近东西向的洛香断层,主要出露青白口系和南华系。产有石英脉型金矿。

矿集区位处背斜构造轴部及其附近,分布地层为青白口系及南华系,即区内金矿的赋矿建造,发育相应强度的金及其伴生元素地球化学及其他成矿信息异常,成矿条件有利,找矿前景较好。

2)预测区资源量及找矿远景

区内未有已查明矿种,区内开展矿产资源潜力评价的矿种有金矿,预测资源量 16 714.73kg,总资源量 16 714.73kg。预测区预测资源量大,具有较大的找矿潜力。

10. 高增锰综合预测区

1)成矿条件及矿床地质特征

该综合预测区分布于贵州南东部从江北东部地区,在大地构造上位于雪峰陆缘裂谷盆地相中偏南部,主体构造为贯洞西侧向斜及北东向断裂构造,出露地层有青白口系和南华系、石炭系、二叠系、第四系,地层总体呈北东-南西向展布。产有大塘坡式锰矿床。

锰矿呈缓倾斜产于下南华统富禄组(Nh_1f)之上,下南华统大塘坡组一段(Nh_1d^1)锰矿含矿岩系中。含矿岩系由灰黑色碳质粉砂质黏土岩、含锰硅质岩和浅灰色含粉砂质黏土岩及锰矿层组成。受向斜构造控制,呈层状、似层状产出,产状与围岩基本一致。产有从江县高增乡锰矿、广界锰矿小型矿床2处。

2)预测区资源量及找矿远景

区内查明的矿种主要为锰矿,查明资源量$28.77×10^4$t,区内开展矿产资源潜力评价的矿种有锰矿,预测资源量$447.801×10^4$t,总资源量锰$476.571×10^4$t。预测区预测资源量大,具有较大的找矿潜力。

11. 地虎式金、铜、银、多金属综合预测区

1)成矿条件及矿床地质特征

该综合预测区分布于贵州南东部从江南部地区,在大地构造上位于雪峰陆缘裂谷盆地相南部,主体构造为宰便-高武穹隆,发育近南北向、北西向两组断裂。主要出露地层为青白口系及南华系浅变质的陆源碎屑岩系,其次为零星分布的古生代及中生代地层。产有银(铜、金、铅锌等)多金属矿、金矿等矿床。

金矿体为含金石英脉,主要产于龙里组变余细砂岩(砂砾岩)和粉砂质板岩间的层间滑脱构造带中,含矿围岩主要为蚀变岩体控矿和变质岩中的弱蚀变带,划分为4个矿带,即Sia、Sib、Sic、J13。其中,Sia矿带矿体主要呈透镜体、似层状产出;Sib矿带矿体产于Sia矿带矿体的西部下侧呈南北向分布,北部以锌为主,南部以铜为主;Sic矿带矿体形态复杂,局部上延至千枚岩中,大致呈透镜状近乎南北向分布,北部以铜、金、银为主,南部以铜为主;J13矿带主要为变质岩型矿床类型,矿体主要受小型褶曲及层间剥离空间控制,以铜矿物为主,次为铅锌矿物,矿物组合简单。九星矿区含矿围岩为甲路组一段四亚段灰绿色绿泥石岩及绿泥石片岩,均产于北西向正断层的下盘,呈似层状。自上而下有4个主要含矿层位。属热液型。产有从江县地虎矿区(含地虎南)银(铜、金、铅锌等)多金属矿、从江县翁浪金矿、从化江县九星铜矿等矿床4处;另有呈似层状、透镜状矿体产于甲路组与下伏绿色片岩中的含铁矿带1处。

2)预测区资源量及找矿远景

区内查明的矿种主要为铜矿,查明资源量40 098.65t,区内开展矿产资源潜力评价的矿种也为铜矿,预测资源量54 676.74t,铜矿总资源量94 775.39t。预测区预测资源量大,具有较大的找矿潜力。

12. 南加钨、锡、铜综合预测区

1)成矿条件及矿床地质特征

该综合预测区分布于贵州南东部从江南部地区,在大地构造上位于雪峰陆缘裂谷盆地相南部,主体构造为宰便-高武穹隆,发育近南北向、北西向2组断裂,出露地层有中元古界四堡群及新元古界下江群甲路组一段(Qbj^1)和二段(Qbj^2)和少量第四系。矿集区主要有钨矿床(点)产出。

钨矿位于宰便南北向断层两侧,存在硅化、绿泥石化现象,且有多处辉绿岩体侵入,旁侧派生的羽状断层发育,普遍有多金属矿化,矿点密集,矿化体赋存于下江群甲路组一段中,主要矿体受"hst"(黑云母蚀变带)控制,产状与"hst"(黑云母蚀变带)底界大致一致。矿体呈似层状、透镜状产出。属热液型,目前发现有从江县乌牙、有能、那个、引略、琼楼、宰便等矿床(点)7个。

2)预测区资源量及找矿远景

区内已查明的矿种主要为钨矿,查明资源量2 648.84t,区内开展矿产资源潜力评价的矿种有铜矿、钨矿,预测资源量铜11 296.99t,钨26 202.69t,总资源量铜11 296.99t,钨28 851.53t。

综合预测区已发现钨、铜、铅锌等矿产,多为小型矿床,目前查明的资源量不大,具有较大的找矿潜力。

第四节　重要矿种矿产预测成果汇总

在开展了成矿规律研究、预测评价模型、单矿种矿产资源潜力预测及潜力评价等工作基础上，项目组进行了贵州省重要矿种矿产预测成果的汇总。该汇总成果，在22个单矿种资源潜力评价成果的基础上，对全省及其各个Ⅲ级、Ⅳ级成矿区（带）各矿种的查明资源储量、预测资源量，以及不同埋深（500m以浅、1000m以浅、2000m以浅）、不同精度（334-1、334-2、334-3）、不同信度及不同可利用性等的预测资源量进行了分别统计，对于摸清贵州省矿产资源家底，进行地质勘查开发工作的宏观部署等均具有较大指导意义。

根据有关公开出版物保密规定，本节只能对贵州省重要矿种矿产预测潜力评价汇总成果进行简要介绍。

一、重要矿种矿产预测类型统计

贵州省矿产预测涉及铁、铝、铅、锌、银、铜、钨、金、锑、锰、镍、钒、钼、磷、稀土、萤石、重晶石、汞、硫铁矿、冶镁白云岩20个矿种。其中列为重要矿种者有18种：铁、铝、铅、锌、银、铜、钨、金、锑、锰、镍、钒、钼、磷、稀土、萤石、重晶石、硫铁矿。

全省的矿产预测类型有37类，详见表6-42。其中，在Ⅲ77成矿带分布有24类，在Ⅲ78成矿带分布有27类，在Ⅲ88成矿区分布有6类；铁3类、铝3类、铅锌（银）4类、铜2类、钨1类、金4类、锑3类、锰3类、镍钒钼2类、磷2类、稀土1类、萤石2类、重晶石3类、硫铁矿2类、汞3类。

表6-42　贵州省重要矿种矿产预测类型谱系表

编号	矿产预测类型	成矿时代	所属成矿区（带）	主要预测要素	全国评价模型（编号）	矿种	典型矿床
GZ1	菜园子式层控内生型铁矿	加里东期—印支期	Ⅲ77 上扬子中东部铅、锌、铜、银、铁、锰、汞、锑、磷、铝土矿、硫铁矿、煤、煤层气成矿带	成矿时代、岩相古地理	层控内生型铁矿	铁	赫章菜园子铁矿
GZ2	宁乡式海相沉积型铁矿	泥盆纪	Ⅲ77 上扬子中东部铅、锌、铜、银、铁、锰、汞、锑、磷、铝土矿、硫铁矿、煤、煤层气成矿带	成矿时代、岩相古地理	沉积型铁矿（52）	铁	赫章菜园子铁矿、都匀平黄山矿区
GZ3	苦李井式陆相沉积型铁矿	二叠纪	Ⅲ78 江南隆起西段锡、钨、金、锑、铁、锰、铜、重晶石、滑石成矿带	成矿环境、岩相古地理	沉积型铁矿（52）	铁	凯里市苦李井矿段铁矿
GZ4	大竹园式古风化壳沉积型	石炭纪	Ⅲ77 上扬子中东部铅、锌、铜、银、铁、锰、汞、锑、磷、铝土矿、硫铁矿、煤、煤层气成矿带	岩相古地理、古地貌、岩相组合、矿体厚度、矿系厚度	沉积型铝土矿（58）	铝土矿	务川县大竹园铝土矿
GZ5	遵义式古风化壳沉积型铝土矿	石炭纪	Ⅲ77 上扬子中东部铅、锌、铜、银、铁、锰、汞、锑、磷、铝土矿、硫铁矿、煤、煤层气成矿带	岩相古地理、古地貌、岩相组合、矿体厚度、矿系厚度	沉积型铝土矿（58）	铝土矿	遵义县后槽铝土矿、凯里市鱼洞铝土矿

续表 6-42

编号	矿产预测类型	成矿时代	所属成矿区（带）	主要预测要素	全国评价模型（编号）	矿种	典型矿床
GZ6	猫场式古风化壳沉积型铝土矿	石炭纪	Ⅲ77 上扬子中东部铅、锌、铜、银、铁、锰、汞、锑、磷、铝土矿、硫铁矿、煤、煤层气成矿带	岩相古地理、古地貌、岩相组合、矿体厚度、矿系厚度	沉积型铝土矿（58）	铝土矿	清镇市猫场铝土矿
GZ7	烂泥沟式微细粒浸染型金矿	印支期—燕山期	Ⅲ88 桂西-黔西南-滇东南北部（右江海槽）金、锑、汞、银、锰、水晶、石膏成矿区	成矿构造、赋矿地层、地球化学、容岩岩石	层控内生型金矿（43）	金	贞丰烂泥沟金矿
GZ8	水银洞式微细粒浸染型金矿	二叠纪、三叠纪	Ⅲ88 桂西-黔西南-滇东南北部（右江海槽）金、锑、汞、银、锰、水晶、石膏成矿区	背斜构造、断裂构造、赋矿地层、沉积建造、岩性组合	层控内生型金矿（43）	金	贞丰水银洞金矿
GZ9	苗龙式微细粒浸染型金矿	燕山期	Ⅲ78 江南隆起西段锡、钨、金、锑、铁、锰、铜、重晶石、滑石成矿带	构造背景、赋矿地层、容矿岩石、	复合内型金矿（8）	金	丹寨苗龙金矿
GZ10	同古式石英脉型金矿	加里东期	Ⅲ78 江南隆起西段锡、钨、金、锑、铁、锰、铜、重晶石、滑石成矿带	成矿构造、赋矿地层、岩性组合	复合内型金矿（8）	金	锦屏同古金矿
GZ11	会泽式碳酸盐岩型铅锌（银）矿	燕山期	Ⅲ77 上扬子中东部铅、锌、铜、银、铁、锰、汞、锑、磷、铝土矿、硫铁矿、煤、煤层气成矿带	构造背景、容矿构造、沉积建造、赋矿层位、化探异常	层控内生型铅锌（银）矿（44）	铅锌（银）	威宁银厂坡铅锌矿
GZ12	杉树林式碳酸盐岩型铅锌（银）矿	燕山期	Ⅲ77 上扬子中东部铅、锌、铜、银、铁、锰、汞、锑、磷、铝土矿、硫铁矿、煤、煤层气成矿带	构造背景、容矿构造、沉积建造、赋矿层位、化探异常	层控内生型铅锌（银）矿（44）	铅锌（银）	水城杉树林铅锌矿
GZ13	杜家桥式碳酸盐岩型铅锌（银）矿	加里东期，次为印支期、燕山期	Ⅲ77 上扬子中东部铅、锌、铜、银、铁、锰、汞、锑、磷、铝土矿、硫铁矿、煤、煤层气成矿带	构造位置、沉积建造、含矿地层及岩性、化探异常	层控内生型铅锌（银）矿（44）	铅锌（银）	织金杜家桥铅锌矿
GZ14	牛角塘式层控内生型铅锌（银）矿	加里期，次为印支期、燕山期叠加	Ⅲ77 上扬子中东部铅、锌、铜、银、铁、锰、汞、锑、磷、铝土矿、硫铁矿、煤、煤层气成矿带	成矿时代、沉积建造、含矿地层及岩性、化探异常	层控内生型铅锌（银）矿（44）	铅锌（银）	都匀市牛角塘铅锌矿
GZ15	开阳式震旦纪沉积型磷矿	早震旦世陡山沱期	Ⅲ77 上扬子中东部铅、锌、铜、银、铁、锰、汞、锑、磷、铝土矿、硫铁矿、煤、煤层气成矿带	岩相古地理、古地貌、含矿岩系厚度	沉积型磷矿（59）	磷	织金新华磷矿、瓮福磷矿沙坝土矿段
GZ16	新华式寒武纪沉积型磷矿	早寒武世梅树村期	Ⅲ77 上扬子中东部铅、锌、铜、银、铁、锰、汞、锑、磷、铝土矿、硫铁矿、煤、煤层气成矿带	岩相古地理、古地貌、含矿岩系厚度、岩性特征	沉积型磷矿（59）	磷、稀土	织金新华磷矿
GZ17	大厂式火山岩中热液型锑矿	燕山期	Ⅲ88 桂西-黔西南-滇东南北部（右江海槽）金、锑、汞、银、锰、水晶、石膏成矿区	成矿构造背景、成矿构造、含矿岩系、沉积建造	火山岩型锑矿（42）	锑	晴隆县大厂锑矿
GZ18	半坡式碎屑岩脉状热液型锑矿	燕山期	Ⅲ77 上扬子中东部铅、锌、铜、银、铁、锰、汞、锑、磷、铝土矿、硫铁矿、煤、煤层气成矿带	成矿构造背景、赋矿地层、沉积建造	层控内生型锑矿（48）	锑	独山县半坡锑矿

续表 6-42

编号	矿产预测类型	成矿时代	所属成矿区（带）	主要预测要素	全国评价模型（编号）	矿种	典型矿床
GZ19	八蒙式变质岩中热液型锑矿	燕山期	Ⅲ78 江南隆起西段锡、钨、金、锑、铁、锰、铜、重晶石、滑石成矿带	成矿构造背景、赋矿地层、沉积建造	层控内生型锑矿（48）	锑	榕江县八蒙锑矿
GZ20	铜厂河式玄武岩型铜矿	二叠纪茅口晚期至龙潭早期火山喷发第三旋回	Ⅲ77 上扬子中东部铅、锌、铜、银、铁、锰、汞、磷、铝土矿、硫铁矿、煤、煤层气成矿带	构造背景、岩石类型、岩石建造、岩石化学	火山岩型铜矿（41）	铜	威宁铜厂河铜矿
GZ21	地虎式铜金银多金属矿床	新元古代雪峰期	Ⅲ78 江南隆起西段锡、钨、金、锑、铁、锰、铜、重晶石、滑石成矿带	变质作用、赋矿建造、控矿构造、地球化学	复合内型铜矿（12）	铜	从江县地虎铜金银多金属矿
GZ22	乌牙式脉状钨矿	新元古代雪峰期	Ⅲ78 江南隆起西锡、金、锑、铁、锰、铜、重晶石、滑石成矿带	成矿环境、岩石类型、岩石化学	侵入岩体型钨矿（18）	钨	从江县乌牙钨矿
GZ23	大塘坡式沉积型锰矿	早南华世大塘坡期	Ⅲ77 上扬子中东部铅、锌、铜、银、铁、锰、汞、磷、铝土矿、硫铁矿、煤、煤层气成矿带	岩相古地理、古构造、矿系厚度、矿层厚度	沉积型锰矿（60）	锰	松桃大塘坡锰矿
GZ24	遵义式沉积型锰矿	中二叠世茅口晚期	Ⅲ77 上扬子中东部铅、锌、铜、银、铁、锰、汞、磷、铝土矿、硫铁矿、煤、煤层气成矿带	岩相古地理、构造位置、岩性组合	沉积型锰矿（60）	锰	遵义铜锣井锰矿
GZ25	水城式沉积型锰矿	中二叠世茅口期	Ⅲ77 上扬子中东部铅、锌、铜、银、铁、锰、汞、磷、铝土矿、硫铁矿、煤、煤层气成矿带	岩相古地理、沉积建造	沉积型锰矿（60）	锰	水城县徐家寨锰矿
GZ26	大河边式沉积型重晶石矿	晚震旦世—早寒武世灯影峡期	Ⅲ78 江南隆起西段锡、钨、金、锑、铁、锰、铜、重晶石、滑石成矿带	古构造、沉积建造、岩相古地理	沉积型重晶石矿（63）	重晶石	天柱县大河边重晶石矿
GZ27	乐纪式沉积型重晶石矿	晚泥盆世佘田桥期	Ⅲ88 桂西-黔西南-滇东南北部（右江海槽）金、锑、汞、银、锰、水晶、石膏成矿区	古构造、沉积建造、岩相古地理	沉积型重晶石矿（51）	重晶石	镇宁县乐纪重晶石矿
GZ28	顶罐坡式热液型重晶石矿	燕山期	Ⅲ77 上扬子中东部铅、锌、铜、银、铁、锰、汞、磷、铝土矿、硫铁矿、煤、煤层气成矿带	成矿构造、沉积建造	复合内型重晶石矿（27）	重晶石	施秉顶罐坡重晶石矿
GZ29	晴隆式热液型萤石矿	燕山期	Ⅲ88 桂西-黔西南-滇东南北部（右江海槽）金、锑、汞、银、锰、水晶、石膏成矿区	成矿构造、赋矿地层、沉积建造、岩性组合	层控内生型萤石矿（53）	萤石	晴隆县西舍萤石矿
GZ30	丰水岭式热液充填型萤石矿	燕山期	Ⅲ77 上扬子中东部铅、锌、铜、银、铁、锰、汞、磷、铝土矿、硫铁矿、煤、煤层气成矿带	成矿构造、赋矿地层、沉积建造、岩性组合	复合内型萤石矿（24）	萤石	沿河县丰水岭萤石矿
GZ31	叙永式含煤建造沉积型硫铁矿	晚二叠世龙潭期	Ⅲ77 上扬子中东部铅、锌、铜、银、铁、锰、汞、磷、铝土矿、硫铁矿、煤、煤层气成矿带	构造背景、岩相古地理、赋矿地层、岩性特征	沉积型硫铁矿（61）	硫铁矿	遵义三岔河硫铁矿、大方猫场硫铁矿

续表 6-42

编号	矿产预测类型	成矿时代	所属成矿区（带）	主要预测要素	全国评价模型（编号）	矿种	典型矿床
GZ32	排带式热液型硫铁矿	中寒武世加里东期	Ⅲ88 桂西-黔西南-滇东南北部（右江海槽）金、锑、汞、银、锰、水晶、石膏成矿区	岩石地层、矿物组合、断裂构造	复合内型硫铁矿（38）	硫铁矿	三都排带硫铁矿
GZ33	万山式热液型汞矿	燕山期	Ⅲ77 上扬子中东部铅、锌、铜、银、铁、锰、汞、锑、磷、铝土矿、硫铁矿、煤、煤层气成矿带	成矿构造、赋矿地层、建造类型、岩性、地球化学		汞	万山杉木董
GZ34	务川式热液型汞矿	燕山期	Ⅲ77 上扬子中东部铅、锌、铜、银、铁、锰、汞、锑、磷、铝土矿、硫铁矿、煤、煤层气成矿带	成矿构造、赋矿地层、建造类型、岩性、地球化学		汞	务川木油厂汞矿
GZ35	丹寨式热液型汞矿	燕山期	Ⅲ77 上扬子中东部铅、锌、铜、银、铁、锰、汞、锑、磷、铝土矿、硫铁矿、煤、煤层气成矿带	成矿构造、赋矿地层、建造类型、岩性、地球化学		汞	丹寨宏发厂汞矿
GZ36	遵义式沉积型镍钼钒矿	早寒武世梅树村期	Ⅲ77 上扬子中东部铅、锌、铜、银、铁、锰、汞、锑、磷、铝土矿、硫铁矿、煤、煤层气成矿带	构造背景、岩相古地理、沉积作用/沉积建造、矿体厚度	沉积型镍、钼、钒矿（52）	镍、钼、钒	遵义陈家湾、杨家湾镍、多金属矿
GZ37	镇远式沉积型钒矿	早寒武世梅树村期	Ⅲ77 上扬子中东部铅、锌、铜、银、铁、锰、汞、锑、磷、铝土矿、硫铁矿、煤、煤层气成矿带	大地构造背景、岩相古地理、沉积作用/沉积建造、矿体厚度	沉积型钒矿（52）	钒	余庆长岭岗组钒矿、镇远县江古钒矿

贵州划分的预测工作区有60个，其中，铁4个、铝4个、铅锌银11个、铜2个、钨1个、金4个、锑3个、锰4个、镍钒钼5个、磷6个、稀土1个、萤石2个、重晶石5个、硫铁矿5个、汞3个；沉积型29个、复合内生型26个、层控内生型3个、火山岩型1个、侵入岩体型1个；详见表6-43。

表 6-43 贵州省矿种组矿产预测类型及预测工作区一览表

序号	预测工作区名称	面积/km²	矿产预测类型	预测矿种	典型矿床	预测方法类型
1	赫章-水城预测工作区	8963	菜园子式层控内生型铁矿	铁	赫章菜园子铁矿	复合内生型
2	威宁-赫章预测工作区	8963	宁乡式海相沉积型铁矿	铁	赫章菜园子铁矿	沉积型
3	都匀-独山预测工作区	4960	宁乡式海相沉积型铁矿	铁	都匀平黄山矿区	沉积型
4	凯里-炉山预测工作区	3213	苦李井式陆相沉积型铁矿	铁	凯里市苦李井矿段铁矿	沉积型
5	务川-正安-道真预测工作区	7097	大竹园式古风化壳沉积型铝土矿	铝土矿	务川县大竹园铝土矿	沉积型
6	遵义-开阳预测工作区	5489	遵义式古风化壳沉积型铝土矿	铝土矿	遵义县后槽铝土矿	沉积型
7	黔中预测工作区	9776	猫场式古风化壳沉积型铝土矿	铝土矿	清镇市猫场铝土矿	沉积型
8	凯里预测工作区	3213	遵义式古风化壳沉积型铝土矿	铝土矿	凯里市鱼洞铝土矿	沉积型

续表 6-43

序号	预测工作区名称	面积/km²	矿产预测类型	预测矿种	典型矿床	预测方法类型
9	册亨-望谟预测工作区	13 920	烂泥沟式微细粒浸染型金矿	金	贞丰烂泥沟金矿	复合内生型
10	普安-贞丰预测工作区	11 536	水银洞式微细粒浸染型金矿	金	贞丰水银洞金矿	复合内生型
11	丹寨-三都预测工作区	1519	苗龙式微细粒浸染型金矿	金	丹寨苗龙金矿	复合内生型
12	黔东南预测工作区	8985	同古式石英脉型金矿	金	锦屏同古金矿	复合内生型
13	威宁西部预测工作区	3946	会泽式碳酸盐岩型铅锌（银）矿	铅锌（银）	威宁银厂坡铅锌矿	复合内生型
14	赫章-水城预测工作区	8762	杉树林式碳酸盐岩型铅锌（银）矿	铅锌（银）	水城杉树林铅锌矿	复合内生型
15	普安预测工作区	2713	杉树林式碳酸盐岩型铅锌（银）矿	铅锌（银）		复合内生型
16	织金预测工作区	3410	杜家桥式碳酸盐岩型铅锌矿	铅锌	织金杜家桥铅锌矿	复合内生型
17	毕节预测工作区	1125	杜家桥式碳酸盐岩型铅锌矿	铅锌		复合内生型
18	仁怀预测工作区	816	杜家桥式碳酸盐岩型铅锌矿	铅锌		复合内生型
19	习水预测工作区	1250	杜家桥式碳酸盐岩型铅锌矿	铅锌		复合内生型
20	福泉-都匀预测工作区	6707	牛角塘式层控内生型铅锌（银）矿	铅锌（银）	都匀市牛角塘铅锌矿	层控内生型
21	镇远-三都预测工作区	6779	牛角塘式层控内生型铅锌（银）矿	铅锌（银）		复合内生型
22	松桃-玉屏预测工作区	5720	牛角塘式层控内生型铅锌（银）矿	铅锌（银）		复合内生型
23	沿河预测工作区	813	牛角塘式层控内生型铅锌（银）矿	铅锌（银）		复合内生型
24	开阳预测工作区	2550	开阳式震旦纪沉积型磷矿	磷	织金新华磷矿	沉积型
25	瓮安-福泉预测工作区	2568	开阳式震旦纪沉积型磷矿	磷	瓮福磷矿沙坝土矿段	沉积型
26	金纱-遵义预测工作区	2484	开阳式震旦纪沉积型磷矿 新华式寒武纪沉积型磷矿	磷		沉积型
27	织金预测工作区	930	新华式寒武纪沉积型磷矿	磷	织金新华磷矿	沉积型
28	丹寨预测工作区	3224	开阳式震旦纪沉积型磷矿 新华式寒武纪沉积型磷矿	磷		沉积型
29	铜仁预测工作区	1030	新华式寒武纪沉积型磷矿	磷		沉积型
30	织金预测工作区	3224	新华式寒武纪沉积型稀土矿	稀土	织金新华稀土矿	沉积型

续表 6-43

序号	预测工作区名称	面积/km²	矿产预测类型	预测矿种	典型矿床	预测方法类型
31	织金晴隆预测工作区	1424	大厂式火山岩中热液型锑矿	锑	晴隆县大厂锑矿	层控内生型
32	独山预测工作区	2501	半坡式碎屑岩脉状热液型锑矿	锑	独山县半坡锑矿	复合内生型
33	雷公山-榕江预测工作区	5300	八蒙式变质岩中热液型锑矿	锑	榕江县八蒙式锑矿	复合内生型
34	威宁预测工作区	9851	铜厂河式玄武岩型铜矿	铜	威宁铜厂河铜矿	火山岩型
35	从江预测工作区	1163	地虎式铜金银多金属矿床	铜	从江县地虎铜金银多金属矿	复合内生型
36	从江预测工作区	1163	乌牙式脉状钨矿	钨	从江县乌牙钨矿	侵入岩体型
37	松桃-铜仁预测工作区	6625	大塘坡式沉积型锰矿	锰	松桃大塘坡锰矿	沉积型
38	遵义预测工作区	5350	遵义式沉积型锰矿	锰	遵义铜锣井锰矿	沉积型
39	水城预测工作区	2778	水城式沉积型锰矿	锰	水城县徐家寨锰矿	沉积型
40	从江预测工作区	23.6	大塘坡式沉积型锰矿	锰		沉积型
41	大河边预测工作区	2392	大河边式沉积型重晶石矿	重晶石	天柱县大河边重晶石矿	沉积型
42	乐纪预测工作区	1730	乐纪式沉积型重晶石矿	重晶石	镇宁县乐纪重晶石矿	沉积型
43	务川-沿河从江预测工作区	10 412	顶罐坡式热液型重晶石矿	重晶石		复合内生型
44	施秉顶罐坡预测工作区	4400	顶罐坡式热液型重晶石矿	重晶石	施秉顶罐坡重晶石矿	复合内生型
45	石阡柿坪预测工作区	2191	顶罐坡式热液型重晶石矿	重晶石		复合内生型
46	晴隆大厂预测工作区	1350	晴隆式热液型萤石矿	萤石	晴隆碧康萤石矿	层控内生型
47	务川-沿河预测工作区	10 412	丰水岭式热液充填型萤石矿	萤石	沿河县丰水岭萤石矿	复合内生型
48	黔北预测工作区	11 750	叙永式含煤建造沉积型硫铁矿	硫铁矿	遵义三岔河硫铁矿	沉积型
49	黔西北预测工作区	10 412	叙永式含煤建造沉积型硫铁矿	硫铁矿	大方猫场硫铁矿	沉积型
50	贵阳-清镇预测工作区	21 751	叙永式含煤建造沉积型硫铁矿	硫铁矿		沉积型
51	三都-丹寨预测工作区	2350	排带式热液型硫铁矿	硫铁矿	三都排带硫铁矿	复合内生型

续表 6-43

序号	预测工作区名称	面积/km²	矿产预测类型	预测矿种	典型矿床	预测方法类型
52	兴仁预测工作区	12 254	叙永式含煤建造沉积型硫铁矿	硫铁矿		沉积型
53	遵义预测工作区	2461	遵义式沉积型镍钼钒矿	镍、钼、钒	遵义杨家湾、陈大湾镍、钼、多金属矿	沉积型
54	余庆-瓮安预测工作区	6495	镇远式沉积型钒矿	钒	余庆县长岭岗钼钒矿	沉积型
55	织金-纳雍预测工作区	930	镇远式沉积型钒矿	钒		沉积型
56	松桃-铜仁预测工作区	6513	镇远式沉积型钒矿	钒		沉积型
57	镇远-玉屏预测工作区	9081	镇远式沉积型钒矿	钒	镇远县江古钒矿	沉积型
58	万山预测工作区	2315	万山式热液型汞矿	汞	万山杉木董	复合内生型
59	务川预测工作区	1345	务川式热液型汞矿	汞	务川木油厂汞矿	复合内生型
60	丹寨-三都预测工作区（Hg-3）	987	丹寨式热液型汞矿	汞	丹寨宏发厂汞矿	复合内生型

二、预测区成果统计

（一）最小预测区（1级）成果汇总

对所有矿种最小预测进行统计，最小预测区共595个，其中，A类最小预测区157个，B类最小预测区223个，C类最小预测区215个。贵州省重要矿种最小预测区（1级）个数详见表6-44。

表 6-44 贵州省重要矿种最小预测区（1级）个数汇总表

最小预测区类别	铁矿	铝土矿	铅矿	锌矿	银	铜矿	磷矿	稀土矿	金矿	钨矿	锑矿	锰矿	汞矿	硫铁矿	重晶石	萤石	镍矿	钼矿	钒矿	合计
A类	17	10	6	8	1	5	14	1	12	1	8	12	3	16	10	4	7	7	18	157
B类	10	10	31	36	2	4	11		27		8	4	10	12	17		4	2	2	43	223
C类	7	12	13	14		4	10		54		13	14	8	32	12	4	7	7	12	215

（二）最小预测区（2级）成果汇总

在对所有矿种最小预测区进行归并的基础上进行统计，A类最小预测区135个，B类最小预测区202个，C类最小预测区169个。贵州省重要矿种最小预测区（2级）个数详见表6-45。

表 6-45 贵州省重要矿种最小预测区(2 级)个数汇总表

最小预测区类型	铁矿	铝土矿	铅矿	锌矿	银	铜矿	磷矿	稀土矿	金矿	钨矿	锑矿	锰矿	硫铁矿	重晶石	萤石	镍矿	钼矿	钒矿	合计
A类	4	10	4	5	1	5	14	1	8	1	8	12	16	10	4	7	7	18	135
B类	3	10	30	36	2	4	11		14		8	4	12	17	4	2	2	43	202
C类	3	12	13	14		4	10		12		13	14	32	12	4	7	7	12	169

(三)综合预测区成果汇总

贵州预测重要矿种 17 种:铁、铝、铅、锌、铜、钨、金、锑、锰、镍、钒、钼、磷、稀土、萤石、重晶石、硫铁矿。优势矿产铝土矿、磷、锰、重晶石等多为沉积型矿产,在 3 个Ⅲ级成矿区(带)内共圈定 54 个综合预测区,其中,A 类综合预测区 25 个,B 类综合预测区 16 个,C 类综合预测区 13 个。

鉴于有关公开出版物保密规定,各综合预测区预测成果从略。

第七章　贵州省煤炭资源成矿规律及潜力预测

第一节　贵州省煤炭资源概况

一、煤炭资源分布概况

贵州煤炭资源丰富,居全国第五位,是我国南方煤炭资源最丰富的省区,素以"西南煤海"著称。煤矿资源是贵州省重要的能源矿产,是贵州省国民经济和社会发展的重要基础。在全省88个县(市)中,有76个县(市)产煤。贵州省原煤产量从2000年的3677×10^4 t提高到2007年的$10\,864 \times 10^4$ t,2008年贵州省原煤产量达到$11\,798 \times 10^4$ t,2009年原煤产量增至$13\,691 \times 10^4$ t,全国原煤产量$297\,300 \times 10^4$ t,贵州煤产量占全国煤产量的4.6%,2009年贵州省原煤可供量$10\,867.59 \times 10^4$ t,省内消费量$10\,912.47 \times 10^4$ t,调出省外$2\,747.44 \times 10^4$ t,炼焦$1\,078.7 \times 10^4$ t,差额188.79×10^4 t。

全省含煤面积约7.75×10^4 km^2,占全省总面积的44%,煤炭资源主要分布在务川—贵阳—罗甸一线以西地区。根据区域地质构造和晚二叠世含煤岩系的沉积环境、聚煤规律及煤变质程度等方面综合分析,全省共划分为九大煤田。

贵州省煤炭资源主要分布在海陆过渡相区的六盘水煤田、织纳煤田,煤炭资源丰度多大于1000×10^4 t/km^2,为富煤区;其次,黔北煤田煤炭资源丰度为$(500 \sim 1000) \times 10^4$ t/km^2,为一般含煤区;陆相区的黔西北煤田、海相区的贵阳煤田、黔东南煤田、黔东北煤田以及海陆过渡相边缘的兴义煤田煤炭资源丰度一般小于500×10^4 t/km^2,为贫煤区;黔东北煤田和黔东南煤田的东部区域为隆起剥蚀区,黔南煤田的南部大范围为深水盆地相区,无煤炭资源分布。

贵州煤炭资源丰度以盘县、水城、六枝及织金、纳雍一带最高($\geqslant 1000 \times 10^4$ t/km^2),煤炭资源最好;其次为大方、黔西、金沙、仁怀、桐梓、习水一带,煤炭资源较好。煤炭资源详查、勘探工作主要分布在六盘水市、贵阳市和毕节地区的织金、纳雍、大方、黔西、金沙和桐梓等县,其余地区除少数矿点完成了勘探或正在实施详查、勘探外,多数矿点还只是预查或普查。

省内煤炭资源煤类较齐全,各变质阶段的煤种均有分布,主要有气煤、气肥煤、1/3焦煤、肥煤、焦煤、瘦煤、贫瘦煤、贫煤和无烟煤。此外,在施秉翁哨、盘县平关、威宁中水等地,有少量褐煤;在威宁草海等地,尚有第四纪泥炭发育。

二、煤炭资源储量概况

从总体上看,贵州省煤炭资源具有总量多、潜力大、分布广、煤层多、煤类全等特点,是中国西南地区主要的煤炭生产基地,同时也是煤炭开发利用的重要基地。

(一)煤炭资源储量按煤田统计

省内煤炭资源储量见表7-1,截至2009年12月底,已设置2035个煤矿和513个勘查区(或井田),累计煤矿和勘查区总面积14 189.687km^2,占全省含煤面积的18.3%。全省共探获煤炭资源量707.614 3×10^{8}t,查明保有资源量683.424 7×10^{8}t,其中,储量126.579 4×10^{8}t,基础储量173.549 5×10^{8}t,资源量509.875 2×10^{8}t。

省内煤炭资源勘查开发情况见表7-2,截至2009年12月底,贵州已利用资源储量98.355 3×10^{8}t(保有资源量74.165 7×10^{8}t),占全省探获资源量的13.9%;尚未利用资源量609.259 0×10^{8}t,占全省探获资源量的86.1%,其中:勘探部分219.041 3×10^{8}t,详查部分91.470 9×10^{8}t,普查部分90.575 1×10^{8}t,预查部分208.171 7×10^{8}t。

按煤田统计,在全省累计探获煤炭资源量,以六盘水煤田煤炭资源量最多,为258.083 0×10^{8}t,占全省探获煤炭资源量的36.5%;黔北煤田和织纳煤田煤炭资源量次之;黔南煤田煤炭资源量最少,为0.467 3×10^{8}t。六盘水煤田、黔北煤田、织纳煤田煤炭资源量合计为666.620 0×10^{8}t,占贵州省累计探获煤炭资源量的94%,是贵州省主要的煤炭资源产地。

表 7-1 贵州省煤炭资源储量表[①]　　　　　　　　　　单位:×10^{8}t

编号	煤田名称	探获资源量	查明保有资源储量			
			储量	基础储量	资源量	小计
1	六盘水煤田	258.083 0	71.098 4	102.347 1	145.976 3	248.323 4
2	黔北煤田	216.891 0	16.463 9	18.155 8	190.481 7	208.637 5
3	织纳煤田	191.646 0	32.498 9	44.759 4	143.618 5	188.377 9
4	兴义煤田	17.831 5	0.916 1	0.963 7	16.259 5	17.223 2
5	贵阳煤田	8.109 1	1.817 0	2.844 7	4.476 5	7.321 2
6	黔西北煤田	1.979 5	0.102 7	0.108 1	1.729 7	1.837 8
7	黔东北煤田	1.752 6	0.567 2	0.645 3	0.883 9	1.529 2
8	黔东南煤田	10.854 3	3.114 5	3.724 5	5.982 7	9.707 2
9	黔南煤田	0.467 3	0.000 7	0.000 9	0.466 4	0.467 3
	合计	707.614 3	126.579 4	173.549 5	509.875 2	683.424 7

(二)煤炭资源储量按类别及煤类统计

截至2009年12月底,贵州省煤炭基础储量为173.549 5×10^{8}t,查明资源量为346.580 4×10^{8}t,预测资源量为336.844 3×10^{8}t。累计探获煤炭资源量按煤类统计如下:褐煤0.016 8×10^{8}t,不黏煤0.066 7×10^{8}t,弱黏煤0.034 8×10^{8}t、1/2中黏煤0.126 3×10^{8}t、气煤8.719 0×10^{8}t、气肥煤5.336 0×10^{8}t、1/3焦煤3.150 8×10^{8}t、肥煤21.265 8×10^{8}t、焦煤54.637 3×10^{8}t、瘦煤48.617 6×10^{8}t、贫瘦煤19.782 8×10^{8}t、

[①] 资源储量分类方案执行标准为《固体矿产资源/储量分类》(GB/T 17766—1999)。表中"储量"为"基础储量"中的经济可采部分,"小计"为"基础储量"与"资源量"之和。

表 7-2　贵州省煤炭资源勘查开发表　　　　　　　　　　　　　单位：$\times 10^8$ t

编号	煤田名称	探获资源量	保有资源量	已利用资源储量	尚未利用资源量				
					勘探	详查	普查	预查	小计
1	六盘水煤田	258.083 0	248.323 4	32.199 7	45.682 3	91.671 9	55.137 9	23.631 6	216.123 7
2	黔北煤田	216.891 0	208.637 5	18.244 2	71.984 9	67.303 0	8.983 2	42.122 2	190.393 3
3	织纳煤田	191.646 0	188.377 9	16.972 2	70.587 7	57.934 9	23.871 7	19.011 4	171.405 7
4	兴义煤田	17.831 5	17.223 2	1.070 9	14.737 1	0.557 1	0.678 1	0.180 0	16.152 3
5	贵阳煤田	8.109 1	7.321 2	1.548 3	1.645 3	0.687 7	1.332 8	2.107 1	5.772 9
6	黔西北煤田	1.979 5	1.837 8	0.120 1				1.717 7	1.717 7
7	黔东北煤田	1.752 6	1.529 5	0.612 6	0.335 6		0.103 4	0.477 6	0.916 6
8	黔东南煤田	10.854 3	9.707 2	3.396 6	2.733 6	0.886 7	1.363 8	1.326 5	6.310 6
9	黔南煤田	0.467 3	0.467 3	0.001 1	0.465 2			0.001 0	0.466 2
	合计	707.614 3	683.424 7	74.165 7	208.171 7	219.041 3	91.470 9	90.575 1	609.259 0

贫煤 78.704 6$\times 10^8$ t、无烟煤 467.155 8$\times 10^8$ t。其中，无烟煤比重最大，占 66.0%，贫煤、焦煤、瘦煤次之，分别占 11.1%、7.7%、6.9%，其余煤类占 8.3%。织纳煤田和黔北煤田以无烟煤为主，六盘水煤田以烟煤为主。因此，无烟煤和贫煤为贵州省主要煤类。

截至 2009 年 12 月底，探获煤炭资源量按成煤时代统计如下：新近纪（N）探获煤炭资源储量 0.016 8$\times 10^8$ t，晚三叠世（T_3）探获煤炭资源储量 1.837 3$\times 10^8$ t，晚二叠世（P_3）探获煤炭资源储量 701.066 8$\times 10^8$ t，中二叠世（P_2）探获煤炭资源储量 1.284 9$\times 10^8$ t，早石炭世（C_1）探获煤炭资源储量 3.408 5$\times 10^8$ t。其中，晚二叠世（P_3）探获煤炭资源储量占全省煤炭探获资源量的 99.1%。

（三）煤炭资源储量按硫分统计

硫分的确定是根据勘查资料中各算量煤层的平均灰分、硫分值确定，对于勘查资料中部分煤质资料不全时采用邻近勘查资料或相邻煤层的平均灰分、硫分值同理类推确定。

资源储量按硫分统计结果见表 7-3。截至 2009 年 12 月底，贵州省特低硫煤 68.380 3$\times 10^8$ t，低硫煤 91.584 0$\times 10^8$ t，低中硫煤 49.067 3$\times 10^8$ t，中硫煤 62.641 8$\times 10^8$ t，中高硫煤 197.117 4$\times 10^8$ t，高硫煤 214.633 9$\times 10^8$ t 分别占 10.0%、13.4%、7.2%、9.2%、28.8%、31.4%。其中，硫分≤3.0%的煤有 468.790 8$\times 10^8$ t，占 68.6%；硫分＞3.0%的煤有 214.633 9$\times 10^8$ t，占 31.4%。

表 7-3　贵州省煤炭资源储量按硫分统计表　　　　　　　　　　单位：$\times 10^8$ t

成煤时代	资源储量	特低硫煤	低硫煤	低中硫煤	中硫煤	中高硫煤	高硫煤	合计
N	预测资源量					0.000 8	0.016 0	0.016 8
T_3	基础储量		0.050 5				0.255 1	0.305 6
	查明资源量		0.058 1				0.293 4	0.351 5
	预测资源量		0.216 5				1.093 8	1.310 3
	小计		0.274 6				1.387 2	1.661 8

续表 7-3

成煤时代	资源储量	特低硫煤	低硫煤	低中硫煤	中硫煤	中高硫煤	高硫煤	合计
P_3	基础储量	21.991 0	20.903 6	9.313 6	13.521 0	47.582 5	57.845 4	171.157 1
	查明资源量	37.977 3	46.283 3	23.395 6	30.626 4	96.919 2	107.692 6	342.894 5
	预测资源量	30.403 0	45.026 1	25.671 6	32.015 4	98.575 2	102.968 7	334.660 0
	小 计	68.380 3	91.309 4	49.067 3	62.641 8	195.494 4	210.661 3	677.554 5
P_2	基础储量					0.087 6	0.419 6	0.507 2
	查明资源量					0.103 8	0.497 6	0.601 4
	预测资源量					0.062 8	0.300 7	0.363 5
	小 计					0.166 6	0.798 3	0.964 9
C_1	基础储量					0.690 5	0.889 1	1.579 6
	查明资源量					1.229 4	1.503 6	2.733 0
	预测资源量					0.226 1	0.267 6	0.493 7
	小 计					1.455 5	1.771 2	3.226 7
基础储量小计		21.991 0	20.954 1	9.313 6	13.521 0	48.360 6	59.409 2	173.549 5
查明资源量小计		37.977 3	46.341 4	23.395 6	30.626 4	98.252 5	109.987 1	346.580 4
预测资源量小计		30.403 0	45.242 6	25.671 6	32.015 4	98.864 9	104.646 8	336.844 3
合 计		68.380 3	91.584 0	49.067 3	62.641 8	197.117 4	214.633 9	683.424 7

三、煤炭资源勘查开发现状

历经50余年的地质勘查工作,查明或了解了全省$7.75×10^4 km^2$含煤区域内煤层赋存情况。除黔南煤田的册亨、望谟片区,黔西北煤田威宁片区,黔东北煤田道真、务川片区没有进行煤田预查(找煤)以上的工作外,其余地区都不同程度地查明了埋深600m以浅的煤炭资源储量,预测了埋深2000m以浅的煤炭资源量;使贵州省煤炭资源储量和保有资源量有了较大幅度提升,煤田勘查程度也有所提高,保证了贵州省经济社会发展对能源的需求,为贵州省煤炭资源的开发利用创造了有利条件。

目前,全省已完成1:20万区域地质矿产调查,织纳煤田、六盘水煤田、贵阳煤田已完成1:5万煤田地质编图工作。另外,还完成了桐梓南部、桐梓北部、六枝西部、清镇、晴隆、毕节、大方南部、黔西、普安—兴仁、水城土地垭、织金、纳雍、金沙、安顺、习水—二郎15份煤炭资源普查总体报告,以及全省范围内513份不同程度的煤炭资源勘查地质报告等。

截至2009年12月底,共提交煤炭资源勘查地质报告513份,不计勘查区和生产矿井存在的矿权重叠情况,累计勘查面积25 300.70 km^2,累计探获资源量789.772 4×10^8 t。按勘查程度统计,其中勘探149份,勘查面积3 354.49 km^2,资源量278.262 8×10^8 t;详查87份,勘查面积1 578.87 km^2,资源量111.275 3×10^8 t;普查172份,勘查面积3 672.70 km^2,资源量118.570 9×10^8 t;预查(含地质评价、地质简报)105份,勘查面积16 154.64 km^2,资源量281.663 4×10^8 t(表7-4)。

第七章 贵州省煤炭资源成矿规律及潜力预测

表7-4 贵州省煤炭资源勘查现状按勘查程度统计表

勘查程度/开发状况	地质报告数/份	面积/km²	累计探获资源量/×10⁸t
勘探(含补勘)	149	3 354.49	278.262 8
详查(含详终)	87	1 578.87	111.275 3
普查(含普终)	172	3 672.70	118.570 9
预查(含地质评价、简报)	105	16 154.64	281.663 4
全省合计	513	25 300.70	789.772 4

根据贵州省国土资源厅2008年5月提供的采矿权申请登记资料统计,截至2007年12月底,全省共有各类生产矿井2035个,生产矿井、在建井面积 2 126.01km²,约占全省含煤面积的2.7%,占全省煤炭资源勘查开发总面积的15%,累计煤炭资源量 98.355 3×10⁸t,保有资源量 74.165 7×10⁸t,核定生产能力 1.483 4×10⁸t/a。根据国家矿井规模分类标准,全省共有大型规模矿井7个,核定生产能力 0.129 0×10⁸t/a,查明资源量 19.227 7×10⁸t,保有资源量 17.259 1×10⁸t;中型规模矿井25个,核定生产能力 0.143 0×10⁸t/a,查明资源量 17.569 6×10⁸t,保有资源量 11.338 6×10⁸t;小型规模矿井2003个,核定生产能力 1.211 4×10⁸t/a,查明资源量 61.558 0×10⁸t,保有资源量 45.568 0×10⁸t(表7-5)。

表7-5 贵州省煤炭资源开发现状表

	矿井规模	矿井个数/个	核定生产能力/(×10⁸t/a)	查明资源量/×10⁸t	保有资源量/×10⁸t
生产矿井(在建井)	大型	7	0.129 0	19.227 7	17.259 1
	中型	25	0.143 0	17.569 6	11.338 6
	小型	2003	1.211 4	61.558 0	45.568 0
	合计	2035	1.483 4	98.355 3	74.165 7

第二节 含煤地层与煤层

一、含煤地层

贵州省含煤地层有下寒武统牛蹄塘组($\epsilon_1 n$)、下石炭统祥摆组($C_1 x$)、中二叠统梁山组($P_2 l$)、上二叠统龙潭组($P_3 l$)或宣威组($P_3 x$)及吴家坪组($P_3 w$)、长兴组($P_3 c$)或汪家寨组($P_3 wj$)、上三叠统火把冲组($T_3 h$)、新近系翁哨组(Nws)和第四系(Q)。其中,牛蹄塘组夹有层状石煤,祥摆组局部含有薄煤层,少数地段达可采厚度,梁山组局部含有薄煤或煤线,上二叠统各组则含有多层可采煤层,上三叠统局部含煤线或薄煤,新近系翁哨组见有褐煤,第四系有泥炭堆积。

(一)下寒武统牛蹄塘组($\epsilon_1 n$)

1. 地层特征及分布

牛蹄塘组主要分布在黔东、黔东南地区,黔北、黔中仅零星出露。主要由黑色—灰黑色碳质页岩、硅质页岩及深灰色页岩、粉砂岩等组成;局部夹含碳质的灰岩透镜体。碳质页岩中常夹石煤(发热量大于

3.35MJ/kg），是早古生代主要含石煤层位。岩性变化规律明显，由南东向北西，硅质岩逐渐减少，砂质岩增多，碳质页岩变薄。牛蹄塘组中含丰富三叶虫、软舌螺、古介化石。组厚8～243m，印江—思南—贵定一线最薄，厚仅8～33m；向北西和南东方向均逐渐增厚。金沙及玉屏、天柱等地厚度超过200m。牛蹄塘组与下伏震旦系灯影组呈假整合接触，在部分地区两者似呈整合接触；与上覆明心寺组呈整合接触。

2. 石煤和煤质

牛蹄塘组的石煤集中在梵净山—石阡—余庆—瓮安一线的南东地区及三都一带，且呈连续分布。分布区内含石煤0～7层，一般0～2层；石煤单层厚度0.08～9.39m，一般1～4m；单个剖面石煤总厚度0～17.53m，一般0～9m。牛蹄塘组石煤赋存层位有下段中上部、上段中下部、上段中上部，其中下段中上部石煤发热量较高（4.10～11.30MJ/kg），一般为4.60～6.27 MJ/kg，含石煤率相对较高，但单层石煤厚度太薄，难以利用。上段中下部石煤发热量较低，为3.35～6.21 MJ/kg，一般3.35～4.18 MJ/kg。上段中上部石煤发热量较低，为3.41～6.60MJ/kg，一般为3.35～4.60MJ/kg。

石煤最显著的特征是高燃点、高灰分、低热值。牛蹄塘组下段硅质石煤的灰分较低，挥发分、固定碳和发热量均较高；上段之砂质石煤和泥质石煤灰分较高，挥发分、固定碳和发热量明显低于硅质石煤。在横向上，靠近雪峰古陆褶皱带和扬子陆块边缘地带，灰分明显较高，普遍大于90%，碳质减少，发热量随之降低，而逐渐达不到石煤标准。全硫在垂向上变化规律不明显，在横向上的沉降中心地带（如镇远、三穗、松桃等地）硫分较高，一般为2%～3.5%；向北西、向南东，靠近扬子陆块和雪峰褶皱带硫分较低，多在0.5%～1.5%之间。石煤的发热量与其中的固定碳、挥发分、硫分呈正相关关系（尤其是其中SiO_2含量）呈负相关关系。

3. 石煤资源

贵州省内石煤资源绝大多数的发热量指标属于低热值石煤（3.35～5.02MJ/kg）；计量最低厚度为2.00m；计算深度以当地石煤露头斜深计算，分0～100m和100～300m，贵州省石煤资源量为$73\ 205\times10^4$t。牛蹄塘组上段石煤资源量$71\ 921\times10^4$t，其中，0～100m深$23\ 974\times10^4$t，100～300m深$47\ 947\times10^4$t；渣拉沟组石煤资源量1284×10^4t，其中，0～100m深428×10^4t，100～300m深856×10^4t。

（二）下石炭统祥摆组（C_1x）

1. 地层特征及分布

祥摆组集中分布于黔南、黔西一带，大致在赫章—纳雍—息烽—麻江—三都一线以南地区和从江以东地区，主要受北西方向古构造控制，沉积相带呈北西向展布。主要由深灰色、灰黑色石英砂岩、砂岩、页岩、碳质页岩及灰岩、泥灰岩组成，时夹硅质岩或含燧石结核，下部时夹煤层或煤线。上覆地层为下石炭统旧司组（C_1j），下伏地层为下石炭统汤耙沟组（C_1t）。

祥摆组典型岩性为深灰色、灰黑色薄—中厚层状石英砂岩、砂岩、页岩，夹碳质页岩和煤层（煤线）0～22层，是石炭系主要含煤层位。岩性变化较大，总的变化趋势为由北东向南西，砂岩逐渐减少，泥岩、灰岩逐渐增多。靠近陆缘地带，为砂岩、页岩；北东部贵定、都匀、丹寨、三都一带，以灰白色石英砂岩为主，夹页岩和煤层。向南西，至威宁、水城、六枝、紫云一带，以页岩为主，夹硅质岩和灰岩薄层，几乎无石英砂岩，时夹煤线，页岩中含少量菱铁矿结核及条带；至平塘、六枝、盘县一线以南，全由海相灰岩和泥岩组成；罗甸、六枝郎岱一带，为深灰色、灰黑色灰岩、硅质岩及页岩。在威宁六硐桥附近，下段近底部有厚89m顺层侵入的辉绿岩，围岩蚀变强烈，变质为板岩或石英岩。在陆缘地带（纳雍、织金、清镇、修文一带），以灰色、灰绿色铝土质页岩、铝土岩及铁质铝土质页岩为主，局部含黄铁矿晶粒或夹赤铁矿透镜体。

段厚 8~404m(含 89m 辉绿岩)。西北部威宁一带厚度最大,厚 270~404m;纳雍、织金、清镇、修文、贵阳一带最薄,厚度在 16m 以下;长顺、麻江一带,厚 50~80m;东南部(都匀以南),下段厚度多在 150m 左右。

2. 煤层及其对比

祥摆组是贵州石炭系的主要含煤地层。含煤 0~22 层,一般 0~6 层;煤层总厚 0.1~7.18m;单层煤厚 0.1~5.21m,一般 0.1~0.5m;煤层多呈透镜状、扁豆状,稳定性差,一般不可采,仅黔南部分地段发育及威宁有局部可采煤层。省内有威宁、都匀、荔波茂兰 3 个含煤区,其中威宁含煤区含煤多达 7 层,1~2 层可采煤层;都匀含煤区含煤 1~12 层,可采 1~2 层,一般为 1 层,可采总厚 0.57~8.00m,平均 0.9~3.0m,煤层稳定性差,一般呈透镜状;荔波茂兰含煤区含煤 3~22 层;煤层总厚 0.14~7.18m,可采煤层 2~3 层,可采总厚 0.79~6.56m,平均 1.57~2.81m(表 7-6)。

表 7-6　下石炭统祥摆组主要含煤区含煤性简表

含煤区	地层厚度/m	含煤层数/层	含煤总厚/m	可采煤层	
				层数/层	可采煤层总厚/m
龙里区	55~92	1~4	1.06	1	$\dfrac{0.57\sim1.87}{1.06}$
杉坪区	103	4		1	$\dfrac{0.75\sim1.03}{0.87}$
大良田—都匀区	160~391	1~2	3.65	1~2	$\dfrac{1.00\sim8.00}{3.00}$
茂兰向斜	88~296	3~22	0.14~7.18	2~3	$\dfrac{0\sim6.56}{2.26}$
摆忙区	176	1~12	4.01	3	$\dfrac{0.63\sim4.88}{3.16}$

祥摆组含煤地层主要由砂泥岩组成,灰岩夹层罕见,岩性和厚度变化大,煤层薄,且多呈透镜状、扁豆状,稳定性差,目前尚未发现区域性的对比标志,大范围的煤层对比困难。但 3 个含煤区的主要剖面(如威宁黑土河、惠水祥摆、荔波茂兰),自上而下均可编 6 个煤层号,其层位大体上在小范围内可以对比,如含煤区或构造单元、矿区内,可以根据局部性的标志进行煤层对比。

(三)中二叠统梁山组(P_2l)

1. 地层特征及分布

贵州省梁山组分布广泛,除雪峰古陆和黔北时有缺失外,其余广大地区均有分布。梁山组岩性变化较大,以黔中、黔西北及黔南一带较为典型,由石英砂岩、泥岩、碳质泥岩和煤层组成。向北,砂岩逐渐减少,泥岩增多,至桐梓、仁怀一带,为泥岩或"铁铝岩";向南,砂岩亦逐渐减少,灰岩逐渐增多,至紫云、安龙一带为灰岩夹泥岩。本组产腕足、双壳、腹足类、苔藓虫、𥯤、珊瑚等动物化石及少量植物化石。其分布特点:黔北及黔中一带,植物化石较常见;黔中、黔西及黔南,以腕足类、双壳类等为主;黔西南一带,以𥯤、珊瑚类为主。组厚 0~257m,南西厚,北东薄,沉降中心在水城、六枝郎岱一带,其中,水城白泥滥坝最厚,达 257m。由南西向北东逐渐变薄,至金沙—息烽—凯里一线北东,厚度多在 20m 以下,常有尖灭现象。

2. 煤层及其对比

梁山组含煤地层,主要分布在黔西北(水城、毕节、大方一带)、黔东(凯里、福泉、黄平、麻江、丹寨一带)、黔东北(务川、德江、印江、石阡一带);其次,零散分布于黔中(贵阳附近)、黔北(遵义周围)、黔南荔波及黔东南从江附近。梁山组含煤0~8层。黔西北区含煤(线)层数较多,最多达8层,一般2~6层;其他含煤区一般含煤1~2层。煤层通常厚度薄、变化大,呈透镜状或扁豆状,一般不可采。含煤性较好的地区为黔东凯里一带,含煤1~3层,一般1~2层;含可采或局部可采煤层1层(局部2层);煤层可采总厚0~6.50m,平均为1.30m;含煤系数5%~15%。其次,从江贯洞含煤2层,其中有1层可采,最大厚度达2.00m(表7-7)。其余含煤区,除个别点以外(如水城山王庙,煤厚1.20m),煤层厚度一般均在0.40m以下。

表7-7 中二叠统梁山组主要含煤区含煤性简表

含煤区	地层厚度/m	含煤层数/层	含煤总厚/m	可采煤层数/层	可采煤层总厚/m
鱼洞-苦李井向斜	10~15	1~2	0.77~1.56	1	$\dfrac{0.40\sim4.58}{0.91}$
舟溪-窑货厂区	10~44	1~2	1.00~6.50	1~2	$\dfrac{0\sim6.50}{2.54}$
贯洞向斜	2~20	2	1.60	1	$\dfrac{0.50\sim2.00}{1.31}$
陆坪区	35~565	1~5	0~2.30	1~2	$\dfrac{1.20\sim2.90}{1.71}$

黔西北水城一带,煤层层位发育较全,多达8层,经煤岩层对比,自上而下可编为5个煤层号,上部的1号和2号煤层连续性稍好;中、下部的3号、4号、5号煤层稳定性差,向北至毕节、赫章一带渐尖灭。其余含煤区,仅有1号、2号煤层发育。

(四)上二叠统(P_3)

上二叠统是贵州省最主要的含煤地层,分布广泛,发育完好,含化石丰富。其沉积类型多样,自西向东发育有陆相、海陆过渡相和海相沉积。西部地区,晚二叠世早期有大规模基性岩浆喷溢。根据岩性、岩相、古生物化石、含煤性及煤质特征,可划分为3个大相区,9个小区(或煤田)。

贵州的上二叠统,除雪峰古陆隆起未见有保存外,其余地区均有分布。上二叠统含煤地层为长兴组(汪家寨组)和龙潭组(宣威组、吴家坪组),底部与上二叠统峨眉山玄武岩或中二叠统茅口组灰岩呈假整合接触,顶部与下三叠统飞仙关组(或夜郎组、大冶组)呈假整合接触,含煤地层内部为连续沉积。毕节—织金—贵阳—安顺—兴义一线西部地区,晚二叠世早期有大规模基性岩浆喷溢。

陆相区(Ⅰ)(黔西北小区)分布在西北部威宁一带,大致在威宁垮都—赫章罗州—财神一线以西地区,为一套若干冲积层序叠置的陆相碎屑岩含煤沉积,统称"宣威组(P_3x)",称为宣威相区。其岩性为灰色、绿灰色夹暗紫色泥岩、砂质泥岩、粉砂岩及细砂岩,时夹含砾砂岩或砾岩层,组厚0~192m,南东厚、北西薄;含煤层0~30层,一般0~9层,含可采煤层0~4层,可采厚度0.6~3.0m,东部含煤性较好,向西含煤性急剧变差,均为薄煤层或煤线。

过渡相区(Ⅱ)位于安龙—贞丰—关岭—安顺—平坝—息烽—绥阳一线西部及威宁金钟—赫章罗州—财神一线以东地区,总体上呈北东向展布;岩性由碎屑岩夹碳酸盐岩和煤层组成,细分为峨眉山玄武岩组($P_3\beta$)(盘县地区)、龙潭组(P_3l)和长兴组(P_3c)[或汪家寨组(P_3wj)],称为龙潭相区。平面上分为六盘水、织纳、黔北、兴义4个小区。上二叠统含煤岩系厚76~543m,含煤1~83层,煤层总厚1.93~52.0m,含可采煤层0~26层,可采厚度0~29.8m,盘县、水城及纳雍地区含煤性较好,往外围含煤性逐渐变差。

海相区(Ⅲ)位于贵州东部和南部,包括贵阳、黔东北、黔东南和黔南4个小区,为一套以浅海台地相为主的碳酸盐岩、硅质岩夹砂泥岩含煤沉积,分为吴家坪组(P_3w)和长兴组(P_3c),称为吴家坪相区。含煤岩系厚93～2380m,北薄南厚,含煤0～16层,煤层总厚0～9.10m,含可采煤层0～3层,可采厚度0～4.71m,由北西向南东,含煤性逐渐变差,长兴组大部分地区不含煤。黔南小区上二叠统包括碳酸盐岩台地和深水盆地两个亚相区,后者领薅组为一套巨厚陆源碎屑岩夹硅质岩、碳酸盐岩及凝灰岩沉积,统称"晒瓦群";含煤岩系厚138～2380m,含煤性极差。

贵州上二叠统含煤地层厚76～2380m,一般厚140～480m。北薄南厚,纳雍—瓮安一线以北的广大地区都在300m以下,一般约150m;黔北小区的黔西素朴、桐梓淮子水、习水温水等地,其厚度则不足百米,在黔西北小区威宁三道河高地未见有沉积。纳雍—瓮安一线南侧一般为400m左右,隆起区(如盘南、罗甸、猴场、长顺等)部分厚度不足300m,坳陷区(如茅口、牛田、兴仁、摆哈等)其厚度普遍大于500m,镇宁牛田最大厚度达2380m。而在黔南紫云至册亨这一北西向地带,为一断陷槽谷深水碎屑岩沉积,主要为细粒火山碎屑岩,层理不清,化石稀少而不完整,见有植物碎屑。上二叠统含煤地层等厚线反映出的隆坳明显受纳雍-瓮安断裂、水城-紫云断裂、贵阳-镇远断裂控制;盘县-水城断裂、师宗-贵阳断裂、遵义-贵阳断裂对晚二叠世沉积相分区控制作用十分明显。

(五)上三叠统(T_3)

1. 地层特征及分布

省内上三叠统分布在罗甸—贵阳—遵义—正安一线以西地区,主要为一套陆相至海陆交互相碎屑岩含煤沉积。根据岩性、岩相和地层发育等特征,可分为3个区。

1)黔西南区

上三叠统仅见于郎岱至贞丰一带的向斜构造轴部,地层发育较完好。自下而上可分把南组(T_3b)、火把冲组(T_3h)和二桥组(T_3e)。各组间为连续沉积,分述如下。

(1)把南组(T_3b):分布在龙头山向斜轴部。以灰绿色、灰色薄—中厚层状泥岩、砂质泥岩、钙质泥岩为主,与灰色中厚—厚层状粉砂岩、细—中粒石英砂岩组成不等厚互层。其上部含薄煤20多层。组厚在400m以上。

(2)火把冲组(T_3h):主要分布在龙头山向斜,为一套海陆交互相的砂泥岩含煤沉积。主要由泥岩、砂质泥岩、碳质泥岩和石英砂岩组成,含煤40～50层,其中,可采煤层1～3层,一般2层(即2号、3号煤层)。该组中部发育有1层灰白色中厚—厚层状细—粗粒石英砂岩,一般厚3～15m,层位较稳定,称为"中标"。以中标底为界,火把冲组可分为上、下2段,可采煤层(1号、2号、3号煤层)均位于上段。龙头山向斜含煤地层出露面积为77.1km²。

(3)二桥组(T_3e):晚三叠世瑞替克期沉积。主要由石英砂岩、粉砂岩、泥岩组成,含1～4层薄煤层。石英砂岩呈灰白色、浅灰色,细—粗粒结构,石英占80%～85%,岩屑占15%～20%,粒径0.6～1.5mm,半棱角—半浑圆状,黏土和铁质胶结,致密坚硬,地貌上呈陡崖景观。龙头山向斜残留厚度在340～520m之间。与下伏火把冲组和上覆下侏罗统均呈整合接触。

2)黔中南区

二桥组(T_3e)分布在贵阳、清镇及平坝一带,南部缺失。主要由砂页岩组成,富含植物化石,厚89～142m,假整合于三桥组不同层位之上。可分上、下2段:下段为灰黑色泥岩与黄灰色砂岩互层,夹碳质泥岩及薄煤层,段厚0～20m;上段为灰色中厚层—块状石英砂岩、岩屑石英砂岩,时夹泥质砂岩及泥岩、碳质泥岩,段厚20～83m。

3）黔西北分区

其南界大致在盘县—清镇一线。二桥组假整合于下伏中三叠统关岭组或狮子山组之上，与上覆下侏罗统呈假整合或整合接触。其岩性为一套陆相碎屑岩含煤沉积，以石英砂岩、岩屑石英砂岩及长石石英砂岩为主，夹粉砂岩、泥岩及煤线（薄煤）0～10层。纳雍、赫章、金沙、仁怀茅台、威宁辅处等地常夹有煤线。段厚43～210m。

2. 煤层及其对比

把南组：贞丰龙头山向斜把南组发育完好、厚度大，含煤层数较多，多者达22层（屯脚），集中分布于该组上部；但煤层均很薄，都在0.2m以下，无可采煤层。

火把冲组：贞丰龙头山向斜火把冲组厚650～750m，含煤40～50层。但发育较好的仅有4层，由新至老编号为1号、2号、3号、4号煤层。其中，1号煤层位于上段上部，多为薄煤或煤线，局部地段稍好，仅见1个可采点。顶、底板特征不明显，难于对比。2号、3号煤层比较稳定，为主要可采煤层，顶板为黑色泥岩，厚约0.3m，其中富含植物化石，且有动物化石（贵州珠蚌、叶肢介等）伴生，对比较可靠。4号煤层位于下段底部，多为煤线，仅个别点（巧洞）可采，稳定性差。顶板特征不明显，对比困难。

二桥组：区内二桥组含煤0～12层，煤层多赋存于底部和中部。煤层薄，多为煤线，一般厚0.02～0.3m，极不稳定，形态变化大，常为透镜状、扁豆状、瘤状及串珠状；砂岩中夹的煤线，常在数米内尖灭。

（六）新近系翁哨组（Nws）

此组在区内仅见于施秉翁哨，发育于施秉县城北东翁哨井田，堆积于北西-南东向的断坳盆地中，面积0.2km²，为灰绿色含砂砾黏土岩，间夹灰黄色泥质粉砂岩及10余层褐煤。煤层总厚36m，其中可采煤层8层，可采厚度约34m，煤已采完。组厚99～134m。与下伏奥陶系呈角度不整合接触。

（七）第四系（Q）

区内第四系分布广泛，但十分零散，厚度不大，类型多样，变化极大，有残积坡、河流、湖泊—沼泽、冰川、洞穴等沉积类型。其中，威宁草海、毕节朱昌、赫章大海子、草子坪、普定波利、惠水、盘县坪地长海子及梵净山、雷公山等洼地（盆地）中，堆积有泥炭（草炭）层。

二、上二叠统划分与对比

（一）地层划分

贵州省上二叠统的岩性、岩相、古生物等，与邻省或华南地区的上二叠统均可对比。

1. 上二叠统（含煤岩系）底界

关于上二叠统底界问题，贵州省内有3种情况：

(1) 晒瓦群假整合于中二叠统四大寨组之上，位于黔南紫云、册亨、望谟、罗甸一带。

(2) 龙潭组（吴家坪组）分布较广，假整合于茅口组之上。茅口组顶部遭受不同程度风化侵蚀，普遍存在一古喀斯特风化壳，上二叠统覆盖于茅口组的不同层位上。

(3) 龙潭组假整合于峨眉山玄武岩之上，位于西部地区，其底部多为凝灰质泥岩或铁铝质泥岩，盘县火铺等地尚有底砾岩发育。

2. 上二叠统含煤岩系底部层位

上二叠统底部层位，以南部深水盆地地区发育最全，其底部泥质灰岩或硅质岩、硅质灰岩之下的数厘米至数米厚泥岩为上二叠统的最低层位。省内其余地区上二叠统底部普遍为1层铁铝质泥岩或泥岩，其中多夹煤层（即底煤层）。该层位是穿时的，自南东向北西有逐渐向上爬升之势。

3. 上二叠统顶界

根据岩性、岩相及生物化石特征，二叠系、三叠系分界处附近均夹有黄绿色、淡绿色、土黄色蒙脱石黏土岩薄层（层厚1~5cm）1~12层。这是贵州省二叠系、三叠系分界的宏观标志层。省内多处发现二叠系与三叠系之间存在的侵蚀间断面，在黔北一带尤为显著，显然遭受了较强的侵蚀作用。

4. 上二叠统组、段的划分

上二叠统组、段的划分是在已有资料的基础上，结合岩性、岩相、古生物、地层层序、地球物理化学特征、煤层煤质、岩矿测定等分析研究的成果资料进行的划分，划分为2组4段：长兴组（汪家寨组）上、下段和龙潭组（吴家坪组）上、下段。

（1）长兴组（汪家寨组）与龙潭组（吴家坪组）的界线——标四灰岩底界。标四灰岩分布广泛，层位稳定，易于对比。

（2）龙潭组（吴家坪组）上、下段的界线——标七灰岩顶界。根据岩性、岩相、古生物等特征分为上、下两段，以标七灰岩（代表吴家坪期最大的一次海侵）顶界作为上、下段的分界线，分布广泛，层位稳定。

（3）长兴组（汪家寨组）上、下段的界线——标二灰岩底界。标二灰岩分布十分广泛，层位稳定。

（二）煤层对比

晚二叠世早期，宣威相（陆相）区以砂岩、泥岩为主，夹有较多不稳定煤层；龙潭相区（海陆交互过渡相）为砂岩、泥岩夹有标五至标十三等10余层海相灰岩，在垂向上呈近似等距离分布，是煤层对比明显而可靠的标志层；吴家坪相区（海相）以灰岩为主，中上部及底部夹碎屑岩并含有不稳定煤层。晚二叠世晚期的长兴组，其变化与早期相似，不同的是灰岩显著增多，包括标一至标四5层灰岩标志层。利用岩性标志层特征是进行煤岩层对比的主要手段；其次是利用煤层层间距、古生物等对比方法。

1. 岩性标志层对比

上二叠统含煤地层中，夹海相化石层1~20层，多数为灰岩或泥灰岩，由西向东逐渐增多，是较大范围进行煤层对比的良好标志。贵州中东部海相层发育，标志层较全，北部除标十三外，其余均有发育；向西海相标志层逐渐减少。全省发育的海相标志层共17层，自上而下编号为：标一、标二、标三$_上$、标三$_下$、标四、标五、标六、辅Ⅰ、辅Ⅱ、标七$_上$、标七$_下$、标八、标九、标十、标十一、标十二、标十三。其中，标一、标二、标三$_下$、标七基本全区发育，其分布范围可大体反映长兴期几次海侵的海岸线位置，其他标志层及辅助标志层大部或局部地区稳定，尤其是东南部地区，从标一至标十三及辅助标志层均有发育，为煤岩层对比提供了可靠依据。

（1）西区陆相宣威相区含煤地层，岩性变化大，煤层稳定性差，加之煤田地质工作程度低，故迄今尚未建立可靠的区域性对比标志，海相夹层很少，在煤层对比中尚需辅以煤层、煤质及顶底板特征、生物化石特征、物性特征、煤层空间配置及沉积旋回等方法，进行综合煤岩层对比，经粗略对比，该区发育较好的煤层有6层：1号、2号、3号、5号、6号和7号煤层。

（2）中区海陆过渡相龙潭相区，含煤地层夹海相化石层1~20层，多数为灰岩或泥岩，分布较广的有标一、标二、标三$_上$、标三$_下$、标四、标六、辅Ⅰ、标七,共8层。岩性、厚度较稳定,特征明显,在剖面上层位稳定,是煤层对比的主要依据,是较大范围内进行煤层对比的良好标志层。因此,在进行构造单元之间和大区间煤层对比中,除采用标志层法外,还需运用综合对比的方法。经统一对比,1号、2号、5号、6号、7号、11号、14号、23号、27号、30号、32号煤层对比可靠。

(3)东区海相吴家坪相区,上二叠统含煤地层中,夹海相化石层1～20层,多数为燧石灰岩或灰岩,灰岩标志层时有合并现象,如标一与标二,通常合为1层,标九、标十、标十一、标十二、标十三之间,亦时有合并。海相碳酸盐类岩石占主体,沉积厚度较稳定,旋回结构清楚,标志层发育、稳定、煤层易于对比。东部长兴组不含可采煤层,可采煤层主要集中在龙潭组中部和底部,经统一对比,16号、17号、23号、35号煤层对比可靠。

2. 古生物对比

含煤地层富含植物和动物化石,分布及组合具有一定的规律。一些层位的古生物化石种属组合、富集程度、保存状况等特征,也可作为确定层位的依据。

长兴组(汪家寨组)标四灰岩产腕足类、䗴、腹足类及有孔虫类等化石,在毕节、纳雍、水城一带相变为粉砂质泥岩或泥岩,产少量腕足类、双壳类、腹足类和菊石,西南—盘县一带及东至安顺、平坝、贵阳、贵定及黔北地区盛产菊石、䗴和藻类化石。

龙潭组(吴家坪组)标七以上灰岩,向西以产大羽羊齿植物化石为主,向东以产拟犬齿珊瑚、球䗴和扬子瘤褶贝等动物化石为主;龙潭组标七以下,向西以产带羊齿、栉羊齿等植物化石为主,向东以产梁山珊瑚(黔南)、喇叭䗴(黔中)和鄱阳椅腔贝(黔北)等海相化石为主。

3. 层间距对比

煤层间距变化较大。间距随砂岩的增厚而拉大,随泥质含量、薄煤线的增多而减少。其相邻层段常具相互消涨关系,即某一层段层间距的增大,则相应层段层间距减少,"填平补齐"的总格局基本不变。各煤层间距见表7-8。

表7-8 贵州上二叠统可采煤层间距表

层位	下三叠统底界 T_1	长兴组(汪家寨组) $P_3c(P_3wj)$		龙潭组(吴家坪组)								峨眉山玄武岩或茅口组灰岩 $P_3\beta(P_2m)$
				上段 $P_3l^2(P_3w^2)$				下段 $P_3l^1(P_3w^1)$				
		2	5	6	7	14	16	17	21	23	27	30	
间距/m	33	22	20	14	50	29	8	22	15	22	13	51

4. 上二叠统煤层、标志层

上二叠统可采性相对较好的煤层有2号、5号、6号、7号、14号、16号、27号、32号,共8层,主要煤层对比可靠。其中6号、16号、27号煤层为主要可采煤层,其余煤层为局部可采煤层,某些煤层在不同的地区,可采性有所不同。

晚二叠世早期含煤地层在东区为吴家坪组海相区,以灰岩为主,中上部及底部夹碎屑岩并含有不稳定煤层;在西区为宣威组陆相区,以砂岩、泥岩为主,夹有较多不稳煤层;在中区为龙潭组海陆交互相区,砂岩、泥岩夹有标五至标十三等10余层海相灰岩,在垂直方向上呈近似等间距分布,是煤层对比明显而可靠的标志层。晚二叠世晚期的长兴组,其变化与早期相似,不同的是灰岩显著增多增厚,包括有标一至标四5层灰岩标志层。

三、上二叠统煤层

（一）上二叠统含煤性

贵州省内上二叠统含煤地层为长兴组（汪家寨组）和龙潭组（宣威组、吴家坪组），分布十分广泛，除威宁以西，安龙、紫云、罗甸、平塘以南以及凯里、黄平、余庆及其以东地区外，都有分布。含煤层数0～83层，水城格目底向斜东段在70层以上，米箩井田局部达104层，一般10～40层，煤层总厚0～54.68m，一般5.0～30.0m，平均12.09m，含煤系数0～14.9%。可采总厚0.70～32.02m，一般0.70～20.0m，平均7.21m，可采层数1～27层，一般2～10层，平均5层，可采系数0.7%～7.6%。

（1）富煤区。煤层总厚大于30m。分布于盘县、水城、纳雍之间地区，长约120km，宽约50km，分布面积约6000km²，呈北东向条带状展布，南东侧呈朵状伸出。该区含煤30～80层，一般30～60层；煤层总厚30.0～54.68m，一般30～45m；含煤系数9%～14%。其中，含可采煤层5～27层，一般9～20层；可采系数3.6%～7.6%，一般5%～7%。储量丰度为(1000～4000)×10⁴t/km²（图7-1、图7-2）。

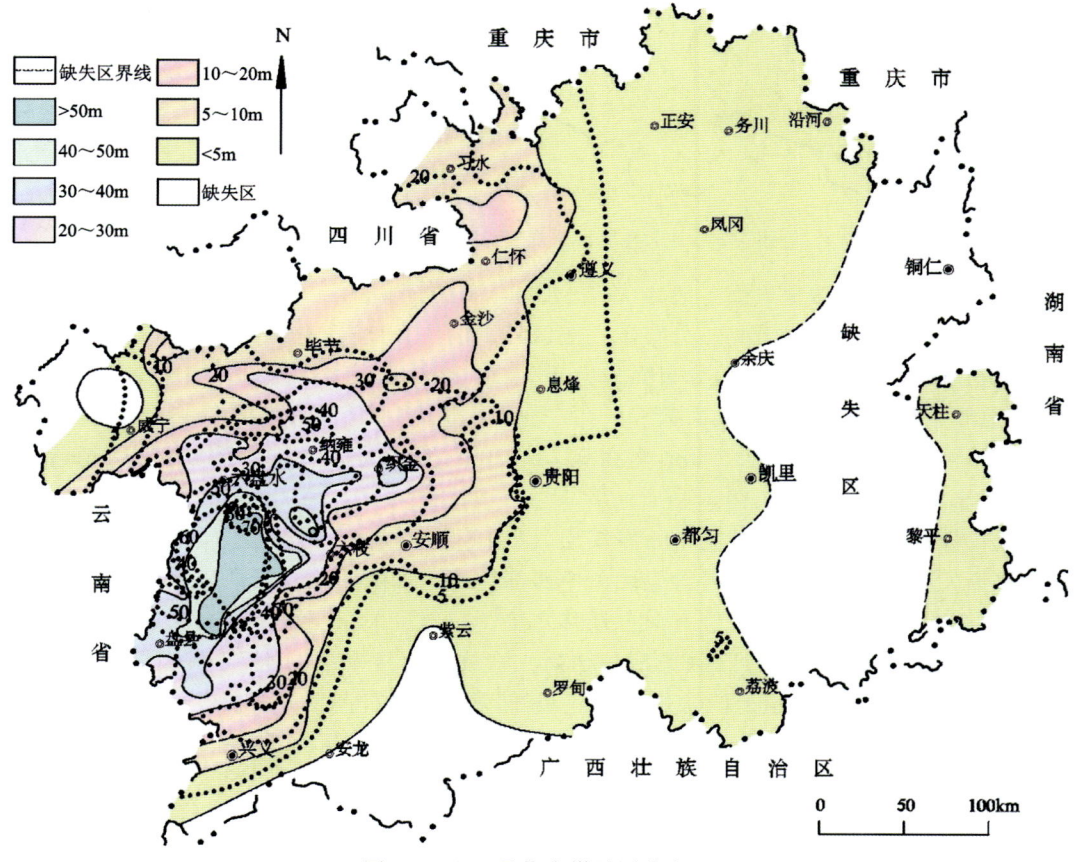

图7-1 上二叠统含煤总厚分布图

（2）一般含煤区。煤层总厚10～30m。分布于富煤区外围的兴仁、普安、六枝、织金、纳雍、大方一带，以及金沙新化、仁怀茅台及习水等地，分布面积约18 000km²，亦呈北东向展布。该区含煤10～64层，一般10～40层。纳雍、织金、大方一带，煤层较多，黔北一带较少，一般10～15层。含煤总厚10～30m，含煤系数5%～10%。其中含可采煤层4～16层，一般4～9层，可采总厚5.37～23.31m，一般7～

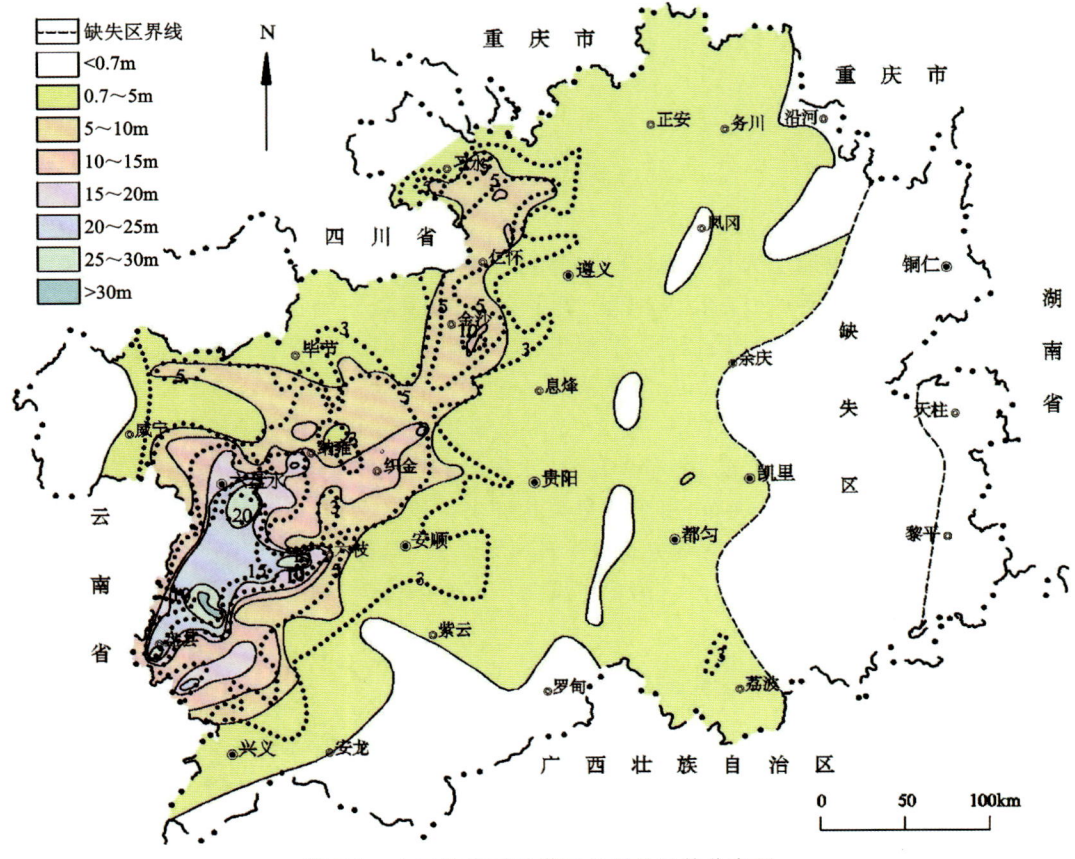

图 7-2 上二叠统可采煤层总厚及层数分布图

12m，可采系数 2%～5%。储量丰度一般为 $(500～1000)×10^4 t/km^2$。

（3）贫煤区。煤层总厚小于 10m。分布于一般区外围的广大地区，东侧的正安至荔波、天柱、从江一带，以及贞丰、长顺、修文等局部地区，分布面积大于 50 000km²。该区含煤 0～15 层，东部地区均在 10 层以下；含煤总厚一般小于 10m；含煤系数一般在 5% 以下。其中，含可采煤层 1～6 层，一般 1～3 层，东部多为 0～1 层；可采总厚一般小于 5.0m，多在 0.7～3.0m 之间，可采系数一般小于 2%，东部地区均在 1% 以下。储量丰度为 $(0～500)×10^4 t/km^2$。

上二叠统煤层多为薄煤层，少数为中—厚煤层，以中等结构为主，局部结构简单。含煤性自西向东随海相层位逐渐发育而逐渐变差，同时含煤性由中西部往西北部随陆相碎屑砂岩逐渐发育亦逐渐变差。从纵向上看，由东向西可采煤层的层位有向上迁移之势。东部可采煤层主要为吴家坪下段煤层；向西可采煤层逐渐上移至龙潭组上段，至西部（毕节—纳雍—六枝—盘县一线以西）可采煤层上移至长兴组下段（6 号煤层）。在纵向上，龙潭组上段含煤性最好，其储量约占总储量的 1/2。贵州上二叠统含煤性、可采性往西北、东南、东部方向逐渐变差，总体上西部含煤性、可采性较好，往西北、东南、东部方向含煤性、可采性逐渐变差。

（二）可采煤层

上二叠统可采性较好的煤层有 5 号、6 号、7 号、14 号、16 号、20 号、27 号、30 号共 8 层，可采范围相对较大、集中连片相对较好。某些煤层在部分煤田内为主要可采煤层，在某些地区属较稳定煤层。

第三节 沉积环境与聚煤规律

一、含煤岩系岩石特征

(一)主要岩相类型

根据钻孔岩芯以及实测剖面资料,这次工作在上二叠统含煤地层中共识别出陆源碎屑岩、火山碎屑岩、化学岩以及可燃有机岩 4 种岩相大类。其中陆源碎屑岩中有砂岩类、泥岩类 2 种。其中,砂岩类有含砾砂岩(砾状砂岩)、粗砂岩、中砂岩、细砂岩、粉砂岩 5 种;泥岩类有泥岩、粉砂质泥岩、泥质粉砂岩、铝土质泥岩 4 种;化学岩类有灰岩、白云岩、硅质灰岩 3 种;可燃有机岩类有碳质泥岩和煤 2 种;火山碎屑岩类有火山角砾岩、凝灰岩 2 种,共计 16 种岩相类型。

(二)主要岩相组合

岩相组合是沉积相变化的主要指示,也是含煤地层预测煤层发育状况变化情况的主要依据。根据该地区钻孔资料分析可将该地区的岩相组合分为以下 6 种。

(1)厚层状中、细砂岩+粉砂质泥岩+泥质粉砂岩,含煤性很差,几乎没有煤层形成,只在局部地区形成零星煤线,位于黔西北威宁地区宣威组中段。

(2)泥质粉砂岩+煤+粉砂质泥岩,含煤性较好,煤层层数较多,夹矸较多、总厚度大、单层厚度较小,厚度变化较大,横向连续性好,位于水城地区龙潭组下段。

(3)厚层状细砂岩+厚层煤,含煤性较好,煤层厚度较大,为该地区主要可采煤层,结构简单,位于盘县地区龙潭组上段。

(4)厚层状泥岩+厚层状煤,含煤性较好,煤层层数很多,横向连续性较差,煤层厚度较大,一般 2~5m,位于六枝地区长兴组。

(5)薄层泥岩、粉砂岩、细砂岩+薄煤层,含煤性一般,煤层层数很多,横向连续性较差,煤层厚度较小,一般小于 1m,少见厚度大于 5m 的厚煤层,位于织金地区龙潭组中段。

(6)厚层灰岩+泥灰岩+薄层煤+泥岩,含煤性较差,局部发育薄煤层,横向连续性较差,煤层厚度很小,位于贵定地区吴家坪组上段。

(三)岩石变化规律

研究区的含煤岩系主要是上述 6 种岩相组合在横向上展布和纵向上演化,各种岩相组合代表了不同的沉积环境变化。

(1)岩相组合 A:厚层状中、细砂岩代表着河流相河道沉积,粉砂质泥岩和泥质粉砂岩则代表天然堤等堤岸一类沉积,该岩相组合代表该区域当时沉积环境主要是河流沉积体系。

(2)岩相组合 B:岩性主要是泥质粉砂岩和粉砂质泥岩等泥质岩,且发育水平层理,经判断沉积相为三角洲平原天然堤和决口扇相,该组合代表着上三角洲平原沉积。

(3)岩相组合 C:下部的厚层砂岩为河道沉积,煤层主要发育在河道淤积形成的沼泽环境中,由于海侵作用的进一步扩大成煤环境变差,往上形成了厚层的泥岩、粉砂岩。

(4)岩相组合 D:代表着三角洲平原中分流间湾沉积,成煤环境较好。

(5)岩相组合 E:反映的沉积相进一步靠近海,一般为潮坪沉积。水体变化较频繁,因此,此时形成的煤层一般层数多而厚度薄。

(6)岩相组合 F:发育大段灰岩,反映的沉积相基本为海相,煤层发育差,层数少,硫分含量极高。一般为碳酸盐岩台地沉积。

二、含煤岩系沉积体系和沉积环境

(一)含煤岩系沉积体系

研究区晚二叠世沉积特征受来自西侧的陆源河流作用的控制和来自东侧和东南侧广海方向的海岸潮汐作用共同影响。分析表明,河流主要来自西侧位于云南省境内的康滇古陆,河流从威宁哈喇河以及赫章等地进入研究区,河流入海后形成三角洲沉积,在三角洲朵体外侧和远端方向,由于受到海洋潮汐作用改造,常有潮坪沉积发育。

根据作用营力以及沉积类型,晚二叠世含煤地层主要为河流、三角洲—潮坪、潮坪—潟湖及碳酸盐岩台地沉积体系,沉积类型主要有潮汐影响的分流河道、分流潮汐水道、分流间湾、辐射状潮汐沙坝、潮坪、碎屑泥质潮下、碳酸盐质潮下一级与该体系共生的沼泽沉积、局限台地、开阔台地、深水盆地以及生物礁。在钻孔岩芯宏观沉积相分析及岩相类型的归纳总结基础上,根据各类岩相在垂向上的组合关系及在平面上的分布,识别出 4 种沉积体系、11 种沉积相和多种沉积类型(表 7-9)。

表 7-9 贵州省晚二叠世沉积体系、沉积相和沉积类型

沉积体系	沉积相	沉积类型	地层分布
河流	曲流河	河道、分流河道、天然堤、决口扇、泥炭沼泽、泛滥盆地	研究区西部威宁地区宣威组(龙潭组和长兴组)
	网状河		
三角洲—潮坪	河控上三角洲平原	分流河道、天然堤、决口扇、分流间湾、沼泽和泥炭沼泽	研究区西部龙潭组上段和长兴组
	河流潮汐双重控制过渡带三角洲平原	潮汐影响的分流河道、分流间湾、泥炭沼泽	研究区中西部龙潭组上段和长兴组
	潮控下三角洲平原	分流潮汐水道、分流间湾、泥炭沼泽	研究区西部龙潭组下段
潟湖—潮坪	潟湖	潟湖、潮坪、泥炭沼泽	研究区中东部龙潭组下段
	潮坪		
碳酸盐岩台地	局限台地		研究区东部吴家坪组上部、长兴组
	开阔台地		研究区东部长兴组
	生物礁		研究区东南部吴家坪组上段、长兴组
	深水盆地		研究区东南部吴家坪组上段、长兴组

(二)沉积相垂向序列及沉积环境演化

本次研究对贵州省各煤田钻孔岩芯资料和勘探报告分别进行了综合研究,绘制了综合柱状图,并结合沉积相绘制了连井剖面图等,对研究区的沉积体系、沉积模式及其在层序地层格架中的分布进行了研究。根据实测的岩相基准剖面,不同地区其岩性、岩相在垂向上有不同的组合。

威宁、赫章一带主要为河流相。水城、盘县一带。主要为滨岸-潟湖-潮坪-上三角洲平原相组合。纳雍一带为潟湖-潮坪-过渡带三角洲平原相组合,吴家坪早期为海侵期沉积,吴家坪晚期为海退期及三角洲进积期,长兴期为海侵期。在织金—六枝一带,晚二叠世基本处于潮控下三角洲平原及潟湖—潮坪环境,以织金珠藏剖面为例,龙潭组下段为以潟湖—潮坪为主的沉积,龙潭组上段为潮控下三角洲平原,长兴组则以边缘潟湖—潮坪及碳酸盐岩台地沉积为主,反映吴家坪早期为海侵期,吴家坪晚期为相对海退期,而长兴组又为新的海侵期沉积。织金往东至贵阳一带,垂向剖面主要为碎屑泥质潮下-潮坪组合,以钙质泥岩、泥质灰岩及粉砂岩等岩石类型为主,也反映了吴家坪早期为海侵期沉积,吴家坪晚期为海退期沉积,长兴期又为新的海侵期。煤层主要形成于吴家坪晚期海退。贵阳以东为碳酸盐岩台地相组合,含煤性很差。

总之,各地垂向岩性岩相组合虽各有特征,但都反映了以古风化面为代表的东吴运动后,吴家坪早期处于海侵期,吴家坪晚期处于海退期,长兴期为新的海侵期,反映了晚二叠世海侵—海退—海侵的岩相组合特征。

(三)沉积相在平面上的展布特征

研究区内沉积相发育比较齐全,包括陆相、过渡相和海相,相带基本近北北东向展布。

1. 东西向断面的岩性、岩相组合特征

(1)三角洲平原-潮坪-局限台地-开阔台地组合。由西向东顺次发育三角洲平原、潮坪、局限台地和开阔台地相。这种组合主要发育在黔北的仁怀—思南一带的龙潭组。

三角洲平原:主要由细砂岩、粉砂岩、泥岩、泥质粉砂岩组成,发育分流河道和决口扇沉积。三角洲平原易形成泥炭沼泽,煤层较发育,但有冲刷、分叉、合并、变薄等现象。东侧发育潮坪相。

潮坪:以细砂、粉砂沉积为主。具脉状及透镜状层理,波状层理也常见。含动物化石碎片。煤层发育不太好,但较稳定。

局限台地相:以潮下沙坝砂、远沙坝砂及碳酸盐岩沉积为主。一般煤层不发育。向东逐渐过渡为开阔台地相。

开阔台地相:以碳酸盐岩为主。

(2)河流相-间湾相-局限台地相-开阔台地相组合。由西向东依次发育河流相、分流间湾相、局限台地相和开阔台地相。其特点表现为由间湾相过渡为海相。这一组合主要发育在威宁—贵定一带的龙潭组中。

河流相:包括网状河和曲流河沉积,同时发育有决口扇、天然堤等。主要由砾岩、砂岩、粉砂岩、泥质粉砂岩组成。

间湾相:包括分流间湾和三角洲间湾。由粉砂岩、泥质砂岩组成,有时有灰岩。向东依次过渡到局限台地相和开阔台地相。

(3)河流相-间湾相-三角洲相-局限台地相-开阔台地相组合。由西向东依次发育河流相、间湾相、三角洲相、局限台地相和开阔台地相。其特点表现为由三角洲过渡到海相。这一组合主要发育在威宁

经水城—平塘一带的龙潭组中。三角洲相主要由砂岩组成的分流河道、天然堤、决口扇、河口坝等组成，往东过渡到局限台地相和开阔台地相。

2. 南北向断面的岩性、岩相组合特征

(1)潮坪-三角洲-间湾-三角洲相组合。由南向北依次发育潮坪相、三角洲相、间湾相和三角洲相。反映了岩相的横向组合特征。这一组合主要发育在盘县—赫章一带的晚二叠世含煤地层中。

(2)开阔台地-局限台地-潮坪-局限台地相组合。由南向北依次发育开阔台地相、局限台地相、潮坪相和局限台地相，展示了罗甸—桐梓木瓜一带的岩相横向组合特征。

三、层序地层分析

(一)晚二叠世层序地层格架及其展布特征

1. 晚二叠世层序地层划分

研究区钻孔所见的地层有峨眉山玄武岩组、龙潭组(或吴家坪组、宣威组下段和中段)及长兴组(或宣威组上段)，在沉积相的研究基础上，对层序地层关键界面进行了识别。在本区晚二叠世地层中共鉴别出4个三级层序界面，划分出3个三级层序及9个体系域(每个三级层序一般包括低位体系域、海侵体系域和高位体系域)。峨眉山玄武岩组顶部的凝灰岩和龙潭组下段下部划分为层序Ⅰ，龙潭组下段(宣威组下段或吴家坪组下段)上部和龙潭组上段(宣威组中段或吴家坪组上段)下部划分为层序Ⅱ，龙潭组上段(宣威组中段或吴家坪组上段)上部和整个长兴组(宣威组上段)划分为层序Ⅲ。黔北煤田由于受黔北隆起影响，缺失了层序Ⅰ沉积期的地层。

层序Ⅰ底部以凝灰岩底面为界，顶部以29#煤(或其相当层位)顶面为界；层序Ⅱ底部以29#煤(或其相当层位)顶面为界，顶部以16#煤(或其相当层位)顶面为界；层序Ⅲ底部以16#煤(或其相当层位)顶面为界，顶部以上二叠统顶端为界。

2. 晚二叠世层序地层格架及展布特征

对此威宁哈喇河实测剖面—福泉凤山后坝CT8钻孔层序沉积相发现，该连井(剖面)呈东西向，贯穿整个研究区，由西向东研究区依次发育陆相—过渡相—海相沉积(图7-3)。

(1)层序Ⅰ。此层序普遍发育低位体系域(lowstand system tract, LST)、海侵体系域(transgressive systems tract, TST)和高位体系域(highstand systems tract, HST)，只有老鹰山CKⅠ-1钻孔和福泉凤山后坝CT8钻孔缺失低位体系域。低位体系域主要发育凝灰岩与铝土质泥岩，铝土岩呈浅灰色，含蠕虫状黄铁矿及凝灰岩角砾，坚硬，顶部为薄层浅灰色铝土质泥岩，含根化石。海侵体系域里西部威宁、水城一带主要发育细砂岩、粉砂岩、泥岩等，沉积相主要是天然堤、决口扇相；中部纳雍、织金一带主要发育泥岩、泥质粉砂岩、粉砂质泥岩、碳质泥岩等，见双向交错层理，沉积相主要是分流间湾、沼泽、潮坪、潟湖相；东部贵阳、贵定一带主要发育灰岩、泥岩等，沉积相主要是碎屑泥质潮下、碳酸盐岩潮坪相。高位体系域中威宁、水城一带主要发育细砂岩、粉砂岩等，沉积相主要是河道、边滩、天然堤相；中部纳雍、织金一带主要发育泥岩、泥质粉砂岩、粉砂质泥岩、碳质泥岩等，沉积相主要是潮坪、潟湖、沼泽相；东部平坝、贵阳、贵定一带，主要发育大段灰岩及少量细砂岩和泥岩，沉积相主要是潮坪相、局限台地相及开阔台地。

第七章 贵州省煤炭资源成矿规律及潜力预测

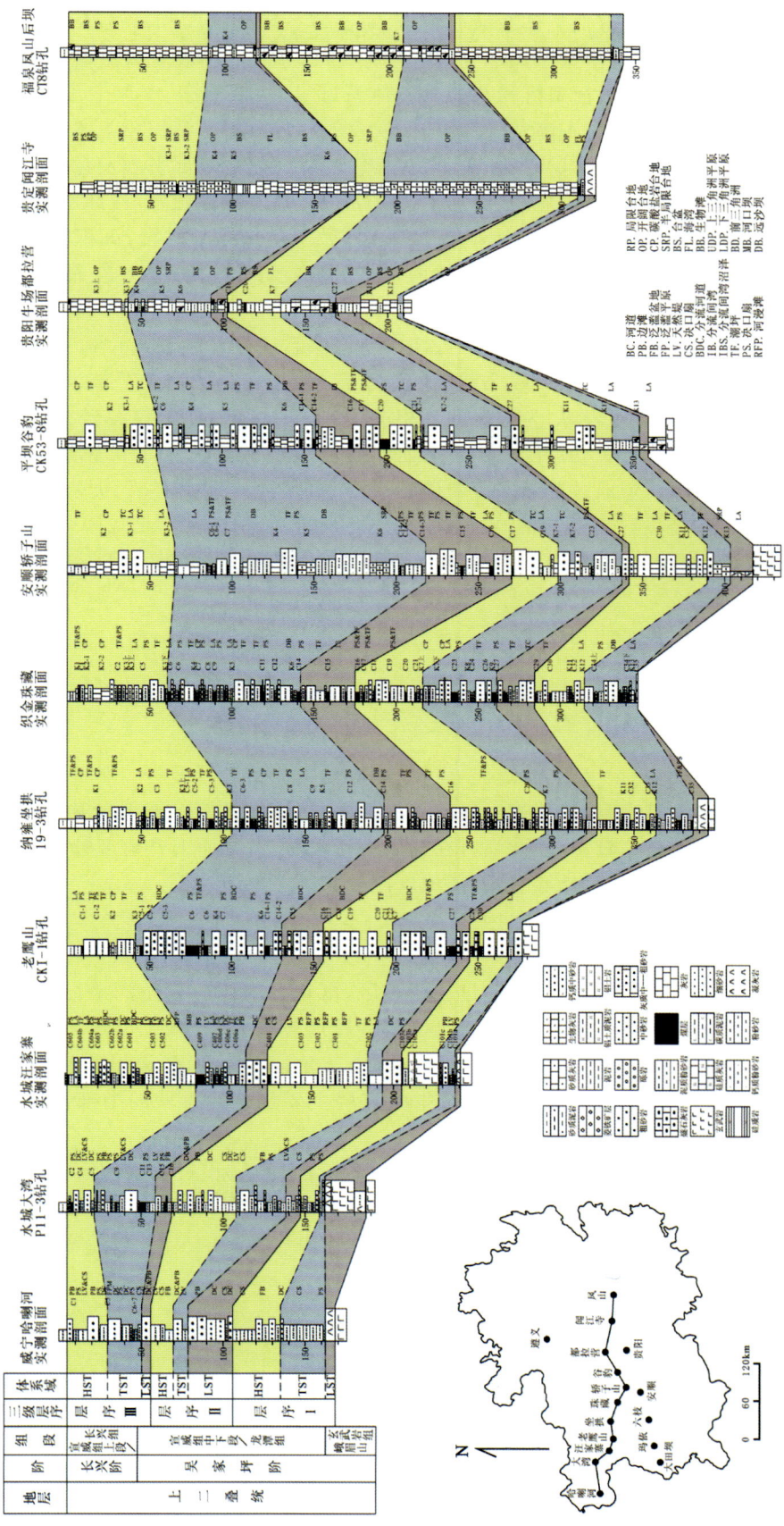

图7-3 威宁哈喇河—福泉凤山层序沉积相对比分析图

（2）层序Ⅱ。此层序普遍发育低位体系域（LST）、海侵体系域（TST）和高位体系域（HST），只有贵定闻江寺缺失低位体系域。低位体系域大部分地区岩性以细砂岩为主，发育大型槽状及板状交错层理，砂岩底部近冲刷面，为河道或分流河道沉积相。海侵体系域里，西部威宁、水城老鹰山地区发育中—细砂岩，为河道和分流河道沉积，水城大湾、汪家寨地区发育粉砂岩、泥岩，沉积相主要是泛滥盆地相、分流间湾相；中部织金—纳雍一带发育薄层砂泥岩互层，为典型潮坪沉积；东部平坝发育灰岩，为局限台地相沉积，贵阳、贵定一带发育大段生物碎屑灰岩，为生物礁沉积。高位体系域里，西部水城老鹰山地区发育中—细砂岩，为分流河道沉积，威宁、水城大湾、汪家寨地区发育粉砂岩、泥岩，沉积相主要是泛滥盆地、分流间湾相；中部织金、纳雍一带发育泥岩和泥灰岩，为碎屑泥质潮下沉积，贵定、福泉一带发育大段生物碎屑灰岩，为生物礁沉积。

（3）层序Ⅲ。此层序普遍发育低位体系域（LST）、海侵体系域（TST）和高位体系域（HST），只有贵定闻江寺缺失低位体系域。低位体系域威宁和水城都发育中层状细砂岩，为分流河道相沉积；织金、纳雍一带发育粉砂岩、泥岩、碳质泥岩等，为分流间湾相沉积；东部地区主要发育泥岩、灰岩、泥灰岩，沉积相为碎屑泥质潮下和局限台地相。海侵体系域里，西部水城老鹰山地区发育中厚层状中、细砂岩，底部显示明显的冲刷面；中西部其余地区普遍发育粉砂岩、粉砂质泥岩、泥质粉砂岩、泥岩等，沉积相主要是分流间湾相、沼泽相；东部主要发育灰岩、燧石灰岩、生物碎屑灰岩，沉积相主要是局限台地相、开阔台地相、生物礁相、深水盆地相。高位体系域岩性和沉积相发育基本同海侵体系域类似，只是在横向上向西迁移。

（二）煤层在层序格架内的分布特征

1. 煤层在层序地层格架中的位置

基于陆相环境的研究表明，在最大海泛面处可以形成稳定分布的厚煤层。在海相环境中，情况又有所不同，海相碳酸盐岩型含煤岩系，最厚煤层形成于海侵面（初始海泛面），最薄煤层形成于最大海泛面。在这种情况下，泥炭的堆积速率较慢，因此只有在初始海泛面时，海平面上升速度较慢，泥炭不至于被淹没，从而为泥炭提供了合适的聚集、储存空间，形成广泛分布的厚煤层。

2. 煤层在层序地层格架中的分布特征

贵州西部在晚二叠世时期是典型的海陆过渡相地区，沉积环境以上三角洲平原沉积和下三角洲平原沉积为主。本次工作表明，在下三角洲平原地区，那些厚度较大、展布较广的煤层在层序地层格架中的位置主要是海侵体系域中下部和高位体系域中部；在上三角洲平原地区，海侵体系域中的煤层主要位于体系域中上部和最大海泛面处，而高位体系域中的煤层主要位于体系域的中部，总体上在海侵体系域、最大海泛面附近更有利于煤层的形成。

只有在海侵体系域晚期或高位体系域早期，即最大海泛面附近，相对较快的海平面上升速率较高，才能给泥炭堆积提供持续增加的可容空间，从而在最大海泛面处形成较厚的煤层，低位体系域最不利于成煤。总体上在海侵体系域更有利于煤层的形成，由西往东煤层逐渐减薄，原因是研究区从西往东沉积相由过渡相变化到海相（表7-10）。

四、岩相古地理格局

中二叠世末—晚二叠世初的东吴运动，改变了贵州地壳中二叠世的古地理格局，海水全线退缩至紫云、望谟、罗甸一带的深水盆地中，广大地区上升为陆，遭受风化剥蚀。与此同时，西北部发生大面积的玄武质岩浆喷溢，造成了西北高、东南低的古地形特征。晚二叠世早期，由南东向北西的海侵，呈频繁的脉动式海水进退,西部逐渐发育几条古河流,流向南东,倾注入海。除东部雪峰古陆、西北部三道河高地和南部癞子山小岛无沉积外,省内其余广大地区,均有上二叠统沉积,形成了南东向北西,由海相—过渡相—陆相的岩相古地理格局。

表7-10 煤层在层序地层格架各体系域中的分布特征表

三级层序	体系域	西部煤层发育特征	东部煤层发育特征
层序Ⅲ	HST	全区发育,煤层分布较稳定	不发育煤层
	TST	全区发育,煤层横向分布连续稳定,可对比	不发育煤层
	LST	大部分地区发育,基本不含煤	不发育煤层
层序Ⅱ	HST	全区发育,煤层分布较稳定	局部发育极薄煤层
	TST	全区发育,中部煤层结构简单,两边层数增多结构变复杂,厚度基本稳定	发育几层薄的煤层,厚度不稳定
	LST	局部发育极薄煤层	基本不发育煤层
层序Ⅰ	HST	部分地区发育,煤层较少	部分地区发育,煤层较少
	TST	研究区东南部分地区不发育,煤层结构复杂	基本不发育煤层
	LST	发育铝土岩和凝灰岩,不发育煤层	发育铝土岩,不发育煤层

各相区的分布极有规律,由北西向南东,依次由陆相—过渡相—海相,各相之间均呈犬牙交错、逐渐过渡关系。相区中,各种沉积相带的横向分布亦有规律,由北西向南东,由河流相—三角洲—潮坪、潟湖—碎屑泥质潮下—局限碳酸盐岩台地—开阔碳酸盐岩台地—边缘生物礁—深水盆地相(图7-4),明显受聚煤盆地西高东低古地形的控制。

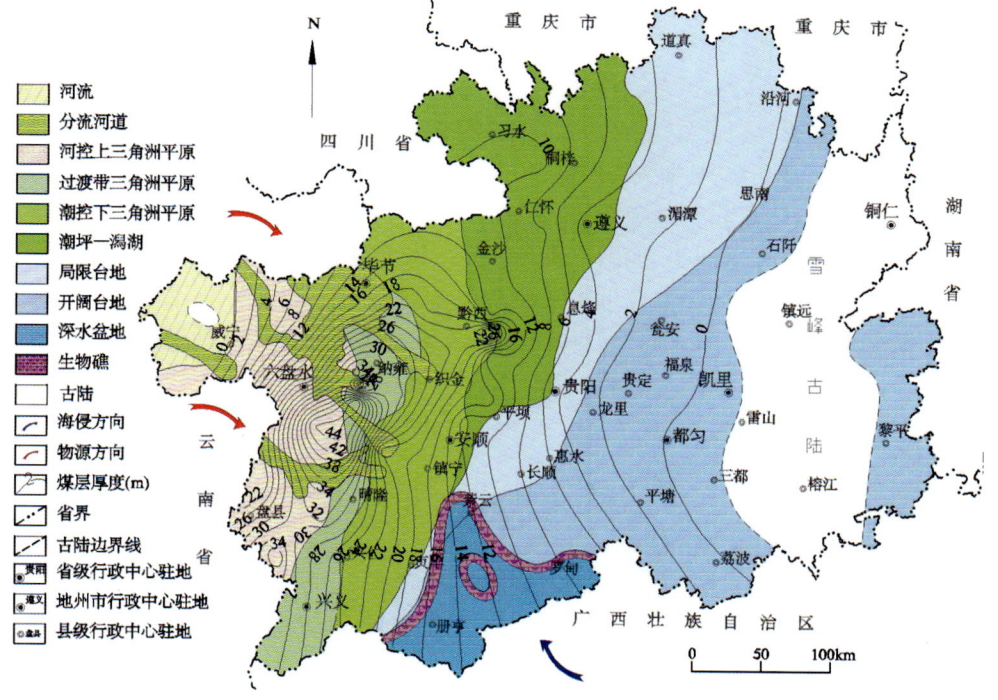

图7-4 贵州省晚二叠世岩相古地理及煤厚图

如上所述，贵州晚二叠世沉积区作为上扬子聚煤盆地一部分，自西向东，不仅相带齐全，而且沉积环境类型丰富多样，如陆相河流体系中，可分为辫状河、网状河和曲流河；三角洲体系可分为长三角洲、朵状三角洲及辫状河—扇三角洲；朵状三角洲亦可进一步划分为曲流河—朵状三角洲和网状河—准朵状三角洲，既有浅海的碳酸盐岩台地及边缘生物礁，又有深水盆地等沉积环境。沉积相带的宽窄受古地形坡度控制。黔北一带因为古地形坡度平缓，故沉积相带展布较宽；西南（盘县—望谟）一带，古地形坡度较陡，沉积相带较窄；毕节—织金一带处于两者之间。

五、聚煤规律及其控制因素

（一）聚煤作用控制因素

1. 古植物和古气候

古植物和古气候是控制聚煤作用的主导因素之一。适宜的古气候和古植物条件是聚煤作用发生的必要因素。温暖潮湿的气候条件有利于植物的大量繁殖，从而为成煤作用提供了物质基础，晚二叠世大规模聚煤作用就是在这种气候背景下发生的。贵州晚二叠世古植物面貌以真蕨纲和种子蕨纲植物为主，伴有大量楔叶纲及石松纲植物中一些喜湿的沼生植物，属高等植物群。

2. 古构造因素

区域性地壳升降运动是聚煤作用的宏观控制因素，控制了岩相古地理格局及古地形的坡降大小，间接控制了聚煤作用的发生。贵州地壳是上扬子晚二叠世聚煤盆地的一部分，总体上反映了较为稳定的古构造和古地理条件。贵州晚二叠世聚煤盆地属构造型聚煤盆地，断陷和坳陷兼而有之，整体应属断坳型聚煤盆地。聚煤盆地发育初期，西部断裂活动强烈，导致大量玄武岩岩浆喷溢，对聚煤盆地基底起到了填平补齐作用。在含煤岩系形成过程中，同沉积断裂构造的控制作用表现较明显。

3. 聚煤古地理类型

聚煤作用发生的古地理条件是要求有常年积水的洼地，如滨海沿岸因海退而暴露出来的滨海平原和三角洲平原的沼泽和泥炭沼泽，在被障壁岛保护而免受海水侵袭的低洼地带，如潟湖—潮坪、河流两岸的漫滩、沼泽等。根据上述岩相古地理分析，贵州省内晚二叠世沉积环境类型多样，其中，河流相、湖泊相、辫状河扇—三角洲相、三角洲相、潟湖—潮坪相及碳酸盐岩台地相等，均具备聚煤作用发生的环境条件。根据岩相古地理分析，本区晚二叠世主要发育河流、三角洲、潟湖—潮坪及碳酸盐岩台地沉积体系。其中三角洲型聚煤最好，潟湖—潮坪型聚煤次之，河流型和碳酸盐岩台地型聚煤均较差。

（二）聚煤作用特征

（1）聚煤作用好的地带，均为古三角洲平原，且主要位于水城三角洲和盘县三角洲上。其中，上、下三角洲平原的过渡地带（盘县、水城、纳雍一带）聚煤作用尤佳，是各成煤期的聚煤中心。黔北三角洲，因聚煤时间短，远较盘县三角洲、水城三角洲为差，但在黔北地区，仍为聚煤较好地段。聚煤作用差的地带为河流相和碳酸盐岩台地相。潟湖—潮坪相，则居于两者之间，其靠陆一侧，与三角洲形成三角洲—潮坪复合体系，聚煤作用则较好。

（2）整个晚二叠世期间，由于自东向西的海进，使聚煤区向西退缩，聚煤中心亦随之西迁，以长兴期迁移幅度最大。富煤带的纵横迁移,明显受控于与三角洲有关的古地理环境的时空变化。

(3)盘县、水城富煤带的形成,是由于处于特定的古地理位置(上、下三角洲平原过渡地带),且聚煤时间长,各成煤期均有很好的聚煤作用发生,并互相叠加所致。

(4)晚二叠世聚煤特征,以由东向西超覆式海进型成煤为主,如吴家坪早期、吴家坪晚期及长兴期。其中,以长兴期最为典型。海退型成煤次之,以吴家坪晚期早时较为典型。

第四节 煤盆地构造演化和煤田构造

一、煤田构造格局

(一)赋煤单元划分

贵州省具有工业价值的煤层主要形成于晚古生代。晚二叠世,云南、贵州、四川是一个统一的聚煤盆地,贵州处于盆地中部,也是沉积坳陷和聚煤的中心所在。贵州地处扬子陆块被动大陆边缘,划归华南聚煤域,根据赋煤单元划分方案,贵州属华南赋煤区(Ⅰ级)。根据赋煤带的划分依据进一步划分为毕节-织金、六盘水、凤冈-都匀和南盘江 4 个赋煤带(Ⅱ级),各赋煤带构造形态及分布均有各自的特征(图7-5);根据不同赋煤带在各煤田中所处部位,按含煤地层的分布和赋存状况进一步划分为若干个含煤单元,即将一个完整向斜或含煤小区划分为 1 个含煤单元(或含煤小区),共划分 142 个向斜(或含煤小区)(Ⅳ级),各向斜(或含煤小区)包含若干个勘查区(或井田),全省共计 513 个勘查区或井田(Ⅴ级)。

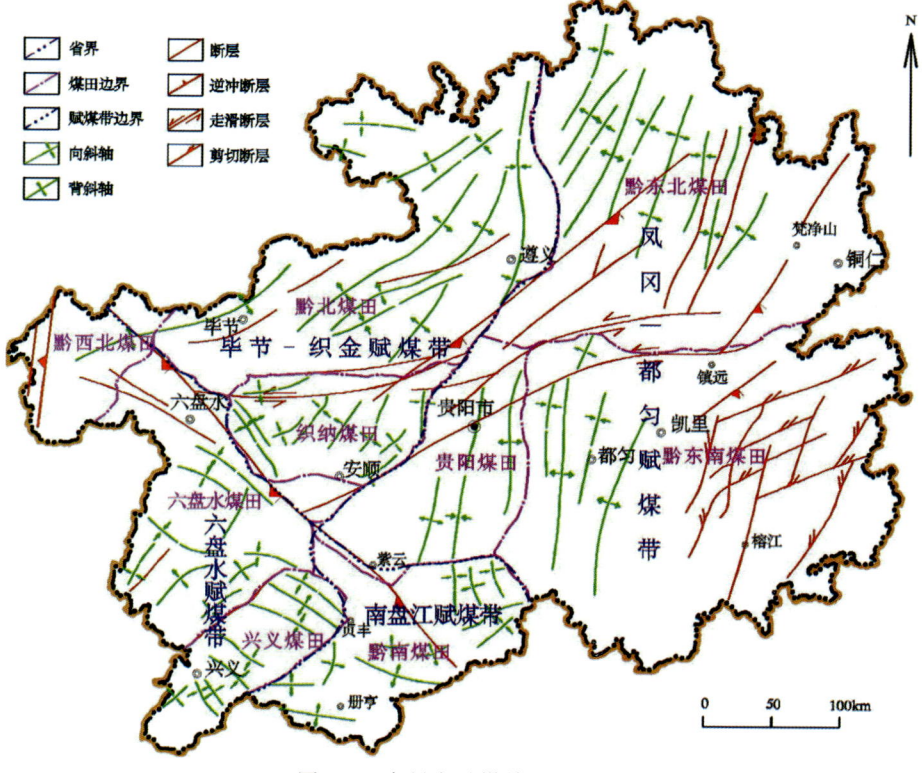

图 7-5 贵州省赋煤单元区划图

（二）各赋煤带煤田构造特征

1. 毕节-织金赋煤带

该赋煤带位于贵州省西北部，主要地处交叉断裂（水城-紫云断裂与贵阳-镇远断裂）北部，遵义断裂以西，主要包括黔西北煤田、黔北煤田和织纳煤田。该赋煤带主要成煤时代为晚二叠世，地处海陆交互过渡相区，为贵州省一般含煤区，煤层厚度10~30m，位于黔中隆起两侧，地处毕节弧形构造区和织金宽缓褶皱区，煤田构造主体为北东向构造，以等势式、短轴式褶皱为主，西南部以水城-紫云断裂、垭都-蟒洞断裂为界，东南部以镇宁—平坝—息烽一线为界，东部大致以遵义断裂为界。

2. 六盘水赋煤带

该赋煤带位于贵州省西部，地处水城-紫云断裂与册亨弧形断裂所围限的西部区域，包括六盘水煤田和兴义煤田。该赋煤带主要成煤时代为晚二叠世，地处海陆交互过渡相区，为贵州省富煤区，煤层厚度大于30m，位于黔南坳陷六盘水断陷区，地处六盘水复杂变形叠加褶皱区，煤田构造主体为北西向构造，以隔挡式褶皱为主。东北部以水城-紫云断裂、垭都-蟒洞断裂为界，东南部以册亨弧形断裂为界。该赋煤带主体走向北西，南部普安"山"字形前弧构造主体亦走向北西，仅中部"山"字形前弧脊柱为一南北向构造带。

3. 凤冈-都匀赋煤带

该赋煤带位于贵州省东部，遵义断裂以东，地处水城-紫云断裂南东段东北部，包括贵阳煤田、黔东北煤田、黔东南煤田。该赋煤带成煤时代有早石炭世、中—晚二叠世，地处浅海碳酸盐岩台地相区，为贵州省贫煤区，煤层厚度小于10m，位于凤冈南北向褶断区和都匀南北向褶皱区，煤田构造主体为近南北向构造，以隔槽式褶皱为主，西侧大致以遵义断裂、镇宁—平坝—息烽一线为界，西南部以水城-紫云断裂为界，南部至黔南煤田北边界。该赋煤带以南北向隔槽式褶皱为主，次为北东向隔槽式褶皱和北北东向、北东向褶皱。

4. 南盘江赋煤带

该赋煤带位于贵州省南部，地处水城-紫云断裂东南段与册亨弧形断裂所围限的南部区域，南部位于南盘江-右江前陆盆地右江褶皱带，包括整个黔南煤田。该赋煤带成煤时代为晚二叠世，地处深海碳酸盐岩台地相区，为贵州省贫煤区，煤田构造主体为近南北向、近东西向构造，以隔挡式褶皱为主，西侧以册亨弧形断裂为界，北部以黔南煤田北部边界为界，即大致以深海碳酸盐岩台地边沿生物礁为界。区内以复杂的弧形褶皱为特点，主要属于印支运动的产物，长期处于深海盆地环境，绝大部分区域为生物贫乏、不含煤的深水建造，仅在北部李子湾向斜含有薄煤，对研究后期控煤构造的形态、期次和强度有一定的实际意义，本区不含煤或含煤性极差。

（三）褶皱控煤构造

贵州省内含煤地层主要形成于晚古生代，先后经历了印支、燕山和喜马拉雅3次褶皱运动。印支末期，右江海盆回返，形成了形态复杂的褶皱，因该区无煤，故控煤意义不大。喜马拉雅运动在贵州省内主要表现为断裂，仅川南盆缘凹陷内有轻微褶皱，对控煤构造有一定影响。燕山运动最为强烈，使全省晚白垩世以前的地层普遍发生褶皱，奠定了后期控煤构造的轮廓，由于边界条件和介质条件的差异，省内不同地区产生了不同方向和形态的构造形迹组合，控制了含煤地层的保存程度和赋存状态。

1. 褶皱形迹分类

省内含煤地层褶皱十分发育,按展布方向大致可分 4 组:近南北向、北东向、北西向和近东西向,其中近南北向和北东向褶皱最为发育,北西向次之,近东西向不甚发育。现分述如下:

(1)近南北向褶皱组。主要分布在贵州东部,遵义-惠水断裂以东,地处凤冈-都匀赋煤带。褶皱排列紧密,晚二叠世含煤岩系保存于这些复式向斜中,向斜呈紧密槽状,其间复式背斜则较宽缓,呈箱状,含煤岩系多被剥蚀殆尽。褶皱常被北东向断裂所切割,枢纽切断而不连续,背斜还常受到走向断层的破坏。含煤地层多赋存于窄陡的向斜中,不利于煤炭资源的保存。

(2)北东向褶皱组。主要分布于贵州省西北部,遵义-惠水断裂以西,水城-紫云断裂镇宁西北段的北东部,以黔西北煤田、黔北煤田、织纳煤田最为发育。毕节-织金赋煤带北部主要为等势式褶皱,核部煤系埋藏较深,煤炭资源开发利用较困难。毕节-织金赋煤带南部和六盘水赋煤带南部主要为短轴式褶皱,走向北东或北北东;晚二叠世含煤地层埋藏于短轴式向斜腹部,被大面积三叠系、侏罗系覆盖,断层较稀少,有利于含煤地层的保存。

(3)北西向褶皱组。主要分布在贵州省西部、水城-紫云断裂南西侧,位于六盘水断陷的六盘水煤田中北部和兴义煤田,地处六盘水赋煤带。大致平行于水城-紫云断裂走向排列,六盘水煤田东北部褶皱较紧密,背斜紧陡尖顶,向斜较宽缓,背斜常被断层破坏;兴义煤田背斜陡窄,向斜宽缓,晚二叠世含煤地层保存在宽阔的屉状向斜中,对煤炭资源保存极为有利。

(4)近东西向褶皱组。零星分布在贵州西部赫章、纳雍一带,主要有野马川向斜、姑开背斜和勺坐背斜。其次在贵州北部习水、赤水一带,褶皱平缓,断层少见,含煤地层均深埋于侏罗系、白垩系之下。另外,在贵州南部册亨、望谟一带,地处右江褶皱带南盘江赋煤带,以复杂的弧形褶皱为特点,本区不含煤或含煤性极差。

2. 褶皱形态分类

褶皱是主要的控煤构造,含煤地层和煤层的赋存,都与褶皱有关,可赋存于褶皱的任何部位。根据褶皱的形态,可归纳为隔槽式、隔挡式、短轴式、等势式及弧形褶皱等类型。

(1)隔槽式褶皱。分布在贵州中部,呈南北向延伸,向北插入四川,往南伸进广西。南北延伸长度,大者>400km;东西展布宽 150~200km,南宽北窄,由宽缓背斜和窄陡向斜组成。在背斜轴部和向斜翼部,常发育有配套的走向正、逆断层,且常被后期的北东向、北北东向断裂切割,致使含煤地层不连续,隔槽式褶皱对含煤地层的保存十分不利。

(2)隔挡式褶皱。主要分布于六盘水煤田、兴义煤田。隔挡式褶皱的形态与隔槽式相反,由紧陡复背斜与宽缓复向斜组成。隔挡式褶皱对晚二叠世含煤地层的保存十分有利,保存面积远大于剥蚀面积。而且屉状向斜腹部使煤层埋藏较浅,有利于煤炭开发利用。

(3)短轴式褶皱。主要分布于织纳煤田、黔北煤田南部的黔西县及贵阳煤田北西部的息烽一带。背斜宽阔平缓,向斜略呈盆状,向斜轴部较完整,翼部常有挤压性逆断层发育。短轴式褶皱煤系赋存于向斜中,其剥蚀面积略大于保存面积,煤系的保存状况、埋藏深度及遭断层破坏程度等,均介于隔槽式与隔挡式褶皱之间。

(4)等势式褶皱。分布于黔北断拱南北向隔槽式褶皱带的东、西两侧。东部,呈北北东向;西部,呈北东向。在等势式褶皱中,煤系保留于向斜中,一般保留面积与剥蚀面积相近。

(5)弧形褶皱。主要分布于南盘江-右江前陆盆地右江褶皱带中,由多个褶曲组合呈弧形展布,弧形褶皱均形成于印支运动。该弧形褶皱区无重要含煤建造,对控煤无实际意义。

(四)断裂控煤构造

喜马拉雅运动贵州省内含煤地层主要表现为断裂,对控煤构造有一定影响。燕山运动最为强烈,奠定了后期控煤构造的轮廓。断裂的存在常常破坏了褶皱构造的完整性,因而断裂往往是破坏储煤构造,影响煤矿藏评价的主要因素。省内断裂控煤作用主要表现为：破坏煤系纵向或横向的连续性，造成煤系的缺失、重复或错断、位移，各煤田内部中小型断层十分发育，但各处断层发育程度很不均一，在区域性大断裂附近最为发育。断裂控煤构造主要为走滑断层，发育方向主要为北东向和近南北向，北西向和近东西向也有发育，相对较少，局部地带推覆构造亦有发育。省内主要断裂控煤构造可归纳为走滑断裂控煤和其他断裂控煤两类。

(1)走滑断裂控煤：省内走滑断裂分布广泛，以左旋直扭作用使煤系及赋存煤系的向斜轴线发生水平错移为特征。断裂走向以北东向为主，次为北东东向和北北西向；断层倾角一般较陡，横向切割煤系。走滑断裂常成组发育，把较完整的赋煤褶皱错断成若干段，破坏了含煤地层的连续性。

(2)其他断裂控煤：与褶皱配套的初级或次级的压性和张性断裂，多为走向断层，部分为横断层。走向以北东向、北北东向为主，次为北西向，少数为南北向和东西向。以正断层、逆断层为主，亦有推覆构造。断层规模、大小不一。延伸长度由数千米至百余千米，断距数十米至千余米不等。断层分布广泛，造成煤系不同程度的缺失或重复，破坏赋煤构造形态的完整性。

二、煤盆地构造演化

(一)同沉积构造

1. 晚二叠世同沉积构造格架

晚二叠世同沉积构造主要表现为聚煤盆地基底加里东期古断裂的继承性活动和可能与东吴运动有关的断裂活动。其中，反映较为明显的断裂主要有纳雍-瓮安断裂、紫云-水城断裂、黄泥河-潘家庄断裂、贵阳-镇远断裂、册亨弧形断裂、遵义-惠水断裂和盘县-水城断裂。它们在各个时期或先或后，或多或少对沉积都起到一定的控制作用。

2. 同沉积构造控煤作用

晚二叠世沉积期所反映出的区域性大断裂具有长期发育、多期活动的特点，主要表现为同生沉积断层特点。区域大断裂构成了黔中及其邻区的构造单元分界，也是贵州煤田的划分边界，在各个时期对沉积均起到一定的控制作用，都对晚二叠世沉积相的控制、沉积地层厚度、含煤地层分区（煤田划分）及煤变质程度等产生较大的影响。

(1)贵阳-镇远断裂。作为黔中隆起与黔南坳陷的分界断裂，与遵义-惠水断裂北段共同作用，控制着晚二叠世过渡相与海相的分界，控制着两侧龙潭组的含煤性；同时，该断裂中段控制着两侧的后期构造形态，西北侧构造主要为北东向，南东侧构造主要为近南北向展布。

(2)水城-紫云断裂。构成了六盘水煤田与织纳煤田的分界，东吴运动成为峨眉山玄武岩喷溢通道，对晚二叠世沉煤基底起到填平补齐作用，是陆源碎屑搬运的通道，亦是海侵的主要通道，并控制着断裂两侧晚二叠世沉积厚度及含煤性；南东段控制了浅海碳酸盐岩台地相与深水盆地相的分界；同时，控制着两侧的后期构造形态，在南西侧构造主要为北西向，北东侧构造主要为北东向展布。

(3)纳雍-瓮安断裂。作为黔中隆起内部的一条古老断裂，该断裂控制着晚二叠世沉煤基底和煤系底界铁铝岩或铝土质泥岩的风化剥蚀程度，并控制着晚二叠世沉积厚度，进而影响断裂两侧的煤岩层对比。同时，在该断裂附近局部地段控制着近东西向构造。

(4)遵义-惠水断裂。该断裂北段控制着晚二叠世过渡相与海相的分界，进而控制着两侧龙潭组的含煤性差异，东部龙潭组含煤明显变差。断裂活动南强北弱、西强东弱，东侧坳陷区的褶皱以南北向为主,其次为北北东向,断裂以西隆起区以北东向褶皱带为主。

(5)盘县-水城断裂。该断裂控制着两侧晚二叠世成煤基底风化剥蚀程度,晚二叠世以盆缘断裂形式出现,控制晚二叠世沉积厚度,西薄东厚,同时控制着晚二叠世陆相与过渡相的分界,进而控制着两侧晚二叠世含煤地层的含煤性。

(6)册亨弧形断裂。形成于海西期黔桂运动,控制着浅海碳酸盐岩台地相与深水盆地相的分界,进而控制着断裂两盘的岩相、厚度及含煤性,南东侧以复杂的弧形褶皱为特点,一般不含煤。

(二)晚二叠世沉积建造的古构造单元划分

根据贵州省古构造发育特点,通过大量资料收集整理分析,划分如下古构造单元(表7-11,图7-6)。

表7-11 贵州晚二叠世古构造单元划分一览表

上扬子板块	黔北隆起			林口坳陷
				三道河隆起
				素朴隆起
	平坝-水城断陷	织金断坳		比德坳陷
		六盘水断坳		玉舍-郎岱坳陷
				盘县-茅口坳陷
				盘南隆起
	黔南坳陷	兴仁-紫云断陷		牛田坳陷
				贞丰-戈塘隆起
		长顺-紫云隆坳带		摆哈坳陷
				长顺隆起
				猴场隆起
				罗甸隆起

(三)煤盆地沉积前的构造演化

雪峰运动使扬子板块基底形成,震旦纪末织金运动,东西向黔中隆起初具规模,志留纪末广西运动,黔中隆起最终定型,在黔北造成海盆持续抬升,无泥盆系、石炭系沉积,初步形成北西向、北东向两组交叉断裂,另外遵义-惠水断裂也相继出现。加里东末期都匀运动、广西运动产生的北西向、北东向和东西向一系列断裂和黔中隆起成为本阶段的同沉积构造,控制着整个晚古生代的沉积。早泥盆世初进入拉张上隆、拉张沉陷阶段,构造运动表现为不均衡的升降断块性质。

1. 紫云运动

贵州在早泥盆世早期仍为上扬子古陆剥蚀区,中期海侵由南向北进行,构成南海北陆、北高南低的构造格局,晚泥盆世开始海退,在海水还没有完全退出贵州之前,早石炭世的海侵又开始,贵州中部到北部之间的广大地区表现为早石炭世中期和晚期不同的层位超覆于早石炭世早期、晚泥盆世、中泥盆世、寒武纪—奥陶纪的不同层位,贵州北部和中部这次明显的升降运动就是紫云运动。

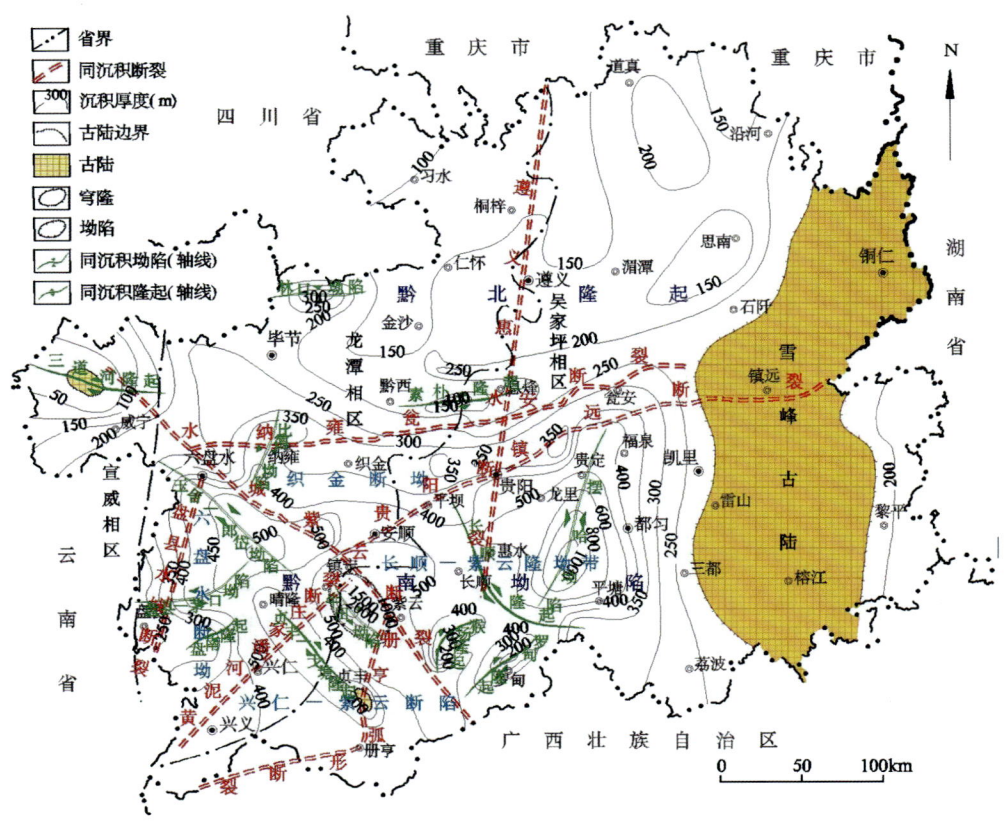

图 7-6 贵州晚二叠世成煤期古构造略图

早石炭世以碳酸盐岩为主,远滨相分布在纳雍、贵阳、从江一带;台地相分布在威宁、安顺、平坝、罗甸、紫云、兴义一带;在台地的罗甸、紫云、水城等地有较深水的台盆沉积,相带展布呈北西向。在垭都-蟒洞断裂与水城-紫云断裂围限的北西向构造带内,泥盆系—石炭系沉积厚度巨大。紫云运动以上升为特点,早期的断层多表现为正断层性质并伴随有断块运动。

2. 东吴运动

石炭纪、二叠纪之交,受黔桂运动的影响,中二叠统与下伏地层的接触关系由南向北呈规律变化:黔西南的盘县、六枝、紫云、罗甸一线以南为连续沉积;北至赫章、织金、贵阳、都匀一带为假整合接触;再往北东的广大地区中二叠统则分别超覆在泥盆系、志留系、奥陶系、寒武系、震旦系之上。中二叠世,整个贵州沦为碳酸盐岩台地相沉积,栖霞期—茅口期海侵达到最大,黔中隆起成为水下隆起,持续到中二叠世末。中二叠世晚期,受西部峨眉山地幔柱的区域性隆升的影响,爆发东吴运动,大面积的隆升使中二叠世晚期的茅口组形成广阔的剥蚀残积平原(聚煤基底)。贵州西部及中部开始有玄武岩喷发,海水大规模向南东退却,几乎整个贵州被抬升成陆,遭受强烈剥蚀,在盘县、水城、织金、贵定、平塘一带以北发育滨岸沼泽环境,沉积有砂岩、页岩及劣质煤。

进入晚二叠世,大量玄武岩喷发,古地理格局为西高东低,西北为陆,南东为海,多为假整合接触。东吴运动贵州省沉积相自西向东为陆地河流→陆地边缘→台地→台盆→台盆斜坡相,在黔南台地相的紫云、罗甸等处尚继承性发育北西向的盆地相碎屑沉积。"黔中隆起"及其周缘主要为陆地边缘—台地相,遵义—安顺一线以西为陆地边缘潮坪—沼泽潮坪区,这为晚二叠世煤层的形成提供了优越的古地理条件,素有"西南煤海"的上二叠统龙潭组煤系即在该时期形成。

(四)煤盆地沉积后的构造演化

贵州省的重要煤系形成于拉张断陷阶段的不均衡断块构造环境,煤系变形则发生在挤压褶皱阶段。贵州晚古生代含煤建造形成以后,先后经历了3次范围不同、强度不同的挤压褶皱运动,历经印支、燕山、喜马拉雅等多次构造运动,但起主要改造作用的是早燕山运动,它使大部分地区晚侏罗世以前的地层发生整体褶皱和断裂,奠定了贵州煤田的基本构造格架。煤盆地沉积时同沉积断裂构造控制了含煤地层的沉积厚度、含煤层数、可采煤层的层数、煤层可采总厚及储量丰度等。

1. 印支运动

早三叠世—晚三叠世中期,跨入印支期,印支运动是海西—印支构造旋回中的最后一幕造陆性地壳运动,印支运动在贵州总体表现为升降性质的断块活动。晚三叠世晚期发生的安源运动是印支运动的最后一幕,区内整体上升成陆,结束海相沉积史,进入燕山—喜马拉雅运动阶段。

2. 燕山运动

燕山运动在贵州是最广泛、最强烈、最重要的褶皱运动。省内南北向隔槽式褶皱、北西向隔挡式褶皱、北东向短轴式褶皱、北东向和北北东向等势式褶皱等控煤构造形态均形成于此构造运动。从煤田构造的分布规律判断,贵州东部挤压应早于西部,强度上东强西弱,东西部的分界应是遵义-惠水古断裂,其次是水城-紫云古断裂。

早燕山运动:早期应力场为自东向西挤压,受遵义-惠水古断裂阻隔,贵州东部形成北北东向、近南北向褶皱及一系列向西逆冲的近南北向逆断层。随着挤压作用继续加强,受紫云-水城古断裂和黄泥河-潘家庄古断裂的影响,在靠近断裂带形成了一系列轴面向北东倾斜的北西向褶皱,伴生少量东西向正断层和北东向、北西向剪裂面。晚期应力场转变为自北西往南东的挤压,受两组交叉断裂(水城-紫云断裂和师宗-贵阳断裂)的影响和限制,随后由于受到黔中隆起的阻隔及纳雍-瓮安断裂的限制,贵州境内地层发生剧烈褶皱、断裂,川中盆地边缘形成"S"形褶皱。主燕山运动是本区自古生代以来最强烈的构造运动,奠定了贵州煤田的基本构造格局。

晚燕山运动:在近南北向挤压应力场控制下,黔中隆起及其邻区发生大角度斜跨构造叠加,叠加强度有限。贵州东部燕山早期形成的近南北向褶皱与断裂的南段,在被主燕山后期改造成北北东向、北东向以后,此时继续叠加而得到一定加强,形成微弱"S"形;主燕山后期形成的北东向褶皱和断层发生左行剪切形成"S"形叠加褶皱,被改造后总体呈现向南东凸出的弧形。早期北北东向及北东向逆断层也再次活动,断层性质先变为逆—左行平移断层,最后逐渐转变为正断层,其中少量断层主要受到剪切作用,平移位移较大,表现为左行平移断层;近南北向断层表现为斜冲特点。此外,还形成一些新的北东东向、东西向和北西向断层。

3. 喜马拉雅运动

第三纪(古近纪+新近纪)末,喜马拉雅运动在贵州省主要表现为整个地壳的隆升,形成云贵高原,地壳的隆升产生广泛而复杂的断裂活动。古近纪末,喜马拉雅褶皱带隆升产生自西向东的挤压,对早期构造进行叠加改造,基本上继承了燕山期的构造格局,一些断层复活,新生一些席卷上白垩统的小褶曲,各组褶皱均得到一定加强,北东向、北东东向及北西向断层表现为左行平移运动,南北向断层表现为逆断层,近东西向断层表现为正断层。另外,还新形成少量很小规模的轴面向西倾斜的北西向和南北向逆断层,同时,在贵州黔北北部的川中前陆盆地内产生轻微的褶皱。新近纪末,主要表现为间歇性和差异性陆壳隆升作用,在一些侵蚀盆地和洼地中分布有坡洪积物,并由此形成了多层次的古夷平面、古溶洞层和河谷阶地等构造地貌景观。

4. 煤盆地类型

贵州晚二叠世聚煤盆地属构造聚煤盆地,断陷和坳陷兼而有之,整体应属断坳型聚煤盆地。根据晚二叠世同沉积构造分析、古构造单元划分和上二叠统含煤地层分区(煤田划分),贵州省晚二叠世聚煤盆地类型属断坳型聚煤盆地,黔北煤田、黔东北煤田聚煤盆地类型属坳陷型聚煤盆地,黔西北煤田、黔东南煤田聚煤盆地类型属断陷—坳陷型聚煤盆地,六盘水煤田、兴义煤田、织纳煤田、贵阳煤田和黔南煤田聚煤盆地类型属断陷型聚煤盆地。

三、控煤构造样式

控煤构造样式是指对煤系和煤层的现今赋存状况具有控制作用的构造样式。控煤构造样式的划分采用地球动力学分类,即根据地壳应力环境划分为伸展构造样式、压缩构造样式、剪切和旋转构造样式,以及具有构造叠加和复合性质的反转构造样式四大类。在此前提下,注重体现煤田构造的特点,如滑动构造在煤田中常见,故可以单独划分滑动构造样式类。控煤构造样式的厘定,对于深入认识煤田构造发育规律、指导煤炭资源评价和煤炭资源勘查实践具有重要意义,贵州省控煤构造样式的主要类型有五大类,较为常见有15种类型,详见于表7-12。

表7-12 贵州省控煤构造样式分类简表

大类	类型	实例
伸展构造样式	单斜(掀斜)断块	牛集公社单斜断块、乐治南东翼、化起、马依预测区、回龙-者相构造等
	地垒构造	毕节新寨地垒构造、马依东勘探区、羊昌-惠水构造、下坝、偏坡预测区、紫马-李关构造等
	同沉积正断层	贵阳-镇远断裂、黄泥河-潘家庄断裂、紫云-水城断裂、遵义-惠水断裂等
压缩构造样式	挤压断块	LF_{35}、ZF_{18}、XF_{10}、XF_{11}、XF_{12}、XF_{14}、BF_{46}、GF_5、DBF_5、DNF_1等
	逆冲叠瓦构造	六广河逆冲构造、孟甲预测区、大冲头勘探区、永宁背斜、下坝构造等
	逆冲褶皱构造	连山勘探区东部、龙古背斜等
	对冲构造	红岩断层与归顺断层对冲带等
	纵弯褶皱	格目底向斜、郎岱向斜、盘南背斜、茅台向斜、仁怀背斜、长岗向斜、沙包向斜、龙古背斜、乐治向斜、摆所向斜、马头寨向斜、双龙向斜、纳省背斜
剪切和旋转构造样式	平移断层	BF_3、杉树林断层、ZF_{43}、GF_{29}等
	正平移和逆平移断层	ZF_1、ZF_6、ZF_7、ZF_{53}、兰花箐断层等
	平面"S"、反"S"形构造	茅台向斜、仁怀背斜、长岗向斜、加戛背斜、水公河向斜、张维背斜、滥木厂背斜、双龙向斜、坝佑向斜、横水塘向斜、ZF_8、GF_{47}等
	帚状构造	雨谷帚状构造等
反转构造样式	负反转构造型	齐伯房背斜、仁怀背斜、长岗向斜、老鬼山背斜、惠水向斜、梁子上向斜、纳省背斜等
	叠加褶皱型	床井穹隆等
滑动构造样式	层滑型	猛作预测区、三塘向斜南东翼ZF_{25}、长春堡向斜南东翼BF_{12}等

第五节 煤质特征与煤变质作用

一、煤岩学特征

（一）煤的物理特征

1. 煤的物理性质

贵州上二叠统煤层颜色为黑色、灰黑色，条痕为黑—黑褐色。在西部和东部烟煤区，煤化程度较低，煤的光泽较暗淡，多为沥青光泽或油脂光泽（在中部和西南部贫煤、无烟煤区，多为半金属光泽、玻璃光泽及金刚光泽），断口多为阶梯状及贝壳状，煤层节理发育，性脆易碎。煤的结构大都为细条带状、条带状、线理状，少数为粒状，均一状结构仅见某些暗淡烟煤和光亮型无烟煤中。煤的构造一般是层状或似层状，少数为块状、透镜状，在构造转折、交叉部位，煤层因被揉皱挤压呈鳞片状，裂隙比较发育，被后生方解石脉所充填，有时可见石英脉（在中部、西南部广大地区，煤中常见黄铁矿呈扁豆状、结核状、条带状及散星状不均匀地分布）；镜质体最大反射率一般为 2.0%，显微硬度一般为 2.25~3.50N/mm²，视相对密度一般都小于 1.50g/cm³；在中部和西南部，镜质体最大反射率 1.78%~3.56%，显微硬度 2.50~4.43N/mm²，视相对密度一般大于 1.50g/cm³。

2. 煤的宏观煤岩类型

煤的煤岩组分主要为暗煤、亮煤，其次是镜煤、丝炭，呈条带状、细条带状及线理状分布或交替呈现。煤岩类型在西部如盘县、水城和东部的沿河、石阡、瓮安、都匀等地以半暗型为主；中部和西南部广大地区以半亮—半暗型为主，光亮型较少，仅在大方、金沙等地分布。

（二）煤的显微煤岩组分及显微煤岩类型

1. 有机组分

镜质组在全省范围内各煤层中含量最多，分布最为广泛，平均含量 70%~85%，除威宁金斗、新寨部分稍高外，其余地区由西部和东部向中部和西南部逐渐增多。惰质组的含量分布规律一般和镜质组的含量呈相互消长的关系，在中部及北部一般仅为 10%~25%；向西逐渐增至 30%~40%。壳质组分中以树皮体占绝对优势，角质体、孢子体次之，全省含量较少，仅以西部盘县、水城含量较高，分布也较普遍，大部分煤层可见，向中部和西南部逐渐减少，甚至为 0。

2. 无机组分

以黏土矿物、石英为主，其次是硫化物和碳酸盐。黏土矿物一般为 6.70%~8.54%，东部较高；石英和硫化物的含量变化由西向东逐渐减少，硫化物逐渐增多。无机组分总量的变化规律也是由西向东逐渐减少，表明煤中矿物质成分主要来自西部的玄武岩剥蚀区。

3. 显微煤岩类型

全省各煤层镜质体含量和惰质体含量之和大于 95%，且两者含量均不小于 5%，因此，全省各煤层的显微煤岩类型为微镜惰煤。仅盘县土城、火铺一带,水城大河边、汪家寨、小河边及六枝涝河、黔东北煤田的正安安常、黔东南煤田的瓮安洗马等地煤层镜质体、惰质体和壳质体含量均不小于5%,显微煤岩类型为微三合煤。

二、煤化学特征及其综合利用途径

(一)煤化学特征

1. 煤层硫分

(1)硫分的横向分布规律。全省各煤层硫分含量平均值为0.13%~9.53%,平均3.78%;最低为六盘水煤田,平均3.56%;最高为黔南煤田的罗甸县边阳煤矿普查区,平均9.53%。全省上二叠统煤中硫含量呈不规则带状,由西向东和向南部逐渐增高。全省晚二叠世成煤时期硫含量的分布大体为北东向,呈不规则的带状,向东和东南方向逐渐增高,分区分带也很明显,与其成煤环境有关(图7-7)。晚二叠世早期,东部为海相沉积,向西逐渐变为海陆过渡相、陆相,该期沉积的煤层硫分变化范围为0.05%~10.80%,平均2.69%,区域内呈现西低、东高趋势。晚二叠世中期,海相沉积面积增大,低硫及特低硫面积减小,仅在仁怀、金沙、大方、毕节一带及盘关向斜北部、照子河向斜、旧普安向斜有分布,其沉积的煤

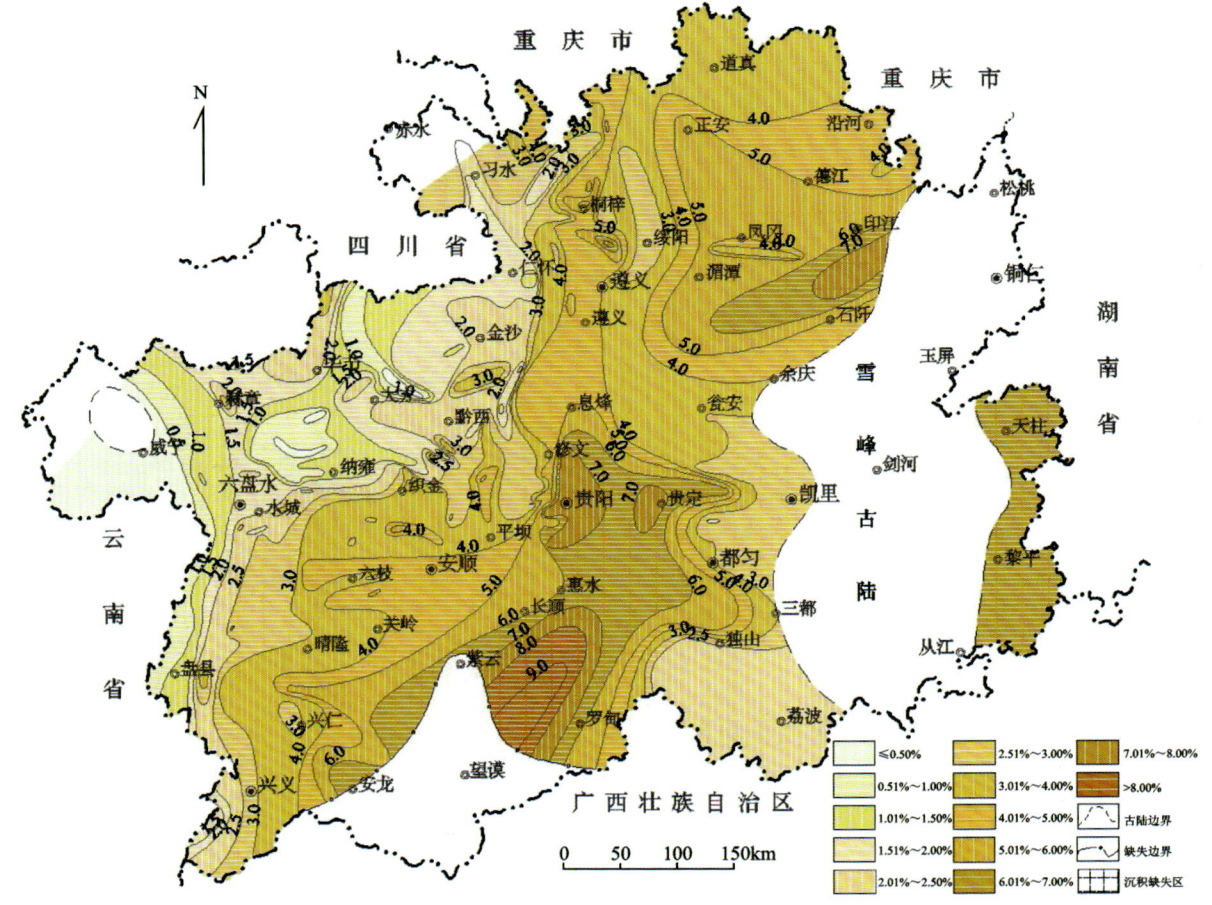

图7-7 贵州省上二叠统煤层硫分等值线图

层硫分变化范围为 0.08%～11.17%,平均值 1.13%,整体呈现西北低、东南高的趋势。晚二叠世晚期,海水继续向西入侵,沉煤环境缩小,该期沉积的煤层硫分变化范围为 0.10%～9.95%,平均值 1.87%,区域内呈现西低东高的趋势。在威宁金斗—惠水拉林一线,即由陆向海的方向,煤中硫含量由 0.13%递增为 8.52%,由陆向海增高。

(2)硫分的垂向分布规律。以海陆过渡相区(主要是三角洲发育地区)规律性比较明显。如盘县、水城、纳雍一带,龙潭组下段和长兴组总体为海进环境,主要煤层的硫分平均值较高,但在陆相或近陆相沉积的长兴组煤层中也有含硫较低的地区。龙潭组上段总体为海退环境,沉积的煤层含硫量一般较低;但也有高硫煤层的出现。在同一煤层的垂向上,不同地区硫含量的变化也各有所异,有上、下高,中间低,有上高下低和上低下高,也有上、中、下几近相等者,这种硫含量垂向上的分带和煤层各部位的差异,与成煤时的古地理环境、海水进退有密切的关系。

(3)各种形态的硫。省内主要含煤区和主要煤层中硫的形态均以硫铁矿硫为主,约占全硫的 73%,其次是有机硫,硫酸盐硫含量甚微,仅 0.02%～0.15%。由近陆相、海陆过渡相至近海相,硫化物硫随全硫的增加而增加。在浅海台地相区,随着全硫的增加,有机硫也迅速增加,可能是成煤期覆水较深、还原性较强所致。除少部分淡水泥炭形成的低硫煤中硫来自植物本身外,绝大多数中—高硫煤的硫都是与海水中的硫酸根离子(SO_4^{2-})有关。

2. 煤层灰分(A_d)

(1)灰分的分布规律。上二叠统煤层灰分为 8.58%～48.05%,平均 22.28%。由北西向南东,灰分呈现高→低→高的变化;由西向东,威宁金斗—织金文家坝—龙里洗马河,灰分变化为 21.94%→16.67%→35.05%;从北向南再至中东部,灰分一般为 15%～20%,总体呈北东向展布;向北西和向东及黔东北地区,灰分逐渐增高,在 25%以上(图 7-8)。长兴组煤层灰分为 9.04%～44.98%,平均 20.98%。

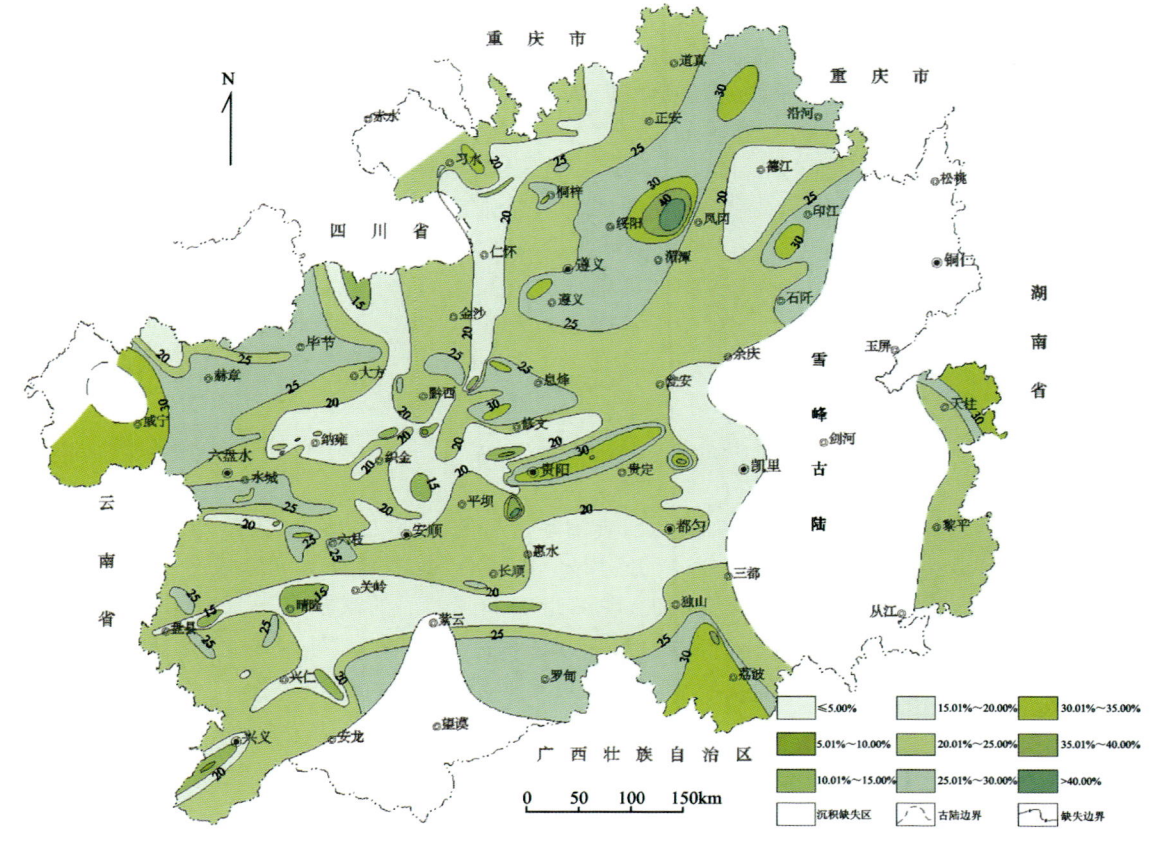

图 7-8 贵州省上二叠统煤层灰分等值线图

本组西北部地区煤层的灰分含量较高,总体来说呈现出西北高、东南低的趋势。龙潭组上段煤层灰分为 9.57%～48.86%,平均 19.87%,为低中灰煤,总体上六盘水以西灰分含量较高,由北至南略有减小的趋势。龙潭组下段煤层灰分为 17.25%～37.13%,平均 20.78%,整体展布规律不甚明显,北部相对偏大而南部相对偏小,总体趋势为由西向东由中灰分煤逐渐变为低中灰分煤。

(2)灰分在垂向上的变化。在六盘水、织纳煤田及黔北煤田的金沙、仁怀等地,龙潭组下段煤层灰分高于龙潭组上段和长兴组,以龙潭组上段最低,并有灰分依硫分的变化而变化,硫分高灰分也高,反之亦然。在同一地区同一煤层或不同煤层,结构复杂的煤层要比单一煤层的灰分高。

(3)灰分来源及灰成分。上二叠统煤层的煤灰成分主要有 SiO_2、Al_2O_3、Fe_2O_3、CaO、MgO、TiO_2、SO_3 等,以前三者为主,占 90%～95%。微量元素有 P、Ga、Ge、U、Th、V、F、As 等,煤中灰分主要由康滇古陆及威宁三道河高地剥蚀区经地表流水搬运补给。全省由西北向东南,即由陆相区向海陆交互相和海相区,煤灰中的 SiO_2 逐渐减少,Fe_2O_3 逐渐增加。

3. 煤的挥发分和镜质体最大反射率

(1)煤层挥发分(V_{daf})。全省煤层上二叠统煤挥发分为 6.19%～35.48%,一般为 15.04%,具有东、西高,中间低的特点。无烟煤地区煤层挥发分一般为 5.0%～10.0%,烟煤地区挥发分一般大于 20%,最高达 37%以上;向东和向西两侧,挥发分逐渐增高。垂向上,上二叠统煤层随埋藏深度的增加而挥发分减少,其梯度值为 1.8%～2.17%/100m。

(2)镜质体最大反射率(R_{max}%)。上二叠统镜质体最大反射率的变化与挥发分变化相对应,即中部高,东部和西部低。无烟煤地区,镜质体最大反射率为 2.62%～3.87%;东、西两侧烟煤区,镜质体最大反射率由 1.96%逐渐递减为 1.05%。从垂向上看,煤层随埋藏深度的增加,镜质体最大反射率逐渐增大,梯度值为 0.17%～0.36%/100m,这种变化在无烟煤地区尤为明显。

4. 煤的元素分析及其他有害元素

全省煤的碳含量较高,一般在 80%～94%之间,西部、北部含量较高;氢含量一般在 2.5%～5.6%之间,氮含量较低,一般为 1.2%;氧加硫含量一般为 4.5%。稀散元素锗、镓含量不高,锗含量一般为 1.9×10^{-6},镓含量一般为 11×10^{-6}。

有害元素:磷含量较低,一般为 0.012%,小于 0.010%的主要分布于安龙、长顺、贵阳、开阳、湄潭至正安一带;氯含量以黔西、织金较低,一般低于 0.010%,其余地区在 0.010%～0.017%之间;砷含量一般为 3.0×10^{-6};氟含量一般为 103×10^{-6},清镇氟含量最高为 154×10^{-6}。

全省上二叠统浮煤回收率一般为 36.86%,以桐梓最高,为 54.62%;以毕节最低,为 24.60%。煤灰的软化温度一般在 1250～1350℃之间,属于中等软化温度煤灰,煤灰的流动温度一般在 1300～1450℃之间,平均为 1366℃,属中等流动温度煤灰。

(二)煤的发热量

贵州省内煤的发热量一般为 26～27MJ/kg,贵阳附近有的高达 28～29MJ/kg,但在遵义、都匀等地仅 23～25MJ/kg。由于煤的发热量与水分、灰分、挥发分、硫分、焦渣特征和元素成分等有关,一般灰分高,发热量低,硫分与发热量关系不明显。因此,龙潭组底部或下部的煤要小于龙潭组上段和长兴组煤的发热量;黔北、遵义、都匀的煤要小于贵阳、六盘水、织纳的煤的发热量,原因是龙潭组底部或下部的煤结构复杂,灰分高或硫分高,因而发热量较低,如都匀、龙里等地。

(三)煤的可选性

影响煤可选性的主要因素是煤中矿物质的成分、数量、颗粒大小及其赋存状态以及有机质组成、结构、煤的变质程度等。一般来说矿物质呈单体存在的最容易选，呈浸染状分布在有机质中的煤最难选。煤的粒度组成，主要取决于煤化度，六盘水炼焦煤区块煤率（+13%）较低，分别为35.21%、35.35%和38.93%；织金矿区无烟煤块煤率最高，近59.25%；贵阳矿区为烟煤、无烟煤交叉区，块煤率为47.59%。煤的浮沉试验，以±0.1含量为标准，近陆相的水城、盘县矿区属很难选煤，黔北、织金和兴义矿区煤层可选性一般为中等可选—难选煤，近海相的贵阳矿区尚无充分资料说明。

（四）煤的黏结性指数、胶质层厚度

全省上二叠统各煤层的黏结性指数在0～90之间，全省以六盘水煤田最高，最大为97，一般为50，强黏结—特强黏结煤主要分布在格目底向斜北翼、旧普安、盘关、土城、垮都、大河边和二塘向斜，青山向斜南翼、土地垭向斜北翼、格目底向斜南翼多为不黏结煤；贵阳、黔东南、黔西北煤田部分为弱黏结—中强黏结煤，黔北煤田的东北部有少量的弱黏结—中强黏结煤；兴义、织纳、黔南煤田和黔北煤田大部为不黏结煤。胶质层厚度最小0mm，最大56mm，六盘水煤田一般15mm，贵阳煤田10mm，黔东南煤田21mm，黔东北煤田11mm，织纳煤田、兴义煤田、黔南煤田和黔北煤田胶质层厚度为0mm。

（五）其他含煤地层煤层煤质

1. 下石炭统祥摆组煤层煤质

该组为滨海沼泽环境成煤，有经济价值的煤层主要分布于荔波茂兰、都匀、麻江、龙里、贵阳以南等地，有可采煤层1～3层，可采总厚0.7～3.0m，灰分13.22%～32.61%，自南向北增高，挥发分8.77%～17.76%，煤种为无烟煤至焦煤，全硫1.19%～6.92%，以贵阳—龙里—麻江一线最高，荔波茂兰较低。高位发热量17.67～30.24MJ/kg，浮煤回收率为34.18%，煤可选性属极难选。

2. 中二叠统梁山组煤层煤质

该组为滨海沼泽环境成煤，煤仅分布于凯里、麻江、福泉、丹寨等地。煤灰分16.80%～36.49%，挥发分16.10%～37.80%，全硫2.19%～6.66%，高位发热量15.77～28.24MJ/kg。煤种为气煤、肥煤、焦煤、瘦煤；纳雍、毕节、赫章等地所见为贫煤、无烟煤，大部分不可采。

3. 上三叠统火把冲组煤层煤质

该组为滨海沼泽和海陆交互环境成煤，煤仅局限于贞丰龙头山，其他如郎岱、黔西、毕节等地偶尔可采。以贞丰龙头山向斜煤层为例，煤岩成分以暗煤为主，线理状、细条带结构，煤岩类型为半暗—半亮型。显微煤岩有机组分如下：镜质组92.08%，惰质组5.18%，壳质组2.99%；无机组分：黏土组4.03%，硫化物组4.56%，碳酸盐组0.29%，氧化物组0.17%。显微煤岩类型为丝质暗亮煤；镜质体最大反射率0.88%。往北至郎岱向斜，镜质组减少为46%，惰质组增加为49.5%，镜煤最大反射率降低为0.70%，灰分11.89%～20.37%。有由南向北增加的趋势；挥发分36.33%～43.35%，硫分4.71%～6.34%，胶质层厚度27.7～34.7mm，煤种为气肥煤。浮煤回收率55.63%，可选性为良等—易选煤。有害元素磷为0.015%，稀散元素锗为2.7×10^{-6}，镓为6×10^{-6}。

（六）煤综合利用途径

六盘水煤田的盘县矿区和水城矿区以优质炼焦煤为主，通过洗选浮煤可作冶金焦用煤，中煤和煤泥可作为动力用煤，煤矸石可作建材原料。六枝矿区多属炼焦煤类，但硫分偏高，通过洗选后也难达到冶

金焦用煤的硫分标准,可与低硫煤配合炼焦,原煤只能供动力用,但存在硫高污染环境问题,故应全部入选,中煤和煤泥较难利用,目前供动力用,将来宜用作二段气化,即先经焦化再气化。煤矸石必须先经选硫,把矸石硫分降到2%以下,然后供制建材等。

兴义煤田、织纳煤田、黔北煤田的贫煤和无烟煤主要供动力用和气化用。对于动力用煤,多数地区为富硫或高硫,须经洗选。对于气化用煤,目前仅由合成氨厂使用部分块煤,对于粉煤应发展团煤,既能节约能源,又可减轻环境污染。洗选后的沉矸多须选硫,然后综合利用。优质无烟煤可供制各种碳素制品。龙头山向斜为低灰、高硫气肥煤,宜洗选后气化炼焦。

贵阳煤田为高有机硫的贫煤、瘦煤和焦煤,个别为肥煤。直接燃烧污染环境,但气化技术尚不过关。这种煤的合理利用途径是粉煤气化,目前需从国外引进,对于焦煤和瘦煤可采用二段气化。贵阳煤田中有部分硫分较低者,如开阳羊场一带,经过深度洗选能够达到冶金焦用煤标准。

黔东北煤田和黔东南煤田虽多属炼焦煤类,但普遍硫分很高,除道真和凤冈的部分地区经洗选可达到冶金焦用煤标准,其他地区不宜供作冶金用煤,对于直接燃烧也存在环境污染问题,近期以气化为宜。从长远考虑,研究新的脱硫方法如腐殖酸烟气脱硫、化学脱硫、微波脱硫、微生物脱硫等,将促进本省高硫煤的合理利用。

三、煤类分布及变质规律

(一)煤类及其分布

贵州境内的煤炭资源,煤类较齐全,各变质阶段的煤类均有分布,主要有气煤、气肥煤、1/3焦煤、肥煤、焦煤、瘦煤、贫瘦煤、贫煤和无烟煤。此外,在施秉翁哨、盘县平关、威宁中水等,有少量褐煤;在威宁草海等地,尚有第四纪泥炭发育。

1. 上二叠统煤类

以上二叠统为例,其煤类分布较有规律,煤类分区、分带明显,全省可分为3个大区和6个小区(图7-9)。

(1) Ⅰ西部烟煤区:水城、盘县、六枝及威宁烟煤区,主要有气煤、气肥煤、1/3焦煤、肥煤、焦煤、瘦煤、贫瘦煤、贫煤。

(2) Ⅱ无烟煤区:

$Ⅱ_1$北部无烟煤区:分布于织金、纳雍、毕节、黔西、金沙、仁怀一带,为无烟煤二号区。

$Ⅱ_2$中部无烟煤区:分布于赫章、习水、遵义、安顺、晴隆、普定、安龙、兴仁、贞丰、紫云、罗甸一带,为无烟煤三号区。

$Ⅱ_3$西南部无烟煤区:分布于兴仁、兴义南部,为无烟煤二号区。

(3) Ⅲ东部烟煤区:

$Ⅲ_1$东北部烟煤区:桐梓—遵义—息烽一线以东,为肥煤、焦煤、瘦煤、贫瘦煤及贫煤。

$Ⅲ_2$东南部烟煤区:主要分布在贵阳地区及黔东南地区,修文—平坝—长顺—罗甸一线以东,有气煤、气肥煤、1/3焦煤、肥煤、焦煤、瘦煤、贫瘦煤及贫煤。

2. 下石炭统祥摆组煤类

其煤类有焦煤、贫煤、无烟煤。麻江大良、摆浪山为焦煤,龙里麻芝铺、都匀砂锅厂、荔波拉滩、拉奖为贫煤,贵阳国翁、荔波的甲界、更班、平寨、十二索为无烟煤。

3. 中二叠统梁山组煤类

其煤类有气煤、肥煤、1/3焦煤、贫煤及无烟煤。凯里鱼洞、桃子冲为气煤,凯里舟溪、窖货厂、从江贯洞为肥煤,凯里后庄为1/3焦煤,毕节茅坪为贫煤,纳雍包谷山为无烟煤。

4. 上三叠统火把冲组煤类

其煤类以气肥煤为主,少量1/3焦煤,主要分布于贞丰龙头山、郎岱木则、靛山。

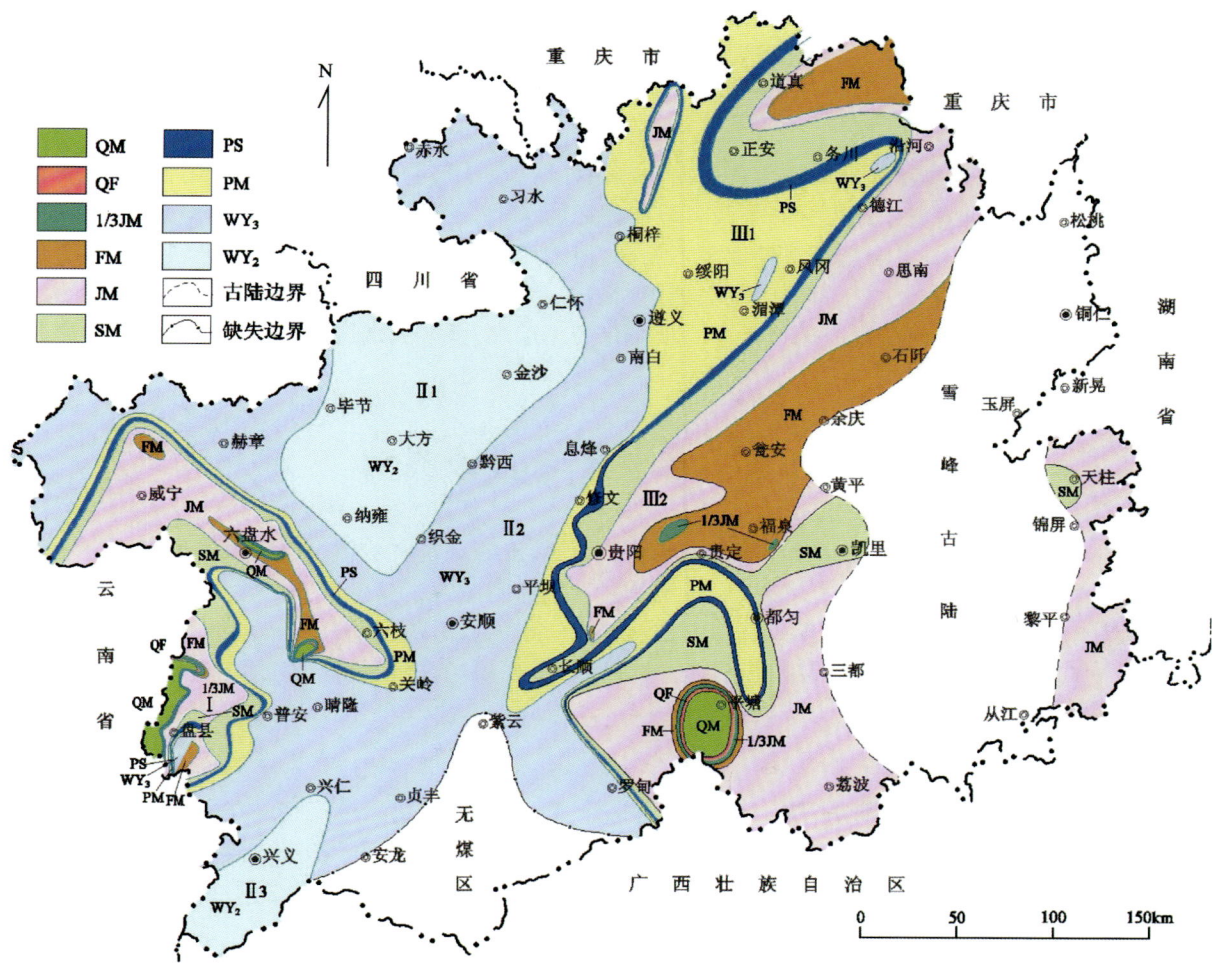

图7-9 贵州省上二叠统煤类分布图

Ⅰ.西部烟煤区;Ⅱ.无烟煤区;Ⅱ₁.北部无烟煤小区;Ⅱ₂.中部无烟煤小区;Ⅱ₃.南部无烟煤小区;Ⅲ.东部烟煤区;Ⅲ₁.东北部烟煤区;Ⅲ₂.中南部烟煤区;QM.气煤;QF.气肥煤;1/3JM.1/3焦煤;FM.肥煤;JM.焦煤;SM.瘦煤;PS.贫瘦煤;PM.贫煤;WY₃.无烟煤三号;WY₂.无烟煤二号

(二)煤变质规律

1. 煤变质作用类型及其对煤变质的影响

(1)深成变质作用。随埋藏深度的增加而增高。垂向上煤层随着埋深的增加,挥发分降低,镜质体最大反射率则增大,煤级增高,变质程度增高,因此深成变质作用是贵州省煤变质的基本作用。横向上煤类的分布,与上覆盖层厚度的关系较密切,从东部的瓮安、凯里、荔波一带,向西至遵义—平坝一线,随着盖层从1000m增厚至2000～2500m,煤类由肥煤逐渐变为无烟煤;西部,从盘县向东,亦有同样的变化趋势。西南部兴仁、兴义、安龙一带,上覆沉积厚度巨大,达4000～5000m,煤的变质程度较高。可见,深成变质作用是贵州境内煤变质的最基本、最普遍的变质作用,其结果可使上二叠统煤层的煤化度达到大致相当于气煤、肥煤的阶段。

(2)区域岩浆热变质作用。贵州自中生代以来,以燕山期岩浆岩活动较为强烈和广泛。深大断裂(如紫云-水城、黄泥河-潘家庄等断裂)的活动,不仅造成地块之间的凹拱和盖层厚度的差异,更主要的是造成幔源岩浆的上升、侵入和强烈的热液活动,导致岩浆热变质作用的发生。由于岩浆与围岩的接触、交代和热液活动,使煤发生变质。黔北、黔南等地的大片无烟煤和高煤化度烟煤,就是在深成变质作用的基础上,不同程度地叠加了区域岩浆热变质作用所致。

2. 贵州煤变质机制

贵州晚二叠世煤的热演化经历了前燕山期和燕山期两个阶段,前者以深成变质作用为主,后者以区域岩浆热变质作用为主,现今煤类分布是两者叠加作用的结果。第一阶段与深成变质作用有关,在古地温偏高的织纳、黔北矿区,以及古地温梯度虽不偏高,但上覆地层较厚的黔西南等地,区域变质即可使煤演化至贫煤或低煤化度无烟煤。第二阶段与燕山期岩浆活动有关,在织纳、黔北矿区,区域岩浆热和由此派生的气液,使贫煤或低煤化度无烟煤进一步演化为无烟煤,该区无烟煤的生成与晚期叠加的岩浆热源的不均匀作用有关。

第六节 煤炭资源潜力预测

贵州省含煤地层有下石炭统祥摆组,中二叠统梁山组,上二叠统宣威组、长兴组(汪家寨组)、龙潭组(吴家坪组),上三叠统把南组、火把冲组、二桥组及新近系翁哨组等。其中以上二叠统龙潭组、长兴组分布广,聚煤地质条件、含煤性最好,煤炭资源丰富,煤种齐全,储量与煤种的分布相对集中,是本次潜力评价工作的重点。其他各时代的含煤地层只为在聚煤条件较好、具有经济价值或可供地、县煤矿开采的地段预测煤炭资源。

一、预测范围及预测方法

(一)预测范围

1. 预测深度

起算深度原则上以向斜为单元,以当地含煤地层或主采煤层露头一般标高为零点,当向斜两翼或不同部位煤系出露标高差异较大时,则视具体情况分段确定起算点,向深部依次划分为0～600m、600～1000m、1000～1500m、1500～2000m 4个深度级;预测深度为垂深2000m。本次煤炭资源潜力评价预测深度:上二叠统龙潭组、长兴组为垂深2000m,下石炭统祥摆组、中二叠统梁山组,因含煤性差,预测不宜过深,一般均在1000m以浅,祥摆组仅在都匀-大良田、茂兰向斜预测至垂深1500m。

2. 预测区分布及面积

全省预测区分布于下石炭统祥摆组、中二叠统梁山组、上二叠统含煤地层可采范围内、勘查区及煤矿外围、深部2000m埋深以浅的区域。以向斜构造为预测单元(含煤小区),大型向斜(如盘关、周市坝等向斜)按两翼划分,或因煤田界线将大型向斜(如可乐、金龙、黔西、补郎等向斜)分段划分,共划分为135个预测单元(含煤小区),411个预测区,预测面积30 135.829km²。

(二)预测区划分

全省分为9个煤田进行预测,即六盘水煤田、黔北煤田、织纳煤田、贵阳煤田、兴义煤田、黔西北煤田、黔东北煤田、黔东南煤田、黔南煤田。其中黔南煤田如册亨、望谟及罗甸、紫云、贞丰、安龙等,因成煤地质条件差,仅偶尔发现有煤,厚度又极不稳定,故只进行局部预测。其余煤田原则上以向斜构造为预测单元预测煤炭资源。下石炭统祥摆组只在荔波茂兰向斜、都匀向斜(都匀—大良田段)、贵定向斜北段,贵阳南部杉坪等地预测;中二叠统梁山组只在凯里、福泉、麻江、丹寨等地预测,其余含煤地区皆因煤层薄,无开采利用价值不予预测。

大多数预测区是以现有勘查区走向的长度分别向深部推至埋深600m、1000m、1500m、2000m划定。基本以1个向斜作为1个预测单元,分向斜两翼进行分区块预测;少数预测单元将条件大致相当的区域划为1个含煤小区进行预测。1个预测单元包含若干个预测区。

关于预测区边界的确定,预测区浅部以煤层露头线、勘查区、煤矿深部边界或断层为界,深部以大断层、向斜轴或2000m埋深线为界,走向两侧以浅部勘查区边界的延长线、断层、向斜转折端轴线或大的河流(如北盘江)、省界或县界为界。预测区不跨预测单元,不同向斜之间以预测单元边界或断层为界。

可采边界的确定:

(1)上二叠统最低可采边界:贵州西部和东部为烟煤区,中部为无烟煤区,综合考虑煤层赋存条件,由于无烟煤区部分地段倾角较大,综合考虑确定最低可采厚度为0.70m。

(2)中二叠统梁山组最低可采边界:梁山组煤层可采区域主要分布在黔东南煤田中西部,都匀向斜地层倾角较大,煤类为烟煤,属贫煤,确定最低可采厚度为0.60m。

(3)下石炭统祥摆组最低可采边界:祥摆组煤层可采区域主要分布在贵州省东南部,可采区域分布在龙里、都匀一带和荔波等地区,地层倾角较缓,煤类为烟煤,确定最低可采厚度为0.70m。

(三)预测要素的确定

1. 预测煤厚确定

根据浅部或邻近的勘查资料所获得的可采煤厚、所处岩相古地理位置和聚煤规律、控煤构造等因素综合确定可采煤层总厚,分煤层进行潜在资源量预测。大致有以下3种情况:

(1)预测区位于勘查区深部的,直接采用浅部勘查区资料的可采煤厚作为预测煤厚,分煤层对深部预测区进行潜在资源量预测。

(2)预测区浅部或邻近有2个以上勘查区,一般情况是采用控制程度较高的勘查区资料,即采用该勘查区的可采性资料,分煤层对预测区进行潜在资源量预测。

(3)对于远离勘查区的预测区或盲区,则主要根据煤炭赋存规律确定,采用外围邻近勘查区的可采性资料,分煤层对预测区进行潜在资源量预测。

2. 面积的确定

预测区投影面积在计算机上用MapGIS自动计算。预测区斜面积是将块段的投影面积除以块段倾角的余弦值而获得。

3. 倾角的确定

采用余切尺在矿区级 1∶10 万主采煤层底板等高线图上量取，并取平均值。

4. 视密度的确定

采用预测依据勘查资料中各算量煤层的实际视密度值，对于勘查资料不全时采用邻近勘查资料或上下相邻煤层的实际视密度值确定。

5. 灰分、硫分预测的确定

根据预测区采用的预测依据，按照浅部或邻近勘查资料中各算量煤层的平均灰分、硫分值确定，对于勘查资料不全时采用邻近勘查资料或相邻上下煤层的平均灰分、硫分值，同理类推确定。其中，煤的灰分指标，最大不超过 40%。

6. 煤类预测的确定

煤类的预测是根据预测区浅部已知勘查区煤类和煤的深层变质规律综合推断得出。根据浅部已有的煤质资料和各煤田煤类分布图，利用类推法将上二叠统、中二叠统梁山组、下石炭统祥摆组煤类分界线和煤类注记叠加在预测底图上，根据圈定预测区块内不同煤类块段所占比例计算其煤类资源量。

（四）潜在资源量估算方法

根据预测区和邻区勘查资料，勘查程度达到普查、详查、勘探的地区，均采用地质块段法进行估算。由于资料不足，难以确定估算参数，勘查程度仅为预查，只到达找煤阶段的地区，采用资源丰度法进行预测资源量估算。本次潜力评价资源量校正系数 β 值主要参考煤层稳定性。煤层稳定性与煤层可采率相当，2000 年之前的勘查资料各算量煤层可采率以点数可采率为主，近期新增资料各算量煤层可采率以面积可采率为主，校正系数 β 值直接按勘查区各算量煤层可采率取用，参与资源量原始估算值的折算。本次预测均按浅部或邻近勘查资料各算量煤层为准，灰分、硫分采用浅部或邻近勘查资料采用类推法取用各算量煤层的平均值资料。

潜在资源量等级划分原则如下：

（1）潜在资源量分级：预测可信度反映预测依据的充分程度，根据预测可信度将潜在的煤炭资源量分为预测可靠的（334-1）、预测可能的（334-2）和预测推断的（334-3）3 级。采用预测厚度达普查程度以上的勘查资料，1500m 以浅确定为预测可靠的（334-1），1500~200m 确定为预测可能的（334-2）；采用预测煤厚为预查程度的勘查资料，1000m 以浅确定为预测可靠的（334-1），1000~2000m 确定为预测可能的（334-2）；预测区邻近及周边无勘查开发现状的隐伏区，1000m 以浅确定为预测可能的（334-2），1000~200m 确定为预测推断的（334-3）。

（2）预测远景区分类：根据资源的地质条件、开采技术条件、外部条件和生态环境容量，将预测远景区分为 3 类：有利的（Ⅰ类）、次有利的（Ⅱ类）和不利的（Ⅲ类）。贵州省各煤田潜在资源量分类主要根据埋深、资源丰度、资源量、构造复杂程度、煤层硫分、交通、电力、经济、生态综合确定，按照各煤田预测远景区分类标准，确定预测远景区分类级别。

（3）预测远景区划分等：在煤炭资源潜力预测潜在资源量分级和预测远景区分类的基础上，从潜在资源的数量、质量、开采条件和生态环境等方面，进行潜在资源开发利用优度的综合评价，将预测资源的勘查开发利用前景等级划分为 3 等：优等（A）、良等（B）、差等（C）。

二、煤炭资源潜力预测成果

鉴于有关公开出版物保密规定,下文略去了贵州省各煤田煤炭资源潜力的具体预测成果,仅对其进行概略介绍。

(一)潜在资源量预测成果

上二叠统预测含煤单元(含煤小区)125个,预测区386个,预测面积28 836.990km², 潜在资源量1 854.313 3×10⁸t,1000m以浅854.079 9×10⁸t。潜在资源量煤层灰分以中灰分煤为主,占61.2%;煤层硫分小于3.0%的煤炭资源量占64.0%;煤类从气煤至无烟煤均有,以无烟煤为主,占63.1%。

中二叠统梁山组预测含煤单元(含煤小区)4个,预测区13个,预测面积324.431km²,预测区均位于黔东南煤田,潜在资源量4.900 4×10⁸t(校正前潜在资源量8.858 7×10⁸t),1000m以浅4.900 4×10⁸t。潜在资源量煤层灰分为低中灰—中灰分煤,中灰分煤占90.4%;煤层硫分为中高—高硫煤,高硫煤占82.7%;煤类从气煤至瘦煤均有,以肥煤为主,占60.2%。

下石炭统祥摆组预测含煤单元(含煤小区)6个,预测区12个,预测面积974.408km²,预测区位于贵阳煤田东部和黔东南煤田,潜在资源量21.730 9×10⁸t(校正前潜在资源量27.385 9×10⁸t),1000m以浅18.511 8×10⁸t。潜在资源量煤层灰分为低中灰—中高灰煤,以低中灰煤为主,占57.4%;煤层硫分为中高—高硫煤,高硫煤占61.8%;煤类从焦煤至无烟煤均有,以无烟煤为主,占49.6%。

本次煤炭资源潜力预测成果:预测3个成煤时代,共划分预测单元(含煤小区)135个,预测区411个,预测总面积30 315.829km²,约占全省含煤面积的39.1%,潜在资源量1 880.944 6×10⁸t(校正前潜在资源量2 333.346 5×10⁸t),1000m以浅潜在资源量877.492 1×10⁸t。其中0~600m潜在资源量425.365 1×10⁸t,600~1000m潜在资源量452.127 0×10⁸t,1000~1500m潜在资源量609.059 8×10⁸t,1500~2000m潜在资源量394.392 7×10⁸t。

贵州省累计获得2000m以浅潜在资源量1 880.944 6×10⁸t,1000m以浅潜在资源量877.492 1×10⁸t。全省潜在资源量煤层灰分以中灰分煤为主,占61.2%,煤层硫分小于3.0%的潜在资源量占64.0%,煤类以无烟煤为主,占62.8%。

(二)煤炭资源潜力评述

1. 按潜在资源量预测可信度分级

预测可靠的(334-1)资源量为1 141.792 6×10⁸t,预测可能的(334-2)资源量为619.864 3×10⁸t,预测推断的(334-3)资源量为119.287 7×10⁸t。

2. 按预测资源外部条件有利程度分类

预测资源外部条件有利(Ⅰ类)资源量为231.803 4×10⁸t,次有利(Ⅱ类)为674.734 6×10⁸t,不利(Ⅲ类)为974.406 6×10⁸t。从统计数据看,不利的资源量占比很大,其重要原因是多数预测单元浅部已进行勘查区设置、部分已建矿或被煤矿占用,大量的预测可靠的(334-1)资源量、预测可能的(334-2)资源分布比较零散或资源丰度较低(<300×10⁴t/km²),大多位于预测单元中深部;其次是由于煤层倾角较大(>45°)或硫分高(>5%),或地质构造复杂、埋深较深(>1000m)、交通条件差等。

3. 资源量优良差等级分布

(1)优等(A)资源量 231.8034×10^8 t,优等区 40 个,主要集中于六盘水煤田西部及西南部、黔北煤田南部、织纳煤田西部和兴义煤田西北部。

(2)评价出良等(B)资源量 674.7346×10^8 t,良等区 154 个,主要分布于六盘水煤田、黔北煤田、织纳煤田、兴义煤田马岭—屯脚—新马场一线西北部、贵阳煤田息烽—贵阳—龙宫一线西部、黔西北煤田北部、黔东北煤田西南隅团溪向斜、黔东南煤田西部。

(3)评价出差等(C)资源量 974.4066×10^8 t,主要分布于地质构造复杂,埋藏深度 1500~2000m,煤层较薄且不稳定,硫分高及预测区面积小,以及黔东北煤田、黔南煤田等地区的预测区,暂不宜开展勘查工作。

(三)煤炭资源总量

截至 2009 年 12 月底,贵州省累计探获煤炭资源量 707.61×10^8 t,2000m 以浅潜在资源量 1880.94×10^8 t,煤炭资源总量 2588.55×10^8 t。与第三次煤田预测进行比较,煤炭资源总量增加 168.93×10^8 t,总资源量变化率为 7.0%;黔北煤田资源量增加较多,增加 147.85×10^8 t,黔南煤田新增 4.24×10^8 t。评价方法先进、结论可靠,基本符合贵州省煤炭资源地质勘查的实际状况。

第八章 结 论

第一节 主要成果

一、成矿规律

(1)以贵州省 4 个Ⅲ级综合成矿区(带)为主,深入开展了全省成矿地质背景研究,区域地球物理、地球化学、遥感及自然重砂研究,为Ⅲ级、Ⅳ级成矿区(带)的成矿规律研究,以及综合预测区(多矿种矿集区)的资源潜力评价奠定了基础。

(2)根据贵州省矿产类型、分布特征、成矿作用、成因类型等,在原划出的主要矿产的矿床类型和 31 个矿床式基础上,新增矿床式 25 个(多为次要的矿床式),并以 37 个典型矿床的深入研究为支撑,结合矿床式的区域分布特征,对矿床式的成矿作用及时空分布规律等进行了探讨。

(3)在原已划分出贵州省Ⅲ级、Ⅳ级综合成矿区(带)的基础上,圈定出Ⅴ级综合成矿区(带、矿集区) 54 个,并对其成矿条件、矿床地质特征及矿产资源现状和找矿潜力等进行了系统评述。

(4)对 2007~2012 年期间所划分的单矿种(或矿种组)Ⅳ级、Ⅴ级成矿区(带)进行了修订、完善和必要论述。

(5)在冯学仕等(2003)和陈毓川等(2007)建立的贵州及邻区矿床成矿系列的基础上,根据贵州省近年来矿产地质研究成果及本次潜力评价单矿种研究成果,修订了贵州省成矿系列组、成矿系列、成矿亚系列,并对重要的矿床成矿系列的时空分布、成矿作用、区域成矿模式等进行了研究,对区域找矿有着一定的指导意义。

(6)对贵州省构造期划分,以及各构造期的成矿地质环境类别及其演化、成矿系列及其演化等进行了系统研究,获得了一系列新的认识。

(7)参照任纪舜(1999)区域成矿旋回划分方案,结合贵州省构造地质及成矿环境演化、成矿系列分布情况等,进行了贵州省成矿旋回及亚旋回的划分,进而建立了贵州省矿床成矿谱系。这些成果对贵州省成矿规律研究具有较大指导作用。

(8)对贵州省部分重要的矿床成矿系列,在进行矿床式及其典型矿床成矿模式的基础上,建立了适用于整个成矿系列或其中数个矿床式的多矿种综合区域成矿模式,对于区域成矿规律研究与区域找矿有着一定的指导意义。

二、矿产预测

(1)按Ⅲ级成矿区(带)进行了各个矿种的矿产预测类型、预测工作区等的统计汇总,对各个Ⅲ级成矿区(带)内的主要矿床式进行了预测要素研究,并建立了重要矿床式的区域预测评价模型,为高级别区域矿产预测奠定了基础。

(2) 进行了多矿种综合预测区圈定,全省共圈定多矿种综合预测区54个,其中Ⅲ77、Ⅲ78、Ⅲ88分别为31个、12个和11个。进而对各个综合预测区级别、成矿地质条件、预测资源量、找矿潜力等进行了统计汇总和综合研究,对区域找矿工作的总体布局和矿产地质研究工作等具有一定的指导意义。

(3) 建立了贵州省重要矿种矿产预测类型谱系表,以此阐明了全省各个矿产预测类型的成矿时代、所属成矿区(带)、主要预测要素、矿种、典型矿床及所属全国评价模型及编号。全省铁、铝、铅、锌、银、铜、钨、金、锑、锰、镍、钒、钼、磷、稀土、萤石、重晶石、汞、硫铁矿、冶镁白云岩20个矿种的矿产预测类型共计37类,其中Ⅲ77、Ⅲ78、Ⅲ88分别为24类、24类和6类。

(4) 先后对全省和Ⅲ级、Ⅳ级成矿区(带)范围的最小预测区分级(1级、2级)、分类(A、B、C),并分别进行了逐级分类统计。

(5) 对全省及各个Ⅲ级、Ⅳ级成矿区(带)的各矿种查明资源储量、预测资源量,以及不同埋深(500m以浅、1000m以浅、2000m以浅)、不同精度(334-1、334-2、334-3)、不同信度及不同可利用性等的预测资源量进行了分别统计。该汇总成果,对于摸清贵州省矿产资源家底,进行地质勘查开发工作的宏观部署等均具有较大指导意义。

(6) 对贵州省煤炭成矿规律进行了进一步研究,同时进行了不同角度、不同尺度的煤矿潜力预测成果统计汇总,对贵州省煤炭资源开发利用潜力进行了评价。主要认为贵州省煤炭资源主要集中在中部和西部,预测的煤种相对集中,六盘水煤田是省内最大的炼焦用煤基地,织纳煤田、黔北煤田和兴义煤田是贵州省的优质无烟煤基地。综合评价出优等资源量231.803 4×10^8t,优等区40个,主要集中于六盘水煤田西部及西南部、黔北煤田南部、织纳煤田西部和兴义煤田西北部。贵州省其他地区分别为良和差。

(7) 对贵州省煤炭资源总量进行了汇总。截至2009年12月底,贵州省累计探获煤炭资源量707.61×10^8t,2000m以浅潜在资源量1 880.94×10^8t,煤炭资源总量2 588.55×10^8t。与第三次煤田预测进行比较,煤炭资源总量增加168.93×10^8t,总资源量变化率为7.0%;黔北煤田资源量增加较多,增加147.85×10^8t,黔南煤田新增4.24×10^8t。

(8) 对全省15个基础数据库现状进行了清理,并对其中与潜力评价项目相关的11个数据库进行了维护;建立了贵州省级基础编图成果图件及其属性库(含地质背景、重力、磁法、化探、自然重砂、遥感)及铁、铝、铜、铅锌(银)、磷(稀土)、锑、钨锡、金、汞、硫、锰、镍钼钒、冶镁白云岩、重晶石、萤石等矿种的潜力评价成果图件及其属性库;建立了基于GEOPEX系统的贵州省矿产资源潜力评价集成数据库[由贵州省级潜力评价基础编图成果图库及铁、铝、铜、铅、锌、银、磷(稀土)、锑、钨锡、金、汞、硫、锰、镍、钼、钒、镁、重晶石、萤石矿潜力评价成果图库组成]。

(9) 根据贵州省重要矿种勘查程度及找矿潜力,结合中央和地方相关战略规划部署,尤其是贵州省矿产资源总体规划、"246"找矿战略行动计划、"十二五"能源发展、有色金属产业发展规划、工业布局及重点产业发展专项规划、工业强省战略、五个一百工程、四个一体化项目等,提出了贵州省重要矿种地质工作部署建议。

三、成果应用与转化

根据原国土资源部徐绍史部长关于"边工作,边出成果,边应用"的要求,在实施贵州省矿产潜力评价工作过程中,注重了将其阶段性成果进行及时转化及应用,为拟定贵州省找矿突破战略行动,规划国家级—省级整装勘查区、重点勘查区和找矿远景区提供了选区依据和勘查评价部署基础资料,为实现贵州省"246"找矿目标提供了决策和技术支撑服务。

(1) 项目各阶段成果有力地促进了贵州省铝土矿、锰矿、金矿3个矿种先后列入国家整装勘查项目并顺利实施,即,务川-正安-道真铝土矿整装勘查区,铜仁-松桃锰矿整装勘查区,贞丰-普安金矿整装勘查区。其中,务川-正安-道真铝土矿整装勘查工作3年来已经取得了全国瞩目的重大找矿成果,新增铝土矿资源量 2.5×10^8 t,查明资源总量 3.31×10^8 t,查明了一批大中型铝土矿床,这一整装勘查成果也反过来印证了本项目研究方法及结论的科学性及合理性;铜仁-松桃锰矿整装勘查区还在实施中,也已经取得全国瞩目的找矿成果。

(2)本项目各阶段成果有力地促进了各个省级整装勘查项目的申报及实施。至目前已经立项并正在实施的省级整装勘查项目有:贵州省凯里地区铝土矿整装勘查项目、天柱-锦屏金矿整装勘查,贵州省湄潭永兴-凤冈永和铀矿整装勘查,黔西北地区威水背斜铅锌铁矿整装勘查,赫章垭都-蟒洞铅锌铁矿整装勘查,瓮安-龙里铝土矿整装勘查等。预计在近年内,尚可结合矿产资源潜力评价成果申报和实施更多的整装勘查项目。其中,贵州省凯里地区铝土矿整装勘查项目已经结束,新探获铝土矿石资源量 7005×10^4 t。

(3)为中央、地方其他性质的矿产勘查工作部署指明了方向,提供了资料支撑。近年来,贵州省申报和实施的较多中央和地方投资之矿产远景调查项目、调查评价项目及普查项目(例如,中国地质调查局2013~2020年乌蒙山区地质矿产综合调查评价计划项目、贵州小猫场-克老坝铝土矿调查评价)贵州黔西南金矿调查评价中,贵州省矿产资源潜力评价成果都不同程度地发挥了找矿指导及技术资料支撑作用。这些项目的实施,已经取得或即将取得新的找矿成果。

(4)以项目成果为主要依据,参与了全国地质矿产一张图编图工程,并已提交给国土资源部、省国土资源厅等各级部门使用,从而有力地促进国家和地方政府部门的矿政管理,为进一步认识我国成矿地质条件和找矿潜力,制定各级资源政策和资源战略规划提供科学依据。

(5)以矿产资源潜力评价成果为支撑取得的找矿成果,将为贵州省经济社会发展提供丰厚和重要的资源保障。以列入全国首批47个整装勘查项目之一的务正道地区整装勘查成果为例,其勘查成果为我国新兴重要工业基地——务正道煤电铝一体化工业园区建设的决策和实施提供了可靠的铝资源保障。该工业园区计划投资达553亿元,是贵州省单体投资规模最大的项目,建成后可完成利税60亿元,实现工业产值115亿元,实现工业增加值35.5亿元,带动就业约3万人,可极大推动贵州经济、社会的快速发展。

(6)本项目的实施,促进了贵州省地质技术队伍建设及技术人才培养。先后参与其中工作的技术骨干将近200名,参与各类最终报告编制的人员100余名。其中,大约有1/3的技术人员,在专业技术职称及学历、学位,乃至工作岗位等方面都有较大提升。

第二节 存在的问题及建议

一、存在的问题

(1)由于所收集到的部分矿产报告存在难于弥补的问题,例如个别矿床点无坐标或坐标错误,难于修改、补充,同时部分矿区报告文字与备案证明、评审意见之间的统计数据相互矛盾等,导致了个别矿种的个别矿产地数据质量欠佳。

(2)个别矿床的范围认定或归并较为困难,主要由于个别矿区为多个时期、多个矿业权人分别勘查和提交成果,对矿床、矿段的划分非常混乱,统计数据也混乱,本次工作难于界定。

(3)由于贵州省几乎没有开展过1:5万以上重力、磁法测量,而且1:20万重力调查工作也没有全部覆盖,以至于贵州省重大基础地质、区域成矿条件研究、区域矿产预测、找矿方向研究等缺少必要的基础支撑。

（4）对个别重要矿种的成矿作用及其区域成矿模式等研究不够深入，并可能存在部分认识错误或相互矛盾等问题，有待于将来开展各类专题研究工作，进一步补充论据，提升对成矿作用的认识，修订区域成矿模式。

（5）对部分成矿系列、亚系列的建立尚缺乏系统的地质依据作支撑，同时由于本次研究工作所涉及矿种没有全面覆盖贵州省所有已经发现的矿种，因此难免存在不合理、不系统等问题，尚需将来进一步研究、修订和完善。

（6）个别物探、化探、遥感、自然重砂研究工作的针对性不强，其推断解释成果与成矿作用、矿产预测的联系不够密切。

二、将来地质工作建议

1. 区域地质调查及科研工作建议

（1）继续部署和实施锰、铝、金、磷等国家级整装勘查区、省级整装勘查区，以及重要成矿区（带）的1∶5万区域地质调查工作，为实现贵州省的找矿突破提供基础工作平台。

（2）针对与贵州地质找矿有关的重大基础地质问题，开展一系列科研工作，以便促进区域找矿的重大突破。

2. 区域物探调查及科研工作部署建议

（1）贵州省1∶5万航磁调查：建议先后实施黔东南地区（江南隆起西段锡、钨、金、锑、铜、重晶石、滑石成矿带及其相邻区）、贵州西部（水城-紫云-南丹裂陷槽及其西部峨眉山玄武岩分布区）1∶5万航磁调查，每年航飞60 000 km^2，连续4～6a，推断深部构造、隐伏岩浆岩体、隐伏矿产，探索一系列基础地质问题，为矿产勘查工作的"攻深找盲"及贵州省重大基础地质问题的突破提供基础支撑。

（2）贵州省1∶25万、1∶5万区域重力测量：首先，建议尽快完成贵州省剩余区域（桐梓—赤水地区）的1∶25万区域重力调查项目，从而完成贵州省整个国土面积的1∶25万区域重力调查任务，然后转入全省1∶20万区域重力总结与深部构造及岩体解译推断。其次，启动贵州省1∶5万区域重力调查，首选地区为黔西南、黔西北地区。

3. 潜力评价项目常态化工作建议

（1）在本次全国矿产资源潜力评价项目结束并转入常态化研究工作之后，建议进一步安排各省开展其重要成矿区（带）及重要、特色矿种的潜力评价工作，研究工作要根据各个矿产预测工作区的实际情况，体现其理论研究、采集数据、预测方法更加具有针对性，更加个性化、精细化、实效化。

（2）具体到贵州省，要根据贵州省重要矿种勘查程度及找矿潜力，结合中央和地方相关战略规划部署，尤其是《贵州省矿产资源总体规划（2008—2015年）》《贵州省"246"找矿战略行动计划》《贵州省"十二五"能源发展专项规划》《贵州省"十二五"有色金属产业发展规划》《贵州省"十二五"工业布局及重点产业发展专项规划》等，以及贵州"工业强省和城镇化带动""五个一百工程""四个一体化项目"战略等，提出潜力评价项目常态化后的选题和工作目标，从而为贵州省重要矿产、优势矿产的地质勘查、开发部署提供决策依据。

主要参考文献

《中国矿床发现史·贵州卷》编辑委员会,1996.中国矿床发现史:贵州卷[M].北京:地质出版社.

陈大,曾德红,2000.青山—横塘矿区铅锌矿床控矿断裂特征及找矿评价[J].贵州地质,17(1):46-51.

陈代演,周振西,2000.贵州西南滥木厂式铊(汞)矿床研究[J].贵州地质,17(4):236-241.

陈履安,1989.碳酸盐建造中汞矿床形成过程中汞的存在形式及重金属分异的热力学分析[J].贵州地质(2):175-185.

陈履安,2000.老万场红土型金矿成矿过程的地球化学作用[J].贵州地质,17(1):18-26.

陈懋弘,2007.基于成矿构造和成矿流体耦合条件下的贵州锦丰(烂泥沟)金矿成矿模式[D].北京:中国地质科学院.

陈文一,刘家仁,王中刚,等,2003.贵州峨眉山玄武岩喷发期的岩相古地理研究[J].古地理学报,5(1):17-28.

陈文一,卢焕章,王中刚,等,2006.黔东南新元古界青白口系下江群火山碎屑浊流沉积与金矿关系的初步研究[J].古地理学报,8(4):487-497.

陈毓川,1999.中国主要成矿区带矿产资源远景评价[M].北京:地质出版社.

陈毓川,李兆鼐,母瑞身,等,2001.中国金矿床及成矿规律[M].北京:地质出版社.

陈毓川,王登红,陈郑辉,等,2010.重要矿产和区域成矿规律研究技术要求[M].北京:地质出版社.

陈毓川,王登红,付小芳,等,2010.中国西部重要成矿区带矿产资源潜力评估[M].北京:地质出版社.

陈毓川,王登红,李厚民,等,2010.重要矿产预测类型划分方案[M].北京:地质出版社.

陈毓川,王登红,朱裕生,等,2007.中国成矿体系与区域成矿评价[M].北京:地质出版社.

程裕淇,1994.中国区域地质概论[M].北京:地质出版社.

程裕淇,陈毓川,赵一鸣,1979.初论矿床的成矿系列问题[J].中国地质科学院学报,1(1):32-58.

戴传固,李硕,张慧,2005.试论江南造山带西南段构造演化[J].贵州地质,22(2):98-102.

戴传固,刘爱民,王敏,等,2004.贵州西部峨眉山玄武岩铜矿特征及成矿作用[J].贵州地质,21(2):71-75.

戴传固,张慧,王敏,等,2010.江南造山带西南段地质构造特征及其演化[M].北京:地质出版社.

邓存新,郑懋荣,2003.贵州省兴义市雄武地区金矿分布规律及找矿方向[J].贵州地质,20(4):205-211.

邓克勇,2007.贵州西部玄武岩型铜矿成矿规律研究[J].贵州地质,24(4):247-252.

刁理品,韩润生,刘鸿,等,2006.贵州晴隆大厂锑矿地质及控矿因素[J].云南地质(4):467-473.

杜远生,韩欣,2000.论震积作用和震积岩[J].地球科学进展,15(4):389-394.

杜远生,黄宏伟,黄志强,等,2009.右江盆地晚古生代—三叠纪盆地转换及其构造意义[J].地质科技情报,28(6):10-15.

冯学仕,1995.大硐喇汞矿田中寻找(铅)锌矿的可能性探讨[J].贵州地质(3):204-207.

冯学仕,罗孝恒,邓小万,等,2002.贵州主要矿床成矿系列[J].贵州地质,19(3):141-147.

冯学仕,王尚彦,2004.贵州省区域矿床成矿系列与成矿规律[M].北京:地质出版社.

高振敏,李朝阳,扬竹森,等,2002.滇黔地区主要类型金矿的成矿与找矿[M].北京:地质出版社.

高振敏,李红阳,2002.滇黔地区主要类型金矿的成矿及找矿[M].北京:地质出版社.

《汞矿地质与普查勘探》编写组,1978.汞矿地质与普查勘探[M].北京:地质出版社.

广西壮族自治区地质矿产局,1985.广西壮族自治区域地质志[M].北京:地质出版社.

贵州省地质矿产局,1987.贵州省区域地质志[M].北京:地质出版社:1-48.

韩至均,盛学庸,1996.黔西南金矿及其成矿模式[J].贵州地质,13(2):146-153.

韩至均,王砚耕,冯济舟,等,1999.黔西南金矿地质与勘查[M].贵阳:贵州科技出版社.

何立贤,2006.热液矿床水来源的哲学思考[J].贵州地质,23(3):237-238,246.

何立贤,曾若兰,林立清,1993.贵州金矿地质[M].北京:地质出版社.

侯宗林,薛友智,1989.中国南方锰矿地质[M].成都:四川科学技术出版社.

胡瑞忠,彭建堂,马东升,等,2007.扬子地块西南缘大面积低温成矿时代[J].矿床地质,26(6):583.

胡瑞忠,涂光炽,李朝阳,等,2004.扬子地块西缘大面积低温成矿作用[C]//第二届全国成矿理论与找矿方法学术研讨会论文集.贵阳:中国矿物岩石地球化学学会:24.

湖南省地质矿产局,1988.湖南省区域地质志[M].北京:地质出版社.

刘飞,余晓艳,2009.中国软玉矿床类型及其矿物学特征[J].矿产与地质,23(4):375-380.

刘建中,邓一明,刘川黔,等,2006.水银洞金矿床包裹体和同位素地球化学研究[J].贵州地质,23(1):51-56.

刘平,1994.贵州主要汞矿床的微量元素特征[J].矿床地质,13(3):250-259.

刘平,1995.五论贵州之铝土矿:黔中—川南成矿带铝土矿含矿岩系[J].贵州地质,12(3):185-203.

罗孝桓,刘巽锋,王玉琼,等,2002.贵州威宁地区玄武岩铜矿地质特征[J].贵州地质,19(4):215-220.

毛健全,张启厚,毛德明,1998.水城断陷构造演化及铅锌矿研究[M].贵阳:贵州科技出版社.

欧文,1996.贵州非金属矿含矿建造与成矿系列初步分析[J].贵州地质,13(1):68-75.

彭建堂,戴塔根,1998.雪峰地区金矿成矿时代问题的探讨[J].地质与勘探,34(4):37-41.

彭建堂,胡瑞忠,蒋国豪,2003.萤石Sm-Nd同位素体系对晴隆锑矿成矿时代和物源的制约[J].岩石学报,19(4):785-791.

任纪舜,1990.中国东部及邻区大陆岩石圈的构造演化与成矿[M].北京:科学出版社.

任纪舜,王作勋,陈炳蔚,等,2000.从全球看中国大地构造:中国及邻区大地构造图简要说明[M].北京:地质出版社.

苏文超,胡瑞忠,2000.滇黔桂地区卡林型金矿床成矿物质来源的锶同位素证据[J].矿物岩石地球化学通报,19(4):256-259.

陶平,1999.黔西南泥堡卡林型金矿地质特征及其与附近"红土型"金矿的关系[J].贵州地质,16(3):213-220.

陶平,2012.黔东南天柱—锦屏—黎平地区金矿构造控矿模式与找矿方向[D].武汉:中国地质大学(武汉).

陶平,杜昌乾,马荣,等,2005.贵州及邻区二叠系锰矿地质特征及成矿作用探讨[J].贵州地质,22(2):103-108.

陶平,杜芳应,杜昌乾,等,2005.黔西南凝灰岩型金矿中金矿控矿因素概述[J].地质与勘探,41(2):12-16.

陶平,李沛刚,李克庆,2002.泥堡金矿区矿床构造及其与成矿的关系[J].贵州地质,19(4):221-227.

陶平,马荣,雷志远,等,2007.扬子区黔西南金矿成矿系统综述[J].地质与勘探,43(4):24-28.

陶平,王亮,刘锐,2013.黔东南浅变质碎屑岩中金矿属于造山型金矿的证据[J].地质科技情报(4):157-161.

陶平,王尚彦,戴传固,等,2005.黔东地区金矿床类型及其基本特征[J].贵州地质,22(4):229-235.

王登红,2010.我国重要矿产地成岩成矿年代学研究新数据[J].地质学报,84(7):1030-1040.

王登红,秦燕,王成辉,等,2012.贵州低温热液型汞、锑、金矿床成矿谱系——以晴隆大厂、兴仁紫木凼和铜仁乱岩塘为例[J].大地构造与成矿学,36(3):330-336.

王登红,应立娟,王成辉,等,2007.中国贵金属矿床的基本成矿规律与找矿方向[J].地学前缘,14(5):71-81.

王华云,施继锡,1997.贵州丹寨、三都、都匀地区低温成矿系列的成矿物质来源和分异条件[J].矿物学报,17(4):491-500.

王尚彦,陶平,戴传固,等,2006.贵州东部金矿[M].北京:地质出版社.

王秀璋,梁华英,程景平,2000.华南加里东期金矿床的基本特征[J].矿床地质,19(1):1-8.

王砚耕,2001.梵净山区格林威尔期造山带与Rodinia超大陆[J].贵州地质,18(4):211-216.

王砚耕,陈履安,李兴忠,等,2000.贵州西南部红土型金矿特征及其分布规律[J].贵州地质,17(1):2-13.

王砚耕,索书田,张明发,等,1993.黔西南构造与卡林型金矿[M].北京:地质出版社.

吴攀,1999.黔东同古金矿床矿体地质特征及控矿规律研究[D].贵阳:贵州工业大学.

吴攀,叶俊,余大龙,2005.黔东同古金矿床成矿流体地球化学探讨[J].黄金,26(10):7-10.

武国辉,2005.威宁铜厂河玄武岩铜矿成矿地质特征及成因探讨[J].矿产与地质,19(5):482-486.

夏勇,张瑜,苏文超,等,2009.黔西南水银洞层控超大型卡林型金矿床成矿模式及成矿预测研究[J].地质学报,83(10):1473-1482.

肖宪国,2005.贵州威宁铜厂河铜矿地质特征及成矿预测研究[D].长沙:中南大学.

徐志刚,陈毓川,王登红,等,2008.中国成矿区带划分方案[M].北京:地质出版社.

许连忠,2006.滇黔相邻地区峨眉山玄武岩地球化学标志及其成铜作用[D].北京:中国科学院.

许效松,徐强,潘桂棠,等,1996.中国南大陆演化与全球古地理对比[M].北京:地质出版社.

严钧平,杨科武,王华云,等,1989.贵州汞矿地质[M].北京:地质出版社.

杨林,林金辉,王雷,等,2012.贵州罗甸玉岩石化学特征及成因意义[J].矿物岩石,32(2):12-19.

杨林,王兵,王雷,等,2011.贵州罗甸玉特征初步研究[J].贵州地质,28(4):241-246.

殷鸿福,吴顺宝,杜远生,等,1999.华南是特提斯多岛洋体系的一部分[J].地球科学,24(1):1-12.

曾雯,周汉文,钟增球,等,2005.黔东南新元古代岩浆岩单颗粒锆石U-Pb年龄及其构造意义[J].地球化学,6(34):548-556.

翟裕生,邓军,李晓波,1999.区域成矿学[M].北京:地质出版社.

张明发,何熙琦,肖问,等,2005.贵州兴义大际山地区茅台组砾岩的发现及其地质意义[J].贵州地质,22(3):184-187.

张启厚,1999.晴隆大厂锑矿床容矿层硅质来源的研究[J].贵州地质,16(2):111-116.

张志杰,1999.数学地质分析在大厂型锑矿找矿预测中的应用[J].贵州地质,16(2):103-109.

周琦,杜远生,2012.古天然所渗漏与锰矿成矿:以黔东南地区南华纪大塘坡式锰矿为例[M].北京:地质出版社.

朱炳泉,戴橦谟,胡耀国,等,2005.滇东北峨眉山玄武岩中两阶段自然铜矿化的$^{40}Ar/^{39}Ar$与U-

Th-Pb 年龄证据[J]. 地球化学,34(3):235-247.

朱赖民,金景福,何明友,等,1997. 论深源流体参与黔西南金矿床成矿的可能性[J]. 地质评论,43(6):586-592.

朱笑青,王甘露,卢焕章,等,2006. 黔东南金矿形成时代的确定兼论湘黔加里东金矿带[J]. 中国地质,33(5):1092-1099.

YANG J H, CAWOOD P A, DU Y S, et al., 2012. Large Igneous Province and magmatic arc sourced Permian-Triassic volcanogenic sediments in China[J]. Sedimentary Geology, 261-262(6): 120-131.